NJW Praxis

Im Einvernehmen mit den Herausgebern der NJW
herausgegeben von
Rechtsanwalt Felix Busse

Band 22

Die Rechtsprechung zur Höhe des Unterhalts

begründet von

Dr. Elmar Kalthoener †
Vors. Richter am OLG Köln a.D.

und

Dr. Helmut Büttner †
Vors. Richter am OLG Köln a.D.

bearbeitet von

Birgit Niepmann
Direktorin des AG Bonn

und

Werner Schwamb
Vors. Richter am OLG Frankfurt a. M.

13., völlig überarbeitete Auflage 2016

C.H.BECK

Zitiervorschlag:
Niepmann/Schwamb, Rechtsprechung zur Höhe des Unterhalts, 13. A., Rn.

www.beck.de

ISBN 978 3 406 68498 2

© 2016 Verlag C. H. Beck oHG
Wilhelmstraße 9, 80801 München
Druck: Druckhaus Nomos
In den Lissen 12, 76547 Sinzheim

Satz: Druckerei C. H. Beck Nördlingen
(Adresse wie Verlag)

Gedruckt auf säurefreiem, alterungsbeständigem Papier
(hergestellt aus chlorfrei gebleichtem Zellstoff)

Bearbeiterverzeichnis

Niepmann: 2. Teil B bis E
Schwamb: 1. Teil; 2. Teil A

Vorwort zur 13. Auflage

Drei Jahre nach Erscheinen der 12. Auflage ist infolge des Gesetzes zur Änderung des Unterhaltsrechts und des Unterhaltsverfahrensrechts vom 20.11.2015 wieder eine neue Auflage veranlasst. In Verbindung mit der Verordnung zur Festlegung des Mindestunterhalts minderjähriger Kinder vom 3.12.2015 ist die Abkoppelung des Minderjährigenunterhalts vom EStG umgesetzt worden. Die wichtigste verfahrensrechtliche Änderung betrifft das vereinfachte Verfahren über den Unterhalt Minderjähriger gem. §§ 249 ff. FamFG. Zwar tritt das Gesetz insoweit erst am 1.1.2017 in Kraft; die Neuauflage weist dennoch bereits auf diese Veränderungen hin (Rn. 207a ff.).

Das Gesetz zur Anhebung des Grundfreibetrags, des Kinderfreibetrags, des Kindergeldes und des Kinderzuschlags vom 16.7.2015 hatte bereits zum 1.8.2015 für eine erste Erhöhung des Kindesunterhalts seit 2010 gesorgt. Die Unterhaltskommission des Deutschen Familiengerichtstags e. V. mit den Vertretern aller Oberlandesgerichte hat die Düsseldorfer Tabelle entsprechend zum 1.8.2015 und 1.1.2016 angepasst. Auch in der Rechtsprechung des BGH und der Oberlandesgerichte bestimmt nach den seit der Reform von 2008 zunächst im Vordergrund stehenden Auseinandersetzungen zum Ehegattenunterhalt nun der Kindesunterhalt mehr und mehr die Diskussion. Dieser Entwicklung trägt die Neuauflage Rechnung; insbesondere die Abschnitte zur Unterhaltsbemessung bei einem über das übliche Maß hinausgehenden Umgang oder Praktizierung des sog. Wechselmodells sind erweitert worden (Rn. 175a, b, 894, 952 ff.). Ferner war die Fülle neuer Entscheidungen des BGH zum Elternunterhalt (Rn. 218 ff., 853 ff.), zum Anspruchsübergang auf Sozialleistungsträger und ganz aktuell zu § 1615l BGB (Rn. 214) zu berücksichtigen. Obwohl sich der Wirbel um den Ehegattenunterhalt gelegt hat, nachdem der BGH seine Rechtsprechung zum Betreuungsunterhalt und zur Dreiteilung (Rn. 52a-c) modifiziert hat, erforderten die diese Entwicklung vertiefenden Entscheidungen der letzten drei Jahre auch insoweit Ergänzungen. Eine umfassende Neubearbeitung hat ferner der Abschnitt zur Verwirkung des Unterhalts im 2. Teil erfahren (Rn. 1080 ff.).

Zum Konzept des Werkes verweisen wir auf das Vorwort zur 12. Auflage, das auch eine Würdigung seiner Begründer enthält.

Die veröffentlichte Rechtsprechung ist bis zum 16.3.2016 berücksichtigt.

Bonn und Frankfurt/M., im April 2016

Birgit Niepmann
Werner Schwamb

Vorwort zur 12. Auflage

Seit dem Erscheinen der Vorauflage hat der Gesetzgeber erstmals seit den großen Reformen der Jahre 2008 und 2009 mit Änderungen des FamFG und des § 1578b BGB auf zwischenzeitlich gewonnene Erfahrungen und Kritik in der Fachöffentlichkeit reagiert. Die Unterhaltskommission des Deutschen Familiengerichtstags e. V. mit den Vertretern aller Oberlandesgerichte hat die bundeseinheitliche Leitlinienstruktur den neueren Entwicklungen angepasst und an den Veränderungen der inzwischen 50 Jahre alt gewordenen Düsseldorfer Tabelle mitgewirkt. Obwohl die Anzahl der zu bearbeitenden Fälle zur Bedarfsberechnung bei zwei berechtigten Ehegatten in der täglichen Praxis überschaubar ist, haben die aufsehenerregende Kritik des BVerfG in seiner Entscheidung vom 25.1.2011 an der Rechtsprechung des BGH zu den ehelichen Lebensverhältnissen sowie dessen Reaktion in zwei Entscheidungen vom 7.12.2011 ganz neue Diskussionen über das Unterhaltsrecht ausgelöst, weil an dieser Anspruchskonkurrenz die Grundlagen der Bedarfsbestimmung einerseits sowie der Leistungsfähigkeit und des Rangs andererseits beispielhaft aufgezeigt werden können. Aber auch zum Betreuungsunterhalt und der Begrenzung des Ehegattenunterhalts sind stark diskutierte wesentliche Neuerungen eingetreten.

Diese Entwicklungen haben Veranlassung gegeben, zweieinhalb Jahre nach dem Erscheinen der 11. Auflage wieder eine Neubearbeitung vorzulegen. Dabei war es unser Ziel, der immer mehr unter Zeitdruck arbeitenden familienrechtlichen Praxis einen zuverlässigen Überblick über die erneut umfangreicher gewordene Rechtsprechung zur Höhe, aber auch zum Grund des Unterhaltsanspruchs unter Berücksichtigung der verschiedenen neuen Gesichtspunkte auf den Ebenen des Bedarfs und der Leistungsfähigkeit zu geben. Einige grundsätzlichere Ausführungen sollen aber auch den seit der Unterhaltsrechtsreform bedeutsamer gewordenen Zielkonflikt zwischen Rechtssicherheit und Einzelfallgerechtigkeit verdeutlichen. Wir hoffen, damit sowohl den eiligen Praktiker als auch neu mit dem Unterhaltsrecht befasste Leser, die ein Grundverständnis für die Probleme erlangen möchten, zu erreichen.

Dies musste zum ersten Mal in der Geschichte des Werkes ohne die beiden Mitbegründer und langjährigen alleinigen Autoren Dr. Elmar Kalthoener und Dr. Helmut Büttner geschehen. Dr. Helmut Büttner ist am 24.12.2011 im Alter von nur 70 Jahren verstorben. Er hat durch unzählige Veröffentlichungen und nicht zuletzt durch dieses Werk das Unterhaltsrecht seit 1975 entscheidend mitgeprägt. Wir vermissen seine anregenden, stets präzisen, aber auch humorvollen Gedanken. Unser Bestreben ist es, diese Schrift im Sinne von Dr. Elmar Kalthoener und Dr. Helmut Büttner fortzuführen.

Die veröffentlichte Rechtsprechung ist bis zum 31.1.2013 berücksichtigt.

März 2013

Birgit Niepmann
Werner Schwamb

Inhaltsübersicht

Inhaltsverzeichnis

Abkürzungsverzeichnis

1. Teil. Die Rechtsprechung zur Schematisierung der Höhe des Unterhaltsanspruchs

A. Allgemeines

Die Höhe des Unterhalts wird – anders als die Anspruchsgrundlagen – im Gesetz nur **1** an wenigen Stellen genau geregelt. Die ähnlich lautenden Grundnormen zur Zumessung des Unterhalts sind § 1578 BGB und § 1610 BGB, denen zufolge sich „**das Maß des Unterhalts**" nach den ehelichen Lebensverhältnissen bzw. nach der Lebensstellung des Bedürftigen richtet.

Auch nach der am 1.1.2008 in Kraft getretenen Unterhaltsrechtsreform[1] ist es die Aufgabe der Rechtsprechung geblieben, den angemessenen Unterhalt zu bestimmen, wobei in mehrfacher Weise **Tabellen, Quoten und Schlüssel** zur Anwendung kommen. Dabei dienen die Tabellen in erster Linie zur Ermittlung der Höhe des Kindesunterhalts. Zwischen Ehegatten wird das Einkommen dagegen nach Quoten und unter mehreren Berechtigten nach Schlüsseln aufgeteilt.

Lediglich der **Mindestunterhalt minderjähriger Kinder** wurde für die Zeit ab **2** 1.1.2008 bis 31.12.2015 in § 1612a BGB genau gesetzlich geregelt (für den Zeitraum bis 31.12.2008 noch iVm § 36 Nr. 4 EGZPO). Gemäß § 1612a BGB in der bis 31.12.2015 geltenden Fassung richtete sich der Mindestunterhalt nach dem doppelten Freibetrag für das sächliche Existenzminimum eines Kindes nach § 32 Abs. 6 S. 1 EStG. Er belief sich dann je nach Alter des Kindes auf 87–100–117 % eines Zwölftels dieses doppelten Freibetrags.

Ab 1.1.2010 bis 31.7.2015 betrug danach der Mindestunterhalt minderjähriger Kinder

in der ersten Altersstufe (bis zur Vollendung des 6. Lebensjahrs) **317 EUR** (2009: 281 EUR),

in der zweiten Altersstufe (bis zur Vollendung des 12. Lebensjahrs) **364 EUR** (2009: 322 EUR),

in der dritten Altersstufe (bis zur Vollendung des 18. Lebensjahrs) **426 EUR** (2009: 377 EUR).

Vom 1.8.2015 bis 31.12.2015 waren es dann infolge des Gesetzes zur Anhebung des Grundfreibetrags, des Kinderfreibetrags, des Kindergelds und des Kinderzuschlags vom 16.7.2015[2] **328 EUR, 376 EUR und 440 EUR.**[3]

Die Höhe des Mindestunterhalts bestimmt sich seit 1.1.2016 allein nach dem *steuerfrei zu stellenden sächlichen Existenzminimum des minderjährigen Kindes.* Dieses wird alle zwei Jahre von der Bundesregierung neu ermittelt. Bis zum 31.12.2015 knüpfte der Mindestunterhalt gemäß § 1612a Absatz 1 Satz 2 BGB aF unmittelbar an die steuerrechtlichen Kinderfreibeträge an, die ihrerseits zwar auch an dem sächlichen Existenzminimum minderjähriger Kinder ausgerichtet sind. Die rechtstechnische Anknüpfung an die Kinderfreibeträge des § 32 Abs. 6 EStG hat jedoch in der Vergangenheit zu Divergenzen geführt. Mit dem Gesetz zur Änderung des Unterhaltsrechts und des Unterhaltsverfahrensrechts sowie zur Änderung der ZPO und kostenrechtlicher Vorschriften vom

---

[1] Gesetz zur Änderung des Unterhaltsrechts vom 21.12.2007, BGBl. I 2007, S. 3189 ff.
[2] BGBl. 2015 I 1202; BT-Drs. 18/5244 (Beschlussvorlage) und 18/4649 (Regierungsentwurf).
[3] Siehe dazu (auch zu den Übergangsproblemen) *Niepmann/Schwamb* NJW 2015, 2622.

20.11.2015[4] ist § 1612a Abs. 1 S. 2, 3 BGB für die Zeit ab 1.1.2016 dergestalt geändert worden, dass der Mindestunterhalt nun unmittelbar an das steuerlich freizustellende sächliche Existenz-minimum anknüpft, und zwar ungeachtet des Zeitpunkts, an dem der Haushaltsgesetzgeber die steuerlichen Freibeträge tatsächlich anpasst. Damit sollen die aufgetretenen Probleme der aus politischen Gründen eingetretenen Verzögerung der Erhöhung des steuerlichen Kinderfreibetrags (das Existenzminimum hätte eigentlich schon 2014 zwingend eine Erhöhung erfordert) im Unterhaltsrecht künftig vermieden werden.[5] Für die Höhe des Mindestunterhalts ist gem. § 1612a Abs. 4 BGB auf eine jeweils vom Bundesministerium der Justiz und für Verbraucherschutz zu erlassende Rechtsverordnung, ausgehend vom jeweils letzten Existenzminimumbericht der Bundes-regierung, zu verweisen.[6]

§ 1612a Abs. 1 **Satz 2** BGB lautet deshalb nun wie folgt:

„Der Mindestunterhalt richtet sich nach dem steuerfrei zu stellenden sächlichen Exis-tenzminimum des minderjährigen Kindes."

In **Satz 3** wurden in dem Satzteil nach Nummer 3 die bisherigen Wörter „eines Zwölftels des doppelten Kinderfreibetrags" durch die Wörter „des steuerfrei zu stellen-den sächlichen Existenzminimums des minderjährigen Kindes" ersetzt.

§ 1612a Abs. 2 (Rundungsregeln) und Abs. 3 BGB sind unverändert geblieben. Gemäß § 1612a Abs. 3 BGB ist für die jeweilige Altersstufe der Beginn des Monats maßgebend, in dem das Kind das betreffende Lebensjahr vollendet.

Folgender **Absatz 4** wurde neu angefügt: „(4) Das Bundesministerium der Justiz und für Verbraucherschutz hat den Mindestunterhalt erstmals zum 1. Januar 2016 und dann alle zwei Jahre durch Rechtsverordnung, die nicht der Zustimmung des Bundesrates bedarf, festzulegen."

Mit der auf diesem Gesetz beruhenden Verordnung zur Festlegung des Mindestunter-halts minderjähriger Kinder nach § 1612a I BGB vom 3.12.2015 [7] ist der Mindestunterhalt für die Zeit ab 1.1.2016 auf **335 EUR** in der Altersstufe 1 (87 %), **384 EUR** in der Alters-stufe 2 (100 %) und **450 EUR** in der Altersstufe 3 (117 %) angehoben worden.

Die Verordnung regelt auch bereits die nächste **Erhöhung zum 1.1.2017** auf dann **342 EUR, 393 EUR** und **460 EUR.**

Während bei der Erhöhung des Kindergeldes im Jahr 2015 auf zunächst 188 EUR für ein erstes und zweites Kind, 194 EUR für ein drittes Kind und 219 EUR für jedes weitere Kind in Art. 8 Abs. 3 des Gesetzes zur Anhebung des Grundfreibetrags[8] aus-drücklich klargestellt worden ist, dass diese Anhebungen bei der Anrechnung des Kindergeldes gem. § 1612b Abs. 1 BGB für das gesamte Jahr 2015 nicht zu berück-sichtigen sind (es werden also die Kindergeldbeträge des Jahres 2014 für 2015 weiter angerechnet), wird ab 1.1.2016 das nochmals erhöhte Kindergeld (190 EUR für ein erstes und zweites Kind, 196 EUR für ein drittes und 221 EUR für jedes weitere Kind) bei minderjährigen Kindern wieder insgesamt hälftig auf den Kindesunterhalt angerech-net.

Wenn ein Elternteil seine Unterhaltspflicht durch Kinderbetreuung erfüllt, ergeben sich für den anderen Elternteil, sofern er zum Mindestunterhalt verpflichtet ist, im Jahr 2016 folgende monatliche Zahlbeträge für ein 1. und 2. Kind je nach Altersstufe: 335 EUR –

---

[4] BGBl. 2015 I 2018; BT-Drs. 18/5918 (Regierungsentwurf), 18/6287 (Bundesrat), 18/6380 (Be-schlussvorlage); dazu *Borth* FamRZ 2015, 2013; *Menne* FF 2016, 7; *Bömelburg* FamRB 2016, 27.

[5] Zu den besonderen Problemen für das Übergangsjahr 2015 vgl. *Niepmann/Schwamb* NJW 2015, 2622; *Schürmann* FamRZ 2015, 1454.

[6] BGBl. 2015 I 2188; FamRZ 2016, 100.

[7] BGBl. 2015 I 2188; FamRZ 2016, 100.

[8] BGBl. 2015 I 1202; BT-Drs. 18/5244 (Beschlussvorlage) und 18/4649 (Regierungsentwurf).

95 EUR = 240 EUR, 384 EUR – 95 EUR = 289 EUR bzw. 450 EUR – 95 EUR = 355 EUR.[9]

Nach der Rechtslage bis zum 31.12.2007 hatte es der BGH[10] noch abgelehnt, die für die volle Anrechnung des Kindergeldes nach § 1612b Abs. 5 BGB aF damals maßgeblichen 135 % des Regelbetrags als „Mindestbedarf" anzuerkennen.

Die Unterhaltsleitlinien bzw. Unterhaltsgrundsätze, die von den Oberlandesgerichten angewandt werden und in denen über Tabellen, Quoten und Schlüssel hinaus zahlreiche Einzelfragen der Berechnung des unterhaltspflichtigen Einkommens und des Bedarfs behandelt werden, dienen ebenfalls dem Ziel einer möglichst einheitlichen Rechtsprechung. Seit dem 1.7.2003 folgen sie einer bundeseinheitlichen Struktur,[11] die unterschiedliche Lösungen in Einzelpunkten überschaubarer macht.   **3**

Bei der Anwendung von Tabellen, Quoten, Schlüsseln und auch Leitlinien ist zu beachten, dass die gewonnenen Werte nur **Richtwerte** und **Orientierungshilfen** für die Ermittlung des konkreten Bedarfs im Einzelfall sind. Sie sind anhand allgemeingültiger Gegebenheiten und typischer Sachlagen nach der Lebenserfahrung entwickelt, lassen also individuelle Besonderheiten aufseiten des Verpflichteten wie des Berechtigten zunächst außer Acht. Die Anwendung dieser Hilfsmittel kann daher die Berechnung des angemessenen Unterhalts im Einzelfall niemals ersetzen. Diese Einschränkung des Zwecks und der Aussagekraft von Tabellen, Quoten, Schlüsseln und Leitlinien wird deshalb von den Gerichten auch immer wieder hervorgehoben.[12] Sie sind stets nur Hilfsmittel zur Ausfüllung des unbestimmten Rechtsbegriffs „angemessener Unterhalt".[13] In diesem Sinne wird die Anwendung von Tabellen und Leitlinien vom Bundesgerichtshof als im tatrichterlichen Ermessen liegend gebilligt.[14] Revisionsrechtlich überprüft werden kann jedoch, ob die Richtwerte den anzuwendenden Rechtsvorschriften entsprechen, ob ein entsprechender Erfahrungssatz aufgestellt werden kann und ob besondere Umstände des Einzelfalls hinreichend berücksichtigt sind.[15] So hat der BGH[16] erneut betont, dass die auf Durchschnittsfälle zugeschnittene Einstufung in eine Einkommensgruppe unter Berücksichtigung der Zahl unterhaltsberechtigter Personen nach Anm. 1 der Düsseldorfer Tabelle (bzw. Nr. 11.2 der Leitlinien) immer noch einem ergänzenden tatrichterlichen Ermessen unterliegt und danach eine unterbliebene Herabstufung in dem zu entscheidenden Einzelfall gebilligt.   **4**

Die Methoden der Bedarfsberechnung – etwa die Warenkorbmethode – sind sehr unterschiedlich und legen statistische Durchschnittswerte zugrunde, die auf einen „Normalverbraucher" zugeschnitten sind. Die Kindesunterhaltsbeträge richten sich deshalb nach dem steuerfrei zu stellenden sächlichen Existenzminimum, zu dessen Bestimmung die Bundes-

---

[9] Vgl. dazu näher → Rn. 892 ff. und die Zahlbetragstabellen im Anhang der Düsseldorfer Tabelle (→ Rn. 6).

[10] BGH FamRZ 2002, 536 mAnm *Büttner* (542) = NJW 2002, 1269.

[11] FamRZ 2003, 909; neu gefasst am 3.12.2007, weitere Änderung am 25.10.2010: → Rn. 8.

[12] BGH FamRZ 2012, 1048 = NJW 2012, 1873, Tz. 18; FamRZ 1992, 795 (797) = NJW 1992, 1393: „Es steht dem Tatrichter frei, sich von solchen Werten zu lösen, wenn andere Lebensverhältnisse zu beurteilen sind als diejenigen, auf die sie abgestellt sind." Vgl. ferner die jeweiligen Vorbemerkungen zu den Unterhaltsleitlinien/-grundsätzen der Oberlandesgerichte.

[13] BGH FamRZ 2012, 1048 = NJW 2012, 1873, Tz. 18; FamRZ 1989, 272 = NJW 1989, 523.

[14] BGH FamRZ 1993, 43 (44) = NJW-RR 1992, 1474: „Dem Tatrichter ist nicht verwehrt, sich an die in der Praxis verwendeten Unterhaltstabellen und -leitlinien anzulehnen, sofern nicht besondere Umstände eine Abweichung bedingen"; BGH FamRZ 2001, 1693 mAnm *Büttner* = NJW 2001, 3779 geht offensichtlich auch bei den unterschiedlichen Werten für den Erwerbstätigenbonus (1/10-1/7) davon aus, dass dies im tatrichterlichen Ermessen liegt.

[15] BGH FamRZ 2008, 594 (Tz. 24 ff.) = NJW 2008, 1373 m. krit. Anm. *Schwamb* FF 2008, 160 und *Weychardt* FamRZ 2008, 778.

[16] BGH FamRZ 2014, 1536 = NJW 2014, 2785, Rn. 38 ff. unter Hinweis auf BGH FamRZ 2000, 1492 (1493) = NJW 2000, 3140.

regierung alle zwei Jahre einen Bericht vorlegt.[17] Die deutliche Erhöhung zum 1.1.2010 beruhte damals allerdings nicht auf einem neuen Existenzminimumbericht,[18] sondern war eine Folge des sog. „Wachstumsbeschleunigungsgesetzes" [19] und der darin enthaltenen Änderung des § 32 Abs. 6 EStG, an den der Mindestunterhalt bis 31.12.2015 angebunden war. Aufgrund des 9. Existenzminimumberichts vom 7.11.2012 [20] ist das sächliche Existenzminimum als der für die Unterhaltshöhe damals ausschlaggebende Bestandteil im steuerfrei zu stellenden Existenzminimum zum 1.1.2013 nicht angehoben worden. Damit blieb es für 2013 und auch noch 2014 bei den zum 1.1.2010 festgelegten Mindestunterhaltssätzen. In der Entscheidung des Bundesverfassungsgerichts vom 9.2.2010 zur Bestimmung des Existenzminimums als Grundlage der Regelleistungen nach § 20 SGB II ist zwar die Offenlegung der Methoden und Berechnungsschritte gefordert worden, ohne jedoch verbindliche Maßstäbe zu setzen. Beispielhaft ist sogar auf die Bestimmung des Mindestunterhalts nach § 1612a BGB für eine genauere Differenzierung zwischen verschiedenen Altersstufen hingewiesen worden; notwendige Konsequenzen für eine Neubildung der Mindestunterhaltssätze waren diesem Urteil daher nicht zu entnehmen.[21]

Aufgrund der Empfehlungen der Unterhaltskommission des Deutschen Familiengerichtstags e. V. sind die zuvor am 1.1.2013 angehobenen Selbstbehaltssätze[22] zum 1.1.2015 erneut angepasst worden,[23] so dass zunächst zum 1.1.2015 eine neue Düsseldorfer Tabelle erschienen ist. Infolge des Gesetzes vom 16.7.2015 (BGBl. 2015, I 1202) sind danach sowohl zum 1.8.2015 nur für die Zeit bis 31.12.2015 und auf Grund der Neufassung von § 1612a BGB vom 20.11.2015 in Verbindung mit der Verordnung vom 3.12.2015 (BGBl. 2015, I 2188) für die Zeit ab 1.1.2016 jeweils auch neue Düsseldorfer Tabellen erschienen.

B. Die Anwendung von Tabellen und Leitlinien/Grundsätzen

I. Düsseldorfer Tabelle

5   Die ursprünglich vom Landgericht Düsseldorf entwickelte Tabelle[24] ist vom Oberlandesgericht Düsseldorf neu gefasst und umgestaltet worden, und zwar zum 1.1.1979,[25] 1.1.1980,[26] 1.1.1982,[27] 1.1.1985,[28] 1.1.1989,[29] 1.7.1992,[30] 1.1.1996,[31] 1.7.1998,[32]

---

[17] Zuletzt der 10. Existenzminimumbericht für 2015 und 2016 vom 30.1.2015 (BT-Drs. 18/3893). Zur Kritik an der Methode: *Lenze* FamRZ 2009, 1724 ff. unter III.

[18] Grundlage des auf 3864 EUR (= 322 EUR mtl.) festgelegten sächlichen Existenzminimums für Kinder ab 2009 war der 7. Existenzminimumbericht für 2010 vom 21.11.2008 (BT-Drs. 16/11065).

[19] BGBl. 2009 I 3950 f.

[20] BT-Drs. 17/11425

[21] BVerfG Urt. v. 9.2.2010, FamRZ 2010, 429 = NJW 2010, 505, 144 ff., 196; siehe dazu auch *Klinkhammer* FamRZ 2010, 845.

[22] Dazu *Niepmann* FamRZ 2013, 101.

[23] *Niepmann* FamRZ 2015, 17.

[24] Ausführlich zur 50-jährigen Geschichte: *Otto* FamRZ 2012, 837. Letzte Neufassung des Landgerichts Düsseldorf zum 1.1.1977: NJW 1977, 289.

[25] FamRZ 1978, 854 ff. = NJW 1979, 25.

[26] FamRZ 1980, 19 = NJW 1980, 107.

[27] FamRZ 1981, 1207 f. = NJW 1982, 19.

[28] FamRZ 1984, 961 = NJW 1984, 2330.

[29] FamRZ 1988, 911 = NJW 1988, 2352.

[30] FamRZ 1992, 398 = NJW 1992, 1367.

[31] FamRZ 1995, 1323 = NJW 1995, 2972.

[32] FamRZ 1998, 534 = NJW 1998, 1469.

1.7.1999,[33] 1.7.2001/1.1.2002,[34] 1.7.2003,[35] 1.7.2005,[36] 1.7.2007,[37] 1.1.2008,[38] 1.1.2009,[39] 1.1.2010,[40] 1.1.2011,[41] 1.1.2013,[42] 1.1.2015,[43] 1.8.2015 [44] und zum 1.1.2016.[45]

Sie hat in ihrem Zahlenwerk zum Kindesunterhalt in der Rechtsprechung der Oberlandesgerichte allgemeine Anerkennung gefunden. Für den Unterhalt seit 1.1.2008 gilt sie nun bundesweit, nachdem die Berliner Vortabelle[46] nur noch für die Zeit bis 31.12.2007 anwendbar ist.

Die Rechenregeln und Rechtsauffassungen in den weiteren Teilen der Tabelle (Anmerkungen und Anhänge) werden dagegen nicht einheitlich gehandhabt. Die Unterschiede ergeben sich im Einzelnen aus den jeweiligen Leitlinien bzw. Grundsätzen der übrigen Oberlandesgerichte.

Düsseldorfer Tabelle[47] (Stand: 1.1.2016)   6

A. Kindesunterhalt

Nettoeinkommen des Barunterhaltspflichtigen (Anm. 3, 4)	Altersstufen in Jahren (§ 1612a Abs. 1 BGB)				Prozentsatz	Bedarfskontrollbetrag (Anm. 6)
	0–5	6–11	12–17	ab 18		
Alle Beträge in Euro						
1. bis 1500	335	384	450	516	100	800/1000
2. 1501–1900	352	404	473	542	105	1100
3. 1901–2300	369	423	495	568	110	1200
4. 2301–2700	386	442	518	594	115	1300
5. 2701–3100	402	461	540	620	120	1400
6. 3101–3500	429	492	576	661	128	1500
7. 3501–3900	456	523	612	702	136	1600
8. 3901–4300	483	553	648	744	144	1700
9. 4301–4700	510	584	684	785	152	1800
10. 4701–5100	536	615	720	826	160	1900
ab 5101	nach den Umständen des Falles					

---

[33] FamRZ 1999, 766 = NJW 1999, 1845.

[34] FamRZ 2001, 810 und 1512 = NJW Beilage zu Heft 33, 6 und NJW 2001, 3531.

[35] FamRZ 2003, 903 = NJW 2003 Beilage zu Heft 32.

[36] FamRZ 2005, 1300 = NJW 2005, Beilage zu Heft 30.

[37] FamRZ 2007, 1367 = NJW 2007, Beilage zu Heft 32, dazu *Soyka* FamRZ 2007, 1362.

[38] FamRZ 2008, 211 = NJW 2008, Beilage zu Heft 10, grundlegend zur Neufassung aus Anlass der Unterhaltsrechtsreform: *Klinkhammer* FamRZ 2008, 193.

[39] FamRZ 2009, 180 = NJW 2009, Beilage zu Heft 10.

[40] FamRZ 2010, 173 = NJW 2010, Beilage zu Heft 12.

[41] FamRZ 2010, 1960 = NJW 2011, Beilage zu Heft 8.

[42] Sonderbeil. zu NJW, Heft 8/2013, S. 3; FamRZ 2013, 96.

[43] FamRZ 2015, 102.

[44] FamRZ 2015, 1360.

[45] FamRZ 2016, 101; dazu *Schürmann* FamRB 2016, 24 mwN.

[46] Zuletzt vom 1.7.2007: FamRZ 2007, 1370, dazu *Vossenkämper* FamRZ 2008, 215.

[47] Die neue Tabelle nebst Anmerkungen beruht auf Koordinierungsgesprächen, die unter Beteiligung aller Oberlandesgerichte und der Unterhaltskommission des Deutschen Familiengerichtstages e. V. stattgefunden haben.

Anmerkungen:

1. Die Tabelle hat keine Gesetzeskraft, sondern stellt eine Richtlinie dar. Sie weist den monatlichen Unterhaltsbedarf aus, bezogen auf **zwei**[48] Unterhaltsberechtigte, ohne Rücksicht auf den Rang. Der Bedarf ist nicht identisch mit dem Zahlbetrag; dieser ergibt sich unter Berücksichtigung der nachfolgenden Anmerkungen.

Bei einer größeren/geringeren Anzahl Unterhaltsberechtigter können **Ab- oder Zuschläge** durch Einstufung in niedrigere/höhere Gruppen angemessen sein. Anmerkung 6 ist zu beachten. Zur Deckung des notwendigen Mindestbedarfs aller Beteiligten – einschließlich des Ehegatten – ist gegebenenfalls eine Herabstufung bis in die unterste Tabellengruppe vorzunehmen. Reicht das verfügbare Einkommen auch dann nicht aus, setzt sich der Vorrang der Kinder im Sinne von Anm. 5 Abs. 1 durch. Gegebenenfalls erfolgt zwischen den erstrangigen Unterhaltsberechtigten eine Mangelberechnung nach Abschnitt C.

2. Die Richtsätze der 1. Einkommensgruppe entsprechen dem Mindestbedarf **gemäß der Verordnung zur Festlegung des Mindestunterhalts minderjähriger Kinder nach § 1612a Absatz 1 BGB vom 3. Dezember 2015 (BGBl. I 2015, 2188).** Der Prozentsatz drückt die Steigerung des Richtsatzes der jeweiligen Einkommensgruppe gegenüber dem Mindestbedarf (= 1. Einkommensgruppe) aus. Die durch Multiplikation des gerundeten Mindestbedarfs[49] mit dem Prozentsatz errechneten Beträge sind entsprechend § 1612a Abs. 2 S. 2 BGB aufgerundet.

3. Berufsbedingte Aufwendungen, die sich von den privaten Lebenshaltungskosten nach objektiven Merkmalen eindeutig abgrenzen lassen, sind vom Einkommen abzuziehen, wobei bei entsprechenden Anhaltspunkten eine Pauschale von 5 % des Nettoeinkommens – mindestens 50 EUR, bei geringfügiger Teilzeitarbeit auch weniger, und höchstens 150 EUR monatlich – geschätzt werden kann. Übersteigen die berufsbedingten Aufwendungen die Pauschale, sind sie insgesamt nachzuweisen.

4. Berücksichtigungsfähige **Schulden** sind in der Regel vom Einkommen abzuziehen.

5. Der **notwendige Eigenbedarf (Selbstbehalt)**

– gegenüber minderjährigen unverheirateten Kindern,

– gegenüber volljährigen unverheirateten Kindern bis zur Vollendung des 21. Lebensjahres, die im Haushalt der Eltern oder eines Elternteils leben und sich in der allgemeinen Schulausbildung befinden, beträgt beim nicht erwerbstätigen Unterhaltpflichtigen monatlich 880 EUR, beim erwerbstätigen Unterhaltpflichtigen monatlich 1080 EUR. Hierin sind bis 380 EUR für Unterkunft einschließlich umlagefähiger Nebenkosten und Heizung (Warmmiete) enthalten. Der Selbstbehalt soll erhöht werden, wenn die Wohnkosten (Warmmiete) den ausgewiesenen Betrag überschreiten und nicht unangemessen sind.

Der **angemessene Eigenbedarf,** insbesondere gegenüber anderen volljährigen Kindern, beträgt in der Regel mindestens monatlich 1300 EUR. Darin ist eine Warmmiete bis 480 EUR enthalten.

6. Der **Bedarfskontrollbetrag** des Unterhaltpflichtigen ab Gruppe 2 ist nicht identisch mit dem Eigenbedarf. Er soll eine ausgewogene Verteilung des Einkommens zwischen dem Unterhaltpflichtigen und den unterhaltsberechtigten Kindern gewährleisten. Wird er unter Berücksichtigung anderer Unterhaltspflichten unterschritten, ist der Tabellenbetrag der nächst niedrigeren Gruppe, deren Bedarfskontrollbetrag nicht unterschritten wird, anzusetzen.

7. Bei **volljährigen Kindern,** die noch im Haushalt der Eltern oder eines Elternteils wohnen, bemisst sich der Unterhalt nach der 4. Altersstufe der Tabelle.

Der angemessene Gesamtunterhaltsbedarf eines **Studierenden,** der nicht bei seinen Eltern oder einem Elternteil wohnt, beträgt in der Regel monatlich 735 EUR. Hierin sind bis 300 EUR für Unterkunft einschließlich umlagefähiger Nebenkosten und Heizung (Warmmiete) enthalten. Dieser Bedarfssatz kann auch für ein Kind mit eigenem Haushalt angesetzt werden.

8. Die **Ausbildungsvergütung** eines in der Berufsausbildung stehenden Kindes, das im Haushalt der Eltern oder eines Elternteils wohnt, ist vor ihrer Anrechnung in der Regel um einen ausbildungsbedingten Mehrbedarf von monatlich 90 EUR zu kürzen.

9. In den Bedarfsbeträgen (Anmerkungen 1 und 7) sind **Beiträge zur Kranken- und Pflegeversicherung sowie Studiengebühren** nicht enthalten.

---

[48] Die Tabelle ist für die Zeiträume **ab 1.1.2010** auf **zwei** Berechtigte (statt bisher drei) bezogen.

[49] 35 Das Wort „nicht" vor „gerundeten Mindestbedarfs" ist ab 2009 gestrichen, weil es nur einen (den auf volle Euro aufgerundeten) Mindestunterhalt im Sinne des § 1612a BGB geben kann; andernfalls errechneten sich die höheren Prozentsätze nicht aus dem tatsächlichen Mindestunterhalt. Deswegen kommt es (wie auch früher beim Regelbetrag) bei den höheren Prozentsätzen zu einer doppelten Rundung (Ergebnis der Koordinierungsgespräche im Dezember 2008 in Übereinstimmung mit einer Stellungnahme des BMJ).

10. Das auf das jeweilige Kind entfallende **Kindergeld** ist nach § 1612b BGB auf den Tabellenunterhalt (Bedarf) anzurechnen.

B. Ehegattenunterhalt

I. **Monatliche Unterhaltsrichtsätze des berechtigten Ehegatten ohne unterhaltsberechtigte Kinder (§§ 1361, 1569, 1578, 1581 BGB):**
   1. gegen einen **erwerbstätigen Unterhaltspflichtigen:**
      a) wenn der Berechtigte kein Einkommen hat:
         3/7 des anrechenbaren Erwerbseinkommens zuzüglich 1/2 der anrechenbaren sonstigen Einkünfte des Pflichtigen, nach oben begrenzt durch den vollen Unterhalt, gemessen an den zu berücksichtigenden ehelichen Verhältnissen;
      b) wenn der Berechtigte ebenfalls Einkommen hat:
         3/7 der Differenz zwischen den anrechenbaren Erwerbseinkommen der Ehegatten, insgesamt begrenzt durch den vollen ehelichen Bedarf; für sonstige anrechenbare Einkünfte gilt der Halbteilungsgrundsatz;
      c) wenn der Berechtigte erwerbstätig ist, obwohl ihn keine Erwerbsobliegenheit trifft:
         gemäß § 1577 Abs. 2 BGB;
   2. gegen einen **nicht erwerbstätigen Unterhaltspflichtigen** (zB Rentner):
      wie zu 1a, b oder c, jedoch 50 %.
II. **Fortgeltung früheren Rechts:**
   1. Monatliche Unterhaltsrichtsätze des nach dem Ehegesetz berechtigten Ehegatten **ohne unterhaltsberechtigte Kinder:**
      a) §§ 58, 59 EheG: in der Regel wie I,
      b) § 60 EheG: in der Regel 1/2 des Unterhalts zu I,
      c) § 61 EheG: nach Billigkeit bis zu den Sätzen I.
   2. Bei Ehegatten, die vor dem 3.10.1990 in der früheren DDR geschieden worden sind, ist das DDR-FGB in Verbindung mit dem Einigungsvertrag zu berücksichtigen (Art. 234 § 5 EGBGB).
III. **Monatliche Unterhaltsrichtsätze des berechtigten Ehegatten, wenn die ehelichen Lebensverhältnisse durch Unterhaltspflichten gegenüber Kindern geprägt werden:**
   Wie zu I bzw. II 1, jedoch wird grundsätzlich der Kindesunterhalt (Zahlbetrag; vgl. Anm. C und Anhang) vorab vom Nettoeinkommen abgezogen.
IV. **Monatlicher Eigenbedarf (Selbstbehalt) gegenüber dem getrennt lebenden und dem geschiedenen Berechtigten:**
   unabhängig davon, ob erwerbstätig oder nicht erwerbstätig[50]   1200 EUR
   Hierin sind bis 430 EUR für Unterkunft einschließlich umlagefähiger Nebenkosten und Heizung (Warmmiete) enthalten.
V. **Existenzminimum des unterhaltsberechtigten Ehegatten einschließlich des trennungsbedingten Mehrbedarfs in der Regel:**
   1. falls erwerbstätig: 1.080 EUR
   2. falls nicht erwerbstätig: 880 EUR
VI. 1. **Monatlicher notwendiger Eigenbedarf des von dem Unterhaltspflichtigen getrennt lebenden oder geschiedenen Ehegatten** unabhängig davon, ob erwerbstätig oder nicht erwerbstätig:
      a) gegenüber einem nachrangigen geschiedenen Ehegatten   1.200 EUR
      b) gegenüber nicht privilegierten volljährigen Kindern   1.300 EUR
      c) gegenüber Eltern des Unterhaltspflichtigen   1.800 EUR
   2. **Monatlicher notwendiger Eigenbedarf des Ehegatten, der in einem gemeinsamen Haushalt mit dem Unterhaltspflichtigen lebt,** unabhängig davon, ob erwerbstätig oder nicht erwerbstätig:
      a) gegenüber einem nachrangigen geschiedenen Ehegatten   960 EUR
      b) gegenüber nicht privilegierten volljährigen Kindern   1.040 EUR
      c) gegenüber Eltern des Unterhaltspflichtigen   1.440 EUR
      (vgl. Anm. D I)

Anmerkung zu I–III:
Hinsichtlich **berufsbedingter Aufwendungen** und **berücksichtigungsfähiger Schulden** gelten Anmerkungen A. 3 und 4 – auch für den erwerbstätigen Unterhaltsberechtigten – entsprechend. Diejenigen berufsbedingten Aufwendungen, die sich nicht nach objektiven Merkmalen eindeutig von

---

[50] Anders inzwischen BGH NJW-RR 2009, 289 = FamRZ 2009, 307; FamRZ 2009, 311 (313).

den privaten Lebenshaltungskosten abgrenzen lassen, sind pauschal im Erwerbstätigenbonus von 1/7 enthalten.

C. Mangelfälle

Reicht das Einkommen zur Deckung des Bedarfs des Unterhaltspflichtigen und der gleichrangigen Unterhaltsberechtigten nicht aus (sog. Mangelfälle), ist die nach Abzug des notwendigen Eigenbedarfs (Selbstbehalts) des Unterhaltspflichtigen verbleibende Verteilungsmasse auf die Unterhaltsberechtigten im Verhältnis ihrer jeweiligen Einsatzbeträge gleichmäßig zu verteilen.

Der Einsatzbetrag für den **Kindesunterhalt** entspricht dem Zahlbetrag des Unterhaltspflichtigen. Dies ist der nach Anrechnung des Kindergeldes oder von Einkünften auf den Unterhaltsbedarf verbleibende Restbedarf.

Beispiel: Bereinigtes Nettoeinkommen des Unterhaltspflichtigen (M): 1350 EUR. Unterhalt für drei unterhaltsberechtigte Kinder im Alter von 18 Jahren (K1), 7 Jahren (K2) und 5 Jahren (K3), Schüler, die bei der nicht unterhaltsberechtigten, den Kindern nicht barunterhaltspflichtigen Ehefrau und Mutter (F) leben.

F bezieht das Kindergeld.

Notwendiger Eigenbedarf des M:		= 1.080 EUR
Verteilungsmasse:	1.350 EUR – 1.080 EUR =	270 EUR
Summe der Einsatzbeträge der Unterhaltsberechtigten:		
326 EUR (516 – 190) (K 1) + 289 EUR (384 – 95) (K 2) + 237 EUR (335 – 98) (K 3)	=	852 EUR
Unterhalt:		
K 1:	326 × 270: 852 =	103,31 EUR
K 2:	289 × 270: 852 =	91,58 EUR
K 3:	237 × 270: 852 =	75,11 EUR

D. Verwandtenunterhalt und Unterhalt nach § 1615l BGB

I. **Angemessener Selbstbehalt gegenüber den Eltern:** mindestens monatlich 1800 EUR (einschließlich 480 EUR Warmmiete) zuzüglich der Hälfte des darüber hinausgehenden Einkommens, bei Vorteilen des Zusammenlebens in der Regel 45 % des darüber hinausgehenden Einkommens. Der angemessene Unterhalt des mit dem Unterhaltspflichtigen zusammenlebenden Ehegatten bemisst sich nach den ehelichen Lebensverhältnissen (Halbteilungsgrundsatz), beträgt jedoch mindestens 1440 EUR (einschließlich 380 EUR Warmmiete).

II. **Bedarf der Mutter und des Vaters eines nichtehelichen Kindes** (§ 1615l BGB): nach der Lebensstellung des betreuenden Elternteils, in der Regel mindestens 880 EUR.

Angemessener Selbstbehalt gegenüber der Mutter und dem Vater eines nichtehelichen Kindes (§§ 1615l, 1603 Abs. 1 BGB), unabhängig davon, ob erwerbstätig oder nicht erwerbstätig: 1200 EUR. Hierin sind bis 430 EUR für Unterkunft einschließlich umlagefähiger Nebenkosten und Heizung (Warmmiete) enthalten.

E. Übergangsregelung

Umrechnung dynamischer Titel über Kindesunterhalt nach § 36 Nr. 3 EGZPO: Ist Kindesunterhalt als Prozentsatz des jeweiligen Regelbetrages zu leisten, bleibt der Titel bestehen. **Eine Abänderung ist nicht erforderlich.** An die Stelle des bisherigen Prozentsatzes vom Regelbetrag tritt ein neuer Prozentsatz vom Mindestunterhalt (Stand: 1.1.2008). Dieser ist für die jeweils maßgebliche Altersstufe gesondert zu bestimmen und auf eine Stelle nach dem Komma zu begrenzen (§ 36 Nr. 3 EGZPO). Der Prozentsatz wird auf der Grundlage der zum 1.1.2008 bestehenden Verhältnisse einmalig berechnet und bleibt auch bei späterem Wechsel in eine andere Altersstufe unverändert (BGH Urt. v. 18.4.12 – XII ZR 66/11, FamRZ 2012, 1048). Der Bedarf ergibt sich aus der Multiplikation des neuen Prozentsatzes mit dem Mindestunterhalt der jeweiligen Altersstufe und ist auf volle Euro aufzurunden (§ 1612a Abs. 2 S. 2 BGB). Der Zahlbetrag ergibt sich aus dem um das jeweils anteilige Kindergeld verminderten bzw. erhöhten Bedarf.

Es sind **vier Fallgestaltungen** zu unterscheiden:

1. Der Titel sieht die Anrechnung des hälftigen Kindergeldes (für das 1. bis 3. Kind 77 EUR, ab dem 4. Kind 89,50 EUR) oder eine teilweise Anrechnung des Kindergeldes vor (§ 36 Nr. 3a EGZPO).

$$\frac{\text{(Bisheriger Zahlbetrag + 1/2 Kindergeld)} \times 100}{\text{(Mindestunterhalt der jeweiligen Altersstufe}} = \text{Prozentsatz neu}$$

Beispiel für 1. Altersstufe

$$\frac{(196 \text{ EUR} + 77 \text{ EUR}) \times 100}{279 \text{ EUR}} = 97{,}8\,\% \quad 279 \text{ EUR} \times 97{,}8\,\% = 272{,}86 \text{ EUR,}$$

aufgerundet 273 EUR

Zahlbetrag: 273 EUR\./. 77 EUR = 196 EUR[51]

2. Der Titel sieht die Hinzurechnung des hälftigen Kindergeldes vor (§ 36 Nr. 3b EGZPO).

$$\frac{(\text{Bisheriger Zahlbetrag} - 1/2 \text{ Kindergeld}) \times 100}{\text{Mindestunterhalt der jeweiligen Altersstufe}} = \text{Prozentsatz neu}$$

Beispiel für 1. Altersstufe

$$\frac{(273 \text{ EUR} - 77 \text{ EUR}) \times 100}{279 \text{ EUR}} = 70{,}2\,\% \quad 279 \text{ EUR} \times 70{,}2\,\% = 195{,}85 \text{ EUR,}$$

aufgerundet 196 EUR

Zahlbetrag: 196 EUR + 77 EUR = 273 EUR[52]

3. Der Titel sieht die Anrechnung des vollen Kindergeldes vor (§ 36 Nr. 3c EGZPO).

$$\frac{(\text{Zahlbetrag} + 1/1 \text{ Kindergeld}) \times 100}{\text{Mindestunterhalt der jeweiligen Altersstufe}} = \text{Prozentsatz neu}$$

Beispiel für 2. Altersstufe

$$\frac{(177 \text{ EUR} + 154 \text{ EUR}) \times 100}{322 \text{ EUR}} = 102{,}7\,\% \quad 322 \text{ EUR} \times 102{,}7\,\% = 330{,}69 \text{ EUR,}$$

aufgerundet 331 EUR

Zahlbetrag: 331 EUR\./. 154 EUR = 177 EUR[53]

4. Der Titel sieht weder eine Anrechnung noch eine Hinzurechnung des Kindergeldes vor (§ 36 Nr. 3d EGZPO).

$$\frac{(\text{Zahlbetrag} + 1/2 \text{ Kindergeld}) \times 100}{\text{Mindestunterhalt der jeweiligen Altersstufe}} = \text{Prozentsatz neu}$$

Beispiel für 3. Altersstufe

$$\frac{(329 \text{ EUR} + 77 \text{ EUR}) \times 100}{365 \text{ EUR}} = 111{,}2\,\% \quad 365 \text{ EUR} \times 111{,}2\,\% = 405{,}88 \text{ EUR,}$$

aufgerundet 406 EUR

Zahlbetrag: 406 EUR\./. 77 EUR = 329 EUR[54]

---

[51] Bei diesen vier Fallbeispielen müssten im jeweils **zweiten** Rechenschritt zur Ermittlung des **Zahlbetrages** (nicht im ersten zur Ermittlung des Prozentsatzes) die Zahlen **für 2009, 2010, 8/2015 und 2016** entsprechend dem erhöhten Mindestunterhalt sowie dem erhöhten Kindergeld angepasst werden, siehe dazu für 2010 in der Vorauflage und 2009 die entsprechenden Beispiele von Diehl, FamExpress (Deubner-Verlag), Heft 2/2009, auch aufrufbar bei www.hefam.de unter Unterhaltsgrundsätze/Arbeitspapier, Anhang II, oder in der „Chronik" 2009-01–06.
Bsp. 1 für 2016: 335 x 97,8 % = aufgerundet 328 EUR, abzüglich hälftiges Kindergeld 95 EUR = 233 EUR.
[52] Für 2016: 335 x 70,2 % = aufgerundet 236 EUR zuzüglich hälftiges Kindergeld 95 EUR = 331 EUR.
[53] Für 2016: 384 x 102,7 % = aufgerundet 395 EUR abzüglich volles Kindergeld 190 EUR = 205 EUR.
[54] Für 2016: 450 x 111,2 % = aufgerundet 501 EUR abzüglich hälftiges Kindergeld 95 EUR = 406 EUR.

Anhang: Tabelle Zahlbeträge

Die folgenden Tabellen enthalten die sich nach Abzug des jeweiligen Kindergeldanteils (hälftiges Kindergeld bei Minderjährigen, volles Kindergeld bei Volljährigen) ergebenden Zahlbeträge. Ab dem 1. Januar 2016 beträgt das Kindergeld für das erste und zweite Kind 190 EUR, für das dritte Kind 196 EUR und ab dem vierten Kind 221 EUR.

1. und 2. Kind			0 – 5	6 – 11	12 – 17	ab 18	%
1.		bis 1.500	240	289	355	326	100
2.	1.501 –	1.900	257	309	378	352	105
3.	1.901 –	2.300	274	328	400	378	110
4.	2.301 –	2.700	291	347	423	404	115
5.	2.701 –	3.100	307	366	445	430	120
6.	3.101 –	3.500	334	397	481	471	128
7.	3.501 –	3.900	361	428	517	512	136
8.	3.901 –	4.300	388	458	553	554	144
9.	4.301 –	4.700	415	489	589	595	152
10.	4.701 –	5.100	441	520	625	636	160
3. Kind			0 – 5	6 – 11	12 – 17	ab 18	%
1.		bis 1.500	237	286	352	320	100
2.	1.501 –	1.900	254	306	375	346	105
3.	1.901 –	2.300	271	325	397	372	110
4.	2.301 –	2.700	288	344	420	398	115
5.	2.701 –	3.100	304	363	442	424	120
6.	3.101 –	3.500	331	394	478	465	128
7.	3.501 –	3.900	358	425	514	506	136
8.	3.901 –	4.300	385	455	550	548	144
9.	4.301 –	4.700	412	486	586	589	152
10.	4.701 –	5.100	438	517	622	630	160
Ab 4. Kind			0 – 5	6 – 11	12 – 17	ab 18	%
1.		bis 1.500	224,50	273,50	339,50	295	100
2.	1.501 –	1.900	241,50	293,50	362,50	321	105
3.	1.901 –	2.300	258,50	312,50	384,50	347	110
4.	2.301 –	2.700	275,50	331,50	407,50	373	115
5.	2.701 –	3.100	291,50	350,50	429,50	399	120
6.	3.101 –	3.500	318,50	381,50	465,50	440	128
7.	3.501 –	3.900	345,50	412,50	501,50	481	136
8.	3.901 –	4.300	372,50	442,50	537,50	523	144
9.	4.301 –	4.700	399,50	473,50	573,50	564	152
10.	4.701 –	5.100	425,50	504,50	609,50	605	160

II. Sonstige Tabellen

Die Bremer Tabelle zur Berechnung des Altersvorsorgeunterhalts,[55] fortgeführt von Gutdeutsch, wird im 2. Teil behandelt.[56] 7

Andere Tabellenwerke zum Unterhaltsrecht (wie zB früher die Nürnberger Tabelle[57] oder für die Zeit bis 31.12.2007 die Berliner Tabelle[58]) werden nicht mehr fortgeführt.

III. Unterhaltsleitlinien bzw. Unterhaltsgrundsätze

Ebenso wie die Düsseldorfer Tabelle ist auch die folgende **Leitlinienstruktur** in Koordinierungsgesprächen unter Beteiligung aller Oberlandesgerichte und der Unterhaltskommission des Deutschen Familiengerichtstages e.V. überarbeitet worden, zuletzt am 25.10.2010.[59] Das ermöglicht eine bessere Vergleichbarkeit der Rechtsprechung der Oberlandesgerichte, soweit sie sich in Einzelfragen unterscheidet.[60] 8

Bundeseinheitliche Struktur für unterhaltsrechtliche Leitlinien:
Präambel
Unterhaltsrechtlich maßgebendes Einkommen
Allgemeine Grundsätze
1. **Geldeinnahmen**
1.1 Regelmäßiges Bruttoeinkommen einschließlich Renten und Pensionen
1.2 Unregelmäßige Einkommen (zB Abfindungen etc.)
1.3 Überstunden
1.4 Spesen und Auslösungen,
1.5 Einkommen aus selbstständiger Tätigkeit
1.6 Einkommen aus Vermietung und Verpachtung sowie Kapitalvermögen
1.7 Steuererstattungen
1.8 Sonstige Einnahmen (zB Trinkgelder)
2. **Sozialleistungen**
2.1 Arbeitslosengeld und Krankengeld
2.2 Leistungen nach dem SGB II
2.3 Wohngeld
2.4 BAföG
2.5 Erziehungs- und Elterngeld
2.6 Unfall- und Versorgungsrenten
2.7 Leistungen aus der Pflegeversicherung, Blindengeld uä
2.8 Pflegegeld
2.9 Grundsicherung beim Verwandtenunterhalt
2.10 Sozialhilfe
2.11 Unterhaltsvorschuss
3. **Kindergeld**
4. **Geldwerte Zuwendungen des Arbeitgebers**
5. **Wohnwert**
6. **Haushaltsführung**

---

[55] Bremer Tabelle, Stand 1.1.2016, FamRZ 2016, 286; Stand 1.1.2015, FamRZ 2015, 305.

[56] → Rn. 427, 428 im 2. Teil.

[57] Verfasst von *S. Mager* letztmals zum 1.1.1996, dazu *Riegner* FamRZ 1996, 988 ff.

[58] FamRZ 2007, 1370, dazu *Vossenkämper* FamRZ 2008, 215, auch → Rn. 5.

[59] *Schwamb* FPR 2011, 138 (140 unter V.).

[60] Von einem vollständigen Abdruck der Leitlinien wird abgesehen. Sie werden regelmäßig in Sonderdrucken sowie auf den Homepages der Fachverlage veröffentlicht.
Unter http://hefam.de/DT/ffmAPap.html findet sich eine Synopse von Unterhaltsgrundsätzen bzw. Leitlinien, in der auch jeweils neuere Rechtsprechung, insbesondere des BGH, verlinkt ist.

---

[61] Zur neuen Rspr. des BGH vom 7.12.2011, FamRZ 2012, 281 = NJW 2012, 384, siehe → Rn. 52–52c.

C. Die Anwendung von Quoten und Schlüsseln

I. Quoten zur Bestimmung des Ehegattenunterhalts

1. Berechnungsgrundlagen

Der **Halbteilungsgrundsatz ist Ausgangspunkt** für die Aufteilung unter den Ehegat-   9
ten, weil im Grundsatz Einigkeit darüber besteht, dass das zum Unterhalt zur Verfügung
stehende Einkommen gleichmäßig für die Lebensbedürfnisse beider Ehegatten zu verwenden ist, denn beide nehmen am ehelichen Lebensstandard in gleicher Weise teil,[62] wie
sich auch aus §§ 1360–1360b BGB ergibt.

Bei **Rentnern** und **allen anderen Fällen von Einkünften, die nicht aus Erwerbstätig-**   10
keit stammen, besteht daher auch Einigkeit, dass die Einkünfte im Verhältnis 1/2 zu 1/2
aufzuteilen sind.[63]

Bei Erwerbstätigkeit des Verpflichteten hat sich die Auffassung durchgesetzt, dass bei   11
der Bemessung des Bedarfs dem Erwerbstätigen eine höhere Quote zuzubilligen ist,
womit sowohl einem erhöhten Aufwand, der typischerweise mit der Berufstätigkeit verbunden ist, Rechnung getragen wird als auch der Anreiz zur (weiteren) Ausübung einer
Erwerbstätigkeit gesteigert werden soll.[64] Im Mangelfall, sei es auch nur ein relativer

---

[62] BVerfG FamRZ 2002, 527 = NJW 2002, 1185; BGH NJW 2012, 384 = FamRZ 2012, 281,
Tz. 34; NJW 2006, 1654 = FamRZ 2006, 683 (686); BGH FamRZ 1982, 894 = NJW 1982, 2442;
FamRZ 1991, 304 = NJW-RR 1991, 132; FamRZ 1995, 346 = NJW 1995, 963.

[63] BGH FamRZ 1982, 894; FamRZ 1983, 150; FamRZ 1985, 161 = NJW 1982, 2442; NJW 1983,
683. So auch Nr. 15.2 der Unterhaltsleitlinien aller Oberlandesgerichte.

[64] BGH FamRZ 1991, 304 (305) = NJW-RR 1991, 132; generell gegen einen Erwerbstätigenbonus
aber: *Spangenberg* FamRZ 2011, 701.

(→ Rn. 52, 52b, c), wird auf der Leistungsfähigkeitsebene jedoch kein Erwerbstätigenbonus mehr gewährt.[65]

12   Die **Praxis der Oberlandesgerichte zur Quotierung** ist nicht einheitlich.

55 % zu 45 % quoteln: die bayerischen und baden-württembergischen Oberlandesgerichte, das OLG Zweibrücken,[66] der 3. Familiensenat des OLG Brandenburg,[67] und das OLG Naumburg.[68]

4/7: 3/7 quoteln: alle anderen Oberlandesgerichte (und Senate des OLG Brandenburg),[69] auch das OLG Frankfurt seit der Änderung seiner Unterhaltsgrundsätze zum 1.7.2003.[70]

Der BGH hat die Festlegung einer bestimmten Quote dem Tatrichter überlassen.[71] Diese Großzügigkeit gegenüber pauschaler Bedarfszumessung steht allerdings in einem gewissen Widerspruch zur Ablehnung pauschaler Bedarfsberechnung in anderen Punkten (zB beim trennungsbedingten Mehrbedarf)[72] und zu einer neuerdings immer differenzierteren Aufteilung bei den Selbstbehalten.[73]

13   Die **pauschale Höherquotierung zugunsten des Erwerbstätigen** berücksichtigt auch weiterhin zweierlei:

* Ausgleich des (nicht quantifizierbaren) berufsbedingten Mehrbedarfs
* Schaffung eines Arbeitsanreizes.[74]

Nicht zutreffend erscheint deswegen, eine Pauschale von 5 % als berufsbedingte Kosten vom unterhaltspflichtigen Einkommen zusätzlich abzuziehen, wenn keinerlei konkrete Anhaltspunkte für solche Kosten bestehen.[75] Der BGH[76] hat hervorgehoben, dass bei pauschaler Deckung auch des nicht quantifizierbaren Mehraufwandes durch eine 5 %-Pauschale der Erwerbstätigenbonus nur noch die Anreizfunktion hat, so dass er dann geringer zu bemessen sein könnte als in den Fällen, in denen der Bonus beide Funktionen zu erfüllen hat.

Aus dieser Überlegung ergeben sich die Gründe für die Absenkung des Erwerbstätigenbonus auf 1/10 nach der Praxis der süddeutschen und anderer Gerichte.[77] Da der 1/7-

---

[65] BGH FamRZ 2014, 912 = NJW 2014, 1590 Tz. 39; grundlegend neu BGH FamRZ 2013, 1366 = NJW 2013, 2662, Tz. 87, Anschluss an Scholz/Kleffmann/Motzer/*Kleffmann*, Praxishandbuch Familienrecht [Januar 2013] H 132 f.; *Eschenbruch/Schürmann*, aA Der Unterhaltsprozess 5. Aufl., Kap. 1 Rn. 1104 ff., 1106 unter Hinweis auf OLG Düsseldorf FamRZ 1990, 1364, 1365.

[66] Süddeutsche Leitlinien Nr. 15.2.

[67] Leitlinien OLG Brandenburg Nr. 15.2.

[68] Leitlinien OLG Naumburg Nr. 15.2.

[69] Vgl. Nr. 15.2 der Leitlinien im Übrigen; OLG Düsseldorf FamRZ 1999, 1349 = NJW 1999, 1721 hält ausdrücklich daran fest.

[70] Unterhaltsgrundsätze OLG Frankfurt Nr. 15.2.

[71] BGH FamRZ 2001, 1693 = NJW 2001, 3779; FamRZ 1981, 442 (444) = NJW 1981, 1556 (1558).

[72] Vgl. *Christl* NJW 1984, 267 (271); *Weychardt* DAVorm 1984, 639.

[73] BGH FamRZ 2008, 594; abl. Anm. *Schwamb* FF 2008, 160.

[74] BGH FamRZ 2010, 192 = NJW 2010, 303, Tz. 25 mwN.

[75] BGH FamRZ 1995, 346 (348) = NJW 1995, 963 lehnt einen „Verdienerabzug" von 5 % neben der Quote ab. Die Düsseldorfer Tabelle A 3 führt zwar noch die Pauschale von 5 %, begrenzt sie aber auf 150 EUR (mindestens 50 EUR) und verlangt Anhaltspunkte für die Schätzung des konkreten Aufwands, ebenso OLG Frankfurt, Unterhaltsgrundsätze Nr. 10.2.1. Der BGH FamRZ 2002, 536 billigt den Abzug von 5 %, wenn die Aufwendungen nur der Höhe nach streitig sind, vgl. auch BGH FamRZ 2006, 108. Siehe weiter → Rn. 978.

[76] BGH FamRZ 1997, 806 = NJW 1997, 1919; FamRZ 1995, 346 (348) = NJW 1995, 963; ähnlich OLG Karlsruhe FamRZ 1996, 350 (Bonus bei Vollabzug der Aufwendungen geringer); BGH FamRZ 2001, 1693 (1695) mAnm *Büttner* = NJW 2001, 3779 sieht die Höhe des Erwerbstätigenbonus wohl weiterhin als Tatsachenfrage.

[77] BGH FamRZ 1990, 259 (260) = NJW-RR 1989, 1154; für Kombination aber weiter OLG München FamRZ 1993, 328.

Mehranteil die nicht quantifizierbaren berufsbedingten Aufwendungen bereits erfasst, lehnen das OLG Köln und das OLG Schleswig die zusätzliche Anwendung von Pauschalen ab,[78] was eine Schätzung konkreten Mehraufwandes nach § 287 ZPO aber nicht ausschließt.

Der **Erwerbstätigenbonus** ist vom bereinigten Erwerbseinkommen, also **nach Abzug** 14 **berufsbedingter Aufwendungen** oder der Pauschale dafür, zu berechnen.

Sowohl bei Anwendung der 4/7: 3/7-Quote als auch der 55 %: 45 %-Quote ist anerkannt, dass quantifizierbarer berufsbedingter Mehraufwand vor der Quotenbildung vom Einkommen abzuziehen ist.[79] Ferner sind der Kindesunterhalt und Schuldbelastungen bei der Berechnung vorweg abzuziehen. Der 1/7- oder 1/10-Anteil errechnet sich erst aus dem auch um diese Positionen bereinigten Einkommen.[80] Zwar fällt der Bonus dann geringer aus, das ist aber darauf zurückzuführen, dass bei Bestehen dieser Belastungen das verteilungsfähige Einkommen geringer ist. Treffen Erwerbseinkommen und Nichterwerbseinkommen zusammen, wird es darauf ankommen, aus welchem Einkommensteil die Schulden in der Ehe bezahlt worden sind, ggf. wird anteilig abgezogen werden müssen.[81]

Auf **Lohnersatzleistungen** wie Arbeitslosen- und Krankengeld ist nach seiner Funk- 15 tion kein Erwerbstätigenbonus zu gewähren, denn in diesen Fällen bedarf es keines Arbeitsanreizes und es entsteht auch kein nicht quantifizierbarer Mehraufwand.[82] Gleiches soll gelten, wenn der Unterhaltspflichtige unter Belassung der vollen Bezüge **von jeder Arbeitstätigkeit freigestellt** ist.[83]

Beim **Zusammentreffen von Erwerbseinkommen und Renteneinkommen** des Ver- 16 pflichteten ist vom Erwerbseinkommen zunächst 1/7 (bzw. 1/10) abzuziehen, und der verbleibende Rest ist 1/2: 1/2 aufzuteilen.[84]

Für hinzukommendes Erwerbseinkommen des Berechtigten ist davon bei einer 17 Bedarfsbemessung nach der Quotenmethode ebenfalls vorab 1/7 abzuziehen.[85] Das gilt auch dann, wenn hinzukommendes Erwerbseinkommen nach § 1577 Abs. 2 BGB teilweise nicht anrechenbar ist.

Dagegen hat der BGH – insoweit unter Aufgabe seiner früheren Auffassung[86] – inzwischen entschieden, bei einer konkreten Bedarfsberechnung für den berechtigten Ehegatten (dazu → Rn. 29–32) bedürfe es weder eines über pauschale Werbungskosten hinausgehenden nicht bezifferbaren berufsbedingten Mehrbedarfs noch eines besonderen Erwerbsanreizes als Bestandteil des Erwerbstätigenbonus,[87] was allerdings zumindest hinsichtlich des Erwerbsanreizes, auch unter Berücksichtigung von § 1569 BGB, nicht überzeugt, sofern dem Verpflichteten mehr als nach dem Halbteilungsgrundsatz bleibt.

---

[78] Leitlinien des OLG Köln Nr. 10.2.1 und Leitlinien OLG Schleswig Nr. 10.2.1.

[79] Vgl. Düsseldorfer Tabelle B I 1a (4/7 des anrechenbaren Einkommens, dh des Einkommens nach Abzug der berufsbedingten Aufwendungen gem. A 3); so auch Nr. 15.2 der Unterhaltsleitlinien.

[80] BGH FamRZ 1997, 806 = NJW 1997, 1919. Die frühere Streitfrage ist damit für die Praxis entschieden.

[81] Normalerweise erfolgt daher ein Abzug vom Erwerbseinkommen: OLG Hamburg FamRZ 1991, 445 (448).

[82] BGH NJW-RR 2009, 289 = FamRZ 2009, 307 mAnm *Günther*, S. 310; NJW 2007, 2249 = FamRZ 2007, 983; OLG Hamburg OLG-Report 1996, 8 (9).

[83] OLG Koblenz NJW-RR 2008, 1030 = FamRZ 2008, 2281.

[84] Düsseldorfer Tabelle B I 1a; KG FamRZ 1987, 283.

[85] BGH FamRZ 1991, 304 (305) = NJW-RR 1991, 132.

[86] BGH FamRZ 2010, 1637 = NJW 2010, 3372, Tz. 31.

[87] BGH FamRZ 2011, 192 = NJW 2011, 303, Tz. 24–29.

2. Abzug des Kindesunterhalts

18   **Minderjährige Kinder und ihnen gleichgestellte volljährige Kinder (§ 1603 Abs. 2 S. 2 BGB)** sind nach dem ab 1.1.2008 geltenden Recht gem. § 1609 Nr. 1 BGB vorrangig berechtigt. Jedoch konnte auch bereits nach dem für die Zeit bis 31.12.2007 geltenden Recht bei minderjährigen und ihnen gem. § 1603 Abs. 2 S. 2 BGB gleichgestellten volljährigen Kindern trotz ihrer damaligen Gleichrangigkeit mit den Ehegatten (§§ 1609 Abs. 2, 1582 Abs. 1 BGB aF)[88] der Kindesunterhalt bei Errechnung des **Ehegattenunterhaltsbedarfs** grundsätzlich vorweg abgezogen werden,[89] und zwar sowohl der **Barunterhalt** als auch etwaiger, **zu schätzender Naturalunterhalt.**[90] Bei Mischeinkünften (aus Erwerbstätigkeit und Kapital) soll der Kindesunterhalt im Verhältnis der Einkommensanteile vorweg abgezogen werden.[91] Schon vor der Unterhaltsrechtsreform hatte der BGH diesen Vorwegabzug des Kindesunterhalts zwischenzeitlich selbst dann zugelassen, wenn es sich um ein nicht gemeinschaftliches Kind handelte, das erst nach der Scheidung hinzugekommen war.[92] Diese Rechtsprechung hatte der BGH zum neuen Unterhaltsrecht unter Hinweis auf die sog. „wandelbaren ehelichen Lebensverhältnisse" (dazu → Rn. 51, 52) zunächst bestätigt[93] und auf den Fall ausgedehnt, dass der Unterhaltspflichtige den Unterhalt für ein **nachehelich adoptiertes Kind** vorweg abziehen darf.[94] Nachdem das BVerfG[95] jedoch die Rechtsprechung des BGH zu den wandelbaren ehelichen Lebensverhältnissen für nicht mit § 1578 BGB vereinbar erklärt hat, ist der BGH für die Bedarfsberechnung grundsätzlich **zum Stichtagsprinzip (Rechtskraft der Scheidung) zurückgekehrt,** und zwar auch hinsichtlich des Vorwegabzugs von Kindesunterhalt für ein erst **nachehelich geborenes Kind** auf der Bedarfsebene.[96] Gleichzeitig weist der BGH aber auch darauf hin, dass unabhängig davon, ob diese Kinder den Unterhaltsbedarf eines geschiedenen Ehegatten beeinflussen oder nicht, ihre Ansprüche im Rahmen der Leistungsfähigkeit vorab zu befriedigen sind und damit die verfassungsrechtlich gebotene Gleichbehandlung aller Kinder wieder sichergestellt ist.[97]

19   **Grenzen des Vorwegabzugs.** Der Kindesunterhalt, der sich immer nach den aktuellen Einkommensverhältnissen richtet,[98] ist bei der Bemessung des nachehelichen Unterhalts nur insoweit abzusetzen, als er sich ohne Berücksichtigung eines Karrieresprungs aus dem geringeren Einkommen ergibt.[99]

20   Der Vorwegabzug darf außerdem nicht zu einer Verteilung führen, die in einem Missverhältnis zum wechselseitigen Lebensbedarf der Beteiligten steht.[100] Dies ist bei Anwendung des ab 1.1.2008 geltenden Unterhaltsrechts nach einer Entscheidung des BGH gewährleistet, wonach nämlich die erforderliche Angemessenheitsbetrachtung bereits beim Unterhaltsbedarf **des Kindes** gemäß § 1610 BGB regelmäßig dazu führt, dass der

---

[88] Allerdings war die zweite Ehefrau nach dem für die Zeit bis 31.12.2007 gültigen Recht nachrangig, und zwar auch gegenüber allen Kindern (BGH FamRZ 1988, 705 = NJW 1988, 1722).

[89] BGH FamRZ 1999, 367 = NJW 1999, 717.

[90] OLG Düsseldorf FamRZ 1999, 1530.

[91] OLG Karlsruhe FamRZ 1999, 1276 = NJW 1999, 1722.

[92] BGH FamRZ 2006, 683 = NJW 2006, 1654, unter Tz. 27.

[93] BGH FamRZ 2008, 968 (971).

[94] BGH NJW 2009, 145 = FamRZ 2009, 23.

[95] BVerfG FamRZ 2011, 437 = NJW 2011, 836.

[96] BGH FamRZ 2012, 281 = NJW 2012, 384, Tz. 27.

[97] BGH FamRZ 2012, 281 = NJW 2012, 384, Tz. 27; dazu auch *Maurer* FamRZ 2011, 849 (856); *Schwamb* FamRB 2011, 120 (123).

[98] BGH FamRZ 2008, 2189 = NJW 2008, 3562, Tz. 17; FamRZ 2008, 963 (968).

[99] BGH FamRZ 2007, 1232 mAnm *Maurer* = NJW 2007, 2628 mAnm *Ehinger.*

[100] BGH FamRZ 2003, 363 = NJW 2003, 1112 mAnm *Wohlgemuth* FPR 2003, 252; FamRZ 1985, 912 (916); 1986, 553 = NJW 1986, 985; dazu auch OLG Hamm FamRZ 1999, 853.

Kindesunterhalt nur in Höhe des **Existenzminimums** zu veranschlagen ist, wenn die Leistungsfähigkeit des Verpflichteten nicht für den Unterhalt sämtlicher (auch nachrangiger) Berechtigter ausreicht.[101]

Nach dem für Unterhaltsansprüche bis 31.12.2007 fortgeltenden Recht (bei damaligem Gleichrang von Ehegatte und Kindern) werden **in Mangelfällen** pauschale Einsatzbeträge für den Ehegatten (Mindestselbstbehalt) und die Kinder (135 % der früheren Regelbeträge) in die Berechnung eingestellt und dann anteilig gekürzt.[102] Sofern sich die Beteiligten aber, wie in der Praxis nicht selten, schon nach früherem Recht auf den Vorrang des Kindesunterhalts geeinigt haben, ist der Vorwegabzug – sogar unabhängig vom verhältnismäßigen Ergebnis – gerechtfertigt.[103]   21

Abzuziehen ist nunmehr **nach dem seit 1.1.2008 anzuwendenden Recht nur noch der Zahlbetrag des Kindesunterhalts** (dh der Tabellenunterhalt abzüglich des gemäß § 1612b Abs. 1 BGB bedarfsmindernden Kindergeldes: **zur Hälfte,** wenn ein Elternteil seine Unterhaltpflicht durch Betreuung des Kindes erfüllt, in **voller Höhe** in allen anderen Fällen).[104] Von Teilen der Rechtsprechung und Literatur ist zunächst die Ansicht vertreten worden, es müsse bei der Zahlung von Unterhalt für minderjährige Kinder – wie nach dem bis 31.12.2007 gültigen Recht[105] – auch weiterhin der volle Tabellenbetrag abgezogen werden,[106] weil andernfalls ein Teil der dem Barunterhaltspflichtigen zustehenden Kindergeldhälfte wieder als Ehegattenunterhalt auszukehren ist.[107] Der BGH hat sich jedoch auf Grund des neuen Wortlauts des § 1612b BGB und der ausdrücklichen Absicht des Gesetzgebers in der zugehörigen Gesetzesbegründung der überwiegenden Meinung angeschlossen, dass der Zahlbetrag abzuziehen ist.[108] Dagegen geäußerte verfassungsrechtliche Bedenken teilt das BVerfG[109] nicht; ein Verfassungsverstoß liege insoweit nicht vor, insbesondere auch keine Ungleichbehandlung des Barunterhaltspflichtigen.   22

Bei volljährigen Kindern hatte der BGH dies bereits für das bis 31.12.2007 geltende Recht so entschieden.[110] Grundsätzlich begegnet auch der Vorwegabzug des Kindesunterhalts für nicht privilegierte volljährige Kinder trotz deren Nachrangigkeit keinen Bedenken, wenn diese Unterhaltsbelastung die ehelichen Lebensverhältnisse geprägt hat,[111] was   23

---

[101] BGH FamRZ 2008, 2189 = NJW 2008, 3562, Tz. 22; bestätigt in BGH FamRZ 2012, 281 = NJW 2012, 384, Tz. 54; FamRZ 2010, 1318 = NJW 2010, 2515, Tz. 20.

[102] BGH FamRZ 2003, 363 = NJW 2003, 1112 mAnm *Wohlgemuth* FPR 2002, 252; FamRZ 1990, 499 = NJW 1990, 1477; OLG Koblenz NJW-RR 2007, 729.

[103] BGH FamRZ 1994, 87 m. abl. Anm. *Ewers* FamRZ 1994, 816.

[104] BGH NJW 2009, 2523 = FamRZ 2009, 1300 (dort unter Tz. 45 ff.).

[105] BGH NJW 1997, 1919 = FamRZ 1997, 806.

[106] OLG Düsseldorf, 7. FamS, FamRZ 2009, 338; *Schürmann* FamRZ 2008, 313 (324); *Maurer* FamRZ 2008, 1985 (1991); FamRZ 2008, 2157 (2161) jeweils mwN; *Spangenberg* FamRZ 2010, 255.

[107] Für eine differenzierende Lösung: OLG Frankfurt, 5. FamS, NJW-RR 2009, 2.

[108] BGH FamRZ 2010, 1318 = NJW 2010, 2515, Tz. 27 ff.; FamRZ 2010, 869 = NJW 2010, 2056, Tz. 27; FamRZ 2009, 1477 = NJW 2009, 2744; FamRZ 2009, 1300 (mit abl. Anm. *Schürmann* S. 1306) = NJW 2009, 2523; OLG Düsseldorf, 2. FamS, FamRZ 2008, 1254; OLG Hamm FamRZ 2008, 893; FamRZ 2008, 1446 (1448); OLG Celle FamRZ 2008, 997; OLG Bremen NJW 2009, 925; *Scholz* FamRZ 2007 (2021), 2028; *Büttner* FamRZ 2008, 967; *Borth,* Unterhaltsrechtsänderungsgesetz, Rn. 341; *Dose* FamRZ 2007, 1289 (1292); *Gerhardt* FamRZ 2007, 945 (948); *Klinkhammer* FamRZ 2008, 193 (199).

[109] BVerfG FamRZ 2011, 1490 = NJW 2011, 3215 unter Rn. 32 ff.

[110] BGH FamRZ 2006, 99 (101); zum neuen Recht: BGH FamRZ 2008, 963; FamRZ 2008, 2104 (Tz. 36).

[111] BGH FamRZ 2013, 191, Tz. 31, mAnm *Born;* FamRZ 1985, 912 = NJW 1985, 2713; FamRZ 1990, 499 = NJW 1990, 1477; OLG Koblenz Urt. v. 16.10.2002 – 9 UF 140/02 und (11.) FamRZ 2007, 286; OLG Schleswig SchlHA 1996, 244.

auch vorliegt, wenn ein volljähriges Kind erst nach der Scheidung wieder bedürftig wird.[112] Im Mangelfall gilt das aber nicht mehr.[113]

24   Auch bei Kindern, die nie in der Familie gelebt haben (zB Kindern aus einer ersten Ehe oder aus einer vorehelichen Beziehung) ist bereits nach der bis 31.12.2007 maßgeblichen Rechtslage nur der Zahlbetrag abzuziehen, denn nur dieser Abfluss hat die ehelichen Lebensverhältnisse geprägt.[114]

25   **Bei gleichzeitiger Bar- und Betreuungsleistung** des Verpflichteten kann für die Errechnung des Ehegattenunterhalts **nicht der doppelte Kindesunterhaltsbetrag** abgezogen werden, denn die von Eltern geleistete Betreuung wird grundsätzlich nicht monetarisiert.[115] Hiervon zu unterscheiden ist die Frage, ob im Einzelfall konkret nach den Umständen Abzüge vom Einkommen des insoweit doppelt Verpflichteten vorzunehmen sind (→ Rn. 965 ff.). Ob für den Verpflichteten anders als für den Berechtigten (→ Rn. 540) ein pauschaler Bonus noch in Betracht kommt, hat der BGH zuletzt offen gelassen.[116] Wenn konkrete Aufwendungen belegt, aber nicht genau bezifferbar sind, dürfte eine Pauschale jedenfalls zulässig sein.[117]

26   **Der Zählkindvorteil** für ein nicht gemeinsames Kind ist gemäß § 1612b Abs. 2 BGB nicht in die Bedarfsberechnung für den anderen Ehegatten einzubeziehen, und zwar auch nicht nach früherem Recht, selbst wenn das Kind noch vor Rechtskraft der Scheidung geboren wurde.[118]

27   **Der rechtlich geschuldete Unterhalt** ist abzuziehen; das ist der titulierte Unterhalt, solange nicht auf einen Teil davon verzichtet worden ist oder eine gebotene Abänderung schuldhaft versäumt worden ist.[119] Ein über den geschuldeten hinausgehender Unterhalt kann abzuziehen sein, wenn er jahrelang gezahlt wurde und somit die ehelichen Lebensverhältnisse geprägt hat.[120] Die Wechselwirkungen auf den Ehegattenunterhalt sind zu beachten.[121] Entsteht ein Missverhältnis, kann die Verweisung auf einen Abänderungsantrag gerechtfertigt sein.

Wird der Kindesunterhalt nicht oder nicht mehr gezahlt, ist sein Vorwegabzug nicht gerechtfertigt.[122] Bei Titulierung kommt es darauf an, ob noch mit der Durchsetzung zu rechnen ist.

28   **Beim Aufstockungsunterhalt** (§ 1573 Abs. 2 BGB) hat der BGH [123] die bisher streitige Frage, ob ein solcher Anspruch auch dadurch entstehen kann, dass das Einkommen des für den Kindesunterhalt barunterhaltspflichtigen Ehegatten erst durch den **Vorwegabzug**

---

[112] NJW 2012, 2883 = FamRZ 2012, 1553, Tz. 16, mAnm *Hauß* FamRZ 2012, 1628 (aber mit höherem Selbstbehalt).

[113] BGH FamRZ 2003, 363; OLG Koblenz FamRZ 2007, 286; OLG München FamRZ 2001, 1618 (Ls.) m. abl. Anm. *Kemper* FamRZ 2002, 462 wegen der steuerrechtlichen Folgen.

[114] OLG Nürnberg FamRZ 2001, 626.

[115] BGH FamRZ 2013, 109, Tz. 25, mAnm *Finke;* OLG Naumburg FamRZ 2011, 224; aA bis zur 11. Auflage unter Bezug auf OLG Koblenz FamRZ 2002, 1281.

[116] BGH FamRZ 2013, 109, BGH FamRZ 2006, 1597 (1599) = NJW 2006, 3421, bezugnehmend auf BGH FamRZ 2005, 1154 (1156) und FamRZ 1986, 790.

[117] BGH FamRZ 2006, 1597 (1599) = NJW 2006, 3421, bezugnehmend auf BGH FamRZ 2005, 1154 (1156) und FamRZ 1986, 790.

[118] BGH FamRZ 2000, 1492 = NJW 2000, 3140.

[119] BGH FamRZ 2003, 363 (367) = NJW 2003, 1112; NJW 2000, 284 (286); → Rn. 113.

[120] BGH FamRZ 1990, 979 = NJW-RR 1990, 578; OLG Hamm FamRZ 1996, 862 will bei zu hohem Kindesunterhalt auch den Selbstbehalt erhöhen (bedenklich), anders OLG Hamm OLG-Report 1996, 41 für vorübergehende Nichtzahlung.

[121] *Wendl/Dose/Klinkhammer*, 9. Aufl., § 2 Rn. 250; KG NJW-RR 1996, 1287; OLG Hamm OLG-Report 1996, 261.

[122] Vgl. BGH NJW 2008, 3635 = FamRZ 2008, 2104, Tz. 34; Johannsen/Henrich/*Büttner*, bis 5. Aufl. 2010, BGB, § 1578 Rn. 57.

[123] BGH FamRZ 2016, 199 (mAnm *Witt*) = NJW 2016, 322, Tz. 16.

des Kindesunterhalts unter das Einkommen des kinderbetreuenden Ehegatten absinkt, nun grundsätzlich bejaht.[124] Auf Seiten des kinderbetreuenden Ehegatten ist allerdings der dadurch entstehenden Belastung bei der Bemessung seiner Erwerbsobliegenheit und ggf. durch (teilweise) Nichtberücksichtigung überobligatorisch erzielten Einkommens Rechnung zu tragen.[125] Grundsätzlich ist aber der Kindesunterhalt auch in diesen Fällen eine eheprägende und damit abzugsfähige Verbindlichkeit; ein durch diesen Abzug erst ausgelöster Unterhaltsanspruch des baruntderhaltspflichtigen Elternteils ist dann eine notwendige und damit hinzunehmende Folge.[126] Sofern auf Seiten des betreuenden Elternteils keine überobligatorische Belastung eintritt, muss er sich somit über den Umweg des Ehegattenunterhalts auch am Barunterhalt der Kinder beteiligen.

3. Grenzen der Unterhaltsbestimmung durch Quoten

a) Sättigungsgrenze

Die **schematische Unterhaltszumessung nach Quoten** kann bei günstigen Einkommensverhältnissen dazu führen, dass der Berechtigte mehr erhält als zur Deckung seines Bedarfs erforderlich ist. Es handelt sich um Fälle, in denen das laufende Einkommen vor der Trennung der Ehegatten nur teilweise zur Bedarfsdeckung, teilweise aber zur Vermögensbildung eingesetzt worden ist.   **29**

Nach seiner gesetzlichen Funktion dient der Unterhalt aber nur der Bedarfsdeckung (vgl. § 1578 Abs. 1 S. 2 BGB: „Der Unterhalt umfasst den gesamten Lebensbedarf"; § 1360a Abs. 1 BGB: „Kosten des Haushalts und die persönlichen Bedürfnisse") des Berechtigten. Der Verpflichtete ist nicht gehalten, auch Mittel zur Vermögensbildung bereitzustellen.[127] Im Sinne einer Schematisierung der Unterhaltszumessung legte das den Gedanken nahe, entweder mit fixen Obergrenzen für den „sinnvollen" Lebensbedarf zu arbeiten oder aber je nach Einkommenshöhe bestimmte Beträge als typischerweise der Vermögensbildung dienend zu bezeichnen.[128]

Der erste Weg ist nicht gangbar, weil er in Widerspruch zum Halbteilungsgrundsatz und der Lebensstandardgarantie steht.[129] Der Lebenszuschnitt nach den ehelichen Lebensverhältnissen hängt vom konkreten Verhalten der Beteiligten ab, er kann nicht zu Lasten des Berechtigten (und nur für ihn) auf bestimmte Höchstbeträge reduziert werden. Auch der zweite Weg ist nicht gangbar, weil sich eine generelle Aussage darüber, dass ab einer bestimmten Einkommenshöhe bestimmte Beträge gespart werden, nicht machen lässt.[130] Der BGH hat mit Recht ausgeführt, dass sich solche Feststellungen nicht über einen Lebenserfahrungssatz treffen lassen.[131]

Eine **absolute Sättigungsgrenze gibt es aus diesen Gründen nicht. Eine praktische Obergrenze ergibt sich aber** aus der Abgrenzung der Bedarfsdeckungs- von den Ver-   **30**

---

[124] AA hier bis 12. Aufl. sowie OLG Köln NJW-RR 2001, 1371; OLG Hamburg FamRZ 1992, 1187 = NJW-RR 1993, 392; bereits bisher wie jetzt der BGH auch OLG Stuttgart NJW-Spezial 2012, 548 = MDR 2012, 1417; OLG Zweibrücken FamRZ 2002, 1565; vgl. → Rn. 1052.

[125] BGH FamRZ 2016, 199 (mAnm *Witt*) = NJW 2016, 322, Tz. 17.

[126] BGH FamRZ 2016, 199 (mAnm *Witt*) = NJW 2016, 322, Tz. 16.

[127] BGH FamRZ 1984, 358 (360) = NJW 1984, 1237; OLG Köln FamRZ 1993, 64; FamRZ 1992, 322.

[128] OLG Frankfurt FamRZ 1980, 263 (20 % des Einkommens); OLG Düsseldorf FamRZ 1983, 279 (Absenkung der Differenzquote auf 1/3 – bei Einkommen bis 20 000 DM); OLG Hamm FamRZ 1982, 170 (Rückschluss aus Zugewinnausgleich).

[129] BGH FamRZ 1982, 151 = NJW 1982, 1645; FamRZ 1982, 680 = NJW 1982, 1642.

[130] BGH FamRZ 1983, 678 = NJW 1983, 1733 („Nürnberger Tabelle" alte Fassung).

[131] BGH FamRZ 1983, 150 (151) = NJW 1983, 683; BGH FamRZ 1983, 678 = NJW 1983, 1733 („Nürnberger Tabelle" alte Fassung) = NJW-RR 1993, 261.

mögensbildungsanteilen anhand der Feststellung im konkreten Fall.[132] Es muss also im Einzelnen vorgetragen und bewiesen werden, wie sich der Bedarf nach den gehobenen Verhältnissen zusammensetzte,[133] wobei gerichtliche Schätzungen nach § 287 ZPO möglich sind.[134]

Allerdings ist auf die konkreten Verhältnisse der objektivierende Maßstab eines vernünftigen Betrachters anzulegen, so dass übertrieben sparsame ebenso wie unvernünftig üppige Lebenshaltung außer Betracht bleiben.[135] Zu berücksichtigen sind auch die Zielsetzungen der Ehepartner bei der Lebensgestaltung. Wenn zB gemeinsam für einen Hauserwerb gespart wurde, entfällt mit der Trennung die „Geschäftsgrundlage" für diese Beschränkung, denn es war nicht ihr Ziel, die Lebensführung auf Dauer so zu gestalten.[136] Umgekehrt kann auch kurzfristig ein überzogener Lebensstil gepflegt worden sein, um den Partner dadurch zu halten, dass man ihm etwas „bietet". Lässt sich die Notwendigkeit solcher Korrekturen der konkreten Lebensgestaltung nicht feststellen, kann der tatsächliche eheliche Lebensstil aber nicht auf ein nach Trennung noch erforderliches Maß zurückgeschraubt werden.[137]

Zum Lebensbedarf gehören zweifelsfrei Aufwendungen für Nahrung, Kleidung, Körperpflege, Wohnung sowie kulturelle und sonstige Bedürfnisse, wie sie auch bei der Bedarfsermittlung nach der Warenkorbmethode berücksichtigt werden. Es kommt auf die Einkommensverhältnisse und die Gestaltung der Lebensführung an, ob dazu auch die Haltung eines Zweitwagens, eines Wohnmobils, eines Pferdes, besondere Urlaubskosten[138] oder die Kosten einer Haushaltshilfe gehören.[139] Auch wenn für die Anschaffung von Luxusgütern für die Lebensgestaltung gespart wurde, wird man die Rücklagen nicht als Vermögensbildung, sondern als der Bedarfsdeckung dienend ansehen müssen. Vom Unterhaltsberechtigten bezogene Leistungen aus der Krankentagegeldversicherung, die auf während der ehelichen Lebensgemeinschaft eingezahlten Beiträgen beruhen, sind regelmäßig in die Bedarfsbemessung einzubeziehen.[140] Zweifelhaft kann sein, ob nicht auch Rücklagen zum Erwerb eines Einfamilienhauses, einer Eigentumswohnung oder einer Ferienwohnung letztlich der Bedarfsdeckung dienen, denn sie befriedigen Lebensbedürfnisse (Wohnen, Freizeitgestaltung), wenn auch die Substanz der Gegenstände trotz des Gebrauchs erhalten bleibt.

Mit Einkommensteilen, die zum Erwerb von Aktien, sonstigen Wertpapieren, Gold oder nicht selbstgenutzten Immobilien als Vermögensanlage verwendet worden sind, ist dagegen kein Lebensbedarf gedeckt worden. Diese Einkommensteile fließen daher nicht in das Einkommen, aus dem die Quote zu bilden ist.[141]

---

[132] BGH FamRZ 2010, 1637 = NJW 2010, 3372; FamRZ 2012, 945 = NJW 2012, 1581, Tz. 14, 15. Dazu eingehend *Gutdeutsch* NJW 2012, 561 ff.; früher bereits OLG Köln FamRZ 1992, 322 = NJW-RR 1992, 1155 (ca. 10 000 DM Obergrenze nach Aufschlüsselung der konkreten Ausgaben bei Bruttoeinkommen von 1 Mio. DM); vgl. auch OLG Hamm FamRZ 2006, 1603.

[133] BGH FamRZ 1994, 1169 (1170 f.); OLG Köln FamRZ 1994, 1324 mit konkreter Auflistung; OLG Hamm FamRZ 1999, 723 (exemplarische Schilderung genügt); NJW-RR 1995, 1283 versucht mit Pauschalen für verschiedene Bedürfnisse zu arbeiten; OLG Koblenz FamRZ 1995, 1577 (§ 287 ZPO); OLG Hamm (10.) FamRZ 2000, 21 und (5.) FamRZ 2006, 1603 = NJW-RR 2006, 794.

[134] OLG Koblenz OLG-Report 2000, 199 (in etwas weiterem Maße); OLG Hamm FamRZ 2006, 1603 = NJW-RR 2006, 794.

[135] BGH FamRZ 1994, 1169 = NJW 1994, 2618; FamRZ 1982, 151 (152) = NJW 1982, 1645; OLG Köln FamRZ 2002, 326.

[136] OLG Koblenz FamRZ 2000, 1366 (personale Grundlage für Konsumverzicht ist entfallen).

[137] Dazu tendieren OLG Köln FamRZ 2010, 1445 unter Festhaltung an FamRZ 1992, 322 (324) – Bedarf für gemeinsame teure Hobbies unberücksichtigt – und OLG Celle OLG-Report 1998, 115.

[138] BGH FamRZ 1983, 678 = NJW 1983, 1733; OLG Köln FamRZ 1994, 1324 m. w. Bsp.

[139] OLG Hamm FamRZ 1992, 1175 (1177).

[140] BGH FamRZ 2013, 191, Tz. 36 mAnm *Born*.

[141] BGH FamRZ 2007, 1532 (1534).

Eine **relative Sättigungsgrenze** mit einem Betrag von 2.500 EUR als Quotenunterhalt 31
ohne Nachweis des tatsächlichen Bedarfs nehmen das OLG Frankfurt[142] und das OLG
Jena[143] an. Das kann ein praktisch brauchbarer Anhaltspunkt sein, die konkrete Darlegung eines höheren Bedarfs (durch den Berechtigten) oder niedrigeren Bedarfs (durch
den Verpflichteten) nach der konkreten Lebensgestaltung ist damit aber – im Rahmen der
genannten Grenzen – nicht ausgeschlossen, wie die Unterhaltsgrundsätze ausdrücklich
hervorheben.[144]

Der BGH[145] hat erneut darauf hingewiesen, dass er die Begrenzung für den **nach einer
Quote berechneten Elementarunterhalt** auf der Basis eines Einkommens der höchsten
Einkommenssätze der Düsseldorfer Tabelle (zurzeit also 5.100 EUR, davon 3/7 oder
45 %) billigt.[146] Sofern der berechtigte Ehegatte dann auf dieser Basis zusammen mit dem
Altersvorsorgeunterhalt einen höheren Gesamtunterhalt verlangt, braucht er diesen Gesamtbedarf noch nicht konkret darzulegen, sondern der Altersvorsorgeunterhalt ist noch
auf der Basis des nach der Quote ermittelten Elementarunterhalts zu berechnen.[147]

In der älteren veröffentlichten Praxis waren teilweise sehr unterschiedliche monatliche
Unterhaltsbeträge als Quote anerkannt worden.[148]

Sofern es hiernach **wegen Überschreitung** der og Grenzen für eine quotale Berech- 32
nung im Einzelfall **einer konkreten Bedarfsdarlegung** bedarf, hat der BGH[149] mit Urteil
vom 10.11.2010 – insoweit unter Aufgabe seiner Auffassung in einem Urteil vom
11.8.2010[150] – ausgeführt, dass in diesen Fällen für den unterhaltsberechtigten Ehegatten
vor Anrechnung seines Eigeneinkommens **kein Erwerbstätigenbonus abzuziehen** sei. Es
bestehe bei der konkreten Berechnung nämlich weder ein über pauschale Werbungskosten hinausgehender, nicht bezifferbarer berufsbedingter Mehrbedarf, noch bedürfe es
eines besonderen Erwerbsanreizes als Bestandteil des Erwerbstätigenbonus,[151] was allerdings zumindest hinsichtlich des Erwerbsanreizes, auch unter Berücksichtigung von
§ 1569 BGB, nicht überzeugt, wenn dem Verpflichteten mehr als nach dem Halbteilungsgrundsatz verbleibt. Zu Recht weist Gutdeutsch[152] übrigens darauf hin, dass auch bei
einer konkreten Bedarfsberechnung der Halbteilungsgrundsatz zu beachten und eine
Vergleichsberechnung vorzunehmen ist, was allerdings voraussetzt, dass der Verpflichtete
Auskunft über sein Einkommen erteilt hat.

b) Selbstbehalt

Die Quotierung findet nach unten dort eine Grenze, wo der Unterhaltsverpflichtete 33
selbst nicht mehr das für seine eigene Lebensführung Erforderliche behält **(Selbstbehalt).**

---

[142] Frankfurter Unterhaltsgrundsätze Nr. 15.3.
[143] Jenaer Leitlinien Nr. 15.3.
[144] Dazu auch *Gutdeutsch* NJW 2012, 561 ff.
[145] BGH FamRZ 2012, 945 = NJW 2012, 1581, Tz. 14, 15; FamRZ 2010, 1637 = NJW 2010, 3372,
Tz. 28.
[146] OLG Köln FamRZ 2012, 1731, 1732 will (vermeintlich gestützt auf den BGH) sogar einen
Quotenunterhalt von derzeit bis zu 5.100 EUR zulassen; der BGH meint aber eindeutig nur einen
Quotenunterhalt, berechnet aus einem Einkommen von derzeit 5.100 EUR, wie auch sein Beispiel in
FamRZ 2012, 945 = NJW 2012, 1581, Tz. 18 zeigt.
[147] BGH FamRZ 2012, 947 = NJW 2012, 1578, Tz. 34.
[148] OLG Koblenz FPR 2002, 63: bis 8.000 DM nachehelicher Unterhalt noch Quotenunterhalt;
ebenso OLG Hamm FamRZ 2003, 1109; OLG Köln FamRZ 2002, 326 hat bei Einkommen von
12.000–17.000 DM den ehelichen Lebensbedarf auf 4.500 DM geschätzt; OLG Hamm FamRZ 1999,
723 gewährte 15.000 DM bei 70.000 DM Monatseinkommen.
[149] BGH FamRZ 2011, 192 = NJW 2011, 303, Tz. 24–29.
[150] BGH FamRZ 2010, 1637 = NJW 2010, 3372, Tz. 31.
[151] So schon OLG Köln NJWE-FER 2001, 305, differenzierend *Gutdeutsch* NJW 2012, 561 ff.
[152] *Gutdeutsch* NJW 2012, 561 (564).

Das ergibt sich aus §§ 1581, 1603 BGB, denn unterhaltspflichtig ist nur, wer leistungsfähig ist. Die Unterschreitung des notwendigen Selbstbehalts (Existenzminimum) schränkt die Handlungsfreiheit nach Art. 2 Abs. 1 GG ein und ist vom BVerfG nachprüfbar.[153] Danach kann Verfassungsbeschwerde erhoben werden, wenn ein Berufungsgericht, ohne die Revision zuzulassen, den notwendigen Selbstbehalt zu Unrecht nicht gewahrt hat (insbesondere auch beim Ansatz fiktiven Einkommens trotz fehlender Erwerbschancen auf dem Arbeitsmarkt).

Der Selbstbehalt umfasst nur die Mittel, die der Unterhaltspflichtige zur Deckung des seiner Lebensstellung entsprechenden allgemeinen Bedarfs benötigt.

34 **Gegenüber minderjährigen unverheirateten Kindern,** die gemäß § 1609 Nr. 1 BGB den ersten Rang einnehmen und denen gegenüber eine nach § 1603 Abs. 2 BGB gesteigerte Unterhaltspflicht besteht, kann sich der Verpflichtete nur auf seinen **notwendigen Eigenbedarf** (= kleiner Selbstbehalt, seit 1.1.2015 1080 EUR) berufen, sofern kein anderer leistungsfähigerer Verpflichteter vorhanden ist (dazu → Rn. 38). Ob der Selbstbehalt gewahrt ist, richtet sich auch danach, welchen Familienunterhaltsanspruch nach §§ 1360, 1360a BGB der Verpflichtete hat.[154]

Gegenüber gem. § 1603 Abs. 2 S. 2 BGB gleichgestellten volljährigen Kindern gilt grundsätzlich ebenfalls nur der notwendige (kleine) Selbstbehalt.[155]

35 **Der Wohnkostenanteil im Selbstbehalt** wird in der Düsseldorfer Tabelle derzeit mit einer Warmmiete von 380 EUR beim notwendigen, 430 EUR beim eheangemessenen und 480 EUR beim angemessenen Selbstbehalt beziffert.[156] Damit ist die Düsseldorfer Tabelle den früheren Vorbildern wie Frankfurt und Köln gefolgt und ihr wiederum weitere Oberlandesgerichte. Der Selbstbehalt **soll erhöht** werden, wenn die Wohnkosten (Warmmiete) den ausgewiesenen Betrag überschreiten und nicht unangemessen sind.[157] Bei niedrigeren Wohnkosten ist dagegen die Dispositionsfreiheit hinsichtlich der Verwendung des Selbstbehalts zu beachten, so dass eine Herabsetzung des Selbstbehalts jedenfalls nicht in Betracht kommt, wenn der Verpflichtete unangemessen bescheidenes Wohnen zugunsten anderer Bedürfnisse wählt.[158]

36 Beim **Zusammenleben mit einem Partner** kommt dagegen nach der Rechtsprechung des BGH in der Regel eine **Herabsetzung des Selbstbehalts** in Betracht,[159] und zwar

---

[153] So BVerfG mit drei stattgebenden Kammerbeschlüssen vom 18.6.2012 – 1 BvR 774/10 = NJW 2012, 2420 – 1 BvR 1530/11 = FamRZ 2012, 1283, und 1 BvR 2867/11 = NJW-Spezial 2012, 517, ferner bereits BVerfG FamRZ 2010, 793 = NJW 2010, 1658, FamRZ 2010, 626 mAnm *Borth;* FamRZ 2010, 183; FamRZ 2007, 273 = NJW-RR 2007, 649; FamRZ 2003, 661; FamRZ 2001, 1685 (3. Kammer des 1. Senats) = FPR 2002, 13; dazu Glosse von *Büttner* FamRZ 2002, 593.

[154] BGH FamRZ 2004, 24 = NJW 2003, 3770.

[155] OLG Braunschweig FamRZ 1999, 1453; Düsseldorfer Tabelle Anm. A 5; Leitlinien Nr. 21.2 bzw. 21.3.1.

[156] Düsseldorfer Tabelle seit 1.1.2015, Anm. A 5 und B IV; Leitlinien der OLGe Nr. 21.2, 21.3.1 und 21.4. Die Frankfurter Unterhaltsgrundsätze differenzieren noch zwischen Kaltmiete (290 EUR) und Nebenkosten incl. Heizung (90 EUR) beim notwendigen Selbstbehalt, 330 EUR kalt und 100 EUR Nebenkosten beim eheangemessenen Selbstbehalt sowie 370 EUR Kaltmiete und 110 EUR Nebenkosten beim angemessenen Selbstbehalt.

[157] Düsseldorfer Tabelle seit 1.1.2015, Anm. A 5 letzter Satz; OLG-Leitlinien Nr. 21.5.2 seit 1.1.2015.

[158] BGH NJW 2006, 3561 = FamRZ 2006, 1664 mAnm *Schürmann;* BGH FamRZ 2004, 186 (189) mAnm *Schürmann;* OLG Hamm FamRZ 2007, 1039; OLG Naumburg OLGR 2007, 585; OLG Karlsruhe FamRZ 2005, 2091; OLG Frankfurt FamRZ 2005, 2090 = NJW-RR 2005, 1599; OLG Frankfurt FamRZ 1999, 1522; OLG Düsseldorf FamRZ 1999, 1020; enger aber OLG Dresden NJW-RR 1999, 1164: für Mindestbedarf des Kindes immer einzusetzen.

[159] BGH FamRZ 2008, 594 (597) mAnm *Borth* = BGH NJW 2008, 1373 mAnm *Born;* krit. Anm. *Weychardt* FamRZ 2008, 778 u. *Schwamb* FF 2008, 160. Vgl. ferner BGH FamRZ 2002, 742 = NJW 2002, 1646.

nicht nur bei geringeren anteiligen Wohnkosten, sondern auch wegen angeblicher Synergieeffekte bei der gemeinsamen Haushaltsführung (Haushaltsersparnis),[160] Leistungsfähigkeit des Lebensgefährten immer vorausgesetzt. Die Gesamtersparnis wird nach der neuen Rechtsprechung des BGH auf 10 % je Person[161] des Selbstbehalts geschätzt, wobei es nicht darauf ankommt, ob die Partner verheiratet sind oder nichtehelich zusammenleben.[162]

Das OLG Brandenburg[163] nimmt für die wiederverheiratete Mutter nur eine Ersparnis um 5 % an, wenn ihr Ehemann Arbeitslosengeld II bezieht. Zu beachten ist, dass der Selbstbehalt auch durch bzw. in Verbindung mit Unterhaltsansprüchen gewahrt sein kann.[164]

Keine Herabsetzung des Selbstbehalts bei freiwilligen Leistungen Dritter.[165] Bei solchen Leistungen kommt es auf den Zuwendungswillen des Dritten an, der unterlaufen würde, wenn der Selbstbehalt des Verpflichteten abgesenkt würde. Die Abgrenzung kann aber schwierig sein, insbesondere, wenn der Empfänger Gegenleistungen erbringt, wird in der Regel nicht von freiwilligen Leistungen Dritter auszugehen sein.[166]

In ländlicher Gegend wird in der Regel eine Herabsetzung nicht gerechtfertigt sein,[167] denn günstigeren Wohnmöglichkeiten stehen oft ungünstigere Einkaufsmöglichkeiten gegenüber.

Schulden sind, sofern sie überhaupt zu berücksichtigen sind,[168] auch bei der Verwei- **37** sung auf den notwendigen Selbstbehalt vom Einkommen vorweg abzuziehen,[169] beim Existenzminimum für den Kindesunterhalt aber nur nach strengen Maßstäben.[170] Deshalb gehören Kreditraten für einen überwiegend privat genutzten Pkw zwar grundsätzlich nicht dazu, können aber dennoch in angemessenem Umfang zu berücksichtigen sein, wenn die Verpflichtung bereits eingegangen wurde, bevor mit eine Inanspruchnahme auf Unterhalt zu rechnen war. Nicht abzugsfähig sind 4 % für Altersvorsorge und Kosten einer Krankenzusatzversicherung, wenn der Mindestunterhalt minderjähriger Kinder nicht geleistet werden kann.[171]

Grenzen der Verweisung auf notwendigen Selbstbehalt. Die Verweisung auf den **38** notwendigen Eigenbedarf findet gemäß § 1603 Abs. 2 S. 3 BGB nicht statt, wenn ein anderer leistungsfähiger unterhaltspflichtiger Verwandter – auch ein nachrangiger – vorhanden ist[172] oder wenn das volljährige – grundsätzlich auch das privilegierte – Kind den

---

[160] Dazu auch BGH FamRZ 2009, 762 = NJW 2009, 1742, Tz. 53; anders früher OLG Karlsruhe FamRZ 2005, 2091; FamRZ 2006, 1147; OLG Frankfurt FamRZ 2005, 2090 „Privatangelegenheit".

[161] BGH FamRZ 2013, 616 = NJW 2013, 1005, Tz. 23; FamRZ 2012, 281 = NJW 2012, 384, Tz. 46; FamRZ 2010, 1535 = NJW 2010, 3161, Tz. 44.

[162] BGH FamRZ 2013, 868 (mAnm *Hauß*) = NJW 2013, 1305, Tz. 25.

[163] OLG Brandenburg NJW-RR 2007, 510; OLG Hamm FamRZ 1999, 1523 verneinte die Herabsetzung des Selbstbehalts, wenn neuer Ehegatte nur im Geringverdienerbereich verdient.

[164] BGH FamRZ 2004, 24 = NJW 2003, 3770.

[165] AG Lehrte FamRZ 2003, 1958.

[166] Vgl. aber OLG Hamm (9.) FamRZ 2003, 1214, das nur bei Wiederverheiratung, nicht aber bei Zusammenleben den Selbstbehalt absenken will; OLG Hamm FamRZ 2007, 1124 (nicht bei kurzfristigem kostenfreiem Wohnen bei Eltern). OLG Hamm NJWE-FER 1999, 260 verneinte Zurechnung bei Wohnen im Haus der zweiten Ehefrau, da freiwillige Leistung Dritter.

[167] OLG Düsseldorf FamRZ 1990, 1028 gegen OLG München FamRZ 1989, 1326.

[168] Vgl. BGH FamRZ 2010, 538 = NJW 2010, 1595 – Tz. 28, 29; → Rn. 1039 ff.

[169] BGH FamRZ 1996, 160 = NJW-RR 1996, 321; missverständlich insoweit OLG Düsseldorf FamRZ 2001, 1723, das im Hinblick auf Schulden den Selbstbehalt erhöhen will.

[170] OLG Nürnberg NJW 2003, 3138: Nur bis zur Höhe des pfändbaren Betrages.

[171] BGH FamRZ 2013, 616 = NJW 2013, 1005, Tz. 20–22.

[172] BGH FamRZ 2011, 1041 = NJW 2011, 1874, Tz. 38 ff.; FamRZ 2011, 454 = NJW 2011, 670 (mAnm *Born*), Tz. 36.

Unterhalt zumutbar aus dem Stamm seines Vermögens bestreiten kann, → Rn. 582.[173] Allerdings entfällt nicht die gesamte, sondern nur die gesteigerte Unterhaltsverpflichtung, dh, dem eigentlich Barunterhaltspflichtigen hat dann der angemessene Selbstbehalt zu verbleiben; mit einem darüber hinausgehenden Einkommen bleibt er grundsätzlich zum Unterhalt verpflichtet.[174] Anderer unterhaltspflichtiger Verwandter kann auch der in deutlich günstigeren wirtschaftlichen Verhältnissen lebende betreuende Ehegatte sein,[175] wenn er den Kindesunterhalt unter Wahrung seines angemessenen Selbstbehalts zahlen kann und ohne seine Beteiligung an der Barunterhaltspflicht ein erhebliches finanzielles Ungleichgewicht zwischen den Eltern entstünde.[176] Sofern allerdings der an sich barunterhaltspflichtige Elternteil bei Zahlung des vollen Kindesunterhalts seinen angemessenen Selbstbehalt noch verteidigen kann, wird eine vollständige oder anteilige Mithaftung des betreuenden Elternteils nur in wenigen besonderen Ausnahmefällen in Betracht kommen.[177] In den Frankfurter Unterhaltsgrundsätzen wird unter Nr. 12.3 zwischen den beiden Fallkonstellationen, dass der leistungsfähige betreuende Elternteil (mit-)haftet, weil der an sich Barunterhaltspflichtige seinen angemessenen Selbstbehalt andernfalls nicht verteidigen kann (Fall a),[178] oder der an sich Barunterhaltspflichtige seinen angemessenen Selbstbehalt zwar noch verteidigen könnte, aber dennoch der betreuende Elternteil in so viel günstigeren wirtschaftlichen Verhältnissen lebt, dass ohne seine Beteiligung ein wirtschaftliches Ungleichgewicht entstünde (Fall b),[179] deswegen noch einmal systematisch unterschieden.

39   **Gegenüber nicht gleichgestellten volljährigen Kindern,** die gemäß § 1609 Nr. 4 BGB den vierten Rang haben, muss dem Verpflichteten der **angemessene Eigenbedarf (= großer Selbstbehalt)** verbleiben (§ 1603 Abs. 1 BGB). Ihnen gegenüber besteht keine gesteigerte Unterhaltspflicht, so dass sich der Verpflichtete nicht bis zum Äußersten einschränken muss. Der angemessene Selbstbehalt (derzeit in den Leitlinien der Oberlandesgerichte bei Nr. 21.3.1 mit 1300 EUR bemessen) liegt daher immer über dem notwendigen Selbstbehalt, seine konkrete Höhe liegt im tatrichterlichen Ermessen, so dass nach den Einzelfallumständen die Werte auch über oder unter den Werten für den angemessenen Selbstbehalt nach den Unterhaltsleitlinien liegen können.[180] Verliert das Kind – zB krankheitsbedingt – die wirtschaftliche Selbständigkeit, ist den Eltern der nach der Düsseldorfer Tabelle und den unterhaltsrechtlichen Leitlinien für den Elternunterhalt vorgesehene Selbstbehalt zu belassen. Ist der unterhaltspflichtige Elternteil auch seinem Ehegatten zum Unterhalt verpflichtet, ist der sogenannte Familienselbstbehalt zu berücksichtigen, der die Haushaltsersparnis bereits enthält[181] (→ Rn. 40).

40   **Bei Unterhaltsansprüchen der Eltern gegen ihre Kinder**[182] **oder sonstigen nachrangig Berechtigten** (Großeltern, Enkelkinder), die unter § 1609 Nr. 5 ff. BGB fallen, ist der angemessene Selbstbehalt des Verpflichteten je nach den Umständen deutlich höher

---

[173] BGH FamRZ 1998, 367; OLG Zweibrücken NJW 2016, 329 = NZFam 2016, 33; OLG Frankfurt OLGReport 2007, 285. Vgl. auch Johannsen/Henrich/*Graba/Maier,* Familienrecht, 6. Aufl., BGB § 1602 Rn. 11 (Privilegierung nach § 1603 Abs. 2 S. 2 erfasst nicht § 1602 Abs. 2 BGB, sondern ist nur bei Zumutbarkeit des Vermögenseinsatzes zu berücksichtigen).

[174] BGH FamRZ 2008, 137 (140) = NJW 2008, 227; OLG Nürnberg FamRZ 2008, 436 (437).

[175] BGH FamRZ 2008, 137 (140) = NJW 2008, 227; OLG Nürnberg FamRZ 2008, 436 (437).

[176] BGH FamRZ 2013, 1558 = NJW 2013, 2897, Tz. 26.

[177] BGH FamRZ 2013, 1558 = NJW 2013, 2897, Tz. 27, im Anschluss an BGH FamRZ 2002, 742.

[178] Fall a): BGH FamRZ 2013, 1558 = NJW 2013, 2897, Tz. 27 (1. Alt.); FamRZ 2011, 1041 = NJW 2011, 1874.

[179] Fall b): BGH FamRZ 2013, 1558 = NJW 2013, 2897, Tz. 27 (2. Alt.).

[180] BGH FamRZ 1992, 795 (797) = NJW 1992, 1393; BGH FamRZ 1989, 272 = NJW 1989, 523.

[181] BGH NJW 2012, 2883 = FamRZ 2012, 1553, Tz. 16, mAnm *Hauß* FamRZ 2012, 1628.

[182] BGH FamRZ 2010, 1535 = NJW 2010, 3161; FamRZ 2002, 1698 = NJW 2003, 128; FamRZ 1992, 795 = NJW 1992, 1393.

als gegenüber volljährigen Kindern anzusetzen (**erhöhter großer Selbstbehalt**). Das gilt auch, wenn **Großeltern von ihren Enkeln** auf Kindesunterhalt in Anspruch genommen werden.[183] Dies ist Folge der abgeschwächten unterhaltsrechtlichen Verantwortung angesichts des sozialen Sicherungssystems, für dessen Finanzierung die Kinder auch aufzukommen haben. Die Unterhaltsleitlinien nennen seit 1.1.2015 durchgängig einen Betrag von 1800 EUR (vom 1.1.2013 bis 31.12.2014: 1600 EUR).[184] Auch die Oberlandesgerichte in den neuen Bundesländern, die bis 31.12.2007 noch Werte von 1300 EUR bzw. 1190 EUR ausgewiesen hatten,[185] haben sich dem angepasst.

Vom Erwerbseinkommen sind außerdem Schulden (zB für Hausbau, Anschaffungen) in großzügigerer Weise abzuziehen als im sonstigen Unterhaltsrecht, denn der Verpflichtete muss sich nicht von vornherein auf eine solche Belastung einstellen, er muss keine spürbare und dauerhafte Senkung seines einkommenstypischen Einkommensniveaus hinnehmen.[186] Nicht abziehbar sind dagegen auch beim Elternunterhalt die Beiträge für Hausrats-, Haftpflicht- und Rechtsschutzversicherungen, die dem allgemeinen Lebensbedarf zuzuordnen sind.[187] Der Betrag, der danach über dem Selbstbehalt noch zur Verfügung steht, wird zur Erhaltung des Arbeitsanreizes ferner nur zu 50 % als einsatzpflichtig angesehen (bei Zusammenleben mit einem Partner wird der resultierende Betrag allerdings wieder um eine Haushaltsersparnis von 10 % erhöht).[188]

Gegenüber volljährigen Kindern, die bereits eine wirtschaftliche Selbstständigkeit erlangt haben und später wieder bedürftig werden, ist die unterhaltsrechtliche Verantwortlichkeit wie die der Kinder gegenüber Eltern abgeschwächt; diesen Kindern gegenüber kann dem unterhaltspflichtigen Elternteil der erhöhte angemessene Selbstbehalt wie den Kindern gegenüber Eltern belassen werden.[189]

Auch zusammenlebende Ehegatten (§§ 1360, 1360a BGB), die unter § 1609 Nr. 2 **41** oder 3 BGB fallen, müssen sich untereinander auf den eheangemessenen notwendigen Selbstbehalt berufen können, wenn der Sozialhilfeträger wegen Unterbringung eines Ehegatten übergegangene Ansprüche des anderen geltend macht.[190] Die hier bis zur 12. Auflage vertretene frühere Auffassung des OLG Düsseldorf,[191] wonach sich diese nur auf den notwendigen Selbstbehalt berufen dürften, stützte sich noch auf das Argument, dass die „unterhaltsrechtlich gebotene Solidarität zusammenlebender Ehegatten nicht hinter derjenigen von getrenntlebenden oder geschiedenen Ehegatten zurückstehen" dürfe. Seit die Unterscheidung der Selbstbehalte zwischen geschiedenen und getrennt lebenden Ehegatten aufgegeben worden ist, besteht für diese frühere Argumentation keine Rechtfertigung mehr.

---

[183] BGH FamRZ 2006, 26 mAnm *Duderstadt* = NJW 2006, 142 = LMK 2006, 170 604 mAnm *Peschel-Gutzeit;* BGH FamRZ 2006, 1099 und BGH FamRZ 2007, 375 = NJW-RR 2007, 433.

[184] Düsseldorfer Tabelle Anm. D 1 (mindestens); Süddeutsche Leitlinien ua Nr. 21.3.3; vgl. dazu *Schwamb* FPR 2011, 138 ff.

[185] Dresdner Leitlinien Nr. 21.3.2 (für Erwerbstätigen; und Nichterwerbstätigen); Jenaer und Naumburger Leitlinien Nr. 21.5 1300/1190 EUR; Rostocker und Brandenburger Leitlinien Nr. 21.3.2 1300/1190.

[186] BGH FamRZ 2007, 375 (376) = NJW-RR 2007, 433.

[187] BGH FamRZ 2010, 1535 = NJW 2010, 3161, Tz. 22 mwN.

[188] BGH FamRZ 2010, 1535 = NJW 2010, 3161 mit Rechenbeispiel in Tz. 41; FamRZ 2003, 1179 mAnm *Klinkhammer;* Düsseldorfer Tabelle vom 1.1.2011 Nr. D 1; Süddeutsche Leitlinien ua: Nr. 21.3.3.

[189] BGH FamRZ 2012, 1553 = NJW 2012, 2883, Tz. 16; BGH FamRZ 2012, 530 = NJW 2012, 926; ähnlich OLG Köln FamRZ 2010, 1739; ebenso OLG Koblenz FamRZ 2004, 484; OLG Karlsruhe NJW 1999, 2680.

[190] Wendl/Dose/*Bömelburg,* 9. Aufl. 2015, § 3 Rn. 44.

[191] OLG Düsseldorf NJW 2002, 1353 = OLG-Report 2001, 486; hier bis zur 12. Auflage vertreten.

42   **Gegenüber getrennt lebenden Ehegatten** ist nach der Rechtsprechung des BGH[192] im Regelfall von einem Mittelwert zwischen notwendigem Selbstbehalt und angemessenem Selbstbehalt auszugehen, derzeit in der Regel 1090 EUR (OLG Celle und Braunschweig: 1100 EUR) bei nicht erwerbstätigen bzw. 1200 EUR bei erwerbstätigen Unterhaltspflichtigen (OLG Düsseldorf ua differenzieren hier bei den Nichterwerbstätigen nicht → Rn. 44). § 1581 BGB ist insoweit entsprechend anzuwenden.[193] Das gilt auch, wenn kleine Kinder von ihnen versorgt werden.[194]

43   **Gegenüber geschiedenen Ehegatten** gilt ebenfalls derselbe Mittelwert.[195] Das bedeutet allerdings nicht, dass der Selbstbehalt zwingend mit einem Betrag bemessen werden muss, der genau hälftig zwischen dem notwendigen (beim erwerbstätigen Unterhaltsschuldner gegenwärtig 1080 EUR) und dem angemessenen (gegenwärtig 1300 EUR) Selbstbehalt liegt.[196] Der BGH[197] hat bereits früher klargestellt, dass der eigene angemessene Unterhalt iSv § 1581 BGB, dessen Gefährdung den Einstieg in die Billigkeitsprüfung öffnet, grundsätzlich mit dem eheangemessenen Unterhalt nach § 1578 BGB gleichzusetzen ist. Ebenso ist klar, dass im Rahmen der Billigkeitsprüfung wegen der abgeschwächten unterhaltsrechtlichen Verantwortlichkeit für den Regelfall eine Verweisung auf den notwendigen Selbstbehalt nicht vertretbar ist. Nur wenn der geschiedene Ehegatte ähnlich hilflos und bedürftig wie ein minderjähriges Kind ist, kommt ausnahmsweise eine Inanspruchnahme bis zu dieser Grenze in Betracht.[198]

44   **Die Differenzierung zwischen Erwerbstätigen und Nichterwerbstätigen,** die im Hinblick auf die neuere Rechtsprechung des BGH[199] jetzt auch die Oberlandesgerichte Frankfurt und Schleswig[200] beim notwendigen Selbstbehalt übernommen haben, führt konsequent beim Ehegattenselbstbehalt ebenfalls zu unterschiedlichen Werten, wenn man den Mittelbetrag zwischen notwendigem und angemessenem Selbstbehalt bestimmt,[201] wobei es allerdings inkonsequent ist, dass beim angemessenen Selbstbehalt weiterhin nicht differenziert wird. Die Abgrenzung bereitet in einzelnen Fallkonstellationen immer noch Schwierigkeiten. Allerdings hat der BGH für die **Bezieher von Krankengeld** entschieden, dass diese lediglich den Selbstbehalt für Nichterwerbstätige verteidigen können,[202] weil sie „für eine längere Zeit" aus dem Erwerbsleben ausgeschieden sind und es ebenso wie beim Arbeitslosengeld I (Leistungen nach §§ 136 ff. SGB III), für

---

[192] BGH FamRZ 2009, 404 = NJW-RR 2009, 649; BGH FamRZ 2009, 307 = NJW-RR 2009, 289; BGH NJW 2006, 1654 = FamRZ 2006, 683 mAnm *Büttner* (765) und Anm. *Borth* (852) = FF 2006, 191 (Ls.) mAnm *Schürmann* (192).

[193] BVerfG FamRZ 2002, 1397 = NJW 2002, 2701.

[194] BGH FamRZ 2009, 404 = NJW-RR 2009, 649 (Tz. 10/11); OLG Saarbrücken FamRZ 2007, 1329; Hammer Leitlinien, Stand 1.1.2010, Nr. 21.4.1; aM früher OLG Köln OLGR 2007, 84; OLG Koblenz FamRZ 2007, 1930; OLG Bamberg OLGR 2007, 563, weil dann kein „Regelfall" vorliege.

[195] BGH FamRZ 2009, 311 (313); ggf. herabgesetzt auf 900 EUR bei gemeinsamer Haushaltsführung mit neuer Lebensgefährtin: BGH FamRZ 2010, 802 Tz. 28; s. auch → Rn. 36.

[196] BGH FamRZ 2009, 311 (unter Tz. 18).

[197] BGH FamRZ 1990, 260 (264); vgl. dazu auch OLG München OLG-Report 2001, 147.

[198] Vgl. OLG Koblenz FamRZ 2007, 1330 im Rahmen der Billigkeitsabwägung nach § 1581 BGB.

[199] BGH FamRZ 2008, 594 = NJW 2008, 1373 (zur Kritik *Schwamb* FF 2008, 160 und *Weychardt* FamRZ 2008, 778).

[200] OLG Frankfurt, Änderung am 19.5.2008, FamRZ 2008, 1504; OLG Schleswig Leitlinien 1.1.2009.

[201] BGH FamRZ 2009, 404 = NJW-RR 2009, 649; FamRZ 2009, 307= NJW-RR 2009, 289; FamRZ 2009, 311; jetzt auch Unterhaltsgrundsätze des OLG Frankfurt, Hammer Leitlinien, Stand 1.1.2012, jeweils Nr. 21.4, Süddeutsche LL nur für OLG Karlsruhe, Stuttgart, Zweibrücken (2. ZS) unter 21.4, ablehnend OLG Düsseldorf, Stand 1.7.2012, unter Nr. 21.3.2 und DT unter B IV.

[202] BGH FamRZ 2009, 307 = NJW-RR 2009, 289; FamRZ 2009, 311.

das es keinen Erwerbstätigenbonus gibt,[203] nicht darauf ankomme, dass die Höhe des Krankengeldes vom früheren Einkommen abgeleitet wird. Die Hamburger Leitlinien Nr. 21.2 stellen auf eine „dauerhafte" Nichterwerbstätigkeit ab.[204] Im DIV-Gutachten[205] wird für Arbeitslose noch darauf abgestellt, ob sie sich ernsthaft um Arbeit bemühen oder an arbeitsfördernden Maßnahmen teilnehmen. Der 20. Zivilsenat des OLG Dresden[206] hat einem Umschüler früher nur den Selbstbehalt eines Nichterwerbstätigen zugebilligt, jetzt aber den Selbstbehalt eines Erwerbstätigen.[207] Es wird darauf ankommen, ob ein Umschüler in gleicher Weise mit Mehraufwand belastet ist und ihm auch die Anreizfunktion zusteht. So wird auch bei einem Teilnehmer an einer vom Arbeitsamt geförderten Berufsbildungsmaßnahme zu entscheiden sein.[208]

Sofern der Unterhaltspflichtige in Teilzeit arbeitet, soll im Einzelfall in Betracht kommen, dass sich sein notwendiger Selbstbehalt zwischen den Werten für Erwerbstätige und Nichterwerbstätige bewegt,[209] was die Anwendung insbesondere bei weiteren Interpolationen (zB beim Ehegattenselbstbehalt und Zusammenleben mit einem Partner) noch mehr verkompliziert.[210]

Die mit Ausnahme einzelner Werte bei den Wohn- und Nebenkosten weitgehend **45** einheitliche **Praxis der Oberlandesgerichte zu den Selbstbehalten** mit den jeweiligen Einsatzbeträgen ergibt sich aus den Anmerkungen der Düsseldorfer Tabelle und den Leitlinien bzw. Unterhaltsgrundsätzen der Oberlandesgerichte jeweils unter Nr. 21.2–21.5. Die Gerichte in den neuen Bundesländern wenden seit 1.1.2008 dieselben Selbstbehaltssätze an wie die Bundesländer im Westen.[211]

Es ergibt sich danach folgende Übersicht (für die Zeit ab 1.1.2015):

Unterhalt für	Minderjährige und ihnen gleichgestellte Kinder (§ 1603 II)	Getrennt lebende Ehegatten (§ 1361)	Geschiedene Ehegatten (§ 1581) Berechtigte nach § 1615l	Sonstige Berechtigte (§ 1603 I)	Eltern Enkel Vollj. nach Verlust wirtschaftl. Selbständigkeit
Einheitlich, außer bei Selbstbehalt für Nichterwerbstätige ggü. Ehegatte und § 1615l	Erwerbstätige: 1080 Nichterwerbstätige: 880	Erwerbstätige: 1200 Nichterwerbstätige (str.): 1090 (Ffm., Hamm, Stuttgart, Karlsruhe, 2 Senate Zweibr.) 1100 (Celle, Braunschweig) 1200 (Düsseldorf und die anderen OLGe)	Erwerbstätige: 1200 Nichterwerbstätige (str.): 1090 (Ffm., Hamm, Stuttgart, Karlsruhe, 2 Senate Zweibr.) 1100, (Celle, Braunschweig) 1200 (Düsseldorf und die anderen OLGe)	Erwerbstätige und Nichterwerbstätige: 1300	1800 + 50 % der überschießenden Einkünfte für allein Lebenden

---

[203] Vgl. dazu BGH FamRZ 2007, 983 (987).

[204] Vgl. auch OLG Hamburg FamRZ 2003, 1102 beim Bezug einer Erwerbsunfähigkeitsrente.

[205] DAVorm 2000, 858.

[206] OLG Dresden FPR 2003, 481 – auch bei Nebentätigkeit –; FamRZ 1999, 1015; OLG Köln FamRZ 1998, 480 (bei Umschulungsgeld Mittelwert von damals 1400 DM).

[207] OLG Dresden FamRZ 2006, 1703.

[208] LSG NRW FamRZ 2001, 1739 (Berufsbildungsmaßnahme).

[209] BGH FamRZ 2008, 594 = NJW 2008, 1373, Tz. 29.

[210] *Schwamb* FF 2008, 160 (161).

[211] Zur Rechtslage bis 31.12.2007: BGH FamRZ 1993, 43 = NJW-RR 1992, 1474 zur damaligen sächsischen Unterhaltstabelle.

46   **Selbstbehaltssätze und Sozialhilfesätze**[212] sind nicht aufeinander abgestimmt, insbesondere fehlt für den Selbstbehalt eine regelmäßige Anpassung, wie sie das Sozialrecht kennt. Der Funktion nach muss der notwendige Selbstbehalt jedenfalls etwas über der „effektiven" Sozialhilfe liegen.[213] Ob dafür das Doppelte des Eckregelsatzes nach § 28 SGB XII (bzw. seit 2005 auch der gleich hohen Regelsätze nach § 20 SGB II) ausreicht,[214] erscheint allerdings fraglich, denn in der Praxis liegen die tatsächlich gewährten konkreten Wohn- und Heizkosten häufig höher als der einfache Eckregelsatz, so dass die Gesamtleistungen aus Eckregelsatz und konkret berechneten Leistungen den doppelten Eckregelsatz effektiv übertreffen können. Im 7. Existenzminimumbericht für das Jahr 2010 vom 21.11.2008[215] werden die Wohn- und Heizkosten für einen Alleinstehenden allerdings nur mit niedrigen 210 EUR + 64 EUR = 274 EUR veranschlagt, so dass der doppelte Eckregelsatz (718 EUR) das so definierte Existenzminimum (das steuerfrei zu stellende sächliche Existenzminimum) noch überstieg.

Die nach der **Entscheidung des Bundesverfassungsgerichts vom 9.2.2010**[216] zur Bestimmung des Existenzminimums als Grundlage der Regelleistungen von der erweiterten Unterhaltskommission des DFGT mit Vertretern der Oberlandesgerichte am 25.10.2010 neu festgesetzten Selbstbehalte berücksichtigten zwar bereits die zwischenzeitlich erfolgte Neufassung der §§ 20 ff. SGB II, jedoch war insbesondere die überwiegende Beibehaltung des notwendigen Selbstbehalts von 770 EUR für Nichterwerbstätige schon damals problematisch, weshalb das OLG Frankfurt bereits zum 1.1.2011 die für die Zeit ab 1.1.2013 von allen Oberlandesgerichten beschlossene Erhöhung auf 800 EUR vorgenommen hat.[217] Die Unterhaltskommission des Deutschen Familiengerichtstags ging bei ihrer Empfehlung für die Selbstbehalte ab 2013 vom Sozialhilfesatz iHv 382 EUR aus und schlug optional bis zu 38 EUR (ca. 10 % für besondere Aufwendungen, die auch ein Sozialleistungsempfänger als besondere Leistungen unter Umständen bekommen kann), 30 EUR für Versicherungen sowie 360 EUR durchschnittliche Wohnkosten (warm) hinzu. Um den Mindestabstand zwischen Nichterwerbstätigen und Erwerbstätigen zu wahren, kamen für Letztere weitere 200 EUR hinzu.[218] Eine ähnliche Berechnung legte die Kommission auch für die Erhöhung der Selbstbehalte ab 1.1.2015 zugrunde [219] (399 EUR Sozialhilfesatz + 10 % für besondere Aufwendungen ergibt zunächst ca. 440 EUR Regelbedarf + 30 EUR für Versicherungen + 380 EUR Wohnkosten = 850 EUR für Nichterwerbstätige, erhöht um 200 EUR für Mehrbedarf Erwerbstätiger = 1050 EUR). Die Selbstbehalte überschreiten damit die Sozialhilfesätze 2015 um ca. 30 EUR; nach der Erhöhung des Regelsatzes auf 404 EUR sind es 2016 noch ca. 25 EUR als Puffer.

---

[212] Die Regelsätze für die laufenden Leistungen zum Lebensunterhalt gem. § 28 Abs. 2 SGB XII bzw. die Grundsicherung für Erwerbsfähige nach § 20 SGB II betragen für Alleinstehende derzeit monatlich 374 EUR. In diesen Beträgen sind nicht die Kosten für Unterkunft (dazu gehören auch Kosten für Schönheitsreparaturen, vgl. BVerwG FamRZ 1993, 53) und Heizung sowie einmalige Leistungen zum Lebensunterhalt und Mehrbedarfszuschläge für Erwerbstätige enthalten, vgl. BVerfG NJW 1992, 3153.

[213] BGH FamRZ 2008, 594 (Tz. 25); FamRZ 1993, 43 (45) = NJW-RR 1992, 1474 (1476); vgl. ferner *Büttner* FamRZ 1990, 459 ff. und *Schellhorn* FuR 1991, 341.

[214] Vgl. BVerfG NJW 1992, 3153 mit Berechnungen (für 1978–1992); BVerfG FamRZ 2001, 1685; BGH FamRZ 1989, 272 = NJW 1989, 523; OLG Köln FamRZ 1996, 811 zur Zusammensetzung der Sozialhilfe.

[215] BT-Drs. 16/11065.

[216] BVerfG Urt. v. 9.2.2010, FamRZ 2010, 429 = NJW 2010, 505, Abs.-Nr. 144 ff., 196.

[217] Vgl. dazu *Schwamb* FPR 2011, 138 ff. (139).

[218] *Niepmann*, Empfehlungen der Unterhaltskommission des DFGT e. V., FamRZ 2013, 101.

[219] *Niepmann* FamRZ 2015, 17

Die Verfahrens-/Prozesskostenhilfe ist ebenfalls nicht auf die Selbstbehaltssätze abge- **47**
stimmt, so dass aus dem Selbstbehalt Raten für die Prozessführung aufzubringen sein
könnten. Nach der Änderung der Ratenfestsetzung gemäß § 115 ZPO kommt das aber
praktisch nur noch für den angemessenen Selbstbehalt in Betracht.[220]

Pfändungsfreigrenzen und notwendiger Selbstbehalt stimmen ebenfalls nicht über- **48**
ein, was aber sogar notwendig erscheint.[221] Vom 1.1.2005 bis zum 30. 6 2011 betrug der
Grundfreibetrag nach § 850c Abs. 1 S. 1 ZPO monatlich 989,99 EUR. Mit Wirkung vom
1.7.2011 ist er auf mtl. 1028,89 EUR angehoben worden, zum 1.7.2013 auf mtl.
1.045,04 EUR[222] und seit 1.7.2015 auf 1.073,88 EUR (zuzüglich 404,16 EUR für die erste
und 225,17 EUR für jede weitere Unterhaltspflicht).[223] Der Betrag wird gem. § 850c
Abs. 2a ZPO grundsätzlich alle zwei Jahre dynamisiert.[224] Nach § 850d ZPO hat der
Unterhaltsgläubiger einen **Vorrechtsbereich,** denn ihm gegenüber muss dem Verpflichteten nur das Existenzminimum verbleiben.[225] Der doppelte Regelsatz der Sozialhilfe ist
auch für die Festlegung des pfändungsfreien Betrags gegenüber Unterhaltsforderungen
wegen der variablen Aufwendungen für Unterkunft und Heizung kein geeigneter Anhaltspunkt. Es kommt deswegen auf das Existenzminimum nach § 28 SGB XII an, und
der notwendige Unterhalt im materiellen Unterhaltsrecht muss darüber liegen, um überhaupt eine Möglichkeit zu haben, gegebenenfalls auch Rückstände noch zu pfänden.[226]
Der prozessuale Kostenerstattungsanspruch des Unterhaltsgläubigers gegen den Unterhaltsschuldner aus einem Unterhaltsrechtsstreit fällt dabei jedoch nicht unter dieses Voll-
streckungsprivileg aus § 850d Abs. 1 ZPO.[227] Der Unterhaltspflichtige kann Anträge auf
Erhöhung des Pfändungsfreibetrags nach § 850f ZPO stellen, wenn er besonderen zusätzlichen Bedarf hat.[228] Eine Reduzierung der in § 850c Abs. 1 S. 2 ZPO genannten
Pauschalbeträge auf den tatsächlich geleisteten Unterhalt kommt auch dann nicht in
Betracht, wenn der Schuldner seiner gesetzlichen Unterhaltspflicht nicht in vollem Umfang nachkommt.[229]

Am 1.7.2010 ist der § 850k ZPO über das **Pfändungsschutzkonto** in Kraft getreten.
Für Unterhaltsforderungen ist von Bedeutung, dass gemäß § 850k Abs. 3, 4 ZPO auch
auf einem Pfändungsschutzkonto nur die dem Schuldner vom Vollstreckungsgericht nach
§ 850d ZPO belassenen Beträge nicht von der Pfändung erfasst werden.

Die zum 1.1.2015 erhöhten Bedarfskontrollbeträge der Düsseldorfer Tabelle, die **49**
allerdings nach wie vor nicht alle Oberlandesgerichte übernehmen,[230] haben nicht die
Funktion, den Selbstbehalt zu bestimmen, sondern sollen nur die ausgewogene Verteilung
des Einkommens zwischen den Berechtigten sichern.[231] Daraus folgt, dass eine Höherstufung beim Kindesunterhalt nicht gerechtfertigt ist, wenn dem Verpflichteten nur noch

---

[220] Zu Einzelheiten vgl. *Dürbeck/Gottschalk* PKH/VKH Rn. 241 ff., 347 ff.
[221] Vgl. BGH (IXa) FamRZ 2003, 1466.
[222] BGBl. 2013 I 710.
[223] Pfändungsfreigrenzenbekanntmachung 2015, BGBl. 2015 I 618–636.
[224] Nach den Bekanntmachungen v. 22.1.2007 (BGBl. 2007 I 64) und 15.5.2009 (BGBl. 2009 I 1141) blieb die Grenze aber zweimal unverändert.
[225] BGH (IXa) FamRZ 2003, 1466 mAnm *Wax* FamRZ 2003, 1743; vgl. auch *Büttner* FamRZ 1994, 1433 ff.
[226] BGH (IX a) FamRZ 2003, 1466.
[227] BGH (VII) MDR 2009, 1190 mwN; *Büttner* FamRZ 1994, 1433.
[228] Vgl. *Scholz* FamRZ 1996, 65 (71); *Büttner* NDV 2001, 368 (372).
[229] BGH (VII) NJW-RR 2007, 938.
[230] Leitlinien OLG Braunschweig, Dresden, Frankfurt, Jena, Naumburg; dagegen übernehmen jetzt auch die Süddeutschen Leitlinien einheitlich die Bedarfskontrollbeträge, vgl. Nr. 11.2.
[231] OLG Düsseldorf FamRZ 1999, 1165; OLG Celle OLG-Report 1998, 149; *Soyka* FamRZ 2003, 1154 (1155); Anwendungsbeispiele bei *Scholz* FamRZ 1993, 125 (133).

der Mindestselbstbehalt bleibt.[232] Dieses Problem hat sich mit der Einführung des Mindestunterhalts und der Neuausrichtung der Düsseldorfer Tabelle auf nur noch zwei Berechtigte ab 1.1.2010[233] allerdings weitgehend erledigt, ferner auch dadurch, dass der BGH entschieden hat, in allen Mangelfällen (ungeachtet des Rangs der Berechtigten) werde den Kindern regelmäßig nur der Mindestunterhalt zustehen.[234]

Insoweit beschränkt sich der Streit praktisch auf die Fälle mit Unterhaltszeiträumen bis 31.12.2007, als der BGH die damaligen 135 % des Regelbetrags noch nicht als Mindestbedarf anerkannt hatte.[235]

50   **Für die Abzweigung nach § 48 Abs. 1 SGB I** (Auszahlung bei Verletzung der Unterhaltspflicht) gelten die unterhaltsrechtlichen Selbstbehaltssätze, wenn wegen der Unterhaltspflicht abgezweigt wird.[236] Gem. §§ 48 Abs. 1 S. 2 SGB I, 74 EStG können aber zweckbestimmte Sozialleistungen (wie Kindergeld) unabhängig vom Selbstbehalt für Personen, für die sie bestimmt sind, abgezweigt werden.[237] Der Verwaltungsakt, mit dem Sozialleistungen wegen Verletzung der Unterhaltspflicht gem. § 48 Abs. 1 SGB I abgezweigt werden, muss vor dem für die jeweilige Sozialleistung zuständigen Gericht angefochten werden,[238] wenn geltend gemacht werden soll, die Abzweigung sei zu Unrecht erfolgt. Wird dagegen geltend gemacht, die Abzweigung sei zwar in Ordnung, es bestehe aber kein Unterhaltsanspruch, muss zivilrechtlich gegen den Sozialleistungsträger vorgegangen werden.

4. Der Bedarf nach den ehelichen Lebensverhältnissen als Grenzwert der Unterhaltszumessung

a) Begriff der ehelichen Lebensverhältnisse

51   **Der Begriff der ehelichen Lebensverhältnisse** und ihre konkrete Bestimmung sind Zentralfragen des Unterhaltsrechts,[239] weil sich der Getrenntlebensunterhalt gemäß § 1361 Abs. 1 BGB nach den „Lebensverhältnissen und den Erwerbs- und Vermögensverhältnissen" und der nacheheliche Unterhalt gemäß § 1578 Abs. 1 BGB nach den „ehelichen Lebensverhältnissen" richten.

Darüber, dass die **Unterhaltszumessung entsprechend diesen Lebensverhältnissen nach Quoten** zu erfolgen hat, besteht grundsätzlich Einigkeit.[240] Daran hat sich durch die grundsätzliche Abkehr des BGH von der Anrechnungs- zur Differenzmethode am 13.6.2001 nichts geändert.[241] Die praktischen Probleme stellen sich bei der konkreten Feststellung des Ausgangspunktes und insbesondere bei Art und Umfang der Berück-

---

[232] OLG Hamm OLGR 1995, 128.

[233] Düsseldorfer Tabelle, 1.1.2010, Anm. 1; inzwischen sind auch die meisten Unterhaltsleitlinien bzw. Unterhaltsgrundsätze unter Nr. 11.2 entsprechend angepasst worden.

[234] BGH FamRZ 2008, 2198 = NJW 2008, 3562, bestätigt durch BGH FamRZ 2010, 1318 = NJW 2010, 2515, Tz. 20.

[235] Vgl. BGH FamRZ 2002, 536 mAnm *Büttner* (542) = NJW 2002, 1269 lehnt „Mindestbedarf" von 135 % des Regelbetrags noch ab; das bestätigt auch BGH FamRZ 2003, 363 (365) = NJW 2003, 1112, das ausdrücklich nur für den Mangelfall einen Einsatzbetrag von 135 % bejaht.

[236] BSG FamRZ 2003, 1386 (Berliner Tabelle bei Ostwohnsitz des Verpflichteten) mAnm *Fischer*; SozG Kassel DAVorm 2000, 270; *Heilemann* FamRZ 1995, 1401 und *Frohn* FamRZ 1996, 920 weiter zu den Voraussetzungen.

[237] BGH FamRZ 1988, 604 = NJW 1988, 2799; vgl. auch DIV-Gutachten DAVorm 1988, 27 und BSG FamRZ 1987, 274; SozG Stuttgart FamRZ 1992, 234; *Heilemann* FamRZ 1995, 1401.

[238] OLG Köln NJW-RR 2001, 867.

[239] BGH NJW 2007, 839 = FamRZ 2007, 200 mAnm *Büttner* 204.

[240] Vgl. zB BGH FamRZ 1995, 346 = NJW 1995, 963.

[241] BGH FamRZ 2001, 986 = NJW 2001, 2254; *Büttner* NJW 2001, 3244.

sichtigung von Veränderungen, die sich hinsichtlich der Lebensverhältnisse nach Trennung bzw. Scheidung ergeben.

Eine der neueren Entwicklungen besteht zunächst darin, dass der BGH[242] in Abkehr von seiner früheren ständigen Rechtsprechung[243] jetzt ausführt, Gründe, die im Rahmen des Betreuungsunterhalts für einen **am Existenzminimum orientierten Mindestbedarf** sprächen, gelten in gleicher Weise **auch für den gesamten Ehegattenunterhalt.** Auch insoweit könne der Bedarf das Existenzminimum nicht unterschreiten. Soweit der BGH früher darauf abgestellt hat, dass ein pauschalierter Mindestbedarf den nach den ehelichen Lebensverhältnissen zu bemessenden individuellen Bedarf nicht übersteigen dürfe, sei zu berücksichtigen, dass die Ehegatten auch in ihrer Ehezeit jedenfalls einen Mindestlebensstandard in Höhe des Existenzminimums hatten.

b) Grundgedanken zur Bestimmung der ehelichen Lebensverhältnisse

Die Grundgedanken zur Bestimmung der ehelichen Lebensverhältnisse haben sich **52** in den vergangenen Jahren in mehreren Schritten verändert.[244]

Nach der bereits erwähnten Abkehr des BGH von der Anrechnungs- zur Differenzmethode und den darauf folgenden Entscheidungen[245] – ua auch des BVerfG,[246] das diese Entwicklung nachträglich als im Sinne von Art. 6 Abs. 1 iVm Art. 3 Abs. 2 GG wegen der Gleichwertigkeit von geleisteter Familienarbeit und ehelichen Einkünften ausdrücklich für geboten erachtet hat – rückte der BGH noch vor der Unterhaltsrechtsreform zunächst mit Urteil vom 29.1.2003[247] und sodann mit dem Urteil vom 15.3.2006[248] zur **Vereinheitlichung der Prüfung von Bedarf des Berechtigten und Leistungsfähigkeit des Pflichtigen** deutlich von seiner früher stark auf den Zeitpunkt der Scheidung zentrierten Bestimmung der ehelichen Lebensverhältnisse ab. Der Bezug auf die ehelichen Lebensverhältnisse schließe nicht aus, **nacheheliche Entwicklungen schon bei der Bedarfsermittlung zu berücksichtigen,** was sich sowohl bedarfssteigernd als auch bedarfsmindernd auswirken könne. Der Unterhaltsberechtigte müsse ggf. auch hinnehmen, dass der Bemessungsmaßstab für seinen Unterhaltsanspruch gegenüber den Verhältnissen im Zeitpunkt der Scheidung abgesunken ist.[249]

Das war letztlich der Einstieg in die danach folgende Rechtsprechung des BGH von den **„wandelbaren ehelichen Lebensverhältnissen"** iSd § 1578 BGB,[250] wie sie besonders unter der Geltung des Unterhaltsrechtsreformgesetzes seit 1.1.2008 immer mehr an Bedeutung gewonnen, aber auch grundsätzliche Kritik erfahren hat.[251] Kernpunkt dieser

---

[242] BGH FamRZ 2010, 357 = NJW 2010, 937, Tz. 33; bestätigt in BGH FamRZ 2010, 444 = NJW 2010, 1138, Tz. 17; FamRZ 2010, 802 = NJW 2010, 1665, Tz. 18 ff.

[243] BGH FamRZ 2007, 1303 = NJW 2007, 2409; FamRZ 1997, 806 = NJW 1997, 1919.

[244] Siehe auch zusammenfassende Gesamtdarstellung: *Dose* FF 2012, 227 ff.

[245] BGH FamRZ 2001, 986 = NJW 2001, 2254; FamRZ 2001, 1693 mAnm *Büttner* = NJW 2001, 3779; FamRZ 2002, 88 = NJW 2002, 436; vgl. ferner *Scholz* FamRZ 2003, 265; *Gerhardt* FamRZ 2003, 272; *Büttner* FamRZ 2003, 641.

[246] BVerfG FamRZ 2002, 527 = NJW 2002, 1185.

[247] BGH FamRZ 2003, 590 (591).

[248] BGH FamRZ 2006, 683 (684).

[249] BGH FamRZ 2003, 590 (591), speziell unter Tz. 13–15; BGH FamRZ 2006, 683 (684).

[250] BGH FamRZ 2008, 968 (973) = NJW 2008, 1663, grundlegend unter Tz. 43 ff.; Fortführung: BGH FamRZ 2008, 1911 (1914) = NJW 2008, 3213; FamRZ 2009, 23 (25) = NJW 2009, 145; FamRZ 2009, 411 = NJW 2009, 588; FamRZ 2009, 579 = NJW 2009, 1271; FamRZ 2009, 1207 = NJW 2009, 2450; FamRZ 2010, 111 mAnm *Herrler* (117) = NJW 2010, 365; FamRZ 2010, 538; FamRZ 2010, 802 Tz. 17.

[251] *Born* NJW 2008, 1668 und NJW 2008, 3089; *Maurer* FamRZ 2009, 204; *Borth* FamRZ 2009, 416; *Schürmann* FamRZ 2009, 585; *Hohmann-Dennhardt,* Brühler Schriften z. FamR, Bd. 16 (18. DFGT 2009), 22 ff. (34 f.).

veränderten Rechtsprechung war, dass insbesondere die nach der Scheidung hinzukommenden neuen Unterhaltsverpflichtungen sowohl gegenüber Kindern als auch neuem Ehegatten (oder gemäß § 1615l BGB) **bereits bei der Bedarfsbemessung** für den ersten Ehegatten ungeachtet des Rangs Berücksichtigung fanden. Das führte im Verhältnis zwischen verpflichtetem Ehegatten, früherem Ehegatten und neuem Ehegatten (bzw. Anspruchsinhabern gem. § 1615l BGB) bereits auf der Bedarfsebene zum sog. „Dreiteilungsgrundsatz", oder auch „Drittelmethode" genannt,[252] wobei dann allerdings auch Einnahmen aus einem Karrieresprung, obwohl nicht eheprägend, sowie der Steuersplittingvorteil der neuen Ehe in eine solche Berechnung (bis zur Obergrenze nach dem Ergebnis einer Halbteilung ohne diese Einnahmen) einfließen konnten.[253]

Die **Kritiker dieser Rechtsprechung** verwiesen nicht ganz zu Unrecht darauf, dass damit der Bezug zu den ehelichen Lebensverhältnissen bei der Bedarfsbestimmung weitgehend aufgelöst und faktisch durch das jeweils aktuelle Leistungsvermögen des verpflichteten Ehegatten ersetzt wurde.[254] Andererseits war das jedenfalls im Ergebnis nicht wirklich neu, denn auch nach der älteren Rechtsprechung,[255] in der es hieß, dass der „eheangemessene Unterhalt nach § 1578 Abs. 1 S. 1 BGB" gleichzusetzen sei mit dem „eigenen angemessenen Unterhalt iSv § 1581 BGB, dessen Gefährdung den Einstieg in die Billigkeitsprüfung eröffnet", musste ein unmittelbarer – allerdings offen gelegter – Zusammenhang zwischen Bedarf nach den ehelichen Lebensverhältnissen und aktuellem Leistungsvermögen hergestellt werden. Möglicherweise wäre die Kritik deshalb gar nicht erst aufgekommen, wenn der BGH nicht den missverständlichen Begriff von den „wandelbaren ehelichen Lebensverhältnissen" geprägt, sondern, wie in dem Urteil vom 18.11.2009[256] ergänzend erläutert, nur von teilweiser Zusammenfassung der Prüfung von Bedarf gemäß § 1578 BGB und Leistungsfähigkeit nach § 1581 BGB als vereinfachender Rechtsfortbildung, wie sie schon in der bisherigen Unterhaltspraxis vorkam, gesprochen hätte. Während es nämlich – anders als bei unverschuldeter Arbeitslosigkeit – bei einer zweiten Ehe schon begrifflich schwerfiel, diese unter die „wandelbaren ehelichen Lebensverhältnisse" der ersten Ehe zu subsumieren, kann es vom Ergebnis her nicht fraglich sein, dass nach dem neuen Unterhaltsrecht (insbesondere der Änderung des § 1582 BGB und der Gleichstellung der Ansprüche aus § 1570 BGB und § 1615l BGB) eine sowohl auf § 1578 BGB als auch § 1581 BGB beruhende integrierte Bedarfs- und Leistungsfähigkeitsberechnung zur Bestimmung der verschiedenen Ansprüche erforderlich ist, die jedenfalls **bei Gleichrang rechnerisch in die Drittelmethode** einmündet.

Das zeigt sich an folgendem **Rechenbeispiel,** das von einer jeweils getrennten Berechnung der Ansprüche einer ersten und einer zweiten Ehefrau nach dem **Halbteilungsgrundsatz – *nunmehr ohne Erwerbstätigenbonus auf der Leistungsebene*[257] –** unter

---

[252] BGH FamRZ 2008, 1911 = NJW 2008, 3213; FamRZ 2010, 111 Tz. 21; FamRZ 2010, 869 = NJW 2010, 2056 Tz. 31; *Gerhardt/Gutdeutsch* FamRZ 2007, 778, *Gutdeutsch* FamRZ 2006, 1072; damals (2008) auch Unterhaltsgrds. OLG Frankfurt, Süddeutsche LL ua jew. unter Nr. 15.5, Hammer LL Nr. 15.6.

[253] Grundlegend auch für den Karrieresprung: BGH FamRZ 2009, 411 (übersehen vom BVerfG FamRZ 2011, 437, Tz. 71).

[254] So insbes. *Hohmann-Dennhardt* Brühler Schriften z. FamR, Bd. 16 (18. DFGT 2009), 22 ff. (34 f.).

[255] Vgl. BGH FamRZ 1990, 260 (264).

[256] BGH FamRZ 2010, 111 = NJW 2010, 365, dort unter den Tz. 34–36; vgl. auch *Klinkhammer* FF 2009, 140 ff.; zur Schwierigkeit der Einordnung der Prüfung bereits *Gutdeutsch* FamRZ 1995, 327.

[257] Siehe dazu jetzt BGH FamRZ 2014, 912 = NJW 2014, 1590, Tz. 39 (kein Erwerbstätigenbonus im – auch nur relativen – Mangelfall); anders insoweit noch in der 12. Auflage und *Schwamb* MDR 2012, 557 ff. (559), wo jeweils noch mit Erwerbstätigenbonus auch auf der Leistungsebene gerechnet worden ist, was tatsächlich zu gewissen Verzerrungen geführt hat. Das folgende Berechnungsbeispiel ist nun ab der 2. Einzelberechnung (Leistungsebene) der neuen BGH-Rechtsprechung angepasst worden.

Berücksichtigung der durch die jeweils andere Unterhaltsverpflichtung geminderten Leistungsfähigkeit des Verpflichteten[258] **im Wege der mehrfachen Annäherung zwangsläufig zur Dreiteilung führt:**

M (Steuerklasse 1): 2100 EUR (bereinigtes Nettoeinkommen ohne Bonusabzug)

F1 (nach 30 J. Ehe von M geschieden): 1050 EUR (bereinigtes Nettoeinkommen ohne Bonusabzug)

F2 (im 2. Jahr von M getrennt lebend): 705 EUR (bereinigtes Nettoeinkommen ohne Bonusabzug)

Berechnung nach Drittelmethode:

2100 EUR + 1050 EUR + 705 EUR = 3855 EUR, hiervon 1/3 = je 1285 EUR.

F1: 1285 EUR – 1050 EUR (Eigeneinkommen) = 235 EUR Unterhalt.

F2: 1200 EUR – 705 EUR (Eigeneinkommen) = 580 EUR Unterhalt.

M: 1285 EUR (Rest ohne Bonus, kein absoluter Mangelfall bei Selbstbehalt von 1200 EUR).

1. Einzelberechnung **Bedarf** F1/F2 (bei F2 nach Abzug zuvor errechnetem Bedarfs der F1)

2100	2100	
– 0 F2	– 450	Bedarf F1
2100	1650	
– 1050	– 705	Eigeneink.
1050 x 3/7	945 x 3/7	
F1: 450	**F2: 405**	M: Rest 1245

2. Einzelberechnung (**Leistungsebene** unter Berücksichtigung der Halbteilung, jeweils nach Abzug des zuvor errechneten Unterhalts, nun ohne Erwerbstätigenbonus)

2100	2100	
– 405 F2	– 322,50	UE F1
1695	1777,50	
– 1050	– 705	
645 /2	1072,50 /2	
F1: 322,50	**F2: 536,25**	M: Rest 1241,25

3. Einzelberechnung:

2100	2100	
– 536,25 F2	– 256,88	UE F1
1563,75	1843,12	
– 1050	– 705	
513,75 /2	1138,12 /2 =	
F1: 256,88	**F2: 569,06**	M: Rest 1274,06

---

[258] BGH FamRZ 2012, 281 = NJW 2012, 384, Rn. 45.

4. Einzelberechnung:

2100	2100
− 569,06 F2	− 240,47 UE F1
1530,94	1859,53
− 1050	− 705
480,94 /2	1154,53 / 2 =
F1: 240,47	**F2: 577,27** M: Rest 1282,26

5. Einzelberechnung:

2100	2100
− 577,27 F2	− 236,37 UE F1
1522,73	1863,63
− 1050	− 705
472,73 /2	1158,63 / 2 =
F1: 236,37	**F2: 579,32** M: Rest 1284,31

Letzte Einzelberechnung (Ergebnis wie Drittelmethode):

2100	2100
− 580 F2 (aufgerundet LL Nr. 25)	− 235 UE F1
1520	1865
− 1050	− 705
470 /2	1160 /2
F1: 235	**F2: 580** M: Rest 1285

Weshalb es bei der obigen 1. Einzelberechnung nach dem prioritären Bedarf der F1 und dem dadurch zunächst scheinbar geringen Bedarf der gleichrangigen F2 im Endergebnis nicht bleiben kann, hat der BGH in seiner Grundsatzentscheidung vom 7.12.2011 begründet.[259] Letztlich prägend für den Bedarf der F2 ist nämlich nicht der prioritär ermittelte höhere Bedarf der F1, sondern nur deren – bei Gleichrang gemäß § 1581 BGB geschmälerter – tatsächlicher Anspruch → Rn. 52b.

Die oben aufgezeigten sechs Einzelberechnungen belegen dies anschaulich, wobei inzwischen das früher durch den Vorwegabzug eines Erwerbstätigenbonus etwas verzerrte Ergebnis (M behielt danach häufig unverhältnismäßig viel) mit der weiteren Entscheidung des BGH vom 19.3.2014,[260] *keinen Erwerbstätigenbonus im (auch nur relativen) Mangelfall mehr zuzulassen*, im Sinne einer nunmehr „echten" Dreiteilung korrigiert worden ist.

Dass das sich hiernach jedenfalls bei Gleichrang als zutreffend erweisende Ergebnis nicht auf einem infolge gewandelter ehelicher Lebensverhältnisse geringeren Bedarf der geschiedenen Ehefrau (F1) beruht, sondern auf der durch wechselbezügliche andere Ansprüche **integriert berechneten geringeren Leistungsfähigkeit** des Verpflichteten,

---

[259] BGH FamRZ 2012, 281 = NJW 2012, 384, Tz. 45. Zum Streitstand → Rn. 52b.
[260] BGH FamRZ 2014, 912 = NJW 2014, 1590, Tz. 39.

räumte der BGH letztlich bereits in seiner Entscheidung vom 17.12.2008 mittelbar ein.[261] Anders wäre es nämlich gar nicht erklärbar gewesen, weshalb eine neu hinzugetretene Unterhaltspflicht, wenn sie tatsächlich die ehelichen Lebensverhältnisse bedarfsmindernd „gewandelt" hätte, nun durch ein nicht prägendes Einkommen aus einem nachehelichen Karrieresprung „aufgefangen" werden müsste. Seine innere Rechtfertigung fand dieses Ergebnis vielmehr darin, dass der **erhalten gebliebene Bedarf** der F1 nach den ehelichen Lebensverhältnissen nun auf Grund der durch den Karrieresprung zurück gewonnenen Leistungsfähigkeit wieder befriedigt werden kann.

c) Entscheidung des BVerfG vom 25.1.2011

Bereits beim 18. DFGT 2009 kündigte sich an, dass die für die Mehrzahl der Fälle in Anwendung der §§ 1578 und 1581 BGB zutreffende integrierte Berechnung wegen der Ansiedlung auf der Bedarfsebene in Verbindung mit der Begrifflichkeit von den „wandelbaren ehelichen Lebensverhältnissen" vor dem Verfassungsgericht keinen Bestand haben würde.[262]　　　**52a**

Das BVerfG hat am 25.1.2011[263] die bisherige Rechtsprechung des BGH[264] zu den „wandelbaren ehelichen Lebensverhältnissen" für nicht mit der Verfassung vereinbar erklärt, weil damit bei der Auslegung von § 1578 Abs. 1 S. 1 BGB die Grenzen richterlicher Rechtsfortbildung überschritten worden seien.[265] Der Entscheidung lag der nach der Neufassung der §§ 1582, 1609 BGB seltener gewordene Fall des Vorrangs einer ersten Ehefrau (nach 24 Ehejahren) vor der zweiten (zwei Jahre verheiratet, Rentnerin) zugrunde. Allerdings beschränkte sich das BVerfG nicht darauf zu bestimmen, dass es in dieser Fallkonstellation bei der von ihm zu § 1582 BGB aF entwickelten Lösung seiner Entscheidung vom 7.10.2003[266] zu bleiben habe. Damals hatte das BVerfG darauf abgestellt, dass der Gesetzgeber trotz Gleichwertigkeit geschiedener und bestehender Ehen im Lichte des Art. 6 Abs. 1 GG durchaus berechtigt ist, dem geschiedenen Ehegatten einen Vorrang einzuräumen, weil dessen Anspruch schon bestanden hat, ehe die neue Ehe geschlossen worden ist. Ebenso könne der Gesetzgeber aber auch einer neuen Ehe Vorteile einräumen, die er der geschiedenen vorenthält.[267]

Kritik: Obwohl der Gesetzgeber inzwischen mit der Änderung der §§ 1582, 1609 BGB genau von dieser ihm eingeräumten Befugnis Gebrauch gemacht und zum Ausdruck gebracht hat, unter welchen Umständen eine Ehe vorrangig oder jetzt häufiger gleichrangig behandelt werden soll, hat das BVerfG in seiner neuen Entscheidung vom 25.1.2011 nicht auf diese Wertentscheidung abgestellt und eher beiläufig erwähnt, es komme nur im Mangelfall auf die Rangfolge an.[268] Wenn jedoch auf die Trennung zwischen Bedarfsbestimmung und Prüfung der Leistungsfähigkeit wieder besonderer

---

[261] BGH FamRZ 2009, 411 = NJW 2009, 588, dort unter Tz. 33, 34; ebenso BGH FamRZ 2009, 579 = NJW 2009, 1271. Übersehen vom BVerfG in Tz. 71 seiner Entscheidung vom 25.1.2011, FamRZ 2011, 437 = NJW 2011, 836, siehe dazu den folgenden Abschnitt.

[262] *Hohmann-Dennhardt* Brühler Schriften z. FamR, Bd. 16 (18. DFGT 2009), 22 ff. (34 f.).

[263] BVerfG – 1 BvR 918/10, NJW 2011, 836 = FPR 2011, 172 = FamRZ 2011, 437.

[264] Nochmals grundlegend erläuternd: BGH NJW 2010, 365 = FamRZ 2010, 111, Tz. 34 ff.

[265] Aufsätze u. Anmerkungen: *Götz/Brudermüller* NJW 2011, 801; *Schwamb* FamRB 2011, 120; *Münch* FamRB 2011, 90; *Borth* FamRZ 2011, 445; *Gutdeutsch* FamRB 2011, 148; FamRZ 2011, 523; *Gerhardt* FamRZ 2011, 537; *Hauß* FamRB 2011, 183 (Projekt mit fünf Autoren u. fünf versch. Lösungen!); *Rieble* NJW 2011, 819; *Ehinger* FPR 2011, 181; *Schmitz* FamFR 2011, 217; *Reinecke* FamFR 2011, 97; *Maurer* FamRZ 2011, 849; *Götz* FamRZ 2011, 871; *Graba* FF 2011, 102; *Puls/ Schürmann* FF 2011, 147; *Spangenberg* FF 2011, 195; *Maier* FuR 2011, 182; *Viefhues* ZFE 2011, 124.

[266] BVerfGE 108, 351 ff., Rn. 33 = FamRZ 2003, 1821 (1823, C I 2a) = NJW 2003, 3466.

[267] BVerfGE 108, 351 ff., Rn. 34 = FamRZ 2003, 1821 (1823, C I 2b) = NJW 2003, 3466.

[268] BVerfG – 1 BvR 918/10 – NJW 2011, 836 = FamRZ 2011, 437, Tz. 72.

Wert gelegt wird, hätte es einer Auseinandersetzung mit der älteren Rechtsprechung des BGH[269] bedurft, wonach der eheangemessene Unterhalt nach § 1578 Abs. 1 S. 1 BGB (quasi spiegelbildlich) gleichzusetzen ist mit dem eigenen angemessenen Unterhalt iSv § 1581 BGB, dessen Gefährdung bereits den Einstieg in die Billigkeitsprüfung unter Berücksichtigung der Rangverhältnisse eröffnete. Stattdessen verwarf das BVerfG die Drittelmethode unabhängig von der ihm vorliegenden Fallkonstellation als generell nicht vereinbar mit der gesetzlichen Regelung der §§ 1578 Abs. 1, 1581 BGB, ohne näher zu erörtern, ob die Frage der Anwendung dieser Methode nicht einfach auf die Leistungsfähigkeitsebene zu verlagern ist und damit nur die vom BGH aufgegebene getrennte Prüfung von Bedarf und Leistungsfähigkeit wieder in den Vordergrund rücken muss. Das BVerfG erteilt in der über seinen Fall des Anspruchs einer vorrangigen ersten Ehefrau hinausgehenden Begründung zwar allgemeine Belehrungen über den Zusammenhang von § 1578 BGB mit § 1581 BGB, befasst sich aber nicht damit, wie bei zwei gleichrangigen Ehegatten, deren jeweiliger Bedarf grundsätzlich zunächst nach dem Halbteilungsgrundsatz zu ermitteln ist, die anschließende Konkurrenz auf der Leistungsebene aufgelöst werden soll.[270] Deswegen besteht weitgehend Einigkeit, dass diese fallübergreifenden Ausführungen[271] keine Bindungswirkung entfalten.[272]

d) Entscheidungen des BGH vom 7.12.2011, 19.3.2014 und 7.5.2014

52b Nach dieser Entscheidung des BVerfG hat der BGH mit zwei Urteilen vom 7.12.2011[273] seine bisherige Rechtsprechung zu den „wandelbaren ehelichen Lebensverhältnissen" aufgegeben und ist zum **Stichtagsprinzip** (Rechtskraft der Scheidung) zurückgekehrt. Danach werden die ehelichen Lebensverhältnisse grundsätzlich von bis zur Scheidung eintretenden Umständen geprägt, so dass auch Ansprüche von **vor der Scheidung** geborenen Kindern aus einer anderen Beziehung sowie deren Mutter nach § 1615l BGB zu berücksichtigen sind. **Nach der Ehe** eintretende Umstände beeinflussen die ehelichen Lebensverhältnisse nur, wenn sie bereits in der Ehe angelegt waren oder auch bei Fortbestand der Ehe deren Verhältnisse geprägt hätten. Eine Einkommensverringerung darf dabei nicht vorwerfbar sein. Soweit danach Umstände bei der Bedarfsbemessung zu berücksichtigen sind, ist – abgesehen von Fällen geschuldeten Mindestunterhalts oder konkreter Bedarfsbemessung – schon insoweit der **Halbteilungsgrundsatz** zu beachten, der durch Anwendung der Quotenmethode gewahrt werde.[274] Dagegen bleiben Entwicklungen, die erst durch die Scheidung eintreten können, ohne Auswirkung auf die ehelichen Lebensverhältnisse. Nach der Scheidung neu entstandene Unterhaltsansprüche von Kindern aus einer anderen Beziehung, einer Mutter nach § 1615l BGB und insbesondere auch der Unterhaltsanspruch einer nachfolgenden Ehefrau können keine Auswirkungen mehr auf den **prioritären Bedarf** der früheren Ehefrau entfalten, der sich

---

[269] BGH FamRZ 1990, 260 ff. (264).

[270] *Schwamb* FamRB 2011, 120 (122 f.) u. darauf beruhende Lösung der versch. Fallkonstellationen im Projekt von *Hauß* FamRB 2011, 183 (188). Siehe auch *Gerhardt/Gutdeutsch* FamRZ 2011, 597 u. 772; *Wohlgemuth* FuR 2011, 311, deren Rechenbeispiel auf der Basis der BVerfG-Entscheidung mit einem „Pyrrhussieg für F1" endet.

[271] Ua auch mit handwerklichen Fehlern behaftet, insbesondere in Tz. 71 die unzutreffende Darstellung der BGH-Rspr. (BGH FamRZ 2009, 411 = NJW 2009, 588) zur ausnahmsweisen Berücksichtigung von nicht prägenden Einkünften und in Tz. 80 (Verstoß gegen eigene Prämissen im Rechenwerk wegen Berücksichtigung nachehelicher Entwicklungen).

[272] Siehe die folgende → Rn. 52b; BGH FamRZ 2012, 281 = NJW 2012, 384, Tz. 43.

[273] BGH NJW 2012, 384 mAnm *Hoppenz* NJW 2012, 819 = FPR 2012, 176 = FamRZ 2012, 281 mAnm *Borth* 253 = FamRB 2012, 71 (Kurzbespr. *Schwamb*); BGH NJW 2012, 923 = FamRZ 2012, 288.

[274] BGH NJW 2012, 384 = FamRZ 2012, 281, Tz. 28, 29.

allerdings nur bei deren Vorrang auch auf der Leistungsebene ungeschmälert durchsetzen kann.[275]

Auf der Leistungsebene gewinnt nun § 1581 BGB wieder mehr Bedeutung, weil der Unterhaltpflichtige danach nur Unterhalt leisten muss, soweit es mit Rücksicht auf die Bedürfnisse sowie die Erwerbs- und Vermögensverhältnisse der geschiedenen Ehegatten der Billigkeit entspricht. Bei der Frage, inwieweit andere Unterhaltsverpflichtungen als sonstige Verpflichtungen iSd § 1581 BGB für die Leistungsfähigkeit im Einzelfall eine Rolle spielen, kann auch der **Rang** der verschiedenen Unterhaltspflichten Berücksichtigung finden (dh also nicht erst im absoluten Mangelfall). Zu Recht weist der BGH[276] insoweit darauf hin, dass das mit § 1581 BGB beginnende Kapitel 3 die Überschrift „Leistungsfähigkeit und Rangfolge" trägt und auch der Begründung des Gesetzes[277] ein Abstellen auf die jeweilige Schutzbedürftigkeit des Unterhaltsberechtigten, die sich im Rang nach § 1609 BGB niederschlägt, zu entnehmen ist.[278]

Der BGH hält demzufolge die **Dreiteilungsmethode im Rahmen der Prüfung der Leistungsfähigkeit bei gleichrangigen Unterhaltsansprüchen** weiterhin für anwendbar.[279] Das trägt dem – vom BVerfG in seinen fallübergreifenden, deshalb nicht bindenden, Ausführungen nicht erkannten – Umstand Rechnung, dass die aus dem Halbteilungsgrundsatz mathematisch hergeleitete Dreiteilung auf der Leistungsebene jedenfalls bei Gleichrang in der Regel zu zutreffenden Ergebnissen führt, → Rn. 52.[280] Das gilt umso mehr, nachdem der BGH mit der Entscheidung vom 19.3.2014,[281] **keinen Erwerbstätigenbonus im (auch nur relativen) Mangelfall mehr zuzulassen,** die früher durch einen Erwerbstätigenbonus häufig etwas verzerrten Ergebnisse (M behielt danach unverhältnismäßig viel[282]) im Sinne einer „echten" Dreiteilung korrigiert hat.

Einzubeziehen sind in eine Dreiteilung auf der Leistungsfähigkeitsebene **sämtliche Einkünfte** des Verpflichteten und der (beiden) Berechtigten, auch die nicht prägenden, einschließlich Splittingvorteil aus zweiter Ehe, der auf der Bedarfsebene für die erste Ehefrau nicht zu berücksichtigen ist, sowie der volle Familienzuschlag I eines Beamten, der auf der Bedarfsebene der geschiedenen ersten Ehefrau nur hälftig zu berücksichtigen ist.[283] Bei einer Dreiteilung kommt sogar der Ansatz eines **fiktiven Einkommens des neuen Ehepartners** in Betracht, soweit er im hypothetischen Fall einer Scheidung trotz Kindesbetreuung zur Ausübung einer Erwerbstätigkeit verpflichtet wäre, was allerdings während der ersten drei Lebensjahre des Kindes auch unter besonderen Umständen nicht der Fall ist.[284] Der Vorteil des Zusammenwohnens ist für die Ehegatten der neuen Ehe

---

[275] BGH NJW 2012, 384 = FamRZ 2012, 281; siehe auch BGH NJW 2012, 1209 = FamRZ 2012, 525, Tz. 53, 54; OLG Karlsruhe FamRZ 2012, 134, mAnm *Borth* 136.

[276] BGH NJW 2012, 384 = FamRZ 2012, 281, Tz. 38.

[277] BT-Drucks. 16/1830, S. 22 ff.

[278] BGH NJW 2012, 384 = FamRZ 2012, 281, Tz. 38 unter Hinweis auf *Maurer* FamRZ 2011, 849 (857); *Gerhardt/Gutdeutsch* FamRZ 2011, 597 (601) u. 2011, 772, 773 (775); *Schwamb* FamRB 2011, 120, (121).

[279] BGH FamRZ 2012, 281 = NJW 2012, 384, Tz. 42 f. mwN; bestätigt durch BGH FamRZ 2014, 1183 (mAnm *Schürmann* S. 1281) = NJW 2014, 2109, Tz. 29; dazu auch *v. Pückler* FF 2014, 456; BGH FamRZ 2014, 912 (mAnm *Borth*) = NJW 2014, 1590, Rn. 38; zu abw. Lösungsversuchen: OLG Düsseldorf NJW 2011, 3457; OLG Zweibrücken FamRZ 2012, 791, dazu *Riegner* FamFR 2012, 1 ff.

[280] Weitere Rechenbeispiele: *Schwamb* MDR 2012, 557ff (soweit dort noch mit Erwerbstätigenbonus auch auf der Leistungsebene gerechnet worden ist, sind die Beispiele im Hinblick auf BGH FamRZ 2014, 912 = NJW 2014, 1590, Rn. 39, nun entsprechend angepasst zu verwenden); *Reinken* NZFam 2015, 689; *Gerhardt* FamRZ 2012, 589 ff.; siehe auch *Soyka* FuR 2012, 180 ff.; *Borth* FPR 2012, 137 ff. und *von Pückler*, Bd. 22 der Studien aaO S. 66 ff., 153 ff., 195 ff.

[281] BGH FamRZ 2014, 912 = NJW 2014, 1590, Tz. 39.

[282] Siehe das Rechenbeispiel *Schwamb* MDR 2012, 557 (559 am Ende).

[283] BGH FamRZ 2014, 1183 = NJW 2014, 2109, Tz. 30, 33.

[284] BGH FamRZ 2014, 1183 = NJW 2014, 2109, Tz. 46, 47.

mit 10 % ihres Gesamtbedarfs in Ansatz zu bringen[285] **Nicht einzubeziehen** ist dagegen auch auf der Leistungsebene der Sockelbetrag des Elterngeldes (§ 11 Abs. 1 BEEG).[286] Was den **Vorwegabzug des vorrangigen Kindesunterhalts** angeht (auf der *Bedarfsebene* gem. § 1578 I BGB nur für die während der Ehe geborenen Kinder, auf der *Leistungsebene* gem. § 1581 BGB auch für die danach geborenen), hat der BGH[287] nun klargestellt, dass eine hälftige Anrechnung des Kindergeldes, wie sie § 1612b BGB für den Barunterhalt an minderjährige Kinder vorschreibt, auch beim monetarisierten Naturalunterhaltsanspruch eines von beiden Elternteilen im gemeinsamen Haushalt betreuten minderjährigen Kindes vorzunehmen ist, obwohl sich dies aus § 1612b BGB nicht unmittelbar ergibt, sondern nur aus dessen Sinn und Zweck.

Zwar ist der **Bedarf einer ersten Ehefrau prioritär zu berechnen;** letztlich prägend für den Bedarf einer nachfolgend gleichrangigen Berechtigten ist aber gerade nicht dieser prioritär ermittelte höhere Bedarf der ersten Gattin, sondern nur deren – bei Gleichrang gemäß § 1581 BGB geschmälerter – **tatsächlicher Anspruch,**[288] den auch das Berechnungsbeispiel → Rn. 52 bestätigt.

Stellungnahme: Diesem wesentlichen dogmatischen Aspekt werden jene Auffassungen nicht gerecht, die bei Gleichrang entweder nach der ersten Berechnung den prioritär ermittelten Bedarf der F1 bereits als prägend für F2 stehen lassen wollen,[289] was nur bei Vorrang der F1 zutrifft, oder aber umgekehrt, ungeachtet des prioritär bestehenden Bedarfs der F1, auf der Leistungsebene den Bedarf der F2 zunächst „frei" ermitteln.[290] In ihrer systematisch nach Kategorien geordneten Zusammenstellung und Überprüfung auf Verfassungsmäßigkeit aller derzeit diskutierten Lösungsansätze bezeichnet *von Pückler*[291] den von ihr bevorzugten ersten Lösungsansatz als „konservativ" und den zweiten als „progressiv". Die hier vertretene und vom BGH inzwischen mehrfach gebilligte Methode, die bei Gleichrang im Regelfall zur mathematisch abgeleiteten Dreiteilung führt, bezeichnet sie als den „gemischt konservativ/progressiven Auslegungsansatz", nochmals unterteilt nach der „Annäherung konkurrierender Bedarfe"[292] und der hier vertretenen „stufenweisen, wechselbezüglichen Annäherungsrechnung".[293] Konservativ ist daran die zunächst prioritäre Bedarfsermittlung nach den Regeln von § 1578 BGB, progressiv die anschließende Auflösung nach dem Schutzgedanken, der sich auch in der veränderten Rangregelung des § 1609 BGB niedergeschlagen hat, im Zusammenspiel mit § 1581 BGB, der dadurch wieder seine eigenständige Bedeutung (zurück-) erhalten hat. Diesen drei maßgebenden Zumessungsvorschriften wird damit einzeln und im Zusammenspiel jeweils gleichmäßig Rechnung getragen. Das kann der „konservative" Ansatz mit seinem schwerpunktmäßig auf § 1578 BGB gestützten, jedoch auch an § 1582 BGB aF erinnernden, überbetonten zeitlichen Prioritätsgrundsatz nicht leisten. Deshalb steht dessen Bewertung

---

[285] BGH FamRZ 2014, 912 = NJW 2014, 1590, Tz. 39.

[286] BGH FamRZ 2014, 1183 = NJW 2014, 2109, Tz. 39 – 41.

[287] BGH FamRZ 2014, 1183 = NJW 2014, 2109, Tz. 37, 38.

[288] BGH FamRZ 2012, 281 = NJW 2012, 384, Tz. 45 mwN zum damaligen Streitstand.

[289] Vgl. *Maurer* FamRZ 2011, 849 (858 f.), der zwar ausführt, F2 müsse sich bei der Bedarfsbemessung den „Anspruch" der F1 als prägend vorhalten lassen, damit aber offenbar den ungeschmälerten Bedarf der F1 meint.

[290] *Götz/Brudermüller* NJW 2011, 2609; *Maier* FuR 2011, 182.

[291] *V. Pückler,* Der Ausgleich konkurrierender Ehegattenunterhaltsansprüche in Bd. 22 der Studien zum deutschen und internationalen Familien- und Erbrecht, 2015 (Rezension *Hauß* FF 2015, 511); dieselbe FF 2016, 10 sowie FF 2014, 456 (Anm. zu BGH FamRZ 2014, 1183 = NJW 2014, 2109).

[292] *Dose* FF 2012, 227 (237); *ders.* in Festschrift f. Hahne, S. 211 (226); *Gerhardt/Gutdeutsch* FamRZ 2011, 597 (598), FamRZ 2011, 772 (773); *Gutdeutsch* FamRB 2012, 148; *Gerhardt* FamRZ 2012, 589 (593); *Hoppenz* NJW 2012, 819 (821).

[293] *Schwamb* FamRB 2011, 120 (122), FamRB 2012, 71 (73), MDR 2012, 557 (559).

als „gesetzesnähester"[294] Lösung entgegen, dass ein im Wesentlichen auf dem prioritären Bedarf einer ersten Berechnungsstufe beruhendes Ergebnis die entstehende Benachteiligung einer gleich- oder vorrangigen F2 nicht zu rechtfertigen vermag, insbesondere vor dem Hintergrund der vom Gesetzgeber bewusst veränderten §§ 1582, 1609 BGB.[295] Demgegenüber läuft der „progressive Ansatz" Gefahr, sich wieder zu weit von § 1578 BGB zu entfernen. Wenn der BGH in diesen Fällen den auf der Leistungsebene weiterhin zur Dreiteilung führenden Lösungsweg (den sog. „gemischt konservativ/progressiven" Ansatz) lediglich „billigt", so bedeutet diese Wortwahl keine Distanzierung,[296] sondern ist nur seiner Rolle als Revisionsgericht im Instanzenzug geschuldet. Das wird im Urteil vom 7.12.2011[297] in der bereits wiederholt zitierten Tz. 45 mit der dort – unter Auseinandersetzung mit dem damaligen Meinungsstand – gelieferten und klar Position beziehenden dogmatischen Begründung deutlich.

Ein (weiteres) **klärendes Eingreifen des Gesetzgebers** wäre nach der aufsehenerregenden Auseinandersetzung unserer höchsten Gerichte mit anschließend emotional geführter Diskussion in der Literatur gleichwohl zu begrüßen,[298] zumal für die Fallgruppen mit Vorrang von nachfolgenden Berechtigten bisher nur ansatzweise Lösungen diskutiert werden. Es geht nicht nur darum, dass die in der Praxis zahlenmäßig überschaubaren Fälle dieser Anspruchskonkurrenz künftig wieder rechtssicherer gelöst werden könnten, sondern entscheidend spricht dafür, dass der Gesetzgeber zu dieser Grundsatzfrage, an der sowohl die Grundlagen der Bedarfsbestimmung als auch der Leistungsfähigkeit einschließlich der Rangfolge exemplarisch aufzuzeigen sind, die Regeln vorgeben soll, die das gesamte Unterhaltsrechtssystem durchziehen und es wieder besser nachvollziehbar werden lassen.

Weitgehende Einigkeit besteht unterdessen, dass eine ungeachtet aller Rechenwege erforderliche **abschließende Angemessenheits- oder Billigkeitsprüfung** nach § 1581 BGB im Einzelfall immer zu Korrekturen führen kann.[299]

Wie beim **Vorrang** eines nachfolgenden Ehegatten (im Fall des § 1570 BGB) bzw. eines Anspruchs nach § 1615l BGB zu entscheiden ist, hat der BGH bisher nur angedeutet.[300] Danach spricht aber vieles auch insoweit für eine Dreiteilung.[301]

Klar gestellt hat der BGH erneut, dass der Unterhaltspflichtige die **Darlegungs- und Beweislast** für die Unterhaltsbedürftigkeit seiner neuen Ehefrau im Rahmen der Dreiteilung trägt, weil es sich um eine einkommensmindernde Verbindlichkeit handelt.[302]

---

[294] *V. Pückler,* Bd. 22 der Studien aaO, S. 202.

[295] AA *v. Pückler,* Bd. 22 der Studien aaO, S. 203 ff., die damit verbundenen Probleme der Verteilungsgerechtigkeit aber auch nicht verkennend.

[296] *V. Pückler* FF 2014, 456, mit der Erwartung, der BGH werde demnächst auch andere Ansätze billigen.

[297] BGH FamRZ 2012, 281 = NJW 2012, 384, Tz. 45.

[298] *Schwamb* FamRB 2011, 120 (123); *v. Pückler,* Bd. 22 der Studien aaO S. 411 ff.

[299] BGH FamRZ 2012, 281 = NJW 2012, 384, Tz. 50; *Gerhardt/Gutdeutsch* FamRZ 2011, 772 ff. (773); *Schwamb* MDR 2012, 557 ff. (559) u. FamRB 2011, 120 (123); *Maier* FuR 2011, 182 ff. (184). Schon deshalb überzeugt die Kritik von *Graba* FF 2012, 341 („Reihenfolge der Prüfung von § 1578b u. § 1581 BGB bei der Drittelmethode") nicht, der in der ersten Berechnungsstufe einen – sogar entgegen der Intention des BVerfG die Ebenen auf der Bedarfsseite wieder vermischenden – Zusammenhang zwischen § 1581 BGB und dem zunächst in den jeweiligen Zweierbeziehungen in Betracht zu ziehenden § 1578b BGB herstellen will, der allenfalls in die abschließende Billigkeitsprüfung gehört. Diesen Ansatz hält *v. Pückler* (Bd. 22 der Studien aaO S. 176 ff., 182) sogar als einzigen für verfassungsrechtlich nicht zu rechtfertigen.

[300] BGH NJW 2012, 384, Tz. 48.

[301] *Schwamb* MDR 2012, 557 (S. 560 in Z. 3) und FamRB 2011, 120 (123); ebenso *Reinken* NZFam 2015, 689 (694 f.); weitere Vorschläge bei *Gerhardt* FamRZ 2012, 509 ff.; *Soyka* FuR 2012, 180 ff.; *Borth* FPR 2012, 137 ff.

[302] BGH NJW 2012, 923 = FamRZ 2012, 288; ebenso bereits BGH FamRZ 2010, 869, Tz. 35, 36.

Zu den Besonderheiten einer **integrierten Berechnung** im Zusammenhang mit **Kranken- und Altersvorsorgeunterhalt** → Rn. 393, 408, 413. [303]

52c   **Rechenbeispiele (mit Selbstbehalt von 1200 EUR ab 1.1.2015):**[304]

1. (mit vorrangiger F1)

M (3254 EUR netto aus Erwerbstätigkeit, Steuerklasse 3) ist nach 30 Jahren Ehe geschieden von **vorrangiger F1**, die kein Einkommen erzielen kann; ferner ist er seit 2 Jahren wieder verheiratet mit F2 und seit Beginn des noch laufenden Kalenderjahres von ihr getrennt lebend:

Bedarf F1: 2800 EUR (Einkommen des M fiktiv nach Steuerklasse 1) × 3/7 = 1200 EUR.

Bedarf F2: 3254 EUR – 1200 EUR (F1) = 2054 EUR, hiervon 3/7 = 881 EUR.

M: 3254 EUR – 1200 EUR (F1) – 881 EUR = Rest nur 1173 EUR (absoluter Mangelfall).

Nach der neuen Rechtsprechung des BGH ist M verpflichtet, den vollen Bedarf der vorrangigen F1 zu erfüllen, weil die Unterhaltsverpflichtung gegenüber F2 auch auf der Leistungsebene nicht als sonstige Verpflichtung des M im Verhältnis zu F1 berücksichtigt werden darf. M kann aber seinen eheangemessenen Selbstbehalt von 1200 EUR auf Kosten der F2 verteidigen, die dann mit restlichen 854 EUR nicht den Mindestbedarf erreicht, obwohl der im Kalenderjahr der Trennung noch vorhandene Splittingvorteil in der neuen Ehe verbleibt. Bedenkt man allerdings, dass in absoluten Mangelfällen sogar erstrangiger Kindesunterhalt regelmäßig bis auf den Mindestbedarf herabgesetzt wird,[305] stellt sich die Frage, ob nicht doch auch hier gemäß § 1581 BGB eine geringfügige Korrektur dahingehend erfolgen sollte, dass F2 wenigstens den Mindestbedarf von 880 EUR erhält. Für F1 blieben dann nur 1174 EUR, womit sie immer noch deutlich über dem Ehegattenselbstbehalt für Nichterwerbstätige von 1090 EUR (Mittelbetrag zwischen 880 EUR Mindestbedarf und großem Selbstbehalt von 1300 EUR) läge und M mit dem Selbstbehalt von 1200 EUR ihr gegenüber als Erwerbstätiger nur geringfügig mehr behielte.

2. (mit gleichrangigen F1 und F2)

M (2550 EUR netto aus Erwerbstätigkeit, Steuerklasse 3) ist nach 30 Jahren Ehe geschieden von F1, die kein Einkommen erzielen kann. Er ist wieder verheiratet mit F2, die ein gemeinsames (nach der Scheidung M/F1 geborenes) 2 Jahre altes Kind K erzieht, und seit Beginn des noch laufenden Kalenderjahres von M getrennt lebt:

Unterhalt für K: 274 EUR (Einkommensstufe 3 bei drei Unterhaltsberechtigten).

Bedarf F1: 2.198 EUR (Einkommen des M fiktiv nach Steuerklasse 1 ohne Vorwegabzug des

Unterhalts für nicht prägendes Kind) × 3/7 = 942 EUR.

Bedarf F2 (vorläufig in erster Berechnungsstufe): 2550 EUR – 274 EUR (K) – 942 EUR (F1) = 1334 EUR, hiervon 3/7 = 572 EUR.

M: 2550 EUR – 274 EUR (K) – 942 EUR (F1) – 572 EUR (F2) = 762 EUR (absoluter Mangelfall).

Ließe man den Kindesunterhalt mit 274 EUR unberührt (weil vorrangig) blieben dem M zur Verteilung an F1 und F2: 2.276 EUR abzüglich seines Selbstbehalts von 1200 EUR

---

[303] *Gutdeutsch* „Vorsorgeunterhalt und Drittelmethode" FamRZ 2016, 184.

[304] *Gutdeutsch* „Vorsorgeunterhalt und Drittelmethode" FamRZ 2016, 184 (185 f.); *Reinken* NZFam 2015, 689; *Schwamb* MDR 2012, 557 ff. (559–561) (für 2012 mit weiteren Varianten; soweit dort noch mit Erwerbstätigenbonus auch auf der Leistungsebene gerechnet worden ist, sind die Beispiele im Hinblick auf BGH FamRZ 2014, 912 = NJW 2014, 1590, Rn. 39, nun entsprechend angepasst zu verwenden);

[305] Vgl. BGH NJW 2012, 384 = FamRZ 2012, 281, Tz. 54 unter Hinweis auf BGH NJW 2010, 2515 = FamRZ 2010, 1318 und → Rn. 102.

= 1076 EUR. Es wäre nun unbillig, die beiden gleichrangigen Berechtigten entweder mit den oben in einer ersten Berechnungsstufe vorläufig ermittelten unterschiedlichen Bedarfsbeträgen oder alternativ F1 mit dem errechneten Betrag von 942 EUR und F2 mit dem immer noch darunter liegenden Mindestunterhalt (880 EUR) in der Mangelfallberechnung zu berücksichtigen.[306] Dabei geht die Argumentation fehl, für F1 und F2 sei das angesichts sowieso benötigter Sozialleistungen letztlich unerheblich, denn schon ein unterhaltsrechtlich irrelevantes nicht besonders hohes, aber doch über dem Schonbetrag liegendes Vermögen ließe Ansprüche auf Sozialleistungen entfallen.

Auch für das rechnerische Ergebnis der Dreiteilung 2276 EUR x 1/3 = je 758,67 EUR reicht die Leistungsfähigkeit des M bei verteilbaren 1076 EUR (s. o.) ersichtlich nicht aus. Es ist deswegen zunächst doch der Kindesunterhalt auf den Mindestunterhalt von 240 EUR herabzusetzen.[307] Ob F1 und F2 dann mit dem Ergebnis einer Dreiteilung (s. o.) oder beide mit dem Mindestunterhalt von je 880 EUR als Einsatzbeträgen in der Mangelfallberechnung berücksichtigt werden, ist jedenfalls bei beiderseits fehlendem Eigeneinkommen gleichgültig: M 2550 EUR – 240 EUR (K) = 2310 EUR. Für Ehegattenunterhalt stehen nach Abzug des Selbstbehalts (1200 EUR) noch 1110 EUR zur Verfügung. F1 u. F2 erhalten je 555 EUR, M bleibt der Selbstbehalt von 1200 EUR.

Die gemäß § 1578 BGB das **Maß des Unterhalts** bestimmenden ehelichen Lebens- **53** verhältnisse werden durch die im Folgenden zusammengefassten Einflüsse geprägt.

Im Ergebnis hatte sich daran auch während der Zeit, als der BGH vorübergehend das Stichtagsprinzip aufgegeben hatte, nichts Wesentliches geändert, wenn man anstelle des nun wieder verwendbaren Begriffs der **Prägung** von **durch die eheliche Solidarität gesetzten Grenzen** der Berücksichtigung späterer Einkommensveränderungen sprach.

(1) **Bestimmende Einkünfte.**

Maßgebend sind sowohl die **Bareinkünfte des erwerbstätigen Ehegatten als auch die Haushalts- und Kinderbetreuungsleistungen des nicht erwerbstätigen Ehegatten.**[308]

Im Einzelnen gilt:

- **Abfindung.** Wenn die Abfindung zum Erhalt des bisherigen Einkommens gezahlt wird, prägt sie grundsätzlich die ehelichen Lebensverhältnisse, und zwar ungeachtet dessen, ob damit lediglich Lohnersatzleistungen[309] oder ein niedrigeres Einkommen bei einem neuen Arbeitgeber[310] nach den Umständen des Einzelfalls[311] bis zum bisherigen Einkommen aufgestockt werden können. Eine nach der Scheidung zusätzlich zu unverändertem Einkommen erhaltene Abfindung bleibt dagegen bei der Bemessung des Unterhaltsbedarfs unberücksichtigt.[312]

- **Erwerbsarbeit nach Haushaltsführung** – auch ohne Kinderbetreuung – prägt die ehelichen Lebensverhältnisse. Die Erwerbsarbeit kann als Surrogat der Haushaltsführung angesehen werden.[313] Auf die Gründe für die Nichterwerbstätigkeit in der Ehe kommt es nicht an. Es kommt nicht darauf an, welchen Umfang die Hausarbeit hatte, denn es kommt zu keiner Monetarisierung des Wertes der Hausarbeit.[314]

---

[306] So aber *Soyka* FuR 2012, 180 ff. (189) und Beispiele in FK-Sonderausgabe März 2012, 20 ff.

[307] Vgl. BGH NJW 2012, 384 = FamRZ 2012, 281, Tz. 54 unter Hinweis auf BGH NJW 2010, 2515 = FamRZ 2010, 1318, und → Rn. 102.

[308] BGH FamRZ 2001, 986 = NJW 2001, 2254 im Anschluss an BVerfG NJW 1999, 557.

[309] BGH FamRZ 2012, 1040 = NJW 2012, 1868, Tz. 39; FamRZ 2007, 983 = NJW 2007, 2249.

[310] BGH FamRZ 2012, 1040 = NJW 2012, 1868, Tz. 40, insoweit unter Aufgabe von BGH FamRZ 2003, 590 = NJW 2003, 1518.

[311] BGH FamRZ 2012, 1040 = NJW 2012, 1868, Tz. 41.

[312] BGH FamRZ 2012, 1040 = NJW 2012, 1868, Tz. 38; FamRZ 2010, 1311 = NJW 2010, 2582, Tz. 28 ff.; OLG Frankfurt FamRZ 2005, 36.

[313] BGH FamRZ 2001, 986 = NJW 2001, 2254 und BVerfG FamRZ 2002, 527 = NJW 2002, 1185.

[314] Offengelassen von BGH FamRZ 2001, 986 = NJW 2001, 2254, aber abgelehnt von BVerfG FamRZ 2002, 527 = NJW 2002, 1185.

- **Erwerbsarbeit nach Kinderbetreuung** prägt die ehelichen Lebensverhältnisse. Sie wird ebenfalls als Surrogat der Haushaltsführungs- und Betreuungsarbeit während der Ehe angesehen. Das gilt sowohl für die Fälle, in denen die Aufnahme einer Erwerbsarbeit nach der Trennung schon zumutbar ist als auch dann, wenn sie aus Not aufgenommen wurde und wenn die Kinder noch nicht das Alter erreicht haben, in dem eine volle oder teilweise Erwerbsarbeit zumutbar wird.
- **Wechsel der Tätigkeit** prägt die ehelichen Lebensverhältnisse, mag auch eine bisher ertraglose Tätigkeit durch eine ertragreiche abgelöst worden sein.[315]
- **Fiktive Einkünfte** können die ehelichen Lebensverhältnisse prägen.[316]
- **Einkünfte aus unzumutbarer Arbeit** prägen die ehelichen Lebensverhältnisse, denn ihr Ertrag fließt in den Verbrauch ein. Das gilt für den anzurechnenden (unterhaltsrelevanten) Teil. Im Übrigen bleibt das Einkommen bei der Unterhaltsermittlung völlig unberücksichtigt.[317] Anders entschieden hatte früher allerdings der BGH,[318] ohne für seine von einer früheren Entscheidung[319] abweichende Auffassung eine überzeugende Begründung zu geben. Davon unabhängig ist, dass solche Einkünfte nur nach § 1577 Abs. 2 BGB bei der Unterhaltszumessung zu berücksichtigen sind, wenn sie aus unzumutbarer Arbeit stammen.[320] Bei langfristigen Einkünften wird selten von Unzumutbarkeit auszugehen sein, denn auch insoweit kommt es auf die konkreten Einzelfallumstände an. Was die Partner lange Zeit für zumutbar gehalten haben, kann nicht später (zum eigenen Vorteil) als unzumutbar deklariert werden. Nicht jede während des Zusammenlebens wegen der Mithilfe des Ehepartners zumutbare Arbeit bleibt nach der Trennung zumutbar, wenn diese Mithilfe wegfällt.
- **Haushaltsführung für Dritte und für neue Partner** ist ebenfalls als Surrogat im Wege der Differenzmethode zu berücksichtigen,[321] denn es kommt nicht darauf an, für wen die Leistung erbracht wird, sondern nur darauf, ob sie an Stelle der ertraglosen Hausarbeit/Kinderbetreuung getreten ist.
- **Vermögenserträge und Nutzungsvorteile,** die zur Deckung des Lebensbedarfs eingesetzt wurden, prägen die ehelichen Lebensverhältnisse.[322] Das gilt auch für Sachentnahmen, wenn Teile des Vermögensstamms für den Trennungsunterhalt eingesetzt werden.[323] Auch **Zinseinkünfte** aus dem Zugewinnausgleich sind zu berücksichtigen.[324] **Für Wohnvorteile** gilt das aber nur insoweit, als der ersparte Mietaufwand die mit dem Eigentum verbundenen Kosten (Zinsaufwand und verbrauchsunabhängige Kosten, die üblicherweise nicht auf Mieter umgelegt werden können[325]) übersteigt.

---

[315] BGH FamRZ 2005, 23 = NJW 2005, 61.

[316] Offengelassen von BGH NJW 2005, 61 = FamRZ 2005, 23 und FamRZ 2005, 25; so aber BGH NJW 2001, 3369 = FamRZ 2001, 1693 mAnm *Büttner;* FamRZ 2003, 434 = FPR 2003, 245.

[317] BGH NJW 2005, 1145 = FamRZ 2005, 1154 mAnm *Gerhardt;* FamRZ 2005, 1823 mAnm *Maurer.*

[318] BGH FamRZ 2003, 518 m. krit. Anm. *Büttner* = NJW 2003, 1181; krit. auch *Soyka* FuR 2003, 193; anders auch OLG Köln FamRZ 2002, 463 und OLG Karlsruhe NJW 2002, 901.

[319] BGH FamRZ 2002, 23.

[320] OLG Köln FamRZ 2002, 463 = NJW 2001, 3716; OLG München FamRZ 2000, 1286 = NJW-RR 2000, 1243; OLG Karlsruhe NJW 2002, 901; *Büttner* NJW 2001, 3244 (3245); anders noch BGH FamRZ 1998, 1501 = NJW-RR 1998, 721, weil ein unzumutbare Arbeit jederzeit aufgegeben werden könne.

[321] BGH FamRZ 2012, 1201 = NJW 2012, 2190, Tz. 16; FamRZ 2004, 1170 (1171 f.) = NJW 2004, 2303; FamRZ 2004, 1173 mAnm *Born* und *Gerhardt* (1545) = NJW 2004, 2305 = LMK 2004, 221 mAnm *Hohloch.*

[322] BGH FamRZ 2007, 1532 (1534); FamRZ 1995, 869 = NJW-RR 1995, 835; FamRZ 1994, 21 = NJW 1994, 134; OLG Saarbrücken FamRZ 2003, 685.

[323] BGH FamRZ 2005, 97 = NJW 2005, 433.

[324] OLG Saarbrücken OLG-Report 2005, 395.

[325] BGH FamRZ 2009, 1300 = NJW 2009, 2523, dort unter Tz. 29–36, mit teilweiser Korrektur der bisherigen Rechtsprechung zur Abzugsfähigkeit verbrauchsunabhängiger Kosten.

Einseitig zur Vermögensbildung führende Tilgungsleistungen, zB für Alleineigentum nach Rechtshängigkeit der Scheidung oder bei Gütertrennung, mindern den Wohnwert aber nicht mehr[326] (anders bis zur 10. Auflage), es sei denn, sie dienen der ergänzenden Altersvorsorge bis zur nicht anderweitig ausgeschöpften Höchstgrenze von 4 % des Bruttoeinkommens (beim Elternunterhalt bis 5 %).[327]

- **Vermögenserträge und Nutzungsvorteile aus einer zu erwartenden Erbschaft** können die ehelichen Lebensverhältnisse ebenfalls prägen.[328] Allerdings können die Kapitalerträge aus einem Vermögen, welches einem Ehegatten erst nach der Scheidung durch Erbfall angefallen ist, nur dann in die Bemessung des Unterhalts einfließen, wenn die Erwartung des künftigen Erbes schon während bestehender Ehe so wahrscheinlich war, dass die Eheleute ihren Lebenszuschnitt darauf einrichten konnten und auch eingerichtet haben. Das nimmt der BGH etwa dann an, wenn die Eheleute in Erwartung der Erbschaft auf eine an sich angemessene Altersversorgung verzichten und die dafür nicht benötigten Mittel zur Erhöhung des Lebensstandards verbraucht haben.[329] Gegen eine Berücksichtigung spricht aber, wenn die Erbschaft erst lange nach der Scheidung angefallen ist und während bestehender Ehe etwaige zukünftige Einnahmen daraus allenfalls erhofft werden konnten.
- **Schwarzgeldeinkünfte** bzw. Einkünfte aus **Schwarzarbeit**[330] prägen zwar die ehelichen Lebensverhältnisse, allerdings auf Dauer nur vermindert um die gesetzlichen Abzüge.
- **Beihilfeansprüche** und der Anspruch auf beitragsfreie Altersvorsorge prägen in einer **Beamtenehe** die ehelichen Lebensverhältnisse.[331]
- An den Unterhaltsberechtigten erbrachte Leistungen der **Krankentagegeldversicherung**, die auf während der ehelichen Lebensgemeinschaft gezahlten Beiträgen beruhen, sind regelmäßig in die Bedarfsbemessung einzubeziehen.[332]
- **Renten** und **Versorgungsausgleich.** Sowohl vor der Ehe verdiente Renten als auch die Durchführung des Versorgungsausgleichs prägen die ehelichen Lebensverhältnisse, denn diese Einkünfte sind Surrogat der Arbeitseinkünfte in der Ehe.[333] Das gilt auch für Unfallrenten.[334] Soweit das nach der bisherigen Rechtsprechung des BGH für mit Hilfe des Altersvorsorgeunterhalts erworbene Ansprüche nicht gelten sollte,[335] hat der BGH seine Meinung offenbar geändert[336]; dies ist zu begrüßen, denn die vormalige Differenzierung zu den durch den Versorgungsausgleich erworbenen Ansprüchen hat nicht überzeugt.[337]
- Auf der anderen Seite hält der BGH daran fest, dass die Kürzung der Altersbezüge des Unterhaltspflichtigen infolge eines **Versorgungsausgleichs zugunsten einer späteren Ehefrau** nicht für den Bedarf der ersten Ehefrau prägend ist und deswegen das Einkommen des Pflichtigen für die Bedarfsbemessung gem. § 1578 Abs. 1 BGB entspre-

---

[326] BGH FamRZ 2008, 963 (968) = NJW 2008, 1946, Tz. 18–20.

[327] BGH FamRZ 2008, 963 (968) = NJW 2008, 1946, Tz. 21 ff.; ausführlich dazu → Rn. 410.

[328] BGH FamRZ 2012, 1483 = NJW 2012, 3434; BGH NJW 2006, 1794 = FamRZ 2006, 387 mAnm *Büttner.*

[329] BGH FamRZ 2012, 1483 = NJW 2012, 3434, Tz. 38.

[330] OLG Brandenburg NJW 2012, 3186 (3188); OLG Zweibrücken OLGR 2002, 149.

[331] BGH FamRZ 1989, 483 = NJW-RR 1989, 386.

[332] BGH FamRZ 2013, 191, Tz. 36 mAnm *Born* (194).

[333] BGH FamRZ 2002, 88 = NJW 2002, 436.

[334] OLG München OLGR 2007, 706.

[335] So bisher BGH FamRZ 2003, 848 m. abl. Anm. *Hoppenz* = NJW 2003, 1796.

[336] Vgl. jetzt BGH FamRZ 2014, 1276, Rn. 21 f.; siehe auch *Wendl/Dose,* 9. Auflage, 1/647 unter Hinweis auf BGH FamRZ 2005, 1479 (1480, wo sich allerdings zur Aufgabe der o. g. bisherigen Rechtsprechung mit der Differenzierung zwischen Renten, die auf dem VA und dem AVU beruhen, nichts findet).

[337] *Wendl/Dose,* 9. Auflage, 1/647.

chend zu erhöhen ist; die Einkommensverminderung behält allerdings ihre Bedeutung für die Prüfung der Leistungsfähigkeit.[338]

- **Einkommensrückgang** prägt die ehelichen Lebensverhältnisse, sofern er nicht auf einer Verletzung der Erwerbsobliegenheit beruht (siehe dann bei fiktiven Einkünften). Nachdem der BGH zum Stichtagsprinzip zurückgekehrt ist, können nach der Ehe eintretende Umstände die ehelichen Lebensverhältnisse aber nur noch beeinflussen, wenn sie bereits in der Ehe angelegt waren oder auch bei Fortbestand der Ehe deren Verhältnisse geprägt hätten. Die Einkommensverringerung darf dabei nicht vorwerfbar sein.[339] Umstände, die bei Fortbestand der Ehe nicht hätten eintreten können, vermindern – sofern nicht vorwerfbar – nur die Leistungsfähigkeit.

- **Geburt eines nichtehelichen Kindes oder auch die Adoption eines Kindes** bestimmen das Maß des Unterhalts, sofern die ehelichen Lebensverhältnisse bis zum Stichtag der Rechtskraft der Scheidung noch davon geprägt waren, nicht jedoch sofern ein Kind erst nach der Scheidung geboren oder vom Unterhaltpflichtigen adoptiert wird.[340]

54   (2) **Nicht bestimmende Einkünfte.**

- Einkommensteile, die nicht der Bedarfsdeckung, sondern der **Altersvorsorge**[341] oder der **allgemeinen Vermögensbildung**[342] dienen, sind nicht zu berücksichtigen. Für die Vermögensbildung gilt das aber nur für gehobene Einkommensverhältnisse[343] (dh mindestens nach der höchsten Einkommensgruppe der Düsseldorfer Tabelle[344]), wobei eine bestimmte Vermögensbildungsquote nicht Gegenstand eines Erfahrungssatzes sein kann, sondern konkret dargelegt und bewiesen werden muss.[345] Der **Arbeitgeberanteil zu vermögenswirksamen Leistungen** bleibt aber in jedem Fall mit seinem Nettoanteil unberücksichtigt, weil er nur zweckgebunden gewährt wird.[346] Im Übrigen darf die Vermögensbildung den Unterhalt nicht unangemessen beeinträchtigen. Wenn sich die Eheleute für gemeinsame Ziele (zB Hausbau) besonders eingeschränkt hatten, sind solche Vermögensbildungsteile nicht abzuziehen.[347] Ebenso kann bei Bedarfssteigerungen nach Trennung die Heranziehung bisher zur Vermögensbildung eingesetzter Einkommensteile erforderlich werden.[348]

---

[338] BGH FamRZ 2014, 1276 = NJW 2014, 2192, Rn. 20, im Anschluss an BGH NJW 2012, 2028.

[339] BGH NJW 2012, 384 = FamRZ 2012, 281, Tz. 23, 24; insoweit unter Beibehaltung von BGH FamRZ 2003, 590 = NJW 2003, 1518.

[340] BGH FamRZ 2012, 281 = NJW 2012, 394 = FamRB 2012, 71 (Besprechung *Schwamb*), insoweit unter Aufgabe von FamRZ 2009, 23 (25); FamRZ 2008, 968 (971); FamRZ 2006, 683 (686); → Rn. 77 und 83.

[341] BGH FamRZ 1992, 423 (424) = NJW 1992, 1044; FamRZ 1985, 471 = NJW 1985, 1347 (L.).

[342] BGH FamRZ 2002, 1532 (1534) FamRZ 1992, 1045 (1048) = NJW 1992, 2477; FamRZ 1987, 36 (39) = NJW 1987, 194; OLG München NJWE-FER 1999, 204 (nicht verbrauchte Zinsen von im Ausland angelegtem Geld).

[343] BGH FamRZ 2002, 1532 (1534); FamRZ 1992, 1045 (1048); FamRZ 1989, 1160 = NJW 1992, 2809; NJW-RR 1989, 386.

[344] Vgl. BGH FamRZ 2012, 947 = NJW 2012, 1578, Tz. 34; nach den Frankfurter Unterhaltsgrundsätzen (Stand 1.1.2011) Nr. 15.3 und den Jenaer Leitlinien Nr. 15.3 liegt die relative Sättigungsgrenze bei 2500 EUR, dh bis zu diesem Anteil wird widerleglich vermutet, dass das Einkommen (also bis ca. 5.850 EUR Gesamteinkommen) der Bedarfsdeckung diente; → Rn. 32.

[345] BGH FamRZ 1987, 36 = NJW-RR 1987, 195; KG FamRZ 1986, 1109; OLG Frankfurt FamRZ 1987, 1245 (bei Nettoeinkommen von 9000 DM muss Berechtigter substantiiert darlegen, dass alles für den Lebensbedarf verbraucht worden ist).

[346] BGH FamRZ 2005, 1154 = NJW 2005, 2145, Tz. 29.

[347] BGH FamRZ 1992, 1045 (1048) = NJW 1992, 2477: weil mit dem Wegfall der Ehegemeinschaft auch die Grundlage für eine solche Einschränkung entfallen ist; BGH FamRZ 1988, 259 (262) = NJW 1988, 2376.

[348] BGH FamRZ 1987, 36 = NJW-RR 1987, 195; OLG Karlsruhe FamRZ 1985, 937; OLG Hamm FamRZ 1986, 1210.

- **Einkommen aus einem Karrieresprung** nach der Trennung oder Scheidung[349] prägt die ehelichen Lebensverhältnisse nicht. Von einem Karrieresprung ist nur bei einem unerwarteten beruflichen Aufstieg nach der Trennung auszugehen. Das ist bei einer Funktionsänderung und einem dadurch bedingten mindestens 20%igem Mehreinkommen der Fall.[350] Kindesunterhalt ist in Höhe des fiktiven Betrages (ohne den Karrieresprung) davon abzuziehen.[351] Sind die Ursachen für den Karrieresprung dagegen vor der Trennung gelegt (in der Ehe absolviertes Fachhochschulstudium), zählt die spätere Einkommenssteigerung zu den ehelichen Lebensverhältnissen.[352] Die lange Entfernung des Karrieresprungs von der Scheidung kann jedoch gegen eine Prägung der ehelichen Lebensverhältnisse sprechen.[353] Wird ein Kraftfahrer nach der Trennung oder Scheidung zum Fernverkehrsfahrer, ist das kein Karrieresprung, sondern nur ein stets möglicher anderer Einsatz, mag auch das Einkommen in der neuen Einsatzart höher sein.[354] Das gilt auch für eine Beförderung von der Besoldungsgruppe A 8 nach A 9, die sich innerhalb des mittleren Dienstes vollzogen hat. [355] Nicht prägendes Einkommen aus einem Karrieresprung kann aber herangezogen werden für trennungsbedingten Mehrbedarf, Altersvorsorgeunterhalt und zum „Auffangen" von Einkommensverlusten aus nachehelich hinzugekommenen Unterhaltspflichten auf der Ebene der Leistungsfähigkeit.[356]
- **Einkommen aus einem Lottogewinn nach der Trennung** prägt die ehelichen Lebensverhältnisse nicht.[357]
- **Freiwillige Zuwendungen Dritter** bleiben unberücksichtigt, wenn sie nur dem Zuwendungsempfänger zugute kommen sollen. Das gilt auch bei der zinslosen Gewährung eines Darlehens.[358]
- **Kindergeld** prägt die ehelichen Lebensverhältnisse zwar nicht, denn sein Zweck besteht darin, die Unterhaltslast der Eltern für Kinder zu erleichtern. Nach der aus § 1612b Abs. 1 BGB nunmehr folgenden hälftigen Bedarfsminderung beim minderjährigen Kind kann der Verpflichtete aber nur noch den Zahlbetrag des Unterhalts vorweg abziehen, was – vom Gesetzgeber laut Begründung zu § 1612b BGB gewollt – faktisch zu einer um 3/7 oder 45 % der Kindergeldhälfte erhöhten Ehegattenunterhaltsverpflichtung führt.[359]
- **Vorübergehende Veränderungen des Lebensstandards** sind für die Bestimmung der ehelichen Lebensverhältnisse unbeachtlich, mag es sich um vorübergehende Verbesserungen oder Verschlechterungen handeln.[360]

(3) **Das „Normalverhalten" der Ehepartner** ist für die Bestimmung der Höhe der zur   **55**
Deckung des Lebensbedarfs eingesetzten Einkommensteile maßgebend. Verschwenderische oder übertrieben sparsame Lebensführung bleibt außer Betracht.[361]

---

[349] BGH FamRZ 2009, 411 = NJW 2009, 588; FamRZ 2007, 793 = NJW 2007, 1961; BGH FamRZ 2006, 683 = NJW 2006, 1654.

[350] So OLG Köln FamRZ 2004, 1114; OLG Schleswig SchlHA 2003, 226 (1/3).

[351] BGH FamRZ 2007, 1232 mAnm *Maurer* = NJW 2007, 1961.

[352] BGH FamRZ 2007, 1232 mAnm *Maurer;* OLG Celle NJW-RR 2006, 153; OLG Celle FF 2007, 262 mAnm *Born.*

[353] BGH FamRZ 2007, 1232 mAnm *Maurer;* OLG Zweibrücken OLG-Report 2006, 1037.

[354] OLG Köln FamRZ 2001, 1374.

[355] BGH FamRZ 2016, 199 mAnm *Witt* = NJW 2016, 322, Tz. 19.

[356] BGH FamRZ 2009, 411 = NJW 2009, 588, unter Tz. 33, 34.

[357] OLG Brandenburg FamRZ 2009, 1837 (1839).

[358] BGH FamRZ 2005, 967 = NJW-RR 2005, 945.

[359] → Rn. 22 mwN, grundlegend BGH NJW 2009, 2744 = FamRZ 2009, 1477.

[360] BGH FamRZ 1988, 256 = NJW-RR 1988, 519.

[361] BGH FamRZ 2007, 1532 (1534 f.); FamRZ 1993, 789 (792) = NJW 1993, 898; FamRZ 1989, 1160; FamRZ 1987, 36; FamRZ 1988, 259 (262) = NJW 1989, 2809; OLG Hamm FamRZ 1992, 1175.

56 (4) **Trennungsbedingter Mehrbedarf** kann beim Berechtigten auftreten, aber auch die Leistungsfähigkeit des Verpflichteten einschränken. In beiden Fällen kann der bisherige Lebensstandard nur mit zusätzlichem Aufwand gehalten werden. Trennungsbedingter Mehrbedarf ist aber – bei beiden Ehepartnern – seit der grundsätzlichen Hinwendung des BGH zur Differenzmethode nur zu berücksichtigen, wenn ausnahmsweise noch die Anrechnungsmethode anzuwenden ist bzw. dieser Bedarf aus zusätzlichen nicht prägenden Einkünften befriedigt werden kann, denn in den Fällen der Anwendung der Differenzmethode ist schon eine angemessene Aufteilung des Gesamteinkommens erreicht, aus dem Mehrbelastungen getragen werden müssen.

57 **Die konkrete Darlegung des trennungsbedingten Mehrbedarfs** ist nach der Rechtsprechung des BGH[362] erforderlich. Es bestehen keine Anhaltspunkte dafür, dass der BGH diese Auffassung aufgegeben hat. Die Anwendung einer Pauschale ist somit unverändert unzulässig, allerdings kann der Aufwand zu Einzelpositionen nach § 287 ZPO geschätzt werden.[363]

58 **Übersicht zu einzelnen Posten, die in der Rechtsprechung schon verschiedentlich als trennungsbedingter Mehrbedarf anerkannt worden sind (teilweise aber zweifelhaft, insbesondere bei verhältnismäßig geringen Kosten):**

- Auto[364] (falls nach Trennung zweites Auto nötig)
- Energiekosten[365]
- Krankenversicherung[366]
- Lebenshaltungskosten (Wegfall der Vorteile eines Mehrpersonenhaushalts):[367] Anhaltspunkt für die Berechnung können die Unterschiede der Eigenbedarfssätze für allein lebende und in Haushaltsgemeinschaft lebende Berechtigte sein.
- Miete[368]
- Mietnebenkosten (Strom, Wasser, Müllabfuhr)
- Neueinrichtungskosten (in angemessenen Raten)
- Verfahrens-/Prozesskostenhilferaten[369]
- Rundfunk- und Fernsehgebühren[370]
- Telefon (Grundgebühr)[371]
- Umgangskosten.[372] Insoweit hat wieder ein Umdenken eingesetzt, wonach diese Kosten jedenfalls teilweise als Abzug im Rahmen der ehelichen Lebensverhältnisse anerkannt werden.[373] Die erweiterte Unterhaltskommission des DFGT hat dem durch die

---

[362] BGH FamRZ 1995, 346 = NJW 1995, 963; FamRZ 1990, 1085 (1088) = NJW 1990, 2886 verweist auf Konkretisierungsmöglichkeiten anhand der hier folgenden Aufstellung in → Rn. 58.

[363] BGH FamRZ 1990, 259 (260) = NJW-RR 1989, 1154 und FamRZ 1990, 499 (503) = NJW 1990, 1477; zur Düsseldorfer Praxis vgl. *Scholz* FamRZ 1993, 125 (129).

[364] BGH (VI.) FamRZ 1988, 921 (923) = NJW 1988, 2365.

[365] BGH FamRZ 1988, 921 (924); OLG Düsseldorf FamRZ 1987, 595 u. 1254.

[366] BGH FamRZ 1991, 1414 (1415) = NJW-RR 1991, 1346; OLG Düsseldorf FamRZ 1987, 595 u. 1254.

[367] OLG Düsseldorf NJW 1990, 2695 schätzt auf 100 DM; FamRZ 1989, 57 (58) = NJW-RR 1988, 1287 (1289); OLG Hamburg FamRZ 1987, 1044.

[368] BGH FamRZ 1990, 499 (503) = NJW 1990, 1477; BGH FamRZ 1988, 921 (924); OLG Schleswig OLGR 1996, 77; OLG Köln FamRZ 1994, 897; OLG Düsseldorf NJW 1990, 2695 (aber nicht, soweit Wohnniveau deutlich über dem ehelichen liegt).

[369] OLG München FamRZ 1994, 898 (nur beim Trennungsunterhalt); OLG Koblenz Urt. v. 30.9.2003 – 11 UF 611/02 – (Scheidungsraten auch nicht beim Trennungsunterhalt).

[370] OLG Düsseldorf NJW-RR 1988, 1287 (1289).

[371] OLG Hamm FamRZ 1992, 1175 (1177); OLG Düsseldorf NJW-RR 1988, 1287 (1289).

[372] OLG Frankfurt FamRZ 1991, 78 (ausnahmsweise, wenn Unterhaltsberechtigter sie durch Umzug in weit entfernten Ort hervorruft).

[373] BGH FamRZ 2009, 1300 = NJW 2009, 2523 unter Tz. 57; FamRZ 2009, 1391; FamRZ 2009, 1477.

Neueinführung der Nr. 10.7 „Umgangskosten" in der Leitlinienstruktur Rechnung getragen.

- Umzugskosten[374]
- Versicherungen (Zusatzkosten bei Privathaftpflicht, Feuer)[375]
- Zeitung[376]

e) Übersicht über die Rechtsprechung zur Wirkung nachträglicher Veränderungen auf die ehelichen Lebensverhältnisse

aa) Verbesserungen beim Verpflichteten (alphabetisch)

- **Aufstieg, beruflicher:**[377] Es kommt darauf an, ob der Aufstieg nach den Verhältnissen   **59** in der Ehe (bzw. bis zur Trennung) zu erwarten war und diese Erwartung die ehelichen Lebensverhältnisse schon geprägt hat.[378] Mehreinkommen aus einem „Karrieresprung" hat die ehelichen Lebensverhältnisse nicht geprägt.[379] Der Umstand, dass die Grundlagen beruflicher Weiterentwicklung schon in der Ehe gelegt worden sind (zB durch Studium) wird genügen, wenn Verbesserung abzusehen war. Von einem Karrieresprung kann man dann nicht mehr sprechen.[380] Gleiches gilt für eine (Regel-)Beförderung von der Besoldungsgruppe A 8 nach A 9, die sich innerhalb des mittleren Dienstes vollzogen hat.[381]
- **Auslandszulagen:** Soweit es sich um echtes Mehreinkommen handelt, kommt es   **60** ebenfalls darauf an, ob (periodische) Auslandsverwendung die ehelichen Lebensverhältnisse schon geprägt hat. Der Auslandsverwendungszuschlag, den ein in einem Risikogebiet (Afghanistan) eingesetzter Berufssoldat bezieht, ist aber nicht in voller Höhe zum unterhaltsrechtlich maßgebenden Einkommen zu rechnen. In welchem Umfang der Zuschlag für Unterhalt heranzuziehen ist (erwogen wird $^1/_3$ bis $^1/_2$), ist nach der Rechtsprechung des BGH unter Würdigung der Umstände des Einzelfalls zu entscheiden.[382] Keine Berücksichtigung erfolgt, wenn wegen der Trennung oder erst nach der Scheidung der Entschluss gefasst wird, ins Ausland zu gehen.
- **Bedarfsminderung des Verpflichteten:** wegen der Trennung (zB kostenloses Wohnen   **61** bei Eltern) wirkt sich nicht auf eheliche Lebensverhältnisse aus.[383] Gleiches gilt für nacheheliche **Synergieeffekte** durch **Zusammenleben mit einem neuen Ehegatten,** die sich nicht auf die Bedarfsbemessung der geschiedenen Ehe auswirken, sondern erst im Rahmen der Konkurrenz des Unterhaltsanspruchs einer neuen Ehefrau mit dem Unterhaltsanspruch der gleich- oder nachrangigen ersten Ehefrau im Rahmen der Leistungsfähigkeit zu berücksichtigen sind.[384]

---

[374] Vgl. aber OLG Köln FamRZ 1986, 163 zu Einschränkungen.

[375] BGH FamRZ 1988, 921 (924) = NJW 1988, 2365.

[376] OLG Düsseldorf NJW-RR 1988, 1287.

[377] BGH FamRZ 1991, 307 = NJW-RR 1991, 130; FamRZ 1988, 259 (262) = NJW 1988, 2376; FamRZ 1985, 791 (nein bei Computerfachmann, der von Uni in Industrie geht); Urt. v. 27.6.1984 – IV b ZR 23/83: ja bei Meisterstelle, wenn Meisterprüfung vorher; OLG Köln FamRZ 1993, 711 (Beförderung zum Ministerialrat, wenn schon vor der Scheidung Funktionsstelle); OLG Köln FamRZ 1995, 876 (Aufnahme einer selbstständigen Tätigkeit, wenn dazu schon vorher Absicht bestand); OLG Hamm FamRZ 1994, 515 (nicht prägend bei Karrieresprung); OLG Celle NdsRpfl 1992, 176 (ja bei Verbesserung durch Niederlassung in den neuen Bundesländern).

[378] BGH FamRZ 2007, 200 = NJW 2007, 839 m. insoweit krit. Anm. *Büttner.*

[379] OLG Köln FamRZ 2004, 1114; → Rn. 65.

[380] BGH FamRZ 1991, 307 = NJW-RR 1991, 130 aber noch für Nichtberücksichtigung.

[381] BGH FamRZ 2016, 199 mAnm *Witt* = NJW 2016, 322, Tz. 19.

[382] BGH FamRZ 2012, 1201 = NJW 2012, 2190, Tz. 24 ff.; OLG Frankfurt NJW 2013, 1686 (1/3).

[383] OLG Düsseldorf FamRZ 1985, 1039.

[384] BGH FamRZ 2012, 281 = NJW 2012, 384, Tz. 26 (unter Hinweis auf *Schwamb* FamRB 2011, 120 [122] und wohl aA von *Maurer* FamRZ 2011, 849 [860]).

62   • **Berufsaufnahme:** Einkommensverbesserungen durch Berufsaufnahme nach Ende der Arbeitslosigkeit, der Ausbildung oder der Kinderbetreuungsphase sind nach Trennung und Scheidung zu berücksichtigen, da in der Ehe angelegt.

63   • **Berufswechsel,** s. Aufstieg, beruflicher.

64   • **Besteuerung, günstigere:** Vorteile aus Ehegattensplitting müssen nach der neuesten Rechtsprechung des BGH bei der Bemessung des Unterhalts**bedarfs** der geschiedenen Unterhaltsberechtigten (jetzt wieder) unberücksichtigt bleiben, weil sie auf der neuen Ehe beruhen und für die Bedarfsbemessung dieser neuen Ehe verbleiben müssen.[385] Bei der Bemessung der Leistungsfähigkeit des Verpflichteten sind diese Vorteile aber jedenfalls bei Gleichrang der Berechtigten im Rahmen der insoweit weiterhin möglichen Dreiteilung zu berücksichtigen.[386]

65   • **Einkommensverbesserungen** wegen **Lohnniveauanstiegs** oder im Rahmen der berufsüblichen Einkommenssteigerungen (Erfahrungs-/Leistungsstufen, auch Regelbeförderung) sind zu berücksichtigen.[387]

Zur **Einkommensverbesserung** durch **Ehegattensplitting:** Siehe oben unter **Besteuerung in → Rn. 64,** dh keine Berücksichtigung bei der Bedarfsbemessung, wohl aber bei der Billigkeitsabwägung gemäß § 1581 BGB im Fall des Gleichrangs bei Anwendung der Drittelmethode.[388]

65a   • **Familienzuschlag** nach § 40 Abs. 1 BBesG ist dagegen auch schon bei der Bedarfsbemessung zu berücksichtigen, jeweils hälftig für beide Ehen bei neuer Eheschließung, weil er auch die erste Ehe des Pflichtigen weiterprägt.[389]

66   • **Erbschaftsanfall:** kann sich auch nach der Trennung oder Scheidung noch auf die ehelichen Lebensverhältnisse auswirken,[390] wenn die Lebensweise auf die Erwartung ausgerichtet war. Die bloße Ungewissheit wegen Testierfreiheit steht nicht entgegen.[391]

67   • **Inflationsbedingter Einkommensanstieg:** zu berücksichtigen, aber keine schlichte Indexierung des Unterhalts zum Trennungs- oder Scheidungszeitpunkt.[392]

68   • **Lebensstandardsteigerung (Lohnniveauanstieg):** zu berücksichtigen, da Fortschreibung der ehelichen Lebensverhältnisse (keine Abkoppelung von allgemeiner gesellschaftlicher Entwicklung).[393]

69   • **Lebensversicherung, Auszahlung.** Solche Zahlungen fließen mit Zinsen und Kapitalanteil in die ehelichen Lebensverhältnisse, da die Grundlage dafür in der Ehe geschaffen worden ist.[394]

---

[385] BGH FamRZ 2012, 281 = NJW 2012, 384, Tz. 26, im Anschluss an BVerfG FamRZ 2011, 437 = NJW 2011, 836; BVerfGE 108, 351 = FamRZ 2003, 1821 (1823); BGH FamRZ 2005, 1817, 1819 = NJW 2005, 3277.

[386] BGH FamRZ 2012, 281 = NJW 2012, 384, Tz. 32 ff., 44, 47, unter Bezugnahme auf BGH FamRZ 2010, 869 = NJW 2010, 2056, Tz. 33; FamRZ 2008, 1911 = NJW 2008, 3213, Tz. 44, 47.

[387] BGH FamRZ 1989, 172 (174); OLG Karlsruhe FamRZ 1988, 400 u. 507.

[388] BGH FamRZ 2012, 281 = NJW 2012, 384, Tz. 32 ff., 44, 47, unter Bezugnahme auf BGH FamRZ 2010, 869 = NJW 2010, 2056, Tz. 33; FamRZ 2008, 1911 = NJW 2008, 3213, Tz. 44, 47.

[389] BGH FamRZ 2007, 793.

[390] BGH FamRZ 2012, 1483 = NJW 2012, 3434; BGH NJW 2006, 1714 = FamRZ 2006, 387 mAnm *Büttner.*

[391] Anders bis zur 11. Auflage; früher OLG Frankfurt FamRZ 1986, 165 (anders: schon vor Trennung angefallene Erbschaft, → Rn. 514). OLG Hamm FamRZ 1998, 620 hat zwischen Trennung und Scheidung angefallene Erbschaft nach betagten Eltern als eheprägend angesehen.

[392] BGH FamRZ 1987, 459 = NJW 1987, 1555.

[393] OLG Düsseldorf FamRZ 1988, 67; aA OLG Hamm FamRZ 1987, 600; anders aber BGH FamRZ 1987, 459 m. krit. Anm. *Luthin.*

[394] OLG Düsseldorf OLG-Report 1998, 176; OLG Stuttgart OLG-Report 1998, 217.

- **Lottogewinn:**[395] Es kommt darauf an, in welchem Umfang die Mittel (Erträge) für den 70
laufenden Lebensbedarf eingesetzt worden sind. Ein Lottogewinn nach Trennung oder
Scheidung prägt die ehelichen Lebensverhältnisse nicht mehr.[396]
- **Regelbeförderung:** zu berücksichtigen, da Grundlagen dafür in der Ehe gelegt.[397]   **71**
- **Schuldverpflichtungen (Wegfall):** zu berücksichtigen, weil idR späterer Wegfall von 72
Raten mit bestimmter Laufzeit schon vorausschauend berücksichtigt wird.[398]
- **Unterhaltspflichten, Wegfall:** Die freiwerdenden Beträge werden in die ehelichen 73
Lebensverhältnisse einbezogen, falls sie nicht nach den Verhältnissen in Vermögens-
bildung geflossen wären.[399]
- **Wiedervereinigungsbedingter Einkommensanstieg:** die Veränderung des gesamten 74
Lohn-Preisgefüges sowie typischer Erwerbschancen sind nicht als Karrieresprünge,
sondern als in der Ehe angelegt anzusehen, sie sind also gemäß dem Niveau nach der
Wiedervereinigung fortzuschreiben.[400] Ist dagegen durch die Wiedervereinigung ein
unerwarteter beruflicher Aufstieg gelungen[401] oder Vermögen zurückerlangt worden,
prägt das (dessen Nutzung) die ehelichen Lebensverhältnisse nicht.[402]
- **Zinseinkünfte.** Wenn solche in der Ehe zur Verfügung gestanden haben, haben sie die 75
ehelichen Lebensverhältnisse geprägt, wenn sie zum Konsum eingesetzt worden sind,
mag sich auch eine Partei davon „besondere Wünsche" erfüllt haben.[403]
- **Zugewinnausgleichseinkünfte.** Auch diese Einkünfte waren schon in der Ehe ange- 76
legt.[404] Sie haben daher die ehelichen Lebensverhältnisse geprägt, soweit sie den erzielbaren Einkünften in der Ehe entsprechen. Problematisch ist ihre Berücksichtigung als
Bestandteil der ehelichen Lebensverhältnisse aber dann, wenn zB die Zinseinkünfte
nach Veräußerung des gemeinsamen Eigentums den Wohnwert in der Ehe übersteigen.
Dies kann dazu führen, dass dem Ehepartner, der das Haus übernehmen kann, unverändert (nur) der Wohnwert bzw. ein Teil desselben angerechnet wird, während der
andere Ehepartner einen (vielleicht höheren) Zinserlös aus dem ihm zugeflossenen
Barkapital hat.[405] In die Differenzrechnung werden dann ggf. unterschiedliche Eigeneinkünfte eingestellt, dies liegt aber an der unterschiedlichen Entwicklung des Ver-
mögensertrages.

bb) Verschlechterungen beim Verpflichteten

- **Adoptierte minderjährige Kinder** (nach Rechtskraft der Ehescheidung) prägen nach 77
der neuen Rechtsprechung des BGH nicht die ehelichen Lebensverhältnisse,[406] sind
aber bei der Leistungsfähigkeit vorrangig zu berücksichtigen. Adoptiert der Unter-

---

[395] OLG Frankfurt NJW-RR 1992, 2; FamRZ 1995, 874.
[396] OLG Brandenburg FamRZ 2009, 1837 (1839).
[397] So schon RGZ 75, 124; vgl. BGH FamRZ 2010, 869 = NJW 2010, 2056, Tz. 23; FamRZ 1982, 684.
[398] Nach OLG Düsseldorf FamRZ 1987, 595 mindern Schulden Bedarf nicht, wenn sie zur laufenden Lebensführung gemacht wurden.
[399] BGH FamRZ 1990, 1085 u. 1090 = NJW 1990, 2886 u. NJW-RR 1990, 1346 – Änderung der früheren Rechtsprechung; BGH FamRZ 1988, 701 u. 817; 1990, 258 = NJW 1988, 2034 u. 2101; NJW-RR 1989, 1154.
[400] BGH FamRZ 1995, 473 (474); OLG Karlsruhe FamRZ 1997, 370.
[401] OLG Celle FamRZ 1999, 858 (R 3-Stelle in den neuen Bundesländern).
[402] BGH FamRZ 1995, 473 = DtZ 1995, 207; OLG Hamm FamRZ 1993, 972.
[403] BGH FamRZ 2001, 1140 (1143) = NJW 2001, 2259.
[404] Für ihre Berücksichtigung daher BGH FamRZ 2002, 88 (91) = NJW 2002, 436 (439) im Anschluss an BGH FamRZ 2001, 1140 (1143) = NJW 2001, 2259.
[405] BGH FamRZ 2008, 963 = NJW 2008, 1946, dort unter Tz. 13.
[406] BGH FamRZ 2012, 281 = NJW 2012, 384; anders BGH FamRZ 2009, 579; FamRZ 2009, 23 (25).

haltspflichtige nach der Scheidung die minderjährigen Kinder seines neuen Ehegatten, kann dies auch nicht als Obliegenheitsverletzung im Verhältnis zum geschiedenen Ehegatten gewertet werden.[407]

78 • **Altersvorsorge, zusätzliche:** Der BGH lässt seine Rechtsprechung zur Abzugsfähigkeit von Beiträgen für zusätzliche Altersvorsorge bis 4 % des Bruttoeinkommens beim Ehegattenunterhalt (5 % beim Elternunterhalt) ausdrücklich auch für den Fall gelten, dass während der Ehezeit noch keine Beiträge für eine solche Altersvorsorge gezahlt wurden.[408] Zur Höhe ist die zusätzliche Altersvorsorge nicht auf die Beitragsbemessungsgrenze der gesetzlichen Rentenversicherung beschränkt, sondern anhand des gesamten Bruttoeinkommens zu berechnen.[409]

79 • **Arbeitslosigkeit** beeinflusst nach BGH[410] eheliche Lebensverhältnisse als Ausfluss des schon in der Ehe bestehenden allgemeinen Arbeitsplatzrisikos. Bei leichtfertiger Aufgabe des Arbeitsplatzes kann aber fiktives Einkommen anzusetzen sein.[411]

80 • **Arbeitsreduzierung; Arbeitsaufgabe:** Verschlechterungen, die auf Grund einer Verletzung der Erwerbsobliegenheit eintreten, beeinflussen die ehelichen Lebensverhältnisse nicht.[412] Das gilt auch für die Inanspruchnahme von **Altersteilzeit und Vorruhestandsregelungen,** sofern dafür keine betrieblichen, persönlichen oder gesundheitlichen Gründe des Verpflichteten bestehen und der Bedarf des Unterhaltsberechtigten nicht anderweitig auf einem relativ hohen Niveau gesichert ist.[413] Die Aufgabe der Erwerbstätigkeit zugunsten der Betreuung der Kinder aus einer neuen Lebensgemeinschaft oder zweiten Ehe kann nur zur Einschränkung der Leistungsfähigkeit führen, beeinflusst die ehelichen Lebensverhältnisse als solche jedoch nicht.[414] Die Aufgabe einer Nebenarbeit ist unerheblich, wenn Einkünfte aus unzumutbarer Arbeit stammten, denn solche Einkünfte prägen schon die ehelichen Lebensverhältnisse nicht.[415] Der Renteneintritt beeinflusst als Surrogat dagegen die ehelichen Lebensverhältnisse.[416]

81 • **Berufswechsel:** Verschlechterungen infolge eines Berufswechsels beeinflussen die ehelichen Lebensverhältnisse, wenn er schon in der Ehe angelegt und vorbereitet war. Das ist der Fall, wenn ein Zeitsoldat Übergangsgebühren bezieht.[417] Ebenso sind Verschlechterungen zu berücksichtigen, die durch die altersbedingte Veräußerung von Geschäftsanteilen auf Leibrentenbasis entstehen.[418] Ansonsten muss der Pflichtige zumutbare Vorsorge treffen, dass er seine Unterhaltspflichten weiter erfüllen kann.[419] Zweifelhaft bleibt, ob bei einem anzuerkennenden Berufswechsel sinkende Einkünfte schon den Bedarf oder erst die Leistungsfähigkeit berühren.

---

[407] OLG Hamm FamRZ 2013, 706 f.

[408] BGH FamRZ 2009, 1207 = NJW 2009, 2450 Tz. 31 mwN; weiter im 2. Teil → Rn. 410.

[409] BGH FamRZ 2009, 1300 = NJW 2009, 2523 Tz. 60.

[410] BGH FamRZ 2003, 432 mAnm *Schröder* = NJW 2003, 1396; OLG Hamm FamRZ 2007, 215; OLG Saarbrücken NJW-RR 2005, 1454; OLG Oldenburg FamRZ 2006, 1031 mAnm *Hoppenz;* BGH FamRZ 1988, 256 = NJW-RR 1988, 519.

[411] BGH FamRZ 2008, 872 und → Rn. 174, 724 ff.

[412] BGH FamRZ 1992, 1045 = NJW 1992, 2477.

[413] BGH FamRZ 2012, 1483 = NJW 2012, 3434, Tz. 29 ff. Zu vorgezogenen Altersgrenzen bei Soldaten und Polizeibeamten siehe *Borth* FamRZ 2016, 99.

[414] BGH NJW 2001, 1488 = FamRZ 2001, 614 (sog. Hausmann-Rechtsprechung); OLG Köln FamRZ 1995, 353; → Rn. 175 beim Kindesunterhalt.

[415] OLG Frankfurt NJW-RR 1989, 1232.

[416] BGH FamRZ 2007, 1532 (1534) mAnm *Maurer.*

[417] OLG Köln FamRZ 1995, 353.

[418] BGH FamRZ 1994, 228 = NJW 1994, 935.

[419] BGH FamRZ 1988, 145 = NJW-RR 1988, 514 (kein Einfluss auf Bedarf bei Planungsmöglichkeit).

- **Hausverkauf:** Hat ein Wohnwert die ehelichen Lebensverhältnisse geprägt, ändert die 82
  spätere Veräußerung des Hauses daran nichts.[420] Wie beim Zugewinnausgleich müssen
  die späteren Nutzungen des Kapitals als Surrogat der Nutzungen des Hauses in die
  Differenzrechnung eingestellt werden.[421]
- **Schulden, schon bestehende, aber erstmals bediente:** Wurden die Schulden schon vor 83
  der Trennung gemacht, prägt ihre Abtragung die ehelichen Lebensverhältnisse. Das gilt
  auch dann, wenn sie zunächst tilgungsfrei waren. Unterhaltsleistungen zu Lasten weiterer Verschuldung können nicht verlangt werden.[422] Auch die latente Gefahr, aus einer
  Bürgschaft in Anspruch genommen zu werden, prägt die ehelichen Lebensverhältnisse.[423] Aufwendungen für eine **Hausrats- und Haftpflichtversicherung** sind allerdings
  nicht als abziehbare Verbindlichkeiten zu behandeln.[424]
- **Schulden, hinzutretende:** Hier ist auf den Grund der Verschuldung abzustellen. Nicht 84
  notwendige Schulden können den Bedarf nicht berühren; bei unvermeidbaren kann es
  sich (wie bei Arbeitslosigkeit) um die Verwirklichung des schon immer vorhandenen
  Risikos handeln. Trennungsbedingte Schulden können berücksichtigt werden, wenn
  ihre Begründung nicht vorwerfbar ist.[425] Zur **Finanzierung des Zugewinnausgleichs
  eingegangene Schulden** werden nicht abgezogen werden können, wenn sie der Vermögensbildung dienen.[426] Anders kann es sein, wenn zB durch die Zugewinnausgleichszahlung das „freie Wohnen" ermöglicht wird – dann sind diese Schulden als
  Aufwendungen für das Wohnen anzusehen.
- **Unterhalt, hinzutretender.** Die Geburt eines Kindes während der Trennungszeit und 85
  die damit verbundene Unterhaltslast beeinflussen die ehelichen Lebensverhältnisse,
  auch wenn es kein gemeinsames Kind ist.[427] Die Geburt des Kindes nach Rechtskraft
  der Scheidung beeinflusst zwar nicht mehr den Bedarf nach den ehelichen Lebensverhältnissen, wohl aber die Leistungsfähigkeit des Verpflichteten.[428] Siehe dazu
  → Rn. 52, 53, auch zum neuen Ehepartner.
- **Unternehmerische Entscheidungen.** Sie können unterhaltsrechtlich zu respektieren 86
  sein, wenn sie plausibel und nachvollziehbar begründet werden.[429]
- **Verrentung (Ruhestand) bei Erreichen der Regelaltersgrenze:** Eine Verrentung oder 87
  der Eintritt in den Ruhestand mit (geringeren) Ruhestandsbezügen sind in der Ehe
  angelegt und daher schon bei der Bedarfsquote zu berücksichtigen.[430] Es kommt nicht
  darauf an, ob die Rente (insgesamt) in der Ehezeit verdient worden ist, denn sie tritt an
  die Stelle der Erwerbseinkünfte. Zur notwendigen differenzierten Betrachtung beim
  Vorruhestand → Rn. 80, 485 und 749.[431]

---

[420] BGH FamRZ 1990, 269 (272); OLG Hamm OLG-Report 1995, 114.

[421] So BGH FamRZ 2001, 1140 (1143) = NJW 2001, 2259.

[422] OLG Bamberg FamRZ 1992, 1295.

[423] OLG Hamm NJW-RR 1998, 6.

[424] BGH FamRZ 2010, 1535 = NJW 2010, 3161, Tz. 22.

[425] BGH FamRZ 2009, 1207 Tz. 24 f.; 2009, 23 Tz. 23; vgl. auch OLG München FamRZ 1999, 1350; OLG Frankfurt OLG-Report 1993, 333.

[426] So ist auch OLG Hamm FamRZ 1985, 483 und BGH FamRZ 1986, 437 = NJW 1986, 1344 (der darauf verweist) zu verstehen.

[427] BGH FamRZ 1999, 367 = NJW 1999, 717; OLG Jena FamRZ 2006, 1205; OLG Hamburg FamRZ 1999, 857.

[428] BGH NJW 2012, 384 = FamRZ 2012, 281 unter teilweiser Aufgabe von BGH FamRZ 2008, 968 (971) und BGH FamRZ 2006, 683 (686) mAnm *Büttner* (765) = NJW 2006, 1654.

[429] OLG Hamburg OLGR 2007, 225.

[430] BGH FamRZ 2007, 1532 mAnm *Maurer*; FamRZ 2002, 88 = NJW 2002, 436.

[431] Vgl. BGH FamRZ 2012, 1483 = NJW 2012, 3434, Tz. 30; ferner *Borth* FamRZ 2016, 99 für vorgezogene Altersgrenzen bei Soldaten oder Polizeibeamten.

88 • **Versorgungsausgleich.** Eine auf dem Versorgungsausgleich beruhende Minderung der Rente ist ebenfalls in der Ehe angelegt und daher eine Fortentwicklung der ehelichen Lebensverhältnisse.[432] Die Kürzung der Altersbezüge des Unterhaltspflichtigen infolge eines **Versorgungsausgleichs zugunsten einer späteren Ehefrau** ist jedoch nicht für den Bedarf der ersten Ehefrau prägend, so dass das Einkommen des Pflichtigen für die Bedarfsbemessung der ersten Ehefrau gem. § 1578 Abs. 1 BGB entsprechend zu erhöhen ist; allerdings behält die Einkommensverminderung ihre Bedeutung für die Prüfung der Leistungsfähigkeit.[433]

88a • Zur Möglichkeit, die Kürzung auf Grund gesetzlicher Unterhaltsverpflichtung gemäß § 33 VersAusglG bis zum Renteneintritt des Ausgleichsberechtigten hinauszuzögern, siehe → Rn. 160a.

89 **cc) Verbesserungen und Verschlechterungen beim Berechtigten.** Zu Verbesserungen und Verschlechterungen beim Berechtigten und ihrer Wirkung auf die ehelichen Lebensverhältnisse wird auf die Ausführungen zum Aufstockungsunterhalt (→ Rn. 510 ff.) verwiesen.

II. Unterhaltszumessung im Mangelfall

1. Überholte Unterhaltsschlüssel

90 **Die früher gebräuchlichen Unterhaltsschlüssel wie der „Zwickauer Schlüssel"**[434] (Aufteilung in Verhältnis 4:2:1 im Verhältnis Mann/Frau/Kind) können ihren ursprünglichen Zweck, eine Formel für die Aufteilung des Einkommens zwischen dem Unterhaltsverpflichteten und allen Unterhaltsberechtigten zu geben, seit der Einführung der Tabellenunterhaltssätze nicht mehr erfüllen und entsprechen nicht mehr den heutigen Vorstellungen einer gleichmäßigen Unterhaltszumessung.

91 **Als erweiterte Quotierung** für die Verteilung zwischen dem Verpflichteten und mehreren Ehegatten (bzw. gegenüber Ansprüchen gemäß § 1615l BGB) sind „Schlüssel" nun wieder gebräuchlich. Als Vorläufer der vom BGH begründeten Drittelmethode findet sich bereits in den Hammer Leitlinien zum 1.7.2003 in den damaligen Nrn. 24.2.2 und 24.2.3 ein entsprechender Schlüssel, konsequenterweise damals bereits ausschließlich bei der Leistungsfähigkeit angesiedelt.[435] Das OLG Hamm schließt in seinen neuen Leitlinien 2013 wieder daran an.

92 **Schlüssel für die eigentliche Mangelverteilung** werden nicht mehr angewandt, da eine starre Aufteilung bei Einkünften, die nicht zum Unterhalt des Verpflichteten und aller Berechtigten ausreichen, weder den Selbstbehalt berücksichtigt noch das richtige Verhältnis unterschiedlicher Bedarfshöhen widerspiegelt.

2. Rangverhältnisse

93 Geht ein Berechtigter dem anderen im Rang vor, wird zunächst der Anspruch des Vorrangigen voll erfüllt, auch wenn für den Nachrangigen nichts mehr übrig bleibt.[436]

---

[432] BGH FamRZ 2002, 88 = NJW 2002, 436; BGH FamRZ 2003, 848 mAnm *Hoppenz* = NJW 2003, 1796.

[433] BGH FamRZ 2014, 1276 = NJW 2014, 2192, Rn. 20, im Anschluss an BGH NJW 2012, 2028.

[434] LG Gera DAVorm 1951/52, 117.

[435] Vgl. dazu auch *Hampel* FamRZ 1995, 1177 ff.

[436] BGH FamRZ 1988, 705 = NJW 1988, 1722; vgl. Rechenbeispiel in BGH FamRZ 2008, 1911 = NJW 2008, 3213 Tz. 45.

Dazu steht nicht im Widerspruch, dass – außerhalb des Mangelfalls – auch der Unterhalt für ein volljähriges Kind vor der Errechnung des Ehegattenunterhalts abgezogen wird, wenn der eheangemessene Bedarf durch diese Unterhaltslast bestimmt war.[437]

Auch bei der Frage, inwieweit für den Ehegattenunterhalt andere Unterhaltsverpflichtungen als sonstige Verpflichtungen iSd § 1581 BGB für die Leistungsfähigkeit im Einzelfall eine Rolle spielen, kann der Rang der verschiedenen Unterhaltspflichten bereits Berücksichtigung finden (dh also nicht erst im absoluten Mangelfall).[438] Dabei weist der BGH[439] ua darauf hin, dass das mit § 1581 BGB beginnende Kapitel 3 die Überschrift „Leistungsfähigkeit und Rangfolge" trägt.

Das Gesetz unterscheidet folgende Rangstufen: 94
Die Rangfolge ist durch das Unterhaltsrechtsänderungsgesetz vom 21.12.2007 insgesamt geändert worden. Grundsätzlich schließt der im Rang Bessere in Höhe seines gesamten Unterhaltsbedarfs den im Rang Schlechteren aus.[440] Allerdings ist anerkannt, dass auch der angemessene Unterhaltsbedarf vorrangiger Kinder unter Berücksichtigung aller weiteren Unterhaltsverpflichtungen, ungeachtet von deren Rang, zu korrigieren ist und im Mangelfall regelmäßig nicht höher als nach der Einkommensgruppe 1 zu veranschlagen sein wird.[441]

Die bis 31.12.2007 geltenden rangregelnden Vorschriften der §§ 1582 Abs. 1, 1615l Abs. 3 BGB und § 16 Abs. 2 Lebenspartnerschaftsgesetz sind entfallen bzw. verweisen nun auf § 1609 BGB.

1. Rangstufe: Minderjährige unverheiratete Kinder und Kinder im Sinne des § 1603   95
Abs. 2 S. 2 BGB.
Begründung: Sicherung des Kindeswohls. Minderjährige und privilegierte volljährige Kinder sind nicht in der Lage, für ihren Unterhalt selbst aufzukommen.

2. Rangstufe: Elternteile, die wegen der Betreuung eines Kindes unterhaltsberechtigt sind oder im Fall einer Scheidung wären, sowie Ehegatten und geschiedene Ehegatten bei einer Ehe von langer Dauer. Dabei fällt ein teils auf Betreuungsunterhalt gemäß § 1570 BGB und teils auf Aufstockungsunterhalt (§ 1573 Abs. 2 BGB), somit auf unterschiedlichen Tatbeständen beruhender Anspruch dennoch **einheitlich in den Rang des § 1609 Nr. 2 BGB**, dessen Formulierung „Elternteile, die wegen der Betreuung eines Kindes unterhaltsberechtigt sind" nämlich allein auf die Person des Unterhaltsberechtigten abstellt.[442] Bei der Feststellung einer Ehe von langer Dauer sind hauptsächlich Nachteile im Sinne des § 1578b Abs. 1 S. 2 und 3 zu berücksichtigen.
Begründung: Grundsätzlich sind die Elternteile in der Lage, für ihren eigenen Unterhalt zu sorgen. Die Gleichbehandlung aller Eltern, die ein Kind betreuen, beruht auf einer Entscheidung des Bundesverfassungsgerichts.[443] Ehegatten sowie nach einer Ehe von langer Dauer geschiedene Ehegatten stehen den Elternteilen gleich, die ein Kind betreuen, wobei hervorgehoben wird (durch Verweisung auf § 1578b Abs. 1 S. 2 u. 3 BGB), dass nicht nur auf die absolute Dauer der Ehe abzustellen ist, sondern auch auf die Nachteile,

---

[437] → Rn. 23; BGH NJW 2013, 461 = FamRZ 2013, 191, Tz. 31 mAnm *Born;* BGH FamRZ 1986, 553 (555) = NJW 1986, 985; OLG Koblenz NJW-RR 2007, 729.

[438] 381 BGH NJW 2012, 384 = FamRZ 2012, 281, Tz. 38 unter Hinweis auf *Maurer* FamRZ 2011, 849 (857); *Gerhardt/Gutdeutsch* FamRZ 2011, 597 (601) u. 2011, 772, 773 (775); *Schwamb* FamRB 2011, 120, (121).

[439] BGH FamRZ 2012, 281 = NJW 2012, 384, Tz. 38.

[440] BGH FamRZ 2012, 281 = NJW 2012, 384 Tz. 49; FamRZ 2012, 525 = NJW 2012, 1209, Tz. 54.

[441] BGH FamRZ 2010, 1318 = NJW 2010, 2515, Tz. 20; BGH FamRZ 2008, 2189 = NJW 2008, 3562, Tz. 20 ff., 29.

[442] BGH FamRZ 2014, 1987 = NJW 2014, 3649, Tz. 23 mwN (auch zu den bisherigen Gegenmeinungen).

[443] BVerfG FamRZ 2007, 965 mAnm *Born* (973) und *Maier* (1076) = NJW 2007, 1735.

die in der Ehe entstanden sind.[444] Durch die Hinzufügung der „geschiedenen Ehegatten" wird klargestellt, dass auch der Unterhaltsanspruch nach einer Ehe von langer Dauer im zweiten Rang steht.

3. Rangstufe: Ehegatten und geschiedene Ehegatten, die nicht unter Nr. 2 fallen.

4. Rangstufe: Kinder, die nicht unter Nr. 1 fallen.

Darunter fallen volljährige Kinder, die nicht privilegiert sind, denn es besteht ein Anspruch auf Ausbildungsvergütung oder ein Anspruch auf Ausbildungsförderung.

5. Rangstufe: Enkelkinder und weitere Abkömmlinge,

6. Rangstufe: Eltern.

7. Rangstufe: Weitere Verwandte der aufsteigenden Linie; unter ihnen gehen die Näheren den Entfernteren vor.

96   **Kritik:** War das Einkommen des Pflichtigen nicht ausreichend, um neben dem Ehegattenunterhalt (bisher gleichrangig) auch den Kindesunterhalt zu erfüllen, hatten Kinder unter 12 Jahren die Möglichkeit, Leistungen nach dem UVG in Anspruch zu nehmen. Werden nach dem Wegfall des Ehegattenunterhalts die Kinder bis zur Höhe des Unterhalts nach Gruppe 1 der Düsseldorfer Tabelle befriedigt, entfällt die Möglichkeit ergänzender Leistungen nach dem UVG. Zwar kann der betreuende Elternteil staatliche Transferleistungen in Anspruch nehmen. Wenn sein Einkommen (aus einer Teilerwerbstätigkeit) über den Sozialhilfe- bzw. SGB II-Sätzen liegt, steht er insgesamt schlechter.

Ebenso entfällt die Möglichkeit, das (einkommensteigernde) begrenzte Realsplitting in Anspruch zu nehmen, denn dieses gilt nicht für den Kindesunterhalt.[445]

Insgesamt stehen sich Mutter (Vater) und Kind durch diese Umstände schlechter, denn es ist weniger Geld in der gemeinsamen Kasse von Mutter (Vater) und Kind.

97   Der **relative Vorrang des geschiedenen Ehegatten** kann gem. **§ 1582 BGB aF** noch in Übergangs- und in Abänderungsfällen von Bedeutung sein (in Verbindung mit § 36 Nr. 1 EGZPO):

(1) bei Anspruch aus § 1570 BGB (Kindesbetreuung),

(2) bei Anspruch aus § 1576 BGB,

(3) bei „langer Ehedauer". – Die Ehedauer wird dabei von der Eheschließung bis zur Rechtshängigkeit des Scheidungsantrags gerechnet.[446] Hinzuzurechnen ist die anschließende Zeit der Unterhaltsberechtigung wegen Kindesbetreuung (§ 1582 Abs. 2 S. 3 aF BGB). Die Zeit einer Erstehe zwischen denselben Partnern ist der Ehezeit nicht hinzuzurechnen.[447] „Lang" war danach die Ehedauer nicht schon bei 8 Jahren,[448] unzweifelhaft aber bei 15 Jahren.[449] Für die Zeit zwischen 10 und 15 Jahren kommt es – entsprechend der Rechtsprechung zu „kurzen" Ehen bei § 1579 Nr. 1 BGB – auf die Verknüpfungsdichte im Einzelfall an. Der Vorrang des geschiedenen Ehegatten bei langer Ehedauer galt auch dann, wenn sich beide Ehegatten auf Erwerbsunfähigkeit wegen Alters oder Krankheit und beide auf eine lange Ehedauer berufen können.[450]

(4) Bei Fehlen eines hypothetischen Anspruchs des neuen Ehegatten nach §§ 1569 ff. BGB.

---

[444] Ergänzung vom 7.11.2007 der BT-Drs. 16/1830: Vertrauensschutz wird noch einmal unterstrichen.

[445] Eingehend dazu mit Rechenbeispielen: *Hütter* FamRZ 2006, 1577.

[446] BGH FamRZ 1984, 683 = NJW 1984, 1813.

[447] OLG Düsseldorf FamRZ 1996, 1416.

[448] BGH FamRZ 1983, 678 = NJW 1983, 1733.

[449] BGH FamRZ 1985, 362 = NJW 1985, 1029; 1986, 790 = NJW 1986, 2054.

[450] OLG Oldenburg FamRZ 2001, 483 = NJWE-FER 2000, 193.

In allen anderen Fällen – auch bei Altehen[451] – haben die Unterhaltsansprüche verschiedener Ehegatten Gleichrang.[452]

Die **Verfassungsmäßigkeit der Vorrangregelung** in § 1582 Abs. 1 S. 2 BGB aF hat **98** das **BVerfG** für den Fall bestätigt, dass der geschiedene und der neue Ehegatte wegen Kinderbetreuung an einer Erwerbstätigkeit gehindert sind und es sich um einen echten Mangelfall handelt.[453] Ob das für die anderen Fallgestaltungen des Vorrangs, insbesondere für den unechten Mangelfall, bei Kinderbetreuung gegenüber langjähriger Ehe und auch dann gilt, wenn der geschiedene Ehegatte das Scheitern der Ehe zu verantworten hatte, ist umstritten geblieben.[454] Der **BGH**[455] geht von umfassender Verfassungsgemäßheit des § 1582 BGB aF aus und meint, das müsse angesichts des Gesetzeswortlauts auch dann gelten, wenn die vorrangige geschiedene Ehefrau den vollen angemessenen Unterhalt verlange und für die nachrangige nicht einmal der Mindestbedarf übrigbliebe. Angesichts des Wortlauts der Norm sei eine Auslegung des Inhalts, dass zunächst nur der Mindestunterhalt der vorrangigen Ehefrau zu sichern sei, sodann derjenige der Nachrangigen und erst der danach verbleibende Rest nach §§ 1581, 1582 BGB zu verteilen sei, nicht möglich. Von diesem Verständnis ist auch die „berichtigende" Auslegung des § 1609 Abs. 2 S. 1 BGB aF getragen. Ob auch dieses weitgehende Verständnis des Vorrangs mit Art. 6 GG vereinbar ist, hatte das BVerfG nicht mehr zu entscheiden. Der BGH[456] wies aber darauf hin, dass im Hinblick auf die zwischenzeitliche gesetzliche Neuregelung die vom Wortlaut her eindeutige Regelung in § 1582 Abs. 1 S. 2 BGB aF für Unterhaltsansprüche bis Ende 2007 hinzunehmen ist. Denn insoweit sei keine andere Beurteilung geboten, als es nach der Rechtsprechung des Bundesverfassungsgerichts, das den Betreuungsunterhalt nach gescheiterter Ehe einerseits und den Betreuungsunterhalt des Elternteils eines nichtehelich geborenen Kindes andererseits wegen Verstoßes gegen Art. 6 Abs. 5 GG für verfassungswidrig erachtet hat, für die Fortgeltung dieser gesetzlichen Regelungen der Fall ist. Auch jener verfassungswidrige Zustand war nämlich nach der Entscheidung des Bundesverfassungsgerichts vom 28.2.2007 bis zum Inkrafttreten der Neuregelung am 1.1.2008 hinzunehmen.[457]

Durch Parteivereinbarung kann das Rangverhältnis zwar geändert werden, aber **99** nicht zu Lasten eines nicht an der Vereinbarung Beteiligten und auch nicht zu Lasten des Sozialhilfeträgers. Bedenken bestehen auch dagegen, ungeachtet des Rangverhältnisses einen nachrangigen vertraglich ausgestalteten Unterhaltsanspruch als „sonstige Verbindlichkeit" vorweg abzuziehen,[458] da die Konkurrenz verschiedener „Lebensbedarfsdeckungsansprüche" eben gesetzlich geregelt ist.

Rang im Vollstreckungsrecht. Volljährige Kinder iSv § 1603 Abs. 2 S. 2 BGB sind **100** trotz ihrer materiell-rechtlichen Gleichstellung mit minderjährigen Kindern vollstreckungsrechtlich nach § 850d Abs. 2a ZPO den minderjährigen Kindern gegenüber nachrangig.[459]

---

[451] BVerfG FamRZ 1984, 346 = NJW 1984, 1523; OLG Hamm FuR 2001, 551.

[452] BGH FamRZ 1983, 678 = NJW 1983, 1733; FamRZ 1985, 911 = NJW 1985, 2268; Gleichrang auch gem. § 86 Abs. 2 DDR-FGB (BGH NJW-RR 1992, 1474 (1476).

[453] BVerfG FamRZ 1984, 346 = NJW 1984, 1523.

[454] Vgl. eingehend *Schmitt*, „Der Rang des Geschiedenenunterhalts", 1985, S. 265 ff. mwN.

[455] BGH FamRZ 1986, 790 = NJW 1986, 2054 (2056), nach OLG Frankfurt FamRZ 1987, 1155 jedenfalls, wenn notwendiger Bedarf aller Beteiligten gewahrt.

[456] BGH FamRZ 2008, 1911 = NJW 2008, 3213, Tz. 60.

[457] BVerfG NJW-RR 2007, 273.

[458] So aber BGH (III.) FamRZ 1986, 669; OLG Hamm FamRZ 1999, 1011 (volljähriges Kind ermöglicht volle Berufstätigkeit des mdj. Kinder betreuenden Elternteils) betrifft einen Sonderfall.

[459] BGH (IX a) FamRZ 2003, 1177 = NJW 2003, 2832.

3. Mangelverteilung unter mehreren Berechtigten

a) Allgemeines

101 **(1) 1. Berechnungsstufe: Feststellung des angemessenen Bedarfs aller Berechtigten.**[460] Weiter ist in dieser Stufe zu prüfen, ob das unterhaltspflichtige Einkommen nach Abzug des angemessenen Eigenbedarfs ausreicht, um alle Ansprüche zu befriedigen, also ob ein Mangelfall vorliegt. **Von einem absoluten Mangelfall** spricht man dabei, wenn das Einkommen zur Deckung des Bedarfs der gleichrangigen Unterhaltsberechtigten nicht ausreicht, ohne dass der jeweils maßgebliche Selbstbehalt des Verpflichteten tangiert wird.

Dabei war nach der Rechtsprechung des BGH[461] zu dem bis 31.12.2007 maßgeblichen Recht das Kindergeld nicht zu berücksichtigen, dh ein Mangelfall lag bereits vor, wenn der Tabellenunterhalt der Kinder ohne Berücksichtigung des Kindergeldes nicht beglichen werden konnte. Nachdem das Kindergeld nunmehr teilweise oder ganz bedarfsdeckend anzurechnen ist, kommt es aber für die Zeit ab 1.1.2008 nur noch auf die Zahlbeträge an.[462]

(2) 2. Berechnungsstufe: Kürzung der Ansprüche der (erstrangigen) Berechtigten nach Billigkeitsgesichtspunkten, wenn (1) nicht zu erfüllen, wobei der Vorwegabzug des Eigenbedarfs bis zum notwendigen Eigenbedarf zu kürzen sein kann.

(3) 3. Berechnungsstufe: Berücksichtigung nachrangiger Berechtigter, an die nur etwas verteilt werden kann, wenn der Mindestbedarf der Vorrangigen gedeckt und der jeweils maßgebliche Selbstbehalt des Verpflichteten gewahrt ist.

b) Rechnung mit Mindestbedarfsbeträgen

102 **(1) Grundsatz.** Der Auffassung, die gesetzliche Vorrangregelung dürfe nicht durch Rechnung mit Mindestbedarfsbeträgen unterlaufen werden (so die 10. Auflage), ist der BGH nicht gefolgt. Nach seinem Urteil vom 17.9.2008 steht auch den minderjährigen Kindern in **Mangelfällen** (ungeachtet des Rangs der Berechtigten) regelmäßig nur der Mindestunterhalt zu.[463]

(2) In § 1612a BGB (bis 31.12.2008 iVm § 36 Nr. 4 EGZPO) ist der Mindestunterhalt für **minderjährige Kinder** festgelegt (ab 1.1.2010 mit 317 EUR, 364 EUR und 426 EUR je nach Altersstufe. Das lässt aber den Grundsatz unberührt, dass auch dieser Unterhalt nur nach der Leistungsfähigkeit des Unterhaltspflichtigen geschuldet wird.

Im Mangelfall gehen nach neuem Recht minderjährige und ihnen nach § 1603 Abs. 2 S. 2 BGB gleichgestellte Kinder mit ihrem Mindestbedarf anderen Unterhaltsberechtigten vor.

(3) Mindestbedarfssätze für Ansprüche gemäß § 1615l BGB und für Ehegatten sind nunmehr mit dem **notwendigen** Selbstbehalt nicht Erwerbstätiger als Existenzminimum (ab 1.1.2015 bundeseinheitlich 880 EUR) anzusetzen.[464] Einem höheren Mindestbedarf für den Berechtigten, etwa nach dem Mindestselbstbehalt für erwerbstätige Verpflichtete (seit 1.1.2015 sind es 1080 EUR) oder gar dem mittleren (eheangemessenen) Selbstbehalt

---

[460] BGH FamRZ 2003, 363 mAnm *Scholz* (514) = NJW 2003, 1112; FamRZ 1983, 678 = NJW 1983, 1733 (1734).

[461] BGH FamRZ 1997, 806 = NJW 1997, 1919; in der Entscheidung BGH FamRZ 2003, 363 mAnm *Scholz* (514) offengelassen; dazu auch *Schürmann* FamRZ 2003, 489.

[462] BGH FamRZ 2010, 1318 = NJW 2010, 2515, Tz. 28 f.

[463] BGH FamRZ 2008, 2198 = NJW 2008, 3562, Tz. 18 ff.; FamRZ 2010, 1318 = NJW 2010, 2515, Tz. 20.

[464] BGH FamRZ 2010, 357, Tz. 24 ff., bzgl. Ehegatten Tz. 33; BGH FamRZ 2010, 444 Tz. 18; FamRZ 2010, 802 = NJW 2010, 1665, Tz. 18 ff.

von bis zu 1200 EUR (seit 1.1.2015)[465] hat der BGH eine Absage erteilt, weil es hier nur um die Sicherung des Existenzminimums an der untersten Schwelle des Unterhalts gehe.[466] Bei der Bestimmung eines nachrangigen Unterhaltsanspruchs für eine Ehefrau im 3. Rang sind deshalb die vielfach in den Leitlinien unter Nr. 22 und in der Düsseldorfer Tabelle unter VI.2. pauschal angesetzten 960 EUR als Berechnungsposten für einen mit dem Verpflichteten zusammen lebenden vorrangigen Ehepartner problematisch, denn dieser Posten geht von einem Mindestbedarf von nun 1200 EUR und einer 20-prozentigen Ermäßigung (an dieser Stelle für beide Partner gemeinsam zusammengefasst) wegen des Zusammenlebens aus. Dieselben Bedenken gelten für die in der neuen Nr. 23 in einigen Leitlinien und in der Düsseldorfer Tabelle unter VI.1. eingesetzten 1200 EUR notwendigen Eigenbedarf für einen vorrangigen getrennt lebenden bzw. geschiedenen Ehegatten gegenüber Ansprüchen nachrangiger Ehegatten; insbesondere ist nicht recht nachvollziehbar, weshalb der Unterschied zwischen den Einsatzbeträgen für vor- und nachrangige Ehegatten gerade in der Differenz zwischen dem eheangemessenen Selbstbehalt Erwerbstätiger und dem Mindestunterhalt für Nichterwerbstätige liegen soll.[467]

(4) Der BGH rechnete im Mangelfall zuletzt auch schon in den Fällen für die Zeit bis 31.12.2007 mit Mindesteinsatzbeträgen der Ehegatten und 135 % des Regelbetrags für die damals gleichrangigen minderjährigen Kinder; es war also nicht mehr wie vor 2003 nur die – ggf. niedrigere – errechnete Unterhaltsquote einzusetzen.[468]

(5) Angemessenheit im Einzelfall. Abschließend ist das Ergebnis der Mangelverteilung auf seine Angemessenheit im Einzelfall zu überprüfen, denn keiner der Unterhaltsberechtigten darf aufgrund des Mangelfalls besser stehen als ohne Vorliegen des Mangelfalls.[469]

c) Aufteilung unter mehreren minderjährigen Kindern

Im Verhältnis der nach Abzug des Kindergeldes von den Mindestbedarfsbeträgen verbleibenden Zahlbeträge ist das unterhaltpflichtige Einkommen nach Abzug des kleinen Selbstbehalts aufzuteilen, und zwar grundsätzlich auf alle minderjährigen Kinder, auch wenn diese am Verfahren nicht beteiligt sind.[470]   **103**

Kinder, für die der Verpflichtete trotz bestehender Unterhaltspflicht keinen Unterhalt zahlt (zB weil ihr Anspruch wegen freiwilliger Leistungen Dritter nicht geltend gemacht wird), sind jedenfalls dann nicht zu berücksichtigen, wenn eine Zahlungspflicht für die Vergangenheit ausscheidet.[471] Es kommt dabei auf die effektive Belastung an, sonst bliebe dem Verpflichteten mehr als der notwendige Selbstbehalt.

Ein **Rechenbeispiel** befindet sich in der **Düsseldorfer Tabelle unter C.**[472]   **104**

Im Mangelfall ist der Mindestunterhalt nach § 1612a Abs. 1 BGB, gemindert um das   **105** Kindergeld, soweit es nach § 1612b Abs. 1 BGB den Bedarf mindert, einzusetzen. Etwaiger **Mehrbedarf** eines Kindes ist gegenüber dem Mindestbedarf gleichrangiger anderer Kinder nachrangig und deshalb in der Mangelfallberechnung nicht zu berücksichtigen.[473]

---

[465] FA-FamR/*Maier*, 10. Aufl., Kap. 6, Rn. 950, Anschluss an FA-FamR/*Gerhardt*, 7. Aufl., Kap 6,. Rn. 396 u. 731.

[466] BGH FamRZ 2010, 357, Tz. 34–38; FamRZ 2010, 444 Tz. 18; FamRZ 2010, 802 Tz. 23.

[467] Kritisch dazu *Schwamb* FPR 2011, 138 ff., 140.

[468] BGH FamRZ 2003, 363 mAnm *Scholz* 514 = NJW 2003, 1112; anders noch FamRZ 1997, 806 = NJW 1997, 1919.

[469] *Graba* FamRZ 2004, 1 (2).

[470] OLG Brandenburg FamRZ 2013, 1137 (1139).

[471] OLG Brandenburg FamRZ 2013, 1137 (1139); aA OLG Hamm FamRZ 2001, 565.

[472] → Rn. 6.

[473] OLG Stuttgart NJW-Spezial 2012, 356 = FamRZ 2012, 1573 (Ls.); OLG Schleswig FamRB 2012, 271 = FuR 2012, 618.

106   **Zählkindvorteile** für ein nicht gemeinschaftliches Kind bleiben gem. § 1612b Abs. 2 BGB auch bei der Mangelfallberechnung unberücksichtigt.[474]

d) Aufteilung unter minderjährigen oder ihnen gleichgestellten Kindern und Ehegatten

107   **Da deren Unterhaltsansprüche vorrangig sind,** sind zunächst die minderjährigen und ihnen nach § 1603 Abs. 2 S. 2 BGB gleichgestellten volljährigen Kinder (letztere mit der Einkommensgruppe 1 der Altersstufe 4 abzüglich des vollen Kindergeldes) zu bedienen.

108   **Beispiel:** Unterhaltspflichtiges Einkommen 1900 EUR.
Unterhaltsberechtigte geschiedene Ehefrau und zwei Kinder (14, 10).
Zunächst werden die Kinder bedient.
K1 450-95 = 355 EUR,
K2 384-95 = 289 EUR.
Für die unterhaltsberechtigte geschiedene Ehefrau bleiben 56 EUR übrig.

109   **Die Behandlung des Kindergeldes im Mangelfall** richtet sich nach § 1612b Abs. 1 Nr. 1, 2 BGB. Maßgebend ist der Mindestunterhalt nach § 1612a BGB. Es ist demzufolge zur Hälfte zur Deckung seines Barbedarfs zu verwenden, wenn ein Elternteil die Betreuung erbringt, aber ganz, wenn kein Elternteil betreut. Wegen der Einzelheiten wird auf → Rn. 893 ff. verwiesen.

110   Für die Behandlung von Zeiträumen **bis zum 31.12.2007** gilt Folgendes:
Eine nachrangige zweite Ehefrau wird in die Berechnung nicht einbezogen, da sie nach der Rechtsprechung des BGH in berichtigender Auslegung des § 1609 Abs. 2 S. 1 BGB aF auch (allen) Kindern gegenüber nachrangig ist.[475] Sie kommt erst zum Zuge, wenn der (angemessene) Bedarf der vorrangigen ersten Ehefrau und der Kinder gedeckt ist.[476] Im Verhältnis zum vorrangigen ersten Ehegatten bleibt dem nachrangigen zweiten Ehegatten jedoch der Splittingvorteil, da dieser nach seiner Zweckbestimmung nur der neuen Familie zugutekommt.[477]

e) Aufteilung unter mehreren Ehegatten (bzw. Berechtigten nach § 1615l BGB)

111   Für diese Fallgestaltung hat der BGH[478] die bereits oben beschriebene **Drittelmethode,** die **auf der Leistungsebene bei Gleichrang anwendbar** bleibt, auf der Basis eines Berechnungsmodells von Gutdeutsch[479] weiterentwickelt. Da es auch nach der Rechtslage bis 31.12.2007 schon Fälle mit zwei gleichrangigen unterhaltsberechtigten Ehegatten geben konnte, hatte das OLG Hamm dafür einen Schlüssel in seinen Leitlinien. Nachdem der BGH die Problematik bis 2011 schon auf der Bedarfsebene lösen wollte, wurde dafür die **Nr. 15.5 der Leitlinienstruktur** eingefügt, die auch von den meisten Oberlandesgerichten entsprechend ausgefüllt wurde. Nachdem der BGH entschieden hat, dass im

---

[474] BGH NJW 2000, 3140 = FamRZ 2000, 1492 (1494) mAnm *Scholz;* – das entspricht der früheren Rechtsprechung –, vgl. BGH FamRZ 1985, 1243 = NJW 1986, 186.
[475] → Rn. 98.
[476] BGH FamRZ 2005, 1154 = NJW 2005, 2145 sogar auch für den Fall, dass der nach § 1582 BGB aF bevorrechtigte Ehegatte seinen Anspruch nicht geltend macht.
[477] BVerfG FamRZ 2003, 1821 mAnm *Schürmann* = NJW 2003, 3466. So auch jetzt wieder, anders aber bei Gleichrang und Dreiteilung: BGH FamRZ 2012, 281 = NJW 2012, 384; siehe → Rn. 52–52b und → Rn. 112.
[478] BGH FamRZ 2012, 281 = NJW 2012, 384; FamRZ 2008, 1911 mwN; weitere Zitate siehe → Rn. 52 – 52 b.
[479] *Gutdeutsch* FamRZ 1995, 327ff; *ders.* FamRZ 2006, 1072; *Gerhardt/Gutdeutsch* FamRZ 2007, 778.

(auch nur) relativen Mangelfall auf der Leistungsebene kein Erwerbstätigenbonus zu berücksichtigen ist, erfolgt die Verteilung generell im Verhältnis 1:1:1.[480]

Lebt einer der Berechtigten mit dem Verpflichteten zusammen, soll die Ersparnis durch die gemeinsame Haushaltsführung berücksichtigt werden.[481] Das gilt aber nur für den Fall, dass nicht auch der andere Berechtigte in Haushaltsgemeinschaft lebt (auch mit Geschwistern, Eltern usw.), denn diese Vorteile sind nicht freiwillige Zuwendungen Dritter, sondern Folge der eigenen Lebensgestaltung.

Für den Fall, dass **mit den Ansprüchen mehrerer Ehegatten/Berechtigter gem. § 1615l BGB Ansprüche minderjähriger Kinder zusammentreffen,** ist der Kindesunterhalt wiederum vorweg abzuziehen und sodann nach obigen Schlüsseln aufzuteilen. **112**

Entsteht dann ein Mangelfall, müsste nun konsequent mit dem Mindestbedarf in Höhe des Existenzminimums, ggf. abzüglich eigenen – noch um damit verbundene erwerbsbedingte Aufwendungen verminderten – Einkommens, als Einsatzbetrag gerechnet werden. Da das Existenzminimum des Unterhaltsberechtigten dabei nur mit dem Wert eines nicht Erwerbstätigen angesetzt werden darf, müsste ihm eigentlich bei der Anrechnung tatsächlich erzielten Einkommens auch der darauf entfallende Erwerbstätigenbonus verbleiben. Der BGH[482] neigt dem nicht zu, denn er erwähnt ausdrücklich nur den Abzug berufsbedingter Aufwendungen vom Einkommen des Berechtigten und begründet seine generelle Differenzierung zwischen dem höheren Selbstbehalt eines unterhaltspflichtigen Erwerbstätigen einerseits und dem Mindestunterhalt für den Berechtigten andererseits damit, dass der im Erwerbstätigenselbstbehalt enthaltene Erwerbsanreiz beim Pflichtigen seine Berechtigung habe. Der Erwerbsanreiz sei aber nicht in gleicher Weise auf den Unterhaltsberechtigten zu übertragen, weil dieser ohnehin gehalten sei, im Rahmen seiner Möglichkeiten den eigenen Lebensbedarf sicher zu stellen.[483] Überzeugend ist diese Differenzierung nicht, denn auch der Pflichtige ist ohnehin gehalten, nach Möglichkeit weiterhin sein bisheriges Einkommen zu erzielen.

Beispiel (2 vorrangige Kinder, 2 nachrangige untereinander gleichrangige Mütter):
M: 2080 EUR (wie auch folgend bei F1 und F2 bereinigt netto),
F1 (von M geschieden): 780 EUR, K1 (5 Jahre, noch kindbezogener Betreuungsbedarf),
F2 (lebt nicht bei M, § 1615l BGB): 480 EUR, K2 (3 Jahre, noch kindbez. Betreuungsbedarf).
M zahlt für die zwei Kinder: 2 x (335-95) = 480 EUR (Mindestunterhalt angesichts
vier Berechtigter und offensichtlichem Mangelfall für F1 und F2)
Rest 1600 EUR, davon 1200 EUR Selbstbehalt gegenüber Ehegatten.
Für F1 und F2 bleiben 400 EUR zur Verteilung, es besteht ein Mangelfall.
Restbedarf der F1 und F2 ohne Erwerbstätigenbonus auf ihr Eigeneinkommen:
Mindestbedarf F1: 880 EUR – 780 EUR = 100 EUR.
Mindestbedarf F2: 880 EUR – 480 EUR = 400 EUR.
Offener Mindestbedarf F1 + F2: = 500 EUR.
Leistungsquote M: 400/500 = 80,00 %
F1 erhält: 100 x 80,00 %   = 80 EUR.
F2 erhält: 400 x 80,00 %   = 320 EUR.

f) Berücksichtigung titulierter Ansprüche

Bereits titulierte Ansprüche sind im Regelfall nicht mit dem titulierten Betrag in die **113** Unterhaltsberechnung im Mangelfall einzusetzen.[484] Der Verpflichtete ist vielmehr auf

---

[480] BGH FamRZ 2014, 912 = NJW 2014, 1590, Tz. 39; aA bis zur Vorauflage und frühere Hammer Leitlinien bis 2009 unter Nr. 24.2.1.

[481] BGH FamRZ 2014, 912 = NJW 2014, 1590, Tz. 39; FamRZ 2012, 281 = NJW 2012, 384, Tz. 46

[482] BGH FamRZ 2010, 357 = NJW 2010, 937, Tz. 38; FamRZ 2010, 444 = NJW 2010, 1138, Tz. 18; FamRZ 2010, 802 = NJW 2010, 1665, Tz. 23.

[483] Ausdrücklich gegen Berücksichtigung eines Erwerbstätigenbonus bei dem auf den Mindestunterhalt anzurechnenden Einkommen des Berechtigten: OLG Nürnberg FamRZ 2010, 577 f.

[484] BGH FamRZ 2003, 363 (367); FamRZ 1990, 1091 (1094); FamRZ 1992, 797 (799) = NJW 1990, 3020; FamRZ 1992, 1624; so auch Nr. 24 der Hammer Leitlinien zum 1.1.2010.

den Weg des Abänderungsantrags zu verweisen. Ist dies nicht möglich, wird die zusätzliche Belastung wie eine sonstige Verbindlichkeit behandelt, wobei auch bedeutsam sein kann, ob es durch Verschulden des Verpflichteten zu einer fehlerhaften Titulierung gekommen ist.[485]

4. Haftung nachrangiger Verpflichteter

114   Nachrangig haftende Verpflichtete sind gem. §§ 1607, 1608 BGB unterhaltspflichtig, wenn der in erster Linie Verpflichtete nicht leistungsfähig ist (§ 1607 Abs. 1 BGB), bzw. soweit sein angemessener Selbsthalt durch die Unterhaltsleistung unterschritten würde (§§ 1603 Abs. 2 S. 3, 1607 Abs. 1, 1608 BGB) oder gegen ihn die Rechtsverfolgung im Inland ausgeschlossen oder erschwert ist (§ 1607 Abs. 2 BGB). Nur bei Rechtsverfolgungserschwerung geht der Anspruch auf den nachrangig Verpflichteten über. So können die Eltern eines von seinem Ehepartner geschiedenen Kindes (teilweise) unterhaltspflichtig sein, soweit der geschiedene Ehepartner weniger als seinen angemessenen Selbstbehalt hat.[486] Zu beachten ist, dass die Ersatzhaftung des nachrangig Verpflichteten voraussetzt, dass der Berechtigte auch im Verhältnis zu ihm bedürftig ist. Das ist zu verneinen, wenn zB das geschiedene Kind im Verhältnis zu den Eltern eine Erwerbsobliegenheit trifft, mag diese auch im Verhältnis zum Ehegatten nicht bestehen.[487] Vor Anerkennung oder Feststellung der Vaterschaft kann sich das Kind nicht an die väterlichen Großeltern wenden.[488]

5. Insolvenz und Unterhalt[489]

115   **Nach Eröffnung des Insolvenzverfahrens sind (rückständige) Unterhaltsansprüche** normale Insolvenzforderungen. Sie sind daher dem Insolvenzverwalter zur Eintragung in die Tabelle anzumelden (§§ 38, 40 InsO), bezüglich dieser Ansprüche ist der Unterhaltsschuldner nicht mehr passivlegitimiert. Hinsichtlich der bei Eröffnung bereits fälligen Ansprüche wird der Unterhaltsprozess unterbrochen.

116   **Nach Eröffnung des Insolvenzverfahrens fällig werdende Unterhaltsansprüche** können im Insolvenzverfahren nicht geltend gemacht werden (§ 40 InsO). Diese Ansprüche kann der Unterhaltsgläubiger daher gegen den Unterhaltschuldner einklagen.[490] Problematisch ist, ob im laufenden Unterhaltsverfahren auch solche Unterhaltsforderungen von der Unterbrechung miterfasst werden. Soweit der 5. Zivilsenat des BGH[491]einmal entschieden hat, der Rechtsstreit sei unterbrochen, obwohl die Klageforderung nicht aus der Masse erfüllt werden kann, lag dem allerdings ein nicht vergleichbarer Sachverhalt zugrunde, weil die dort erhobene Forderung nach Wandlung eines Kaufvertrags die Kaufpreisforderung zum Erlöschen gebracht hätte. Nach Eröffnung des Insolvenzverfahrens neu entstehende Unterhaltsansprüche lassen demgegenüber die Insolvenzforderungen unberührt und können deswegen ohne Unterbrechung des Verfahrens weiterverfolgt werden.[492] Für diese steht das vom Insolvenzverfahren nicht erfasste Einkommen zwi-

---

[485] So auch schon OLG Frankfurt FamRZ 1985, 1043, → Rn. 27.

[486] OLG Bamberg OLGR 2007, 521; OLG Hamm FamRZ 1996, 117 → Rn. 217 und 223.

[487] DIV-Gutachten DAVorm 1999, 858.

[488] Thüringer OLG FamRZ 2010, 746.

[489] Dazu insgesamt *Melchers/Hauß*, Unterhalt und Verbraucherinsolvenz, 2002; *Hauß*, Unterhalt und Verbraucherinsolvenz, FamRZ 2006, 1496.

[490] OLG Stuttgart OLG-Report 2001, 219.
Anders als für laufenden Unterhalt gilt § 40 InsO aber nicht für Ansprüche aus schuldrechtlichem Versorgungsausgleich: BGH FamRZ 2011, 1938 = NJW 2012, 609.

[491] BGH NJW-RR 2004, 925.

[492] OLG Karlsruhe NJW-RR 2004, 849 = FamRZ 2004, 821; OLG Frankfurt OLGR 2003, 96. Jedenfalls besteht die Möglichkeit der Wiederaufnahme: OLG Karlsruhe NJW-RR 2006, 1302.

schen Pfändungsfreigrenze (§§ 35, 36 InsO) und Existenzminimum zur Verfügung.[493] Eine andere Frage ist, ob der Unterhaltsschuldner sich gegenüber Normalgläubigern auf die Pfändungsfreigrenze (trotz steigender Verschuldung) berufen muss (dazu → Rn. 48 und 118). Von einer Restschuldbefreiung werden nach Eröffnung des Verfahrens entstandene Ansprüche nicht erfasst, wohl aber die Altschulden gegenüber Drittgläubigern, die die Leistungsunfähigkeit oft begründet haben.[494]

Aus der Insolvenzmasse kann der Insolvenzverwalter gem. § 100 Abs. 2 InsO 117 nach freiem Ermessen der Familie und den minderjährigen unverheirateten Kindern **Unterhalt gewähren,** aber die Gläubigerversammlung entscheidet endgültig darüber (§ 100 Abs. 1 InsO). Zu beachten ist, dass der pfändbare Teil des Arbeitseinkommens nach Eröffnung des Insolvenzverfahrens in die Insolvenzmasse fällt (§ 35 InsO). Eine Unterhaltsgewährung aus der Insolvenzmasse wird nur insoweit in Betracht kommen, als der Unterhaltsgläubiger nicht auf den Vorrechtsbereich nach § 850d ZPO zugreifen kann.

Der Unterhaltsschuldner ist **nicht leistungsunfähig allein wegen des Insolvenzver-** 118 **fahrens,**[495] denn der pfändbare Teil des Arbeitseinkommens gehört zwar zur Insolvenzmasse, aber der Unterhaltsgläubiger kann in den Vorrechtsbereich nach § 850d ZPO vollstrecken (§ 89 Abs. 2 S. 2 InsO).[496] Die allgemeine Pfändungsfreigrenze nach § 850c ZPO lag in den letzten Jahren immer über dem notwendigen Selbstbehalt. Seit Erhöhung des Selbstbehalts am 1.1.2015 auf 1080 EUR für Erwerbstätige liegt die allgemeine Pfändungsfreigrenze mit 1045,04 EUR bis 30.6.2015 und jetzt 1073,88 EUR geringfügig darunter.

Wenn kein Insolvenzverfahren eingeleitet ist, sind die Schulden nach den gleichen 119 Grundsätzen zu berücksichtigen, so dass der Unterhaltsschuldner leistungsunfähig sein kann.

Der Stundungsantrag eines Schuldners, der einen Verfahrenskostenvorschuss- 120 **anspruch gegen seinen Ehepartner hat,** ist auch dann unbegründet, wenn der Ehepartner die Zahlung verweigert, der Schuldner aber nicht versucht hat, ihn durch Antrag auf eine einstweilige Anordnung durchzusetzen.[497]

Wenn der verschuldete Unterhaltsschuldner das Verbraucherinsolvenzverfahren in 121 Anspruch nimmt, wird er nach 6 Jahren von diesen Schulden frei (§§ 300, 287 Abs. 2, 201 InsO).

Betreut der Schuldner selbst ein Kind, ist an Hand der zu § 1570 BGB entwickelten Maßstäbe zu bestimmen, ob er daneben erwerbstätig sein muss, um die Restschuldbefreiung erhalten zu können.[498]

Eine **Obliegenheit, das Verbraucherinsolvenzverfahren in Anspruch zu nehmen,** ist 122 zur **Sicherstellung laufenden Unterhalts für minderjährige und privilegierte volljährige Kinder** unter folgenden Voraussetzungen zu bejahen:

- Besondere Beziehungen zwischen dem Unterhaltsschuldner und dem Drittgläubiger dürfen dem Restschuldbefreiungsverfahren nicht entgegenstehen; zB bei Verwandtendarlehen.

---

[493] OLG Frankfurt FF 2003, 182; OLG Koblenz FamRZ 2003, 109 mAnm *Melchers* FamRZ 2003, 1033.

[494] OLG Koblenz FamRZ 2002, 31; *Allolio* FF 2000, 189 ff. und FF 2001, 9 (12).

[495] KG FamRZ 2015, 1972 (LS) = NJW-RR 2015, 902; vgl. ferner BGH FamRZ 2008, 137 = NJW 2008, 227, Tz. 26, zur Bemessung des unterhaltsrelevanten Einkommens eines Selbstständigen nach Eröffnung der Verbraucherinsolvenz.

[496] OLG Koblenz FamRZ 2002, 31; OLG Stuttgart OLG-Report 2001, 219.

[497] BGH (IX.) FamRZ 2007, 722 = NZI 2007, 298.

[498] BGH FamRZ 2010, 638 = ZVI 2010, 110 mAnm *Diehl* ZVI 2010, 98. (Der Unterhaltszeitraum lag vor 1.1.2008.)

- Das Hauptvollstreckungsinteresse des Unterhaltsgläubigers darf nicht bei Rückständen liegen (die mit der Eröffnung des Insolvenzverfahrens normale Insolvenzforderungen werden und das Pfändungsprivileg verlieren).
- Der Drittgläubiger darf nicht gesichert sein, wenn die Verwertung des Sicherungs-gegenstandes den Schuldner in eine unzumutbare Lage brächte.
- Der notwendige Unterhalt nach § 850d ZPO darf nicht im Einzelfall die Höhe des allgemeinen Pfändungsfreibetrages nach § 850c ZPO erreichen.[499]
- Es darf nicht absehbar sein, dass eine Restschuldbefreiung nicht erteilt werden kann (§§ 290, 302 InsO). Die Wohlverhaltenspflicht während der 6-Jahres-Frist steht dem nicht entgegen.[500]
- Gegenüber minderjährigen und privilegiert volljährigen Kindern besteht in der Regel die Obliegenheit, eine Verbraucherinsolvenz herbeizuführen.[501] Auch bei gesteigerter Unterhaltspflicht soll es dem Schuldner jedoch nicht obliegen, ein Insolvenzverfahren einzuleiten, wenn damit der Erhalt seines Arbeitsplatzes gefährdet wäre.[502] Mangels Pfändungsschutz für das Arbeitsentgelt und das Eigengeld eines Strafgefangenen ist dieser ebenfalls nicht zur Insolvenzeinleitung verpflichtet.[503]
- Dauer des Restschuldbefreiungsverfahrens und Dauer der Unterhaltspflicht bzw. der wirtschaftlichen Zwangslage müssen in einem angemessenen Verhältnis stehen. Es ist dem Unterhaltsschuldner eine angemessene Übergangszeit zuzubilligen.[504] Die auf-zubringenden Raten für einen Kredit sind zu berücksichtigen, wenn der Unterhalts-gläubiger dadurch nicht schlechter gestellt wird.[505]
- Insgesamt müssen die Vorteile des Insolvenzverfahrens mit Rechtsschuldbefreiung die Nachteile des Insolvenzverfahrens deutlich überwiegen. Der Unterhaltsschuldner ist auch im Verhältnis zu seinen minderjährigen Kindern nicht gehalten, ein Verbrauche-rinsolvenzverfahren einzuleiten, wenn lediglich ein vorübergehender finanzieller Eng-pass besteht und nach dessen Beseitigung mit einer zeitnahen Tilgung der sonstigen Verbindlichkeiten zu rechnen ist. In diesem Fall überwiegen die Nachteile des Ver-braucherinsolvenzverfahrens für den Schuldner die Vorteile.[506]
- Die generelle Einbuße an Kreditwürdigkeit und Sozialprestige ist ein Nachteil, der allerdings im Falle einer bereits zuvor abgegebenen eidesstattlichen Versicherung nicht mehr ins Gewicht fällt.[507]

Danach kommt eine Obliegenheit zum Insolvenzantrag mit Restschuldbefreiung dann in Betracht, wenn die unterhaltsberechtigten Kinder dadurch auf Dauer wesentlich besser stehen, zumal das Verfahren seit der Änderung der Prozesskostenhilfe (Stundungsmodell)

---

[499] Darauf weist *Wohlgemuth* FamRZ 2004, 296 in Anm. zu OLG Naumburg FamRZ 2003, 1215 mit Recht im Anschluss an BGH (IX a) FamRZ 2003, 1466 = NJW 2003, 2918 hin. Praktisch wird der notwendige Selbstbehalt im Vollstreckungsrecht aber nur selten den allgemeinen Pfändungsfrei-betrag erreichen.

[500] BGH FamRZ 2005, 608 mAnm *Schürmann* = NJW 2005, 1279; die Vorinstanz OLG Stuttgart FamRZ 2003, 1217 bestätigend.

[501] BGH FamRZ 2015, 1473 = NJW 2015, 2493, Tz. 35; BGH FamRZ 2005, 608 mAnm *Schür-mann* = NJW 2005, 1279; OLG Celle FamRZ 2007, 1020.

[502] So OLG Oldenburg FamRZ 2006, 1223 (Revision nicht eingelegt).

[503] BGH FamRZ 2015, 1473 = NJW 2015, 2493, Tz. 37 – 39.

[504] OLG Celle FamRZ 2007, 1020 (Ls.).

[505] OLG Hamm NJW-RR 2007, 866.

[506] BGH FamRZ 2014, 923 (mAnm *Götz*) = NJW 2014, 1531 = NZFam 2014, 693 (mAnm *Schmitz*), Tz. 23.

[507] BGH FamRZ 2005, 608 mAnm *Schürmann* = NJW 2005, 1279; die Vorinstanz OLG Stuttgart FamRZ 2003, 1217 bestätigend.

für ihn zumutbar ist.[508] Im Fall einer nachhaltigen und dauerhaften Überschuldung wird man die Obliegenheit zur Einleitung eines Verbraucherinsolvenzverfahrens bejahen müssen, wenn also die Verbindlichkeiten im Verhältnis zum sonstigen Einkommen zu hoch sind,[509] generell wohl im Mangelfall. Die Nichteinleitung eines zumutbaren Verbraucherinsolvenzverfahrens führt zur fiktiven Nichtberücksichtigung der Schulden.

Demgegenüber besteht zur Sicherung von Ansprüchen auf **Trennungsunterhalt und** **123** **nacheheliche Unterhalt** grundsätzlich **keine Obliegenheit zur Einleitung der Verbraucherinsolvenz,** denn die Kreditbelastungen hatten regelmäßig bereits die ehelichen Lebensverhältnisse geprägt und auch der unterhaltsberechtigte Ehegatte hatte seine Lebensverhältnisse auf diese Ausgaben eingestellt.[510] Außerdem sind Ehegattenunterhaltsansprüche schon von Gesetzes wegen nicht so stark ausgestaltet ist, wie es wegen der gesteigerten Unterhaltpflicht nach § 1603 Abs. 2 BGB für den Anspruch minderjähriger und privilegierter volljähriger Kinder der Fall ist.

Eine Ausnahme vom Erlöschen der bei Einleitung des Insolvenzverfahrens bestehen- **124** den Insolvenzforderungen ist bei Ansprüchen aus unerlaubter Handlung (§§ 302 Nr. 1, 174 Abs. 2 InsO) vorgesehen. Dazu gehören Verstöße gegen § 823 Abs. 2 BGB in Form eines Schutzgesetzes (§ 170 StGB).[511] Es ist dazu bei Widerspruch des Schuldners ein Feststellungsantrag beim Familiengericht erforderlich, → Rn. 125.

Zur **Versagung der Restschuldbefreiung** bei **Unterhaltspflichtverletzungen** ist zum **125** 1.7.2014 mit der zweiten Stufe der Insolvenzrechtsreform eine Neuregelung in Kraft getreten. § 302 Nr. 1 InsO bestimmt nun ausdrücklich, dass vorsätzlich pflichtwidrig herbeigeführte Unterhaltsrückstände nicht unter die Restschuldbefreiung fallen.[512] Für die Feststellung, ob es sich um rückständigen gesetzlichen Unterhalt, den der Schuldner vorsätzlich pflichtwidrig nicht gewährt hat, handelt, sind die Familiengerichte zuständig. Das galt bereits bisher für die Feststellung einer vorsätzlichen unerlaubten Handlung im Sinne des § 302 Nr. 1 InsO aF,[513] wenn es um das Vorliegen einer vorsätzlichen Unterhaltspflichtverletzung gem. § 170 StGB ging.[514] Ob es sich um Unterhaltssachen (§§ 111 Nr. 8, 231 FamFG)[515] handelt oder um eine sonstige Familiensache gemäß §§ 111 Nr. 10, 266 FamFG;[516] ist nur für die Kostenentscheidung (§ 243 FamFG oder §§ 113 I FamFG, 91 ff. ZPO) von Bedeutung. In der Sache trägt der Unterhaltsberechtigte grundsätzlich die Darlegungslast für die Voraussetzungen seines Anspruchs (bisher aus § 823 II BGB iVm § 170 StGB); der Unterhaltsschuldner muss zu seinem etwa fehlenden Vorsatz substanziiert vortragen.[517] Ob er für seine Leistungsfähigkeit (sekundär) darlegungspflichtig ist, ist streitig[518] und zurzeit Gegenstand eines Rechtsbeschwerdeverfahrens beim

---

[508] OLG Hamm FamRZ 2001, 441 zieht das schon in Betracht; wie hier *Melchers* FamRZ 2001, 1509 (1510); nach OLG Stuttgart OLG Report 2002, 146 aber keine Leistungsfähigkeit für Mindestbedarf, wenn Insolvenzantrag nicht gestellt wird; vgl. weiter *Melchers* ZFE 2004, 36 mit Musterbriefen.

[509] OLG Dresden FamRZ 2003, 1028 mAnm *Schürmann; Melchers* in Anm. zu AG Nordenham FamRZ 2002, 896 f.

[510] BGH FamRZ 2008, 497 mAnm *Hauß* (500).

[511] Vgl. Rechtsgutachten in JA 2007, 87 ff.

[512] BGBl. I 2013 (38), S. 2379 ff., 2382; Gesetzentwurf mit Begründung BT-Drs. 17/11268.

[513] *Perleberg-Kölbel* FuR 2006, 538.

[514] OLG Hamm FamRZ 2012, 1741; KG FamRZ 2012, 138; nicht überzeugend die aA OLG Rostock FamRZ 2011, 910, denn auch die Leistungsfähigkeit des Unterhaltsschuldners ist in diesem Verfahren erneut zu prüfen.

[515] So jetzt BGH ZInsO 2016, 918 = NZFam 2016, 467; für entspr. Anw. KG FamRZ 2012, 138.

[516] OLG Hamm FamRZ 2012, 1741.

[517] OLG Hamm ZInsO 2014, 1337 = ZVI 2014, 384; FamRZ 2012, 1741 (1743); FamRZ 2011, 1800.

[518] OLG Hamm FamRZ 2012, 1741 (1743); OLG Celle NJW-RR 2013, 614 (Darlegungslast beim Schuldner); aA OLG Hamm ZInsO 2014, 1337 = ZVI 2014, 384.

BGH;[519] an dieser Problematik hat sich durch die Neuregelung des § 302 Nr. 1 InsO nichts geändert. Auch der Insolvenz- und Unterhaltsschuldner hat ein berechtigtes Interesse, im Wege eines **negativen Feststellungsantrags** beim Familiengericht feststellen zu lassen, dass zur Tabelle angemeldete Unterhaltsrückstände nicht auf einer vorsätzlichen unerlaubten Handlung beruhen, denn allein mit seinem Widerspruch im Insolvenzverfahren gegen die zur Tabelle angemeldete Forderung kann er sein Ziel, eine Versagung der Restschuldbefreiung zu verhindern, nicht erreichen.[520]

D. Sonstige Fragen zur Berechnungsmethode

I. Altersstufen bei Kindern

126   **Die Altersstufen für minderjährige Kinder (Stufe 1: 0–5 Jahre; Stufe 2: 6–11; Stufe 3: 12–17)** ergeben sich aus § 1612a Abs. 1 BGB und gelten für alle Kinder. Die Düsseldorfer Tabelle verweist auf diese Vorschrift.

Im SGB II und SGB XII gelten dagegen schon immer abweichende Altersstufen (in der Zeit bis 31.12.2010: bis zur Vollendung des 6. Lebensjahrs 60%, bis zur Vollendung des 14. Lebensjahres 70% und ab Vollendung des 14. Lebensjahrs 80% des Regelsatzes eines alleinstehenden Erwachsenen). Diese historisch zu erklärende unterschiedliche Regelung war wegen ihrer nicht nachvollziehbaren Bezugnahme auf den Bedarf eines Erwachsenen verfassungswidrig.[521] Seit 1.1.2011 gelten deshalb gemäß § 23 SGB II in den grundsätzlich beibehaltenen Altersstufen feste Bedarfssätze, flankiert durch zusätzliche Bedarfe für Bildung und Teilhabe am sozialen und kulturellen Leben (§ 28 SGB II).

127   **Für volljährige Kinder,** die noch im Haushalt der Eltern oder eines Elternteils leben, bestimmt sich der Bedarf nach der 4. Altersstufe („ab 18") der Düsseldorfer Tabelle.[522]

Privilegierte volljährige Kinder gem. § 1603 Abs. 2 S. 2 BGB sind ebenfalls in Stufe 4 einzuordnen.[523]

II. Erhöhungen oder Ermäßigungen der Tabellensätze

128   Alle **Tabellen gehen von Standardfällen aus;** die Kindesunterhaltsbeträge beziehen sich ab 1.1.2010 auf den Fall, dass der Verpflichtete Unterhalt an **zwei**[524] Unterhaltsberechtigte leisten muss (bis 31.12.2009 an drei Unterhaltsberechtigte).

Bei der Anwendung der Tabelle auf Fälle mit mehr oder weniger Unterhaltsberechtigten bestehen leichte Unterschiede. Die Düsseldorfer Tabelle schlägt Ab- und Zuschläge durch Einstufung in niedrigere/höhere Gruppen vor,[525] dabei ist ergänzend zu prüfen,

---

[519] BGH ZinsO 2016, 848 = NZFam 2016, 468.

[520] KG FamRZ 2016, 157.

[521] BVerfG Urt. v. 9.2.2010, FamRZ 2010, 429 = NJW 2010, 505.

[522] BGH NJW 2008, 227 = FamRZ 2008, 137; NJW 2007, 1747 = FamRZ 2007, 542; OLG Brandenburg NJW 2008, 84.

[523] Düsseldorfer Tabelle, Anm. A 7; Leitlinien/Unterhaltsgrundsätze der Oberlandesgerichte Nr. 13.1.

[524] Düsseldorfer Tabelle, Anm. A 1; Leitlinien/Unterhaltsgrundsätze der Oberlandesgerichte Nr. 11.2.

[525] Düsseldorfer Tabelle, Anm. A 1, die Einstufung in eine Zwischengruppe ist entfallen, da die Tabelle mit jetzt 13 Einkommensgruppen ausreichende Differenzierung bietet – vgl. *Scholz* FamRZ 2001, 1045 (1047); Süddeutsche Leitlinien Nr. 11.2 sprechen von „einer" niedrigeren oder höheren Gruppe; nach BGH FamRZ 2000, 1492 = NJW 2000, 3140 unterliegt die Einstufung dem tatrichterlichen Ermessen.

ob Selbstbehalt bzw. Bedarfskontrollbetrag bei Höherstufung noch gewahrt sind.[526] Andere Leitlinien heben hervor, dass die Abweichung in der Regel auf die nächstniedrigere oder höhere Gruppe beschränkt ist.[527] Wenn das Einkommen an der unteren Grenze einer Einkommensgruppe liegt, wird eine Höherstufung oft ausscheiden.[528] Im Bereich eines Einkommens des Verpflichteten bis 1.300 EUR sollte für eine Höherstufung eine besondere Prüfung erforderlich sein (kommt sowieso nur noch für Nicht-Erwerbstätige in Betracht).[529]

Die Regelbegrenzung gilt für die Zeit bis 31.12.2009 nach überwiegender Praxis nicht bei Unterhaltspflicht nur gegenüber einem Kind. Der BGH[530] hatte in diesem Fall eine Höhergruppierung um zwei Gruppen gebilligt, wie einige Leitlinien vorschlugen.[531] 129

Nach der Umstellung der Düsseldorfer Tabelle auf zwei Unterhaltsberechtigte ab 1.1.2010 kommt eine Höherstufung um zwei Gruppen für den Unterhalt ab 2010 aber nicht mehr in Betracht.

Die Tabellensätze im unteren Bereich decken nach der Änderung des Unterhaltsrechts den gewöhnlichen Barbedarf ab. Wenn nun der Betreuende wegen Leistungsunfähigkeit des anderen Elternteils den Barunterhalt zusätzlich aufbringt, kann von seinem Einkommen bei Berechnung des Ehegattenunterhalts nicht allein deswegen mehr als der dem Kind zustehende Barunterhalt abgesetzt werden.[532] Zur Frage, ob im Einzelfall § 1577 Abs. 2 BGB anzuwenden ist, siehe → Rn. 540 und 966 ff. 130

Wenn nur ein Unterhaltsverpflichteter (zB nach Tod eines Elternteils) vorhanden ist, schuldet dieser, wenn seine Leistungsfähigkeit ausreicht, den Barbedarf und zusätzlich den Betreuungsbedarf, der grundsätzlich pauschal auch in Höhe des Barunterhalts zu bemessen ist,[533] wobei Kindergeld und Halbwaisenrente[534] als bedarfsdeckend abzuziehen sind. 131

Eine Fortschreibung der Düsseldorfer Tabelle über die Höchstwerte hinaus, entsprechend der Systematik der Tabelle, ist vorgeschlagen worden.[535] Dem ist nicht zu folgen.[536] Die Düsseldorfer Tabelle beschränkt sich bei Einkommen ab 5101 EUR bewusst auf den Hinweis „nach den Umständen des Falles", weil eine schematische Teilhabe an höheren Einkommen nicht der Funktion des Kindesunterhalts entspricht.[537] 132

In den neuen Bundesländern gelten seit 1.1.2008 keine Besonderheiten mehr für die Anwendung der Düsseldorfer Tabelle (bis 31.12.2007 siehe noch die Ergänzung durch die 133

---

[526] KG DAVorm 1992, 510 (511); Düsseldorfer Tabelle zum 1.1.2010 Anm. A 6; Bremer Leitlinien Nr. 11.2; Hamburger Leitlinien Nr. 11.2; Hammer Leitlinien Nr. 11.2.1; OLG Hamm OLG-Report 1995, 239 zum Wegfall des Ehegattenunterhalts als Abänderungsgrund.

[527] Frankfurter Unterhaltsgrundsätze Nr. 11. 2 **bis 31.12.2009:** Aufstufung um zwei Gruppen bei Unterhaltspflicht nur gegenüber einem Kind. Das scheidet ab 2010 aus.

[528] OLG Koblenz FamRZ 2000, 440; aber zu weitgehend, wenn es für die ersten beiden Einkommensgruppen eine Höherstufung überhaupt ablehnt.

[529] Unterhaltsgrundsätze des OLG Frankfurt Nr. 11.2.

[530] BGH FamRZ 1994, 696 = NJW 1994, 1530.

[531] Frankfurter Unterhaltsgrundsätze bis 2009, Nr. 11.2; Hammer Leitlinien bis 2009, Nr. 11.2 (um mehr als eine Gruppe); OLG Frankfurt FamRZ 1990, 658; OLG Hamburg FamRZ 1993, 101 (101).

[532] Siehe → Rn. 25; eingehend → Rn. 949 ff. mwN, insbes. → Rn. 965.

[533] BGH FamRZ 2006, 1597 mAnm *Born* = NJW 2006, 3421; so auch schon OLG Stuttgart FamRZ 2001, 1241 – wie hoch der Bedarf ist, ist im Einzelfall konkret zu ermitteln.

[534] BGH FamRZ 2009, 762 = NJW 2009, 1742.

[535] OLG Köln FamRZ 1992, 715 = NJW 1992, 1774.

[536] BGH FamRZ 2000, 358 mwN; OLG Schleswig OLGR 2001, 375; *Scholz* FamRZ 2001, 1045 (1047).

[537] Jenseits der Höchstgruppe muss der Berechtigte seinen Bedarf darlegen und beweisen: BGH FamRZ 2000, 358 m. teilw. abl. Anm. *Deisenhofer;* allerdings genügt eine exemplarische Darlegung, vgl. *Scholz* FamRZ 2001, 1045 (1047).

Berliner Vortabelle).[538] Ein Abschlag auf Grund niedrigeren Wohnkostenbedarfs im Osten ist in der Regel nicht gerechtfertigt.[539] Etwas anderes kann in hohen Einkommensgruppen gelten, wenn sich konkret feststellen lässt, dass der Wohnbedarf des Kindes wesentlich unter dem in den Tabellensätzen enthaltenen Anteil liegt.[540] In der Basisgruppe der Düsseldorfer Tabelle waren früher nur 11,5 % Wohnbedarfsanteil enthalten.[541]

III. Quotierung des Kindesunterhalts bei Barunterhaltspflicht beider Eltern

134   **Sind beide Eltern barunterhaltspflichtig,**[542] wie zB regelmäßig bei volljährigen (auch privilegiert volljährigen) Kindern oder auch bei minderjährigen Kindern [543] im Fall des „echten Wechselmodells" (dazu → Rn. 175a) [544] bzw. bei Mehrbedarf (Kindergartenbeitrag), haften sie gem. § 1606 Abs. 3 BGB anteilig nach ihren Erwerbs- und Vermögensverhältnissen.[545] Dabei kommt für die Bemessung des Anteils nur das Einkommen in Betracht, das für den Unterhalt zur Verfügung steht, wozu allerdings **grundsätzlich auch fiktives** Einkommen gehört.[546] Da sich die Eltern grundsätzlich auf den angemessenen Selbstbehalt berufen können, ist vom bereinigten Nettoeinkommen zunächst der jedem Elternteil zustehende **angemessene Selbstbehalt** abzuziehen; der verbleibende Rest ist sodann ins Verhältnis zu setzen.[547] Das gilt auch bei minderjährigen und privilegiert volljährigen Kindern, sofern kein Mangelfall vorliegt, der eine verschärfte Haftung gemäß § 1603 Abs. 2 BGB bei beiden Elternteilen (und dann auch den Vorwegabzug des notwendigen Selbstbehalts) erfordert.[548]

Beispiele: 1. Bereinigtes Nettoeinkommen Ehemann: 1700 EUR; bereinigtes Nettoeinkommen Ehefrau: 1400 EUR. Relation nicht 1700 : 1400 (= ca. 0,55 : 0,45), sondern 400 : 100 (= 4/5 : 1/5 entsprechend dem jeweiligen Mehrbetrag über dem angemessenen Selbstbehalt von 1300 EUR).

2. Bereinigtes Nettoeinkommen M: 1386 EUR; bereinigtes Nettoeinkommen F: 1190 EUR; unterhaltsberechtigt ist ein privilegiert volljähriges Kind (Bedarf: 516 EUR – 190 EUR Kindergeld = 326 EUR). Der Ehemann hat zunächst die 86 EUR über seinem angemessenen Selbstbehalt zu erbringen. Die restlichen 240 EUR sind auf Grund der verschärften Haftung beider Elternteile gemäß § 1603 II BGB nach Vorwegabzug des notwendigen Selbstbehalts (M: Restliche 1300 – 1080 = 220; F: 1.190 – 1080 = 110) im Verhältnis 2 : 1 zu erbringen, dh von M weitere 160 EUR und von F 80 EUR.

Das **Kindergeld** ist bei volljährigen Kindern **vor** der oa Berechnung gem. § 1612b BGB voll auf deren Bedarf anzurechnen.[549]

[538] Vgl. → Rn. 5, 7.

[539] OLG Stuttgart FamRZ 1992, 215; OLG Koblenz FamRZ 1992, 215; OLG Köln FamRZ 1992, 1215 = NJW-RR 1993, 394; OLG Frankfurt 1992, 1467; KG FamRZ 1992, 1468.

[540] KG FamRZ 1992, 597.

[541] OLG Hamburg FamRZ 1991, 472; *Künkel* DAVorm 1991, 360.

[542] Vgl. weiter → Rn. 956, 971 ff.

[543] BGH FamRZ 2011, 1041 = NJW 2011, 1874, Tz. 40 f.

[544] BGH FamRZ 2015, 236 = NJW 2015, 331, Tz. 18; anders aber beim nur erweiterten Umgang: FamRZ 2014, 917 = NJW 2014, 1958, Tz. 37, 38 (Herabstufung um eine oder mehrere Einkommensgruppen und Anrechnung etwaiger bedarfsdeckender Leistungen des Barunterhaltspflichtigen).

[545] BGH FamRZ 2013, 1563 = NJW 2013, 2900, Tz. 12 (für Mehrbedarf).

[546] BGH FamRZ 2008, 2104 = NJW 2008, 3635, Tz. 32.

[547] BGH FamRZ 2011, 454 = NJW 2011, 670, Tz. 36; FamRZ 2008, 137; FamRZ 1986, 151 u. 153 = NJW-RR 1986, 293 u. 426; Kölner Leitlinien und Süddeutsche Leitlinien Nr. 13.3 mit Berechnungsformel; vgl. weiter *Wohlgemuth* FamRZ 2001, 321 ff.

[548] BGH FamRZ 2011, 454 = NJW 2011, 670 (mAnm *Born*), Tz. 36, 37 (auch zum bisherigen Streitstand zur Frage, ob der angemessene oder der notwendige Selbstbehalt vorher abzuziehen ist).

[549] BGH FamRZ 2009, 762 = NJW 2009, 1742; ebenso zu § 1612b BGB aF: BGH FamRZ 2006, 99 = NJW 2006, 57.

Soweit Unterhalt für vorrangig Berechtigte zu leisten ist, sind diese Beträge **vorweg vom Einkommen abzuziehen.**

Mit dem 2. Senat für Familiensachen des OLG Hamm[550] ist auch bei der **Bemessung der Haftungsanteile** der einem **privilegiert volljährigen** gemeinsamen Kind unterhaltspflichtigen Eltern – außerhalb eines Mangelfalls – der von einem Elternteil geschuldete und gezahlte **Unterhalt für minderjährige Kinder vorweg** abzuziehen, um eine gerechte Mittelverteilung zwischen den beiden Elternteilen zu gewährleisten, denn es geht insoweit entgegen der anderen Ansicht[551] nicht um den Gleichrang der Kinder untereinander. Bei nicht gemeinsamen minderjährigen Kindern ist aber noch eine einzelfallbezogene Angemessenheitskontrolle vorzunehmen.[552] Anders verhält es sich bei der Bedarfsbestimmung, → Rn. 135.

Darlegen muss das volljährige Kind das Einkommen des anderen Elternteils (zB der Mutter), wenn es nur einen Elternteil (zB den Vater) in Anspruch nimmt.

Der Bedarf richtet sich, sofern keine Pauschale (zB für auswärtige Studenten 735 EUR   **135** in Betracht kommt, **nach dem zusammengerechneten Einkommen beider Eltern;**[553] der Anteil jedes Elternteils kann aber nicht höher sein als nach seinem eigenen Einkommen.[554] Im Verhältnis zwischen privilegierten volljährigen und minderjährigen Kindern ist – ebenso wie bei der Bildung der Haftungsanteile beider Elternteile, → Rn. 134 – streitig, ob der Bedarf minderjähriger Kinder vor der Bedarfsermittlung für das privilegiert volljährige Kind in Abzug zu bringen ist. Insoweit ist angesichts des Gleichrangs der berechtigten Kinder ein Vorwegabzug nicht gerechtfertigt;[555] die Zahl der Berechtigten bestimmt die Einstufung in die Düsseldorfer Tabelle und damit den Bedarf sowieso schon mit.

Bei **wechselseitiger Abhängigkeit von Kindes- und Ehegattenunterhalt** ergeben sich   **136** die Schwierigkeiten einer **integrierten Berechnung.**[556] Allerdings hat der BGH inzwischen auch darauf hingewiesen, dass in den häufigen Fällen, in denen ein Elternteil seit Eintritt der Volljährigkeit der gemeinsamen Kinder den Unterhalt allein geleistet hat, ohne den anderen Elternteil in Rückgriff nehmen zu wollen, eine zumindest stillschweigende Freistellungsabrede vorliegen dürfte. Wenn dann (mangels Mahnung) auch eine rückwirkende Inanspruchnahme durch die Kinder ausgeschlossen ist, kann der Unterhalt allein vom Einkommen des zugleich dem Ehegatten und den Kindern zum Unterhalt Verpflichteten abgezogen werden. Das kann auch für den künftigen Unterhalt gelten, wenn der Verpflichtete auch insoweit anbietet, den Kindesunterhalt im Verhältnis der Parteien weiter allein aufzubringen.[557]

---

[550] OLG Hamm – 2. Sen f. FamS. – FamFR 2011, 155 = FamRB 2011, 169; Hammer LL, Frankfurter Unterhaltsgrds. Nr. 13.3; vgl. auch OLG Brandenburg FamFR 2010, 560; Wendl/Staudigl/ *Klinkhammer,* bis zur 7. Aufl. § 2, Rn. 470.

[551] OLG Hamm – 6. Sen f. FamS. – FamRZ 2010, 1346 (1347 f.); OLG Stuttgart NJW-Spezial 2012, 356 = FamRZ 2012, 1573 (Ls.); FamRZ 2007, 75; Wendl/Dose/*Klinkhammer,* 9. Aufl., § 2 Rn. 598.

[552] OLG Hamm – 2. Senat f. FamS. – FamFR 2011, 155 = FamRB 2011, 169.

[553] BGH FamRZ 1986, 152 = NJW-RR 1986, 293 (Unterbleiben der Höhergruppierung trotz geringerer Unterhaltslast als im Regelfall gebilligt); OLG Düsseldorf NJW-RR 2000, 74.

[554] BGH FamRZ 2008, 2104 = NJW 2008, 3635, Tz. 31.

[555] Wendl/Dose/*Klinkhammer,* 9. Aufl., § 2 Rn. 598 mwN.

[556] Dazu OLG Hamm FamRZ 1988, 1270; Anmerkung und Rechenbeispiele: *Däther* FamRZ 1989, 507; *Wohlgemuth* FamRZ 2001, 321 (327 f.); vgl. aber auch Berechnung bei wechselseitiger Abhängigkeit von Elementar- und Vorsorgeunterhalt, dazu → Rn. 393, 395 für KV, → Rn. 408, 413 für AV.

[557] BGH FamRZ 2011, 454 = NJW 2011, 670 (mAnm *Born*), Tz. 39; FamRZ 2009, 1300 = NJW 2009, 2523, Tz. 44; FamRZ 2008, 2104 = NJW 2008, 3635, Tz. 34; *Gutdeutsch* NJW 2009, 945; Wendl/Dose/*Klinkhammer* Das Unterhaltsrecht in der familienrichterlichen Praxis, 9. Aufl., § 2 Rn. 250.

137   Wegen **doppelter Haushaltsführung** sind vom jeweiligen Elterneinkommen keine schematischen Abzüge zu machen, konkrete Zusatzkosten durch getrennte Haushalte können aber bei Einstufung und Höhergruppierung berücksichtigt werden.[558]

138   Ist beim minderjährigen Kind der Betreuende teilweise zusätzlich barunterhaltspflichtig, so kommt eine Ermäßigung des nach dem Einkommen des Nichtbetreuenden geschuldeten Barunterhalts doch nur ausnahmsweise in Betracht.[559] Eine Quotierung nach dem Verhältnis der Einkommen ist nicht gerechtfertigt.

IV. Rundung der Unterhaltsbeträge

139   **Der Unterhaltsbetrag ist auf volle EUR aufzurunden,** wie sich aus § 1612a Abs. 2 BGB als allgemeiner Rechtsgedanke für alle Unterhaltsrechtsverhältnisse ergibt.[560] Das Gesetz folgt damit der Rechtsprechung des BGH,[561] der (damals) Pfennigbeträge wiederholt gerundet hat.

Der Mindestunterhalt, identisch mit der ersten Einkommensgruppe der Düsseldorfer Tabelle, beruht auf einer Rundung gemäß § 1612a Abs. 2 BGB. Die sich aus den Prozentsätzen dieses Mindestunterhalts ergebenden Beträge sind erneut gerundet.[562]

V. Computergestützte Unterhaltsberechnung

140   Die Berechnung des Unterhalts durch eine computergestützte Berechnung (zB nach *Gutdeutsch*) ist schlüssig, wenn sie nachvollziehbar in einen Text eingebunden wird und nicht nur eine Aneinanderreihung von (teilweise überflüssigen) Zahlen enthält. Gegebenenfalls wird das Gericht bei Bedenken gegen die schlüssige Darlegung einzelner Punkte (zB des Realsplittingvorteils) Hinweise erteilen.[563]

Der für rechtsmittelfähige Entscheidungen geltende Begründungszwang und das Unterschriftsgebot verlangen als Bestandteil einer geordneten Rechtspflege, dass die Berechnung zur Höhe des Unterhalts ein nachvollziehbarer Teil der Begründung sein muss. Verweise auf außerhalb des geschlossenen Textkörpers liegende und als Anlage zur Entscheidung genommene Ausdrucke einer computergestützten Berechnung des Gerichts, die ergänzende, die Begründung der Entscheidung mit tragende Textbestandteile des Beschlusses enthalten, sind unzulässig.[564]

E. Übergangsregelung des Unterhaltsrechts ab 1.1.2008

I. Auswirkung auf laufende Verfahren

141   Eine bereits geschlossene Verhandlung ist nach § 36 Nr. 6 EGZPO auf Antrag wieder zu eröffnen. Nach § 36 Nr. 5 EGZPO können die nach § 36 Nr. 1 EGZPO (wenn eine wesentliche Änderung der Unterhaltsverpflichtung eintritt; dazu → Rn. 142) maßgeblichen Umstände noch in der Revision vorgebracht werden.

---

[558] BGH FamRZ 1986, 151 u. 153 = NJW-RR 1986, 293 u. 426; OLG Köln FamRZ 1985, 90; Schleswiger Leitlinien Nr. 13.3 rechnen zwar nach dem zusammengerechneten Einkommen der Eltern, wollen aber wegen doppelter Haushaltsführung in der Regel um eine Stufe herabstufen.

[559] Vgl. BGH FamRZ 2008, 137, Tz. 41. Zu Einzelheiten → Rn. 971 f.

[560] Nr. 25 der Leitlinien bzw. Unterhaltsgrundsätze der OLGe.

[561] BGH NJW-RR 1992, 1026 (1027); FamRZ 1986, 151; FamRZ 1987, 1011 (1014).

[562] Ergebnis der Koordinierungsgespräche unter Beteiligung aller Oberlandesgerichte und der Unterhaltskommission des Deutschen Familiengerichtstags e. V. im Dezember 2008 in Übereinstimmung mit einer Stellungnahme des BMJ. Siehe → Rn. 6 unter Anm. 1 der Düsseldorfer Tabelle.

[563] OLG Köln FamRZ 2006, 1644 = NJW 2007, 306.

[564] OLG Frankfurt FamRZ 2006, 274.

II. Auswirkung auf bestehende Unterhaltstitel

Nach § 36 Nr. 1 EGZPO als klarstellender Regelung der Zulässigkeit einer Abände-   **142**
rung nach § 323 ZPO bzw. § 238 FamFG wegen der Unterhaltsrechtsreform[565] kann eine
Anpassung an die neue Rechtslage nur verlangt werden, wenn eine wesentliche Änderung
der Unterhaltsverpflichtung eintritt und dem anderen Teil unter Berücksichtigung seines
Vertrauens in die getroffene Regelung zumutbar ist. Mit der Zumutbarkeit wird für eine
Übergangszeit ein erhebliches Element der Unsicherheit für den Eingriff in bestehende
Unterhaltstitel eingeführt,[566] denn gemäß § 36 Nr. 2 EGZPO gelten die Beschränkungen
der „§§ 323 Abs. 2, 767 Abs. 2 ZPO"[567] insoweit nicht, allerdings nur bei der erstmaligen
Abänderung eines Titels nach dem 1.1.2008. Zum Eintritt in das Verfahren genügen also
die bloße Behauptung der wesentlichen Änderung und die Behauptung der Zumutbarkeit.[568] Entscheidend ist aber auch, dass die Änderung auf der Unterhaltsrechtsreform
beruht. Das ist in Bezug auf eine Befristung des Ehegattenunterhalts nicht der Fall bei
einem nach dem 12.4.2006 (diesbezügliche Änderung der Rechtsprechung des BGH[569])
geschaffenen Titel.[570]

Erst in der Begründetheit ist zu prüfen, ob eine wesentliche Änderung eingetreten ist
und ob dem Berechtigten die Änderung tatsächlich zumutbar ist. Dabei kommt es sowohl
darauf an, inwieweit sich der Unterhaltsgläubiger privat und beruflich auf den titulierten
Unterhalt eingestellt hat und wie sich eine Änderung darauf auswirken würde,[571] als auch
welcher Zeitraum („Schonfrist") für eine Umstellung notwendig erscheint.[572]

III. Umrechnung dynamischer Unterhaltstitel

§ 36 Nr. 3 EGZPO nennt vier Alternativen für die Umrechnung dynamischer Unter-   **143**
haltstitel (je nach Anrechnung des Kindergeldes), die vom „Regelbetrag" auf den „Mindestbedarf" umzustellen sind. Durch diese gesetzliche Umrechnungsregelung ist gewährleistet, dass dynamische Unterhaltstitel ihre Gültigkeit nach Inkrafttreten des Unterhalts-
rechtsänderungsgesetzes nicht verlieren.

Allerdings hat der BGH nicht akzeptiert, dass bei der Umrechnung eines dynamisierten
Alttitels aus der Zeit vor 1.1.2008 in einen Prozentsatz des Mindestunterhalts nach § 1612a
BGB nF gemäß § 36 Nr. 3 S. 4 lit. a EGZPO der sich daraus ergebende Prozentsatz noch
einmal geändert wird, wenn das Kind in eine höhere Altersstufe wechselt.[573]

---

[565] BGH FamRZ 2010, 111 = NJW 2010, 365, Tz. 16.

[566] *Borth* FamRZ 2006, 813 (821) – „unscharfe Kriterien".

[567] § 36 Nr. 2 EG ZPO ist dahingehend auszulegen, dass anstelle des dort noch zitierten § 323
Abs. 2 ZPO nunmehr § 238 Abs. 2 FamFG tritt, denn die insoweit fehlende Änderung im FGG-RG
beruht auf einem Redaktionsversehen: Keidel/*Meyer-Holz* FamFG § 238 Rn. 105. Dagegen ist § 767
ZPO über § 113 Abs. 1 S. 2 FamFG weiterhin anzuwenden.

[568] BGH FamRZ 2001, 1687 mAnm *Gottwald* = NJW 2001, 3618.

[569] BGH FamRZ 2006, 1006.

[570] BGH FamRZ 2010, 111 = NJW 2010, 365, Tz. 59–62; FamRZ 2011, 1381, Tz. 20 ff. mAnm *Finke;*
BGH, NJW 2012, 309 f. mAnm *Borth* = FamRZ 2012, 197 (198) mAnm *Maurer;* BGH NJW 2012, 1356
= FamRZ 2012, 699 mAnm *Bergschneider;* OLG Brandenburg NJW-RR 2012, 386: Zeitpunkt der
Veröffentlichung: 15.7.2006; OLG Saarbrücken FamRZ 2009, 783; OLG Bremen NJW 2008, 3074;
OLG Dresden FamRZ 2008; 2135 = NJW 2008, 3073; Keidel/*Meyer-Holz* FamFG, § 238 Rn. 108.

[571] OLG Celle FamRZ 2009, 530 = NJW-RR 2009, 302; FamRZ 2008, 1449 = NJW 2008, 3575.

[572] OLG Frankfurt FamRZ 2009, 1162; OLG Düsseldorf NJW 2008, 3005.

[573] BGH NJW 2012, 1873 = FamRZ 2012, 1048, Tz. 20 ff.; ebenso *Vossenkämper* FamFR 2011, 73;
aA: OLG Dresden FamRZ 2011, 42; *Knittel* FamRZ 2010, 1349 (abl. Anm. zu AG Kamenz FamRZ
2010, 819).

144   Im **Anhang II der Düsseldorfer Tabelle**[574] befindet sich die Berechnung der Prozentsätze und der Zahlbeträge für 2008.

Während die Prozentsätze unverändert bleiben, müssen die ausgewiesenen Zahlbeträge für 2009 erstmals erhöht werden.[575]

Aufgrund der Erhöhung des Mindestunterhalts **zum 1.1.2010 ergaben sich seither bis zum 31.7.2015 folgende Zahlbeträge:**

Bsp. 1 für 2010:
317 × 97,8 % = aufgerundet 311 EUR, abzüglich hälftiges Kindergeld 92 EUR = 219 EUR.

Bsp. 2 für 2010:
317 × 70,2 % = aufgerundet 223 EUR zuzüglich hälftiges Kindergeld 92 EUR = 315 EUR.

Bsp. 3 für 2010:
364 x 102,7 % = aufgerundet 374 EUR abzüglich volles Kindergeld 184 EUR = 190 EUR.

Bsp. 4 für 2010:
426 x 111,2 % = aufgerundet 474 EUR abzügl. hälftiges Kindergeld 92 EUR = 382 EUR.

Aufgrund der Erhöhung des Mindestunterhalts **zum 1.8.2015 ergaben sich seither bis zum 31.12.2015 folgende Zahlbeträge:**

Bsp. 1 seit 1.8.2015:
328 x 97,8 % = aufgerundet 321 EUR, abzüglich hälftiges Kindergeld 92 EUR = 229 EUR.

Bsp. 2 seit 1.8.2015:
328 x 70,2 % = aufgerundet 231 EUR zuzüglich hälftiges Kindergeld 92 EUR = 323 EUR.

Bsp. 3 seit 1.8.2015:
376 x 102,7 % = aufgerundet 387 EUR abzüglich volles Kindergeld 184 EUR = 203 EUR.

Bsp. 4 seit 1.8.2015:
440 x 111,2 % = aufgerundet 490 EUR abzüglich hälftiges Kindergeld 92 EUR = 398 EUR.

Aufgrund der Erhöhung des Mindestunterhalts und des Kindergeldes **zum 1.1.2016 ergeben sich seither folgende Zahlbeträge:**

Bsp. 1 seit 1.1.2016:
335 x 97,8 % = aufgerundet 328 EUR, abzüglich hälftiges Kindergeld 95 EUR = 233 EUR.

Bsp. 2 seit 1.1.2016:
335 x 70,2 % = aufgerundet 236 EUR zuzüglich hälftiges Kindergeld 95 EUR = 331 EUR.

Bsp. 3 seit 1.1.2016:
384 x 102,7 % = aufgerundet 395 EUR abzüglich volles Kindergeld 190 EUR = 205 EUR.

Bsp. 4 seit 1.1.2016:
450 x 111,2 % = aufgerundet 501 EUR abzüglich hälftiges Kindergeld 95 EUR = 406 EUR.

---

[574] Siehe → Rn. 6 unter Anm. 2 der Düsseldorfer Tabelle.
[575] *Diehl* FamExpress 2/2009 (Deubner-Verlag), auch bei www.hefam.de Chronik, 2009-01–06.

2. Teil. Die konkrete Bemessung der Höhe des Unterhaltsanspruchs

A. Die Bedürftigkeit des Berechtigten

I. Allgemeines

1. Lebensverhältnisse und Lebensstellung als Maßstab für die Höhe des Unterhalts

Der angemessene Unterhalt ist im Grundsatz allen Unterhaltsberechtigten zu gewähren.[1]   **145**

Als Maßstab, mit dessen Hilfe die Angemessenheit festgestellt werden soll, nennt das Gesetz in § 1360a Abs. 1 BGB die „Verhältnisse der Ehegatten"; in § 1361 Abs. 1 BGB die „Lebensverhältnisse und die Erwerbs- und Vermögensverhältnisse", in § 1578 Abs. 1 BGB die „ehelichen Lebensverhältnisse" (wobei gem. § 1578b Abs. 1 BGB der eheangemessene Unterhalt auf den angemessenen Unterhalt herabgesetzt und nach § 1578b Abs. 2 BGB zeitlich begrenzt werden kann) und in § 1610 Abs. 1 BGB für den Verwandtenunterhalt die „Lebensstellung des Bedürftigen".

Lebensverhältnisse und Lebensstellung bemessen sich dabei nach den wirtschaftlichen Lebensverhältnissen, also den Einkommens- und Vermögensverhältnissen und   **146** nicht mehr – wie teilweise früher – nach Herkunft, einer von den wirtschaftlichen Verhältnissen unabhängigen „sozialen Stellung" oder Ausbildung und Bildungsstand. Es ist gerechtfertigt, im Wesentlichen auf die wirtschaftlichen Verhältnisse abzustellen, weil es um die Zuteilung wirtschaftlicher Güter geht. Die Lebensverhältnisse werden dabei aber durch die Gesamtheit aller wirtschaftlich relevanten Faktoren mitbestimmt, es kommt also nicht nur auf die konkreten Barmittel an, sondern auch der wirtschaftliche Wert der Hausarbeit ist mit zu berücksichtigen.[2]

Für die Unterhaltszumessung kommt es dabei zwar prinzipiell auf die Lebensstellung des Bedürftigen an (§ 1610 Abs. 1 BGB), nicht auf die des Verpflichteten, von dem   **147** sich die Lebensstellung aber vielfach ableitet. Das gilt grundsätzlich auch für den Ehegattenunterhalt; das Gesetz hebt das nur nicht ausdrücklich hervor, weil Ehegatten jedenfalls während des Zusammenlebens, vielfach auch noch bis zur Scheidung, eine gemeinschaftliche Lebensstellung haben und am ehelichen Lebensstandard in gleicher Weise teilnehmen.[3] Für den Geschiedenenunterhalt wird gemäß § 1578 Abs. 1 auf die „ehelichen Lebensverhältnisse" abgestellt, das hieß nach ständiger Rechtsprechung bis 2007 auf eine gemeinschaftliche Lebensstellung in der Vergangenheit.[4] Zwischenzeitlich hatte der BGH allerdings beim Ehegattenunterhalt mit der Einführung des Begriffs der „wandelbaren ehelichen Lebensverhältnisse" das Stichtagsprinzip (Rechtskraft der Scheidung) aufgegeben,[5] zu dem er jetzt wieder zurückgekehrt ist (vgl. → Rn. 51 ff.).[6]

---

[1] Vgl. zB BSG FamRZ 1985, 1035 und *Gernhuber*, Der Richter und das Unterhaltsrecht, FamRZ 1983, 1069 (1070); Bedenken bei *Schwackenberg* FS Groß, 2003, S. 229 ff.

[2] BGH FamRZ 2001, 986 = NJW 2001, 2254.

[3] BGH FamRZ 2001, 986 (990) = NJW 2001, 2254; FamRZ 1982, 894 = NJW 1982, 2442; BGH FamRZ 1986, 783 (785) = NJW 1987, 58.

[4] Vgl. BGH NJW 2007, 839 = FamRZ 2007, 200 (mAnm *Büttner*).

[5] BGH FamRZ 2009, 411 = NJW 2009, 588, Tz. 24; FamRZ 2010, 802 = NJW 2010, 1665, Tz. 17.

[6] BGH FamRZ 2012, 281 = NJW 2012, 384, Tz. 16, 17.

148   Bei **Heirat im Rentenalter** ist die Auffassung vertreten worden, dass dadurch keine Änderung der bis dahin erworbenen Lebensstellung mehr eintreten kann. Dem war schon nach der herkömmlichen Definition ehelicher Lebensverhältnisse nicht zu folgen, da das Gesetz nicht darauf abstellt, dass die Lebensstellung gemeinsam erarbeitet worden ist.[7]

149   Beim **Kindesunterhalt ist zwischen abgeleiteter und selbstständiger Lebensstellung** des Kindes zu unterscheiden. Wenn das Kind noch keine selbstständige Lebensstellung hat, ist die Lebensstellung des Verpflichteten mit der des Bedürftigen identisch. Im Allgemeinen wird man bei Kindern von einer selbstständigen Lebensstellung erst sprechen können, wenn sie ihre Ausbildung beendet haben und damit die Voraussetzungen für eine wirtschaftliche Unabhängigkeit erfüllen. Zu den Grenzen der Unterhaltszumessung bei abgeleiteter Lebensstellung vgl. → Rn. 175 ff.

2. Allgemeines zur Unterhaltsbemessung bei verschiedenen Unterhaltsbedürftigen

a) Ehegatten

150   **aa) Ehegatten in häuslicher Gemeinschaft. Geschuldet wird der angemessene Unterhalt,** den man hier als Familienunterhalt bezeichnet (§§ 1360, 1360a, 1360b BGB). Ein Antrag auf Zahlung des Familienunterhalts in Geld setzt dabei voraus, dass schlüssig dargetan wird, wie die Lebensgemeinschaft gestaltet ist, was den gesamten Bedarf ausmacht und welcher Teil davon einem Ehepartner unter Berücksichtigung seiner Eigeneinkünfte zukommt.[8]

Der Ehegatte, der gemäß Vereinbarung unter den Ehegatten den Haushalt führt, kommt dadurch in der Regel seiner Pflicht, durch Arbeit zum Unterhalt der Familie beizutragen, nach (§ 1360 S. 2 BGB). Dabei wird die Haushaltsführung als ein der Erwerbstätigkeit gleichwertiger Beitrag zur Existenzsicherung der Familie angesehen.[9] Ausgleichsansprüche wegen finanzieller Mehrleistungen eines Ehepartners sind daher grundsätzlich nicht gegeben (§ 1360b BGB).[10] Vgl. weiter → Rn. 431.

Bei Ansprüchen Dritter (Kinder, Eltern) ist die Deckung des Bedarfs durch den Familienunterhaltsanspruch bei hinreichender Leistungsfähigkeit des Ehepartners zu berücksichtigen und kann mit einem Geldbetrag veranschlagt werden.[11] Bei der Einsatzpflicht des Eigeneinkommens ist diese Deckung zu berücksichtigen. → Rn. 218 ff. zum Elternunterhalt.

Bei **stationärer Pflege** des Unterhaltsberechtigten ist der Familienunterhalt als Barunterhalt zu leisten, wobei sich der Bedarf nach den konkret entstehenden Kosten zuzüglich eines Taschengeldes richtet.[12] Der Selbstbehalt des verpflichteten Ehegatten

---

[7] BGH FamRZ 1983, 150; anders OLG Zweibrücken FamRZ 1978, 773 bei sehr unterschiedlich hohen Renten.

[8] BGH FamRZ 2004, 24 = NJW 2003, 3770 (§ 1578 BGB als Orientierungshilfe); OLG Bamberg FamRZ 1999, 849 (Berücksichtigung der Nutzungsentschädigung, die Ehefrau von ihren leistungsfähigen volljährigen Kindern verlangen kann); vgl. auch BGH FamRZ 1998, 608 = NJW 1998, 1593 und OLG Nürnberg FamRZ 1999, 505.

[9] BVerfG FamRZ 1999, 285 (288) = NJW 1999, 557; BGH FamRZ 2001, 986 (989) = NJW 2001, 2254; zum Umfang der Leistung vgl. BGH FamRZ 1995, 537 = NJW 1995, 1486.

[10] BGH FamRZ 1983, 794 = NJW 1984, 1845; OLG Düsseldorf AnwBl. 1988, 184 (jeder hat für die Steuern auf seine Einkünfte selbst aufzukommen); BGH FamRZ 1992, 300 = NJW 1992, 564; FamRZ 1995, 537 = NJW 1995, 1486; vgl. aber OLG Celle FamRZ 1999, 162, das bei unfreiwilliger Mehrleistung einen Ausgleichsanspruch bejaht.

[11] BGH FamRZ 2004, 24 = FPR 2004, 27; BGH FamRZ 2004, 186 = NJW-RR 2004, 364.

[12] OLG Düsseldorf NJW 2002, 1353.

entspricht grundsätzlich dem eheangemessenen Selbstbehalt wie beim Trennungsunterhalt (→ Rn. 41) [13] und kann bei eigener Pflegebedürftigkeit entsprechend erhöht sein.

Der **wirtschaftführende Ehegatte haftet dem anderen nicht nach Auftragsrecht;**[14] er muss den Partner nur in groben Zügen über die Verwendung des Familieneinkommens unterrichten. Der haushaltsführende Teil muss daher das Haushaltsgeld nicht im Einzelnen abrechnen.

bb) Getrennt lebende Ehegatten. Getrenntleben ist Voraussetzung des Trennungsunterhalts. Davon ist dann auszugehen, wenn keine häusliche Gemeinschaft mehr besteht und jedenfalls ein Ehepartner sie ablehnt (§ 1567 BGB). Unwesentliche[15] oder kinderbedingte[16] Gemeinsamkeiten stehen dem nicht entgegen. In der Ehewohnung ist ein Getrenntleben möglich.[17] Ein Versöhnungsversuch (bis etwa drei Monate) unterbricht das Getrenntleben auch unterhaltsrechtlich nicht.

Bei langjähriger Trennung und wechselseitiger wirtschaftlicher Selbständigkeit soll kein Trennungsunterhalt geschuldet werden.[18] Das kann aber nur im Einzelfall nach § 1579 Nr. 8 BGB gelten, gilt also nicht, wenn der Berechtigte bisher nicht bedürftig war.

Geschuldet wird der der nach den Lebensverhältnissen und den Erwerbs- und Vermögensverhältnissen **angemessene Unterhalt,** wie sich aus § 1361 BGB ergibt.

Zur Bestimmung und Fortschreibung der Lebensverhältnisse nach der Trennung vgl. → Rn. 51 ff.; zur Erwerbsobliegenheit in Abgrenzung zu den nachehelichen Unterhaltstatbeständen vgl. → Rn. 453–457.

Bei Errechnung des Trennungsunterhalts ist etwaiger Kindesunterhalt, den der **151** berechtigte Ehegatte schuldet (weil das Kind beim Verpflichteten lebt), vom Einkommen des berechtigten Ehegatten vorweg abzuziehen (§ 1609 Nr. 1 BGB). Der errechnete Unterhalt ist jedoch nur zu berücksichtigen, wenn der Berechtigte den Kindesunterhalt auch tatsächlich zahlt.[19]

Vertragliche Regelungen sind möglich.[20] Sie sind aber nicht schon dann gegeben, **153** wenn ein Partner den Unterhaltsanspruch wegen Abtrags der Schulden durch den anderen nicht geltend macht.[21] Normalerweise gelten vertragliche Regelungen nur für diese Trennung, verlieren also mit dauerhaftem Wiederzusammenleben ihre Gültigkeit und leben bei erneuter Trennung nicht wieder auf.[22]

Auf den Trennungsunterhalt können die Parteien gem. §§ 1360a Abs. 3, 1361 Abs. 4 S. 4, 1614 Abs. 1 nicht verzichten, ein **Verzicht – auch teilweiser – ist unwirksam.** Insofern ist lediglich – im Rahmen des Angemessenen – eine Regelung zur Höhe möglich.[23] Der BGH hat zur Auslegung von § 1614 I BGB klargestellt, dass die Wirksamkeit einer vertraglichen Regelung des Trennungsunterhalts nicht im Rahmen von Vereinbarungen zu anderen Gegenständen, sondern isoliert zu betrachten ist.[24] Im Gesetz finde sich auch keine Einschränkung, dass ein Verzicht bis zur Grenze der Sozialhilfebedürftigkeit zulässig ist, sondern das Verbot gelte uneingeschränkt.[25] Die Beurteilung, ob ein

(Randnummern am rechten Rand: 151, 152, 153)

---

[13] Wendl/Dose/*Bömelburg,* 9. Aufl. 2015, § 3 Rn. 44.
[14] BGH NJW 2000, 3199 = FamRZ 2001, 23.
[15] OLG Zweibrücken NJW-RR 2000, 1388; OLG Jena FamRZ 2002, 99.
[16] OLG Köln FamRZ 2002, 1341; aA wohl OLG München FamRZ 2001, 1457 (1458).
[17] OLG Bremen FamRZ 2000, 1417.
[18] OLG Frankfurt FPR 2004, 25: mehr als 10-jährige Trennung.
[19] OLG Zweibrücken NJW-RR 2006, 1659; OLG Koblenz NJW 2005, 686.
[20] BGH FamRZ 2005, 1236 = NJW 2005, 2307; BGH FamRZ 2003, 741 = NJW 2003, 1743: Auslegung ist Sache des Tatrichters, aber Auslegung muss interessegerecht sein.
[21] BGH FamRZ 2005, 1236 = NJW 2005, 2307.
[22] OLG Karlsruhe FamRZ 2003, 1104 mAnm *Bergschneider.*
[23] OLG Hamm FamRZ 2007, 732 mAnm *Bergschneider.*
[24] BGH FamRZ 2015, 2131 = NJW 2015, 3715 = NZFam 2015, 1152, Tz. 18.
[25] BGH FamRZ 2015, 2131 = NJW 2015, 3715 = NZFam 2015, 1152, Tz. 19.

unwirksamer Verzicht auf künftigen Trennungsunterhalt vorliegt, setzt zunächst die Feststellung der Höhe des angemessenen Unterhaltsanspruchs im hierfür erforderlichen Umfang voraus. [26] Angesichts einer notwendigen Einzelfallprüfung, gibt es allerdings keinen generellen Maßstab, von welcher exakten prozentualen Unterschreitung des rechnerisch geschuldeten Unterhalts an ein unwirksamer Unterhaltsverzicht vorliege. Für die grobe Einschätzung – so der BGH – erscheine eine Unterschreitung von 20 % als noch grundsätzlich angemessen; 33 % dagegen nicht mehr.[27] Auch der Ausschluss der Abänderbarkeit eines Titels gem. § 238 FamFG, ist ein Teilverzicht, sobald der geschuldete Unterhalt deshalb um mehr als 1/3 unterschritten wird.

Da ein gemäß § 1614 BGB unwirksamer Verzicht auf künftigen Trennungsunterhalt damit auch gemäß § 134 BGB nichtig ist, um zu verhindern, dass ein Ehegatte sich bereits während noch bestehender Ehe seiner Lebensgrundlage begibt, darf dieses **gesetzliche Verbot** nicht durch eine Vereinbarung, den Trennungsunterhalt nicht geltend zu machen, umgangen werden (sog. pactum de non petendo).[28] Ob im Einzelfall eine solche Vereinbarung getroffen worden ist oder eine lediglich unverbindliche Absichtserklärung bzw. Mitteilung einer Geschäftsgrundlage gemeint war, muss das Tatgericht durch Auslegung ermitteln; im Falle der Unwirksamkeit ist weiter zu prüfen, ob damit der gesamte Ehevertrag nichtig ist oder nur eine Teilunwirksamkeit eintritt (§ 139 BGB).[29]

154　　**Keine Identität** besteht zwischen dem Getrenntlebensunterhaltsanspruch aus § 1361 BGB und dem Familienunterhaltsanspruch aus § 1360, 1360a BGB[30] sowie dem Anspruch auf nachehelichen Unterhalt.[31] Das hat zur Folge, dass ein Titel über den Trennungsunterhalt erlischt, wenn die eheliche Lebensgemeinschaft dauerhaft wiederhergestellt wird oder wenn die Scheidung rechtskräftig wird.[32] Entsprechend § 1567 Abs. 2 BGB führt ein Zusammenleben über kürzere Zeit (ca. 3 Monate) aber nicht zum Erlöschen des Titels.

Das OLG Celle[33] hat darüber hinaus entschieden, dass aus einem Titel über den Barunterhaltsanspruch des minderjährigen Kindes gegenüber seinem damals nichtehelichen Vater nach Heirat der Eltern und mehrjährigem Zusammenleben mit Leistung von Familienunterhalt nach §§ 1360, 1360a BGB nicht erneut vollstreckt werden kann.

155　　**Bei Gütergemeinschaft** zwischen den Ehegatten oder Lebenspartnern gehört zur ordnungsgemäßen Verwaltung des Gesamtguts auch die Leistung des aus dem Gesamtgut zu erbringenden Unterhalts.[34] Ein Zahlungsanspruch besteht daher nur, wenn für den Unterhalt (auch) Sondergut zu verwenden ist.

156　　**Bei Tod der getrennt lebenden Berechtigten oder des Verpflichteten** erlischt der Unterhaltsanspruch gem. §§ 1361 Abs. 4 S. 4, 1360a Abs. 3, 1615 BGB, soweit er nicht auf fällige Leistungen, Erfüllung oder Schadensersatz wegen Nichterfüllung für die Ver-

---

[26] BGH FamRZ 2015, 2131 = NJW 2015, 3715 = NZFam 2015, 1152, Tz. 17.

[27] BGH FamRZ 2015, 2131 = NJW 2015, 3715 = NZFam 2015, 1152, Tz. 22.

[28] BGH FamRZ 2014, 629 = NJW 2014, 1101, Tz. 48; ebenso bereits *Deisenhofer* FamRZ 2000, 1368.

[29] BGH FamRZ 2014, 629 = NJW 2014, 1101, Tz. 48.

[30] OLG Düsseldorf FamRZ 1992, 943.

[31] Ständige Rechtsprechung seit BGH FamRZ 1981, 242 = NJW 1981, 978.

[32] OLG Hamm FamRZ 1999, 30; OLG Braunschweig OLGR 2004, 424; bei Vergleichen kann das im Einzelfall anders sein: OLG Karlsruhe FamRZ 2003, 1104; das Erlöschen des Titels kann mittels Vollstreckungsgegenklage geltend gemacht werden: BGH FamRZ 1981, 242 (244); AG Münster FamRZ 2002, 407.

[33] OLG Celle FamRZ 2015, 57 = NJW 2014, 3165.

[34] BGH FamRZ 1990, 851 = NJW 1990, 2252; vgl. aber OLG Düsseldorf FamRZ 1999, 1348 zur unmittelbaren Zahlungsklage bei klaren Verhältnissen.

gangenheit gerichtet ist. Fraglich ist, ob ein noch nicht vollständig erfüllter Anspruch auf eine **Abfindung** vererbbar ist.[35]

Schadensfreiheitsrabatt. Der Ehepartner, dem das Fahrzeug im Wesentlichen zu- 157 geordnet war, kann nach der Trennung die Übertragung des Kfz-Schadensfreiheitsrabatts verlangen.[36]

Bei **freiwilliger Zahlung des Trennungsunterhalts** besteht dennoch ein **Titulierungs-** 158 **interesse.**

Jedoch kann es für die Kostenentscheidung nach sofortigem Anerkenntnis von Bedeutung sein, ob der volle geschuldete Unterhalt freiwillig gezahlt wird (dann kommt es weiter darauf an, ob der Schuldner zur Titulierung außergerichtlich aufgefordert worden ist) oder lediglich Teilleistungen erbracht werden und damit auf jeden Fall Veranlassung zur gerichtlichen Geltendmachung bestanden hat.[37] An dieser früheren Rechtslage zu § 93 ZPO hat sich nach § 243 Nr. 4 FamFG nichts geändert.

Gegenstand eines Abänderungsverfahrens ist bei freiwilliger Teilleistung des Pflichtigen nur der titulierte streitige Spitzenbetrag; der freiwillig gezahlte Teil ist von der Rechtskraft der Erstentscheidung nämlich nicht erfasst und dementsprechend auch nicht abzuändern.[38]

cc) Geschiedene Ehegatten. Für die Unterhaltsberechtigung kommt es seit 1.7.1977 159 **nicht mehr auf die Scheidungsschuld an,** sondern darauf, dass einer der Unterhaltstatbestände der §§ 1570–1576 BGB erfüllt ist. Ausgehend vom Prinzip der Eigenverantwortung nach der Scheidung versucht der Gesetzgeber mit diesen Unterhaltstatbeständen dem gleichzeitig geltenden Grundsatz der nachwirkenden Mitverantwortung (der **nachehelichen Solidarität**)[39] Rechnung zu tragen. Daran hat sich grundsätzlich auch unter noch stärkerer Berücksichtigung der Eigenverantwortung im Unterhaltsrechtsreformgesetz seit 1.1.2008 nichts geändert.[40]

Allerdings ist insbesondere der **Unterhalt wegen Betreuung eines Kindes** gemäß § 1570 BGB völlig neu gestaltet worden. Dieser Unterhalt kann zwar gemäß § 1570 Abs. 1 S. 1 BGB für nunmehr drei Jahre nach Geburt des Kindes ohne weiteres verlangt werden, darüber hinaus aber gemäß § 1570 Abs. 1 S. 2 und 3 BGB nur noch aus kindbezogenen bzw. gemäß § 1570 Abs. 2 BGB auch aus elternbezogenen Gründen; das frühere Altersphasenmodell hat der BGH ausdrücklich aufgegeben.[41] Sofern der Anspruch auf Betreuungsunterhalt noch besteht, ist eine Befristung nicht auszusprechen, denn dieser Anspruch wird **mindestens** für die drei ersten Lebensjahre des Kindes gewährt und setzt sich bei Vorliegen von Verlängerungsgründen, deren Ende dann nicht zuverlässig absehbar ist, als einheitlicher Unterhaltsanspruch fort.[42] Im Einzelfall kann aber eine Begrenzung gemäß § 1578b Abs. 1 S. 1 BGB auf den angemessenen Unterhalt in Betracht kommen.[43] Nach § 1578 BGB bestimmt sich das Maß des Unterhalts nach den „ehelichen Lebensverhältnissen". Die Einzelheiten dazu sind in → Rn. 51 ff. dargestellt.

---

[35] Ablehnend OLG Hamburg FamRZ 2002, 234 mit Hinweis auf die entgegenstehende hM (Revision zugelassen, aber nicht eingelegt).

[36] LG Flensburg NJW-RR 2006, 1300 = FamRZ 2007, 146; LG Freiburg FamRZ 2007, 146.

[37] Vgl. BGH FamRZ 2010, 195 = NJW 2010, 238; siehe weiter → Rn. 164.

[38] OLG Saarbrücken FamRZ 2014, 484 (485) = NJW 2014, 559 (insoweit nur LS).

[39] Zum Verhältnis und Zusammenspiel der Prinzipien *van Els* FamRZ 1992, 625.

[40] BGH FamRZ 2012, 1040 = NJW 2012, 1868, Tz. 47; FamRZ 2009, 1207 = NJW 2009, 2450.

[41] Grundlegend: BGH FamRZ 2009, 770 = NJW 2009, 1876.
Ausführliche Darstellung mwN und Kritik siehe → Rn. 466 ff.

[42] BGH FamRZ 2012, 1040 = NJW 2012, 1868, Tz. 46, 47; FamRZ 2009, 770 = NJW 2009, 1876, Tz. 40 ff.; FamRZ 2009, 1124 = NJW 2009, 1956, Tz. 55; aM *Weil* FamRB 2009, 51.

[43] BGH FamRZ 2012, 1040 = NJW 2012, 1868, Tz. 47; FamRZ 2009, 1124 = NJW 2009, 1956, Tz. 57.

Betreut der in Anspruch Genommene selbst ein gemeinsames Kind, ist der Kindesunterhalt vorweg abzuziehen; seinen eigenen Unterhaltsanspruch kann der Berechtigte
nicht durchsetzen, solange und soweit er den Kindesunterhalt nicht zahlt.[44]

Die §§ 1570–1576 BGB gelten bei jedem Güterstand.[45]

Obwohl der Verzicht auf Trennungsunterhalt gemäß § 1614 BGB unwirksam ist (siehe
→ Rn. 153), kann bei **gleichzeitigem Verzicht auf Trennungs- und nachehelichen
Unterhalt** der Verzicht auf den nachehelichen Unterhalt dennoch gültig sein;[46] es ist ggf.
im Einzelfall zu prüfen, ob der gesamte Vertrag nichtig ist oder nur eine **Teilunwirksamkeit** eintritt (§ 139 BGB).[47] Für nur teilweise Unwirksamkeit spräche, wenn Anhaltspunkte vorliegen, dass die Eheleute den Vertrag im Übrigen auch in Kenntnis der Unwirksamkeit des Verzichts auf Trennungsunterhalt geschlossen hätten; dagegen spräche,
wenn der unwirksame Ausschluss von Trennungsunterhalt durch Leistungen ausgeglichen werden sollte, die dem berechtigten Ehegatten im Rahmen der Auseinandersetzung
über die Scheidungsfolgen zugesagt worden sind.[48]

160   **Abgrenzung vertragliche Regelung des nachehelichen Unterhalts vom Verzicht.**
Vertragliche Regelungen und der Unterhaltsverzicht sind gemäß § 1585c BGB zulässig,
wobei die Vereinbarung und Unterhaltsverzicht vor der Rechtskraft der Scheidung **ab
1.1.2008** nach § 1585c BGB der **notariellen Beurkundung oder der Form eines gerichtlich protokollierten Vergleichs** bedürfen.[49] Eine Anpassung des vertraglich geregelten
Unterhalts ist gem. §§ 242, 157 BGB bei veränderten Verhältnissen möglich.[50] Allerdings
ist zu prüfen, ob nicht auf bestimmte Unterhaltsteile (zB Vorsorgeunterhalt) verzichtet
worden ist. Auch eine einverständliche Abänderung des durch notarielle Urkunde titulierten Unterhalts nach langjähriger Entgegennahme niedrigeren Unterhalts (stillschweigend durch Übung) ist bejaht worden.[51] Umgekehrt kann die vertragliche Regelung auch
bedeuten, dass der Unterhalt entgegen § 1586 BGB noch über die Wiederverheiratung
hinaus zu zahlen ist.[52] Wenn die Beteiligten **eine lebenslange Unterhaltsverpflichtung**
vereinbart haben, ermöglicht eine Änderung der Rechtslage auch die Abänderung des
Ehevertrages. Maßgebend sind die **Grundsätze über die Störung der Geschäftsgrundlage.** Diese erfordern eine Anpassung des ursprünglichen Vertrages an die geänderten
Bedingungen mit der Folge, dass es zB bei der Nichtberücksichtigung eigener Erwerbseinkünfte der Unterhaltsberechtigten zu verbleiben hat.[53] Haben die Eheleute allerdings
vereinbart, dass im Übrigen auf das Recht zur Abänderung verzichtet wird, kann sich der
Unterhaltspflichtige nicht auf eine Störung der Geschäftsgrundlage wegen der gesetzlichen Neuregelungen zur Begrenzung und Befristung des nachehelichen Unterhalts berufen.[54]

Ein Unterhaltsverzicht muss **eindeutig vereinbart** werden, die bloße Nichtgeltendmachung eines Anspruchs genügt nicht zur Annahme eines Verzichtswillens.[55] Es genügt
keine einseitige Erklärung, sondern es muss ein Erlassvertrag geschlossen werden.[56]

---

[44] OLG Zweibrücken NJW-RR 2006, 1659; OLG Koblenz NJW 2005, 686.
[45] OLG München FamRZ 1988, 1276.
[46] So OLG Koblenz NJW 2007, 2052; OLG Frankfurt OLGR 2007, 748.
[47] BGH FamRZ 2014, 629 = NJW 2014, 1101, Tz. 50.
[48] BGH FamRZ 2014, 629 = NJW 2014, 1101, Tz. 50.
[49] So schon 12. DFGT FamRZ 1998, 474.
[50] BGH FamRZ 1995, 726 = NJW-RR 1995, 833; FamRZ 1986, 458 (460).
[51] OLG Hamm FamRZ 1999, 1665.
[52] OLG Koblenz FamRZ 2002, 1040 („Leibrente bis Tod").
[53] BGH FamRZ 2015, 824 = NJW 2015, 1380 = NZFam 2015, 456, Tz. 22, 29.
[54] BGH FamRZ 2015, 734 = NJW 2015, 594, Tz. 15, 25; siehe auch OLG Saarbrücken NZFam
2015, 1015.
[55] OLG Stuttgart OLGR 1999, 411.
[56] OLG Stuttgart FamRZ 1999, 1136.

Fälle des Verzichts:

- Begrenzung des Unterhalts auf zwei Jahre.[57]
- Bei einer Einigung, dass der Verpflichtete ab einem bestimmten Zeitpunkt keinen Unterhalt mehr zu zahlen habe, kommt es darauf an, ob die Parteien ab diesem Zeitpunkt von einem Wegfall der Unterhaltspflicht oder nur von einem vorübergehenden Wegfall der Bedürftigkeit (zB Aufnahme eines befristeten Arbeitsverhältnisses) ausgegangen[58] sind.

Nicht als Verzicht anzusehen:

- „Ruhenlassen" des Unterhalts während des Zusammenlebens mit einem Partner.[59]
- Vereinbarung, zu – teilweiser[60] – eigener Erwerbstätigkeit verpflichtet zu sein, ist kein Verzicht.[61]

Es empfiehlt sich bei fester Vereinbarung der Unterhaltshöhe (in einer Vereinbarung oder einem gerichtlichen Vergleich) für eine bestimmte Zeit eindeutig klarzustellen, ob für die Zeit danach auf Unterhalt verzichtet werden soll, der Unterhaltsanspruch bei neuer Titulierungsmöglichkeit für die Zeit danach enden soll oder ob der vereinbarte Unterhalt mit Abänderungsmöglichkeit für beide Seiten weitergelten soll.[62]

Zu beachten: Die Wirksamkeit einer in einem Ehevertrag getroffenen Regelung zum nachehelichen Unterhalt ist im jeweiligen Rechtsstreit inzidenter zu prüfen. Ein isolierter Antrag, die Unwirksamkeit eines Ehevertrags festzustellen, wird mangels Rechtsschutzinteresse als unzulässig angesehen.[63]

Auswirkungen des Verzichts auf den Versorgungsausgleich. Durch einen Unterhaltsverzicht entfällt – anders als durch eine Abfindung des nach Zeit und Höhe genau konkretisierten Unterhaltsanspruchs[64] – die Möglichkeit, die **Aussetzung der Kürzung** einer bereits laufenden Altersversorgung (im Sinne des § 32 VersAusglG) infolge eines Versorgungsausgleichs gemäß § 33 VersAusglG (sog. **Unterhaltsprivileg**) beim Familiengericht (§ 34 VersAusglG) zu verlangen.[65] Die Aussetzung der Kürzung nach dem früheren § 5 VAHRG kam auch in Betracht, wenn nur ein geringer (aber gesetzlicher [66]) Unterhaltsanspruch bestand oder bisher kein nachehelicher Unterhalt geleistet worden ist.[67] Nicht zuletzt wegen dieser nicht mehr erwünschten Möglichkeit wurde die hochkomplizierte, kaum praktikable Neuregelung in § 33 VersAusglG getroffen. Es ist bisher nicht einmal geklärt, ob das Verfahren nach § 33 VersAusglG, in dem jetzt der Unterhaltsanspruch konkret ermittelt werden muss,[68] oder ein parallel laufendes Unterhalts-

160a

---

[57] OLG München OLGR 2001, 231.

[58] BGH FamRZ 2001, 1140 (1142).

[59] OLG Köln FamRZ 2001, 1618 (Ls.).

[60] BGH FamRZ 2007, 974 mAnm *Bergschneider* = NJW 2007, 2848.

[61] OLG Schleswig FamRZ 1993, 78.

[62] Bsp. zu unterschiedlichen Formulierungen eines Vergleichs: BGH FamRZ 2012, 1483 = NJW 2012, 3434, Tz. 17 ff.

[63] OLG Frankfurt NJW-RR 2007, 289; anders teilweise OLG Düsseldorf FamRZ 2005, 282 = NJW-RR 2005, 1.

[64] Siehe dazu BGH FamRZ 2013, 1364 = NJW-RR 2013, 1091; OLG Celle FamRZ 2012, 1812; Johannsen/Henrich/*Holzwarth*, Familienrecht, 6. Aufl. 2015, Rn. 11; Göppinger/Börger/*Schwamb*, Vereinbarungen anlässlich der Ehescheidung, 10. Aufl. 2013, 3. Teil, Rn. 40, jeweils unter Hinweis darauf, dass die Laufzeit des der Abfindung zugrunde liegenden Unterhalts wegen § 33 Abs. 3 VersAusglG erkennbar sein muss. Siehe auch → Rn. 162. AA *Gutdeutsch* FamRB 2010, 149 (150).

[65] Überblick dazu: *Schwamb* NJW 2011, 1648 ff. mwN.

[66] OVG Münster FamRZ 2001, 1151.

[67] VGH Baden-Württemberg FamRZ 2001, 1149.

[68] Vgl. dazu OLG Hamm FamRZ 2011, 815 = NJW 2011, 1681 ff. (1683); OLG Frankfurt a. M. FamRZ 2011, 1595.

verfahren vorrangig ist.[69] Inzwischen hat der BGH[70] bestätigt, dass im Rahmen der Prüfung der Voraussetzungen des § 33 Abs. 3 VersAusglG von einem bereits vorliegenden Unterhaltstitel auf der Grundlage der ungekürzten Versorgung auszugehen ist. Bei Anhaltspunkten dafür, dass der Titel nicht mehr dem gesetzlichen Unterhaltsanspruch entspricht, muss das Gericht diesen jedoch neu ermitteln. Für die Aussetzung der Rentenkürzung durch den Versorgungsausgleich eines unterhaltspflichtigen Versorgungsempfängers nach § 33 Abs. 1 VersAusglG hat der BGH[71] außerdem entschieden, dass eine Auswirkung auf die Höhe des geschuldeten Unterhalts nicht vorausgesetzt wird. Die Anpassung der Rentenkürzung ist aber sowohl durch die Höhe des fiktiven gesetzlichen Unterhalts als auch durch die Höhe eines etwa vereinbarten Unterhalts begrenzt.[72] Die Aussetzung der Kürzung einer laufenden Altersversorgung, die eine der Regelversorgungen iSd § 32 VersAusglG sein muss,[73] kommt nur für Unterhaltsansprüche der im Versorgungsausgleich ausgleichsberechtigten Person in Betracht, nicht jedoch für Kindesunterhaltszahlungen.[74]

161 **Grenzen der Vertragsfreiheit nach § 1585c BGB** sind dort zu ziehen, wo die freie Selbstbestimmung eines Vertragspartners nicht mehr gegeben ist.[75] Im Einzelfall kann die **Wirksamkeitskontrolle** zum Ergebnis der **Nichtigkeit** des Unterhaltsverzichts führen oder es kann **nur eine Anpassung nach § 242 BGB (Ausübungskontrolle)** geboten sein.[76]

Ob aufgrund der Wirksamkeitskontrolle eine Nichtigkeit nach § 138 BGB anzunehmen ist oder im Wege der Ausübungskontrolle nur eine Anpassung nach § 242 BGB nötig ist, richtet sich nach der Schwere der Benachteiligung.

Im Fall eines Ehevertrags mit Ausschluss von Unterhalt und Versorgungsausgleich kann die Gesamtwürdigung nur dann eine Sittenwidrigkeit ergeben, wenn eine unterlegene Verhandlungsposition des benachteiligten Ehegatten konkret festgestellt worden ist. Das folgt regelmäßig noch nicht allein aus der Unausgewogenheit des Vertragsinhalts; in Betracht kommt aber die Anpassung an geänderte Verhältnisse im Rahmen der Ausübungskontrolle.[77]

Nach diesen Maßstäben führt die Vertragsgestaltung dann zur Nichtigkeit oder Notwendigkeit einer Anpassung, wenn der Kernbereich des gesetzlichen Scheidungsfolgensystems durch den Vertrag ohne Kompensation oder besondere Umstände aufgehoben wird, also der Kinderbetreuungsunterhalt (der an erster Stelle steht),[78] der Krankheits-

---

[69] Vgl. hierzu jetzt OLG Nürnberg FamRZ 2012, 1500 (1501), das bei der Ablehnung einer Befristung des Unterhalts gem. § 1578b BGB im Rahmen der Billigkeitsprüfung die Auswirkungen auf die Voraussetzungen des § 33 VersAusglG berücksichtigt.

[70] BGH NJW 2012, 1661 = FamRZ 2012, 853, Tz. 25; OLG Hamm FamRZ 2011, 815 = NJW 2011, 1681 mAnm *Schwamb* NJW 2011, 1648 ff. (1650).

[71] BGH FamRZ 2013, 189, Tz. 18; vgl. auch *Schwamb* NJW 2011, 1648 ff. (1649).

[72] BGH FamRZ 2013, 189, Tz. 19.

[73] BVerfG FamRZ 2014, 1259 = NJW 2014, 2093 (auf Vorlage des OLG Schleswig FamRZ 2012, 1388).
Ein Sondervotum sieht damit die gesamten auf BVerfG NJW 1980, 692 beruhenden Anpassungsregeln ohne Not als zur Disposition gestellt an.

[74] BGH FamRZ 2014, 461 = NJW-RR 2014, 321, Tz. 18.

[75] BVerfG FamRZ 2001, 343 mAnm *Schwab* und FamRZ 2001, 985 = NJW 2001, 957 und NJW 2001, 2248 anders als die frühere BGH-Rechtsprechung (zB FamRZ 1997, 156).

[76] Grundlegend dazu BGH FamRZ 2004, 601 mAnm *Borth* = NJW 2004, 930.

[77] BGH FamRZ 2014, 629 = NJW 2014, 1101; FamRZ 2013, 195 = NJW 2013, 380 Tz. 17 ff.; dazu Anm. *Bergschneider* FamRZ 2013, 201.

[78] BGH FamRZ 2007, 1310 mAnm *Bergschneider* = NJW 2007, 2851 mAnm *Kesseler* (am Ende des Betreuungsunterhalts mit 6 Jahren zulässig mit Kompensation); FamRZ 2006, 1359 mAnm *Bergschneider* = NJW 2006, 3142; BGH FamRZ 2005, 1449 mAnm *Bergschneider* = NJW 2005, 2391; vgl. aber ab 1.1.2008 § 1570 BGB.

unterhalt oder der Altersunterhalt und der Altersvorsorgeunterhalt[79] (**Kernbereich**).[80] Für die anderen Unterhaltsansprüche gilt eine abgeschwächte Vertragsfreiheit und den – isolierten – Zugewinnausgleich die volle Vertragsfreiheit.

Eine Anpassung nach § 242 BGB kann erforderlich sein, wenn zB bei Vertragsschluss die Geburt eines Kindes nicht absehbar war und der Vertrag damals nicht unangemessen war. So kann der Ausschluss des Unterhalts der Wirksamkeits- und Ausübungskontrolle standhalten, wenn die Parteien im Vertragszeitpunkt in einem Alter waren, in dem mit Kindern nicht mehr zu rechnen ist.[81] In den Fällen der bloßen Anpassung nach § 242 BGB wird oft nicht der volle angemessene Unterhalt nach den ehelichen Lebensverhältnissen, sondern nur der notwendige bzw. der durch das Kindeswohl erforderte Unterhalt zuzusprechen sein.[82]

Beurteilungszeitpunkt für die Frage der Nichtigkeit ist der Zeitpunkt des Vertragsschlusses.[83]

Zwischen Wirksamkeitskontrolle (Inhaltskontrolle) und **Ausübungskontrolle** wird   **162** beim Verzicht wie folgt abgegrenzt:[84]

Gemäß § 138 BGB (Wirksamkeitskontrolle) kann ein Verzicht **nichtig** sein, wenn

- er seinem objektiven Gehalt nach zu Lasten des Sozialhilfeträgers geschlossen wurde, falls es sich um ehebedingte Risiken handelt.[85] Es kommt zusätzlich darauf an, dass dies absehbar war oder jedenfalls billigend in Kauf genommen wurde;[86]
- die elterliche Sorge oder Umgangsrecht zum „Handelsobjekt" gemacht wurden.[87]
- eine **Zwangslage** ausgenutzt wurde,[88] dies auf der eindeutigen Dominanz[89] eines Partners beruhte, insbesondere kann das beim Verzicht auf Kinderbetreuungsunterhalt[90] oder sonstigen elementaren Ansprüchen der Fall sein, dazu → Rn. 161. Eheschließungs- und Ehescheidungsfreiheit bieten keine Rechtfertigung für Verträge, die die Lage des Vertragspartners unangemessen ausnutzen.[91] Indiz für eine unangemessene Benachteiligung kann das Bestehen einer Schwangerschaft sein (ohne angemessene

---

[79] BGH FamRZ 2005, 1449 mAnm *Bergschneider* = NJW 2005, 2391.

[80] BGH FamRZ 2005, 26 = NJW 2005, 137 = FF 2005, 43 mAnm *Büttner;* FamRZ 2004, 601 mAnm *Borth* = NJW 2004, 930.

[81] BGH FamRZ 2005, 691 mAnm *Bergschneider* = NJW 2005, 1370; OLG Koblenz FamRZ 2006, 1447.

[82] BGH FamRZ 1995, 291 = NJW 1995, 1148; FamRZ 1992, 1403 (1405) = NJW 1992, 3164.

[83] BGH FamRZ 2004, 601 mAnm *Borth* = NJW 2004, 930; AK 22 des 15. DFGT FamRZ 2003, 1906; OLG Hamm FamRZ 1996, 116; OLG Düsseldorf FamRZ 1996, 734.

[84] Vgl. *Hahne* DNotZ 2004, 84.

[85] BGH FamRZ 2007, 197 mAnm *Bergschneider* = NJW 2007, 904 = DNotZ 2007, 128 mAnm *Grziwotz;* einschränkend für Lebensrisiken, die nicht ehebedingt sind; vgl. aber BGH FamRZ 2007, 450 = NJW 2007, 907; OLG Koblenz FamRZ 2001, 227 (nicht wenn Unterhaltsbedürftigkeit erst ein Jahr nach Vergleichsabschluss auftritt); OLG Naumburg FamRZ 2002, 456.

[86] BGH FamRZ 2007, 974 mAnm *Bergschneider* = NJW 2007, 2848; OLG Karlsruhe FamRZ 2001, 1217 (Ls.) = OLGR 2001, 174.

[87] BGH FamRZ 1984, 778 = NJW 1984, 1951; FamRZ 1986, 444 = NJW 1986, 1167; OLG Karlsruhe NJWE-FER 2001, 6 (Vereinbarung, durch die ein Ehepartner davon abgehalten werden soll, die Kinder zu sich zu nehmen).

[88] BGH FamRZ 2005, 1444 = NJW 2005, 2386; BGH NJW 2004, 930 = FamRZ 2004, 601 mAnm *Borth; Dauner-Lieb* FF 2004, 65.

[89] OLG Hamm NJW-RR 2003, 1629: Keine Nichtigkeit ohne Dominanz eines Ehepartners.

[90] BGH FamRZ 2006, 1359 = NJW 2006, 3142; NJW 2004, 930 = FamRZ 2004, 601 mAnm *Borth;* BVerfG NJW 2001, 957 mAnm *Röthel* (1334) = FamRZ 2001, 343 mAnm *Schwab* = FF 2001, 59 mAnm *Büttner;* BVerfG NJW 2001, 2248 = FamRZ 2001, 985 = FF 2001, 128 mAnm *Dauner-Lieb;* vgl. weiter *Bergschneider* FamRZ 2001, 1337 ff.; *Dauner-Lieb/Sanders* FF 2003, 117; *Wachter* ZNotP 2003, 408.

[91] Anders noch BGH FamRZ 1997, 873 = NJW-RR 1997, 897 und dem folgend OLG Hamm FamRZ 1998, 1299; nicht überzeugend gegen das BVerfG wendet sich *Rauscher* FuR 2001, 155 f.

Kompensation).[92] Das gilt sowohl bei Verträgen, in denen ein Vertragspartner im Innenverhältnis vom Kindesunterhalt freigestellt wird als auch bei Verträgen, durch die auf Betreuungsunterhalt verzichtet wird.

- Bei **Abfindungsvergleichen** ist in der Regel eine endgültige Regelung Vertragsinhalt geworden, so dass nur bei Täuschung über die alsbaldige Absicht der Wiederverheiratung ein Schadensersatzanspruch nach § 826 BGB in Betracht kommt. Der Abfindungsvergleich lässt grundsätzlich die Möglichkeit bestehen, das sog **Unterhaltsprivileg** nach § 33 VersAusglG (siehe dazu → Rn. 160a) in Anspruch zu nehmen, allerdings nur wenn die Zeitdauer und damit auch die Höhe des abgefundenen Unterhaltsanspruchs erkennbar bleibt.[93] Zum alten Recht (§ 5 VAHRG) hatte das BVerwG [94] dies ebenfalls bejaht, und zwar unter ausdrücklicher Abgrenzung zum durch die Kapitalabfindung des Unterhaltsanspruchs entfallenden Familienzuschlag eines Beamten nach § 40 BBesG.
- Sonst nach dem Gesamtcharakter der Vereinbarung (Inhalt, Beweggrund, Zweck, Zeitpunkt) die Vereinbarung gegen die guten Sitten verstößt, dh dem Anstandsgefühl aller billig und gerecht Denkenden zuwiderläuft.[95] Die Nichtigkeit erfasst dann den gesamten Vertrag. Das ist jedoch nicht der Fall, wenn der Ehevertrag ohne Berücksichtigung künftiger Einkommenssteigerungen geschlossen wurde[96] und auch nicht bei einem Ehevertrag, wonach der Unterhalt ausgeschlossen sein sollte, wenn das jüngste Kind das 6. Lebensjahr vollendet hatte.[97]
- Das kann insbesondere bei **ausländischen Ehepartnern** der Fall sein, wenn sie wegen der Ehe ihr Heimatland verlassen haben.[98]

Bei **Globalverzichten** (Unterhalt, Zugewinn, Versorgungsausgleich, sonstige vermögensrechtliche Ansprüche) liegt Unwirksamkeit nahe, ist aber nicht zwangsläufig zu bejahen. Es kommt nicht nur auf den objektiven Geschäftsinhalt an, sondern die Motive und Absichten der Parteien sind zusätzlich zu berücksichtigen.[99]

Ergibt bereits die **Gesamtwürdigung eines Ehevertrags**, dessen Inhalt **für eine Partei ausnahmslos nachteilig** ist und dessen Einzelregelungen durch keine berechtigten Belange der anderen Partei gerechtfertigt werden, dessen Sittenwidrigkeit, so erfasst die Nichtigkeitsfolge notwendig den gesamten Vertrag; für eine Teilnichtigkeit bleibt in einem solchen Fall kein Raum.[100]

Bei Nichtigkeit nur einzelner Klauseln des Ehevertrags schon im Zeitpunkt seines Zustandekommens nach § 138 Abs. 1 BGB, ist zwar in der Regel nach § 139 BGB auch

[92] BGH FamRZ 2006, 1359 mAnm *Bergschneider* 1437 = NJW 2006, 3142 = LMK 2006, 196 755 mAnm *Grziwotz;* BGH FamRZ 2005, 1444 = NJW 2005, 2386; OLG München FamRZ 2006, 1449.

[93] Siehe dazu BGH FamRZ 2013, 1364 = NJW-RR 2013, 1091; OLG Celle FamRZ 2012, 1812; Johannsen/Henrich/*Holzwarth*, Familienrecht, 6. Aufl. 2015, Rn. 11; Göppinger/Börger/*Schwamb*, Vereinbarungen anlässlich der Ehescheidung, 10. Aufl. 2013, 3. Teil, Rn. 40; *Götsche* ZFE 2010, 407 (410); grundsätzlich ablehnend aber *Gutdeutsch* FamRB 2010, 149, 150.

[94] BVerwG NJW 2003, 1886.

[95] BGH FamRZ 2006, 1097 mAnm *Bergschneider* = NJW 2006, 2331; BGH NJW 1997, 192.

[96] BGH FamRZ 2007, 974 mAnm *Bergschneider* = NJW 2007, 2848.

[97] BGH FamRZ 2007, 1310 mAnm *Bergschneider* = NJW 2007, 2851; vgl. aber ab 1.1.2008 § 1570 BGB.

[98] BGH FamRZ 2007, 450 m. krit. Anm. *Bergschneider* und FamRZ 2007, 1157 (Anhörungsrüge) = NJW 2007, 907 (Vorinstanz OLG Koblenz OLGR 2005, 355 = DNotZ 2007, 302 m. krit. Anm. *Grziwotz*).

[99] BGH FamRZ 2006, 1097 mAnm *Bergschneider* = NJW 2006, 2331; NJW 1997, 126 und 192; OLG Bremen OLGR 2007, 52 (Plan Kinder zu haben); OLG Frankfurt FF 2001, 172; OLG Oldenburg FamRZ 2004, 545; nach AK 22 des 15. DFGT FamRZ 2003, 1906 wird bei Globalverzichten Vorliegen der subjektiven Voraussetzungen für Inhaltskontrolle widerlegbar vermutet.

[100] BGH FamRZ 2013, 269; BGH FamRZ 2006, 1097 mAnm *Bergschneider* = NJW 2006, 2331.

der gesamte Ehevertrag nichtig; aus anderweitigen Parteivereinbarungen, zB salvatorischen Klauseln, kann sich dann aber ergeben, dass er auch ohne die nichtigen Klauseln geschlossen sein würde.[101]

Bis 30.6.1977 geschiedene Ehegatten. Der Unterhaltsanspruch bestimmt sich in diesen   **163** Fällen gem. Art. 12 Ziff. 3 II 1. EheRG auch künftig nach dem bis zum 30.6.1977 geltenden Recht; Unterhaltsvereinbarungen bleiben unberührt.

Zu den – vom Schuldausspruch abhängenden – tatbestandlichen Voraussetzungen wird wegen der abnehmenden praktischen Bedeutung auf die Darstellung → Rn. 134–138 der 4. Auflage verwiesen.[102] Der Anspruch ist auch nach der Differenzmethode zu ermitteln unter Berücksichtigung von Haushaltsführung und Kindererziehung.[103] **Einsatzzeitpunkte** der Unterhaltsberechtigung kennen die §§ 58 ff. EheG nicht. Ein zeitlicher Zusammenhang der Bedürftigkeit mit der Ehescheidung ist also nicht erforderlich, der Berechtigte kann zwischenzeitlich wirtschaftlich selbstständig gewesen sein.[104] **Altersvorsorgeunterhalt** wird nach §§ 58 ff. EheG nicht geschuldet.[105] Die **Härteklausel** § 1579 BGB ist auf Ansprüche nach §§ 58 ff. EheG unanwendbar.[106] Die Verwirkung richtet sich nach § 66 EheG.

Titulierung freiwillig gezahlten Unterhalts. Bei freiwilliger Zahlung des gesamten   **164** Unterhalts besteht zwar wegen § 258 ZPO dennoch ein Titulierungsinteresse,[107] der Verpflichtete gibt aber keinen Anlass zur gerichtlichen Geltendmachung iSv § 243 Nr. 4 FamFG (früher § 93 ZPO), so dass der Berechtigte den Verpflichteten jedenfalls zunächst zur außergerichtlichen Titulierung auffordern muss.[108] Ein darüber hinausgehendes Angebot des Berechtigten, auch die Kosten der außergerichtlichen Titulierung zu übernehmen, verlangt der BGH (aaO) allerdings nicht, obwohl es – anders als nach §§ 59, 60 SGB VIII bzw. §§ 55a KostO iVm §§ 141, 143 KostO beim Unterhalt für Kinder bis 21 Jahren – hier keine Möglichkeit kostenloser Titulierung gibt. Das OLG Karlsruhe[109] nimmt deswegen mit guten Gründen bei einem bisher immer pünktlich zahlenden Schuldner, der keinerlei Anlass gibt, seine künftige Zahlungswilligkeit zu bezweifeln, keine Verpflichtung zur Titulierung auf seine Kosten an.

Bei lediglich freiwillig gezahltem **Unterhaltssockelbetrag** gibt der Unterhaltsschuldner dagegen immer Veranlassung für einen Antrag auf den gesamten Unterhalt, und zwar sogar ungeachtet einer vorherigen Aufforderung zur außergerichtlichen Titulierung, weil – abgesehen von der damit einhergehenden zeitlichen Verzögerung – ein danach regelmäßig folgendes zweigleisiges Verfahren mit unterschiedlichen Folgen für spätere Abänderungen der zwei Titel dem Unterhaltsgläubiger nicht zuzumuten ist.[110] Wird bei freiwilliger Teilleistung des Pflichtigen aber nur der Spitzenbetrag tituliert, kann Gegen-

---

[101] BGH FamRZ 2013, 269; BGH FamRZ 2005, 1444; OLG Frankfurt FamRZ 2006, 339 = NJW-RR 2005, 1597 Tz. 15.

[102] Dazu ferner OLG Hamburg FamRZ 2002, 101 (auch bei § 58 EheG Hälfte der Differenz der jeweiligen Renten zu zahlen).

[103] BGH NJW 2006, 1201 = FamRZ 2006, 317.

[104] OLG Hamm NJW-RR 1995, 578 (auch keine Verwirkung wegen Nichtgeltendmachung); **anders** OLG Düsseldorf FamRZ 1999, 1279, das auf den Lebenszuschnitt zurzeit der Scheidung abstellen will – nicht überzeugend.

[105] OLG Bamberg NJW-RR 1990, 74.

[106] BGH NJW-RR 1986, 1386; FamRZ 1991, 1041; OLG Zweibrücken FamRZ 1999, 1140; OLG Karlsruhe FamRZ 1999, 1141.

[107] BGH FamRZ 2010, 195 = NJW 2010, 238; FamRZ 1998, 1165 = NJW 1998, 3116.

[108] BGH FamRZ 2010, 195 = NJW 2010, 238, Tz. 16; vgl. auch OLG Düsseldorf FamRZ 1994, 1484 (kein Kostenangebot nötig); OLG Stuttgart FamRZ 1990, 1368 (zum Inhalt einer Titulierungsaufforderung).

[109] OLG Karlsruhe FamRZ 2003, 1763 = NJW 2003, 2922.

[110] BGH FamRZ 2010, 195 = NJW 2010, 238; **anders** bis zur 10. Auflage, ferner OLG Oldenburg FamRZ 2003, 1575; OLG Köln FamRZ 1997, 822 mwN; vgl. auch A. *Grün* FF 2003, 235.

stand eines späteren Abänderungsverfahrens auch nur der titulierte streitige Spitzenbetrag sein; der freiwillig gezahlte Teil ist von der Rechtskraft der Erstentscheidung nämlich nicht erfasst und dementsprechend auch nicht abzuändern.[111]

165   **dd) Unterhalt nach Eheaufhebung. Der in Bezug auf die in § 1318 II Nr. 1 BGB genannten Eheaufhebungsgründe gutgläubige Ehegatte** kann wie nach einer Scheidung Unterhalt verlangen.[112] Nach § 1318 Abs. 2 Nr. 2 BGB gilt das – außer bei Doppelehe – auch bei beiderseitiger Kenntnis und ferner bei Betreuung eines gemeinschaftlichen Kindes, wenn die Versagung im Hinblick auf die Belange des Kindes grob unbillig wäre.

166   **Nach Aufhebung einer Scheinehe** besteht kein Anspruch, da § 1314 Abs. 2 Nr. 5 BGB in § 1318 Abs. 2 BGB nicht erwähnt ist.[113]

167   **ee) Wiederverheiratung (§ 1586 BGB).** Mit der Wiederverheiratung erlischt der Unterhaltsanspruch für die Zukunft (§ 1586 Abs. 1 BGB). Das gilt auch entsprechend für den Anspruch auf Betreuungsunterhalt aus § 1615l BGB.[114] Für die Vergangenheit und den Heiratsmonat bleibt der Anspruch bestehen (§ 1586 Abs. 2 BGB). § 1586 BGB ist abdingbar, so dass vertraglich auch für den Fall der Wiederverheiratung Unterhalt vereinbart werden kann.[115] Dazu bedarf es aber einer eindeutigen Regelung, da der Unterhaltsanspruch damit auf eine selbstständige vom gesetzlichen Unterhaltsanspruch losgelöste Grundlage gestellt wird.

168   **ff) Anspruch nach Scheidung der 2. Ehe (§ 1586a BGB). Nach Scheidung oder sonstiger Auflösung der Zweitehe** kann gegen den Ehegatten der Erstehe (erneut) ein Unterhaltsanspruch entstehen, wenn der Geschiedene ein Kind aus der ersten Ehe betreut (§ 1570 BGB).[116] Es muss also nach Auflösung der zweiten Ehe ein Unterhaltsanspruch gegen den ersten Ehegatten nach § 1570 BGB bestehen; der frühere § 1586a Abs. 1 S. 2 BGB, der noch Anschlussunterhaltstatbestände nach §§ 1571–1573 BGB vorsah,[117] ist zum 1.1.2008 aufgehoben worden. Der wieder auflebende Anspruch gemäß § 1586a Abs. 1 BGB ist mit dem früheren Anspruch nicht identisch,[118] es muss also neu tituliert werden.[119] Ein Vorausantrag gegen den nach § 1586a Abs. 2 BGB vorrangig haftenden zweiten Ehemann ist nicht erforderlich, denn der Vorrang kann inzidenter geklärt werden.[120] Der Anspruch kann auch teilweise gegen den ersten, teilweise gegen den zweiten Ehemann bestehen (zB wenn nach zweiter Ehe nur teilweise Erwerbsunfähigkeit, wegen Kindesbetreuung des erstehelichen Kindes aber volle Erwerbsunfähigkeit).

169   **gg) Tod des Berechtigten. Der Tod des Berechtigten** führt gem. § 1586 Abs. 1 BGB zum Erlöschen des Unterhaltsanspruchs, das gilt nach § 1586 Abs. 2 BGB aber nicht für den beim Tod fälligen Monatsbetrag und für Ansprüche auf Erfüllung oder Schadens-

---

[111] OLG Saarbrücken FamRZ 2014, 484 (485) = NJW 2014, 559 (insoweit nur LS).

[112] Dazu *Bergerfurth* FF 1999, 136 ff.; auch nach rechtskräftiger Scheidung kann noch Aufhebung beantragt werden: BGH FamRZ 1996, 1209 = NJW 1996, 2727.

[113] Krit. *Wolf* FamRZ 1998, 1487; *Eisfeld* AcP 2001, 662 ff. hält § 1318 Abs. 2 Nr. 5 BGB für verfassungswidrig.

[114] BGH Urt. v. 16.3.2016, XII ZR 148/14 = BeckRS 2016, 06772, Tz. 16, 17; BGH FamRZ 2005, 347 mAnm *Schilling/Graba* = NJW 2005, 503.

[115] OLG Koblenz FamRZ 2002, 1040; OLG Bamberg FamRZ 1999, 1278 = NJW-RR 1999, 1095.

[116] BGH FamRZ 2008, 1739 = NJW 2008, 3125, Tz. 47: vergleichende Betrachtung zu § 1579 Nr. 2 BGB.

[117] Vgl. OLG Hamm FamRZ 2004, 1726.

[118] BGH FamRZ 1988, 46 = NJW 1988, 557; OLG Karlsruhe FamRZ 1989, 184 (keine vorbeugende negative Feststellungsklage).

[119] Dass der Parteiwille bei einer Unterhaltsvereinbarung auch den Anspruch nach § 1586a BGB umfasst, dürfte eine praktisch nicht vorkommende Ausnahme sein.

[120] OLG Hamm FamRZ 1986, 364.

ersatz für die Vergangenheit. Zweifelhaft ist die Rechtslage bei noch nicht vollständig erfüllten Ansprüchen auf Grund einer Abfindung.[121]

hh) Anspruch gegen den Erben (§ 1586b BGB). Der Tod des Verpflichteten führt **170** gemäß § 1586b BGB (anders als im Verwandtenunterhalt gem. § 1615 BGB) nicht zum Erlöschen des Unterhaltsanspruchs, sondern die **Unterhaltspflicht geht auf den Erben als Nachlassverbindlichkeit über.** Das gilt auch für vertragliche Unterhaltsansprüche, die einen gesetzlichen Anspruch ausgestalten und für – seltene – rein vertragliche Unterhaltsansprüche, die nach dem Parteiwillen auch gegenüber den Erben gelten sollen.[122]

Auf eine Verwirkung nach § 1579 BGB kann sich der Erbe erstmals berufen, falls der Verpflichtete nicht ausdrücklich oder stillschweigend auf den Verwirkungseinwand verzichtet hat.[123]

Der Erbe kann die Haftung nach §§ 1975 ff. BGB beschränken, und er haftet gemäß § 1586b Abs. 1 S. 3 BGB nur mit dem **fiktiven Pflichtteil** – der Güterstand ist dafür ohne Bedeutung. Im Übrigen schuldet er aber den vollen Unterhalt,[124] die Beschränkungen nach § 1581 BGB fallen weg, da der angemessene Unterhalt des Verstorbenen nicht mehr gefährdet sein kann.

Fiktive Pflichtteilergänzungsansprüche sind in die Berechnung der Haftungsgrenze einzubeziehen, damit kein Anreiz besteht, den Nachlass durch Schenkungen unter Lebenden zu vermindern.[125] Auch ein Pflichtteilsverzicht des unterhaltsberechtigten Ehegatten lässt die Haftung des Erben nicht entfallen.[126]

Der Anspruch gegen den Erben muss nicht neu tituliert werden, eine Umschreibung des alten Titel ist möglich, da es dem Willen des Gesetzgebers entspricht, dem Unterhaltsberechtigten eine dauerhafte Sicherung über den Tod des Pflichtigen hinaus zu geben.[127] Über den Einwand der auf den Nachlass beschränkten Erbenhaftung ist vom Familiengericht zu entscheiden, wenn dieser spruchreif ist, sonst muss es den Vorbehalt der beschränkten Erbenhaftung in den Tenor aufnehmen.[128]

ii) Ansprüche gegen Dritte bei anfechtbaren Rechtshandlungen. Hat der Verpflich- **171** tete sein Vermögen durch anfechtbare Rechtshandlung auf einen Dritten (meist seinen Lebensgefährten) übertragen und wird dadurch die Durchsetzung von Unterhaltsansprüchen vereitelt, besteht gem. § 11 AnfG ein Duldungsanspruch gegen den Dritten, um dem Berechtigten seine Befriedigungsmöglichkeiten wieder zu eröffnen.[129]

---

[121] OLG Hamburg FamRZ 2002, 234 geht gegen hM vom Erlöschen aus (zugelassene Revision nicht eingelegt).

[122] OLG Koblenz FamRZ 2003, 261 = NJW 2003, 439 (Revision trotz Zulassung nicht eingelegt); dazu *Bergschneider* FamRZ 2003, 1049; *Schindler* FamRZ 2004, 1527 und *Haußleiter* NJW-Spezial 2005, 535.

[123] BGH FamRZ 2004, 614 mAnm *Büttner* = NJW 2004, 1326; BGH FamRZ 2003, 521 = FPR 2003, 201 (keine Geltendmachung der Verwirkung durch Erblasser, um in den Genuss der Auswirkungen des § 5 VAHRG zu kommen).

[124] OLG Celle FamRZ 1987, 1038; vgl. weiter *Schindler* FamRZ 2004, 1527 und AK 22 des 16. DFGT, S. 166 (Umgestaltung in pflichtteilsähnlichen Geldanspruch).

[125] BGH NJW 2007, 3207 = FamRZ 2007, 1800; NJW 2003, 1769; Bestätigung von NJW 2001, 828 = FamRZ 2001, 282.

[126] Für Verlust: *Frenz* MittRhNotK 1995, 227 ff.; *Dieckmann* FamRZ 1999, 1029 ff. und 1992, 633; gegen Verlust: *Grziwotz* FamRZ 1991, 1258; *Pentz* FamRZ 1998, 1344 und 1999, 489; *Schmitz* FamRZ 1999, 1569.

[127] So BGH FamRZ 2004, 1546 mAnm *Bergschneider* = NJW 2004, 2896 wie OLG Koblenz FamRZ 2004, 557 mAnm *Diener;* OLG Zweibrücken OLGR 2007, 406.

[128] OLG Schleswig OLGR 1998, 282; er kann aber als Einrede in der Berufungsinstanz nachgeholt werden: OLG Zweibrücken OLGR 2007, 406.

[129] OLG Schleswig OLGR 2004, 226 zum Kollisionsrecht.

Ein Anspruch aus § 826 BGB gegen den Dritten zur Vollstreckung in dessen eigenes Vermögen kann bestehen, wenn zu dem die Anfechtung begründenden Umstand weitere Umstände hinzutreten, die zum Sittenwidrigkeitsurteil führen, zB bei aktivem Zusammenwirken mit dem Verpflichteten zum Schaden des Berechtigten.[130]

172   **jj) Getrenntlebens- und Geschiedenenunterhalt in den neuen Bundesländern (Art. 234 §§ 1 u. 5 EGBGB). Für den Ehegattenunterhalt gilt ab 3.10.1990 das BGB.** Das gilt auch für vor dem Beitritt geschlossene Ehen. **Das FGB der DDR** – und zwar in der zum 1.10.1990 geänderten Fassung[131] – gilt, wenn die Scheidung im Beitrittsgebiet vor dem 3.10.1990 verkündet[132] worden ist.[133] Der BGH hat jedoch Art. 18 Abs. 5 EGBGB in der bis 17.6.2011 geltenden Fassung für entsprechend anwendbar erklärt, so dass sich bei Übersiedlung des Verpflichteten nach dem 1.9.1986 und vor dem 3.10.1990 in das Gebiet der alten Bundesrepublik der Unterhaltsanspruch nach §§ 1569 ff. BGB richtet.[134]

b) Kinder

173   **aa) Minderjährige unverheiratete Kinder. Minderjährige unverheiratete Kinder** erhalten gemäß §§ 1601 ff. BGB[135] nach Bestimmung der Eltern (§ 1612 Abs. 2 BGB) Unterhalt in der Regel teils in Geld, teils in Natur.

Ein aus **heterologer Insemination** hervorgegangenes Kind ist wie ein eheliches Kind zu behandeln, denn in der Zustimmung des Mannes lag eine vertraglich begründete Pflicht, für das Kind wie ein ehelicher Vater zu sorgen.[136] Seit dem 12.4.2002 kann der Mann bei konsentierter Insemination die Vaterschaft nicht mehr anfechten;[137] wenn dagegen das Kind die Ehelichkeit anficht, kann dadurch die Geschäftsgrundlage der Unterhaltszusage entfallen. Der BGH hat diese für ehelich geborene Kinder begründete Rechtsprechung nun auf die von **nicht verheirateten Wunscheltern** vereinbarte Zeugung eines Kindes durch heterologe Insemination übertragen.[138] Die Vereinbarung über die heterologe Insemination enthält regelmäßig zugleich einen von familienrechtlichen Besonderheiten geprägten Vertrag (§ 328 I BGB),[139] aus dem sich für den Mann die Unterhaltspflicht gegenüber dem Kind ergibt. Die gegenüber der Frau zu erklärende Einwilligung des Mannes setzt voraus, dass er mit entsprechendem Rechtsbindungswillen die Stellung als Vater übernehmen will und bedarf keiner besonderen Form.[140]

Bei **korrekter Adoption** haftet der Annehmende vor den leiblichen Eltern (§ 1770 Abs. 3 BGB). Das Kind muss die Leistungsunfähigkeit des Annehmenden im Prozess gegen die nachrangig Unterhaltsverpflichteten darlegen und beweisen.[141]

---

[130] BGH (VI.) FamRZ 2001, 86 mAnm *Gerhardt* = NJW 2000, 3138 = FF 2000, 212 mAnm *Büttner* – nicht nur, wenn § 826 BGB in „besonderer Weise" verwirklicht ist.

[131] 1. FamRÄndG vom 20.7.1990 – GBl. DDR I 1038; BGH FamRZ 1993, 43 = NJW-RR 1992, 1474; vgl. weiter *Eberhardt* FamRZ 1990, 917.

[132] Vgl. BGH FamRZ 1979, 906 (907) zum 1. EheRG.

[133] BVerfG FamRZ 2003, 1261 = FPR 2003, 593 (dann auch bei Scheidung vor dem 1.7.1977 ohne Witwen- oder Witwerrente nach § 243 SGB VI).

[134] BGH FamRZ 1994, 160 = NJW 1994, 382 und FamRZ 1994, 1582; BVerfG FamRZ 1994, 1453.

[135] BGH FamRZ 1997, 281 = NJW 1997, 735: der Anspruch folgt auch bei Zusammenleben der Eltern nicht aus §§ 1360, 1360a BGB, sondern aus §§ 1601 ff. BGB.

[136] BGH FamRZ 1995, 861 = NJW 1995, 2028; FamRZ 1995, 865 = NJW 1995, 2031; LG Chemnitz NJW 1995, 787; dazu *Roth* FamRZ 1996, 769 ff.

[137] Nach § 1600 Abs. 2 BGB idF ab 12.4.2002; dazu *Janzen* FamRZ 2002, 785.

[138] BGH FamRZ 2015, 2134 = NJW 2015, 3434 = NZFam 2015, 1055.

[139] BGH FamRZ 2015, 2134 = NJW 2015, 3434 = NZFam 2015, 1055, Tz. 9.

[140] BGH FamRZ 2015, 2134 = NJW 2015, 3434 = NZFam 2015, 1055, Tz. 13.

[141] KG OLGR 2007, 441.

Wird eine **inkorrekte Adoption** vorgenommen, liegt darin gleichfalls eine vertragliche Verpflichtung, dem Kind Unterhalt wie einem „ehelichen" Kind zu gewähren.[142]

Bei **scheidungsakzessorischem Statuswechsel** durch privatautonome Erklärung gem. § 1599 Abs. 2 BGB ist zu beachten, dass der Statuswechsel gem. § 1599 Abs. 2 S. 3 BGB erst mit der Rechtskraft des Scheidungsurteils eintritt, obwohl schon mit der Abgabe der Erklärungen unzweifelhaft ist, dass der anerkennende Dritte für das Kind Unterhalt zu leisten hat. Wenn der Dritte dennoch nicht freiwillig zahlt, kam nach dem bis 31.8.2009 geltenden § 1615o BGB eine Leistungsverfügung in Betracht.[143] § 1615o BGB ist am 1.1.2009 durch § 247 FamFG abgelöst worden, der jedoch für diese Fallkonstellation ebenso wenig passt wie §§ 246 und 248 FamFG.

Gesteigerte Unterhaltspflicht. Gemäß § 1603 Abs. 2 BGB besteht eine erweiterte **174** Unterhaltspflicht der Eltern, denn es sind alle verfügbaren Mittel mit den Kindern zu teilen. → Rn. 717 ff. Das bedeutet im Einzelnen:

* **Obliegenheit zur gesteigerten Ausnutzung der Arbeitskraft.** Grundsätzlich darf ein Arbeitsverhältnis nicht vom gesteigert Unterhaltspflichtigen gekündigt werden.[144] Wenn der Unterhaltspflichtige innerhalb der fiktiven Probezeit einen Unfall erleidet, ist davon auszugehen, dass der fiktive Arbeitgeber das Arbeitsverhältnis gem. § 622 Abs. 3 BGB mit einer Frist von zwei Wochen gekündigt hätte.[145]
* Die gesteigerte Unterhaltspflicht (vgl. § 10 Abs. 2 SGB II) nötigt auch zur Übernahme jeder zumutbaren Arbeit, wobei zur Sicherung des Unterhalts minderjähriger Kinder auch Aushilfs- und Gelegenheitsarbeiten zumutbar sind.[146] Ob ein **Orts- und Berufs- wechsel** auch unter Berücksichtigung der Umzugskosten und des Umgangsrechts dennoch zumutbar ist, bedarf aber **genauer Einzelfallprüfung.**[147]
* Der Arbeitslose ist verpflichtet, alle nur denkbaren Anstrengungen zur Erlangung einer auskömmlichen Arbeit zu unternehmen. Für den Nachweis hinreichender Erwerbs- bemühungen ist die Bewerbung auf vom Jobcenter angebotene Stellen nicht ausrei- chend.[148] Teilweise wird sogar verlangt, dafür die Zeit aufzuwenden, die ein Erwerbs- tätiger für seinen Beruf aufwendet.[149]
* Allerdings muss auch eine **reale Beschäftigungschance** für eine Anstellung bestehen, die zu einer Leistungsfähigkeit des Unterhaltsschuldners führt. Diese Prüfung wird in der Praxis häufig vernachlässigt. Das hat in der Vergangenheit zu einigen Entscheidun- gen des BVerfG[150] geführt, in denen ua eine Verletzung der **durch Art. 2 Abs. 1 GG geschützten wirtschaftlichen Handlungsfreiheit** wegen Verurteilungen zu Unterhalt auf der Grundlage fiktiven Einkommens gerügt wird, weil nicht nachvollziehbar war, dass der Unterhaltsschuldner nach seinem Ausbildungs- oder auch Gesundheits- zustand unter Berücksichtigung aktueller Mindestlöhne in verschiedenen Branchen ein solches Einkommen tatsächlich erzielen kann. Für einen 36 Jahre alten gelernten Industriemechaniker, der mit zu geringem Einkommen vollschichtig Taxi fuhr, ist

---

[142] BGH FamRZ 1995, 995 = NJW-RR 1995, 1089.
[143] *Wagner* FamRZ 1999, 7 (14) will den Statuswechsel unterhaltsrechtlich antizipieren.
[144] OLG Dresden FPR 2004, 31; siehe auch BGH FamRZ 2008, 872.
[145] OLG Hamm NJW-RR 2006, 1374.
[146] BGH FamRZ 2000, 1358 = NJW-RR 2000, 1385.
[147] BVerfG FamRZ 2007, 273 = NJW-RR 2007, 649; FamRZ 2006, 469 = NJW 2006, 2317.
[148] BGH FamRZ 2014, 637 = NJW 2014, 932, Tz. 14, 17.
[149] OLG Stuttgart FamRZ 2006, 1757; OLG Karlsruhe JAmt 2008, 170.
[150] BVerfG mit drei stattgebenden Kammerbeschlüssen vom 18.6.2012 – 1 BvR 774/10 = NJW 2012, 2420 – 1 BvR 1530/11 = FamRZ 2012, 1283, und 1 BvR 2867/11 = NJW-Spezial 2012, 517; ferner FamRZ 2010, 793; FamRZ 2010, 626 mAnm *Borth* (629); FamRZ 2010, 183; FamRZ 2008, 1403; FamRZ 2008, 1145; BVerfGK 9, 437; FamRZ 2007, 273; vgl. ferner BGH FamRZ 2009, 314 und FamRZ 2008, 2104.

angenommen worden, dass er bei entsprechenden Bemühungen auf dem Arbeitsmarkt mehr verdienen könne und für den Kindesunterhalt leistungsfähig sei.[151] Ein ungelernter Unterhaltsschuldner hat allerdings auf dem aktuellen Arbeitsmarkt nur geringe Chancen, ein Einkommen (jetzt Mindestlohn 8,50 Euro/Std. brutto) zu erzielen, mit dem er unter Beachtung des ihm zu belassenden notwendigen Selbstbehalts (insoweit muss der Selbstbehalt eines Erwerbstätigen zugrunde gelegt werden, zurzeit 1080,- Euro) die erhöhten Mindestunterhaltssätze zahlen kann.[152] Der BGH [153] sieht dennoch **keinen Erfahrungssatz** dahin, dass ein gesunder Arbeitnehmer mittleren Alters auch in Zeiten hoher Arbeitslosigkeit nicht in eine Vollzeitbeschäftigung zu vermitteln sei. Nicht einmal eingeschränkte Sprachkenntnisse, die der Unterhaltsschuldner verbessern müsse,[154] und die Tatsache, dass er als Ungelernter bisher überwiegend geringfügig beschäftigt war, seien als Indiz zu werten für die Unmöglichkeit, eine besser bezahlte Anstellung zu finden.[155] Der Beweis für das Fehlen einer realen Beschäftigungschance könne daher nur durch den Nachweis hinreichender Erwerbsbemühungen geführt werden.[156] Im Licht der Rechtsprechung des BVerfG wird man aber den Bogen insoweit auch nicht überspannen dürfen.[157]

- **Zusätzliche Nebenarbeiten oder Überstunden** können im Einzelfall zur Sicherung des Existenzminimums des Kindes im Bereich einer geringfügigen Beschäftigung zumutbar sein.[158] Die Grenzen für die Zumutbarkeit einer Nebentätigkeit neben einer Vollzeitbeschäftigung sieht der BGH in den Vorschriften des Arbeitsschutzes und in den Umständen des Einzelfalls.[159] Im konkreten Fall sah der BGH allerdings eine Nebentätigkeit nicht bereits deshalb als unzumutbar an, weil der einer mdj. Tochter grundsätzlich unterhaltsverpflichtete Vater noch für drei weitere eigene Kinder im Haushalt mit deren Mutter und ihren drei Kindern, mithin sechs Kinder im Haushalt Verantwortung trug. Die Darlegungslast für die Unzumutbarkeit einer Nebentätigkeit liegt beim Unterhaltsschuldner, der darüber hinaus vorzutragen und zu beweisen hat, dass es ihm nicht möglich ist, auf dem Arbeitsmarkt eine Nebentätigkeit zu finden.[160] Ist dies erfolgt, haben allerdings die Gerichte bei der Zumutbarkeitsprüfung, ausgehend

---

[151] OLG Karlsruhe FamRZ 2006, 1295.

[152] Vgl. ausführlich OLG Jena NJW-RR 2015, 1475; OLG Koblenz FamRZ 2015, 1970 (1971); OLG Frankfurt NJW 2007, 382 und OLG Stuttgart OLGR 2007, 212 (7 EUR pro Stunde für ausländische Arbeitskraft im Raum Stuttgart); das OLG Hamm OLGR 2006, 766 geht von 10 EUR/ Stunde = 1045 EUR netto für einen ungelernten Arbeiter aus. OLG Schleswig NJW-RR 2007, Heft 10 (8 EUR pro Stunde = 1000 EUR netto); OLG Naumburg FamRZ 2007, 1118 (8,80 EUR); KG FamRZ 2007, 1121 (10 EUR für Köchin); OLG Hamburg FamRZ 2007, 1474: 1000 EUR für schlecht deutsch sprechenden ungelernten Türken.

[153] BGH FamRZ 2014, 637 (mAnm *Wolf*) = NJW 2014, 932 (mAnm *Born*) = FF 2014, 253 (mAnm *Niepmann*); ebenso Büte/Poppen/Menne/*Botur* Unterhaltsrecht, 3. Aufl. 2015, § 1603, Rn. 12.

[154] BGH FamRZ 2014, 637 = NJW 2014, 932, Tz. 14.

[155] Ausführlich dazu, teils kritisch, und mit Praxishinweisen: *Grün* ZKJ 2014, 369.

[156] BGH FamRZ 2014, 637 = NJW 2014, 932, Tz. 17.

[157] BVerfG FamRZ 2014, 1977 (zur Ablehnung von Verfahrenskostenhilfe für die Rechtsverteidigung); ferner NJW 2012, 2420 mwN, BeckRS 2012, 53181 und 53182.

[158] BGH FamRZ 2014, 1992 (mAnm Wolf) = NJW 2014, 3784 = NZFam 2014, 1084 (mAnm A. Fischer); BGH FamRZ 2014, 637 = NJW 2014, 932, Tz. 18; OLG Köln NJW-RR 2007, 291; OLG Naumburg FamRZ 2007, 1038 (Nebentätigkeit kann grundsätzlich vom Arbeitgeber nicht verboten werden); KG FamRZ 2006, 1702; OLG Düsseldorf FamRZ 2006, 1701; OLG Naumburg FamRZ 2007, 1118; OLG Nürnberg FPR 2002, 273 (nicht jedoch, wenn bereits über die allg. Arbeitszeit hinaus an Sonn-/Feiertagen gearbeitet wird).

[159] BGH FamRZ 2014, 1992, Tz. 19; in Übereinstimmung mit dem BVerfG NJW 2012, 2420, Tz. 24 f.

[160] BGH FamRZ 2014, 1992, Tz. 18 = NJW 2014, 3784; ebenso BVerfG FamRZ 2014, 1977, Tz. 18.

von den vorgetragenen Umständen, realitätsgerecht etwaiges fiktives Einkommen festzustellen.[161] Bei **Schichtdienst** wird eine Nebentätigkeit nur ausnahmsweise unter
besonders günstigen Bedingungen in Betracht kommen.[162] Das BVerfG[163] verlangt zu
Recht, diese Obliegenheit am Maßstab der Verhältnismäßigkeit zu prüfen.

- Ein **teilzeitbeschäftigter** Ehegatte muss sich grundsätzlich um eine **Ausweitung** seiner
  Tätigkeit bei seinem bisherigen Arbeitgeber oder um eine vollschichtige Tätigkeit bei
  einem anderen Arbeitgeber bemühen.[164] Die Aufgabe einer gesicherten Teilzeitarbeit
  (25 Wochenstunden) kann allerdings nicht verlangt werden, dann jedoch die Übernahme einer zusätzlichen Nebentätigkeit.[165]

- Bei einer vom Arbeitsamt finanzierten vollzeitigen **Umschulungsmaßnahme** wird
  teilweise eine gesteigerte Erwerbsobliegenheit verneint,[166] teilweise die Übernahme
  einer Nebenarbeit verlangt.[167] Man wird unterhaltsrechtlich überprüfen müssen, ob die
  Umschulungsmaßnahme erforderlich ist und nicht zurückgestellt werden kann.[168] Vgl.
  weiter → Rn. 711 ff.

- Bei abgeschlossener Berufsausbildung kann **eine Aufgabe des Studiums** verlangt werden.[169] Allerdings gehört eine **Erstausbildung** zum eigenen Lebensbedarf des Unterhaltspflichtigen, den dieser grundsätzlich auch bei gesteigerter Unterhaltspflicht gegenüber minderjährigen Kindern vorrangig befriedigen darf.[170] Dabei muss aber im Einzelfall auch berücksichtigt werden, weshalb der Unterhaltspflichtige die Erstausbildung
  gerade jetzt durchführt.[171]
  Wenn der Unterhaltsverpflichtete bereits mehrere **Erstausbildungen abgebrochen** hat
  und aufgrund seiner Schulausbildung sowie sonstigen beruflichen Erfahrung in der Lage
  ist, eine berufliche Tätigkeit auszuüben, mit der er sowohl sein Einkommen als auch den
  Mindestunterhalt erwirtschaften kann, ist sein Interesse an einer Erstausbildung gegenüber dem Interesse des minderjährigen Kindes auf Mindestunterhalt nachrangig.[172]

- Auch **bei grundsätzlich noch zu berücksichtigender Betreuung von Kindern** kann
  die gesteigerte Erwerbsobliegenheit zu einer Ausweitung der Erwerbstätigkeit verpflichten.[173]

- Das **Taschengeld**[174] ist ebenfalls einsatzpflichtig, wenn der notwendige Selbstbehalt
  durch den Naturalunterhalt des Ehegatten gedeckt ist.

---

[161] BVerfG FamRZ 2014, 1977, Tz. 18.
[162] Vgl. BVerfG FamRZ 2008, 1403; aA OLG Düsseldorf FamRZ 2006, 1701.
[163] BVerfG FamRZ 2008, 1403, Tz. 13 (auch zur eingeschränkten Effektivität von Nebeneinkom-
men); FamRZ 2007, 273 (ungünstige Arbeitszeiten, weiter Anfahrtsweg, Überstunden an Samstagen);
BVerfG FamRZ 2003, 661 (zur Nebentätigkeit bei Untertagearbeiter); BGH FamRZ 2009, 314 (Art. 6
Abs. 2 GG, Pflicht zur Ausübung des Umgangs mit einem Kind ua zu beachten) OLG Oldenburg
KindPrax 2003, 186 (Abwägung der Belange); OLG Karlsruhe FamRZ 2007, 1123 (im Rahmen des
ArbZG).
[164] BGH FamRZ 2012, 1483 = NJW 2012, 3434, Tz. 22.
[165] OLG Schleswig OLGR 2007, 325 = FamRB 2007, 197 mAnm *Heinle.*
[166] So OLG Köln OLGR 2002, 58.
[167] So OLG Dresden NJW-RR 2003, 512.
[168] OLG Saarbrücken NJW-RR 2010, 219; OLG Hamm KindPrax 2003, 185 (für Zurückstellung);
OLG Dresden FamRZ 2003, 1960 (Bewilligung durch Arbeitsamt nur Indiz).
[169] OLG Bremen FamRZ 2007, 74; OLG Hamm FamRZ 2007, 1122.
[170] BGH FamRZ 2011, 1041 = NJW 2011, 1874, Tz. 36.
[171] BGH FamRZ 2011, 1041 = NJW 2011, 1874, Tz. 36.
[172] OLG Hamm FamRZ 2015, 1972 (Ls.) = NJW-RR 2015, 1026 = NZFam 2015, 715 (mAnm *L.
Müller*).
[173] OLG Hamm NJW-RR 2003, 1160 = FamRZ 2003, 1961: Statt Halbtagsarbeit Übernahme einer
2/3-Stelle (allerdings noch zur Zeit des früheren Altersphasenmodells).
[174] OLG Frankfurt (7. FamS) FamRZ 2014, 1927 (Ls.) = NZFam 2015, 223; OLG Köln OLGR
2007, 476.

- **Die Darlegungs- und Beweislast** für hinreichende Erwerbsbemühungen trifft den Verpflichteten.[175] Ihm wird für die Suche nach einem neuen Arbeitsplatz eine Übergangszeit von 6 Monaten zugebilligt.[176] Bei freiwilliger Aufgabe des Arbeitsplatzes wird ein fiktives Einkommen sofort entsprechend dem letzten Arbeitsentgelt angesetzt.[177]
- **Verweisung auf den notwendigen Eigenbedarf.** Der Verpflichtete kann sich grundsätzlich nur auf den notwendigen Eigenbedarf berufen.[178] Dieser kann auch durch den Familienunterhaltsanspruch gegen den neuen Ehegatten gesichert sein.[179] Zu beachten ist, dass die Verweisung auf den notwendigen Selbstbehalt nicht stattfindet, wenn andere leistungsfähige unterhaltspflichtige Verwandte vorhanden sind.[180]
- **Keine gesteigerte Unterhaltspflicht bei anderem unterhaltspflichtigem Verwandten** (§ 1603 Abs. 2 S. 3 BGB). Das können der andere Elternteil (→ Rn. 38) oder die Großeltern sein. Dem barunterhaltspflichtigen Elternteil kann der angemessene Selbstbehalt belassen bleiben, wenn der Kindesunterhalt von dem betreuenden Elternteil unter Wahrung dessen angemessenen Selbstbehalts gezahlt werden kann und andernfalls ein erhebliches finanzielles Ungleichgewicht zwischen den Eltern entstünde[181] (zum Barunterhalt neben Betreuung vgl. → Rn. 38, 962 ff.). Darlegungspflichtig für die Leistungsfähigkeit der anderen Unterhaltsverpflichteten ist der Unterhaltsberechtigte.[182]

175 **Das Maß des Unterhalts richtet sich nach der Lebensstellung des Kindes** (§ 1610 Abs. 1 BGB). Das unterhaltsbedürftige minderjährige Kind hat noch keine eigene, sondern eine von der Lebensstellung der Eltern abgeleitete Lebensstellung.[183] Maßgebend für den Barunterhalt ist dabei die Lebensstellung, dh das Einkommen des Barunterhaltspflichtigen,[184] denn gemäß § 1606 Abs. 3 S. 2 BGB erhält das Kind den Rest in Form der Betreuungsleistung des anderen Elternteils.

Der Betreuende erfüllt grundsätzlich durch Pflege und Erziehung des Kindes seine Verpflichtung, zum Unterhalt des minderjährigen unverheirateten Kindes beizutragen (§ 1606 Abs. 3 S. 2 BGB). Auch bei **gemeinsamem Sorgerecht** steht dem Elternteil das Recht zu, für das Kind den vollen Barunterhalt zu fordern, der die Betreuung voll (oder überwiegend) leistet.[185]

Als **Ausnahmen** (dazu eingehend → Rn. 38 und 962 ff.) sind anzusehen:[186]

- wenn der Barunterhaltspflichtige nach Erfüllung der Barunterhaltspflicht **weniger als den angemessenen Selbstbehalt** hat (→ Rn. 38, 174).[187]

---

175 OLG Naumburg FamRZ 2003, 1022 m. krit. Anm. *Gottwald*.
176 OLG Hamm FamRZ 2007, 1908.
177 OLG Stuttgart FamRZ 2007, 1908.
178 Vgl. auch BGH vom 30.1.2013, XII ZR 158/10, Tz. 20–22: Kein Abzug für zusätzliche Altersvorsorge und Krankenzusatzversicherung bei verschärfter Haftung.
179 BGH FPR 2004, 27; OLG Naumburg OLGR 2004, 56.
180 BGH FamRZ 2011, 1041 = NJW 2011, 1874, Tz. 36; OLG Karlsruhe FamRZ 2003, 1672; OLG Hamm FamRZ 1996, 117; OLG Köln FamRZ 1990, 54.
181 BGH FamRZ 2013, 1558 = NJW 2013, 2897; FamRZ 2011, 1041 = NJW 2011, 1874, Tz. 41; FamRZ 2008, 137 = NJW 2008, 227, Tz. 39 ff.; zur Differenzierung der beiden möglichen Fallkonstellationen → Rn. 38.
182 AG Ribnitz-Damgarten FamRZ 2004, 302; *Baumgärtel/Laumen*, Handbuch der Beweislast, 2. Aufl. (1999) § 1603 BGB Rn. 18; **anders** OLG Karlsruhe FPR 2003, 28.
183 BGH FamRZ 1993, 1304 (1306) = NJW-RR 1993, 1283 (es kommt nicht auf die Lebensstellung zurzeit der Scheidung an); FamRZ 1983, 473 = NJW 1983, 1429; OLG Düsseldorf FamRZ 1991, 973.
184 BGH FamRZ 2000, 358 = NJW 2000, 954; FamRZ 1980, 994 = NJW 1980, 2306; OLG Karlsruhe FamRZ 1993, 1481; OLG Zweibrücken FamRZ 1994, 1488 (auch zu Fragen des fiktiven Einkommens); aber OLG Koblenz FamRZ 2004, 704.
185 Dazu näher OLG Düsseldorf NJW-RR 2000, 74.
186 BGH FamRZ 2013, 1558 = NJW 2013, 2897; FamRZ 2002, 742 mAnm *Büttner* = NJW 2002, 1646; vgl. *Scholz* FamRZ 2006, 1728.
187 BGH FamRZ 2011, 1041 = NJW 2011, 1874, Tz. 41; FamRZ 2008, 137 = NJW 2008, 227.

• wenn der Betreuende ein **wesentlich höheres Einkommen** als der Barunterhaltspflichtige hat. Dazu ist aber etwa zwei- bis dreifach höheres Einkommen des Betreuenden erforderlich.[188] Abzustellen ist auf das Einkommen des Barunterhaltspflichtigen, das er bei gehöriger Erfüllung seiner gesteigerten Erwerbsobliegenheit erzielen
könnte.[189]

Auch dann erlischt die Barunterhaltpflicht allerdings nicht ganz, sondern wird nur im
ersten Ausnahmefall durch den angemessenen Selbstbehalt eingeschränkt bzw. im zweiten Fall – je nach dem Mehrverdienst – reduziert.

Ein Rollentausch nach Wiederverheiratung ist nur zu akzeptieren, wenn erkennbar ein
wirtschaftlicher Vorteil damit verbunden ist, wobei eine (fiktive) Kontrollberechnung,
wie es sich bei Fortsetzung der Berufstätigkeit gestaltet hätte, beim berechtigten Rollentausch allerdings nicht stattzufinden hat.[190] Nach den Grundsätzen der sog. **Hausmannrechtsprechung** des BGH (→ Rn. 750)[191] entfällt aber die Erwerbsobliegenheit des
gegenüber minderjährigen unverheirateten Kindern zum Unterhalt Verpflichteten nicht
ohne weiteres dadurch, dass er die Betreuung eines weiteren Kindes oder in einer neuen
Ehe die Haushaltsführung übernommen hat. Diese Rollenverteilung kann unterhaltsrechtlich nur hingenommen werden, wenn sie im Einzelfall durch wirtschaftliche Gesichtspunkte oder sonstige Gründe von gleichem Gewicht gerechtfertigt ist. Die unterhaltsberechtigten Kinder müssen eine Einschränkung ihrer Unterhaltsansprüche nur hinnehmen, wenn die Interessen des Unterhaltspflichtigen und diejenigen seiner neuen
Familie ihr eigenes Interesse am Beibehalten der bisherigen Unterhaltssicherung deutlich
überwiegen.[192] Ist die Rollenwahl hinzunehmen, besteht die Obliegenheit, ggfls. durch
eine Nebentätigkeit zum Unterhalt der vom anderen Elternteil betreuten Kinder beizutragen.[193] Liegt zwar **kein Rollentausch** vor, betreut der barunterhaltpflichtige aber
weitere Kinder, entfällt die gesteigerte Erwerbsobliegenheit deswegen grundsätzlich
nicht. Zumutbare Fremdbetreuungsmöglichkeiten sind für die beim Unterhaltspflichtigen
lebenden Kinder in Anspruch zu nehmen.[194] Die Betreuung der im eigenen Haushalt
lebenden Kinder wird dann allerdings die Aufnahme einer Nebenbeschäftigung unzumutbar erscheinen lassen.[195]

In Fällen des Betreuungswechsels wechselt die Aktivlegitimation, auch für Unterhaltsrückstände.[196]

Der bisher Betreuende kann aber seinen Antrag wegen der Rückstände sachdienlich in
eine solche auf einen eigenen **familienrechtlichen Ausgleichsanspruch** ändern.[197] Für die

---

[188] BGH FamRZ 2013, 1558 = NJW 2013, 2897, Tz. 27 „wenige, besondere Ausnahmefälle“,
Tz. 29 „etwa das Dreifache“; OLG Brandenburg NZFam 2015, 1013 (bespr. v. *Müller*) und FamRZ
2006, 1780 = NJW 2007, 85 „mehr als doppelt so hoch“; Frankfurter Unterhaltsgrundsätze
Nr. 12.3. zum 1.1.2016 „etwa dreifach“. Die meisten anderen Leitlinien sprechen allgemeiner von
„bedeutend“ oder „wesentlich“ höher; OLG Hamm FamRZ 2003, 1964: 20 % höheres Einkommen
des Betreuenden reicht nicht.
[189] OLG Hamm OLGR 2006, 645 (auch Schätzungsmöglichkeit); OLG Köln OLGR 2003, 340.
[190] BGH FamRZ 2006, 1827 mAnm *Strohal* = NJW 2007, 139 = JZ 2007, 587 mAnm *Singer*.
[191] BGH FamRZ 2015, 738 = NJW 2015, 1178 = NZFam 2015, 359; FamRZ 2006, 1827 = NJW
2007, 139.
[192] BGH FamRZ 2015, 738 = NJW 2015, 1178 = NZFam 2015, 359, Tz. 16.
[193] BGH FamRZ 2015, 738 = NJW 2015, 1178 = NZFam 2015, 359, Tz. 18.
[194] OLG Schleswig NJW 2015, 1538 = NZFam 2015, 364 (mAnm *Schäfer*), Tz. 21.
[195] OLG Schleswig NJW 2015, 1538 = NZFam 2015, 364 (mAnm *Schäfer*), Tz. 31.
[196] BGH FamRZ 2006, 1015 mAnm *Luthin* = NJW 2006, 2258; OLG Brandenburg FamRZ 2012,
1819; OLG München NJW-RR 2003, 1010; OLG Nürnberg OLGR 2001, 280.
[197] OLG Frankfurt FamRZ 2007, 909; ebenso *Gießler* FamRZ 2003, 1846 (abl. Anm. zur aA des
OLG Rostock FamRZ 2003, 933). Grunds. zum isolierten Kindergeldausgleich im Wechselmodell als
familienrechtlicher Ausgleichsanspruch: BGH Beschl. v. 20.4.2016 XII ZB 45/15.

Betreuung eines gemeinsamen Kindes im Ausland steht der Mutter gegen den (leistungs-fähigen) Vater ein familienrechtlicher Ausgleichsanspruch zu, wenn sie für den Barunter-halt des Kindes selbst aufgekommen ist, wobei der Umstand, dass das Kind tatsächlich versorgt war, obwohl kein Barunterhalt gezahlt wurde, den Schluss zulässt, dass der Barunterhaltsbedarf des Kindes durch Leistungen der Mutter gedeckt wurde. Der famili-enrechtliche Ausgleichsanspruch kann wegen § 1613 Abs. 2 Nr. 2a BGB auch für die Zeit vor wirksamer Anerkennung der Vaterschaft ohne die Beschränkungen des § 1613 Abs. 1 BGB rückwirkend geltend gemacht werden, wobei die Verjährung frühestens mit der rechtskräftigen Vaterschaftsfeststellung beginnt.[198]

Der jetzt Betreuende kann für das Kind den laufenden Barunterhaltsanspruch gegen den bisher Betreuenden geltend machen. Das OLG Nürnberg hat einem Elternteil nach Übernahme der Betreuung der Kinder einen familienrechtlichen Ausgleichsanspruch zuerkannt, auch wenn seine Verpflichtung zur Leistung von Barunterhalt noch in einer nicht geänderten Jugendamtsurkunde, gegen die er aber mit dem Vollstreckungsabwehr-antrag vorgehen könne, festgelegt war.[199]

Bei **zwischen den Eltern aufgeteilten Kindern** kann bei Leistungsfähigkeit eines Elternteils der Unterhalt für das Kind nicht aufgerechnet werden, da es sich um einen Anspruch des Kindes handelt.

175a   **„Wechselmodell."** Nachdem sich die großen Diskussionen infolge der Reform des Unterhaltsrechts seit 2008 zunächst um den Ehegattenunterhalt rankten und zwischen-zeitlich der Elternunterhalt verstärkt in den Mittelpunkt geriet, hat das Thema „Wechsel-modell", aus dem Kindschaftsrecht kommend,[200] das Unterhaltsrecht erreicht.[201] Dabei geht es zunächst maßgeblich darum, ob ein Elternteil die **Hauptverantwortung** für ein Kind trägt und damit **seine Unterhaltspflicht** im Sinne des § 1606 Abs. 3 Satz 2 BGB bereits **durch Erziehung und Pflege erfüllt** (→ Rn. 175). Daran hängt auch die Berechti-gung, den Unterhalt für das Kind gemäß § 1629 BGB in Verfahrensstandschaft bzw. im Namen des Kindes geltend zu machen.[202]

Der BGH weist allerdings zutreffend darauf hin, dass im Umkehrschluss aus § 1606 Abs. 3 S. 2 BGB **beide Elternteile barunterhaltspflichtig** bleiben, wenn, wie beim Wechselmodell, keiner die Hauptverantwortung trägt.[203] Dann befindet sich ein Kind auch **nicht mehr in der Obhut** eines Elternteils iSd § 1629 Abs. 2 S. 2 BGB;[204] derjenige, der den anderen für barunterhaltspflichtig hält, muss entweder die Bestellung eines Pflegers für das Kind zur Vertretung bei der Geltendmachung des Unterhalts-anspruchs herbeiführen oder beim Familiengericht beantragen, ihm gemäß § 1628 BGB die Entscheidung zur Geltendmachung von Kindesunterhalt allein zu übertragen.[205] Soweit in der Literatur[206] gegen die Anwendung von § 1628 BGB Bedenken wegen

---

[198] OLG Frankfurt, FamRZ 2011, 228.

[199] OLG Nürnberg FamRZ 2013, 796 = NJW 2013, 1101 = JAmt 2012, 612.

[200] Vgl. dazu *Heilmann* NJW 2015, 3346 mwN, der in der teilweise aufgeheizten Diskussion um zeitliche Parität zu Recht auf die höhere Bedeutung der Qualität der Eltern-Kind-Beziehungen für das Kindeswohl hinweist. Tatsächlich ist der Begriff inzwischen zum Synonym für ideologische Kämpfe um's Kind aufgestiegen, Wo Kinder früher noch einfach äußerten, sie wollten Papa oder Mama länger sehen, wurde beim DFGT 2015 sogar berichtet, Kinder äußerten vermehrt, sie wollten das „Wechselmodell"?!

[201] Ausführlich dazu *Seiler*, „Wechselmodell – unterhaltsrechtliche Fragen", FamRZ 2015, 1845.

[202] BGH FamRZ 2014, 917 = NJW 2014, 1958, Tz. 16.

[203] BGH FamRZ 2015, 236 = NJW 2015, 331, Tz. 17, 18.

[204] Ausführlich dazu *Seiler* FamRZ 2015, 1845 (1849 f.); aA *Sünderhauf* NZFam 2014, 585 (586); *Spangenberg* FamRZ 2015, 1210, der § 1629 Abs. 3 S. 1 BGB entsprechend heranziehen will.

[205] BGH FamRZ 2014, 917 = NJW 2014, 1958, Tz. 16; FamRZ 2006, 1015 = NJW 2006, 2258; OLG Celle FamRZ 2015, 590; OLG Hamburg FamRZ 2015, 591 = NJW 2015, 416.

[206] *Seiler* FamRZ 2015, 1845 (1850); *Götz* FF 2015, 146 ff.

möglichen Interessenwiderstreits erhoben werden, weil der antragstellende Elternteil damit auch seine Unterhaltsverpflichtung absenken wolle, greifen diese nicht durch, denn dem Kind soll ja zukommen, was ihm zusteht. Wollte man einen solchen generellen Interessenwiderstreit annehmen, müssten die Verfahrensstandschaft nach § 1629 Abs. 3 BGB oder das Alleinvertretungsrecht nach § 1629 Abs. 2 S. 2 BGB in den Regelfällen der Betreuung durch einen Elternteil praktisch immer leerlaufen, wenn gleichzeitig Trennungs- oder nachehelicher Ehegattenunterhalt verlangt werden. Insoweit sieht der Gesetzgeber aber ausdrücklich nur einen ausnahmsweisen Entzug der Vertretungsbefugnis im Einzelfall nach § 1796 BGB vor (§ 1629 Abs. 2 S. 3 BGB). Ein im Fall des Wechselmodells durchzuführendes Verfahren nach § 1628 BGB bietet dagegen wegen der immer erforderlichen Kindeswohlprüfung sogar einen besseren Schutz.

Der BGH,[207] der bisher selbst noch keinen Fall zu entscheiden hatte, in dem ein Wechselmodell tatsächlich vorlag, hat aber bereits ausgeführt, dass sich der **Unterhaltsbedarf des Kindes** bei gleichen oder annähernd gleichen Betreuungsanteilen seiner Eltern nach deren **beiderseitigem Einkommen** bemisst und außerdem die infolge des Wechselmodells entstehenden **Mehrkosten** (vor allem Wohn- und Fahrtkosten) umfasst.[208] Soweit die Berücksichtigung des beiderseitigen Einkommens auf Erstaunen stößt, ist darauf hinzuweisen, dass dies eigentlich der Normalfall bei zusammen lebenden Eltern ist, der nach der Trennung nur infolge § 1606 Abs. 3 Satz 2 BGB meistens nicht mehr vorliegt. Dann gilt nämlich aufgrund der Befreiung des betreuenden Elternteils, dass der allein Barunterhaltspflichtige – wie auch nach § 1606 Abs. 3 S. 1 BGB bei mangelnder Leistungsfähigkeit des anderen Elternteils – höchstens nach dem Tabellenbetrag aufgrund seines eigenen Einkommens eingestuft wird.[209] Dagegen sind bei beiderseitiger Leistungsfähigkeit der gleich oder annähernd gleich betreuenden Kindeseltern deren **Haftungsanteile** für den o. g. höheren Gesamtbedarf nun nach § 1606 Abs. 3 S. 1 BGB aufzuteilen.[210] Hinzu kommen evtl. noch weitere – nicht durch das Wechselmodell verursachte – Mehrkosten für das Kind, die auch bei Betreuung durch nur einen Elternteil nach § 1606 Abs. 3 S. 1 BGB aufzuteilen wären (→ Rn. 134),[211] so dass auch diese Kosten ggfls. in die Berechnung der Haftungsanteile nach § 1606 Abs. 3 BGB für den Gesamtbedarf einzubeziehen sind. Kosten einer Nachmittagsbetreuung, die es dem Betreuenden ermöglicht, seiner Erwerbstätigkeit nachzugehen, gehören aber nicht dazu.[212]

Streitig ist noch die Berücksichtigung des von einem Elternteil bezogenen **Kindergeldes**[213] in dieser Bedarfsberechnung. Nach dem Wortlaut von § 1612b Abs. 1 BGB spricht zunächst einiges dafür, dass § 1612b Abs. 1 S. 1 Nr. 2 BGB den Abzug des vollen

---

[207] Vgl. zuletzt BGH FamRZ 2015, 236 = NJW 2015, 331, Tz. 18 f.

[208] BGH FamRZ 2015, 236 = NJW 2015, 331, Tz. 18; ebenso OLG Dresden FamRZ 2016, 470 = NZFam 2016, 34 = MDR 2015, 1368 (anhängig beim BGH, XII ZB 565/15); OLG Düsseldorf FamRZ 2016, 142.

[209] BGH FamRZ 2008, 2104 = NJW 2008, 3635, Tz. 31; Leitlinien/Unterhaltsgrundsätze der OLGe, Nr. 13.3.

[210] BGH FamRZ 2015, 236 = NJW 2015, 331, Tz. 18, 19; FamRZ 2007, 707; FamRZ 2006, 1015 = NJW 2006, 2258; ausführlich dazu mit Rechenbeispielen *Seiler* FamRZ 2015, 1845 (1847, 1856).

[211] BGH FamRZ 2013, 1563 = NJW 2013, 2900, Tz. 12; FamRZ 2009, 962 = NJW 2009, 1816 Tz. 32.

[212] OLG Dresden FamRZ 2016, 470 = NZFam 2016, 34 = MDR 2015, 1368 (anhängig beim BGH, XII ZB 565/15), siehe dort auch zur Ermittlung der Wohnmehrkosten je Kind auf der Basis von 20 % Wohnkosten in den jeweiligen Tabellenbeträgen; insoweit aA *Wohlgemuth* FamRZ 2014, 84 (85).

[213] Zur davon zu unterscheidenden Entscheidung über die Bezugsberechtigung in diesen Fällen vgl. BGH FamRZ 2014, 646; OLG Frankfurt FamRZ 2014, 594 (Verfahren nach § 231 Abs. 2 FamFG); ferner zu den Kriterien OLG Dresden FamRZ 2014, 1055 = NZFam 2014, 230 (bespr. von *Grandke*); OLG Celle FamRZ 2012, 1963 (§ 64 Abs. 2 EStG analog).

Kindergeldes nach sich zieht, weil ein Fall der Nr. 1 (Betreuung durch einen Elternteil, der nach § 1606 Abs. 3 S. 2 BGB allein damit seine Unterhaltsverpflichtung erfüllt) gerade nicht vorliegt[214] und der Einwand, damit werde der Bedarf des Kindes zu sehr reduziert,[215] angesichts dessen Bemessung aus dem zusammengerechneten beiderseitigen Einkommen der Eltern jedenfalls bei deren beider Leistungsfähigkeit nicht greift. Zutreffend ist aber, dass in diesen Fällen Betreuung für das Kind durch die Eltern geleistet wird und deswegen die entsprechende Aufteilung des Kindergeldes in einen den Barbedarf deckenden (1. Kindergeldhälfte) und einen der Betreuung unterfallenden Anteil zu einer dem Wechselmodell besser angepassten Verteilungsgerechtigkeit führt.[216] Die zweite (nicht auf den Barbedarf anzurechnende) Kindergeldhälfte ist mit ihrer Hälfte (also ein Viertel des Kindergeldes) vom beziehenden Elternteil entweder auszukehren oder im Rahmen eines Gesamtausgleichs der wechselseitigen Ansprüche zu verrechnen (siehe folgendes Beispiel).[217]

Beispiel aus OLG Dresden BeckRS 2015, 18960 (anhängig beim BGH unter XII ZB 565/15):

Vater (bereinigt netto): 2871,90 EUR, Mutter: 1407,07 EUR, Gesamteinkommen V + M: 4278,97 EUR. Kind (8 Jahre) für **Juli 2015**: Bedarf (Stufe 8) 525 EUR – 92 EUR (1. Kindergeldhälfte) = 433 EUR.

Gesamtbedarf K: 433 EUR + 39,18 EUR (Wohnmehrkosten) + 150 EUR (Fahrtmehrkosten) + 40 EUR (Hort als wechselmodellunabhängige Mehrkosten) = **662,18 EUR** (mit Mehrbedarf).

Aufteilung:

Einzusetzendes Einkommen Vater: 2871,90 EUR – 1300 EUR = 1571,90 EUR Einzusetzendes Einkommen Mutter: 1407,07 EUR – 1300 EUR = 107,07 EUR

Anteil Vater am Gesamtbedarf: 1.571,90 EUR : (1.571,90 EUR + 107,07 EUR) x 662,18 EUR = 619,95 EUR Anteil Mutter am Gesamtbedarf: 107,07 EUR : (1.571,90 EUR + 107,07 EUR) x 662,18 EUR = 42,23 EUR

Berücksichtigung nachgewiesener erbrachter Leistungen und der 1. und 2. Kindergeldhälfte:

V: 619,95 EUR – 150,00 EUR (Fahrtkosten) – 10,00 EUR (Tanz) = 459,95 EUR

M: 42,23 EUR – 40,00 EUR (Hort) – 40,00 EUR (Essenskosten) + 92,00 EUR (1. Kindergeldhälfte) = 54,23 EUR

Restforderung K ./. V: (459,95 EUR – 54,23 EUR): 2 – 46,00 EUR (1/2 d. 2. Kindergeldhälfte) = **156,86 EUR.**

Das ist der monatliche Ausgleichsbetrag, den K nach der auf seine Mutter entfallenden Quote von ihr nicht erhalten kann und den der Vater über nachgewiesene Leistungen und Naturalunterhalt hinaus noch an K zu Händen der Mutter auskehren muss, damit K während der Zeit bei der Mutter denselben Lebensstandard hat wie in der Zeit beim Vater. Im konkreten Fall hatte das Amtsgericht der Mutter die Entscheidungskompetenz zur Geltendmachung von Unterhalt für K übertragen.

---

[214] Wendl/Dose/*Klinkhammer* bis 8. **Aufl.,** § 2 Rn. 447; FA-FamR/*Seiler* bis 8. **Aufl.,** Kap. 6, Rn. 295; OLG Schleswig FamRZ 2015, 965; OLG Düsseldorf FamRZ 2014, 567 (569) = FamFR 2013, 588 m. krit. Anm. Finke = JAmt 2014, 287 m. krit. Anm. *Knittel;* zu weiteren Varianten dieser Ansicht vgl. auch *Wohlgemuth* FamRZ 2015, 808.

[215] *Seiler* FamRZ 2015, 1845 (1848).

[216] OLG Dresden FamRZ 2016, 470 = NZFam 2016, 34 = MDR 2015, 1368; Wendl/Dose/ *Klinkhammer,* 9. Aufl., § 2 Rn. 447 ff. (450); FA-FamR/*Seiler,* 10. Aufl., Kap. 6, Rn. 351 f.; Seiler FamRZ 2015, 1845 (1848 f.), zurückgehend auf Bausch/Gutdeutsch/Seiler FamRZ 2012, 258 m. erläuternden Beispielen.

[217] OLG Dresden FamRZ 2016, 470 = NZFam 2016, 34 = MDR 2015, 1368, anhängig beim BGH unter XII ZB 565/15; *Seiler* FamRZ 2015, 1845 (1848 f.) mwN. Zum isolierten Kindergeldausgleich s. BGH Beschl. v. 20.4.2016 XII ZB 45/15.

Aber nur wenn die Eheleute ein **nahezu hälftiges Wechselmodell** praktizieren, besteht **175b**
diese beiderseitige Barunterhaltpflicht.[218] Der BGH[219] hat zunächst in einem Fall, in dem
die Mutter 64 % der Betreuungslast trug, eine volle Betreuung durch sie angenommen.
Diese Rechtsprechung behält der BGH aktuell bei [220] und lässt der **zeitlichen Komponente** der Betreuung eine **Indizwirkung** zukommen, ohne dass sich allerdings die
Beurteilung allein hierauf zu beschränken brauche.[221] Im konkreten Fall hat der BGH
gebilligt, dass das OLG auch bei einem Betreuungsanteil des Vaters von **43 % noch kein
Wechselmodell** angenommen hat.[222]

Wenn der hiernach allein barunterhaltpflichtige Elternteil allerdings ein **weit über das
übliche Maß hinaus gehendes Umgangsrecht** wahrnimmt, können deswegen getätigte
außergewöhnlich hohe Aufwendungen, die dem Kindesunterhaltsanspruch nicht als bedarfsdeckend entgegengehalten werden können (insbes. Fahrt- und Unterbringungskosten), dennoch Veranlassung geben, den Barunterhaltsbedarf des Kindes um eine oder
mehrere Einkommensgruppen der Düsseldorfer Tabelle herabzustufen.[223] Eine weitergehende Minderung kommt in diesen Fällen (nur) in Betracht, wenn der barunterhaltspflichtige Elternteil dem Kind im Zuge seines erweiterten Umgangsrechts tatsächlich
bedarfsdeckende Leistungen erbringt.[224]

Bei **Heimunterbringung** des Kindes richtet sich der Unterhaltsanspruch nach den **175c**
tatsächlich entstehenden Kosten.[225] Dazu können auch Besuchskosten des sorgeberechtigten Elternteils gehören, die Bedarf des Kindes sind.[226] Soweit allerdings der Sozialhilfeträger
die Kosten aufzubringen hat und nicht erstattet verlangen kann, ist der Bedarf gedeckt.[227]

Unterhaltsvereinbarungen zwischen den Eltern über den Kindesunterhalt sind **175d**
nach § 1614 BGB nichtig, wenn die vereinbarte Leistung weit hinter den gesetzlichen
Ansprüchen des Kindes zurückbleibt; dem gesetzlichen Vertreter des Kindes wird ein
Spielraum für eine Unterschreitung jedenfalls bis zu 20 %, in der Regel aber nicht mehr
bei einer Unterschreitung von 33 % des in Wahrheit geschuldeten Unterhalts zuzubilligen
sein.[228] Damit sind auch grundsätzlich zulässigen Freistellungsabreden zwischen beiden
Elternteilen enge Grenzen gesetzt, denn nur wenn dem sorgenden Elternteil ein Ein-
kommen verbleibt, das den angemessenen Lebensunterhalt des Kindes, den eigenen
Unterhalt und die Betreuungskosten deckt, ist eine durch die Freistellungsabrede ein-

---

[218] BGH FamRZ 2006, 1015 mAnm *Luthin* = NJW 2006, 2258; OLG Braunschweig FamRZ 2007, 1334.

[219] BGH FamRZ 2007, 707 m. krit. Anm. *Luthin* = NJW 2007, 1882 = FF 2007, 197 m. krit. Anm.
Rakete-Dombek.

[220] BGH FamRZ 2014, 917 = NJW 2014, 1958, Tz. 16.

[221] BGH FamRZ 2015, 236 = NJW 2015, 331, Tz. 21; OLG Frankfurt FamRZ 2014, 46 = FamFR
2013, 287, nur wenn neben etwa gleichen zeitlichen Anteilen auch die Verantwortung für die Sicherstellung der Betreuung bei beiden Eltern liegt.

[222] BGH FamRZ 2015, 236 (mAnm *Born*) = NJW 2015, 331, Tz. 23 ff.

[223] BGH FamRZ 2014, 917 = NJW 2014, 1958, Tz. 37; OLG Frankfurt FamRZ 2014, 46 = FamFR
2013, 287; vgl. zu Vorschlägen einer pauschalisierende Herabstufung der Barunterhaltspflicht
Gutdeutsch FamRB 2012, 250 ff.; *Seiler* FamRZ 2015, 1845 (1853 ff.).

[224] BGH FamRZ 2014, 917 = NJW 2014, 1958, Tz. 38; weitergehend OLG Düsseldorf NZFam 2016,
268 (mAnm *Niederl*) für zusätzliche Minderung um einen pauschalen Verpflegungsmehraufwand.

[225] BGH FamRZ 1986, 48 (49) = NJW-RR 1986, 66; OLG Oldenburg FamRZ 1996, 625 (bedenk-
lich, soweit Anrechnung von Vergütung in Behindertenwerkstatt abgelehnt wird); OLG Schleswig
DAVorm 1984, 191; OLG Frankfurt DAVorm 1983, 516; OLG Celle DAVorm 1982, 571; OLG
Hamm FamRZ 1987, 742.

[226] OLG Bremen FamRZ 2001, 1300.

[227] OLG Schleswig OLGR 2001, 322 (§ 94 Abs. 3 S. 2 SGB VIII); OLG Oldenburg FamRZ 1996,
625 (zu § 91 Abs. 2 S. 2 Hs. 2 BSHG); OLG Koblenz OLGR 2002, 154.

[228] Vgl. BGH FamRZ 2015, 2131 = NJW 2015, 3715, Tz. 22 (zum Trennungsunterhalt) mAnm
Born; vgl. ferner OLG Karlsruhe NJW-RR 2006, 1586; OLG Brandenburg FamRZ 2004, 558; OLG
Naumburg NJW-RR 2003, 1089.

tretende Beeinträchtigung der Kindesinteressen auszuschließen.[229] Wird dagegen nicht berücksichtigt, ob die Mutter den Unterhaltsanspruch des Kindes ohne übermäßige Anstrengungen oder erhebliches Absinken des familiären Lebensstandards erfüllen kann, ist der Umfang und die Bedeutung des Schutzes durch Art 6. Abs. 2 GG vor verantwortungsloser Ausübung des Elternrechts zu Lasten des Kindeswohls verkannt. [230]

An einer Unterhaltsvereinbarung kann der Unterhaltsgläubiger nur festgehalten werden, wenn sie den Unterhaltsanspruch im Wesentlichen zutreffend festlegt. Der Unterhaltsgläubiger muss nicht dartun, dass zum jetzigen Zeitpunkt die Voraussetzungen des § 1614 Abs. 1 BGB vorlägen.[231] **Nach dem Tode eines Elternteils** haftet der andere auf den doppelten Barunterhalt, wenn das Kind von Dritten betreut wird. Dabei ist der Betreuungsanteil pauschal dem Barunterhaltsanteil gleichzusetzen.[232] Im Ausnahmefall kann ein abweichender Betreuungsbedarf darlegt werden. Kindergeld und Halbwaisenrente sind als bedarfsdeckend anzurechnen.

176   Der **Bedarf des minderjährigen Kindes** umfasst gem. § 1610 Abs. 2 BGB den gesamten Lebensbedarf. Für die Eingruppierung nach der Düsseldorfer Tabelle ist dabei grundsätzlich auch das durch **Ehegattensplitting** erhöhte Einkommen des Barunterhaltspflichtigen zu Grunde zu legen.[233] Die weitere Unterhaltslast ist aber zu berücksichtigen. Sofern der Barunterhaltspflichtige verheiratet ist und sein Ehegatte (mit der Steuerklasse V) ebenfalls berufstätig ist, muss dessen Steuernachteil vom Splittingvorteil in Abzug gebracht werden.[234] Der Splittingvorteil ist dann insoweit zulasten des Kindes auf den Unterhaltspflichtigen und seinen Ehegatten in Anlehnung an § 270 AO nach dem Maßstab einer fiktiven Einzelveranlagung zu verteilen.[235]

Die **Altersvorsorge** ist nicht zu berücksichtigen, solange nicht der Mindestbedarf gezahlt wird.[236]

Das Kind ist für die Höhe des Bedarfs **darlegungs- und beweispflichtig,** es sei denn, es wird nur der Mindestbedarf verlangt, denn nur insoweit regelt das Gesetz hinreichend eindeutig, dass das Kind bis zum (steuerlichen) Existenzminimum von der Darlegung und dem Beweis befreit sein soll.[237] Eine erzieherische Einflussnahme des nicht sorgeberechtigten Barunterhaltspflichtigen durch beschränkte Mittelzuweisung kommt nicht in Betracht.[238]

Ein **nicht in Schul- oder Berufsausbildung befindliches minderjähriges Kind** kann eine Erwerbsobliegenheit treffen.[239] Das kommt aber nur für das Alter zwischen 16 und

---

[229] BVerfG FamRZ 2001, 343 = NJW 2001, 957.

[230] BVerfG FamRZ 2001, 343 = NJW 2001, 957.

[231] 176 OLG Karlsruhe NJW-RR 2006, 1586.

[232] BGH FamRZ 2006, 1597 mAnm *Born* = NJW 2006, 3421; in diesem Sinne auch BGH (VI.) FamRZ 2007, 126 mAnm *Born* = NJW 2007, 989 m. Aufsatz *Mörsdorf-Schulte* NJW 2007, 964.

[233] BGH FamRZ 2008, 2189 = NJW 2008, 3562; FamRZ 2008, 968, 973; FamRZ 2005, 1817; OLG Nürnberg FamRZ 2015, 940 (Ls.) = FF 2015, 211 mAnm *Bömelburg;* aA OLG Oldenburg FamRZ 2006, 1127 und 1223 und *Schürmann* FamRZ 2008, 313; FamRZ 2007, 987.

[234] BGH FamRZ 2008, 2189 = NJW 2008, 3562, Tz. 31 – 33; FamRZ 2010, 1318 (mAnm *Schürmann*) = NJW 2010, 2515, Tz. 23; OLG Nürnberg FamRZ 2015, 940 (Ls.) = FF 2015, 211 (mAnm *Bömelburg*).

[235] BGH FamRZ 2013, 1563 = NJW 2013, 2900, Tz. 15; siehe auch BGH FamRZ 2015, 1594 = NJW 2015, 2577, Tz. 51 (ebenso beim Elternunterhalt).

[236] OLG Düsseldorf FamRZ 2006, 1685.

[237] BGH FamRZ 2002, 536 mAnm *Büttner* (542) = NJW 2002, 1269; OLG Stuttgart FamRZ 2003, 1684.

[238] BGH FamRZ 1983, 48 = NJW 1983, 393; FamRZ 1983, 473 = NJW 1983, 1429.

[239] OLG Rostock FamRZ 2007, 1267 (Teilerwerbstätigkeit); OLG Brandenburg MDR 2005, 340; OLG Koblenz JAmt 2004, 153; OLG Köln FuR 2005, 570; OLG Düsseldorf FamRZ 1990, 194 = NJW 1990, 1798: auch das minderjährige Kind muss nach grundlosem Ausbildungsabbruch jedwede Arbeit annehmen – in dieser Entscheidung wird die Anwendung des Rechtsgedankens des § 1611 Abs. 2 BGB generell abgelehnt.

18 Jahren in Betracht, und auch dann wird eine fiktive Zurechnung von Einkünften allenfalls teilweise (vgl. Rechtsgedanken des § 1611 Abs. 2 BGB) in Betracht kommen.

In Ost-West-Fällen für Zeiträume bis 31.12.2007 ist der Unterhaltsbedarf von in den **177** neuen Bundesländern lebenden Kindern noch nach der Berliner Tabelle zu zahlen.[240] Lebt das Kind im Westen und der Vater im Osten, richtet sich der Bedarf des Kindes nach der Westtabelle, für den Selbstbehalt kommt es auf den Wohnort des Verpflichteten an.[241]

bb) Privilegierte volljährige Kinder. Umfang der Gleichstellung. Gem. § 1603 Abs. 2 **178** S. 2 BGB stehen volljährige unverheiratete Kinder bis zur Vollendung des 21. Lebensjahrs minderjährigen Kindern gleich, solange sie im Haushalt der Eltern oder eines Elternteils leben und sich in der allgemeinen Schulausbildung befinden. Dies gilt nicht, wenn die Kinder bei Großeltern oder nahen Verwandten leben,[242] wohl aber bei Internataufenthalt.[243]

Diese **Gleichstellung** gilt für die gesteigerte Unterhaltspflicht (**Selbstbehalt**) – es gilt also der notwendige Selbstbehalt –[244] und den **Rang**, nicht aber für § 1606 Abs. 3 S. 2 BGB (Betreuung),[245] § 1606 Abs. 2 BGB (Vermögenseinsatz) und § 850d Abs. 2 ZPO (Rang in Vollstreckung).[246] Die Gleichstellung gilt nicht für behinderte Kinder, die die genannten Voraussetzungen nicht erfüllen, und bei Schulausbildung über das 21. Lebensjahr hinaus, mag die Fortdauer der Ausbildung auch unverschuldet sein.

Allgemeine Schulausbildung. Der BGH[247] hat dafür drei Kriterien aufgestellt: **179**

- Ziel des Schulbesuchs muss der **Erwerb eines allgemeinen Schulabschlusses** sein. Der Besuch einer Berufsschule oder eine sonstige auf ein konkretes Berufsfeld bezogene Ausbildung gehört nicht dazu, auch nicht im „Berufsgrundbildungsjahr".[248] Da eine berufsvorbereitende Bildungsmaßnahme nach § 51 SGB III nicht der Vorbereitung auf einen Schulabschluss dient, sondern der allgemeinen Verbesserung vorhandener Fähigkeiten, ist diese Maßnahme nicht einer allgemeinen Schulausbildung iSd § 1603 II 2 BGB gleichzusetzen.[249] Wohl zu bejahen ist es dagegen, wenn die Schule zwar auf ein konkretes Berufsziel ausgerichtet ist, aber dennoch einen allgemeinen Schulabschluss (Hauptschulabschluss, Fachhochschulreife) vermittelt.[250]

---

[240] So Nr. 25 Leitlinien des KG zum 1.7.2007 (wegen der Angleichung des Lebensverhältnisse in ganz Berlin seit 1.7.2005); und die übrigen Leitlinien.
[241] BSG FamRZ 2003, 1386 mAnm *Fischer;* so auch Süddeutsche Leitlinien und die übrigen Leitlinien jeweils Nr. 25.
[242] OLG Stuttgart FamRZ 2006, 1706; OLG Hamm NJW-RR 2005, 1669 AG Heidenheim FamRZ 2006, 1707; aM OLG Dresden FamRZ 2002, 695.
[243] OLG Brandenburg FamRZ 2005, 2094 (streitig).
[244] OLG Saarbrücken FamRZ 2007, 1763; OLG Koblenz FamRZ 2004, 829; OLG Hamm NJW-RR 2000, 217; OLG Braunschweig FamRZ 1999, 1453; OLG Hamm FamRZ 1999, 1528; OLG Rostock OLGR 2002, 94; aA OLG Bremen FamRZ 1999, 1529; dazu *Krause* FamRZ 2000, 660.
[245] OLG Hamburg FamRZ 2003, 180; OLG Hamm FamRZ 1999, 1018; OLG Bremen FamRZ 1999, 1529; nicht zutreffend dagegen OLG Naumburg FamRZ 2001, 371.
[246] BGH (IX a) FamRZ 2003, 1176 = NJW 2003, 2832.
[247] BGH FamRZ 2001, 1068 = NJW 2001, 2633 und FamRZ 2002, 815 – (Höhere Handelsschule); OLG Bremen FamRZ 1999, 879 (allgemeine Fachhochschulreife).
[248] OLG Zweibrücken FamRZ 2001, 1479 (Ls. – Orientierung an § 2 BAföG) und NJWE-FER 2000, 53; KG OLGR 2002, 113; OLG Koblenz OLGR 1999, 284; **anders** OLG Dresden FamRZ 2004, 301 (Ls.); OLG Hamm FamRZ 1999, 1528 für Berufsfachschule, deren Abschluss Zugangsvoraussetzung für den Besuch einer Fachhochschule ist; dagegen OLG Koblenz NJWE-FER 2001, 176 (höhere Berufsfachschule Fachrichtung Betriebswirtschaft keine allgemeine Schulausbildung).
[249] OLG Hamm NJW-RR 2015, 452 = FamRZ 2015, 939.
[250] Für Gleichstellung: OLG Dresden FamRZ 2004, 301; OLG Celle FamRZ 2004, 301 (Vermittlung des Hauptschulabschlusses); OLG Köln FamRZ 2003, 179; dagegen: OLG Dresden OLGR 2005, 467; KG FamRZ 2003, 178.

- Zeitliche Voraussetzungen. Der Schulbesuch muss die Arbeitskraft des Kindes mindestens überwiegend in Anspruch nehmen, so zB bei 20 Wochenstunden Unterricht.[251]
- Teilnahme an kontrolliertem Unterricht. Die Teilnahme darf nicht der Entscheidung des Schülers überlassen sein.

180 Der **Bedarf** bestimmt sich grundsätzlich nach dem **zusammengerechneten Einkommen der Elternteile** nach der Altersstufe 4 der Düsseldorfer Tabelle.[252] Die **vierte Altersstufe** der Düsseldorfer Tabelle für **Kinder ab 18 Jahre, die noch im Haushalt der Eltern oder eines Elternteils leben,** wird inzwischen von allen Oberlandesgerichten angewandt.[253] Wenn für das Kind jahrelang ein niedrigerer als der geschuldete Unterhalt gezahlt worden ist, rechtfertigt das nicht, das Kind daran festzuhalten, denn der Unterhalt in der abgeleiteten Lebensstellung richtet sich nach den objektiven Einkommensverhältnissen.[254]

Anteilige Haftung beider Elternteile. Auch bei „Hauskindern" haften die Eltern anteilig auf Barunterhalt, da eine Betreuung nicht mehr geschuldet ist.[255] Die anteilige Haftung errechnet sich nach dem Verhältnis der beiderseitigen Einkünfte nach Vorwegabzug des angemessenen Selbstbehalts, sofern kein Mangelfall vorliegt (→ Rn. 134).[256] Die Haftungsquote eines Elternteils beschränkt sich aber immer auf den Betrag, der sich allein nach seinem Einkommen ergäbe.

Bei Zusammentreffen von minderjährigen und privilegiert volljährigen Kindern ist umstritten, ob auch noch ein Vorwegabzug des Unterhalts für das minderjährige Kind vorzunehmen ist.[257] → Rn. 134.

Bei bloß fiktiven Einkünften eines Elternteils kann der andere auf den vollen Unterhalt in Anspruch genommen werden.[258]

Die gesteigerte Unterhaltspflicht erstreckt sich auch auf volljährige privilegierte Kinder.[259]

Die Beweislast für den Fortbestand seines Unterhaltsanspruchs in der titulierten Höhe trifft das privilegiert volljährige Kind.[260]

181 Ein **Titulierungsinteresse** besteht für einen unbefristeten und dynamischen Titel,[261] und zwar auch dann, wenn der Schuldner den Unterhalt bisher regelmäßig und rechtzeitig gezahlt hat.[262]

---

[251] Nicht bei Abendschule: OLG Köln FamRZ 2006, 504; anders OLG Hamm FamRZ 2007, 497.

[252] OLG Hamm FamRZ 1999, 1018.

[253] Leitlinien/Unterhaltsgrundsätze Nr. 13.1. Auch das KG hat seine frühere Ablehnung der 4. Altersstufe im Hinblick auf BGH FamRZ 2007, 542 (545) = NJW 2007, 1747 aufgegeben. Ab 1.1.2010 hat das OLG Oldenburg in seinen LL die weitere Anwendung der 3. Altersstufe für privilegierte Volljährige aufgegeben.

[254] **Anders** OLG Bamberg OLGR 2000, 38: Kind soll Änderungen der bisherigen „Lebensstellung" dartun müssen – das überzeugt nicht.

[255] BGH FamRZ 2002, 815; FamRZ 1994, 696; OLG Hamm NJW 1999, 3274 und FamRZ 2000, 379; OLG Dresden FamRZ 2005, 1004; OLG Bremen FamRZ 1999, 879 und 1529.

[256] BGH FamRZ 2011, 454 = NJW 2011, 670 (mAnm *Born*), Tz. 36, 37 (auch zum bisherigen Streitstand zur Frage, ob der angemessene oder der notwendige Selbstbehalt vorher abzuziehen ist); aA bis zur 11. Auflage.

[257] → Rn. 134. Verneinend OLG Stuttgart FamRZ 2007, 75; bejahend *Spangenberg* FamRZ 2007, 672 in Anm. zu dieser Entscheidung und OLG Saarbrücken FamRZ 2007, 1763; im Mangelfall bestehen gegen den Vorwegabzug Bedenken, vgl. BGH FamRZ 2002, 815, dann anteilige Berücksichtigung.

[258] OLG-Hamm NJW-RR 2005, 509; OLG Nürnberg MDR 2000, 34; OLG Hamm OLGR 2000, 63.

[259] OLG Dresden NJWE-FER 2001, 309 (auch wenn sie im Haushalt der Großeltern leben).

[260] OLG Hamm FamRZ 2003, 1025.

[261] OLG Hamm FamRZ 2012, 993, besprochen v. *Niepmann* FamRZ 2012, 129; OLG Dresden FamRZ 2011, 1407.

[262] BGH FamRZ 1998, 1165 = NJW 1998, 3116; OLG Oldenburg FamRZ 2003, 1575.

Die **Titulierung** des Minderjährigenunterhalts, aber auch des Unterhalts junger Volljähriger bis 21 Jahre ist gemäß §§ 59, 60 SGB VIII vor dem Jugendamt **kostenfrei möglich,** aber auch eine notarielle Beurkundung solcher Unterhaltsverpflichtungen ist gem. § 55a KostO iVm §§ 141, 143 KostO gebührenfrei.[263]

Kommt der Unterhaltsschuldner der **Aufforderung zur kostenfreien Titulierung** nicht nach, gibt er Veranlassung zum gerichtlichen Verfahren.[264] Bei einer Zusatzforderung, zB auch auf einen unbefristeten oder dynamischen Titel, kommt ein Wahlrecht zwischen Erstantrag und Abänderungsantrag in Betracht.[265]

Das **Jugendamt** hat gem. § 18 Abs. 1 SGB VIII die Amtspflicht, alleinsorgende Elternteile bei der Geltendmachung von Kindesunterhaltsansprüchen zu beraten und zu unterstützen.[266] Eine Amtspflichtverletzung kann zu Schadensersatzansprüchen führen.[267] Wenn ein Jugendamt im Rahmen seiner Beistandschaft Unterhaltsansprüche für minderjährige Kinder geltend zu machen hat, haftet das Land für Pflichtverletzungen, die in jedem Verstoß gegen das Gebot treuer und gewissenhafter Amtsführung liegen können, gemäß § 839 Abs. 1 S. 1 BGB, Art. 34 GG bzw. aus §§ 1716 S. 2, 1833 Abs. 1 S. 1, 1915 BGB.[268] Sofern kein dynamischer Titel besteht, muss das Jugendamt darauf hinwirken, dass die sich aus Veränderungen der Altersstufe oder der Düsseldorfer Tabelle ergebenden höheren Beträge gezahlt werden.[269]

cc) Volljährige und verheiratete Kinder. Geschuldet wird der angemessene Unterhalt. Die gesteigerte Unterhaltspflicht nach § 1603 Abs. 2 BGB besteht nicht mehr, so dass den Eltern der angemessene Selbstbehalt verbleiben muss.[270] Eine Einkommenserhöhung die auf dem Splittingvorteil der neuen Ehe beruht, kommt grundsätzlich auch den Kindern aus früherer Ehe zugute,[271] soweit nicht ein dadurch eintretender Steuernachteil des berufstätigen Ehegatten des Unterhaltspflichtigen vorher abzuziehen ist,[272] was mittels fiktiver Einzelveranlagung zu geschehen hat, → Rn. 176 [273]

182

Die Eltern haften anteilig nach ihren Erwerbs- und Vermögensverhältnissen (§ 1606 Abs. 3 BGB). **Ist ein Elternteil nur fiktiv leistungsfähig,** kann der andere auf den vollen Bedarf in Anspruch genommen werden, auf ihn geht der Anspruch des Kindes aber über (§ 1607 Abs. 2 BGB).

Bemessungsgrundlage für den Volljährigenunterhalt ist das zusammengerechnete Einkommen beider Elternteile, dazu näher → Rn. 180 –, 971 ff.

Körperlich oder geistig behinderte Kinder, die nicht erwerbsfähig sind, stehen minderjährigen Kindern nicht gleich.[274] Auch für sie gilt grundsätzlich der Nachrang (§ 1609 Nr. 4 BGB) und der angemessene Selbstbehalt der Eltern.

183

---

[263] OLG Hamm FamRZ 1996, 1562; eine einseitige Titulierung seitens des Unterhaltspflichtigen entfaltet aber keine Bindung für das Kind: OLG Köln FamRZ 2001, 1716.

[264] OLG Köln NJW-RR 1998, 1703 und FamRZ 1997, 177; OLG Bremen OLGR 1996, 106 (108); OLG Hamm FamRZ 1992, 831.

[265] OLG Zweibrücken FamRZ 2011, 1529 mwN.

[266] KG OLGR 2001, 361; OLG Celle NJW-RR 1997, 135; *Oberloskamp* DAVorm 1997, 65.

[267] OLG Hamm OLGR 2001, 14.

[268] BGH FamRZ 2014, 290 = NJW 2014, 692, Tz. 10.

[269] BGH FamRZ 2014, 290 = NJW 2014, 692, Tz. 20 ff.

[270] BGH FamRZ 1989, 272 = NJW 1989, 523.

[271] BGH FamRZ 2008, 2189 = NJW 2008, 3562; FamRZ 2005, 1817; vgl. auch OLG Nürnberg FamRZ 2015, 940 (LS) = FF 2015, 211 mAnm *Bömelburg;* aA OLG Oldenburg FamRZ 2006, 1127 und 1223.

[272] BGH FamRZ 2008, 2189 = NJW 2008, 3562, Tz. 31 – 33; FamRZ 2010, 1318 (mAnm *Schürmann*) = NJW 2010, 2515, Tz. 23; OLG Nürnberg FamRZ 2015, 940 (Ls.) = FF 2015, 211 (mAnm *Bömelburg*).

[273] BGH FamRZ 2013, 1563 = NJW 2013, 2900, Tz. 15; siehe auch BGH FamRZ 2015, 1594 = NJW 2015, 2577, Tz. 51 (beim Elternunterhalt).

[274] BGH FamRZ 1984, 683 = NJW 1984, 1813; vgl. weiter → Rn. 956.

184   Die **Identität der Unterhaltsansprüche** minderjähriger und volljähriger Kinder ist ungeachtet der unterschiedlichen Ausprägung der Ansprüche zu bejahen,[275] so dass ein Unterhaltstitel auch nach Eintritt der Volljährigkeit fortwirkt und Änderungen über § 238 FamFG geltend gemacht werden müssen. Die Tatsache, dass das Kind volljährig geworden ist oder geheiratet hat, kann daher nicht mit dem Vollstreckungsabwehrantrag nach § 120 Abs. 1 FamFG iVm § 767 ZPO geltend gemacht werden.[276]

Der **Eintritt der Volljährigkeit im laufenden Verfahren** ist allerdings von Amts wegen zu beachten.[277] Der BGH hat jedoch seine frühere Auffassung, es trete damit auch ein automatischer Beteiligtenwechsel ein,[278] aufgegeben und lässt nun ein Kind, dessen Unterhaltsanspruch zunächst nach § 1629 Abs. 3 BGB in Verfahrensstandschaft geltend gemacht worden ist, mit Eintritt der Volljährigkeit nur im Wege des **gewillkürten** Beteiligungswechsels in das Verfahren eintreten, ohne dass es dafür der Zustimmung des Antragsgegners bedarf.[279] Damit wird jetzt nicht nur dem Selbstbestimmungsrecht des jungen Volljährigen, der das Verfahren evtl. nicht weiterführen will, Rechnung getragen,[280] sondern auch dem bisher in Verfahrensstandschaft aktiv beteiligten Elternteil die Fortsetzung ermöglicht, um auf einen familienrechtlichen Ausgleichsanspruch umzustellen.[281]

185   Der **Unterhaltsanspruch volljähriger Kinder** ist **nicht auf den Ausbildungsunterhalt beschränkt.** § 1610 Abs. 2 BGB stellt lediglich klar, dass der Unterhaltsbedarf auch die Erziehungs- und Ausbildungskosten umfasst, besagt aber nichts über eine Beschränkung der Unterhaltspflicht zwischen Verwandten.[282]

186   **Bei Nichtaufnahme einer Ausbildung, Ausbildungsabbruch oder nach Abschluss der Ausbildung** trifft das volljährige Kind eine umfassende Erwerbsobliegenheit. Für die Nutzung seiner Arbeitskraft gelten ähnliche Maßstäbe wie für den barunterhaltspflichtigen Elternteil im Verhältnis zum minderjährigen Kind.[283]

Bei Verlust der Arbeit oder sonstigem Wiedereintritt der Bedürftigkeit gelten entsprechende Maßstäbe.[284]

187   **Für die Arbeitsplatzsuche im erlernten Beruf** ist eine Zeit von etwa 3 Monaten zuzubilligen,[285] danach muss Arbeit jeder Art,[286] auch unterhalb des Ausbildungsniveaus[287] und an jedem Ort Deutschlands aufgenommen werden, falls nicht ausnahms-

---

[275] BGH FamRZ 2006, 99 mAnm *Niefheus* = NJW 2006, 57; FamRZ 1994, 696 = NJW 1994, 1530; OLG Koblenz NJW-RR 2007, 438.

[276] OLG Koblenz NJW-RR 2007, 438.

[277] OLG Brandenburg FamRZ 2012, 1819; OLG Koblenz FamRZ 2002, 965; OLG Naumburg FamRZ 2001, 1319.

[278] So zuletzt noch OLG Brandenburg FamRZ 2012, 1819 mwN.

[279] BGH FamRZ 2013, 1378 = NJW 2013, 2595, Tz. 8 – 11.

[280] So bereits zuvor hier in der Vorauflage; ferner Wendl/Dose/*Schmitz*, 8. Aufl., § 10 Rn. 50 mwN

[281] Dazu OLG Nürnberg, NJW-Spezial 2013, 5 = JAmt 2012, 612; OLG Frankfurt FamRZ 2007, 909; ebenso *Gießler* FamRZ 2003, 1846. → Rn. 175.

[282] BSG FamRZ 1985, 1251 mwN; OLG Köln NJW 2000, 1201.

[283] BGH FamRZ 1985, 1245; FamRZ 1987, 930 = NJW-RR 1987, 706; OLG Celle OLGR 2004, 210.

[284] OLG Karlsruhe FamRZ 1999, 1532 (dann Elternunterhaltsselbstbehalt); → Rn. 192; BGH NJW 2012, 2883 = FamRZ 2012, 1553.

[285] OLG Hamm FamRZ 1990, 904 = NJW-RR 1990, 1228; OLG Saarbrücken NJW-RR 1986, 295; KG FamRZ 1985, 419 (etwas großzügiger).

[286] Überblick zu den Anforderungen bei AG Kerpen NJW-RR 2000, 75.

[287] OLG Frankfurt DAVorm 1992, 875 (877); FamRZ 1987, 188 u. 408; OLG Hamm FamRZ 1987, 411; BSG FamRZ 1985, 1251 (Eltern tragen nicht das Anstellungsrisiko); zum Selbstbehalt ggü. dem wieder bedürftig werdenden vollj. Kind: BGH NJW 2012, 2883 = FamRZ 2012, 1553.

weise örtliche Bindungen zu berücksichtigen sind. Auch bei Teilnahme an einem einjährigen Volkshochschulkurs wird eine Geringverdienertätigkeit zumutbar sein.[288]

Zwischen Abitur und Ausbildungs- oder Studienbeginn besteht in einer Übergangszeit von etwa drei Monaten ebenfalls keine Erwerbsobliegenheit, sondern im Regelfall der Anspruch auf eine gewisse Orientierungs- und Erholungsphase.[289]   **188**

Dagegen soll schon bei einer Pause von zwei Monaten **zwischen Zivildienst bzw.**   **189**
freiwilligem sozialen Jahr und Beginn einer Ausbildung der Unterhalt durch Aufnahme einer Aushilfstätigkeit selbst gedeckt werden.[290] Diese Differenzierung überzeugt jedenfalls dann nicht, wenn der Abiturient den Zivildienst oder das freiwillige soziale Jahr unmittelbar nach der Schulzeit ohne eine Erholungsphase angetreten hat und danach etwas Zeit zur Neuorientierung benötigt.

Eine Unterhaltsberechtigung besteht fort, wenn vor der Ausbildung ein vorgeschriebenes, **nicht vergütetes Praktikum** absolviert wird.[291] Der auf Ausbildungsunterhalt gerichtete Anspruch eines volljährigen Kindes entfällt auch nicht bereits dann, wenn es aufgrund eines notenschwachen Schulabschlusses erst nach drei Jahren vorgeschalteter **Berufsorientierungspraktika** und ungelernter Aushilfstätigkeiten einen Ausbildungsplatz erlangt.[292]

Volljährige Kinder, die ihrerseits minderjährige Kinder betreuen, trifft zwar im   **190**
Verhältnis zu den Eltern grundsätzlich eine Erwerbsobliegenheit.[293] Der Anspruch auf Ausbildungsunterhalt gegen die Eltern geht aber nicht deshalb verloren, weil die Unterhaltsberechtigte infolge Schwangerschaft und anschließender Kinderbetreuung mit der Ausbildung verzögert beginnt, sofern sie die Ausbildung nach Vollendung des dritten Lebensjahres ihres Kindes und evtl. angemessener weiterer Übergangszeit aufnimmt.[294] Für einen Anspruch auf **Ausbildungsunterhalt** hat das OLG Jena [295] die Erfolgsaussicht bejaht, obwohl zwischen Realschulabschluss und Aufnahme der Ausbildung sieben Jahre lagen, denn zwischenzeitlich hatte die Unterhaltsberechtigte vier Kinder bekommen und diese nach der Geburt betreut.

Die **Höhe des Unterhalts richtet sich nach der Lebensstellung** des volljährigen   **191**
Kindes. Es kommt daher auf das Einkommen der Eltern an, solange das Kind noch eine von ihnen abgeleitete Lebensstellung hat. Wesentlich dafür ist, ob das Kind noch keine wirtschaftliche Selbstständigkeit erreicht hat.[296] Solange es noch **bei den Eltern oder einem Elternteil wohnt,** ist deswegen die **4. Altersstufe der Düsseldorfer Tabelle** anwendbar;[297] teilweise wird dennoch ein Mindestbedarf (derzeit 610 EUR) für junge Erwachsene mit eigenem Einkommen (zB für Auszubildende) im Hinblick auf eine sich damit anbahnende eigene Lebensstellung angenommen.[298] Die Anknüpfung an die Lebensstellung der Eltern endet auch, wenn nach Abschluss der Ausbildung keine Berufstätigkeit aufgenommen wird.[299]

---

[288] OLG Köln FamRZ 2006, 504.
[289] OLG Karlsruhe NJW 2012, 1599; OLG Hamm NJW-RR 2006, 509.
[290] OLG Karlsruhe NJW 2012, 1599; OLG Zweibrücken NJW-RR 2006, 1660.
[291] OLG Frankfurt FamRZ 2007, 1839.
[292] BGH FamRZ 2013, 1375 = NJW 2013, 2751, Tz. 20.
[293] BGH FamRZ 1985, 273 = NJW 1985, 806; vgl. auch OLG Frankfurt FamRZ 2006, 566.
[294] BGH, NJW 2011, 2884 = FamRZ 2011, 1560, Tz. 19. Ausführlich dazu: *Götz* FamRZ 2012, 1610 ff.
[295] OLG Jena MDR 2015, 400 = NZFam 2015, 512.
[296] BGH FamRZ 1997, 281 (283) = NJW 1997, 735; OLG Hamm FamRZ 2003, 1685; OLG Bamberg OLGR 2000, 38.
[297] → Rn. 180; Leitlinien/Unterhaltsgrundsätze Nr. 13.1.
[298] Frankfurter Unterhaltsgrundsätze Nr. 13.1; Thüringer LL Nr. 13.2.
[299] BGH FamRZ 1985, 371 (373) = NJW 1985, 1340; OLG Bamberg FamRZ 1994, 255 = NJW-RR 1993, 1093.

192 Ob **noch eine abgeleitete oder schon eine selbstständige Lebensstellung** anzunehmen ist, kann für folgende Fallgruppen zweifelhaft sein:

- **Arbeitslose** volljährige Kinder behalten die vorher erreichte selbstständige Lebensstellung, die aber durch die Arbeitslosigkeit absinken kann. Das gilt auch, wenn die Ausbildungspläne endgültig gescheitert sind. Das Kind erwirbt dann die einfache Lebensstellung eines Arbeitslosen.[300] Verliert das Kind – zB krankheitsbedingt – die wirtschaftliche Selbständigkeit, ist den Eltern der nach der Düsseldorfer Tabelle und den unterhaltsrechtlichen Leitlinien für den Elternunterhalt vorgesehene Selbstbehalt zu belassen.[301]

193 - **Auszubildende, wenn sie ausgezogen sind:** Siehe Studenten, andernfalls aber → Rn. 191.

194 - **Behinderte** können nach entsprechender Verselbstständigung (zB dauerhafte Arbeit in Behindertenwerkstatt) ebenfalls eine selbstständige Lebensstellung erreichen.[302] Ihr Bedarf entspricht dem notwendigen Selbstbehalt. Das Entgelt von einer Behindertenwerkstatt ist anrechenbares Arbeitseinkommen.[303]

195 - **Inhaftierte Kinder**[304] bleiben unterhaltsbedürftig, wenn sie vor der Inhaftierung unterhaltsberechtigt waren, denn die Durchsetzung des staatlichen Strafanspruchs dient nicht der Entlastung Unterhaltspflichtiger. Weitere Voraussetzung ist aber, dass ihnen auch weiterhin keine fiktiven Einkünfte zuzurechnen sind. Bei der Höhe des Bedarfs ist die Inhaftierung zu berücksichtigen.[305]

196 - **Studenten** haben keine selbstständige Lebensstellung, wenn sie noch keine wirtschaftliche Selbständigkeit erreicht haben.[306] Es wird jedoch inzwischen eine typisierte Bedarfssituation mit derzeit 735 EUR – etwa in Höhe des BAföG-Höchstsatzes – angenommen. Bei wirtschaftlich guten Verhältnissen der Eltern ist jedoch auf die bisherige Lebensstellung abzustellen.[307] Bei Studenten des 2. Bildungsweges bleibt die schon erreichte selbstständige Lebensstellung erhalten.

197 - **Verheiratete Kinder** haben eine eigene Lebensstellung. Gemäß § 1584 BGB haftet der geschiedene Ehegatte vor den Verwandten, solange er leistungsfähig ist.[308]

198 - **Wehrpflichtige** (betrifft nach Aussetzung der Wehrpflicht noch die Zeiträume bis Mitte 2012) hatten noch keine eigene Lebensstellung, wenn sich der Wehrdienst an Schule oder Studium anschließt. Allerdings wird der Bedarf für diesen „Lebensteil" durch die Bezüge der Wehrpflichtigen gedeckt, so dass ergänzende Ansprüche nach den Lebensverhältnissen der Eltern sich nur noch auf die Finanzierung von besonderen, schon bisher üblichen Aufwendungen, zB für Literatur, Mitgliedsbeiträge oder Musikunterricht, beziehen.[309] Diese Aufzählung des BGH ist als beispielhaft gekennzeichnet, so dass auch höhere Mietaufwendungen[310] oder die nach der Lebensstellung der Eltern mögliche und bisher übliche Finanzierung der Pkw-Haltung darunter fallen kann. Dafür spricht die Gleichbehandlung von Kindern aus getrennten Familien mit anderen. Nach Beendigung des Wehrdienstes soll das Kind seinen Unterhaltsbedarf

---

[300] OLG Bamberg FamRZ 1994, 255 = NJW-RR 1993, 1093 („Umstände des Einzelfalls").

[301] BGH NJW 2012, 2883, Tz. 16 = FamRZ 2012, 1553 mAnm *Hauß* FamRZ 2012, 1628.

[302] OLG Karlsruhe FamRZ 1986, 496.

[303] OLG Brandenburg FPR 2004, 474.

[304] Dazu DIV-Gutachten DAVorm 1988, 389.

[305] AG Stuttgart FamRZ 1996, 955 geht von Deckung des Bedarfs durch die Versorgungsleistungen des Staates aus; ähnlich OLG Karlsruhe NJW 2004, 519 für inhaftierte Ehegatten.

[306] BGH FamRZ 1987, 58; FamRZ 1986, 151; OLG Stuttgart FamRZ 1988, 1086; anders OLG Düsseldorf FamRZ 1986, 950 bei Studenten mit eigenem Haushalt.

[307] → Rn. 200; OLG Frankfurt FamRZ 1987, 1179.

[308] OLG Schleswig OLGR 1996, 123.

[309] BGH FamRZ 1990, 394 = NJW 1990, 713; OLG München OLGR 2002, 142 für freiwilliges soziales Jahr.

[310] BGH FamRZ 1994, 303 = NJW 1994, 938; OLG Hamm FamRZ 1993, 100.

durch Aufnahme einer Aushilfstätigkeit selbst decken müssen, wenn nicht ein zur Ausbildung gehörendes unvergütetes Praktikum sich anschließt.[311]

- Während eines den **Zivildienst** (bis Mitte 2012) ablösenden **Bundesfreiwilligendienstes** 199 (sog. „Bufdi") oder der Ableistung eines **freiwilligen sozialen Jahres** können unter Berücksichtigung dort erhaltener Bezüge ebenfalls ergänzende Unterhaltsansprüche bestehen.[312]

dd) Unterhaltshöhe und Sättigungsgrenze. Höherer Bedarf. Einen über die Höchst- 200 sätze der Düsseldorfer Tabelle hinausgehenden Bedarf muss das volljährige Kind darlegen und beweisen. Der Verpflichtete kann ihm aber nicht entgegenhalten, in der Zeit der Minderjährigkeit habe er einen geringeren Unterhalt gezahlt und eine Änderung sei seitdem nicht eingetreten,[313] denn das jetzt volljährige Kind ist nicht daran gebunden, dass der bisher Sorgeberechtigte zu wenig Unterhalt verlangt hat.

Für volljährige Kinder ergibt sich teilweise eine Diskrepanz zu den Studentenbedarfssätzen, denn die vierte Altersstufe weist in der höchsten Einkommensgruppe (4700–5100 EUR) einen Bedarfssatz von 826 EUR aus, während mit dem Studentenbedarfssatz von 735 EUR neben den Wohnkosten auch die studienbedingten Ausgaben (nicht jedoch die Studiengebühren) zu finanzieren sind.[314] Dies bedeutet, dass schon in der Einkommensgruppe 1 (bis 1500 EUR) der Betrag für ein bei einem Elternteil wohnendes volljähriges Kind mit 516 EUR (bei einem darin enthaltenen Wohnanteil von 20 %) effektiv den Studentenbedarf fast erreicht, denn das auswärts wohnende Kind muss aus dem Studentenbedarfsbetrag von 735 EUR immerhin ca. 300 EUR für Wohnkosten aufbringen.[315]

Zu einer stimmigen Unterhaltszumessung kommt man in diesen Fällen nur, wenn im Einzelfall mit Rücksicht auf die Lebensstellung der Eltern abgewichen wird, insbesondere der Studentenbedarf bei guten Verhältnissen angehoben wird.[316]

Die für den Bedarf eines Studenten veranschlagten Beträge, die auch den durch- 201 schnittlichen ausbildungsbedingten Mehrbedarf umfassen,[317] zeigen seit 2008 keine Unterschiede mehr.

Für nicht studierende Kinder außerhalb des Elternhauses werden ebenfalls die 202 Beträge des Studentenbedarfs angesetzt. Der Bedarf eines volljährigen Kindes, das bei seiner Großmutter und deren Ehemann lebt, beläuft sich auf die Höhe des Bedarfs eines volljährigen Kindes mit eigenem Hausstand (zurzeit 735 EUR); dort gewährte Verpflegung und Unterkunft sind freiwillige Leistungen Dritter und vermindern nicht den Unterhaltsbedarf.[318]

Eine Steigerung dieser Beträge kommt bei besonders günstigen Einkommensverhält- 203 nissen der Eltern in Betracht,[319] allerdings nicht in Form einer schematischen Zurechnung

---

[311] OLG Zweibrücken NJW-RR 2006, 1660.

[312] OLG Hamm NZFam 2014, 232 (mit krit. Anm. *Schmitz* gegen die Einschränkungen dem Grunde nach) für den „Bufdi"; OLG Stuttgart FamRZ 2007, 1353; OLG München OLGR 2002, 142 für freiwilliges soziales Jahr → Rn. 369.

[313] Anders aber OLG Bamberg NJWE-FER 2001, 228.

[314] OLG Düsseldorf FamRZ 2012, 1654 (Ls.); OLG Hamm NJW-RR 2010, 577.

[315] Vgl. zB Kölner Leitlinien, Süddeutsche Leitlinien, Frankfurter Unterhaltsgrds. Nr. 13.1.2: In 735 EUR Studentenbedarf ist Warmmiete von 300 EUR enthalten.

[316] Leitlinien und Unterhaltsgrundsätze Nr. 13.1.2. OLG Frankfurt FamRZ 1987, 1179.

[317] OLG Düsseldorf FamRZ 1986, 1242; ausgenommen sind aber die Studiengebühren (Leitlinien und Unterhaltsgrds. Nr. 13.1.2), OLG Koblenz NJW-RR 2009, 1153; OLG Hamm NJW-RR 2010, 577 (aber nicht die sog. Semestergebühren); siehe dazu auch OLG Düsseldorf FamRZ 2012, 1654 (Ls.).

[318] OLG Hamm FamRZ 2014, 222 = NJW-RR 2014, 5 = FamFR 2013, 344.

[319] BGH FamRZ 2001, 1603 = NJWE-FER 2001, 253; das entspricht BGH FamRZ 1987, 58 (60); FamRZ 1988, 37 = NJW-RR 1988, 66; OLG Stuttgart FamRZ 1988, 1086.

des Wohnbedarfs zu den Beträgen der Düsseldorfer Tabelle und auch nicht in Form einer schematischen Fortschreibung der Werte der Düsseldorfer Tabelle. Zu berücksichtigen ist, dass nur der tatsächliche Unterhaltsbedarf zu decken ist, der auch in gehobenen Verhältnissen durch das „Kindsein" bzw. „Studentsein" gekennzeichnet wird, ohne dass Anspruch auf eine Teilhabe am Luxus besteht.[320]

204   **Eine Sättigungsgrenze allgemeiner Art** ist jedoch weder für den Unterhalt minderjähriger noch volljähriger Kinder zu fixieren.[321] Kinder getrennt lebender oder geschiedener Ehen sollen am Lebensstandard der Eltern ebenso teilhaben wie Kinder in „intakten" Ehen, anzuknüpfen ist also an das, was das Kind nach vernünftigen Maßstäben unter Berücksichtigung der bisherigen Gestaltung des Lebenszuschnitts braucht. Wesentlich kann daher sein, ob der Mehrbedarf auf dem Lebensstandard des Elternhauses beruhte.[322]

205   **Der doppelte BAföG-Satz** kann als praktische Orientierungshilfe für den nach diesen Maßstäben anzusetzenden Höchstbedarf dienen,[323] wenn er auch nicht als starre Höchstgrenze anzusehen ist, die auch Sonderfälle (zB Auslandsstudium, Behinderungen) erfasst. Das OLG Düsseldorf hat bei sehr guten Verhältnissen[324] eine Anhebung des (damaligen) Studentenbedarfs von 850 DM auf 1400 DM für angemessen gehalten. Der feste Bedarfsbetrag deckt auch die Kosten der Heimfahrten zu einem Elternteil ab.[325] Sofern die Universität ein kostenfreies Examensrepetitorium zur Vorbereitung auf das erste juristische Staatsexamen anbietet (Bochum seit 2008), können keine Kosten für ein privates Repetitorium als Mehrbedarf verlangt werden, selbst wenn das private früher (2007) von 95 % besucht worden ist.[326]

206   Die **Darlegungs- und Beweislast** für über die Höchstsätze der Düsseldorfer Tabelle hinausgehenden Bedarf trifft den Unterhaltsberechtigten, wobei Schätzungen zu Einzelpositionen möglich sind.[327]

c) Vereinfachtes Verfahren bis zum 1,2-fachen Mindestunterhalt und Mindestunterhalt bei Feststellung der Vaterschaft

207   **aa) Vereinfachtes Verfahren (§§ 249 – 260 FamFG)[328]. Bis zum 1,2-fachen des Min**destunterhalts kann „der Unterhalt eines minderjährigen Kindes" (es kommt dabei auf die Art des zu titulierenden Unterhaltsanspruchs **als Minderjährigenunterhalt** an, nicht auf das Alter des Antragstellers während des Verfahrens)[329] in einem vereinfachten Ver-

---

[320] BGH FamRZ 1987, 58 (60); OLG Brandenburg FamRZ 2006, 1781; OLG Schleswig FuR 2001, 417; KG FamRZ 1998, 1386.

[321] BGH FamRZ 2000, 358 mAnm *Deisenhofer* = NJW 2000, 954; OLG Koblenz FamRZ 1992, 1217; OLG Düsseldorf NJW-RR 1992, 1029 (1031) und FamRZ 1991, 806.

[322] OLG Düsseldorf FamRZ 1999, 1452.

[323] OLG Karlsruhe FamRZ 1981, 1195; OLG Köln NJWE-FER 1999, 176 geht von 1500 DM bei Jahresbruttoeinkommen von 200 000 DM aus.

[324] OLG Düsseldorf NJW-RR 1992, 1029 (Zahnarztehepaar mit jeweils 12 000 DM netto im Monat); vgl. auch OLG Hamm FamRZ 1995, 1005 (bei Einkünften von 12 000 DM von damals 950 DM auf 1300 DM); KG FamRZ 1998, 1326 (nur maßvolle Erhöhung).

[325] OLG Brandenburg FamRZ 2006, 1781.

[326] OLG Hamm FamRZ 2014, 222 = NJW 2013, 2911

[327] BGH FamRZ 2001, 1603 (1604) = NJWE-FER 2001, 253; BGH FamRZ 2000, 358 mAnm *Deisenhofer* = NJW 2000, 954; FamRZ 1983, 473 = NJW 1983, 1429; OLG Bamberg FamRZ 2000, 312.

[328] Gesamtüberblick zum bis 31.12.2016 geltenden Recht: *Lucht* FuR 2010, 197 ff.; zum ab 1.1.2017 geltenden Recht: *Bömelburg* FamRB 2016, 27 ff.

[329] BGH FamRZ 2006, 402 = NJW-RR 2006, 582, Tz. 19–21, entscheidet damit den früheren Streit: OLG Koblenz OLGR 2006, 632 (bereits ähnlich wie BGH), anders ua OLG Brandenburg FamRZ 2002, 1346, wonach es auf das Alter des Antragstellers im Zeitpunkt der Beschlussfassung ankommen sollte (ebenso bis zur 10. Auflage). Für die **Vollstreckung durch den Volljährigen** tritt nun § 244 FamFG an die Stelle des bisherigen § 798a ZPO.

fahren nach §§ 249–260 FamFG gegen den Elternteil, mit dem es nicht zusammen in einem Haushalt lebt,[330] tituliert werden.[331]

Mit dem **Gesetz zur Änderung des Unterhaltsrechts und des Unterhaltsverfahrens-** **207a** **rechts sowie zur Änderung der ZPO und kostenrechtlicher Vorschriften vom 20.11.2015**[332] wird das vereinfachte Verfahren über den Unterhalt Minderjähriger teilweise neu geregelt. Aus Gründen der technischen Umsetzung tritt diese Neuregelung jedoch **erst am 1.1.2017 in Kraft.** Neben Änderungen der Systematik der Vorschriften ist die wesentliche praktische Neuerung die **Abschaffung des Formularzwangs** für den Unterhaltsschuldner. Außerdem wird dessen Auskunftsverpflichtung künftig präziser geregelt. Ferner ist im Gesetzgebungsverfahren noch die Anregung aufgegriffen worden,[333] in § 256 Satz 2 FamFG künftig ausdrücklich klarzustellen, dass eine Beschwerde, die auf erst nach Erlass des erstinstanzlichen Beschlusses erhobene Einwendungen wegen mangelnder Leistungsfähigkeit gestützt wird, bereits unzulässig ist.[334] Dagegen ist die ursprünglich vorgesehene Abschaffung des vereinfachten Verfahrens für die Fälle, in denen der Schuldner seinen gewöhnlichen Aufenthalt im Ausland hat, auf begründete Intervention des Bundesrates[335] wieder fallen gelassen worden, weil die Bedeutung von im Ausland zu vollstreckenden Titeln in der Praxis doch eine höhere Bedeutung hat als zunächst angenommen. Bei **Vollstreckungen im Ausland** ist weiterhin § 245 FamFG zu beachten.[336]

Abgesehen von den genannten Änderungen bleibt es bei dem bisherigen Anwendungsbereich und der Grundstruktur des Verfahrens.

Das vereinfachte Verfahren ist allerdings derzeit und künftig weiterhin unzulässig, **207b** wenn das Kind **bei keinem Elternteil** lebt und daher beide Eltern barunterhaltspflichtig sind,[337] denn ähnlich wie bei Praktizierung eines Wechselmodells, bei dem die Abgrenzung zwischen Barunterhalt und in Betracht kommenden Naturalunterhaltsleistungen im vereinfachten Verfahren nicht möglich ist, weil es für wertende Beurteilungen keinen Raum lässt, ist es auch nicht geeignet, die anteilige Haftung der Eltern gemäß § 1606 Abs. 3 S. 1 BGB nach ihren Erwerbs- und Vermögensverhältnissen zu klären. Dies gilt umso mehr als der Anspruchsgegner praktisch kaum in der Lage sein wird, einen Quotenbetrag zu benennen und sich gemäß § 252 FamFG zu dessen Zahlung bereit zu erklären.

Das vereinfachte Verfahren ist ferner **nur zulässig für die Erstfestsetzung** des Unterhalts (§ 249 Abs. 2 FamFG).[338] Das Verfahren ist daher nicht mehr statthaft, wenn bereits eine gerichtliche Entscheidung „über den Unterhaltsanspruch" des Kindes vorliegt oder ein zur Zwangsvollstreckung geeigneter Schuldtitel errichtet worden ist; eine erst nach Antragstellung errichtete Jugendamtsurkunde steht demnach nicht entgegen.[339] Eine einstweilige Anordnung ist gar keine Entscheidung „über den Unterhaltsanspruch",

[330] OLG Celle FamRZ 2003, 1475 = OLGR Celle 2004, 15; daher unzulässig beim sog. „Wechselmodell".

[331] Alttitel, die das 1,5-fache des früheren Regelbetrags überschreiten, können gleichwohl dynamisiert werden: OLG Düsseldorf DAVorm 2000, 63 und OLG Karlsruhe DAVorm 2000, 62; OLG Köln Beschl. v. 26.10.1999, 25 UF 212/99.

[332] BGBl. I 2015, 2018; BT-Drs. 18/5918 (Regierungsentwurf), 18/6287 (Bundesrat), 18/6380 (Beschlussvorlage); speziell dazu *Bömelburg* FamRB 2016, 27; ferner *Borth* FamRZ 2015, 2013.

[333] *Niepmann/Schwamb* NJW 2015, 2622 (2628) unter VIII. 2.

[334] BT-Drs. 18/5918 S. 21; zum aktuellen Streitstand: Bumiller/Harders/*Schwamb* FamFG § 256 Rn. 3 und zuletzt OLG Frankfurt FamRZ 2015, 1993 mwN.

[335] BT-Drs. 18/6287.

[336] Vgl. dazu Bumiller/Harders/*Schwamb* FamFG § 249 Rn. 12.

[337] OLG Stuttgart FamRZ 2014, 1473 = NZFam 2014, 566 mAnm *Bruns.*

[338] OLG Naumburg FamRZ 2002, 1045.

[339] OLG München FamRZ 2001, 1076.

sondern tritt vielmehr als nur vorläufig gemäß § 56 FamFG mit Rechtskraft des Festsetzungsbeschlusses außer Kraft.[340]

Mit der Einführung der §§ 249 ff. FamFG hat sich ferner die Auffassung durchgesetzt, dass das vereinfachte Verfahren für einen auf **ausländischem Sachrecht** beruhenden Unterhaltsanspruch nicht gilt.[341] Da die Anwendung ausländischen Rechts nach der seit 18.6.2011 anwendbaren EuUnthVO für in Deutschland lebende Kinder kaum noch vorkommt, ist die Frage nur von geringer praktischer Bedeutung.

207c   Im vereinfachten Verfahren können **gesetzliche Verzugszinsen** ab dem Zeitpunkt der Zustellung des Festsetzungsantrages auf den zu dieser Zeit rückständigen Unterhalt festgesetzt werden; die Festsetzung künftiger Verzugszinsen ist ausgeschlossen.[342] Auch der Antrag auf Festsetzung eines den Regelbetrag unterschreitenden Unterhalts ist möglich.[343] Zweckmäßigerweise sollte der Unterhalt im vereinfachten Verfahren hinsichtlich der laufenden Beträge immer als **dynamisierter Unterhalt** verlangt werden.[344]

Auch die **Unterhaltsvorschusskasse** kann einen Titel in dynamisierter Form verlangen. Diese von der Rechtsprechung bereits zuvor eingeräumte Möglichkeit[345] ist mit dem sog. „Unterhaltsvorschussentbürokratisierungsgesetz"[346] zum 1.7.2013 ausdrücklich gesetzlich geregelt worden.[347]

Der **Beistand Jugendamt** kann den Unterhalt für das Kind im vereinfachten Verfahren geltend machen.[348]Die Bedeutung dieser Möglichkeit ist gestiegen, nachdem der BGH entschieden hat, dass § 1629 BGB auch bei getrenntlebenden, verheirateten und gemeinsam sorgeberechtigten Eltern einer Vertretung des Kindes durch das Jugendamt als Beistand zur gerichtlichen Geltendmachung von Kindesunterhalt nicht entgegensteht.[349] Wenn ein Jugendamt im Rahmen seiner Beistandschaft Unterhaltsansprüche für minderjährige Kinder geltend zu machen hat, haftet das Land auf Schadensersatz für Pflichtverletzungen, die in jedem Verstoß gegen das Gebot treuer und gewissenhafter Amtsführung liegen können, gemäß § 839 Abs. 1 S. 1 BGB, Art. 34 GG bzw. aus §§ 1716 S. 2, 1833 Abs. 1 S. 1, 1915 BGB.[350] Sofern kein dynamischer Titel besteht, muss das Jugendamt darauf hinwirken, dass die sich aus Veränderungen der Altersstufe oder der Düsseldorfer Tabelle ergebenden höheren Beträge gezahlt werden.[351]

Die **Kostenentscheidung** richtet sich nach § 243 FamFG, wobei sowohl das prozessuale Vorgehen des Antragstellers als auch ein etwaiges Aufklärungsverschulden des Antragsgegners zu berücksichtigen ist.[352]

---

[340] Keidel/*Giers* FamFG § 249 Rn. 14; Thomas/Putzo/*Hüßtege* ZPO, zu § 249 FamFG, Rn. 5.

[341] Wendl/Dose/*Schmitz* (9. Aufl.) § 10 Rn. 638; Keidel/*Giers* FamFG § 249 Rn. 16; Thomas/ Putzo/*Hüßtege* ZPO, Vorb. zu § 249 FamFG, Rn. 2; Johannsen/Henrich/*Maier* FamFG § 249 Rn. 16; **aA** hier bis 11. Auflage; OLG Karlsruhe FamRZ 2006, 1393 = NJW-RR 2006, 1587; MüKoZPO/*Macco* FamFG § 249 Rn. 9.

[342] BGH FamRZ 2008, 1428 = NJW 2008, 2710.

[343] OLG Naumburg FamRZ 2007, 1027 mAnm *van Els* FamRZ 2007, 1660.

[344] Aber so weit wie möglich zu beziffern: OLG Brandenburg FamRZ 2007, 71 (Ls.); vgl. *Miesen* FamRZ 1999, 1397.

[345] OLG Hamm FamRZ 2011, 409.

[346] BT-Drucks. 17/8802; Beschlussempfehlung BT-Drucks. 17/12488.

[347] Zu weiteren Einzelheiten: *Birnstengel* JAmt 2013, 179 ff.

[348] OLG Stuttgart JA 2007, 40 mAnm *Knittel*.

[349] BGH FamRZ 2015, 130 = NJW 2015, 232, krit. Anm. *Schwamb* FamRB 2015, 5; ebenso OLG Schleswig FamRZ 2014, 1712; aA OLG Oldenburg (Vorinstanz) FamRZ 2014, 1652; OLG Celle FamRZ 2013, 53 und NJW-RR 2012, 1409.

[350] BGH FamRZ 2014, 290 = NJW 2014, 692, Tz. 10.

[351] BGH FamRZ 2014, 290 = NJW 2014, 692, Tz. 20 ff.

[352] OLG Köln FamRZ 2012, 1164.

Auch das **Kindergeld** kann dynamisiert werden.[353] Mit Rücksicht darauf sind im **208** FamFG keine den bisherigen §§ 655, 656 ZPO aF entsprechenden Vorschriften über eine vereinfachte Abänderung eines Titels wegen Änderungen beim Kindergeld oder sonstigen Leistungen nach § 1612c BGB mehr aufgenommen worden.[354]

Die Dynamisierung von Alttiteln nach Art. 5 § 3 Abs. 2 KindUG ist nicht auf das 1,2-fache des Mindestunterhalts beschränkt.[355] Der Mindestunterhalt einer höheren Altersstufe kann aber mit dieser Dynamisierung nicht tituliert werden,[356] ebenso kann ein zeitlich begrenzter Alttitel nicht in einen zeitlich unbegrenzten Titel umgewandelt werden.[357]

Formelle Einwendungen des Unterhaltsverpflichteten gegen die Unterhaltsfestsetzung **209** im vereinfachten Verfahren können gem. § 252 Abs. 1 FamFG erhoben werden.[358] Ab 1.1.2017 fallen darunter aber nur noch die reinen Zulässigkeitsvoraussetzungen (bisher Abs. 1 Nr. 1). Dazu gehört auch der Einwand des Unterhaltsverpflichteten, er lebe mit der Kindesmutter zusammen.[359]

Dagegen fallen die bisher in § 252 Abs. 1 Nr. 2 und Nr. 3 FamFG besonders aufgeführten Einwendungen in der ab 1.1.2017 geltenden Neufassung unter „Andere Einwendungen" iSd neuen Abs. 2.

Materielle Einwendungen, insbesondere mangelnde Leistungsfähigkeit, können nur gem. § 252 Abs. 2 FamFG **(ab 1.1.2017 gem. § 252 Abs. 4 FamFG nF)** erhoben werden. Der Antragsgegner muss sich zwar grundsätzlich in Höhe eines anerkannten Betrages zur Unterhaltsleistung verpflichten; erklärt er allerdings im Vordruck „Einwendungen gegen den Antrag auf Festsetzung von Unterhalt" ausdrücklich, „Unterhalt nicht entrichten" zu können, steht einer Zulässigkeit seiner Einwendung fehlender Leistungsfähigkeit nicht entgegen, dass er im dritten Abschnitt des Vordruckes nicht auch eingetragen hat, zur Leistung von Unterhalt in Höhe von „0 EUR" bereit zu sein.[360] Bedauerlicherweise schafft die **Neufassung von § 252 Abs. 2 FamFG** in diesem Punkt wieder keine völlige Klarheit, weil auch einem nach seinen übrigen Angaben und Belegen offensichtlich Leistungsunfähigen grundsätzlich weiterhin abverlangt wird, sich zu erklären, „inwieweit" er zu Zahlungen bereit ist und er sich insoweit verpflichten soll.[361] Man wird jedoch insoweit auf die zitierte großzügigere Rechtsprechung zu dieser Erklärungspflicht nach dem bisherigen Recht zurückgreifen können.

Beim **Einwand eingeschränkter oder fehlender Leistungsfähigkeit** muss nach dem **bis 31.12.2016 geltenden Recht** – das gilt gem. § 493 Abs. 2 FamFG nF auch für alle bis dahin eingeleiteten Verfahren weiter – noch der vorgesehene Vordruck ausgefüllt werden, und es müssen Belege über Einkünfte, Vermögen und die wirtschaftlichen Verhältnisse im Übrigen vorgelegt werden.[362] Insoweit besteht eine Hinweispflicht des Gerichts,[363] die

---

[353] OLG Düsseldorf FamRZ 2002, 1046 (aufgrund Änderung des § 647 Abs. 1 S. 2 Nr. 1c ZPO = jetzt § 251 Abs. 1 S. 2 Nr. 1c FamFG); so schon OLG Köln NJWE-FER 2001, 302; Baumbach/Lauterbach/*Hartmann* ZPO § 647 Rn. 3; Keidel/*Giers* FamFG § 251 Rn. 7.

[354] BT-Drs. 16/6308, S. 261, „Zu Unterabschnitt 3"; vgl. Keidel/*Giers* FamFG § 253 Rn. 12.

[355] BVerfG FamRZ 2001, 754 = NJW 2001, 2160.

[356] OLG Nürnberg NJW 2001, 3346.

[357] OLG Stuttgart FamRZ 2002, 550.

[358] OLG Brandenburg FamRZ 2002, 1345 (zB Einwendung des Antragsgegners, er habe kein Kind mit diesem Geburtsdatum).

[359] OLG Saarbrücken 6 WF 359/12 = OLG Report Mitte 38/2012, Anm. 1; KG FamRZ 2009, 1847.

[360] OLG Celle FamRZ 2012, 1820 = ZKJ 2012, 279; OLG Oldenburg FamRZ 2012, 997.

[361] Kritisch dazu auch *Birnstengel* JAmt 2016, 2 f. (unter III. 2.).

[362] OLG Celle FamRZ 2012, 1820 = ZKJ 2012, 279, das einen Formularzwang aber für den Einwand der (teilweisen) Erfüllung nicht annimmt. OLG Köln FamRZ 2012, 1822 (nimmt einen Formularzwang für alle Einwände an); ebenso Keidel/*Giers* FamFG § 252 Rn. 10.

[363] OLG Karlsruhe FamRZ 2006, 1548 (Hinweispflicht); OLG Brandenburg FamRZ 2004, 273; OLG Nürnberg FamRZ 2004, 475 (Vordruck stets notwendig).

aber mit Übersendung der Belehrungen des Vordrucks erfüllt wird. Sofern der Antragsgegner das nicht beachtet, bleiben seine Einwendungen im vereinfachten Verfahren unberücksichtigt.[364]

Für alle **ab 1.1.2017** eingeleiteten Verfahren **entfällt dieser Formularzwang in der Neufassung von § 252 FamFG**, nicht jedoch die Auskunftsverpflichtung, die dann im neuen Abs. 4 sogar präziser im Gesetz geregelt ist (Belegpflicht für die Einkünfte der letzten 12 Monate; Pflicht zur Vorlage etwaiger aktueller Bewilligungsbescheide nach SGB II oder SGB XII sowie bei Einkünften aus selbständiger Arbeit, Gewerbebetrieb sowie Land- und Forstwirtschaft die Pflicht zur Vorlage des letzten Steuerbescheides und für das letzte Wirtschaftsjahr die Gewinn- und Verlustrechnung oder die Einnahmeüberschussrechnung.

Alle Einwendungen können nach dem noch geltenden Recht nur bis zur **Verfügung des Festsetzungsbeschlusses** (§ 252 Abs. 3 FamFG [365]), **ab 1.1.2017 gem. § 252 Abs. 5 FamFG nF bis zum Erlass** des Festsetzungsbeschlusses (Wortlaut angepasst an § 38 Abs. 3 S. 3 FamFG) erhoben werden. Damit ist keine sachliche Änderung verbunden, denn der bisherige Begriff der „Verfügung" ist bereits so zu verstehen.[366]

Bei nicht zurückzuweisenden Einwänden nach § 252 Abs. 1 FamFG oder zulässigen Einwendungen nach § 252 Abs. 2 FamFG (**ab 1.1.2017 § 252 Abs. 2 – 4 FamFG**) ist gem. §§ 254, 255 FamFG zu verfahren; auf Antrag ist in das streitige Verfahren überzugehen.

209a § 256 Satz 1 FamFG enthält einen Katalog von möglichen Beschwerdegründen, der in der Neufassung ab 1.1.2017 der Neuordnung der Einwände in § 252 FamFG angepasst wird. Soweit nun auch ausdrücklich Einwendungen gegen die Unzulässigkeit des vereinfachten Verfahrens genannt sind, ist das auch nur eine Klarstellung.[367]

Soweit die **Beschwerde zulässig** ist, richtet sie sich – außer gegen die Kostenentscheidung und Kostenfestsetzung → Rn. 209b – bei den ab 1.9.2009 eingeleiteten Verfahren nach **§§ 58 ff. FamFG**, nicht mehr wie bis 31.8.2009 bei der damaligen sofortigen Beschwerde nach §§ 567 ff. ZPO.[368] Nur für vor dem 1.9.2009 eingeleitete Verfahren gilt gemäß Art. 111 Abs. 1 FGG-RG noch das bisherige Rechtsmittelrecht nach §§ 567 ff. ZPO, und zwar ungeachtet dessen, ob das Rechtsmittel gegen die erstinstanzliche Entscheidung vor oder nach dem 1.9.2009 eingelegt worden ist, denn das Rechtsmittelverfahren ist kein selbstständiges Verfahren im Sinne von Art. 111 Abs. 2 FGG-RG.[369]

Bereits nach der noch bis 31.12.2016 gültigen Fassung von **§ 256 Satz 2 FamFG „kann die Beschwerde nicht gestützt werden"** auf nicht rechtzeitig vor Erlass des Festsetzungsbeschlusses erhobene Einwendungen nach § 252 Abs. 2 FamFG (→ Rn. 209), dh insbesondere nicht auf verspätete Einwendungen mangelnder Leistungsfähigkeit. Das gilt auch für den Einwand der Erfüllung.[370] Allerdings ist zuletzt streitig geworden, ob die Formulierung „… nicht gestützt werden" bereits die Unzulässigkeit (so die bisher hM[371])

---

[364] OLG Köln FamRZ 2012, 1822; OLG Celle FamRZ 2012, 1820 = ZKJ 2012, 279; OLG Saarbrücken – 9 UF 124/10 = OLG Report Mitte 21/2011, Anm. 5.

[365] KG FamRZ 2007, 2088; OLG Hamm FamRZ 2007, 836.

[366] Bumiller/Harders/*Schwamb* FamFG § 252 Rn. 16.

[367] Vgl. OLG Frankfurt FamRZ 2012, 1821 zu einer zulässigen Beschwerde des Antragstellers, weil das Gericht die Einwände des Gegners (Erfüllung bzw. Leistungsunfähigkeit) zu Unrecht als zulässig behandelt habe.

[368] Keidel/*Giers* FamFG § 256 Rn. 1; allgemein zur Abgrenzung: *Schwamb* FamRZ 2009, 1033 f.

[369] BGH FamRZ 2011, 100 = NJW 2011, 386; FamRZ 2010, 639; *Schwamb* FamRB 2010, 27 f. in Erwiderung zur aA *Geimer* FamRB 2009, 386 und *Prütting/Helms* FamFG Rn. 5 zu Art. 111 FGG-RG.

[370] OLG Hamm FamRB 2011, 377 = FamRZ 2011, 1414 (Ls.).

[371] Weiterhin OLG Frankfurt (6. FamS.) FamRZ 2015, 1993; zust. Anm. *Bömelburg* FamRB 2015, 372; Bumiller/Harders/*Schwamb* FamFG § 256 Rn. 3; *Niepmann/Schwamb* NJW 2015, 2622 (2628) mwN.

oder die Unbegründetheit einer solchen Beschwerde zur Folge hat.[372] Die ab 1.1.2017 geltende Neufassung des § 256 Abs. 2 FamFG stellt deshalb ausdrücklich klar, dass die Beschwerde in den Fällen der verspäteten Erhebung von Einwendungen nach § 252 Abs. 2 – 4 FamFG (nF) bereits **unzulässig** ist.

Ist die erhobene Beschwerde hiernach **unzulässig**, findet nach hM gegen den Beschluss die **Rechtspflegererinnerung gemäß § 11 Abs. 2 S. 1 RPflG** statt, sei es auch nur dazu, die Unzulässigkeit der Einwendungen zu bestätigen.[373] Teilweise wird neuerdings vertreten, des Erinnerungsverfahrens bedürfe es im Hinblick auf die erweiterte Abänderungsmöglichkeit nach § 240 FamFG nicht.[374] Anders als bei der Frage der Unzulässigkeit der Beschwerde hat der Gesetzgeber die Anregung,[375] auch diese Streitfrage zu klären, nicht aufgenommen.

Die Frage, nach welchen Vorschriften sich die Anfechtbarkeit von – auch in vereinfachten Unterhaltsverfahren vorkommenden – **isolierten Kostenentscheidungen** richtet, hat der BGH[376] im Sinne der hM entschieden, dass insoweit für Unterhaltssachen als Familienstreitsachen nach § 113 FamFG die Vorschriften der ZPO über die sofortige Beschwerde (§§ 567 ff. ZPO) maßgeblich sind (zB in den Fällen der §§ 91a, 99 Abs. 2, 269 Abs. 3, V ZPO), während § 243 FamFG nur die Kostenverteilung selbst betrifft.   **209b**

Wahlfreiheit zwischen vereinfachtem und streitigem Verfahren besteht in allen Fällen, in denen mit dem Einwand fehlender Leistungsfähigkeit oder sonstiger Nichtverpflichtung zur Unterhaltsleistung auf Grund materieller Einwendungen zu rechnen ist.[377]   **210**

Verfahrenskostenhilfe – gemäß § 113 Abs. 1 FamFG weiterhin nach §§ 114 ff. ZPO – kann daher für das streitige Verfahren nicht mit Hinweis auf den einfacheren und billigeren Weg des vereinfachten Verfahrens verweigert werden, wenn mit solchen Einwendungen zu rechnen ist.[378]

Da das Verfahren allerdings alles andere als einfach verläuft und Rechtskenntnisse zur Ausfüllung der Formulare erforderlich sind, wird es regelmäßig gemäß § 121 Abs. 2 ZPO geboten sein, insbesondere auch einem Antragsgegner, der mangelnde Leistungsfähigkeit einwenden will, auf seinen Antrag einen **Anwalt im Rahmen der Verfahrenskostenhilfe** beizuordnen.[379] Die Beiordnung eines Rechtsanwalts für die Antragstellerseite ist jedenfalls dann angezeigt, wenn das Einkommen des Antragsgegners aus selbständiger Tätigkeit geschätzt werden muss.[380]

Abänderungsantrag (Korrekturantrag) gegen eine Festsetzung im vereinfachten Verfahren kann gemäß § 240 FamFG ohne die Einschränkungen nach § 238 FamFG erhoben werden,[381] da der Beschluss ohne inhaltliche Sachprüfung ergangen ist.[382] Allerdings kann es bei der Prüfung von Verfahrenskostenhilfe als mutwillig im Sinne von § 114 ZPO   **211**

---

[372] OLG Frankfurt (3. FamS.) NZFam 2015, 1023 (unter Aufgabe von FamRZ 2012, 465).

[373] OLG Frankfurt FamRZ 2015, 1993 (insoweit abl. Anm. *Bömelburg* FamRB 2015, 372); zum selben Problem nach § 652 Abs. 2 ZPO aF: BGH FamRZ 2008, 1433, Tz. 9, und FamRZ 2008, 1428 = NJW 2008, 2710, Tz. 8; Bumiller/Harders/*Schwamb* FamFG § 256 Rn. 3 mwN zum Streitstand.

[374] OLG Jena NZFam 2015, 519 (mAnm *Ansgar Fischer*); ebenso *Bömelburg* FamRB 2015, 372.

[375] *Niepmann/Schwamb* NJW 2015, 2622 (2628).

[376] 290 BGH NJW 2011, 3654; zum vorherigen Streitstand: *Niepmann/Schwamb* NJW 2011, 2404 (2411).

[377] OLG Rostock FamRZ 2006, 1394; OLG Naumburg OLGR 2007, 486 (statischer und dynamischer Unterhalt nicht identisch).

[378] OLG Hamm FamRZ 1999, 1213; OLG Naumburg Rpfleger 1999, 450; OLG Koblenz OLGR 1999, 494; OLG Zweibrücken NJWE-FER 2000, 95; OLG Hamm FamRZ 1999, 995 (einschränkend – mit Einwendungen muss zwingend zu rechnen sein); *Niepmann* FF 1999, 164 (168).

[379] OLG Oldenburg FamRZ 2011, 917; OLG Hamm FamRZ 2011, 1745; OLG Frankfurt FamRZ 2008, 420; OLG Schleswig NJW-RR 2007, 774.

[380] OLG Hamm MDR 2013, 1355 (mwN zum Streitstand) = FamRR 2013, 543.

[381] BGH FamRZ 2003, 1095 = FPR 2003, 490; vgl. ferner OLG Brandenburg OLGR 2007, 908.

[382] OLG Celle FamRR 2013, 200.

beurteilt werden, wenn die Einwendung, die eine Unterhaltsfestsetzung hätte verhindern können, ohne triftigen Grund nicht rechtzeitig erhoben worden ist.[383]

Daneben bleibt aber auch für den **Vollstreckungsabwehrantrag nach § 767 ZPO** ein Anwendungsbereich.[384] Da sich die Vollstreckung gemäß § 120 FamFG nach den Vorschriften der ZPO richtet, kann gegen einen Beschluss im vereinfachten Verfahren auch weiterhin der Vollstreckungsabwehrantrag gemäß § 767 ZPO gegeben sein.[385]

212   **bb) Mindestunterhalt bei Feststellung der Vaterschaft (§ 237 FamFG).** Bei **Anhängigkeit einer Abstammungssache auf Feststellung der Vaterschaft** kann ein Mann gemäß § 237 FamFG bereits auf Mindestunterhalt (hier nicht des 1,2-fachen) für das minderjährige Kind in Anspruch genommen werden. Mit einem solchen Verfahren auf Feststellung der Vaterschaft kann gemäß § 179 FamFG die Unterhaltssache nach § 237 FamFG auch verbunden werden.

Eine Prüfung der Leistungsfähigkeit findet in diesen Verfahren nicht statt, sondern der Vater wird auf das Abänderungsverfahren nach § 240 FamFG (Korrekturantrag)[386] verwiesen; ebenso kann der Einwand der Erfüllung oder der Erbringung von UVG-Leistungen nicht erhoben werden.[387] Eine Ausnahme erwägt der BGH jedoch für den Fall, dass diese Einwände unstreitig sind.[388] Genau genommen handelt es sich dann allerdings nicht mehr nur um einen „Einwand" des Antragsgegners iSd § 237 Abs. 3 S. 3 FamFG, sondern um eine im „Parteiverfahren" jederzeit zu beachtende unstreitige Tatsache, so dass es des vom BGH aufgezeigten Weges über fehlendes Rechtsschutzbedürfnis wegen missbräuchlicher Berufung auf Abs. 3 S. 3 nicht einmal bedarf.[389]

Inzwischen setzt sich die neuere Auffassung durch, dass der **Einwendungsausschluss** nach § 237 Abs. 3 FamFG auch dann bestehen bleibt, wenn **im Verlauf des Verfahrens** die Vaterschaft wirksam anerkannt wird.[390] Dafür spricht, dass der Gesetzgeber die Möglichkeit eines Anerkenntnisses im Verfahren nach § 237 FamFG gesehen hat (Abs. 4), daran aber für Abs. 3, der im Zusammenhang mit der Vaterschaftsfeststellung die unkomplizierte rasche Schaffung eines Unterhaltstitels ermöglichen soll, keine Konsequenzen geknüpft hat.[391] Außerdem hätte es der Unterhaltsverpflichtete andernfalls in der Hand, sogar noch in der zweiten Instanz, nachdem die Vaterschaft in der Regel nach Einholung eines Sachverständigengutachtens zweifelsfrei geklärt ist, durch Bestreiten seiner Leistungsfähigkeit das Unterhaltsverfahren entgegen der gesetzlichen Intention, dem Kind unkompliziert einen Titel über Mindestunterhalt zu verschaffen, in die Länge zu ziehen.[392] Was einen ausreichenden Schutz des Unterhaltsverpflichteten durch die erleichterte Möglichkeit der Abänderung nach § 240 FamFG (im konkreten Fall in den USA nach einem Hinweis des

---

[383] OLG Celle, FamRZ 2013, 1592 = FamFR 2013, 355 (insbesondere auch für den Fall des § 243 S. 2 Nr. 2 FamFG, der die Verletzung der Auskunftspflicht im Rahmen der Kostenentscheidung sanktioniert).

[384] Johannsen/Henrich/*Brudermüller* Familienrecht, 6. Aufl. 2015, FamFG § 240 Rn. 4.

[385] OLG Brandenburg FamRZ 2012, 1223.

[386] Keine nachträgliche wesentliche Veränderung erforderlich, da der Beschluss ohne inhaltliche Sachprüfung ergangen ist: OLG Celle FamFR 2013, 200.

[387] BGH FamRZ 2003, 1095 = FPR 2003; OLG Naumburg FamRZ 2006, 1395; OLG Brandenburg FuR 2001, 521; DIJuF-Stellungnahme JAmt 2001, 85.

[388] BGH FamRZ 2003, 1095; aA aber auch insoweit Zöller/*Lorenz* ZPO FamFG § 237 Rn. 7.

[389] Bumiller/Harders/*Schwamb* FamFG § 237 Rn. 10.

[390] OLG Hamm (12. FamS) NJW-RR 2015, 1029 = NZFam 2015, 725 (m. abl. Anm. *Alberts*); ebenso jetzt OLG Frankfurt BeckRS 18964; aA OLG Hamm (8. FamS) FamRZ 2012, 146 (LS) = NJOZ 2012, 123 = FamFR 2011, 523 *(Burschel);* Wendl/Dose/*Schmitz,* 9. Aufl., § 10 Rn. 120.

[391] OLG Hamm NJW-RR 2015, 1029 Rn. 8 = NZFam 2015, 725; *Niepmann/Schwamb* NJW 2015, 2622 (2625).

[392] OLG Frankfurt BeckRS 2015, 18964; Verfahrenskostenhilfe für die dagegen zugelassene Rechtsbeschwerde wurde nicht bewilligt: BGH FamRZ 2016, 115 = NZFam 2016, 46 *(Rieck).*

OLG) angeht, weist der BGH darauf hin, es sei zwar unwahrscheinlich, nach § 240 FamFG vor den Gerichten der USA vorgehen zu können, eine Notzuständigkeit der deutschen Gerichte bestehe dann aber nach Art. 7 EuUnthVO.[393]

d) Unterhalt aus Anlass der Geburt und wegen Betreuung eines Kindes nicht miteinander verheirateter Eltern (§ 1615l BGB)

aa) Anlass der Geburt. **Anlässlich der Geburt** hat die Mutter des Kindes einen Unter- **213** haltsanspruch gem. § 1615l Abs. 1 S. 1 BGB für die Dauer von 6 Wochen vor und 8 Wochen nach der Geburt. Praktisch hat der Anspruch keine große Bedeutung wegen vorgehender Lohnfortzahlung bzw. versicherungsrechtlicher Ansprüche.

Schwangerschafts- und Entbindungskosten sind der Mutter vom Vater des Kindes gem. § 1615l Abs. 1 S. 2 BGB zu ersetzen, zB Schwangerschaftsbekleidung bei Nachweis der Anschaffung[394] und Kosten der Hebamme.[395] Es handelt sich um einen Sonderbedarfsanspruch, der anders als der weggefallene frühere § 1615k BGB Bedürftigkeit und Leistungsfähigkeit voraussetzt. Vorgehende – versicherungsrechtliche – Ansprüche sind zunächst zu prüfen.

Schwangerschafts- bzw. entbindungsbedingte Krankheit. Der nichtehelichen Mutter steht in diesen Fällen ein Krankheitsunterhalt nach § 1615l Abs. 2 S. 1 BGB zu. Der Anspruch ist wie der Betreuungsunterhaltsanspruch zeitlich beschränkt (vgl. dazu → Rn. 214), kann aber auch schon vier Monate vor der Geburt des Kindes einsetzen (§ 1615l Abs. 2 S. 3 BGB). Mindestens Mitursächlichkeit für die Erwerbslosigkeit ist bei diesem Anspruch erforderlich (anders als beim Anspruch wegen Betreuung des Kindes).[396]

bb) Betreuung des Kindes. **Unterhalt wegen Betreuung des Kindes** (dazu auch **214** → Rn. 467ff.).

Kann wegen der Betreuung des Kindes eine Erwerbstätigkeit nicht erwartet werden, steht der Mutter (§ 1615l Abs. 2 nF BGB) ebenso wie dem Vater (§ 1615l Abs. 5 BGB)[397] ein Betreuungsunterhaltsanspruch für mindestens 3 Jahre zu.[398]

Für den Antrag auf über die Vollendung des dritten Lebensjahres des Kindes hinausgehenden Betreuungsunterhalt gemäß § 1615l BGB gilt, dass auch dieser Anspruch für die Zukunft nur dann abzuweisen ist, wenn schon im Zeitpunkt der Entscheidung für die Zeit nach Vollendung des dritten Lebensjahres absehbar keine kind- und elternbezogenen Verlängerungsgründe mehr vorliegen.[399] Bedenklich erscheint eine Tendenz in der Rechtsprechung,[400] dem betreuenden Elternteil keine „Karenzzeit" für die Aufnahme einer geeigneten (Teil-)Erwerbstätigkeit unmittelbar nach Vollendung des 3. Lebensjahres des Kindes einzuräumen.[401]

Auch ein nacheheliches gemeinsames Kind früher verheirateter Eltern löst nur einen Anspruch nach § 1615l BGB aus.[402]

Eingeschränkte Kausalität. Kausal für die Nichterwerbstätigkeit muss die Betreuung in den ersten drei Jahren nicht sein, auch von einer bisher Nichterwerbstätigen (zB

---

[393] BGH FamRZ 2016, 115 = NZFam 2016, 46 *(Rieck)*.

[394] KG FamRZ 2007, 77.

[395] OLG Naumburg FamRZ 2007, 580 (Ls.).

[396] BGH FamRZ 1998, 541 = NJW 1998, 1309, Tz. 21.

[397] Dazu eingehend *Büdenbender* FamRZ 1998, 129ff.

[398] Überblick über die Neuregelung: *Wever* FamRZ 2008, 553ff.

[399] BGH FamRZ 2013, 1958 = NJW 2013, 3578 (mAnm *Born*), Tz. 20 im Anschluss an BGH FamRZ 2009, 770 = NJW 2009, 1876 zu § 1570 BGB.

[400] OLG Saarbrücken FamRZ 2014, 484 = NJW 2014, 559.

[401] Aber Karenz gebilligt beim Ausbildungsunterhalt: BGH FamRZ 2011, 1560 = NJW 2011, 2884, Tz. 24.

[402] BGH FamRZ 1998, 426 = NJW 1998, 1065 (keine Anwendung der §§ 1570, 1576 BGB).

studierende Mutter) kann eine Erwerbstätigkeit nicht erwartet werden, wenn sie das Kind tatsächlich betreut. Die Worte „nicht erwartet werden kann" sind nicht anders zu verstehen als in § 1570 BGB. Es kommt nicht darauf an, ob Fremdbetreuungsmöglichkeiten bestehen, sondern der betreuende Elternteil kann sich wie nach § 1570 BGB in den ersten drei Jahren frei für die Betreuung entscheiden.[403]

Keine rückwirkende Geltendmachung ohne Verzug. Die Geltendmachung von Unterhalt für die Betreuung eines nicht aus einer Ehe hervorgegangenen Kindes gemäß § 1615l BGB für die Vergangenheit setzt grundsätzlich voraus, dass der Unterhaltpflichtige rechtzeitig zur Auskunft aufgefordert bzw. in Verzug gesetzt worden ist, denn § 1615l Abs. 3 BGB enthält eine Rechtsgrundverweisung auf § 1613 BGB.[404] Der BGH begründet, weshalb für die (auch hier bis zur 12. Auflage vertretene) Gegenauffassung,[405] § 1615l Abs. 3 S. 3 BGB sei im Hinblick auf die ursprüngliche Gesetzesbegründung aus dem Jahr 1967 entsprechend anwendbar und erlaube auch ohne Verzug den Anspruch rückwirkend (jedenfalls) für ein Jahr geltend zu machen, nach mehreren späteren Änderungen der Vorschrift kein Raum mehr ist.

Das **Rechtsschutzbedürfnis** für einen Leistungsantrag aus Anlass der Geburt eines Kindes besteht regelmäßig schon bei Nichterfüllung einer fälligen Forderung und entfällt auch nicht wegen einer etwa notwendigen Vollstreckung des auf § 1615l BGB beruhenden Anspruchs in Österreich, denn auch nach den bisher maßgeblichen Art. 33–35 Verordnung (EG) Nr. 44/2001 (EuGVVO) bestanden für solche Ansprüche in Österreich keine Vollstreckungshindernisse.[406]

Frühere zeitliche Begrenzung auf 3 Jahre. Der Krankheits- oder Betreuungsunterhaltsanspruch kann gemäß § 1615l Abs. 2 BGB schon bis zu 4 Monate vor der Geburt einsetzen, endete aber nach der bis 31.12.2007 geltenden Fassung in der Regel drei Jahre nach der Geburt.

Eine Ausdehnung über 3 Jahre hinaus kam nach dem seit 1.7.1998 bis 31.12.2007 geltenden Recht allerdings auch schon aus kindbezogenen wie elternbezogenen Gründen[407] in Betracht.

Das Bundesverfassungsgericht[408] hat jedoch – im Gegensatz zum BGH[409] – die unterschiedliche Regelung des Unterhalts wegen Betreuung von nichtehelichen Kindern und ehelichen Kindern, bei denen nach § 1570 BGB aF und dem dazu entwickelten Altersphasenmodell ohne weiteres eine umfängliche Anspruchsdauer bis zu 8 Jahren bestand, als verfassungswidrig bezeichnet. Für die Zeiträume bis 31.12.2007 sind die Vorschriften aber noch anwendbar.[410] Der Gesetzgeber hat für die Zeit ab 1.1.2008 eine neue Regelung geschaffen, die eheliche und nichteheliche Kinder nun weitgehend gleichbehandelt.[411] Allerdings zeigt Borth[412] auf, dass es sich mit einer vollständigen Gleichstellung der

---

[403] BGH FamRZ 1998, 541 (543) = NJW 1998, 1309; vgl. weiter *Wever/Schilling* FamRZ 2002, 581 (582).

[404] BGH FamRZ 2013, 1958 = NJW 2013, 3578, Tz. 11 ff.

[405] Hier bis zur 12. Auflage unter Bezugnahme auf OLG Schleswig NJW 2003, 3715.

[406] BGH NJW 2011, 70 = FamRZ 2011, 97, Tz. 14 ff.

[407] BGH FamRZ 2006, 1362; mit zustimm. Anm. *Schilling* = NJW 2006, 2687 mAnm *Maurer* LMK 2006, 191881; OLG Rostock OLGR 2007, 639; OLG Celle FamRZ 2002, 636; OLG Frankfurt FamRZ 2000, 1522; OLG Nürnberg FamRZ 2003, 1320 = NJW 2003, 3065 (aber nicht, weil sie keine mit der Kinderbetreuung vereinbare Arbeitsstelle findet); OLG Karlsruhe NJW 2004, 523 (offen lassend).

[408] BVerfG NJW 2007, 1737 mAnm *Caspary* = FamRZ 2007, 965 mAnm *Born* (973) und *Maier* (1076).

[409] FamRZ 2006, 1362 (mAnm *Schilling)* = BGH NJW 2006, 2687.

[410] Das gilt sogar für die noch engere Fassung des § 1615l II BGB in der bis 30.6.1998 geltenden Fassung: BVerfG FamRZ 2007, 1531.

[411] BT-Drs. 16/6980 vom 7.11.2007, S. 8, 9. Dazu *Schumann* FF 2007, 227.

[412] *Borth* FamRZ 2016, 269 ff.

beiden Tatbestände um „ein noch nicht erfülltes Verfassungsgebot" handelt; der BGH[413] hält dagegen sogar ausdrücklich eine gewisse „Besserstellung der Ehe" durch den Gesetzgeber für insoweit verfassungsrechtlich unbedenklich.

Der Anspruch kann aus kind- wie elternbezogenen Gründen – wie beim ehelichen Kind → Rn. 467 ff. – verlängert werden.[414]

Der BGH[415] dehnt dabei seine seit 18. April 2012[416] wieder deutlich flexiblere Rechtsprechung zur Verlängerung des Betreuungsunterhalts ab dem vollendeten dritten Lebensjahr eines Kindes ausdrücklich auf § 1615l BGB aus. So sei im konkreten Fall bei den **kindbezogenen** Gründen erheblich, dass die Kindesmutter angesichts der erheblichen Anzahl von Krankheitstagen des schwerbehinderten Kindes ständig mit der Notwendigkeit einer persönlichen Betreuung rechnen muss. Darüber hinaus müsse sie das Kind während der vierteljährlich stattfindenden Therapiewoche begleiten, andere Therapietermine wahrnehmen und täglich Übungen durchführen. Unter diesen Umständen sei schon die Annahme nicht gerechtfertigt, sie könne durch 25 Wochenstunden Erwerbstätigkeit ihren Bedarf decken.[417] Bei den auch für Ansprüche aus § 1615l BGB möglichen **elternbezogenen** Gründen sei zwar nicht die Belastung des betreuenden Elternteils durch Wiederaufnahme eines anlässlich der Geburt eines Kindes unterbrochenen Studiums maßgeblich. Es könne allerdings, auch soweit die Betreuung des Kindes auf andere Weise sichergestellt oder in einer kindgerechten Einrichtung möglich ist, einer Erwerbsobliegenheit des betreuenden Elternteils entgegenstehen, dass die von ihm daneben zu leistende Betreuung und Erziehung des Kindes zu einer überobligationsmäßigen Belastung führt, wenn am Morgen oder am späten Nachmittag und Abend regelmäßig weitere Erziehungs- und Betreuungsleistungen zu erbringen sind.[418] Interessant ist allerdings, dass der BGH[419] nun bei einem Anspruch auf Elternunterhalt gegen den Partner einer nichtehelichen Lebensgemeinschaft dessen vorrangige weitere Unterhaltsverpflichtung gegenüber seinem ein gemeinsames[420] Kind betreuenden Lebensgefährten aus § 1615l BGB über drei Jahre hinaus aus elternbezogenen Gründen bejaht, wenn die Lebensgefährten aufgrund **gemeinsamen Entschlusses** das **Recht auf persönliche Erziehung des Kindes** wahrnehmen wollen. Ein solches auf Art. 6 GG gegründetes Elternrecht wird dem Alleinerziehenden im Streit mit seinem ehemaligen Lebensgefährten oder Ehepartner als elternbezogener Grund verwehrt → Rn. 467 ff.

Ein Ende des Unterhaltsanspruchs analog § 1586 BGB ist gegeben mit Verheiratung der nichtehelichen Mutter, da die nichteheliche Mutter mit der wiederverheirateten Mutter gleichzustellen ist.[421]

Für die Höhe des Anspruchs nach § 1615l BGB (Bedarf) kommt es auf die **Lebens-** 215 **stellung des Betreuenden**, also dessen (nachhaltigen) Einkommensausfall, an.[422] Bei Erwerbstätigkeit vor der Geburt des Kindes kommt es auf das dabei erzielte Einkommen

---

[413] BGH Beschl. v. 9.3.2016, XII ZB 693/14 = BeckRS 2016, 06283, Tz. 41.

[414] Dazu bisher BGH FamRZ 2010, 357 = NJW 2010, 937; FamRZ 2010, 444 = NJW 2010, 1138; FamRZ 2008, 1739 = NJW 2008, 3125.

[415] BGH FamRZ 2015, 1369 (mAnm *Seiler*) = NJW 2015, 2257 = FF 2016, 28 (mAnm *Wever*).

[416] BGH FamRZ 2012, 1040 = NJW 2012, 1868; FamRZ 2014, 1987 = NJW 2014, 3649.

[417] BGH FamRZ 2015, 1369 = NJW 2015, 2257, Tz. 21.

[418] BGH FamRZ 2015, 1369 = NJW 2015, 2257, Tz. 30, 31 mit Schilderung der anfallenden Tätigkeiten.

[419] BGH Beschl. v. 9.3.2016, XII ZB 693/14 = BeckRS 2016, 06283, Tz. 25.

[420] Zum Erfordernis der Gemeinschaftlichkeit auch weiterer Kinder: BGH Beschl. v. 9.3.2016, XII ZB 693/14 = BeckRS 2016, 06283, Tz. 30.

[421] BGH Urt. v. 16.3.2016, XII ZR 148/14 = BeckRS 2016, 06772, Tz. 16, 17; BGH FamRZ 2005, 347 mAnm *Schilling/Graba* = NJW 2005, 503; so auch schon OLG München OLGR 2002, 144; aA bis zur 10. Auflage.

[422] BGH FamRZ 2008, 1739 = NJW 2008, 3125, Tz. 24, 32; FamRZ 2005, 442 = NJW 2005, 818.

des Betreuenden an.[423] Unter ausdrücklicher teilweiser Aufgabe seiner zwischenzeitlichen Rechtsprechung [424] führt der BGH nun wieder aus, die Lebensstellung der nach §§ 1615l Abs. 2, 1610 Abs. 1 BGB Unterhaltsberechtigten richte sich nach den Einkünften, die sie ohne die Geburt und die Betreuung des gemeinsamen Kindes hätte und sei deshalb **nicht auf den Zeitpunkt der Geburt** des Kindes festgeschrieben; es könne sich später ein höherer Bedarf ergeben.[425]

Jedenfalls ist aber ein **Mindestbedarf** in Höhe des notwendigen Selbstbehalts (von derzeit 880 EUR) für Nichterwerbstätige anzuerkennen.[426] Auch bei langjährigem Zusammenleben mit einem begüterten Vater kann der Bedarf nicht an diesen wirtschaftlichen Verhältnissen, an denen die Mutter vor Geburt des ersten Kindes nur auf Grund freiwilliger Leistungen teilgehabt hat, ausgerichtet werden.[427] Eigeneinkünfte durch zumutbare Arbeit (zB Versorgung eines Partners) sind anzurechnen.[428] Ob und in welchem Umfang überobligatorisches Einkommen (insbesondere aus Erwerbstätigkeit in den ersten drei Lebensjahren des Kindes) anzurechnen ist, richtet sich nach den Grundsätzen des entsprechend anwendbaren § 1577 Abs. 2 BGB.[429] Eigeneinkommen aus Mutterschaftsgeld, Krankenkassenleistungen usw. ist – soweit nicht zweckgebunden – zu berücksichtigen.[430] Fiktives Einkommen ist wie sonst auch anzusetzen.[431] Auch der Vermögensstamm muss ggf. eingesetzt werden.[432] Elterngeld ist nach § 11 Satz 1 BEEG nicht zu berücksichtigen, soweit die Zahlung den Sockelbetrag von 300 EUR monatlich nicht übersteigt und kein Ausnahmefall (§ 11 S. 2–4 BEEG) vorliegt.[433]

Der Halbteilungsgrundsatz gilt auch hier. Es wird also insgesamt nicht mehr als die Hälfte des Einkommens (ggf. vermindert um einen Erwerbstätigenbonus) des Verpflichteten unabhängig vom Bedarf des Berechtigten geschuldet.[434]

Altersvorsorgeunterhalt wird nicht geschuldet, da die Mutter in der gesetzlichen Rentenversicherung für die ersten drei Jahre versichert ist.[435] Ansonsten wird aber eine angemessene Altersversorgung geschuldet.[436]

Der billige Selbstbehalt, seit 1.1.2015 in Höhe von 1200 EUR (bis 31.12.2014 1100 EUR) für einen Erwerbstätigen, ist dem Verpflichteten zu belassen, wie sich aus der weitgehenden Angleichung an die Unterhaltsansprüche geschiedener Ehegatten ergibt.[437]

---

[423] OLG Hamm NJW 2005, 297; OLG Köln FamRZ 2001, 1322; OLG Naumburg FamRZ 2001, 1321; OLG Celle OLGR 2002, 19 will aber Einkommenssteigerungen nach der Geburt berücksichtigen.

[424] BGH FamRZ 2010, 357= NJW 2010, 937, Tz. 54 f.; FamRZ 2010, 444 = NJW 2010, 1138, Tz. 15, 19 f.

[425] BGH FamRZ 2015, 1369 (mAnm *Seiler*) = NJW 2015, 2257, Tz. 34; Anm. *Wever* FF 2016, 33.

[426] BGH FamRZ 2010, 357 = NJW 2010, 937, Tz. 28, 38; FamRZ 2010, 444 = NJW 2010, 1138 Tz. 16 f.

[427] BGH FamRZ 2010, 357 = NJW 2010, 937, Tz. 21; FamRZ 2008, 1739 = NJW 2008, 3125, Tz. 32.

[428] OLG Hamm FamRZ 2011, 1600 = NJW-RR 2011, 868; OLG Bremen OLGR 1999, 368; OLG Koblenz OLGR 2000, 144.

[429] BGH FamRZ 2005, 442 = NJW 2005, 818 – Tz. 23; OLG Hamm FamRZ 2011, 1600 = NJW-RR 2011, 868; Kosten der überobligatorischen Tätigkeit sind abziehbar: OLG München FamRB 2006, 235.

[430] BVerfG FamRZ 2000, 1149 = NJW-RR 2000, 1529; OLG München OLGR 2002, 144 zur Wiederverheiratung.

[431] OLG Koblenz NJW-RR 2005, 1457.

[432] KG FPR 2003, 671 (nicht bei notwendiger Alterssicherung); zu weitgehend LG Würzburg FF 2001, 98 mit zu Recht krit. Anm. von *Wever* FF 2001, 101.

[433] BGH FamRZ 2011, 97 = NJW 2011, 70, Tz. 29; Unterhaltsleitlinien der OLGe Nr. 2.5.

[434] BGH FamRZ 2005, 442 = NJW 2005, 818.

[435] OLG München FamRB 2006, 235.

[436] Empfehlung des Vorstands des 16. DFGT, S. 176.

[437] BGH FamRZ 2005, 347 (354) und (357) mAnm *Schilling* (351) und *Graba* (353) = NJW 2005, 503, (500).

Seine Leistungsunfähigkeit muss der Unterhaltsverpflichtete darlegen und beweisen.[438]

Das steuerliche Realsplitting kann bei Unterhaltszahlungen an den betreuenden Elternteil nach § 1615l BGB nicht in Anspruch genommen werden.[439] Vorteile des **Ehegattensplittings** sollen im Verhältnis zu **vorrangigen** Ansprüchen gem. § 1615l Abs. 2 BGB auch nach der Rechtslage seit 1.1.2008 der neuen Ehe verbleiben.[440] In Fällen des Gleichrangs der Ansprüche, in denen wie bei zwei Ehegatten auf der Leistungsebene weiterhin die Dreiteilung möglich bleibt, ist aber das gesamte unterhaltsrelevante Einkommen des Unterhaltspflichtigen und der Unterhaltsberechtigten einzubeziehen, darunter auch der Splittingvorteil.[441]

Mehrere Unterhaltspflichtige (zB mehrere Väter nichtehelicher Kinder) haften für den Unterhalt der Mutter anteilig nach ihren Erwerbs- und Einkommensverhältnissen entsprechend § 1606 Abs. 3 S. 1 BGB.[442]

Der Rang des Anspruchs aus § 1615l BGB ergibt sich aus § 1609 Nr. 2 BGB, danach ergibt sich kein Unterschied zwischen ehelichen und nichtehelichen Kindern.[443]   **216**

Nachrangig sind die volljährigen Kinder und die übrigen Verwandten der Mutter/des Vaters.[444]

Konkurrenzen. Wenn der Anspruch mit ehelichen oder nachehelichen Ansprüchen der Mutter zusammentrifft, kommt es zu einer anteiligen Haftung der Unterhaltspflichtigen entsprechend der Unterhaltslast und den Einkommensverhältnissen, auch wenn aus der Ehe keine Kinder hervorgegangen sind.[445]

Ansprüche gegen die Großeltern des Kindes. Wenn der Kindesvater leistungsunfähig   **217**
ist oder die Rechtsverfolgung gegen ihn erschwert oder ausgeschlossen ist,[446] kann nach §§ 1607, 1601 BGB ein Unterhaltsanspruch gegen dessen Eltern bestehen. Im Verhältnis zu ihren Eltern kann sich die Kindesmutter nicht ohne weiteres auf die Betreuungsbedürftigkeit des Kindes berufen, etwa iSv § 1570 BGB, sondern sie muss – wie im Verhältnis zu anderen minderjährigen Kindern – alle Erwerbsmöglichkeiten ausschöpfen, sobald das Alter des Kindes (1,5 bis 2 Jahre) und die sonstigen Umstände Fremdbetreuung erlauben[447] → Rn. 114; 223.

e) Eltern

Eltern haben gemäß §§ 1601 ff. BGB Unterhaltsansprüche gegen ihre Kinder.[448]   **218**
Dieser sog. Elternunterhalt hat weder einen naturrechtlich erklärbaren Ursprung noch lässt er sich aus einer dem Haftenden zuzurechnenden Verantwortlichkeit begründen;

---

[438] OLG Stuttgart OLGR 2001, 419.

[439] Kritisch dazu *Benkelberg* FuR 1999, 301, der darin einen Verstoß gegen Art. 6 GG sieht.

[440] BGH FamRZ 2008, 1739, 1746 Tz. 72; unter Bezugnahme auf FamRZ 2005, 1817 (mAnm *Büttner* [1899]) = NJW 2005, 3277 und BVerfG FamRZ 2003, 1821 = NJW 2003, 3466.

[441] BGH FamRZ 2012, 281 = NJW 2012, 384, Tz. 47.

[442] BGH FamRZ 2007, 1303 = NJW 2007, 409; FamRZ 2005, 357 = NJW 2005, 502.

[443] BT-Drs. 16/1830, S. 24.

[444] Zum Verhältnis zum Elternunterhalt: BGH Beschl. v. 9.3.2016, XII ZB 693/14 = BeckRS 2016, 06283.

[445] OLG Jena FamRZ 2006, 1205; OLG Bremen FamRZ 2006, 1207; vgl. auch BGH FamRZ 1998, 541 = NJW 1998, 1309; OLG Zweibrücken FamRZ 2001, 29; KG FamRZ 2001, 29; ebenso AK 3 des 15. DFGT FamRZ 2003, 1906; anders teilweise OLG Koblenz FamRZ 2001, 227, das den nicht ehelichen Vater bei Unterhaltsverzicht der Mutter gegen den Ehemann voll haften lassen will. Den Verzicht wird sie aber dem nicht ehelichen Vater nicht entgegenhalten können.

[446] OLG Brandenburg NJW-RR 2003, 1515.

[447] BGH FamRZ 1985, 1245; OLG München FamRZ 1999, 1166 mAnm *Finger* FamRZ 1999, 1298; OLG Hamm FamRZ 1996, 1104; OLG Schleswig OLGR 2001, 323 (auch Drittbetreuung der Kinder).

[448] Übersichten: *Schürmann* FF 2015, 392; *Weinreich* FuR 2015, 190; *Dose* FamRZ 2013, 993; *Brudermüller* NJW 2004, 633.

eine rechtsethische Begründung lässt sich nicht ohne weiteres finden,[449] sieht man von dem Ansatz einer Dankbarkeitshaftung oder der familiären Solidarität der Generationen einmal ab.[450]

Bedürftigkeit. Pflegebedarf und Heimkosten sind wesentliche Teile des Unterhaltsbedarfs.[451] Der BGH bemisst den Unterhaltsbedarf eines im Pflegeheim untergebrachten Elternteils regelmäßig nach den notwendigen Heimkosten zuzüglich eines Barbetrags für die Bedürfnisse des täglichen Lebens, wobei ein Elternteil, der im Alter sozialhilfebedürftig geworden ist, in der Regel auf das Existenzminimum beschränkt ist.[452] Es steht ihm zwar ein Entscheidungsspielraum zu, soweit er die Wahl zwischen mehreren Heimen im unteren Preissegment hat. Außerhalb dessen muss er aber besondere Gründe dafür vortragen, weshalb die Wahl eines günstigeren Heims nicht zumutbar war.[453] In Höhe des den berechtigten Eltern sozialrechtlich gewährten angemessenen Barbetrags nach § 35 Abs. 2 S. 1 SGB XII sowie des Zusatzbarbetrags gemäß § 133a SGB XII ist auch unterhaltsrechtlich ein Bedarf anzuerkennen, denn ein im Heim lebender Unterhaltsberechtigter ist darauf angewiesen, für seine persönlichen, von den Leistungen der Einrichtung nicht erfassten Bedürfnisse über bare Mittel verfügen zu können.[454]

Leistungen der **Pflegeversicherung** (§ 33 SGB XI)[455] und der **Grundsicherung** nach §§ 41–43 SGB XII[456] müssen in Anspruch genommen werden; ebenso kann die Bedürftigkeit durch **eigenes Vermögen** entfallen,[457] das Schonvermögen iSd § 90 Abs. 2 Nr. 9 SGB XII muss der Bedürftige aber nicht einsetzen.[458] Wer noch nicht das Rentenalter erreicht hat, muss darlegen, weshalb er seinen Bedarf nicht aus eigener Erwerbstätigkeit decken kann.[459] Es ist zweifelhaft, ob die Eltern, wenn sie aufgrund ihres Alters und der Irreversibilität ihrer Erkrankung nicht mehr in das geschützte Haus zurückkehren können, dieses nicht einsetzen müssen.[460] So hat der BGH auch entschieden, dass die Teilhabe an einer ungeteilten Erbengemeinschaft vor Inanspruchnahme der Kinder genutzt werden muss.[461]

219   **Leistungsfähigkeit.** Es kommt auf die **gegenwärtige** Leistungsfähigkeit der Kinder an, eine bloß zukünftige reicht nicht aus.[462] Bei selbst unterhaltsberechtigten Verpflichteten ist zu berücksichtigen, dass ihr Bedarf (teilweise) durch ihren Unterhaltsanspruch gedeckt ist. Einkünfte unterhalb des Selbstbehaltes hat das unterhaltspflichtige Kind für den

---

[449] *Hauß*, Elternunterhalt, 5. Aufl. 2015, Rn. 1–14.

[450] Kritisch auch zu diesen Ansätzen *Hauß*, Rn. 1–14.

[451] BGH FamRZ 2015, 2138 = NJW 2015, 3569; FamRZ 2013, 203 (mAnm Hauß) = NJW 2013, 301; FamRZ 1993, 411.

[452] BGH FamRZ 2015, 2138 = NJW 2015, 3569, Tz. 14; FamRZ 2013, 203 = NJW 2013, 301, Tz. 16–18.

[453] BGH FamRZ 2015, 2138 = NJW 2015, 3569, Tz. 20.

[454] BGH FamRZ 2013, 1554 = NJW 2013, 3024, Tz. 16; FamRZ 2010, 1535 = NJW 2010, 3161, Tz. 16.

[455] BGH FamRZ 2015, 1594 (mAnm *Borth*) = NJW 2015, 2577: Etwaigem fiktiven Einkommen wegen einer nicht abgeschlossenen Pflegeversicherung sind aber bedarfserhöhend die fiktiven Beiträge für diese Versicherung entgegenzusetzen: Tz. 38.

[456] BGH FamRZ 2015, 1467 = NJW 2015, 2655; BGH FamRZ 2007, 1158, Tz. 14; OLG Bremen FamRZ 2005, 801; OLG Hamm NJW 2004, 1602; OLG Oldenburg FamRZ 2004, 295; siehe auch Leitlinien der OLGe Nr. 2.9.

[457] BGH FamRZ 2006, 935 (mAnm *Hauß*) = NJW 2006, 2037; dazu *Günther* FF 1999, 174 (175); → Rn. 582.

[458] Anders OLG Köln FamRZ 2001, 437 m. abl. Anm. *Paletta* (1639).

[459] OLG Oldenburg OLGR 2006, 550 (auch der Sozialhilfeträger).

[460] So schon OLG Köln FamRZ 1995, 1408; aM aber OLG Koblenz FamRZ 2007, 1652.

[461] BGH FamRZ 2006, 935 = NJW 2006, 2037.

[462] BVerfG FamRZ 2005, 1051 = NJW 2005, 1917.

Elternunterhalt einzusetzen, wenn es durch seinen Ehepartner angemessen unterhalten wird.[463]

Erhöhter angemessener Selbstbehalt. Die Kinder können sich auf einen Selbstbehalt berufen, der über dem angemessenen Selbstbehalt liegt.[464] Der Selbstbehalt gegenüber den Eltern beträgt im ersten Rechenschritt seit 1.1.2015[465] nunmehr 1800 EUR (bis 31.12.2014 noch 1600 EUR). Im Osten sind die Selbstbehaltssätze seit 1.1.2008 nicht mehr niedriger.[466] Dieser Betrag stellt nur die Untergrenze des angemessenen Bedarfs dar, kann also erhöht werden.[467]

Das verbleibende Einkommen ist nur zu 50 % einsatzpflichtig, um eine Nivellierung zu vermeiden.[468] Wenn schon hohe Belastungen berücksichtigt sind, ist das einzuschränken.[469]

Für den **Ehegatten des Pflichtigen** ist zwar nicht von vornherein ein bestimmter Mindestbetrag anzusetzen, sondern der nach den ehelichen Lebensverhältnissen höhere Unterhalt – die Unterhaltslast gegen die Eltern kann die ehelichen Lebensverhältnisse aber bestimmt haben.[470] Ohne besondere Darlegung werden seit 1.1.2015 nunmehr 1440 EUR (nämlich 1800 EUR – 20 %; bis 2012 sind es 1600 EUR – 20 % = 1280 EUR) angesetzt.[471] Für die Betreuung von Kindern kann noch eine angemessene Betreuungspauschale abzuziehen sein.[472]

Der BGH[473] hat für den Fall, dass der **Unterhaltspflichtige über höhere Einkünfte verfügt als sein Ehegatte,** die Leistungsfähigkeit wie folgt ermittelt:

Vom zusammengerechneten Einkommen der Ehegatten (Familieneinkommen) wird der Familienselbstbehalt (ab 1.1.2015 also 1800 EUR + 1440 EUR = 3240 EUR, bis 31.12.2014 sind es 1600 EUR + 1280 EUR = 2880 EUR) abgezogen. Das verbleibende Einkommen wird zur Ermittlung des für den individuellen Familienbedarf benötigten Betrages um eine in der Regel mit zehn Prozent zu bemessende Haushaltsersparnis vermindert. Die Hälfte des sich dann ergebenden Betrages kommt zuzüglich des Familienselbstbehalts (3240 EUR bzw. 2880 EUR) dem Familienunterhalt zugute. Zu dem so bemessenen **individuellen Familienbedarf** hat der Unterhaltspflichtige entsprechend dem Verhältnis der Einkünfte der Ehegatten beizutragen. Für den Elternunterhalt kann der Unterhaltspflichtige dann die Differenz zwischen seinem Einkommen und seinem Anteil am Familienunterhalt einsetzen.

---

[463] BGH FamRZ 2004, 366 (mAnm *Strohal* 441); FamRZ 2004, 795 = NJW 2004, 769 = NJW-RR 2004, 721; OLG Koblenz FamFR 2013, 106 (bespr. *v. Kloster-Harz*); Empfehlungen des Deutschen Vereins Nr. 119, FamRZ 2000, 788 (796); in der Sache auch BGH FamRZ 2002, 742; **anders** früher OLG Frankfurt FamRZ 2002, 1391 mAnm *Müller* FamRZ 2002, 570.

[464] Einzelheiten vgl. → Rn. 40.

[465] Düsseldorfer Tabelle 1.1.2015, D 1.

[466] Jenaer Leitlinien 21.5; Rostocker Leitlinien 21.3.2.

[467] BGH FamRZ 2004, 186 mAnm *Schürmann;* OLG Hamm FamRZ 1999, 1533; die Düsseldorfer Tabelle D 1 spricht von „mindestens".

[468] BGH FamRZ 2002, 1698 mAnm *Klinkhammer* = NJW 2003, 128; FamRZ 2003, 1179 = NJW 2003, 2306; so auch alle Leitlinien. Die Frage war früher umstritten.

[469] OLG Köln NJW-RR 2002, 74 = OLGR 2001, 416.

[470] BGH FamRZ 2004, 186 mAnm *Schürmann* = NJW-RR 2004, 217; FamRZ 2003, 860 mAnm *Klinkhammer* = NJW 2003, 1660; OLG Oldenburg FamRZ 2004, 295.

[471] Düsseldorfer Tabelle 1.1.2013 D 1; bei Erwerbstätigkeit des Ehepartners setzt OLG Hamm FamRZ 2002, 123 aber auch für den Ehepartner den erhöhten Selbstbehalt des Unterhaltspflichtigen an, siehe dazu auch *Hammer* LL 1.1.2012 Nr. 22.3.

[472] Empfehlungen des 13. DFGT FamRZ 2000, 273 (A I 4d); OLG Hamm OLG Report 2002, 69 zum Ehepartner. Für Ehegattenunterhalt zuletzt offen gelassen: BGH NJW 2013, 161 = FamRZ 2013, 109, Tz. 28.

[473] BGH FamRZ 2010, 1535 = NJW 2010, 3125, Tz. 39, 40 mit Berechnungsbeispiel Tz. 41. Vgl. ferner die Berechnung des OLG Düsseldorf FamRZ 2012, 1651.

Vereinfachend kann dieser individuelle Familienbedarf auch durch **Addition** des Familienselbstbehalts (nunmehr 3240 EUR bzw. zuvor 2880 EUR) **mit 45 % des um den Familienselbstbehalt bereinigten Gesamteinkommens der Ehegatten** errechnet werden.[474]

Dasselbe Rechenmodell wendet der BGH nun auch zur Bestimmung der Leistungsfähigkeit an, wenn der gegenüber seinen Eltern verpflichtete Ehegatte **über die geringeren Einkünfte** in der Ehe verfügt.[475]

Auch **nicht miteinander verheiratete Lebensgefährten,** deren Gesamteinkünfte den Betrag des nur für Ehegatten geltenden „Familienselbstbehalts"[476] nicht überschreiten, müssen sich keine zusätzliche, die Leistungsfähigkeit erhöhende Haushaltsersparnis (Synergie) zurechnen lassen. Das hat allerdings entgegen eines Teils der Gründe des BGH nichts damit zu tun, dass auch diesem Personenkreis gegenüber der Inanspruchnahme auf Elternunterhalt der Lebensstandard bewahrt werden soll,[477] sondern trägt allein der bereits vollständig berücksichtigten Synergie beim Familienselbstbehalt Rechnung,[478] der aus Vereinfachungsgründen nur bei einem Ehegatten um die 2 x 10 % gekürzt wird: 1800 EUR – 20 % (für beide Partner zusammen) = 1440 EUR (Anteil am Familienselbstbehalt von 3240 EUR). **Anstelle des Familienselbstbehalts** tritt aber bei nicht miteinander verheirateten Lebensgefährten neben den Selbstbehalt des Pflichtigen ein vorrangig zu berücksichtigender Anspruch nach § 1615l BGB des ein gemeinsames Kind betreuenden Partners, für den sogar weitergehende elternbezogene Gründe reklamiert werden können.[479]

219a   Alle Einkünfte, auch aus **Überstunden,** sind zu berücksichtigen.[480] Eine Darlehensaufnahme kann nicht verlangt werden,[481] denn es kommt auf die gegenwärtige Leistungsfähigkeit an → Rn. 219. Aus dem **Haushaltsgeld** ist kein Unterhalt zu zahlen, da es nur treuhänderisch überlassen wird. **Fiktives Einkommen** ist nur in Ausnahmefällen anzusetzen,[482] die Grundsätze der Hausmann-Rechtsprechung gelten nicht.[483] **Zinsen** aus Vermögen, sofern sie nicht zur geschützten Altersvorsorge dazugehören, sind ebenfalls einzusetzen.[484]

Die gewählte **Steuerklasse** ist derart zu korrigieren, dass eine fiktive Einzelveranlagung entsprechend § 270 AO vorzunehmen ist und der sich daraus ergebende Anteil der Ehegatten am Maßstab der tatsächlichen Steuerlast bei Zusammenveranlagung zugrunde gelegt wird.[485]

219b   **Taschengeld.** Das grundsätzlich auch für Elternunterhalt heranzuziehende Taschengeld eines Ehegatten, der seinerseits vom Familienunterhalt seines Gatten lebt, ist im Ausgangspunkt lange Zeit mit 5–7 % des zusammengerechneten Einkommens der Ehegatten (Familieneinkommen) veranschlagt worden.[486] Der BGH hat aber inzwischen gebilligt, dass im Regelfall nur von pauschal 5 % ausgegangen wird; eine insoweit einheitliche Größe diene auch der Rechtssicherheit.[487] Davon muss dem Verpflichteten aber auch sein Selbstbehalt bleiben (5 % des Familienselbstbehalts als Sockelbetrag zuzüglich

---

[474] BGH FamRZ 2010, 1535 = NJW 2010, 3125, Tz. 42.
[475] BGH FamRZ 2014, 538 = NJW 2014, 1173, Tz. 22, 26.
[476] So ausdrücklich BGH Beschl. v. 9.3.2016, XII ZB 693/14 = BeckRS 2016, 06283, Tz. 20 f.
[477] BGH FamRZ 2013, 868 (mAnm *Hauß*) = NJW 2013, 1305, Tz. 25.
[478] … worauf der BGH FamRZ 2013, 868 (mAnm *Hauß*) = NJW 2013, 1305, Tz. 25, aber auch hinweist.
[479] BGH Beschl. v. 9.3.2016, XII ZB 693/14 = BeckRS 2016, 06283, Tz. 20 ff., 23.
[480] BGH FamRZ 2004, 186 mAnm *Schürmann.*
[481] OLG Köln FamRZ 2001, 1475.
[482] OLG Köln FamRZ 2002, 572 = NJW-RR 2002, 74; 17. DFGT, AK 2 These 6 (NJW 2007, Heft 41, Us.).
[483] OLG Köln OLGR 2000, 67 mwN.
[484] BGH FamRZ 2015, 1172 = NJW 2015, 1877, Tz. 20.
[485] BGH FamRZ 2015, 1594 = NJW 2015, 2577, Tz. 51.
[486] BGH FamRZ 2013, 363 (mAnm *Thormeyer*) = NJW 2013, 686, Tz. 26.
[487] BGH FamRZ 2014, 1990 (mAnm *Hauß*) = NJW 2014, 3514, Tz. 14.

die Hälfte von 5 % des den Familienselbstbehalt von derzeit 3240 Euro übersteigenden Familieneinkommens). Nur in Höhe des restlichen Betrages kommt eine Verpflichtung zum Elternunterhalt aus Taschengeld in Betracht.[488]

Vereinfachte Berechnung: Familieneinkommen (nur des Schwiegersohnes) 6240 Euro. Taschengeld der nicht erwerbstätigen Unterhaltsverpflichteten: 6240 Euro x 5 % = 312 Euro.

Tatsächlich zum Elternunterhalt einzusetzen: (6240 – 3240) x 0,5 x 5 % = 75 Euro.

Bei geringfügigem, den höchstmöglichen Taschengeldanspruch nicht erreichenden Eigeneinkommen der zum Unterhalt verpflichteten Tochter ändert sich an der Berechnung des Elternunterhalts grundsätzlich nichts, weil die Verpflichtung aus dem höchstmöglichen Taschengeldanspruch bleibt; erst wenn das Eigeneinkommen die 5 % des Familieneinkommens erreicht, entfällt jeglicher Taschengeldanspruch und ist mit dem Eigeneinkommen zu rechnen.[489]

Wohnwert: Mietfreies Wohnen ist als Einkommen zu berücksichtigen, richtet sich **219c** aber beim Elternunterhalt nicht nach der objektiven Marktmiete, sondern nach den ersparten individuellen Mehraufwendungen.[490] Daraus einsetzbare Mittel nimmt der BGH allerdings für den ansonsten mittellosen Unterhaltspflichtigen nur an, wenn er ein in seinem Alleineigentum stehendes Anwesen bewohnt, denn bei gemeinsamem Eigentum flössen ihm durch das Mitbewohnen keine über den gemeinsamen Familienunterhalt hinausgehenden baren Mittel zu, aus denen er etwas zahlen könnte.[491] Nicht zu Unrecht weist *Hauß*[492] darauf hin, dass es sich bei Alleineigentum insoweit nicht anders verhält, es sei denn man stellt dann nicht auf das eigene mietfreie Wohnen ab, sondern fingiert ein eigenes Einkommen aus der Nutzung der „zweiten Grundbesitzhälfte" durch den Ehegatten (statt des nicht unmittelbar einzusetzenden Anteils am Familienunterhalt).

Die **Vermögenssubstanz** kann einsatzpflichtig sein, wobei für den Berechtigten mindestens die Schongrenzen der §§ 90 SGB XII, 12 Abs. 3 SGB II zu beachten sind,[493] beim Verpflichteten zum Elternunterhalt aber regelmäßig ein großzügigerer Maßstab anzulegen ist.[494] Als „**Notgroschen**" hat der BGH bei Ablehnung einer Pauschalierung und in Auseinandersetzung mit der Literatur, in der ein Rahmen von 10.000 EUR bis etwa 25.000 EUR im Einzelfall für unvorhergesehenen Sonderbedarf befürwortet wird, schließlich im Fall eines alleinstehenden, kinderlosen Unterhaltsschuldners, der über ein Erwerbseinkommen unterhalb des Selbstbehalts verfügte, einen „Notgroschen" von 10.000 EUR „als ausreichend" gebilligt[495] und darauf in einer weiteren Entscheidung Bezug genommen.[496]

---

[488] BGH FamRZ 2014, 1990 (mAnm *Hauß*) = NJW 2014, 3514, Tz. 12 ff.; FamRZ 2014, 538 = NJW 2014, 1173; BGH FamRZ 2013, 363 = NJW 2013, 686, Tz. 43 ff. (jedoch noch missverständlich hinsichtlich des Anknüpfungspunkts für den Selbstbehalt); dazu (korrigierend) auch *Dose* FamRZ 2013, 993 (1000).

[489] BGH FamRZ 2014, 1540 = NJW 2014, 2570 = NZFam 2014, 986 (mAnm *Günther*), Tz. 13; FamRZ 2014, 538 = NJW 2014, 1173, Tz. 29.

[490] BGH FamRZ 2015, 1172 = NJW 2015, 1877, Tz. 19, 20; FamRZ 2013, 1554 = NJW 2013, 3024; FamRZ 2013, 868 = NJW 2013, 1305, Tz. 19; FamRZ 2013, 363 = NJW 2013, 686, Tz. 22, 38; FamRZ 2004, 186 (mAnm *Schürmann);* FamRZ 2003, 1179 = NJW 2003, 2306.

[491] BGH FamRZ 2015, 1172 (m. krit Anm. *Hauß*) = NJW 2015, 1877, Tz. 19, 20 einerseits und FamRZ 2013, 363 = NJW 2013, 686, Tz. 22 andererseits.

[492] *Hauß* Anm. zu BGH FamRZ 2015, 1172, 1175 f.

[493] BGH FamRZ 2013, 1554 = NJW 2013, 3024, Tz. 36, im Anschluss an BGH FamRZ 2004, 370, 371.

[494] BGH FamRZ 2013, 1554 = NJW 2013, 3024, Tz. 37.

[495] BGH FamRZ 2013, 1554 = NJW 2013, 3024, Tz. 37 am Ende.

[496] BGH FamRZ 2015, 1172 = NJW 2015, 1877, Tz. 29.

Eine Verwertung des Vermögensstamms kann jedenfalls nicht verlangt werden kann, wenn sie den Schuldner von laufenden Einkünften abschneidet, die er zur Bestreitung seines eigenen Unterhalts benötigt. [497] Nicht zu verwerten ist zudem angemessener **selbstgenutzter Immobilienbesitz,** wobei der Wert sogar regelmäßig bei der Bemessung des nötigen Altersvorsorgevermögens außen vor bleibt.[498]

Das **Altersvorsorgevermögen,** das während des Arbeitslebens aus der Anlage von 5 % des Jahresbruttoeinkommens bei einer durchschnittlichen jährlichen Rendite von 4 % gebildet worden ist, braucht bis zum Bezug der Altersversorgung regelmäßig nicht für Elternunterhalt eingesetzt zu werden.[499] Das gilt aber auch, wenn Sparvermögen bzw. Kapitalanlagen bis zum Rentieneintritt diesen Betrag ergeben.[500] Im konkreten Fall hat der BGH gebilligt, dass Vermögen von 84.094,55 EUR unangetastet und die Eigentumswohnung für diese Beurteilung außer Betracht geblieben ist. [501]

Das Altersvorsorgevermögen wird mit **Eintritt in den Ruhestand** mit den allgemeinen Sterbetafeln[502]in eine Monatsrente umgerechnet und steht dann als mtl. Einkommen für Unterhaltszwecke zur Verfügung.[503]

Allerdings hat der BGH seine Rechtsprechung einschränkend modifiziert und einem zum Elternunterhalt verpflichteten **verheirateten Kind,** das **kein eigenes Erwerbseinkommen** erzielt, grundsätzlich kein Bedürfnis für die Bildung eigenen Altersvorsorgevermögens zugebilligt; [504] weil es auch im Alter durch die primäre und sekundäre Altersvorsorge seines Ehegatten unterhalten werde.[505] Etwas anderes gelte nur, wenn sein Ehegatte selbst nicht ausreichend für sein Alter Vorsorge getroffen hat, nämlich weder über eine ausreichende primäre Altersversorgung verfügt noch sonstiges Altersvorsorgevermögen gebildet hat.[506]

Sofern eine Verwertung geboten ist, kommt es nicht darauf an, ob diese gemäß § 1365 BGB von der Zustimmung des Ehepartners abhängt, denn das ist keine Frage der Leistungsfähigkeit und der daraus folgenden Verpflichtung.[507]

219d   Für seine **Altersversorgung** kann ein nicht sozialversicherungspflichtig Beschäftigter (aber nicht Beamte) zunächst bis zu 19 % (derzeit genau 18,7 %) seines Bruttoeinkommens aufwenden und ggf. abziehen.[508] Für eine **zusätzliche Altersversorgung** – neben der primären – sind weitere 5 % des Bruttoeinkommens (insoweit auch bei Beamten) abziehbar.[509] Daneben sind eine **Sparquote,** die in Deutschland mit durchschnittlich 10 % des verfügbaren Einkommens angesetzt werden kann, bzw. die **Tilgung** von Hausdarle-

---

[497] BGH FamRZ 2015, 1172 (mAnm *Hauß*) = NJW 2015, 1877 (mAnm *Born),* Tz. 24.

[498] BGH NJW 2013, 3024, Tz. 39.

[499] BGH FamRZ 2015, 1172 (mAnm *Hauß*) = NJW 2015, 1877 (mAnm *Born),* Tz. 26 f.; FamRZ 2013, 1554 = NJW 2013, 3024, Tz. 29.

[500] BGH FamRZ 2006, 1511 mAnm *Klinkhammer* = NJW 2006, 3344 mAnm *Koritz* NJW 2007, 270.

[501] BGH FamRZ 2013, 1554 = NJW 2013, 3024, Tz. 38, 39.

[502] BGH FamRZ 2013, 203 = NJW 2013, 301, Tz. 33, 38; OLG Karlsruhe FamRZ 2004, 292 = NJW 2004, 296.

[503] BGH FamRZ 2015, 1172 (mAnm *Hauß*) = NJW 2015, 1877 (mAnm *Born*) Tz. 28.

[504] BGH FamRZ 2015, 1172 = NJW 2015, 1877, Tz. 35, in Abgrenzung zu BGH FamRZ 2006, 1511 und FamRZ 2013, 1554.

[505] Mit guten Gründen kritisch dazu *Hauß* FamRZ 2015, 1175; zustimmend *Born* NJW 2015, 1880.

[506] BGH FamRZ 2015, 1172 = NJW 2015, 1877, Tz. 37.

[507] **Anders** LG Heidelberg FamRZ 1998, 164 = NJW 1998, 3502 und *Schibel* NJW 1998, 3449 (3453); dagegen *Büttner* NDV 1999, 292 (295) und *Günther* FF 1999, 174 (175).

[508] BGH FamRZ 2003, 860 (mAnm *Klinkhammer)* = NJW 2003, 1660.

[509] BGH FamRZ 2013, 868 = NJW 2013, 1305, Tz. 17; FamRZ 2010, 1535 = NJW 2010, 3161, Tz. 25 ff.; FamRZ 2006, 1511 (mAnm *Klinkhammer*) = NJW 2006, 3344 (mAnm *Koritz* NJW 2007, 270).

hen nicht ohne weiteres vor dem Zugriff für Elternunterhalt geschützt, es sei denn, die Mittel werden zur Finanzierung eines angemessenen Eigenheims (mit dessen in die Berechnung einfließenden Wohnwert) benötigt.[510]

Vorwegabzug von Schulden. Vor Beginn der Unterhaltsbedürftigkeit begründete Schulden, die die Lebensstellung geprägt haben, sind auch dann zu berücksichtigen, wenn sie nach allgemeinen Maßstäben nicht berücksichtigungsfähig wären.[511]

Rücklagen für Hausrat oder Reparaturen sind nur bei absehbarer Notwendigkeit zu berücksichtigen.[512]

Aufwendungen für eine **Hausrats- und Haftpflichtversicherung** sind allerdings auch bei der Inanspruchnahme auf Elternunterhalt nicht als vorweg abziehbare Verbindlichkeiten zu behandeln.[513]

Fahrtkosten zu den Eltern sind abzugsfähig und nicht aus dem Selbstbehalt zu finanzieren.[514] Das muss bei getrennt lebenden Eltern auch für Besuche beim nicht unterhaltsbedürftigen anderen Elternteil gelten.[515]

Anspruchsbeschränkungen. Für eine **Verwirkung** ist § 1611 BGB maßgebend. Sie **220** kommt insbesondere in Betracht, wenn die Eltern früher ihre Unterhaltspflicht gegenüber dem Kind verletzt hatten.[516] Die Verwirkung wegen einer schweren Verfehlung setzt allerdings ein Verschulden des Unterhaltsberechtigten voraus. Es genügt nicht, wenn er nur in einem natürlichen Sinne vorsätzlich gehandelt hat.[517] Eine schwere Verfehlung gemäß § 1611 Abs. 1 S. 1 Alt. 3 BGB darf regelmäßig nur bei einer tiefgreifenden Beeinträchtigung schutzwürdiger wirtschaftlicher Interessen oder persönlicher Belange des Pflichtigen angenommen werden.[518] Zwar stellt ein vom unterhaltsberechtigten Elternteil ausgehender Kontaktabbruch regelmäßig eine Verfehlung dar; es bedarf jedoch für die Verwirkung des Elternunterhalts weiterer Umstände, die das Verhalten des Unterhaltsberechtigten ausnahmsweise auch als eine schwere Verfehlung erscheinen lassen.[519] Wenn die einzelnen Verfehlungen für sich genommen nicht besonders schwer wiegen, kann jedoch eine Gesamtschau dennoch zeigen, dass sich der Unterhaltsberechtigte in besonders vorzuwerfender Weise aus der familiären Solidarität gelöst und damit eine schwere Verfehlung begangen hat.[520]

Auch ohne die Voraussetzungen des § 1611 BGB kann der Unterhalt zu einer **unbilligen Härte nach § 94 Abs. 3 S. 1 Nr. 2 SGB XII** führen, wenn ein Elternteil wegen kriegsbedingter psychischer Erkrankung nicht in der Lage war, für das Kind zu sorgen.[521] Es muss dann aber auch ein erkennbarer Bezug zum Sozialhilferecht, insbesondere ein kausaler Zusammenhang zu einem Handeln des Staates oder seiner Organe, vorliegen, während eine Störung familiärer Beziehungen im Sinne des § 1611 BGB

---

[510] BGH FamRZ 2013, 868 = NJW 2013, 1305, Tz. 17; aA OLG Hamm FamRZ 2015, 1974 = NJW 2015, 3458 (das aber unzutreffend annimmt, der vorgenannten BGH-Entscheidung lasse sich eine Überschreitung der 5 %-Grenze nicht entnehmen, was jedoch nach zit. Vorinstanz OLG Düsseldorf FamRZ 2011, 1657 der Fall war).

[511] OLG Hamm NJW-RR 2005, 588 nach Aufhebung durch den BGH NJW 2004, 769; Empfehlungen des Vorstands des 16. DFGT, S. 172.

[512] BGH FamRZ 2004, 792 mAnm *Borth;* **anders** OLG Oldenburg FamRZ 2000, 1174 (1176); weitergehend Empfehlungen des Vorstands des 16. DFGT, S. 172.

[513] BGH FamRZ 2010, 1535 = NJW 2010, 3161, Tz. 22.

[514] BGH FamRZ 2013, 868 (mAnm *Hauß*) = NJW 2013, 1305, Tz. 30; OLG Köln NJW-RR 2002, 74.

[515] Hauß, Elternunterhalt, 5. Aufl. 2015, Rn. 509.

[516] BGH FamRZ 2004, 1559 mAnm *Born* = NJW 2004, 3109; OLG Koblenz OLGR 2000, 254.

[517] BGH FamRZ 2010, 1888 = NJW 2010, 3714, Tz. 40, 41.

[518] BGH FamRZ 2014, 541 = NJW 2014, 1177, Tz. 14.

[519] BGH FamRZ 2014, 541 = NJW 2014, 1177, Tz. 16.

[520] BGH FamRZ 2014, 541 = NJW 2014, 1177, Tz. 15.

[521] BGH FamRZ 2004, 1097 (mAnm *Klinkhammer* FamRZ 2004, 1283) = NJW-RR 2004, 1288.

grundsätzlich nicht genügt, um eine unbillige Härte im Sinne des § 94 Abs. 3 S. 1 Nr. 2 SGB XII zu begründen und damit den Anspruchsübergang auf den Träger der Sozialhilfe auszuschließen.[522] Ausschlaggebend für den Ausschluss des Anspruchsübergangs nach § 94 Abs. 3 S. 1 Nr. 2 SGB XII kann aber auch sein, dass in Anbetracht der sozialen und wirtschaftlichen Lage die Heranziehung zu einer nachhaltigen und unzumutbaren Beeinträchtigung des Unterhaltspflichtigen und der übrigen Familienmitglieder führen würde, ferner wenn die Zielsetzung der Hilfe infolge des Übergangs gefährdet erscheint oder der Unterhaltspflichtige den Sozialhilfeempfänger bereits vor Eintritt der Sozialhilfe über das Maß einer zumutbaren Unterhaltsverpflichtung hinaus betreut oder gepflegt hat.[523]

Eine Verwirkung aufgrund verspäteter Geltendmachung kommt nur in Betracht, wenn Zeit- und Umstandsmoment erfüllt sind, nicht generell nach Zuwarten von einem Jahr.[524]

Verbleibt trotz Pflegeversicherung eine objektive Überforderung, kann auch an eine Unterhaltsbeschränkung analog § 1579 Nr. 8 BGB gedacht werden. § 94 Abs. 2 SGB XII (behinderte Kinder) ist nicht entsprechend anwendbar.[525]

221 **Rangfolge.** Die Eltern sind gem. § 1609 Nr. 6 BGB nachrangig berechtigt, so dass vorrangige Unterhaltspflichten zu beachten sind.[526] Der geschiedene Ehegatte des Pflegebedürftigen haftet gem. § 1584 BGB vor den Kindern, solange nicht sein eigener angemessener Unterhalt gefährdet ist.[527]

Mehrere Geschwister haften gem. § 1606 Abs. 3 S. 1 BGB anteilig und gleichrangig.[528] Die Verweisung auf fiktive Einkünfte eines Mitverpflichteten ist nicht möglich, es gilt aber § 1607 Abs. 2 BGB. Die Geschwister untereinander sind auskunftspflichtig, nicht aber unmittelbar die Ehegatten der Geschwister.[529]

f) Grundsicherung nach §§ 41–43 SGB XII

222 Die Grundsicherung nach §§ 41–43 SGB XII, die aus dem Grundsicherungsgesetz[530] zum 1.1.2005 folgt, ist eine **eigenständige Sozialleistung** für **ältere Menschen (ab 65 Jahre) und aus medizinischen Gründen voll Erwerbsgeminderte ab 18 Jahren** (im Gegensatz zum **Arbeitslosengeld II** als Grundsicherung **für Arbeitsuchende** nach §§ 19 ff. SGB II).[531]

Anspruchsberechtigung. Diese nicht dem Arbeitsmarkt zur Verfügung stehenden Personen müssen im Sinne der Sozialhilfe bedürftig sein. Dem kann tatsächlich geleisteter Unterhalt entgegenstehen, nicht aber bloße Unterhaltsansprüche, auch wenn sie tituliert sind.[532] Keinen Anspruch auf Leistungen haben Personen, die in den letzten zehn Jahren

---

[522] BGH FamRZ 2010, 1888 = NJW 2010, 3714, Tz. 44, 45. Vgl. zur unbilligen Härte iSd § 94 Abs. 3 Nr. 2 SGB XII auch BGH FamRZ 2010, 1418 = NJW 2010, 2957.

[523] BGH NJW 2010, 3714 = FamRZ 2010, 1888, Tz. 46; NJW 2010, 2957 = FamRZ 2010, 1418, Tz. 33, 34.

[524] Großzügiger aber BGH FamRZ 2007, 453 mAnm *Büttner* = NJW 2007, 1273; FamRZ 2002, 1698 mAnm *Klinkhammer* = NJW 2003, 128; dagegen *Büttner* FamRZ 2002, 364 und FamRZ 2003, 449.

[525] BVerwG FamRZ 1995, 803.

[526] LG Bielefeld FamRZ 1998, 49.

[527] Darlegungspflichtig für die fehlende Unterhaltspflicht des Ehegatten ist der Berechtigte: OLG Hamm FamRZ 1996, 116.

[528] OLG Karlsruhe FamRZ 2004, 292 = NJW 2004, 296; OLG München FamRZ 2002, 50; LG Braunschweig FamRZ 1999, 457 zur Auskunftspflicht der Geschwister untereinander.

[529] BGH FamRZ 2003, 1836 mAnm *Strohal* = NJW 2003, 3624.

[530] BGBl. 2001 I, 1310 (1335); dazu *Klinkhammer* FamRZ 2002, 997 und FuR 2003, 640 sowie *Günther* FF 2003, 10.

[531] Dazu *Scholz* FamRZ 2006, 1417.

[532] BGH FamRZ 2007, 1158 mAnm *Scholz*.

ihre Bedürftigkeit vorsätzlich oder grob fahrlässig herbeigeführt haben (§ 41 Abs. 3 SGB XII). Der unterhaltsberechtigte Elternteil ist grundsätzlich gehalten, Leistungen der Grundsicherung im Alter und bei Erwerbsminderung (§§ 41 ff. SGB XII), die gegenüber dem Elternunterhalt nicht nachrangig sind,[533] zu beantragen. Verletzt er diese Obliegenheit, sind ihm entsprechende fiktive Einkünfte zuzurechnen.[534] Wird ein entsprechender Antrag abgelehnt, besteht allerdings nur bei Vorliegen hinreichender Erfolgsaussichten eine unterhaltsrechtliche Obliegenheit, Rechtsbehelfe dagegen einzulegen.[535]

- **Umfang der Leistungen.** Die Grundsicherung umfasst den für den Antragsteller maßgebenden Sozialhilferegelsatz für Haushaltsvorstände nach § 28 SGB XII, die Kosten für Unterkunft und Heizung, Kranken – und Pflegeversicherungsbeiträge (nach § 32 SGB XII), Schuldübernahme nach § 34 SGB XII und ggf. der Mehrbedarf nach §§ 30, 31 SGB XII. Ein Bedarf der Berechtigten, auch ergänzende Sozialhilfeansprüche, kann daher vor allem bleiben, wenn sie stationär untergebracht sind.[536]

- **Rückgriffseinschränkung.** Gegenüber unterhaltspflichtigen Eltern und Kindern, deren Jahreseinkommen im Sinne des Einkommensteuerrechts unter 100.000 EUR liegt, findet nach § 43 Abs. 5 SGB XII kein Rückgriff des Grundsicherungsträgers statt.[537] Dabei ist das Einkommen der Kinder oder Eltern gesondert zu betrachten.[538] Sofern die Bewilligung von bedarfsdeckenden Leistungen der Grundsicherung für den unterhaltsberechtigten Elternteil nach § 43 SGB XII nur deswegen ausscheidet, weil eines von mehreren anteilig haftenden unterhaltspflichtigen Kindern über steuerliche Gesamteinkünfte von 100.000 EUR oder mehr verfügt, wäre die Inanspruchnahme eines weniger als 100.000 EUR verdienenden Kindes eine unbillige Härte (§ 94 Abs. 3 S. 1 Nr. 2 SGB XII).[539] Letzteres kann seiner Inanspruchnahme dann den Einwand der unzulässigen Rechtsausübung (§ 242 BGB) entgegenhalten, ohne dass deshalb das leistungsfähigere Kind über seinen Haftungsanteil gemäß § 1606 Abs. 3 S. 1 BGB hinaus belastet werden darf.[540]

- Das gilt auch für **entferntere Verwandte**, die schon nach § 94 Abs. 2 SGB XII privilegiert sind. Sinn der **Rückgriffseinschränkung** ist die (allerdings nur in Höhe der Leistungen gegebene) eigenständige Sicherung des Bedürftigen (Vermeidung der „verschämten" Armut).[541] Für die höheren Bereiche des Elternunterhalts bleibt ein von der Grundsicherung nicht gedeckter Teil des Bedarfs übrig. Ansprüche gegen den Ehepartner (oder Partner einer eingetragenen Partnerschaft) werden dagegen berücksichtigt.[542] Wenn die Unterhaltsansprüche nicht realisierbar sind, besteht aber ein Grundsicherungsanspruch.[543] Bei einem unterhaltsberechtigten Volljährigen, der Grundsicherungsrente erhält, ist Regress gegenüber den Eltern nach § 94 Abs. 1 S. 3 2. Alt. SGB XII ausgeschlossen.[544]

---

[533] BGH FamRZ 2015, 1467 = NJW 2015, 2655, Tz. 11, Anschluss an FamRZ 2007, 1158 Tz. 14.

[534] BGH FamRZ 2015, 1467 = NJW 2015, 2655, Tz. 11; OLG Naumburg, FamRZ 2009, 701; OLG Frankfurt Urt. v. 23.1.2008 – 5 UF 146/07; OLG Oldenburg NJW-RR 2004, 364; OLG Zweibrücken NJW-RR 2003, 1299.

[535] BGH FamRZ 2015, 1467 = NJW 2015, 2655, Tz. 12.

[536] Dazu *Klinkhammer* FamRZ 2003, 1793.

[537] BGH FamRZ 2007, 1158 mAnm *Scholz* (Vorinstanz OLG Nürnberg FamRZ 2004, 1988); OLG Saarbrücken OLGR 2005, 88.

[538] Zutreffend *Günther* FF 2003, 10 mwN.

[539] BGH FamRZ 2015, 1467 (Anm. *Schürmann* 1600) = NJW 2015, 2655, Tz. 47.

[540] BGH FamRZ 2015, 1467 = NJW 2015, 2655, Tz. 48.

[541] Vgl. zum Ganzen *Klinkhammer* FamRZ 2003, 1793.

[542] *Scholz* in Anm. zu BGH FamRZ 2007, 1158; Süddeutsche Leitlinien und Düsseldorfer Leitlinien jeweils 2.9.

[543] VG Aachen ZfSH/SGB 2005, 169.

[544] OLG Oldenburg ZFE 2004, 59.

g) Großeltern/Enkelkinder

223   **Die Ansprüche der Enkelkinder gegen die Großeltern** sind von erheblich größerer praktischer Bedeutung als die nach § 1601 BGB ebenfalls bestehenden Ansprüche der Großeltern gegen die Enkelkinder (da wegen des Alterssicherungssystems Großeltern seltener bedürftig sind). Die Großeltern haften allerdings nur, wenn vorrangig Verpflichtete nicht leistungsfähig sind (§ 1607 Abs. 1 BGB)[545] bzw. trotz Titulierung gegen sie nicht vollstreckt werden kann (§ 1607 Abs. 2 S. 1 BGB).[546] Es gehört daher die Darlegung der (teilweisen) Leistungsunfähigkeit der Eltern (bzw. Vollstreckungsunmöglichkeit) und die der anderen Großelternteile zu den Voraussetzungen des Anspruchs.[547] Auch die Eltern des betreuenden Elternteils sind einzubeziehen, wenn dieser nicht zusätzlich den Barunterhalt leistet, da der Betreuende in dieser Situation allein durch die Betreuung seiner Unterhaltspflicht nicht nachkommt.[548]

Der BGH[549] hat im Verfahren einer (mangels weiterer Verfolgung des vorinstanzlich erhobenen Anspruchs) unzulässigen Revision mit der Formulierung, es komme nicht auf die Zulassungsfrage an, in der sich das OLG[550] „der weit überwiegenden Auffassung in Literatur und Rechtsprechung angeschlossen hat, wonach **Leistungen nach dem UVG im Rahmen eines Unterhaltsanspruchs des minderjährigen Kindes gegen seine Großeltern bedarfsdeckend sind"**, immerhin angedeutet, dass er diese Auffassung teilt.

Der Unterhaltsbedarf des Kindes richtet sich bei der Großelternhaftung gem. § 1607 Abs. 1 BGB nach dem Mindestunterhalt[551], weil sich die Lebensstellung nach der der Eltern richtet. Im Fall des § 1607 Abs. 2 BGB richtet sich der Unterhaltsbedarf nach dem Titel gegen die Eltern, kann also eventuell auch höher liegen.

Auf den erhöhten angemessenen Selbstbehalt (seit 1.1.2015 1800 EUR + 1440 EUR für den anderen Großelternteil, bis 31.12.2014 noch 1600 EUR + 1280 EUR) können sich die Großeltern[552] berufen und die Hälfte des überschießenden Einkommens ist ihnen ebenfalls zuzubilligen.[553] Vorrangig sind die Ansprüche auf Familienunterhalt (zB der Großmutter gem. §§ 1360, 1360a BGB). Auch Verbindlichkeiten der Großeltern, die diese vor Inanspruchnahme durch den Enkel eingegangen sind, mindern ihre Leistungsfähigkeit.[554] Sie brauchen keine dauerhafte und spürbare Senkung ihres einkommenstypischen Unterhaltsniveaus hinzunehmen, soweit sie keinen unangemessenen Aufwand betreiben.[555]

Im Fall des § 1607 Abs. 2 BGB ist eine Haftung der Großeltern zu bejahen, wenn der Vater leistungsunfähig ist.[556]

---

[545] OLG Köln OLGR 2004, 166 (begrenzt auf den Unterhaltsanspruch gegen die Eltern); OLG München OLGR 2000, 37; AG Bad Homburg FamRZ 1999, 1450; DIV-Gutachten DAVorm 1989, 361, 481.

[546] OLG München MDR 2000, 457 (auch bei Unterhaltsvorschussansprüchen).

[547] OLG Hamm NJW-RR 2006, 871; OLG Jena NJW-RR 2005, 1670; OLG Dresden NJW-RR 2006, 221.

[548] OLG Frankfurt FamRZ 2004, 1745; aM OLG Schleswig FamRZ 2004, 1058 mAnm *Luthin*.

[549] BGH NJW-RR 2012, 516 = FamRZ 2012, 785.

[550] OLG Dresden FamRZ 2010, 736; FamRZ 2006, 569 ff.; Wendl/*Klinkhammer*, 9. Aufl., § 8 Rn. 267; Scholz/Kleffmann/Motzer/*Soyka*, Praxishandbuch Familienrecht, Okt. 2011, J 81; FA-Komm-FamR/*Klein* 4. Aufl. § 1602 BGB Rn. 33.

[551] OLG Saarbrücken OLGR 2007, 526 (nicht nur auf Stamm des ausgefallenen Elternvermögens); OLG Köln FamRZ 2005, 38.

[552] Dazu → Rn. 219 und BGH FamRZ 2007, 375 = NJW-RR 2007, 433.

[553] BGH FamRZ 2006, 26 mAnm *Duderstadt* = NJW 2006, 142 = FF 2006, 49 mAnm *Luthin*.

[554] OLG Dresden FamRZ 2006, 569.

[555] BGH FamRZ 2007, 375 = NJW-RR 2007, 433.

[556] BGH FamRZ 2004, 800; OLG Frankfurt FamRZ 2004, 1746; OLG Hamm FamRZ 2005, 57; → Rn. 114.

Eine cessio legis von Unterhaltsansprüchen gegen Großeltern ist nach § 94 Abs. 1 **224**
S. 3 SGB XII nicht möglich. Fraglich ist, ob wegen des grundsätzlichen Vorrangs der
privatrechtlichen Hilfsquelle nach § 19 SGB XII gleichwohl Sozialhilfe wegen eines „ohne
weiteres realisierbaren Anspruchs" gegen die Großeltern verweigert werden kann.[557]
Wenn auch wegen § 19 SGB XII von einer „Wahlfreiheit" des Hilfsbedürftigen, Sozialhilfe oder die Großeltern in Anspruch zu nehmen, nicht gesprochen werden kann, ist nicht
zu leugnen, dass der Sachwiderspruch zwischen Vorrang- und Rückgriffsregelung im
praktischen Ergebnis dazu führen kann.[558] Zweifelhaft ist, ob die Verweisung auf einen
durchsetzbaren Anspruch für die Zukunft (bei Sozialhilfekürzung gem. §§ 26, 39
SGB XII) in Betracht kommt oder ob darin eine Umgehung des § 94 Abs. 1 S. 3 SGB XII
zu sehen ist. Die uneingeschränkte Gewährung des zivilrechtlichen Anspruchs spricht
dafür, für die Zukunft eine Verweisung auf die Inanspruchnahme von Sozialhilfemitteln
nicht für zulässig zu halten.[559] Nach der Neuregelung im SGB XII ist das aber fraglich.[560]

h) Eingetragene Lebenspartner

Das am 1.8.2001 in Kraft getretene Lebenspartnerschaftsgesetz (LPartG) gibt einge- **225**
tragenen gleichgeschlechtlichen Lebenspartnern Unterhaltsansprüche. Durch das Lebens-
partnerschaftsüberarbeitungsgesetz[561] wurde das Unterhaltsrecht an das eheliche Unterhaltsrecht zum 1.1.2005 angeglichen und zum 1.1.2008 überarbeitet, wobei der Wortlaut
von § 16 LPartG dem des § 1569 angeglichen wurde und die Einschränkungen des § 12
LPartG gegenüber § 1361 BGB entfielen; auch die §§ 1582, 1609 BGB sind anwendbar.[562]
Rechtsprechung gibt es nur wenig.[563] Es sollen hier nur kurz die Grundlagen der gesetzlichen Unterhaltsregelung dargestellt werden.[564]

aa) Vor Trennung der Lebenspartnerschaft. Gem. § 5 LPartG sind die §§ 1360 S. 2, **226**
1360a, 1360b, 1609 BGB entsprechend anwendbar. Insoweit ist auch ein Taschengeldanspruch und Verfahrenskostenvorschussanspruch des nicht erwerbstätigen Lebenspartners wie bei Ehepartnern zu bejahen.[565]

bb) Nach Trennung der Lebenspartnerschaft. § 12 LPartG gibt einen Unterhalts- **227**
anspruch nach dem Maßstab der lebenspartnerschaftlichen Lebensverhältnisse. Diese
können sich ebenso wie die ehelichen Lebensverhältnisse bis zur Auflösung der Lebenspartnerschaft weiterentwickeln. §§ 1361 und 1609 BGB gelten entsprechend.[566]

cc) Nach Aufhebung der Lebenspartnerschaft. Nach § 16 LPartG gelten für den **228**
nachpartnerschaftlichen Unterhaltsanspruch die §§ 1570–1586b und § 1609 BGB entsprechend. Aus § 16 Abs. 2 LPartG ergibt sich, dass die Lebenspartner allen anderen gesetzlich Unterhaltsberechtigten nachgehen. In Konkurrenz mit einem neuen Lebenspartner
geht der alte vor.

---

[557] Ausführlich DIV-Gutachten DAVorm 1987, 953 ff.

[558] Eine Hilfeverweigerung wegen eines „ohne weiteres realisierbaren Anspruchs" wird entgegen
DIV-Gutachten DAVorm 1987, 953 ff. jedenfalls dann Schwierigkeiten bereiten, wenn die Beteiligten
die Rechtslage kennen und sich einig sind; kritisch dazu auch *Herlan* DAVorm 1989, 67 f.

[559] OLG München OLGR 2000, 37 (für Zukunft kein Vorrang der UVG-Leistungen).

[560] Vgl. LPK/*Münder* – SGB XII, 7. Aufl., § 94 Rn. 68 ff.

[561] Vom 15.12.2004 (BGBl. I 3396).

[562] *Wellenhofer* NJW 2005, 705; *Stüber* FamRZ 2005, 574.

[563] OLG Bremen FamRZ 2003, 1280; OLG Düsseldorf FamRZ 2006, 335 zu dem inzwischen
überholten § 12 Abs. 2 LPartG aF; vgl. weiter Übersicht über Zweifelfragen *Roller* FamRZ 2003,
1424.

[564] Zu kollisionsrechtlichen Fragen des Unterhalts *Henrich* FamRZ 2002, 137 (139, 141).

[565] *Büttner* FamRZ 2001, 1105 (1106).

[566] OLG Düsseldorf FamRZ 2006, 335 ist deswegen weitgehend überholt.

i) Nichteheliche Lebenspartner

229 Eine gesetzliche Unterhaltspflicht besteht weder während des Zusammenlebens noch für die Zeit nach der Trennung,[567] ausgenommen den Fall des § 1615l BGB (dazu → Rn. 213 ff. und → Rn. 467 ff.). Eheliche Unterhaltsansprüche können auch nicht analog angewandt werden. Es besteht aber die Möglichkeit, vertragliche Unterhaltsansprüche zu begründen.[568]

j) Unterhalt für ein Tier

230 Der „Unterhalt" für einen Hund soll nur – als Vereinbarung und damit Dauerschuldverhältnis – bei einem wichtigen Grund gekündigt werden können.[569] Die Frage ist jedoch, ob es sich wegen der Unwesentlichkeit nicht nur um eine unverbindliche Erklärung handelt, die jederzeit beendet werden kann. Ist der Hund aber vom Unterhaltsschuldner für ein Kind angeschafft worden, kann es sich bei den Tierhaltungskosten um Mehrbedarf des Kindes handeln. Solche Tierhaltungskosten sind nämlich nicht in den gewöhnlichen Unterhaltssätzen enthalten.[570] Nach der Trennung der Eheleute kann der unterhaltspflichtige Elternteil grundsätzlich auch den Mehrbedarf zu tragen haben, der durch die Intensivierung einer Sportausübung des gemeinsamen Kindes entsteht, die auf einer ursprünglich gemeinsamen Entscheidung der Eltern beruht (im konkreten Fall Kosten für die Haltung zweier Pferde für Turniersport).[571]

3. Art der Unterhaltsgewährung

a) Geldrente

231 **Grundsätzlich ist Unterhalt durch Zahlung einer Geldrente zu leisten,** §§ 1612 Abs. 1, 1585 Abs. 1 BGB, **und zwar monatlich im Voraus;** §§ 1612 Abs. 3, 1585 Abs. 1 S. 2 BGB. „Monatlich im Voraus" ist nicht mit „jeweils am 1. des Monats" identisch, sondern die monatliche Unterhaltsperiode kann an jedem beliebigen Tag des Monats einsetzen. Maßgebend ist das Entstehen des Unterhaltsanspruchs, bzw. die Regelung im maßgebenden Titel.[572] Es entspricht aber praktischen Bedürfnissen, den Unterhalt kalendermonatlich zuzusprechen bzw. vertraglich zu regeln. Das gilt auch, wenn der Unterhaltsschuldner sein Geld erst zum 15. eines Monats bekommt.[573]

Die in der Praxis häufige Formulierung „ab dem 3. Werktag eines jeden Monats im Voraus" bedeutet, dass der Kalendermonat die Unterhaltsperiode ist, mag auch die Unterhaltspflicht zu einem anderen Zeitpunkt im Laufe eines Monats begonnen haben.

Gemäß §§ 760 Abs. 3 (Leibrente), 1585 Abs. 1 S. 3 (Wiederheirat oder Tod) und 1612 Abs. 3 S. 2 BGB (Tod) ist der volle Monatsbetrag auch dann zu zahlen, wenn der Unterhaltsanspruch im Laufe eines Monats erlischt. § 1613 Abs. 1 S. 2 BGB idF ab 1.7.1998 regelt für den rückständigen Unterhalt, dass er für den vollen Monat geschuldet ist, auch wenn der Unterhaltsanspruch erst im Laufe des Monats entstanden ist. Ebenso ist nach § 1612a Abs. 3 BGB der Mindestunterhalt der höheren Altersstufe ab Beginn des Monats, in dem das Kind die höhere Altersstufe erreicht, zu zahlen. Leider hat der BGH diese Vorschriften bisher nicht entsprechend auf den Getrenntlebensunterhalt und den Minderjährigenunterhalt angewandt, wenn diese im Laufe des Monats durch Scheidungs-

---

[567] BGH FamRZ 1984, 976; OLG Hamm FamRZ 1983, 273; *Grziwotz* FamRZ 2003, 1422 und FamRZ 2006, 1069.

[568] Dazu näher *Busche* JZ 1998, 387 (395 f.).

[569] So OLG Zweibrücken FamRZ 2007, 137 = NJW-RR 2007, 1.

[570] OLG Bremen FamRZ 2011, 43.

[571] OLG Frankfurt FamRZ 2014, 1787 (Ls.) = NJW-RR 2015, 260.

[572] KG FamRZ 1984, 1131 (1134); OLG Bamberg FamRZ 1980, 916.

[573] OLG Karlsruhe FamRZ 2005, 378.

rechtskraft bzw. Eintritt der Volljährigkeit enden.[574] Das ist schon deshalb unpraktisch, weil den Beteiligten das genaue Datum der Scheidungsrechtskraft oft unklar ist und die Aufteilung auf Tage zu einer kleinlichen Rechnerei führt.[575]

Die Kontoüberweisung ist die heute übliche Erfüllungsart der Geldrente. Vorausset- **232** zung ist aber, dass der Berechtigte sich mit der Zahlung auf ein bestimmtes Konto einverstanden erklärt, sonst handelt es sich nur um eine Leistung an Erfüllungs Statt.[576]

Für die Rechtzeitigkeit der Leistung von Unterhaltsgeldschulden kommt es auf die Absendung (Einzahlung bei der Post, Überweisungsauftrag an Bank) an,[577] nicht auf den Zeitpunkt der Gutschrift. Aus einer Vereinbarung in einem Prozessvergleich, nach der bis zu einem bestimmten Datum zu zahlen ist, ergibt sich als solcher nicht, dass das Geld bis zu diesem Zeitpunkt beim Gläubiger eingegangen sein muss.

b) Andere Art der Unterhaltsgewährung

Nur wenn „besondere Gründe" es rechtfertigen, kann der Verpflichtete verlangen, **233** dass ihm eine andere Art der Unterhaltsgewährung als die Zahlung einer Geldrente gestattet wird (§ 1612 Abs. 1 S. 2 BGB). Mit dieser Ausnahmeregelung will das Gesetz das Selbstbestimmungsrecht des Bedürftigen schützen und eine steuernde Einflussnahme auf die Lebensführung des Berechtigten ausschließen.[578]

Gegenüber unverheirateten Kindern haben die Eltern dagegen ein Bestimmungsrecht über die Art der Unterhaltsgewährung gemäß § 1612 Abs. 2 BGB; dazu näher → Rn. 239 ff.

c) Kapitalabfindung und Freistellungsvereinbarung

Eine Abfindung ist im Rahmen einer Unterhaltsgewährung gemäß den §§ 1601 ff. **234** BGB wegen des Verbots eines Verzichts auf künftigen Unterhalt (§ 1614 BGB) rechtlich nicht möglich.

Etwas anderes gilt für den Unterhalt zwischen geschiedenen Eheleuten, dort können ab 1.1.2008 vor der Rechtskraft der Scheidung formbedürftige Unterhaltsvereinbarungen nach § 1585c BGB auch in Form einer Abfindungsvereinbarung geschlossen werden und der Berechtigte[579] hat nach § 1585 Abs. 2 BGB aus wichtigen Gründen das Recht, eine Abfindung zu verlangen. Die Form des § 127a BGB ersetzt bei einer vor Rechtskraft der Ehescheidung geschlossenen Vereinbarung zum nachehelichen Unterhalt auch dann die notarielle Beurkundung, wenn die Protokollierung in einem anderen Verfahren als der Ehesache erfolgt, so dass der nacheheliche Unterhalt insbesondere im Verfahren über den Trennungsunterhalt formwirksam geregelt werden kann.[580]

Der Anspruch auf Kapitalabfindung ist nur ein Anspruch auf Geldzahlung, nicht auf Leistung eines bestimmten Gegenstandes (etwa eines Grundstücks oder von Wertpapieren).[581] Verlangen kann der Berechtigte eine Abfindung in Kapital, wenn ein wichtiger Grund vorliegt und der Verpflichtete dadurch nicht unbillig belastet wird, § 1585 Abs. 2 BGB.

---

[574] BGH FamRZ 1988, 370 (Getrenntlebensunterhalt); FamRZ 1988, 604 (Minderjährigenunter-halt) = NJW 1988, 2799. Mit §§ 1613 Abs. 1 S. 2, 1612a Abs. 3 BGB hat sich der BGH hinsichtlich der Ableitung eines allgemeinen Willens des Gesetzgebers noch nicht auseinandergesetzt.

[575] Vgl. zur Kritik näher *Luthin* FamRZ 1985, 262 (263) und *Schmitz* FamRZ 1988, 700.

[576] OLG Hamm NJW 1988, 2115.

[577] OLG Karlsruhe FamRZ 2003, 1763 = NJW 2003, 2922; OLG Köln FamRZ 1990, 1243.

[578] BSG FamRZ 1985, 1031; andere Arten der Unterhaltsgewährung können vereinbart werden, zB Wohnungsgewährung statt Barleistung: OLG Karlsruhe NJW-RR 1995, 709 (bei Änderungs-wunsch Abänderungsklage erforderlich!).

[579] BGH FamRZ 1993, 1186 = NJW 1993, 2105: aber nicht der Verpflichtete.

[580] BGH FamRZ 2014, 728 = NJW 2014, 1231, Tz. 11; mAnm *Keßler* NZFam, 2014, 554.

[581] AG Glückstadt FamRZ 1978, 781 – soweit ersichtlich ist das die Einzige dazu veröffentlichte Entscheidung. In der gerichtlichen Praxis spielt die Regelung eine sehr unbedeutende Rolle.

235   Ein „wichtiger Grund" für eine Kapitalabfindung zwischen geschiedenen Eheleuten kann etwa die Absicht sein, ein Erwerbsgeschäft aufzubauen, berufliche Ausbildung oder auch pflichtwidriges, den laufenden Unterhaltsanspruch gefährdendes Verhalten des Pflichtigen (schuldhafter Verlust der Arbeitsstelle mit der Folge wesentlicher Einkommensreduzierung in Verbindung mit Anstalten, Grundvermögen zu veräußern).

Für die Bemessung der Abfindung ist als Grundlage der gegenwärtige Unterhaltsanspruch heranzuziehen (künftige Erhöhungen sind naturgemäß ungewiss) unter Berücksichtigung der Lebenserwartung des Berechtigten, der Aussicht auf eine Wiederverheiratung und des Alters der zu versorgenden Kinder, zudem ist der Zins- und Zinseszinsgewinn einzukalkulieren.

Bei Abfindungsvereinbarungen nach § 1585c BGB (geplant: formbedürftig) ist zu berücksichtigen, dass sie bei grobem Missverhältnis nichtig sein können.[582]

236   Besoldungsrechtliche Nachteile für Beamte können durch die Vereinbarung einer einmaligen Abfindung entstehen, da diese danach als geschiedene Beamte ohne monatliche Unterhaltsverpflichtung aus der Ehe keinen Anspruch auf Familienzuschlag der Stufe 1 haben.[583]

Steuerrechtliche Nachteile können dadurch entstehen, dass der Betrag in aller Regel nicht als außergewöhnliche Belastung zu berücksichtigen ist[584] und die Geltendmachung des Realsplittings für die Zukunft entfällt.

Mit der Vereinbarung einer Abfindung des Ehegattenunterhaltsanspruchs konnte ein Unterhaltspflichtiger (anders als bei einem bloßen Unterhaltsverzicht) unter den weiteren Voraussetzungen gem. § 5 VAHRG (bei Antragstellung bis 31.8.2009) eine vorzeitige Kürzung seiner Versorgungsbezüge vermeiden, solange die Unterhaltsberechtigung des noch keine Versorgung beziehenden früheren Ehegatten ohne die Abfindung fortbestanden hätte.[585] Dies kommt auch nach der Neuregelung in § 33 VersAusglG (ab 1.9.2009) auf Antrag beim Familiengericht in Betracht. Siehe dazu → Rn. 160a.

Zwar sind die Voraussetzungen für eine Aussetzung der Kürzung einschränkend neu geregelt, insbesondere an konkrete Unterhaltsleistungen geknüpft worden.[586] Allerdings haben auch bisher die drei obersten Gerichtshöfe, die je nach Versorgungsart gem. § 5 VAHRG zur Entscheidung berufen waren, die Voraussetzung des Fortbestands der Unterhaltsverpflichtung in den Fällen der Abfindung nur fingiert und insbesondere vor dem Hintergrund der verfassungsrechtlichen Problematik[587] darauf abgestellt, ob dem Berechtigten ohne die Berücksichtigung bereits erfolgter Zahlungen ein Unterhaltsanspruch gegen den Verpflichteten zustehen würde, weshalb es nun weiterhin wichtig ist, die Zeitdauer des abgefundenen Unterhaltsanspruchs und damit auch seine monatliche Höhe festzulegen.[588]

237   Unterhaltsabfindungen für Kindesunterhalt, die bei Ausreise aus der DDR vereinbart wurden, sind unwirksam.[589] Die Zulässigkeit von Abfindungsvereinbarungen nach ausländischem Recht kann anders zu beurteilen sein.[590]

---

[582] BGH NJW 2001, 2324 zur „Erlassfalle" im Mietrecht.
[583] BVerwG NJW 2003, 886; OVG Münster MDR 2002, 342.
[584] BGH NJWE-FER 1998, 211.
[585] BGH FamRZ 1994, 1171; BVerwG NJW-RR 2000, 145; BSG NJW-RR 1996, 899.
[586] BGH FamRZ 2012, 853 = NJW 2012, 661; *Schwamb* FamRZ 2011, 1648 ff.
[587] Dazu näher BGH FamRZ 1994, 1171 (1172 unter 2b).
[588] Siehe dazu BGH FamRZ 2013, 1364 = NJW-RR 2013, 1091; OLG Celle FamRZ 2012, 1812; Johannsen/Henrich/*Holzwarth,* Familienrecht, 6. Aufl. 2015, Rn. 11; Göppinger/Börger/*Schwamb,* Vereinbarungen anlässlich der Ehescheidung, 10. Aufl. 2013, 3. Teil, Rn. 40, jeweils unter Hinweis darauf, dass die Laufzeit des der Abfindung zugrunde liegenden Unterhalts wegen § 33 Abs. 3 VersAusglG erkennbar sein muss.
[589] OLG Koblenz FamRZ 1994, 1195; OLG Düsseldorf FamRZ 1994, 1344; OLG Hamm DAVorm 1992, 362; DIV-Gutachten DAVorm 1992, 955 u. ZfJ 1992, 539 ff.
[590] OLG Braunschweig FamRZ 1996, 965 (unklar).

Freistellungsvereinbarungen im Verhältnis der Elternteile untereinander sind recht- **238**
lich möglich, lassen aber den Anspruch des Kindes unberührt,[591] falls er nicht im konkreten Fall vom freistellenden Elternteil erfüllt wird.[592] Allerdings kann aus einer gegenüber dem Kind unwirksamen Unterhaltsbegrenzung nicht ohne Weiteres auf eine Freistellungsvereinbarung zu Lasten des betreuenden Elternteils geschlossen werden.[593] Der
freigestellte Elternteil hat einen Schadensersatzanspruch, wenn er vom Kind in Anspruch
genommen wird.[594] Auch eine Freistellungsvereinbarung vor der Eheschließung kann
wirksam sein,[595] sie ist aber sittenwidrig, wenn das Wohl des Kindes missachtet wird oder
das Umgangsrecht zum Handelsobjekt gemacht wird[596] → Rn. 175. Auch ein Wegfall der
Geschäftsgrundlage kommt in Betracht.[597]

d) Bestimmungsrecht der Eltern unverheirateter Kinder

aa) Bestimmungsberechtigte. Eltern unverheirateter Kinder – auch volljähriger **239**
Kinder[598] **– können bestimmen,** in welcher Art und für welche Zeit im Voraus Unterhalt
gewährt werden soll, sofern sie auf die Belange des Kindes die gebotene Rücksicht
nehmen, § 1612 Abs. 2 BGB. Das Bestimmungsrecht betrifft nicht nur die Naturalunterhaltsgewährung, sondern erstreckt sich zB auch auf die Versicherungswahl.[599]

Bei minderjährigen Kindern hat **nur** der **Sorgeberechtigte das Bestimmungsrecht.**[600] **240**
Der nicht Sorgeberechtigte kann nicht über § 1612 Abs. 2 BGB erreichen, dass das Kind
zu ihm ziehen muss, wie sich ohne weiteres aus § 1612 Abs. 2 S. 2 BGB ergibt.[601]

Bei **gemeinsamem Sorgerecht** wird das Bestimmungsrecht gemeinsam ausgeübt. Können die Eltern sich nicht einigen, müssen sie das Familiengericht anrufen.[602]

Gegen den Obhutsinhaber kann vorher keine Unterhaltsbestimmung getroffen werden,
denn diese Unterhaltsbestimmung wäre für das berechtigte Kind unerreichbar, wie sich im
Übrigen auch aus der Neufassung des § 1612 Abs. 2 S. 2 BGB (ab 1.1.2008) ergibt.[603]

Bei **Übersiedlung von minderjährigen Kindern zum anderen Elternteil** wird bei
minderjährigen Kindern der bisher betreuende Elternteil barunterhaltpflichtig, wenn er
nicht durch Vornahme einer Unterhaltsbestimmung eine Rückkehr des Kindes herbeifüh-

---

[591] OLG Stuttgart FamRZ 2006, 866 = NJW-RR 2007, 151; OLG Brandenburg FamRZ 2003, 1965
– die Auslegung kann auch nur eine Teilfreistellung ergeben; OLG Schleswig OLGR 2001, 288;
OLG Naumburg FamRZ 2007, 1903; vgl. weiter → Rn. 175.

[592] OLG Naumburg OLGR 2007, 686.

[593] BGH FamRZ 2009, 768.

[594] OLG Zweibrücken NJW-RR 2000, 150 (Familiensache).

[595] OLG Stuttgart FamRZ 1992, 715 = NJW-RR 1993, 133.

[596] BVerfG FamRZ 2001, 343 (348). BGH FamRZ 1989, 499; FamRZ 1984, 778 = NJW 1984,
1951.

[597] OLG Köln NJW-RR 1995, 1474.

[598] BGH (VI.) FamRZ 2006, 1108 m. krit. Anm. *Luthin;* BGH FamRZ 1996, 798 = NJW 1996,
1817; FamRZ 1988, 831 = NJW 1988, 1974; KG FamRZ 2006, 60. Dazu zählen auch volljährige
Kinder, die in freier Lebensgemeinschaft leben: LG Lübeck FamRZ 1987, 1296. Umgekehrt haben
volljährige Kinder keinen Anspruch auf Naturalunterhaltsgewährung durch die Eltern: LG Kleve
FamRZ 1992, 103.

[599] OLG Düsseldorf FamRZ 1994, 396.

[600] OLG Brandenburg ZFE 2011, 269; OLG Saarbrücken FamRZ 2010, 219;

[601] OLG Brandenburg JAmt 2003, 616 = FamRZ 2004, 900; OLG Köln NJW 1998, 320 (auch bei
Verstoß gegen Aufenthaltsbestimmungsrecht).

[602] BGH FamRZ 1983, 892 (894) = NJW 1983, 2200 (bis Volljährigkeit).

[603] BGH FamRZ 1992, 426 = NJW 1992, 974 (dies folgt entgegen OLG Stuttgart FamRZ 1991,
595 nicht schon aus § 1629 Abs. 2 S. 2 BGB, da sich dieser Bestimmung über die Art des zu
gewährenden Unterhalts nichts entnehmen lässt).

ren will.[604] Der ehemals Betreuende ist deshalb mit dem Aufenthaltswechsel gehalten, sich um eine vollschichtige Erwerbstätigkeit zu bemühen. Dabei ist ihm eine Übergangszeit für das Auffinden einer Arbeitsstelle einzuräumen, die zwischen drei bis sechs Monaten liegen soll.[605]

Bei Übersiedlung von volljährigen Kindern zum anderen Elternteil muss der bisher Naturalunterhalt Leistende zunächst eine wirksame Unterhaltsbestimmung treffen, sonst wird er barunterhaltspflichtig.[606]

241   **Bei volljährigen Kindern ist der Grund für das Bestimmungsrecht der Eltern** nicht mehr in einem Erziehungs-, Kontroll- oder Überwachungsrecht zu sehen.[607] Das Unterhaltsrechtsverhältnis ist aber durch wechselseitige Pflichten zur Rücksichtnahme und Information geprägt, wie § 1618a BGB ausdrücklich besagt.

Da die Eltern bei Unterhaltsforderungen volljähriger Kinder in häufig überdurchschnittlichem Umfang finanziell belastet werden, was durch den höheren Selbstbehalt gegenüber volljährigen Kindern nur in geringem Maße abgemildert wird, kann die Bestimmung, dass der Unterhalt im Wesentlichen in Naturalleistungen erbracht wird (insbesondere: Wohnen im Elternhaus), zu einer merklichen finanziellen Entlastung der Eltern führen, so dass die Rücksichtnahme auf die Interessen der Eltern gebietet, den Wunsch, eine eigene Wohnung zu bewohnen, zurückzustellen.

242   Ein **einseitiges Bestimmungsrecht** des Elternteils, der vollständig oder überwiegend den Unterhalt leistet, ist daher bei volljährigen Kindern zu bejahen.[608] Die wirksame Ausübung des einseitigen Bestimmungsrechts setzt aber voraus, dass auf die schutzwürdigen Belange des anderen Elternteils angemessen Rücksicht genommen worden ist. Solche schutzwürdigen Belange können insbesondere sein: langjährige Bindungen des anderen Elternteils zum Kind, Besuchs- und Betreuungsmöglichkeiten, besondere Belastung des anderen Elternteils durch dann von ihm zu erbringende Barleistungen.[609] Die Möglichkeit, dass die Ausübung des Bestimmungsrechts durch den überwiegend den Unterhalt Leistenden zu einem Ausgleichsanspruch gegen den anderen Elternteil führt, steht als solche der wirksamen Bestimmung nicht entgegen.[610] So kann der den überwiegend Unterhalt leistende Vater den Umzug des Kindes zu ihm und Naturalunterhaltsleistung bestimmen, wenn der Mutter, die bisher nur geringe Naturalleistungen erbrachte, eine entsprechend geringe Barleistung zumutbar ist.

Bei nur überwiegender Unterhaltsleistung, zB wenn das Kind beim nicht barunterhaltspflichtigen Elternteil wohnt, der damit eine Naturalleistung erbringt, wird ein Umzug des Kindes aber in aller Regel nicht über die Ausübung des Bestimmungsrechts erzwungen werden können, weil darin meist eine Nichtbeachtung der schützenswerten Bindungen und Interessen des anderen Elternteils liegen wird.[611]

Unabhängig vom Umfang seiner Unterhaltsleistung hat der auf Unterhalt in Anspruch Genommene das Bestimmungsrecht, wenn die Interessen des anderen Elternteils nicht berührt werden[612] (Beispiel: Vater leistet schon immer Barunterhalt, Kind will jetzt bei Mutter ausziehen und sie ebenfalls auf Barunterhalt in Anspruch nehmen).

---

[604] OLG Köln FuR 2001, 415.

[605] OLG Brandenburg FamRZ 2013, 1137 (1138) = NJW-RR 2013, 1095

[606] OLG Schleswig NJW-RR 1998, 580.

[607] BGH FamRZ 1984, 37 (38) = NJW 1984, 305.

[608] BGH FamRZ 1988, 831 = NJW 1988, 1974.

[609] BGH FamRZ 1988, 831 = NJW 1988, 1974; FamRZ 1984, 37 = NJW 1984, 305; OLG Hamm FamRZ 1988, 1089.

[610] BGH FamRZ 1988, 831 = NJW 1988, 1974.

[611] OLG Hamm FamRZ 1988, 1089; LG Berlin FamRZ 1988, 977 (unter Hinweis auf § 1671 Abs. 3 S. 2 BGB).

[612] BayObLG NJW-RR 1988, 1474.

bb) Wirksame Ausübung. Die wirksame Ausübung des Bestimmungsrechts setzt **243** voraus:

(1) Rücksichtnahme auf die Belange des Kindes. Die Ergänzung des § 1612 Abs. 2 BGB zum 1.1.2008 betont die Belange des Kindes und damit sein Recht auf selbstständige Entscheidung über die Art seiner Lebensführung.[613] Schon vor dem 1.7.2007 hat das OLG Celle[614] bei tiefgreifenden Differenzen die Unwirksamkeit der Bestimmung angenommen. Unwirksam ist die Bestimmung daher bei Verstößen gegen die Belange des Kindes,[615] sonst muss Abänderung der Bestimmung beantragt werden. Bloße Spannungen, die sich bei gutem Willen aus der Welt schaffen lassen, genügen für eine Abänderung zwar nicht.[616] Nach neuer Rechtslage seit 1.1.2008 ist aber den Entscheidungen nicht zuzustimmen,[617] die jeweils einer Volljährigen nach Vornahme von Abwägungen unter Berücksichtigung der Schilderungen nicht ganz unerheblicher Konflikte in der Familie dennoch nicht einmal Prozesskostenhilfe für ihre angestrebte Klage bzw. Verfahrenskostenhilfe für eine Beschwerde gewährt haben.[618]

(2) Deckung des gesamten Lebensbedarfs. Wird die Unterhaltspflicht grundsätzlich geleugnet oder wird nur eine Teilleistung angeboten (zB Wohnen ohne Versorgung und ergänzende Barleistungen), ist das keine wirksame Ausübung.[619] Die Berufung auf die Bestimmung einer bloßen Teilleistung ist aber arglistig, wenn der Unterhaltsbestimmung aus anderen Gründen nicht gefolgt wird.[620] Unwirksam ist die Ausübung auch dann, wenn die Bestimmung undurchführbar oder offensichtlich missbräuchlich ist.[621]

(3) Erreichbarkeit der Bestimmung. Die Bestimmung ist unwirksam, wenn sie für das Kind ohne dessen Verschulden unerreichbar ist,[622] zB bei Bestimmung entgegen Studienplatzzuweisung durch die ZVS.

In all diesen Fällen ist die Unwirksamkeit der Bestimmung schon im Unterhaltsprozess ohne Notwendigkeit einer Abänderung (durch den Rechtspfleger) zu beachten.[623]

Einer bestimmten Form unterliegt die elterliche Bestimmung der Art des Unterhalts **244** nicht. Sie wird durch rechtsgeschäftliche empfangsbedürftige Willenserklärung getroffen, die auch konkludent erfolgen kann,[624] zB dadurch, dass für das Kind im Haus ein Zimmer eingerichtet und ihm die Versorgung dort angeboten wird. Umgekehrt kann auch im Einverständnis mit dem Bezug einer auswärtigen Wohnung eine elterliche Bestimmung

---

[613] OLG Schleswig FamRZ 1998, 1195 und OLGR 1999, 401; insoweit ist OLG Hamm FamRZ 1999, 404 (noch zum alten Recht) überholt.

[614] OLG Celle NJW-RR 2006, 1304 = FF 2007, 63.

[615] OLG Karlsruhe FamRZ 2004, 655 (täglicher Zeitaufwand von 4 Stunden für Fahrt unzumutbar); OLG Frankfurt FamRZ 2001, 116 (Eltern haben den Auszug des Kindes zwei Jahre hingenommen und Barunterhalt gezahlt).

[616] KG BeckRS 2005, 09093.

[617] OLG Karlsruhe FamRZ 2015, 1507 = NZFam 2015, 467 mAnm *Niepmann;* OLG Brandenburg FamRZ 2009, 236 = NJW 2008, 2722.

[618] *Niepmann/Schwamb* NJW 2015, 2622 (2623).

[619] BGH FamRZ 1993, 417 (420) = NJW-RR 1993, 322; FamRZ 1984, 37 = NJW 1984, 305; OLG Karlsruhe FamRZ 2006, 1783 (Ls.); OLG Brandenburg FuR 2006, 314; OLG Celle NJW-RR 2006, 1304 = FF 2007, 63; OLG Brandenburg FuR 2006, 314.

[620] OLG Köln NJW-RR 2001, 1442.

[621] BayObLG FamRZ 1990, 905; OLG Zweibrücken FamRZ 1988, 204; OLG Köln FamRZ 1985, 829.

[622] BGH FamRZ 1996, 798 = NJW 1996, 1817 (Bestimmung entgegen ZVS-Studienplatzzuweisung); BGH FamRZ 1992, 426 = NJW 1992, 974; FamRZ 1988, 386 = NJW-RR 1988, 582.

[623] BGH FamRZ 1996, 798 = NJW 1996, 1817; BayObLG FamRZ 1989, 1222 = NJW-RR 1989, 1487; FamRZ 1990, 905.

[624] BGH FamRZ 1983, 369 = NJW 1983, 2198; OLG Brandenburg FamRZ 2004, 900. Umgekehrt kann auch die Aufforderung zum Auszug oder das „Hinauswerfen" eine Bestimmung (der Barunterhaltsleistung) sein; OLG Celle NJW-RR 2006, 1304 (auch im PKH-Verfahren).

liegen. Die Bestimmung muss stets einheitlich erfolgen, es kann also nicht bei Einverständnis mit der auswärtigen Wohnung gegenüber dem Ausbildungsförderungsträger Naturalunterhalt angeboten werden.[625]

245   **Durch Veränderung der Verhältnisse** kann eine wirksame Bestimmung enden, wie zB mit dem Beginn des Wehrdienstes, und sie muss danach neu ausgeübt werden.[626]

246   Die **bloße Abänderbarkeit gemäß § 1612 Abs. 2 S. 1 BGB,** weil auf die Belange des Kindes nicht die gebotene Rücksicht genommen worden ist, führt dagegen nicht zur Unwirksamkeit der Bestimmung, sondern nur zur Abänderungsmöglichkeit durch das Familiengericht.

247   **cc) Änderung der Bestimmung. Das Familiengericht ist für die Abänderung der Bestimmung zuständig.** Das wurde aus prozessökonomischen Gründen auch schon vor dem Unterhaltsrechtsänderungsgesetz zum 1.1.2008 angenommen.[627]

248   **Aus „besonderen Gründen" kann das Familiengericht die Bestimmung der Eltern ändern.** Daran hat sich mit Wegfall des § 1612 Abs. 2 S. 2 BGB nichts geändert, wie sich daraus ergibt, dass die Eltern grundsätzlich die Unterhaltsbestimmung treffen können.[628]

„Besondere Gründe" sind Umstände, die im Einzelfall schwerer wiegen als die Gründe, um derentwillen das Gesetz den Eltern das Bestimmungsrecht gewährt hat.[629] Zur Inhaltsbestimmung wird auch auf die Rechtsgedanken des § 1618a BGB verwiesen.[630] In der Sache geht es dabei stets um die richtige Abwägung zwischen dem Selbstständigkeitsinteresse des Kindes, das bereits seit dem 1.7.1998 größeres Gewicht hat, und den Interessen der Unterhaltspflichtigen.[631]

Da das Bestimmungsrecht nicht als verlängertes Erziehungsrecht anzusehen ist, sondern seinen Grund im unterhaltsrechtlichen Gegenseitigkeitsverhältnis hat, kann ein Änderungsgrund darin liegen, dass die Eltern in unzulässiger Weise die Selbstständigkeit des Kindes einschränken und ihr Erziehungsrecht weiter ausüben wollen. Das gilt zB dann, wenn in guten wirtschaftlichen Verhältnissen mit der Gewährung von Barunterhalt (zB zum auswärtigen Studium statt Studium am Wohnort) keine Einschränkung der eigenen Lebensführung der Eltern verbunden ist. Die Bestimmung kann nicht allgemein „zur Wahrung des Familienzusammenhalts" erfolgen,[632] denn dieser lässt sich durch ökonomischen Zwang kaum wirklich stärken.

249   **Fallgruppen „besonderer Gründe".**

(1) **Objektiv eingetretene tiefgreifende Entfremdung.** Diese Fälle werden in der Praxis uneinheitlich beurteilt, wenn nämlich die Entfremdungsursache nicht eindeutig bei dem einen oder anderen Teil liegt.[633] Nach der Neufassung des Gesetzes wird wegen der

---

[625] OLG Köln FamRZ 1988, 1089 und FamRZ 1985, 829.

[626] OLG Hamm FamRZ 1990, 1389; zur Veränderung der Verhältnisse auch BGH FamRZ 1994, 1102 = NJW 1994, 2234 (keine Bestimmung gegen Titel ohne dessen Änderung).

[627] OLG Celle NJW-RR 2006, 1304 = FF 2007, 63; OLG Köln FamRZ 2005, 116 (sofortige Klage des Volljährigen vor dem Familiengericht).

[628] BT-Drs. 16/1830 S. 26.

[629] BayObLG NJW-RR 1998, 318; FamRZ 1986, 936 u. 1987, 1289; OLG Düsseldorf FamRZ 1996, 235.

[630] BayObLG NJW-RR 1998, 318; FamRZ 1991, 1224.

[631] KG FamRZ 2006, 60; OLG Karlsruhe OLGR 2004, 175; OLG Hamm FamRZ 2000, 255; OLG Schleswig FamRZ 1998, 1195; OLG Düsseldorf NJW-RR 1991, 1028; BayObLG NJW-RR 1998, 318 stellt noch auf familienrechtliche Bindung ab.

[632] So LG Freiburg FamRZ 1984, 1255.

[633] BayObLG NJW-RR 1995, 1093 (Entfremdung durch Zeitablauf kein Änderungsgrund); NJW-RR 1992, 1219: Feststellungslast hinsichtlich der Ursächlichkeit des Elternverhaltens für die tiefgreifende Entfremdung liegt beim antragstellenden Kind. Dagegen KG FamRZ 1990, 791 = NJW-RR 1990, 643; OLG Brandenburg FuR 2006, 314; OLG Dresden NJW-RR 2005, 735: tiefgreifende Entfremdung Änderungsgrund, falls nicht vom Kind provoziert; OLG Köln FamRZ 1996, 963 (Gewalt); BayObLG NJW-RR 1988, 1474; OLG Celle FamRZ 1997, 966.

stärkeren Betonung der Eigenständigkeitsinteressen eine Änderung beim volljährigen Kind nur dann abzulehnen sein, wenn die Entfremdung durch eigenes Verhalten des Kindes, das nicht von den Eltern, insbesondere durch die Kindheitsgeschichte, veranlasst worden ist, herbeigeführt worden ist.[634]

Bei der Abwägung der Eltern- und Kindesinteressen wird auch zu berücksichtigen sein, ob mit der Aufnahme in den Haushalt überhaupt eine nennenswerte Erleichterung der Unterhaltslast verbunden ist.[635]

(2) Besondere Bindung an den bisherigen Lebensmittelpunkt, insbesondere an den (früher betreuenden) anderen Elternteil kann ein Abänderungsgrund sein.[636]

(3) Missbräuchlich kann die Bestimmung sein, wenn die objektiven Wohnverhältnisse für ein Wohnen des Kindes im Elternhaus nicht ausreichen[637] oder die Persönlichkeitsrechte des Kindes verletzt werden.

(4) Ausbildungsbedingte Gründe. Besondere Gründe können sich aus der Notwendigkeit ergeben, das Studium an einem bestimmten Ort fortzusetzen,[638] auch wenn die Bestimmung nicht schon wegen Unerreichbarkeit unwirksam ist.

Eine tägliche Fahrzeit zum Ausbildungsort von 3 Stunden ist nicht mehr zumutbar.[639]

Für Kinder nicht miteinander verheirateter Eltern sind keine geringeren Anforderungen an die „besonderen Gründe" zu stellen,[640] denn zerrüttete oder fehlende persönliche Beziehungen legen die Änderung bei ehelichen wie nichtehelichen Kindern gleichermaßen nahe. **250**

Die **Rückwirkung der Abänderung** muss beantragt und in der Entscheidung des Familiengerichts ausdrücklich ausgesprochen werden.[641] Streitig ist, ob die Rückwirkung nur bis zur Übermittlung der Antragsschrift an die Eltern erstreckt werden kann[642] oder auch weiter zurück, jedenfalls dann, wenn die Eltern keine Vorhaltekosten hatten.[643] **251**

Die Eltern können ihre Bestimmung aus verständigen Gründen auch selbst abändern, sie sind an die einmal getroffene Bestimmung nicht ein für allemal gebunden.[644] Andererseits ist eine Vereinbarung zwischen getrennt lebenden oder geschiedenen Eltern für diese untereinander bindend.[645] Die Änderung der Bestimmung, dass nach längerer Geldunterhaltsleistung (zB an Studenten bis zum 25. Lebensjahr) jetzt Naturalunterhalt geleistet werden soll, wird nur bei schwerwiegenden Gründen Bestand haben können.[646] **252**

---

[634] OLG Brandenburg FuR 2006, 314 (fehlende Akzeptanz des Freundes der erwachsenen Tochter); OLG Koblenz NJWE-FER 2000, 81 (Streit nach Einzug neuer Lebensgefährtin); OLG Düsseldorf FamRZ 1996, 235; KG FamRZ 1990, 791; BayObLG NJW-RR 1992, 1219.

[635] Vgl. OLG Düsseldorf NJW-RR 1991, 1028.

[636] KG FamRZ 2006, 60; OLG Hamm FamRZ 2000, 255.

[637] OLG Düsseldorf FamRZ 1994, 1194.

[638] BayObLG FamRZ 1987, 1298; OLG Hamburg FamRZ 1987, 1183; zur ZVS-Zuweisung vgl. BGH FamRZ 1996, 798 = NJW 1996, 1817.

[639] OLG Karlsruhe OLGR 2004, 175; OLG Celle FamRZ 2001, 116.

[640] So aber noch BayObLG FamRZ 1991, 597.

[641] OLG Hamm FamRZ 1986, 386 = DAVorm 1986, 438.

[642] So OLG Dresden NJW-RR 2003, 1162; BayObLG NJW-RR 1998, 318; KG FamRZ 1986, 1033.

[643] So OLG Düsseldorf FamRZ 1994, 460.

[644] OLG Zweibrücken DAVorm 1987, 911; OLG Düsseldorf FamRZ 1984, 610; OLG Hamburg FamRZ 1982, 628; dennoch wird eine Änderung kritischer zu werten sein, vgl. zB OLG Schleswig FamRZ 1984, 194.

[645] BGH FamRZ 1983, 892 (895) = NJW 1983, 2200; OLG Hamburg FamRZ 1984, 505 – gemeinsame Änderung bleibt möglich.

[646] OLG Düsseldorf FamRZ 1996, 235; KG NJW 1969, 2241.

253   **Wird der wirksamen Bestimmung nicht Folge geleistet,** kann gegen die Eltern ein Restbaranspruch in der Höhe bestehen, in der auch bei Naturalleistung Baraufwendungen nötig gewesen wären.[647]

254   Auch bei **cessio legis des Unterhaltsanspruchs nach § 37 BAföG** ist der Träger der Ausbildungsförderung an die wirksam ausgeübte Bestimmung gebunden.[648] Gleiches gilt für § 332 SGB III.[649]

e) Abzweigungen

255   Nach §§ 48 Abs. 1 SGB I, 74 EStG können laufende Sozialleistungen für den Verpflichteten, die zur Sicherung des Lebensunterhalts bestimmt sind, an Ehegatten oder Kinder ausgezahlt werden, wenn der Verpflichtete ihnen gegenüber seiner gesetzlichen Unterhaltspflicht nicht nachkommt. Fälle zB: Kindergeld (§§ 62 ff. EStG),[650] Arbeitslosengeld (§§ 136 ff. SGB III), Renten wegen Berufsunfähigkeit und Altersrente (§§ 35 ff., 43 ff.; SGB VI). Grund der Vorschrift ist, dass die Familienangehörigen keinen eigenen Anspruch gegen den Sozialleistungsträger haben. Der Leistungsträger muss nach seinem Ermessen entscheiden, Maßstab für den Betrag, der dem Verpflichteten verbleiben muss, wird der Betrag sein, der ihm auch nach § 850d ZPO verbleiben muss, beim Kindergeld aber unabhängig davon (§ 48 Abs. 1 S. 3 SGB I). Auch das Sozialamt, auf das der Anspruch übergegangen ist, kann beim Sozialleistungsträger ohne vorherige Titulierung oder Pfändung einen Abzweigungsantrag stellen (§ 48 Abs. 1 S. 4 SGB I). Der Verwaltungsakt, durch den abgezweigt wird, muss vor dem für die jeweilige Sozialleistung zuständigen Gericht angefochten werden.[651] Rückforderungen wegen seitens des Sozialleistungsträgers rechtmäßiger, aber mangels bestehender Unterhaltspflicht zu Unrecht erfolgter Abzweigungen waren bisher vor den „Zivilgerichten" gegen den Abzweigungsempfänger geltend zu machen,[652] nunmehr sind gemäß § 266 Abs. 1 Nr. 4 FamFG die Familiengerichte zuständig.[653] Sofern die Unterhaltsvorschusskasse im Wege der Aufrechnung nach § 226 AO oder der Abzweigung nach § 48 SGB I über den bestehenden Unterhaltsanspruch des Unterhaltsberechtigten hinausgehende Beträge erlangt hat, kann der Unterhaltspflichtige deren Rückzahlung im Wege der Eingriffskondiktion beim Familiengericht geltend machen.[654]

4. Unterhalt für die Vergangenheit

a) Allgemeines

256   **Grundsatz.** Für die Vergangenheit kann grundsätzlich kein Unterhalt verlangt werden, da der Unterhalt der Befriedigung des laufenden gegenwärtigen Lebensbedarfs dient.

Ausnahmen. Von diesem Grundsatz machen die §§ 1585b Abs. 2 nF ab 1.1.2008 (nachehelicher Unterhalt) und § 1613 BGB (Verwandtenunterhalt; gilt gem. §§ 1360a Abs. 3, 1361 Abs. 4 BGB auch für den Trennungsunterhalt) Ausnahmen. Diese Grundsätze gelten auch für Schadensersatzansprüche wegen positiver Vertragsverletzung inner-

---

[647] OLG Köln FamRZ 1985, 830; anders aber BGH FamRZ 1981, 250.

[648] BGH FamRZ 1981, 250 = NJW 1981, 574.

[649] OLG Bremen FamRZ 1986, 931.

[650] BFH/NV 2009, 164 (Urt. v. 25.9.2008 – III R 16/06).

[651] OLG Köln NJW-RR 2001, 867; OLG Düsseldorf FamRZ 1999, 891; FG Sachsen-Anhalt, Gerichtsbescheid v. 2.12.2009 – 4 K 1061/06, BeckRS 2009, 26028543 (Keine Rechtsbehelfsbefugnis der Kindesmutter gegen einen an das Kind adressierten, die beantragte Abzweigung des Kindergeldes ablehnenden Verwaltungsakt).

[652] OLG Köln NJW-RR 2001, 867.

[653] BT-Drs. 16/6308 S. 263.

[654] OLG Celle FamRZ 2014, 252 = FamFR 2013, 293.

halb des Unterhaltsrechtsverhältnisses und für familienrechtliche Ausgleichsansprüche, nicht aber für sonstige Schadensersatzansprüche.[655]

Der familienrechtliche Ausgleichsanspruch kann wegen § 1613 Abs. 2 Nr. 2a BGB auch für die Zeit vor wirksamer Anerkennung der Vaterschaft ohne die Beschränkungen des § 1613 Abs. 1 BGB rückwirkend geltend gemacht werden, wobei die Verjährung frühestens mit der rechtskräftigen Vaterschaftsfeststellung beginnt.[656] Das OLG Nürnberg[657] hat einem Elternteil nach Übernahme der Betreuung der Kinder einen familienrechtlichen Ausgleichsanspruch zuerkannt, auch wenn seine Verpflichtung zur Leistung von Barunterhalt noch in einer nicht geänderten Jugendamtsurkunde, gegen die er aber mit dem Vollstreckungsabwehrantrag vorgehen könne, festgelegt war.

Im **Insolvenzverfahren** kommt es auf den genauen Zeitpunkt (Tag) der Eröffnung an, denn die danach fällig werdenden Unterhaltsansprüche können weiter verfolgt werden, während die bis zur Eröffnung des Insolvenzverfahrens fällig gewordenen Rückstände in die Insolvenzmasse fallen.[658]

Bei übergegangenen Ansprüchen eröffnet auch die schriftliche Mitteilung der Hilfegewährung die Möglichkeit der Inanspruchnahme für die Vergangenheit (§§ 94 Abs. 4 SGB XII, 7 Abs. 2 UVG, 37 Abs. 4 BAföG).[659]

b) Ab Auskunftsbegehren (alle Unterhaltsrechtverhältnisse)

Ab Zugang des Auskunftsbegehrens kann gem. § 1613 Abs. 1 S. 1 BGB bei Unterhaltsansprüchen im Verwandtenunterhalt und nach §§ 1360a, 1361, 1615l BGB rückständiger Unterhalt verlangt werden, da der Gesetzgeber den Verpflichteten in diesen Unterhaltsrechtsverhältnissen von diesem Zeitpunkt an nicht mehr für schutzwürdig ansieht, denn er kennt seine Einkommensverhältnisse und muss ggf. Rücklagen bilden.[660] Wenn die Auskunft vor Ablauf der Sperrfrist des § 1605 Abs. 2 BGB verlangt wird, muss dargetan werden, dass dieses Verlangen wegen höherer Einkünfte/Vermögen gerechtfertigt war.[661] Werden Unterlagen zur mangelnden Leistungsfähigkeit erst im Prozess vorgelegt, trifft die Kostenlast nach § 243 S. 2 Nr. 2 FamFG (für Altverfahren § 93d bzw. § 269 Abs. 3 S. 2 ZPO) den Unterhaltsschuldner.[662]

Die **Mahnung des Jugendamts** begründet Verzug, ohne dass das Kind den Unterhaltsschuldner nochmals in Verzug setzen muss.[663] Nach Eintritt der Volljährigkeit gilt das aber nicht mehr.[664]

c) Ab Rechtshängigkeit (alle Unterhaltsrechtsverhältnisse)

Rechtshängig ist der Unterhaltsanspruch schon mit der Zustellung einer Stufenklage/eines **Stufenantrags** auf Auskunft und Zahlung, auch wenn der Zahlungsanspruch zunächst unbeziffert ist.[665] Im Verfahren darf das Gericht gleichwohl nicht ohne einen

257

258

---

[655] BGH (VI.) FamRZ 2004, 526; BGH FamRZ 1989, 850 (852) = NJW 1989, 2816; FamRZ 1988, 834 = NJW 1988, 2375; FamRZ 1984, 775 = NJW 1984, 2158; OLG Köln OLGR 1993, 25; vgl. aber → Rn. 688 f. zu Schadensersatz bei Auskunftpflichtverletzung.

[656] OLG Frankfurt FamRZ 2011, 228.

[657] OLG Nürnberg NJW-Spezial 2013, 5 = JAmt 2012, 612.

[658] OLG Naumburg FamRZ 2004, 1975.

[659] Vgl. weiter → Rn. 655.

[660] BT-Drs. 13/7338, S. 31.

[661] OLG Köln FamRZ 2003, 1960 = NJW-RR 2004, 6.

[662] OLG Naumburg FamRZ 2001, 1719.

[663] KG NJW-RR 2005, 155.

[664] OLG Brandenburg FamRZ 2006, 1782 = NJW-RR 2007, 75.

[665] BGH FamRZ 2012, 1296 = NJW 2012, 2180, Tz. 18; FamRZ 1990, 283 (285) = NJW-RR 1990, 323.

Antrag der Beteiligten von der durch Teilentscheidung erledigten Auskunftsstufe in die Leistungsstufe wechseln.[666]

Da es das Ziel eines Stufenantrages ist, auch den Zahlungsanspruch sogleich rechtshängig werden zu lassen, erstreckt sich auch die Bewilligung von Verfahrenskostenhilfe für einen Stufenantrag auf sämtliche Stufen, jedoch mit einer **immanenten Beschränkung** für die Zahlungsstufe auf dasjenige, was von den in den vorangegangenen Stufen erreichten Auskünften gedeckt wird.[667] Das OLG Jena schließt sich insoweit der Auffassung an, es bedürfe nicht eines ausdrücklichen Vorbehaltes einer erneuten Überprüfung der Verfahrenskostenhilfe für den Zahlungsantrag; durch einen feststellenden Beschluss sei klarzustellen, inwieweit die zunächst nur für einen unbestimmten Zahlungsanspruch bewilligte Verfahrenskostenhilfe durch den neuen Antrag gedeckt ist.[668] Vorzugswürdig erscheint allerdings, die Verfahrenskostenhilfe „für den Stufenantrag" mit einem vorläufigen Verfahrenswert zu bewilligen, um ausdrücklich klarzustellen, dass die Bewilligung nur unter Vorbehalt weiterer Prüfung erfolgt.[669] Abzulehnen ist jedenfalls die Auffassung,[670] wonach die Verfahrenskostenhilfe stufenweise (zunächst nur „für die Auskunft") zu bewilligen sei, denn dies ist mit der sofortigen Rechtshängigkeit des Zahlungsanspruchs nicht zu vereinbaren.

Rechtshängigkeit tritt auch dann ein, wenn die Antragsbegründung zunächst unschlüssig ist.[671] Der Zugang des VKH-/PKH-Gesuchs begründet zwar keine Rechtshängigkeit,[672] darin ist aber eine verzugsbegründende Mahnung zu sehen.[673] Der Streit, ob § 167 ZPO (§ 270 Abs. 3 ZPO aF) für den Zustellungszeitpunkt zu beachten ist,[674] spielt deswegen erst im Rahmen der Anwendung von § 1585b Abs. 3 eine Rolle, siehe dazu → Rn. 267.

Wenn (zB aus prozessualen Gründen) zunächst nur eine geringere Forderung gerichtlich geltend gemacht wird (Teilforderung), endet der Verzug für den höheren Betrag mit der Zustellung der reduzierten Forderung noch nicht.[675] Nicht zulässig ist aber bei Rechtshängigkeit des vollen Unterhalts, zunächst nur eine Teilentscheidung über einen Mindestbetrag anzustreben (sog. horizontale Teilentscheidung). Das OLG Celle[676] hält unter Verweis auf weitere Rechtsprechung auch eine Teilentscheidung für einen abgeschlossenen Zeitabschnitt (sog. vertikale Teilentscheidung) für unzulässig, wenn eine rechtliche Frage für das weitere Verfahren von Bedeutung bleibt und somit die Gefahr einander widersprechender Entscheidungen besteht. Ein Verstoß führt zur Aufhebung der Teilentscheidung und Zurückverweisung von Amts wegen (§§ 117 Abs. 2 S. 1 FamFG, 538 ZPO).

d) Ab Verzug (alle Unterhaltsrechtsverhältnisse)

259 **Der Eintritt des Verzuges** setzt zunächst eine **Mahnung durch den Berechtigten** oder seinen gesetzlichen Vertreter voraus.[677] Sie ist nicht formgebunden, kann also auch

---

[666] BGH FamRZ 2015, 247 = NZFam 2015, 123, Tz. 13 f.

[667] OLG Jena BeckRS 2015, 03421= NZFam 2015, 512; OLG Köln FamRZ 2011, 1604.

[668] OLG Jena BeckRS 2015, 03421= NZFam 2015, 512; OLG Köln FamRZ 2011, 1604 mwN.

[669] OLG Frankfurt OLGReport Frankfurt 2006, 248.

[670] KG FamRZ 2005, 461.

[671] BGH FamRZ 2012, 1296 = NJW 2012, 2180, Tz. 19 (zum Zugewinnausgleich).

[672] ... und auch noch keine Anhängigkeit iSv § 137 Abs. 2 FamFG bzw. Art. 9 EuUnthVO, dazu OLG Frankfurt BeckRS 2015, 18964 im Anschluss an BGH FamRZ 2012, 783.

[673] BGH FamRZ 1992, 920 = NJW 1992, 1956; OLG Köln NJW-RR 2004, 6; OLG Brandenburg NJW-RR 2003, 1515.

[674] Bejahend: OLG Schleswig FamRZ 2002, 1635; OLG Düsseldorf FamRZ 2002, 327; verneinend: OLG Hamm FamRZ 1986, 386 mwN; vgl. auch *Maurer* FamRZ 1988, 445 ff.

[675] KG FamRZ 2005, 1854; siehe weiter → Rn. 264; aA bis 10. Auflage.

[676] OLG Celle FamRZ 2013, 1752 = NJW-RR 2013, 838.

[677] OLG Brandenburg FamRZ 2007, 75 (nicht Jugendamt für volljähriges Kind); OLG Düsseldorf FamRZ 2000, 442; OLG Bamberg FamRZ 1990, 1235 zur Vollmachtsvorlage gem. § 174 S. 1 BGB.

mündlich erklärt werden.[678] Das Fehlen der Vollmacht für die Mahnung muss beanstandet werden (§ 180 BGB).[679] Seit 1.1.2002 ist § 286 Abs. 3 BGB mit seinem automatischen Verzugseintritt auf Entgeltforderungen beschränkt (und regelt nur noch einen spätesten Verzugseintritt), also auf Unterhaltsforderungen nicht mehr anwendbar. Widersprüche zu § 1613 BGB (Verzug ab Auskunftsverlangen) ergeben sich also nicht mehr.[680]

Die Aufforderung, sich zur Leistungsbereitschaft zu erklären, ist noch keine Mahnung.[681]

Die Einleitung eines Strafverfahrens wegen Unterhaltspflichtverletzung (§ 170 StGB) ist keine Mahnung, da keine Erklärung des Gläubigers gegenüber dem Schuldner abgegeben wird.[682]

Die Höhe der geforderten Leistung muss grundsätzlich durch die Mahnung genau **260** bezeichnet werden,[683] wenn das auch nicht ausnahmslos ziffernmäßige Angabe bedeutet. Eine Bezifferung nach zwei Jahren reicht nicht aus.[684] Dem Verpflichteten muss aber nach dem Inhalt der Mahnung und den gesamten Umständen klar sein, welcher genaue Unterhaltsbetrag gefordert wird.[685] Es genügt nicht, dass der Verpflichtete den Unterhalt (zB nach Tabellenkindesunterhalt und eigenem Nettoeinkommen) errechnen könnte. Eine Zuvielforderung schadet nicht, wenn der Verpflichtete die berechtigte Forderung errechnen kann.[686]

Eine **Stufenmahnung,** dh ein Aufforderungsschreiben, das neben dem Auskunftsver- **261** langen auch die unbezifferte Aufforderung enthält, den sich aus der Auskunft ergebenden Unterhalt zu zahlen, hat verzugsbegründende Wirkung in Höhe des sich aus der Auskunft ergebenden Unterhaltsbetrages. Der Unterhaltsschuldner darf keine Vorteile daraus ziehen, dass der Berechtigte die Forderung ohne die Auskunft nicht beziffern kann.[687]

e) Entbehrlichkeit der Mahnung

§ 286 Abs. 2 BGB idF ab 1.1.2002 zählt in vier Ziffern auf, wann es der Mahnung **nicht** **262** bedarf.

(1) Kalenderfälligkeit (Nr. 1). Einer Mahnung bedarf es nicht, wenn für die Leistung eine Zeit nach dem Kalender bestimmt ist. Das kommt auch für Unterhaltsforderungen in Betracht, es genügt aber nicht, dass sie nur kalendermäßig berechenbar sind – auch Nr. 2 greift nicht ein, wenn kein Ereignis vorauszugehen hat.

(2) Berechenbare Kalenderfälligkeit (Nr. 2),[688] dabei muss der Leistung ein Ereignis vorauszugehen haben und gleichzeitig eine angemessene Zeit für die Leistung in der Weise bestimmt sein, dass sie sich von dem Ereignis an nach dem Kalender berechnen lässt.

---

[678] BGH FamRZ 1993, 1055 = NJW 1993, 1974.

[679] OLG Celle ZFE 2003, 377 (Mahnung durch Jugendamt).

[680] Dazu *Büttner* FamRZ 2002, 361 (366); vgl. auch OLG Stuttgart NJW 2002, 1354.

[681] OLG Brandenburg NJW-RR 2003, 1515 = FamRZ 2004, 560.

[682] BGH FamRZ 1987, 472 (475) = NJW 1987, 1549.

[683] BGH FamRZ 1984, 163 = NJW 1984, 868; FamRZ 1982, 887 (890) = NJW 1982, 1938 und FamRZ 1985, 155 (157) = NJW 1985, 486; OLG Brandenburg FamRZ 2006, 1784; OLG Hamm FamRZ 2001, 1395 (Ls.): bezogen auf den Endbetrag, nicht auf die einzelnen Berechnungselemente.

[684] OLG Karlsruhe FamRZ 2006, 1605.

[685] Das gilt auch bei einer Mahnung unter einer Bedingung: OLG Hamm OLGR 2000, 72. Eine Fristsetzung oder ein besonderer Hinweis auf die Folgen der Nichterfüllung sind darüber hinaus nicht erforderlich: OLG Bamberg FamRZ 1988, 1083 (1084).

[686] OLG Braunschweig FamRZ 1999, 1453.

[687] BGH FamRZ 1990, 283 (285) = NJW 1990, 323; OLG Schleswig SchlHA 2002, 186.

[688] BGH FamRZ 1987, 472 (475) = NJW 1987, 1549; enger OLG München FamRZ 1997, 513.

(3) Bei ernsthafter und endgültiger Unterhaltsverweigerung (Nr. 3) tritt Verzug ohne Mahnung ein.[689] Eine eindeutige und endgültige Erfüllungsverweigerung kann auch darin zu sehen sein, dass der Unterhaltsschuldner die Familie, ohne Barmittel zu hinterlassen, verlässt und keinerlei Unterhaltsleistungen erbringt; es wird aber verlangt, dass Grund und Höhe des Anspruchs bekannt waren. Wird der Unterhalt mangels Auskunft des Unterhaltsgläubigers nicht gezahlt, liegt darin keine ernsthafte und endgültige Leistungsverweigerung.[690]

(4) Besondere Gründe (Nr. 4) unter Abwägung der beiderseitigen Interessen können den sofortigen Eintritt des Verzuges rechtfertigen. Damit soll nach der Gesetzesbegründung[691] die bisherige Rechtsprechung erfasst werden, so die Fälle, in denen sich der Schuldner der Mahnung entzieht[692] und die Fälle der Selbstmahnung. **Eine Selbstmahnung** kann angenommen werden, wenn der Verpflichtete von sich aus die Bereitschaft zu Zahlungen (in bestimmter Höhe) erklärt.[693]

Mahnungswiederholung ist auch bei wiederkehrenden Unterhaltsleistungen nicht erforderlich, solange die anspruchsbegründenden Voraussetzungen fortbestehen.[694] Auch bei zwischenzeitlicher Zahlung von Rückständen erfordert der Schuldnerschutz sie jedenfalls nicht, wenn die fortbestehende Bedürftigkeit bekannt ist.[695] Bei wesentlicher Veränderung der Verhältnisse, auf Grund derer der Unterhaltsschuldner darauf vertrauen durfte, keinen Unterhalt mehr zu schulden, kann allerdings eine Mahnungswiederholung erforderlich sein,[696] zB auch, wenn nach zwischenzeitlicher Versöhnung erneut Trennungsunterhalt begehrt wird. Wenn Eheleute nach einer Trennung für einen nicht nur vorübergehenden Zeitraum wieder in ehelicher Gemeinschaft zusammenleben, verliert ein Trennungsunterhaltstitel seine Wirkung; es besteht wieder ein Anspruch auf Familienunterhalt nach §§ 1360, 1360a BGB. Nach erneuter Trennung der Eheleute bedarf es einer neuen Titulierung des Trennungsunterhalts.[697]

f) Mahnungswirkungen

263   **(1) Datum des Eintritts der Mahnungswirkungen ist der Erste des Monats,** in dem das Auskunftsverlangen oder die Mahnung zugeht bzw. die Rechtshängigkeit eintritt (§ 1613 Abs. 1 S. 2 BGB). Durch die gesetzliche Neuregelung ist die ältere Rechtsprechung des BGH,[698] die die Rechtsgedanken der §§ 1361 Abs. 4 S. 3, 1585 Abs. 1 S. 3 und 760 Abs. 3 BGB für nicht entsprechend anwendbar hielt, überholt.

(2) Wenn der Gläubiger eine **Zahlungsfrist** setzt, kann sich dadurch der Verzugseintritt bis zum Ablauf dieser Frist verschieben.[699]

(3) Die Mahnung für den nachehelichen Unterhalt ist erst ab Rechtskraft der Scheidung möglich, da eine Mahnung vor Entstehung des Anspruchs nicht möglich ist.

---

[689] BGH FamRZ 1993, 1055 = NJW 1993, 1974; BGH FamRZ 1985, 155 (157) = NJW 1985, 486 (allerdings nicht für vor der Verweigerung liegende vergangene Zeit); OLG Brandenburg FamRZ 2002, 960; nach LG Trier FamRZ 1996, 693 Verzug des nichtehelichen Vaters ab Kenntnis der Vaterschaft, wenn er zunächst gezahlt hat.

[690] OLG Hamm FamRZ 2001, 1616.

[691] BT-Drs. 14/6040, S. 146.

[692] OLG Köln NJW-RR 1999, 4.

[693] OLG Köln NJW-RR 2000, 73 (Zusage höheren Kindesunterhalts); AG Itzehoe FamRZ 2004, 58 (Einlassen auf Mediation über Unterhaltshöhe); OLG Frankfurt FamRZ 2000, 113 (Erklärung der grundsätzlichen Bereitschaft reicht nicht – zweifelhaft).

[694] BGH FamRZ 1988, 370 mAnm *Schmitz* (700) = NJW 1988, 1137.

[695] Offengelassen von BGH FamRZ 1988, 370 = NJW 1988, 1137.

[696] OLG Bamberg FamRZ 1990, 1235 = NJW-RR 1990, 903.

[697] OLG Hamm, NJW-RR 2011, 1015 = FamFR 2011, 202 = FamRZ 2011, 1234 (Ls.).

[698] BGH FamRZ 1990, 283 = NJW-RR 1990, 323.

[699] OLG Köln FamRZ 1997, 822.

Diese umstrittene Frage ist für die Praxis durch die Entscheidung des BGH geklärt.[700] Durch die Geltendmachung des nachehelichen Unterhalts im Scheidungsverbund können Lücken zwischen Scheidungsrechtskraft und Mahnung vermieden werden.[701] Eine Bezugnahme nach Rechtskraft auf eine vor Rechtskraft der Scheidung ausgesprochene und deswegen zunächst unwirksame Mahnung sollte aber ausreichen.[702]

g) Einschränkung und Rücknahme der Mahnung

(1) Durch eine neue eingeschränkte Mahnung können die Verzugswirkungen eingeschränkt werden, falls sich daraus ein Verzichtswille ergibt und darin nicht nur der Versuch liegt, wenigstens etwas zu erhalten.[703] **264**

(2) Die Mahnungswirkungen enden ebenso wie die Wirkungen der Erhebung des gerichtlichen Antrags mit dessen **Rücknahme.** Wenn allerdings (zB aus prozessualen Gründen) zunächst nur eine **geringere Forderung** gerichtlich geltend gemacht wird, endet der Verzug für den höheren Betrag mit der Zustellung der reduzierten Forderung noch nicht; es ist aber (evtl. teilweise) Verwirkung des Anspruchs zu prüfen.[704] Dabei ist zu beachten, dass nicht der Schuldnerverzug als solcher verwirkt werden kann, sondern nur die jeweils rückständige Forderung, hinsichtlich derer er besteht.[705]

Eine **Rücknahme der Mahnung** erfolgt durch Erlassvertrag, also nicht einseitig.[706] Zu prüfen ist in diesem Zusammenhang aber ebenfalls, ob eine Verwirkung des Anspruchs in Betracht kommt.[707]

h) Sonderbedarf

Rückständiger Sonderbedarf (vgl. dazu → Rn. 317 ff.) kann bei allen Unterhaltstat- **265** beständen gem. §§ 1613 Abs. 2 Nr. 1, 1585b Abs. 1 BGB ohne die Voraussetzungen des § 1613 Abs. 1 BGB verlangt werden. Ab Ablauf eines Jahres nach Entstehen aber nur bei vorherigem Verzug oder Rechtshängigkeit.

i) Hinderung an der Geltendmachung

(1) Aus rechtlichen Gründen – zB fehlende rechtskräftige Feststellung der Vaterschaft **266** – kann der Berechtigte an der Geltendmachung des Unterhaltsanspruchs gehindert sein. Gem. § 1613 Abs. 2 Nr. 2a BGB kann dann ohne die Voraussetzungen des § 1613 Abs. 1 BGB rückständiger Unterhalt verlangt werden. Diese Bestimmung gilt auch für ersatzweise haftende Verwandte (Großeltern).[708]

(2) Aus tatsächlichen Gründen, die in den Verantwortungsbereich des Unterhaltsschuldners fallen, kann gem. § 1613 Abs. 2 Nr. 2b BGB einschränkungslos rückständiger Unterhalt verlangt werden. Das gilt zB für den Unterhaltsschuldner, der sich der Unter-

---

[700] BGH FamRZ 1992, 920 = NJW 1992, 1956; OLG Hamm NJW-RR 2001, 433. Die Lösung ist unbefriedigend. De lege ferenda wird eine gesetzliche Regelung gefordert, nach der der nachweisliche Unterhalt schon während des Scheidungsverfahrens angemahnt werden kann: Empfehlungen des 13. DFGT FamRZ 2000, 273 (B I 2).
[701] Vgl. BGH FamRZ 2007, 453 = NJW 2007, 1273.
[702] Anders OLG Hamm NJW-RR 2001, 433; krit. dazu *Büttner/Niepmann* NJW 2001, 2215 (2221).
[703] OLG Hamm FamRZ 1990, 520.
[704] KG FamRZ 2005, 1854 (aA bis 10. Auflage).
[705] BGH FamRZ 2007, 453 = NJW 2007, 1273 Tz. 26.
[706] BGH FamRZ 1988, 478 und FamRZ 1987, 40 = NJW 1987, 1546; BGH FamRZ 1995, 725 = NJW 1995, 1671 (auch nicht, wenn nach Abweisung einer einstweiligen Anordnung nicht alsbald Leistungsklage erhoben wird); OLG Hamm FamRZ 1989, 310 (auch stillschweigende Einigung).
[707] Dazu BGH FamRZ 1996, 1067 (1068); BGH FamRZ 1988, 370 = NJW 1988, 1137.
[708] BGH FamRZ 2004, 800 mAnm *Luthin* = NJW 2004, 1735.

haltspflicht entzieht (zB durch Umzug an einen unbekannten Ort). Auch wenn der Unterhaltsschuldner eine wesentliche Gehaltserhöhung verschweigt, kann Nr. 2b zu bejahen sein.[709] Ebenso wird es als Verstoß gegen § 242 BGB gewertet, wenn der Pflichtige den Berechtigten davon abhält, rechtzeitig zu mahnen.[710]

(3) **Billigkeitseinschränkung.** Gem. § 1613 Abs. 3 BGB kann in den Fällen des § 1613 Abs. 2 Nr. 2a und b BGB Stundung, Teilerlass oder Erlass gewährt werden, wenn die volle oder sofortige Erfüllung der rückständigen Unterhaltsforderung eine unbillige Härte begründen würde (Rechtsgedanke des § 1615 Abs. 1 BGB aF). Entscheidendes Kriterium für diese Unbilligkeit ist, ob ein möglicher Kindesvater mit seiner Inanspruchnahme auf Kindesunterhalt rechnen musste oder er aufgrund der Erklärungen der Kindesmutter nicht damit rechnen musste.[711]

j) Jahresgrenze nach § 1585b Abs. 3 BGB

267 **Eingeschränkt sind die Mahnungswirkungen für den nachehelichen Unterhalt** gemäß § 1585b Abs. 3 BGB, denn für eine mehr als 1 Jahr vor der Rechtshängigkeit liegende Zeit kann Erfüllung oder Schadensersatz wegen Nichterfüllung nur verlangt werden, wenn anzunehmen ist, dass der Verpflichtete sich der Leistung absichtlich entzogen hat.[712] Für die nach § 1585b Abs. 3 BGB geforderte Rechtshängigkeit genügt die Zustellung eines VKH-/PKH-Gesuchs nicht.[713] Auf die Jahresfrist ist § 167 ZPO anwendbar – es kommt auf den Eingang des Antrags an, wenn die Zustellung demnächst erfolgt.[714] Die Vorschrift ist auch auf Ausgleichsansprüche in Folge der Teilnahme am begrenzten Realsplitting anwendbar.[715] Die Berufung auf § 1585b Abs. 3 BGB ist auch dann nicht rechtsmissbräuchlich, wenn der Unterhaltsberechtigte auf eine außergerichtliche Einigung gehofft hat.[716] Bei durch gerichtliche Entscheidung titulierten Ansprüchen gelten für Abänderungsanträge außerdem die Einschränkungen nach § 238 Abs. 3 FamFG, insbesondere auch das absolute Rückwirkungsverbot nach § 238 Abs. 3 S. 4 FamFG in Anlehnung an § 1585b Abs. 3 BGB für die Herabsetzung von Unterhaltsansprüchen.

Absichtlich entzogen hat sich der Schuldner nur dann, wenn er durch sein zweckgerichtetes Verhalten eine zeitnahe Durchsetzung des Unterhaltsanspruchs verhindert oder erschwert hat. Dazu genügt die bloße Zahlungseinstellung nicht.[717]

Auf den **Anspruch auf Freistellung von Steuernachteilen** ist § 1585b Abs. 3 BGB nicht anwendbar.[718]

---

[709] OLG Bremen OLGR 1999, 150 (nimmt Schadensersatzpflicht nach § 826 BGB an).

[710] OLG Hamm FamRZ 2007, 1468.

[711] OLG Oldenburg FamRZ 2006, 1561.

[712] BGH FamRZ 1996, 1067 (1068); BGH FamRZ 1989, 150 (152) = NJW 1989, 526; BGH FamRZ 1987, 1014 = NJW-RR 1987, 1220: gilt auch bei Übergang auf den Sozialhilfeträger; OLG Köln OLGR 1996, 230; FamRZ 1983, 178.

[713] OLG Naumburg FuR 2005, 423, anders aber, wenn Gericht nicht entscheidet: OLG Hamm FamRZ 2007, 1468.

[714] Ebenso OLG Schleswig FamRZ 2002, 1635; OLG Düsseldorf FamRZ 2002, 327; verneinend: OLG Hamm FamRZ 1986, 386 mwN; vgl. auch *Maurer* FamRZ 1988, 445 ff.

[715] OLG Hamburg FamRZ 2000, 888.

[716] So OLG Hamburg FamRZ 2001, 1217 (Ls.) – es wird aber darauf ankommen, ob der Verpflichtete das Vertrauen darauf begründet hat, der Anspruch könne bei Nichteinigung noch geltend gemacht werden.

[717] OLG Köln FamRZ 1997, 426.

[718] BGH FamRZ 2005, 1162 = NJW 2005, 2223.

k) Vertragliche Regelung und Titulierung

Bei vertraglicher Regelung des Unterhalts sind §§ 1613, 1585b Abs. 2 BGB nicht **268** anwendbar, denn der Unterhaltsschuldner, der seine Verpflichtung kennt, bedarf des Schutzes vor unerwarteter Inanspruchnahme nicht.[719] Unter den Beteiligten ist durch Vertrag klargestellt, dass und in welcher Höhe Unterhalt zu zahlen ist, so dass es weder der Mahnung noch der Erörterung im Rechtsstreit bedarf, um den Schuldner auf seine Leistungspflicht hinzuweisen. Die Einschränkung des § 1585b Abs. 3 BGB (für mehr als ein Jahr vor Rechtshängigkeit liegende Zeit) gilt aber auch bei vertraglicher Regelung. Der Gläubiger muss um zeitnahe Verwirklichung besorgt sein, um nicht beim Schuldner übergroße Schuldenlast anwachsen zu lassen. **Wertsicherungsklauseln,** die auf einen vom Statistischen Bundesamt ermittelten Preisindex abstellen, sind hinreichend bestimmt und vollstreckbar.[720]

Bei Titulierung des Unterhalts ist eine Mahnung nicht erforderlich, auch nicht bei Titulierung durch einstweilige Anordnung oder Prozessvergleich.[721] Bei zwischenzeitlicher Versöhnung entfällt allerdings ein Titel auf Trennungsunterhalt (→ Rn. 262) und es bedarf einer neuen Titulierung des Trennungsunterhalts.[722]

Für Schadensersatzansprüche bei Auskunftspflichtverletzung (Verzug, falsche Aus- **269** kunft) ist umstritten, ob die Beschränkungen der §§ 1585b Abs. 2, 1613 Abs. 1 BGB nicht gelten,[723] oder ob sich umgekehrt aus diesen Schutzgedanken ergibt, dass jedenfalls bei bloßer Nichterteilung der Auskunft der entgangene Unterhalt nicht als Schaden geltend gemacht werden kann.[724] Für die Fälle falscher Auskunftserteilung ist der Auffassung des BGH unzweifelhaft zu folgen.

Zweifelhaft ist es, wenn die Fehlvorstellung nur auf **ungefragter Information** beruht. Gemäß einer Entscheidung des BGH[725] besteht für den Berechtigten eine Wahrheitspflicht während und außerhalb des Prozesses. Die Gerechtigkeit dürfte jedoch fordern, dass Berechtigter und Verpflichteter bei der Wahrheitspflicht gleichbehandelt werden, so kann der Berechtigte eine aufgenommene Arbeit nicht offenbaren, während der Verpflichtete ein Einkommenssteigerung nicht anzeigt. Zwischen Urteilen und Vergleichen wird dabei nicht zu unterscheiden sein, denn die Wahrheitspflicht besteht unabhängig von der Form des vorangegangenen Aktes. Einer „Evidenz" bedarf es entgegen der Rechtsprechung des BGH[726] nicht. Der Verstoß gegen die Wahrheitspflicht muss aber gem. § 238 Abs. 1 FamFG (bisher § 323 Abs. 1 ZPO) eine „wesentliche Veränderung" ergeben, wenn sie mitgeteilt werden muss.

Verzugszinsen für Unterhaltsrückstände können gestaffelt nach Fälligkeitszeitpunkten verlangt werden. Im sachlich unveränderten § 288 Abs. 1 BGB idF ab 1.1.2002 ist unverändert für alle Geldschulden – also auch für Unterhaltsschulden – ein Verzugszinssatz von 5 % über dem Basiszinssatz der Europäischen Zentralbank angeordnet.[727] In § 247

[719] BGH FamRZ 1989, 150 = NJW 1989, 526; BGH FamRZ 1987, 472 = NJW 1987, 1549 (1551); OLG Schleswig OLGR 1996, 91; OLG Bremen FamRZ 1996, 886 (Ls.).

[720] BGH FamRZ 2004, 531 = NJW-RR 2004, 649; zur Verwirkung → Rn. 272.

[721] OLG Hamm OLGR 1995, 166; OLG München FamRZ 1995, 1293 (dort wird aber zu Unrecht nochmals eine Mahnung durch das inzwischen volljährig gewordene Kind verlangt, vgl. zutr. Kritik von *Krause* FamRZ 1996, 308).

[722] OLG Hamm NJW-RR 2011, 1015 = FamFR 2011, 202 = FamRZ 2011, 1234 (Ls.).

[723] So BGH FamRZ 1985, 155 (157) = NJW 1985, 486; vgl. auch OLG Karlsruhe NJW-RR 2004, 145.

[724] Insbesondere OLG Bamberg FamRZ 1990, 1235 (1238) = NJW-RR 1990, 903; OLG Frankfurt FamRZ 1985, 732; OLG Hamm FamRZ 1986, 1111.

[725] BGH FamRZ 2000, 153 = NJW 1999, 2804.

[726] BGH FamRZ 1986, 450 = NJW 1986, 1751.

[727] Schon ab 1.5.2000 gilt die Verzugszinserhöhung gem. § 288 Abs. 1 S. 1 BGB aF gem. dem Gesetz über die Beschleunigung fälliger Zahlungen vom 30.3.2000 – BGBl. 2000 I, S. 330.

BGB idF ab 1.1.2002 ist der Basiszinssatz näher definiert, der sich gem. § 247 Abs. 2 BGB jeweils zum 1.1. und 1.7. eines jeden Jahres ändern kann (die Änderung wird im Bundesanzeiger bekannt gegeben). Zum 1.1.2008 hatte der Basiszinssatz mit 3,32 % seinen bisherigen Höchststand erreicht. Seit 1.7.2009 (nicht geändert am 1.1.2010) beträgt er nur noch 0,12 %, so dass sich Verzugs- und Rechtshängigkeitszinsen von 5,12 % ergeben. Die früher vertretene Meinung,[728] Unterhaltsschulden seien nur bei Inanspruchnahme von Bankkrediten zu verzinsen, ist als überholt anzusehen, denn § 288 Abs. 1 BGB enthält die gesetzliche unwiderlegliche Vermutung eines Mindestschadens und Unterhaltsforderungen sind unzweifelhaft Geldforderungen.[729] Auf den konkreten Schadensnachweis kommt es nach dem Gesetz nicht an. Auch bei sonstigen Schulden sind die geschuldeten Beträge häufig nicht zur zinsbringenden Anlage bestimmt gewesen, ohne dass sich der Schuldner auf diesen Umstand berufen könnte. Auch gegenüber Zinsansprüchen gilt das Aufrechnungsverbot gem. §§ 394 BGB, 850b ZPO.[730]

5. Verjährung und Verwirkung von Unterhaltsforderungen

270   Unterhaltsansprüche – soweit sie nicht unter § 197 Abs. 1 Nr. 3–5 BGB (titulierte) fallen – **verjähren** nach dem **Wegfall von § 197 Abs. 1 Nr. 2 BGB zum 1.1.2010** nunmehr **unmittelbar gemäß § 195 BGB in drei Jahren** mit dem Schluss des Jahres, in dem der Anspruch entstanden ist und der Gläubiger von den den Anspruch begründenden Tatsachen und der Person des Schuldners Kenntnis erlangt hat oder ohne grobe Fahrlässigkeit hätte erlangen müssen (§ 199 Abs. 1 BGB idF ab 1.1.2002).[731] Der dies bis 31.12.2009 ebenso regelnde § 197 Abs. 2 BGB hat aber noch Bedeutung für die bereits titulierten Ansprüche, siehe dazu → Rn. 271.

Wenn durch die vereinbarte Verpflichtung zu einer **einmaligen Abfindung** die für eine Unterhaltsschuld charakteristische Erbringung der Leistung in zeitlicher Wiederkehr und für bestimmte Zeitabschnitte entfällt und ihr damit die **Eigenschaft einer wiederkehrenden Leistung iSv § 197 Abs. 2 BGB verloren** geht, gilt für einen darüber geschlossenen vollstreckbaren Vergleich gemäß § 197 Abs. 1 Nr. 4 BGB die 30-jährige Verjährungsfrist.[732]

Verjährungshemmungen gemäß §§ 203, 204 BGB idF ab 1.1.2002 und besonders auch § 207 BGB idF ab 1.1.2010 sind zu beachten.

Die Rechtshängigkeit eines Stufenantrags führt zur Hemmung der Verjährung des noch nicht bezifferten Leistungsanspruchs in jeder Höhe.[733] Nach § 204 Abs. 1 Nr. 14 BGB nF hemmt auch die Einreichung eines **VKH/PKH-Antrages** die Verjährung (vor 1.1.2002 aus § 203 BGB aF abgeleitet). Das gilt auch für verspätete Auslandszustellung, da solche Verzögerungen nicht dem Kläger anzulasten sind.[734]

Nach § 207 BGB ist die Verjährung für Ansprüche zwischen Ehegatten und damit auch auf Ehegattenunterhalt während des Bestehens der Ehe gehemmt, entsprechend auch Ansprüche zwischen Lebenspartnern.

Bei Ansprüchen zwischen **Kind und Eltern** und damit insbesondere auch auf Kindesunterhalt wird die Verjährung gemäß § 207 Abs. 1 S. 2 Nr. 2 BGB nF seit 1.1.2010 für

---

[728] OLG Celle FamRZ 1983, 525 mAnm *Brüggemann.*

[729] *Runge* JAmt 2001, 323; so schon BGH NJW 1979, 540.

[730] OLG Hamm FamRZ 1988, 952.

[731] OLG Dresden FamRZ 2006, 1530 (Ls.); zu weiteren Einzelheiten wird auf *Büttner* FamRZ 2002, 361 ff. und *Mansel* NJW 2002, 89 ff. verwiesen.

[732] BGH FamRZ 2014, 1622 = NJW 2014, 2637, Tz. 13, 17.

[733] BGH FamRZ 1999, 571 = NJW 1999, 1101; FamRZ 1995, 797 = NJW-RR 1995, 770; OLG Celle NJW-RR 1995, 1411 (Auskunftsklage genügt nicht); OLG Brandenburg NJW-RR 2002, 362 (§ 204 BGB gilt nicht bei cessio legis).

[734] AG Köln FamRZ 2004, 468.

die Zeit **bis zur Vollendung des 21. Lebensjahres des Kindes** gehemmt (bis 31.12.2009 nur für die Zeit der Minderjährigkeit, deshalb ist insoweit noch die Übergangsvorschrift Art. 229 § 23 Abs. 3 EGBGB zu beachten, wonach sich die Hemmung der Verjährung für den Zeitraum vor 1.1.2010 nach der bis dahin geltenden Fassung des § 207 BGB richtet). Verwirkung ist allerdings dennoch möglich, siehe → Rn. 272–274.[735]

Der Neubeginn der Verjährung nach § 212 BGB ist an die Stelle der Unterbrechung der Verjährung nach § 208 BGB in der bis 31.12.2001 geltenden Fassung getreten und betrifft nur noch die Fälle des Anerkenntnisses[736] und der Vollstreckungsanträge bzw. -maßnahmen. Vollstreckungshandlungen sind alle die Vollstreckung fördernden Maßnahmen. Sie sind zum Neubeginn der Verjährung auch dann erforderlich, wenn die Vollstreckung im konkreten Fall aussichtslos ist.[737] Die Zustellung des Titels oder der Antrag auf Umschreibung des Titels reichen nicht aus.[738]

Titulierte wiederkehrende Unterhaltsansprüche verjährten nach § 218 BGB in der bis 31.12.2001 geltenden Fassung für die Zukunft in vier Jahren, für bis zur Rechtskraft aufgelaufene Ansprüche galt aber die 30-jährige Verjährungsfrist.[739] Nach § 197 Abs. 1 Nr. 3–5, Abs. 2 BGB nF gilt für die zukünftigen Ansprüche nach Rechtskraft (Nr. 3) bzw. sonstiger Titulierung (Nr. 4, 5) die dreijährige Regelverjährung, für die Ansprüche bis zur Rechtskraft bzw. Titulierung aber (weiterhin) die dreißigjährige Verjährung. **271**

Übergangsregelungen. Bei Dauerschuldverhältnissen, die vor dem 1.1.2002 entstanden sind, gilt das damals geänderte Recht ab 1.1.2003.

Verwirkung rückständigen Unterhalts kommt vor Ablauf der Verjährungsfrist in Betracht, wenn besondere Zeit- und Umstandsmomente erfüllt sind.[740] **272**

Zeitmomente. Eine generelle Aussage, dass an das Zeitmoment im Unterhaltsrecht keine strengen Anforderungen zu stellen seien, erscheint nicht richtig,[741] auch nach dem neuen Verjährungsrecht,[742] auch wenn das jetzt nach der höchstrichterlichen Rechtsprechung feststehen dürfte. Bei einer vorangehenden Verjährungshemmung gilt nichts anderes.[743] Für sich genommen reicht das Zeitmoment nicht aus, denn bei bloßem Zeitablauf gelten ausschließlich die gesetzlichen Verjährungsfristen.[744] Zeit- und Umstandsmomente können sich wechselseitig beeinflussen, dh bei relativ kurzer Zeit müssen strengere Anforderungen an die Erfüllung der Umstandsmomente gestellt werden.[745]

Umstandsmoment. Es kommt darauf an, ob der Berechtigte dem Verpflichteten Anlass gegeben hat, darauf zu vertrauen, der Anspruch werde nicht mehr geltend

---

[735] OLG Frankfurt OLGR 2007, 320 = FamRB 2007, 293 (red. LS).

[736] Die Erteilung einer Auskunft ist noch kein Anerkenntnis: OLG Karlsruhe OLGR 2001, 198.

[737] OLG Dresden FamRZ 2006, 1530 (Ls.).

[738] OLG Brandenburg NJW-RR 2002, 362.

[739] BGH NJW 1990, 2754.

[740] BGH (XII.) FamRZ 2007, 453 mAnm *Büttner;* BGH (XII.) FamRZ 2002, 1698; BGH (VII.) NJW 2003, 824 = FamRZ 2003, 449 mAnm *Büttner;* OLG Stuttgart FamRZ 2006, 1757; OLG Hamm OLGR 2007, 411.

[741] So BGH FamRZ 2007, 453 mAnm *Büttner* = NJW 2007, 1273; BGH FamRZ 2002, 1698 mAnm *Klinkhammer* = NJW 2003, 128 und FamRZ 2004, 531; OLG Jena FPR 2003, 137; OLG Brandenburg NJW-RR 2002, 362; OLG Hamm OLGR 2004, 20; NJW-RR 2007, 726 und OLG Schleswig NJWE-FER 2000, 27 (schon ab 1 Jahr); OLG Hamm NJW-RR 1998, 510 (fünf Jahre); OLG Frankfurt FamRZ 1999, 1163 (sieben Jahre).

[742] So auch BGH (VII.) NJW 2003, 824 = FamRZ 2003, 449 mAnm *Büttner.* Näher *Büttner* FamRZ 2002, 361 (365).

[743] BGH FamRZ 2004, 531 (Umstandsmoment nicht erfüllt); OLG Brandenburg FamRZ 2004, 558; **anders** OLG Schleswig FamRZ 2001, 1707 m. krit. Anm. *Baastrup.*

[744] So auch BGH (VII.) FamRZ 2003, 449 mAnm *Büttner* = NJW 2003, 824; anders aber BGH FamRZ 2007, 453 mAnm *Büttner* und BGH FamRZ 2002, 1698 mAnm *Klinkhammer;* OLG Brandenburg FamRZ 2002, 960 und OLG München FamRZ 2002, 1039.

[745] OLG Brandenburg KuJ 2006, 258.

gemacht. Durch das Verhalten des Berechtigten muss beim Verpflichteten ein schützenswertes Vertrauen geschaffen worden sein, dieser werde den Unterhalt nicht in Anspruch nehmen.[746] Grundsätzlich kann das Umstandsmoment daher nicht als erfüllt angesehen werden, solange der Anspruch noch nicht geltend gemacht werden konnte, zB gegen den Vater gem. § 1613 Abs. 2 Nr. 2a BGB.[747]

Dagegen kann der nun bis zur Vollendung des 21. Lebensjahres des Kindes in der Verjährung gehemmte Anspruch gegen die Eltern verwirkt sein, wenn sowohl Zeit- als auch Umstandsmoment erfüllt sind.[748]

273　**Rechtshängigen und titulierten Forderungen** kann nur ausnahmsweise der Verwirkungseinwand entgegengehalten werden. Es überzeugt nicht, mit dem Argument, ein titulierter Anspruch könne leicht durchgesetzt werden, geringere Anforderungen als bei nicht titulierten Ansprüchen zu stellen.[749] Entscheidend ist, dass der Verpflichtete nicht darauf vertrauen darf, trotz der Titulierung seine Verpflichtung nicht erfüllen zu müssen. Das Gesetz geht von der freiwilligen sofortigen Erfüllung aus und gibt dem Berechtigten nur die Zwangsvollstreckungsmöglichkeit, wenn das nicht geschieht. Aus nicht erfolgter Zwangsvollstreckung kann daher ein Vertrauensschutz nicht hergeleitet werden, sonst stünde der rechtsuntreue Schuldner besser als derjenige, der titulierte Forderungen freiwillig erfüllt. Der Berechtigte muss daher über die unterlassene Zwangsvollstreckung hinaus durch sein Verhalten in dem Verpflichteten das schützenswerte Vertrauen begründet haben, er werde die Forderung trotz Rechtshängigkeit oder Titulierung nicht geltend machen.[750]

Jedoch ist eine **Verwirkung ab Rechtshängigkeit nach § 242 BGB** zu prüfen, wenn der Schuldner mit so hohen Forderungen aus der Vergangenheit belastet wird, dass es ihm unmöglich wird, diese Schulden zu tilgen und daneben seinen laufenden Verpflichtungen nachzukommen.[751]

274　**Umfang der Verwirkung.** Es kommt darauf an, bis zu welchem Zeitpunkt die Zeit- und Umstandsmomente erfüllt sind. Unrichtig erscheint die Auffassung, die Verwirkung, einmal eingetreten, erfasse auch zukünftige Ansprüche bis zu einer erneuten Inverzugsetzung oder Mahnung.[752]

Ein Jahr vor der Bezifferung gilt das nicht, denn § 1585b Abs. 3 BGB schützt insoweit.[753]

---

[746] BGH (VII.) NJW 2003, 824 = FamRZ 2003, 449 mAnm *Büttner;* so auch BGH (XII) FamRZ 2004, 531 (nicht bei 13.000 DM Nettoeinkommen monatlich); zB durch die Erklärung, eine Adoption sei beabsichtigt: OLG Hamm FamRZ 1998, 1189; OLG Hamm OLGR 2004, 20 (bloße Nichtweiterverfolgung?).

[747] OLG Brandenburg FuR 2001, 521: Keine Verwirkung vor rechtskräftiger Feststellung der Vaterschaft.

[748] OLG Frankfurt OLGR 2007, 320. = FamRB 2007, 293 (red. LS); vgl. auch BGH FamRZ 1999, 1422.

[749] So aber BGH FamRZ 1999, 1422; KG FamRZ 2006, 1292 (Ls.); OLG Hamm NJW-RR 2007, 726; OLG Brandenburg JAmt 2001, 376 (377); OLG München OLG Report 2002, 68 (Zeitmoment bei Titulierung 1 Jahr nach Rechtsgedanken der §§ 1585b Abs. 3, 1613 Abs. 2 BGB); wie hier OLG Stuttgart FamRZ 1999, 859 und FamRZ 2006, 1757; OLG Hamburg OLGR 2001, 348.

[750] BGH FamRZ 2002, 1698 und 1999, 1422 = NJWE-FER 1999, 269 (Vertrauenstatbestand ergibt sich aber aus dem mitgeteilten Sachverhalt nicht hinreichend); OLG Hamm FamRZ 1999, 1665 bejahte stillschweigende Abänderung, da über zwei Jahre geringerer Unterhalt als tituliert entgegengenommen; OLG Hamm FamRZ 2002, 230 und OLG Hamburg FamRZ 2002, 327 mit Recht einschränkend.

[751] OLG Stuttgart FamRZ 2006, 1757 unter Hinweis auf BGH FamRZ 1999, 843 (847).

[752] So aber OLG Düsseldorf OLGR 1998, 205.

[753] BGH FamRZ 2007, 453 mAnm *Büttner;* anders aber OLG Celle FF 2007, 152 mAnm *Büttner.*

6. Rückforderung überzahlten Unterhalts[754]

a) Freiwillige Mehrleistungen

(1) Beim Familien- und Trennungsunterhalt können sie nur nach Maßgabe der §§ 1360b, 1361 Abs. 4 S. 4 BGB zurückgefordert werden;[755] der Leistende muss beweisen, dass er beabsichtigte, Ersatz zu verlangen.

(2) Beim nachehelichen Unterhalt können sie nach §§ 812 ff. BGB zurückgefordert werden, soweit dem nicht § 814 BGB entgegensteht, insbesondere wenn der Berechtigte auf die Einrede der Entreicherung verzichtet hat.[756] Bei überhöhter Zahlung auf Zahlungsaufforderung der öffentlichen Hand nach cessio legis kann der Rückforderungsanspruch trotz § 814 BGB wegen des Vertrauens auf die Rechtmäßigkeit des Verwaltungshandelns begründet sein.[757]

(3) Beim Verwandtenunterhalt ist eine Rückforderung wie beim nachehelichen Unterhalt möglich, da eine entsprechende Anwendung des § 1360b BGB nicht vorgesehen ist. Die Rückforderung des Kindergeldes von einem Elternteil ist nicht möglich, das volljährige Kind muss sich vielmehr an die Familienkasse halten.[758]

b) Zahlungen unter Vorbehalt

Eine Zahlung unter Vorbehalt schließt nur die Anwendung der §§ 212 Nr. 1 nF, 814 BGB aus. § 820 BGB ist dagegen für Unterhaltsforderungen unanwendbar, da der Empfänger sie zur Deckung des laufenden Lebensbedarfs benötigt. Eine verschärfte Bereicherungshaftung des Empfängers kann daher nicht durch die Erklärung, nur unter Vorbehalt zu zahlen, erreicht werden.[759]

c) Unfreiwillige Mehrleistungen in Unkenntnis der Nichtschuld

(1) Bei titulierten Unterhaltsforderungen ist zunächst zu beachten, dass dem **Rückforderungsantrag** nicht vor einer Abänderung des Titels entsprochen werden kann.[760] Diese Abänderung ist bei Prozessvergleichen und notariellen Urkunden schon immer auch rückwirkend möglich[761] (jetzt § 239 FamFG). Bei Urteilen kann der Unterhalt dagegen nach dem für alle noch vor dem 1.9.2009 eingereichten Abänderungsklagen maßgeblichen § 323 Abs. 3 ZPO nur für die Zeit ab Rechtshängigkeit herabgesetzt werden. In den seit 1.9.2009 eingeleiteten Abänderungsverfahren nach § 238 FamFG kann jetzt unter den Voraussetzungen des § 238 Abs. 3 S. 3 FamFG auch für die Zeit bis ein Jahr vor Rechtshängigkeit (§ 238 Abs. 3 S. 4 FamFG) eine Herabsetzung erfolgen.

Der deshalb nötige Abänderungsantrag gemäß § 238 FamFG/§ 239 FamFG muss allerdings nach **§ 241 FamFG** nun nicht mehr sogleich mit dem Rückforderungsantrag verbunden werden, um die verschärfte Haftung nach § 818 Abs. 4 BGB herbeizuführen.

---

[754] Vgl. *Büte* FuR 2006, 93 und DIJuF-Rechtsgutachten JAmt 2007, 301.

[755] Dazu eingehend OLG Karlsruhe FamRZ 1990, 744; OLG Koblenz FamRZ 1999, 162 (zum Ausgleichsanspruch).

[756] OLG Brandenburg FamRZ 2007, 42 (auch zur überzahlten Steuererstattung); AG Hamburg FamRZ 2007, 1017; OLG Hamm FamRZ 1996, 1406.

[757] KG FamRZ 2002, 1357.

[758] OLG Naumburg NJW-RR 2006, 1154.

[759] BGH FamRZ 1998, 951 (953) = NJW 1998, 2433 und BGH NJW-RR 2000, 740 (741).

[760] BGH FamRZ 1991, 1175 = NJW-RR 1991, 1154 (abgesehen von Vergleichen im Einstweiligen Anordnungsverfahren, wenn nur summarisch-vorläufige Regelung); OLG Celle NJW-RR 1992, 1412 anders noch OLG Köln NJW 1988, 1185.

[761] Ständige Rechtsprechung seit BGH – GS – FamRZ 1983, 22 = NJW 1983, 228. Zur Rückforderung des auf Einstweilige Anordnung Geleisteten vgl. *Kohler* FamRZ 1988, 1005.

Zum in den Übergangsfällen noch maßgeblichen vorherigen Recht hat der BGH dagegen ausdrücklich daran festgehalten, dass eine verschärfte Haftung des Bereicherungsschuldners nach §§ 818 Abs. 4, 819 BGB, die einer Einrede des Wegfalls der Bereicherung entgegenstehen könnte, nicht bereits mit Rechtshängigkeit einer Abänderungsklage oder einer Klage auf Feststellung der entfallenen Unterhaltpflicht eintritt, sondern konkret an die Rechtshängigkeit der Klage auf Herausgabe des Erlangten (§ 812 BGB) oder auf Leistung von Wertersatz (§ 818 Abs. 2 BGB) anknüpft.[762]

278   **Bei Zahlungen auf Grund eines Urteils** konnte unter der bisherigen Geltung von § 323 Abs. 3 ZPO für die vor Zustellung der Abänderungsklage geleisteten Zahlungen ein Rückforderungsanspruch nur gemäß § 826 BGB bestehen,[763] da das Urteil in Rechtskraft erwächst und damit Rechtsgrund ist. § 826 BGB setzt ein evident unredliches Verhalten sowie Unerträglichkeit der Ausnutzung des Urteils voraus.[764]

279   **Bei Zahlungen auf Grund einstweiliger Anordnung** nach den bisherigen §§ 620 Nr. 4 und 6 sowie 644 ZPO bzw. (nicht endgültigen) Vergleichen, die nur zum Abschluss dieser EA-Verfahren geschlossen worden sind, kann unmittelbar die Rückzahlung – in einem Hauptverfahren der Gegenseite sogar in Form eines bezifferten Eventualwiderantrags – betrieben werden,[765] ohne dass es insoweit der Abänderung bedarf, denn diese Anordnungen stellen keinen Rechtsgrund iSv § 812 BGB dar.[766] Daran hat sich mit der Einführung der §§ 246, 49 ff. FamFG nichts geändert.[767]

Andererseits gilt § 241 FamFG insoweit nicht entsprechend, so dass dem Gläubiger die Einrede des Wegfalls der Bereicherung nicht durch § 818 Abs. 4 ZPO verwehrt ist, wenn vom Zahlenden zunächst nur die Abänderung begehrt wird.[768] Grund für die fehlende Erstreckung von § 241 FamFG auf die einstweiligen Anordnungen war ua die beabsichtigte Stärkung dieses Rechtsinstituts, das deshalb nicht (durch analoge Anwendung von § 241 FamFG) verwässert werden sollte.[769]

280   **(2) Bei nicht titulierten Unterhaltsforderungen** kann eine Rückforderung gem. §§ 812 ff. BGB geltend gemacht werden.

281   **(3) Dem Bereicherungsanspruch** gemäß § 812 Abs. 1 S. 2 1. Alt. BGB kann der – dafür beweispflichtige – Bereicherte den Einwand des Bereicherungswegfalls (§ 818 Abs. 3 BGB) entgegenhalten, wenn ihm kein Vermögensvorteil verblieben ist. Das gilt insbesondere, wenn der Empfänger die zu Unrecht geleisteten Beträge für den laufenden Bedarf verbraucht hat oder damit Schulden getilgt hat, die er auch sonst getilgt hätte.[770] Dafür spricht bei unteren und mittleren Einkommen eine tatsächliche Vermutung,[771] auch wenn der Stamm des Vermögens angegriffen werden könnte. Das gilt nicht für Vorsor-

---

[762] BGH FamRZ 2008, 1911 = NJW 2008, 3213 Tz. 71.

[763] Vgl. dazu insbesondere BGH FamRZ 1988, 270 = NJW 1988, 1965; FamRZ 1986, 794 = NJW 1986, 2047; OLG Braunschweig FamRZ 1999, 1058.

[764] OLG Braunschweig FamRZ 1999, 1058; OLG Köln NJW-RR 1999, 1673.

[765] OLG Köln NJW-RR 2003, 1228.

[766] BGH FamRZ 1991, 1175 = NJW-RR 1991, 1154.

[767] *Keidel/Giers* FamFG § 246 Rn. 11.

[768] OLG Karlsruhe NJW 2014, 1744; *Götz* NJW 2010, 897 (900); Bumiller/Harders/*Schwamb* FamFG, 11. Aufl. 2015, § 241 Rn. 3; Keidel/*Giers* FamFG § 246 Rn. 11; aA Johannsen/Henrich/ *Büte*, 6. Aufl., FamFG § 54 Rn. 15; Zöller/*Lorenz* FamFG § 241, Rn. 4.

[769] OLG Karlsruhe NJW 2014, 1744; *Götz* NJW 2010, 897 (900); Bumiller/Harders/*Schwamb* FamFG § 241 Rn. 3; *Dose,* Einstw. Rechtsschutz in Familiensachen, Rn. 529 m. Hinweis auf BT-Drs. 16/6308, 199.

[770] BGH FamRZ 1992, 1152 = NJW 1992, 2415; OLG Hamm FamRZ 1996, 1406; zur Bereicherungshaftung bei Rückforderung von Ehegattenunterhalt vgl. weiter *Mertens* FamRZ 1994, 601 ff. und *M. Schwab* FamRZ 1994, 1567 ff.

[771] BGH FamRZ 2000, 751 = NJW 2000, 740 (741).

geaufwendungen, soweit hier der Vorteil verbleibt.[772] Durch ein deklaratorisches Anerkenntnis wird der Bereicherungseinwand ausgeschlossen.[773]

Eine verschärfte Haftung nach §§ 818 Abs. 4, 819 BGB kann eingreifen, die gemäß   **282**
§ 241 FamFG bereits mit der Rechtshängigkeit eines Abänderungsantrags nach
§§ 238–240 FamFG ausgelöst wird, siehe dazu → Rn. 277 auch zur Abgrenzung zur
bisherigen Rechtslage. Für Kenntnis des Mangels des rechtlichen Grundes gem. § 819
Abs. 1 BGB genügt nicht, dass der Berechtigte die dafür maßgebenden Tatsachen kennt,
sondern er muss den Mangel des rechtlichen Grundes selbst positiv kennen.[774]

§ 820 BGB ist auf Unterhaltsvereinbarungen nicht anwendbar.[775]

Schadensersatz bei Vollstreckung aus gem. § 116 FamFG für sofort wirksam er-   **283**
klärtem Beschluss. Für die Zwangsvollstreckung aus Unterhaltstiteln finden gemäß § 120
Abs. 1 FamFG grundsätzlich die §§ 704–915h ZPO Anwendung, jedoch mit Ausnahme
der §§ 708 ff. ZPO über die vorläufige Vollstreckbarkeit, an deren Stelle § 120 Abs. 2 S. 1
FamFG iVm § 116 Abs. 2, 3 FamFG tritt. Auf die hiernach gemäß § 116 Abs. 3 S. 3
FamFG in der Regel für sofort wirksam erklärten[776] Endentscheidungen über Unterhalt
ist nach § 120 Abs. 1 FamFG die Vorschrift **§ 717 Abs. 2 ZPO** für den **Schadensersatz**
bei Vollstreckung aus vorläufig vollstreckbaren Urteilen entsprechend anwendbar.[777] Der
Schuldner muss dann darlegen, dass er konkret zur Abwendung der drohenden Zwangsvollstreckung aus einer für sofort wirksam erklärten Endentscheidung geleistet hat.[778]

Die Entreicherungseinrede kann hier nicht erhoben werden, da es sich um einen ver-
schuldens-unabhängigen Schadensersatzanspruch außerhalb des Bereicherungsrechts handelt. Auf gerichtliche Vergleiche und einstweilige Anordnungen ist § 717 Abs. 2 ZPO
nicht anwendbar.[779]

Jedoch ist **§ 717 Abs. 3 S. 2 ZPO** über die Herausgabe des Geleisteten bei **Aufhebung**
einer zweitinstanzlichen Entscheidung entsprechend anwendbar, führt allerdings regelmäßig zur Zurückverweisung wegen neuen oder ungeklärten Tatsachenvortrags.[780]

Nur noch zur Vermeidung eines **nicht zu ersetzenden Nachteils infolge der Vollstre-**   **283a**
ckung kann der Schuldner vor Eintritt der Rechtskraft einer für sofort wirksam erklärten
Entscheidung, der ja bereits eine Ermessensprüfung vorausgegangen sein muss, nach
§ 120 Abs. 2 S. 2 FamFG eine Einstellung oder Beschränkung der Zwangsvollstreckung
erlangen.[781] Der Verpflichtete muss den nicht zu ersetzenden Nachteil gemäß § 120
Abs. 2 S. 2 FamFG iVm § 294 ZPO glaubhaft machen. Das gilt gemäß § 120 Abs. 2 S. 3
FamFG ausdrücklich auch in den Fällen des § 707 Abs. 1 ZPO, dh bei Anträgen auf
Wiedereinsetzung in den vorigen Stand, Wiederaufnahme des Verfahrens bzw. bei der
Anhörungsrüge oder bei Fortsetzung des Verfahrens nach einem Vorbehaltsbeschluss,
ferner in den Fällen des § 719 ZPO, dh wenn Einspruch gegen einen für sofort wirksam
erklärten Versäumnisbeschluss eingelegt wird oder im Fall der Beschwerde (dazu aber
Rn. 283b) gegen eine für sofort wirksam erklärte streitige Endentscheidung. Für die

---

[772] OLG Düsseldorf FamRZ 1999, 1059.
[773] OLG Düsseldorf FamRZ 1999, 1059.
[774] OLG Schleswig OLGR 199, 185.
[775] BGH FamRZ 1998, 951 = NJW 1998, 2433.
[776] Falls über die sofortige Wirksamkeit gar nicht entschieden wurde, kommt Nachholung gemäß
§ 120 Abs. 1 FamFG iVm § 718 ZPO in Betracht: OLG München NJW-RR 2014, 194; KG FamRZ
2014, 1934; verneinend OLG Brandenburg FamRZ 2016, 161; OLG Karlsruhe NJOZ 2013, 1925
mAnm *Heiß* FamFR 2013, 460.
[777] FA-FamR/*Gerhardt*, 10. Aufl., Kap. 6 Rn. 1066; Keidel/*Weber*, FamFG § 120 Rn. 16.
[778] BGH NJW 2000, 740 (741); OLG Zweibrücken FamRZ 1998, 834; OLG Schleswig SchlHA
1998, 185.
[779] BGH NJW 2000, 740 (741); OLG Schleswig SchlHA 1998, 185 mwN
[780] BGH FamRZ 2013, 109 = NJW 2013, 161, Tz. 59.
[781] OLG Frankfurt FamRZ 2016, 76; OLG Hamm FamRZ 2012, 730; FamRZ 2011, 589.

Annahme eines nicht zu ersetzenden Nachteils reicht bei der Verpflichtung zu laufendem Unterhalt die Aussichtslosigkeit der etwaigen Rückforderung zu viel gezahlten Unterhalts allein nicht aus.[782] Dagegen ist bei Unterhaltsrückständen die Aussichtslosigkeit der Rückforderung ausschlaggebend.[783]

283b   Ob ein Antrag auf **Vollstreckungsschutz** nach § 120 Abs. 2 FamFG **in der Rechtsmittelinstanz** noch in Betracht kommt, sofern er zumutbar mit denselben Gründen bereits in der Vorinstanz hätte gestellt werden können, ist streitig, wird aber vom BGH jedenfalls für die Rechtsbeschwerdeinstanz unter Hinweis auf die unverändert anzuwendenden Grundsätze des nach vorheriger Rechtslage geltenden § 712 ZPO verneint.[784] Da Sinn und Zweck des § 116 Abs. 3 S. 3 ZPO gerade die Stärkung der Unterhaltsgläubiger ist, kann die generelle Verlagerung der Entscheidungen über den Vollstreckungsschutz an den Beginn der zweiten Instanz ebenso wenig befürwortet werden.[785] Die Gegenauffassung[786] widerspricht dieser Einschränkung für die zweite Tatsacheninstanz, kann sich dafür aber nicht auf den BGH stützen, der nämlich nur auf die unstreitig bestehende Möglichkeit eines beim OLG zu stellenden Vollstreckungsschutzantrags gegenüber der dort anstehenden eigenen Entscheidung abstellt und nicht etwa auf die Einstellung der Zwangsvollstreckung gegenüber der erstinstanzlichen Entscheidung.[787] Da es in gleicher Weise um die antragsabhängige Prüfung eines glaubhaft zu machenden nicht zu ersetzenden Nachteils geht, überzeugt die Gegenauffassung auch mit ihrer Differenzierung zwischen Tatsachen- und Rechtsbeschwerdeinstanz nicht.[788] Die Berücksichtigung neuer Gründe wird allerdings in der Tatsacheninstanz häufiger in Betracht kommen;[789] insoweit ist § 120 Abs. 2 Satz 3 FamFG mit dem Verweis auf §§ 707, 719 ZPO also weder generell ausgeschlossen, noch läuft er leer (→ Rn. 283a zu den weiteren Anwendungsfällen).

d) Aufrechnung, Abtretung und Zurückbehaltungsrecht

284   **Aufrechnung bei Überzahlungen.** Über diesen Weg ist ein weitergehender Ausgleich grundsätzlich nicht erreichbar, denn es gilt das Aufrechnungsverbot gem. §§ 394 BGB, 850b Abs. 1 Nr. 2 BGB.[790] Es muss vorher ein Antrag beim Rechtspfleger des Vollstre-

[782] OLG Brandenburg FamRZ 2014, 866 = NZFam 2014, 558 (mAnm *Griesche*); weitergehend OLG Koblenz FamRZ 2005, 468; aA OLG Düsseldorf FamRZ 2014, 870, OLG Frankfurt (2. FamS) FamRZ 2010, 1370.

[783] OLG Brandenburg FamRZ 2014, 866 = NZFam 2014, 558 (mAnm *Griesche*); ebenso wie bei sonstigen Ansprüchen, vgl. BGH NJW-RR 2007, 1138.

[784] BGH FamRZ 2013, 1299 mwN.

[785] OLG Frankfurt (6. FamS) FamRZ 2016, 76; FamRZ 2015, 1223; (3. FamS) FamRZ 2012, 576 = NJW-RR 2011, 1303; OLG Hamm FamRZ 2011, 1678; Bumiller/Harders/*Schwamb* FamFG, 11. Aufl. 2015, § 120 Rn. 6.

[786] OLG Frankfurt (4. FamS) FamRZ 2016, 162 (Ls.) = MDR 2015, 1078; OLG Düsseldorf FamRZ 2014, 870; OLG Brandenburg FamRZ 2014, 866 = NZFam 2014, 558 (mAnm *Griesche*); OLG Bremen FamRZ 2011, 322; Keidel/*Weber* FamFG § 120 Rn. 14.

[787] BGH aaO; zu dieser Unterscheidung auch BGH NJW-RR 2014, 969; Bumiller/Harders/ *Schwamb* FamFG, 11. Auflage 2015, § 120 Rn. 6; missverständlich insoweit OLG Brandenburg FamRZ 2014, 866 = NZFam 2014, 558 (mAnm *Giesche*).

[788] Ausführlich dazu OLG Frankfurt FamRZ 2016, 76; FamRZ 2012, 576.

[789] Vgl. OLG Frankfurt FamRZ 2016, 76; FamRZ 2015, 1223, dazu differenzierend Spieker NzFam 2015, 241.

[790] BGH FamRZ 2003, 1086 = NJW-RR 2003, 1155 (im Fall einer formalen hälftigen Auszahlung aufgrund des früheren § 6 VAHRG nach bereits geleistetem Unterhalt); OLG Bremen FamRZ 2002, 1189; zustimmend DIJuF-Rechtsgutachten JAmt 2007, 301 (305); **anders** OLG Naumburg FamRZ 1999, 437 und OLG Hamm FamRZ 1999, 436; dagegen mit Recht *Vollkommer* FamRZ 1999, 1423 und *Ludwig* FamRZ 1999, 1659; anders nach OLG Hamm NJW-RR 2004, 437, wenn Unterhaltsgläubiger selbst Grundlagen für Überzahlung geschaffen hat (durch nachträgliche Änderung der Steuerklasse).

ckungsgerichts nach § 850b Abs. 2 ZPO gestellt werden, was auch für Aufrechnungen mit Unterhaltsüberzahlungen gilt,[791] denn nur so wird der Schutz des Existenzminimums des Unterhaltsgläubigers gewährleistet. Bei Abfindungen, die an die Stelle gesetzlicher Unterhaltsansprüche treten, gilt nichts anderes.[792]

Unterhalt ist stets zeitbezogen geltend zu machen, wodurch auch der Verfahrensgegenstand festgelegt wird.[793] Das hat allerdings die praktisch wichtige Konsequenz, dass für bestimmte Zeiträume zu viel geforderter Unterhalt immer abzuweisen ist und nicht etwa mit anderen Zeiträumen verrechnet werden darf, in denen der Unterhaltsberechtigte weniger verlangt, als ihm zusteht (§§ 113 Abs. 1 S. 2 FamFG, 308 Abs. 1 S. 1 ZPO). [794]

Eine Aufrechnung gegen übergegangene Ansprüche (zB auf Sozialhilfeträger) ist ebenfalls unzulässig.[795] Die Träger öffentlicher Sozialleistungen, auf die ein Unterhaltsanspruch wegen Gewährung von Sozialhilfe oder Leistungen zur Sicherung des Lebensunterhalts übergegangen ist, dürfen sich gegenüber dem Unterhaltsschuldner auf das Aufrechnungsverbot des § 394 BGB iVm § 850b Abs. 1 Nr. 2 ZPO berufen, weil dieses zumindest auch dem Schutz der öffentlichen Kassen dient.[796]

Zulässig ist die Aufrechnung nur dann, wenn im Unterhaltsrechtsverhältnis eine **vorsätzliche unerlaubte Handlung** begangen wurde, wobei das Existenzminimum des Unterhaltsgläubigers zu wahren ist und für die Zukunft nur drei Monate (gem. §§ 1614 II, 1361 Abs. 4, 1360a Abs. 3 BGB im Trennungs- und Kindesunterhalt) und für sechs Monate (im nachehelichen Unterhalt)[797] aufgerechnet werden kann.

Eine **Abtretung** von Unterhaltsansprüchen kommt grundsätzlich nicht in Betracht, da **285** sie unpfändbar sind (§ 400 BGB). Das gilt nur dann nicht, wenn der Abtretende vom Abtretungsempfänger den vollen Gegenwert seiner Unterhaltsansprüche erhalten hat,[798] zB bei Abtretung an den behandelnden Arzt.

Ein **Zurückbehaltungsrecht** kann wegen des Zwecks der laufenden Lebensbedarfsdeckung ebenfalls nicht geltend gemacht werden.[799]

7. Scheinvaterregress

Regressansprüche wegen des dem Kind gewährten Unterhalts gem. § 1607 Abs. 3 **286** BGB kann der Scheinvater gegen den wirklichen Vater zwar wegen § 1600d Abs. 4 BGB grundsätzlich erst dann durchsetzen, wenn dessen Vaterschaft durch Anerkenntnis oder im Statusprozess mit Wirkung für und gegen alle festgestellt ist.[800]

In besonders gelagerten Einzelfällen kann aber nun im Regressprozess des Scheinvaters gegen den mutmaßlichen Erzeuger des Kindes die Rechtsausübungssperre des § 1600d Abs. 4 BGB dennoch durchbrochen und die Vaterschaft des Antragsgegners nur zu

---

[791] Dazu ausführlich *Wohlfahrt* FamRZ 2001, 1185 ff.

[792] BGH FamRZ 2002, 1179 = NJW-RR 2002, 1513: anders nur bei rein vertraglicher Grundlage.

[793] BGH FamRZ 2016, 199 (mAnm *Witt*) = NJW 2016, 322, Tz. 24.

[794] BGH FamRZ 2016, 199 (mAnm *Witt*) = NJW 2016, 322, Tz. 24.

[795] OLG Düsseldorf FamRZ 2006, 1532.

[796] BGH FamRZ 2013, 1202 = NJW 2013, 2592, Tz. 15, 25.

[797] BGH FamRZ 1993, 1186 = NJW 1993, 2105.

[798] OLG Bremen FamRZ 2002, 1189 = NJW-RR 2002, 361; Sonderfall OLG Brandenburg FamRZ 2004, 702.

[799] OLG Bremen FamRZ 2002, 1189 = NJW-RR 2002, 361; OLG Hamm FamRZ 1996, 49 (50); OLG Stuttgart FamRZ 2001, 1370: Gegenüber dem Anspruch auf Zustimmung zum Realsplitting kann auch der Unterhaltsberechtigte kein ZBR geltend machen, wenn der Verpflichtete für die entsprechende Zeit seine Unterhaltsverpflichtung erfüllt hat.

[800] OLG Hamm FamRZ 2007, 1764; OLG Celle FamRZ 2007, 673 (Ls.) = FuR 2006, 574 (aber beide aufgehoben durch die im Folgenden zitierten Entsch. des BGH); *Löhnig* FamRZ 2003, 1354.

diesem Zweck inzident – also ohne Statuswirkung – festgestellt werden.[801] Zur Begründung verweist der BGH darauf, dass nach Abschaffung der gesetzlichen Amtspflegschaft für nichteheliche Kinder zum 1.7.1998 der Scheinvater andernfalls rechtlos gestellt wäre, wenn weder die Kindesmutter noch der mutmaßliche Erzeuger bereit sind, dessen Vaterschaft gerichtlich feststellen zu lassen. In der Entscheidung vom 22.10.2008[802] hat der BGH dies noch näher präzisiert und die Inzidentfeststellung für ausnahmsweise zulässig gehalten, wenn davon auszugehen ist, dass ein Vaterschaftsfeststellungsverfahren auf längere Zeit nicht stattfinden wird, weil die dazu Befugten dies ausdrücklich ablehnen oder von einer solchen Möglichkeit seit längerer Zeit (hier: 13/4 Jahre) keinen Gebrauch gemacht haben. Einschränkend wird aber auch ausgeführt, dass eine Durchbrechung der Rechtsausübungssperre des § 1600d Abs. 4 BGB nicht schon dann gerechtfertigt ist, wenn die Vaterschaft des Beklagten/Antragsgegners „ins Blaue hinein" behauptet und erst durch ein Vaterschaftsgutachten bewiesen werden soll. Es sollen zumindest die Voraussetzungen dargelegt sein, an die § 1600d Abs. 2 BGB die Vermutung der Vaterschaft knüpft.

Soweit früher gegenüber dem Scheinvater – anders als gegenüber dem Kind[803] – überwiegend nur dann eine Verpflichtung der Mutter zur **Bekanntgabe des Namens des leiblichen Vaters** angenommen worden ist, wenn die Voraussetzungen des § 826 BGB erfüllt waren,[804] kam der BGH[805] unter Bestätigung des OLG Schleswig[806] mit guten Gründen zu dem Ergebnis, es bestehe im Fall einer Sonderverbindung eine **Auskunftspflicht aus Treu und Glauben (§ 242 BGB),** wenn der Anspruchsberechtigte in entschuldbarer Weise über das Bestehen oder den Umfang seines Rechts im Ungewissen ist, und die Verpflichtete in der Lage ist, unschwer die zur Beseitigung dieser Ungewissheit erforderlichen Auskünfte zu erteilen. Der Anspruchsberechtigte kann nur so erfahren, gegen wen möglicherweise übergegangene Ansprüche gem. §§ 1607 Abs. 3, 1601 ff., 1615l Abs. 3 S. 1, Abs. 1 u. Abs. 2 BGB ungeachtet des § 1600d Abs. 4 BGB geltend gemacht werden können. Der BGH verkannte nicht, dass damit in das allgemeine Persönlichkeitsrecht der Kindesmutter nach Art. 2 Abs. 1 iVm Art. 1 Abs. 1 GG eingegriffen wird, weist aber zugleich darauf hin, dass dieses nicht schrankenlos gewährleistet ist, sondern ausdrücklich nur insoweit, als dadurch nicht die Rechte anderer verletzt werden.[807] Das BVerfG hat jedoch am 24.2.2015 entschieden, dass dieser Grundrechtseingriff einer spezialgesetzlichen Regelung bedarf und nicht aus § 242 BGB gerechtfertigt werden kann.[808] Die nunmehr notwendige Regelung des Gesetzgebers steht noch aus.

Bei Leistungen des Scheinvaters an die Mutter (den Vater) des nichtehelichen Kindes nach § 1615l BGB ist gegen den wirklichen biologischen Vater entsprechend § 1607 Abs. 3 BGB auch ein Regressanspruch anzunehmen.[809] Das sieht wohl auch das OLG Schleswig[810] so, das in der oben zitierten Entscheidung den Bezug zu § 1607 Abs. 3 BGB über § 1615l Abs. 3 S. 1 BGB herstellt.

---

[801] BGH NJW 2012, 852 = FamRZ 2012, 437, aber vorausgesetzt, der Scheinvater hat seine Vaterschaft wirksam angefochten, Tz. 31, 32; FamRZ 2012, 200 = NJW 2012, 450; FamRZ 2009, 32 = NJW-RR 2009, 505; FamRZ 2008, 1424 = NJW 2008, 2433; *Huber* FamRZ 2004, 145.

[802] BGH FamRZ 2009, 32 = NJW-RR 2009, 505.

[803] BVerfG FamRZ 1989, 147 = NJW 1988, 3010.

[804] OLG Bamberg FPR 2003, 602 = FamRZ 2004, 562; OLG Oldenburg FamRZ 1994, 651; LG Heilbronn FamRZ 2005, 474.

[805] BGH FamRZ 2012, 200 = NJW 2012, 450, Tz. 20 ff.; BGH FamRZ 2014, 1440.

[806] OLG Schleswig FamRZ 2009, 1924.

[807] BGH FamRZ 2012, 200 = NJW 2012, 450, Tz. 24.

[808] BVerfG FamRZ 2015, 729 mAnm *Fröschle* = NJW 2015, 1506.

[809] So mit Recht *Löhnig* FamRZ 2003, 1354.

[810] OLG Schleswig FamRZ 2009, 1924.

§ 1607 Abs. 3 BGB soll auch die Bereitschaft Dritter fördern, statt des „eigentlich Verpflichteten" vorläufig den Unterhalt von Mutter und Kind zu sichern. Deshalb steht dem Anspruchsübergang nicht allein entgegen, dass der Scheinvater in Kenntnis seiner Nichtvaterschaft bis zur Rechtskraft der Vaterschaftsanfechtung Unterhalt geleistet hat.[811]

Bei dem zur **Klärung der leiblichen Abstammung des Kindes** gemäß § 1598a BGB dienenden Verfahren auf Ersetzung der Einwilligung in eine genetische Abstammungsuntersuchung und Anordnung der Duldung einer Probeentnahme nach § 169 Nr. 2 FamFG[812] kommt es noch nicht zu einer Lösung des rechtlichen Bandes zu dem Kind, so dass dann ein Regressanspruch nicht gegeben sein kann.

Naturalunterhaltsleistungen sind in Barunterhaltsleistungen umzurechnen.

Der Regressanspruch gem. § 1607 Abs. 3 BGB ist durch die Höhe des Anspruchs gegen den wirklichen Vater beschränkt, es kommt also auf dessen Leistungsfähigkeit an.[813]

Kosten des Vaterschaftsanfechtungsverfahrens kann der Scheinvater grundsätzlich auch verlangen, nicht jedoch, wenn er die Vaterschaft freiwillig anerkannt hatte.[814]

Gem. § 1613 Abs. 3 BGB kann der Erstattungsanspruch des Scheinvaters gegen den leiblichen Vater herabgesetzt oder gestundet werden.[815]

Gegen die Mutter können zwar Schadensersatzansprüche in Täuschungsfällen bestehen.[816] Eine Ehefrau ist nach einem Ehebruch und anschließendem bloßen Verschweigen der daraus folgenden möglichen Nichtvaterschaft ihres Mannes diesem gegenüber aber nicht zum Schadensersatz wegen des von ihm geleisteten Unterhalts für das scheineheliche Kind verpflichtet, weil solche Ehestörungen nicht unter den Schutzzweck deliktischer Haftungsnormen fallen (anders jedoch bei Vorliegen der Voraussetzungen von § 826 BGB); es besteht aber ein Auskunftsanspruch gegen die Ehefrau über den Erzeuger nach erfolgreicher Anfechtung der Vaterschaft.[817]

8. Schadensersatzansprüche gegen Dritte

Ein Schadensersatzanspruch gegen Dritte kann bestehen, wenn der Unterhaltsschuldner bei tituliertem Unterhaltsanspruch Vermögensverschiebungen zugunsten eines Dritten vornimmt (meist: der neue Lebensgefährte), welche die Vollstreckung des Unterhaltstitels beeinträchtigen.[818] Diese Möglichkeit, die den Zugriff nicht nur auf das verschobene Vermögen wie die Anfechtung nach § 11 AnfG möglich macht, besteht aber nur, wenn über den Anfechtungstatbestand hinausgehende Umstände das Sittenwidrigkeitsurteil nach § 826 BGB tragen, zB beim arglistigen Zusammenwirken des Unterhaltsschuldners mit dem Dritten, um den Zugriff des Unterhaltsgläubigers zu vereiteln → Rn. 171. **287**

---

[811] So überzeugend LG Bielefeld FamRZ 2006, 1149; aA bis 10. Auflage und Büte/Poppen/Menne/*Büte,* 2009, § 1607 Rn. 16, unter Bezug auf AG Wipperfürth FPR 2002, 15 (die dagegen eingelegte Berufung war ohne Hinweis des OLG Köln zurückgenommen worden).

[812] Die Einführung des Anspruchs und des Verfahrens beruhen auf BVerfG FamRZ 2007, 441 mAnm *Balthasar* = NJW 2007, 753; vgl. dazu im Anschluss BVerfG FamRZ 2008, 2257 = NJW 2009, 423 mAnm *Zimmermann.*

[813] OLG Celle Urt. v. 15.2.2006 – 15 UF 143/05; KG FamRZ 2000, 441; OLG München FamRZ 2001, 251 (Anspruch ferner nur bis zur Höhe des geleisteten Unterhalts).

[814] OLG Celle FamRZ 2005, 1853; OLG Jena FamRZ 2006, 1148 = NJW-RR 2005, 1671.

[815] Dazu näher OLG Schleswig NJW-RR 2007, 1017.

[816] OLG Köln NJW-RR 1999, 1673 (Nichtmitteilung des Mehrverkehrs genügt nicht).

[817] BGH, FamRZ 2013, 939 = NJW 2013, 2108, Tz. 13 ff. (in Abgrenzung zu BGH FamRZ 2012, 779 u. 1363).

[818] BGH FamRZ 2001, 86 mAnm *Gerhardt* = FF 2000, 212 mAnm *Büttner;* ebenso nach Zurückverweisung OLG Koblenz FF 2004, 26 mAnm *Büttner.*

Zur möglichen Schadensersatzpflicht des jeweiligen Landes bei Pflichtverletzungen des Jugendamtes → Rn. 181 und 207.[819]

9. Unterhalt im Einstweiligen Rechtsschutz

a) Arrest gemäß §§ 119 Abs. 2 FamFG, 916–934 ZPO und 943–945 ZPO

288   **Ein Arrestgrund (§ 917 ZPO)** kommt bei Unterhaltsforderungen in Betracht, wenn der Schuldner Anstalten macht, sein Vermögen zu verschieben oder zu verschleudern und deshalb die Vollstreckung künftiger Unterhaltsforderungen in Gefahr ist.[820] Eine allgemein schlechte Vermögenslage des Schuldners, die Konkurrenz mit anderen Gläubigern oder ein Umzug ins Ausland bei Immobiliarvermögen im Inland[821] reicht allerdings als Arrestgrund nicht aus.[822] Gemäß § 917 Abs. 2 ZPO ist die Notwendigkeit der Vollstreckung im Ausland nur außerhalb des Anwendungsbereichs des EuGVVO, EuGVÜ oder LGVÜ bzw. jetzt der EuUnthVO ein besonderer Arrestgrund. Allerdings können auch dann, wenn § 917 Abs. 2 ZPO wegen verbürgter Gegenseitigkeit nicht eingreift, rechtliche oder tatsächliche Schwierigkeiten bei einer Auslandsvollstreckung im Rahmen der allgemeinen Regelung des § 917 Abs. 1 ZPO berücksichtigt werden.[823]

289   **Die Dauer der Sicherung** richtet sich nach den Einzelfallumständen. Beim Kindesunterhalt ist die Unterhaltssumme für 5 Jahre und mehr gewährt worden.[824] Beim materiellen Anspruch auf Sicherheitsleistung nach § 1585a BGB soll der Betrag den einfachen Jahresbetrag der Unterhaltsrente nicht übersteigen.[825]

289a   Gegen die **Ablehnung eines Arrestantrages ohne mündliche Verhandlung** findet gemäß § 119 Abs. 2 FamFG iVm § 922 Abs. 1 S. 1 ZPO die **sofortige Beschwerde (§ 567 ZPO)** statt.[826] Es handelt sich nämlich insoweit nach der Gesetzessystematik nicht um eine mit Beschwerde nach § 58 FamFG anfechtbare Endentscheidung iSd § 38 Abs. 1 S. 1 FamFG.[827]

b) Einstweilige Anordnung

290   **Mit der Einführung des FamFG am 1.9.2009** ist die **einstweilige Anordnung** in Familiensachen in den §§ 49–57 FamFG, speziell für **Unterhaltssachen ferner in §§ 246–248 FamFG,** völlig neu geregelt worden. Insbesondere handelt es sich jetzt um selbständige Verfahren, auch wenn eine Hauptsache anhängig ist (§ 51 Abs. 3 S. 1 FamFG).[828]

---

[819] BGH FamRZ 2014, 290 = NJW 2014, 692.

[820] Vgl. OLG Hamm FamRZ 2012, 579 (Ls.) = FamRR 2011, 522 (Besprechung von *Bruns*).

[821] OLG Stuttgart NJW-RR 1996, 775.

[822] So die hM: BGH MDR 1996, 356; OLG Köln FamRZ 1983, 1259; *Menne* FamRZ 2004, 6 (8).

[823] OLG Hamm FamRZ 2012, 579 (Ls.) = FamRR 2011, 522 (bei gemeinsamem Konto in der Schweiz).

[824] OLG Zweibrücken FamRZ 2000, 966; OLG Düsseldorf FamRZ 1994, 111; weiter *Menne* FamRZ 2004, 6 (10).

[825] Vgl. *Löhnig* FamRZ 2004, 503 (506).

[826] OLG Frankfurt FamRZ 2012, 1078 = NJW-RR 2012, 902. In der Literatur ebenso: *Dose,* Einstw. Rechtsschutz in Familiensachen, 3. Aufl, Rn. 440; *Geißler* FA FamR, 8. Aufl., § 1, Rn. 622; *Prütting/Helms,* 2. Aufl., FamFG § 119, Rn. 9; Schulte-Bunert/Weinreich/*Schwonberg,* 3. Aufl., Rn. 19 zu § 119 ZPO; *Gießler/Soyka,* Vorl. Rechtsschutz in Familiensachen, 5. Aufl., Rn. 330.

[827] Ausführlich OLG Frankfurt FamRZ 2012, 1078 = NJW-RR 2012, 902; aA OLG Karlsruhe FamRZ 2011, 234; OLG München FamRZ 2011, 746 m. abl. Anm. *Cirullies,* 748; Keidel/Weber, FamFG, 17. Aufl., § 119 Rn. 15, aber nicht nach Abweisung mit o. ohne mdl. Verhandlung differenzierend.

[828] Anders aber einstweilige Anordnungen gemäß § 64 Abs. 3 FamFG: BGH FamRZ 2010, 639, Tz. 13.

Zuständig ist gemäß § 50 Abs. 1 S. 1 FamFG das Gericht, das für die Hauptsache im ersten Rechtszug zuständig wäre. Sofern bereits eine Hauptsache (oder ein VKH-Antrag dafür in erster Instanz[829]) anhängig ist, ist nach Satz 2 des § 50 Abs. 1 FamFG das Gericht des ersten Rechtszugs, während der Anhängigkeit beim Beschwerdegericht das Beschwerdegericht zuständig. Obwohl der Wortlaut des § 50 Abs. 1 S. 2 FamFG insoweit eindeutig erscheint und mit dieser sinnvollen Regelung die weitgehende Vermeidung widersprüchlicher Entscheidungen über identische Verfahrensgegenstände beabsichtigt war, besteht Streit darüber, ob bereits anhängige EA-Verfahren mit dem Rechtsmittel in einer Hauptsache auf das Beschwerdegericht übergehen[830] oder insoweit die „perpetuatio fori" ein Verbleiben des EA-Verfahrens beim Gericht des ersten Rechtszugs bewirkt.[831] Einigkeit besteht dagegen, dass der bloße Antrag auf Verfahrenskostenhilfe für eine in der Hauptsache beabsichtigte Beschwerde die Wirkung des § 50 Abs. 1 S. 2 FamFG für die einstweilige Anordnung noch nicht auslöst.[832] Das OLG Frankfurt[833] weist darauf hin, dass keine Zuständigkeit des Beschwerdegerichts gem. § 50 Abs. 1 S. 2 FamFG für einen Antrag auf Erlass einer einstweiligen Anordnung zur Leistung von Unterhalt oder für einen Antrag auf Abänderung einer einstweiligen Anordnung zur Leistung von Unterhalt besteht, wenn Gegenstand der Beschwerde nur die Teilentscheidung über die Auskunftsverpflichtung in einem Stufenverfahren ist. In diesen Fällen besteht nämlich nicht die notwendige Identität zwischen Beschwerdegegenstand und dem in erster Instanz weiter anhängigen Leistungsantrag.

Unverändert bilden die neuen Vorschriften aber selbst keine Anspruchsgrundlage und auch keinen Rechtsgrund iSd § 812 BGB, sondern setzen eine unterhaltsrechtliche Anspruchsgrundlage voraus.[834]

Die früher entweder an die Anhängigkeit einer **Ehesache** (oder Einreichung eines PKH-Antrages dafür) geknüpften einstweiligen Anordnungen für Minderjährigenunterhalt nach § 620 Nr. 4 ZPO und Ehegattenunterhalt nach § 620 Nr. 6 ZPO[835] sowie die im **isolierten Unterhaltsprozess** (bzw. vorgeschalteten PKH-Verfahren) für die in § 621 Abs. 1 Nr. 4, 5 und 11 ZPO erfassten Fälle nach § 644 ZPO zulässigen einstweiligen Anordnungen[836] haben nur noch Bedeutung bei Hauptsacheverfahren, die vor 1.9.2009 anhängig geworden sind. Gemäß Art. 111 Abs. 1 FGG-RG richten sich solche Hauptsacheverfahren und mit ihnen dann auch **die bisher akzessorischen EA-Verfahren jedenfalls zunächst noch nach dem vor 1.9.2009 gültigen Recht.**[837] Gegen die Annahme, in solchen Fällen könne jetzt eine „neue" – gemäß § 51 Abs. 3 FamFG selbständige – EA beantragt werden,[838] spricht in Übereinstimmung mit der Sicht des BMJ bei einer Bund-

291

---

[829] Keidel/*Giers* FamFG § 50, Rn. 4 insoweit unter erweiternder Auslegung des Wortlauts; ebenso Johannsen/Henrich/*Büte* FamFG § 50 Rn. 5.

[830] Zutreffend Keidel/*Giers* FamFG § 50 Rn. 6; Schulte-Bunert/Weinreich/*Schwonberg* FamFG § 50 Rn. 9.

[831] So Johannsen/Henrich/*Büte* FamFG § 50 Rn. 6; *Musielak/Borth* FamFG § 50 Rn. 5; im Anschluss an die bereits zu § 620a ZPO aF nicht überzeugende Entscheidung BGH FamRZ 1980, 670, 671.

[832] Keidel/*Giers* FamFG § 50 Rn. 6; Johannsen/Henrich/*Büte* FamFG § 50 Rn. 6; Wendl/Dose/*Schmitz,* 9. Aufl., § 10 Rn. 410.

[833] OLG Frankfurt FamRZ 2014, 1929 (LS) = NJW 2014, 2052 mwN; aA Prütting/Helms/*Stößer* FamFG 3. Aufl., § 50 Rn. 4.

[834] → Rn. 279.

[835] Einzelheiten dazu bei *Gießler/Soyka,* 4. Aufl. (2005), Rn. 568 ff. und *Gaul* FamRZ 2003, 1137 mit Hinweisen auf europäische Entwicklung.

[836] Vgl. zur Unterscheidung zwischen § 620 ZPO und § 644 ZPO: OLG Frankfurt FamRZ 2006, 1687; dazu auch AG Rosenheim FamRZ 2012, 1823.

[837] Keidel/*Giers* FamFG § 49 Rn. 6.

[838] OLG Nürnberg FamRZ 2010, 1463; Wendl/Dose/*Schmitz,* 9. Aufl., § 10 Rn. 395; *Dose,* Einstw. Rechtsschutz in Familiensachen, 3. Aufl., Rn. 6.

Länder-Besprechung über erste Praxiserfahrungen mit dem FamFG am 20.10.2009 in Berlin, dass das für die Hauptsache geltende alte Recht ein selbständiges Anordnungsverfahren noch gar nicht kannte.[839] Allerdings hat sich das in allen erstinstanzlich bis 31.8.2010 noch nicht abgeschlossenen Verfahren über den Versorgungsausgleich **sowie den damit im Verbund stehenden Scheidungs- und Folgesachen** ab 1.9.2010 geändert. Seither richten sich auch diese Verfahren gem. Art. 111 V FGG-RG einheitlich nach dem neuen Recht.[840] Übrig bleiben also nur noch **isolierte Altverfahren,** in denen eine bereits vor dem 1.9.2009 beantragte akzessorische EA (unstreitig) nach § 644 ZPO aF fortzuführen bzw. eine danach beantragte oder nun noch zu beantragende EA (nach hier vertretener Auffassung) ebenfalls gem. § 644 ZPO aF zu führen wäre.

292   **Nach dem FamFG** kann die Verpflichtung **zur Zahlung** von **Unterhalt oder eines Kostenvorschusses für ein gerichtliches Verfahren** (letzterer früher nach § 127a ZPO) **durch einstweilige Anordnung** gemäß § 246 FamFG in Abweichung von § 49 FamFG geregelt werden.

       Ein Auskunftsanspruch kann deswegen – wie bisher – nicht mit einstweiliger Anordnung durchgesetzt werden.[841]

293   Durch die Selbständigkeit der einstweiligen Anordnung nach neuem Recht hat sich die (wegen der früheren Akzessorietät zu einem Hauptsacheverfahren) schwierige Frage, ob **im Rahmen des vereinfachten Verfahrens (§ 249 FamFG)** eine EA ergehen kann, nun erledigt.[842] Die einstweilige Anordnung richtet sich nach § 246 FamFG, und das vereinfachte Verfahren kann im Sinne des § 52 Abs. 2 FamFG auch „Hauptsache" sein.

294   **§ 247 FamFG als Sondervorschrift** zu § 246 FamFG ermöglicht jetzt systemkonform eine einstweilige Anordnung vor der Geburt des Kindes zur Sicherung des Unterhalts für das nichteheliche Kind in den ersten drei Monaten nach der Geburt sowie des Unterhaltsanspruchs der Mutter nach § 1615l BGB. Damit wird die bisherige Sondervorschrift des § 1615o BGB abgelöst, die noch den Antrag auf Erlass einer einstweiligen Verfügung vorsah. Die Vaterschaft des in Anspruch Genommenen muss anerkannt sein oder nach § 1600d Abs. 2 BGB vermutet werden.[843]

295   **§ 248 FamFG** ist eine weitere, dem § 246 FamFG vorgehende **Sondervorschrift** für einstweilige Anordnungen bei Anhängigkeit eines **Vaterschaftsfeststellungsverfahrens.** §§ 641d, 641f und 641g ZPO werden damit ersetzt. Obwohl für § 248 FamFG die Anhängigkeit eines Vaterschaftsfeststellungsverfahrens (oder jedenfalls eines diesbezüglichen VKH-Antrags[844]) Voraussetzung ist, ist auch dieses EA-Verfahren selbständig gem. § 51 Abs. 3 FamFG.[845]

       Eine Notwendigkeit einer einstweiligen Anordnung besteht nicht, wenn die Mutter sich und ihr Kind aus eigenem Einkommen/Vermögen unterhalten kann.[846]

296   **Eine Dringlichkeit der Regelung** ist nach § 246 FamFG (in Abweichung von § 49 Abs. 1 FamFG) nicht Voraussetzung für den Erlass einer einstweiligen Anordnung, es genügt wie nach bisheriger Rechtslage, dass überhaupt ein schutzwürdiges Interesse an der

---

[839] Protokoll der Bund-Länder-Besprechung über erste Praxiserfahrungen mit dem FamFG am 20.10.2009 im BMJ in Berlin, S. 12, nachzulesen unter www.hefam.de Chronik 2010-01–29.

[840] OLG Celle FamRZ 2012, 1080; AG Rosenheim FamRZ 2012, 1823.

[841] Keidel/*Giers* FamFG § 246 Rn. 2; vgl. zum bisherigen Recht OLG Hamm FamRZ 2000, 362 = NJW-RR 2000, 139; *Niepmann* FF 1999, 164 (168).

[842] Keidel/*Giers* FamFG § 249 Rn. 4; vgl. noch zum alten Recht: OLG München FamRZ 2000, 1580 mit abl. Anm. *Gießler* FamRZ 2001, 1269 (1271).

[843] OLG Schleswig MDR 2000, 397 m. zustim mAnm *Born,* das eine vorgeburtliche Klage zur Hauptsache für möglich hält, erscheint daher zweifelhaft.

[844] Keidel/*Giers* FamFG § 248 Rn. 3.

[845] Keidel/*Giers* FamFG § 248 Rn. 1.

[846] OLG Koblenz FamRZ 2006, 1137.

Erlangung eines Unterhaltstitels besteht.[847] Ein solches schutzwürdiges Interesse ist früher für die Berufungsinstanz verneint worden, wenn im ersten Rechtszug versäumt wurde, einen Antrag gem. § 714 ZPO zu stellen.[848] Mit Einführung von § 116 Abs. 3 S. 3 FamFG, wonach Endentscheidungen, die eine Verpflichtung zur Leistung von Unterhalt enthalten, für sofort wirksam erklärt werden sollen, hat sich dieses Problem für Beschwerdeverfahren nach dem FamFG erledigt. Eine in erster Instanz unterlassene Anordnung der sofortigen Wirksamkeit kann im Beschwerdeverfahren noch nachgeholt werden.[849]

Für unbestimmte Zeit und in voller Höhe des Unterhaltsanspruchs kann die einst-   **297** weilige Anordnung ergehen, da der Gesetzgeber eine vereinfachte vorläufige Regelung des Anspruchs selbst schaffen wollte.[850] Wenn der Anspruch (noch) nicht in voller Höhe glaubhaft gemacht ist, können aber entsprechende Abschläge vorgenommen werden. Es ist auch eine zeitliche Befristung möglich (siehe § 56 Abs. 1 S. 1 HS 2 FamFG). Eine solche Einschränkung sollte ggf. vom Antragsgegner beantragt werden.

Eine **Erfüllungswirkung** haben Unterhaltszahlungen aufgrund einer einstweiligen Anordnung **in der Regel nicht,** wenn nicht der Unterhaltspflichtige seine Zahlungspflicht endgültig akzeptiert.[851] Leistet der Antragsgegner seine laufenden Unterhaltszahlungen lediglich zur Abwendung der Zwangsvollstreckung aus der einstweiligen Anordnung bzw. aus dem nicht rechtskräftigen, aber sofort wirksamen Beschluss erster Instanz, folgt hieraus, dass die Unterhaltsforderung nicht im Sinne des § 362 Abs. 1 BGB erloschen ist.[852]

Unanfechtbarkeit/Abänderung/Aufhebung. Die einstweiligen Anordnungen in Un-   **298** terhaltssachen sind gemäß § 57 S. 1 FamFG nicht mit der Beschwerde angreifbar.[853] Das gilt dann auch für **Nebenentscheidungen,** seien es solche über die Versagung von Verfahrenskostenhilfe **mangels Erfolgsaussicht**[854] deren Anforderungen allerdings auch nicht überspannt werden dürfen,[855] oder nachgehende isolierte **Kostenentscheidungen.**[856] Möglich sind deshalb nur

(1) ein Antrag auf Durchführung einer **mündlichen Verhandlung** nach § 54 Abs. 2 FamFG, wenn diese nicht – wie nach § 246 Abs. 2 FamFG jetzt wohl in der Regel – bereits vor Erlass der Anordnung stattgefunden hat,

(2) ein **Abänderungsantrag** nach § 54 Abs. 1 FamFG,

---

[847] BVerfG FamRZ 2016, 30, Tz. 18; OLG Naumburg FamRZ 2004, 478.

[848] OLG Frankfurt FamRZ 2007, 650 (Ls.).

[849] Einstweilen gem. § 64 Abs. 3 FamFG: OLG Bamberg FamRZ 2013, 481; bzw. gem. § 120 Abs. 1 FamFG iVm § 718 ZPO: OLG München NJW-RR 2014, 194; *Bumiller/Harders/Schwamb* FamFG § 116 Rn. 5; aA OLG Karlsruhe Beschl. v. 28.2.2013 – 18 UF 363/12, BeckRS 2013, 15818, dazu Anm. *Heiß* FamFR 2013, 460.

[850] *Schürmann* FamRB 2009, 375 (378); so bereits die hM zum bisherigen Recht: OLG Zweibrücken FamRZ 1999, 662; AG Recklinghausen FamRZ 2003, 1103; *Miesen* FF 1998, 65 (73) mwN und FamRZ 1999, 1397 mwN; **anders** bisher (aber unter § 246 FamFG nicht mehr vertretbar) OLG Hamm FamRZ 2000, 964 (nur in Höhe der Sozialhilfe) m. krit. Anm. *Luthin* FamRZ 2001, 357; AG Tempelhof-Kreuzberg FamRZ 2002, 616 m. abl. Anm. *van Els.*

[851] OLG Bamberg FamRZ 2006, 965.

[852] BGH FamRZ 2014, 917 = NJW 2014, 1958, Tz. 44.

[853] Keidel/*Giers* FamFG § 246 Rn. 12; schon zu § 620c ZPO wurde auch eine Anfechtbarkeit wegen „greifbarer Gesetzeswidrigkeit" seit BGH NJW 2002, 1577; NJW 2004, 2224 und BVerfG NJW 2003, 1924 einhellig verneint; krit. schon *Büttner* FamRZ 1989, 129 *(Glosse)*. Es bleibt grundsätzlich noch die Verfassungsbeschwerde, wenn das Willkürverbot verletzt ist (vgl. BVerfG FamRZ 2016, 30 Tz. 10).

[854] BGH FamRZ 2011, 1138 = NJW 2011, 2434, Tz. 14, 15; dies gilt aber nicht für Beschwerden betreffend die pers. und wirtschaftl. Verhältnisse, die Annahme von Mutwilligkeit oder gegen Ablehnung der Beiordnung eines Anwalts: Tz. 16 ff.

[855] BVerfG FamRZ 2016, 30, Tz. 13 ff. (zu einer begründeten Verfassungsbeschwerde, weil über schwierige Rechtsfragen im Prozesskostenhilfeverfahren entschieden wurde).

[856] OLG Celle FamRZ 2012, 1080; OLG Zweibrücken FamRZ 2012, 50; OLG Düsseldorf FamRZ 2011, 496; KG FamRZ 2011, 577.

(3) weiterhin **die Durchführung eines (eigenen) selbstständigen Hauptverfahrens** auf Zahlung (nach Zurückweisung), Rückzahlung wegen ungerechtfertigter Bereicherung oder negative Feststellung, und zwar auch für die zurückliegende Zeit.[857] Nach dem Erlass einstweiliger Anordnungen gem. § 246 FamFG gilt für deren Abänderung zwar grundsätzlich § 54 FamFG; zulässig ist aber auch der negative Feststellungsantrag als Hauptsacheverfahren.[858] Dabei ist allerdings unmissverständlich klarzustellen, ob eine Hauptsache betrieben werden soll oder nur ein Verfahren nach § 54 Abs. 1 FamFG.[859] In bestimmten Fällen kommt der Vollstreckungsabwehrantrag gemäß § 120 Abs. 1 FamFG iVm § 767 ZPO in Betracht, der aber nur die Vollstreckbarkeit betrifft und keine „Hauptsache" iSd § 56 FamFG darstellt.[860]

(4) **oder jetzt neu gemäß § 52 Abs. 2 FamFG der Antrag,** dem Beteiligten, der die EA auf Unterhalt erwirkt hat, aufzugeben, ein Hauptsacheverfahren (bzw. VKH-Verfahren dafür) binnen zu bestimmender Frist einzuleiten mit der Folge, dass die einstweilige Anordnung bei Nichteinhaltung dieses Gebots gemäß § 52 Abs. 2 S. 3 FamFG **aufzuheben ist.** Ob es für diese Aufhebung nach Fristablauf noch eines erneuten Antrags bedarf, ergibt sich aus dem Wortlaut des § 52 Abs. 2 S. 3 FamFG zwar nicht, folgt aber aus dem Sachzusammenhang, wonach das gesamte Verfahren nach § 52 Abs. 2 FamFG einschließlich der Hauptsache (anders als bei dem für Unterhaltssachen nicht maßgeblichen § 52 Abs. 1 FamFG,) unter Antragsvorbehalt steht; § 54 Abs. 1 S. 2 FamFG ist deswegen entsprechend anwendbar.[861]

(5) **Schließlich** ist jedoch ausdrücklich abweichend von allen vorgenannten Varianten mit § 54 Abs. 1 S. 3 FamFG für den Sonderfall einer **fehlenden notwendigen Anhörung** eine **antragsunabhängige Aufhebung oder Abänderung** möglich. Dagegen führt das Fehlen einer – wegen der einschneidenden Bedeutung sicher gebotenen – Begründung der einstweiligen Anordnung schon wegen des jederzeit möglichen Antrags nach § 54 Abs. 1 S. 2 FamFG nicht zur Zulässigkeit einer Anhörungsrüge gem. § 321a ZPO.[862]

Bis zur Entscheidung in den Fällen (1), (2) und (5) nach § 54 FamFG kann die Vollstreckbarkeit der einstweiligen Anordnung **gemäß § 55 FamFG ausgesetzt oder beschränkt** werden. Im Fall (3.) bei einem negativen Feststellungsantrag oder dem Vollstreckungsabwehrantrag kann auch ein Einstellungsantrag nach § 769 ZPO (analog bzw. iVm § 120 Abs. 1 FamFG) gestellt werden.

299   Außer-Kraft-Treten. Die einstweilige Anordnung tritt gemäß § 56 FamFG (bisher § 620f ZPO) bei Wirksamwerden einer anderweitigen Regelung, ferner bei Rücknahme oder Abweisung des Hauptsacheantrags bzw. Erledigung der Hauptsache außer Kraft. Mit § 56 Abs. 1 S. 2 FamFG ist klar gestellt worden, dass es für die Wirksamkeit einer anderweitigen Regelung in diesem Sinne auf die **Rechtskraft der Hauptsacheentscheidung** ankommt (soweit die Wirksamkeit nicht noch später eintritt) und deswegen die

---

[857] Keidel/*Giers* FamFG § 246 Rn. 8 (zum neg. Feststellungsantrag);vgl. weiter BGH FamRZ 2000, 751 (753) = NJW 2000, 740; OLG Karlsruhe FamRZ 2004, 470; OLG Naumburg NJWE-FER 2001, 240.

[858] OLG Frankfurt NJW-RR 2015, 326 = AGS 2015, 26 (mAnm *Thiel*); *Langheim* FamRZ 2014, 1413 (1420) mwN; Bumiller/Harders/*Schwamb* FamFG § 246 Rn. 10; aA Thomas/Putzo/*Hüßtege* ZPO § 246 FamFG Rn. 9.

[859] OLG Frankfurt NJW-RR 2015, 326 = AGS 2015, 26 (mAnm Thiel); OLG Jena FamRZ 2012, 54.

[860] Bumiller/Harders/*Schwamb* FamFG § 246 Rn. 11; Keidel/*Giers* FamFG § 54 Rn. 6 u. 9, § 246 Rn. 8.

[861] Im Ergebnis ebenso Keidel/*Giers* FamFG § 52 Rn. 10, der jedoch statt auf § 54 Abs. 1 S. 2 FamFG auf die verwandte Regelung des § 926 Abs. 2 ZPO verweist.

[862] Andes bis zur 10. Auflage unter Bezugnahme auf OLG Hamm FamRZ 1993, 719, das deswegen eine außerordentliche Beschwerde wegen „greifbarer Gesetzwidrigkeit" eröffnen wollte, siehe dazu aber → Rn. 298.

bloße Anordnung der sofortigen Wirksamkeit nach § 116 Abs. 3 S. 2 FamFG insoweit noch nicht ausreicht. Damit ist die Rechtsprechung des BGH[863] zu dem insoweit früher umstrittenen § 620f ZPO nun Gesetz geworden.

Mangels einer anderweitigen Regelung führt die **Rechtskraft der Scheidung** – wie bisher – zwar noch nicht zum Außerkrafttreten der einstweiligen Anordnung.[864] Unter der Geltung des früheren § 620 Nr. 6 ZPO hatte das seinen Grund darin, dass diese im Scheidungsverfahren ergangenen Anordnungen – anders als die auf den Gegenstand des zugehörigen Hauptsacheverfahrens beschränkten Anordnungen nach § 644 ZPO[865] – die materiellrechtlich unterschiedlichen Ansprüche auf Trennungsunterhalt und nachehelichen Unterhalt in sich vereinigten.[866]

Die neuen einstweiligen Anordnungen nach § 246 FamFG unterscheiden sich aber von diesen beiden Kategorien des bisherigen Rechts in zweierlei Hinsicht:

Einerseits sind sie nach § 51 Abs. 3 FamFG jedenfalls zunächst nicht von einer deckungsgleichen Hauptsache abhängig (wie früher nach § 644 ZPO).

Andererseits aber wird im Hinblick auf § 52 FamFG und vor allem § 56 FamFG, der sich insoweit vom früheren § 620f ZPO unterscheidet, ein – die „Doppelnatur" der EA nach § 620 Nr. 6 ZPO ausschließender – Bezug allein zum Trennungsunterhalt zwingend hergestellt, falls es erwartungsgemäß zu einem entsprechenden Hauptsacheverfahren kommt.[867]

Das hat folgende Konsequenzen:

(1) Ist das Hauptsacheverfahren zum Trennungsunterhalt vor Rechtskraft der Scheidung abgeschlossen, ist die EA gem. § 56 FamFG bereits außer Kraft getreten.
    Diese Wirkung ist auf Antrag gem. § 56 Abs. 3 FamFG auszusprechen. Dagegen gibt es gem. § 56 Abs. 3 S. 2 FamFG abweichend von § 57 FamFG auch in Unterhaltssachen die Beschwerde nach §§ 58 ff. FamFG (Beschwerdefrist: 1 Monat, denn diese Beschwerde richtet sich nicht „gegen eine einstweilige Anordnung").

(2) Wird die Scheidung vor Abschluss des Hauptsacheverfahrens zum Trennungsunterhalt rechtskräftig (und kommt nachehelicher Unterhalt entweder gar nicht mehr in Betracht oder ist bereits abschließend geregelt), tritt die über den Trennungsunterhalt erlassene EA zwar nicht außer Kraft, aber es entfällt ihre Grundlage für die Zukunft. In diesem Fall ist für die Zeit nach der Scheidung entweder auf Antrag die einstweilige Anordnung wegen Erlöschens des Anspruchs auf Trennungsunterhalt gemäß § 54 Abs. 2 FamFG aufzuheben[868] oder – jedenfalls bei Ablehnung der Aufhebung nach § 54 FamFG – mit derselben Begründung den Vollstreckungsabwehrantrag nach § 120 Abs. 1 FamFG iVm § 767 ZPO gegeben.[869]

(3) Kommt im Fall (2) aber noch ein nicht geregelter Anspruch auf nachehelichen Unterhalt in Betracht, ist es denkbar, dass die EA im Wege einer Entscheidung nach § 54 FamFG auf den neuen Anspruchsgrund erweitert wird. Insoweit unterscheidet sich die Rechtslage sowohl von der nach dem früheren § 644 ZPO mit der strengen prozessualen Akzessorietät an das – in diesem Fall – Trennungsunterhaltsverfahren als auch von der nach dem früheren § 620 Nr. 6 ZPO, denn ein solches Verfahren konnte nach Rechtskraft der Scheidung nicht mehr fortgeführt werden.

---

[863] BGH FamRZ 2000, 751 (752) = NJW 2000, 740.

[864] BT-Drs. 16/6308, S. 202.

[865] Dazu OLG Frankfurt, FamRZ 2006, 1687.

[866] Vgl. AG Rosenheim FamRZ 2012, 1823.

[867] Ebenso Keidel/*Giers* FamFG § 246 Rn. 9 unter Hinweis auf OLG Frankfurt FamRZ 2006, 1687.

[868] AG Rosenheim FamRZ 2012, 1823; zum alten § 620b ZPO: OLG Frankfurt FamRZ 2006, 1687.

[869] Keidel/*Giers* FamFG § 246 Rn. 10; OLG Frankfurt FamRZ 2006, 1687; OLG Koblenz FamRZ 2001, 1625 (Vollstreckungsgegenklage auch sonst bei nachträglichen rechtshemmenden oder rechtsvernichtenden Einwendungen).

Schadensersatzansprüche gem. §§ 717 Abs. 2, 945 ZPO bestanden schon nach bisheriger Rechtsprechung nicht, wenn aus einer einstweiligen Anordnung nach §§ 620, 644 ZPO vollstreckt worden ist.[870] Das gilt für einstweilige Anordnungen nach §§ 246, 247 FamFG ebenso, denn in § 119 Abs. 1 S. 2 FamFG ist für die einstweiligen Anordnungen in Unterhaltssachen § 945 ZPO ausdrücklich ausgenommen. Eine Ausnahme existiert – ebenfalls wie bisher nach § 641g ZPO – für die einstweiligen Anordnungen nach § 248 FamFG während des Vaterschaftsfeststellungsverfahrens, und zwar für den Ersatz des Schadens im Fall der Rücknahme oder rechtskräftigen Zurückweisung des Antrags auf Feststellung der Vaterschaft (§ 248 Abs. 5 S. 2 FamFG).

c) Einstweilige Verfügung

300   Für **einstweilige Verfügungen** besteht nach dem FamFG endgültig kein Raum mehr. Das folgt bereits aus § 119 Abs. 1 FamFG, der in Abs. 1 für die Familienstreitsachen die Anwendung der Vorschriften über die einstweilige Anordnung vorschreibt und in Abs. 2 die entsprechende Anwendung von §§ 935–942 ZPO ausnimmt.[871]

10. Wahrheitspflicht im Unterhaltsprozess

301   Den Berechtigten trifft im Unterhaltsprozess die Pflicht, Umstände, die sich auf seine Bedürftigkeit auswirken können, ungefragt zu offenbaren, insbesondere also eine Erwerbstätigkeit. Selbst eine nicht anrechenbare freiwillige Zuwendung Dritter dürfe nicht verschwiegen werden, da der Berechtigte die Entscheidung darüber, ob und in welchem Umfang sich die Zuwendung auf die Bedürftigkeit auswirke, dem Gericht überlassen müsse.[872] Auch ein Probearbeitsverhältnis ist zu offenbaren.[873] Unwahre Angaben führen zur Anfechtbarkeit eines Vergleichs und zu materiell-rechtlichen Sanktionen (dazu → Rn. 542). Bedenken sind gegen eine Ungleichbehandlung des Berechtigten und des Verpflichteten zu erheben, da bei diesem nur ein evident unredliches Verhalten zur Schadensersatzpflicht führen soll.[874]

11. Unterhaltsbemessung bei Auslandsberührung

a) Zuständigkeit und anwendbares Recht

302   Am 18.6.2011 ist das **Gesetz zur Durchführung der Verordnung (EG) Nr. 4/2009 und zur Neuordnung bestehender Aus- und Durchführungsbestimmungen auf dem Gebiet des internationalen Unterhaltsverfahrensrechts vom 23.5.2011**[875] in Kraft getreten und mit ihm die Verordnung (EG) Nr. 4/2009 vom 18.12.2008 (EuUnthVO) über die Zuständigkeit, das anwendbare Recht, die Anerkennung und Vollstreckung von Entscheidungen und die Zusammenarbeit in Unterhaltssachen anwendbar geworden.[876] Zentrale Regelung des deutschen Durchführungsgesetzes ist der darin enthaltene Art. 1 mit dem Gesetz zur Geltendmachung von Unterhaltsansprüchen im Verkehr mit ausländischen Staaten (Auslandsunterhaltsgesetz – AUG).

---

[870] Grundlegend BGH FamRZ 2000, 751 (752) = NJW 2000, 740.

[871] So ausdrücklich auch die Begründung des Gesetzentwurfs: BT-Drs. 16/6308, S. 226.

[872] So BGH FamRZ 2000, 153 = NJW 1999, 2804; vgl. auch → Rn. 269.

[873] OLG Koblenz FamRZ 2002, 325 (Ls.).

[874] Nach OLG Bremen FamRZ 2000, 256 Schadensersatzpflicht nur bei evident unredlichem Verhalten des Verpflichteten.

[875] Gesetz vom 23.5.2011, BGBl. I, S. 898.

[876] Überblicke dazu: *Hau* FamRZ 2010, 516; *Finger* FuR 2011, 254; *Motzer* FamRBint 2011, 56; *Niethammer-Jürgens* FamRBint 2011, 60; *Conti/Bißmaier* FamRBint 2011, 62; *Coester-Waltjen* IPrax 2012, 528.

Gleichzeitig ist **Art. 18 EGBGB aufgehoben** worden,[877] der allerdings ebenso wie das inhaltlich übereinstimmende Haager Abkommen vom 2.10.1973 über das auf Unterhalts-pflichten anwendbare Recht[878] noch für die **bis 17.6.2011 bereits eingeleiteten Verfahren** Bedeutung behält. Unstreitig ist das allerdings nur, soweit es auch um **Unterhaltszeit-räume bis 17.6.2011** geht.[879] Soweit in diesen noch bis zum 17.6.2011 eingeleiteten Ver-fahren aber bereits **Unterhaltszeiträume ab 18.6.2011 betroffen** sind, soll nach der inzwischen hM[880] ein **Statutenwechsel im laufenden Verfahren** hin zum HUP eintreten; das wird aus Art. 22 HUP geschlossen. Dagegen weist Coester-Waltjen[881] insoweit zu Recht darauf hin, dass das gesamte HUP (und somit auch dessen Art. 22) erst über Art. 15 EuUnthVO zur Anwendung gelangt, und für diesen Art. 15 EuUnthVO gilt die Übergangsvorschrift des Art. 75 EuUnthVO, der seinerseits bestimmt, dass die EuUnth-VO **nur für ab 18.6.2011 eingeleitete Verfahren** Anwendung findet. Der Beschluss des Rates vom 30.11.2009[882] bezweckte, das HUP auf jeden Fall ab 18.6.2011 bereits vor seiner allseitigen Ratifizierung vorläufig anwenden zu können, nicht jedoch die Über-gangsvorschrift des Art. 75 EuUnthVO auszuhebeln.

Einigkeit besteht dagegen wieder insoweit, dass in den **ab 18.6.2011 eingeleiteten Ver-fahren** jedenfalls für die partizipierenden EU-Mitgliedsstaaten generell – dh abweichend von Art. 22 HUP auch für die Unterhaltszeiträume bis 17.6.2011 – nur noch das neue Recht der EuUnthVO und damit auch des HUP anzuwenden ist,[883] weil für die rückwärtigen Zeiträume Art. 22 HUP im Verhältnis der am HUP partizipierenden EU-Mitgliedstaaten aufgrund des vorrangigen Beschlusses des Rates vom 30.11.2009[884] verdrängt wird.

Das FamFG (ua § 105 iVm § 232 FamFG) gilt in Fällen mit Auslandsberührung nur, soweit im neuen AUG nichts anderes geregelt ist (§ 2 AUG, siehe auch § 97 FamFG).

Die **internationale Zuständigkeit für Unterhaltssachen, die seit dem 18.6.2011 an-** **302a** **hängig werden,**[885] richtet sich unter den Mitgliedsstaaten nach der **Verordnung (EG) Nr. 4/2009** des Rates vom 18.12.2008 (EuUnthVO). Danach ist gemäß Art. 3 (neben weiteren Gerichtsständen) in erster Linie das Gericht des Ortes zuständig, „an dem der

---

[877] Art. 12 Nr. 3 des Gesetzes vom 23.5.2011, BGBl. I, S. 898 ff., 917.

[878] BGH FamRZ 2001, 412 = NJWE-FER 2001, 115 (auch für den Trennungsunterhalt); EuGH FamRZ 2002, 449 = FPR 2002, 192 gibt aber Unterhaltsvorschussanspruch nach dem Recht des Wohnsitzes des Verpflichteten; wegen aller Einzelheiten wird auf die Spezialliteratur verwiesen; OLG Brandenburg FamRZ 2006, 1766; Überblick bei Finke/Garbe/*Motzer*, 5. Aufl. (2003), § 12.

[879] OLG Celle FamRZ 2012, 1501 (Ls.) = OLG Report Nord 20/2012 Anm. 3 = BeckRS 2012, 09528; OLG Nürnberg FamRZ 2012, 1500 (Ls.) = IPrax 2012, 551; Palandt/*Thorn,* 71. Aufl., zu Art. 22 HUP, Rn. 60; *Conti/Bißmaier* FamRBint 2011, 62 (64); *Coester-Waltjen* IPrax 2012, 528 ff. (529).

[880] OLG Celle FamRZ 2012, 1501 (Ls.) = OLG Report Nord 20/2012 Anm. 3 = BeckRS 2012, 09528 ua zur Anwendbarkeit von Art. 18 EGBGB aF nur noch für Unterhaltszeiträume bis zum 17.6.2011 in bis dahin bereits eingeleiteten Verfahren, ebenso OLG Nürnberg FamRZ 2012, 1500 (Ls.) = IPrax 2012, 551; *Conti/Bißmaier* FamRBint 2011, 62 (64); Palandt/*Thorn,* 71. Aufl., zu Art. 22 HUP, Rn. 60.

[881] *Coester-Waltjen* IPrax 2012, 528 ff. (529); so wohl auch *Motzer* FamRBint 2011, 56 (57).

[882] Art. 4 Abs. 1 des Beschlusses des Rates über den Abschluss des Haager Protokolls vom 23.11.2007 über das auf Unterhaltspflichten anzuwendende Recht durch die Europäische Gemein-schaft vom 30.11.2009, Amtsblatt. 2009, L 331/17 (18).

[883] OLG Celle FamRZ 2012, 1501 (Ls.) = OLG Report Nord 20/2012 Anm. 3 = BeckRS 2012, 09528; OLG Nürnberg FamRZ 2012, 1500 (Ls.) = IPrax 2012, 551; *Conti/Bißmaier,* FamRBint 2011, 62 (64); Palandt/*Thorn,* 71. Aufl., zu Art. 22 HUP, Rn. 60; *Coester-Waltjen* IPrax 2012, 528 ff. (529).

[884] Art. 5 des Beschlusses des Rates über den Abschluss des Haager Protokolls vom 23.11.2007 über das auf Unterhaltspflichten anzuwendende Recht durch die Europäische Gemeinschaft vom 30.11.2009, Amtsblatt 2009, L 331/17 (18).

[885] Ein isoliertes VKH-Verfahren bewirkt die Anhängigkeit bzw. Einleitung des Verfahrens nach Art. 9 EuUnthVO noch nicht: OLG Frankfurt BeckRS 2015, 18964 im Anschluss an BGH FamRZ 2012, 783; aA Hausmann, Int. u. Europäisches Ehescheidungsrecht, Abschnitt C Rn. 213.

Beklagte seinen gewöhnlichen Aufenthalt hat", und in zweiter Linie des Ortes, „an dem die berechtigte Person ihren gewöhnlichen Aufenthalt hat". Großbritannien hat die VO mit Wirkung vom 1.7.2009 nachträglich angenommen; Dänemark hat sich nicht beteiligt, kann aber jederzeit auch noch beantragen beizutreten. Für die Zuständigkeit der vor 18.6.2011 eingeleiteten Verfahren bleibt noch die **EG-Verordnung Nr. 44/2001** über die gerichtliche Zuständigkeit und die Anerkennung und Vollstreckung von Entscheidungen in Zivil- und Handelssachen (EuGVVO) seit 1.3.2002[886] maßgebend. Danach ist die internationale Zuständigkeit der deutschen Gerichte nach Art. 5 Nr. 2 EuGVVO für eine Stufenklage gegeben, mit der Auskunft und Zahlung von Unterhalt in noch zu beziffernder Höhe verlangt wird; es handelt sich um eine Unterhaltssache.[887] Das gilt auch dann, wenn nach zunächst erhobener Zahlungsklage das Unterhaltsbegehren erst nachträglich im Wege der Stufenklage verfolgt wird und der Kläger nun nicht mehr in Deutschland wohnt.[888] Im Verhältnis zu Dänemark, Island, Norwegen und Schweiz (insoweit galt früher das Lugano-Übereinkommen vom 16.9.1988[889]) ist am 30.10.2007 ein neues Luganer Abkommen mit den (übrigen) Staaten der EG geschlossen worden. Nur außerhalb der Geltungsbereiche der Abkommen sind die §§ 105, 232 FamFG heranzuziehen.[890]

Das OLG Frankfurt[891] hat für ein nach dem 17.6.2011 eingeleitetes isoliertes Unterhaltsverfahren mit einem Beteiligten, der seinen gewöhnlichen Aufenthalt im Ausland hat, die Zuständigkeit gemäß **Art. 3 Buchst. b EuUnthVO iVm § 28 AUG** (2011) bestimmt. Danach hat ausschließlich das (Amts-)Gericht zu entscheiden, das für den Sitz des OLG, in dessen Bezirk der im Inland lebende Beteiligte seinen gewöhnlichen Aufenthalt hat, zuständig ist. Dem steht auch § 232 Abs. 2 FamFG nicht entgegen, weil § 232 Abs. 1 S. 2 FamFG in Fällen mit Auslandsberührung keine ausschließliche Zuständigkeit begründet. Das hat zur Folge, dass im Inland lebende Kinder die Vergünstigung verlieren, das Unterhaltsverfahren bei dem für ihren gewöhnlichen Aufenthalt zuständigen Gericht führen zu können.

302b Der **EuGH** hat allerdings mit Urteil vom 18.12.2014 [892] entschieden, Art. 3b EuUnthVO sei dahin auszulegen, dass er einer nationalen Regelung wie der des § 28 AUG entgegensteht, der eine gerichtliche Zuständigkeitskonzentration für grenzüberschreitende Unterhaltssachen bei dem für den Sitz des Rechtsmittelgerichts zuständigen erstinstanzlichen Gericht begründet, es sei denn, diese Regelung trage zur Verwirklichung des Ziels einer ordnungsgemäßen Rechtspflege bei und schütze die Interessen der Unterhaltsberechtigten, indem sie zugleich eine effektive Durchsetzung von Unterhaltsansprüchen begünstige. Dies zu prüfen, sei jedoch Sache der vorlegenden Gerichte.[893]

Der Gesetzgeber hat sich nicht zu einer Korrektur veranlasst gesehen, sondern bekräftigt unter Hinweis auf die seinerzeitige Gesetzesbegründung zum AUG,[894] indem man

---

[886] BGH FamRZ 2005, 1987 = NJW-RR 2005, 1593; OLG Brandenburg FamRZ 2006, 1766; vgl. ferner die Kommentierung der EuGVVO bei *Zöller/Geimer*, 26. Aufl. 2007, Anh. I; zu den weiteren Entwicklungen *Wagner* FamRZ 2006, 979.

[887] BGH FamRZ 2013, 1113, Tz. 18. Das behält auch Gültigkeit nach der EuUnthVO.

[888] BGH FamRZ 2013, 1113, Tz. 18 f., unter Aufhebung von OLG Frankfurt FamRZ 2012, 1506, das innerhalb einer Trennungsunterhaltsklage für die Klageerweiterung durch eine Stufenklage eine Klageänderung mit deshalb neuerlicher Zuständigkeitsbestimmung angenommen hatte; dagegen bereits *Mayer* FamRZ 2012, 1506, 1507 unter Hinweis auf die Anwendbarkeit von § 264 ZPO.

[889] OLG Dresden NJW 2007, 446 (Schweiz).

[890] So zu den früheren §§ 23, 23a ZPO: BGH FamRZ 1992, 1060 (1061).

[891] OLG Frankfurt FamRZ 2012, 1508 = NJW 2012, 2363; ebenso OLG Karlsruhe FamRBint 2012, 58; aA OLG Düsseldorf NZFam 2014, 815, das nur die EuUnthVO unmittelbar für anwendbar hält.

[892] FamRZ 2015, 639 = NJW 2015, 683; dazu *Niepmann/Schwamb* NJW 2015, 668 (673); *Bumiller/Harders/Schwamb* FamFG § 232 Rn. 7.

[893] FamRZ 2015, 639 = NJW 2015, 683, Rn. 47.

[894] BT-Drs. 17/4887, S. 42.

§ 28 AUG insoweit unverändert lasse, werde „eine Wertung getroffen, die der Gerichtshof als Grundlage einer zulässigen Konzentration gerichtlicher Zuständigkeiten bezeich-
ne, allerdings im Interesse einer klaren und bestimmten Rechtswegzuweisung sowie einer
eindeutigen Bestimmung des gesetzlichen Richters in generell-abstrakter Weise." [895]
Gerade die „generell-abstrakte Weise" hat der EuGH aber für nicht vereinbar mit
Art. 3b EuUnthVO erklärt.[896] Der Gesetzgeber überlässt es damit entgegen seiner eigenen Intention, eine eindeutige Bestimmung treffen zu wollen, weiterhin den Gerichten,
im Einzelfall die Anwendbarkeit von § 28 AUG prüfen zu müssen.[897] Daran ändert auch
die Entscheidung des BVerfG vom 15.12.2015[898] nichts, in der dem Gesetzgeber zwar
zugebilligt wird, völkerrechtliche Verträge nicht uneingeschränkt zu befolgen; in der
Anwendung sind solche Gesetze dennoch „möglichst" völkerrechtsfreundlich auszulegen.[899]

Lediglich das Wort **„ausschließlich"** ist in § 28 AUG gestrichen worden,[900] denn es
sei nicht beabsichtigt gewesen, mit § 28 AUG auch Gerichtsstandsvereinbarungen oder
die Begründung der Zuständigkeit durch rügeloses Einlassen zu unterbinden.[901]

Sofern ein in Deutschland zum Unterhalt Verpflichteter ein **Abänderungsverfahren**   **302b**
(insbesondere auch gem. § 240 FamFG, zB nach einem Verfahren auf Zahlung von
Mindestunterhalt gem. § 237 FamFG) gegen sein unterhaltsberechtigtes Kind im Ausland
anstrengen müsste, weist der BGH darauf hin, es sei zwar unwahrscheinlich, nach § 240
FamFG vor den Gerichten der USA vorgehen zu können, dann bestehe aber eine **Notzuständigkeit der deutschen Gerichte** (Art. 7 EuUnthVO).[902] Die Auffang- und Not-
zuständigkeiten nach Art. 6, 7 EuUnthVO, die bisher allein beim Amtsgericht Pankow/
Weißensee bestanden, sind mit einer Änderung des **§ 27 AUG** nun weitgehend dem § 28
AUG angeglichen worden.[903]

Das **anwendbare Recht ist in der Regel das Recht des gewöhnlichen Aufenthalts**[904]   **303**
des Unterhaltsberechtigten. Die auf EU-Ebene getroffene **Neuregelung** des für Unterhaltspflichten anzuwendenden Rechts gemäß Art. 15 VO (EG) Nr. 4/2009 iVm dem am
30.11.2009 angenommenen „Haager Protokoll von 2007" (HUP) ist gemäß Art. 76 der
VO (EG) Nr. 4/2009 seit **18.6.2011** anzuwenden.[905] Im Grundsatz bleibt es gemäß **Art. 3
Haager Unterhaltsprotokoll** vom 23.11.2007 **(HUP)** danach dabei, dass das Recht des
Staates maßgebend ist, in dem die berechtigte Person ihren gewöhnlichen Aufenthalt
hat.[906]

---

[895] BT-Drs. 18/5918, 23, 24.
[896] EuGH FamRZ 2015, 639 = NJW 2015, 683, Rn. 47.
[897] *Niepmann/Schwamb* NJW 2015, 668 (673); Bumiller/Harders/*Schwamb* FamFG § 232 Rn. 7.
[898] BVerfG Beschl. v. 15.12.2015 (2 BvL 1/12), Leitsätze 3 und 4.
[899] BVerfG Beschl. v. 15.12.2015 (2 BvL 1/12), Tz. 71, 72.
[900] BGBl. I 2015, 2018 ff. (2020), Artikel 5.
[901] BT-Drs. 18/5918, S. 24.
[902] BGH FamRZ 2016, 115 = NZFam 2016, 46 *(Rieck)*.
[903] BGBl. I 2015, 2018 ff. (2020), Artikel 5; BT-Drs. 18/5918; S. 23.
[904] OLG Köln NJW-RR 2005, 876; zum Begriff des gewöhnlichen Aufenthalts, vgl. BGH FamRZ
1993, 798 = NJW 1993, 2047; OLG Düsseldorf NJW-RR 1995, 903 (Rückkehr in die Türkei in
Besuchsabsicht, dann Verbleiben); insbesondere von Ausländern in Deutschland, vgl. OLG Karlsruhe
NJW-RR 1992, 1094 und OLG Hamm FamRZ 1992, 673 (675); kroatischer Kindesunterhalt: BGH
NJW-RR 2005, 1593.
[905] Siehe aber → Rn. 302 zum Übergangsrecht in Altfällen (vor dem 18.6.2011 eingeleitet).
[906] OLG Nürnberg FamRZ 2012, 1500 (Ls.) = IPrax 2012, 551 m. ausführl. Bespr. *Coester-Waltjen*
IPrax 2012, 528 ff.; OLG Frankfurt FamRZ 2012, 1501 (das allerdings im konkreten Fall auf die
fortbestehende Zuständigkeit des angerufenen Gerichts am gewöhnlichen Aufenthalt des Verpflichteten – in Deutschland – und das daraus parallel erwachsende Unterhaltsstatut gem. **Art. 4 Abs. 3
HUP** hinweist); OLG Köln FamRZ 2012, 1509.

304   **Bei der Ermittlung ausländischen Rechts** darf sich das Gericht nicht auf die Heranziehung der Rechtsquellen beschränken, sondern muss unter Ausschöpfung der ihm zugänglichen Erkenntnismöglichkeiten auch die konkrete Ausgestaltung des Rechts in der ausländischen Rechtspraxis, insbesondere die ausländische Rechtsprechung berücksichtigen.[907] Dann kann die Einholung eines Gutachtens eines Instituts für internationales Privatrecht erforderlich sein.

305   Beim **nachehelichen Unterhalt in den bis 17.6.2011 eingeleiteten Verfahren** kommt es nach dem insoweit noch anzuwendenden Art. 18 Abs. 4 EGBGB[908] auf das auf die Ehescheidung angewandte Recht an;[909] allerdings ist dann auch nach Art. 18 Abs. 5 EGBGB das deutsche Recht anwendbar, wenn beide Ehegatten Deutsche sind und der Unterhaltspflichtige in Deutschland lebt.[910] Verstößt das Scheidungsstatut gegen den ordre public, ist Unterhalt nach deutschem Recht zuzuerkennen.[911] Das berufene Sachrecht bestimmte gemäß Art. 18 Abs. 6 EGBGB auch über die Höhe des Unterhalts; Art. 18 Abs. 7 EGBGB[912] ergänzte dazu bereits bisher: „Bei der Bemessung des Unterhaltsbetrags sind die Bedürfnisse des Berechtigten und die wirtschaftlichen Verhältnisse des Unterhaltsverpflichteten zu berücksichtigen, selbst wenn das anzuwendende Recht etwas anderes bestimmt." Ebenso verhält es sich **in neuen Verfahren** nunmehr **nach Art. 14 HUP.**

306   **Bei Abänderungsanträgen (-klagen) gem. §§ 238 ff. FamFG (§ 323 ZPO)** ist das dem abzuändernden Titel zugrundeliegende Sachrecht grundsätzlich nicht austauschbar.[913]Das gilt auch, wenn ein im Ausland erwirkter Unterhaltstitel in Deutschland abgeändert werden soll. Etwas anderes gilt nur dann, wenn es zu einem echten Statutenwechsel gekommen ist.[914] Ein solcher Statutenwechsel findet statt, wenn sich der Aufenthaltsort des Berechtigten verändert hat. Maßgebend ist insoweit – so der *BGH* – Art 3 Abs. 2 des Haager Unterhaltsprotokolls (HUP) für nach dem 18.6.2011 eingeleitete Verfahren und zwar – bei Beteiligung von EU-Staaten – auch, wenn das Verfahren Zeiträume vor dem 18.6.2011 umfasst.[915]

b) Unterhaltshöhe bei Auslandsaufenthalt des Berechtigten und Anwendung deutschen Rechts

307   **Lebt der Unterhaltsberechtigte im Ausland,** so sind für die Höhe des Unterhaltsanspruchs die Geldbeträge maßgebend, die er an seinem Aufenthaltsort aufwenden muss,

---

[907] BGH FamRZ 2003, 1549.

[908] Zum Streit, ob das alte oder neue Recht für Unterhaltszeiträume ab 18.6.2011 in Altverfahren gilt, → Rn. 302.

[909] OLG Stuttgart FamRZ 2007, 290 (auch Verjährung nach inländischem Scheidungsurteil); OLG Hamm FamRZ 1993, 189; vgl. aber AG Kerpen FamRZ 2001, 1526 zum dt.-iran. Niederlassungsabkommen; zu deutsch-deutschen Fällen vgl. → Rn. 172.

[910] BGH FamRZ 1991, 925 (926); OLG Düsseldorf FamRZ 1995, 885 (danach anwendbares ausländisches Recht kann bei Unterhaltsausschluss gegen ordre public verstoßen); OLG Hamm FamRZ 2001, 918 mAnm *Steinbach* (1525) auch für nach russischem Recht geschiedene Deutsche nach Übersiedlung in die Bundesrepublik.

[911] OLG Koblenz FamRZ 2004, 1877 (zu kurze zeitliche Beschränkung des nachehelichen Betreuungsunterhalts); OLG Zweibrücken FamRZ 2000, 32 (Algerien): Aber nur Härtevermeidung, keine völlige Gleichstellung mit Inlandsfall und FamRZ 1997, 1404.

[912] Inhaltlich entsprechend Art. 11 Abs. 1, Abs. 2 des Haager Abkommens vom 2.10.1973; vgl. BGH FamRZ 1991, 925 = NJW 1991, 2212.

[913] BGH FamRZ 2012, 281 = NJW 2012, 384, Tz. 15, unter Festhaltung an FamRZ 1992, 1060 (1062) = NJW-RR 1993, 5; welcher Rechtsordnung Abänderbarkeit und Abänderungsregelung zu entnehmen sind, hat der BGH offen gelassen; vgl. auch OLG Köln NJW-RR 2005, 876 (Statutenwechsel).

[914] BGH NJW 2015, 694 = FamRZ 2015, 479 (mAnm *Heiderhoff*), Rn. 25.

[915] BGH NJW 2015, 694 = FamRZ 2015, 479, Rn. 22.

um den ihm gebührenden Lebensstandard aufrechtzuerhalten.[916] Die Frage, welche Mittel dazu benötigt werden, ist eine Frage nach dem unterschiedlichen Verbraucherpreisniveau, der Verbrauchergeldparität. Lebt der Unterhaltspflichtige im Ausland und erzielt dort Einkünfte, hat ebenfalls eine Kaufkraftbereinigung zu erfolgen.[917] Wenn sich allerdings die Kaufkraft des Euro in den einzelnen Staaten nur geringfügig unterscheidet, wie zB bei nur um 4,4 % erhöhten Lebenshaltungskosten in Niederlande, ist ein Kaufkraftausgleich regelmäßig nicht geboten.[918]

Die Verbrauchergeldparität wurde bis 2009 überwiegend durch Heranziehung der **308** Ermittlungen des Statistischen Bundesamtes[919] festgestellt, das jedoch die Veröffentlichung eingestellt hat. Zur Ermittlung des Kaufkraftunterschiedes billigt der BGH nun die Heranziehung der vom Statistischen Amt der Europäischen Union (Eurostat) ermittelten „vergleichenden Preisniveaus des Endverbrauchs der privaten Haushalte einschließlich indirekter Steuern",[920] für die sich das OLG Stuttgart als Vorinstanz nach Abwägung der Vor- und Nachteile gegenüber der Ländergruppeneinteilung des Bundesfinanzministeriums und der Korrektur mittels Teuerungsziffern entschieden hatte.[921] Anzupassen ist das Einkommen selbst und nicht die in der Düsseldorfer Tabelle enthaltenen Bedarfssätze.[922]

Beim **Ehegattenunterhalt** ist zu berücksichtigen, dass es auf die ehelichen Lebens- **309** verhältnisse ankommt. Wurde die Ehe in der Bundesrepublik geführt, kommt daher eine Verweisung auf den niedrigeren oder auch Geltendmachung des höheren Lebensstandards entsprechender Berufsgruppen im neuen Aufenthaltsstaat nicht in Betracht.[923] Wenn durch den Wechsel des Berechtigten ins Ausland mit höherem Lebenshaltungskostenniveau infolge der Verbrauchergeldparität höhere Aufwendungen nötig werden, hat der Verpflichtete dafür nur bei zwingender Notwendigkeit des Umzugs aufzukommen.[924]

Beim **Kindesunterhalt** ist zu berücksichtigen, dass ein Kind ohne eigene Lebensstel- **310** lung die Lebensstellung der Eltern teilt. Lebt der Barunterhaltsverpflichtete unter wesentlich besseren Lebensbedingungen in der Bundesrepublik, muss er dem Kind eine Teilhabe an diesem Lebensstandard ermöglichen, indem der Unterhalt so bemessen wird, dass auch nur mit Devisen zu beschaffende Güter eingekauft werden können.[925]

Für die Leistungsfähigkeit kommt es auf die Verhältnisse am Aufenthaltsort des Verpflichteten an.[926]

---

[916] BGH FamRZ 1987, 682 = NJW-RR 1987, 1474; KG FamRZ 2002, 1057; dazu weiter *Krause* FamRZ 2002, 145 ff.; OLG Frankfurt FamRZ 2012, 1501.

[917] BGH FamRZ 2014, 1536 (mAnm *Unger/Unger*) = NJW 2014, 2785.

[918] BGH FamRZ 2013, 1375 = NJW 2013, 2751, Tz. 29; Wendl/*Dose*, 9. Aufl., § 9 Rn. 35\.

[919] Int. Vergleich der Verbraucherpreise für 2008: FamRZ 2010, 98; ferner Statistisches Bundesamt, Preise, Fachserie 17, Reihe 10, Int. Vergleich der Preise für die Lebenshaltung nach deutschen Verbrauchsgewohnheiten – Heranziehung gebilligt von BGH FamRZ 1987, 682; BGH FamRZ 1992, 1060 (1063); vgl. weiter *Gutdeutsch/Zieroth* FamRZ 1993, 1152 ff.

[920] BGH FamRZ 2014, 1536 (mAnm *Unger/Unger*) = NJW 2014, 2785, Tz. 33 bis 36.

[921] OLG Stuttgart FamRZ 2014, 850 (851 f.); vgl. ferner *Unger* FPR 2013, 19 ff.; Empf. des DFGT, FamRZ 2011, 1921; teilweise abweichend bei Berücksichtigung unterschiedlicher Wechselkurse; *Többens* FamRZ 2016, 597 mit Beispielen.

[922] BGH FamRZ 2014, 1536 = NJW 2014, 2785, Tz. 36; aA OLG Brandenburg FamRZ 2008, 1279.

[923] BGH FamRZ 1987, 682 = NJW-RR 1987, 1474.

[924] → Rn. 1174, 1175 zur Anwendung von § 1579 BGB im Einzelfall.

[925] Dazu näher → Rn. 312; zu Kindergeld im Ausland DIV-Gutachten DAVorm 2000, 145; offengelassen von OLG Koblenz FamRZ 2007, 1592.

[926] *Coester-Waltjen* IPrax 2012, 528 ff. (530); bereits früher: OLG Hamm FamRZ 1992, 573 (575) – deutsches Renteneinkommen und Aufenthalt in Marokko; KG IPrax 1986, 305 mAnm *Henrich*.

c) Unterhaltshöhe bei Anwendung ausländischen Rechts

311   **Das Unterhaltsstatut**[927] **bestimmt auch über die Höhe des Unterhalts** (siehe früher Art. 18 Abs. 6 Nr. 1 EGBGB) und damit darüber, ob bestimmte Beträge, ein bestimmter Bruchteil des Einkommens oder indexierte Beträge zu zahlen sind. Ebenso ist das Unterhaltsstatut dafür maßgebend, ob voller oder nur notdürftiger Unterhalt verlangt werden kann (siehe jetzt auch ergänzend Art. 14 HUP).

Wenn das ausländische Recht die Unterhaltsbemessung in das Ermessen des Richters stellt oder allgemein auf Bedürftigkeit und Leistungsfähigkeit abstellt, können zur konkreten Ausfüllung die deutschen Leitlinien zur Unterhaltshöhe herangezogen werden.[928] Dabei ist aber die Verbrauchergeldparität zu beachten.[929]

312   Beim **Kindesunterhalt** ist bei unselbstständiger Lebensstellung des Kindes die Berücksichtigung des Lebensstandards des in der Bundesrepublik lebenden Barunterhaltsver-

---

[927] 729 Dazu näher *Coester-Waltjen* IPrax 2012, 528 ff. (530). Die laufend im ZfJ und JAmt (früher DAVorm) veröffentlichten Gutachten informieren über das materielle ausländische Recht. Zur Ermittlung des ausländischen Rechts vgl. *Hetger* FamRZ 1995, 654. Zur Unterhaltsrealisierung im Ausland vgl. JAmt 2007, 126 und folgende Hinweise:
Algerien: JA 2007, 24 (insgesamt zu Maghreb-Staaten); OLG Zweibrücken FamRZ 2000, 32 (ordre public).
Belgien: *Pintens* FamRZ 2006, 1312 u. FamRZ 2007, 1491 (1494); OLG Düsseldorf FamRZ 1995, 885.
Frankreich: *Ferrand* FamRZ 2006, 1316 und FamRZ 2007, 1499 (1501); *Völker* FamRBInt 2006, 93; *Menne* FuR 2006, 1; OLG Karlsruhe FamRZ 1992, 58 und NJW-RR 1994, 1286; *Reinhart* ZVerglRWiss 1988, 92; DIV-Gutachten ZfJ 1988, 371 f.
Griechenland: OLG Zweibrücken OLGR 2007, 241; OLG Frankfurt IPrax 1986, 388 mAnm*Henrich*.
Iran: OLG Stuttgart FamRZ 2004, 25 (Scheidungsgrund der Unterhaltsverweigerung); BGH FamRZ 2010, 533; OLG Zweibrücken NJWE-FER 2001, 175 und FamRZ 2007, 1555 (Morgengabe); AG Kerpen FamRZ 2001, 1526 (deutsch-iranisches Niederlassungsabkommen).
Italien: *Gabrielli* FamRZ 2007, 1505 (1507); *Patti* FamRZ 2006, 1321; OLG Karlsruhe NJW-RR 2007, 656; OLG Bamberg FamRZ 2005, 1682; OLG Stuttgart OLGR 2004, 193.
Jugoslawien: AG Singen FamRZ 2002, 113 mAnm *Jessel-Holst.*
Marokko: OLG Frankfurt Urt. v. 28.11.2008 – 5 UF 289/06, bei www.hefam.de.
Niederlande: JAmt 2007, 240 (Überblick); *Boele-Woelki* FamRZ 2005, 1632; OLG Düsseldorf FamRZ 1994, 111.
Österreich: OLG Bremen FamRZ 1997, 1403; DAVorm 1988, 756 mwN.
Polen: OLG Hamm FamRZ 2006, 967 mAnm *Gottwald,* FamRZ 2006, 968; OLG Hamm FamRZ 2005, 369; OLG Stuttgart FamRZ 2006, 1403; KG FamRZ 2002, 1057 (Bedarf in Polen 80 % der Beträge der Düsseldorfer Tabelle); AG Leverkusen FamRZ 2004, 727 (2/3); OLG Hamm FamRZ 2000, 29 sowie OLGR 2000, 59.
Russland: AG Wiesbaden FamRZ 2006, 562; OLG Zweibrücken FamRZ 2004, 729.
Schweiz: DAVorm 1988, 751 ff.; Obergericht Aargau DAVorm 1989, 326; *Stettler,* Zeitschrift des Bernischen Juristenvereins 1992, 133.
Spanien: *Martin-Casals/Ribot* FamRZ 2006, 1331; OLG Köln NJW-RR 1996, 326; AG Groß-Gerau FamRZ 2004, 197 und 203.
Slowenien: BGH NJW-RR 2007, 722.
Türkei: Zum neuen türkischen Familienrecht ab 1.1.2002 vgl. *Özen* und *Odendahl* FamRB 2010, 33; *Odendahl* FamRZ 2002, 234 und *Rausch* FF 2003, 165; OLG Hamm FamRZ 2006, 1387; AG Bayreuth FamRZ 2003, 1669; OLG Stuttgart NJW-RR 2004, 583; OLG Köln FamRZ 1999, 860; OLG Düsseldorf FamRZ 2001, 919; OLG Hamm FamRZ 2000, 31 und FamRZ 2006, 124 (1/3 in Türkei ermäßigt).
Entwicklungsländer: Für die Gesamtheit der Entwicklungsländer muss angemerkt werden, dass Rechtsverfolgung und Vollstreckung oft aussichtslos sind, wie praktische Erfahrungen ergeben; vgl. laufende Berichte im JAmt und ZfJ.

[928] BGH FamRZ 2003, 1549 (zur Ermittlung ausländischen Rechts); OLG München FamRZ 2002, 55.

[929] → Rn. 308 – Übersicht für das Jahr 2008: FamRZ 2010, 98.

pflichteten besonders problematisch, da sie zu Unterhaltsbeträgen führen kann, die über den Erwerbseinkommen im Aufenthaltsland liegen.[930] Wenn aber nur so eine Teilhabe des Kindes am Lebensstandard des Vaters (durch Beschaffung nur mit Devisen erhältlicher Güter) möglich ist, werden Erwägungen, die auf eine Gleichbehandlung mit anderen Unterhaltsberechtigten im Aufenthaltsstaat hinauslaufen, zurückzutreten haben, denn insoweit ist eine gleiche Sachlage gerade nicht gegeben.[931] Das heißt nicht, dass die deutschen Unterhaltsbeträge zu zahlen sind, es werden vielmehr Mischwerte anzusetzen sein.[932]

Für die **Leistungsfähigkeit des Verpflichteten** kommt es auf die Verhältnisse an **313** seinem Aufenthaltsort an, auch wenn das Unterhaltsstatut zB einen geringeren Selbstbehalt vorsieht.[933]

d) Währungsfragen bei Titulierung und Erfüllung des Unterhaltsanspruchs

In welcher Währung eine Unterhaltsrente zu zahlen ist, kann zweifelhaft sein, **314** wenn Gläubiger und Schuldner in verschiedenen Währungsgebieten leben. Als Geldwertschulden sind sie währungsrechtlich neutral, so dass der Berechtigte grundsätzlich die Wahl hat, in welcher Währung er die Titulierung beantragt.[934] Das Wahlrecht unterliegt Einschränkungen unter dem Gesichtspunkt der gegenseitigen Rücksichtnahme, wenn der Verpflichtete ein schützenswertes Interesse daran hat, in Fremdwährung zu leisten (zB durch Verwertung dort befindlichen Vermögens).[935] Diese Rücksichtnahme findet aber wiederum ihre Grenze in schützenswerten Interessen des Berechtigten, wozu insbesondere die Beachtung devisenrechtlicher Beschränkungen gehört,[936] so dass bei solchen Beschränkungen Titulierung in Euro verlangt werden kann.

Ferner kann bei sonstiger Unzumutbarkeit der Titulierung in Auslandswährung, zB wegen raschen Wertverfalls der Auslandswährung, die Titulierung in Euro verlangt werden.[937]

Auch bei der **Erfüllung des Unterhaltsanspruchs** ist, selbst wenn die Titulierung auf **315** Fremdwährung lautet, den devisenrechtlichen Beschränkungen Rechnung zu tragen.[938] So kann weder eine Erfüllung zum Schwarzmarktkurs erfolgen noch eine Erfüllung durch Leistung der titulierten Beträge durch zB Verwandte im Aufenthaltsstaat. Es muss grundsätzlich der normale Übermittlungsweg eingehalten werden, mögen auch im Einzelfall kursgünstigere Einzelzuwendungen (zB durch Warenbons) möglich sein.[939]

---

[930] OLG Düsseldorf FamRZ 1987, 195 und FamRZ 1987, 1183; vgl. auch AG Köln IPRax 1988, 30 mAnm *Henrich* IPRax 1988, 21 (22).

[931] OLG Celle OLGR 1998, 149; OLG Nürnberg FamRZ 1997, 1355 (Herabsetzung der Sätze der Düsseldorfer Tabelle um 1/3 bei Polen); OLG München FamRZ 2002, 55 (Herabsetzung um 1/3 bei Aufenthalt in der Türkei – weniger als früher); OLG Koblenz FamRZ 2002, 56 (bei Russland – Aufenthalt Herabsetzung um 2/3).

[932] Vgl. *Henrich* IPRax 1988, 22; OLG Nürnberg FamRZ 1997, 1355; OLG Koblenz FamRZ 2002, 56 (Russland).

[933] OLG Stuttgart FamRZ 2006, 1403; KG IPrax 1986, 305 mAnm *Henrich*.

[934] BGH IPrax 1994, 366 (der Richter ist aber an den Klageantrag gebunden); OLG Koblenz FamRZ 1992, 1428; KG IPrax 1986, 305 mAnm *Henrich*.

[935] BGH FamRZ 1992, 1060 (1063); FamRZ 1990, 992 (993) = NJW 1990, 2197; OLG Köln IPrax 1989, 23 mAnm *Henrich*.

[936] Vgl. BGH FamRZ 1992, 1060 (1063).

[937] Vgl. dazu (noch für DM): *Bytomski/Bytomski* FamRZ 1991, 783; *Buseva* FamRZ 1997, 264 (265).

[938] So mit Recht BGH FamRZ 1992, 1060 (1063) unter Hinweis auf LG Rottweil DAVorm 1988, 195.

[939] Nach BGH FamRZ 1987, 682 kann der normale Übermittlungsweg gewählt werden. Dazu *Bytomski/Bytomski* FamRZ 1991, 783 für ehemalige Ostblockstaaten.

e) Anerkennung und Vollstreckung ausländischer Entscheidungen

316   Das **AUG 2011** regelt in Unterhaltssachen – insoweit unter Ablösung des **Anerkennungs- und Vollstreckungsausführungsgesetzes** (AVAG in der Fassung vom 3.12.2009) – die Anerkennung und Vollstreckung aus zwischenstaatlichen Verträgen, wobei die Bestimmungen der Verträge Vorrang haben.[940]

Für den **Bereich der EU** (ohne Dänemark und das Vereinigte Königreich) richten sich die Anerkennungs- und Vollstreckungsverfahren in Unterhaltsachen nun nach der VO (EG) Nr. 4/2009 vom 18.12.2008, sofern das Verfahren ab 18.6.2011 eingeleitet worden ist,[941] und zwar nach einem Beschluss des Rates vom 30.11.2009 (abweichend von Art. 22 HUP) auch dann, wenn es um Unterhaltsansprüche aus der Zeit vor dem 18.6.2011 geht.[942]

Für vorhergehende Anträge gilt noch die **EG-Verordnung Nr. 44/2001** über die gerichtliche Zuständigkeit und die Anerkennung und Vollstreckung von Entscheidungen in Zivil- und Handelssachen (EuGVVO = Brüssel I-VO).[943] Nach deren Art. 45 Abs. 1 darf die zu vollstreckende Entscheidung keinesfalls in der Sache selbst nachgeprüft werden; eine Einstellung der Zwangsvollstreckung nach § 22 Abs. 2 AVAG (idF bis 31.12.2009) ist ausgeschlossen, wenn für das Rechtsmittel keine Erfolgsaussicht besteht, weil keine Gründe nach Art. 34, 35 Brüssel I-VO vorliegen, die Vollstreckbarkeit zu versagen, insbesondere im konkreten Fall auch kein Verstoß gegen den ordre public.[944] Der IX. Zivilsenat des BGH[945] hat nun im Anschluss an eine Entscheidung des EuGH[946] ebenfalls ausgeführt, der Schuldner werde im Verfahren der Vollstreckbarerklärung nach der Verordnung mit nachträglich entstandenen materiell-rechtlichen Einwendungen gegen den titulierten Anspruch, die weder unstreitig noch rechtskräftig festgestellt sind, nicht gehört. Ob § 12 AVAG deswegen generell als gemeinschaftswidrige Norm unanwendbar ist, hat er offen gelassen. Der XII. Zivilsenat des BGH[947] hat allerdings im Jahr 2011 vor Inkrafttreten der EuUnthVO noch entschieden, mit einer Beschwerde gegen die Zulassung der Zwangsvollstreckung aus einem ausländischen Unterhaltstitel nach Art. 4 ff. HUVÜ 73 könne nach § 12 Abs. 1 AVAG auch ein gesetzlicher Forderungsübergang geltend gemacht werden, soweit dem unstreitige Zahlungen des Sozialhilfeträgers nach Erlass der zu vollstreckenden Entscheidung zugrunde liegen.

Auch im Verfahren der **Vollstreckbarerklärung** exequaturbedürftiger Unterhaltstitel nach Kapitel IV Abschnitt 2 der **EuUnthVO** haben die mit einem Rechtsbehelf nach Art. 32 oder Art. 33 EuUnthVO befassten Gerichte bis zum rechtskräftigen Abschluss des Exequaturverfahrens uneingeschränkt zu prüfen, ob und gegebenenfalls inwieweit die ausländische Entscheidung im Ursprungsstaat bereits aufgehoben oder abgeändert worden ist,[948] nicht jedoch, ob Erfüllung eingetreten ist, selbst wenn diese unstreitig oder durch Urkunden bewiesen ist – insoweit unter teilweiser Aufgabe der bisherigen Rechtsprechung des BGH.[949]

---

[940] Zur Rechtslage nach dem AVAG: BGH NJW 2012, 2663; FamRZ 2011, 802; OLG Düsseldorf OLGR 2006, 644; *Zöller/Geimer*, 26. Aufl., Anh. III.

[941] OLG Stuttgart FamRZ 2012, 1510; OLG Stuttgart FamRZ 2012, 1512.

[942] *Heger/Selg* FamRZ 2011, 1101 (1107) unter b).

[943] Siehe dazu auch → Rn. 302. Zur Rechtslage bis 31.12.2009; *Hohloch* FPR 2006, 244; FPR 2004, 315; vgl. ferner OLG Düsseldorf FamRZ 2001, 1019 (Niederlande); JM Baden-Württemberg FamRZ 2001, 1015 mAnm *Gottwald* (Tunesien).

[944] BGH FamRZ 2009, 1402 = NJW-RR 2009, 1300 Tz. 9 (Österreich).

[945] BGH NJW 2012, 2663.

[946] EuGH NJW 2011, 3506.

[947] BGH FamRZ 2011, 802 mAnm *Heiderhoff* (804).

[948] BGH FamRZ 2015, 2144 = NJW 2016, 248, Tz. 9 (mAnm *Ülker-Can* NZFam 2015, 1080); insoweit Festhaltung an BGH FamRZ 2007, 989, Tz. 15; FamRZ 2011, 802, Tz. 14.

[949] BGH FamRZ 2015, 2144 = NJW 2016, 248, Tz. 20 (mAnm *Ülker-Can* NZFam 2015, 1080); insoweit unter Aufgabe von BGH FamRZ 2007, 989, Tz. 26 ff.

Die Anerkennung und Vollsteckbarkeitserklärung einer ausländischen (slowenischen) Entscheidung erfolgt in Anwendung von §§ 328, 722, 723 ZPO, wenn keine der vorrangigen internationalen Verordnungen eingegriffen haben (zB der Titel älter ist als die Brüssel I-VO und das Herkunftsland des Titels nicht Vertragsstaat früherer Abkommen war).[950]

Es bedarf keiner vorherigen Anerkennung der Scheidung durch die Landesjustizverwaltung nach Art. 7 § 1 FamRÄndG, wenn – wie beim Kindesunterhalt – der Anspruch vom Ausspruch der Scheidung unabhängig besteht.[951]

II. Der Umfang des Bedarfs des Berechtigten

1. Laufender Lebensbedarf und Sonderbedarf

a) Begriffe

Nach §§ 1578 Abs. 1 S. 2 und 1610 Abs. 2 BGB umfasst der Unterhalt den „gesam- 317 **ten Lebensbedarf".**
Der gesamte Lebensbedarf setzt sich zusammen aus dem laufenden Bedarf (den Begriff „laufender Unterhalt" verwendet das Gesetz in § 1361 Abs. 4 BGB, wo bestimmt ist, dass dieser durch Geldrente zu gewähren ist) und dem Sonderbedarf. Nach der Legaldefinition des § 1613 Abs. 2 BGB ist darunter ein „unregelmäßiger außergewöhnlich hoher Bedarf" zu verstehen. Aus dieser Zweiteilung ergibt sich, dass das Gesetz davon ausgeht, dass der laufende Unterhalt so zu bemessen ist, dass daraus alle nicht „unregelmäßigen außergewöhnlich hohen" Bedürfnisse befriedigt werden können.

Die **praktische Schwierigkeit** liegt darin, dass der laufende Bedarf meist nicht konkret 318 unter Berücksichtigung aller vorhersehbaren Bedürfnisse bestimmt wird, sondern schematisiert nach Tabellen, Quoten oder Schlüsseln. Der BGH[952] weist dabei mit Recht darauf hin, dass dadurch eine angemessene Verteilung der zur Verfügung stehenden Mittel herbeigeführt wird, diese angemessene Relation aber nicht gewahrt bliebe, wenn der Verpflichtete unbeschränkt allein zur Deckung des Sonderbedarfs herangezogen würde. Zu berücksichtigen ist außerdem, dass der Verpflichtete auch wegen des Sonderbedarfs nur bis zur Grenze seiner Leistungsfähigkeit (Selbstbehalt)[953] in Anspruch genommen werden kann.

Dennoch bleibt die Abgrenzungsfrage von großer praktischer Bedeutung, denn mit 319 der Zuordnung zum „laufenden Bedarf" ist häufig auch die Frage entschieden, ob der Bedarf überhaupt zusätzlich zu decken ist.[954] Das gilt einmal, weil nur bei Sonderbedarf Erfüllung für die Vergangenheit ohne Verzug oder Rechtshängigkeit verlangt werden kann (für ein Jahr nach der Entstehung – § 1613 Abs. 2 S. 1 BGB). Praktisch noch wesentlicher ist jedoch, dass ein Mehr an laufendem Bedarf nur über den Abänderungsantrag (§ 238 FamFG) verlangt werden kann, die den Einschränkungen nach § 238 Abs. 2 und Abs. 3 FamFG unterliegt. So hat zB das OLG Hamm entschieden, dass es bei einem Englandaustausch ebenso wie für eine Klassenfahrt als Bestandteil des regelmäßigen Schulprogramms der jeweiligen Klassenstufe am Merkmal des überraschenden Auftretens als Voraussetzung eines Sonderbedarfs fehle, und als Mehrbedarf waren die Kosten für den Englandaustausch im konkreten Fall nicht rechtzeitig geltend gemacht worden.[955]

---

[950] BGH FamRZ 2007, 717 = NJW-RR 2007, 722.
[951] BGH FamRZ 2007, 717 = NJW-RR 2007, 722.
[952] BGH FamRZ 1982, 145 (147) = NJW 1982, 328.
[953] Vgl. → Rn. 33 ff.
[954] Vgl. beispielhaft die Änderung der Rechtsprechung des BGH zu den Kindergartenbeiträgen: BGH FamRZ 2009, 962 = NJW 2009, 1816 Tz. 17 ff. (Mehrbedarf) gegenüber zuvor BGH FamRZ 2009, 1152 Tz. 24 ff. (ca. 50 EUR für „halbtags" in 135 % des Regelbetrags enthalten, nur darüber hinaus Mehrbedarf).
[955] OLG Hamm NJW 2011, 1087 = FamRZ 2011, 1067 (Ls.).

320 Diese **Abgrenzung zwischen „laufendem Bedarf" und „Sonderbedarf" gilt für alle Unterhaltsrechtsverhältnisse,** da die §§ 1360a Abs. 3, 1361 Abs. 4, 1585b Abs. 1 BGB den § 1613 Abs. 2 BGB für entsprechend anwendbar erklären und in der Vorschrift ein allgemeiner Rechtsgedanke zu sehen ist.[956]

b) Laufender Lebensbedarf

321 **Der Umfang des allgemeinen Lebensbedarfs** richtet sich nach den jeweiligen Normal-verhältnissen des Einzelfalls. Es ist der angemessene Bedarf entsprechend den Lebens-verhältnissen (bei Getrenntleben: „nach den Lebensverhältnissen und den Erwerbs- und Vermögensverhältnissen" – § 1361 Abs. 1 S. 1 BGB; nach Scheidung: „nach den ehelichen Lebensverhältnissen" – § 1578 Abs. 1 S. 1 BGB) oder der Lebensstellung („nach der Lebensstellung des Bedürftigen" – § 1610 Abs. 1 BGB).

Für das Maß des Bedarfs kommt es auf individuelle Faktoren wie Alter, Gesundheits-zustand, Ausbildung, Unterbringung usw. an. Zum angemessenen Unterhalt eines seit Geburt privat krankenversicherten Kindes gehören deshalb auch die Kosten hierfür. Ein Wechsel zur gesetzlichen KV kann nur verlangt werden, wenn mit privater Zusatzver-sicherung Nachteile beim Versicherungsschutz aufgefangen werden können.[957] Das Ge-schlecht begründet für sich genommen in der Regel keinen unterschiedlichen Bedarf.[958]

322 **Mehrbedarf,** der nicht als Sonderbedarf anzusehen ist, ist bei der Bemessung des laufenden Bedarfs zu berücksichtigen.[959] Da bei einer Nichtberücksichtigung häufig die Schranken nach § 238 Abs. 2, Abs. 3 FamFG einem Abänderungsantrag entgegenstehen, ist dringend geraten, alle voraussehbaren Mehrbedürfnisse in die Erörterungen bei Ver-gleich oder streitiger Entscheidung des Unterhaltsanspruchs einzubringen, was angesichts dieses Mehrbedarfs zu einer von den üblichen Quoten und Tabellensätzen abweichenden Unterhaltsbemessung führen kann. Nicht zu verkennen ist allerdings, dass das in vielen Fällen an der üblichen schematisierten Zumessung nichts ändern wird, weil davon aus-gegangen wird, dass der zugemessene schematisierte Unterhalt Spielraum zur Bildung von Rücklagen lässt. Ein Sonderbedarfsantrag kann, wenn es sich in Wirklichkeit um Mehrbedarf handelt, entsprechend umgedeutet werden, falls die Voraussetzungen eines Abänderungsantrags erfüllt sind.[960]

Eine Schätzung von Mehrbedarfspositionen nach § 287 ZPO ist möglich und kann vom Revisionsgericht nur auf Verfahrensfehler überprüft werden.[961]

323 **Bare Unterhaltsleistung wird geschuldet.** Ohne anderweitige (auch stillschweigende) Vereinbarung kann die Unterhaltspflicht nicht (zB) durch Versicherungs- und Bauspar-leistungen erfüllt werden.[962]

Vorschussweise Unterhaltsleistung in Form eines tilgungsfreien Darlehens kommt in Betracht, wenn der Berechtigte eine rückwirkend zu bewilligende Rentenleistung erwar-tet.[963]

---

[956] BGH FamRZ 1983, 29 = NJW 1983, 224.
[957] OLG Frankfurt a. M. NJW-Spezial 2012, 548 = FamRZ 2013, 138.
[958] Vgl. OLG Stuttgart FamRZ 1978, 271; aA noch BSG FamRZ 1972, 634 für Rentner.
[959] BGH FamRZ 2001, 1603 = NJWE-FER 2001, 253; OLG Hamm FamRZ 1994, 1281.
[960] OLG Koblenz Beschl. v. 25.3.2003 – 9 WF 208/03.
[961] BGH FamRZ 2001, 1603 = NJWE-FER 2001, 253 (Mehrkosten der Ausbildung zum Konzert-pianisten neben der Schule).
[962] OLG Hamm FamRZ 1999, 43.
[963] BGH FamRZ 1983, 574 = NJW 1983, 1481; FamRZ 1989, 718 (719) = NJW 1989, 1990; vgl. aber auch BGH FamRZ 1985, 155 (Anrechnung auf späteren Zeitpunkt); OLG Karlsruhe FamRZ 1981, 784 (Zug-um-Zug gegen Abtretung der Rentenleistung); zu Erstattungen bei Überzahlungen infolge Nachzahlung: BGH FamRZ 1990, 269 (273) = NJW 1990, 709.

Durch **Ersparnisse infolge Ausübung des Umgangsrechts**[964] oder durch **Ferienauf-** 324
enthalte beim Verpflichteten ermäßigt sich der laufende Lebensbedarf eines Kindes in
der Regel nicht. Der BGH[965] hat insoweit § 1613 Abs. 2 S. 1 BGB aF spiegelbildlich
angewandt und daher eine Ermäßigung bei vorhersehbaren Bedarfsminderungen und
solchen, die gegenüber der laufenden Unterhaltsrente nicht ins Gewicht fallen, mit Recht
abgelehnt.

Mehrkosten infolge Ausübung des Umgangsrechts werden zwar meistens nur in
Überforderungsfällen (hohe Kosten infolge unverschuldet weiter Entfernung, soweit sie
über die Entlastung durch Kindergeld hinausgehen[966]) bei der Leistungsfähigkeit des
Verpflichteten erörtert. Sie können aber auch **Mehrbedarf** der/des Unterhaltsberechtigten
sein, wenn die Kinder beim Verpflichteten aufwachsen.[967]

c) Sonderbedarf

Es muss sich um die Deckung notwendiger Lebensbedürfnisse handeln,[968] nicht 325
anders als beim laufenden Bedarf, obwohl der Sonderbedarf einmalig, aber zeitlich
begrenzt ist. Die Notwendigkeit ist aus der Sicht eines objektiven Betrachters unter
Berücksichtigung der konkreten Lebensumstände zu beurteilen.[969] Außergewöhnlich
hohe Handykosten eines Minderjährigen, verursacht durch Telefonsex, sind kein Sonderbedarf, weil es sich nicht um notwendige Lebensbedürfnisse handelt.[970] Demgegenüber
stellen die Kosten einer **zahnmedizinisch indizierten** kieferorthopädischen Behandlung
regelmäßig Sonderbedarf dar.[971]

Tatbestandlich setzt „Sonderbedarf" voraus, dass der Bedarf   326

1. **unregelmäßig** und zugleich
2. **außergewöhnlich hoch** ist. Als ungeschriebenes Tatbestandsmerkmal ist weiter zu
   prüfen, ob die Inanspruchnahme zu
3. **angemessener Lastenverteilung** zwischen Verpflichtetem und Berechtigtem führt.

Zu 1.: „Unregelmäßig" ist ein Bedarf, wenn er plötzlich auftritt und nicht mit 327
Wahrscheinlichkeit vorauszusehen war und deshalb bei der Bemessung der laufenden
Unterhaltsrente nicht berücksichtigt werden konnte.[972] Maßgebend ist dabei, ob die
Ausgaben aus der Sicht der Parteien bei objektiver Betrachtungsweise hätten einkalku-
liert werden können und nicht, ob die Parteien sie tatsächlich vorausgesehen haben und

---

[964] Dazu insgesamt *Weychardt* FPR 2006, 333 (krit. zu BGH FamRZ 2005, 706) und weiter
→ Rn. 1037.

[965] BGH FamRZ 1984, 470 (472) = NJW 1984, 2826; KG FamRZ 1979, 327 bejahte dagegen bei
einer mehrwöchigen Ferienreise einen Bereicherungsanspruch des Barunterhaltspflichtigen in Höhe
von 2/3 des laufenden Unterhalts.

[966] Vgl. weiter → Rn. 1037 und Nr. 10.7 der Leitlinien; zur Berücksichtigung von Umgangskosten
bei der Leistungsfähigkeit vgl. BGH FamRZ 2009, 1300 = NJW 2009, 2523, Tz. 57; FamRZ 2009,
1391 = NJW 2009, 2592; FamRZ 2009, 1477; FamRZ 2005, 706 (708) – nur ausnahmsweise – und
FamRZ 1995, 215 = NJW 1995, 717 m. abl. Anm. *Weychardt* FamRZ 1995, 539.

[967] BVerfG FamRZ 1995, 86 = NJW 1995, 1345 lehnt sozialhilferechtlich die Beschränkung auf
einen Besuch im Monat ab. Nach BSG FamRZ 2007, 465 erhöht die Wahrnehmung des Umgangsrechts nicht die Regelleistungen des ALG II (§§ 20 ff. SGB II); aus verfassungsrechtlichen Gründen
(Art. 6 GG) sei aber bei „atypischen Bedarfslagen" ausnahmsweise die Anwendung des ansonsten
verschlossenen § 73 SGB XII geboten.

[968] OLG Hamm NJW 2011, 1087 = FamRZ 2011, 1067 (Ls.) verneint das für einen „deutlich über
eine Schulveranstaltung hinausgehenden" Schüleraustausch mit China.

[969] OLG Naumburg OLGR 1999, 421; OLG Karlsruhe OLGR 1998, 164.

[970] AG Nordenham FamRZ 2003, 629 mAnm *Melchers* und zu Recht abl. Anm. *Scholz*.

[971] OLG Frankfurt FamRZ 2011, 570; OLG Köln FamFR 2010, 321 = ZFE 2011, 31.

[972] BGH FamRZ 2006, 612 mAnm *Luthin* = NJW 2006, 1509; FamRZ 2001, 1603 = NJWE-FER
2001, 253; FamRZ 1982, 145 = NJW 1982, 328; es gibt daher keinen „laufenden Sonderbedarf".

sie Gegenstand der Erörterung im Rechtsstreit oder bei Vergleichsabschluss waren.[973] Maßgebend ist damit zugleich, dass nach der Art dieses Bedarfs eine vorausschauende Bedarfsplanung und die Bildung von Rücklagen aus dem laufenden Unterhalt nicht möglich waren.

So ist danach unterschieden worden, dass Sonderkosten durch die „üblichen" Infektionskinderkrankheiten voraussehbar seien, nicht dagegen Kosten für eine kieferorthopädische Behandlung.[974] Man hat aber auch versucht, bei kieferorthopädischen Behandlungen, die zudem zahnmedizinisch indiziert oder zwischen den Eltern abgesprochen sein müssen,[975] danach zu unterscheiden, ob die Kosten vorausschauend kalkulierbar seien oder plötzlich und unvorhersehbar auftreten.[976] Bei solchen Differenzierungen kann man jedoch leicht aus dem Auge verlieren, dass es nicht um eine formale, sondern um eine materiell gerechte Abgrenzung und Lastenverteilung geht. Selbst in den mittleren Bereichen der Düsseldorfer Tabelle ist der Unterhalt nicht so bemessen, dass von der Krankenversicherung uU nicht gedeckte Zahnarztkosten von einigen tausend Euro durch Rücklagen aus dem laufenden Unterhalt finanziert werden könnten. Ob der Barunterhaltspflichtige dafür in Anspruch genommen werden kann, sollte von der Höhe der Kosten und seiner Leistungsfähigkeit abhängen,[977] nicht aber davon, dass – vielleicht nach Sachverständigengutachten! – die vorausschauende Kalkulierbarkeit so oder so beurteilt wird, so dass bei Versäumung des rechtzeitigen Abänderungsantrags der Berechtigte leer ausgeht. Mit Recht hat der BGH auch entschieden,[978] dass ein unregelmäßig aufgetretener Bedarf nicht „fiktiv" auf einen längeren Zeitraum umgelegt und so zu einem regelmäßigen gemacht werden kann.

328   **Rechtzeitige Information des Verpflichteten** gehört immer dann zu den aus dem Unterhaltsrechtsverhältnis folgenden Obliegenheiten des Berechtigten, wenn er den Bedarf so zeitig voraussehen kann, dass der Verpflichtete sich noch darauf einstellen kann.[979] Die Verletzung der Obliegenheit kann den Anspruchsverlust zur Folge haben, wenn der Verpflichtete deshalb nicht rechtzeitig Rücklagen bilden konnte.

329   **Wann ein plötzlich aufgetretener Bedarf „regelmäßig" zu werden beginnt, ist oft schwer exakt zu beantworten.**

Im Grundsatz kann man sich dahin orientieren, dass nur im Fall eines überraschend auftretenden Bedarfs das Interesse des Unterhaltsgläubigers Vorrang vor dem Vertrauen des Unterhaltsschuldners hat.

330   **Altenpflegekosten**[980] sind jedenfalls dann nicht als unregelmäßiger Bedarf anzusehen, wenn es sich um einen altersbedingten Dauerzustand handelt. Die **erstmalige Betreuervergütung** nach plötzlicher Notwendigkeit einer Betreuerbestellung kann aber Sonderbedarf sein.[981]

---

[973] Vgl. BT-Drs. V/2370 S. 42; OLG Karlsruhe OLGR 1998, 164; OLG Bremen FamRB 2003, 74; OLG Hamm NJW 2004, 858 (Computer).

[974] LG Bad Kreuznach DAVorm 1974, 516; OLG Düsseldorf FamRZ 1981, 76.

[975] OLG Frankfurt FamRZ 2011, 570.

[976] OLG Düsseldorf FamRZ 1981, 76 darauf abstellend, dass im Streitfall die einzelnen Behandlungsmaßnahmen nicht von vornherein hätten festgelegt werden können. Anders AG Bad Cannstatt DAVorm 1984, 487 (bei Jugendlichen Reifungsprozess generell nicht hinreichend exakt vorhersehbar).

[977] Vgl. dazu auch BVerfG FamRZ 1999, 1342 (Fall einer Säuglingserstausstattung).

[978] BGH FamRZ 1982, 145 = NJW 1982, 328.

[979] OLG Hamm FamRZ 1994, 1281; OLG Hamburg FamRZ 1991, 109 mAnm *Henrich,* der die mangelnde Information mit Recht als Obliegenheitsverletzung einstuft, während das OLG die rechtzeitige Information zur zusätzlichen Anspruchsvoraussetzung machen will.

[980] LG Hagen FamRZ 1989, 1330; AG Hamburg FamRZ 1991, 1086; aM; AG Hagen FamRZ 1988, 755.

[981] OLG Nürnberg NJWE-FER 1999, 293.

Auslandsstudium begründet keinen Sonderbedarf, da es sich um die voraussehbare zeitweise Erhöhung des laufenden Bedarfs handelt.[982] Das gilt auch für eine Ausbildung zum Konzertpianisten neben der Schule.[983] Zum möglichen Mehrbedarf → Rn. 360.

Fahrstunden sind ebenfalls voraussehbar, da heute fast jeder Jugendliche den Führerschein macht.[984]

Kindergartenbeiträge[985] begründen ebenfalls keinen Sonderbedarf, weil sie regelmäßig anfallen.

Für **Kommunion und Konfirmation** (und Konfirmationsfahrt) hat der BGH[986] entschieden, dass die Kosten für eine Konfirmation spätestens seit Beginn des Konfirmandenunterrichts (des Kommunionunterrichts) absehbar sind und deswegen nicht überraschend i. S. von § 1613 Abs. 2 Nr. 1 BGB, dh also kein Sonderbedarf sind. Es ist nun allerdings die Frage zu beantworten, wie diese absehbare Bedarfssteigerung des Kindes auf den laufenden Unterhalt umzulegen ist. Es kann jedenfalls nicht mehr richtig sein, bei der Unterhaltsbemessung solche Zusatzkosten als noch nicht hinreichend feststehend unberücksichtigt zu lassen. In der Praxis empfiehlt es sich deshalb, alsbald Mehrbedarf geltend zu machen und die geschätzten Zusatzkosten für eine begrenzte Zeit auf den laufenden Unterhalt zu verteilen.

Bei **Nachhilfestunden**[987] kommt es darauf an, ob es sich um die Überbrückung einer plötzlich aufgetretenen Notlage (evtl. Sonderbedarf) oder einen absehbaren Dauerzustand (Mehrbedarf) handelt. Siehe → Rn. 335, 358.

Schüleraustauschkosten für mehrmonatigen Auslandsaufenthalt, sofern notwendig, werden aus denselben Gründen ebenfalls als voraussehbare zeitweise Erhöhung des laufenden Bedarfs anzusehen sein.[988]

Schulfahrten[989] (Klassenfahrten, Abiturfahrten) hängen in manchen Bundesländern[990] von der Durchführung von Entscheidungen im jeweiligen Schuljahr ab und stehen dann nicht längere Zeit im Voraus fest; in diesen Fällen können die Kosten als Sonderbedarf anzusehen sein.[991] Sofern solche Fahrten nach einem festen Fahrtenprogramm der Schule ablaufen, kommt nur Mehrbedarf je nach Einzelfall in Betracht.[992]

Bei **Studienfahrten** im Rahmen eines Hochschulstudiums[993] liegt ebenfalls kein Sonderbedarf vor, wenn sie zum typischen Studienprogramm gehören.

---

[982] OLG Dresden ZFE 2006, 474 (Beteiligung nur, wenn sachlich begründet und wirtschaftlich zumutbar); OLG Naumburg OLGR 2004, 78 (Ls.); OLG Hamm FamRZ 1994, 1281 = NJW 1994, 2627 und weiter → Rn. 360.

[983] BGH FamRZ 2001, 1603 = NJWE-FER 2001, 253.

[984] KG ZFE 2004, 184: jedenfalls einkalkulieren.

[985] BGH FamRZ 2009, 962 = NJW 2009, 1816 Tz. 18, FamRZ 2009, 1152 Tz. 24.

[986] BGH FamRZ 2006, 612 mAnm *Luthin* = NJW 2006, 1509.

[987] BGH FamRZ 2013, 1563 = NJW 2013, 2900 (Förderunterricht); OLG Düsseldorf NJW-RR 2005, 1509; OLG Köln NJW 1999, 295 (Sonderbedarf bei vorübergehender Inanspruchnahme).

[988] OLG Hamm FamRZ 2011, 1087 = FamRZ 2011, 1067 (Ls.); OLG Schleswig NJW 2006, 1601; OLG Naumburg FamRZ 2000, 444 bezweifelt ausbildungsbedingte Notwendigkeit.

[989] Vgl. Übersicht → Rn. 335 „Ausbildungsbereich"; sozialhilferechtlich sind Klassenfahrtkosten einmaliger nicht durch die Regelsatzleistung abgegoltener Bedarf (BVerwG NJW 1995, 2369); Übersicht DIV-Gutachten DAVorm 2000, 244.

[990] In NW abhängig von einer Abstimmung der Eltern und der Bereitschaft der Lehrer, da diese uU auf Reisekostenersatz verzichten müssen (A 2.4. und 3.3. des Runderlasses des Kultusministeriums vom 19.3.1997, GABl. NW I 101).

[991] OLG Hamm FamRZ 2003, 1585 (Ls.); OLG Köln FamRZ 1999, 531 (Ls.) = NJW 1999, 295 mwN, aA OLG Hamm FamRZ 2001, 444; OLG Jena FamRZ 1997, 448.

[992] OLG Hamm NJW 2011, 1087 = FamRZ 2011, 1067 (Ls.).

[993] LG Kleve DAVorm 1973, 311 (Geographiestudium).

Umgangskosten fallen in der Regel ebenfalls regelmäßig und nicht überraschend an, so dass sie keinen Sonderbedarf darstellen.[994]

331   **Zu 2.: Wann ein Bedarf „außergewöhnlich hoch" ist,** ist ebenfalls zweifelhaft. Da damit eine Relation angesprochen ist, kommt es auf das Verhältnis der Aufwendungen zu den Mitteln an, die für den laufenden Bedarf zur Verfügung stehen.[995] Es kommt also darauf an, ob der Berechtigte den Mehraufwand zumutbarerweise aus dem laufenden Unterhalt bestreiten kann. Bei gehobenem Lebenszuschnitt werden auch zusätzliche unregelmäßige Aufwendungen aus dem laufenden Unterhalt bestritten werden müssen.[996] In den unteren Gruppen der Düsseldorfer Tabelle reicht der Barunterhalt dagegen anerkanntermaßen nur für den Grundbedarf, so dass schon relativ kleine Zusatzausgaben nicht mehr durch Rücklagen gedeckt werden können. Die Inanspruchnahme wird allerdings bei diesen Verhältnissen oft an mangelnder Leistungsfähigkeit scheitern. Eine Festlegung auf bestimmte Werte (höher als ein Monatsbetrag der Unterhaltsrente oder Differenz zwischen Monatsrente und notwendigem Bedarf)[997] dürfte als zu starr nicht zu befürworten sein.

332   **Zu 3.: Vor der Zubilligung von Sonderbedarf ist weiter zu prüfen, ob dies nicht zu einer unbilligen Lastenverteilung** zwischen Berechtigtem und Verpflichtetem führt. Es liegt auf der Hand, dass nicht verlangt werden kann, dass der Unterhaltspflichtige sich wegen des Sonderbedarfs für längere Zeit auf den notwendigen Eigenbedarf beschränkt, während dem Berechtigten ein höherer Betrag ungeschmälert verbleibt. Der BGH[998] hat daher mit Recht darauf hingewiesen, dass die angemessene Relation gewahrt bleiben muss und der Berechtigte in solchen Fällen einen Teil des Sonderbedarfs selbst tragen muss.

Andererseits kann eine solche Einschränkung dann nicht Platz greifen, wenn der Verpflichtete Teile seines Einkommens zur Vermögensbildung verwendet. Nicht anders als in Notlagen während des Zusammenlebens der Ehegatten muss für die Zeiten erhöhten Bedarfs zunächst die Vermögensbildung eingeschränkt werden. Auch insoweit sind die ehelichen Lebensverhältnisse sinnvoll fortzuschreiben und nicht auf den Zeitpunkt der Trennung oder Scheidung starr zu fixieren.

333   **Entstehungszeitpunkt des Sonderbedarfsanspruchs** soll der Zeitpunkt sein, in dem der Gläubiger seinerseits verpflichtet ist, die Vergütung für die Leistung zu zahlen.[999] Diese Auffassung erscheint zu eng, denn dann wäre eine wirksame Mahnung erst möglich, wenn die Leistung schon erbracht ist, der Berechtigte müsste also oft vorfinanzieren. Es muss daher genügen, dass die Grundlage für den Bedarf feststeht und er sich der Höhe nach beziffern lässt, denn der Schuldner muss schon bei der Information über den bevorstehenden Sonderbedarf Rücklagen machen.

Leistungsfähig muss der Verpflichtete im Entstehungszeitpunkt oder Fälligkeitszeitpunkt sein. Jedenfalls bei rechtzeitiger Information sollte schon der Entstehungszeitpunkt maßgebend sein, es sollte aber genügen, wenn der Verpflichtete bis zum Fälligkeitszeitpunkt leistungsfähig wird. Es entsteht keine Nachzahlungspflicht, wenn er erst später leistungsfähig wird.[1000]

---

[994] Zur Frage etwaigen **Mehr**bedarfs und der sozialrechtlichen Beurteilung siehe Rn. 324 mwN

[995] BVerfG FamRZ 1999, 1342 (Regelunterhalt unter Existenzminimum, daher Säuglingserstausstattung nicht enthalten); BGH FamRZ 1982, 145 = NJW 1982, 328; OLG Hamm FamRZ 1993, 995 „höherer Prozentsatz des monatlichen Unterhalts"; OLG Karlsruhe FamRZ 1992, 1317 (37,50 DM ungedeckte Arztrechnung bei 660 DM Monatsunterhalt geringfügig); NJW-RR 1993, 905 und OLGR 1998, 164.

[996] BGH FamRZ 2006, 612 mAnm *Luthin* = NJW 2006, 1509; OLG Karlsruhe OLGR 2000, 10.

[997] OLG Düsseldorf FamRZ 1981, 75; OLG Düsseldorf FamRZ 1982, 1068.

[998] BGH FamRZ 1982, 145 (147) = NJW 1982, 328; vgl. auch OLG Stuttgart FamRZ 1988, 207; OLG Karlsruhe FamRZ 1988, 202 (laufende PKH-Raten vermindern Leistungsfähigkeit).

[999] OLG Karlsruhe FamRZ 1990, 88 (89); FamRZ 1992, 1317; FamRZ 2000, 1166.

[1000] KG FamRZ 1993, 501 = NJW-RR 1993, 1223.

Verjährung des Sonderbedarfsanspruchs tritt nach Wegfall von § 197 Abs. 1 Nr. 2 **334**
BGB zum 1.1.2010 unmittelbar gemäß § 195 BGB und für ab 1.1.2002 entstandene
Ansprüche nach § 197 Abs. 2 BGB in der ab 1.1.2002 bis 31.12.2009 geltenden Fassung
nach drei Jahren mit dem Schluss des Entstehungsjahrs beginnend (§ 199 Abs. 1 BGB)
ein.[1001] Für vor dem 1.1.2002 entstandene Ansprüche auf Sonderbedarf gilt noch die alte
30-jährige Verjährungsfrist.[1002]

Übersicht über die Kasuistik zum Sonderbedarf: **335**

Sonderbedarf ja	Sonderbedarf nein
Gesundheitsbereich:	
– Allergie (OLG Karlsruhe FamRZ 1992, 850)	– Allergie (OLG Schleswig OLGR 1996, 201 bei dauerhafter Lebensmittelunverträglichkeit)
– unvorhergesehene Arzt- und Arzneikosten (BGH FamRZ 1982, 145; OLG Karlsruhe FamRZ 1981, 146 L – aber Durchschnittsbelastung maßgebend)	– Altenpflegekosten (LG Hagen FamRZ 1989, 1330; AG Hamburg FamRZ 1991, 1086; aM AG Hagen FamRZ 1988, 755)
– Behindertenbedarf (OLG Köln FamRZ 1990, 310)	– Brille (KG ZFE 2007, 316: Sehschärfenkorrektur bei Kindern nicht überraschend; OLG Brandenburg FamFR 2012, 7: aber evtl. Mehrbedarf hins. Eigenanteilen)
– Betreuervergütung, erstmalige bei Einweisung in psych. Krankenhaus (OLG Nürnberg NJWE-FER 1999, 293)	
– Diät (OLG Koblenz Urt. v. 30.9.2002 – 13 U 273/02; OLG Karlsruhe FamRZ 1998, 1435 bei konkreter Darlegung unter Berücksichtigung der Ersparnisse; LG Osnabrück DAVorm 1989, 163)	
– heilpädagogische Behandlung (OLG Hamm DAVorm 1978, 746)	– psychologische Einzeltherapie (AG Saarbrücken FamRZ 1987, 96 nach erfolgloser vorheriger Behandlung)
– Heimunterbringung (OLG Hamm DAVorm 1988, 913)	– längere psychotherapeutische Behandlung (OLG Düsseldorf FamRZ 2001, 444)
– kieferorthopäd. Behandlung (OLG Frankfurt FamRZ 2011, 570; OLG Köln, FamFR 2010, 321 = ZFE 2011, 31; OLG Celle FamRZ 2008, 1884; OLG Düsseldorf FamRZ 1981, 76; OLG Karlsruhe FamRZ 1991, 1349 und 1992, 1317)	– normale Kinderkrankheiten (vgl. DIV-Gutachten DAVorm 1987, 632)

[1001] Vgl. näher *Büttner* FamRZ 2002, 361, im Übrigen → Rn. 270 ff.
[1002] BGH FamRZ 1988, 387 (390) = NJW 1988, 2604.

Sonderbedarf ja	Sonderbedarf nein
– Krankheitskosten bei notleidendem Krankenversicherungsvertrag (OLG Schleswig SchlHA 1982, 151 – ev. auch Schadensersatz)	– Besuchskosten bei apallischem Syndrom (OLG Bremen FamRZ 2001, 1300)
– Kur (OLG Köln FamRZ 1986, 593; OLG Frankfurt NJW-RR 1989, 1353)	– Kur (AG Bad Cannstatt DAVorm 1984, 487, da hier Erholungsurlaub gleichzustellen)
– Operationskosten, unvorhergesehene (erwähnt von BGH FamRZ 1983, 29; vgl. auch DIV-Gutachten DA-Vorm 1987, 632), und kosmetische Operationen (BGH FamRZ 2012, 514, Tz. 23; dazu Born, FamFR 2012, 145).	
– orthopädische Hilfsmittel (BGH FamRZ 1982, 145).	
– Privatbehandlungskosten (eines Kassenpatienten bei Suizidgefahr, OLG Saarbrücken FamRZ 1989, 1225)	– Privatbehandlungskosten (wenn gesetzliche Krankenversicherung besteht: AG Michelstadt FamRZ 2005, 1118)
– Kosten der Schwangerschaft und Entbindung (KG FamRZ 2007, 77, aber konkret entstandener Kostenaufwand darzulegen)	
– Zahnersatz (OLG Schleswig SchHA 1979, 222)	– Zahnbehandlung (OLG Zweibrücken FamRZ 1984, 169, längerfristige Behandlung)

Wohnungskosten:

– Umzugskosten (BGH FamRZ 1983, 29 zur Erlangung einer Arbeit; OLG Düsseldorf FamRZ 1982, 1068, wenn nicht rechtzeitig vorhersehbar)	– Umzugskosten (OLG Köln FamRZ 1986, 163 zur Ermöglichung des Getrenntlebens, wenn Getrenntleben im Haus zumutbar; OLG Koblenz Urt. v. 6.1.2003 – 13 UF 761/01: allgemeine Lebenshaltungskosten, in Raten ansparbar)
– Renovierungskosten (OLG Köln DAVorm 1981, 225, soweit nicht turnusmäßig)	– Einrichtung eines Kinder- und Jugendzimmers (OLG Koblenz FamRZ 1982, 424; KG ZFE 2007, 316)

Sonderbedarf ja	Sonderbedarf nein
	– eigene Wohnung Studentin (AG Köln FamRZ 1983, 829 in Abgrenzung zum Aussteuer- und Ausstattungsanspruch)
	– Renovierungskosten (AG Düren DAVorm 1980, 730 (736)

Kleidungskosten:

– Säuglingserstausstattung (BVerfG FamRZ 1999, 1342 [nicht im Regelunterhalt enthalten]; OLG Koblenz FamRZ 2009, 2098 [Pauschalsumme 1000 EUR]; OLG Celle FamRZ 2009, 704 [Anspruch des Kindes]; OLG Oldenburg FamRZ 1999, 1685 = NJW-RR 1999, 1163; OLG Nürnberg FamRZ 1993, 995 = NJW-RR 1993, 1095 mwN zum früheren Streit bei den Landgerichten)	– Winterkleidung (OLG Hamm Beschl. 19.1.1978, 3 WF 93/78)

Ausbildungsbereich:

	– Behindertenfreizeit (BGH FamRZ 1983, 689)
	– Behindertensonderunterricht (BGH FamRZ 1983, 689)
– Klassenfahrt (OLG Köln NJW 1999, 295; OLG Hamm FamRZ 2003, 1585; NJW-RR 2004, 1446; FamRZ 1992, 346; OLG Hamburg NJW-RR 1992, 4 (teilweise); OLG Hamburg FamRZ 1991, 109 (bei vorheriger Information); OLG Braunschweig FamRZ 1995, 1010 (nur besondere erhöhte Kosten); AG Detmold FamRZ 2000, 1435 (Ls.); OLG Koblenz OLGR 2003, 32 (wenn aus laufendem Unterhalt nicht zu finanzieren)	– Klassenfahrt OLG Hamm NJW 2011, 1087; BGH FamRZ 2006, 612; OLG Jena FamRZ 1997, 448; OLG Stuttgart DAVorm 1984, 485 (Schullandheim); OLG Braunschweig FamRZ 1995, 1010 (übliche kleinere jährliche Fahrten); OLG Zweibrücken FamRZ 2001, 444 (Ls.); OLG Hamm FamRZ 2001, 444 (Ls.) und FamRZ 2007, 77 (außer im Ausnahmefall);
	– Musikunterricht/Geige-, Klavierunterricht (OLG Frankfurt NJW-RR 2015, 260; OLG Hamm FamRZ 2013, 139; AG Karlsruhe FamRZ 1988, 207)
	– Ausbildung zum Konzertpianisten neben der Schule (BGH FamRZ 2001, 1603)

Sonderbedarf ja	Sonderbedarf nein
	– Kindergarten (OLG Stuttgart FamRZ 2006, 1282 und 2004, 1063; OLG Celle FamRZ 2003, 323: aber uU Mehrbedarf; nicht wenn 200 % Regelbetrag: OLG Frankfurt OLGR 2006, 590; siehe jetzt BGH FamRZ 2009, 962: Mehrbedarf; → Rn. 350 – Reitunterricht/Reitsport (OLG Hamm FamRZ 2013, 139; OLG Frankfurt FamRZ 2014, 1787 LS = NJW-RR 2015, 260)
– Nachhilfestunden (OLG Köln NJW 1999, 295 bei vorübergehender Inanspruchnahme; OLG Hamm FamRZ 2007, 77 ausnahmsweise bei Unvoraussehbarkeit)	– Nachhilfestunden (BGH FamRZ 2013, 1563 = NJW 2013, 2900; OLG Hamm FamRZ 2007, 77 – außer im Ausnahmefall; OLG Düsseldorf FamRZ 1981, 75 – kommt darauf an; OLG Frankfurt FamRZ 1983, 941; OLG Hamm FamRZ 1991, 857; OLG Zweibrücken FamRZ 1994, 770: längerfristig nur Mehrbedarf; OLG Schleswig FamRZ 2012, 990: mtl. 100 EUR Mehrbedarf).
– Schüleraustausch/Schuljahr im Ausland (OLG Hamm NJW 2011, 1087 – teilweise; OLG Karlsruhe FamRZ 1988, 1091 – teilweise; OLG Naumburg FamRZ 2000, 444 bezweifelt Bedarf; OLG Schleswig FamRZ 2006, 888; OLG Dresden ZFE 2006, 474) – Studienreise (LG Kleve DAVorm 1973, 311) – Computer-Kosten bei Lernschwierigkeiten (OLG Hamm NJW 2004, 858 = FamRZ 2004, 830)	– Schulbücher (OLG Koblenz Urt. v. 9.7.2003 – 9 UF 9/03; Schleswig SchlHA 1979, 222)
Besondere Ereignisse:	
	– Führerscheinerwerb (AG Arnstadt NJWE-FER 1998, 248)
– Konfirmation, Kommunion (KG FamRZ 2003, 1584; OLG Bremen FamRZ 2003, 1585; OLG Dresden FuR 2000, 122; OLG Köln FamRZ 1990, 89; OLG Düsseldorf FamRZ 1990, 1144; OLG Karlsruhe FamRZ 1991, 1349;	– Konfirmation, Kommunion (BGH FamRZ 2006, 612 = NJW 2006, 1509; OLG Karlsruhe FamRZ 1995, 1009 (5.); KG FamRZ 1987, 306; OLG Hamm FamRZ 1989, 311; OLG München OLG-Report 1992, 59; OLG

Sonderbedarf ja	Sonderbedarf nein
OLG Hamm FamRZ 1993, 995 – diffe-renzierend)	Hamm FamRZ 1991, 1332; OLG Karls-ruhe NJW-RR 1991, 1348)
	– Namensänderung (OLG Hamburg FamRZ 1992, 212 (nicht notwendig)
– Prozesskostenvorschuss (BGH FamRZ 2010, 452 Tz. 19; FPR 2004, 624; OLG Köln FamRZ 1994, 1409; LG Koblenz FamRZ 1996, 44; OLG München FamRZ 1990, 312)	– Prozesskostenvorschuss (Sonderregelung in § 1360a Abs. 4: OLG Köln FamRZ 1986, 1031)
– Rechtsberatung, außergerichtliche (AG Donaueschingen FamRZ 1993, 997 im Anschluss an *Kleinwegener* FamRZ 1992, 755; OLG München FamRZ 1990, 312)	– Reisen: (i. d. R.: KG FamRZ 2003, 1584) – Urlaub (OLG Frankfurt FamRZ 90, 436 = NJW-RR 1989, 1353)
– Titulierungskosten (OLG Karlsruhe FamRZ 1984, 584; OLG Düsseldorf FamRZ 1994, 1484)	– Titulierungskosten (OLG Schleswig FamRZ 1983, 828 (829); OLG Bremen OLG-Report 1996, 107; OLG Hamm FamRZ 1992, 831; OLG Braunschweig OLG-Report 1996, 68)

2. Einzelheiten zum Umfang des Bedarfs

a) Erziehung und Ausbildung

aa) Allgemeine Ausbildungskosten. Die Unterhaltspflicht erstreckt sich beim Ver- **336** **wandtenunterhalt** gemäß § 1610 Abs. 2 BGB **auf die Ausbildungs- und Erziehungs-kosten** („Kosten einer angemessenen Vorbildung zu einem Beruf, bei einer der Erziehung bedürftigen Person auch die Kosten der Erziehung").

Für den Geschiedenenunterhalt findet sich eine Regelung über Ausbildungskosten in **337** § 1578 Abs. 2 BGB („Kosten einer Schul- und Berufsausbildung, einer Fortbildung oder einer Umschulung nach den §§ 1574, 1575 BGB"). Nach dem Wortlaut besteht insoweit kein allgemeiner Ausbildungsfinanzierungsanspruch, sondern ein Anspruch nur insoweit, als sich aus §§ 1574, 1575 BGB eine Pflicht zur Ausbildungsfinanzierung ergibt.

Außer in diesen Fällen der Ausbildung, Fortbildung oder Umschulung zur Vorberei-tung auf eine angemessene Erwerbstätigkeit (§ 1574 Abs. 3 BGB) oder zum Ausgleich ehebedingter Nachteile (§ 1575 BGB)[1003] kann ein Ausbildungsfinanzierungsanspruch dann bestehen, wenn ein während (oder schon vor) der Ehe einverständlich begonnenes Studium (oder eine sonstige Ausbildung) nach der Scheidung fortgesetzt und abgeschlos-sen werden soll, da das den ehelichen Lebensverhältnissen entspricht.[1004] Weitere (all-

---

[1003] Dazu weiter → Rn. 518 ff.
[1004] BGH FamRZ 2001, 1601 = NJW 2002, zur vertraglichen Abrede beim Kindesunterhalt; FamRZ 1980, 126 = NJW 1980, 393; OLG Hamm FamRZ 1980, 1123.

gemeine) Voraussetzung ist, dass das Studium planvoll betrieben wird und eine Beendigung in absehbarer Zeit zu erwarten ist.[1005]

338   **Beim Getrenntlebensunterhalt,** bei dem der Berechtigte nicht schlechter stehen darf als beim nach ehelichen Unterhalt, ist ein **Ausbildungsfinanzierungsanspruch** unter folgenden Voraussetzungen zu bejahen:[1006]

- Soweit er sich nach den Kriterien des § 1573 Abs. 1 BGB iVm § 1574 Abs. 3 BGB begründen lässt (schon jetzt Ausbildung zur Erlangung einer angemessenen Erwerbstätigkeit erforderlich).
- Im Vorgriff auf die Voraussetzungen des § 1575 BGB (Ausgleich ehebedingter Nachteile) ausnahmsweise, wenn schon jetzt das Scheitern der Ehe feststeht.
- Bei – auch konkludenter – vertraglicher Vereinbarung. Das entspricht der Rechtsprechung des BGH[1007] zum Ausbildungsunterhalt der Kinder. So hat das OLG Stuttgart[1008] einen Anspruch gegen den Ehegatten bejaht, wenn der Berechtigte bereits vor Eheschließung sein Studium begonnen hatte, da jedenfalls dann die Durchführung des Studiums in den gemeinsamen Lebensplan als aufgenommen anzusehen sei.

339   **Ohne die Voraussetzungen der §§ 1574 Abs. 3, 1575 BGB ist dagegen ein Ausbildungsfinanzierungsanspruch abzulehnen,** denn für die einseitige Gestaltung der Lebensverhältnisse nach der Trennung hat der Ehepartner nicht mehr einzustehen.[1009] Das gilt zB in den Fällen, in denen eine früher ohne Berufsausbildung erwerbstätige Frau ohne ehebedingte Nachteile jetzt eine Ausbildung aufnehmen möchte.[1010]

In solchen Fällen können ggf. (insbesondere nach Anspruchsübergang) die Eltern des Ehepartners (noch) in Anspruch genommen werden.[1011]

340   **Der Umfang der nach § 1610 Abs. 2 BGB zu gewährenden Ausbildung** richtet sich nach der Begabung und den Fähigkeiten, dem Leistungswillen und den beachtenswerten Neigungen des Kindes.[1012]

Die **Eignung zu einer Ausbildung/Studium** ist nach den bisherigen Leistungen und erkennbaren Fähigkeiten, also aus der Sicht zu Beginn der Ausbildung zu beurteilen.[1013] Die wirtschaftlichen Verhältnisse der Eltern wirken sich nur auf die Höhe des zu zahlenden Unterhalts aus.[1014]

341   **Beim minderjährigen Kind** ergibt sich aus § 1631a BGB, dass der Sorgeberechtigte die Berufswahl mit Rücksicht auf Eignung und Neigung des Kindes zu treffen hat.[1015]

342   **Das volljährige Kind** trifft die Berufswahlentscheidung selbst,[1016] hat sie aber mit den Eltern zu besprechen und auch auf die Belange des Familienverbandes Rücksicht zu

---

[1005] Das Ausbildungsinteresse bildet aber keinen ehebezogenen Grund iSd § 1570 Abs. 2 BGB für einen verlängerten Anspruch auf Betreuungsunterhalt: BGH FamRZ 2012, 1624.

[1006] BGH FamRZ 2001, 350 = NJW 2001, 973.

[1007] BGH FamRZ 2001, 1601 = NJW-RR 2002, 1.

[1008] OLG Stuttgart FamRZ 1983, 1030.

[1009] BGH FamRZ 1984, 561 (563) = NJW 1984, 1685: Die Tatsache allein, dass das Studium bei noch bestehender Ehe aufgenommen wurde, reicht nicht, da kein Einfluss des Verpflichteten auf Studienaufnahme.

[1010] OLG Karlsruhe FamRZ 2009, 120.

[1011] Vgl. BVerwG FamRZ 1982, 1042.

[1012] Ständige Rechtsprechung seit BGH FamRZ 1977, 629 = NJW 1977, 1775; BGH FamRZ 2000, 420; FamRZ 1998, 671; FamRZ 1995, 416 = NJW 1995, 718.

[1013] BGH FamRZ 1991, 322 = NJW-RR 1991, 194; OLG Köln FamRZ 1986, 382; OLG Frankfurt FamRZ 1997, 694 (Fortsetzung des Studiums bei Erkenntnis der Nichteignung, um Ärger mit Mutter und Stiefvater zu vermeiden).

[1014] OLG Karlsruhe NJWE-FER 1998, 148.

[1015] OLG Nürnberg FamRZ 1993, 837; BVerwG FamRZ 1980, 1167; OVG Bremen NJW-RR 1986, 430 und FamRZ 1988, 551.

[1016] BGH FamRZ 1996, 798 = NJW 1996, 1817.

nehmen – vgl. §§ 1618a, 1631a BGB. Bei guten wirtschaftlichen Verhältnissen der Eltern spielen die aber keine Rolle mehr.[1017]

Das **Bestehen des Abiturs,** dh die formale Studiumszugangsberechtigung, macht nicht zwangsläufig eine Studiumsfinanzierung zur Pflicht, sondern es kommt auf die Fähigkeiten und den Leistungswillen an.[1018] Eine Verweigerung wegen mangelnder Berufschancen trotz Begabung und Fleiß ist aber nicht gerechtfertigt, denn Prognosen über den künftigen Arbeitsmarkt sind mit vielen Unsicherheiten behaftet.[1019]

Nach dem Abschluss eines **Bachelor-Studiengangs** ist häufig der **Masterabschluss** für einen Berufseinstieg erforderlich, so dass dem Kind weiterer Ausbildungsunterhalt geschuldet wird.[1020]

Die **Ausbildung zielstrebig und ernsthaft zu betreiben,** ist eine Obliegenheit des **343** volljährigen Kindes,[1021] deren Verletzung zum Anspruchsverlust führen kann.[1022] Diese Obliegenheit ergibt sich aus dem unterhaltsrechtlichen Gegenseitigkeitsverhältnis.[1023] Dazu gehört zB der im Wesentlichen regelmäßige Besuch der Studienveranstaltungen.[1024] Dem widerspricht nicht, dass das Kind innerhalb eines zielstrebigen Studiums einen Spielraum des eigenverantwortlichen Studienaufbaus hat.[1025] Letztlich wird es immer der Einzelfallbeurteilung der Tatgerichte unterliegen, was unter „planvoller und zielstrebiger" Ausbildung zu verstehen ist (siehe auch → Rn. 365). Der Anspruch auf Ausbildungsunterhalt eines volljährigen Kindes entfällt nicht bereits dann, wenn es aufgrund eines notenschwachen Schulabschlusses erst nach drei Jahren vorgeschalteter **Berufsorientierungspraktika** und ungelernter Aushilfstätigkeiten einen Ausbildungsplatz erlangt.[1026]

Die Unterhaltspflichtigen können die Zahlungen nicht abrupt einstellen, sie müssen die zielstrebige Durchführung des Studiums anmahnen, insbesondere, wenn sie zunächst ein „Bummelstudium" hingenommen haben.[1027] Eine Unterbrechung wegen Krankheit oder Schwangerschaft ist unschädlich.[1028] Der Anspruch auf Ausbildungsunterhalt gegen die Eltern geht nicht deshalb verloren, weil die Unterhaltsberechtigte infolge Schwangerschaft und anschließender Kinderbetreuung mit der Ausbildung verzögert beginnt; das gilt jedenfalls, wenn sie die Ausbildung nach Vollendung des dritten Lebensjahres ihres Kindes und evtl. angemessener weiterer Übergangszeit aufnimmt.[1029] Siehe auch → Rn. 190.[1030]

Eine zielstrebige Ausbildung ist auch von minderjährigen Kindern (Schülern) zu verlangen. Bei Minderjährigen kann mangelnder Leistungswille aber nicht zum An-

---

[1017] OLG Köln FamRZ 2003, 1409.

[1018] BGH FamRZ 2000, 420 mwN = NJW-RR 2000, 593.

[1019] BGH FamRZ 2000, 420 (422) = NJW-RR 2000, 593; OLG Hamburg FamRZ 1983, 523.

[1020] OLG Brandenburg NJW-RR 2011, 725 = FamRZ 2011, 1067; vgl. auch OLG Celle NJW-RR 2010, 1229 = FamRZ 2010, 1456.

[1021] BGH, NJW 2011, 2884 = FamRZ 2011, 1560, Tz. 15; *Götz* FamRZ 2012, 1610 (1611).

[1022] BGH FamRZ 2001, 757 = NJW 2001, 2170; FamRZ 1998, 671 = NJW 1998, 1555; FamRZ 1992, 1064 = NJW-RR 1992, 1026; BGH FamRZ 1987, 470 = NJW 1987, 1557; OLG Hamm FamRZ 2005, 60 = FPR 2004, 586 und ZfJ 2006, 262; OLG Köln FamRZ 2005, 301; AG Kempen FamRZ 2006, 1708.

[1023] BGH NJW 2011, 2884 = FamRZ 2011, 1560, Tz. 15; *Götz* FamRZ 2012, 1610 (1611).

[1024] OLG Köln FamRZ 1986, 382; OVG Bremen FamRZ 1985, 431.

[1025] BGH FamRZ 1992, 1064 = NJW-RR 1992, 1026; nach OLG Celle FamRZ 2007, 929 soll es genügen, dass das Kind „etwas Soziales" bzw. „etwas mit Kindern" machen will; OLG Schleswig FamRZ 2003, 1409 (Ls.) = SchlHA 2003, 90.

[1026] BGH FamRZ 2013, 1375 = NJW 2013, 2751, Tz. 20.

[1027] OLG Köln FamRZ 1999, 1162 erwähnt diesen Aspekt nicht.

[1028] OLG Koblenz OLGR 2004, 58.

[1029] BGH NJW 2011, 2884 = FamRZ 2011, 1560, Tz. 19. Ausführlich dazu *Götz* FamRZ 2012, 1610 ff.

[1030] OLG Jena MDR 2015, 400 = NZFam 2015, 512.

spruchsverlust führen, da es gleichzeitig Aufgabe des Sorgeberechtigten ist, erzieherisch diesen Leistungswillen herbeizuführen[1031] (vgl. auch Rechtsgedanken des § 1611 Abs. 2 BGB und → Rn. 359). So besteht weiter Anspruch auf Unterhalt nach erfolgloser Beendigung der Hauptschule, wenn das Kind an einer berufsvorbereitenden Maßnahme teilnimmt.[1032] **Prüfungswiederholung.** Bei zweimaliger Prüfungswiederholung kann ein Ausbildungsanspruch noch bestehen.[1033] Entscheidend ist aber, ob trotz der verlängerten Ausbildungszeit noch eine positive Erfolgsprognose gestellt werden kann.

Zur **Begabungsfehleinschätzung** vgl. → Rn. 377 ff.

344   **Auskunft und Belege über den Fortgang des Studiums** können die Unterhaltspflichtigen verlangen.[1034] Das alles sind Ausprägungen des Gegenseitigkeitsprinzips (Opfer der Eltern gegen Anstrengungen des Kindes).

345   **Für die Promotionszeit** besteht eine Unterhaltspflicht, wenn die Promotion Regelabschluss des Studiums ist oder in der Wirklichkeit praktische Vorbedingung für die Berufsausübung.[1035] Hervorragende Begabung, die eine Hochschullaufbahn aussichtsreich macht, begründet für sich genommen keinen Anspruch,[1036] denn die Eltern sind nicht zur Finanzierung besonders hochgesteckter Ziele verpflichtet, wenn nach Studienabschluss eine angemessene Berufstätigkeit an sich möglich wäre. Für die Promotionszeit ist in aller Regel auch eine Teilzeitarbeit zumutbar.

346   **Die Höhe des Anspruchs** bestimmt sich nach allgemeinen Grundsätzen,[1037] wird aber zusätzlich durch seine Funktion, eine angemessene Ausbildung zu ermöglichen, begrenzt.[1038] Zum Ausbildungsunterhalt und Kindergeld vgl. → Rn. 625.

347   **Ausbildungsbedingter Mehrbedarf** ist in den Studentenbedarfssätzen bereits enthalten.[1039] **Studiengebühren** sind – anders als die sog. Semestergebühren – im Studentenbedarfssatz von 735 EUR nicht enthalten.[1040]

Bei **Auszubildenden** wird vielfach[1041] eine **Pauschale** für ausbildungsbedingten Mehrbedarf von 90, EUR angesetzt. Der Gesamtbedarf kann sich allerdings erhöhen, wenn konkret dargelegt wird, dass höhere als die durchschnittlichen Aufwendungen entstehen.

348   **Die Titulierung kann auf die Ausbildungsdauer beschränkt werden,** wenn sich diese zuverlässig abschätzen lässt.[1042]

349   **bb) Kinderfrau/Tagesmutter. Beim Einsatz einer Kinderfrau** (stundenweise) **oder einer Tagesmutter** steht nicht der pädagogische Zweck, sondern der Beaufsichtigungs- und Entlastungseffekt im Vordergrund.

[1031] OLG Koblenz FamRZ 2005, 300; OLG Schleswig FamRZ 1986, 201.

[1032] OLG Brandenburg NJW-RR 2003, 1515 = FamRZ 2004, 560; OLG Düsseldorf FamRZ 2001, 1723; OLG Hamm OLGR 2004, 85 (auch bei weiterer Berufsförderung, wenn kein Ausbildungsplatz).

[1033] BGH FamRZ 2006, 1100 (1103) mAnm *Luthin* = NJW 2006, 2984; OLG Köln FamRZ 2005, 2016; OLG Jena FamRZ 2005, 1585.

[1034] OLG Zweibrücken FamRZ 1995, 1006 (Student muss Fortgang des Studiums darlegen); OLG Düsseldorf FuR 2000, 38.

[1035] OLG Hamm FamRZ 1990, 904: AG Königstein FamRZ 1992, 594, vgl. auch BSG FamRZ 1985, 1251.

[1036] Großzügiger OLG Karlsruhe OLGZ 1980, 209.

[1037] Vgl. → Rn. 200 ff.

[1038] BGH FamRZ 1987, 58 (60); vgl. auch AG Köln FamRZ 2002, 483.

[1039] Vgl. dazu → Rn. 558 f. und Empfehlungen des 9. DFGT A I 3.1b (FamRZ 1992, 144), die damals 70 DM bei damaligem Studentenbedarfssatz von 850 DM veranschlagten.

[1040] Leitlinien und Unterhaltsgrds. Nr. 13.1.2, OLG Düsseldorf FamRZ 2012, 1654 (Ls.); OLG Koblenz NJW-RR 2009, 1153; OLG Hamm NJW-RR 2010, 577 (aber nicht die sog. Semestergebühren).

[1041] 839 Vgl. dazu → Rn. 559.

[1042] OLG Frankfurt FamRZ 1989, 83, vgl. auch → Rn. 522.

Ausnahmsweise Sonderbedarf des Kindes (je nach Sachlage auch erhöhter laufender Bedarf) sind solche Kosten, wenn der Einsatz etwa wegen Krankheit des Betreuenden oder des Kindes und dadurch bedingter Überforderung des Betreuenden geboten ist.[1043]

Kein Sonderbedarf des Kindes sind die Kosten, wenn sie wegen der Erwerbstätigkeit des Betreuenden entstehen. Er kann den Betreuungsaufwand jedoch von seinem Einkommen absetzen, wenn ihn an sich keine oder nur eine Erwerbstätigkeitsobliegenheit in geringerem Umfang als die ausgeübte trifft.[1044] Nicht absetzbar sind die Kosten hingegen, wenn sie nur die geschuldete persönliche Betreuung ersetzen,[1045] zB die Mutter eines 14-jährigen Kindes, die nur stundenweise arbeitet, aber zusätzlich eine Kinderfrau beschäftigt.

cc) Kindergarten. Unumstritten ist heute, dass der Kindergarten eine eigenständige Bildungsaufgabe hat.[1046]   **350**

Für den Besuch eines Kindergartens entstehende Beiträge bzw. vergleichbare Aufwendungen für die Betreuung eines Kindes in einer kindgerechten Einrichtung sind – **mit Ausnahme von Essenskosten – zusätzlicher Bedarf des Kindes,** der nicht im Tabellenunterhalt enthalten ist, unabhängig von der sich im Einzelfall ergebenden Höhe.[1047] Der BGH hat damit seine eigene frühere Rechtsprechung, wonach Kosten von ca. 50 EUR für einen halbtägigen Besuch des Kindergartens in den seinerzeitigen 135 % des Regelbetrags bzw. auch im neuen Mindestunterhalt enthalten seien,[1048] ausdrücklich aufgegeben und dies ausführlich damit begründet, dass solche Kosten weder dem Existenzminimum nach den sozialhilferechtlichen Vorschriften noch dem so genannten „sächlichen Existenzminimum" des § 32 Abs. 6 S. 1 EStG als neuer Grundlage des Mindestunterhalts innewohnen. Danach ist es auch konsequent, dies bei höheren Einkommensgruppen, in denen ein gesteigerter Bedarf erfüllt werden soll, genauso zu beurteilen.[1049] In den Beiträgen etwa enthaltene Essenskosten, mit denen eigene Aufwendungen erspart werden, sind dagegen in den Tabellenbeträgen enthalten.

Sonderbedarf stellen die Kindergartenbeiträge nicht dar, weil es sich jedenfalls unter den heutigen Verhältnissen um Bedarf handelt, der im Alter von drei bis sechs Jahren typisch und vorhersehbar ist.[1050] Für den **Mehrbedarf** des Kindes haben beide Elternteile anteilig nach ihren Einkommensverhältnissen aufzukommen, und zwar im Verhältnis ihres über dem angemessenen Selbstbehalt liegenden Einkommens (→ Rn. 134).[1051]

[1043] BGH FamRZ 1983, 689 = NJW 1983, 2082; KG FamRZ 1988, 310 (Betreuungskosten wegen Haft der Mutter); ebenso schon OLG Hamm DAVorm 1978, 746; AG Bad Schwalbach DAVorm 1977, 43.

[1044] BGH FamRZ 1982, 779 (780) = NJW 1982, 2664 – für Verpflichteten unter Hinweis auf Gleichlagerung beim Berechtigten, vgl. BGH FamRZ 1979, 210 (211); FamRZ 1980, 771 (772); BGH FamRZ 1991, 182 (184) = NJW 1991, 697; Süddeutsche und Düsseldorfer Leitlinien jeweils Nr. 10.3.

[1045] BGH FamRZ 1985, 908 (910) = NJW-RR 1986, 68.

[1046] BVerfG ZfJ 2000, 21 (24 f.) mAnm *Wiesner:* Bestandteil des Bildungssystems; vgl. auch § 2 des Kindergartengesetzes von Nordrhein-Westfalen: „Der Kindergarten hat im Elementarbereich des Bildungssystems einen eigenständigen Bildungsauftrag der Kindergarten ergänzt und unterstützt dadurch die Erziehung des Kindes in der Familie."

[1047] BGH FamRZ 2009, 962 = NJW 2009, 1816 Tz. 20 ff.

[1048] Teilweise Aufgabe von BGH FamRZ 2009, 1152 (1154) und BGH FamRZ 2007, 882 (mAnm *Born* = NJW 2007, 1669).

[1049] BGH FamRZ 2009, 962 = NJW 2009, 1816 Tz. 25; aA früher OLG Frankfurt NJW-RR 2006, 1303 (kein Mehrbedarf des Kindes bei 200 % Regelbetrag), vgl. auch *Maurer* FamRZ 2006, 663 ff.

[1050] Vgl. dazu näher → Rn. 325 ff.

[1051] BGH FamRZ 2013, 1563 = NJW 2013, 2900, Tz. 12; FamRZ 2009, 962 (mAnm *Born*) = NJW 2009, 1816 Tz. 32; FamRZ 2008, 1152 (1154).

351 **Beim Besuch eines Kinderhorts** (zB nach dem Schulunterricht) **oder bei Unterbringung in einer Tagespflegestelle** kommt es darauf an, ob die Unterbringung aus in der Person des Kindes liegenden Gründen erfolgt.[1052] Dann können diese Kosten ebenso Mehrbedarf des Kindes sein. Erfolgt die Unterbringung aber weniger aus pädagogischen Gründen, sondern hauptsächlich zur Ermöglichung einer Erwerbstätigkeit des Betreuenden, so können Mehrkosten, die eine sonst nicht zumutbare Erwerbstätigkeit ermöglichen, bei der Berechnung des Ehegattenunterhalts als Erwerbsaufwand vom Einkommen des Betreuenden abgezogen werden.[1053]

352 **dd) Internatsunterbringung.** Durch **Internatsunterbringung oder Heimunterbringung** eines Kindes entstehen sehr erhebliche Mehrkosten. Sie können als Zusatzbedarf[1054] anzusehen sein, als Sonderbedarf hingegen nur, wenn es sich um vorübergehende Internatsunterbringung wegen plötzlicher Erkrankung des Betreuenden handelt.

Erforderlich werden kann die Internatsunterbringung durch in der Person des Kindes und/oder in der Person des Betreuenden liegende Gründe. In der Person des Kindes liegende Gründe können sein: Erziehungsschwierigkeiten, Lernschwierigkeiten, Behinderungen körperlicher Art.[1055] Die Entscheidung darüber, ob aus solchen Gründen eine Internatsunterbringung erforderlich ist, trifft der Sorgeberechtigte, denn zum Inhalt des Erziehungsrechts gehört auch die Bestimmung des Bildungswegs und der Schule, die das Kind besucht. Dabei können auch Privatschulen gewählt werden, wie der BGH[1056] unter Berufung auf Art. 7 Abs. 4 S. 1 GG hervorgehoben hat. Der Lebensbedarf umfasst dann auch die dort entstehenden Mehrkosten[1057] (Schulgeld, Lernmittel). Die Entscheidung des Sorgeberechtigten ist für den anderen Elternteil verbindlich. Bei einem Missbrauch hat das Familiengericht nach §§ 1666, 1666a, 1696 BGB einzuschreiten.

Hinsichtlich der Inanspruchnahme des Barunterhaltspflichtigen wegen der Mehrkosten versagt die Bindungswirkung „nach allgemeinen Rechtsregeln dort, wo der kostenverursachenden Maßnahme eine sachliche Begründung fehlt". Darüber hinaus muss nach der genannten Entscheidung des BGH[1058] geprüft werden, ob nach den konkreten Umständen des Einzelfalls die verursachten Mehrkosten zu Lasten des Unterhaltspflichtigen als angemessene Bildungskosten anzuerkennen sind, weil gewichtige Gründe für den Besuch der teureren Bildungseinrichtung bestehen.

Die Begründung des BGH lässt einige Zweifel offen. Sie wird nicht so verstanden werden dürfen, dass die zunächst betonte Entscheidungsfreiheit des Sorgeberechtigten letztlich doch ausgehöhlt wird und er praktisch gezwungen ist, im Interesse des Barunterhaltspflichtigen die „billigste" Schulbildung zu wählen.

Die Begrenzung der Bindungswirkung „nach allgemeinen Rechtsregeln" besagt danach nur, dass sich der Sorgeberechtigte bei der Kostenverursachung so verhalten muss, wie er sich verhalten würde, wenn nicht ein anderer, sondern er selbst die Kosten zu tragen hätte (Rechtsgedanken aus §§ 254 Abs. 3, 242 BGB; aber auch Rechtsgedanke der „Mutwil-

---

[1052] AG Konstanz FamRZ 2006, 1709; OLG Karlsruhe NJW-RR 1999, 4 = FamRZ 1999, 859 (Ls.); OLG Köln FamRZ 1984, 1108 (1110) – Hortunterbringung erfolgt meist wegen Arbeitstätigkeit, indiziert aber nicht immer deren Zumutbarkeit; OLG Hamm OLGR 1995, 274 (nicht, wenn nur das jüngere Kind im Hort ist); ferner OLG Frankfurt FamRZ 1980, 183; OLG Celle DAVorm 1986, 435.

[1053] OLG Frankfurt FamRZ 2007, 1353; OLG Nürnberg OLGR 2004, 148; OLG Karlsruhe FamRZ 1999, 859 (Ls.).

[1054] BGH FamRZ 1986, 48 (49); OLG Oldenburg FamRZ 1996, 625; → Rn. 175, 180.

[1055] OLG Oldenburg FamRZ 1996, 625.

[1056] BGH FamRZ 1983, 48 = NJW 1983, 393; vgl. auch OLG Nürnberg FamRZ 1993, 837.

[1057] OLG Karlsruhe FamRZ 2008, 1209; OLG Oldenburg FamRZ 1996, 625; OLG Celle DAVorm 1982, 572 ff. u. DAVorm 1986, 435 (Tagespflegestelle); OLG Köln DAVorm 1985, 988; zum Restbedarf bei von dritter Seite finanzierter Internatsunterbringung vgl. OLG Frankfurt FamRZ 1993, 98 (99).

[1058] BGH FamRZ 1983, 48 = NJW 1983, 393; vgl. auch AG Köln FamRZ 2002, 482.

ligkeit" bei § 114 ZPO).[1059] Dabei kommt es darauf an, ob nach den Lebensverhältnissen der Eltern ein „verständiger" Grund für die Internatsunterbringung gegeben ist.

Das zweite Kriterium des BGH – Angemessenheit der Mehrkosten aus gewichtigen Gründen – besagt wohl zusätzlich nur, dass es auch bei verständigen Gründen für eine Internatsunterbringung noch der Prüfung bedarf, ob die Belastung mit den Mehrkosten nach den Verhältnissen der Parteien angemessen ist, was zB auch wegen Belastung mit sonstigen Trennungsmehrkosten zu verneinen sein kann, selbst wenn in „intakter" Ehe eine Internatsunterbringung erfolgt wäre.[1060]

Auch wenn der betreuende Sorgeberechtigte sich aus verständlichen, in seiner Person liegenden Gründen – vor allem: Berufstätigkeit, evtl. Krankheit – zur Internatsunterbringung des Kindes entscheidet, ist die Entscheidung als solche nur durch das Familiengericht überprüfbar.[1061]   **353**

Der Lebensbedarf des Kindes muss entsprechend den Einkommensverhältnissen beider Elternteile auf diese verteilt werden,[1062] weil bei einer Internatsunterbringung der Sorgeberechtigte, sei er nun berufstätig oder nicht, die geschuldete Pflege und Erziehung im Wesentlichen nicht mehr leistet.[1063]   **354**

Diskutabel ist, ob aufseiten eines Elternteils ein gewisser Abschlag vorzunehmen ist, wenn er die verbleibenden Sorgeleistungen (Wochenendbesuche, Ferien) mangels Beteiligung des anderen Elternteils überwiegend erbringen muss.

Wenn die **Internatsunterbringung nur zur Erreichung eines bestimmten Ausbildungsziels** (zB Abitur) erfolgt, besteht eine besondere Sachlage. Unbeschadet der Zuständigkeit des Familiengerichts für eine Überprüfung der Sorgeentscheidung wird hier unterhaltsrechtlich geltend gemacht werden können, dass sich der Anspruch nach § 1610 Abs. 2 BGB nur im Rahmen der Begabung, der Fähigkeiten und des Leistungswillens des Kindes bewegt. Hier sind allerdings auch die Einkommens- und sonstigen Lebensverhältnisse zu berücksichtigen. Zur bloßen Erreichung des **Hauptschulabschlusses** sind den Eltern besondere Opfer zumutbar.[1064]   **355**

Heimerziehung. Bei Unterbringung in Jugendhilfeeinrichtungen nach §§ 27, 34 SGB VIII können die Kinder und jungen Volljährigen, deren Ehegatten und die getrennt heranzuziehenden Elternteile gem. §§ 92–94 SGB VIII zu den Kosten herangezogen werden. Der Unterhaltsanspruch des Kindes geht also nicht auf den Träger der Jugendhilfe über,[1065] sondern der Kostenträger muss die öffentlich-rechtliche Heranziehung durch Kostenbeitrag aussprechen (§§ 92–94 SGB VIII).   **356**

Erst der Kostenbeitrag stellt den Nachrang durch den Zugriff im Umfang der gesetzlich geregelten Eigenbeteiligung wieder her. Die Höhe des Kostenbeitrags ist häufig geringer (geregelt in der Kostenbeitragsverordnung vom 1.10.2005[1066]) als sie nach bürgerlichem Recht wäre, kann im Einzelfall aber auch höher sein als der dem Kind zivilrechtlich geschuldete Unterhalt.[1067]

[1059] Vgl. Wortlaut des § 114 Abs. 2 ZPO und *Dürbeck/Gottschalk* PKH/VKH Rn. 525 ff.

[1060] Vgl. schon OLG Oldenburg Urt. v. 22.11.77 – 4 UF 46/77, das die Berufung auf Rechtsmissbräuchlichkeit zuließ, aber nicht näher zwischen der Grundentscheidung und der Kostenverursachung unterschied.

[1061] OLG Nürnberg FamRZ 1993, 837.

[1062] OLG Hamburg OLGR 2001, 322; OLG Nürnberg FamRZ 1993, 837; OLG Köln DAVorm 1985, 988; DIV-Gutachten DAVorm 2000, 242.

[1063] OLG Brandenburg FamRZ 2016, 246 (LS) = NZFam 2015, 1175.

[1064] OLG Hamburg FamRZ 1986, 1033.

[1065] BGH FamRZ 2007, 377 mAnm *Doering-Striening; Schellhorn* FuR 2006, 490.

[1066] BGBl. 2005 I, S. 2907.

[1067] OVG Lüneburg Beschluss v. 14.4.2010 – 4 PA 67/10.

357　ee) **Privatschulbesuch, Nachhilfeunterricht und andere Mehrkosten einer laufen-**
den Ausbildung. Für Privatschulbesuch, der Zusatzkosten verursacht, gilt Ähnliches
wie für Internatsunterbringung.[1068] Wählt das volljährige Kind eine teurere als die übliche
Ausbildung, muss dafür ein berechtigter Anlass bestehen.[1069]

358　**Nachhilfeunterricht,** der nur gelegentlich oder in geringem Umfang nötig ist, kann
aus dem laufenden Unterhalt zu finanzieren sein.[1070] Bei mehrstündigem Nachhilfeunterricht pro Woche oder länger dauerndem einstündigem Nachhilfeunterricht sind die
Kosten aber so hoch, dass sie nicht mehr als vom laufenden Unterhalt gedeckt angesehen
werden können. Die Kosten für den längerfristigen Besuch von Förderunterricht bei
einem privaten Lehrinstitut zur Therapie einer Lese-Rechtschreib-Schwäche können
unterhaltsrechtlichen Mehrbedarf begründen.[1071]

Als sachliche Voraussetzung der Belastung des Barunterhaltspflichtigen wird man
ansehen können, dass sie nach vernünftiger Betrachtungsweise erforderlich und geeignet
sein müssen, das jeweilige Schulziel zu erreichen.[1072] Als nicht erforderlich wird anzusehen sein, wenn der Sorgeberechtigte nach Alter des Kindes und eigener Vorbildung selbst
in der Lage ist, die Nachhilfeleistung zu erbringen.[1073] Für einen den üblichen Nachhilfeunterricht überschreitenden Bedarf zur Finanzierung einer sog. **Lerntherapie** bedarf es
einer besonderen Indikation.[1074]

Sonderbedarf ist Nachhilfeunterricht nur, wenn die Notwendigkeit plötzlich auftritt
und es sich um einen vorübergehenden Bedarf handelt.[1075]

359　Eine **Grenze für den Anspruch** ergibt sich aus der Verpflichtung des Kindes, die
Ausbildung zielstrebig zu betreiben. Was für die Erstausbildung gilt, muss erst recht für
Zusatzkosten gelten. Die Voraussetzungen des § 1611 BGB müssen nicht erfüllt sein, um
den Anspruch zu versagen.[1076] Auch bei Minderjährigen wird man von einer ihrem Alter
entsprechenden Pflicht ausgehen müssen, die Ausbildung zielstrebig zu verfolgen. Bei
Minderjährigen steht die Verantwortung des Sorgeberechtigten im Vordergrund, so dass
bei Mehrkosten auch ein familienrechtlicher Ausgleichsanspruch in Betracht zu ziehen
ist.

360　**Mehrkosten durch ein Auslandsstudium** sind Zusatzbedarf, wenn es fachliche
Qualifikation und Berufsaussichten fördert.[1077] Sofern für die Berufsausbildung ein
Auslandssemester sinnvoll ist, haben es die Eltern bei guten Einkommensverhältnissen
auch bei Verlängerung der Studienzeit zu finanzieren.[1078] Allerdings muss sich die
Finanzierung in den Grenzen der wirtschaftlichen Leistungsfähigkeit des Verpflichteten
halten.

[1068] OLG Karlsruhe FamRZ 2008, 1209 (Schulgeld als Mehrbedarf) AG Köln FamRZ 2002, 482
(Studium in USA); OLG Hamm NJW-RR 1996, 4 (Privatschule in Thailand); OLG Hamburg
FamRZ 1986, 1033 u. 1986, 382; OLG Schleswig FamRZ 1986, 201; OLG Frankfurt FamRZ 1985,
1167; OLG Zweibrücken FamRZ 1985, 1282.

[1069] OLG Koblenz FamRZ 1992, 1217 (1218).

[1070] OLG Frankfurt FamRZ 1983, 941.

[1071] BGH FamRZ 2013, 1563 = NJW 2013, 2900, Tz. 7, im Anschluss an BGH FamRZ 2009, 962.

[1072] OLG Schleswig FamRZ 2012, 990 (hat mtl. 100 EUR anerkannt und mtl. 205 EUR im
konkreten Fall für überhöht gehalten); OLG Zweibrücken FamRZ 1994, 770; OLG Hamm FamRZ
1978, 446 zum Schulversagen (3. Versuch, die mittlere Reife zu machen).

[1073] Anders insoweit OLG Zweibrücken FamRZ 1994, 770 („aus pädagogischen Gründen").

[1074] OLG Brandenburg FamRZ 2012, 1399.

[1075] OLG Köln OLGR 2001, 80 und NJW 1999, 295; vgl. dazu → Rn. 335.

[1076] BGH FamRZ 1998, 671 = NJW 1998, 1555; AG Kempen FamRZ 2006, 1708; OLG Hamburg
FamRZ 1983, 523 stellte noch auf § 1611 BGB ab.

[1077] BGH FamRZ 1992, 1064 = NJW-RR 1992, 1026 für juristisches Auslandsstudium in Genf;
AG Köln FamRZ 2002, 482 (Studium in USA); OLG Naumburg OLGR 2004, 78.

[1078] OLG Karlsruhe FamRZ 2011, 1303 = NJW-Spezial 2011, 229 = FamFR 2011, 174.

Mehrkosten zur schnelleren oder besseren Erreichung des Ausbildungsziels gegen- 361
über der bloßen Teilnahme an der üblichen Ausbildung braucht der Unterhaltspflichtige
in aller Regel nicht zu tragen.[1079]

ff) Ausbildungsverzögerung. Mehrkosten durch Ausbildungsverzögerung können 362
entstehen durch Wiederholung von Klassen in der Schule, Nichtbestehen von Prüfungen,
Studium über die gewöhnliche Studiendauer hinaus.

Grundsätzlich ist der Berechtigte im Verhältnis zum Unterhaltspflichtigen gehalten,
die Ausbildung mit Fleiß und Zielstrebigkeit zu betreiben, damit er sie innerhalb angemessener und üblicher Zeit beenden kann.[1080] Ob der Unterhaltspflichtige Mehrkosten
einer Verzögerung tragen muss, hängt zum einen von Gründen (zB bei Schwangerschaft
der Berechtigten,[1081] Krankheit, schwierigen häusliche Verhältnisse) und Umfang der
Verzögerung ab, zum anderen von seinen Einkommens- und Vermögensverhältnissen.[1082]
Der Anspruch auf Ausbildungsunterhalt gegen die Eltern geht nicht deshalb verloren,
weil die Unterhaltsberechtigte **infolge Schwangerschaft** und anschließender Kinderbetreuung mit der Ausbildung verzögert beginnt; das gilt jedenfalls, wenn sie die Ausbildung nach Vollendung des dritten Lebensjahres ihres Kindes und evtl. angemessener
weiterer Übergangszeit aufnimmt.[1083] Siehe auch → Rn. 190.[1084]

Bei der bloßen Wiederholung einer Schulklasse, aber auch bei **einmaligem Prüfungs-** 363
versagen (Abschlussprüfung, Abitur, Staatsexamen) wird die Finanzierungspflicht stets
bestehen, da eine solche Verzögerung in aller Regel noch nicht gegen Eignung und
Erreichbarkeit des Ziels spricht.[1085]

Der auf Ausbildungsunterhalt gerichtete Anspruch eines volljährigen Kindes entfällt
auch nicht bereits dann, wenn es aufgrund eines notenschwachen Schulabschlusses erst
nach drei Jahren vorgeschalteter **Berufsorientierungspraktika** und ungelernter Aushilfstätigkeiten einen Ausbildungsplatz erlangt.[1086]

Die Regelstudienzeit (Förderungshöchstdauer nach BAföG) begrenzt den Unterhalts- 364
anspruch als solchen nicht, denn die Vorschriften der staatlichen Ausbildungsförderung
regeln nicht den privatrechtlichen Unterhaltsanspruch.[1087]

Unterhaltsrechtlich besteht aber die Pflicht, die Ausbildung mit Fleiß und Zielstrebigkeit zu betreiben, damit sie nach angemessener und üblicher Dauer – die ist nicht mit der
Mindeststudienzeit gleichzusetzen – beendet werden kann.[1088]

[1079] LG Kleve DAVorm 1973, 311 (Besuch privater Schule zur Vorbereitung auf Friseurgehilfen-
prüfung).
[1080] BGH NJW 2011, 2884 = FamRZ 2011, 1560, Tz. 15, 16; FamRZ 1998, 671 = NJW 1998, 1555;
FamRZ 1984, 777 = NJW 1984, 1961; vgl. weiter → Rn. 343.
[1081] OLG Koblenz FamRZ 2004, 1892.
[1082] OLG Köln FamRZ 2005, 301.
[1083] BGH, NJW 2011, 2884 = FamRZ 2011, 1560, Tz. 19. Ausführlich dazu *Götz* FamRZ 2012,
1610 ff.
[1084] OLG Jena MDR 2015, 400 = NZFam 2015, 512.
[1085] BGH FamRZ 2000, 420 (421); NJW 1994, 2362 (betriebliche Sprachprüfung); FamRZ 1987,
470 = NJW 1987, 1557 („leichteres Versagen"); OLG Köln FamRZ 2005, 2016 (bei mehrmaligem
Versagen kommt es auf den Einzelfall an; Ausland); OLG Hamm NJW-RR 1998, 726; anders bei
zweimaligem Versagen (aber von AG Hainichen FamRZ 2002, 484 bei Berufsausbildung auch hingenommen).
[1086] BGH FamRZ 2013, 1375 = NJW 2013, 2751, Tz. 20.
[1087] OLG Hamm FamRZ 1999, 886; OLG Koblenz Beschl. v. 12.4.2001 – 9 WF 196/01; **anders**
OLG Hamm NJW-RR 1994, 1342; auch OLG Stuttgart FamRZ 1996, 1434 und LG Hamburg
FamRZ 1997, 1421 geht von der Regelstudienzeit aus, die überschritten werden kann, wenn das Kind
die Verzögerung nicht zu verantworten hat.
[1088] BGH NJW 2011, 2884 = FamRZ 2011, 1560, Tz. 15, 16; FamRZ 1998, 671 = NJW 1998, 1555;
FamRZ 1992, 1064 = NJW-RR 1992, 1026.

365   Die übliche Studiendauer (für die die Regelstudienzeit ein Anhaltspunkt ist) ist daher der grundsätzliche Maßstab für die Dauer der Ausbildungsunterhaltpflicht,[1089] wobei Examenssemester hinzukommen können.[1090] Ein gewisser Freiraum für die selbstständige Studiengestaltung muss dem Studenten verbleiben, und im Rahmen einer sinnvollen Gestaltung muss auch eine Verlängerung der Gesamtdauer in Kauf genommen werden.[1091] So ist ein 10-semestriges Studium für einen Jurastudenten nach zwei Auslandssemestern mit Recht nicht als unnötig lang angesehen worden.[1092]

Informationspflicht und Informationsrecht. Bei drohender Studienzeitverlängerung ist der Studierende verpflichtet, die Eltern über die Gründe zu informieren.[1093] Andererseits haben die Eltern ein Informationsrecht und können bei Gleichgültigkeit gegenüber der Studiendauer die Unterhaltszahlung nicht abrupt einstellen, sondern müssen vorher Studienbelege fordern und klarstellen, dass sie auf eine zügige Studienbeendigung Wert legen.[1094]

Verzögerter Studienbeginn steht der Unterhaltpflicht nicht entgegen, wenn das Studium noch Aussicht auf Erfolg hat, mit der Aufnahme des Studiums noch zu rechnen war und die Eltern keine schutzwürdigen anderen Dispositionen getroffen haben.[1095] Eine **feste Altersgrenze** für den Beginn besteht jedenfalls nicht.[1096]

Lange Wartezeiten zwischen Ausbildungsabschnitten können nach diesen Maßstäben zum Ende der Unterhaltpflicht führen.[1097]

366   **Ein Studienwechsel (Fachrichtungswechsel/Ausbildungswechsel)** nach einer **Orientierungsphase**[1098] von in der Regel bis zu zwei Semestern kann aus diesen Gründen ebenfalls hinzunehmen sein.[1099] Konkret hängt die Länge von den gesamten Lebensumständen des Auszubildenden ab, insbesondere können familiäre Schwierigkeiten eine Rolle spielen. Ein Gleichlauf mit den öffentlich-rechtlichen Bestimmungen zum Fachrichtungswechsel besteht nicht.[1100] Ebenso ist die Aufnahme eines Studiums nach Abbruch einer praktischen Ausbildung hinzunehmen,[1101] da diese dem Fachrichtungswechsel gleichkommt.

367   **Krankheitsbedingte oder familiär bedingte Studienverzögerungen** rechtfertigen eine Überschreitung der üblichen Studienzeit, denn die bemisst sich nach der Studiendauer im Normalfall.[1102]

[1089] OLG Koblenz OLG Report 2001, 57 (Überschreitung der Regelstudienzeit um 1 Jahr bei abgeschlossener Berufsausbildung); OLG Hamm FamRZ 1992, 469; OLG Düsseldorf OLGR 1993, 8.
[1090] OLG Schleswig FamRZ 1996, 814 (Ls.) = SchlHA 1996, 72; OLG Köln NJW-RR 1990, 714; OLG Hamm FamRZ 1982, 1099.
[1091] BGH FamRZ 1992, 1064 (1065) = NJW-RR 1992, 1026.
[1092] OLG Schleswig FamRZ 2003, 1409 = SchlHA 2003, 90.
[1093] OLG Düsseldorf FuR 2000, 38; OLG Schleswig OLGR 1998, 160.
[1094] OLG Köln FamRZ 1999, 1162 (Ende der Unterhaltpflicht nach 15 Semestern, erörtert diesen Gesichtspunkt nicht).
[1095] OLG Stuttgart FamRZ 1996, 181 = NJW-RR 1996, 2 (Studienbeginn mit 24 Jahren; das OLG stellt auf die Grenze nach § 10 Abs. 3 BAföG – 30 Jahre – ab); OLG Hamm FamRZ 1995, 1007; OLG Düsseldorf FamRZ 1994, 1546 (Zurückstellung des Studiums wegen Unterhaltskonkurrenz).
[1096] BGH FamRZ 2011, 1560, Tz. 17.
[1097] OLG Frankfurt FamRZ 1994, 1611 (31 Monate); vgl. auch BGH FamRZ 1995, 416 = NJW 1995, 1225.
[1098] BGH NJW 2011, 2884 = FamRZ 2011, 1560, Tz. 16.
[1099] BGH FamRZ 2001, 757 = NJW 2001, 2170; BGH FamRZ 1987, 470 = NJW 1987, 1557 (drei Semester aber zu lang); OLG Schleswig FamRZ 1996, 814 (Ls.) = SchlHA 1996, 72 (2 Semester).
[1100] Vgl. BVerwG FamRZ 1992, 1109.
[1101] BGH FamRZ 2001, 757 = NJW 2001, 2170.
[1102] BGH FamRZ 2006, 1100 = NJW 2006, 2984; OLG Koblenz FuR 2001, 471; OLG Hamm FamRZ 1990, 904 = NJW-RR 1990, 1228; aber nicht, wenn geltend gemacht wird, wegen des Unterhaltsstreits könne man sich nicht konzentriert auf die Prüfung vorbereiten: OLG Hamm NJW-RR 1998, 726.

Werkstudenten können die übliche Studienzeit überschreiten, wenn sie durch ihre **368**
Arbeit die Eltern entlastet haben.[1103]

Durch Studienwartezeit oder Parkstudium bedingte Ausbildungsverzögerungen ver- **369**
längern die Unterhaltpflicht grundsätzlich nicht, der Berechtigte muss während dieser
Zeit einer Erwerbstätigkeit jeder Art nachgehen.[1104] Bei fachverwandtem Parkstudium
kann es anders sein, wenn eine Verkürzung des späteren Fachstudiums anzunehmen
ist.[1105] Die Absolvierung eines **freiwilligen sozialen Jahres** wird vom BGH als Orientierungsphase zugstanden.[1106] Das OLG Celle[1107] hat überzeugend begründet, dass jedenfalls
nach Einführung des Gesetzes zur Förderung von Jugendfreiwilligendiensten (JFGD)
auch während der Dauer des freiwilligen sozialen Jahres, unabhängig von der beabsichtigten späteren Ausbildung, grundsätzlich ein Unterhaltsanspruch besteht, weil es geeignet
ist, die Bildungsfähigkeit Jugendlicher zu fördern und ihre späteren Chancen auf dem
Arbeitsmarkt zu verbessern. Dem trägt die bisher hM,[1108] wonach für diese Zeit kein
Unterhaltsanspruch bestehe, wenn das freiwillige soziale Jahr keinen Zusammenhang mit
der späteren Ausbildung habe, zu wenig Rechnung.

Ein **nicht vergütetes Praktikum** vor Beginn einer Ausbildung soll den Ausbildungsunterhalt nur dann auslösen, wenn und soweit es für die Ausbildung vorgeschrieben
ist.[1109] Es fragt sich, ob hier nicht auch noch eine Übergangszeit zu berücksichtigen ist
(→ Rn. 370). Für ein **Berufsgrundbildungsjahr** (in Niedersachsen allerdings abgeschafft,
in Hessen umgestaltet) wird ebenfalls Ausbildungsunterhalt geschuldet, weil es zur Verkürzung der Lehrzeit führt und die Chancen auf einen Ausbildungsplatz verbessert.[1110]
Das in Nordrhein-Westfalen angebotene **Berufsorientierungsjahr** dient der Vorbereitung für eine Berufsausbildung und führt nach erfolgreicher Absolvierung auch zum
Hauptschulabschluss, weshalb es sogar noch als allgemeine Schulausbildung iSd § 1603
Abs. 2 S. 2 BGB gelten kann.[1111]

Bei Ausbildungsabbruch muss – jedenfalls nach einer Übergangszeit – jede Arbeit
angenommen werden.[1112] Allerdings gilt auch hier, dass nicht (rückwirkend) die Zahlungen für die Zeit einer später abgebrochenen ersten Ausbildung nebst Orientierungs-
phasen verweigert werden dürfen, denn einem Jugendlichen muss zugebilligt werden,
dass er sich über seine Fähigkeiten irrt oder falsche Vorstellungen über die von ihm
gewählte Ausbildung hat.[1113]

Kurze Übergangszeiten (ca. drei Monate) vor Studienbeginn (Orientierungsphase) **370**
und nach Studienende (Berufswahlphase) bis zur Anstellung fallen in die Unterhaltspflicht.[1114] Danach muss sich der Berechtigte darauf verweisen lassen, seinen Bedarf durch

---

[1103] OLG Hamm FamRZ 1992, 469.
[1104] OLG Naumburg NJW-RR 2007, 1380; OLG Koblenz FamRZ 1991, 108 = NJW 1991, 300;
OLG Frankfurt FamRZ 1990, 789.
[1105] OLG Celle FamRZ 1981, 584; OLG Köln FamRZ 1981, 809; OLG Düsseldorf FamRZ 1984,
924 (Banklehre vor Betriebswirtschaftsstudium erspart Praktikum).
[1106] BGH NJW 2011, 2884 = FamRZ 2011, 1560, Tz. 24.
[1107] OLG Celle NJW 2012, 82 = FamRZ 2012, 995.
[1108] OLG Naumburg NJW-RR 2007, 1380; OLG Schleswig OLGR 2008, 196; OLG München
FamRZ 2002, 1425 (Ls.); OLG Stuttgart FamRZ 2007, 1353, stellt auf Einverständnis der Eltern ab.
[1109] OLG Zweibrücken NJW-RR 2006, 1660 = FamRZ 2007, 165 (Ls.) = OLGReport 2006, 916;
OLG Frankfurt FamRZ 2007, 1839.
[1110] OLG Braunschweig FamRZ 2011, 119; aber anders für Praktika und Berufsfindungsmaßnah-
me: OLG Braunschweig FamRZ 2011, 1067 (Ls.).
[1111] OLG Köln FamRZ 2012, 1576 (Ls.).
[1112] OLG Naumburg NJWE-FER 2001, 177.
[1113] OLG Karlsruhe FamRZ 2012, 1573 (1574).
[1114] BGH FamRZ 1998, 671 = NJW 1998, 1555; OLG Naumburg NJW-RR 2007, 1380; OLG
Hamm FamRZ 2003, 177 (für 6 Monate); OLG Hamm FamRZ 1990, 904 = NJW-RR 1990, 1228 (vgl.
weiter → Rn. 187 f.).

Erwerbstätigkeit zu decken.[1115] Nach einer Entscheidung des OLG Karlsruhe[1116] besteht zwar in der Übergangszeit zwischen Abschluss der Schule und Beginn der weiterführenden Ausbildung oder des Studiums keine Erwerbsobliegenheit, sondern im Regelfall der Anspruch auf eine gewisse Erholungsphase. Gleiches gelte aber nicht für eine zweimonatige Pause zwischen einem abgeleisteten freiwilligen sozialen Jahr und dem Beginn der Berufsausbildung. Ebenso soll zwischen Beendigung des Zivildienstes und Beginn einer Ausbildung das Kind seinen Unterhalt selbst decken müssen.[1117] Diese Differenzierung überzeugt jedenfalls dann nicht, wenn der Abiturient das freiwillige soziale Jahr oder den neuen Bundesfreiwilligendienst nach der Schulzeit ohne eine nennenswerte Erholungsphase angetreten hat und danach eine gewisse Zeit zur Neuorientierung benötigt.

371   **gg) Ausbildungsumwege (Abitur-Lehre-Studium – Fälle).** Grundsätzlich schulden die Eltern ihrem Kind **nur eine Berufsausbildung.**[1118] Die Kosten einer weiteren Ausbildung (Zweitausbildung) zu tragen, sind sie nur in den in → Rn. 373 erörterten Fällen verpflichtet.

Unter vier Voraussetzungen sind die Eltern bei Ausbildungsumwegen – es handelt sich dann trotz der Umwege um eine Ausbildung – zur Finanzierung verpflichtet:

372   **(1) Sachlicher Zusammenhang.** Den sachlichen Zusammenhang hat der BGH[1119] für **Abitur-Lehre-Studium-Fälle** auf Grund des geänderten Ausbildungsverhaltens bejaht, wenn Lehre und Studium einen Sachzusammenhang aufweisen. Das ist zB für Banklehre und anschließendes Jurastudium bejaht worden,[1120] aber bei einem Jurastudium nach vorangegangener Lehre zum Speditionskaufmann verneint worden.[1121] Es muss sich nicht um dieselbe Berufssparte handeln, sondern es genügt, dass die praktische Ausbildung als sinnvolle und nützliche Vorbereitung auf das Studium angesehen werden kann; es darf kein Wesensunterschied zwischen den Ausbildungsarten bestehen. Nach diesen Maßstäben ist ein Zusammenhang zwischen Industriekaufmannsausbildung und Medizinstudium verneint worden.[1122] In der Behindertenausbildung wird ein sachlicher Zusammenhang meist zu bejahen sein, wenn der Wechsel dem Ziel dient, sich für den Arbeitsmarkt überhaupt zu qualifizieren.[1123]

    (2) Zeitlicher Zusammenhang. Dagegen hat der BGH[1124] bei einem **Realschulabschluss, dem die Lehre, die Fachoberschule und später die Fachhochschule** folgen, den sachlichen Zusammenhang im Grundsatz zwar stets abgelehnt, weil die Verpflichteten hier nicht ohne weiteres mit einem späteren Studium zu rechnen brauchten. Demgegenüber verweist das OLG Frankfurt in einem exemplarischen Fall (mittlere Reife,

---

[1115] OLG Frankfurt NJW 2009, 235.

[1116] OLG Karlsruhe NJW 2012, 1599.

[1117] OLG Zweibrücken NJW-RR 2006, 1660 = FamRZ 2007, 165 (Ls.) = OLGReport 2006, 916.

[1118] BGH FamRZ 2001, 1601 = NJW-RR 2002, 1.

[1119] BGH FamRZ 1989, 853 = NJW 1989, 2253; BGH FamRZ 1993, 1057 = NJW 1993, 2238.

[1120] BGH FamRZ 1992, 170 = NJW 1992, 501; ebenso OLG Köln FamRZ 2003, 1409 für Ausbildung Grafik-Design und anschließendem Lehramtsstudium mit Schwerpunkt Kunst und OLG Bremen FamRZ 1989, 892 für Betriebswirtschaftsstudium nach Banklehre.

[1121] BGH FamRZ 1992, 1407 = NJW-RR 1992, 1090 – bestätigendes Urteil zu OLG Stuttgart FamRZ 1991, 1472: andersartige Wissensvermittlung.

[1122] BGH FamRZ 1991, 1045 = NJW-RR 1991, 1156; BGH FamRZ 1993, 1057 = NJW 1993, 2238 (verneint für Industriekaufmann – Maschinenbaustudium); BGH FamRZ 2001, 1601 = NJW-RR 2002, 1 (verneint für Fremdspracheninstitut und anschließendes Volkswirtschaftsstudium); OLG Stuttgart OLG Report 2001, 256 (verneint bei Realschule – Lehre – Fachoberschule – Fachhochschule).

[1123] AG Kerpen FamRZ 2001, 1723.

[1124] BGH FamRZ 2006, 1100 mAnm *Luthin* = NJW 2006, 2984 = FF 2006, 188 mAnm *Kath-Zurhorst* (191); BGH FamRZ 1995, 416 = NJW 1995, 718; OLG Brandenburg FamRZ 2009, 2014 (Ls.) = Beschl. v. 17.6.2009 – 9 WF 90/09.

Erzieherin und Fachhochschulreife, Anerkennungsjahr, Studium der Sozialpädagogik) zu Recht darauf, dass dieser Bildungsweg in vermehrtem Maß genutzt wird und dies der vom Gesetzgeber gewollten Durchlässigkeit der Bildungswege entspricht.[1125] Der BGH hält seinen Grundsatz letztlich auch nicht durch und gewährt vielfach doch noch einen Anspruch, wenn der Ausbildungsplan – obwohl „untypisch" – erkennbar war oder zunächst eine Fehleinschätzung der Begabung des Kindes vorgelegen hat (auch Spätentwickler).[1126]

Der zeitliche Zusammenhang wird ab einer Unterbrechung von mehr als 2 Jahren oft zu verneinen sein.[1127] Folgte der Lehre eine längere Tätigkeit im erlernten Beruf, ist der Zusammenhang regelmäßig unterbrochen,[1128] falls die Eltern nicht eine Mitverantwortung an dieser Ausbildungsverzögerung trifft.[1129] Es kommt darauf an, dass die weitere Ausbildung zum frühestmöglichen nächsten Studienbeginn begonnen hat.[1130] Allerdings hat das OLG Hamm[1131] zu Recht sogar eine knapp dreijährige Zwischenzeit nach Abschluss einer Ausbildung zur zahnmedizinischen Angestellten bis zur Aufnahme des schon nach dem Abitur geplanten Zahnmedizinstudiums als nicht entgegenstehend beurteilt, weil die Unterbrechung ausschließlich darin begründet lag, dass die Anspruchstellerin trotz ständiger ortsoffener Bewerbungen nicht früher einen Studienplatz von der ZVS bekommen konnte.

Auf den Zeitpunkt des Entschlusses für die weitere Ausbildung kommt es nicht an. Ist der Zusammenhang gegeben, kommt es ebenso nicht darauf an, ob die Absicht, die Ausbildung weiterzuführen, dem Verpflichteten rechtzeitig bekannt gegeben worden ist.[1132]

(3) Gemeinsamer Ausbildungsplan. Einzelne Ausbildungsabschnitte können sich aber nach dem erkennbaren Ausbildungsplan als einheitliche Berufsausbildung darstellen, wenn dies auch anders als nach dem Abitur nicht typischerweise zu erwarten ist (sog. Lehre – Fachoberschule mit Fachhochschulreife – Fachhochschulstudium – Fälle).[1133] Ein auf eine solche Ausbildungsplanung gegründeter Unterhaltsanspruch verlangt, dass dies für den Verpflichteten erkennbar geworden sein muss (anders als bei den Abitur-Lehre-Studium-Fällen, wo auf das typischerweise geänderte Ausbildungsverhalten abgestellt wird).[1134] Für

---

[1125] OLG Frankfurt FamRZ 1995, 244 = OLG Frankfurt NJW-RR 1995, 1094; so auch AG Erfurt Urt. v. 22.11.2007 – 36 F 401/07.

[1126] BGH FamRZ 2006, 1100 (1101 aE, 1102); näher dazu unten folgend unter (c) und → Rn. 377.

[1127] BGH FamRZ 2001, 1601 = NJW-RR 2002, 1 (kein zeitlicher Zusammenhang bei zweijähriger Tätigkeit als Sekretärin); OLG Hamm FamRZ 1994, 259; OLG Karlsruhe FamRZ 1994, 260; zu eng OLG Koblenz NJW-RR 1995, 583 (1 Jahr); **aA** sehr weitgehend Thüringer OLG, NJW-RR 2009, 651 = MDR 2009, 868 (4 Jahre, davon 1 Jahr krank wegen Verkehrsunfall); OLG Brandenburg, Urteil v. 4.3.2008 – 10 UF 132/07 (gewährt zwischen Ausbildungsabschluss und Studienbeginn bis zu 1 Jahr Orientierungsphase).

[1128] OVG Münster FuR 1992, 235; OLG Schleswig FamRZ 1992, 593 (Weiterstudium nur wegen fehlgeschlagener Bewerbungen).

[1129] BGH FamRZ 2000, 420 = NJW-RR 2000, 593.

[1130] OLG Köln FamRZ 2003, 1409.

[1131] OLG Hamm NJW-RR 2012, 970 = MDR 2012, 920.

[1132] Beides war aber im o. g. Fall des OLG Hamm NJW-RR 2012, 970 = MDR 2012, 920 auch erfüllt.

[1133] BGH FamRZ 2006, 1100 mAnm *Luthin* = NJW 2006, 2984; OLG Köln FamRZ 2013, 793; OLG Koblenz FamRZ 2001, 1164; OLG Bamberg NJW-RR 1998, 290; OLG Düsseldorf FamRZ 1990, 1387 = NJW-RR 1990, 1227 stellt das allerdings den Abitur-Lehre-Studium-Fällen gleich.

[1134] BGH FamRZ 1991, 320 (321) = NJW-RR 1991, 195; FamRZ 2001, 1601 = NJW-RR 2002, 1 (Vertrauensschutz; vertragliche Abrede); OLG Bamberg NJW-RR 1998, 290; OLG Köln FamRZ 1999, 1451: diese Anforderung gilt nicht für die Abitur-Lehre-Studium-Fälle, vgl. BGH FamRZ 1992, 170 (171) = NJW 1992, 501.

die Praxis kann eine rechtzeitige schriftliche Information nur in allen Fällen angeraten werden, um Abgrenzungs- und Nachweisschwierigkeiten zu entgehen. Ein einheitlicher Ausbildungswille ist auch dann zu bejahen, wenn der Auszubildende sich dahin äußert, dass er „etwas Soziales", „etwas mit Kindern" machen will.[1135]

(4) Die Zumutbarkeit der Finanzierung. Die wirtschaftliche Zumutbarkeit gewinnt in den Fällen der Ausbildungsumwege besonderes Gewicht, weil sich die Gesamtdauer der Ausbildung dadurch verlängern kann und weil sich die Eltern schon auf ein Ende der Unterhaltspflicht eingestellt und entsprechende Dispositionen getroffen haben können.[1136]

373   **hh) Zweitausbildung, Weiterbildung, Fortbildung. Zweitausbildung** ist die Ausbildung zu einem zweiten, andersartigen Beruf (siehe dazu → Rn. 375).

Weiterbildung ist die Ausbildung zu einer höheren Qualifikationsstufe innerhalb derselben Berufssparte (zB früher vom Dipl.-Ing. (FH) zum Dipl.-Ing. (TH); es werden also bereits erworbene Kenntnisse und Fähigkeiten ausgebaut und vertieft, um dadurch bessere Aufstiegs- und Erwerbschancen zu erlangen.[1137] Die **Weiterbildung zum Meister**[1138] kann von den Eltern zu finanzieren sein, wenn erst das als begabungsgerechte Ausschöpfung der Möglichkeiten des Kindes anzusehen ist.

Ebenso ist nach dem Abschluss eines **Bachelor-Studiengangs** häufig der **Masterabschluss** für den Berufseinstieg erforderlich, so dass dem Kind weiterer Ausbildungsunterhalt geschuldet wird.[1139]

Fortbildung ist eine berufsbegleitende Weiterbildung, die naturgemäß auch zu einer höheren Qualifikationsstufe innerhalb des Berufes führen kann. Soweit ausnahmsweise durch berufsbegleitende Fortbildung Kosten entstehen, hat der Unterhaltspflichtige dafür nicht aufzukommen.[1140]

374   **Fach- und berufsbezogene Ausbildungsgänge** sind einer nur schulischen Ausbildung gleichzustellen, wenn sie zur allgemeinen oder beschränkten Hochschulreife führen, so dass die Fortsetzung der Ausbildung danach nicht anders zu beurteilen ist als der Beginn des Studiums nach dem Abitur.[1141]

375   **Zweitausbildungsvoraussetzungen.** Der BGH[1142] hat in einer grundlegenden und späteren ergänzenden Entscheidungen[1143] folgende Grundsätze zur Unterhaltspflicht für eine Zweitausbildung aufgestellt:

(1) Haben Eltern ihre Pflicht, ihrem Kind eine angemessene Berufsausbildung zu gewähren, in rechter Weise erfüllt, so sind sie im Allgemeinen nicht verpflichtet, die Kosten für eine weitere Ausbildung zu tragen.

(2) Ausnahmsweise ist die Zweitausbildung zu finanzieren:

  (a) wenn sich die Notwendigkeit des Berufswechsels aus gesundheitlichen Gründen oder deshalb ergibt, weil der zunächst erlernte Beruf keine Lebensgrundlage mehr bietet,

---

[1135] OLG Celle FamRZ 2007, 929.

[1136] BGH FamRZ 2006, 1100 mAnm *Luthin* = NJW 2006, 2984; BGH FamRZ 1989, 853 (855) = NJW 1989, 2253.

[1137] BGH FamRZ 1992, 1407 = NJW-RR 1992, 1090.

[1138] OLG Stuttgart FamRZ 1996, 1434.

[1139] OLG Brandenburg NJW-RR 2011, 725 = FamRZ 2011, 1067; vgl. auch OLG Celle NJW-RR 2010, 1229 = FamRZ 2010, 1456.

[1140] OLG Koblenz OLGR 2000, 15: Krankenhausinterne Fortbildung zur Diätköchin ist keine Berufsausbildung.

[1141] OLG Frankfurt FamRZ 1987, 1069.

[1142] BGH FamRZ 1977, 669 = NJW 1977, 1774 und ständig, zB FamRZ 2001, 1601 = NJW-RR 2002, 1.

[1143] BGH FamRZ 2006, 1100 mAnm *Luthin* = NJW 2006, 2984; FamRZ 2000, 420 = NJW 2000, 593; FamRZ 1989, 853 = NJW 1989, 2253.

(b) wenn sich herausstellt, dass die erste Ausbildung auf einer deutlichen Fehleinschätzung der Begabung des Kindes beruhte[1144] oder das Kind von den Eltern in
einen unbefriedigenden, seiner Begabung nicht hinreichend Rechnung tragenden
Beruf gedrängt worden war,

(c) wenn die gemeinsame Planung die weitere Ausbildung umfasste (vertragliche
Abrede).

Folgende Abgrenzungen und Zweifelsfragen sind dazu zu beachten: 376

1. **Bei Berufswechsel aus gesundheitlichen Gründen**[1145] muss die neue Ausbildung
nicht auf demselben Niveau erfolgen, sondern bei Eignung kann zB zunächst eine wei-
terführende Schule besucht werden.

2. **Beurteilungszeitpunkt für die Begabungsfehleinschätzung** durch die Eltern[1146] ist 377
nach der Rechtsprechung[1147] zwar grundsätzlich der Ausbildungsbeginn, davon werden
aber Ausnahmen bei Spätentwicklern[1148] gemacht, bei denen auf das Ende der Erstausbildung oder erst den Beginn der Zweitausbildung abgestellt werden kann. Praktisch läuft
dies auf einen weitgehenden Gleichlauf mit der verwaltungsgerichtlichen Rechtsprechung[1149] hinaus, die von einer ergänzenden ex-post-Betrachtung ausgeht, denn die hier
interessierenden Fälle sind gerade die Fälle der Spätentwickler, andernfalls kann von einer
Begabungsfehleinschätzung, die erst später hervortritt, nicht die Rede sein.

3. **Das Ausmaß der finanziellen Belastung** der Eltern durch die Erstausbildung ist 378
grundsätzlich nicht maßgebend dafür, ob eine Zweitausbildung geschuldet wird.[1150] Einige Verwaltungsgerichte stellen dagegen darauf ab, ob die Eltern schon Opfer gebracht
haben.[1151] Jedenfalls wird der Gesichtspunkt der fehlenden finanziellen Belastung durch
die Erstausbildung dann eine Rolle spielen, wenn eine ergänzende Zumutbarkeitsprüfung
vorzunehmen ist.

4. **Eine vertragliche Abrede** kann die Verpflichtung zur Finanzierung einer Zweit- 379
ausbildung begründen.[1152] Eine solche kann aber nicht in nur vagen oder bedingten
Unterhaltszusagen gesehen werden.

5. **Treu und Glauben** können fehlende Tatbestandsmerkmale eines Unterhalts- 380
anspruchs nicht ersetzen. Nach § 1618a BGB kann sich aber die Pflicht zur Fortsetzung
von nicht geschuldeten Zahlungen für einen begrenzten Zeitraum ergeben, wenn in Vertrauen auf diese Zahlungen Dispositionen getroffen wurden.[1153]

6. **Wehrdienst oder Zeitsoldatendienst auf 2 Jahre** sind keine Berufsausbildung, so 381
dass die anschließende Ausbildung als Erstausbildung anzusehen ist.[1154]

7. **Das Anstellungsrisiko** hinsichtlich des erlernten Berufes haben nicht die Eltern zu 382
tragen,[1155] falls das Kind nicht in den Beruf gedrängt worden ist. Anders als in Fällen, in
denen der erlernte Beruf keine Lebensgrundlage mehr bietet, kann also nicht deshalb eine

---

[1144] BGH FamRZ 2006, 1100 mAnm *Luthin* = NJW 2006, 2984; OLG Stuttgart OLG Report
2001, 256 (nicht bei mäßigen Realschulleistungen).

[1145] OLG Frankfurt FamRZ 1994, 257 (aber Vorrang sozialversicherungsrechtlicher Umschu-
lungsansprüche zu prüfen); OLG Karlsruhe FamRZ 1990, 555 (Mehlstauballergie).

[1146] BGH FamRZ 1992, 1407 = NJW-RR 1992, 1090 (1091).

[1147] BGH FamRZ 1991, 322 (323) und FamRZ 1991, 931 (932) = NJW-RR 1991, 194 und 770;
OLG Bamberg FamRZ 1990, 790.

[1148] BGH FamRZ 2000, 420 (421).

[1149] BVerwG NJW 1988, 154.

[1150] BGH FamRZ 1981, 437 (439), bestätigt durch BGH FamRZ 1990, 149 (150) = NJW-RR 1990,
327.

[1151] Hess. VGH FamRZ 1987, 311 = NJW 1987, 1572; vgl. weiter *Bröhl* FamRZ 1983, 1195.

[1152] BGH FamRZ 2001, 1601 = NJW-RR 2002, 1.

[1153] BGH FamRZ 2001, 1601 = NJW-RR 2002, 1.

[1154] BGH FamRZ 1992, 170 = NJW 1992, 501; bestätigend OLG Hamm FamRZ 1991, 477.

[1155] BSG FamRZ 1985, 1251 (1253); vgl. auch OLG Stuttgart OLG Report 2001, 256.

Zweitausbildung beansprucht werden, weil im erlernten Beruf keine Anstellung gefunden werden kann.

383 8. **Nicht ausreichend für die Begründung einer Finanzierungspflicht** für die Zweitausbildung sind: bloßer Neigungswechsel[1156] nach abgeschlossener Ausbildung, Erreichbarkeit einer besseren gesellschaftlichen Stellung,[1157] Ausnutzung einer (bloß) formellen Berechtigung.[1158]

b) Wohnen (Miete)

384 Die **Kosten für Unterkunft und Wohnung gehören zum allgemeinen Lebensbedarf** (§§ 1578 Abs. 1 S. 2, 1610 Abs. 2 BGB), nicht anders als die Kosten für Ernährung und Kleidung. Nach diesem Ausgangspunkt kann die konkrete Höhe der Miete für die Unterhaltsbemessung grundsätzlich keine Rolle spielen. Wie der Unterhaltsberechtigte den ihm zustehenden Unterhalt verbraucht, ob er besonderen Wert auf Kleidung, Essen oder Wohnung legt, ist seine Sache. Eine Herabsetzung des Selbstbehalts kommt nicht in Betracht, wenn der Unterhaltsschuldner die ihm verbleibenden Mittel anders nutzt.[1159] Beim **Zusammenleben mit einem Partner** kommt dagegen nach der Rechtsprechung des BGH in der Regel eine **Herabsetzung des Selbstbehalts** wegen Ersparnis aus einer gemeinsamen Lebensführung mit einem leistungsfähigen Partner in Betracht.[1160]

In den Regelbeträgen der Düsseldorfer Tabelle (für Kindesunterhalt und angemessenen Mindestbedarf des Unterhaltsberechtigten) sowie der Leitlinien der Oberlandesgerichte sind die auf den Lebensbedarf entfallenden Wohnungskosten daher enthalten. Mietfreies Wohnen des das Kind betreuenden Elternteils berechtigt aber nicht ohne weiteres zur Kürzung des Kindesunterhalts.[1161] Andererseits kann beim Ehegattenunterhalt ein höherer Wert des mietfreien Wohnens vorliegen, wenn auch ein gemeinsames Kind in dem Wohnobjekt lebt, das vom Pflichtigen Unterhalt bezieht.[1162]

385 **Wohnkosten sind für die Bedarfsberechnung** in folgenden Fällen von Bedeutung:[1163]

(1) **Mehrbedarf beim Selbstbehalt/Studentenbedarf.** Hier ist zu prüfen, ob je nach den persönlichen (Gesundheitszustand, Alter) und örtlichen (Mietniveau, freier Wohnraum) Verhältnissen höhere als die in den Selbstbehaltssätzen enthaltenen Mietaufwendungen unvermeidbar sind und für welchen Zeitraum das anzunehmen ist. Die Mehraufwendungen sind dann den Selbstbehalts- bzw. Studentenbedarfssätzen zuzuschlagen.[1164] Anderer-

---

[1156] OLG München OLGZ 1976, 216; OLG Frankfurt FamRZ 1982, 1097 (Apothekenhelferin, Kosmetikerin).

[1157] So BGH FamRZ 1977, 669 = NJW 1977, 1774.

[1158] BGH FamRZ 2000, 420 = NJW-RR 2000, 513; FamRZ 1977, 669 = NJW 1977, 1774; OLG Hamm FamRZ 1988, 425 (426).

[1159] BGH FamRZ 2006, 1664 mAnm *Schürmann* = NJW 2006, 3561; anders aber OLG Hamm FamRZ 2006, 1704 und OLG Braunschweig FamRZ 2006, 1759 jeweils zum Kindesunterhalt.

[1160] BGH FamRZ 2009, 762 = NJW 2009, 1742; FamRZ 2008, 594 (597) mAnm *Borth* (599) = NJW 2008, 1373 mAnm *Born;* krit. Anm. *Weychardt* FamRZ 2008, 778 und *Schwamb* FF 2008, 160. Für den Elternunterhalt bereits früher BGH FamRZ 2006, 26 = NJW 2006, 142, anders noch OLG Frankfurt FamRZ 2005, 2090. Siehe dazu auch im 1. Teil → Rn. 35 und 36.

[1161] OLG Koblenz FamRZ 2002, 965; OLG München FamRZ 1996, 1021.

[1162] BGH FamRZ 2013, 191, Tz. 26.

[1163] Nr. 5 der Leitlinien und Unterhaltsgrds. aller Oberlandesgerichte; vgl. ferner Übersicht bei *Schürmann* FuR 2006, 385 und 440, allerdings unter Berücksichtigung der folgend dargestellten Änderungen der Rspr. des BGH: FamRZ 2008, 963 mAnm *Büttner* FamRZ 2008, 967 = NJW 2008, 1946, BGH FamRZ 2009, 23 = NJW 2009, 145; FamRZ 2009, 1300 = NJW 2009, 2523 Tz. 25 ff.

[1164] OLG Brandenburg FamRZ 2006, 1781; Düsseldorfer Tabelle A5 (360 EUR im kleinen und 450 EUR im großen Selbstbehalt); ebenso Süddeutsche, Bremer, Hamburger, Kölner Leitlinien Nr. 21.2, 21.3. und 21.4; im Familienbedarf beim Elternunterhalt nach 22.3 sind es 800 EUR; Frankfurter Unterhaltsgrundsätze Nr. 21.2/21.3. bis 290 EUR Kaltmiete + 90 EUR Nebenkosten und Heizung; großer Selbstbehalt 370 EUR + 110 EUR); bei Studenten 280 EUR Wohnanteil (Nr. 13.1.2 der Leitlinien).

seits kann dem Studenten im Einzelfall aber auch zuzumuten sein, zur Vermeidung hoher Fahrtkosten umzuziehen.[1165]

(2) Minderbedarf bei „freiem" Wohnen. Wohnt der Berechtigte lastenfrei im eigenen Haus (der eigenen Wohnung), sind die Nutzungsvorteile grundsätzlich Einkommen des Berechtigten in Höhe der Marktmiete[1166] (zur Begrenzung siehe → Rn. 387). Auf die Kostenmiete kommt es bei preisgebundenen Wohnungen an.[1167] Lastenfrei wohnt der Berechtigte, soweit der Mietwert die Hausschulden und die nicht üblicherweise auf einen Mieter umzulegenden Grundstücksunkosten[1168] übersteigt, dh soweit er als Eigentümer billiger wohnt als ein Mieter.

386

Abzüge sind daher:

- **Kosten, mit denen ein Mieter üblicherweise nicht belastet wird.** Dagegen können Kosten, die auch der Mieter zu tragen hat (zB Schornsteinfeger, Müllabfuhr, umlagefähige Versicherungsbeiträge – soweit notwendig – und Grundsteuer) nicht vom Wohnwert abgezogen werden. Abgestellt werden kann ua auf die Umlagefähigkeit nach § 27 Abs. 1 der 2. Berechnungsverordnung.[1169] Die Differenzierung zwischen „verbrauchsunabhängigen" und „verbrauchsabhängigen" Kosten ist daher als Unterscheidungsmerkmal nicht geeignet.[1170]
- **Instandhaltungsrücklage** für unaufschiebbar notwendige Instandhaltungsmaßnahmen, da die Erhaltung des Gebrauchswerts für den Wohnwert erforderlich ist. Rücklagen für Wertverbesserungen und allgemeine Instandhaltungsrücklage ohne konkrete Instandhaltungsnotwendigkeiten sind dagegen nicht abziehbar.[1171]
- **Zinsaufwand.** Dieser ist vom Wohnwert abzuziehen, da er – wie der Mietaufwand – das Wohnen erst ermöglicht.[1172] Allerdings gelten beim Unterhalt für minderjährige Kinder besondere Anforderungen an die Darlegungs- und Beweislast, soweit es darum geht, ob die Darlehensraten gestreckt werden können, um den Mindestunterhalt zu sichern.[1173] Wird das ursprüngliche Grundstück veräußert und mit dem Erlös ein neues erworben, an dem sich der Wohnwert grundsätzlich fortsetzt, der dann aber wegen zusätzlich für den Erwerb aufgenommener Kredite tatsächlich nicht zum Tragen kommt, ist zu prüfen, ob eine Obliegenheit zur Vermögensumschichtung besteht.[1174] Es sind dann alle Umstände des Einzelfalls, ua auch die früheren Wohnverhältnisse und die Dringlichkeit des Unterhaltsbedarfs abzuwägen. Dabei ist dem Vermögensinhaber ein gewisser Entscheidungsspielraum zu belassen. Die tatsächliche Anlage des Vermögens muss sich als eindeutig unwirtschaftlich darstellen, ehe der betreffende Ehegatte auf eine andere Anlageform verwiesen werden kann.[1175]
- **Tilgungsaufwand.** Dieser ist nur noch solange entsprechend der während des Zusammenlebens geübten Praxis vom Wohnwert in Abzug zu bringen, wie beide Eheleute entweder als Miteigentümer oder im Zugewinnausgleich noch davon profitieren kön-

---

[1165] BGH FamRZ 2009, 762 = NJW 2009, 1742.

[1166] BGH FamRZ 2009, 23 = NJW 2009, 145; FamRZ 2008, 963 = NJW 2008, FamRZ 1995, 869 = NJW-RR 1995, 835; FamRZ 1992, 1045 (1049) = NJW 1992, 2477.

[1167] BGH FamRZ 1994, 822 = NJW 1994, 1721.

[1168] BGH FamRZ 2009, 1300 = NJW 2009, 2523 Tz. 29 ff., unter Aufgabe der bisher nicht differenzierten Abzugsfähigkeit von verbrauchsunabhängigen Kosten seit BGH FamRZ 2000, 351.

[1169] BGH FamRZ 2009, 1300 = NJW 2009, 2523 Tz. 29 ff.; OLG Braunschweig OLGR 1996, 140.

[1170] So jetzt auch BGH FamRZ 2009, 1300 = NJW 2009, 2523 Tz. 29 ff.; bereits *früher Quack* FamRZ 2000, 665 und die OLG-Leitlinien und Unterhaltsgrds. Unter Nr. 5.

[1171] BGH FamRZ 2000, 351 = NJW 2000, 284; OLG Hamm FamRZ 2001, 102.

[1172] BGH FamRZ 2000, 950 = NJW 2000, 2349.

[1173] BGH FamRZ 2014, 923 = NJW 2014, 1531, Tz. 25, 26.

[1174] BGH FamRZ 2009, 23 = NJW 2009, 145.

[1175] BGH FamRZ 2009, 23 = NJW 2009, 145 Tz. 19; BGH FamRZ 2006, 387 (391) mAnm *Büttner* 393 = NJW 2006, 1794.

nen. Damit hat der BGH für den Fall des Alleineigentums eines Ehegatten die frühere Unterscheidung zwischen Trennungsunterhalt und nachehelichem Unterhalt[1176] als Abgrenzungskriterium aufgegeben und im Regelfall der Zugewinngemeinschaft durch den Zeitpunkt der Zustellung des Scheidungsantrags ersetzt.[1177] Bei Gütertrennung ist deswegen der Tilgungsanteil des Alleineigentümers während der Trennungszeit grundsätzlich überhaupt nicht mehr vom Wohnwert abzuziehen, denn alleiniges Kriterium ist, dass die Tilgung nicht der (einseitigen) Vermögensbildung dient.[1178] Anders ist es nur, wenn die Tilgung in den von der Rechtsprechung zugelassenen Grenzen (grundsätzlich 4 %, beim Elternunterhalt 5 % des Bruttoeinkommens) der ergänzenden Altersversorgung dient, sofern diese nicht schon anderweitig bis zur Höchstgrenze betrieben wird.[1179] Auch wenn ein Ehepartner den Hälfteanteil des anderen erworben hat, sind dem Veräußerer unterhaltsrechtlich die Erlöserträge, dem Erwerber der volle Wohnwert anzurechnen, der um die Zinsen des ursprünglich prägenden Darlehens und die Zinsen der aus der Erwerbsfinanzierung eingegangenen Verbindlichkeit zu mindern ist.[1180] Die Tilgungsleistungen sind aber auch hier nur noch mit den geschilderten Einschränkungen zu berücksichtigen, ua wenn die Immobilie der ergänzenden Altersversorgung dient.

387　**(3) Persönlicher Gebrauchswert.** Begrenzt wird die Berücksichtigung des Wohnwertes durch den persönlichen Gebrauchswert, solange der zurück gebliebene Bewohner das nach der Trennung zu große Haus bzw. die zu große Wohnung nicht mit dem vollen Marktwert nutzen kann und auch (noch) nicht auf einen Umzug in eine billigere Wohnung verwiesen werden kann. Die Leitlinien und Unterhaltsgrundsätze der Oberlandesgerichte[1181] nennen im Anschluss an die Rechtsprechung des BGH[1182] keinen Höchstbetrag von 1/3 der Unterhaltsquote bzw. der Summe aus Eigeneinkommen und Unterhalt mehr, sondern setzen nun **die ersparte Miete für eine angemessene kleinere Wohnung auf dem örtlichen Wohnungsmarkt** an.[1183] Bei engen finanziellen Verhältnissen kann zur Orientierung auch auf die in den Selbstbehalten angegebenen Kaltmietanteile zurückgegriffen werden.

387a　Die Begrenzung auf den persönlichen Gebrauchswert des Verpflichteten gilt generell für den am schwächsten ausgestalteten **Elternunterhalt;**[1184] im Regelfall **aber nicht** für die Leistungsfähigkeit beim **Kindesunterhalt,** jedenfalls nicht gegenüber Minderjährigen[1185] und konsequent auch den privilegiert Volljährigen,[1186] bei denen grundsätzlich

---

[1176] BGH FamRZ 2007, 879 = NJW 2007, 1974.

[1177] BGH FamRZ 2008, 963 = NJW 2008, 1946 – Tz. 18–20; abl. Anm. *Juncker* FamRZ 2008, 1601, der darauf hinweist, dass diese Rechtsprechung dann Bedenken begegnet, wenn die Tilgung vom Unterhaltspflichtigen auch bisher aus Mitteln bestritten worden ist, die nicht der Deckung des Lebensbedarfs gedient haben (Sparquote).

[1178] BGH FamRZ 2008, 963 = NJW 2008, 1946 – Tz. 18–20.

[1179] BGH FamRZ 2009, 1300 = NJW 2009, 2523 Tz. 60 und ausführlicher in FamRZ 2008, 963 = NJW 2008, 1946 Tz. 21 ff.; siehe auch → Rn. 410.

[1180] BGH FamRZ 2005, 1159 = NJW 2005, 2077 und BGH FamRZ 2005, 1817 mAnm *Büttner* 1899 und Anm. *Maurer* FamRZ 2006, 258 = NJW 2005, 3277.

[1181] Leitlinien und Unterhaltsgrundsätze Nr. 5.

[1182] BGH FamRZ 2007, 879 = NJW 2007, 1974; BGH FamRZ 2001, 1140 (1143) = NJW 2001, 2259; FamRZ 2000, 950 = NJW 2000, 2349; FamRZ 1998, 899 = NJW 1998, 2821; OLG Hamm FamRZ 2002, 885.

[1183] Vgl. *Dose* Jugendamt 2009, 57, 59; *Finke* FPR 2008, 94, 95.

[1184] BGH FamRZ 2014, 538 (mAnm *Seiler* FamRZ 2014, 636) = NJW 2014, 1173, Tz. 34; ebenso bereits BGH FamRZ 2013, 1554 = NJW 2013, 3024, Tz. 20.

[1185] BGH FamRZ 2014, 923 (mAnm *Götz*) = NJW 2014, 1531, Tz. 19; FamRZ 2013, 1563 = NJW 2013, 2900, Tz. 16; anders (für die Trennungszeit) bis zur 12. Auflage und OLG Koblenz FPR 2002, 66.

[1186] Vgl. auch BGH FamRZ 2006, 1101 (1104) für den Ausbildungsunterhalt eines Studenten.

der objektive Mietwert einzusetzen ist. Das hat seinen Grund in der gesteigerten Unterhaltspflicht nach § 1603 Abs. 2 BGB.[1187]

Im **Einzelfall** kann jedoch gleichwohl auch gegenüber einem Minderjährigen nur die ersparte angemessene Miete des Verpflichteten zu akzeptieren sein, zB wenn wegen (der zwecks Ablösung hoher Belastungen) geplanten Veräußerung des Objekts eine Obliegenheit zur Vermietung nicht besteht.[1188] In Anwendung dieses Gedankens bemisst sich auch gegenüber minderjährigen Kindes der Wohnvorteil nur nach dem angemessenen Mietzins, wenn im Verhältnis zu dem Ehegatten eine Obliegenheit zur anderweitigen Verwertung nicht anzunehmen ist, sei es, weil die Ehe nach Trennung noch nicht endgültig gescheitert ist, sei es, weil – beim Unterhalt des nichtehelichen Kindes – die Immobilie Familienheim der „anderen" Familie des Pflichtigen ist.[1189]

Die Zurechnung des vollen Nutzungswertes beginnt, wenn dem Berechtigten die Reduzierung der Wohnkosten (durch Umzug oder Teilvermietung) zumutbar und möglich ist. Das bedeutet:

387b

- **Trennungsunterhalt:** Während der Bundesgerichtshof lange Zeit für die **gesamte** Trennungszeit bis zur Scheidung auf den persönlichen Gebrauchswert abgestellt hat,[1190] hat er seine Rechtsprechung inzwischen auch insoweit modifiziert. Zwar sei der Vorteil mietfreien Wohnens nach der Trennung regelmäßig zunächst nur im Umfang des persönlichen Gebrauchswerts zu berücksichtigen; sofern jedoch eine Wiederherstellung der ehelichen Lebensgemeinschaft nicht mehr zu erwarten sei, etwa wenn ein Scheidungsantrag rechtshängig ist oder die Ehegatten die vermögensrechtlichen Folgen ihrer Ehe abschließend geregelt haben, stehe der Gesichtspunkt der Wiederherstellung der ehelichen Lebensgemeinschaft einer Berücksichtigung des vollen Wohnwerts nicht mehr entgegen, und zwar im konkret entschiedenen Fall sogar schon unmittelbar nach der Trennung.[1191] Diese Modifikation ist problematisch, zumindest in dieser allgemein gehaltenen Formulierung und in der **Erstreckung auf das erste Trennungsjahr.** Selbst wenn die Parteien bereits vor der Trennung die vermögensrechtlichen Folgen ihrer Ehe abschließend geregelt haben – so wie viele Eheleute sogar bereits vor einer Krise – kann eine Wiederherstellung der ehelichen Lebensgemeinschaft während des ersten **Trennungsjahres** (mit Ausnahme der Scheidung in Härtefällen) dennoch nicht ausgeschlossen werden.[1192] Der Gesichtspunkt der Erhaltung der Wiederherstellungchance der Ehe muss grundsätzlich auch **nach Ablauf des ersten Trennungsjahres** – ungeachtet der wirtschaftlichen Auseinandersetzung oder auch nur der Rechtshängigkeit des Scheidungsantrags – noch gelten, weil solche Chancen nach der gesetzlichen Regelung jedenfalls bis zu drei Jahren nicht ohne weiteres auszuschließen sind.[1193] Eine lediglich rückblickende negative Beurteilung dieses Umstandes bei einer Dauer des Trennungsunterhaltsverfahrens bis zur Scheidung erscheint nicht gerechtfertigt.[1194]

- Steht das **endgültige Scheitern nach langer Trennung aber nahezu sicher fest,** kommt es – wie auch nach der Scheidung – darauf an, ob eine Teilvermietung nach den Umständen möglich ist oder ob ein Umzug (auch unter Berücksichtigung von Kindes-

---

[1187] BGH FamRZ 2014, 923 = NJW 2014, 1531, Tz. 19.
[1188] BGH FamRZ 2014, 923 = NJW 2014, 1531, Tz. 20 f..
[1189] So auch *Götz* FamRZ 2014, 926.
[1190] BGH FamRZ 2007, 879 = NJW 2007, 1974; FamRZ 2000, 351 = NJW 2000, 284; FamRZ 1989, 1160; vgl. ferner *Hahne* FF 1999, 99 (100).
[1191] BGH FamRZ 2008, 963 = NJW 2008, 1946 Tz. 16.
[1192] BGH FamRZ 2000, 351; FamRZ 1989, 1160; *Hahne* FF 1999, 99 (100).
[1193] BGH FamRZ 2000, 351 = NJW 2000, 284; OLG Zweibrücken NJW-RR 2007, 222.
[1194] Anders OLG Hamm FamRZ 2005, 367, das nach Ablauf des Trennungsjahrs bei zügig durchgeführtem Scheidungsverfahren von objektivem Marktwert ausgehen will.

interessen) zumutbar und nach der Marktlage sinnvoll ist.[1195] Eine Teilvermietung kann allerdings bei einer beabsichtigten Veräußerung an Dritte sogar hinderlich sein. Es bedarf immer der Abwägung im Einzelfall (siehe auch unten unter nachehelicher Unterhalt).

• Umgekehrt kommt es auf die besprochenen Fragen zur Berücksichtigung des subjektiven Gebrauchswerts in der Trennungszeit dann gar nicht (mehr) an, wenn der Wohnraum tatsächlich (wieder) voll genutzt wird und **sich subjektiver und objektiver Wohnwert praktisch nicht mehr unterscheiden**, zB bei verwirklichter Teilvermietung. Deshalb ist es auch bei **Aufnahme eines Lebenspartners** in der Regel gerechtfertigt, den vollen Mietwert anzusetzen,[1196] es sei denn, der Partner ist mittellos und kann auch keine öffentlichen Leistungen erhalten.

• **Nachehelicher Unterhalt.** Hier ist zwar im Regelfall auf den vollen Wohnwert abzustellen.[1197] Andererseits kann auch hier von der Berücksichtigung des vollen Werts abzusehen sein, wenn das Objekt nur eingeschränkt nutzbar ist und eine Verwertung entweder nicht möglich oder nicht zumutbar ist („totes Kapital").[1198] Insbesondere wenn die Geschiedenen noch Miteigentümer sind und eine gemeinsame Veräußerung oder Vermietung nicht zustande kommt, kann der volle Marktwert nicht zum Nachteil eines Ehegatten berücksichtigt werden, dem kein (alleiniges) Verschulden zur Last fällt.[1199] Gleiches kann auch gelten, wenn sonstige Gründe für die zeitweise Beibehaltung des Zustandes vor der Scheidung sprechen.[1200]

388   **(4) Sonstige Fälle des „freien" Wohnens. Bei Wohnen im Eigentum des Verpflichteten** kann man von einer Naturaldeckung des Wohnbedarfs durch diesen sprechen. Der nach obigen Maßstäben begrenzte Wohnwert ist direkt vom Unterhalt abzuziehen.[1201] War eine solche Naturaldeckung vereinbart und veräußert der Verpflichtete anschließend das Haus, muss er den Berechtigten so stellen, als könne er es weiter entgeltfrei nutzen.[1202] Entsprechendes gilt, wenn der Verpflichtete bei einer Mietwohnung allein die Wohnkosten trägt.[1203]

Bei „freiem" Wohnen des Berechtigten im gemeinsamen Eigentum nach Auszug des Verpflichteten müssen im Rahmen eines Neuregelungsverlangens[1204] nach § 745 Abs. 2 BGB die genannten Maßstäbe ebenfalls berücksichtigt werden.[1205] Ebenso kann der weichende Miteigentümer nur nach billigem Ermessen Nutzungsentgelt im Rahmen eines

---

[1195] BGH FamRZ 2012, 514, Tz. 29, 30.

[1196] OLG Zweibrücken NJW-RR 2007, 222; OLG Schleswig FamRZ 2003, 603 (für Verpflichteten); AK 2 des 15. DFGT FamRZ 2003, 1906.

[1197] BGH FamRZ 2012, 517 = NJW 2012, 1144, Tz. 44, 49 ff.; FamRZ 2000, 950 = NJW 2000, 2349; OLG Hamm FamRZ 2000, 26 (Ls.) = NJWE-FER 1999, 291; OLG Koblenz NJW-RR 2002, 364 (anders wenn Umzug oder Teilvermietung nicht zumutbar); vgl. auch BGH FamRZ 1994, 1100 (1102).

[1198] BGH FamRZ 2009, 1300 = NJW 2009, 2523, Tz. 25 ff.

[1199] BGH FamRZ 2009, 1300 = NJW 2009, 2523, Tz. 27.

[1200] OLG Hamm FamRZ 2001, 103 (Ls.) = NJWE-FER 2000, 273 (Suche nach behindertengerechter Wohnung).

[1201] BGH FamRZ 1985, 358 = NJW 1985, 909; OLG München FamRZ 1987, 169; OLG Karlsruhe FamRZ 1988, 1272; Empfehlungen des 9. DFGT A I 3a (Teilerfüllung der Barunterhaltspflicht).

[1202] BGH FamRZ 1997, 484 = NJW 1997, 731.

[1203] OLG Schleswig OLGR 1999, 311.

[1204] OLG Brandenburg FamRZ 2002, 396 = FPR 2002, 145; OLG Köln FamRZ 1992, 440 (das Neuregelungsverlangen muss klar und eindeutig ausgesprochen werden); OLG Oldenburg FamRZ 1991, 1057 (auch stillschweigende Neuregelung). Zur möglichen Anwaltshaftung in diesen Fällen siehe OLG Düsseldorf FamRZ 2010, 1851 (Ls.).

[1205] OLG Saarbrücken FamRZ 2010, 1981 (1983) zur notwendigen Berücksichtigung einer bestehenden Unterhaltsregelung für die Bemessung einer Nutzungsentschädigung.

Verfahrens nach § 1361b BGB während des Getrenntlebens verlangen,[1206] so dass auch hier die Wohnwertbegrenzung nach den genannten Maßstäben gilt.[1207] Der BGH[1208] hatte in den **Miteigentum**sfällen früher offen gelassen, ob während des **Getrenntlebens** § 745 Abs. 2 BGB durch § 1361b Abs. 3 S. 2 BGB verdrängt wird. Inzwischen hat er jedoch entschieden, dass § 1361b Abs. 3 S. 2 BGB in diesen Fällen die **speziellere Vorschrift** ist,[1209] nachdem er zuvor für einen Fall der nachehelichen Weiternutzung insoweit in der Begründung nicht zwischen Trennungszeit und Zeit nach der Ehe differenziert, sondern auf eine durchgehende Anwendung von § 745 Abs. 2 BGB (und entsprechende Anwendung von § 745 Abs. 2 BGB bei dinglichem **Mitbenutzungsrecht**) abgestellt hatte.[1210] In der OLG-Rechtsprechung fand letztere Auffassung daraufhin teilweise Zuspruch,[1211] denn es musste dann nicht zwischen verschiedenen Verfahrensmaximen (insbesondere auch bei Zusammenhang mit einem Gesamtschuldnerausgleich im selben Verfahren) für Zeiträume vor und nach der Scheidung differenziert werden. Die früher von der Beantwortung der Frage abhängige Zuständigkeit des Familiengerichts ist seit Einführung von § 266 FamFG sowieso nicht mehr das Problem. Folgt man aber dem BGH und der hM müssen für die Dauer des Getrenntlebens und für die Zeit nach der Scheidung nun zwei verschiedene Verfahren geführt werden, denn die Auffassung, dass der zivilrechtliche Anspruch nach § 745 Abs. 2 BGB auch nach der Scheidung im Verfahren der freiwilligen Gerichtsbarkeit nach § 200 FamFG geltend gemacht werden kann,[1212] ist mit der gesetzlichen Regelung nicht vereinbar.[1213]

Bei freiem Wohnen in einer von dritter Seite gestellten Wohnung gelten die Grundsätze der Zurechnung freiwilliger Leistungen Dritter.[1214] Es ist also kein Wohnwert anzurechnen, wenn zB die Eltern die getrennt lebende Tochter durch Stellung einer Wohnung zusätzlich unterstützen wollen.[1215] Anders ist es, wenn es sich dabei um Entgelt für Mithilfe handelt.

Bei Wohnen in einer Mietwohnung, für deren Miete nur der Verpflichtete in Anspruch genommen wird, kann es gerechtfertigt sein, die Mietkosten vor der Quotenbildung vom Einkommen des Verpflichteten abzuziehen.[1216]

(5) Minderbedarf bei ungenutzter Wohnmöglichkeit. Bei wirksamer Unterhaltsbestimmung nach § 1612 Abs. 2 BGB[1217] kann der Unterhaltsanspruch jedenfalls um die Wohnkosten gekürzt werden.[1218]   **389**

(6) Mehrbedarf bei „aufgedrängtem" Wohnen. Wohnt der Berechtigte nach Auszug des Verpflichteten in einer zu großen Mietwohnung, können die Mietkosten als Familien-   **390**

[1206] BGH FamRZ 1982, 355 und 1986, 436 = NJW 1986, 1339; OLG Brandenburg FamRZ 2002, 396 = FPR 2002, 145 (Nutzungsentschädigung entspricht nicht der Billigkeit, wenn der verbleibende Ehegatte wegen Versorgung eines kleinen Kindes nicht leistungsfähig ist); OLG München OLGR 1992, 185.

[1207] OLG Bamberg FamRZ 1992, 560.

[1208] BGH FamRZ 2006, 930 = NJW-RR 2006, 1081.

[1209] BGH FamRZ 2014, 460 = NJW 2014, 462 mwN zum bisherigen Streitstand.

[1210] BGH FamRZ 2011, 1630 = NJW-RR 2010, 1585, Tz. 15; dazu auch *Wever* FamRZ 2011, 413 (414 f.).

[1211] OLG Frankfurt FamRZ 2014, 1732 = NJW-Spezial 2013, 539; OLG Hamm NJW 2014,1022; Bumiller/Harders/*Schwamb* FamFG § 200 Rn. 10 mwN.

[1212] OLG Hamm FamRZ 2013, 1821; Keidel/*Giers* FamFG § 200, Rn. 8, 10.

[1213] OLG Brandenburg NJW 2013, 3794; OLG Zweibrücken FamRZ 2012, 1410; Johannsen/Henrich/*Götz*, 6. Aufl., FamFG § 200 Rn. 11; Bumiller/Harders/*Schwamb* FamFG § 200 Rn. 10 mwN.

[1214] OLG Hamm FamRZ 2000, 428 und weiter → Rn. 603 f.

[1215] BGH FamRZ 1992, 1045 (1049) = NJW 1992, 2477; OLG Koblenz FamRZ 2003, 534 (Nießbrauchrecht für Eltern); OLG Schleswig FamRZ 2003, 603; zu allgemein Anrechnung bejahend OLG Köln DAVorm 1984, 698.

[1216] OLG Köln FamRZ 2002, 98.

[1217] Vgl. dazu → Rn. 253.

[1218] OLG Hamburg NJW-RR 1991, 1028.

last anzusehen sein, die vor Quotenbildung vom Einkommen des Verpflichteten abgezogen werden.[1219] Entsprechend ist es bei aufgedrängter Alleinnutzung unbillig, dass der verbleibende Ehegatte die Hausbelastungen allein trägt.[1220] Diese Berechnung gilt aber – nach obigen Maßstäben – grundsätzlich nur solange eine Chance auf Wiederherstellung der Ehe besteht.

391   **(7) Aufteilung des Wohnwerts auf mehrere Bewohner.** Der Wohnwert ist den Bewohnern quotenmäßig zuzurechnen,[1221] wobei der unterschiedlich hohe Wohnbedarf zu berücksichtigen ist. Zwischen einem Ehepartner und den bei ihm wohnenden Kindern wurde früher eine Verteilung im Verhältnis 2:1:1 angenommen.[1222] Ein starrer Verteilungsschlüssel nach Kopfzahl[1223] auch bei Kindern entspricht allerdings nicht der individuellen Unterhaltszumessung im privaten Unterhaltsrecht. Inzwischen hat sich die Auffassung durchgesetzt, wonach bei Kindern ein Anteil von 20% ihres Anspruchs auf Barunterhalt als Wohnanteil vorgesehen ist.[1224] Zur Frage, ob eine Kürzung des Kindesunterhalts vorgenommen werden darf, wenn die Kinder mietfrei im gemeinsamen Eigentum wohnen vgl. → Rn. 384 und 867. Inzwischen hat der BGH[1225] sogar eine Gewährung von Naturalunterhalt angenommen, die jedenfalls den Wohnwert bei der Berechnung des Trennungsunterhalts des betreuenden Elternteils erhöht.

392   **(8) Differenzmethode für Wohnwert und das Wohnwertsurrogat.** Der Wohnwert findet sein Surrogat in den Nutzungen, die der geschiedene Ehegatte aus dem Erlös des Miteigentums bzw. Miteigentumsanteils erzielt. Die Surrogate sind als die ehelichen Lebensverhältnisse bestimmendes Einkommen anzusehen und im Wege der Differenzmethode zu berücksichtigen.[1226]

(9) Wohnwert bei konkreter Bedarfsberechnung. Wenn der Unterhaltsanspruch des berechtigten Ehegatten nicht quotal, sondern – bei gehobenen Einkommensverhältnissen – nach dem konkreten Bedarf ermittelt wird, ist bei der Bewertung des Wohnvorteils zu differenzieren: Der konkrete Wohnbedarf entspricht zunächst dem Mietzins, der für eine dem ehelichen Lebensstandard entsprechende Mietwohnung für eine Person zu zahlen wäre.[1227]

Bleibt der unterhaltsberechtigte Ehegatte nach endgültigem Scheitern der Ehe aber weiterhin in dem ehemaligen Familienheim, ist grundsätzlich der volle Mietwert, der aus der Vermietung des gesamten Objekts zu erzielen wäre, als bedarfsdeckendes Einkommen einzusetzen. In diesen Fällen übersteigt der Wohnwert den Wohnbedarf und der Ehegatte, der in der – infolge Trennung – zu groß gewordenen Immobilie wohnt, muss den Wohnwert als fiktives Einkommen zur Deckung seines über den Wohnbedarf hinausgehenden sonstigen unterhaltsrechtlichen (konkreten) Bedarfs verwenden.[1228]

[1219] OLG Celle OLGR 1996, 93; OLG Hamm FamRZ 1994, 1029; OLG Frankfurt FamRZ 1994, 1031; OLG Koblenz FamRZ 1991, 1187 (1188); OLG Düsseldorf FamRZ 1989, 278; OLG Zweibrücken FamRZ 1982, 269 u. 919.

[1220] OLG Hamm FamRZ 1996, 1476.

[1221] BGH FamRZ 1992, 423 (424) = NJW 1992, 1044 lässt die Berechnungsmethode offen; OLG Hamm FamRZ 2005, 214 (3/5 des Wohnwerts für die Ehefrau, bei zwei mit ihr wohnenden Kindern); AG Landau FamRZ 2007, 1018 (bei einem Gesamtwohnwert von 760 EUR ein geschätzter Abzug von insgesamt 250 EUR für 2 erw. Kinder im Haus).

[1222] So BGH (VI. Senat) FamRZ 1988, 921 (925) = NJW 1988, 2365; AK 3 des 13. DFGT FamRZ 2000, 273 (A I 1a bb).

[1223] So BVerwG NJW 1989, 313 im Sozialhilferecht; OVG Hamburg DAVorm 1989, 107 u. 418.

[1224] BGH Beschl. v. 9.3.2016, XII ZB 693/14 = BeckRS 2016, 06283, Tz. 19; OLG Dresden FamRZ 2016, 470 = NZFam 2016, 34; Süddeutsche und Kölner Leitlinien Nr. 21.5.2.

[1225] BGH FamRZ 2013, 191, Tz. 26 mAnm *Born,* S. 194.

[1226] BGH FamRZ 2001, 1140 (1143) = NJW 2001, 2259; zT krit. *Finke* FF 2002, 114.

[1227] BGH FamRZ 2012, 514.

[1228] BGH FamRZ 2012, 517 (mAnm *Born* 523) = NJW 2012, 1144, Tz. 44 ff.

c) Kranken- und Pflegevorsorge sowie Krankenbedarf

aa) Krankenversicherung (Krankenvorsorgeunterhalt). Nach § 1578 Abs. 2 BGB **393** gehören zum Lebensbedarf auch die Kosten einer angemessenen Versicherung für den Fall der Krankheit.

§ 1578 Abs. 2 BGB dient aber insoweit nur der Klarstellung, denn die Krankheitsvorsorge gehört auch darüber hinaus generell zum allgemeinen Lebensbedarf beim Unterhalt Getrenntlebender sowie beim Verwandtenunterhalt, für den eine besondere gesetzliche Regelung fehlt, weil davon ausgegangen wird, dass die Krankheitsvorsorge bereits auf andere Weise, zB durch Mitversicherung des Ehegatten und der Kinder (§ 10 SGB V), sichergestellt ist.[1229] Zum angemessenen Unterhalt eines seit Geburt privat krankenversicherten Kindes gehören auch die Kosten hierfür. Ein Wechsel zur gesetzlichen KV kann nur verlangt werden, wenn mit privater Zusatzversicherung Nachteile beim Versicherungsschutz aufgefangen werden können.[1230]

Die **Mitversicherung in der Trennungszeit**[1231] gem. § 10 Abs. 1 Nr. 5 SGB V endet jedoch, wenn die Eigeneinkünfte ein Siebtel der monatlichen Bezugsgröße des § 18 SGB IV (ab 1.1.2013 beläuft sich dieser Betrag auf 385 EUR) bzw. für geringfügig Beschäftigte den Grenzbetrag des § 8 Abs. 1 SGB IV (seit 2013: 450 EUR) übersteigen.

Die **Höhe der Beiträge** richtet sich nach den Beitragssätzen der jeweiligen Krankenversicherung; im Wege der Annäherungsrechnung ist der entsprechende Krankenvorsorgeunterhalt zu ermitteln → Rn. 395.[1232] Nach dem sog. „2. Hartz-Gesetz" (zur Neuregelung der geringfügigen Beschäftigungsverhältnisse),[1233] das zum 1.4.2003 in Kraft getreten ist, muss der Arbeitgeber für geringfügige Beschäftigungsverhältnisse (bis 450 EUR) pauschale Krankenversicherungsbeiträge von 11 % abführen, bei haushaltsnahen Beschäftigungsverhältnissen aber nur 5 %. Bei der Bemessung der Beitragshöhe für den Berechtigten werden die Einkünfte aber nicht mehr berücksichtigt, so dass es ggf. bei den Mindestbeträgen bleibt.[1234]

Wird **Realsplitting** in Anspruch genommen, ist der gezahlte Unterhalt in diesem Sinne nach einer Entscheidung des BSG[1235] als Einkommen anzusehen. Es muss dann genau gerechnet werden, bis zu welchen Beträgen sich die Inanspruchnahme des Realsplittings lohnt.[1236]

Ist demnach Mitversicherung nicht gegeben, so sind die Krankenversicherungskosten als zusätzlicher Bedarf anzuerkennen, den der Barunterhaltspflichtige zu decken hat. Dabei wird der Krankenversicherungsschutz geschuldet, der den ehelichen Lebensverhältnissen entsprochen hat.[1237]

Der Unterhaltspflichtige muss den Berechtigten über ein Ende des Krankenversicherungsschutzes nach § 10 SGB V (zB durch Aufgabe der abhängigen Arbeit) unterrichten, sonst können Schadensersatzansprüche entstehen.[1238]

[1229] BGH FamRZ 1983, 676 = NJW 1983, 1552 und ständig – die Entscheidungen betreffen noch § 205 RVO; OLG Naumburg OLGR 1999, 230. Vgl. zu Einzelheiten der ehelichen Versicherungssituationen *Husheer* FamRZ 1991, 264 ff.

[1230] OLG Frankfurt a. M. NJW-Spezial 2012, 548 = FamRZ 2013, 138.

[1231] OLG Hamm OLGR 2007, 649 (bis dahin Anspruch auf Bevollmächtigung, Krankheitskosten eigenständig abzurechnen).

[1232] Vgl. für freiwillig in der GKV versicherte Unterhaltsberechtigte: BSG FamRZ 2016, 304; ausführlich zur Berechnung: *Gutdeutsch* „Vorsorgeunterhalt und Drittelmethode" FamRZ 2016, 184. *Weil* FamRZ 2016, 684.

[1233] BGBl. I 2002, S. 4621; dazu *Büttner* FF 2003, 192.

[1234] OLG Celle OLGR 1999, 271 – so ist es auch nach dem ab 1.4.2003 geltenden Recht.

[1235] BSG FamRZ 1994, 1239 = NJW-RR 1994, 1090 mAnm *Weychardt* FamRZ 1994, 1239.

[1236] *L. Müller* FPR 2003, 160 (162); *Böhmel* FamRZ 1995, 270.

[1237] BGH FamRZ 1989, 483 = NJW-RR 1989, 386; OLG Koblenz Urt. v. 16.6.2003 – 13 UF 122/03.

[1238] OLG Köln FamRZ 1985, 926.

394   Die Mitversicherung des Unterhaltsberechtigten in der gesetzlichen Krankenversicherung endet mit der **Rechtskraft der Scheidung.** Der nicht selbstständig versicherte Ehegatte hat aber die Möglichkeit, innerhalb einer Frist von drei Monaten als freiwilliges Mitglied einer gesetzlichen Krankenversicherung – gegen Beitragsentrichtung – beizutreten (§§ 9 Abs. 1 Nr. 2 1. Alt. 188 SGB V).[1239]

     Im öffentlichen Dienst entfällt mit der Scheidungsrechtskraft die Beihilfeberechtigung für Aufwendungen des geschiedenen Ehegatten.[1240] Die ergänzende private Krankenversicherung muss dann entsprechend aufgestockt werden.[1241]

     Angemessen ist grundsätzlich der Versicherungsschutz, der dem während der Ehe bestehenden entspricht. Die – oft erheblichen – zusätzlichen Versicherungskosten sind – wie die eigenen Versicherungskosten des Verpflichteten – nicht in der Unterhaltsquote enthalten, sondern sie sind vor der Bildung der Quote vom anrechnungsfähigen Einkommen abzusetzen, weil sich sonst ein Ungleichgewicht der für die allgemeine Lebenshaltung beider Ehegatten zur Verfügung stehenden Mittel ergäbe.[1242]

395   **Soweit die Versicherung in einer gesetzlichen Krankenkasse erfolgt,** ist der Krankenvorsorgeunterhalt durch Multiplikation des Grundunterhalts mit dem Versicherungssatz der jeweiligen Krankenkasse zu ermitteln.[1243] Dabei ergeben sich Berechnungsschwierigkeiten wie beim Altersvorsorgeunterhalt,[1244] siehe → Rn. 410 (Beitragssatz schwankt je nach Kasse).

396   **Bei beiderseitigem Erwerbseinkommen** ist im Allgemeinen davon auszugehen, dass die beiderseitige Krankenvorsorge dadurch ausreichend gesichert ist. Sowohl bei Anwendung von Abzugs- als auch Differenzmethode[1245] sind die Krankenversicherungskosten beiderseits vorweg abzuziehen, bevor der laufende (Aufstockungs-)Unterhalt berechnet wird.

     Was die **Aufrechterhaltung der Versicherung im bisherigen Umfang** angeht, kann für die Frage der Aufrechterhaltung von Zusatzversicherungen uU von Bedeutung sein, dass der Lebensstandard infolge der Scheidung sinkt und für eine unterschiedliche Behandlung der Ehegatten kein Anlass besteht.[1246] Das OLG Hamm hat aber zu Recht entschieden, dass eine erwerbsunfähige frühere Beamtengattin, die sich nach der Scheidung zunächst zu 100 % privat neu versichern musste, auch nach dem Erhalt einer Rente noch einen ehebedingten Nachteil in Form von Beiträgen zu einer ihr früheres Niveau erhaltenden privaten Krankenversicherung hat, den der Ehemann weiterhin ausgleichen muss, wenn sie andernfalls nur noch weniger als den Ehegattenselbstbehalt von 1100 EUR für sich behält.[1247]

397   **Wird fiktives Einkommen zugerechnet,** kann auch der Krankenversicherungsschutz ganz oder teilweise als gedeckt anzusehen sein.[1248] Nach den Einzelfallumständen kann

---

[1239] Vgl. zur gesetzlichen Krankenversicherung nach der Scheidung *L. Müller* FPR 2003, 160.

[1240] ZB §§ 1, 2 BeihilfeVO Nordrhein-Westfalen (GV NW 1975, 332 mit zahlreichen späteren Ergänzungen) – es kommt auf die Regelung in den jeweiligen landesrechtlichen (bzw. bundesrechtlichen) Vorschriften an.

[1241] BGH FamRZ 1989, 483 = NJW-RR 1989, 386; OLG Koblenz NJW-RR 2004, 1012.

[1242] Vgl. BGH FamRZ 1985, 357 = NJW 1985, 809; OLG Hamm FamRZ 1982, 172 (174); OLG Düsseldorf FamRZ 1986, 814; OLG Saarbrücken Urt. v. 16.3.2000 – 6 UF 127/99 – will dagegen bei den ehelichen Lebensverhältnissen zum Ausgleich für den fortgefallenen Beihilfeanspruch einen fiktiv erhöhten Krankenversicherungsbeitrag berücksichtigen.

[1243] Zum Verteilungsschlüssel im Quotenfall *Maier* FamRZ 1992, 1259 (1261 f.).

[1244] Vgl. für freiwillig in der GKV versicherte Unterhaltsberechtigte: BSG FamRZ 2016, 304; ausführlich zur Berechnung: *Gutdeutsch* „Vorsorgeunterhalt und Drittelmethode" FamRZ 2016, 184, *Weil* FamRZ 2016, 684.

[1245] BGH FamRZ 1983, 676 = NJW 1983, 1552; OLG Hamburg FamRZ 1985, 394.

[1246] Zu Zusatzversicherungen vgl. näher *Husheer* FamRZ 1991, 264 (267).

[1247] OLG Hamm FamRZ 2009, 2098 (Ls.) = OLG Hamm NJW-RR 2010, 577.

[1248] OLG Köln FamRZ 1993, 711; OLG Hamm FamRZ 1994, 107; OLG Düsseldorf FamRZ 1986, 814.

die Wirkung der Fiktion aus Gründen der nachehelichen Solidarität wegen der elementaren Bedeutung des Versicherungsschutzes einzuschränken sein.[1249]

Von einem Vorrang des laufenden Unterhalts kann hier, anders als beim Altersvorsorgeunterhalt, nicht ausgegangen werden, denn die Versicherung gegen Krankheit ist Teil des dringenden gegenwärtigen Unterhaltsbedürfnisses.[1250] **398**

Krankenvorsorgeunterhalt kann – aus denselben Gründen wie Altersvorsorgeunterhalt (siehe → Rn. 422) – **für die Vergangenheit ab dem Zeitpunkt des Auskunftsersuchens verlangt** werden. Es ist nicht nötig, dass er darin zur Inverzugsetzung ausdrücklich geltend gemacht worden ist, denn auch der Krankenvorsorgeunterhalt gehört einheitlich zum Lebensbedarf (§ 1578 Abs. 2 BGB).[1251] Ist Auskunft erteilt, muss er allerdings gesondert beziffert werden als unselbständiger Bestandteil des Gesamtunterhalts. Der BGH[1252] betont, dass der Unterhaltsberechtigte, der seinen Unterhaltsanspruch bereits beziffert hat, nachdem er zuvor Auskunft gemäß § 1613 Abs. 1 BGB verlangt hat, nicht rückwirkend höheren Unterhalt verlangen kann, wenn der Pflichtige nach der erstmaligen Bezifferung nicht mit einer Erhöhung zu rechnen brauchte – das muss auch für zunächst nicht begehrten Krankenvorsorgeunterhalt gelten.

Im Urteil/Beschluss wird der Krankenvorsorgeunterhalt gesondert auszuweisen sein, jedenfalls, wenn das beantragt wird, denn es gelten die gleichen Argumente wie beim Altersvorsorgeunterhalt.[1253] **399**

Ist dies nicht der Fall, kann das auch im Wege des Abänderungsantrags geschehen, wenn der Krankenvorsorgebedarf nicht vorhergesehen worden ist.[1254] Der Unterhaltsverpflichtete kann aber nicht Leistung direkt an die Krankenversicherung verlangen; der Verpflichtete ist bei nicht bestimmungsgemäßer Verwendung dadurch geschützt, dass der Berechtigte so behandelt wird, als bestehe eine entsprechende Versicherung. Ausnahmen kommen in Betracht, wenn das Verlangen der Zahlung an sich selbst als Verstoß gegen Treu und Glauben erscheint.[1255]

Bei der **vertraglichen Regelung von Unterhaltsansprüchen** sollte immer klargestellt werden, ob sie so bemessen sind, dass die Krankenversicherungskosten darin enthalten sind oder ob die Krankenversicherung als zusätzliche Leistung zu gewähren ist.[1256] Zur Ermittlung der sehr unterschiedlichen Höhe der zB nach Scheidung entstehenden Kosten ist eine vorherige Information bei der zuständigen Krankenkasse oder dem Versicherungsträger anzuraten. **400**

Einen Freistellungsanspruch gegen den Verpflichteten in Bezug auf entstandene Krankheitskosten hat der Berechtigte. Der Versicherungsnehmer oder Beihilfeberechtigte ist also nicht nur verpflichtet, die Kostenrechnungen vorzulegen und die Erstattungsbeträge an den Berechtigten weiterzuleiten.[1257] **Erstattungslücken** muss der Berechtigte selbst tragen, wenn er – wie meistens – keinen Mehrbedarf verlangen kann, denn grundsätzlich ist die Unterhaltpflicht mit der Tragung der Versicherungskosten erfüllt. **401**

[1249] OLG Frankfurt FamRZ 1992, 823 (825).

[1250] BGH FamRZ 1989, 483 (485) = NJW-RR 1989, 386 lehnt Parallele zum Altersvorsorgeunterhalt mit Recht ab; OLG Koblenz NJW-RR 2004, 1012.

[1251] *Borth* FamRZ 2007, 196 in zust. Anm. zu BGH FamRZ 2007, 193 = NJW 2007, 511 (dort zum Altersvorsorgeunterhalt). A. M. bis zur 10. Auflage und früher OLGR Hamm 1999, 157.

[1252] BGH NJW 2013, 161 = FamRZ 2013, 109, Tz. 41, mAnm *Finke.*

[1253] → Rn. 425.

[1254] OLG Frankfurt FamRZ 2007, 217.

[1255] BGH FamRZ 1982, 1187 (1188) = NJW 1983, 1547.

[1256] OLG Köln FamRZ 1986, 577; zur Nachforderung von Vorsorgeunterhalt vgl. aber auch BGH FamRZ 1984, 353.

[1257] In diesem Sinne OLG Düsseldorf FamRZ 1991, 437; OLG Hamm NJW-RR 2007, 1234 bejaht aber einen Anspruch auf Bevollmächtigung des Berechtigten. Dafür spricht auch BGH (VI) NJW 2006, 1434.

402   **bb) Pflegevorsorge.** Die **Beiträge zur gesetzlichen oder privaten Pflegeversicherung** gehören ebenso wie die Krankenversicherungsbeiträge zum allgemeinen Lebensbedarf.[1258]

403   **cc) Berufs- und Erwerbsunfähigkeitsversicherung. Die Kosten einer angemessenen Versicherung für Berufs- und Erwerbsunfähigkeit** gehören zum Lebensbedarf (§§ 1361 Abs. 1 S. 2, 1578 Abs. 3 BGB).

Im System der gesetzlichen Rentenversicherung (vgl. § 33 SGB VI) gewährt die Versicherung als Rentenleistung sowohl Renten wegen Berufs- oder Erwerbsunfähigkeit als auch Altersruhegeld. Mit der Beitragszahlung wird also gleichzeitig Vorsorge für alle drei Bedarfsfälle erreicht. Da somit in aller Regel eine gesonderte Versicherung der Berufs- und Erwerbsunfähigkeit nicht in Betracht kommt, wird insgesamt auf die Erörterungen zur Altersversicherung (Altersvorsorgeunterhalt) verwiesen.[1259]

404   **dd) Diäternährung. Wer Diätkosten als Sonder- oder Zusatzbedarf** (je nach Sachlage) geltend macht, muss die ärztliche Notwendigkeit und die dadurch entstehenden höheren Kosten konkret nachweisen und sich ggf. auch Einsparungen gegenüber der Normalkost anrechnen lassen.[1260] Nicht jede Diät führt zu Mehraufwendungen. Der Ansatz von Pauschbeträgen ist nach § 287 ZPO nur dann angebracht, wenn nach der jeweiligen Diätart Mehrkosten in bestimmter Höhe typischerweise entstehen.

405   **ee) Pflegebedarf.** Der Pflegebedarf wird durch die tatsächlichen Pflegekosten (entsprechend den Pflegesätzen) zuzüglich eines Taschengeldes bestimmt.[1261] Das gilt auch für zusammenlebende Ehegatten, wenn stationäre Pflege in einem Heim in Anspruch genommen werden muss. Auch während der Heimunterbringung fallen Kosten für den persönlichen Bedarf an, die nicht durch die Pflegesätze abgedeckt sind.

d) Altersvorsorge und Altersbedarf

406   **aa) Altersvorsorgeunterhalt (Altersversicherung).** Die Kosten einer angemessenen Versicherung für das Alter gehören zum Lebensbedarf (§§ 1361 Abs. 1 S. 2, 1578 Abs. 3 BGB).[1262]

Anders als bei der Krankenversicherung hat der Gesetzgeber mit § 1361 Abs. 1 S. 2 BGB auch eine Regelung für getrennt lebende Ehegatten ab Rechtshängigkeit eines Scheidungsverfahrens geschaffen, da der Versorgungsausgleich gem. § 3 Abs. 1 VersAusglG (früher § 1587 Abs. 2 BGB) nur die Zeit bis zum Ende des Monats vor Rechtshängigkeit[1263] erfasst und § 1578 Abs. 3 BGB erst ab Rechtskraft der Scheidung eingreift. Die Regelung soll für eine lückenlose „soziale Biographie" sorgen.[1264] Der Altersvorsorgeunterhalt – als Teil des einheitlichen, den gesamten Lebensbedarf umfassenden Unterhaltsanspruchs – ist dazu bestimmt, die Nachteile auszugleichen, die dem unterhaltsberechtigten Ehegatten aus der ehebedingten Behinderung seiner Erwerbstätigkeit erwachsen.[1265]

[1258] OLG Schleswig OLGR 1999, 222 und FamRZ 1996, 217; OLG Zweibrücken NJW-RR 1993, 1218; *Gutdeutsch* FamRZ 1994, 878; *Büttner* FamRZ 1995, 193 ff.

[1259] BGH FamRZ 2007, 193 mwN; siehe auch → Rn. 406.

[1260] OLG Koblenz Urt. v. 30.9.2002 – 13 UF 273/02 –; OLG Schleswig OLGR 1996, 201 (Lebensmittelunverträglichkeit); LG Osnabrück DAVorm 1989, 162 (zur Darlegung der Mehrkosten „tatsächlichen Kostenaufwand zumindest über einige Monate darstellen").

[1261] OLG Düsseldorf NJW 2002, 1353.

[1262] Vgl. → Rn. 403.

[1263] Altersvorsorgeunterhalt daher ab Beginn des Rechtshängigkeitsmonats: BGH FamRZ 1981, 442 (445) = NJW 1981, 1556 (1559).

[1264] BGH FamRZ 2007, 1532 (1537); BGH FamRZ 2007, 193 mAnm *Borth* = NJW 2007, 511.

[1265] BGH FamRZ 2007, 193 mAnm *Borth* = NJW 2007, 511; FamRZ 1988, 145 mwN = NJW-RR 1988, 514; OLG Koblenz FF 2003, 138.

Vorsorgeunterhalt und Elementarunterhalt hängen in dreifacher Weise voneinan- 407
der ab, wie der BGH[1266] grundlegend entschieden hat:

1. Der an sich zu zahlende Elementarunterhalt (= Quote vom bereinigten Nettoeinkommen) ist die Bemessungsgrundlage. Dieser Betrag wird als (fiktives) Nettoeinkommen des Berechtigten angesehen, das durch Zuschlag (fiktiver) Lohnsteuern (nach Steuerklasse I) und des Arbeitnehmeranteils der Sozialabgaben (aber ohne Krankenversicherung) auf ein Bruttoeinkommen hochgerechnet wird (entsprechend der Regelung bei Nettolohnvereinbarungen gemäß § 14 Abs. 2 SGB IV). Um die Errechnung der Höhe dieser Zuschläge zu erleichtern, hat das OLG Bremen[1267] – dessen Berechnungsmethode („Bremer Tabelle") der BGH im Kern gefolgt ist[1268] – eine Tabelle entwickelt, die wegen Änderung der Beitragssätze in der Sozialversicherung und der Beitragsbemessungsgrenzen immer wieder auf den neuesten Stand gebracht werden muss.[1269] Von 1.1.2007 bis 2011 stellten 19,9 %, im Jahr 2012 dann 19,6 %, 2013/2014 18,9 % und seit 2015 nun 18,7 % des so errechneten Bruttobetrages den Vorsorgeunterhalt dar.

2. Bei der Berechnung des wirklich zu zahlenden Elementarunterhalts ist nun zu berücksichtigen, dass diese Vorsorgeleistungen wie die Vorsorgeleistungen für den Verpflichteten selbst vom unterhaltpflichtigen Einkommen abzuziehen sind, bevor vom bereinigten Nettoeinkommen die Quote für den laufenden Lebensbedarf gebildet wird.

3. In Mangelfällen geht der Elementarunterhalt vor,[1270] so dass der Vorsorgeunterhalt bei Unterschreitung der entsprechenden Selbstbehaltsgrenzen gekürzt werden muss oder sogar ganz entfällt. Gleiches galt auch schon vor 1.1.2008, wenn der Unterhaltpflichtige nicht einmal in der Lage war, seinen Kindern den Mindestunterhalt zu zahlen[1271] (seit 1.1.2008 ist dies durch § 1609 BGB gesetzlich geregelt).

Berechnungsbeispiel (für das Jahr 2016): 408

1.	Bereinigtes Nettoeinkommen des Verpflichteten:	2450,00 EUR
	Davon Quotenunterhalt von 3/7[1272] an sich:	1050,00 EUR
	Die 1050 EUR sind (per 1.1.2016) nach der Bremer	= 1207,50 EUR
	Tabelle um 15 % auf brutto hochzurechnen: 15 % von	
	1050 EUR = 157,50 EUR + 1050 EUR	
	Davon 18,7 % Vorsorgeunterhalt für 2016	= 225,80 EUR
2.	Bereinigtes Nettoeinkommen	2450,00 EUR
	Abzüglich Vorsorgeunterhalt	− 225,80 EUR
		2224,20 EUR
	Davon 3/7 als wirklicher (Elementar-)Quotenunterhalt	953,23 EUR
3.	Insgesamt sind also zu zahlen:	

953,23 EUR + 225,80 EUR = 1179,03 EUR, auf volle
EUR aufgerundet 1180 EUR.

[1266] BGH FamRZ 1999, 372 = NJW-RR 1999, 372; FamRZ 1981, 442 = NJW 1981, 1556; FamRZ 1983, 888 = NJW 1983, 2937; FamRZ 1985, 471 = NJW 1985, 1347, st. Rspr.; vgl. BGH FamRZ 1988, 145 = NJW 1988, 514.

[1267] OLG Bremen FamRZ 1979, 121; fortgeführt von *W. Gutdeutsch* OLG München, zuletzt FamRZ 2010, 260 ff.

[1268] Zuletzt BGH FamRZ 2010, 1637 = NJW 2010, 3372, Tz. 36.

[1269] Vgl. → Rn. 427.

[1270] Vgl. → Rn. 424; BGH FamRZ 1982, 887 (890) = NJW 1982, 1983 (1985); FamRZ 1990, 1095 (1097) = NJW-RR 1990, 1410; Empfehlung des Vorstands des 16. DFGT, S. 171; OLG Düsseldorf FamRZ 2006, 1685.

[1271] OLG Düsseldorf FamRZ 2006, 1685.

[1272] Da nach Nr. 15.2 Süddeutsche LL, ferner OLG Naumburg und 3. FS des OLG Brandenburg eine Quote von 45 % angewendet wird (→ Rn. 12), ist die Bremer Tabelle alternativ für die beiden Elementarunterhaltssätze (3/7 bzw. 45 %) abgefasst, vgl. *Gutdeutsch* FamRZ 2012, 176 ff.; FamRZ 2013, 355 ff.; FamRZ 2014, 359 ff., FamRZ 2015, 305 ff.

Es bedarf keiner Korrektur, da dem Verpflichteten 1270 EUR (2450 – 1180), also der sog. eheangemessene Selbstbehalt, verbleiben und auch der Mindestbedarf des Berechtigten gedeckt ist.

Das praktische Ergebnis zeigt, dass die zusätzliche Errechnung des Altersvorsorgeunterhalts nahezu auf eine Halbierung des bereinigten Nettoeinkommens hinausläuft.[1273] Das Beispiel zeigt weiter, dass selbst bei relativ guten Einkommensverhältnissen die Selbstbehaltsgrenze und damit Kappungsgrenze für den Vorsorgeunterhalt schnell erreicht ist, was sicher auch ein Grund für seine beschränkte praktische Anwendung ist.

409   **Bei besonders günstigen wirtschaftlichen Verhältnissen kann die zweistufige Berechnungsweise entfallen,** in Fällen nämlich, in denen der Vorsorgebedarf neben dem (vollen) laufenden Bedarf befriedigt werden kann,[1274] insbesondere also, wenn nicht das volle laufende Einkommen dem Unterhalt dient, sondern Teile zur Vermögensbildung eingesetzt werden.

Der Vorsorgebedarf kann dann ohne Verletzung der Halbteilung neben dem (ungekürzten) Elementarunterhalt geleistet werden. Der BGH[1275] verweist insoweit auf **drei Fallkonstellationen:**

a) wenn der Elementarunterhaltsbedarf nicht nach einer Quote, sondern konkret ermittelt wird,[1276]

b) wenn der Altersvorsorgeunterhalt aus früher zur Vermögensbildung verwendeten Einkünften aufgebracht werden kann,

c) wenn die errechnete Unterhaltsquote letztlich nicht geschuldet wird und deshalb in Höhe der Differenz zwischen Quote und Anspruch bereits eine Entlastung des Pflichtigen eintritt. Soweit ausnahmsweise noch **im Wege der Anrechnungsmethode** nichtprägende Einkünfte von der Unterhaltsquote abzuziehen sind, kann der Verpflichtete (je nach Höhe der Anrechnung) den Vorsorgebedarf ohne Beeinträchtigung seiner eigenen Bedürfnisse neben dem laufenden Unterhalt decken. Auch in diesem Fall kann daher eine einstufige Berechnung vorgenommen werden.[1277]

Sofern der Unterhaltsberechtigte den Elementarunterhalt aber auf einen Betrag beschränkt, der noch keine konkrete Bedarfsbemessung erfordert (3/7 bzw. 45 % der letzten Einkommensstufe der Düsseldorfer Tabelle, dh von zurzeit 5100 EUR abgeleitet), und nur unter Berücksichtigung des Altersvorsorgebedarfs einen darüber hinausgehenden Gesamtbedarf geltend macht, braucht er diesen Gesamtbedarf gleichwohl nicht konkret darzulegen. Dann ist der Altersvorsorgeunterhalt vielmehr auf der Basis des ermittelten Elementarunterhalts zu berechnen.[1278]

Die Beitragsbemessungsgrenze der gesetzlichen Rentenversicherung bietet bei besonders günstigen Verhältnissen keine Grenze für die Bemessung des Altersvorsorgeunterhalts.[1279]

Bei Einkünften aus einer geringfügigen Beschäftigung ist zu berücksichtigen, dass ab 1.4.2003 Versorgungsanwartschaften entstehen, wenn der Arbeitnehmer die vom

---

[1273] Siehe auch das Berechnungsbeispiel *Gutdeutsch* „Vorsorgeunterhalt und Drittelmethode" FamRZ 2016, 184.

[1274] BGH FamRZ 2007, 117 = NJW 2007, 144; FamRZ 1999, 372 (374); BGH FamRZ 1988, 1145 (1148) = NJW-RR 1988, 1282; OLG Hamm NJW-RR 1995, 1283; OLG München FamRZ 1994, 1459; OLG Koblenz FamRZ 1993, 199 (201).

[1275] BGH NJW 2012, 1581 = FamRZ 2012, 945, Tz. 9.

[1276] BGH FamRZ 2010, 1637 = NJW 2010, 3372, Tz. 37.

[1277] BGH FamRZ 1999, 372 (374) = NJW-RR 1999, 297; OLG München FamRZ 1994, 1459 und 1992, 1310 im Anschluss an *Gutdeutsch* FamRZ 1989, 451 ff.

[1278] BGH NJW 2012, 1578 = FamRZ 2012, 947, Tz. 34; NJW 2012, 1581 = FamRZ 2012, 945, Tz. 18.

[1279] BGH FamRZ 2010, 1637 = NJW 2010, 3372, Tz. 36; FamRZ 2007, 117 = NJW 2007, 144.

Arbeitgeber zu zahlenden 12 % (bzw. 5 % bei haushaltsnahen Beschäftigungen) Rentenversicherungsbeiträge um 7,5 % bzw. 14,5 % aufstockt. Diese 7,5 % bzw. 14,5 % sind daher vom Verpflichteten als Altersvorsorgeunterhalt vom Geringverdienereinkommen zu zahlen.[1280]

Einkünfte, die nicht aus Erwerbseinkommen stammen (Wohnvorteil, Kapitaleinkünfte) sind bei der Bemessung des Altersvorsorgeunterhalts außer Betracht zu lassen.[1281]

Zur Frage, ob die auf der Zahlung des Altersvorsorgeunterhalts beruhenden Renten die ehelichen Lebensverhältnisse geprägt haben, hat der BGH seine dies ablehnende bisherige Rechtsprechung[1282] nun offenbar aufgegeben,[1283] → Rn. 514 und 618.

Weitere Einzelfragen zum Altersvorsorgeunterhalt: 410

(1) Sowohl der Verpflichtete als auch der Berechtigte dürfen grundsätzlich selbst zusätzliche Altersvorsorge von bis zu 4 % des Bruttoeinkommens,[1284] beim Elternunterhalt 5 %,[1285] neben der gesetzlichen Altersvorsorge betreiben. Das gilt auch für Beamte.[1286] Soweit der BGH ausführt, die Berücksichtigungsfähigkeit hänge im Übrigen davon ab, „ob der als vorrangig anzusehende Elementarunterhalt und der der primären Altersversorgung dienende Altersvorsorgeunterhalt aufgebracht werden können",[1287] bedeutet dies, dass im Mangelfall kein Abzug erfolgen kann. Die Bemessung des danach ermittelten Unterhalts obliegt außerdem auch diesbezüglich immer noch einer abschließenden Angemessenheitsprüfung.[1288] Andererseits ist aber auch diese zusätzliche Altersvorsorge nicht auf die Beitragsbemessungsgrenze der gesetzlichen Rentenversicherung beschränkt, sondern anhand des gesamten Bruttoeinkommens zu berechnen.[1289] Soweit der BGH nach seiner bisherigen Rechtsprechung zu den „wandelbaren ehelichen Lebensverhältnissen" eine erst nachehelich hinzutretende zusätzliche Altersvorsorge bereits bei der Bedarfsbemessung des Ehegattenunterhalts als Abzugsposition aufseiten des Verpflichteten berücksichtigt hat, ist das nach der neueren Rechtsprechung, die insoweit wieder auf die Rechtskraft der Scheidung abstellt,[1290] nicht mehr möglich. Allerdings ändert sich dadurch im Regelfall einer quotalen Ehegattenunterhaltsberechnung (ohne nichtprägende Einkünfte des Verpflichteten) am Ergebnis nichts, weil diese Belastung ein Element der Leistungsfähigkeit bleibt und insoweit kein unterhaltsrechtlich vorwerfbares Verhalten vorliegt, welches die nacheheliche Solidarität der geschiedenen Ehegatten verletzt.[1291] Der Verpflichtete wie der Berechtigte sind in der Wahl der zusätzlichen Altersversorgung frei,

---

[1280] BGH FamRZ 1999, 367 (372) = NJW 1999, 717; FamRZ 1999, 372 (374) = NJW-RR 1999, 297; OLG Schleswig OLGR 1999, 271 (Berechnungsbeispiel); zum Rechtszustand ab 1.4.2003 vgl. *Büttner* FF 2003, 192 und FF 2005, 97.

[1281] BGH NJW 2000, 284; OLG Hamm NJW-RR 2003, 1084.

[1282] BGH FamRZ 2003, 848 m. abl. Anm. *Hoppenz* (854) = NJW 2003, 1796; zustimmend *Krause* FamRZ 2003, 1617.

[1283] Vgl. jetzt BGH FamRZ 2014, 1276, Rn. 21 f.; siehe auch *Wendl/Dose,* 9. Auflage, 1/647 unter Hinweis auf BGH FamRZ 2005, 1479 (1480, wo sich allerdings zur Aufgabe der o. g. bisherigen Rechtsprechung mit der Differenzierung zwischen Renten, die auf dem VA und dem Altersvorsorgeunterhalt beruhen, nichts findet).

[1284] BGH FamRZ 2009, 1207 = NJW 2009, 2450, Tz. 30; FamRZ 2008, 963; FamRZ 2005, 1817 = NJW 2005, 3277; OLG Brandenburg NJW-RR 2006, 1301.

[1285] BGH FamRZ 2006, 1511 (1514); FamRZ 2004, 792 (793).

[1286] BGH FamRZ 2009, 1391 = NJW 2009, 2592, Tz. 38.

[1287] BGH FamRZ 2005, 1817 = NJW 2005, 3277, Tz. 43. Beim Kindesunterhalt scheiden zusätzliche Altersversorgung und Krankenzusatzversicherung aus, wenn der Mindestunterhalt nicht aufgebracht wird: BGH FamRZ 2013, 616 = NJW 2013, 1005, Tz. 20–22.

[1288] BGH FamRZ 2005, 1817 = NJW 2005, 3277, Tz. 43.

[1289] BGH FamRZ 2009, 1300 = NJW 2009, 2523, Tz. 60.

[1290] BGH NJW 2012, 384 = FamRZ 2012, 281.

[1291] BGH FamRZ 2009, 1207 = NJW 2009, 2450, Tz. 31.

sie kann zB auch in einem Hauserwerb bestehen.[1292] Ein fiktiver Abzug kommt aber nicht in Betracht.[1293]

411 (2) Diese **Aufwendungen für die zusätzliche Altersversorgung, insbesondere auch sog. Riester-Renten,**[1294] beeinflussen – abgesehen von der oben dargelegten Berücksichtigung bei der Einkommensberechnung – den Vorsorgeunterhalt an sich nicht, da er schematisch berechnet wird.

412 (3) **Zusätzlicher Altersvorsorgeunterhalt.** Insbesondere im Falle einer konkreten Berechnung des Unterhaltsbedarfs bei guten wirtschaftlichen Verhältnissen kann aber noch eine zusätzliche Altersvorsorge angemessen sein, vor allem wenn die Höhe des Versorgungsausgleichs noch nicht feststeht.[1295] Im Unterschied zu oben unter (1), → Rn. 410, bedeutet dies dann eine Erhöhung des Altersvorsorgeanspruchs und nicht nur eine anzuerkennende Belastung des Eigeneinkommens, was aber nicht zu doppelter Berücksichtigung führen darf. Der geschuldete Altersvorsorgeunterhalt ist nicht auf die Beitragsbemessungsgrenze beschränkt.[1296]

413 (4) **Bei der Berechnungsmethode für den Altersvorsorgeunterhalt war anfangs umstritten, ob der Krankenversicherungsbeitrag** bei der Hochrechnung um die Sozialabgaben außer Betracht bleiben kann[1297] und ob es richtig ist, bei der Errechnung des Vorsorgeunterhalts von einem fiktiven Unterhalt auszugehen, der über dem nachher wirklich zu zahlenden Unterhalt liegt.[1298] Inzwischen hat sich die Berechnung durchgesetzt, wonach zunächst der Krankenvorsorgeunterhalt, der bei einer freiwilligen Versicherung in der GKV durch Annäherung zu ermitteln ist, abzuziehen und danach der nachrangige Altersvorsorgeunterhalt aus dem sich dann ergebenden Elementarunterhalt mittels Bremer Tabelle (→ Rn. 427) zu errechnen ist. [1299]

414 (5) Im Rahmen der **Leistungsfähigkeit** gelten für Vorsorge- und Elementarunterhalt dieselben Selbstbehaltsgrenzen.[1300] Der Wohnvorteil ist aber bei der Ermittlung des Altersvorsorgeunterhalts außer Betracht zu lassen, denn diese Einkünfte stehen dem Erwerbseinkommen, der Grundlage der Altersversorgung ist, nicht gleich.[1301]

415 (6) **Auch beim Aufstockungsunterhalt** ist der Vorsorgeunterhalt in der beschriebenen Weise zu errechnen. Zwar kann der Berechtigte, der im Rahmen seiner Tätigkeit Pflichtbeiträge an die gesetzliche Rentenversicherung leistet, weitere Beiträge nur noch zur Höherversicherung leisten, aus der keine dynamischen Versorgungsansprüche erwachsen; der BGH[1302] weist aber mit Recht darauf hin, dass andere ergänzende Vorsorgemöglichkeiten in Betracht kommen.

[1292] BGH FamRZ 2007, 793 mAnm *Büttner* = NJW 2007, 1961; BGH FamRZ 2007, 193 mAnm *Borth* = NJW 2007, 511; zur zusätzlichen privaten Altersvorsorge vgl. *Griesche* FPR 2006, 337 und *Büttner* FamRZ 2004, 1918.

[1293] BGH FamRZ 2009, 1391 = NJW 2009, 2592, Tz. 38.

[1294] Vgl. dazu *Bergschneider* FamRZ 2003, 1609 (1615).

[1295] OLG Hamm FamRZ 2006, 1603.

[1296] BGH FamRZ 2010, 1637 = NJW 2010, 3372, Tz. 36; FamRZ 2007, 117 = NJW 2007, 144.

[1297] Eingehend dazu *Gutdeutsch* FamRZ 1989, 451 ff.; *Maier* FamRZ 1992, 1259 ff.; *Christl/Sprinz* FamRZ 1989, 347 ff.

[1298] Vgl. dazu *Gutdeutsch* FamRZ 1989, 451 ff.

[1299] Siehe Berechnungsbeispiel *Gutdeutsch* „Vorsorgeunterhalt und Drittelmethode" FamRZ 2016, 184 (185).

[1300] BGH FamRZ 1982, 890 = NJW 1982, 2438.

[1301] BGH FamRZ 2000, 351 = NJW 2000, 284; OLG Hamm NJW-RR 2003, 1084.

[1302] BGH FamRZ 2007, 117 = NJW 2007, 144; FamRZ 1988, 145 = NJW-RR 1988, 1282; 1982, 255 = NJW 1982, 1873; OLG Düsseldorf FamRZ 1983, 400 mAnm *Luthin* FamRZ 1983, 928; ferner OLG Köln NJW-RR 1992, 1155 (1158).

(7) Einkünfte aus unzumutbarer Arbeit, die nach § 1577 Abs. 2 BGB nicht ange- **416** rechnet werden,[1303] berühren auch hinsichtlich der durch sie erlangten Altersvorsorge den Vorsorgeunterhalt nicht, der dem Berechtigten also zusätzlich verbleibt.[1304]

(8) Ein isolierter Vorsorgeunterhalt kommt in Betracht, wenn der Elementarunter- **417** halt durch anderweitige Leistungen ohne Versorgungsbegründung (zB Naturalunterhaltsgewährung durch neuen Partner) gedeckt ist.[1305] Es ist dann als Bemessungsgrundlage der hypothetische Unterhalt zu errechnen, der ohne die anderweitige Deckung zu zahlen wäre. Daraus ergibt sich,[1306] dass auch dann eine hypothetische Bemessungsgrundlage ohne Berücksichtigung des Eigenverdienstes zu wählen ist.

(9) Wenn eine **eigene Altersversicherung mittels Vorsorgeunterhalt nicht mehr** **418** **erreicht** werden kann, ist gleichwohl Vorsorgeunterhalt zu zahlen, da noch andere Alterssicherungen möglich sind.[1307] Das Gesetz stellt auf typische Lebenssachverhalte ab, so dass auch bei Erwartung einer eigenen Beamtenversorgung Vorsorgeunterhalt zu zahlen ist, wenn nur die Möglichkeit besteht, dass es zu einer Schlechterstellung in der Endversorgung kommt.[1308]

(10) Eine anderweitige Sicherung der Altersversorgung kann durch eine hohe Ver- **419** mögenssubstanz gegeben sein, so dass dann die Kosten einer Altersversicherung nicht zum Lebensbedarf gehören.[1309] Gleiches gilt, wenn der Berechtigte eine Altersversorgung zu erwarten hat, die diejenige des Verpflichteten erreicht.[1310]

Miet- und Vermögenseinkünfte des Berechtigten stehen auch im Alter zur Verfügung und sind deshalb sowohl in der ersten Berechnungsstufe zur Ermittlung der Bemessungsgrundlage für den Altersvorsorgeunterhalt als auch in der 3. Stufe bei Errechnung des endgültigen Elementarunterhalts in die Differenzrechnung einzustellen.[1311] Nur so kann erreicht werden, dass diese Einkünfte den Altersvorsorgeunterhalt nicht erhöhen.

Bloße vorhandene oder noch zu erwartende Anwartschaften sollen dagegen wegen der Prognoseunsicherheit nicht zu berücksichtigen sein, sondern es bleibt bei der Anknüpfung des Vorsorgeunterhalts an den laufenden Unterhalt.[1312] Das erscheint angesichts der Vorsorgeförderung[1313] und jedenfalls dann zweifelhaft, wenn es sich um unverfallbare Anwartschaften handelt.

Ausnahmsweise kann die Zahlung von Altersvorsorgebeiträgen durch den Sozialhilfeträger erfolgen (§ 7 SGB VI). Das gilt insbesondere wenn nur wenige Monate an der Wartezeit fehlen.[1314] Sie steht im pflichtgemäßen Ermessen des Sozialhilfeträgers.[1315]

(11) Die Vollendung des 65. Lebensjahrs (bzw. ab dem Jahr 2012 + 1 Monat, 2013 + **420** 2 Monate usw.) des Berechtigten, verbunden mit dem Bezug von Altersruhegeld, schließt

[1303] → Rn. 535.
[1304] BGH FamRZ 1988, 145 = NJW-RR 1988, 514.
[1305] BGH FamRZ 1982, 679 = NJW 1982, 1987; OLG Koblenz FamRZ 1995, 1577.
[1306] BGH FamRZ 1999, 372 (374) = NJW-RR 1999, 297.
[1307] BGH FamRZ 1982, 1187 = NJW 1983, 1547.
[1308] BGH FamRZ 1988, 145 = NJW-RR 1988, 1282 (Höhe des angemessenen Lebensbedarfs im Zeitpunkt des Versicherungsfalls nicht zuverlässig zu beurteilen); OLG Köln FamRZ 1987, 1257.
[1309] BGH FamRZ 1992, 423 (425) = NJW 1992, 1044; OLG Hamm FamRZ 1992, 1175 (1176).
[1310] BGH FamRZ 2000, 351 = NJW 2000, 284; BGH FamRZ 1988, 1145 (1148) = NJW-RR 1988, 1282; OLG Köln NJW-RR 1992, 1155 (1158).
[1311] BGH FamRZ 2000, 351 (355) = NJW 2000, 284; OLG Hamm NJW-RR 2003, 1084; OLG Stuttgart NJWE-FER 2001, 225 unter Bezug auf BGH FamRZ 1999, 372 = NJW-RR 1999, 297.
[1312] BGH FamRZ 1981, 442 (444) = NJW 1981, 1556; FamRZ 1988, 145 (150) = NJW-RR 1988, 514.
[1313] Dazu *Strohal* FamRZ 2002, 277 (281).
[1314] Vgl. *Horndasch* ZFE 2007, 167 ff.
[1315] VGH Bayern FEVS 42, 48.

im Allgemeinen einen Altersvorsorgeunterhalt aus;[1316] nur in Sonderfällen kann (ergänzender) Sicherungsbedarf nach den ehelichen Lebensverhältnissen bestehen.

Sofern bereits eine Erwerbsunfähigkeitsrente bezogen wird, steht dem Berechtigten dennoch bis zum allgemeinen Rentabeintrittsalter der Altersvorsorgeunterhalt zu.[1317]

Wenn der Berechtigte allerdings eine Altersversorgung zu erwarten hat, die derjenigen des Verpflichteten gleicht, ist kein Altersvorsorgeunterhalt mehr zu zahlen.[1318]

421   **(12) Wenn der Unterhaltsgläubiger Arbeitslosengeld bezieht** und die Voraussetzungen für die Anerkennung der Arbeitslosigkeit als Ausfallzeit gegeben sind, kann – insoweit – der Anspruch auf Vorsorgeunterhalt entfallen.[1319]

422   **(13) Altersvorsorgeunterhalt kann für die Vergangenheit ab dem Zeitpunkt des Auskunftsersuchens verlangt** werden: Es ist nicht nötig, dass er darin zur Inverzugsetzung ausdrücklich geltend gemacht worden ist, denn auch der Altersvorsorgeunterhalt gehört einheitlich zum Lebensbedarf (§§ 1361 Abs. 1 S. 2, 1578 Abs. 3 BGB).[1320] Ist Auskunft erteilt, muss er allerdings gesondert beziffert werden. Der BGH[1321] betont, dass der Unterhaltsberechtigte, der seinen Unterhaltsanspruch bereits beziffert hat, nachdem er zuvor Auskunft gemäß § 1613 Abs. 1 BGB verlangt hat, nicht rückwirkend höheren Unterhalt, zB auch zunächst nicht begehrten Altersvorsorgeunterhalt, verlangen kann, wenn der Pflichtige nach der erstmaligen Bezifferung nicht mit einer Erhöhung zu rechnen brauchte. Auch wenn nach der Aufforderung zur Auskunft, die hinfällig wird, nachdem der Antragsgegner sich für unbeschränkt leistungsfähig erklärt hat, der Unterhalt daraufhin mit konkreter Bedarfsberechnung beziffert wird, besteht regelmäßig die Vermutung, dass der Unterhalt in voller Höhe und nicht nur als Teilforderung geltend gemacht wird. Dies gilt auch für einen nicht mehrstufig zu berechnenden Altersvorsorgeunterhalt, wenn sich der Unterhaltsgläubiger nicht die Geltendmachung eines derartigen Anspruchs vorbehalten hat oder andere deutliche Anzeichen für eine bloße Teilforderung auf Elementarunterhalt vorliegen.[1322]

Zur Nachforderung, wenn im Ausgangsverfahren Altersvorsorgeunterhalt weder geltend gemacht noch tituliert worden ist → Rn. 425.[1323]

423   **(14) Bei voller oder teilweiser Verwirkung** des Elementarunterhalts ist auch der Vorsorgeunterhalt entsprechend zu kürzen.[1324] Bei zweckwidriger Verwendung von Altersvorsorgeunterhalt muss sich der Berechtigte so behandeln lassen, als habe er mit den Mitteln für eine Alterssicherung gesorgt. Im Übrigen führt sie nur unter den Voraussetzungen des § 1579 Nr. 3 BGB zu unterhaltsrechtlichen Nachteilen.[1325]

Der Altersvorsorgeunterhalt ist zweckgebunden und steht nicht für den allgemeinen Lebensunterhalt zur Verfügung. Er ist deshalb kein Einkommen iSd § 115 Abs. 1 S. 1 ZPO.[1326]

424   **(15) Vorrang des Elementarunterhalts** bedeutet nur, dass aufseiten beider Ehegatten der Mindestbedarf gedeckt sein muss, ehe ein gesonderter Vorsorgeunterhalt in Betracht

---

[1316] BGH FamRZ 2000, 351 = NJW 2000, 284; OLG Frankfurt FamRZ 1990, 1363.

[1317] BGH FamRZ 2000, 351 (354) = NJW 2000, 284.

[1318] BGH FamRZ 2000, 351 (354) = NJW 2000, 284 unter Bezug auf BGH FamRZ 1981, 442 (445).

[1319] OLG Frankfurt FamRZ 1987, 1245.

[1320] BGH FamRZ 2007, 193 mAnm *Borth* (196) = NJW 2007, 511.

[1321] BGH FamRZ 2013, 109 = NJW 2013, 161, Tz. 41, dazu Anm. *Finke* FamRZ 2013, 114.

[1322] KG FamRZ 2014, 219 (LS); FuR 2014, 50, im Anschluss an BGH FamRZ 2013, 109 (112/f. für dasselbe Problem beim Quotenunterhalt).

[1323] BGH FamRZ 2015, 309 = NJW 2015, 334 = NZFam 2015, 119, Tz. 15, 27.

[1324] OLG Frankfurt FamRZ 1987, 590.

[1325] BGH FamRZ 2003, 848 (853) mAnm *Hoppenz* = NJW 2003, 1796 und *Büttner* FF 2005, 97; OLG Bamberg FamRZ 2003, 762.

[1326] OLG Stuttgart FamRZ 2006, 1282.

kommt. Maßgebend sollten dabei die Selbstbehalts- und Mindestbedarfssätze[1327] sein. Das heißt aber nicht, dass in diesen Fällen schlicht die Quote als Elementarunterhalt zugesprochen werden darf, sondern es ist zu errechnen, was Vorsorge- und Elementarunterhalt zusammen ergeben, und erst dann ist zu prüfen, ob der Vorsorgeunterhalt zugunsten des Elementarunterhalts zu kürzen ist. Sonst ergäbe sich eine ungerechtfertigte Schlechterstellung in allen Fällen, in denen zwar der Berechtigte den Mindestbedarf nicht erreicht, beim Verpflichteten aber noch Verteilungsmasse frei ist. Die Rangbestimmung verhindert dann lediglich, dass der Berechtigte genötigt ist, vom nicht einmal den Mindestbedarf deckenden Unterhalt auf Verlangen des Unterhaltsschuldners Teile zum Vorsorgeunterhalt zu verwenden.

(16) Prozessuale Fragen können sich auf den Vorsorgeunterhalt auswirken. Einerseits **425** hält der BGH daran fest, dass der Vorsorgeunterhalt **unselbstständiger Teil des einheitlichen Unterhaltsanspruchs** ist.[1328] Er wird aber im Rechtsstreit nicht von Amts wegen zugesprochen, sondern muss betragsmäßig geltend gemacht werden.[1329] Insoweit verhält es sich anders als bei der Inverzugsetzung und besteht kein Widerspruch zur möglichen Inverzugsetzung durch bloßes Auskunftsersuchen (→ Rn. 422). Das hat wichtige Konsequenzen, weil sich daraus ergibt, dass der „vergessene" Vorsorgeunterhalt nicht über Zusatz- oder Abänderungsantrag nachgefordert werden kann.[1330] Ist im Ausgangsverfahren Altersvorsorgeunterhalt weder geltend gemacht noch tituliert worden, kommt eine Nachforderung im Wege eines neuen Leistungsantrages nur in Betracht, wenn die Geltendmachung von Altersvorsorgeunterhalt ausdrücklich vorbehalten wurde. Ohne einen solchen Vorbehalt kommt nur ein Abänderungsantrag in Betracht, der jedoch häufig an der fehlenden Änderung der Verhältnisse scheitern wird.[1331] Nur wenn aus anderen Gründen der Abänderungsantrag eröffnet ist, kann dann auch Altersvorsorgeunterhalt verlangt werden.[1332]

Andererseits ist er wegen seiner Zweckgebundenheit ein im Urteil gesondert auszuweisender Bestandteil.[1333] Obwohl er betragsmäßig geltend gemacht werden muss und nicht von Amts wegen zugesprochen werden kann, soll eine parteiinterne Regelung über die Verteilung auf Elementar- und Vorsorgeunterhalt nicht bindend sein.[1334]

(17) Zur **Zahlungsweise und Sicherung der bestimmungsgemäßen Verwendung** ist **426** entschieden worden, dass eine Leistung direkt an den Versicherungsträger nur verlangt werden kann, wenn dazu besonderer Anlass besteht.[1335] Das ist zB der Fall, wenn der Vorsorgeunterhalt in der Vergangenheit nicht bestimmungsgemäß verwendet wurde.

Wenn die laufenden Zahlungen den Elementarunterhaltsbedarf nicht decken, kann der gezahlte Vorsorgeunterhalt dafür verwendet werden, ohne dass von einer bestimmungswidrigen Verwendung gesprochen werden könnte.[1336] Eine Änderung der Zahlungsweise

---

[1327] Vgl. dazu BGH FamRZ 1999, 367 (370) = NJW 1999, 717 und → Rn. 33 ff.

[1328] BGH NJW 2012, 1581 = FamRZ 2012, 945, Tz. 8; FamRZ 1982, 255, 465, 1187 = NJW 1982, 1873, 1875 und 1983, 1547; OLG Koblenz FF 2003, 138.

[1329] BGH FamRZ 1985, 690 = NJW 1985, 1701; OLG Hamm OLGR 1999, 157.

[1330] Vgl. BGH NJW 2013, 161 = FamRZ 2013, 109, Tz. 41; KG FamRZ 2014, 219 (LS); FuR 2014, 50 auch bei konkreter Bedarfsberechnung; → Rn. 402.

[1331] BGH FamRZ 2015, 309 = NJW 2015, 334 = NZFam 2015, 119, Tz. 15, 27.

[1332] BGH FamRZ 2015, 309 = NJW 2015, 334, Tz. 24; FamRZ 1985, 690 =NJW 1985, 1701.

[1333] BGH FamRZ 1987, 684 = NJW 1987, 2229.

[1334] BGH FamRZ 1985, 913 = NJW 1985, 2713 („es würde zu Unzuträglichkeiten führen, insbesondere in Abänderungsfällen, wenn der Richter an eine nicht sachgerechte Verteilung gebunden wäre"); OLG Koblenz FamRZ 1989, 59.

[1335] BGH FamRZ 1990, 1095 (1097) = NJW-RR 1990, 1410 unter Bezugnahme auf BGH FamRZ 1982, 1187 = NJW 1983, 1547 und FamRZ 1987, 684 (688) mAnm *Weychardt* (1130) = NJW 1987, 2229.

[1336] BGH FamRZ 1990, 1095 (1097) = NJW-RR 1990, 1410.

kann auch bei bestimmungswidriger Verwendung nur im Wege des Abänderungsantrags erreicht werden.

Umstritten ist, ob dem Berechtigten bei nicht bestimmungsgemäßer Verwendung die so erlangbare Alterssicherung fiktiv zuzurechnen ist[1337] oder ob eine (teilweise) Verwirkung nur nach den Maßstäben von § 1579 Nr. 4 BGB in Betracht kommt.[1338]

427 **Bremer Tabelle zur Berechnung des Altersvorsorgeunterhalts:**

Um die Hochrechnung vom fiktiven Nettounterhalt auf die Bruttobemessungsgrundlage zu erleichtern, hat das OLG Bremen eine vom BGH gebilligte[1339] Tabelle mit prozentualen Zuschlägen entwickelt, die von *Gutdeutsch*[1340] fortgeführt worden ist und in der Praxis so gut wie überall angewandt wird.

Die Tabellenwerte zum 1.1.2016[1341] lauten:

Nettobemessungs-grundlage in Euro	Zuschlag in Prozent zur Berechnung der Bruttobemessungsgrundlage
1 – 950	13 %
951 – 1000	14 %
1001 – 1055	15 %
1056 – 1110	16 %
1111 – 1155	17 %
1156 – 1195	18 %
1196 – 1235	19 %
1236 – 1265	20 %
1266 – 1300	21 %
1301 – 1335	22 %
1336 – 1375	23 %
1376 – 1425	24 %
1426 – 1480	25 %
1481 – 1540	26 %
1541 – 1600	27 %
1601 – 1665	28 %
1666 – 1730	29 %
1731 – 1800	30 %
1801 – 1870	31 %
1871 – 1945	32 %
1946 – 2020	33 %
2021 – 2100	34 %
2101 – 2180	35 %
2181 – 2260	36 %
2261 – 2345	37 %

[1337] OLG Hamm FamRZ 1987, 829; OLG Düsseldorf NJW 1982, 831 (833) und auch BGH FamRZ 1982, 1187 (1189); weitere Nachweise bei *Weychardt* FamRZ 1987, 1130.

[1338] BGH FamRZ 1987, 684 = NJW 1987, 2229 m. abl. Anm. *Weychardt* FamRZ 1987, 1130; wie BGH OLG Hamm NJW-RR 1992, 261.

[1339] BGH FamRZ 1999, 372 = NJW-RR 1999, 297; FamRZ 1982, 255 u. 1187 = NJW 1982, 1873.

[1340] Zum 1.1.2016: *Gutdeutsch* FamRZ 2016, 286; zum 1.1.2015: FamRZ 2015, 305, zum 1.1.2014: FamRZ 2014, 359; zum 1.1.2013: FamRZ 2013, 355; zum 1.1.2012: FamRZ 2012, 176.

[1341] Berechnet unter Berücksichtigung von Beitragssätzen von 18,7 % für die Rentenversicherung und 3 % für die Arbeitslosenversicherung und Lohnsteuer der Klasse 1 nach dem amtlichen Programmablaufplan 2016 ohne Kinderfreibeträge und ohne Vorsorgepauschale für den Kinderlosenzuschlag zur Pflegeversicherung und mit Solidaritätszuschlag.

Zur Anwendung vgl. BGH NJW 1981, 1556 (1558 f.) = FamRZ 1981, 442 (444 f.); BGH NJW 1983, 2937 (2938 f.) = FamRZ 1983, 888 (889 f.); s. auch BGH NJW 1985, 1347 L = FamRZ 1985, 471 (472 f.).

2346 –	2430	38 %
2431 –	2515	39 %
2516 –	2600	40 %
2601 –	2690	41 %
2691 –	2775	42 %
2776 –	2865	43 %
2866 –	2945	44 %
2946 –	3010	45 %
3011 –	3075	46 %
3076 –	3140	47 %
3141 –	3200	48 %
3201 –	3265	49 %
3266 –	3325	50 %
3326 –	3385	51 %
3386 –	3445	52 %
3446 –	3505	53 % [1342]
3506 –	3570	54 %
3571 –	3635	55 %
3636 –	3700	56 %
3701 –	3770	57 %
3771 –	3845	58 %
3846 –	3955	59 % [1343]
3956 –	4165	60 %
4166 –	4395	61 %
4396 –	4650	62 %
4651 –	4940	63 %
4941 –	5265	64 %
5266 –	5640	65 %
5641 –	6075	66 %
6076 –	6575	67 %
6576 –	7170	68 %
7171 –	7885	69 %
7886 –	8750	70 %
8751 –	9835	71 %
9836 –	11230	72 %
11231 –	12710	73 %
12711 –	13380	74 %
ab	13381	75 %

Eine tabellarische Übersicht zur Berechnung des Altersvorsorgeunterhalts beim **428** Differenzunterhalt haben *Gutdeutsch* und *Hampel*[1344] entwickelt.

[1342] In den neuen Bundesländern wird bei einer Beitragsbemessungsgrenze von 5400 EUR mit einer Nettobemessungsgrundlage von 3514,97 EUR und einem Zuschlag von 53,63 % der höchstmögliche Einzahlungsbetrag in die gesetzliche Rentenversicherung von 1009 EUR erreicht.

[1343] In den alten Bundesländern wird bei einer Beitragsbemessungsgrenze von 6200 EUR mit einer Nettobemessungsgrundlage von 3894,96 EUR und einem Zuschlag von 59,18 % der höchstmögliche Einzahlungsbetrag in die gesetzliche Rentenversicherung von 1159 EUR erreicht.
Nach einem Urteil des BGH FamRZ 2007, 117 = NJW 2007, 144 ist aber auch ein Vorsorgeunterhalt jenseits der Beitragsbemessungsgrenze nach den Grundsätzen der Bremer Tabelle zu berechnen.

[1344] FamRZ 2016, 286 ff.; 2015, 305 ff.; 2014, 359 ff.; 2013, 355 ff.; 2012, 176 ff. (fortgeführt von *W. Gutdeutsch* getrennt nach 3/7-Quote und 45 %-Quote).

429   **bb) Altersbedarf. Bei der Bemessung des Bedarfs alter Menschen** (jedenfalls ab Erreichen der maßgeblichen Altersgrenze) kann unabhängig von krankheitsbedingten Mehrbedürfnissen zu berücksichtigen sein, dass sie auf Grund ihres Alters einen Mehrbedarf haben. § 30 Abs. 1 Nr. 1 und Nr. 2 SGB XII geht bei der Hilfe zum Lebensunterhalt ab Erreichen der Altersgrenze und bei voll Erwerbsgeminderten im Sinne der gesetzlichen Rentenversicherung unter 65 Jahren von einem Mehrbedarf von 17 % des Regelsatzes aus, wobei weiter ein Schwerbehindertenausweis mit dem Merkzeichen G erforderlich ist.[1345] Solche sozialrechtlichen Pauschalierungen[1346] lassen sich jedoch nicht ohne weiteres auf das private Unterhaltsrecht (Ansprüche aus § 1571 oder § 1572 BGB) übertragen. Bei altersbedingter Pflegebedürftigkeit bedarf es vielmehr grundsätzlich der konkreten Darlegung im Einzelfall,[1347] wobei für Grund und Höhe Schätzungen nach § 287 ZPO in Betracht kommen.

Bei Alterseinkünften (Renten, Pensionen) ist ansonsten grundsätzlich eine **Quotenaufteilung von 1/2 : 1/2** anerkannt.[1348] Diese Quotierung schließt aber die Berücksichtigung besonderer Umstände nicht aus. So hat das OLG Köln[1349] entschieden, dass ein 80-jähriger Mann nach langjähriger Ehe der wesentlich jüngeren Frau entgegenhalten kann, dass er für die Haushaltsversorgung eine Haushaltshilfe benötigt, weil ihm eine Umstellung nach langer Zeit der Gewöhnung in diesem Alter nicht mehr zumutbar ist.

430   **cc) Grundsicherung.** Der unterhaltsberechtigte Elternteil ist grundsätzlich gehalten, Leistungen der Grundsicherung im Alter und bei Erwerbsminderung (§§ 41 ff. SGB XII), die gegenüber dem Elternunterhalt nicht nachrangig sind,[1350] zu beantragen. Verletzt er diese Obliegenheit, sind ihm entsprechende fiktive Einkünfte zuzurechnen.[1351] → Rn. 222.

e) Sonstiger Bedarf

431   **aa) Wirtschaftsgeld und Haushaltsgeld. Die Zahlung von Wirtschaftsgeld und Haushaltsgeld** nach §§ 1360, 1360a BGB ist eine Form der Bedarfsdeckung bei häuslicher Gemeinschaft der Ehegatten.

Der Begriffsklarheit[1352] halber sollte man unterscheiden zwischen dem **Gesamtunterhalt** nach § 1360a BGB, der auch außergewöhnliche Ausgaben für Krankheiten, Ferienreisen usw. umfasst, und dem **Wirtschaftsgeld,** das neben der Deckung des täglichen Bedarfs auch sonstige Ausgaben für die allgemeine Wirtschaftsführung (Autokosten, laufende Versicherungsbeiträge, Anschaffung von Kleidung) umfasst, und schließlich dem **Haushaltsgeld,** das nur dazu dient, die laufenden Haushaltskosten, insbesondere Ernährung, Pflegemittel usw., zu bestreiten. Das Wirtschaftsgeld ist treuhänderisch überlassen und bestimmungsgemäß zu verwenden; ein Rest geht nicht in das Vermögen des

---

[1345] Nach § 30 Abs. 1 SGB XII ist eine Abweichung von der Pauschale nach oben und unten möglich. Der Gesetzgeber hat damit unter Beifügung einer Besitzstandsklausel die Altersgrenze von 60 auf 65 Jahre abgehoben. Vgl. weiter die Einzelheiten bei § 30 Abs. 1–6 SGB XII.

[1346] Vgl. insbesondere die Pflegegeldpauschalen nach dem PflegeVG (SGB XI); dazu *Büttner* FamRZ 1995, 193 ff.

[1347] OLG Düsseldorf NJW 2002, 1353.

[1348] BGH FamRZ 1982, 894 = NJW 1982, 2442; Düsseldorfer Tabelle B I 2 und alle Leitlinien.

[1349] OLG Köln FamRZ 1980, 1006.

[1350] BGH FamRZ 2015, 1467 (Anm. *Schürmann* S. 1600) = NJW 2015, 2655, Tz. 11, Anschluss an FamRZ 2007, 1158 Tz. 14.

[1351] BGH FamRZ 2015, 1467 = NJW 2015, 2655, Tz. 11; OLG Naumburg FamRZ 2009, 701; OLG Frankfurt Urt. v. 23.1.2008 – 5 UF 146/07; OLG Oldenburg NJW-RR 2004, 364; OLG Zweibrücken NJW-RR 2003, 1299.

[1352] Zur Abgrenzung vgl. OLG Köln FamRZ 1984, 1089; OLG Celle FamRZ 1978, 589.

haushaltsführenden Ehegatten über.[1353] Die Abgrenzung ist wichtig für die Frage, inwieweit neben den laufend gezahlten Beträgen zusätzliche Kosten vom Unterhaltpflichtigen aufzubringen sind und inwieweit der Ehegatte, der die Haushaltsführung übernommen hat, darauf verwiesen werden kann, die laufend gezahlten Beträge so einzuteilen, dass auch Sonderkosten aus Rücklagen bezahlt werden können.[1354] Dabei wird es allerdings in erster Linie auf eine Auslegung der zwischen den Ehegatten getroffenen Vereinbarungen ankommen.[1355]

Die **Unterhaltsansprüche nach § 1360a und § 1361 BGB sind nicht identisch;** nach   **432** (endgültiger) Trennung kann also aus einem Titel über Wirtschaftsgeld nicht weiter vollstreckt werden.[1356]

Auch wenn schon ein **Scheidungsverfahren anhängig** ist, kann noch Wirtschaftsgeld verlangt werden, solange die Parteien noch zusammen leben und gemeinsam wirtschaften.[1357]

Da § 1360a BGB auf § 1613 Abs. 1 BGB verweist, kann auch rückständiges Wirtschaftsgeld verlangt werden, wenn zB zur Bedarfsdeckung auf Ersparnisse oder Darlehen zurückgegriffen wurde,[1358] nicht aber, wenn mit dem zu geringen Betrag ausgekommen wurde.

Die **Rechenschaftspflicht** des Ehegatten, der im Einvernehmen beider Ehegatten die Wirtschaftsführung übernommen hat, richtet sich nicht nach Auftragsrecht und ergibt sich auch nicht aus einem eigenständigen familienrechtlichen Anspruch. Aus der ehelichen Lebensgemeinschaft folgt vielmehr, dass der andere Ehegatte nur in groben Zügen über die Verwendung des Familieneinkommens unterrichtet werden muss,[1359] wenn nicht ausdrücklich etwas anderes vereinbart ist. Die Verwendung des Haushaltsgeldes muss also nicht im Einzelnen nachgewiesen werden und es ergeben sich keine Schadensersatzansprüche, wenn der Einzelnachweis nicht erbracht werden kann.

bb) Taschengeld. Das Taschengeld, das frei für persönliche Zwecke verwandt werden   **433** kann,[1360] gehört bei älteren Kindern und bei Erwachsenen zum Bedarf des Unterhaltsberechtigten. Es handelt sich nicht um Mehrbedarf, sondern um einen Bestandteil des allgemeinen Lebensbedarfs, es ist daher in den allgemeinen Unterhaltssätzen enthalten.

Bei Eheleuten wird es normalerweise mit dem Haushalts- und Wirtschaftsgeld (§ 1360a Abs. 2 S. 2 BGB) gezahlt, wenn es auch selbstständiger, gesondert berechneter Bestandteil ist, der nicht von einem Organisationsakt oder einer Vereinbarung der Ehegatten abhängt.[1361] Verdienender und nicht verdienender Ehepartner sind bei der Bemessung gleichzubehandeln.

Für die Gerichtspraxis bedeutsam wird der Anspruch, wenn er ausnahmsweise als Barbetrag vom haushaltsführenden Ehegatten geltend gemacht wird. Das heißt natürlich nicht, dass das Taschengeld ein „Entgelt" für die Haushaltsführung ist. Der Anspruch besteht – bei sonstiger Bedürftigkeit – auch dann, wenn keine Haushaltsführungsleistungen erbracht werden.[1362]

[1353] BGH FamRZ 1986, 668 = NJW 1986, 1869; OLG Hamm FamRZ 1988, 947.
[1354] KG FamRZ 1979, 427: Kosten für Erholungsreisen, Umzüge, Arztkosten gehören nicht zum Wirtschaftsgeld; ebenso OLG Hamburg FamRZ 1984, 583.
[1355] OLG Köln FamRZ 1984, 1089; OLG München FamRZ 1982, 801.
[1356] OLG Hamm FamRZ 1999, 30; OLG München FamRZ 1981, 450; OLG Düsseldorf FamRZ 1992, 943.
[1357] AG Kleve FamRZ 1996, 1408.
[1358] OLG Köln FamRZ 1984, 1089; OLG Hamm FamRZ 1988, 947.
[1359] BGH FamRZ 2001, 23 (24) = NJW 2000, 3199.
[1360] OLG Hamm FamRZ 1986, 437 mwN und FamRZ 1988, 947 (948).
[1361] BGH FamRZ 1998, 608 = NJW 1998, 1553; BVerfG FamRZ 1985, 143 (146) und 1986, 668 = NJW 1985, 1211 und 1986, 1869.
[1362] OLG München FamRZ 1981, 449.

Zwischen nicht verheirateten Eltern wird ein Taschengeldanspruch auch dann zu verneinen sein, wenn ein Anspruch aus § 1615l BGB besteht,[1363] denn § 1360a BGB bezieht sich nur auf Verheiratete.

Der Höhe nach ist der Anspruch mit 5 % des Nettoeinkommens zu bemessen.[1364] Ist der notwendige Bedarf – auch durch den Naturalunterhaltsanspruch[1365] – nicht gedeckt, besteht kein Taschengeldanspruch;[1366] ebenso nicht, wenn die Eigeneinkünfte des Berechtigten höher als der Taschengeldanspruch sind, denn dann ist dieser Bedarf aus den Eigeneinkünften zu decken.[1367]

Eine haushaltsführende Ehefrau muss den Taschengeldanspruch zur Finanzierung der Unterhaltsansprüche ihrer Kinder aus erster Ehe einsetzen,[1368] aber auch für den Elternunterhalt, dazu Rn. 219b.[1369]

Der Anspruch ist gemäß §§ 850b Abs. 1 Nr. 2, Abs. 2 ZPO **bedingt pfändbar.**[1370]

434 **Der Taschengeldanspruch der Kinder** richtet sich nach ihrem Alter und dem Einkommen der Unterhaltspflichtigen, wobei jedoch vor allem erzieherische Gesichtspunkte berücksichtigt werden müssen, so dass eine schematische Bemessung, orientiert an den Sätzen der Düsseldorfer Tabelle, nicht zu befürworten ist.[1371]

435 cc) **Verfahrenskostenvorschuss**[1372]. (1) **Allgemeines. Eine persönliche Angelegenheit** muss das Verfahren betreffen, wenn eine Vorschusspflicht bestehen soll (familienrechtliche Angelegenheiten werden in aller Regel als solche anzusehen sein). Auch arbeitsrechtliche Bestandsstreitigkeiten sind persönliche Angelegenheiten.[1373] Das Insolvenzverfahren ist dann nicht als persönliche Angelegenheit anzusehen, wenn die Schulden nicht zum Aufbau der wirtschaftlichen Existenz der Eheleute eingegangen worden sind.[1374]

Die Leistung muss außerdem der Billigkeit entsprechen. Aus Letzterem ist zu schließen, dass sich der Verpflichtete gegenüber diesem Anspruch gegenüber minderjährigen Kindern auf den notwendigen Selbstbehalt, gegenüber sonstigen Berechtigten aber auf den angemessenen Selbstbehalt berufen darf.[1375] Auch ein Vorschussanspruch für das Scheidungsverfahren entspricht der Billigkeit.[1376] Ob ein Vorschussanspruch in allen Fällen ausgeschlossen ist, in denen der Verpflichtete selbst einen hypothetischen

---

[1363] **Anders** LG Tübingen FamRZ 2002, 556 m. zustimm. Anm. *Ernst.*

[1364] BGH FamRZ 2014, 1990 (mAnm *Hauß*) = NJW 2014, 3514 unter ausdrücklicher Abkehr von der variablen Größe von 5 – 7 % (zB noch BGH FamRZ 2013, 363 = NJW 2013, 686; OLG Frankfurt FamRZ 2009, 703; *Haumer* FamRZ 1996, 193 u. *Braun* NJW 2000, 97 lehnten den Taschengeldanspruch noch ab.

[1365] BGH FamRZ 2002, 742.

[1366] OLG Hamm FamRZ 1986, 437.

[1367] BGH FamRZ 2014, 1540 = NJW 2014, 2570, Tz. 13; KG NJW-RR 1992, 707.

[1368] BVerfG FamRZ 1985, 143 (146) = NJW 1985, 1211; BGH FamRZ 2002, 742; OLG Frankfurt 2014, 1927 (LS) = NZFam 2015, 223; OLG Köln FamRZ 2007, 1904.

[1369] BGH FamRZ 2014, 1990 = NJW 2014, 3514; FamRZ 2013, 363 = NJW 2013, 686.

[1370] BGH FamRZ 2004, 1784 u. 1279 = NJW 2004, 2450 u. 2452; BGH FamRZ 1998, 608 = NJW 1998, 1553; BVerfG FamRZ 1986, 773; OLG Frankfurt FamRZ 2009, 703; *Büttner* FamRZ 1994, 1433 (1439 f.).

[1371] So aber der Vorschlag von *Kunz* DAVorm 1989, 813. OLG Hamm DAVorm 1978, 187 (189).

[1372] Zum Ganzen: *Caspary* NJW 2005, 2577.

[1373] BAG FamRZ 2006, 1117 = NZA 2006, 694.

[1374] BGH FamRZ 2003, 1651 = NJW 2003, 2910; nicht hinreichend differenzierend AG Koblenz FamRZ 2003, 1486.

[1375] BGH FamRZ 2004, 1633 = NJW-RR 2004, 1662; OLG München NJW-RR 2006, 792: generell bei durchschnittlichen Einkünften nicht.

[1376] KG OLGR 2003, 352 gegen KG FamRZ 1995, 680.

Anspruch auf (ratenweise) Verfahrenskostenhilfe hätte, ist nach wie vor umstritten;[1377] jedoch dürfte es in der Praxis nicht viele Fälle geben, in denen bei eigener Bedürftigkeit ausreichende Leistungsfähigkeit (angemessener Selbstbehalt) für einen Vorschuss in Betracht kommt. Solange der Vorschusspflichtige allerdings nicht selbst um Verfahrenskostenhilfe nachsucht, wird die Auferlegung eines Vorschusses nicht nur wegen seines hypothetischen Anspruchs unbillig erscheinen;[1378] dagegen kann der Beteiligte, der bereits selbst VKH-Raten zahlt, nicht auch noch dem Gegner Vorschuss in Raten erbringen.[1379]

Der **Vermögensstamm** muss zur Finanzierung nicht angegriffen werden.[1380]

Hinreichende Erfolgsaussicht der Prozessführung ist wie bei der Verfahrenskostenhilfe gemäß § 114 ZPO Voraussetzung für das Bestehen des Anspruchs.[1381]

Der Verfahrenskostenvorschuss kann auch in Raten zu zahlen sein.[1382] Das OLG Celle[1383] bekräftigt für diesen Fall zu Recht, dass dann aber dem Vorschussberechtigten zugleich Verfahrenskostenhilfe mit entsprechender Ratenzahlungsanordnung zu bewilligen und für den Beginn dieser Ratenzahlungen der Realisierbarkeit des Vorschussanspruchs Rechnung zu tragen ist.

Nach Beendigung des Verfahrens kann der Anspruch nicht mehr verlangt werden, wenn er nicht rechtzeitig vorher geltend gemacht worden ist.[1384]

Der Vorrang des Verfahrenskostenvorschussanspruchs vor der Verfahrenskostenhilfe endet daher, wenn der Anspruch nicht mehr geltend gemacht werden kann. Allerdings ist zu prüfen, ob er rechtzeitig hätte geltend gemacht werden können.[1385] Es kann aber nicht verlangt werden, **Folgesachen** im Verbund geltend zu machen, weil das weniger Kosten verursache; abgesehen davon, dass dies häufig nicht zutrifft, haben bedürftige wie bemittelte Beteiligte das gleiche Recht, ein schnelles Scheidungsverfahren ohne eine komplizierte Folgesache durchzuführen.[1386]

Die erforderlichen Mittel sind **Sonderbedarf,** wenn nicht die Notwendigkeit der Verfahrensführung (hinreichend lange) vorhersehbar ist oder die erforderlichen Mittel so gering sind, dass sie aus dem laufenden Unterhalt gedeckt werden können.[1387]

[1377] Gegen generellen Ausschluss OLG Brandenburg FamRZ 2003, 1933; OLG Köln OLGReport 2002, 77 und Rpfleger 1999, 82; Dürbeck/Gottschalk PKH/VKH Rn. 371 f. mwN; anders aber OLG Bamberg FamRZ 2000, 1093; OLG Oldenburg OLGR 1999, 72; OLG Köln OLGR 1999, 136; OLG Düsseldorf FamRZ 1993, 1474.

[1378] OLG Celle FamRZ 2014, 783; Bumiller/Harders/Schwamb FamFG § 246 Rn. 6.

[1379] OLG Celle FamRZ 2010, 53 = NJW-RR 2010, 871; Dürbeck/Gottschalk PKH/VKH Rn. 372.

[1380] Dürbeck/Gottschalk PKH/VKH Rn. 371; OLG Köln FamRZ 1984, 1256.

[1381] BGH FamRZ 2001, 1363 = NJW 2001, 1646. Dürbeck/Gottschalk PKH/VKH Rn. 373.

[1382] BGH FamRZ 2005, 1164 (1167); FamRZ 2004, 1633 = NJW-RR 2004, 1662; OLG Naumburg FamRZ 2005, 2001.

[1383] OLG Celle FamRZ 2014, 783 = NZFam 2014, 42; Dürbeck/Gottschalk PKH/VKH Rn. 372.

[1384] BGH FamRZ 1985, 902; OLG Nürnberg FamRZ 1998, 489; OLG Karlsruhe NJWE-FER 1999, 267; es gibt daher keine Prozesskostennachschusspflicht über § 120 Abs. 4 ZPO, vgl. OLG Celle FamRZ 1992, 702; allerdings können Schadensersatzansprüche bei Nichterfüllung eines begründeten Anspruchs bestehen: OLG Köln FamRZ 1991, 843 m. abl. Anm. *Knops.*

[1385] Anders teilweise OLG Rostock OLG Report 2001, 560; vgl. dazu *Weisbrodt* FF 2003, 237.

[1386] BGH FamRZ 2005, 786 und 788 = NJW 2005, 1497 und 1498 mwN; OLG Köln FamRZ 2003, 102; dazu *Weisbrodt* FF 2003, 237; aA bis 10. Auflage unter Bezug auf OLG Zweibrücken FamRZ 2000, 756.

[1387] BGH FamRZ 1984, 148 = NJW 1984, 291.

Ein Rückforderungsanspruch besteht angesichts des Vorschusscharakters der Leistung nach Billigkeitsgrundsätzen,[1388] insbesondere, wenn die Voraussetzungen nicht vorgelegen haben sowie bei späterer Besserung der wirtschaftlichen Verhältnisse.

Im **Kostenfestsetzungsverfahren** kann der geleistete Verfahrens-/Prozesskostenvorschuss nur berücksichtigt werden, wenn über die Zahlung kein Streit besteht. Lange war umstritten, ob er dann auch im Fall einer Kostenquotelung zu berücksichtigen ist,[1389] und ob eine Anrechnung erst erfolgt, wenn die Summe an Erstattungsbetrag und Vorschuss den Gesamtbetrag der den Vorschussempfänger treffenden Kosten übersteigt.[1390] Der BGH[1391] hat die Frage nun im zuletzt genannten Sinn entschieden, denn der Vorschuss nach § 1360a BGB gewährt einen unterhaltsrechtlichen Sonderbedarf und dient damit auch zur Deckung der Kosten, die der Berechtigte anderweitig nicht ersetzt erhält, weil sie wegen der Kostenverteilung im Verfahren von seinem Kostenerstattungsanspruch nicht umfasst werden. Es muss lediglich vermieden werden, dass der Empfänger letztlich aus dem Vorschuss und der Erstattung einen seine tatsächlichen Kosten übersteigenden Gewinn erzielt.

436   **(2) Nicht geschiedene Ehegatten.** Für **Ehegatten in ehelicher Gemeinschaft** (§ 1360a Abs. 4 BGB) und für **getrennt lebende Ehegatten** (§ 1361 Abs. 4 S. 4 BGB) ist die Verfahrenskostenvorschusspflicht ausdrücklich gesetzlich geregelt. Dabei handelt es sich um eine abschließende Regelung, die einen weiteren Rückgriff auf Pflichten aus der ehelichen Lebensgemeinschaft ausschließt.[1392]

Der Anspruch hat unterhaltsrechtlichen Charakter und setzt darüber hinaus eine besondere Verantwortung des Verpflichteten für den Berechtigten voraus, die das Gesetz für diese Unterhaltsrechtsverhältnisse ausdrücklich bejaht.[1393] Der neue Ehegatte ist daher für ein Verfahren seines Ehepartners gegen dessen geschiedenen Ehegatten grundsätzlich vorschusspflichtig, wenn es sich um eine persönliche Angelegenheit (zB Zugewinnausgleich) handelt.[1394] Im Einzelfall, wenn zB aus sachfremden Erwägungen prozessiert wird, und die Inanspruchnahme unzumutbar wäre, soll dem mit dem Tatbestandsmerkmal der Billigkeit Rechnung getragen werden.[1395]

Bei völliger Verwirkung des Unterhaltsanspruchs wird auch ein Verfahrenskostenvorschussanspruch zu versagen sein, da er Ausfluss eines bestehenden Unterhaltsanspruchs ist.[1396]

437   **(3) Geschiedene Ehegatten.** Zwischen **geschiedenen Ehegatten besteht kein Anspruch auf Verfahrenskostenvorschuss,** weil angesichts der abgeschwächten Verantwortung füreinander nach Scheidung die für eine Analogie zu fordernde Ähnlichkeit der Sachlage zu verneinen ist.[1397] Für eine abgetrennte Folgesache kann ein Vorschuss-

---

[1388] BGH FamRZ 1990, 491 = NJW 1990, 1476; OLG Hamm FamRZ 1992, 672 = NJW-RR 1992, 582.

[1389] Zum Streitstand im Einzelnen: OLG München FamRZ 1994, 1605; OLG Düsseldorf OLGR 1996, 146; vgl. weiter OLG Frankfurt FuR 2001, 523 und OLGR Frankfurt 2005, 278.

[1390] OLGR Frankfurt 2005, 278 (und zwar nur der notwendigen Kosten iSd § 91 ZPO); OLGR Köln 2002, 143; KG NJW-RR 2002, 140.

[1391] BGH FamRZ 2010, 452.

[1392] BGH NJW 1964, 1129 mwN

[1393] BGH FamRZ 1990, 491 = NJW 1990, 1476; FamRZ 1986,40 (42); FamRZ 1984, 148 = NJW 1984, 291; damit verträgt sich nicht, den Anspruch im Fall des Quotenunterhalts nicht zu geben (gegen AG Weilburg FamRZ 2003, 1564).

[1394] BGH FamRZ 2010, 189 = NJW 2010, 372; OLG Hamm FamRZ 1989, 277; OLG Frankfurt FamRZ 1983, 588; anders bisher OLG Düsseldorf FamRZ 1984, 388.

[1395] BGH FamRZ 2010, 189 = NJW 2010, 372, Tz. 11.

[1396] OLG Koblenz FPR 2002, 545; **anders** OLG Zweibrücken FamRZ 2001, 1149.

[1397] St. Rspr. seit BGH FamRZ 1984, 148 = NJW 1984, 291; vgl. auch BGH FamRZ 1990, 280 (282) = NJW-RR 1990, 194.

anspruch noch bestehen, denn dieser ist schon vor Rechtskraft der Scheidung begründet worden.[1398]

(4) Nichteheliche Mutter (Vater). Wenn eine Unterhaltpflicht nach § 1615l BGB **438** besteht, wird dem Berechtigten gegen den Verpflichteten dennoch kein Verfahrenskostenvorschussanspruch zuzubilligen sein, da nicht verheiratete Eltern nicht stärker miteinander verbunden sind als geschiedene Ehegatten.[1399]

(5) Nichteheliche Lebensgemeinschaften. Auf nichteheliche Lebensgemeinschaften 439 sind die Vorschriften der §§ 1360a Abs. 4, 1361 Abs. 4 S. 4 BGB nicht entsprechend anwendbar, denn es fehlt an einem Unterhaltsanspruch, so dass auch ein daraus folgender Nebenanspruch nicht besteht. Aus §§ 16, 122 BSHG aF (jetzt §§ 20, 36 SGB XII bzw. § 7 Abs. 3, Abs. 3a SGB II) kann ein Anspruch nicht hergeleitet werden.[1400]

(6) Minderjährige Kinder. Gegenüber minderjährigen unverheirateten Kindern 440 wird eine Verfahrenskostenvorschusspflicht allgemein bejaht, da eine gesteigerte unterhaltsrechtliche Verantwortlichkeit besteht[1401] und sie den verheirateten Ehegatten gemäß § 1609 BGB nun sogar vorgehen.

Auch der das Kind betreuende Ehegatte kann vorschusspflichtig sein, insoweit gilt nicht der Grundsatz der Gleichwertigkeit von Barunterhalt und Betreuung, sondern diese Zusatzlast muss im Rahmen der wechselseitigen Leistungsfähigkeit angemessen verteilt werden.[1402]

Gegenüber Kindern nicht miteinander verheirateter Eltern besteht in gleicher Weise eine Verfahrenskostenvorschusspflicht.[1403]

(7) Volljährige Kinder. Gegenüber gem. § 1603 Abs. 2 S. 2 BGB den minderjährigen 441 Kindern gleichgestellten volljährigen Kindern ist die Interessenlage nicht anders als bei minderjährigen Kindern, so dass eine Vorschusspflicht zu bejahen ist.[1404]

Gegenüber anderen volljährigen Kindern besteht eine Vorschusspflicht, solange sie noch keine selbstständige Lebensstellung erreicht haben.[1405] Das soll auch mit 38 Jahren noch der Fall sein können.[1406]

Wenn das **volljährige Kind eine selbstständige Lebensstellung erreicht hat,** soll nach ganz überwiegender Meinung[1407] der Anspruch entfallen, weil dann die Intensität der unterhaltsrechtlichen Verbindung nicht mehr derjenigen zwischen Ehegatten vergleichbar ist.

In der Praxis hat sich diese Unterscheidung durchgesetzt, denn der Billigkeitsanspruch setzt eine enge unterhaltsrechtliche Beziehung voraus, wobei die Rechtsgrundlage des Verfahrenskostenvorschussanspruchs im Verwandtenunterhaltsrecht in einer Analogie zu § 1360a Abs. 4 BGB zu sehen ist.[1408] Das ist keine Frage des Alters, sondern der kon-

---

[1398] OLG Koblenz OLGR 1999, 356; OLG Nürnberg FamRZ 1990, 421.

[1399] **Anders** OLG München OLGR 2002, 67.

[1400] AA OLG Koblenz NJW-RR 1992, 1348.

[1401] Zwar offen gelassen von BGH FamRZ 1984, 148 = NJW 1984, 291, aber sonst allgemeine Rechtsprechung, vgl. OLG Nürnberg FamRZ 2001, 233; OLG Karlsruhe FamRZ 1996, 1100 (auch gegen Betreuenden); OLG Hamburg NJW-RR 1996, 1 (nicht gegen Scheinvater).

[1402] BGH FamRZ 2002, 742; OLG Koblenz FamRZ 2001, 632; OLG Bamberg FamRZ 1999, 398; OLG Jena NJWE-FER 1999, 8; enger OLG Karlsruhe FamRZ 1996, 1100.

[1403] Da das Gesetz seit dem 1.7.1998 keine „nicht ehelichen Kinder" mehr kennt, sollte das selbstverständlich sein – so schon OLG Koblenz FamRZ 1996, 44.

[1404] OLG Hamm NJW 1999, 798.

[1405] BGH FamRZ 2005, 883 mAnm *Borth* = NJW 2005, 1722; OVG Hamburg FamRZ 2006, 1615; BVerwG FamRZ 1974, 370; BSG NJW 1970, 352.

[1406] OLG München NJW-RR 2007, 657.

[1407] BGH FamRZ 2005, 883 mAnm *Borth* = NJW 2005, 1722; OLG Hamburg OLGR 2001, 321; OLG Braunschweig OLGR 1999, 307; OVG Münster NJW-RR 1998, 1235 und FamRZ 2000, 21 (Ls.).

[1408] BGH FamRZ 2005, 883 = NJW 2005, 1722; für Analogie zu § 1360a Abs. 4 BGB schon: OLG Hamm FamRZ 2000, 255.

kreten Lebensumstände, so dass auch eine 38-Jährige noch einen Verfahrenskostenvorschussanspruch haben kann.[1409] Dem volljährigen Kind, das schon eine selbstständige Lebensstellung erreicht hatte, ist bei wiederauftretender Bedürftigkeit daher kein Verfahrenskostenvorschussanspruch mehr zuzubilligen.

442   **(8) Sonstige Verwandte. Eltern haben gegen ihre Kinder** nur ausnahmsweise einen Verfahrenskostenvorschussanspruch, da die unterhaltsrechtliche Verantwortung abgeschwächt ist.[1410]

Für weiter **entfernte Verwandte** in gerader Linie (Großeltern, Enkelkinder) scheidet eine Vorschusspflicht ebenfalls aus, da die Verfahrenskostenhilfe eine Sozialhilfeleistung ist und nach § 94 Abs. 1 SGB XII der Rückgriff insoweit ausgeschlossen ist, so dass kein Vorrang der privaten Hilfe besteht.[1411]

443   **(9)** Auf Grund eines aus § 91 Abs. 4 S. 1 BSHG aF (jetzt § 94 Abs. 5 S. 2 SGB XII, ebenso nach § 33 Abs. 4 S. 2 SGB II und § 7 Abs. 4 S. 3 UVG) **gegen den Leistungsträger hergeleiteten Anspruchs auf Verfahrenskostenvorschuss** zur **Geltendmachung rückübertragener Unterhaltsansprüche** ist dem Empfänger der öffentlichen Leistungen **insoweit keine Verfahrenskostenhilfe** zu bewilligen.[1412] Der BGH hat damit in dem Streit, ob die zitierten Vorschriften dem Unterhaltsgläubiger einen Vorschussanspruch oder lediglich einen späteren Freistellungsanspruch gewähren, der zuerst genannten Auffassung den Vorzug gegeben, zumal sich die jeweilige Formulierung „belastet wird" gerade auf die Gegenwart bezieht und auf vor dem Verfahrensabschluss anfallende Kosten.

Der Unterhaltsgläubiger ist damit aber nicht gehindert, selbst seine **laufenden** Ansprüche geltend zu machen; dafür ist ihm – bei Vorliegen der Voraussetzungen im Übrigen – auch Verfahrenskostenhilfe zu bewilligen, eventuell auch mit Rückständen, die sich kostenrechtlich nicht (wesentlich) auswirken.

444   **dd) Außergerichtliche Rechtsberatung.** Außergerichtliche Rechtsberatungskosten können gleichfalls zum (Sonder-)Bedarf gehören.[1413] Wegen der Rechtsähnlichkeit der Bedarfslage müssen dafür die Billigkeitseinschränkungen, die für den Verfahrenskostenvorschuss gelten, ebenfalls angewendet werden.[1414]

445   **ee) Schulden. Welchen Einfluss Schulden, die abgetragen werden müssen, auf die Höhe des Unterhaltsbedarfs haben** und ob Schuldentilgungsmittel eventuell als Mehrbedarf geltend gemacht werden können, sind Fragen, die sich wie bei der Leistungsfähigkeit[1415] auch bei der Bedürftigkeit stellen.

Dem pauschalen Grundsatz, Schuldentilgung gehöre nicht zum Lebensbedarf im unterhaltsrechtlichen Sinne, kann nicht gefolgt werden. Es muss danach differenziert werden, wann und aus welchen Gründen die Schulden entstanden sind.[1416]

[1409] OLG München FamRZ 2007, 911 = NJW-RR 2007, 657.

[1410] LG Duisburg NJW 2004, 299: Kein Vorrang vor Verfahrenskostenstundung; OLG Oldenburg OLGR 1997, 157; vgl. weiter *Dürbeck/Gottschalk* PKH/VKH Rn. 435 zum Streitstand.

[1411] Anders OLG Düsseldorf DAVorm 1990, 80, das Anspruch gegen Urgroßmutter bejahte sowie OLG Koblenz MDR 1997, 65 (gegen Großeltern).

[1412] BGH FamRZ 2008, 1159 mAnm *F. Günther* FamRZ 2008, 1162 = NJW 2008, 1950; OLG Düsseldorf OLGR 2009, 412 = FamRZ 2009, 530 (Ls.).; OLG Oldenburg FamRZ 2003, 1761 = NJW-RR 2003, 1227; OLG Karlsruhe FamRZ 1999, 1508; OLG Koblenz FamRZ 1997, 1086.

[1413] OLG München FamRZ 1990, 312.

[1414] Einzelheiten bei *Kleinwegener* FamRZ 1992, 755; allerdings ist entgegen *Kleinwegener* nicht von einer doppelten Anspruchsgrundlage (§ 1613 Abs. 2 und 1360a Abs. 4 BGB) auszugehen.

[1415] Dazu näher *Hoppenz* FamRZ 1987, 324 ff.; → Rn. 1039 ff.

[1416] BGH FamRZ 1985, 902 = NJW 1985, 2265 zu Schulden aus Prozesskosten, wenn Anspruch erst nach Prozessende geltend gemacht wird.

Sind die Schulden vor Beginn der Unterhaltpflicht entstanden, kann der Unterhaltspflichtige nicht mit der Abtragung belastet werden, da dies auf eine Vorverlegung der Unterhaltpflicht hinausliefe. Nach Beginn der Unterhaltpflicht entstandene Schulden können dem Unterhaltpflichtigen dann entgegengehalten werden, wenn eine Kreditaufnahme den laufenden geschuldeten Unterhaltsbedarf abgedeckt hat oder wenn die Schulden zur Deckung von Sonderbedarf gemacht worden sind. Beides ist im Grunde selbstverständlich, da es sich nur um die Nachfinanzierung ohnehin geschuldeter Unterhaltsleistungen handelt. Wenn aber eine Verpflichtung zur Finanzierung des Sonderbedarfs nicht bestand oder der Sonderbedarf nicht rechtzeitig geltend gemacht worden ist, besteht auch keine Verpflichtung, diese Schulden zu tilgen.[1417]

Das gilt zB für Schulden, die durch Aufwendungen entstanden sind, die nicht zum Lebensbedarf gehören oder aus den laufenden Bezügen zu decken waren.

Nicht zum Lebensbedarf des Unterhaltsberechtigten gehören die Unterhaltspflich **446** **ten, die er gegenüber Dritten hat.**[1418] Deren Berücksichtigung liefe auf eine Verlagerung der Unterhaltpflicht auf einen nicht Unterhaltpflichtigen hinaus.

Eine andere Frage ist, inwieweit dem Berechtigten zufließende Unterhaltsbeträge, die an sich zur Deckung seines angemessenen Bedarfs bestimmt sind, Leistungsfähigkeit gegenüber Personen begründen, denen der Berechtigte unterhaltpflichtig ist.[1419]

ff) Trennungsbedingter Mehrbedarf. Der „trennungsbedingte Mehrbedarf" ist nur **447** **eine relative Bedarfsgröße.** Er soll den Mehrbedarf gegenüber dem laufenden Lebensbedarf vor der Trennung bei Aufrechterhaltung des gleichen Lebensstandards bezeichnen. Soweit die Differenzmethode angewendet wird,[1420] spielt diese Bedarfsgröße keine wesentliche Rolle, weil die Quotierung die angemessene Gesamtverteilung des Einkommens vorgibt und zugleich begrenzt. Das gilt grundsätzlich auch für Mangelfälle, da davon auszugehen ist, dass nach der Trennung auf beiden Seiten trennungsbedingter Mehrbedarf entsteht.[1421] Bedeutsam ist der trennungsbedingte Mehrbedarf dagegen noch in den Fällen, in denen er im Einzelfall aus zusätzlichen nicht prägenden Einkünften befriedigt werden kann[1422] oder ausnahmsweise noch die Anrechnungsmethode[1423] anzuwenden ist, bei der zunächst der Gesamtbedarf des Berechtigten ermittelt wird, von dem das hinzutretende Einkommen abzuziehen ist.

Der **trennungsbedingte Mehrbedarf muss konkret dargelegt** und vom Tatrichter **448** ermittelt werden.[1424] Zur hinreichenden Konkretisierung ist auch die Darlegung erforderlich, dass die einzelnen Positionen tatsächlich zu Mehrbedarf führen, und dieser Mehrbedarf muss möglichst exakt erfasst werden (zB Anteil Mietbetrag für die Ehewohnung im Verhältnis zur Miete für Einzelwohnung nach Getrenntleben; entsprechend für Mietnebenkosten, Grundgebühren; Lebenshaltungskosten). Der vielfach vertretenen Pauschalierung[1425] ist der BGH entgegengetreten. Allerdings kommt bei hinreichenden Anhalts-

---

[1417] BGH FamRZ 1964, 558; vgl. auch BGH FamRZ 1992, 423 = NJW 1992, 1044; ferner LG Dortmund, NJW 1958, 1593 (Befreiung von einer Kostenverbindlichkeit – keine Erweiterung der Unterhaltpflicht über § 1360a Abs. 4 BGB hinaus). Anders eventuell, wenn der Pflichtige die Schulden des Berechtigten (mit-)veranlasst hat. Einzelheiten → Rn. 1039 ff.

[1418] BGH FamRZ 1985, 273 (275) = NJW 1985, 807; FamRZ 1980, 555 = NJW 1980, 934; KG-Report 1995, 201.

[1419] BGH FamRZ 1986, 668 = NJW 1986, 1869 (Einsatz des Taschengeldes); FamRZ 1985, 273 (275) = NJW 1985, 807.

[1420] Dazu → Rn. 56.

[1421] BGH FamRZ 1984, 358 = NJW 1984, 1237; BGH FamRZ 1984, 772 (774).

[1422] Hammer Leitlinien Nr. 15.5.

[1423] → Rn. 452 und eingehend *Graba* FamRZ 2002, 857.

[1424] BGH FamRZ 1995, 346 = NJW 1995, 963; FamRZ 1991, 670 (671) = NJW 1991, 1290; FamRZ 1990, 1085 (1088) = NJW 1990, 2886 und ständig.

[1425] Vgl. *Hampel* FamRZ 1984, 621 (626 f.); die Praxis folgt inzwischen der BGH-Rechtsprechung.

punkten eine Schätzung in Betracht (§ 287 ZPO).[1426] Auf die Übersicht zum trennungsbedingten Mehrbedarf → Rn. 56–58 wird verwiesen.

449   **gg) Umgangskosten. Durch die Ausübung des Umgangsrechts entstehende Kosten**
begründen auch für den umgangs- und unterhaltsberechtigten Ehepartner ausnahmsweise
Zusatzbedarf. Die Frage muss spiegelbildlich zur Frage, ob der Unterhaltspflichtige ihm
entstehende Umgangskosten vom unterhaltspflichtigen Einkommen abziehen kann,[1427]
entschieden werden (siehe dazu jetzt auch Nr. 10.7 der Unterhaltsleitlinien bzw. -grund-
sätze der Oberlandesgerichte). Danach sind zwar die üblichen Umgangskosten im verbleibenden Anteil des Kindergeldes und in der Unterhaltsquote enthalten. Bei höheren
Kosten (zB für weite Reisen, die durch einen Umzug des Unterhaltspflichtigen für den
Umgangsberechtigten nötig geworden sind) muss jedoch etwas anderes gelten.[1428] Angesichts der Rechtsprechung des Bundesverfassungsgerichts[1429] ist zu berücksichtigen, dass
bei wirtschaftlich schwacher Lage des Berechtigten von ihm aufzubringende Umgangskosten Zusatzbedarf begründen können.[1430]

III. Die Anrechenbarkeit von Arbeitseinkünften des Berechtigten

1. Zumutbarkeit der Erwerbstätigkeit

a) Gruppen

450   Für die Zumutbarkeit der Erwerbstätigkeit ist – bei Gleichbehandlung von Män-
nern und Frauen – zwischen folgenden Fallgruppen zu unterscheiden:

   aa) Erwerbstätigkeit während des Zusammenlebens (§ 1360 BGB),
   bb) Erwerbstätigkeit bei Getrenntleben (§ 1361 Abs. 1–3 BGB),
   cc) Erwerbstätigkeit nach Scheidung (§§ 1569–1576 BGB; bei vor dem 1.7.1977 geschie-
      denen Ehen: §§ 58, 61 EheG), ferner gemäß § 1615l BGB aus Anlass der Geburt eines
      Kindes.

451   **aa) In häuslicher Gemeinschaft lebende Ehegatten. Nach § 1360 BGB sind die
Ehegatten einander verpflichtet, durch Arbeit** (und mit ihrem Vermögen) **die Familie
angemessen zu unterhalten.** Wenn nach der Vereinbarung der Ehegatten einem die
Haushaltsführung überlassen ist, so erfüllt er seine Verpflichtung in der Regel durch die
Haushaltsführung.

Ob die mit ihrem zweiten Ehemann zusammen lebende Frau zu einer Erwerbstätigkeit
verpflichtet ist, ist daher regelmäßig kein Problem ihrer Bedürftigkeit. Die Frage stellt
sich vielmehr bei ihrer Leistungsfähigkeit, wenn zB ein anderweitig versorgtes Kind aus
erster Ehe Barunterhalt von der Mutter verlangt.[1431] Entsprechendes gilt für den Fall, dass

---

[1426] Vgl. BGH FamRZ 1990, 499 (503); OLG Düsseldorf FamRZ 1987, 295 (297); KG FamRZ
1985, 937; OLG Hamburg FamRZ 1987, 1044 (zur Mehrpersonenhaushaltsersparnis).
    [1427] → Rn. 324 und 1037.
    [1428] Vgl. zur Berücksichtigung von Umgangskosten bei der Leistungsfähigkeit: BGH FamRZ 2009,
1300 = NJW 2009, 2523, Tz. 57; FamRZ 2009, 1391 = NJW 2009, 2592; FamRZ 2009, 1477; FamRZ
2005, 706 (708) = NJW-RR 2005, 729; ferner noch OLG Karlsruhe OLGR 2002, 105 (nach Billigkeit
einkommensmindernd); KG FamRZ 1998, 1386.
    [1429] Nach BVerfG FamRZ 2003, 1370 = NJW 2003, 2733; FamRZ 1995, 86 = NJW 1995, 1342 ist
sozialhilferechtlich die Beschränkung auf ein bloß monatliches Besuchswochenende nicht gerechtfertigt; so im Einzelfall auch unterhaltsrechtlich: OLG Koblenz Urt. v. 27.11.2002 – 9 UF 287/02.
    [1430] → Rn. 324. BSG FamRZ 2007, 465 leitet das auch beim Erwerbsfähigen aus § 73 SGB XII ab.
    [1431] → Rn. 175 und 750 ff.

ein gegenüber Dritten unterhaltspflichtiger Mann die **Hausmannsrolle** übernommen hat.[1432]

Ein anderes Problem stellt sich im Hinblick auf die nun häufigere **Unterhaltskonkur-** **452** **renz von geschiedenem und neuem Ehegatten** bei Anwendung der Drittelmethode (jetzt auf der Leistungsebene).[1433] Hier ist den gesetzlichen Wertungen Rechnung zu tragen, dass die Rollenverteilung der zweiten Ehe im Fall des Zusammentreffens mit Ansprüchen auf Geschiedenenunterhalt nicht ausschlaggebend sein darf.[1434] Der BGH weist in dem zitierten Urteil vom 18.11.2009 darauf hin, dass schon nach § 1582 BGB aF im Rahmen des Vergleichs der beiden Unterhaltsansprüche aus erster und zweiter Ehe beim neuen Ehegatten **nicht auf den Familienunterhalt abzustellen** war, sondern darauf, ob der neue Ehegatte bei entsprechender Anwendung der §§ 1569 bis 1574, 1576 BGB und des § 1577 Abs. 1 BGB unterhaltsberechtigt wäre. Hintergrund dieser Regelung war, dass der Gesetzgeber es für unbillig hielt, allein den geschiedenen Ehegatten auf eine Erwerbstätigkeit zu verweisen, sondern erwartet werden müsse, dass der Ehegatte des Verpflichteten seine Möglichkeiten in gleichem Maße ausschöpfe, wie es dem Geschiedenen obliege.[1435] Auf Seiten des neuen Ehegatten kommt es deshalb bei einer solchen Unterhaltsbemessung nicht auf dessen Anspruch auf Familienunterhalt nach § 1360 BGB an, sondern auf den **hypothetischen Unterhaltsanspruch im Fall einer Scheidung,** wobei dann aber im Fall des § 1570 BGB die elternbezogenen Gründe nach § 1570 Abs. 2 BGB aus der neuen Ehe bei Beurteilung der Erwerbsverpflichtung keine Rolle spielen dürfen, um die Gleichbewertung der Erwerbsobliegenheiten von geschiedenem und neuem Ehegatten nicht wieder aufzulösen.[1436]

bb) Getrennt lebende Ehegatten. In § 1361 Abs. 1 BGB heißt es sehr allgemein: **453** „Leben die Ehegatten getrennt, so kann ein Ehegatte von dem anderen den nach den Lebensverhältnissen und den Erwerbs- und Vermögensverhältnissen angemessenen Unterhalt verlangen."

Der Begriff des Getrenntlebens entspricht dem in § 1567 BGB. Es kommt daher darauf an, dass ein Ehegatte die häusliche Gemeinschaft erkennbar nicht herstellen will. Beim Getrenntleben innerhalb der Wohnung müssen die räumlichen Bereiche bis auf unvermeidbare oder kinderbedingte Gemeinsamkeiten getrennt sein.[1437] Wenn Eheleute nach einer Trennung für einen nicht nur vorübergehenden Zeitraum wieder in ehelicher Gemeinschaft zusammenleben, verliert ein Trennungsunterhaltstitel seine Wirkung; es besteht wieder ein Anspruch auf Familienunterhalt nach §§ 1360, 1360a BGB. Nach erneuter Trennung der Eheleute bedarf es einer neuen Titulierung des Trennungsunterhalts.[1438]

Nach § 1361 Abs. 2 BGB kann der nicht erwerbstätige Ehegatte „nur darauf verwiesen werden, seinen Unterhalt durch eine Erwerbstätigkeit selbst zu verdienen, wenn dies von ihm nach seinen persönlichen Verhältnissen insbesondere wegen einer früheren Erwerbstätigkeit unter Berücksichtigung der Dauer der Ehe und nach den wirtschaftli-

---

[1432] BGH FamRZ 2015, 738 = NJW 2015, 1178 = NZFam 2015, 359; FamRZ 2006, 1827 = NJW 2007, 139.

[1433] 1. Teil → Rn. 52–52 c.

[1434] BGH FamRZ 2010, 111 = NJW 2010, 365, Tz. 49 ff.; bestätigt durch BGH FamRZ 2012, 281 = NJW 2012, 384, Tz. 49.

[1435] BGH FamRZ 2010, 111 = NJW 2010, 365, Tz. 49 unter Hinweis auf BT-Drs. 7/650, 142 f. sowie darauf, dass sich an dieser Wertung im Konkurrenzfall auch nach § 1609 Nr. 2 BGB nF nichts geändert hat.

[1436] BGH FamRZ 2010, 111 = NJW 2010, 365, Tz. 54.

[1437] OLG München FamRZ 2001, 1457 verneint aber Trennung, wenn kinderbedingte Gemeinsamkeiten bleiben. Das ist mit § 1671 BGB unvereinbar.

[1438] OLG Hamm NJW-RR 2011, 1015 = FamFR 2011, 202 = FamRZ 2011, 1234 (Ls.).

chen Verhältnissen beider Ehegatten erwartet werden kann". An dieser Formulierung
hat das Unterhaltsrechtsänderungsgesetz vom 21.12.2007 nichts geändert. Zu beantworten bleibt dennoch, **inwieweit die Veränderungen der Erwerbsobliegenheit nach
§§ 1570 ff. BGB auf den Trennungsunterhalt zurückwirken.**[1439] Insoweit hat der BGH
nun darauf hingewiesen, dass für den Trennungsunterhalt zunächst **großzügigere Anforderungen** hinsichtlich einer Erwerbsobliegenheit gelten als sie in § 1574 BGB für den
nachehelichen Unterhalt bestimmt sind, weil die bestehenden Verhältnisse geschützt
werden sollen, um die Wiederherstellung der ehelichen Lebensgemeinschaft nicht zu
erschweren.[1440] Deshalb sind auch an die Voraussetzungen einer **Verwertung des Vermögensstammes** während der Trennungszeit höhere Anforderungen zu stellen als beim
nachehelichen Unterhalt.[1441]

Auf die Trennungsschuld kommt es nicht an.[1442] Billigkeitsgründe können aber gemäß
§ 1361 Abs. 3 BGB entsprechend § 1579 BGB zu einer Herabsetzung des Unterhaltsanspruchs führen.

Von besonderer praktischer Bedeutung ist hier die Anwendung des § 1579 Nr. 7 und 8
BGB auf Fälle, in denen ein Ehegatte die Familie verlassen hat und mit einem anderen
Partner zusammenlebt. Soweit aus diesem Grunde – wegen der für den neuen Partner
erbrachten Betreuungsleistungen – nicht schon die Bedürftigkeit zu verneinen ist,[1443] stellt
sich die Frage der groben Unbilligkeit.[1444] Dagegen ist die **Dauer der Ehe nur nach
Maßgabe des § 1361 Abs. 2 BGB** zu berücksichtigen, denn **§ 1579 Nr. 1 BGB ist von
der entsprechenden Anwendung ausgenommen.**[1445]

454   **Im Übrigen kommt es bei Getrenntleben nicht anders als nach der Scheidung
darauf an, …**

1. ob überhaupt eine Selbstunterhaltungs- und damit Erwerbsobliegenheit besteht. Dazu
   erkennt der BGH an, dass anders als in § 1570 BGB für den nachehelichen Unterhalt
   die Voraussetzungen, unter denen Trennungsunterhalt wegen Betreuung eines Kindes
   verlangt werden kann, in § 1361 BGB nicht konkretisiert sind und deswegen großzügigere Anforderungen hinsichtlich einer Erwerbsobliegenheit bestehen.[1446] Die Gedanken der Unterhaltstatbestände nach §§ 1570 ff. BGB sind aber mit zunehmender
   Verfestigung der Trennung vermehrt zu berücksichtigen;[1447] für eine großzügigere
   Beurteilung der Erwerbsobliegenheit besteht in der Regel kein Grund mehr, wenn die
   Scheidung nur noch eine Frage der Zeit ist.[1448]
2. ob sich bei Bestehen der Erwerbsobliegenheit dem Grunde nach inhaltlich eine
   angemessene Erwerbstätigkeit finden lässt – hier gelten die Gedanken des § 1574
   BGB.

Bei beiden Prüfungen ist zu beachten, dass die eheliche Beistands- und Fürsorgepflicht
noch besteht und die Grenzen auch deshalb enger zu ziehen sind, weil die endgültige

---

[1439] Vgl. dazu OLG Düsseldorf FamRZ 2010, 646 = NJW-RR 2010, 1082; Bespr. *Pfeil* FamFR
2010, 13; ferner OLG Köln NJW-RR 2009, 370; Thüringer OLG OLGR Jena 2009, 698 = FamRZ
2009, 1842 (red. Ls.); OLG Zweibrücken OLGR 2008, 886.
[1440] BGH FamRZ 2012, 1201 = NJW 2012, 2190, Tz. 18.
[1441] BGH FamRZ 2012, 514, Tz. 36.
[1442] BVerfG FamRZ 1981, 745 (748) = NJW 1981, 1771; BGH FamRZ 1979, 569 = NJW 1979,
1348.
[1443] → Rn. 563 f.
[1444] → Rn. 1138 f.
[1445] BGH NJW 1979, 1348 u. 1452; OLG Schleswig SchlHA 1979, 37.
[1446] BGH FamRZ 2012, 1201 = NJW 2012, 2190, Tz. 18.
[1447] BGH FamRZ 1990, 283 (286) = NJW-RR 1990, 323; FamRZ 1985, 782 = NJW 1985, 1695;
FamRZ 1980, 981 = NJW 1980, 2247.
[1448] BGH FamRZ 2012, 1201 = NJW 2012, 2190, Tz. 18.

Trennung nicht faktisch präjudiziert werden soll.[1449] Dass der Blickwinkel des Gesetzes ein anderer ist, zeigen schon die Worte in § 1361 Abs. 2 BGB „kann nur dann darauf verwiesen werden", während die Unterhaltstatbestände nach der Scheidung als Ausnahme vom Grundsatz der Eigenverantwortung formuliert sind.

Zu den **„persönlichen Verhältnissen"**, die iSd § 1361 Abs. 2 BGB für das Ob und den **455** Zeitpunkt der Zumutbarkeit der Aufnahme einer Erwerbstätigkeit (bzw. ihrer Fortsetzung) maßgebend sind, gehören insbesondere:

- **Dauer der Ehe:** Bei langer Ehe (mehr als 15 Jahre) wird eine längere Übergangszeit oft angemessen sein.[1450]
- **Dauer der Trennung.** Im ersten Trennungsjahr besteht – schon wegen § 1565 Abs. 2 BGB – in der Regel keine Obliegenheit zur Aufnahme oder Ausweitung einer Erwerbstätigkeit.[1451] Mit zunehmender Dauer der Trennung werden die Anforderungen an eine ernsthafte Arbeitssuche immer strenger, wobei es für den Einzelfall auf das Gewicht der anderen Faktoren der persönlichen Verhältnisse ankommt. Nach zweijähriger Trennung wird in aller Regel mit intensiver Arbeitssuche begonnen werden müssen, falls die sonstigen Voraussetzungen der Erwerbsobliegenheit zu bejahen sind.[1452] Bei langjähriger Trennung und wirtschaftlicher Selbstständigkeit beider Partner besteht kein Anspruch auf Trennungsunterhalt.[1453]
- **Frühere Erwerbstätigkeit,** die ebenfalls im Gesetzeswortlaut hervorgehoben ist, ist nicht nur eine schon vor der Trennung ausgeübte Arbeit, sondern kann auch eine schon einige Zeit zurückliegende Erwerbstätigkeit sein. Entscheidend ist, ob dadurch die Zumutbarkeit der Wiedereingliederung in das Erwerbsleben indiziert ist.[1454] So kann eine trotz Kinderbetreuung vor der Trennung ausgeübte Arbeit nach der Trennung unzumutbar werden, wenn die Doppelbelastung bisher nur durch die Mithilfe des Ehepartners bewältigt werden konnte.[1455]
- **Hinnahme der Nichterwerbstätigkeit** bei freiwilliger Unterhaltszahlung ohne Aufforderung, erwerbstätig zu werden, begründet einen Vertrauenstatbestand, der den Zeitpunkt des Beginns der Arbeitssuche hinausschiebt.[1456]

[1449] BGH FamRZ 2012, 1201 = NJW 2012, 2190, Tz. 18; FamRZ 2001, 350 = NJW 2001, 973; FamRZ 1991, 416 (418) = NJW 1991, 1049.

[1450] BGH FamRZ 2006, 769 = NJW 2006, 1967 (bei widerspruchsloser Zahlung des Trennungsunterhalts); OLG Köln FamRZ 2002, 1627 (Ls.); OLG München FamRZ 2001, 1618 (nach 20-jähriger Ehe ist 53-jährige Frau erst zwei Jahre nach der Trennung zur Ausweitung ihrer Berufstätigkeit verpflichtet); OLG Schleswig SchlHA 1992, 215 = NJW-RR 1993, 391 (unmittelbar nach Trennungsjahr bei 2-jähriger Ehe).

[1451] BGH FamRZ 2001, 350 = NJW 2001, 973 (auch zu den Voraussetzungen der Ausnahmen); BGH FamRZ 1990, 283 (286) = NJW-RR 1990, 323; OLG Hamm OLGR 2004, 138; OLG Koblenz NJW 2003, 1816; OLG Bremen NJWE-FER 2000, 76; vgl. ferner Unterhaltsleitlinien und -grundsätze Nr. 17.2.; grundsätzlich auch OLG München OLGR 2007, 706 (verkürzt aber auf 9 Monate, weil Kläger vor Trennung 3 Jahre „nur Hausmann" war und die unterhaltspflichtige Beklagte auch das gemeinsame Kind versorgt).

[1452] BGH FamRZ 2001, 350 = NJW 2001, 973; FamRZ 1990, 283 (286) = NJW-RR 1990, 323; FamRZ 1985, 782 (784) = NJW 1985, 1695; OLG Koblenz FamRZ 1993, 199 (200); zu Verzögerungen im Scheidungsverfahren vgl. OLG Brandenburg FamRZ 1996, 751.

[1453] OLG Frankfurt FPR 2004, 25.

[1454] BGH FamRZ 1990, 283 (286) = NJW-RR 1990, 323: Trennungsjahrschutz für „längere Zeit" nicht erwerbstätig gewesenen Ehegatten; OLG Hamm FamRZ 1994, 1029 (gelernte Direktrice und 10-jähriger Berufserfahrung vor der Ehe).

[1455] Dieser Gesichtspunkt wird in der Entscheidung BGH FamRZ 1981, 1159 = NJW 1981, 2804 (Lehrerin mit 1/2-Stundenzahl und Kindern im Alter von 8 und 12 Jahren) nicht erörtert. Im hier vertretenen Sinne: OLG Düsseldorf FamRZ 1985, 1039; im Hinblick auf § 1570 BGB nF siehe aber OLG Düsseldorf FamRZ 2010, 646.

[1456] BGH FamRZ 2006, 769 = NJW 2006, 1967 (zu § 1587c BGB); OLG Köln FamRZ 1999, 853 = NJWE-FER 1999, 201; OLG Hamm FamRZ 1995, 1580.

- **Wirtschaftliche Verhältnisse** beider Ehegatten, ebenfalls im Gesetzestext hervorgehoben, wirken sich vor allem in Mangelfällen auf eine Vorverlegung der Erwerbsobliegenheit aus.[1457] Bei sehr guten wirtschaftlichen Verhältnissen können sie zu einer Verlängerung der Übergangsfrist führen, nicht aber zu einer übermäßigen, da auch in besten Verhältnissen nach Scheitern der Ehe eigene Erwerbsaktivitäten zumutbar sind.[1458] Auch den im Sinne des Sozialhilferechts voll Erwerbsunfähigen kann innerhalb der ihm verbleibenden Möglichkeiten eine unterhaltsrechtliche Erwerbsobliegenheit treffen.[1459]
- **Betreuung nicht gemeinschaftlicher Kinder** (vorehelicher, erstehelicher oder Enkel- bzw. Pflegekinder),[1460] wenn ihre Betreuung der Ehegestaltung entsprach: Das folgt aus der stärkeren Verantwortung füreinander vor der Scheidung und gehört zu den persönlichen Verhältnissen nach § 1361 Abs. 2 BGB, sofern ihre Aufnahme und Betreuung in der ehelichen Lebensgemeinschaft auf dem gemeinschaftlichen Willen der Ehepartner beruht.
- **Betreuung nicht vom Ehemann abstammender Kinder.** Hier tritt der Trennungs-unterhaltsanspruch gegenüber dem aus § 1615l BGB zurück.[1461] Es kommt auch der Ansatz eines fiktiven Einkommens in Betracht.[1462] Sofern der getrennt lebende Ehemann aber nach § 1592 Nr. 1 BGB (noch) **rechtlicher Vater** eines Kindes ist, ist es unerheblich, dass er unstreitig nicht der biologische Vater des Kindes ist,[1463] denn für den Ehegattenunterhalt ist die fortbestehende Vaterschaft dort zu berücksichtigen, wo der Unterhalt des Ehegatten an die gemeinsame Elternschaft anknüpft oder diese ansonsten für die Bemessung des Unterhalts bedeutsam ist.[1464] Solange die rechtliche Vaterschaft besteht, kommt es für die Frage einer Erwerbsobliegenheit der Mutter auf die Betreuungsbedürftigkeit des Kindes an.[1465]
- **Sonstige Faktoren** (Betreuung gemeinschaftlicher Kinder, Alter, Gesundheit usw.), die nach §§ 1569 ff. für die Zumutbarkeit der Erwerbstätigkeit nach der Scheidung maßgebend sind (dazu → Rn. 458 ff., insbes. → Rn. 466 ff. zu §§ 1615l, 1570 BGB), sind auch hier stets zu beachten in dem Sinne, dass nach der Scheidung die Erwerbstätigkeit wegen der Abschwächung der Verantwortung immer eher zumutbar ist als noch in der Trennungszeit (bei gleichartigen Verhältnissen).[1466] Auch der Zeitpunkt der Aufforderung zur Berufstätigkeit ist von Bedeutung (Vertrauensschutz).[1467]

[1457] OLG Koblenz FamRZ 1994, 1253 und 755; OLG Bamberg NJW 1993, 601 (besondere Anstrengungen bei hoher Verschuldung).

[1458] Anders in Ausnahmefällen zB BGH FamRZ 1987, 691 = NJW 1987, 2739.

[1459] OLG Zweibrücken NJW-RR 2007, 222.

[1460] BGH FamRZ 1979, 569 = NJW 1979, 1348; FamRZ 1979, 571 = NJW 1979, 1452; FamRZ 1981, 17 = NJW 1981, 448; FamRZ 1981, 752 = NJW 1981, 1782; FamRZ 1982, 463 = NJW 1982, 1461; OLG Koblenz Urt. 17.6.2003 – 11 UF 279/02; OLG Düsseldorf FamRZ 1978, 118; OLG Bremen OLGR 1996, 39.

[1461] OLG Bremen NJW 2004, 1601.

[1462] OLG Köln NJW-RR 2006, 218; OLG Koblenz FamRZ 2005, 804; aA OLG Jena NJW-RR 2006, 584.

[1463] BGH FamRZ 2012, 1201 = NJW 2012, 2190, Tz. 19.

[1464] FamRZ 2012, 1201 = NJW 2012, 2190, Tz. 19, unter Bezugnahme auf BGH FamRZ 2012, 779 = NJW 2012, 1443, Tz. 32.

[1465] BGH FamRZ 2012, 1201 = NJW 2012, 2190, Tz. 19 (im konkreten Fall war das Kind im maßgeblichen Zeitraum noch nicht drei Jahre alt).

[1466] Beispielhaft auch zur Entwicklung in der Trennungszeit: OLG Düsseldorf FamRZ 2010, 646 = NJW-RR 2010, 1082; Bespr. *Pfeil* FamFR 2010, 13.

[1467] OLG Hamm OLGR 2004, 138.

Für die Ausweitung einer Teilzeitarbeit nach der Trennung gelten ähnliche Maßstä- 456
be.[1468] Auch hier muss dem Trennungsjahr die Zeit der notwendigen Suche nach einem
Vollzeitarbeitsplatz hinzugerechnet werden.[1469]

Ein teilzeitbeschäftigter Ehegatte muss sich grundsätzlich um eine Ausweitung seiner
Tätigkeit bei seinem bisherigen Arbeitgeber oder um eine vollschichtige Tätigkeit bei
einem anderen Arbeitgeber bemühen.[1470]

Die Aufgabe einer krisensicheren Teilzeitstelle für eine noch unsichere Vollzeitarbeit
kann allerdings einem Unterhaltsbedürftigen nicht angesonnen werden, sofern der Verpflichtete nicht erklärt, das Risiko mitzutragen, dass die Vollzeitstelle alsbald wieder
verloren geht und in die Teilzeitstelle nicht zurückgekehrt werden kann.[1471]

Sofern danach ein teilschichtig beschäftigter Ehegatte nicht zur Aufgabe seines Teilzeitarbeitsplatzes verpflichtet ist, kann aber grundsätzlich verlangt werden, dass er zur
Sicherung seines Unterhalts eine **weitere Teilzeittätigkeit** aufnimmt, weil auch die Übernahme zweier Teilzeitbeschäftigungen eine „angemessene" Erwerbstätigkeit im Sinne der
§§ 1573 Abs. 1, 1574 BGB sein kann.[1472]

Gleichzeitiger Bezug von Arbeitslosengeld II (SGB II-Leistungen) und Behauptung
vollständiger Erwerbsunfähigkeit ist widersprüchlich.[1473]

Die **Aufgabe selbstständiger Tätigkeit** kann erforderlich werden, wenn diese nach
längerer Anlaufphase defizitär bleibt.[1474]

Ein Anspruch auf Ausbildung, Fortbildung oder Weiterbildung zur Vorbereitung 457
auf eine angemessene Tätigkeit kann der Aufnahme einer Erwerbstätigkeit ebenfalls entgegenstehen. Den Berechtigten kann dabei – nach der Übergangszeit – sogar die Obliegenheit treffen, mit der Ausbildung schon in der Trennungszeit zu beginnen, wenn er
keine angemessene Erwerbstätigkeit zu finden vermag; insoweit gilt § 1574 Abs. 3 BGB
entsprechend.[1475] Es kommt dann insoweit auch ein Anspruch auf Ausbildungsunterhalt
nach den Kriterien des § 1573 Abs. 1 iVm § 1574 Abs. 3 BGB in Betracht. Dagegen
scheidet ein Unterhaltsanspruch nach den Maßstäben des § 1575 BGB während der
Trennungszeit der Eheleute an sich aus, kann aber ausnahmsweise doch einmal in Frage
kommen, wenn ein Ehegatte die Ausbildung „im Vorgriff auf die Voraussetzungen des
§ 1575 BGB" aufnimmt, nachdem das endgültige Scheitern der Ehe feststeht.[1476] Zum
Anspruch auf Ausbildungsunterhalt in der Trennungszeit in entsprechender Anwendung
von § 1575 BGB vgl. → Rn. 524.[1477]

cc) Geschiedene Ehegatten und Mütter/Väter aus Anlass der Geburt eines Kindes. 458
(1) Im Unterschied zu § 1569 aF BGB wird in § 1569 BGB in der ab 1.1.2008 geltenden

---

[1468] OLG Düsseldorf FamRZ 2010, 646 = NJW-RR 2010, 1082 mit Bespr. *Pfeil* FamFR 2010, 13.

[1469] OLG Frankfurt FamRZ 2000, 25 = NJWE-FER 1999, 289; OLG München FamRZ 2001,
1618; OLG München OLGR 1992, 216 will schon für die fiktive Zurechnung auf den Beginn des auf
den Ablauf des Trennungsjahrs folgenden Monats abstellen – das setzt aber voraus, dass die Ausweitung ohne weiteres möglich war.

[1470] BGH FamRZ 2012, 1483 = NJW 2012, 3434, Tz. 22.

[1471] Vgl. zur entspr. Problematik beim Unterhaltspflichtigen: OLG Schleswig OLGR 2007, 325 =
FamRB 2007, 197 mAnm *Heinle.*

[1472] BGH FamRZ 2012, 1483 = NJW 2012, 3434, Tz. 24; FamRZ 2007, 200, 202 unter 3.; OLG
Schleswig OLGR 2007, 325 = FamRB 2007, 197 mAnm *Heinle;* OLG Frankfurt FamRZ 2000, 25 =
NJWE-FER 1999, 289; OLG Oldenburg FamRZ 1996, 672.

[1473] OLG Brandenburg NJW-Spezial 2007, 533.

[1474] OLG Hamm NJW-RR 1995, 1283.

[1475] BGH FamRZ 1986, 553 = NJW 1986, 985; OLG Karlsruhe FamRZ 1984, 1018.

[1476] BGH FamRZ 2001, 350.

[1477] FamRZ 1986, 1085 (1086) = NJW-RR 1987, 196; BGH NJW 1986, 722 (724); OLG Hamm
OLGR 1998, 176; FamRZ 1995, 170 (beschränkt auf planvolles Studium und Regelstudiendauer);
OLG Hamburg FamRZ 1991, 1298.

Fassung schon in der Überschrift hervorgehoben, dass der Grundsatz der **Eigenverant-wortung** gilt. Demgemäß heißt es in § 1569 S. 1 BGB: „Nach der Scheidung obliegt es jedem Ehegatten, selbst für seinen Unterhalt zu sorgen.

Seine wesentliche Ausprägung findet das in § 1574 BGB,[1478] der grundsätzlich regelt, dass dies **in erster Linie durch Ausübung einer angemessenen Erwerbstätigkeit** erfolgen soll, dazu im Folgenden unter b).[1479]

(2) In § 1569 S. 2 BGB heißt es jedoch: „Ist er dazu außerstande, hat er gegen den anderen Ehegatten einen Anspruch auf Unterhalt nur nach den folgenden Vorschriften."

Damit kommt der Grundsatz der **nachwirkenden Mitverantwortung** zum Ausdruck, der in den einzelnen Unterhaltstatbeständen nach §§ 1570 ff. BGB seine Ausprägung findet, dazu im Folgenden unter c)–i).[1480] Dabei ist der Ausschluss und das Wiedereinsetzen einer Erwerbsobliegenheit bei Ansprüchen aus § 1615l BGB wegen ihrer Nähe zu § 1570 BGB[1481] gemeinsam zu erörtern.

b) Allgemeines zur Angemessenheit nach § 1574 BGB

459   Nach § 1574 Abs. 1 BGB heißt es seit 1.1.2008: „Dem geschiedenen Ehegatten obliegt es, eine angemessene Erwerbstätigkeit auszuüben." Es soll damit die eigene Verantwortung betont werden.[1482] Die Angemessenheit ist aber allgemein Voraussetzung für die Obliegenheit, eine Erwerbstätigkeit auszuüben, sofern nicht bereits die Ausnahmen nach §§ 1570 ff. BGB eingreifen. In § 1574 Abs. 2 BGB heißt es seit 1.1.2008: „Angemessen ist eine Erwerbstätigkeit, die der Ausbildung, den Fähigkeiten, einer früheren Erwerbstätigkeit, dem Lebensalter und dem Gesundheitszustand des geschiedenen Ehegatten entspricht, soweit eine solche Tätigkeit nicht nach den ehelichen Lebensverhältnissen unbillig wäre. Bei den ehelichen Lebensverhältnissen sind insbesondere die Dauer der Ehe sowie die Dauer der Pflege und Erziehung eines gemeinschaftlichen Kindes zu berücksichtigen." Damit wird der Grundsatz der Eigenverantwortung eingeschränkt durch das Prinzip der nachwirkenden Mitverantwortung.[1483] Der BGH[1484] weist besonders darauf hin, dass die ehelichen Lebensverhältnisse im Gegensatz zur früheren Rechtslage nur noch insoweit zum Tragen kommen, als die Tätigkeit nicht mehr angemessen ist, soweit sie nach den ehelichen Lebensverhältnissen **unbillig** wäre. Das Merkmal der ehelichen Lebensverhältnisse sei demnach **kein „gleichberechtigtes" Merkmal** zur Prüfung der Angemessenheit mehr, sondern habe nur noch die Funktion eines Billigkeitskorrektivs.[1485]

Wenn auf Grund der Umstände des Falles aber nur berufliche Tätigkeiten in Betracht kommen, die nach § 1574 Abs. 2 BGB als nicht angemessen anzusehen sind, kann von dem geschiedenen Ehegatten eine Erwerbstätigkeit nicht erwartet werden.[1486] Daran hat sich nichts geändert, auch wenn ein Unterhaltsanspruch die Ausnahme und nicht mehr die Regel ist.[1487] Genügt der Unterhaltsberechtigte seiner aktuellen Erwerbsobliegenheit, kann ihm nach der Rechtsprechung des BGH nicht für die Vergangenheit vorgehalten

---

[1478] Zur grundsätzlich veränderten Betrachtungsweise seit 1.1.2008: BGH FamRZ 2012, 517 = NJW 2012, 1144, Tz. 28.
[1479] → Rn. 459 ff.
[1480] → Rn. 466 ff.
[1481] Vgl. BVerfG FamRZ 2007, 965 = NJW 2007, 1735.
[1482] BT-Drs. 16/1830 S. 16.
[1483] BT-Drs. 16/1830 S. 16.
[1484] BGH FamRZ 2012, 517 = NJW 2012, 1144, Tz. 28.
[1485] BGH FamRZ 2012, 517 = NJW 2012, 1144, Tz. 28, unter Hinweis auf BT-Drs. 16/1830 S. 17.
[1486] BGH FamRZ 1983, 144 = NJW 1983, 1483.
[1487] BT-Drs. 16/1830 S. 16.

werden, er hätte konkrete Bewerbungsbemühungen entfalten müssen, um einen eingetretenen ehebedingten Nachteil zu kompensieren.[1488]

§ 1574 Abs. 2 BGB erwähnt folgende Kriterien für die Beurteilung der Angemessenheit:

aa) Ausbildung. Eine Erwerbstätigkeit in dem Beruf, für den man ausgebildet ist, ist in **460** Bezug auf dieses Kriterium stets angemessen. Gleichwohl kann im Ergebnis unter Berücksichtigung der anderen Kriterien die Angemessenheit zu verneinen sein. Insbesondere können gute eheliche Lebensverhältnisse nach langer Ehedauer der Angemessenheit der Rückkehr in einen einfachen Beruf (Bankdirektorsfrau wieder Schuhverkäuferin) entgegenstehen.[1489] In § 1574 Abs. 2 BGB heißt es jetzt „soweit eine solche Tätigkeit nicht nach den ehelichen Lebensverhältnissen unbillig wäre". Andererseits kann eine Tätigkeit unterhalb des Ausbildungsniveaus angemessen sein, wenn sich die Tätigkeit auf qualitativ gleicher Ebene bewegt.[1490]

Außerdem besteht auch für den Berechtigten die Berufsausübungsfreiheit, so dass er sich – zumal bei lang zurückliegender Ausbildung – für eine andere angemessene Tätigkeit entscheiden kann.[1491] In der heutigen Arbeitswelt muss eine gewisse Flexibilität erwartet werden, und der Berechtigte ist gemäß § 1574 Abs. 3 BGB zur Ausbildung, Fortbildung und Umschulung verpflichtet, soweit das zur Aufnahme einer angemessenen Erwerbstätigkeit erforderlich ist und Erfolg verspricht. Dementsprechend gibt § 1575 BGB einen Ausbildungsfinanzierungsanspruch.

Sind solche Maßnahmen nicht mehr möglich, kann die Verweisung einer Person mit qualifizierter Ausbildung auf eine „ungelernte" Arbeit unangemessen sein.

bb) Fähigkeiten. Unabhängig von einer im Zeitpunkt der Scheidung vorhandenen **461** Ausbildung kann nach den (zB künstlerischen) Fähigkeiten eines Ehegatten die Aufnahme einer Berufstätigkeit angemessen sein.[1492]

Eine Tätigkeit kann dagegen unangemessen sein, wenn sie zwar materiell ausreichen würde, aber keine angemessene Entfaltung der Kenntnisse und Fähigkeiten ermöglicht.[1493]

cc) Frühere Erwerbstätigkeit. Die Erwerbstätigkeit in einem Beruf, der früher aus **462** geübt wurde, ist grundsätzlich immer angemessen. Ein Ehegatte kann auch nicht unter Hinweis auf seine höhere Berufsqualifikation **deshalb** Unterhalt fordern, **wenn** er im Lauf der Ehe eine geringer qualifizierte Tätigkeit ausgeübt hat.[1494]

dd) Alter. Dieses Kriterium ist in den Fällen zu beachten, in denen zwar das Alter **463** nicht generell die Erwerbstätigkeit ausschließt, in denen aber zweifelhaft ist, ob die konkret in Aussicht genommene Arbeit noch altersangemessen ist. Das kommt vor allem bei Berufen in Betracht, die typischerweise nur in jüngeren Lebensjahren verrichtet werden können (Beispiele etwa: Taucher, Fußballspieler).

[1488] BGH FamRZ 2013, 274, mAnm *Viefhues* S. 276.

[1489] → Rn. 465.

[1490] BGH FamRZ 2005, 23 = NJW 2005, 61 *(Tatrichter)*; FamRZ 1991, 416 = NJW 1991, 1049 und NJW-RR 1992, 1282 (zweites Revisionsurteil): Tätigkeit einer ausgebildeten Kindergärtnerin in gehobenem Einrichtungshaus, aber nicht bei untergeordneter Hilfstätigkeit; OLG Koblenz FamRZ 1993, 199 (200); vgl. auch OLG Brandenburg MDR 2009, 270 f.; OLG Hamm Urt. v. 3.3.2010 – 5 UF 145/09, unter 1b); OLG Karlsruhe FamRZ 2009, 120 m. abl. Anm. *Drebold* (790).

[1491] BGH FamRZ 2005, 23 = NJW 2005, 61; NJW-RR 1992, 1282 (offen gelassen bei 50-jähriger Kindergärtnerin), FamRZ 1986, 1085 = NJW-RR 1987, 196; FamRZ 1986, 553 (555) = NJW 1986, 985; OLG München OLGR 2004, 131 (bei angemessener Tätigkeit kein Wechsel in besser bezahlte ungelernte Arbeit).

[1492] OLG Karlsruhe FamRZ 2002, 1566 (gute Fremdsprachenkenntnisse).

[1493] BGH FamRZ 1984, 988 (Arbeitsmöglichkeiten einer Russisch-Dozentin), → Rn. 460.

[1494] BGH FamRZ 2005, 23 = NJW 2005, 61; OLG Stuttgart FamRZ 2009, 785.

Von Bedeutung kann auch sein, ob es sich um eine erstmalige Berufsausübung oder um die Wiederaufnahme eines bereits früher ausgeübten Berufs handelt. Wegen der Umstellungsschwierigkeiten kann bei erstmaliger Berufsausübung die Altersgrenze niedriger anzusetzen sein.[1495]

Bei **Frauen ab Mitte 50** kann zwar nicht generell davon ausgegangen werden, dass sie keine angemessene Arbeit mehr finden können.[1496] Die besonderen Schwierigkeiten auf dem heutigen Arbeitsmarkt dürfen aber auch nicht verkannt werden.[1497] Sofern allerdings in jüngeren Jahren eine bestehende Erwerbsobliegenheit schuldhaft verletzt worden ist, kann man sich in späteren Jahren nicht darauf berufen, jetzt keine angemessene Erwerbstätigkeit mehr zu finden.[1498] Gleiches muss dann auch gelten, wenn eine angemessene Erwerbstätigkeit **mutwillig** aufgegeben worden ist und nicht geltend gemacht werden kann, dass die frühere Arbeitsstelle ohnehin verloren gegangen wäre.[1499]

Auch zusammen mit alterstypischen Verschleißerscheinungen kann jedenfalls eine Tätigkeit im **Geringverdienerbereich** noch angemessen sein.[1500] Es kommt aber immer auf die Einzelfallumstände an.[1501]

464   **ee) Gesundheitszustand.** Hier geht es darum, in Fällen, in denen nicht schon nach § 1572 BGB eine Erwerbstätigkeit überhaupt nicht erwartet werden kann, weiter zu prüfen, ob die konkret in Betracht kommende Berufstätigkeit gesundheitlich bewältigt werden kann.[1502] Soweit das OLG Hamm[1503] in diesem Zusammenhang für eine unter **Depressionen** leidende Unterhaltsberechtigte ausführt, diese treffe die Obliegenheit, alle zumutbaren Mitwirkungshandlungen zu unternehmen, um die Krankheit behandeln zu lassen und sich dafür unmittelbar in die Behandlung eines Therapeuten zu begeben, wird aber zu beachten sein, dass nicht ausreichende Bemühungen um eine Behandlung gerade Ausdruck der Depression sein können und deshalb eventuell nicht vorwerfbar sind. Bezieht der Unterhaltsschuldner aber Leistungen nach dem SGB II, sind an seine Behauptung, er sei aufgrund von Depressionen arbeitsunfähig, hohe Anforderungen zu stellen. Denn Voraussetzung für eine Gewährung von Arbeitslosengeld II ist, dass der Empfänger auf absehbare Zeit mindestens drei Stunden täglich arbeiten kann. Aus diesem Grunde müsse er – so das *Kammergericht* – substantiiert, schlüssig und konsistent zu den behaupteten gesundheitlichen Beeinträchtigungen und ihren Auswirkungen auf die Erwerbsfähigkeit vortragen.[1504]

Soweit nur stundenweise leichte Tätigkeiten ausgeübt werden können, kommen vor allem Arbeiten im Haushalt und in der Kinderbetreuung in Betracht. Es ist dabei zu bedenken, dass solche Stellen fast ausschließlich im Bereich der Geringverdienereinkommen angeboten werden und nach der Neuregelung zum 1.1.2013 für den Arbeitnehmer bis 450 EUR keine Beitrags- und Steuerpflicht besteht. Für den Bereich zwischen 450 EUR und 850 EUR (Gleitzone, § 20 Abs. 2 SGB IV) gilt das nur teilweise; eine

---

[1495] Vgl. OLG Zweibrücken FamRZ 1983, 1138.

[1496] BGH FamRZ 2011, 1851 = NJW 2011, 3577, Tz. 15 unter Hinweis auf *Kaiser/Dahm* NZA 2010, 473.

[1497] 1269 BGH FamRZ 2012, 517 = NJW 2012, 1144, Tz. 30 f.; FamRZ 2008, 2104 = NJW 2008, 3635, Tz. 22; OLG Hamm FamRZ 2010, 1914 (für eine Textilverkäuferin).

[1498] BGH FamRZ 2008, 2104 = NJW 2008, 3635, Tz. 23; FamRZ 2008, 872 = NJW 2008, 1525.

[1499] Vgl. BGH FamRZ 2008, 872 = NJW 2008, 1525 (allerdings für einen unterhaltpflichtigen Abänderungskläger entschieden).

[1500] BGH FamRZ 2012, 517 = NJW 2012, 1144, Tz. 33 ff.; OLG Hamm FamRZ 1999, 1275 (Ls.); zur Neuregelung der Geringverdienerarbeit ab 1.4.2003: *Büttner* FF 2003, 192 und *Christl* FamRZ 2003, 1215.

[1501] BGH FamRZ 2011, 1851 = NJW 2011, 3577, Tz. 15.

[1502] BGH FamRZ 1986, 1085 = NJW-RR 1987, 196.

[1503] OLG Hamm FamRZ 2012, 1732.

[1504] KG NZFam 2015, 766 (*Viefhues*).

Beschäftigung in diesem Einkommenssektor (sog. **Midi-Job**) kann sich auch durch Zusammenrechnung der Arbeitsentgelte aus zwei geringfügigen Tätigkeiten ergeben.[1505]

Neben dem Bezug einer Rente beträgt die Hinzuverdienstgrenze seit 1.1.2013 450 EUR nach § 34 Abs. 3 Nr. 1 SGB VI.[1506]

ff) Eheliche Lebensverhältnisse. Es handelt sich um eine Generalklausel, die dazu **465** bestimmt ist, das unbillige Ergebnis eines unangemessenen sozialen Abstiegs zu verhindern.[1507] Die beispielhaft genannten Faktoren **Dauer der Ehe** und **Dauer der Pflege oder Erziehung eines gemeinschaftlichen Kindes** weisen beide das Element des Vertrauensschutzes auf. Der Unterhaltpflichtige muss die Konsequenzen aus einem langjährigen,[1508] von ihm mitverantworteten und genutzten Zustand für die Zukunft mittragen. Dabei kommt es nicht darauf an, durch wessen Erwerbstätigkeit der gemeinsame soziale Status geschaffen worden ist,[1509] er gilt stets als von beiden Ehepartnern geschaffen. Es kommt auch nicht nur auf die Einkommensverhältnisse an, sondern auf den in der Ehe erreichten qualitativen beruflichen und sozialen Status.[1510] Bei guten Verhältnissen ist eine Verweisung des Bedürftigen auf eine seit Jahren nicht ausgeübte und erheblich unter dem Lebenszuschnitt der Ehe liegende Tätigkeit unangemessen.[1511] Wesentliches Merkmal für die Angemessenheit ist, ob die Tätigkeit Selbstständigkeit und Gestaltungsmöglichkeiten bietet, die dem erreichten sozialen Status entsprechen.[1512]

Der BGH hat nach neuem Unterhaltsrecht den Verweis einer „Unternehmergattin" auf eine Tätigkeit als Verkäuferin im gehobenen Bereich im Einzelhandel (in Abgrenzung zu einer Kassiererin im Supermarkt) oder im Bürobereich als angemessen iSd § 1574 Abs. 2 BGB gebilligt.[1513]

Nach den ehelichen Lebensverhältnissen kann weiter dann nicht auf den erlernten Beruf verwiesen werden, wenn während der Ehe eine qualifiziertere Ausbildung erreicht worden ist.[1514]

Umgekehrt können sehr einfache eheliche Lebensverhältnisse die Übernahme von einfachen Hilfstätigkeiten zumutbar machen, auch wenn der Berechtigte eine Berufsausbildung hat, in seinem Beruf aber keine Arbeit finden kann.[1515]

[1505] BGH FamRZ 2012, 517 = NJW 2012, 1144, Tz. 35 mwN Zur Neuregelung geringfügiger Beschäftigung ab 1.4.2003: *Büttner* FF 2003, 192; vgl. auch bereits BAG FamRZ 1993, 1429 (Ls.).

[1506] OLG Koblenz NJWE-FER 2000, 108 (noch zur Rechtslage vor 1.4.2003).

[1507] → Rn. 459. BGH FamRZ 2012, 517 = NJW 2012, 1144, Tz. 28 (nur noch Billigkeitskorrektiv).

[1508] BGH FamRZ 1983, 144; dagegen bei kurzer Ehedauer Rückkehr in früher ausgeübten Beruf angemessen: OLG Hamm FamRZ 1980, 258; nach 6-jähriger Ehe aber keine Verweisung der Frau eines Fabrikanten auf ungelernte oder angelernte Arbeit: OLG Schleswig FamRZ 1982, 703; OLG München FamRZ 2004, 1208 (kein Berufswechsel zum Zweck höheren Verdienstes).

[1509] BGH NJW-RR 1992, 1282.

[1510] Empfehlungen des 9. DFGT A I 2.1a (FamRZ 1992, 144).

[1511] BGH NJW-RR 1992, 1282 (keine Verweisung einer Kindergärtnerin nach 23-jähriger Ehe auf Tätigkeit als Verkaufshilfe); BGH FamRZ 1988, 1145 = NJW-RR 1988, 1282 (keine Verweisung der Ehefrau eines Bäckermeisters mit mehreren Filialen auf Angestelltentätigkeit); OLG Hamm FamRZ 1983, 181 (keine „leichte Frauenarbeit" für Oberarztehefrau nach 20-jähriger Ehe); OLG Koblenz FamRZ 1990, 751 (Erzieherin nach 22-jähriger Ehe nicht als Telefonistin).

[1512] Zumutbar daher: BGH FamRZ 1991, 416 = NJW 1991, 1049 (selbstständige Verkaufstätigkeit in gehobenem Einrichtungshaus für ausgebildete Kindergärtnerin); BGH NJW 1986, 985 (Dolmetschen für Ehefrau Oberstudiendirektor); OLG Koblenz FamRZ 1993, 199 (200) (eigenständige gehobene Tätigkeit für ehemalige Bankangestellte).

[1513] BGH FamRZ 2012, 517 = NJW 2012, 1144, Tz. 29.

[1514] BGH FamRZ 1980, 126 = NJW 1980, 393 = JR 1980, 200 mAnm *Mutschler;* BGH FamRZ 1981, 439; OLG Hamm FamRZ 1980, 1123 (Fortsetzung des ohne vorherige Ausbildung in der Ehe begonnenen Psychologiestudiums kurz vor dessen Ende).

[1515] OLG Hamm FamRZ 1988, 840.

Unabhängig vom sozialen Status in der Ehe ist die Fortsetzung einer Erwerbstätigkeit, die auch während der Ehe trotz guter Verhältnisse ausgeübt wurde, stets zumutbar.[1516]

c) Kinderbetreuung (§ 1570 BGB und § 1615l BGB)

466   **aa) Rechtslage für Unterhaltszeiträume bis 31.12.2007 und die Abänderung von Alttiteln.** Für Unterhaltszeiträume bis 31.12.2007 (gemäß § 36 Nr. 7 EGZPO) und mit Einschränkungen (Stichwort: Zumutbarkeit, § 36 Nr. 1 EGZPO) **auch für Abänderungen eines Titels aus dieser Zeit** für eine gewisse Zeit danach sind die in der bisherigen Rechtspraxis angewandten Maßstäbe noch von Bedeutung. Das gilt sogar für die unterschiedliche Behandlung ehelicher Kinder und nicht aus einer Ehe hervorgegangener Kinder, denn das Bundesverfassungsgericht hat insoweit entschieden, dass der gegen Art. 6 V GG verstoßende Rechtszustand bis zur Neuregelung hinzunehmen war.[1517] Sofern ein Titel aus der Zeit vor dem 31.12.2007 wegen der Neuregelung abänderbar wird, ist gemäß § 36 Nr. 1 EGZPO das Vertrauen in den Fortbestand des Titels zu berücksichtigen. Da allerdings der Betreuungsunterhalt auch nach den bisherigen Regelungen mit der zunehmenden Weiterentwicklung der Kinder „schwächer" wurde, wird es insoweit aus dem Gesichtspunkt der Zumutbarkeit meistens nur um die Einräumung angemessener Übergangsfristen gehen können.

(1) Für Kinder nicht miteinander verheirateter Eltern endete der Betreuungsunterhalt nach der **bis 31.12.2007 geltenden Fassung des § 1615l BGB in der Regel drei Jahre** nach der Geburt. Eine **Ausdehnung über 3 Jahre hinaus kam aber** nach dem seit **1.7.1998 bis 31.12.2007** geltenden Recht auch schon aus kindbezogenen wie elternbezogenen Gründen[1518] in Betracht.[1519]

(2) Im Rahmen des **§ 1570 BGB aF** galt:
Keine Erwerbsobliegenheit

* **1 Kind:** jedenfalls bis 8 Jahre (Beginn 3. Schuljahr),[1520] nach aM auch weitergehend bis Vollendung des 10./11. Lebensjahrs (Ende Grundschule) generell,[1521] bzw. nach den Umständen,[1522] wobei die Betreuungsbedürftigkeit eines behinderten Kindes besonders zu berücksichtigen ist.[1523]

[1516] OLG Celle FamRZ 1980, 581; OLG Köln FamRZ 1980, 1006; vgl. auch BGH FamRZ 1981, 1159 = NJW 1981, 2804.

[1517] BVerfG FamRZ 2007, 965 (973).

[1518] BGH FamRZ 2006, 1362; mit zustimm. mAnm. *Schilling* = NJW 2006, 2687 mAnm *Maurer* LMK 2006, 191 881; OLG Rostock OLGR 2007, 639; OLG Celle FamRZ 2002, 636; OLG Frankfurt FamRZ 2000, 1522; OLG Nürnberg FamRZ 2003, 1320 = NJW 2003, 3065 (aber nicht, weil sie keine mit der Kinderbetreuung vereinbare Arbeitsstelle findet); OLG Karlsruhe NJW 2004, 523 (offen lassend).

[1519] → Rn. 214.

[1520] Diese Grenze fand in der Rechtsprechung überwiegend Zustimmung: BGH FamRZ 2005, 1979 = NJW 2005, 3639; FamRZ 2001, 1687 (1691); FamRZ 1992, 1045 (1046) = NJW 1992, 2477; FamRZ 1989, 487 = NJW 1989, 1083; FamRZ 1995, 291 = NJW 1995, 1148; so damals auch zB Düsseldorfer und Süddeutsche Leitlinien Nr. 17.1. Sozialhilferechtlich geht das BVerwG FamRZ 1996, 106 davon aus, dass bei Betreuung eines 9-jährigen Schulkindes durch Alleinerziehenden in aller Regel nur Halbtagsarbeit zumutbar ist. Vgl. jetzt aber BVerfG FamRZ 2007, 965 mAnm *Born* und *Maier* (1076) = NJW 2007, 1735 mAnm *Caspary*.

[1521] So OLG Koblenz FamRZ 2001, 1617 = NJWE-FER 2001, 249; damals ebenso Celler Leitlinien Nr. 17.1 und Hammer Leitlinien Nr. 17.1.1; OLG Hamm FamRZ 1994, 446; Koblenzer Leitlinien Nr. 17.1: geringfügige Beschäftigung vom 2.–4. Grundschuljahr.

[1522] So die Linie von BGH FamRZ 1989, 487 = NJW 1989, 1083; damalige Düsseldorfer Leitlinien Nr. 17.1: „nach der Grundschulzeit im Allgemeinen Teilzeitarbeit zumutbar".

[1523] BGH FamRZ 2006, 846 mAnm *Born* = NJW 2006, 2181.

- **2 Kinder** bis Vollendung des 14. Lebensjahres des älteren Kindes[1524]
- **3 Kinder** bis 18 Jahre[1525]
- Problemkinder bei entsprechendem Betreuungsaufwand[1526]
- **Teilweise** Erwerbsobliegenheit (stundenweise – halbtags[1527])
- **1 Kind** von 9 bis Vollendung des 15. Lebensjahrs[1528] oder von 9 bis Vollendung des 16. Lebensjahrs[1529]
- **2 Kinder** bis 18[1530]
- **Volle** Erwerbsobliegenheit
- **1 Kind** ab 15/16[1531]
- Mehrere Kinder erst ab Volljährigkeit.

Dieses – von der Rechtsprechung entwickelte – **Altersphasenmodell**[1532] hatte der BGH seinerzeit ausdrücklich gebilligt.

Ergänzende Kriterien waren damals schon die konkreten Verhältnisse des Einzelfalls, die in der Person des Kindes (Kränklichkeit, Schulschwierigkeiten, Entwicklungsstörungen), des Betreuenden (frühere Berufstätigkeit, Art des Berufes, Alter, Gesundheitszustand) und in den ehelichen Lebensverhältnissen (Dauer der Ehe, wirtschaftliche Lage) liegen konnten.

bb) Rechtslage für den Betreuungsunterhalt seit 1.1.2008. Der **Unterhalt wegen Betreuung eines gemeinschaftlichen Kindes** gemäß § 1570 BGB und § 1615l Abs. 2 S. 2–5 BGB ist völlig neu gestaltet worden.   467

(1) Dieser Unterhalt kann gemäß §§ 1570 Abs. 1 S. 1, 1615l Abs. 2 S. 2 und 3 BGB für **mindestens drei Jahre** nach Geburt des Kindes verlangt werden.   467a

---

[1524] Die Rechtsprechung des BGH zog keine scharfen Grenzen, sondern hob hervor, dass die Maßstäbe bei zwei Kindern strenger als bei einem Kind sind, so zB BGH FamRZ 1999, 372 = NJW-RR 1999, 297; FamRZ 1990, 989 (991) = NJW 1990, 3274; BGH FamRZ 1997, 873 = NJW-RR 1997, 897: keine Arbeitssuche vor Vollendung des 14. oder 15. Lebensjahrs des ältesten Kindes; BGH FamRZ 1996, 1067 (1068) verneinte Erwerbsobliegenheit ohne Zweifel bei 11½ und 7 Jahren; *Häußermann/Gerhardt* FamRZ 2002, 509: damalige Nr. 18 Süddeutsche Leitlinien Nr. 17.1; Kölner Leitlinien Nr. 17.1; großzügiger Oldenburger Leitlinien Nr. 17.1.1 (jüngstes Kind bis 13 Jahre); OLG Oldenburg FamRZ 1990, 170 (8 u. 9 Jahre); OLG Zweibrücken FamRZ 2001, 228 (9 und 12 Jahre). Bei Getrenntleben konnten die Grenzen weiter zu ziehen sein: BGH FamRZ 1989, 1160; FamRZ 1990, 283 (285) = NJW-RR 1990, 323.

[1525] BGH FamRZ 1990, 283 = NJW-RR 1990, 323: nach Umständen.

[1526] BGH FamRZ 1985, 50 (51) = NJW 1985, 429; FamRZ 1984, 769 = NJW 1984, 2355; OLG Celle FamRZ 1987, 1038; dagegen nicht bei bloßer Überwachung der Tabletteneinnahme morgens und abends: OLG Zweibrücken FamRZ 1989, 1192, insoweit bestätigt durch BGH FamRZ 1990, 497 = NJW 1990, 2752.

[1527] So OLG Braunschweig FamRZ 2002, 1711.

[1528] Damalige Süddeutsche Leitlinien Nr. 17.1; BGH FamRZ 1997, 671 = NJW 1997, 1851 sprach von einem Alter von 15 oder 16 Jahren, ab dem Vollzeitarbeit bei Betreuung eines einzelnen Kindes zumutbar ist. OLG Hamm OLG Report 1996, 262 bejahte Erwerbsobliegenheit im Geringverdienerbereich bei Betreuung eines Kindes im 4. Schuljahr. Nach OLG München FamRZ 2000, 24 ab dem 5. Schuljahr regelmäßig Halbtagsarbeit zumutbar. Nach OLG Köln FamRZ 2001, 1717 bis Vollendung des 15. Lebensjahrs nur Halbtagstätigkeit; bei Lehrerin auch halbschichtige Arbeit etwas übersteigende Stundenzahl zumutbar: OLG Schleswig FamRZ 2004, 808.

[1529] Damalige Düsseldorfer und Kölner Leitlinien Nr. 17.1.

[1530] BGH FamRZ 1999, 372 = NJW-RR 1999, 297 (12 und 13 Jahre: geringfügige Teilzeitarbeit); OLG Hamm NJW-RR 2003, 1160 (zwei Kinder von 14 und 15 Jahren); OLG München FamRZ 2000, 24 forderte aber Halbtagsarbeit ab 5. Schuljahr des jüngsten Kindes.

[1531] BGH FamRZ 1990, 496 (497) = NJW 1990, 2752: ab etwa 16 Jahren; OLG Zweibrücken FamRZ 1989, 1192; OLG Naumburg FamRZ 1998, 447 (Ganztagsarbeit bei 17-jähriger Schülerin).

[1532] Vgl. dazu BGH FamRZ 2001, 1687 (1691); FamRZ 2005, 1979 = NJW 2005, 3639.

Der Anspruch **verlängert sich billigerweise** über drei Jahre hinaus gemäß §§ 1570 Abs. 1 S. 2 und 3, 1615l Abs. 2 S. 4 und 5 BGB aus **kindbezogenen** bzw. gemäß § 1570 Abs. 2 BGB und, mittelbar hergeleitet, nach § 1615l Abs. 2 S. 5 BGB auch aus **elternbezogenen** Gründen. Das frühere Altersphasenmodell[1533] hat der BGH ausdrücklich aufgegeben.[1534]

468   **(2) Inhaltliche Veränderungen nach dem Wortlaut:** Während der Anspruch aus **§ 1570 BGB** damit gegenüber der früher sehr weiten Fassung eine Einschränkung erfahren hat, ist der früher starre Anwendungsbereich des **§ 1615l BGB ausgedehnt** worden, was sich in der Aufnahme der Worte „für mindestens" vor der Dreijahresfrist und der Verlängerung aus Billigkeitsgründen ausdrückt; nach der alten Fassung von § 1615l BGB musste es noch grob unbillig sein, die Verlängerung zu versagen.

469   **(3) Verfassungsrechtliche Grundlage:** Diese Angleichung der beiden Vorschriften beruht zum Teil auf der Entscheidung des Bundesverfassungsgerichts – 1. Senat – vom 28.2.2007,[1535] wonach die früher unterschiedlichen Regelungen des Betreuungsunterhalts wegen der damit verbundenen mittelbar unterschiedlichen Behandlung von ehelichen Kindern und Kindern, deren Eltern nicht miteinander verheiratet sind oder waren, gegen Art. 6 Abs. 5 GG verstieß. Zudem findet sich in der Entscheidung aber auch der – in dieser Allgemeinheit äußerst bedenkliche – Hinweis an den Gesetzgeber, eine zeitliche Begrenzung des Betreuungsunterhaltsanspruchs auf in der Regel drei Jahre sei „im Lichte des Art. 6 Abs. 2 GG nicht zu beanstanden."[1536]

Es ist nicht auszuschließen, dass insoweit fiskalische Erwägungen eine Rolle gespielt haben, denn aus den ursprünglichen Betreuungs**angeboten** des SGB VIII haben sich mittlerweile in §§ 10 Abs. 1 Nr. 3 SGB II, 11 Abs. 4 SGB XII Verpflichtungen, solche Betreuungen über die Schulpflicht hinaus anzunehmen, entwickelt. Demgegenüber hatte der **2. Senat des Bundesverfassungsgerichts**[1537] nur wenige Jahre zuvor im Zusammenhang mit der **steuerlichen Freistellung auch des Betreuungsbedarfs** als Bestandteil des Existenzminimums noch ausgeführt, Art. 6 Abs. 1 GG garantiere als Abwehrrecht die Freiheit, über die Art und Weise der Gestaltung des ehelichen und familiären Zusammenlebens selbst zu entscheiden. Demgemäß dürften die Eltern ihr familiäres Leben nach ihren Vorstellungen planen und verwirklichen und insbesondere in ihrer Erziehungsverantwortung entscheiden, ob und in welchem Entwicklungsstadium das Kind überwiegend von einem Elternteil allein, von beiden Eltern in wechselseitiger Ergänzung oder von einem Dritten betreut werden soll. Die Eltern bestimmten, vorbehaltlich des Art. 7 GG, in **eigener Verantwortung insbesondere, ob und inwieweit sie andere zur Erfüllung ihres Erziehungsauftrags heranziehen** wollten. Das Wächteramt des Staates (Art. 6 Abs. 2 S. 2 GG) berechtige den Staat nicht, die Eltern zu einer bestimmten Art und Weise der Erziehung ihrer Kinder zu drängen. Die primäre Entscheidungsverantwortlichkeit der Eltern beruhe auf der Erwägung, dass die Interessen des Kindes in aller Regel am besten von den Eltern wahrgenommen werden. Übereinstimmend damit hat der BGH[1538] nun auch bei einem Anspruch auf Elternunterhalt gegen den Partner einer nichtehelichen Lebensgemeinschaft dessen vorrangige weitere Unterhaltsverpflichtung gegenüber seinem ein gemeinsames Kind betreuenden Lebensgefährten aus § 1615l BGB über drei Jahre hinaus aus elternbezogenen Gründen bejaht, wenn die Lebensgefährten aufgrund **gemeinsamen Entschlusses** das **Recht auf persönliche Erziehung des Kindes** wahrnehmen wollen. Ein solches auf Art. 6 GG gegründetes Elternrecht wird jedoch dem Alleinerziehenden im Streit mit seinem ehemaligen Lebensgefährten oder Ehepartner verwehrt.

[1533] → Rn. 466.
[1534] Grundlegend: BGH FamRZ 2009, 770 = NJW 2009, 1876.
[1535] BVerfG FamRZ 2007, 965 = NJW 2007, 1735.
[1536] BVerfG FamRZ 2007, 965 = NJW 2007, 1735, Tz. 73.
[1537] BVerfG FamRZ 1999, 285 (287).
[1538] BGH Beschl. v. 9.3.2016, XII ZB 693/14 = BeckRS 2016, 06283, Tz. 25 und 40.

(4) Motive des Gesetzgebers: Ungeachtet dieser verfassungsrechtlichen Diskussion 470 war allerdings vom Gesetzgeber bereits zuvor beabsichtigt, den Betreuungsunterhalt gemäß § 1570 BGB für eheliche Kinder einzelfallbezogen einzuschränken, allerdings zunächst nur durch den Satz: „Dabei sind auch die bestehenden Möglichkeiten der Kinderbetreuung zu berücksichtigen."[1539]
Auf Grund des gesellschaftlichen Wandels, in dessen Folge die Ausübung insbesondere einer **Teilzeittätigkeit neben der Kindererziehung heute vielfach Realität ist,**[1540] sei anstelle der bisherigen, häufig sehr schematisierenden Betrachtungsweise anhand des tradierten „Altersphasenmodells" stärker auf den konkreten Einzelfall und tatsächlich bestehende, verlässliche Möglichkeiten der Kinderbetreuung abzustellen. Bedeutung erlange dies weniger bei Kleinkindern, dafür aber grundsätzlich bei den über dreijährigen Kindern. Bei der Auslegung von § 1570 BGB werde dies dazu führen, das bisherige „Altersphasenmodell" neu **zu überdenken und zu korrigieren.**[1541] Außerdem war auch bereits eine Absenkung der Billigkeitsschwelle des § 1615l BGB beabsichtigt.
Ein Ziel der Reform sollte aber auch sein, den Gerichten einen relativ breiten Spielraum zu geben, um dem konkreten Einzelfall gerecht zu werden. Die Gerichte orientierten sich dabei an Leitlinien der Oberlandesgerichte, die zur Rechtsvereinheitlichung und zum Rechtsfrieden ganz erheblich beitrügen. Diese Grundkonzeption habe sich in der Vergangenheit bewährt und solle beibehalten werden.[1542]
Infolge der o. g. Entscheidung des Bundesverfassungsgerichts vom 28.2.2007 **erhielt der Gesetzentwurf dann am 7.11.2007**[1543] **die Gesetz gewordene Fassung** mit der fast vollständigen Angleichung des Betreuungsunterhalts nach §§ 1570 und 1615l BGB. Ebenfalls im Anschluss an diese Entscheidung des Bundesverfassungsgerichts wird ausgeführt, die **Dreijahresfrist für den „Basisunterhalt" sei im Regelfall mit dem Kindeswohl vereinbar** und knüpfe an zahlreiche sozialstaatliche Leistungen und Regelungen an, insbesondere an den Anspruch des Kindes auf einen Kindergartenplatz (§ 24 Abs. 1 SGB VIII).[1544]
Ausdrücklich klargestellt wird aber auch, dass der betreuende Elternteil sich nur dann auf eine Fremdbetreuungsmöglichkeit verweisen lassen muss, wenn dies mit den Kindesbelangen vereinbar ist. Die Belange des Kindes könnten beispielsweise dann einer Fremdbetreuung entgegenstehen, wenn das Kind **unter der Trennung besonders leidet** und daher der persönlichen Betreuung durch einen Elternteil bedarf. Ausweislich der Motive enthält das Gesetz aber **keine ausdrückliche Vorgabe zu der Frage, in welchem Umfang der betreuende Elternteil bei einer bestehenden Betreuungsmöglichkeit auf eine eigene Erwerbstätigkeit** verwiesen werden kann.[1545]
Mit den Worten „soweit und solange" werde jedoch deutlich gemacht, dass es auch hier auf die Verhältnisse des Einzelfalls ankommt. Sofern zunächst eine Teilzeittätigkeit möglich sei, sei daneben – je nach Bedürftigkeit – auch weiterhin Betreuungsunterhalt zu zahlen.
Es folgt der seither in Nr. 17.1[1546] einiger Leitlinien und Unterhaltsgrundsätze sowie auch vom BGH[1547] am häufigsten zitierte Satz der Gesetzesbegründung: „Die Neuregelung verlangt also keineswegs einen abrupten, übergangslosen Wechsel von der elterlichen Betreuung zu Vollzeiterwerbstätigkeit. Im Interesse des Kindeswohls wird

---

[1539] BT-Drs. 16/1830, S. 7.
[1540] Siehe dazu auch *Bertram/Wiebke-Rösler* FPR 2011, 154 (Untersuchung zum Umfang der Erwerbstätigkeit kinderbetreuender Eltern in Deutschland).
[1541] BT-Drs. 16/1830, S. 16, 17.
[1542] BT-Drs. 16/1830, S. 13.
[1543] BT-Drs. 16/6980.
[1544] BT-Drs. 16/6980, S. 8, auch unter Hinweis auf *Puls* FamRZ 1998, 865 (870).
[1545] BT-Drs. 16/6980, S. 9.
[1546] Nr. 17. 1 der Süddt., Kölner, KG, Koblenzer LL, Frankfurter Unterhaltsgrds.
[1547] BGH FamRZ 2009, 770 = NJW 2009, 1876; FamRZ 2009, 1124 = NJW 2009, 1956.

vielmehr auch künftig ein gestufter, an den Kriterien von § 1570 Abs. 1 BGB-E orientierter Übergang möglich sein."

Außer den kindbezogenen Aspekten wird aber auch aus **Gründen der nachehelichen Solidarität** eine Verlängerung des Unterhaltsanspruchs gewährt und damit ausdrücklich auch eine Erwägung des Bundesverfassungsgerichts in seinem Beschluss vom 28.2.2007 aufgegriffen.[1548] Deswegen sehe **§ 1570 Abs. 2 BGB** vor, den Betreuungsunterhalt im Einzelfall zusätzlich aus Gründen zu verlängern, die ihre **Rechtfertigung allein in der Ehe finden,** wobei das in der Ehe gewachsene Vertrauen in die vereinbarte und praktizierte Rollenverteilung und die gemeinsame Ausgestaltung der Kinderbetreuung maßgeblich sein soll.[1549] So könne etwa einem geschiedenen Ehegatten, der im Interesse der Kindererziehung seine Erwerbstätigkeit dauerhaft aufgegeben oder zurückgestellt hat, ein längerer Anspruch auf Betreuungsunterhalt eingeräumt werden als einem Ehegatten, der von vornherein alsbald wieder in den Beruf zurückkehren wollte.[1550] Entsprechend handele es sich bei dem Anspruch nach § 1570 Abs. 2 nicht um einen selbständigen Unterhaltstatbestand, sondern um eine ehespezifische Ausprägung des Betreuungsunterhaltsanspruchs, eine Art „Annexanspruch" zum Anspruch nach § 1570 Abs. 1 BGB.

Und schließlich wird noch ausdrücklich ausgeführt, die Dauer des Anspruchs wegen der Betreuung des Kindes nach § 1615l BGB richte sich künftig **nach denselben Grundsätzen wie beim ehelichen Kind** und sei gleich lang ausgestaltet. Neben den kindbezogenen Gründen könnten im Einzelfall zusätzlich auch andere Gründe, namentlich **elternbezogene Gründe,** berücksichtigt werden. Das werde **durch das Wort „insbesondere" klargestellt.** Gewichtige elternbezogene Gründe für einen längeren Unterhaltsanspruch lägen zum Beispiel vor, wenn die Eltern in einer dauerhaften Lebensgemeinschaft mit einem gemeinsamen Kinderwunsch gelebt und sich hierauf eingestellt hätten.[1551] So sei es etwa von Bedeutung, wenn ein Elternteil zum Zweck der Kindesbetreuung einvernehmlich seine Erwerbstätigkeit aufgegeben hat oder wenn ein Elternteil mehrere gemeinsame Kinder betreut. Auch die Dauer der Lebensgemeinschaft könne ein Gradmesser für gegenseitiges Vertrauen und Füreinander-Einstehen-Wollen sein.

471   (5) **Entwicklung der Rechtsprechung zur Verlängerung des Betreuungsunterhalts.**[1552] Nach der Rechtsprechung des Bundesgerichtshofs zu den Voraussetzungen des Unterhalts wegen Betreuung eines Kindes gemäß § 1570 BGB[1553] bzw. § 1615l BGB[1554] in der seit 1.1.2008 geltenden Fassung kann Unterhalt wegen Betreuung von Kindern, die das 3. Lebensjahr vollendet haben, nur bei ausdrücklicher Darlegung von kind- oder

---

[1548] FamRZ 2007, 965 = NJW 2007, 1735, Rn. 58.

[1549] BT-Drs. 16/6980, S. 9.

[1550] Dieser Aspekt wurde in BGH FamRZ 2010, 1880 = NJW 2010, 3369, Tz. 31 (abl. Besprechung *Schwamb* FamRB 2010, 358, 359 f.) vernachlässigt, weil der BGH einer langjährig praktizierten Regelung, dass die Mutter seit Vollendung des 3. Lebensjahres des Kindes 25 Stunden arbeitete, schon unmittelbar bei der Scheidung keine weitere Bedeutung unter Vertrauensschutzgesichtspunkten bei den elternbezogenen Gründen mehr zukommen ließ.

[1551] BT-Drs. 16/6980, S. 10 zu § 1615l BGB unter Hinweis auf FamRZ 2006, 1362.

[1552] Überblick: *Heiderhoff* FamRZ 2012, 1604; *Dose* FPR 2012, 129; *Schilling* FuR 2012, 454; *Menne* FF 2012, 487 (Rechtsvergleich mit der Schweiz).

[1553] BGH FamRZ 2009, 770 = NJW 2009, 1876; FamRZ 2009, 1124 = NJW 2009, 1956; FamRZ 2009, 1391 = NJW 2009, 2592; FamRZ 2010, 802 = NJW 2010, 1665; FamRZ 2010, 1050 = NJW 2010, 2277; FamRZ 2010, 1880 = NJW 2010, 3369; FamRZ 2011, 1209 = NJW 2011, 2430; FamRZ 2011, 791 = NJW 2011, 1582; FamRZ 2011, 1375 = NJW 2011, 2646; FamRZ 2012, 1040 = NJW 2012, 1868; FamRZ 2012, 1624 = NJW 2012, 3037; kritisch zur Gesamtentwicklung: *Löhnig/Preisner* FamRZ 2011, 1537; *Erbarth* FamRZ 2012, 340; *Hütter* FamRZ 2011, 1772; *Norpoth* FamRZ 2011, 874; *Maurer* NJW 2011, 1586; *Götz* FPR 2011, 149; *Schwamb* FamRB 2010, 358 (359 f.) und FamRB 2011, 165 (166); *Niepmann/Schwamb* NJW 2011, 2404 (2407) und → Rn. 472.

[1554] BGH FamRZ 2008, 1739 = NJW 2009, 3125; FamRZ 2010, 357 = NJW 2010, 937; FamRZ 2010, 444 = NJW 2010, 1138.

elternbezogenen Gründen gewährt werden. Der BGH hatte zwar zunächst mit seiner Entscheidung vom 16.7.2008[1555] zu § 1615l BGB auf den ersten Blick den Eindruck erweckt, ein verändertes Altersphasenmodell mit gewissen Pauschalisierungen könne wieder seine Billigung finden und zu einer Vereinheitlichung der Rechtsprechung beitragen. Entsprechend ergingen zahlreiche OLG-Entscheidungen,[1556] die zwar in Abkehr vom früheren Altersphasenmodell zu **Erwerbsverpflichtungen betreuender Elternteile in unterschiedlichem Umfang** kamen, **eine Vollerwerbsverpflichtung jedenfalls bei Kindern im Grundschulalter aber grundsätzlich noch nicht annahmen.** Mit der ersten Entscheidung zu § 1570 BGB nF vom 18.3.2009[1557] führte der BGH jedoch unmissverständlich aus, dass eine altersabhängige Verlängerung des Betreuungsunterhalts „im Hinblick auf den eindeutigen Willen des Gesetzgebers nicht haltbar" sei.[1558] Mit der folgenden Entscheidung vom 6.5.2009[1559] wurde endgültig deutlich, dass es für kindbezogene Verlängerungsgründe **praktisch keinerlei Möglichkeiten zur Pauschalisierung mehr** gibt, während nach der weiteren Entscheidung vom 17.6.2009[1560] allenfalls bei zeitlich eingeschränkt bestehenden Betreuungsmöglichkeiten durch öffentliche Einrichtungen für die dann offenen Zeiten erwogen wird, ob altersabhängig unterschiedlich hohe Pflichten zur Beaufsichtigung und Betreuung des Kindes eventuell eine gewisse Pauschalisierung aus kind- und elternbezogenen Gründen erlauben.[1561] Auch für Kinder im Kindergarten- und Grundschulalter wird aber jedenfalls ein **Vorrang der elterlichen Betreuung vor der Inanspruchnahme öffentlicher Einrichtungen als grundsätzlich nicht mehr mit § 1570 BGB nF vereinbar angesehen.**[1562]

Mit Entscheidungen vom 15.9.2010 und 1.6.2011 hat der BGH[1563] diese Grundsätze gegen die bis dahin hM[1564] auf Fremdbetreuungsmöglichkeiten durch den barunterhaltspflichtigen anderen Elternteil, ausgedehnt. Dabei heißt es im Urteil vom 1.6.2011 zur Frage, ob das „ernsthafte und verlässliche" Betreuungsangebot des barunterhaltspflichtigen Elternteils zu berücksichtigen sei, zwar zunächst noch, eine am Kindeswohl orientierte abschließende **Umgangsregelung sei grundsätzlich vorgreiflich,**[1565] um jedoch im folgenden Satz auszuführen, „durchgreifende Umstände gegen eine Umgestaltung des Umgangsrechts ... habe das Berufungsgericht nicht festgestellt."[1566] Sodann wird, soweit ersichtlich erstmals in einem Unterhaltsverfahren, ausdrücklich nahegelegt, dass das Um-

---

[1555] BGH FamRZ 2008, 1739 (1748 f.) = NJW 2009, 3125 – Tz. 103.

[1556] OLG München FamRZ 2008, 1945 (1946); KG FamRZ 2008, 1942 (aufgehoben durch die Grundsatzentscheidung BGH FamRZ 2009, 770); KG FamRZ 2009, 336 = NJW 2008, 3793 und FamRZ 2009, 981 (Ls.) = FF 2009, 165; OLG Düsseldorf FamRZ 2009, 522 = NJW 2009, 600 und FamRZ 2008, 1861 = NJW 2008, 2658; OLG Celle FF 2009, 81; anders aber OLG Köln FamRZ 2008, 2119.

[1557] BGH FamRZ 2009, 770 = NJW 2009, 1876.

[1558] Ausführlicher in Auseinandersetzung mit damals noch anders lautenden OLG-Leitlinien: BGH FamRZ 2011, 1209 = NJW 2011, 2430, Tz. 27.

[1559] BGH FamRZ 2009, 1124 = NJW 2009, 1956 – Tz. 32 ff. (Der Vortrag der 25–30 Wochenstunden arbeitenden Kl. mit 2 Kindern zu der ADS-Störung des älteren Sohnes (15 J.) – Tz. 14 – sei nicht ausreichend.).

[1560] BGH FamRZ 2009, 1391 = NJW 2009, 2592.

[1561] BGH FamRZ 2009, 1391. = NJW 2009, 2592 – Tz. 30 u. 32 f.

[1562] BGH FamRZ 2009, 770 = NJW 2009, 1876; FamRZ 2009, 1124 = NJW 2009, 1956.

[1563] BGH FamRZ 2010, 1880 = NJW 2010, 3369; FamRZ 2011, 1209 = NJW 2011, 2430; vgl. auch OLG Saarbrücken ZFE 2010, 113 = FamRZ 2010, 1251 (Ls.).

[1564] Vgl. OLG Celle NJW 2008, 3441 = FamRZ 2009, 975; OLG Hamm FamRZ 2009, 2093; OLG Frankfurt OLGR 2009, 176 = FamRB 2009, 69; siehe neuerdings auch OLG Hamm NJW-RR 2012, 67 = FPR 2012, 233 (keine Ausweitung der Betreuungszeit des Unterhaltspflichtigen, der nur schriftlich zu kommunizieren bereit ist).

[1565] BGH FamRZ 2011, 1209 = NJW 2011, 2430, Tz. 24.

[1566] BGH FamRZ 2011, 1209 = NJW 2011, 2430, Tz. 25.

gangsrecht „umgestaltet" wird.[1567] Dagegen warnte Schilling[1568] kurz zuvor noch vor auf der Hand liegenden Gefahren durch etwaige Streitigkeiten, die allein in ein Umgangsverfahren gehören, und wollte dagegen einen Riegel vorgeschoben wissen.

Zur **Darlegungslast** eines Anspruchstellers wird in einem Urteil vom 16.12.2009[1569] ausgeführt, mangels Vortrags zu kind- oder elternbezogenen Gründen für eine Verlängerung des Betreuungsunterhalts könnten solche Gründe **nur berücksichtigt werden, als sie „auf der Grundlage des sonst festgestellten Sachverhalts auf der Hand liegen."** Da solche konkreten „auf der Hand liegenden" Umstände in dieser Entscheidung aber selbst bei einer an Multipler Sklerose erkrankten Mutter, die Unterhalt wegen Betreuung eines 6½ Jahre alten Kindes gemäß § 1615l BGB verlangte, nicht angenommen wurden, wäre sie „sogar zu einer Erwerbstätigkeit verpflichtet, die **deutlich über eine halbschichtige Tätigkeit** hinausginge." Den Höhepunkt dieser Entwicklung bildete das Urteil des BGH vom 15.6.2011,[1570] in dem der Vortrag, ein erst seit zwei Jahren aus der Unterbringung in einer Pflegefamilie zurückgekehrtes Kind im 3. Grundschuljahr benötige noch besondere persönliche Zuwendung, keine Anerkennung als ein auf der Hand liegender kindbezogener Grund fand.[1571]

Mit einem **Urteil vom 18.4.2012** hat der BGH[1572] auf die verbreitete Kritik[1573] an der vorgenannten Entscheidung reagiert, dabei zwar weiter an den Grundsätzen der früheren Entscheidungen festgehalten, aber mit dem Leitsatz b): „An die für eine Verlängerung des Betreuungsunterhalts insbesondere aus kindbezogenen Gründen erforderlichen Darlegungen seien keine überzogenen Anforderungen zu stellen", auch erstmals eine vielfach geforderte Lockerung signalisiert. Im konkreten Fall ließ der BGH eine 30-stündige Erwerbstätigkeit der Kindesmutter ausreichen und akzeptierte ihren Vortrag, dass die beiden Söhne wegen unzureichenden Nahverkehrs von ihr zur Ausübung der sportlichen Aktivitäten gefahren werden müssten. Auch die Akzeptanz der vorgetragenen Hausaufgabenbetreuung für den zwölfjährigen Sohn nach dessen Rückkehr aus der Schule sei nicht zu beanstanden. Schließlich falle auch die besondere Belastung der Kindesmutter mit einer Erwerbstätigkeit von 30 Wochenstunden neben der Betreuung von drei Kindern trotz des Alters der Kinder ins Gewicht.[1574]

Inzwischen hat der BGH diese **Weiterentwicklung** seiner Rechtsprechung in zwei Entscheidungen zu § 1570 BGB[1575] und § 1615l BGB[1576] (dazu Rn. 214) bestätigt.

In der **Instanzrechtsprechung** ist diese Entwicklung **noch nicht einheitlich,** wenn dort sogar bereits für den Trennungsunterhalt nach Ablauf des ersten Trennungsjahres eine volle Erwerbsobliegenheit einer mit 112,66 Std. monatlich beschäftigten Mutter zweier Schulkinder gefordert wird, weil sie nicht dargelegt habe, dass „über das übliche Maß hinausgehende Betreuungsleistungen – etwa bei einer besonderen musischen Bega-

[1567] BGH FamRZ 2011, 1209 = NJW 2011, 2430, Tz. 26.

[1568] *Schilling* FPR 2011, 145 (146); siehe auch *Heilmann* ZKJ 2011, 115; und ausführlich argumentierend: *Heiderhoff* FamRZ 2012, 1604 (1609); *Schlünder* FF 2013, 92 (101–104).

[1569] BGH FamRZ 2010, 357 = NJW 2010, 937, Tz. 53; ferner BGH FamRZ 2010, 444 = NJW 2010, 1138.

[1570] BGH FamRZ 2011, 1375 = NJW 2011, 2646.

[1571] BGH FamRZ 2011, 1375 = NJW 2011, 2646, Tz. 20. Nachgehend hierzu (nun sehr streng, ua die Einholung eines Gutachtens ablehnend): OLG Düsseldorf Urt. v. 7.11.2011 – 2 UF 128/08 = FamRR 2012, 10 (Bespr. *Poppen*).

[1572] BGH NJW 2012, 1868 = FamRZ 2012, 1040 mAnm *Borth* 1046 und *Pauling* FamRR 2012, 289.

[1573] → Rn. 472.

[1574] BGH NJW 2012, 1868 = FamRZ 2012, 1040, Tz. 28, 29, 33. Zum nunmehr erforderlichen Vortrag der Beteiligten aus anwaltlicher Sicht: *Elden* FamRR 2012, 291.

[1575] BGH FamRZ 2014, 1987 = NJW 2014, 3649, Tz. 19 – 22 im Anschluss an BGH FamRZ 2012, 1040.

[1576] BGH FamRZ 2015, 1369 (mAnm Seiler) = NJW 2015, 2257 = FF 2016, 28 (mAnm *Wever*).

bung oder bei bestehenden Lernschwierigkeiten" – bestünden.[1577] Jedenfalls ist die Erfolgsaussicht für Verfahrenskostenhilfe zur Verteidigung gegen die Abänderung eines auf § 1570 BGB gestützten Titels zu bejahen, wenn der betreuende Elternteil vorträgt, dass neben einer Teilzeittätigkeit noch erhebliche Betreuungsleistungen für mehrere Kinder zu erbringen sind, weil deren Fremdbetreuung nicht ganztägig gewährleistet sei, und auch eine ungleiche Lastenverteilung drohe.[1578] Für die Erfolgsaussicht des Verteidigungsvorbringens zur Erlangung von Verfahrenskostenhilfe gegen die Abänderung eines solchen Titels darf kein strengerer Maßstab angelegt werden, zumal das Gericht im Hauptverfahren noch **Hinweise zur weiteren Substanziierung** zu erteilen hätte.[1579]

(6) Kritik. Jedenfalls in der sehr engen Ausprägung der von 2009 bis 2011 getroffenen **472** Entscheidungen begegnet die Rechtsprechung des Bundesgerichtshofs Bedenken.[1580] Diese richten sich nicht gegen die grundsätzliche Annahme, das frühere Altersphasenmodell sei mit der Reform des Unterhaltsrechts nicht mehr vereinbar. Es fehlt aber eine Auseinandersetzung mit den ebenfalls der zitierten Gesetzesbegründung zu entnehmenden Passagen, die lediglich ein **Überdenken und Korrigieren erforderten** vor dem Hintergrund, dass inzwischen **Teilzeitarbeit (!) neben der Kindererziehung vielfach Realität sei** (→ Rn. 470). Soweit ua Bezug nehmend auf die aus fiskalischen Gründen eingeführten §§ 10 Abs. 1 Nr. 3 SGB II, 11 Abs. 4 SGB XII und die Entscheidung des Bundesverfassungsgerichts vom 28.2.2007,[1581] die zeitliche Begrenzung des Betreuungsunterhaltsanspruchs auf in der Regel drei Jahre mit Art. 6 Abs. 2 GG für vereinbar gehalten wird, bleibt jedenfalls weiter offen, wie sich das mit dem Wortlaut von Art. 6 Abs. 2 GG vereinbaren lässt, denn danach sind Pflege und Erziehung der Kinder das „natürliche Recht" der Eltern, die, vorbehaltlich des Art. 7 GG (und der daraus ableitbaren Schulpflicht), in eigener Verantwortung entscheiden können, ob und inwieweit sie andere zur Erfüllung ihres Erziehungsauftrags heranziehen wollen.[1582] Das muss auch einem nach Trennung bzw. Scheidung allein verantwortlichen Elternteil im Konfliktfall ermöglicht werden. Soweit der Bundesgerichtshof inzwischen jeder Art von neuem Altersphasenmodell eine Absage erteilt hat – und sei es auch nur dahingehend, bei Betreuung eines Kindes bis zur Beendigung der Grundschulzeit könne eine Vollzeiterwerbstätigkeit in der Regel nicht erwartet werden[1583] –, steht dies zudem in einem gewissen Widerspruch zu der in den genannten Entscheidungen jeweils zitierten Passage aus der Gesetzesbegründung, dass kein abrupter Wechsel zu einer Vollzeiterwerbstätigkeit verlangt wird, sondern **ein gestufter Übergang** ermöglicht werden soll.[1584]

[1577] OLG Hamm FamRZ 2013, 959 mit kritischer Anm. Borth FamRZ 2013, 961, der zu Recht weiterhin eine Klarstellung des Gesetzgebers anregt; ebenfalls kritische Würdigung der Praxis: Schlünder FF 2013, 92.

[1578] OLG Frankfurt BeckRS 2013, 14558 (6 WF 55/13) = FamFR 2013, 441 = FamRB 2013, 384.

[1579] Siehe dazu ferner 20. DFGT 2013, Empfehlungen des Vorstands unter A I. 2. (Arbeitskreise 3 und 16), FamRZ 2013, 1948.

[1580] *Schlünder* FF 2013, 92; *Löhnig/Preisner* FamRZ 2011, 1537; *Erbarth* FamRZ 2012, 340; *Hütter* FamRZ 2011, 1772, FPR 2012, 134 (mit Kritik auch aus verfassungsrechtlicher Sicht; dazu bereits → Rn. 469); *Born* FPR 2012, 220 (ebenfalls kritisch hinsichtlich der Anforderungen des BGH bei den kindbezogenen Gründen); *Norpoth* FamRZ 2011, 874; *Maurer* NJW 2011, 1586; *Götz* FPR 2011, 149; *Heilmann* ZKJ 2011, 115; *Schwamb* FamRB 2010, 358 (359 f.) u. FamRB 2011, 165 (166); *Niepmann/ Schwamb* NJW 2011, 2404 (2407); ausführlich mit vermittelnden Vorschlägen: *Heiderhoff* FamRZ 2012, 1604.

[1581] BVerfG FamRZ 2007, 965 (972) = NJW 2007, 1735.

[1582] Ausführlich BVerfG FamRZ 1999, 285 (287); jetzt auch BGH, Beschluss v. 9.3.2016, XII ZB 693/14 = BeckRS 2016, 06283 Tz. 25, 40, aber nur bei gemeinsamem Entschluss, → Rn. 469.

[1583] So aber zunächst die Unterhaltsgrundsätze des OLG Frankfurt unter Nr. 17.1; vgl. auch Hammer und Schleswiger LL vom 1.1.2010 (inzwischen alle geändert).

[1584] → Rn. 470, auch abgedruckt in FamRZ 2007, 1947; vgl. dazu ferner *Norpoth* FPR 2009, 485 und FamRZ 2011, 874.

Büttner[1585] wies durchaus den Weg zu einem auf dem Boden des neuen Unterhaltsrechts möglichen abgewandelten Altersphasenmodell. Mit der beschriebenen, teilweise sehr strengen Auslegung von §§ 1570, 1615l BGB nF durch den Bundesgerichtshof in den letzten Jahren droht entgegen der ausdrücklichen Intention der Gesetzesbegründung eine Benachteiligung gerade derjenigen Kinder zu entstehen, die infolge der Trennung der Eltern die Betreuung durch den verbliebenen Elternteil in der Regel besonders benötigen,[1586] zumal gleichzeitig das Streitpotenzial zwischen den Eltern wieder verschärft wird.[1587] Die gesellschaftlichen und vor allem auch entwicklungspsychologischen Auswirkungen für die Kinder aufgrund dieser Entwicklung sind noch nicht abzusehen.[1588] Die auch im zitierten Fall des OLG Frankfurt[1589] besonders deswegen hochstreitig geführte Auseinandersetzung über die Betreuungsbedürftigkeit eines Grundschulkindes führte nach Beweisaufnahme zur Bestätigung der Notwendigkeit einer intensiven ergänzenden Betreuung des an ADS leidenden Kindes durch einen vertrauten Elternteil.[1590] Arzt und Psychotherapeut aus medizinischer Sicht sowie der Schulleiter und gleichzeitig Klassenlehrer aus pädagogischer Sicht haben unter Berücksichtigung der festgestellten sozialen Störungen sowie der Lese- und Rechtschreibschwäche des Kindes überzeugend die wichtige ergänzende Betreuungstätigkeit – im konkreten Fall – der Kindesmutter hervorgehoben, die für des Kindes weitere Entwicklung von zentraler Bedeutung sei. Für solche Fälle wird mit dem „ganz persönlichen Appell" von *Viefhues*,[1591] in der Praxis müsse der Eindruck vermieden werden, dass sich der unterhaltsberechtigte Elternteil zur Abwehr seiner eigenen Erwerbsobliegenheit über längere Zeit hinter Problemen des Kindes „verschanzen" könne, nichts zur Lösung beigetragen, denn der Elternteil, der tatsächlich ein Kind mit Problemen zu betreuen hat, kann schon kein Verständnis für die Bezeichnung „*sog. Problemkind*" aufbringen.[1592] *Becker-Stoll*[1593] hält bei einem Schulkind die ganztägige Fremdbetreuung **„nur bei bester Qualität"** für **„vertretbar"**, es müsse noch genügend Zeit und Kraft für die Eltern-Kind-Beziehung bleiben.

Im Gegensatz zur Auffassung des BGH wollte der Gesetzgeber nach den zitierten Motiven nur ein **Überdenken und Korrigieren** des Altersphasenmodells auslösen, im Übrigen aber ausdrücklich **die bewährte Grundkonzeption beibehalten,** wonach die Gerichte mit der Orientierung an Leitlinien der Oberlandesgerichte zur Rechtsvereinheitlichung und zum Rechtsfrieden ganz erheblich beitrügen.[1594] Auf dem Boden der Rechtsprechung des BGH sind jedoch die meisten Oberlandesgerichte in ihren Leitlinien unter **Nr. 17.1** inzwischen zu teilweise nur noch „schlanken" Formulierungen zurückgekehrt, und eine Rechtsvereinheitlichung ist insoweit nicht in Sicht. Das OLG Zweibrücken ist in einem Urteil vom 22.10.2010[1595] sogar dabei geblieben, dass bei Betreuung von Kindern im Grund- oder Vorschulalter auch bei einer Fremdbetreuung in aller Regel keine vollschichtige Tätigkeit verlangt werden kann. Dagegen kam in der Literatur[1596] bereits die Frage auf, unter welchen Voraussetzungen überhaupt noch ein kindbezogener

---

[1585] *üttner* FPR 2009, 92 ff. (94).

[1586] → Rn. 470.

[1587] Ausführlich *Lenze* FamRZ 2009, 1724, 1727; darauf Bezug nehmend OLG Frankfurt, FamRZ 2010, 1449.

[1588] Vgl. *Lenze* FamRZ 2009, 1724; *Becker-Stoll* „Kindeswohl und Fremdbetreuung" FamRZ 2010, 77 (80).

[1589] OLG Frankfurt FamRZ 2010, 1449.

[1590] Daran grundsätzlich zweifelnd BGH FamRZ 2009, 770 und 1124.

[1591] *Viefhues*, „Das sog. Problemkind beim Betreuungsunterhalt", FF 2011, 153 (157).

[1592] *Schwamb* FamRB 2011, 165 (167).

[1593] *Becker-Stoll*, „Kindeswohl und Fremdbetreuung" FamRZ 2010, 77 (80).

[1594] → Rn. 470; BT-Drs. 16/1830, S. 13 u. 17; das wird auch von *Viefhues* FamRZ 2010, 259 I. 1. nicht beachtet. Wie hier dagegen: *Schlünder* FF 2013, 92 (96).

[1595] OLG Zweibrücken FamR 2011, 81 m. Bespr. *Strohal* = FamRZ 2011, 982 = FuR 2011, 359

[1596] *Löhnig/Preisner* FamRZ 2011, 1537 (1539).

Grund im Sinne der Rechtsprechung des BGH als gegeben anzusehen sei, ehe das Urteil vom 18.4.2012[1597] eine gewisse Lockerung der Anforderungen erkennen ließ, → Rn. 471.

Um dennoch wieder eine gewisse Vorhersehbarkeit der Entscheidungen zu ermöglichen, ist versucht worden, sog. **„Prüfkriterien"** zu entwickeln.[1598]

(7) **Kindbezogene Gründe** entfalten im Rahmen der Billigkeitsentscheidung das **473** stärkste Gewicht und sind deswegen **stets vorrangig** zu prüfen.[1599]

Soweit früher auf **Kindergartenbesuch** nicht verwiesen werden konnte, weil ein Recht auf persönliche Betreuung bestand,[1600] kann daran nicht festgehalten werden, weil das Gesetz jetzt ausdrücklich „die bestehenden Möglichkeiten der Kinderbetreuung" hervorhebt. Wenn allerdings „die Belange des Kindes" der Inanspruchnahme des Kindergartens im Einzelfall entgegenstehen, wird man anders zu entscheiden haben.[1601] Kosten, Entfernung und Verkehrsanbindung können für die Zumutbarkeit der Inanspruchnahme auch eine Rolle spielen.[1602]

Kindbezogene Gründe, die eine Verlängerung des Betreuungsunterhalts unabhängig davon gebieten, ob das Kind ehelich oder nichtehelich geboren ist, liegen nach der Rechtsprechung des BGH[1603] insbesondere dann vor, wenn die **notwendige Betreuung des Kindes auch unter Berücksichtigung staatlicher Hilfen nicht gesichert** ist und der unterhaltsberechtigte Elternteil deswegen dem Kind wenigstens zeitweise weiterhin zur Verfügung stehen muss. Ob dieser im Einzelfall zu prüfende Gesichtspunkt mit der zunehmenden **Ausweitung der Vollzeitbetreuung** in Kindergärten und Ganztagsschulen nach der Prognose des BGH künftig tatsächlich an Bedeutung verlieren wird, bleibt allerdings abzuwarten, insbesondere nach den Untersuchungen des von Becker-Stoll geleiteten Instituts für Frühpädagogik.[1604]

Umfasst etwa die **Betreuung von Schulkindern in einem Hort** auch die Hausaufgabenbetreuung, bleibt nach Auffassung des BGH[1605] auch insoweit für eine persönliche Betreuung durch einen Elternteil kein unterhaltsrechtlich zu berücksichtigender Bedarf.

Sofern dafür geeignete **Großeltern** die Mitbetreuung der Kinder tatsächlich übernommen haben, lässt das die kindbezogenen Gründe möglicherweise entfallen (bei den elternbezogenen Gründen, → Rn. 474, ist aber zu prüfen, ob die freiwillige Leistung der Großeltern auch zur Entlastung des Unterhaltspflichtigen gedacht ist oder eine freiwillige Zuwendung an den unterhaltsberechtigten Elternteil darstellt). Ob der Unterhaltsberechtigte im Streitfall **verpflichtet ist, Angehörige oder Bekannte** zu Hilfe zu nehmen, wurde bisher nicht einheitlich beantwortet.[1606]

[1597] BGH FamRZ 2012, 1040 = NJW 2012, 1868 (→ Rn. 471 am Ende).

[1598] *Gerhardt* FuR 2010, 61 ff., daran orientiert auch Nr. 17.1 der Frankfurter Unterhaltsgrundsätze vom 1.1.2011; Büte/Poppen/Menne, Unterhaltsrecht (2. Aufl. 2009), BGB § 1570 Rn. 20e ff.; grundsätzlich auch *Viefhues* FamRZ 2010, 259 ff., dessen Beispiele jedoch die Problematik einer Vereinheitlichung gleichzeitig deutlich vor Augen führen; derselbe in FuR 2011, 654 (Teil 1), 2012, 7 (Teil 2).

[1599] BGH FamRZ 2011, 791 = NJW 2011, 1582, Tz. 27; FamRZ 2009, 1391 = NJW 2009, 2592, Tz. 21 – unter Hinweis auf BT-Drs. 16/6980, S. 9.

[1600] BGH FamRZ 1983, 456 = NJW 1983, 1427; OLG Stuttgart FamRZ 1984, 610.

[1601] Dabei wird man auch die von *Becker-Stoll* FamRZ 2010, 77 ff., festgestellten „Qualitätsmängel" der Betreuungseinrichtungen nicht außer Acht lassen können.

[1602] *Gerhardt* FuR 2010, 61 (62).

[1603] BGH FamRZ 2008, 1739 (1748) – Tz. 101.

[1604] *Becker-Stoll*, „Kindeswohl und Fremdbetreuung" FamRZ 2010, 77.

[1605] BGH FamRZ 2011, 791 = NJW 2011, 1582, Tz. 27 ff.; FamRZ 2009, 1391 = NJW 2009, 2592, Tz. 23.

[1606] Ablehnend zB Frankfurter Unterhaltsgrds. Nr. 17.1.; OLG München FamRZ 2008, 1945; Büte/Poppen/Menne, Unterhaltsrecht 2. Aufl., BGB § 1570 Rn. 20f; aA wohl OLG Düsseldorf NJW 2008, 3005 f.; vgl. ferner Fallbeispiele bei *Viefhues* FamRZ 2010, 249 (251).

Besonders problematisch bleibt in diesem Zusammenhang die dargestellte Rechtsprechung des BGH, das „ernst gemeinte, zuverlässige" **Betreuungsangebot des barunterhaltspflichtigen Elternteils** müsse grundsätzlich auch angenommen werden.[1607] Zwar
hält der BGH eine am Kindeswohl orientierte abschließende **Umgangsregelung grundsätzlich für vorgreiflich,**[1608] schließt aber eine „Umgestaltung" des Umgangsrechts in
einem Unterhaltsverfahren nicht nur nicht aus, sondern fordert sogar ausdrücklich eine
Überprüfung.[1609] Abgesehen davon, dass die Verlässlichkeit eines solchen Angebots einer
sehr kritischen Prüfung unterzogen werden müsste,[1610] spricht dagegen nach wie vor, dass
damit über das Unterhaltsrecht jedenfalls mittelbar in die Regelung des Umgangs, evtl.
sogar des Sorgerechts eingegriffen würde,[1611] wogegen ursprünglich auch Schilling[1612]
wegen der damit verbundenen auf der Hand liegenden Gefahren zu Recht einen Riegel
vorgeschoben wissen wollte. Allenfalls wenn der Umgang schon geregelt ist und voll-
kommen unproblematisch funktioniert, könnte in den bereits feststehenden Zeiten an
eine Erwerbsobliegenheit gedacht werden, keinesfalls aber umgekehrt.

Soweit auch **individuelle Umstände auf Seiten des Kindes,** zB eine **Behinderung**[1613]
oder **schwere Erkrankung,** eine Fortdauer des Betreuungsbedarfs begründen können,
muss nach der Auffassung des BGH[1614] allerdings auch feststehen, dass diese einer
möglichen Fremdbetreuung entgegenstehen (Fall einer ADS-Erkrankung). Für den Fall
einer – durch ein ärztliches Attest – nachgewiesenen **Glutenunverträglichkeit des Kindes**[1615] obliege der Anspruchstellerin die Darlegungs- und Beweislast dafür, dass eine evtl.
vorhandene vollzeitige Betreuungseinrichtung nicht auf diese Erkrankung der gemeinsamen Tochter ausgelegt ist. Unabhängig davon durfte sich der Anspruchsgegner, der
nach wie vor das gemeinsame Sorgerecht für die Tochter ausübt, aber nicht auf ein bloßes
Bestreiten der Erkrankung mit Nichtwissen beschränken.

Betreuungsbedürftigkeit liegt vor, wenn **zwei Kinder** an der **Nierenerkrankung**
Nephrokalzinose leiden, die eine fortwährende medizinische Überwachung und intensive
Betreuung der Kinder erfordere, ihnen regelmäßig Medikamente verabreicht, eine dem
Krankheitsbild angemessene Verpflegung zur Verfügung gestellt werden muss und sie
regelmäßig zu Kontrolluntersuchungen in eine Universitätsklinik gebracht werden.[1616]

Diese Grundsätze gelten auch bei Betreuung eines **volljährigen behinderten Kindes.**[1617]

Das OLG München[1618] hat einer Mutter Betreuungsunterhalt gemäß § 1615l Abs. 2
S. 3 und 4 BGB zugesprochen, weil der Sohn an einer **Störung des Sozialverhaltens**
leidet und jedenfalls für eine Übergangszeit nach dem **mit Verlust der Hortbetreuung
verbundenen Wechsel zum Gymnasium** der mütterlichen Betreuung am Nachmittag

---

[1607] → Rn. 471. BGH FamRZ 2011, 1209 = NJW 2011, 2430; FamRZ 2010, 1880 = NJW 2010,
3369 (ablehnende Besprechungen: *Schwamb* FamRB 2010, 358 (360); *Heilmann* ZKJ 2011, 115); vgl.
auch OLG Saarbrücken ZFE 2010, 113 = FamRZ 2010, 1251 (Ls.). Grundsätzlich befürwortend
Viefhues FamRZ 2010, 249 (251); kritisch *Heiderhoff* FamRZ 2012, 1604 (1609).
[1608] BGH FamRZ 2011, 1209 = NJW 2011, 2430, Tz. 24.
[1609] BGH FamRZ 2011, 1209 = NJW 2011, 2430, Tz. 25, 26.
[1610] Vgl. OLG Celle FamRZ 2009, 975.
[1611] OLG Frankfurt OLGR 2009, 176 = FamRB 2009, 69; OLG Celle FamRZ 2009, 975; KG
FamRZ 2009, 981 (Ls.) = FF 2009, 165; *Schwamb* FamRB 2010, 358 (360); *Heilmann* ZKJ 2011, 115.
Ausführliche Kritik dazu: *Schlünder* FF 2013, 92 (101–104).
[1612] *Schilling* FPR 2011, 145 (146), aber wieder relativierend in FuR 2012, 454 (455).
[1613] BGH FamRZ 2015, 1369 (mAnm *Seiler*) = NJW 2015, 2257.
[1614] BGH FamRZ 2009, 1124 = NJW 2009, 1956.
[1615] BGH FamRZ 2009, 1391 = NJW 2009, 2592, Tz. 29.
[1616] BGH FamRZ 2014, 1987 = NJW 2014, 3649, Tz. 19.
[1617] BGH FamRZ 2010, 802 = NJW 2010, 1665, Tz. 11.
[1618] OLG München FamRZ 2012, 558.

bedurfte. Das die Lebensstellung der Mutter bestimmende Erwerbseinkommen vor Geburt des Kindes hat das OLG mit Hilfe des allgemeinen Verbraucherpreisindexes bis zum jeweiligen Unterhaltszeitraum aktualisiert.

Die erst zwei Jahre zurückliegende **Rückkehr** eines Kindes im 3. Grundschuljahr **aus der Unterbringung in einer Pflegefamilie** reicht nach Auffassung des BGH[1619] für sich genommen nicht als Grund aus, eine besondere persönliche Zuwendung durch den betreuenden Elternteil als einen auf der Hand liegenden kindbezogenen Grund anzuerkennen.[1620]

Der BGH[1621] hat aber den Vortrag einer Kindesmutter, dass die beiden Söhne wegen **unzureichenden Nahverkehrs** von ihr **zur Ausübung der sportlichen Aktivitäten gefahren werden müssten** als kindbezogenen Grund anerkannt und eine 30-stündige Erwerbstätigkeit der Kindesmutter ausreichen lassen.

Ebenso akzeptierte er in derselben Entscheidung, die vorgetragene **Hausaufgabenbetreuung** für den zwölfjährigen Sohn **nach dessen Rückkehr aus der Schule**[1622] und führte zur Begründung aus, es treffe jedenfalls als Erfahrungssatz nicht zu, dass ein zwölfjähriger Junge – wie die Revision meinte – in den Nachmittagsstunden nach Rückkehr aus der Schule nach der Lebenserfahrung die Hausaufgaben selbständig erledigen könne oder von den älteren Geschwistern Hilfe zu erwarten habe. Vielmehr sei es revisionsrechtlich nicht zu beanstanden, dass das Berufungsgericht insoweit dem Vortrag der Kindesmutter gefolgt sei. Das ist als Folge einer in dieser Entscheidung vom 18.4.2012 veränderten Linie des BGH anzusehen, die in dem Leitsatz b): „An die für eine Verlängerung des Betreuungsunterhalts insbesondere aus kindbezogenen Gründen erforderlichen Darlegungen seien keine überzogenen Anforderungen zu stellen", ihren Ausdruck findet.

Betreuungsunterbrechungen (durch Krankenhausaufenthalt des Kindes, Ferienaufenthalte, Internat) können bei absehbar längerer Dauer (ab mehr als 3 Monate etwa) die Aufnahme einer Erwerbstätigkeit zumutbar machen, auch wenn eine Wiederaufnahme der Betreuung in Betracht kommt. Das gilt jedenfalls für Aushilfstätigkeiten, falls nicht, zB bei Krankenhausaufenthalt, Betreuung durch laufende Besuche geleistet werden muss. **Bei einem schwerstbehinderten Kind,** das nur an den Wochenenden betreut wird, ist eine Freistellung von der Erwerbsobliegenheit nicht angebracht.[1623] Dagegen liegt Betreuungsbedürftigkeit vor, wenn für das behinderte Kind morgens zur **Vorbereitung auf die Kindertagesstätte** etwa eine Stunde benötigt wird, weil es zB nicht selbständig essen kann, für das **Bringen** zu und das **Abholen** von der Betreuungseinrichtung jeweils ebenfalls eine Stunde benötigt wird und darüber hinaus **Therapietermine** wahrzunehmen und mehrfach täglich **Übungen mit dem Kind** zu absolvieren sind.[1624] Angesichts der erheblichen Anzahl von **Krankheitstagen** des Kindes von 60 Werktagen in einem Jahr, die ständig damit rechnen lassen müssen, dass eine persönliche Betreuung notwendig wird, sowie der notwendigen Begleitung des Kindes während einer vierteljährlich stattfindenden Therapiewoche und verschiedenen anderen Therapieterminen sei schon die Annahme nicht gerechtfertigt, die Mutter könne durch eine Erwerbstätigkeit im Umfang von 25 Wochenstunden ihren Bedarf decken.[1625]

[1619] BGH FamRZ 2011, 1375 = NJW 2011, 2646.

[1620] BGH FamRZ 2011, 1375 = NJW 2011, 2646, Tz. 20. Nachgehend hierzu (nun sehr streng, ua die Einholung eines Gutachtens ablehnend): OLG Düsseldorf Urt. v. 7.11.2011 – 2 UF 128/08 = FamFR 2012, 10 (Bespr. *Poppen*).

[1621] BGH NJW 2012, 1868 = FamRZ 2012, 1040, Tz. 28, mAnm *Borth* (1046) und *Pauling* FamFR 2012, 289; ähnlich BGH FamRZ 2014, 1987 = NJW 2014, 3649, Tz. 19, für Fahrdienste der Mutter zu Schwimmtraining, Musik- und Tennisstunden zweier Töchter.

[1622] BGH FamRZ 2012, 1040 = NJW 2012, 1868, Tz. 29. Zum erforderlichen Vortrag der Beteiligten aus anwaltlicher Sicht: *Elden* FamFR 2012, 291.

[1623] BGH FamRZ 2006, 846 = NJW 2006, 2181; aA OLG Zweibrücken NJW-RR 2006, 513.

[1624] BGH FamRZ 2015, 1369 = NJW 2015, 2257, Tz. 21, 31.

[1625] BGH FamRZ 2015, 1369 = NJW 2015, 2257, Tz. 21.

Sofern allerdings **tatsächlich keine zumutbaren Betreuungsangebote** bestehen, spielt das **Alter des Kindes ausnahmsweise** auch nach Auffassung des BGH noch eine wesentliche Rolle.[1626] Selbst wenn nämlich in einem solchen Fall das gemeinsame Kind im Hinblick auf sein Alter von sieben Jahren nicht mehr „auf Schritt und Tritt" kontrolliert werden müsse,[1627] stehe dies einer Verlängerung des Betreuungsunterhalts aus kindbezogenen Gründen nicht entgegen. Auch wenn Kinder in diesem Alter nicht mehr ununterbrochen beaufsichtigt werden müssten, sei eine regelmäßige Kontrolle in kürzeren Zeitabschnitten erforderlich, was einer Erwerbstätigkeit aus kindbezogenen Gründen dann entgegenstehe.

Hier **mischen sich kind- und** im Folgenden dargestellten **elternbezogene Gründe,** denn der Umfang der elterlichen Kontrolle, der auch von der individuellen Entwicklung des Kindes abhängt, ist im Rahmen der elternbezogenen Verlängerungsgründe bei der Bemessung einer überobligationsmäßigen Belastung zu berücksichtigen.[1628]

474   **(8) Elternbezogene Gründe.** Die regelmäßig mit **geringerem Gewicht** zu wertenden elternbezogenen Gründe[1629] können für eine Verlängerung des Betreuungsunterhalts sprechen, wenn die geschiedene Ehe oder die gelebte Familie einen **besonderen Vertrauenstatbestand** für den Unterhaltsberechtigten geschaffen hat. Solches kann nach Auffassung des BGH insbesondere dann vorliegen, wenn **ein oder mehrere gemeinsame Kinder im Hinblick auf eine gemeinsame Verantwortung beider Eltern gezeugt wurden,** was auch nach Auflösung der Ehe oder der Familie für eine Fortdauer der Verantwortung des nicht betreuenden Elternteils sprechen könne.[1630] Insoweit sei also regelmäßig auf die individuellen Umstände der Eltern und das Maß ihrer Bindung abzustellen.

Elternbezogene Gründe können sich aus der Planung der Ehegatten ergeben, keine Doppelverdienerehe, sondern eine Hausfrauenehe zu führen;[1631] den die Kinder betreuenden Elternteil treffe dann nicht die Obliegenheit, unmittelbar nach Vollendung des dritten Lebensjahres des jüngsten Kindes eine Vollerwerbsverpflichtung aufzunehmen; 30 Stunden seien aber bei guter Betreuungssituation zumutbar.[1632]

Wesentlich ist, dass der Gesetzgeber mit dem unscheinbaren Wort „insbesondere" (vor der Erwähnung der kindbezogenen Gründe) in § 1615l BGB definitiv zum Ausdruck bringen wollte, dass auch insoweit elternbezogene Gründe eine Verlängerung rechtfertigen können,[1633] wenn die Eltern in einer **dauerhaften Lebensgemeinschaft** mit einem gemeinsamen Kinderwunsch gelebt und sich hierauf eingestellt hätten. Übereinstimmend damit hat der BGH[1634] bei einem Anspruch auf Elternunterhalt gegen den Partner einer nichtehelichen Lebensgemeinschaft dessen vorrangige weitere Unterhaltsverpflichtung gegenüber seinem ein gemeinsames Kind betreuenden Lebensgefährten aus § 1615l BGB über drei Jahre hinaus aus elternbezogenen Gründen bejaht, allerdings nur, wenn die Lebensgefährten aufgrund **gemeinsamen Entschlusses** das **Recht auf persönliche Erziehung des Kindes** wahrnehmen wollen.

Für die Betreuung ehelicher Kinder ist das in § 1570 Abs. 2 BGB mit **an die Ehe anknüpfenden Verlängerungsgründen** ausdrücklich geregelt.

[1626] BGH FamRZ 2009, 1391 = NJW 2009, 2592, Tz. 30.

[1627] Insoweit weist der XII. Senat auf Entscheidungen des VI. Senats hin: BGH WUM 2009, 296 Tz. 14 und WuM 2009, 298 Tz. 12.

[1628] BGH FamRZ 2009, 1391 = NJW 2009, 2592, Tz. 30; FamRZ 2014, 1987 = NJW 2014, 3649, Tz. 22 → Rn. 474.

[1629] BGH FamRZ 2008, 1739 (1748) – Tz. 102.

[1630] BGH FamRZ 2008, 1739 (1748) – Tz. 102, unter Bezugnahme auf BT-Drs. 16/6980, S. 10; BGH FamRZ 2010, 1050 = NJW 2010, 2277 – Tz. 31, 32.

[1631] OLG Hamm FamRZ 2012, 1571 (1572).

[1632] OLG Hamm FamRZ 2012, 1571 (1572 f.).

[1633] BT-Drs. 16/6980, S. 10 zu § 1615l BGB; → Rn. 470.

[1634] BGH Beschl. v. 9.3.2016, XII ZB 693/14 = BeckRS 2016, 06283, Tz. 25 und 40.

Ausschlaggebendes Gewicht hat der BGH[1635] den elternbezogenen Gründen in „**Über-forderungsfällen**" beigemessen, dh wenn bestehende Fremdbetreuungsmöglichkeiten und berufliche Verpflichtung des betreuenden Elternteils nicht in zumutbarer Weise in Vereinbarung zu bringen sind. Übernehmen im Einzelfall Großeltern tatsächlich die Betreuung, ist zu prüfen, ob die freiwillige Leistung der Großeltern auch zur Entlastung des Unterhaltpflichtigen gedacht ist oder eine freiwillige Zuwendung an den unterhalts-berechtigten Elternteil darstellt.

Auch falle die besondere Belastung der Kindesmutter mit einer Erwerbstätigkeit von 30 Wochenstunden neben der Betreuung von **drei Kindern** trotz des Alters der Kinder (17, 15 und 12 Jahre) ins Gewicht,[1636] dh der **Anzahl der gemeinschaftlichen**[1637] **Kinder** wird besonderes Gewicht beigemessen.

In diesem Zusammenhang hat der BGH bei der Prüfung der **gerechten Lastenvertei-lung** für den als ausreichend erkannten Umfang der Erwerbsobliegenheit der betreuenden Kindesmutter zu Recht auch berücksichtigt, dass **mit deren Befreiung vom Barunter-halt** gegenüber den Kindern gleichwohl ihre zusätzliche **Belastung durch Betreuungs-leistungen** am Morgen, späten Nachmittag und Abend nur unzureichend aufgewogen wird, weil sie wegen der **Bemessung des Ehegattenunterhalts nach Quoten** infolge des **Vorwegabzugs des Barunterhalts** bei der Berechnung ihres Bedarfs im wirtschaftlichen Ergebnis auch den Barbedarf der Kinder teilweise mitzutragen habe.[1638]

Ob es sich um die Fortsetzung einer schon vor Trennung/Scheidung ausgeübten Arbeit handelt, kann vor allem in Grenzfällen auch nach neuem Recht von Bedeutung sein. In Ergänzung seiner früheren Rechtsprechung[1639] hat der BGH dazu mit Recht hervorgehoben,[1640] dass es darauf ankommt, ob der Betreuende die Mehrbelastung auf-fangen kann, denn solange in der Ehe die Betreuungsaufgaben unter zwei berufstätigen Partnern aufgeteilt werden, ist die Belastung wesentlich geringer als nach der Trennung. Dass die Fortsetzung einer Vollzeitarbeit in der Regel nicht zumutbar ist,[1641] wird man nach neuem Recht nicht mehr ohne weiteres sagen können. Die Fortsetzung einer schon früher unzumutbaren Arbeit ist aber weiterhin nicht zumutbar.[1642] Ob eine nach all-gemeinen Maßstäben unzumutbare Arbeit, die längere Zeit ausgeübt wurde, im Einzelfall gleichwohl als zumutbar angesehen werden kann,[1643] hängt dann von den Umständen ab.

Soweit bei einer Lehrertätigkeit die Zumutbarkeit der Berufstätigkeit im Hinblick auf die notwendigen Vorbereitungszeiten nicht anders zu beurteilen sein sollte als sonst,[1644]

[1635] BGH FamRZ 2014, 1987 = NJW 2014, 3649, Tz. 22; FamRZ 2012, 1040 = NJW 2012, 1868; FamRZ 2009, 1391 = NJW 2009, 2592 (zu § 1570 BGB); FamRZ 2015, 1369 = NJW 2015, 2257, Tz. 30; FamRZ 2008, 1739 (zu § 1615l BGB).

[1636] BGH FamRZ 2012, 1040 = NJW 2012, 1868, Tz. 33.

[1637] Zum Erfordernis der Gemeinschaftlichkeit der Kinder: BGH Beschl. v. 9.3.2016, XII ZB 693/14 = BeckRS 2016, 06283, Tz. 30.

[1638] BGH FamRZ 2012, 1040 = NJW 2012, 1868, Tz. 24 und 33.

[1639] BGH FamRZ 1981, 1159 = NJW 1981, 2804; FamRZ 1982, 148 = NJW 1982, 326; FamRZ 1983, 569 = NJW 1983, 1548; OLG Köln FamRZ 1999, 113 berücksichtigt den Mitbetreuungsfortfall nicht hinreichend; zutreffend OLG Naumburg FamRZ 1998, 552.

[1640] BGH FamRZ 1988, 145 = NJW-RR 1988, 514.

[1641] Offen gelassen von BGH FamRZ 1983, 569 = NJW 1983, 1548; Zum alten Recht: OLG Koblenz FamRZ 1984, 1225: Wenn vor der Trennung trotz Betreuung von 3 Kindern (8, 10, 15 Jahre) Mitarbeit im Familienbetrieb, so deshalb nicht nach Trennung Teilzeitarbeit im Fremdbetrieb. Ebenso OLG Koblenz OLGR 2003, 245 bei noch nicht schulpflichtigem Kind. OLG Hamm NJW-RR 2003, 1297 = FamRZ 2004, 375 (Ls.) wollte dagegen schon früher die Fortsetzung der voll-schichtigen Arbeit nach Geburt eines Kindes nicht für überobligatorisch halten.

[1642] OLG Stuttgart FamRZ 1980, 1003; abzulehnen OLG Hamm FamRZ 2001, 627 – Fortsetzung früherer Arbeit auch bei drei Kindern.

[1643] OLG Bamberg FamRZ 1996, 1076.

[1644] OLG Köln FamRZ 2004, 376.

hat dies der BGH in der Grundsatzentscheidung vom 18.3.2009[1645] zum neuen Recht aber anders beurteilt.

Kein elternbezogener Grund für die Verlängerung von Betreuungsunterhalt ist es, wenn die Belastung des betreuenden Elternteils auf beruflichen **Ausbildungs-, Fortbildungs- oder Qualifizierungsmaßnahmen** (zB Studium oder Habilitationsverfahren) beruht, denn dann dienten sein zeitlicher Aufwand und Einsatz, der ihn von einer Erwerbstätigkeit absehen lasse, eigenen beruflichen Interessen und nicht denjenigen des Kindes;[1646] jedoch könnten diese Umstände für die Prüfung einer angemessenen Erwerbstätigkeit im Rahmen von § 1574 BGB oder für Ausbildungsunterhalt gemäß § 1575 BGB bedeutsam sein.[1647]

475   **(9) Prüfungskriterien im Einzelnen.** Zur besseren Übersichtlichkeit der wesentlichsten Prüfungspunkte werden verschiedentlich Checklisten vorgeschlagen. Gerhardt[1648] schlägt zB folgende Prüfungskriterien vor:

- Alter und der sich daraus ergebende Betreuungsumfang;
- Anzahl der Kinder;
- individuelle Umstände wie gesundheitliche Beeinträchtigung, Erkrankung oder Behinderung des Kindes;[1649]
- Entwicklungsstand, Neigungen und Begabungen des Kindes;
- konkrete Betreuungssituation und kindgerechte Betreuungsmöglichkeit;
- Art und Umfang der Berufstätigkeit des betreuenden Elternteils;
- vereinbarte und/oder praktizierte Rollenverteilung in der Ehe und Ausgestaltung der Kinderbetreuung;
- verbleibender Betreuungsanteil neben der Unterbringung des Kindes in einer Tageseinrichtung;
- Beteiligung des Pflichtigen an der Kindesbetreuung durch eine geregelte Ausübung des Umgangsrechts.[1650]

476   **(10) Darlegungs- und Beweislast für die Verlängerungsgründe.** Die Darlegungs- und Beweislast für die Verlängerung des Unterhaltsanspruchs als anspruchsbegründendem Merkmal obliegt demjenigen, der den Unterhalt verlangt. Dies hat der BGH in allen seinen Entscheidungen zur Verlängerung aus kind- oder elternbezogenen Gründen immer hervorgehoben.[1651] Wenn die **Erkrankung eines Kindes** als kindbezogener Hinderungsgrund für eine Erwerbstätigkeit behauptet wird, muss auch dargelegt und bewiesen werden, dass eine evtl. für die Betreuung vorhandene vollzeitige Einrichtung nicht auf diese Erkrankung des Kindes ausgelegt ist. Allerdings darf sich dann die Gegenseite, die nach wie vor das gemeinsame Sorgerecht für das Kind ausübt, nicht auf ein bloßes Bestreiten der Erkrankung mit Nichtwissen beschränken.[1652]

[1645] BGH FamRZ 2009, 770 (für eine zu ca. 70 % der Normalarbeitszeit berufstätige Lehrerin).
[1646] BGH FamRZ 2015, 1369 = NJW 2015, 2257, Tz. 27; FamRZ 2012, 1624 = NJW 2012, 3037, Tz. 24; anders hier noch 11. Auflage zu elternbezogenen Gründen bei einer Studentin unter Hinweis auf OLG Nürnberg FamRZ 2010, 577 (zu § 1615l BGB).
[1647] BGH FamRZ 2012, 1624 = NJW 2012, 3037, Tz. 24.
[1648] *Gerhardt* FuR 2010, 61 ff. (63 f.), eine ähnliche Liste in FA – FamR/Maier (8. Aufl.), 6. Kap. Rn. 491 unter Bezugnahme auf eine „Checkliste" der Ständigen Fachkonferenz 3 des DIJuF.
[1649] → Rn. 473: Diese müssen, so der BGH, einer Fremdbetreuung auch entgegenstehen.
[1650] Zu diesem problematischen Kriterium → Rn. 471 und 473 (das Kriterium ist hier wohl so zu verstehen, dass der Umgang bereits zuvor unproblematisch geregelt ist; gleichwohl birgt auch diese Konstellation Konfliktpotenzial, wenn zB einmal Terminprobleme bestehen oä; außerdem liegen die üblichen Umgangszeiten selten in günstigen Arbeitszeiten für Berechtigte).
[1651] Vgl. nur BGH FamRZ 2012, 1040 = NJW 2012, 1868; FamRZ 2011, 1375 = NJW 2011, 2646; FamRZ 2010, 357 = NJW 2009, 937 jeweils mwN.
[1652] BGH FamRZ 2009, 1391 = NJW 2009, 2592, Tz. 29.

Soweit der BGH in der zitierten Entscheidung vom 16.12.2009[1653] ausführt, wenn der Unterhaltsberechtigte keine kind- oder elternbezogene Gründe für eine Verlängerung des Betreuungsunterhalts über die Vollendung des dritten Lebensjahres des Kindes hinaus vorgetragen habe, könnten solche nur insoweit berücksichtigt werden, als sie auf der **Grundlage des sonst festgestellten Sachverhalts auf der Hand liegen,**[1654] kann das von der Praxis bisher nicht als Fingerzeig verstanden werden, dass damit eventuell doch die Hinwendung zu einer Vereinfachung der kompliziert gewordenen Sachverhaltsfeststellung angedeutet wird, denn gerade für den entschieden Fall werden die Anforderungen an die Darlegungslast der Anspruchstellerin sehr hoch gesetzt.[1655] Heiderhoff[1656] schlägt demgegenüber unter grundsätzlicher Anerkennung einer Einzelfallrechtsprechung mit beachtlichen Gründen vor, zur notwendigen Vereinfachung und Vereinheitlichung von Fällen, in denen mit hoher Wahrscheinlichkeit keine Vollzeitbeschäftigung neben Kindesbetreuung ausgeübt werden kann, das **Institut des Anscheinsbeweises für typische Konstellationen** nutzbar zu machen.

Halten die Eltern **übereinstimmend eine persönliche Betreuung des Kindes für erforderlich** ist von der Notwendigkeit auszugehen und über deren Umfang bei der Bemessung einer Erwerbspflicht des betreuenden Elternteils zu befinden.[1657]

(11) Befristung und Begrenzung des Betreuungsunterhalts. Sofern der Anspruch auf 477
Betreuungsunterhalt noch besteht, ist eine Befristung in der Regel nicht auszusprechen, denn dieser Anspruch wird **mindestens** für die drei ersten Lebensjahre des Kindes gewährt und setzt sich bei Vorliegen von Verlängerungsgründen, deren Ende dann nicht zuverlässig absehbar ist, als **einheitlicher** Unterhaltsanspruch fort.[1658] Allerdings gilt das nur für den auf § 1570 BGB beruhenden Anteil des Unterhalts und zumindest theoretisch nicht für einen etwaigen Anteil von Aufstockungsunterhalt,[1659] → Rn. 1072.

Im Einzelfall kann jedoch eine Begrenzung des Betreuungsunterhalts gem. § 1578b Abs. 1 S. 1 BGB auf den angemessenen Unterhalt in Betracht kommen.[1660]

(12) Folgerungen aus unzumutbarer Erwerbstätigkeit (auch in den ersten drei 478
Jahren). Grundsätzlich steht fest, dass sich der betreuende Elternteil in den ersten drei Jahren nach Geburt des Kindes frei entscheiden darf und **keinerlei Erwerbstätigkeit aufnehmen muss;** das folgt unmittelbar aus der gesetzlichen Regelung der §§ 1570, 1615l BGB und ist unstreitig.

Sofern gleichwohl (überobligatorische) Erwerbstätigkeit ausgeübt wird, gelten die Grundsätze zu § 1577 Abs. 2 BGB, → Rn. 535 ff.[1661] Überobligatorische Arbeit muss nicht fortgesetzt werden. Wenn allerdings das alsbaldige Ende der Betreuungsbedürftigkeit ausnahmsweise bereits sicher abzusehen ist, darf die überobligatorische Tätigkeit nicht kurz zuvor noch aufgegeben werden.[1662]

[1653] FamRZ 2010, 357 = NJW 2009, 937.
[1654] BGH FamRZ 2010, 357 = NJW 2009, 937.
[1655] → Rn. 472.
[1656] → FamRZ 2012, 1604 (1610).
[1657] BGH FamRZ 2010, 802 = NJW 2009, 1665, Tz. 12.
[1658] BGH FamRZ 2009, 770 = NJW 2009, 1876, Tz. 40 ff.; FamRZ 2009, 1124 = NJW 2009, 1956, Tz. 55; BGH FamRZ 2009, 1391 = NJW 2009, 2592, Tz. 48; FamRZ 2012, 1040 = NJW 2012, 1868, Tz. 46; **aM:** *Weil* FamRB 2009, 51.
[1659] BGH FamRZ 2012, 1040 = NJW 2012, 1868, Tz. 47.
[1660] BGH FamRZ 2009, 1124 = NJW 2009, 1956, Tz. 57; FamRZ 2009, 1391 = NJW 2009, 2592, Tz. 50.
[1661] Vgl. dazu auch BGH FamRZ 2009, 1391 = NJW 2009, 2592 – Tz. 30.
[1662] So aber OLG Stuttgart FamRZ 2007, 400; ähnlich OLG Karlsruhe FamRZ 2007, 413.

Der Beginn der Obliegenheit zur Arbeitssuche kann schon vor dem Ende der Betreuungsphase liegen, wenn bei einem gesunden Kind das Ende der Betreuungsbedürftigkeit klar absehbar ist.[1663]

479	**(13) Weitere Einzelheiten des Tatbestandes: Gemeinschaftlich** ist auch das **gemeinschaftlich adoptierte Kind, nicht** jedoch ein **Pflegekind** oder das **voreheliche Kind** eines Ehepartners.[1664] Auch wenn sich die Eltern darüber „einig" sind, dass ein in der Ehe geborenes Kind kein gemeinschaftliches ist, gilt es wegen § 1600d Abs. 4 BGB bis zur rechtskräftigen Feststellung der Vaterschaft als gemeinschaftliches, denn diese Vorschrift und auch die Unterhaltsberechtigung nach § 1570 BGB dienen dem Schutz des Kindes.[1665]
Gemeinschaftliche „nicht eheliche" Kinder (nach Rechtskraft der Scheidung geborene gemeinschaftliche Kinder – § 1592 Nr. 1 BGB) sind nicht „gemeinschaftlich" i.S. des § 1570 BGB, denn der BGH stellt formal auf den Status der „Ehelichkeit" ab; es gilt dann aber § 1615l BGB.[1666]
Bei gleichzeitiger Betreuung von gemeinschaftlichen und nicht gemeinschaftlichen Kindern haften der Ehemann (nach § 1570 BGB) und der nichteheliche Vater (nach § 1615l BGB) anteilig.[1667]
Ein früheres Zusammenleben der Eheleute setzt der Kinderbetreuungsunterhalt nicht voraus, und der Anspruch ist auch bei einer nur sehr kurzen Ehezeit, wenn er wegen der Belange des Kindes nicht nach § 1579 Nr. 1 BGB ausgeschlossen werden darf, nach der Differenzmethode zu berechnen.[1668]
Betreuen beide Ehegatten Kinder (beiderseitige Kinderbetreuung) nach Trennung/ Scheidung, spielt das für die Anspruchsberechtigung als solche keine Rolle.[1669] Allerdings kann im Ergebnis nur einer der Elternteile einen aktuellen Unterhaltsanspruch nach § 1570 BGB haben. Ändern sich die Umstände, kann auch die Anspruchsberechtigung nach § 1570 BGB wechseln.[1670]
Eine Fortsetzung der Unterhaltszahlungen nach Wegfall der Voraussetzungen des § 1570 BGB kann den Einsatzzeitpunkt des Anschlusstatbestandes nach §§ 1572 Nr. 4, 1573 Abs. 1 BGB verschieben, wenn der Berechtigte darauf vertrauen konnte, der Verpflichtete verlange von ihm noch keine Erwerbsbemühungen.[1671]
Anspruchsgrund bei zumutbarer Teilerwerbstätigkeit ist § 1570 BGB nur bis zur Höhe des Mehreinkommens, das bei Vollerwerbstätigkeit erzielt werden könnte, im Übrigen ist § 1573 Abs. 2 BGB Anspruchsgrund,[1672] so dass die Privilegierungen des Anspruchs aus § 1570 BGB nur für den darauf beruhenden Teil des Unterhaltsanspruchs gelten.[1673]

480	**(14) Nach vollem Ende der Betreuungsbedürftigkeit** muss sich der bisher teilzeitbeschäftigte Betreuende um eine Vollzeitarbeit bemühen.[1674]

[1663] BGH FamRZ 1995, 871 (872) = NJW 1995, 3391.

[1664] BGH FamRZ 1984, 361 = NJW 1984, 1538.

[1665] BGH FamRZ 2012, 1201 = NJW 2012, 2190, Tz. 19, zum Trennungsunterhalt unter Bezugnahme auf BGH FamRZ 2012, 779 = NJW 2012, 1443, Tz. 32. Früher bereits BGH FamRZ 1985, 51 (52): auch wenn die Mutter den Scheinvater treuwidrig von der Ehelichkeitsanfechtung abgehalten hat.

[1666] BGH FamRZ 1998, 426 = NJW 1998, 1065.

[1667] BGH FamRZ 1998, 541 = NJW 1998, 1309; ebenso OLG Koblenz OLGR 1999, 182.

[1668] BGH NJW 2005, 3639 = FF 2006, 45 mAnm *Bosch*.

[1669] BGH FamRZ 1983, 569 = NJW 1983, 1548; KG FamRZ 1982, 386 mwN.

[1670] Vgl. BGH FamRZ 2016, 199 = NJW 2016, 322, Tz. 16.

[1671] BGH FamRZ 1990, 496 (498) = NJW 1990, 2752; OLG Köln FamRZ 1999, 853 f.

[1672] BGH FamRZ 2012, 1040 = NJW 2012, 1868, Tz. 15.

[1673] BGH FamRZ 2010, 869 Tz. 15; FamRZ 2009, 406 Tz. 20 ff.; zum alten Recht bereits BGH FamRZ 1999, 708 = NJW 1999, 1547; FamRZ 1990, 492 = NJW 1990, 1847 und FamRZ 1991, 305 = NJW-RR 1991, 132.

[1674] OLG Celle NJW-RR 1994, 1354 (offen bleibt, wer das Risiko trägt, wenn die gesicherte Teilzeitarbeit aufgegeben wird und anschließend die Vollzeitarbeit verloren geht).

Eine **vertragliche Regelung des Beginns der Erwerbsobliegenheit** kann die allgemeinen Zumutbarkeitsgrenzen verschieben.[1675]

Ein fiktives Einkommen des Unterhaltsberechtigten ist im Wege der **Differenzmethode** in die Berechnung des nachehelichen Unterhalts einzubeziehen.

(15) Ein **Verzicht auf den Anspruch aus § 1570 BGB** ist nach § 138 BGB nichtig,   **481** wenn damit bewusst die Sozialhilfebedürftigkeit herbeigeführt wird. Ferner kann er nichtig sein, wenn die Unterlegenheit eines Vertragspartners ausgenutzt wurde;[1676] es kommt aber auch eine bloße Anpassung nach § 242 BGB in Betracht, wenn der Vertrag zunächst wirksam war, dann aber Kinder geboren werden, deren überwiegende schutzwürdige Interessen eine Anpassung verlangen.

(16) Im Rahmen der Billigkeitsabwägung nach § 1579 BGB sind die Kindesbelange   **482** **zu wahren (→ Rn. 1178 ff.).** Noch zur Rechtslage des § 1570 BGB idF bis 31.12.2007 hat das OLG Bremen[1677] entschieden, dass bei einem solchen Anspruch in Anwendung von § 1579 BGB auch die Aufnahme einer Erwerbstätigkeit ab Vollendung des 3. Lebensjahres, somit schon zu einem früheren Zeitpunkt als nach den Grenzen des früheren Altersphasenmodells, in Betracht kommen kann und sich zur Begründung auf die zu § 1615l BGB aF entwickelten Grundsätze des BGH[1678] zu den Möglichkeiten der anderweitigen Betreuung von Kindern ab diesem Alter bezogen.

d) Alter (§ 1571 BGB)

Nach § 1571 BGB besteht ein Unterhaltsanspruch, soweit wegen des Alters eine   **483** **Erwerbstätigkeit nicht mehr erwartet werden kann.** Der Unterhalt eines altersbedingt nicht mehr erwerbstätigen Unterhaltsberechtigten für den durch seine Rente nicht gedeckten Bedarf richtet sich nur nach § 1571 BGB (Altersunterhalt).[1679]
Maßgebender Zeitpunkt für die Bestimmung des Alters:

1. Scheidung (= Tag der Rechtskraft der Ehescheidung).[1680]
2. Beendigung der Pflege oder Erziehung eines gemeinschaftlichen Kindes.
3. Wegfall der Voraussetzungen eines Unterhaltsanspruchs nach den §§ 1572, 1573 BGB.

Anschlussunterhalt wird danach nur geschuldet, wenn die einzelnen Unterhaltsansprüche ohne zeitliche Lücken aneinander anschließen. Besteht danach ein lückenlos anschließender Anspruch, kommt es nicht darauf an, ob der vom Verpflichteten auch erfüllt werden konnte oder mangels **Leistungsfähigkeit** nicht,[1681] denn dieser im Bereich des Verpflichteten liegende Umstand kann dem Berechtigten nicht zum Nachteil gereichen. Dagegen ist es nicht gerechtfertigt, den Anschlussunterhalt auch zu gewähren, wenn nur die sonstigen Tatbestandsvoraussetzungen, aber nicht die **Bedürftigkeit** des Berechtigten im Einsatzzeitpunkt gegeben war,[1682] es sei denn, dies war nur vorübergehend nicht der Fall.[1683] Bei dieser Sachlage ist es ein Umstand aus dem Bereich des Berechtigten, der schon die Geltendmachung eines Anspruchs ausschließt. Der Gesetzgeber hat die nacheheliche Solidarität bewusst durch die Einführung der Einsatzzeitpunkte beschränkt. Das gilt allerdings nicht, wenn schon im Einsatzzeitpunkt absehbar war, dass die Bedürftigkeit

---

[1675] BGH FamRZ 1989, 150 (zu § 58 EheG).

[1676] → Rn. 161; BGH FamRZ 2004, 601 = NJW 2004, 930.

[1677] OLG Bremen FamRZ 2007 1465 = NJW 2007, 1890.

[1678] BGH FamRZ 2006, 1362.

[1679] BGH FamRZ 2012, 951 mAnm *Finke* (955) = NJW 2012, 2028, Tz. 19 (auch zur Abgrenzung zu § 1573 Abs. 2 BGB bei noch teilweiser Erwerbstätigkeit), dazu *Niepmann* FamFR 2012, 265 (unter III.).

[1680] OLG Köln FamRZ 2002, 326.

[1681] So jetzt auch für den Aufstockungsunterhalt BGH FamRZ 2016, 203 = NJW 2016, 153.

[1682] Offengelassen von BGH FamRZ 2005, 1817 mAnm *Büttner* (1899) = NJW 2005, 3277; so aber OLG München FamRZ 1993, 564 und OLG Schleswig OLGR 2006, 487 – sehr umstritten.

[1683] BGH FamRZ 2016, 203 = NJW 2016, 153, Tz. 17.

demnächst wieder bestehen werde, zB bei fehlender Bedürftigkeit wegen Anrechnung eines aus überobligatorischer Arbeit stammenden Einkommens. Es kommt auf die Sicht eines objektiven Betrachters zum Einsatzzeitpunkt an.

Im Übrigen setzt der Unterhaltsanspruch nach § 1571 BGB nicht voraus, dass das die Erwerbsunfähigkeit begründende Alter erst im Laufe der Ehe erreicht worden ist („ehebedingt" ist), sondern er besteht auch, wenn der Bedürftige schon bei der Eheschließung wegen Alters erwerbsunfähig war.[1684]

Anschlussunterhalt ist nur als **Teilunterhalt** geschuldet, wenn bei Beginn des Anschlussunterhalts nach § 1571 Nr. 3 BGB nur ein Anspruch auf einen Teil des vollen Bedarfs nach den §§ 1572, 1573 BGB bestand, wie sich – wie bei § 1572 BGB – aus der Verwendung des Wortes „soweit" ergibt.[1685]

484   **Das Gesetz nennt kein bestimmtes Alter** wegen der ganz unterschiedlichen Verhältnisse im Einzelfall. Ab Erreichen der **allgemeinen gesetzlichen Altersgrenze** von 65 Jahren (ab 2012 schrittweise Erhöhung auf 67 Jahre) kann eine Erwerbstätigkeit aber generell nicht mehr erwartet werden.[1686] Gleichwohl erzieltes Einkommen kann aber nach den Umständen des Einzelfalls gem. § 242 BGB herangezogen bzw. (beim Berechtigten) nach § 1577 Abs. 2 BGB berücksichtigt werden, → Rn. 535 ff.

Soweit der Berechtigte in einem freien Beruf tätig war, der eine allgemeine Altersgrenze nicht kennt, soll nach Auffassung von einigen Oberlandesgerichten noch auf die Umstände des Einzelfalls abzustellen sein.[1687] Auch hier kann man aber bei Leistungsfähigkeit des Verpflichteten nicht verlangen, dass der Berechtigte „bis zum Umfallen" weiterarbeitet. Ist ein bisher Unterhaltspflichtiger auch im 78. Lebensjahr noch selbständig als Bauingenieur tätig, sind seine daraus erzielten Einkünfte deshalb insgesamt unterhaltsrechtlich unbeachtlich.[1688]

485   Bei **vorgezogenen Altersgrenzen**[1689] ist zu berücksichtigen, dass sie teilweise aus anderen Gründen als die allgemeine Altersgrenze bestehen. Diese Gründe (insbesondere Schutz der Allgemeinheit bei gefährlichen Berufen, Entlastung des Arbeitsmarktes, **Vorruhestand**)[1690] schlagen nicht ohne weiteres auf das private Unterhaltsrecht durch, insbesondere sofern für einen Vorruhestand keine betrieblichen, persönlichen oder gesundheitlichen Gründe beim Verpflichteten bestehen und der Bedarf des Unterhaltsberechtigten nicht anderweitig auf einem relativ hohen Niveau gesichert ist.[1691] Hier ist daher zusätzlich zu prüfen, ob nicht eine (anderweitige) Weiterbeschäftigung (auch im Geringverdienerbereich) in Betracht kommt und ob die Inanspruchnahme einer vorgezogenen Altersrente auch im Verhältnis zum Unterhaltsverpflichteten angemessen ist.[1692] Zu be-

---

[1684] BGH FamRZ 1983, 151 = NJW 1983, 683; FamRZ 1982, 28 = NJW 1982, 929; FamRZ 1981, 1163 (1165) = NJW 1982, 40; FamRZ 1980, 981 = NJW 1980, 2247.

[1685] BGH FamRZ 2001, 1291 (1294) = NJW 2001, 3260 zu § 1572 Nr. 4 BGB.

[1686] BGH FamRZ 2013, 191, Tz. 16 (für den Pflichtigen); FamRZ 2011, 454, Tz. 19; FamRZ 1999, 708 = NJW 1999, 1547 mwN, 1547; OLG Schleswig OLGR 2003, 536; OLG Köln FamRZ 1984, 269 mAnm *Büttner*.

[1687] OLG Dresden OLGR 2003, 102 (Weiterarbeit bei gesteigerter Unterhaltspflicht); OLG Köln FF 2007, 117 (problematisch).

[1688] OLG Koblenz FamRZ 2014, 2005 (LS) = NJW-Spezial 2014, 453.

[1689] Z. B. Polizeivollzugsbeamte ab 60 (§ 5 Bundespolizeibeamtengesetz); Bergleute ab 50 (§ 45 Abs. 1 Nr. 2 RKnG); Soldaten zu unterschiedlichen Zeitpunkten, zB Unteroffiziere mit 53; Strahlenflugzeugführer schon mit 41, vgl. § 45 Soldatengesetz; dazu ferner *Borth* FamRZ 2016, 99 für vorgezogene Altersgrenzen bei Soldaten oder Polizeibeamten.

[1690] Zum Vorruhestand eingehend *Strohal* FamRZ 1996, 197 ff. und *Viefhues* FF 2006, 103.

[1691] BGH FamRZ 2012, 1483 = NJW 2012, 3434, Tz. 29 ff.

[1692] BGH NJW-RR 2004, 505 = FamRZ 2004, 254 mAnm *Borth* (360); FamRZ 1999, 708 = NJW 1999, 1547; OLG Saarbrücken NJW 2007, 520 mAnm *Eschenbruch*; OLG Koblenz NJWE-FER 2000, 108 und Urt. v. 7.3.2001 – 9 UF 526/00; OLG Hamm FamRZ 1999, 1078 = NJW 1999, 2976 für den Verpflichteten.

achten ist, dass der Berechtigte gem. § 34 Abs. 3 Nr. 1 SGB VI neben der Rente anrechnungsfrei Einkünfte bis 450 EUR seit 1.1.2013 aus einem geringfügigen Beschäftigungsverhältnis erzielen darf, so dass auch die Zumutbarkeit der Übernahme einer solchen zusätzlichen Tätigkeit zu prüfen ist.

Umgekehrt kann eine Obliegenheit zur Inanspruchnahme des vorgezogenen Altersruhegeldes bestehen, wenn der Berechtigte, der bisher nach § 1573 BGB anspruchsberechtigt war, dadurch seinen Bedarf teilweise oder ganz selbst decken kann.

Altersteilzeitvereinbarungen sind nach den gleichen Maßstäben zu beurteilen; die freiwillige (Teil-) Beendigung eines Arbeitsverhältnisses kann gegen die unterhaltsrechtliche Erwerbsobliegenheit verstoßen.[1693] Zu den insoweit vergleichbaren Maßstäben beim Verpflichteten hat der BGH[1694] entschieden, dass die Vereinbarung von Altersteilzeit dann gerechtfertigt sein kann, wenn sich der Unterhaltspflichtige dafür auf betriebliche, persönliche oder gesundheitliche Gründe berufen kann, die bei einer Gesamtabwägung aller Umstände eine mit der Reduzierung seines Einkommens verbundene Einschränkung seiner Erwerbstätigkeit auch gegenüber dem Unterhaltsberechtigten als angemessen erscheinen lässt.

Bei vorzeitiger Pensionierung aus Gesundheitsgründen durch einen öffentlich-rechtlichen Dienstherrn hat der BGH[1695] entschieden, dass der Berechtigte diese Einkommensminderung des Pflichtigen ohne Nachprüfung der Gesundheitsgründe hinnehmen muss, jedenfalls, wenn die Versorgungsbezüge für eine angemessene Lebensführung ausreichen. Das gilt auch für den Berechtigten. In der Praxis werden bei diesen Sachlagen in aller Regel aber Gesundheitsgründe auch attestiert werden oder einer Neu- oder Wiederaufnahme der Arbeit wird die Arbeitsmarktlage entgegenstehen, so dass eine isolierte Alterserwerbsunfähigkeit selten ist.[1696] **486**

Von welchem Alter an ansonsten eine Erwerbstätigkeit wegen Alters nicht mehr zumutbar ist, lässt sich nicht allgemein sagen. Es kommt ganz auf die Art der Tätigkeit und die sonstigen subjektiven Voraussetzungen an. Wegen der zu unterschiedlichen Einzelfallumstände kann auch für Frauen nach langer Tätigkeit im Haushalt keine allgemeine Altersgrenze unterhalb von 65 Jahren bestimmt werden.[1697] **487**

Gleichwohl sind im gewerblichen Bereich neue Arbeitsplätze ab einem Alter von 60 Jahren praktisch kaum zu finden.[1698]

Der Anspruch aus § 1571 BGB besteht, wenn typischerweise in diesem Alter und in der in Betracht kommenden Berufssparte keine angemessene Arbeit mehr gefunden werden kann,[1699] während § 1573 Abs. 1 BGB eingreift, wenn wegen der konkreten Einzelfallumstände auf Grund des Alters keine angemessene Arbeit gefunden werden kann.[1700]

[1693] BGH FamRZ 2012, 1483 = NJW 2012, 3434, Tz. 28 f. (für den Verpflichteten entschieden); OLG Hamm FamRZ 1999, 1078 und 1079.

[1694] BGH FamRZ 2012, 1483 = NJW 2012, 3434, Tz. 30.

[1695] BGH FamRZ 1984, 662 (664) = NJW 1984, 2358 (Sparkassendirektor: Dienstbezüge 9000 DM netto, Versorgungsbezüge 6400 DM).

[1696] Vgl. auch OLG Zweibrücken FamRZ 1983, 144 (58-jährige Frau).

[1697] BGH FamRZ 2012, 1483 = NJW 2012, 3434, Tz. 30 ff. für den Verpflichteten; FamRZ 1999, 708 = NJW 1999, 1547; OLG Schleswig NJWE-FER 1998, 266 und OLGR 1999, 424: aber keine angemessene Tätigkeit für Frau Ende 50 nach knapp 30-jähriger Ehe mit sehr gut verdienendem Ehemann; OLG Koblenz NJWE-FER 2000, 108.

[1698] OLG Oldenburg FamRZ 1996, 672; aber uU geringfügige Beschäftigung: OLG Koblenz NJWE-FER 2000, 108.

[1699] OLG Hamburg FamRZ 1991, 445 (Altersunterhalt für 53-jährige nach 20-jähriger Ehe); dagegen OLG Bamberg FamRZ 1992, 1305; OLG Koblenz FamRZ 1992, 950; OLG Köln FamRZ 1980, 1006, die für Frauen zwischen 53 und 56 Jahren auch nach langer Ehe Erwerbstätigkeit aus Altersgründen nicht für unzumutbar halten.

[1700] Vgl. dazu BGH FamRZ 1987, 691 = NJW 1987, 2739.

488   Die **Dauer der Ehe** kann außer über § 1579 Nr. 1 BGB[1701] für die Höhe des Anspruchs
       nach § 1578b BGB von Bedeutung sein.[1702] Unbillige Ergebnisse bei relativ kurzen
       Altersehen können so vermieden werden.

489   **Rentenzahlung auf Grund des Versorgungsausgleichs** in altersverschobener Ehe
       wird im Wege der Differenzmethode berücksichtigt.[1703] Eine von der Unterhaltsberech-
       tigten bezogene Privatrente mindert grundsätzlich gemäß § 1577 Abs. 1 BGB ihre Be-
       dürftigkeit.[1704]
           Wenn die Bedürftigkeit erst nach Durchführung des Versorgungsausgleichs eingetreten
       ist und der ausgleichspflichtige Ehegatte es unterlassen hat, eine Kürzung des Versor-
       gungsausgleichs (jetzt nach § 33 VersAusglG) zur Vermeidung seiner sonst eintretenden
       Bedürftigkeit zu beantragen, besteht kein Anspruch auf Altersunterhalt.[1705]

490   **Nach § 1578b BGB** bezieht sich die Begrenzungsmöglichkeit auch auf diesen Unter-
       haltstatbestand,[1706] → Rn. 1074. Der Maßstab des angemessenen Lebensbedarfs bestimmt
       sich nach den Grundsätzen zu § 1578b BGB,[1707] dh nach der eigenen Lebensstellung, die
       der Unterhaltsberechtigte ohne die Ehe und damit verbundene Erwerbsnachteile erlangt
       hätte; auf die – besseren – Verhältnisse des anderen Ehegatten komme es insoweit nicht
       an.[1708]

491   **Darlegungs- und Beweislast.** Sie trifft denjenigen, der sich vor dem Alter von 65
       Jahren (bzw. ab 2012 zunächst jährlich ein Monat mehr) auf das „Alter" als Einschrän-
       kung der Erwerbsobliegenheit beruft.[1709]

e) Krankheit und andere Gesundheitseinschränkungen (§ 1572 BGB)

492   Auch dieser Unterhaltstatbestand ist in besonderer Weise Ausdruck nachehelicher
       Solidarität.[1710]
           Krankheitsunterhalt kann nach § 1572 BGB verlangt werden, solange und soweit
       wegen Krankheit[1711] oder anderer Gebrechen oder Schwäche der körperlichen oder
       geistigen Kräfte eine Erwerbstätigkeit nicht erwartet werden kann. „Geringe Vitalität und
       Belastbarkeit" wird in der Regel nicht als „andere Gebrechen oder Schwäche" anzusehen
       sein, weil damit fast jeder krank wäre, der angibt, sich krank zu fühlen.[1712] Soweit
       Erwerbsunfähigkeitsrente wegen voller Erwerbsminderung bis zur Vollendung des
       65. Lebensjahres bezogen wird, kann der Unterhaltsberechtigte ausschließlich Krank-
       heitsunterhalt nach § 1572 BGB verlangen.[1713]
           Partnerversorgung und ein dafür anzurechnendes Entgelt ist durch Krankheit, die die
       Erwerbstätigkeit hindert, nicht ausgeschlossen.[1714]

[1701] → Rn. 1103 ff.
[1702] → Rn. 1071.
[1703] BGH FamRZ 2003, 848 mAnm *Hoppenz* = NJW 2003, 1796; aA AG Düsseldorf FamRZ 2005,
34.
[1704] BGH FamRZ 2014, 1276 = NJW 2014, 2192, Tz. 23.
[1705] OLG Celle FamRZ 2006, 1544 = NJW 2006, 922.
[1706] *Büttner* FamRZ 2007, 773.
[1707] BGH NJW 2010, 3097 = FamRZ 2010, 1633; NJW 2011, 300 = FamRZ 2011, 188.
[1708] BGH NJW 2011, 303 = FamRZ 2011, 192, Tz. 35, 36; NJW 2010, 3097 = FamRZ 2010, 1633.
[1709] BGH FamRZ 2006, 683 mAnm *Büttner* (765) = NJW 2006, 1654 (auch mit 63 keine freiwillige
Reduzierung).
[1710] BGH FamRZ 2009, 1207 = NJW 2009, 2450 – Tz. 37; BGH FamRZ 2009, 406 (409).
[1711] Der Krankheitsbegriff entspricht dem sozialversicherungsrechtlichen (BT-Drs. 7/650, S. 124).
OLG Bamberg FamRZ 2000, 231: Auch persönlichkeitsimmanente Schwächen wie geringe Ausdauer
und Belastbarkeit.
[1712] **Anders** aber OLG Bamberg FamRZ 2000, 231.
[1713] BGH FamRZ 2012, 772 = NJW 2012, 1807, Rn. 23.
[1714] BGH FamRZ 2001, 1693 = NJW 2001, 3779.

Konkrete Darlegung der Krankheit im Einzelnen und ihrer Auswirkung auf die Erwerbsfähigkeit sowie ihres Bestehens zum Einsatzzeitpunkt ist erforderlich, es genügt nicht, sich generell auf eine Erwerbsunfähigkeit i. S. des § 1572 BGB zu berufen.[1715] Der unterhaltpflichtige Ehegatte muss dann die Genesung des Berechtigten von einer schweren Erkrankung darlegen.

Mehrbedarf wegen sachgerechter Heilungsmaßnahmen, die nicht von der Krankenversicherung übernommen werden, wird von § 1572 BGB erfasst.[1716]

Einsatzzeitpunkte sind:

1. Scheidung (= Tag der Rechtskraft der Ehescheidung).
2. Ende der Betreuung eines gemeinschaftlichen Kindes.
3. Ende der Ausbildung, Fortbildung oder Umschulung.
4. Wegfall der Voraussetzungen für den Anspruch nach § 1573 BGB.

Der **Anschlussunterhalt** verlangt auch hier, dass sich die Unterhaltstatbestände lückenlos aneinander reihen.[1717] Der Anschlussunterhalt wird nur als **Teilunterhalt** geschuldet, wenn bei Beginn des Anschlussunterhalts auf Grund des weggefallenen früheren Anspruchsgrundes (nach §§ 1570, 1573, 1575 BGB) nur ein Anspruch auf einen Teil des vollen Bedarfs bestand,[1718] es entsteht also kein umfassender neuer Anspruch.

Krankheiten, die nach den Einsatzzeitpunkten auftreten, begründen keinen Anspruch.   **493**

Latente Krankheiten, die nicht in nahem (unter zwei Jahre dürfte die Grenze sein) **zeitlichem Zusammenhang** mit dem Einsatzzeitpunkt ausgebrochen sind und in diesem Zeitpunkt daher keine Erwerbsunfähigkeit begründet haben, begründen keinen Unterhaltsanspruch, da es sich dann um schicksalsbedingte Ereignisse handelt, die nicht zu Lasten des Unterhaltspflichtigen gehen.[1719] Dem ist zuzustimmen, denn nach moderner medizinischer Diagnostik können latente Krankheiten, zB auf Grund genetischer Analyse, uU schon Jahre vor ihrem Ausbruch erkannt werden. Krankheiten, die schon vorhanden waren, die sich aber nach dem Einsatzzeitpunkt verschlimmert haben und dann zur Erwerbsunfähigkeit geführt haben, sollen dagegen latenten Krankheiten nicht gleichzustellen sein.[1720]

Latente Krankheiten, die in nahem zeitlichem Zusammenhang mit dem Einsatzzeitpunkt ausbrechen,[1721] lösen dagegen einen Anspruch aus, da es nicht darauf ankommen kann, ob der Berechtigte besonders leichtsinnig Warnzeichen außer Acht gelassen hat. Als naher zeitlicher Zusammenhang wird ein Zeitraum von unter zwei Jahren gelten können.

Krankheiten, die im Einsatzzeitpunkt schon ausgebrochen sind, aber noch **nicht zur Erwerbsunfähigkeit** führen (zB Multiple Sklerose), werden ähnlich zu behandeln sein. Es kommt also darauf an, ob sie in nahem zeitlichen Zusammenhang ganz oder teilweise zur Erwerbsunfähigkeit führen.

[1715] BGH NJW-RR 2005, 1450 = FF 2005, 316 mAnm *Büttner;* FamRZ 2001, 1291 (1292) = NJW 2001, 3260.

[1716] OLG Hamm FamRZ 1997, 296 = NJWE-FER 1997, 76.

[1717] OLG Brandenburg FamRZ 2007, 288 = NJW-RR 2007, 150; OLG Düsseldorf OLGR 1999, 188 und FamRZ 1994, 965 sowie OLG Karlsruhe FamRZ 2000, 233; → Rn. 483.

[1718] BGH FamRZ 2001, 1291 (294) = NJW 2001, 3260 und OLG Hamm FamRZ 1999, 231 und NJW-RR 1999, 1096 für § 1573 BGB.

[1719] BGH FamRZ 2001, 1291 (1293) = NJW 2001, 3260 (23 Monate); OLG Schleswig FuR 2006, 283; OLG Koblenz FuR 2006, 45 (21 Monate).

[1720] OLG Koblenz NJW-RR 2006, 151; KG FamRZ 2002, 460 (es kommt aber wohl darauf an, ob mit einer baldigen Verschlimmerung zu rechnen war).

[1721] So OLG Düsseldorf FamRZ 2003, 683; OLG Hamm FamRZ 2002, 1564; offen gelassen von BGH FamRZ 2001, 1291 = NJW 2001, 3260, der OLG Karlsruhe FamRZ 2000, 233 aufgehoben hat, das nachhaltige Sicherung erst nach zwei Jahren annahm.

Bei Fortzahlung des Unterhalts an den Berechtigten nach Auslaufen eines Anspruchs, der den Berechtigten von rechtzeitigen Erwerbsbemühungen abgehalten hat, kann der Einsatzzeitpunkt gewahrt sein, wenn die Krankheit nach dem „eigentlichen" Einsatzzeitpunkt ausbricht.[1722]

494   Auf die **Ehebedingtheit der Krankheit** kommt es bei § 1572 BGB nicht an. Auch bei Eheschließung schon vorhandene, selbst unerkannte Krankheiten werden erfasst.[1723] Bei einer Befristung oder Begrenzung ist ua ein anderes Maß an nachehelicher Solidarität zu berücksichtigen.[1724]

495   **Alkoholsucht und Medikamentenabhängigkeit**[1725] können als Krankheit im Sinne des § 1572 BGB anzusehen sein. Das kann auch für **erhebliches Übergewicht**[1726] oder andere durch die eigene Lebensführung herbeigeführte Krankheiten gelten, denn es kommt nicht darauf an, ob die Krankheit verschuldet ist. Zu Fragen Unterhaltsversagung gemäß § 1579 Nr. 4 oder Nr. 8 BGB in diesen Fällen wird auf → Rn. 1129, 1174 verwiesen.

Bei Renten- oder Unterhaltsneurosen kommt es darauf an, ob sie echten Krankheitswert haben oder ob davon auszugehen ist, dass sie bei Aberkennung des Unterhaltsanspruchs überwunden werden. Wenn Willens- und Steuerungsfähigkeit krankheitsbedingt eingeschränkt sind, ist eine Überwindbarkeit zu verneinen.[1727] Soweit das OLG Hamm[1728] in diesem Zusammenhang für eine unter **Depressionen** leidende Unterhaltsberechtigte ausführt, diese treffe die Obliegenheit, alle zumutbaren Mitwirkungshandlungen zu unternehmen, um die Krankheit behandeln zu lassen und sich dafür unmittelbar in die Behandlung eines Therapeuten zu begeben, wird aber zu beachten sein, dass nicht ausreichende Bemühungen um eine Behandlung gerade Ausdruck der Depression sein können und deshalb eventuell nicht vorwerfbar sind. Bezieht der Unterhaltsschuldner staatliche Transferleistungen nach dem SGB II, sind an seine Behauptung, er sei aufgrund von Depressionen arbeitsunfähig, hohe Anforderungen zu stellen. Denn Voraussetzung für eine Gewährung von Arbeitslosengeld II ist, dass der Empfänger auf absehbare Zeit mindestens drei Stunden täglich arbeiten kann. Aus diesem Grunde müsse er – so das *Kammergericht* – substantiiert, schlüssig und konsistent zu den behaupteten gesundheitlichen Beeinträchtigungen und ihren Auswirkungen auf die Erwerbsfähigkeit vortragen.[1729]

Letztlich geht es in diesen Fällen um die richtige Abgrenzung zwischen Simulation und wirklicher Krankheit, allerdings kann es auch echte „Schwellenangst" vor dem Wiederbeginn der Erwerbstätigkeit geben. Um richtig abzugrenzen, ist auch zu erwägen, den Unterhalt zeitweise auszusetzen.

[1722] BGH FamRZ 2006, 769 = NJW 2006, 1967; FamRZ 1990, 260 = NJW 1990, 1172; FamRZ 1990, 496 (498) = NJW 1990, 2752; so auch OLG Schleswig OLGR 2003, 536 (für Altersunterhalt).

[1723] BGH (IX.) FamRZ 2004, 779; BGH NJW-RR 1995, 449 = FamRZ 1995, 1405; FamRZ 1994, 566 = NJW 1994, 1286; FamRZ 1981, 1163 = NJW 1982, 40 (Multiple Sklerose); anders aber in der Tendenz OLG Brandenburg FamRZ 1996, 866 (Pflichtiger betreut Kleinkind); OLG Hamm FamRZ 1995, 1417 (im Mangelfall); – bei Verschweigen bei Eheschließung kommt aber § 1579 BGB in Betracht –; OLG Hamm FamRZ 1987, 1151 (von Geburt an bestehende Körperbehinderung); → Rn. 1174.

[1724] BGH FamRZ 2010, 869 Tz. 42 ff.

[1725] OLG Schleswig OLG Report 2001, 248; OLG Hamm FamRZ 1989, 631.

[1726] OLG Köln FamRZ 1992, 65 (66).

[1727] BGH FamRZ 1988, 375 = NJW 1988, 1147; FamRZ 1984, 660 = NJW 1984, 1816; OLG Düsseldorf FamRZ 1990, 68 (die Anwendung von § 1579 Nr. 7 bei nicht behandelbaren Neurosen ist bedenklich); OLG Hamm FamRZ 1995, 996 (zu psychischen Belastungen durch Trennung und Scheidung).

[1728] OLG Hamm FamRZ 2012, 1732.

[1729] KG NZFam 2015, 766 (*Viefhues*).

Den **Unterhaltsberechtigten** trifft die Obliegenheit, die Krankheit behandeln zu 496
lassen. Bei Alkohol- und Tablettenabhängigkeit oder anderen Suchtkrankheiten müssen
daher Entziehungskuren gemacht werden. Wird das unterlassen, kann § 1579 Nr. 4 BGB
eingreifen.[1730] insoweit einschränkend, → Rn. 495 (zur Depression).

Bei Operationen, die zur Besserung der Krankheit nötig sind, dürften ähnliche Grundsätze wie im Schadensersatzrecht anzuwenden sein, die Operation muss also gefahrlos
und hinreichend aussichtsreich sein.[1731]

Zu den Obliegenheiten beim Krankheitsunterhalt gehört schließlich, den Verpflichteten ausreichend über den Krankheitsstand und die Behandlung zu unterrichten.[1732]

Anspruchsgrundlage und Begrenzungsmöglichkeit. Der Anspruch aus § 1572 BGB 497
besteht auch, wenn wegen der Krankheit keine reale Beschäftigungschance besteht.[1733]
Das kann auch der Fall sein, wenn auf dem Arbeitsmarkt konkret nur noch eine Gering-
verdiener-Arbeit gefunden werden kann.[1734] **Bei vorübergehender Krankheit** beruht der
Anspruch ebenfalls auf § 1572 BGB.[1735]

Schließt die Krankheit nur bestimmte Tätigkeiten aus, sind die noch möglichen aber
nicht angemessen i. S. § 1574 BGB, ist Anspruchsgrundlage § 1573 Abs. 1 und 3 BGB.[1736]

Ein Anspruch auf Teilunterhalt nach § 1572 BGB kommt hingegen in Betracht, wenn
der Berechtigte wegen der gesundheitlichen Beeinträchtigungen nur einer Teilzeitbeschäftigung nachgehen kann.[1737] Der restliche Unterhaltsanspruch kann dann auf § 1573
Abs. 2 BGB beruhen und evtl. eher nach § 1578b BGB begrenzt werden.[1738]

Eine Höhebegrenzung nach § 1578b BGB kommt stets in Betracht. Auch beim Krankheitsunterhalt bestimmt sich der Maßstab des angemessenen Lebensbedarfs nach den
Grundsätzen zu § 1578b BGB,[1739] dh nach der eigenen Lebensstellung, die der Unterhaltsberechtigte ohne die Ehe und damit verbundene Erwerbsnachteile erlangt hätte; auf die –
besseren – Verhältnisse des anderen Ehegatten komme es insoweit nicht an.[1740]

Nach § 1578b BGB bezieht sich die **Befristungsmöglichkeit – anders als früher –**
auch auf § 1572 BGB,[1741] allerdings bei diesem Tatbestand unter besonderer Berücksichtigung der Billigkeit,[1742] → Rn. 1073.

Wenn ein Rentenantrag wegen krankheitsbedingter Arbeitsunfähigkeit noch nicht 498
beschieden ist, kann der Verpflichtete ein zins- und tilgungsfreies Darlehen gegen Abtretung des Anspruchs auf Rentennachzahlung anbieten.[1743] Bei rückwirkender Bewilligung kann ein Unterhaltsvergleich rückwirkend abgeändert werden.[1744]

[1730] 1483 BGH FamRZ 1988, 375 = NJW 1988, 1147; FamRZ 1981, 1042 = NJW 1981, 2805; OLG
Schleswig OLGR 2001, 248; OLG Düsseldorf FamRZ 1987, 1262.
[1731] BGH VersR 1961, 1125; OLG Hamm FamRZ 1996, 863.
[1732] OLG Schleswig FamRZ 1982, 1018.
[1733] OLG Brandenburg FamRZ 1996, 866; OLG Frankfurt FamRZ 1994, 1265.
[1734] OLG Stuttgart NJWE-FER 2001, 225.
[1735] OLG Nürnberg FamRZ 1992, 682; ebenso bei Mischeinkünften aus EWU-Rente und Wohn-
einkünften: OLG München FamRZ 1997, 295.
[1736] BGH FamRZ 1995, 869 = NJW-RR 1995, 835; FamRZ 1991, 170 = NJW 1991, 224; OLG
München OLGR 1997, 7 (nicht bei Mischeinkünften).
[1737] BGH FamRZ 2014, 823 = NJW 2014, 1302 = NZFam 2014, 593 (mAnm *Niepmann*), Tz. 10;
BGH FamRZ 1991, 170 = NJW 1991, 224.
[1738] BGH FamRZ 2014, 823 = NJW 2014, 1302 = NZFam 2014, 593 (mAnm *Niepmann*), Tz. 10;
BGH FamRZ 1993, 789 = NJW-RR 1993, 898.
[1739] BGH NJW 2010, 3097 = FamRZ 2010, 1633; NJW 2011, 300 = FamRZ 2011, 188.
[1740] BGH NJW 2011, 303 = FamRZ 2011, 192, Tz. 35, 36; NJW 2010, 3097 = FamRZ 2010, 1633.
[1741] *Büttner* FamRZ 2007, 773.
[1742] BGH FamRZ 2009, 1207 = NJW 2009, 2450 – Tz. 37; FamRZ 2009, 406 (409); FamRZ 2010,
869 Tz. 45.
[1743] BGH FamRZ 1983, 574 = NJW 1983, 1481.
[1744] OLG Koblenz OLGR 1998, 328.

Der **Bezug einer Erwerbsunfähigkeitsrente** indiziert, dass der Berechtigte krank ist.[1745]

f) Arbeitslosigkeit (§ 1573 Abs. 1 und 3 BGB)

499 **Soweit kein Anspruch nach §§ 1570–1572 BGB besteht, kann nach § 1573 Abs. 1 BGB Unterhalt verlangt werden,** solange und soweit der Berechtigte nach der Scheidung keine angemessene Erwerbstätigkeit zu finden vermag.

Voraussetzung dafür ist, dass der Berechtigte bei Rechtskraft der Scheidung nicht oder nur teilweise in angemessener Weise erwerbstätig war.[1746]

Nach § 1573 Abs. 3 BGB besteht der Anspruch – unter diesen Voraussetzungen – auch dann, wenn zunächst nach §§ 1570–1572 BGB Unterhalt zu zahlen war, die Voraussetzungen dafür aber weggefallen sind. Wie schon bei §§ 1571, 1572 BGB besteht der Anschlussunterhaltsanspruch nur im Umfang des weggefallenen Teilanspruchs. Dementsprechend ist § 1573 Abs. 1 BGB für den restlichen Unterhaltsanspruch Anspruchsgrundlage, wenn wegen der Arbeitsmarktlage nur eine Teilzeitarbeit gefunden werden konnte.[1747]

500 **Bedürftigkeit zu den im Gesetz genannten Einsatzzeitpunkten** ist wie bei §§ 1571, 1572 BGB Voraussetzung für den Anspruch aus § 1573 BGB.[1748]

Der Ehepartner trägt also nur dann das **Arbeitsplatzrisiko,** wenn es sich im Zusammenhang mit der Ehe verwirklicht, nicht dagegen das allgemeine Arbeitsplatzrisiko. Andererseits muss die Unmöglichkeit, nach der Scheidung einen angemessenen Arbeitsplatz finden zu können, nicht ehebedingt sein. In den meisten Fällen ist das – oft langjährige – Ausscheiden aus dem Berufsleben allerdings eine maßgebliche Ursache für die Schwierigkeiten bei der Wiedereingliederung. Man könnte sagen, dass der Gesetzgeber wegen dieser typischen Sachlage die Ehebedingtheit fingiert und den Beweis, dass der Berechtigte auch ohne die Ehe keine angemessene Arbeit finden könnte, abschneidet. Mit der Verweisung auf eine angemessene Erwerbstätigkeit knüpft das Gesetz an § 1574 Abs. 2 BGB an und gibt einen Unterhaltsanspruch, wenn sich die an sich gegebene Verpflichtung zu einer angemessenen Erwerbstätigkeit angesichts des Arbeitsmarktes nicht verwirklichen lässt. Das wird auch für die Neufassung des § 1574 Abs. 2 BGB ab 1.1.2008 zu gelten haben.

Zur **inhaltlichen Bestimmung** dessen, was konkret als angemessene Erwerbstätigkeit anzusehen ist, wird auf die Erörterungen zu § 1574 Abs. 2 BGB verwiesen (→ Rn. 459 ff.).

Ab Erreichen der Altersgrenze ist der Unterhaltsanspruch aus § 1571 BGB herzuleiten.[1749]

501 **Die Obliegenheit zur Arbeitssuche,** also die Verweisung auf eine angemessene Berufstätigkeit, besteht auch nach langjähriger Hausfrauenehe in gehobenen Verhältnissen.[1750] Man braucht sich nicht auf die nächste angebotene Stelle bewerben, wenn man damit

---

[1745] OLG Brandenburg FamRZ 1996, 866; OLG Nürnberg FamRZ 1992, 682.

[1746] BGH FamRZ 1985, 53 (55) = NJW 1985, 430.

[1747] BGH FamRZ 2001, 1291 = NJW 2001, 3260 zu § 1572 BGB; FamRZ 1988, 265 = NJW 1988, 2369; OLG Stuttgart FamRZ 1983, 501.

[1748] OLG Bamberg FamRZ 1984, 897. Im Verbundverfahren ist der Zeitpunkt der letzten mündlichen Verhandlung maßgebend, vgl. BGH FamRZ 1984, 988 (989). Anders (für § 1570 BGB) OLG München OLGR 1992, 203, wonach ausreichen soll, dass die Tatbestandsvoraussetzungen vorliegen.

[1749] BGH FamRZ 2012, 951 = NJW 2012, 2028, Tz. 19; *Niepmann* FamRZ 2012, 265 unter III; FamRZ 1988, 817 = NJW 1988, 2101.

[1750] BGH FamRZ 2012, 1483 = NJW 2012, 3434, Tz. 33 f.; FamRZ 1991, 416 (419) = NJW 1991, 1049; OLG Bamberg FamRZ 2002, 101 (Volljuristin).

deutlich hinter seinen Fähigkeiten zurückbleibt, lediglich nach erfolglosen intensiven Bemühungen um einen Arbeitsplatz muss man das tun.[1751]

Der BGH[1752] bestätigt seine Rechtsprechung, dass der Anspruch aus § 1573 Abs. 1 BGB das Bemühen des berechtigten Ehegatten um eine angemessene Tätigkeit unter Einsatz aller zumutbaren und möglichen Mittel erfordert, wozu die bloße Meldung beim Arbeitsamt nicht genügt. Eine Beweiserleichterung nach § 287 Abs. 2 ZPO komme ihm insoweit nicht zugute. Eine nur mangelhafte Arbeitssuche müsse aber für die Arbeitslosigkeit auch ursächlich sein, was nicht der Fall sei, wenn nach den tatsächlichen Gegebenheiten des Arbeitsmarktes sowie den persönlichen Eigenschaften und Fähigkeiten des Unterhalt begehrenden Ehegatten für ihn keine reale Beschäftigungschance bestehe. Nach einer weiteren Entscheidung des BGH[1753] trägt der wegen Erwerbslosigkeit Unterhalt verlangende Ehegatte aber die Darlegungs- und Beweislast nicht nur dafür, dass er keine reale Chance auf eine Vollzeitarbeitsstelle hat, sondern auch dafür, dass dies auf eine geringfügige Beschäftigung (sog. Mini-Job) und eine Erwerbstätigkeit im Rahmen der Gleitzone nach § 20 Abs. 2 SGB IV (sog. Midi-Job) zutrifft. Die Obliegenheit zur Arbeitssuche richtet sich im Übrigen auch nach den Maßstäben, die für den Verpflichteten gelten, so dass für Art und Intensität der Bemühungen ergänzend auf → Rn. 174 und 711 verwiesen wird.

Nur bei nachhaltiger Unterhaltssicherung (→ Rn. 507) geht gemäß § 1573 Abs. 4 **502** BGB der Unterhaltsanspruch endgültig verloren. Es kann also wieder Unterhalt verlangt werden, wenn der Ehegatte zwar zunächst eine angemessene Tätigkeit gefunden hat, diese Arbeit aber später wieder verloren hat und es ihm trotz seiner Bemühungen nicht gelungen ist, den Unterhalt durch Erwerbstätigkeit nachhaltig zu sichern. Ist nachhaltige Sicherung nur teilweise gelungen, kann Ergänzungsunterhalt verlangt werden (§ 1573 Abs. 4 S. 2 BGB).

Fällt der nachhaltig gesicherte Teil im Lauf der Zeit wieder fort, kann der Unterhaltsanspruch insoweit nicht wieder aufleben, so dass weiterhin nur Ergänzungsunterhalt geschuldet ist.

Folgende **Einzelfragen des Arbeitslosigkeitsunterhalts** sind hervorzuheben: **503**

(1) Beginn der Obliegenheit zur Arbeitssuche ist nicht erst der Scheidungszeitpunkt.[1754] Wenn der Arbeitsaufnahme keine anderen Hindernisse entgegenstehen, muss jedenfalls ein Jahr nach der Trennung mit der Arbeitssuche begonnen werden. Endet ein Unterhaltsanspruch nach § 1570 BGB und steht der Zeitpunkt des Auslaufens schon vorher fest, muss auch schon in der letzten Phase der Kinderbetreuung mit der Arbeitssuche begonnen werden.[1755] Andererseits kann es, wenn die genannten Voraussetzungen nicht vorliegen, auch ausreichend sein, dass erst eine gewisse Zeit[1756] nach der Scheidung mit der Arbeitssuche begonnen wird, denn das Gesetz („nach der Scheidung") stellt nicht exakt auf den Scheidungszeitpunkt ab.

Der Zeitpunkt für den Beginn der Erwerbsobliegenheit kann auch dadurch herausgeschoben werden, dass der Verpflichtete einen Vertrauenstatbestand durch freiwillige Unterhaltszahlung bei erkennbar fehlender Erwerbsbemühung schafft.[1757]

[1751] OLG Düsseldorf FamRZ 2006, 1871.

[1752] BGH FamRZ 2011, 1851 = NJW 2011, 3577, Rn. 13.

[1753] BGH FamRZ 2012, 517 = NJW 2012, 1144, Rn. 30, 34.

[1754] OLG Hamm FamRZ 1991, 1310; OLG Karlsruhe FamRZ 1984, 1018; aA OLG Schleswig FamRZ 1981, 148.

[1755] OLG Karlsruhe FamRZ 2002, 1566; OLG Hamm FamRZ 1988, 1280 (1282) konzediert Übergangszeit von etwa 6 Monaten nach gescheiterter Ausbildung.

[1756] Ein Zeitraum von 11/2 Jahren ist aber zu lang: BGH FamRZ 1987, 684 (687) = NJW 1987, 2229; OLG Karlsruhe FamRZ 1991, 1449 (nicht weil zwei Jahre nach Scheidung infolge Übersiedlung aus Polen in Deutschland kein Arbeitsplatz gefunden werden kann); OLG Düsseldorf FamRZ 1991, 193 (51/2 Monate).

[1757] OLG Hamm FamRZ 1995, 1580.

Eine Obliegenheitsverletzung kann zu verneinen sein, wenn der Berechtigte, der eine günstige Teilzeitstelle hat, nicht bereit ist, diese gegen eine unsichere Vollzeitstelle aufzugeben,[1758] allerdings muss er sich weiter um eine Vollzeitarbeit bemühen.

504 (2) Die **Ausbildungs-, Fortbildungs- und Umschulungsobliegenheit** nach § 1574 Abs. 3 BGB gehört zur Obliegenheit, alles zu tun, um eine angemessene Erwerbstätigkeit zu finden. Das – in der Praxis oft belanglose – Verhältnis zum Anspruch aus § 1575 BGB ist dadurch gekennzeichnet, dass die §§ 1573 Abs. 1, 1574 Abs. 3 BGB eine Ausbildungs- **obliegenheit** begründen, bei deren Verletzung der Anspruch aus § 1573 BGB wegfallen kann,[1759] während § 1575 BGB einen Ausbildungs**anspruch** gibt, weil insoweit ein ehebedingter Nachteil auszugleichen ist.[1760] Für die Zeit, die die zur Erlangung der angemessenen Erwerbstätigkeit erforderliche Ausbildung beansprucht, besteht ein Anspruch aus § 1573 Abs. 1 BGB.[1761] Fallen Ausgleich des ehebedingten Nachteils nach § 1575 Abs. 1 BGB und Ausbildung zur Erlangung einer angemessenen Erwerbstätigkeit zusammen, werden die Ansprüche deckungsgleich.

Ebenso wie der Anspruch nach § 1575 BGB besteht die Obliegenheit nach § 1574 Abs. 3 BGB nur dann, wenn ein erfolgreicher Abschluss der Ausbildung zu erwarten ist.[1762] Der nach § 1575 Abs. 1 BGB Berechtigte braucht sich also der Mühe der Ausbildung ohne Anspruchsverlust nicht mehr zu unterziehen, wenn der erfolgreiche Abschluss nicht mehr zu erwarten ist. Die Obliegenheit nach § 1574 Abs. 3 BGB gilt nach längerer Trennungszeit entsprechend für Getrenntlebende[1763] und nach dem Zweck der Vorschrift nicht nur dann, wenn Ausbildungsmängel es erfordern, sondern auch dann, wenn die Arbeitsmarktlage es erfordert.[1764]

Wird die Ausbildung entgegen der Obliegenheit nicht aufgenommen, muss der Berechtigte eine unterqualifizierte Arbeit annehmen.[1765]

Wird die Ausbildungsfinanzierung verweigert, entfällt die Obliegenheit.[1766]

505 (3) Die **Darlegungs- und Beweislast für die Erfüllung der Obliegenheit** trifft den Berechtigten.[1767] Er muss in nachprüfbarer Weise dartun, was er getan hat, um einen Arbeitsplatz zu finden oder der Ausbildung nachzukommen. Ihm obliegt aber nur die Suche nach einer ihm angemessenen Arbeit.[1768] Genügt der Unterhaltsberechtigte seiner aktuellen Erwerbsobliegenheit, kann ihm nach der Rechtsprechung des BGH nicht für

---

[1758] OLG Düsseldorf FamRZ 1991, 194 (bei nur geringem Mehreinkommen durch Vollzeitarbeit).

[1759] BGH FamRZ 1986, 553 u. 1085 = NJW 1986, 985. NJW-RR 1987, 196; FamRZ 1980, 126 = NJW 1980, 393; OLG Schleswig FamRZ 1982, 703.

[1760] Von KG FamRZ 1984, 898 wird das Verhältnis der Vorschriften zueinander offen gelassen; ebenso OLG Hamm FamRZ 1983, 181.

[1761] BGH FamRZ 1987, 795 (797) = NJW 1987, 2233; BGH FamRZ 1984, 561 (563) = NJW 1984, 1685 unter Hinweis darauf, dass analoge Anwendung von § 1575 BGB zu keinem anderen Ergebnis führt.

[1762] Ob das bei Aufnahme eines Studiums im Alter von 45 Jahren noch zu erwarten ist, erscheint unter heutigen Verhältnissen sehr zweifelhaft, so aber OLG Hamm FamRZ 1983, 181 (Betriebswirtschaft) und OLG Schleswig FamRZ 1982, 703 (med.-techn. Assistentin). BGH FamRZ 1984, 561 = NJW 1984, 1685 stellt zutreffend darauf ab, dass die Dauer der Ausbildung im rechten Verhältnis zum Lebensalter stehen muss.

[1763] → Rn. 457; BGH FamRZ 1986, 553 = NJW 1986, 985; OLG Karlsruhe FamRZ 1984, 1018; aA OLG Schleswig FamRZ 1982, 704.

[1764] Offen gelassen von OLG Karlsruhe FamRZ 1984, 1018 – richtig lehnt das OLG aber überspannte Anforderungen ab, so Unterlassen der Promotion als Obliegenheitsverletzung.

[1765] BGH FamRZ 1986, 553 = NJW 1986, 985; OLG Hamburg FamRZ 1985, 1260.

[1766] OLG Hamburg FamRZ 1985, 1260.

[1767] BGH FamRZ 2011, 1851 = NJW 2011, 3577, Tz. 13 mwN; FamRZ 1993, 789 (791) = NJW-RR 1993, 898; FamRZ 1986, 244 u. 1085 = NJW 1986, 718 u. NJW-RR 1987, 196; FamRZ 1987, 912 = NJW-RR 1987, 962; OLG Oldenburg FamRZ 1988, 724; OLG Hamm FamRZ 1988, 840.

[1768] BGH FamRZ 1993, 789 (791) = NJW-RR 1993, 898; FamRZ 1987, 144 = NJW 1987, 898.

die Vergangenheit vorgehalten werden, er hätte konkrete Bewerbungsbemühungen entfalten müssen, um den eingetretenen ehebedingten Nachteil zu kompensieren.[1769]

(4) Die **Folgen der Obliegenheitsverletzung** sind nicht ohne weiteres der Anspruchs-	**506**
verlust. Zunächst muss geprüft werden, ob die Obliegenheitsverletzung ursächlich dafür geworden ist, dass keine angemessene Arbeit gefunden wurde. Dazu muss objektiv eine reale Beschäftigungschance bestanden haben,[1770] also nicht eine unrealistische oder nur theoretische. Dafür trifft den, der Unterhalt beansprucht, allerdings ebenfalls die Darlegungs- und Beweislast.[1771] → Rn. 174 zur Rspr. des BVerfG zu der gleichen Problematik beim Verpflichteten; ferner → Rn. 667.

Zweifelhaft ist, ob für einen vollen oder teilweisen Anspruchsverlust ferner die Voraussetzungen des § 1579 Nr. 4 BGB (mutwillige Herbeiführung der Bedürftigkeit) erfüllt sein müssen.[1772] Dagegen spricht, dass die bloße Arbeitssuche keine gefahrgeneigte Tätigkeit ist und es bei Nichterfüllung der Obliegenheit an der Unterhaltsbedürftigkeit fehlt, so dass ein – etwa verwirkter – Anspruch schon nicht besteht.[1773]

Ein für die Zeit der Obliegenheitsverletzung nicht bestehender Anspruch lebt im Einzelfall also wieder auf, wenn der Verpflichtete der Obliegenheit nunmehr nachkommt,[1774] falls nicht infolge der fiktiven Zurechnung von nachhaltiger Unterhaltssicherung auszugehen ist (→ Rn. 507).

Ein fiktives Einkommen eines Ehepartners muss er sich als prägend anrechnen lassen, falls die Ursächlichkeit fortwirkt.[1775]

(5) Eine **nachhaltige Unterhaltssicherung**, die den Anspruch nach § 1573 Abs. 4	**507**
BGB ausschließt, ist zu bejahen, wenn nach Ablauf der üblichen Probezeit bei objektiver Betrachtungsweise ein Dauerarbeitsplatz erreicht ist.[1776] Dabei kommt es darauf an, ob im Zeitpunkt des Ablaufs der Probezeit nach objektiven Maßstäben und allgemeiner Lebenserfahrung der Arbeitsplatz als dauerhaft angesehen werden konnte (eingeschränkte ex-ante-Betrachtung). Das entspricht dem Gesetzeszweck, denn nach § 1573 Abs. 4 BGB soll der Unterhaltsberechtigte geschützt werden, der den ernsthaften, aber im Ergebnis erfolglosen Versuch macht, sich durch eigene Arbeit zu unterhalten,[1777] die Risikofreudigkeit soll gestärkt werden, was auch dem Verpflichteten zugutekommt. Anderseits soll damit die Bindung an die Einsatzzeitpunkte, die die Belastung für den Verpflichteten kalkulierbar machen soll, nicht völlig gelöst werden. Betriebsbedingte Arbeitsplatzrisiken

---

[1769] BGH FamRZ 2013, 274, Tz. 21, mAnm *Viefhues* (276).
[1770] BGH FamRZ 2012, 517 = NJW 2012, 1144, Tz. 30; FamRZ 2011, 1851 = NJW 2011, 3577, Tz. 14; FamRZ 2007, 1532 (1535); BGH FamRZ 2003, 1734 mAnm *Büttner* (1830) = NJW 2003, 3481; BGH FamRZ 1986, 885; FamRZ 1987, 912 = NJW-RR 1987, 962; ebenso OLG Karlsruhe FamRZ 2002, 1566; OLG Dresden FamRZ 1996, 1236; OLG Celle FamRZ 1992, 570.
[1771] BGH FamRZ 2012, 517 = NJW 2012, 1144, Tz. 30; Übersicht: *Viefhues* FF 2012, 481 ff.
[1772] So BGH FamRZ 1986, 553, 555 = NJW 1986, 985 für nicht aufgenommene Ausbildung, vgl. ferner *Hoppenz* FamRZ 1988, 151 zu BGH FamRZ 1988, 145 = NJW-RR 1988, 514 und → Rn. 1127 ff.
[1773] → Rn. 708 ff., 711 f., 1127 ff. Der BGH FamRZ 2007, 1532 (1536) fordert unterhaltsbezogene Leichtfertigkeit.
[1774] → Rn. 1190 ff., 1196; siehe aber auch BGH FamRZ 2008, 2104 Tz. 23, 24 zu späten Nachwirkungen einer Obliegenheitsverletzung.
[1775] Offengelassen von BGH FamRZ 2005, 23 (25) = NJW 2005, 61.
[1776] BGH FamRZ 1988, 701 = NJW 1988, 2034; FamRZ 1985, 1234 = NJW 1986, 375 (so bei unerwartetem Konkurs (Insolvenz) des Arbeitgebers); FamRZ 1985, 791 = NJW 1985, 1699; OLG Karlsruhe OLGR 1999, 338 nimmt nachhaltige Sicherung in der Regel nach etwa zwei Jahren an. Das übersteigt die übliche Probezeit bei weitem.
[1777] OLG Celle FamRZ 1983, 717: keine nachhaltige Sicherung bei Überschätzung der Kräfte (schon vor Scheidung drohte krankheitsbedingte teilweise Arbeitsunfähigkeit); ähnlich OLG Hamm FamRZ 1997, 26.

und krankheitsbedingte Risiken außerhalb der Einsatzzeitpunkte hat daher nicht der Unterhaltspflichtige zu tragen.[1778]

Auch nach Ablauf der Probezeit kann es an einer nachhaltigen Sicherung fehlen, weil der Berechtigte zB von Anfang an seine Kräfte überschätzt hatte.[1779]

Die **Darlegungs- und Beweislast** dafür, dass eine nachhaltige Sicherung nicht zu erreichen war, trifft den Berechtigten. Risiken, die einer nachhaltigen Sicherung entgegenstehen, aber für die Beteiligten noch nicht erkennbar waren, sind aber zu berücksichtigen.[1780]

Folgende **Einzelfälle** sind hervorzuheben:

- **ABM-Arbeitsplätze** (Arbeitsplätze im Rahmen einer öffentlichen Arbeitsbeschaffungsmaßnahme) begründen keine nachhaltige Unterhaltssicherung.[1781]
- **Altersarbeitsplätze** begründen auch bei mehrjähriger Tätigkeit keine nachhaltige Sicherung, wenn von vorneherein klar war, dass eine Alterssicherung unerreichbar war.[1782]
- **Arbeitsmarktverhältnisse** sind ebenso zu berücksichtigen wie konkrete Vermittlungsschwierigkeiten aufgrund des Alters oder fehlender Berufsausbildung.[1783]
- **Befristete Arbeitsverhältnisse** sprechen in der Regel gegen eine nachhaltige Sicherung, es kommt aber auf Dauer und Intention der Beteiligten an (siehe Kettenarbeitsverträge).
- **Fiktive Arbeitseinkünfte** können zu einer (ebenfalls fiktiven) nachhaltigen Sicherung führen, sonst käme es zu einer ungerechtfertigten Besserstellung derjenigen, die ihre Erwerbsobliegenheit verletzen.[1784] Es muss genau begründet werden, warum bei hinreichender Arbeitsbemühung eine Sicherung zu erreichen gewesen wäre.[1785]
- **Fortsetzung einer schon in der Ehe ausgeübten Arbeit** nach der Scheidung begründet i.d.R. (teilweise) nachhaltige Unterhaltssicherung. Der BGH[1786] hebt aber mit Recht hervor, dass etwas anderes gilt, wenn der Verlust des Arbeitsplatzes schon bei der Scheidung wahrscheinlich oder vorhersehbar war.
- **Kettenarbeitsverträge** können eine nachhaltige Unterhaltssicherung begründen, wenn sie im Einzelfall einem Dauerarbeitsplatz gleichzustellen sind.
- **Arbeitsplätze in Krisenbranchen** stellen keine nachhaltige Sicherung dar, wenn sie schon bei Antritt verlustbedroht sind.[1787]
- **Partnerversorgung** gewährt keine nachhaltige Unterhaltssicherung,[1788] da das Gesetz auf Unterhaltssicherung durch Erwerbstätigkeit abstellt. Das Unterlassen von Arbeitsbemühungen in dieser Zeit kann aber (siehe fiktive Arbeitseinkünfte) zum Anspruchsverlust führen.
- **Gesicherte Teilzeitarbeit,** die auf Verlangen des Verpflichteten zugunsten einer Vollzeitarbeit aufgegeben wird, ist als nachhaltige Sicherung nicht mehr zu berücksichtigen, wenn der Vollzeitarbeitsplatz alsbald wieder verloren geht und eine Rückkehr in die (vorher) gesicherte Teilzeitarbeit nicht mehr möglich ist.

[1778] 1532 BGH FamRZ 2003, 1734 mAnm *Büttner* (1830) = NJW 2003, 3481; OLG Köln FamRZ 1998, 1434 = NJWE-FER 1998, 218 (betriebsbedingte Kündigung); OLG Düsseldorf FamRZ 1998, 1519 (krankheitsbedingter Arbeitsplatzverlust).
[1779] OLG Hamm FamRZ 1997, 26.
[1780] BGH FamRZ 2003, 1734 mAnm *Büttner* (1830) = NJW 2003, 3481.
[1781] OLG Frankfurt FamRZ 1987, 1042.
[1782] OLG Koblenz FamRZ 1986, 471 = NJW-RR 1986, 555.
[1783] BGH FamRZ 2003, 1734 mAnm *Büttner* 1830 = NJW 2003, 3481.
[1784] OLG Bamberg FamRZ 1984, 897.
[1785] BGH FamRZ 2003, 1734 mAnm *Büttner* 1830 = NJW 2003, 3481.
[1786] BGH FamRZ 1985, 53 (55) = NJW 1985, 430.
[1787] BGH RzW 58, 267.
[1788] BGH FamRZ 1987, 689 = NJW 1987, 3129.

• **Keine Anwendung beim Trennungsunterhalt.** Eine entsprechende Anwendung des § 1573 Abs. 4 BGB auf den Trennungsunterhalt – der keine Einsatzzeitpunkte kennt – muss ausscheiden.[1789]

(6) Der **Arbeitslosigkeitsunterhalt kann auf den Zeitraum der voraussichtlichen**   508
Dauer der Arbeitslosigkeit beschränkt werden. Der BGH[1790] hat für die Entscheidung über den nachehelichen Unterhalt im Verbundverfahren mit Recht darauf abgestellt, dass die gegenwärtig bestehenden Verhältnisse zugrunde zu legen sind und es den Parteien überlassen bleibt, bei anderweitiger Entwicklung Abänderungsantrag nach § 238 FamFG zu erheben. Das dürfte jedoch eine zeitlich begrenzte Unterhaltszumessung dann nicht ausschließen, wenn hinreichend sicher ist, dass bei ordnungsgemäßer Suche ein Arbeitsplatz gefunden werden kann. Dabei ist auch zu berücksichtigen, dass es angemessen sein kann, den Berechtigten mit der „Last" des Abänderungsantrags zu belasten, weil es seine Sache ist, die erfolglose intensive Arbeitssuche darzulegen und zu beweisen.

(7) Zur **zeitlichen Beschränkung** des Anspruchs gemäß § 1578b BGB wird auf   509
→ Rn. 1067 ff. verwiesen.

g) Aufstockungsunterhalt (§ 1573 Abs. 2 BGB)

Bei **unterschiedlich hohen Einkünften beider Ehepartner** in der Trennungszeit oder   510
nach der Scheidung stellt sich die Frage, ob und wie der Unterschied im Wege einer „Aufstockung" auszugleichen ist. Zum nachehelichen Unterhalt bestimmt dazu § 1573 Abs. 2 BGB: „Reichen die Einkünfte aus einer angemessenen Erwerbstätigkeit zum vollen Unterhalt (§ 1578) nicht aus, kann … den Unterschiedsbetrag zwischen den Einkünften und dem vollen Unterhalt verlangen". Das BVerfG[1791] hat dazu ausgeführt, dass diese verfassungskonforme Regelung Ausdruck der Einschränkung der wirtschaftlichen Eigenverantwortung nach der Scheidung durch die nachwirkende Mitverantwortung ist. Der Gesetzgeber will mit der Anknüpfung an die ehelichen Lebensverhältnisse den sozialen Abstieg eines Partners verhindern, weil das erreichte Lebensniveau als Leistung beider Ehegatten anzusehen ist, gleichermaßen auch desjenigen, der in der Ehe auf eine Erwerbstätigkeit verzichtet hat.[1792]

Zum **Verhältnis zwischen Aufstockungsunterhalt** aus § 1573 Abs. 2 BGB **und Betreuungsunterhalt** hat der BGH[1793] mehrfach verdeutlicht, dass der Anspruch nur insoweit unter § 1570 BGB fällt, als die Kinderbetreuung die Erzielung von Einkommen aus Erwerbstätigkeit **teilweise** hindert, während er sich im Übrigen, dh bis zur Höhe nach den ehelichen Lebensverhältnissen, aus § 1573 Abs. 2 BGB ergibt. Das gilt auch dann, wenn der Unterhaltsberechtigte – an sich durch Betreuung eines Kindes teilweise gehindert – überobligatorisch Einkünfte erzielt, soweit diese nicht berücksichtigt werden und deshalb teilweise Betreuungsunterhalt anfällt.[1794] Neu ist in diesem Zusammenhang aber die ausdrückliche Feststellung des BGH, dass ein solcher zwar auf unterschiedlichen Tatbeständen beruhender Anspruch dennoch **einheitlich in den Rang des § 1609 Nr. 2 BGB** fällt, dessen Formulierung „Elternteile, die wegen der Betreuung eines Kindes

---

[1789] BGH FamRZ 1986, 244 = NJW 1986, 718.
[1790] BGH FamRZ 1984, 988 (989).
[1791] BVerfG FamRZ 1981, 745 (750 f.) = NJW 1981, 1771.
[1792] OLG Stuttgart FamRZ 2006, 1680 mwN
[1793] BGH FamRZ 2014, 823 = NJW 2014, 1302 = NZFam 2014, 593 (mAnm *Niepmann*), Tz. 10; BGH FamRZ 2012, 1040 = NJW 2012, 1868, Tz. 15.
[1794] BGH FamRZ 2014, 1987 = NJW 2014, 3649, Tz. 18..

unterhaltsberechtigt sind" nämlich allein auf die Person des Unterhaltsberechtigten abstellt.[1795]

Dagegen sind für den **vollständig** an einer Erwerbstätigkeit gehinderten Unterhaltsberechtigten die Anspruchsgrundlagen §§ 1570 – 1572 BGB bezüglich seines Gesamtbedarfs nach den ehelichen Lebensverhältnissen einschlägig, dh auch bezüglich des nicht durch das Erwerbshindernis verursachten Bedarfsanteils.[1796] Diese Unterscheidung gewinnt an Bedeutung, wenn für den Aufstockungsunterhalt bereits eine Befristung in Frage käme, die für den Betreuungsunterhalt nicht zulässig ist.[1797]

Zur **Abgrenzung zwischen Aufstockungsunterhalt** aus § 1573 Abs. 2 BGB und **Erwerbslosigkeitsunterhalt** nach § 1573 Abs. 1 BGB hat der BGH[1798] darauf abgestellt, dass ein umfassender Anspruch auf Aufstockungsunterhalt nur besteht, wenn der Unterhaltsberechtigte eine vollschichtige angemessene Erwerbstätigkeit ausübt oder ihn eine entsprechende Obliegenheit trifft; sofern der Unterhaltsberechtigte dagegen eine solche nach Art und Weise angemessene Tätigkeit iSd § 1574 BGB nicht erlangen könne, ergibt sich der Anspruch zum Teil aus § 1573 Abs. 1 BGB.

Teilweise werden **Grenzen des Aufstockungsunterhalts** gezogen, wenn die Einkommensdifferenz weniger als 10 % des Gesamteinkommens beträgt, denn der Aufstockungsunterhalt soll nicht dazu dienen, geringfügige Einkommensdifferenzen auszugleichen.[1799]

Die **Einsatzzeitpunkte** müssen auch beim Aufstockungsunterhalt erfüllt sein. Dies ergibt sich ohne ausdrückliche Regelung im Gesetzeswortlaut aus der Rechtsnatur der Anspruchsgrundlage.[1800] Der Berechtigte muss die Voraussetzungen dafür darlegen und beweisen.[1801] Allerdings wird die erforderliche „Unterhaltskette" beim Aufstockungsunterhalt nach § 1573 Abs. 2 BGB nicht unterbrochen, wenn die Einkünfte des Unterhaltspflichtigen infolge vorübergehender Arbeitslosigkeit so weit absinken, dass sich zeitweilig kein Unterschiedsbetrag mehr zwischen dem vollen Unterhalt nach den ehelichen Lebensverhältnissen und den anrechenbaren Einkünften des Unterhaltsberechtigten ergibt.[1802] Dazu weist der BGH[1803] darauf hin, dass es für die Wahrung der Einsatzzeitpunkte beim Aufstockungsunterhalt (nur) auf das Vorliegen eines Einkommensgefälles zwischen den Ehegatten ankommt, nicht aber darauf, ob sich dieses im Einsatzzeitpunkt bereits in einem Anspruch auf Aufstockungsunterhalt niedergeschlagen hat, zB wenn der Verpflichtete zunächst noch später wegfallende eheprägende Verbindlichkeiten erfüllt.

Nach Rechtskraft der Scheidung kann ein Anspruch auf Aufstockungsunterhalt bestehen, auch wenn er nicht geltend gemacht wurde.[1804] Hieran kann sich ein Krankheits-

---

[1795] BGH FamRZ 2014, 1987 = NJW 2014, 3649, Tz. 23 mwN (auch zu den bisherigen Gegenmeinungen).

[1796] BGH FamRZ 2014, 823 = NJW 2014, 1302 = NZFam 2014, 593 (mAnm *Niepmann*), Tz. 10, im Anschluss an BGH FamRZ 2009, 406 und FamRZ 2010, 1050.

[1797] *Niepmann* NZFam 2014, 595.

[1798] BGH FamRZ 2011, 192 = NJW 2011, 303, Tz. 15 bis 17.

[1799] *Krumm* FamRZ 2012, 1781 mwN; OLG Karlsruhe FamRZ 2010, 1082; OLG Koblenz NJW-RR 2006, 151; OLG Düsseldorf FamRZ 1996, 947; OLG München FamRZ 1997, 425 und OLGR 2004, 131; AG Besigheim FamRZ 2004, 546; vgl. auch *Haußleiter* NJW-Spezial 2006, 247.

[1800] BGH NJW 2016, 153 = FamRZ 2016, 203, Tz. 17; OLG Zweibrücken FamRZ 2002, 1565; OLG Hamm FamRZ 1994, 1392; aA OLG Jena FamRZ 2004, 1207 m.abl. Anm. *Schröder* (1756).

[1801] OLG Hamm FamRZ 2004, 375 = FPR 2004, 220.

[1802] BGH NJW 2016, 153 = FamRZ 2016, 203 (mAnm *Finke*).

[1803] BGH NJW 2016, 153 = FamRZ 2016, 203, Tz. 21.

[1804] BGH FamRZ 2005, 1817 mAnm *Büttner* (1899) = NJW 2005, 3277.

unterhalt anschließen, der sich aber auf die Höhe des weggefallenen Aufstockungsunterhalts beschränkt.[1805]

Zur Herabsetzung und zeitlichen Begrenzung nach § 1578b BGB wird auf → Rn. 1067 ff., 1075 verwiesen. | **511**

Zum Abzug des Kindesbarunterhalts beim Aufstockungsunterhalt → Rn. 1051.

Die ehelichen Lebensverhältnisse werden nicht nur durch die Einkünfte des erwerbstätigen Ehegatten, sondern auch durch die Leistungen des anderen Ehegatten im Haushalt (Kinderbetreuung) mitbestimmt. Der BGH hat mit der Entscheidung vom 13.6.2001[1806] die der früheren Anrechnungsmethode zugrunde liegende Auffassung von der alleinigen Maßgeblichkeit der in der Ehe vorhandenen Einkünfte des Berechtigten aufgegeben und ist zur Differenzmethode übergegangen. Er folgte damit dem BVerfG,[1807] und das BVerfG hat diese Änderung anschließend bestätigt.[1808] | **512**

Bei Wiederaufnahme der Berufstätigkeit ist das Einkommen des bisher nicht (oder nur teilweise) berufstätigen Ehegatten als **Surrogat** der bisherigen Familienarbeit anzusehen.

Von folgenden Berechnungsmethoden ist daher auszugehen: | **513**

Die **Differenzmethode** ist immer dann anzuwenden, wenn die Einkünfte – und sei es auch als Surrogat – in der Ehe schon vorhanden waren.

Die **Additionsmethode**, von der statt der Differenzmethode ausgegangen werden kann,[1809] kommt zum gleichen Ergebnis, wenn man den Erwerbstätigenbonus gleichermaßen berücksichtigt.[1810]

Die **Anrechnungsmethode** gilt seit 13.6.2001 nur dann, wenn nach der Trennung oder Scheidung Einkünfte hinzutreten, die in der Ehe auch nicht als Surrogat vorhanden waren und somit die ehelichen Lebensverhältnisse nicht geprägt haben.

Der Erwerbstätigenbonus von 1/7 oder 1/10 ist nach allen Methoden vom anrechnungsfähigen Erwerbseinkommen abzuziehen.[1811] Belastungen durch Kindesunterhalt oder Schulden sind dabei vorweg abzuziehen, der Bonus von 1/7 oder 1/10 bezieht sich also nur auf das Resteinkommen.[1812] Zur Frage, ob berufsbedingte Unkosten pauschal mit 5 % vorab vom anrechnungsfähigen Einkommen abgezogen werden können, 1. Teil → Rn. 13.

Der Erwerbstätigenbonus ist aber **nicht abzuziehen** vom Arbeitslosengeld, Krankengeld oder von einer vom Arbeitgeber gezahlten Abfindung;[1813] ferner nicht im (auch nur relativen) Mangelfall auf der Leistungsfähigkeitsebene.[1814]

Übersicht zum Einkommen, das nach der Differenzmethode zu behandeln ist: | **514**

- Erwerbseinkommen, das auch schon vor der Trennung erzielt wurde, auch das aus unzumutbarer Arbeit.

[1805] OLG Koblenz FuR 2006, 45.

[1806] BGH FamRZ 2001, 986 = NJW 2001, 2254.

[1807] BVerfG FamRZ 1999, 285 = NJW 1999, 557.

[1808] BVerfG FamRZ 2002, 527 = NJW 2002, 1185.

[1809] OLG München OLGR 1992, 216; *Mayer* FamRZ 1992, 138; Anwendungsbeispiele bei *Gerhardt* FamRZ 1993, 261 f.; *Häußermann/Gerhardt* FamRZ 2002, 509.

[1810] Vgl. *Maier* FamRZ 1992, 1381 (1384) und *Gerhardt* FamRZ 1993, 261.

[1811] 1. Teil → Rn. 14.

[1812] Für Vorabzug des Kindesunterhalts und anderweitiger Zahlungsverpflichtungen: OLG Karlsruhe FamRZ 1996, 350; FamRZ 1992, 1438; OLG Düsseldorf FamRZ 1994, 1049; anders OLG Hamburg FamRZ 1991, 953.

[1813] 1561 BGH NJW 2007, 2249 = FamRZ 2007, 983 mAnm *Schürmann*. BGH FamRZ 2009, 307 = NJW-RR 2009, 289 für das Krankengeld beim Unterhaltspflichtigen.

[1814] BGH FamRZ 2014, 912 = NJW 2014, 1590 Tz. 39; grundlegend neu BGH FamRZ 2013, 1366 = NJW 2013, 2662, Tz. 87, Anschluss an Scholz/Kleffmann/Motzer/*Kleffmann*, Praxishandbuch Familienrecht [Januar 2013] H 132 f.; aA *Eschenbruch/Schürmann*, Der Unterhaltsprozess 5. Aufl., Kap. 1 Rn. 1104 ff., 1106 unter Hinweis auf OLG Düsseldorf FamRZ 1990, 1364, 1365.

- Erwerbseinkommen aus einer zwischen Trennung und Scheidung aufgenommenen Arbeit, auch das aus unzumutbarer Arbeit.[1815] Dabei wird differenziert zwischen dem unterhaltsrelevanten Teil, der im Wege der Differenzmethode berücksichtigt wird und dem nicht unterhaltsrelevanten Teil, der bei der Unterhaltsermittlung vollständig unberücksichtigt bleibt.[1816]
- Erwerbseinkommen aus einer nach der Scheidung aufgenommenen Arbeit, auch einer unzumutbaren.
- Vermögenseinkommen, auch aus mietfreiem Wohnen im gemeinschaftlichen Haus,[1817] das schon vor Trennung bzw. Scheidung bezogen wurde.
- Vermögenseinkommen nach Durchführung des Zugewinnausgleichs,[1818] das sich als Surrogat des schon in der Ehe vorhandenen Vermögens darstellt. Ebenso überschießender Zinsvorteil nach Veräußerung des Familienheims.
- Vermögenseinkommen nach Übertragung des Miteigentumsanteils an der früheren Ehewohnung auf einen Ehepartner. Hypothetisch ist beiden der anteilige Veräußerungserlös zuzurechnen.[1819]
- Renteneinkommen, das an Stelle des Erwerbseinkommens in der Ehe getreten ist,[1820] auch wenn die Anwartschaften schon vor der Ehe verdient wurden oder wenn die Rente aus dem Versorgungsausgleich stammt.[1821] Das soll nach der Rechtsprechung des BGH aber nicht für Renteneinkommen gelten, das mit Hilfe des Altersvorsorgeunterhalts erzielt wird.[1822]
- Einkommen aus Partnerversorgung (Haushaltsführung für Dritte).[1823]
- Einkommen aus einer Erwerbsarbeit, die nach Trennung oder Scheidung anstelle einer ertraglosen Arbeit getreten ist.[1824]
- Einkommen aus einer schon zuvor in den Lebenszuschnitt eingeflossenen erwarteten Erbschaft oder Schenkung nach der Trennung oder Scheidung.[1825]
- Einkommen aus Schwarzarbeit oder Schwarzgeld,[1826] auf Dauer allerdings nur vermindert um gesetzliche Abzüge.

[1815] BGH FamRZ 2005, 1154 = NJW 2005, 2145; **anders noch** BGH FamRZ 2003, 518 m. abl. Anm. *Büttner* und zustimmende Anm. *Gutdeutsch* FamRZ 2003, 1002 = NJW 2003, 1181; OLG Karlsruhe NJW 2004, 859; OLG Hamburg FamRZ 2003, 245 (aber nicht ungünstiger als Differenzmethode); wie hier OLG Köln FamRZ 2002, 463 = NJW 2001, 3716; OLG Hamm FamRZ 2002, 1708 und NJW-RR 2003, 1226; OLG Karlsruhe NJW 2002, 900; *Scholz* FamRZ 2003, 265; *Büttner* FamRZ 2003, 641; *Soyka* FuR 2003, 193; krit. *Borth* FamRZ 2002, 133.

[1816] OLG Saarbrücken NJW-RR 2006, 869.

[1817] BGH FamRZ 2012, 517 mAnm Born (523) = NJW 2012, 1144, Tz. 44 ff.; FamRZ 1986, 437 = NJW 1986, 1343; OLG Hamm FamRZ 1994, 248 (auch freies Wohnen beim Betrieb einer Pension); FamRZ 1988, 290; FamRZ 1987, 710.

[1818] BGH FamRZ 2002, 88 = NJW 2002, 436; ebenso OLG Hamm FamRZ 2007, 215; OLG Saarbrücken FamRZ 2003, 685 und NJW-RR 2005, 1454.

[1819] OLG Karlsruhe NJW 2004, 859; OLG Hamm NJW-RR 2003, 511; *Gerhardt* FamRZ 2003, 414.

[1820] OLG Koblenz FamRZ 2003, 1106 (Unfallrente, die Erwerbseinkommen nicht übersteigt).

[1821] BGH FamRZ 2002, 88 = NJW 2002, 436; KG FamRZ 2003, 1107; OLG Koblenz OLGR 2002, 9; KG (13.) OLGR 2004, 88; **anders aber** KG (3.) FamRZ 2002, 460.

[1822] BGH FamRZ 2003, 848 m. abl. Anm. *Hoppenz* = NJW 2003, 1796, zust. *Krause* FamRZ 2003, 1617.

[1823] BGH FamRZ 2012, 1201 = NJW 2012, 2190 – Tz. 16 unter Bestätigung von BGH FamRZ 2004, 1170, 1171 f.; ferner BGH FamRZ 2004, 1173 = NJW 2004, 2305 (unter Aufhebung von OLG Oldenburg FamRZ 2002, 1488); BGH FamRZ 2001, 1693 mAnm *Büttner* = NJW 2001, 3779.

[1824] BGH FamRZ 2005, 23 (25) = NJW 2005, 61 verweist insoweit auf die „beachtlichen Gründe" von *Büttner* FamRZ 2003, 641 (643), lässt die Frage aber offen; **anders** zuvor OLG Frankfurt FamRZ 2002, 885 (vom BGH in der zit. Entscheidung aufgehoben).

[1825] BGH FamRZ 2012, 1483 = NJW 2012, 3434; BGH NJW 2006, 1794 = FamRZ 2006, 387 mAnm *Büttner;* OLG Hamm FamRZ 1992, 1184. 1. Teil → Rn. 53.

[1826] OLG Brandenburg, NJW 2012, 3186 (3188); OLG Zweibrücken OLGR 2002, 149.

• Fiktives Einkommen an Stelle der obigen Einkommensquellen.[1827]

Übersicht zum Einkommen, das nach der Anrechnungsmethode zu behandeln ist:

• Mehreinkommen nach Karrieresprung nach Trennung oder Scheidung.[1828] Dieses Einkommen ist abzugrenzen von der Regelbeförderung, die eben noch keinen „Sprung" darstellt, darunter auch eine Beförderung von der Besoldungsgruppe A 8 nach A 9, die sich innerhalb des mittleren Dienstes vollzogen hat, selbst wenn damit die Besoldungsendstufe des mittleren Dienstes vor Vollendung des 42. Lebensjahres erreicht wurde. [1829]

• Einkommen aus einer unerwarteten oder allenfalls erhofften Erbschaft oder Schenkung nach der Trennung oder Scheidung.[1830]

• Einkommen aus einem Lottogewinn nach der Trennung oder Scheidung.[1831]

• Vermögenseinkommen, das während des Zusammenlebens nicht zum Konsum verbraucht worden ist[1832] und nach durchschnittlichen Maßstäben auch nicht verwendet werden musste. Bei weit überdurchschnittlichem Einkommen ist zu berücksichtigen, dass Teile des Einkommens oft zur Vermögensbildung dienen. Die Quotenmethoden sind dann auf den Bedarfsdeckungsteil einzuschränken.[1833]

• **Aber: Nicht mehr** das mit Hilfe des Altersvorsorgeunterhalts aufgebaute Renteneinkommen, nachdem der BGH seine diesbezügliche bisherige Rechtsprechung[1834] offenbar aufgegeben hat[1835] → Rn. 53 und → Rn. 618.

Berechnungsweise bei Anwendung der Anrechnungsmethode: 515

(1) Trotz des Halbteilungsgrundsatzes ist nach der Rechtsprechung des BGH,[1836] der die Praxis folgt, schon auf der Bedarfsebene nur von einer 3/7-Quote (bzw. 45 %-Quote) des Berechtigten auszugehen.

(2) Trennungsbedingter Mehrbedarf[1837] ist – nur bei Anwendung der Anrechnungsmethode – vor Abzug des hinzutretenden Einkommens dem Bedarf nach den ehelichen Lebensverhältnissen hinzuzurechnen, denn nur so kann der eheliche Lebensstandard aufrechterhalten werden. Etwaiger trennungsbedingter Mehrbedarf des Verpflichteten ist im Rahmen seiner Leistungsfähigkeit zu berücksichtigen.

[1827] BGH FamRZ 2004, 254 (256); FamRZ 2003, 434 = FPR 2003, 245.

[1828] BGH FamRZ 2007, 793 = NJW 2007, 1961; BGH FamRZ 2001, 986 = NJW 2001, 2254; OLG Köln FamRZ 2001, 1374 und NJW-RR 2004, 297 (andere Funktion u. 20 % mehr); OLG Koblenz NJW 2003, 1877 (4 % jährliche Einkommenssteigerung noch kein Karrieresprung); OLG Koblenz FamRZ 2003, 1109 (Karrieresprung bei Fortbildung nach Trennung); OLG Schleswig NJW-RR 2004, 147 (Einkommenssteigerung von 1/3); OLG Nürnberg NJW-RR 2004, 436 (Hauptschullehrer zum Konrektor).

[1829] BGH FamRZ 2016, 199 mAnm *Witt* =.NJW 2016, 322, Tz. 19.

[1830] BGH FamRZ 2012, 1483 = NJW 2012, 3434; BGH NJW 2006, 1794 = FamRZ 2006, 387 mAnm *Büttner;* OLG Hamm FamRZ 1992, 1184. 1. Teil → Rn. 53.

[1831] OLG Brandenburg FamRZ 2009, 1837 (1839).

[1832] BGH FamRZ 2007, 1532 (1535) mAnm *Maurer.*

[1833] OLG Köln FamRZ 2012, 1731 (1732) will (vermeintlich gestützt auf den BGH) einen Quotenunterhalt von derzeit bis zu 5100 EUR zulassen; der BGH meint aber nur einen Quotenunterhalt, berechnet aus einem Einkommen von derzeit 5100 EUR, wie sein Beispiel in FamRZ 2012, 945 = NJW 2012, 1581, Tz. 18 zeigt. Vgl. ferner Frankfurter Unterhaltsgrundsätze Nr. 15. 3 und Jenaer Leitlinien Nr. 15.3: 2500 EUR; OLG Koblenz FPR 2002, 63: bis 4000 EUR als Quotenunterhalt; OLG Koblenz FuR 2003, 128; OLG Bamberg FamRZ 2002, 101; OLG Hamm FamRZ 2003, 1109 (auch bei Unterhalt bis 8000 DM noch Quote). 1. Teil → Rn. 29–32.

[1834] BGH FamRZ 2003, 848.

[1835] Vgl. jetzt BGH FamRZ 2014, 1276, Rn. 21 f.; siehe auch *Wendl/Dose,* 9. Auflage, 1/647 unter Hinweis auf BGH FamRZ 2005, 1479 (1480, wo sich allerdings zur Aufgabe der bisherigen Rechtsprechung mit der Differenzierung zwischen Renten, die auf dem VA und dem Altersvorsorgeunterhalt beruhen, nichts findet).

[1836] → Rn. 9 ff., → Rn. 51.

[1837] Eingehend → Rn. 56 ff.

(3) Hinzutretendes nicht prägendes Einkommen ist von der Unterhaltsquote abzuziehen; allerdings nur zu 6/7, wenn es sich um hinzutretendes Erwerbseinkommen handelt, denn der Anreizanteil von 1/7 muss auf beiden Seiten verbleiben.[1838]

Berechnungsbeispiel:

Einkommen des Mannes: 3000 EUR aus Erwerbstätigkeit

Anzurechnendes Einkommen der Frau nach der Trennung: 1000 EUR Zinserträge aus Erbschaft.

Bedarf der F: 3000 EUR, davon 3/7 = 1285 EUR + 100 EUR trennungsbedingter Mehrbedarf = 1385 EUR – 1000 EUR (kein Erwerbseinkommen) = 385 EUR.

516   **Berechnungsweise bei Anwendung der Differenzmethode:**

(1) Die Differenzmethode ergibt stets den Höchstwert des Unterhalts.[1839]

(2) Die Differenzmethode soll nicht dazu dienen, geringfügige Einkommensunterschiede auszugleichen.[1840] Als geringfügig wird man im Anschluss an die Rechtsprechung zu § 323 ZPO eine Einkommensdifferenz ansehen können, die weniger als 10 % des Gesamteinkommens beträgt.[1841]

(3) Anwendung des § 1578b BGB. Diese Vorschrift soll die Teilhabe am ehelichen Lebensstandard begrenzen, bietet also eine Korrekturmöglichkeit, wenn eine dauerhafte Beteiligung an den ehelichen Lebensverhältnissen unbillig wird.[1842]

(4) Die Höhe des Aufstockungsunterhalts wird in der Regel von der Höhe des Kindesunterhalts abhängen, den der Unterhaltspflichtige zu zahlen hat.

Berechnungsbeispiel: Einkommen des Mannes: 3200 EUR, Kindesunterhalt: 334 EUR.

Einkommen der Frau (Arbeitsaufnahme nach der Scheidung): 1000 EUR

3200 EUR – 334 EUR – 1000, EUR = 1866 EUR, davon 3/7 = 800 EUR (aufgerundet).

517   **Übergangsfälle zur früheren Anrechnungsmethode. In laufenden Rechtsstreitigkeiten** ist die Rechtsprechung für den gesamten streitigen Unterhaltszeitraum anzuwenden, auch wenn dieser teilweise vor dem 13.6.2001 – dem Tag der Rechtsprechungsänderung des BGH – liegt.

Bei Prozessvergleichen oder notariellen Urkunden soll eine Abänderung wegen Wegfalls der Geschäftsgrundlage in der Regel erst frühestens ab 13.6.2001 in Betracht kommen, wenn nämlich der Fortbestand der bisherigen Rechtsprechung des BGH Geschäftsgrundlage war.[1843]

h) Ausbildung, Fortbildung und Umschulung (§ 1575 BGB)

518   Der **Regelungsbereich dieses Unterhaltsanspruchs** erfasst folgende Fälle:

- Wenn in Erwartung der Ehe oder während der Ehe eine Schul- oder Berufsausbildung nicht aufgenommen wurde oder abgebrochen wurde, soll der Ehegatte nach Scheitern der Ehe die Chance erhalten, das Versäumte nachzuholen und sich damit auf eigene Füße zu stellen (§ 1575 Abs. 1 BGB).

[1838] BGH FamRZ 1988, 256 (259); 701 (704) = NJW-RR 1988, 519 und NJW 1988, 2034.

[1839] OLG Düsseldorf FamRZ 1987, 70; *Weychardt* NJW 1984, 2328 (2330); OLG Hamburg FamRZ 1992, 1308.

[1840] OLG Karlsruhe FamRZ 2010, 1082; OLG Koblenz NJW-RR 2006, 151; OLG Düsseldorf FamRZ 1996, 947 und OLG München OLGR 1996, 254 (mindestens 100 DM); OLG Hamburg FamRZ 1986, 1001; OLG Saarbrücken FamRZ 1982, 269; umstritten, vgl. FamGB/*Griesche* § 1573 Rn. 25 f.

[1841] *Krumm* FamRZ 2012, 1781 mwN

[1842] BGH FamRZ 2001, 986 (989) = NJW 2001, 2254 (2258); *Brudermüller* FamRZ 1998, 649 ff.

[1843] BGH FamRZ 2001, 1687 mAnm *Gottwald* = NJW 2001, 3618; ebenso BGH FamRZ 2003, 518 und 848 = NJW 2003, 1181 und 1796.

- Fortbildung oder Umschulung können nach einer gescheiterten Ehe erforderlich sein, um ehebedingte Nachteile im beruflichen Wettbewerb auszugleichen (§ 1575 Abs. 2 BGB).
- Das Verhältnis zum Anspruch aus § 1573 Abs. 1 BGB iVm der Obliegenheit aus § 1574 Abs. 3 BGB ist dadurch gekennzeichnet, dass sich die Ansprüche entsprechen können, aber nicht müssen.

Auch wenn eine nach § 1573 Abs. 1 BGB angemessene Tätigkeit möglich wäre, kann der Berechtigte zum Ausgleich ehebedingter Nachteile die Ansprüche aus § 1575 BGB geltend machen.[1844] Dagegen besteht kein Anspruch aus § 1575 BGB, sondern nur eine Obliegenheit nach § 1574 Abs. 3 BGB, wenn eine vollständige Berufsausbildung vorliegt und nur die Berufsausübung nicht mehr angemessen im Sinne der §§ 1573 Abs. 1, 1574 Abs. 2 BGB ist.[1845]

Die Voraussetzungen des Anspruchs lassen sich wie folgt erfassen: **519**
(1) Ehebedingte Ausbildungsnachteile müssen auszugleichen sein:

- Bei Ausbildungsabbruch vor der Ehe muss nachgewiesen werden, dass dies wegen der Ehe geschah[1846] („in Erwartung").
- An den Nachweis der ehebedingten Nichtaufnahme eines Studiums sind strenge Anforderungen zu stellen; es müssen konkrete Pläne für die Ausbildungsdurchführung vorgelegen haben, sonst wäre der missbräuchlichen Berufung auf solche Wünsche keine Grenze gesetzt.[1847]
- Bei Ausbildungsabbruch in der Ehe bedarf es dieses Nachweises nicht. Hier genügt also auch Ausbildungsabbruch wegen Krankheit oder wegen Unzufriedenheit mit der Ausbildung.[1848]
- Bei Ausbildungsaufnahme in der Ehe auf Grund eines einverständlichen Plans besteht ein Anspruch auf Finanzierung der Fortsetzung,[1849] nicht dagegen, wenn auf einseitigen Entschluss nach der Trennung zB ein Studium aufgenommen wird[1850] (der Anspruch kann sich dann nur aus §§ 1573 Abs. 1, 1574 Abs. 3 BGB ergeben).
- Bei der Ausbildung muss es sich um dieselbe oder eine entsprechende wie die abgebrochene (nicht aufgenommene) handeln. Das folgt aus der Zielsetzung des Ausgleichs ehebedingter Nachteile. Daher müssen die Ausbildungsgänge hinsichtlich der sozialen Einordnung des Berufsziels und des Niveaus einander gleichwertig sein;[1851] eine fachliche Einheit ist nicht erforderlich.
- Bei der Wahl der Ausbildung darf der Berechtigte im Übrigen seinen Neigungen folgen, muss aber gleichzeitig auf die Belange des Verpflichteten Rücksicht nehmen. Er kann keine optimale Berufserfüllung beanspruchen, braucht sich aber auch nicht in einen ihn unbefriedigenden Beruf drängen zu lassen.[1852]

[1844] BGH FamRZ 1987, 795 = NJW 1987, 2233; FamRZ 1985, 782 (784) = NJW 1985, 1695; OLG Düsseldorf FamRZ 1980, 585 (587).
[1845] OLG Frankfurt FamRZ 1979, 591 (Tätigkeit in einem Reisebüro nach Mittlerer Reife); OLG Bamberg FamRZ 1981, 150 (nicht dazu da, höherwertige Zweitausbildung zu gewähren).
[1846] OLG Frankfurt FamRZ 1979, 591.
[1847] OLG Bamberg FamRZ 1981, 150.
[1848] BGH FamRZ 1980, 126 = NJW 1980, 393; FamRZ 1985, 782 = NJW 1985, 1695.
[1849] BGH FamRZ 1981, 439.
[1850] BGH FamRZ 1984, 561 = NJW 1984, 1685.
[1851] OLG Köln FamRZ 1996, 867 (Rechtsanwaltsgehilfin und Krankenschwester gleichwertig); OLG Koblenz OLGR 2000, 15 (keine Gleichwertigkeit einer hausinternen Ausbildung mit einem Ausbildungsberuf); OLG Frankfurt FamRZ 1995, 879 (Medizinstudium für Steuergehilfin nicht gleichwertig); ähnlich OLG Schleswig SchlHA 1984, 163 (nur Ausgleich, nicht Persönlichkeitsentwicklung auf Kosten des früheren Ehegatten; offen gelassen, ob Teilalimentation einer zu „hohen" Ausbildung verlangt werden könnte).
[1852] BGH FamRZ 1984, 561 = NJW 1984, 1685; FamRZ 1984, 988.

520 **(2) Alsbaldige Aufnahme der Ausbildung/Fortbildung** setzt voraus:

- Es muss sich um eine anerkannte Ausbildung handeln, die Ausübung einer selbstständigen Tätigkeit reicht auch dann nicht, wenn danach eine Prüfung abgelegt werden kann.[1853]
- Eine Zweitausbildung oder weitere Ausbildung zur Verbesserung der Chancen auf dem Arbeitsmarkt ist nicht zu finanzieren, wenn die vorhandene Berufsausbildung eine angemessene Erwerbstätigkeit nach den ehelichen Lebensverhältnissen ermöglicht.[1854]
- Fortbildungsunterhalt kann der Berechtigte nur verlangen, wenn er bereits eine abgeschlossene Berufsausbildung hat, der BGH[1855] knüpft dabei an die Bestimmungen des SGB III an. Die Teilnahme an einzelnen Fortbildungsveranstaltungen reicht nicht aus.
- Umschulungsunterhalt setzt voraus, dass wegen der Weiterentwicklung des Arbeitsmarktes im bisherigen Beruf keine angemessene Tätigkeit mehr zu finden ist (aussterbende Branchen).
- Ehebedingte Ausbildungsnachteile können insbesondere dann bestehen, wenn infolge der Nichtausübung des Berufs während der Ehe der Anschluss an die Weiterentwicklung durch Fortbildung gesucht werden muss.[1856]
- Die Ausbildung muss „so bald wie möglich" nach der Scheidung aufgenommen werden. Allerdings sind gewisse Überlegungsfristen zuzubilligen, und die Zeiten, in denen zB wegen Kinderversorgung die Ausbildung nicht beginnen kann, sind hinzuzurechnen.[1857]

521 **(3)** Die **Erwartung eines erfolgreichen Abschlusses mit daraus folgender Unterhaltssicherung** ist nach den Einzelfallumständen zu beurteilen, wenn bei Fortsetzung oder Neubeginn der Ausbildung der Berechtigte schon 40 oder 45 Jahre alt ist. Bei dieser Beurteilung muss den gewandelten wirtschaftlichen Verhältnissen Rechnung getragen werden. Es genügt nicht, dass abstrakt die Möglichkeit besteht, dass die 50-jährige Absolventin eines Studiums der Archäologie irgendwo eine Stelle findet,[1858] sondern es müssen konkrete Ermittlungen über die Berufsaussichten angestellt werden.[1859] Voraussichtliche Dauer der beabsichtigten Ausbildung und Lebensalter müssen ins Verhältnis gesetzt werden. Bei Aussichtslosigkeit der Fortsetzung der früher unterbrochenen Ausbildung (zB Lehrerstudiengänge) wird auch die Verweisung auf nicht-akademische noch aussichtsreiche Ausbildungen in Betracht kommen. Schließlich kann ein längeres erfolgloses Studium gegen die Erwartung des erfolgreichen Abschlusses sprechen, so dass der Unterhaltsanspruch dann vor (formaler) Beendigung des Studiums erlöschen kann.[1860]

[1853] BGH FamRZ 1987, 795 = NJW 1987, 2233; OLG Koblenz OLGR 2000, 15 (hausinterne Ausbildung zur Diätköchin keine allgemein anerkannte Ausbildung).

[1854] BGH FamRZ 1985, 782 (785) = NJW 1985, 1695; OLG Düsseldorf FamRZ 1987, 708 (keine Finanzierung einer Promotion); siehe auch OLG Karlsruhe FamRZ 2009, 120 mit abl. Anm. *Drebold* (790).

[1855] BGH FamRZ 1987, 795 = NJW 1987, 2233.

[1856] BGH FamRZ 1995, 869 = NJW-RR 1995, 835.

[1857] OLG Köln FamRZ 1996, 867; OLG Hamm FamRZ 1983, 181.

[1858] OLG Düsseldorf FamRZ 1991, 76 = NJW-RR 1991, 1283 (keine Weiterbildung für 48-jährige approbierte Ärztin zur Fachärztin für Psychoanalyse); OLG Hamm FamRZ 1983, 181 (Ausbildung einer 45-jährigen Steuerbevollmächtigten aussichtsreich – Ehemann Oberarzt); OLG Schleswig SchlHA 1984, 72 (Referendarausbildung zur Realschullehrerin aussichtsreich trotz Stellenlage, da damit erst Ausbildungsabschluss und außerschulische Chancen).

[1859] BGH FamRZ 1986, 553 (555) = NJW 1986, 985; BGH FamRZ 1985, 782 u. FamRZ 1987, 795 – kein Studium zum Vergnügen –; OLG Frankfurt FamRZ 1985, 712 (713).

[1860] OLG Hamm FamRZ 1988, 1280 (nach vier Semestern fälliges Vordiplom nach 9 Semestern noch nicht abgelegt).

Eine **zeitliche Beschränkung** des Unterhalts für die voraussichtliche Ausbildungsdauer   **522**
ist möglich;[1861] allerdings schließt sich typischerweise ein Anspruch nach §§ 1575 Abs. 3,
1573 Abs. 1 BGB an, da nur ausnahmsweise nach Beendigung der Ausbildung ohne
zeitliche Unterbrechung eine Erwerbstätigkeit aufgenommen werden kann.[1862]

Die **Höhe des Ausbildungsunterhalts** richtet sich nach den ehelichen Lebensverhält-   **523**
nissen. Durch die Ausbildung wird eine Niveausteigerung gegenüber den ehelichen
Lebensverhältnissen möglich. Der geschiedene Ehegatte trägt aber gemäß § 1575 Abs. 3
BGB nicht das Risiko der Arbeitslosigkeit nach Ende der Ausbildung, es bleibt dann
beim bisherigen Niveau. Nach Ende der Ausbildung darf für etwa ein Jahr ein Zugang
zum Beruf mit dem erreichten Ausbildungsniveau gesucht werden,[1863] danach muss auf
dem bisherigen Niveau Arbeit gesucht werden, wenn das den ehelichen Lebensverhältnissen entspricht.

Für den **Getrenntlebensunterhalt** (§ 1361 BGB) ist § 1575 BGB entsprechend an-   **524**
wendbar, wenn der Anspruch auf einer Vereinbarung der Ausbildung während der Ehe
beruht oder wenn nach längerer Trennung die Scheidung nur noch eine Frage der Zeit
ist.[1864] Nicht anwendbar – wegen des provisorischen Charakters des Trennungsunterhalts
– ist die Vorschrift, wenn ohne diese Voraussetzungen allgemein der Ausgleich ehebedingter Nachteile verlangt wird.[1865]

Altersvorsorgeunterhalt ist gemäß § 1578 Abs. 3 BGB für den Ausbildungs- und   **525**
Fortbildungsunterhalt nach §§ 1574 Abs. 3, 1575 BGB nicht zu zahlen. Da § 1361 BGB
diese Einschränkung nicht enthält, hat der BGH[1866] ihn für die Fälle, in denen
§ 1361 BGB ausnahmsweise eine ausbildungsbedingte Bedürftigkeit erfasst, zuerkannt.

i) Unterhalt aus Billigkeitsgründen (§ 1576 BGB)

Die Norm ist ein subsidiärer Unterhaltstatbestand, dazu bestimmt, Ungerechtig-   **526**
keiten zu vermeiden, die sich in Grenzfällen angesichts der Enumeration der Unterhaltstatbestände in §§ 1570 bis 1575 BGB ergeben können. Die Versagung des Unterhalts
muss grob unbillig sein, dh die Ablehnung muss dem Gerechtigkeitsempfinden grob
widersprechen.[1867] § 1576 BGB kann also erst eingreifen, wenn andere Unterhaltstatbestände zu verneinen sind; bestehen sie teilweise (zB aus § 1570 BGB), muss dieser Teil
beziffert werden.[1868]

Keinen Einsatzzeitpunkt nennt § 1576 BGB seinem Wortlaut nach. Ein solcher ist   **527**
auch nicht in entsprechender Anwendung der Normen mit Einsatzzeitpunkt zu bejahen, denn das Merkmal der groben Unbilligkeit macht den Einsatzzeitpunkt entbehr-
lich. Aus dem Merkmal der groben Unbilligkeit ist aber zu folgern, dass der nach der
Scheidung mit einem Unterhaltsanspruch nicht Belastete mit fortschreitender Dauer
immer weniger mit einer Inanspruchnahme auf Unterhalt zu rechnen braucht. Auch
wenn der Unterhaltsanspruch am Einsatzzeitpunkt scheitert, ist daher § 1576 BGB zu

[1861] BGH FamRZ 1986, 553 (555) = NJW 1986, 985; ebenso OLG Frankfurt FamRZ 1989, 83 (zu
§ 1610 Abs. 2); → Rn. 348.
[1862] BGH FamRZ 1995, 869 = NJW-RR 1995, 835; *Büttner* FamRZ 2007, 773.
[1863] OLG Düsseldorf FamRZ 1987, 708.
[1864] BGH FamRZ 1985, 782 (784) = NJW 1985, 1695; OLG Hamm FamRZ 1995, 170 (planvolles
Studium, dessen Beendigung absehbar ist); vgl. auch OLG Hamburg FamRZ 1989, 95; OLG Düsseldorf FamRZ 1991, 76 = NJW-RR 1991, 1283.
[1865] BGH FamRZ 1985, 782 (784) = NJW 1985, 1695.
[1866] BGH FamRZ 1988, 1145 (1148) = NJW-RR 1988, 1282 mwN
[1867] BGH FamRZ 1983, 800 unter Hinweis auf BGH FamRZ 1980, 877.
[1868] BGH FamRZ 2003, 1734 mAnm *Büttner* (1830) = NJW 2003, 3481; BGH FamRZ 1984, 361
und 769 = NJW 1984, 1538 u. 2355; OLG Zweibrücken FuR 2001, 418 (423).

prüfen, aber mit zunehmender Entfernung von der Scheidung immer seltener zu bejahen.[1869]

528   **Ehebedingt müssen Bedürfnislage und grobe Unbilligkeit dagegen nicht sein.**[1870] Es kommen daher – bei Wahrung des Einsatzzeitpunktes – auch an Erwerbstätigkeit hindernde Umstände in Betracht, die nicht in Zusammenhang mit der Ehe stehen. Das ändert aber nichts daran, dass die ausnahmsweise Ausdehnung der nachehelichen Solidaritätspflicht jedenfalls mittelbar an in der Ehe begründete Vertrauenstatbestände anknüpft (→ Rn. 529, Beispiel 2).

529   **Umstände zur Feststellung der groben Unbilligkeit** können sein:
- Besondere Leistungen des Berechtigten in der Ehe (Aufgabe der Arbeit, Vermögensopfer, Pflege von Angehörigen des Verpflichteten, Ausbildungsfinanzierung).
- Schaffung eines Vertrauenstatbestandes durch den Pflichtigen.
- Ehedauer, wirtschaftliche Verhältnisse.
- Die Betreuung nicht gemeinschaftlicher Kinder nach der Scheidung reicht als solche noch nicht dafür aus, die Versagung von Unterhalt als grob unbillig anzusehen, selbst wenn die Kinder in den ehelichen Haushalt aufgenommen waren. Denn ungeachtet dieser typischen Sachlage beschränkt das Gesetz den Anspruch auf die Versorgung gemeinschaftlicher Kinder.[1871] Es müssen also weitere Umstände hinzukommen.

530   Bei **Stiefkindern** liegen solche nahe, weil es sich dann um eine besondere Leistung für den Verpflichteten handelt.[1872] Das muss erst recht gelten, wenn das Stiefkind ein natürliches Kind des Ehemanns ist.[1873] Anders als bei nach der Ehe geborenen Kindern war in diesen Fällen schon die Ehe durch die Kinderversorgung geprägt.[1874]

Bei **Pflegekindern** ist ein besonderer Vertrauenstatbestand jedenfalls dann gegeben, wenn sie gemeinschaftlich aufgenommen wurden.[1875] Bei Aufnahme durch den Bedürftigen nur mit Zustimmung des Verpflichteten soll je nach Sachlage etwas anderes gelten.[1876] Eine unterschiedliche Behandlung erscheint aber dann nicht berechtigt, wenn es ohne die Zustimmung nicht zur Aufnahme des Pflegekindes gekommen wäre. Die sonst mit Recht betonte Berücksichtigung der schützenswerten Interessen des Kindes an einer kontinuierlichen Betreuung sollte auch hier ein entscheidender Gesichtspunkt sein.

Die Unterhaltsversagung kann auch grob unbillig sein, wenn die Zustimmung zur Betreuung des Pflegekindes treuwidrig versagt wird.[1877]

Bei **gemeinschaftlichen nachehelichen Kindern** hat der BGH[1878] eine Anwendung des § 1576 BGB (ebenso wie des § 1570 BGB) abgelehnt und nur einen Anspruch nach

---

[1869] BGH FamRZ 2003, 1734 mAnm *Büttner* (1830) = NJW 2003, 3481; wie BGH: OLG Köln FamRZ 2004, 1725 = NJOZ 2004, 3049.

[1870] BGH FamRZ 1983, 800 (801) unter Berücksichtigung der Entstehungsgeschichte; anders OLG Karlsruhe FamRZ 1991, 1449 (1450), aber ohne Auseinandersetzung mit dem Problem und Erwähnung der BGH-Entscheidung.

[1871] BGH FamRZ 1983, 800; OLG Bremen OLGR 2001, 468. Anders bei Unterhalt nach § 58 EheG, da es sich auch insoweit um einen nach billigem Ermessen zu würdigenden Umstand in der Person des Berechtigten handelt: BGH FamRZ 1982, 365 = NJW 1982, 1050.

[1872] OLG Bamberg FamRZ 1980, 587; OLG Köln FamRZ 1980, 886; OLG Stuttgart FamRZ 1983, 503.

[1873] OLG Düsseldorf FamRZ 1999, 1274.

[1874] OLG Koblenz NJW-RR 2005, 803.

[1875] BGH FamRZ 1984, 361 = NJW 1984, 1538; OLG Düsseldorf FamRZ 1987, 1254; entgegen OLG Hamm FamRZ 1996, 1417 muss das auch dann gelten, wenn kurz vor der Trennung ein Kind gemeinsam aufgenommen wurde.

[1876] So BGH FamRZ 1984, 769 (771) = NJW 1984, 2355 und ähnlich OLG Hamm FamRZ 1996, 1417 ohne überzeugende Begründung.

[1877] So mit Recht AG Herne-Wanne FamRZ 1996, 1016 bei Aufnahme des Enkelkindes, das die Tochter krankheitsbedingt nicht versorgen kann.

[1878] BGH FamRZ 1998, 426 = NJW 1998, 1065.

§ 1615l Abs. 1 BGB zugebilligt, den er als abschließende Regelung des Unterhalts-anspruchs betreuender Mütter und Väter auffasst.

Bei Abstammung des vor der Ehe geborenen nicht (formal) als gemeinschaftliches Kind geltenden Kindes vom geschiedenen Ehemann ist die Anwendung des § 1576 BGB mit Recht bejaht worden.[1879]

Bei nicht gemeinschaftlichen Kindern kommt ein Unterhaltsanspruch nach § 1576 BGB nur in Betracht, wenn gewichtige besondere Umstände hinzutreten, weil das Gesetz grundsätzlich nur bei Betreuung gemeinschaftlicher Kinder (nach § 1570 BGB) einen Unterhaltsanspruch gewährt. Es kann daher richtig sein, solche Ansprüche in einem Ehevertrag auszuschließen.[1880]

Bei **Ehebruchskindern** kann die grobe Unbilligkeit der Unterhaltsversagung dagegen   **531** zu verneinen sein, denn ein ehezerstörendes Verhalten ist bei der Billigkeitsprüfung zu berücksichtigen. Andererseits kann auch bei Ehebruchskindern die Versagung grob un-billig sein, wenn der Ehemann sich zunächst damit längere Zeit abgefunden hatte und die Ehefrau wegen des Kindes ihre Berufstätigkeit aufgegeben hatte.[1881]

Einer Korrektur des § 1576 BGB durch Anwendung des § 1579 BGB bedarf es   **532** **nicht,**[1882] da der Anspruch von vornherein nur nach Billigkeit gewährt wird und die Erwägungen nach § 1579 BGB daher schon in die positive Billigkeitsprüfung einzubezie-hen sind.

Streitig ist, ob bei § 1576 BGB strengere Anforderungen an die Zumutbarkeit der   **533** **Erwerbstätigkeit** zu stellen sind. Zwar sind gemeinschaftliche und nicht gemeinschaftli-che Kinder nicht unterschiedlich betreuungsbedürftig,[1883] der Haftungsgrund des Ver-pflichteten ist aber schwächer. Auch sonst werden bei bloßen Billigkeitsansprüchen an die Eigenanstrengungen des Berechtigten größere Anforderungen gestellt.[1884] Grob unbil-lig ist die Unterhaltsversagung nur dann, wenn sich der Berechtigte auch bei besonderer Anstrengung nicht selbst unterhalten kann.[1885]

Höhe und Dauer des Anspruchs können nach Billigkeitsgesichtspunkten einge-   **534** schränkt werden. Die Voraussetzungen des § 1578b BGB müssen nicht erfüllt sein, denn diese Norm ist wie § 1579 BGB nicht isoliert anzuwenden. Auch der Mindestbedarf der Berechtigten kann unterschritten werden oder dem Verpflichteten kann ein höherer Selbstbehalt zu belassen sein.[1886]

2. Anrechenbarkeit der Einkünfte aus unzumutbarer Arbeit

Grundzüge der Anrechnung. Die unklare gesetzliche Regelung zur Anrechnung und   **535** Nichtanrechnung von Einkünften des Berechtigten ist durch die Rechtsprechung des BGH[1887] zu § 1577 BGB in ihren Grundzügen für die Praxis geklärt, allerdings bleiben noch offene Zweifelsfragen. Folgende Grundzüge gelten:

[1879] OLG Düsseldorf FamRZ 1999, 1274 (Revision BGH XII ZR 245/98 wurde zurückgenom-men).
[1880] OLG Koblenz FF 2005, 273 mAnm *Prehn.*
[1881] OLG Frankfurt FamRZ 1982, 299 = NJW 1981, 2069 wendet sich gegen ein Messen mit zweierlei Maß. Die Tatsache, dass aus einem Ehebruch ein Kind hervorgehe, mache die Handlung nicht verwerflicher.
[1882] BGH FamRZ 1984, 361 = NJW 1984, 1538.
[1883] Darauf stellt OLG Düsseldorf (6.) FamRZ 1981, 1070 ab; zustimmend OLG Stuttgart FamRZ 1983, 503.
[1884] OLG Düsseldorf FamRZ 1980, 56; für § 1581 BGB auch BGH FamRZ 1983, 569.
[1885] So OLG Düsseldorf (3.) FamRZ 1980, 56.
[1886] OLG Düsseldorf FamRZ 1980, 56.
[1887] BGH FamRZ 1983, 146 = NJW 1983, 933 und seitdem allgemeine Rechtsprechung.

(1) Einkünfte aus zumutbarer Arbeit unterfallen nicht § 1577 Abs. 2 BGB. Sie sind im Wege der Differenz- oder ausnahmsweise noch der Anrechnungsmethode zu berücksichtigen.[1888]

(2) Einkünfte aus unzumutbarer Arbeit verbleiben dem Berechtigten anrechnungsfrei, soweit sie zusammen mit dem Eigeneinkommen aus zumutbarer Arbeit und dem geschuldeten Unterhalt den vollen Unterhalt nicht übersteigen (§ 1577 Abs. 2 S. 1 BGB).

Wenn die Obliegenheit zu vollschichtiger Tätigkeit (nach den üblichen Altersstufen) bereits absehbar ist, kann eine kurz vorher ausgeübte Tätigkeit nicht mehr als unzumutbar angesehen werden.[1889] Die Frage, ob eine überobligatorische Tätigkeit vorliegt, ist nach objektiven Kriterien (zB der Behinderung der Kinder) zu beurteilen.[1890]

(3) Hat der Berechtigte aus geschuldetem Unterhalt und Einkünften aus zumutbarer Arbeit zuzüglich der Einkünfte aus unzumutbarer Arbeit mehr als den vollen Unterhalt, ist der Mehrbetrag nach Billigkeit auf den geschuldeten Unterhalt anzurechnen (§ 1577 Abs. 2 S. 2 BGB). Ob dieses Einkommen zu berücksichtigen ist, hängt von den besonderen Umständen des Einzelfalls ab.[1891]

536   Vom **Einkommen aus unzumutbarer Erwerbstätigkeit** sind zunächst 1/7 (nach den Süddeutschen Leitlinien ua 1/10) als Arbeitsanreiz abzuziehen, so dass sich nur für den Restbetrag die Anrechnungsfrage stellt. Es besteht kein Grund, den Anreizanteil hier anders zu bemessen als bei zumutbarer Arbeit.[1892]

537   Der „volle Unterhalt" nach § 1577 Abs. 2 BGB ist der Gesamtbedarf nach den ehelichen Lebensverhältnissen zuzüglich des trennungsbedingten Mehrbedarfs. Für die Anrechnung erhebt sich die Frage, ob der Gesamtbedarf dabei nach dem Halbteilungsgrundsatz zu bestimmen ist[1893] oder ob wie sonst nur nach der **3/7-(45%)** Quote. Letzteres ist zu befürworten, da für eine andere Bemessung des ehelichen Lebensniveaus kein Anlass besteht.[1894]

Auch vor der Trennung erzielte Einkünfte aus unzumutbarer Arbeit prägen u.E. die ehelichen Lebensverhältnisse. Jedenfalls darf der Berechtigte nicht schlechter stehen als bei Leistung zumutbarer Arbeit.[1895]

538   Der **Zweck der Anrechnungsfreiheit** ist darin zu sehen, dass dem Berechtigten die Möglichkeit gegeben werden soll, durch überobligationsmäßige Anstrengungen jedenfalls den Lebensstandard zu erreichen, den er vor der Trennung/Scheidung hatte. Solange der Berechtigte durch unzumutbare Arbeit nicht mehr als das erreicht, besteht kein berechtigter Grund, den Verpflichteten von der unzumutbaren Arbeit profitieren zu lassen.

Es kommt daher nicht darauf an, ob der Verpflichtete den nach diesem Maßstab geschuldeten Unterhalt noch tatsächlich leisten kann (so dass der konkret geschuldete Unterhalt niedriger ist).[1896]

Auch darauf, ob der geschuldete Unterhalt gezahlt wird oder nicht, kommt es nicht an. § 1577 Abs. 2 BGB ist nicht als Strafvorschrift zu Lasten des säumigen Unterhaltsschuld-

---

[1888] Zur Abgrenzung → Rn. 512 ff.

[1889] OLG Stuttgart FamRZ 2007, 400.

[1890] BGH FamRZ 2006, 846 mAnm *Born* = NJW 2006, 2182.

[1891] BGH FamRZ 2005, 442 mAnm *Schilling* und FamRZ 2005, 967 = NJW 2005, 818 und NJW-RR 2005, 945; OLG Stuttgart FamRZ 2007, 150; OLG Düsseldorf FamRZ 2007, 1817 (Rentner).

[1892] OLG Hamm FamRZ 1992, 1428; → Rn. 515.

[1893] So OLG Hamm FamRZ 1992, 1428; vgl. weiter *Born* FamRZ 1997, 129 ff.

[1894] Wie hier OLG Hamburg FamRZ 1992, 1308.

[1895] Das ist u.E. eine Folge der Änderung der Rechtsprechung des BGH, vgl. weiter OLG Köln OLGR 2003, 371 und zur Problematik → Rn. 514.

[1896] OLG Frankfurt FamRZ 1984, 798 (800), das mit Recht auch BGH FamRZ 1983, 146 (149) so interpretiert; ebenso OLG Koblenz FamRZ 1980, 583; OLG Stuttgart FamRZ 1980, 1003; OLG Frankfurt FamRZ 1982, 818 (820); OLG Zweibrücken FamRZ 1983, 719; aA in der Rechtsprechung wohl nur OLG Nürnberg MDR 1980, 401.

ners, sondern als Schutzvorschrift für alle Berechtigten aufzufassen.[1897] Wenn der Verpflichtete sich seiner Leistungspflicht entzieht und der Berechtigte aus diesem Grunde zur Aufnahme der unzumutbaren Arbeit gezwungen ist, kann der säumige Unterhaltsschuldner dadurch nur dann profitieren, wenn die in Betracht kommende Teilanrechnung der Billigkeit entspricht, was oft zu verneinen sein wird.

Wann und in welcher Höhe die Anrechnung des Mehrbetrages der Billigkeit entspricht, ist schwierig zu bestimmen. Im Rahmen der Billigkeitsprüfung kann nicht erneut eine Zumutbarkeitsprüfung vorgenommen werden, weil sonst die zweistufige Prüfung unterlaufen wird,[1898] wenngleich man bei der Zumutbarkeitsprüfung natürlich zu dem Ergebnis kommen kann, dass die Arbeit teilweise zumutbar ist. Soweit die Unzumutbarkeit aber zu bejahen ist, kann eine Teilanrechnung nur aus anderen Gründen der Billigkeit entsprechen. Die Billigkeitsgründe werden im Grundsatz denen entsprechen, die auch beim Verpflichteten gelten.[1899] Von besonderer Bedeutung ist der Fall, dass dem Verpflichteten, der tatsächlich Unterhalt leistet, weniger als der angemessene Selbstbehalt verbleibt, während der Berechtigte durch die unzumutbare Arbeit mehr hat. Für den Fall der Unterschreitung des angemessenen Selbstbehalts des Verpflichteten schreibt ja auch § 1581 BGB eine Billigkeitskorrektur vor. Über § 1581 BGB können aber nur unter § 1577 Abs. 2 S. 2 BGB fallende Einkünfte erfasst werden, nicht dagegen die unter § 1577 Abs. 2 S. 1 BGB fallenden, denn insoweit regelt das Gesetz gerade, dass eine Berücksichtigung nicht der Billigkeit entspricht.[1900]

Weitere Billigkeitsgründe können sein: Besondere Leistungen oder Belastungen des Verpflichteten aus der Ehezeit, die besondere Anstrengungen des Berechtigten auch im Verhältnis zu ihm billig erscheinen lassen. Ein Verschweigen der Einkünfte kann gegen die Billigkeit der Nichtanrechnung sprechen.[1901]

Dass der Berechtigte durch die unzumutbare Arbeit im Ergebnis mehr hat als der Verpflichtete, erfordert für sich genommen keine Billigkeitskorrektur, denn bei besonderen Leistungen kann das durchaus dem Gerechtigkeitsempfinden entsprechen,[1902] falls nicht der Berechtigte im Ergebnis in deutlich besseren wirtschaftlichen Verhältnissen lebt.[1903]

Eine pauschale Beteiligung des Verpflichteten mit 50 % (weil das mangels anderer Anhaltspunkte der Billigkeit entspreche),[1904] erscheint nicht gerechtfertigt, denn ohne konkrete Gründe entspricht es gerade nicht der Billigkeit, einen anderen im gleichen Umfang an einem Sonderopfer an Kraft und Gesundheit zu beteiligen.

539

[1897] BGH FamRZ 1983, 146 (149) = NJW 1983, 933; ihm folgend OLG Schleswig FamRZ 1983, 719 jeweils unter Hinweis auf jetzt überholte frühere gegenteilige Entscheidungen.

[1898] OLG Köln FamRZ 1984, 269 und 1108 (1110); eine Vermischung der Gesichtspunkte findet sich bei OLG München FamRZ 1982, 802 und vielleicht auch BGH FamRZ 1983, 153; vgl. weiter *Born* FamRZ 1997, 129 ff.

[1899] → Rn. 821.

[1900] Offen gelassen von BGH FamRZ 1983, 146 (150); dafür wohl *Hampel* FamRZ 1984, 621(629).

[1901] So OLG Hamm FamRZ 1994, 1035.

[1902] AG Groß-Gerau FPR 2002, 149; OLG Düsseldorf FamRZ 1986, 170.

[1903] BGH FamRZ 1995, 343 = NJW 1995, 962.

[1904] Die Hammer Leitlinien zum 1.1.2010 sprechen „ganz oder teilweise unberücksichtigt" und verweisen ergänzend auf 1.3, 10.3 und 17.3; für 1/2 Anrechnung OLG Braunschweig OLGR 1996, 150; OLG Hamm OLGR 2000, 97; NJW-RR 2004, 438 und FamRZ 2004, 376 m. krit. Anm. *Kofler* (808); dagegen OLG Stuttgart FamRZ 1990, 753 und OLG Karlsruhe NJW 2004, 859 (1/3) und FamRZ 1996, 1487; OLG Köln FamRZ 1993, 1115 (1110); der BGH NJW-RR 1992, 1282 (1283) hat auch die Anrechnung von 2/3 als im tatrichterlichen Ermessen liegend nicht beanstandet; in FamRZ 1995, 343 = NJW 1995, 962 aber betont, dass jede Schematisierung zu vermeiden ist, es aber nur in seltenen Ausnahmefällen zur völligen Anrechnungsfreiheit kommt; FamRZ 2000, 1492 (1494) = NJW 2000, 3140 hat er pauschale Anrechung zu 1/2 nicht beanstandet.

540   Die **Berechnungsweise bei unzumutbarer Arbeit trotz Kinderbetreuung,** die jetzt dem Grundsatz nach gem. §§ 1570, 1615l Abs. 2 BGB auf 3 Jahre beschränkt ist, ist zweifelhaft.

Teilweise wurde eine Vollanrechnung der Einkünfte unter Abzug der Betreuungskosten befürwortet.[1905] Das überzeugt nicht, denn wenn die Arbeit unzumutbar ist, besteht kein Grund, sie anders als aus sonstigen Gründen unzumutbare Arbeit zu behandeln. Unzumutbar ist die Arbeit bei Betreuung von Kindern innerhalb der nach § 1570 BGB geltenden Altersgrenzen.[1906]

Die Betreuungskosten – auch geschätzte –, deren Aufwand die Arbeit erst ermöglicht, müssen als Erwerbsunkosten vorweg vom Einkommen abgezogen werden, der Rest ist nach § 1577 Abs. 2 BGB anzurechnen.[1907] Der BGH befürwortet eine Kürzung des Einkommens nach § 1577 Abs. 2 BGB und lässt daneben **keinen Betreuungsbonus** zu.[1908]

Die entgegenstehende frühere Rechtsprechung der Oberlandesgerichte, nach der ein pauschaler Betreuungsbonus auch bei Betreuung durch Angehörige gewährt werden konnte,[1909] ist damit überholt. Gemäß Nr. 10.3 der Unterhaltsgrundsätze des OLG Frankfurt wird auch kein Bonus (mehr) gewährt, sondern – neben konkreten Aufwendungen – noch bis zu 200 EUR als Ausgleich für nicht genau bezifferbare Aufwendungen eines Berufstätigen, wenn er darlegt, dass ihm oder Dritten solche (weiteren) Aufwendungen entstehen.

Bei der Anrechnung gemäß § 1577 Abs. 2 BGB können die besonderen Erschwernisse im Rahmen der Billigkeitswertung, die sich einer Schematisierung entzieht,[1910] berücksichtigt werden; das schlägt sich in der Höhe der Billigkeitsanrechnung des erzielten unzumutbaren Einkommens nieder. Darüber hinaus kommt ein zusätzlicher Bonus nur noch für nicht bezifferbare Aufwendungen in Frage, um Abzug von Aufwand und Höhe der Billigkeitsanrechnung klar voneinander abzugrenzen.

Berechnungsbeispiel:[1911]

1. Einkommen in der Ehe:
   Ehemann: 1750 EUR
   Ehefrau: 490 EUR (zumutbare Arbeit)
   Quote der Ehefrau zunächst: 3/7 der Differenz von 1260 EUR = 540 EUR.
2. Einkommenssteigerung nach der Scheidung aufseiten der Ehefrau durch **unzumutbare** Arbeit auf 770 EUR. Von den 280 EUR Mehreinkommen bleiben anrechnungsfrei: 1/7 als Anreizquote = 40 EUR; vom Restbetrag von 240 EUR weitere 108 EUR (Diffe-

---

[1905] So OLG Köln FamRZ 1981, 366.

[1906] OLG Hamm FamRZ 1999, 235 will dagegen auf die konkreten Verhältnisse abstellen (freie Wahl der Arbeitszeit).

[1907] Siehe Nr. 10.3 der Unterhaltsleitlinien/-grundsätze der Oberlandesgerichte.

[1908] BGH FamRZ 2010, 1050 = NJW 2010, 2277, Tz. 37; FamRZ 2005, 442 = NJW 2005, 818; FamRZ 2005, 1151 = NJW 2005, 2145; FamRZ 2006, 848 = NJW 2006, 2182; anders teilweise OLG Stuttgart FamRZ 2007, 150 mAnm *Spangenberg* 1022.

[1909] KG FamRZ 2006, 341; OLG Celle FamRZ 2004, 1300; OLG Hamm FamRZ 2002, 1708 = NJW 2003, 223 je 128 EUR für Zwillinge; nach Alter differenzierend: OLG Koblenz NJW-RR 2003, 937 (bis 6 J. 300 EUR; bis 10 J. 200 EUR; 11.–14. J. 150 EUR je Kind); nach OLG Hamm NJW-RR 2003, 1226 aber Bonusbetrag in Höhe der Mindesttabellenwerts nach der 1. Altersstufe.

[1910] Vgl. BGH FamRZ 2005, 442 (444 aE) = NJW 2005, 818; FamRZ 2005, 1154 = NJW 2005, 2145.

[1911] Vgl. auch Berechnungsbeispiel von OLG Stuttgart FamRZ 2007, 150 mAnm *Spangenberg* (1022) und von *Hampel* FamRZ 1984, 621 (629), der aber auf die Möglichkeit weiterer Komplikationen hinweist. Ein Berechnungsbeispiel bietet auch OLG Schleswig FamRZ 1984, 588 (591), das zeigt, zu wie bedenklichen Ergebnissen man über die scheinbare Zwangsläufigkeit von Rechenoperationen kommen kann. Der Berechnungsvorschlag von OLG Braunschweig OLGR 1996, 150 verwendet eine mathematische Formel, die diese Berechnungsmethode umsetzt, sich aber inhaltlich nicht unterscheidet.

renz des oben unter 1. ermittelten Bedarfs von 540 EUR zu einem um angenommene 20 % trennungsbedingter Mehrbedarf erhöhten vollen Bedarf von 648,- EUR).

3. Der Restbetrag von 132 EUR (280 – 40 – 108) soll nach Billigkeit berücksichtigt werden, zB zu 1/3[1912] = 44 EUR. Dieser bereits um einen Bonus von 1/7 bereinigte Betrag (oben unter 2.) ist deswegen hälftig von der zunächst errechneten Quote von 540,- EUR abzuziehen, so dass sich ergibt: 540 EUR – 22,- EUR = 518,– EUR Bedarf.

4. Dem Mann verbleiben: 1750 EUR – 518 EUR = 1232 EUR (Selbstbehalt 1200,- EUR ggü. Ehefrau).

5. Die Frau hat: 490 EUR + 518 EUR + 280,- EUR (aus unzumutbarer Arbeit) = 1288,–EUR.

Für den Getrenntlebensunterhalt (§ 1361 BGB) folgt die Anrechnung des Einkommens aus unzumutbarer Arbeit den gleichen Grundsätzen,[1913] ebenso für den Unterhalt nach § 1615l BGB.[1914] Die Altersvorsorge, die durch die unzumutbare Tätigkeit erreicht wird, ist gleichfalls nur nach den Grundsätzen des § 1577 Abs. 2 BGB anrechenbar.[1915]

Überobligationsmäßige Versorgungsleistungen neben einer Vollzeitarbeit sind nach § 1577 Abs. 2 BGB zu beurteilen. Es müssen aber nähere Feststellungen zu Art und Umfang der Versorgungsleistungen und der Erwerbsarbeit getroffen werden, um die Einstufung solcher Arbeiten als unzumutbar zu rechtfertigen.[1916]

Kinderbetreuung durch den bisher Erwerbstätigen. Wird der bisher wegen der Kinderbetreuung nicht erwerbstätige Ehepartner erwerbstätig, und übernimmt der bisher erwerbstätige Ehepartner allein die Kinderbetreuung bei Fortsetzung seiner Erwerbstätigkeit, so kann die bisher zumutbare Arbeit dadurch unzumutbar werden. Bei der Beurteilung seiner Leistungsfähigkeit sind die Einkünfte dann ebenfalls nur nach Billigkeit anrechenbar[1917] und der Berechnung des Ehegattenunterhalts zugrunde zu legen.

Arbeitslosengeld I, das nach Verlust eines Arbeitsplatzes mit unzumutbarer Arbeit **541** gezahlt wird, beruht nicht mehr unmittelbar auf überobligationsmäßiger Anstrengung, sondern ist eine Sozialleistung. Das spricht dafür, es wie Einkommen aus zumutbarer Arbeit zu behandeln.[1918] Das frühere Übergangsgeld nach § 24 SGB II war keine subsidiäre Sozialleistung und daher unterhaltsrechtliches Einkommen des Bedürftigen.[1919]

Eine **Abfindung** auf Grund einer unzumutbaren Tätigkeit wird wie Einkommen aus einer zumutbaren Arbeit zu behandeln sein, da sie nicht wegen einer fortdauernden unzumutbaren Anstrengung verdient ist, sondern wie Vermögenseinkommen anzusehen ist.[1920]

[1912] So OLG Karlsruhe FamRZ 1998, 560; OLG Köln FamRZ 2004, 376 nur zu 1/4; aber OLG Köln FamRZ 1999, 113 und OLG Hamm FamRZ 2004, 376 mAnm *Kofler* (808); will zu 1/2 anrechnen; OLG Hamm NJW-RR 1997, 963 sogar zu 2/3; OLG Hamm FamRZ 2007, 1464: Umstände des Einzelfalls.

[1913] BGH FamRZ 1995, 343 = NJW 1995, 962; FamRZ 1983, 146 (148) = NJW 1983, 933.

[1914] BGH FamRZ 2005, 442 = NJW 2005, 818, Tz. 23; OLG Hamm FamRZ 2011, 1600 = NJW-RR 2011, 868.

[1915] BGH FamRZ 1988, 145 (151) = NJW-RR 1988, 514.

[1916] BGH FamRZ 1995, 343 = NJW 1995, 962; OLG Koblenz Beschl. v. 30.5.2001 – 9 WF 309/01.

[1917] OLG Koblenz OLGR 1998, 349 und FamRZ 1999, 1275 setzen 50 % an; OLG Koblenz Urt. v. 23.1.2001 – 15 UF 131/00 setzt doppelten Tabellenbetrag des Kindesunterhalts vom Einkommen ab.

[1918] So OLG Hamburg FamRZ 1992, 1308 (1309); OLG Köln NJW-RR 2006, 361; **anders** OLG Köln FamRZ 2001, 625 und OLG Karlsruhe NJW 2004, 859.

[1919] OLG München FamRZ 2006, 1125 = NJW-RR 2006, 439 (440); OLG Celle FamRZ 2006, 1203.

[1920] OLG Koblenz FamRZ 2002, 325.

Einkünfte aus einer Ehegatteninnengesellschaft sind in Bezug auf laufende Einkünfte aus Mitarbeit nach § 1577 Abs. 2 BGB zu behandeln; das Auseinandersetzungsguthaben wirkt sich aber unabhängig davon auf die Bedürftigkeit aus.[1921]

542   **Wahrheitspflicht.** Einkünfte aus unzumutbarer Arbeit müssen im Rechtsstreit auf Grund der prozessualen Wahrheitspflicht (§ 138 Abs. 1 ZPO) stets angegeben werden; die Prüfung der Anrechnung ist dem Gericht zu überlassen.[1922] Bei Verschweigen solcher Einkünfte kann ein Vergleich nach § 123 BGB angefochten werden und es drohen Sanktionen nach § 1579 BGB. Diese Rechtsprechung steht in einem Widerspruch dazu, dass falsche Angaben des Verpflichteten über sein Einkommen nur in Fällen evidenter Unredlichkeit – nur dann Pflicht zur ungefragten Information – Anfechtung eines Vergleichs bzw. Schadensersatzansprüche eröffnen.[1923] Es erscheint nicht gerechtfertigt, unterschiedliche Maßstäbe für die Wahrheitspflicht bei Verpflichtetem und Berechtigtem anzulegen.

3. Erwerbsarten

a) Arbeitseinkommen allgemein

543   **Unterhaltsbedürftig ist nur, wer außerstande ist, sich selbst zu unterhalten** (vgl. §§ 1602 Abs. 1, 1577 Abs. 1 BGB), dh wer bedürftig ist. Bedürftigkeit ist nur zu bejahen, wenn der Lebensbedarf nicht in zumutbarer Weise aus eigenen Kräften und Mitteln gedeckt werden kann. Der Unterhaltsbedürftige ist daher zum Einsatz seiner Arbeitskraft verpflichtet, soweit ihm dies zumutbar ist. Einkünfte aus eigener zumutbarer Arbeitstätigkeit sind voll anrechenbar. Zur Berechnung der anrechenbaren Höhe des Arbeitseinkommens wird auf die Erläuterungen zur Leistungsfähigkeit (→ Rn. 782 ff.) verwiesen.

Wenn wegen **erhöhter Erwerbsobliegenheit** Zusatztätigkeit verlangt werden kann, ist zu beachten, dass seit 1.1.2013 neben einer Hauptarbeit ein Minijob bis 450 EUR übernommen werden kann.[1924]

b) Arbeitslosenunterstützungen

544   **aa) Arbeitslosengeld (I).** Arbeitslosengeld (I), das der Berechtigte bezieht, ist wie Arbeitseinkommen zu behandeln,[1925] da es Lohnersatzfunktion hat (§§ 117 ff. SGB III).

Allerdings kann für das Arbeitslosengeld I (Leistungen nach dem SGB III) **kein Erwerbstätigenbonus** in Ansatz gebracht werden, weil die Bezieher damit „für eine längere Zeit" aus dem Erwerbsleben ausgeschieden sind.[1926]

Der Teil des Arbeitslosengeldes, der auf der Wiederverheiratung beruht, hat bei der **Bedarfsbemessung des nachehelichen Unterhalts** außer Betracht zu bleiben. Der Teil, der wegen eines leiblichen Kindes (nicht aber Stiefkind, das unterhaltsrechtlich nicht zu berücksichtigen ist[1927]) gezahlt wird, ist einzurechnen, wenn das Kind die ehelichen Lebensverhältnisse noch geprägt hat.[1928]

[1921] BGH FamRZ 1999, 1580 = NJW 1999, 2962 zur Abgrenzung zu ehebezogenen Zuwendungen. Zum Ausgleichsanspruch OLG Schleswig Urt. v. 17.2.2004 – 8 U 3/03.

[1922] BGH FamRZ 2000, 153 = NJW 1999, 2804 und schon BGH FamRZ 1997, 483 = NJW 1997, 1439; vgl. auch OLG Koblenz FamRZ 2002, 325 (Ls.).

[1923] BGH FamRZ 1988, 270 = NJW 1988, 1965; OLG Schleswig OLGR 2000, 8; OLG Bamberg FamRZ 1997, 1178.

[1924] → Rn. 463.

[1925] BGH FamRZ 1996, 1067; Süddeutsche und Düsseldorfer Leitlinien Nr. 2.1; BSG FamRZ 1987, 274.

[1926] BGH FamRZ 2007, 983 (987); bestätigend und ebenso für Krankengeld: FamRZ 2009, 307 = NJW-RR 2009, 289 – Tz. 15.

[1927] BGH NJW 2005, 3277 = FamRZ 2005, 1817; NJW 2007, 1961 = FamRZ 2007, 793.

[1928] BGH NJW 2012, 384 = FamRZ 2012, 281.

bb) Arbeitslosenhilfe (Arbeitslosengeld II). Ab 1.1.2005 trat das Arbeitslosengeld II 545
an die Stelle der früheren Arbeitslosenhilfe (§§ 19 ff. SGB II). Erwerbsfähig ist jeder
zwischen 15 und (je nach Geburtsjahr ab 1947) 65 bis 67 Jahren (§ 7 Abs. 1 Nr. 1 iVm
§ 7a SGB II), der mindestens 3 Stunden täglich erwerbstätig sein kann (§ 8 Abs. 1
SGB II). Der Bezug von Leistungen nach dem SGB II spricht indiziell für eine tatsächlich
bestehende Erwerbsfähigkeit.[1929]

Der Anspruch auf Arbeitslosengeld II ist gemäß §§ 19 ff. SGB II von der Bedürftigkeit
des Berechtigten abhängig und hat daher keine Lohnersatzfunktion, so dass es **nicht wie
Arbeitseinkommen** zu behandeln ist.[1930] Die seit 1.7.2006 geltenden einheitliche Regelleistungen nach § 20 Abs. 2, 3, 28 SGB II aF[1931] hat das **Bundesverfassungsgericht mit
Urteil vom 9.2.2010 weitgehend für verfassungswidrig erklärt.**[1932] Bis zur Neufassung
der Vorschriften zum 1.1.2011 hatten die vormaligen Sätze aber noch weiterhin Gültigkeit.

Das **Einstiegsgeld** (bei Aufnahme einer Erwerbstätigkeit) nach § 29 SGB II hat dagegen
Lohnersatzfunktion und ist daher wie Arbeitslohn des Berechtigten zu behandeln.[1933]

Ebenso war das **Übergangsgeld (befristeter Zuschlag)** nach § 24 SGB II aF keine
subsidiäre Sozialleistung und damit unterhaltsrechtliches Einkommen des Bedürftigen.[1934]

Von einer **geringfügigen Beschäftigung (450 EUR)** werden seit 1.10.2005 240 EUR
vom Arbeitslosengeld abgezogen.[1935]

Maßgebend ist das Einkommen der **Bedarfsgemeinschaft.** Bei nicht miteinander ver- 546
heirateten, in einem gemeinsamen Haushalt zusammenlebenden Personen wird ein in
diesen Fällen die Bedarfsgemeinschaft begründender wechselseitiger Wille, Verantwortung füreinander zu tragen und füreinander einzustehen, nach § 7 Abs. 3a SGB II vermutet, wenn die Partner 1) länger als ein Jahr zusammenleben, 2) mit einem gemeinsamen
Kind zusammenleben, 3) Kinder oder Angehörige im Haushalt versorgen oder 4) befugt
sind, über Einkommen oder Vermögen des anderen zu verfügen. Während des Aufenthalts eines Kindes bei einem sozialhilfebedürftigen **umgangsberechtigten Elternteil**
besteht dort eine **zeitweise** Bedarfsgemeinschaft mit einem Anspruch von 1/30 des
Regelbedarfs für jeden Tag mit mehr als zwölfstündigem Aufenthalt des Kindes.[1936] Die
Ansprüche des umgangsberechtigten und des überwiegend betreuenden Elternteils können unterschiedlich hoch sein und schließen sich zeitlich aus. Inwieweit daraus Erstat-
tungsansprüche gegen die leistungsbeziehende hauptsächliche Betreuungsperson entstehen, hat das BSG[1937] nur angedeutet, aber nicht entscheiden müssen. Unverheiratete
Kinder, seit 1.7.2006 auch volljährige unter 25 Jahren (soweit sie sich nicht aus eigenem
Einkommen und Vermögen unterhalten können), gehören zur Bedarfsgemeinschaft.
Auch nicht eingetragene gleichgeschlechtliche Lebensgemeinschaften fallen seit 1.8.2006
nach § 7 Abs. 3 Nr. 3 SGB II darunter. Es geht aber immer um den Anspruch einer
individuellen Person, deren Anspruch übergehen kann.

Die Zumutbarkeitsanforderungen an die Arbeitsaufnahme nach § 10 SGB II (Zumutbarkeit jeder Erwerbstätigkeit) sind auf das private Unterhaltsrecht übertragbar.[1938]

[1929] OLG Brandenburg FamRZ 2007, 72.

[1930] OLG Bremen NJW-RR 2007, 511 = FamRZ 2007, 1037 jedenfalls bei Umverteilung innerhalb
der Bedarfsgemeinschaft; aber doch, wenn Nichtberücksichtigung der Leistungen treuwidrig: OLG
Celle OLGR 2007, 188; AK 18 des 16. DFGT S. 161.

[1931] Siehe Übersicht FamRZ 2007, 1433.

[1932] BVerfG Urt. vom 9.2.2010, FamRZ 2010, 429 = NJW 2010, 505.

[1933] OLG Celle FamRZ 2006, 1203; *Klinkhammer* FamRZ 2006, 1171.

[1934] OLG München FamRZ 2006, 1125 = NJW-RR 2006, 439 (440).

[1935] *Steck/Kossens* FPR 2006, 356.

[1936] BSG FamRZ 2014, 124 mAnm Schürmann = BeckRS 2013, 73815.

[1937] BSG FamRZ 2014, 124 = BeckRS 2013, 73815, Tz. 21.

[1938] *Griesche* FPR 2005, 442.

547 Seit 1.8.2006 ist die **Legalzession** (§ 33 Abs. 1 SGB II) wieder eingeführt.[1939] Die Träger der Grundsicherung können also zur Deckung ihrer Aufwendungen wieder ohne Überleitung auf Unterhaltsansprüche zurückgreifen.

Voraussetzung für einen gesetzlichen Forderungsübergang auf den Sozialleistungsträger ist eine zeitliche Deckungsgleichheit des Sozialleistungsbezugs und der Unterhaltsberechtigung des Sozialleistungsempfängers.[1940]

Zum **1.1.2009** ist § 33 Abs. 1 SGB II **um einen neuen Satz 2 ergänzt** worden, der nunmehr vorsieht, dass ein Anspruch auch übergeht, soweit **Kinder unter Berücksichtigung von Kindergeld keine Leistungen empfangen haben** und bei rechtzeitiger Leistung des anderen keine oder geringere Leistungen an die Mitglieder der Haushaltsgemeinschaft erbracht worden wären. Dies gilt aber nicht für Leistungen nach dem SGB II, die vor Inkrafttreten dieser Neuregelung bis zum 31.12.2008 erbracht worden sind, weil – so der BGH – insoweit das Verbot einer echten Rückwirkung auf abgeschlossene Sachverhalte entgegenstehe.[1941] Für ab dem 1.1.2009 bezogene Leistungen kommt es für einen Anspruchsübergang aber ua auch darauf an, dass das für das Kind als Mitglied der Haushaltsgemeinschaft gezahlte Kindergeld ihm als Einkommen zur Sicherung des Lebensunterhalts zuzurechnen war und nicht beim Kindergeldberechtigten als Einkommen berücksichtigt werden konnte (§ 11 Abs. 1 SGB II).[1942]

Folgende Einschränkungen der Subsidiarität müssen beachtet werden:

(1) Gegenüber einem Unterhaltspflichtigen, der mit dem Unterhaltsberechtigten in einer **Bedarfsgemeinschaft** lebt, geht der Unterhaltsanspruch nicht über (§ 33 Abs. 2 Nr. 1 SGB II).

(2) Gegenüber **Verwandten** (nicht beim Ehegattenunterhalt), gegen die der Unterhaltsanspruch nicht geltend gemacht wurde, ist der Übergang ausgeschlossen, **außer** es handelt sich um Unterhaltsansprüche gegen die Eltern a) bei minderjährigen Hilfsbedürftigen b) bei unter 25-jährigen Hilfsbedürftigen, deren Erstausbildung noch nicht abgeschlossen ist (§ 33 Abs. 2 Nr. 2 SGB II).[1943]

(3) Gegenüber **Eltern ist der Übergang des Unterhaltsanspruchs generell ausgeschlossen** bei Schwangeren oder Kindern, die ihr leibliches Kind bis zur Vollendung des 6. Lebensjahrs betreuen (§ 33 Abs. 2 Nr. 3 SGB II).

(4) Nach § 33 Abs. 2 S. 3 SGB II soll der Unterhaltsschuldner nicht bedürftig im Sinne des SGB II werden, deshalb müssen die Grenzen der §§ 11, 12 SGB II überschritten werden.

Der BGH[1944] weist zwar darauf hin, dass hinzuverdientes Einkommen, das neben Sozialhilfe behalten werden darf, zur Unterhaltspflicht führen kann; dann ist aber auch ein erhöhter gemischter Selbstbehalt (zwischen dem für Nichterwerbstätige und Erwerbstätige), gegenüber einem minderjährigen Kind also zwischen 880 und 1080 Euro, zu beachten. Die bisher streitige Frage, wie sich der Bezug von **lediglich aufgrund eines Unterhaltstitels erhöhter Sozialhilfe** (§ 11b Abs. 1 Satz 1 Nr. 7 SGB II) auf die Unterhaltsverpflichtung selbst auswirkt, ist nun dahingehend entschieden, dass die Unterhaltspflicht nach § 1601 ff., 1603 BGB **separat** zu bestimmen ist, also ohne eine etwaige

---

[1939] OLG Naumburg OLGR 2007, 485: Nach dem 1.8.2006 besteht Rückübertragungsmöglichkeit; *Klinkhammer* FamRZ 2006, 1171; *Scholz* FamRZ 2006, 1417; der Titel wird auf die nach SGB II errichtete ARGE (§ 44b Abs. 1 SGB II) umgeschrieben: OLG Zweibrücken NJW 2007, 2779; zur früheren Rechtslage *Hußmann* FPR 2004, 541; → Fn. 1146.

[1940] OLG Koblenz FamRZ 2016, 500.

[1941] BGH FamRZ 2012, 956, Tz. 26 ff.; FamRZ 2011, 197 = NJW-RR 2011, 145; aA zunächst OLG Brandenburg FamRZ 2011, 228.

[1942] BGH FamRZ 2012, 956 = NJW-RR 2012, 898, Tz. 33.

[1943] BSG FamRZ 1992, 932.

[1944] BGH FamRZ 2013, 1378 = NJW 2013, 2595; vgl. dazu auch *Diehl* FPR 2013, 143 ff.

Rechnung mit einer **erhöhten** Grundsicherung nur wegen eines bereits bestehenden oder gar erst noch zu errichtenden Unterhaltstitels. Die teilweise gegenteilige Praxis, einen Unterhaltstitel zu fingieren oder als beizubehalten in die Rechnung einzustellen, so dass die Sozialhilfe nur deswegen höher ausfällt, hat der BGH zu Recht als Zirkelschluss abgelehnt.[1945]

(5) **Weitere Einschränkungen:** Beruft sich ein Träger der Sozialhilfe gegenüber dem unterhaltspflichtigen Elternteil eines volljährigen Kindes darauf, dass dieses Kind krankheits- oder behinderungsbedingt nicht erwerbsfähig ist, dann kann er nicht gleichzeitig für den Anspruchsübergang gemäß § 33 SGB II geltend machen, dass das Kind Leistungen erhalten hat oder erhält, die nur für erwerbsfähige Leistungsbezieher vorgesehen sind.[1946]

(6) Bei der zum 1.8.2006 eingeführten **Legalzession** bedarf es keiner Leistungsanzeige gegen den Verpflichteten mehr. Der Wohnkostenanteil im Arbeitslosengeld II ist nicht auf den Unterhaltsbedarf anzurechnen.[1947]

(7) Es muss eine **Angemessenheitskontrolle** durchgeführt werden. Wenn der Anspruch auf Arbeitslosenhilfe höher als der Unterhaltsanspruch ist, verbleibt dem Berechtigten der überschießende Teil (denn insoweit ist er bedürftig iSd SGB II). Daraus ergibt sich, dass Arbeitslosengeld II hinsichtlich des den (an sich zu zahlenden) Unterhalt überschießenden Teils nicht ohne weiteres unberücksichtigt bleiben kann, wenn auch wegen des Rückkopplungseffektes nicht ohne weiteres eine volle Anrechnung auf den zu leistenden Unterhalt möglich ist.

Besteht ein Unterhaltsanspruch, können die Leistungen daher gemäß § 33 SGB II zurückgefordert werden. Die Subsidiarität des Arbeitslosengeldes II, die insoweit besteht, hat zur Folge, dass sie in diesem Umfang nicht als Einkommen angesehen werden kann.[1948] Ob allerdings ein Unterhaltsanspruch besteht, richtet sich ausschließlich nach bürgerlichem Recht. Insbesondere wegen der unterschiedlichen Zumutbarkeitsgrenzen für die Arbeitsaufnahme kann es Fälle geben, in denen zwar ein Anspruch auf Arbeitslosengeld II, aber wegen mangelnder Bedürftigkeit kein zivilrechtlicher Unterhaltsanspruch besteht.[1949] In die im Rahmen der Prüfung eines Anspruchsüberganges nach § 33 Abs. 2 S. 3 SGB II anzustellende grundsicherungsrechtliche Vergleichsberechnung sind unabhängig vom Bestehen oder vom Rang bürgerlich-rechtlicher Unterhaltspflichten auch die Angehörigen der Bedarfsgemeinschaft einzubeziehen, in der die unterhaltspflichtige Person lebt.[1950]

(8) Ein Anspruchsübergang nach § 33 Abs. 1 S. 2 SGB II tritt ein, soweit ein Kind als Anspruchsinhaber aufgrund der Anrechnung des von ihm zur Sicherung des Lebensunterhalts benötigten Kindergeldes nicht hilfebedürftig ist, das Kindergeld zu seiner Bedarfsdeckung bei rechtzeitiger Leistung des Unterhalts jedoch nicht mehr benötigt hätte und es daher zur Bedarfsdeckung eines anderen Mitglieds der Bedarfsgemeinschaft hätte herangezogen werden können.[1951] Dagegen besteht nach den Vorgaben des § 33 Abs. 1 S. 2 SGB II keine gesetzliche Grundlage für einen darüber hinausgehenden Forderungsübergang in Höhe des tatsächlich geschuldeten Unterhalts.[1952]

[1945] BGH FamRZ 2013, 1378 = NJW 2013, 2595, Tz. 27–31.

[1946] OLG Frankfurt (2 UF 78/11) RdLH 2012, 137 (Kurzwiedergabe). Vgl. zu weiteren Einschränkungen der Subsidiarität: *Heßmann* FPR 2007, 954.

[1947] OLG Celle FamRZ 2006, 1203.

[1948] BGH FamRZ 1996, 1067 (1070); FamRZ 1987, 456 = NJW 1987, 1551; das ergibt sich auch aus BVerfG FamRZ 1993, 164; OLG Koblenz Urt. v. 16.10.2002 – 9 UF 671/01.

[1949] BSG FamRZ 1992, 932.

[1950] BGH, FamRZ 2013, 1962, Tz. 14 ff.; Überblick zu den Folgen des ges. Forderungsübergangs für die Geltendmachung von Kindesunterhalt: *Diehl* ZKJ 2013 (Heft 10), 396.

[1951] BGH FamRZ 2012, 956 (mAnm *Kuller*) = NJW-RR 2012, 898, Tz. 32–35; OLG Frankfurt FamRZ 2015, 1143.

[1952] OLG Frankfurt FamRZ 2015, 1143 (1144); offen gel. BGH FamRZ 2012, 956 = NJW-RR 2012, 898, Tz. 36.

c) Krankengeld

548   **Krankengeld,** das der Berechtigte bezieht (§§ 44 ff. SGB V), ist zwar grundsätzlich wie Arbeitseinkommen zu behandeln. Das gilt ohne die Einschränkungen nach § 1577 Abs. 2 BGB auch dann, wenn die vorangegangene Erwerbstätigkeit unzumutbar war.[1953] Allerdings hat der BGH[1954] inzwischen auch für die **Bezieher von Krankengeld,** wie bereits zuvor bei Arbeitslosengeld I (Leistungen nach dem SGB III),[1955] entschieden, dass diese als Verpflichtete, ebenfalls **keinen Erwerbstätigenbonus** in Ansatz bringen können, weil sie „für eine längere Zeit" aus dem Erwerbsleben ausgeschieden sind und es insoweit nicht darauf ankommt, dass die Höhe des Krankengeldes vom früheren Einkommen abgeleitet wird. Für den Unterhaltsberechtigten kann insoweit nichts anderes gelten, so dass auch für ihn kein Erwerbstätigenbonus beim Bezug von Krankengeld zu berücksichtigen ist.

d) Werkstudentenarbeit

549   **aa) Zumutbarkeit.** Eine allgemeine Verpflichtung des Studenten, durch eigene Erwerbstätigkeit zu seinem Unterhalt beizutragen, besteht nicht, da das Studium selbst als volle Arbeitstätigkeit anzusehen ist, der sich der Student mit ganzer Kraft widmen muss.[1956] Diese Wertung entspricht den öffentlich-rechtlichen Förderungsbestimmungen, die bei voller Förderung davon ausgehen, dass die Förderung den Lebensbedarf deckt.[1957]

550   **Für die Zeit der Semesterferien** gilt das auch, da diese neben der notwendigen Erholung dem Selbststudium und der Wiederholung und Vertiefung des Stoffes dienen.[1958] Ausnahmefälle[1959] sind nur noch selten zu bejahen, einmal wegen der Intensivierung des Studiums in den Anfangssemestern, zum anderen wegen der Bestimmungen des Bundesausbildungsförderungsgesetzes (BAföG), die zu einer Entlastung von Eltern in schwierigen wirtschaftlichen Verhältnissen führen.

551   **Nebenarbeit während des Studiums** kann jedoch ganz oder teilweise zumutbar sein, wenn es sich zB um studienbegleitende Praktika oder sonst studienfördernde Nebenarbeit im Studienfach handelt[1960] (Zeitungsmitarbeit der Journalistikstudenten).

552   **Zwischen Abitur und Studienbeginn** ist dem bisherigen Schüler eine Erholungszeit/ Orientierungsphase von etwa drei Monaten zuzubilligen.[1961] Dagegen soll schon bei einer Pause von zwei Monaten **zwischen Zivildienst bzw. freiwilligem sozialen Jahr und Beginn einer Ausbildung** der Unterhalt durch Aufnahme einer Aushilfstätigkeit selbst gedeckt werden.[1962] Diese Differenzierung überzeugt jedenfalls dann nicht, wenn der Abiturient den Zivildienst oder das freiwillige soziale Jahr unmittelbar nach der Schulzeit ohne eine Erholungsphase angetreten hat und danach etwas Zeit zur Neuorientierung

---

[1953] OLG Hamburg FamRZ 1992, 1308 (1309) – allerdings kann die Krankheit im Einzelfall zB die Betreuung eines Kleinkindes unmöglich machen, so dass das Krankengeld zunächst für Betreuungskosten einzusetzen ist.

[1954] BGH FamRZ 2009, 307 = NJW-RR 2009, 289 – Tz. 15.

[1955] Vgl. dazu BGH FamRZ 2007, 983 (987).

[1956] BGH FamRZ 1995, 475 (477) = NJW 1995, 1215; OLG Düsseldorf OLGR 1993, 8; OLG Celle FamRZ 2001, 1640 (1641).

[1957] Vgl. § 11 Abs. 1 BAföG: „Ausbildungsförderung wird für den Lebensunterhalt und die Ausbildung geleistet (Bedarf)".

[1958] BGH FamRZ 1995, 475 (477) = NJW 1995, 1215.

[1959] Z. B. bei Mithilfe im elterlichen Betrieb. Andere Maßstäbe gelten bei Unterhaltpflicht des Studierenden gegenüber minderjährigen Kindern, aber auch dann keine Nebentätigkeit in der Examensphase (OLG Hamm FamRZ 1992, 469).

[1960] OLG Hamm FamRZ 1988, 425 (Musikunterricht durch Musikstudenten); OLG Düsseldorf FamRZ 1986, 590 (591); weitergehend OLG Schleswig SchlHA 1996, 72 = FamRZ 1996, 814 (Ls.) (zumutbar bis 4. Semester bei vorangegangener Ausbildung).

[1961] → Rn. 188 ff.; OLG Karlsruhe NJW 2012, 1599; OLG Hamm NJW-RR 2006, 509; KG FamRZ 1985, 962.

[1962] OLG Karlsruhe NJW 2012, 1599; OLG Zweibrücken NJW-RR 2006, 1660.

benötigt. Verzögert sich der Beginn der weiteren Ausbildung allerdings darüber hinaus, ist dem Berechtigten Arbeit für die Übergangszeit zumutbar, wobei auch einfache Hilfsarbeiten nicht als unangemessen anzusehen sein werden.

Schülerarbeit ist generell als unzumutbar anzusehen.[1963]   553

bb) Anrechenbarkeit. Soweit die **Werkstudentenarbeit ausnahmsweise** als ganz oder   554
teilweise **zumutbar** anzusehen ist, sind die Einkünfte anzurechnen, weil Einkünfte aus zumutbarer Arbeit grundsätzlich anzurechnen sind, wie sich aus §§ 1602, 1577 Abs. 1 BGB ergibt.[1964] Bei geringfügigen Einkünften wird eine Anrechnung aber ungeachtet der Zumutbarkeit der Arbeit zu verneinen sein, weil insoweit mit einer pauschalen Taschengelderhöhung oder Unkostenabgeltung zu rechnen ist.[1965]

Bei **unzumutbarer Werkstudentenarbeit** sind – auch im Verwandtenunterhalt – die   555
Rechtsgedanken des § 1577 Abs. 2 BGB entsprechend anzuwenden.[1966] Die Einkünfte verbleiben danach dem Berechtigten, soweit nicht der volle Studentenbedarf nach den üblichen Maßstäben (735 EUR)[1967] mit der Summe von Unterhalt und Einkommen aus unzumutbarer Arbeit erreicht wird. Wird dieser Betrag überschritten, gilt insoweit die Billigkeitsanrechnung nach § 1577 Abs. 2 S. 2 BGB. Es kann dabei auf die Höhe der Einkünfte ankommen.[1968] Bei der Billigkeitsabwägung wird ferner zu berücksichtigen sein, ob es nicht durch die Werkstudentenarbeit zu einer Verlängerung des Studiums kommen kann. Soweit dann die Eltern länger unterhaltspflichtig sind,[1969] spricht das für eine (teilweise) Anrechnung der Einkünfte. Der Umstand, dass sich der Student mit dem Zusatzeinkommen besondere Wünsche erfüllt (zB Urlaubsreise), spricht nicht für eine Billigkeitsanrechnung.[1970] Bei Schülereinkünften muss der Verpflichtete die Voraussetzungen für eine – ausnahmsweise – Billigkeitsanrechnung dartun.[1971]

Feste Beträge für die Billigkeitsanrechnung lassen sich nicht festsetzen, da es immer auf die Einzelfallumstände (zB Dauer und Grad der Einschränkung der Verpflichteten durch die Unterhaltslast) ankommt.[1972]

e) Ausbildungsvergütungen

Ausbildungsvergütungen sind als Arbeitseinkommen anzusehen und bedarfsmin-   556
dernd anzurechnen.[1973]

[1963] OLG Köln FamRZ 1996, 1101 = NJW-RR 1996, 707; OLG Köln FamRZ 1995, 55 = NJW-RR 1995, 1027.

[1964] OLG Düsseldorf FamRZ 1986, 590.

[1965] OLG Düsseldorf FamRZ 1986, 590.

[1966] BGH FamRZ 1995, 475 (477) = NJW 1995, 1215; OLG Hamm NJW-RR 1998, 726; und 1997, 705 sowie FamRZ 1997, 232; OLG Karlsruhe OLGR 1998, 46; generelle Billigkeitsabwägungen dagegen bei OLG Koblenz FamRZ 1989, 1219; OLG München OLGR 1993, 132.

[1967] → Rn. 200.

[1968] OLG Celle FamRZ 2001, 1640 (1641) für Anrechnung bei hohen Einkünften (damals 16 000 DM jährlich); OLG Hamm NJW-RR 1998, 726 im Anschluss an BGH FamRZ 1995, 475 = NJW 1995, 1215 lässt Zusatzverdienst in Höhe von damals 350 DM monatlich anrechnungsfrei; OLG Schleswig FamRZ 1996, 814 lässt damals 600 DM frei.

[1969] → Rn. 368.

[1970] BGH FamRZ 1995, 475 (478) = NJW 1995, 1215; OLG Köln FamRZ 1996, 1101 = NJW-RR 1996, 707 (Verwendung für Auto, Motorrad).

[1971] OLG Zweibrücken FamRZ 2001, 103.

[1972] OLG Karlsruhe OLGR 1998, 46 (48): im Einzelfall 75 %; OLG Hamm FamRZ 1994, 1279 (keine Anrechnung bei hohem Elterneinkommen); OLG Schleswig SchlHA 1996, 72 will dagegen einen Freibetrag von damals 600 DM festsetzen; OLG Karlsruhe FamRZ 1994, 1278 setzt (damals) 350 DM an; OLG Köln FamRZ 1995, 55 = NJW-RR 1995, 1027 will nur großzügiges Taschengeld freilassen.

[1973] Ständige Rechtsspr. seit BGH FamRZ 1981, 541 = NJW 1981, 2462; vgl. auch OLG Koblenz OLGR 2004, 89.

Das gilt auch dann, wenn die regelmäßigen Bezüge Lehrlingsbeihilfe, Berufsausbildungsbeihilfe, Erziehungsbeihilfe o. Ä. genannt werden. Die Vergütung ist unter den heutigen Verhältnissen primär Entgelt für geleistete Arbeit, was sich auch daraus ergibt, dass die Vergütung unabhängig vom Lebensalter mit der Lehrzeitdauer steigt. Nichts anderes gilt für Anwärterbezüge im öffentlichen Dienst, deren Höhe – rechtlich bedenklich – teilweise immer noch vom Lebensalter abhängig ist, die aber zur Deckung des gesamten Lebensbedarfs bestimmt sind.

557   **Ein Teilverzicht auf die Ausbildungsvergütung** zu Gunsten des Erhalts des Kindergeldes war seit dem 1.1.1994 rechtlich nicht mehr zulässig.[1974] Bei der Vereinbarung der Ausbildungsvergütung musste auf die Einkommensgrenze für das Kindergeld betreffend Einkünfte und Bezüge des Kindes (7680 EUR für 2005–2009, 8004 EUR für 2010 und 2011) geachtet werden. Ein Verzicht lag aber bereits vor, wenn ohne die Vereinbarung der Anspruch hätte geltend gemacht werden können.[1975]

Nun ist jedoch mit Wirkung ab 1.1.2012 die Berücksichtigung von Kindern und damit auch die Kindergeldberechtigung infolge Änderung des § 32 Abs. 4 EStG durch den **Wegfall der Einkommensgrenzen für arbeitsuchende Kinder unter 21 Jahren und in Berufsausbildung befindliche Kinder unter 25 Jahren** (ggf. verlängert um die Zeiten im neu gefassten Absatz 5) ausgeweitet worden, so dass das Problem des Teilverzichts auf die Vergütung künftig entfällt.

558   **Berufsbedingte Aufwendungen** sowie die Kosten eines sonstigen (im Verhältnis zu gleichaltrigen Schülern gegebenen) erhöhten Bedarfs sind vorweg von der Ausbildungsvergütung abzuziehen. Es kommt auf die Verhältnisse des Einzelfalls an, aber es können „Richtsätze, die auf die gegebenen Verhältnisse abgestellt sind und der Lebenserfahrung entsprechen, als Anhalt dienen, soweit nicht im Einzelfall besondere Umstände eine Abweichung bedingen."[1976]

559   Die **Rechtsprechung zur Pauschalierung** der Aufwendungen zeigt einige Unterschiede:

(1) Überwiegend wird eine Pauschale von 90 EUR angesetzt, wobei teilweise besonders hervorgehoben wird, dass Anhaltspunkte für eine solche Pauschale bestehen müssen.[1977] Das OLG Schleswig hebt hervor, dass darin die Fahrtkosten nicht enthalten sind.[1978]

Nach der Düsseldorfer Tabelle (A8) wird die Pauschale nur gewährt, wenn das Kind keinen eigenen Hausstand hat, nicht aber, wenn sein Bedarf bei eigenem Hausstand mit 735 EUR angesetzt wird.[1979]

(2) Andere[1980] Leitlinien verzichten auf jede Bezifferung einer Pauschale.

(3) Die Süddeutschen Leitlinien[1981] gewähren einen Abzug von berufsbedingten Aufwendungen in Höhe von ebenfalls i. d. R. 90 EUR.

(4) In Sonderfällen, wenn keine berufstypischen Aufwendungen anfallen, kann die Pauschale geringer sein.[1982]

[1974] Zur Neuregelung der berücksichtigungsschädlichen Einkünfte und Bezüge des Kindes durch das 2. Gesetz zur Familienförderung zum 1.1.2002 vgl. *Felix* NJW 2001, 3073 (3075) und *Kaiser-Plessow* FPR 2002, 428.

[1975] BFH FamRZ 2003, 1556; dazu *Schwarz* FamRB 2003, 408.

[1976] BGH FamRZ 1981, 541 = NJW 1981, 2462 und seitdem st. Rspr.

[1977] Frankfurter Leitlinien Nr. 10.2.3 (Pauschale von 5 %); nach Hammer Leitlinien Nr. 10.2.3 nur 85 EUR; nach Rostocker Leitlinien Nr. 10.2.3 hat er seinen Ausbildungsaufwand insgesamt konkret darzulegen.

[1978] Schleswiger Leitlinien Nr. 10.2.3.

[1979] OLG Düsseldorf FamRZ 1994, 1610; ebenso Hammer Leitlinien Nr. 13.1.2.

[1980] Bremer Leitlinien Nr. 10.2.3 (aber Hinweis auf § 287 ZPO); Hamburger Leitlinien Nr. 10.2.3 (nur konkret); OLG Dresden FamRZ 1999, 1351 wie Dresdner Leitlinien Nr. 10.2.3.

[1981] Süddeutsche Leitlinien Nr. 10.2.3.

[1982] OLG Düsseldorf FamRZ 2001, 1723 bei berufsvorbereitenden Bildungsmaßnahmen nur Fahrtkostenpauschale von (damals) 60 DM.

Der Pauschalierung auf 90 EUR ist zuzustimmen, auch wenn der Betrag von 90 EUR den Betrag der sonst angewandten Pauschale von 5 % des Einkommens übersteigt. Da bei den Aufwendungen ein von der Einkommenshöhe unabhängiger Grundbetrag zu berücksichtigen ist, ist die Besserstellung gegenüber anderen Arbeitnehmern mit in aller Regel höheren Einkünften gerechtfertigt. Im Verhältnis zu Schülern und Studenten ist die Funktion des Arbeitsanreizes außerdem zu berücksichtigen. Bei eigenem Hausstand ist zu berücksichtigen, dass sich durch die Versagung der Pauschale keine Schlechterstellung gegenüber dem in Eltern(teil)haushalt lebenden Kind ergeben darf.

Bei der Auswirkung der Anrechnung auf die Höhe des Barunterhalts ist zu unterscheiden: 561

(1) Bei minderjährigen Kindern vermindert sich der Barunterhalt nur um die Hälfte der anrechenbaren Ausbildungsvergütung, da die Betreuungsleistung gemäß § 1606 Abs. 3 S. 2 BGB eine gleichwertige Unterhaltsleistung ist und daher auch der Betreuende anteilig entlastet werden muss.[1983] Bei beiderseitiger Barunterhaltspflicht gegenüber dem minderjährigen Kind (zB bei auswärtiger Unterbringung) wird die Ausbildungsvergütung den Eltern daher im Verhältnis ihrer Leistungen gutgebracht. Ist ein Elternteil Betreuender und leistet zusätzlich (teilweise) Barunterhalt, ist er entsprechend dem Gesamtprozentsatz seiner Leistung zu entlasten.[1984]

Bereits mit dem Beginn der Arbeitsaufnahme vermindert sich Unterhaltsanspruch, auch wenn die Vergütung erst im Folgemonat ausgezahlt wird.[1985]

(2) Bei **volljährigen Kindern** ist die Ausbildungsvergütung nach dem Verhältnis des   562
Wertes der beiderseitigen Unterhaltsleistungen anzurechnen. Wenn ein Elternteil nur Naturalleistungen (Wohnungsgewährung, Versorgung) erbringt, ist deren Wert zu schätzen und ins Verhältnis zur Barunterhaltsleistung zu setzen.[1986] Die Mutter, die wegen der geringen Höhe ihres Eigeneinkommens gegenüber dem volljährigen Kind nicht barunterhaltspflichtig ist, aber gleichwohl Naturalunterhaltsleistungen erbringt, ist nach deren Wert zu entlasten, denn sie deckt einen entsprechenden Teil des Gesamtbedarfs des Kindes.

f) Versorgungs- und Betreuungsleistungen

Versorgungs- und Betreuungsleistungen des Unterhaltsberechtigten für   563

- Verwandte (Kinder, Eltern, Geschwister)
- einen neuen Partner (ehe- oder partnerschaftsähnliche Gemeinschaft)
- Dritte (Wohngemeinschaften ohne Partnerschaft)

sind in Bezug auf die wirtschaftliche Bewertung als Eigeneinkünfte des Berechtigten grundsätzlich gleich zu behandeln.

Der Wert haushälterischer Versorgungsleistungen für einen neuen Partner ist weiterhin **im Wege der Differenzmethode** in die Unterhaltsberechnung einzubeziehen.[1987]

Die Voraussetzungen für den Ansatz von Vergütungen für solche Leistungen sind wie folgt zu prüfen:

(1) **Art und Umfang der erbrachten Leistungen. Bei Verwandten** handelt es sich   564
nicht um vergütungspflichtige Leistungen, wenn der Berechtigte damit seiner eigenen Unterhaltspflicht gegenüber minderjährigen Kindern, aber auch leistungsunfähigen volljährigen Kindern oder Eltern nachkommt. Es ist allerdings zu prüfen, ob der Betreuende,

---

[1983] BGH FamRZ 1988, 159 = NJW 1988, 2371; OLG Hamm FamRZ 1987, 411; DIV-Gutachten DAVorm 1987, 956 gegen unveröff. Entscheidung eines Kölner Senats; kritisch *Spangenberg* FamRZ 1987, 1222.

[1984] BGH FamRZ 1988, 159 = NJW 1988, 2371.

[1985] AG Weiden FamRZ 2006, 565 m. abl. Anm. *Nickel* (887).

[1986] OLG Düsseldorf FamRZ 1997, 1106 will zu schematisch 2/5 dem Naturalunterhalt Leistenden und 3/5 dem Barunterhalt Leistenden gutbringen.

[1987] BGH Urt. v. 18.4.2012 – XII ZR 73/10, Rn. 16, unter Bestätigung von BGH FamRZ 2004, 1170 (1171 f.).

der vorrangig für seinen eigenen Unterhalt zu sorgen hat, nicht einer Erwerbstätigkeit nachgehen könnte, so dass entsprechendes fiktives Einkommen anzusetzen ist.[1988]

Der Umfang der erbrachten Versorgungs- und Betreuungsleistungen kann nur unter Berücksichtigung der Einzelfallumstände festgestellt werden.[1989] Die pauschale Gleichsetzung mit vollschichtig tätigen Haushaltshilfen ist nicht gerechtfertigt. Es muss vielmehr geprüft werden, in welchem Umfang der Betreute objektiv der Versorgung bedarf. Bei volljährigen Kindern wird sich die Versorgung meist auf das Wäschewaschen und gelegentliche Zubereitung von Mahlzeiten beschränken.[1990]

Bei alten Eltern kommt es darauf an, ob diese hilfsbedürftig sind oder ob sie etwa die Tochter in deren Interesse in ihren Haushalt aufgenommen haben. Wenn kein echter Bedarf der Eltern gedeckt wird, sondern die Aufnahme zur psychischen Unterstützung des Kindes (und der Enkelkinder) erfolgt, muss der Ansatz eines fiktiven Betreuungseinkommens nach § 850h Abs. 2 ZPO ausscheiden. Zwar hat der BGH[1991] an sich zu Recht ausgeführt, dass selbst familienrechtliche Mitarbeitspflichten (§ 1619 BGB) nicht hindern, von einer Vergütungspflicht im Verhältnis zum Unterhaltsverpflichteten auszugehen. Voraussetzung ist aber stets, dass solche Leistungen den Umständen nach von den Eltern benötigt oder jedenfalls tatsächlich beansprucht werden.[1992] Bei einer Tochter, die mit kleinen Kindern in den Haushalt der Eltern zieht, wird das regelmäßig nicht der Fall sein. Gelegentliche Mithilfe im Rahmen der üblichen Familienhilfe kann nicht als entgeltlich angesehen werden.

Bei **Lebensgemeinschaften** kommt es darauf an, ob beide berufstätig sind oder ob der Berechtigte die Haushaltsführung in vollem Umfang übernommen hat. Dafür kann auch wichtig sein, ob der Berechtigte eigene Kinder innerhalb der neuen Verbindung betreut oder ob er Kinder des Partners versorgt. Auch in gleichgeschlechtlichen Partnerschaften können Versorgungsleistungen erbracht werden.[1993] Auch eine Studentin, die die Haushaltsführung übernimmt, erbringt geldwerte Versorgungsleistungen.[1994]

Bei voller beiderseitiger Berufstätigkeit entspricht es nicht der Gleichbehandlung der Geschlechter, davon auszugehen, dass Frauen zusätzlich Versorgungsleistungen erbringen, mag das im Einzelfall auch geschehen und dann nach den Maßstäben für unzumutbare Arbeit anzurechnen sein.[1995] Ebenso kann bei Teilerwerbstätigkeit nicht von einer zusätzlichen vollen Haushaltsführungsleistung ausgegangen werden.[1996]

Wenn diese Voraussetzungen vorliegen, ist umstritten, ob es sich um eine Vergütung (entsprechend einer Haushälterin)[1997] oder um ersparte Aufwendungen handelt und ob

---

[1988] Vgl. auch § 13 Abs. 6 SGB XI idF ab 1.8.1999; dazu *Büttner* FamRZ 2000, 596 f.; BGH NJW 2006, 2182 = FamRZ 2006, 846 (848); näher → Rn. 634.

[1989] BGH FamRZ 2007, 1532 (1536).

[1990] OLG Koblenz FamRZ 1997, 1079 setzte damals 200 DM monatlich an; OLG Düsseldorf FamRZ 1985, 1262 hat für die Teilversorgung volljähriger Kinder je 100 DM angesetzt; OLG Düsseldorf FamRZ 1978, 348 ist von 10 % des Einkommens ausgegangen. Unzweifelhaft muss für Sachleistungen, zB Wohnungsgewährung, vom volljährigen Kind eine angemessene Zahlung verlangt werden, vgl. BGH FamRZ 1990, 269 (271) = NJW 1990, 709.

[1991] BGH FamRZ 1980, 665 (668) = NJW 1980, 1686; zu § 1619 BGB vgl. weiter OLG Saarbrücken FamRZ 1989, 180.

[1992] OLG Frankfurt FamRZ 2007, 213.

[1993] BGH FamRZ 1995, 344 (346) = NJW 1995, 655.

[1994] Leistungen des Partners können dann nicht als freiwillige Leistungen Dritter angesehen werden: So aber wohl OLG Hamm NJW-RR 1998, 726.

[1995] BGH FamRZ 1995, 343 = NJW 1995, 962; AK 17 des 15. DFGT FamRZ 2003, 1906; → Rn. 568.

[1996] So auch OLG Koblenz OLGR 2003, 245 (keine Entgelt für Betreuung eines Lebensgefährten bei Halbtagstätigkeit und Betreuung eines 6-jährigen Kindes). Nicht überzeugend OLG Hamm FamRZ 1995, 1152 (1154), das zurechnen will, weil die Leistungen am Wochenende erbracht werden; OLG Hamm FamRZ 1984, 498 (500) rechnete bei Teilberufstätigkeit (3 Stunden täglich) außerdem 700 DM für Haushaltsführung an.

[1997] So BGH FamRZ 2004, 1170 und 1173 mAnm *Gerhardt* (1545) = NJW 2004, 2303 und 2305.

diese Einkünfte prägend sind oder nicht.[1998] Es spricht mehr für die Auffassung des BGH, wenn die Erwerbstätigkeit nicht ganz das Maß einer vollen Erwerbstätigkeit erreicht.[1999] Bei **Wohngemeinschaften von Studenten** handelt es sich im Zweifel nicht um Lebensgemeinschaften, wenn beide gleicherweise studieren.[2000]

(2) Leistungsfähigkeit des Empfängers. Die Anrechnung von Einkünften aus Versorgung und Betreuung setzt voraus, dass der Empfänger leistungsfähig ist.[2001] Grenze für die Leistungsfähigkeit werden hier Einkünfte in der Größenordnung des notwendigen Selbstbehalts sein,[2002] darüber hinaus die Beträge, die er aus dem notwendigen Selbstbehalt ohne die Mithilfe zusätzlich finanzieren müsste.

565

(3) Bedürftigkeit des Berechtigten. Das Existenzminimum des Berechtigten ist mit 880 EUR seit 1.1.2015, zuvor 800,- EUR ab 1.1.2013 (OLG Frankfurt bereits seit 1.1.2011) und 770 EUR seit 1.7.2005 zu veranschlagen, da die Haushaltsführung für den Partner nicht einer Erwerbstätigkeit auf dem Arbeitsmarkt gleichzustellen ist.[2003]

566

(4) Bewertung der zu zahlenden Vergütung. Dazu bedarf es zunächst der Feststellung, ob es sich um eine Vollzeit- Teilzeit- oder nur stundenweise Tätigkeit handelt. Eine bloße Wochenendversorgung ist mit geringeren Werten anzusetzen.[2004] Nach dem Umfang der Leistung ist entsprechend dem Rechtsgedanken des § 850h Abs. 2 ZPO die üblicherweise geschuldete Vergütung anzusetzen.[2005] Für die Vergütungshöhe ist aber weiter zu berücksichtigen, dass der Ansatz von Vergütungen für Haushaltsfachkräfte in der Regel aus zwei Gründen nicht gerechtfertigt ist. Zum einen handelt es sich meist nicht um Fachkräfte in diesem Sinne. Zum anderen muss auf den Umfang der sozialüblichen Aufwendungen in den Fällen abgestellt werden, in denen von der Ersparnis einer Fremdkraft nicht die Rede sein kann, weil eine solche nach den Umständen nicht eingestellt worden wäre. Ungeeignet ist auch ein Bewertungsmaßstab, der sich an den Beträgen orientiert, die bei Tötung und Verletzung von Hausfrauen gezahlt werden.[2006] Die Schadensersatzrechtsprechung hat eine andere Funktion, nämlich den geschädigten Ehemann wenigstens hinsichtlich der Versorgung so zu stellen, wie er vorher stand, was regelmäßig nur durch Beschäftigung von Fachkräften möglich ist. Ohne einen derartigen Ersatzanspruch werden Aufwendungen in diesem Umfang aber in aller Regel nicht getätigt.

567

Praxisnahe Richtwerte werden von den Leitlinien verschiedener Oberlandesgerichte in einer Größenordnung von 200,– EUR bis 550 EUR bei Vollversorgung angesetzt.[2007]

[1998] So OLG München FamRZ 2006, 1535 und 2005, 713.

[1999] BGH FamRZ 2005, 697 = NJW-RR 2005, 730.

[2000] So mit Recht Wendl/Dose/*Klinkhammer*, 9. Aufl., § 2 Rn. 111.

[2001] BGH FamRZ 1989, 487 = NJW 1989, 1083; OLG Hamm FamRZ 1997, 1080.

[2002] BGH FamRZ 1987, 1011 (1014) = NJW-RR 1987, 1282; FamRZ 1989, 487 (488) = NJW 1989, 1083.

[2003] OLG Hamm FamRZ 2006, 1538 = NJW-RR 2006, 1514.

[2004] OLG Koblenz Urt. v. 23.5.2000 – 15 UF 536/99 – setzte für Wochenendversorgung 300,– DM an.

[2005] BGH FamRZ 1989, 487 = NJW 1989, 1083; FamRZ 1983, 150 (152) = NJW 1983, 685; nicht überzeugend OLG Celle FamRZ 1993, 352 (freiwillige Leistung des Lebenspartners).

[2006] So aber BGH FamRZ 1984, 662 (663) unter Hinweis darauf, dass das Richtsätze sein könnten; dem folgend OLG Frankfurt FamRZ 1987, 588 und OLG Koblenz FamRZ 1991, 944 (945) = NJW 1991, 183; anders aber BGH FamRZ 2001, 1693 = NJW 2001, 3779.

[2007] Süddeutsche Leitlinien Nr. 6: 200 bis 550 EUR bei Haushaltsführung durch einen Nichterwerbstätigen; ebenso KG, Kölner u. Bremer Leitlinien Nr. 6; Jenaer Leitlinien Nr. 6: i.d.R. 300 EUR; Düsseldorfer und Koblenzer Leitlinien Nr. 6: 350 EUR; OLG Frankfurt (Unterhaltsgrundsätze Nr. 6): 400 EUR; Hammer Leitlinien Nr. 6.1 setzen bei Vollversorgung 250–500 EUR an; Oldenburger Leitlinien Nr. 6: in der Regel 425 EUR als fiktives Betreuungsentgelt; Herabsetzung aber bei Leistungsbeschränkung durch gleichzeitige Kinderversorgung: OLG Oldenburg FamRZ 1992, 443 = NJW-RR 1992, 515; OLG Celle FamRZ 2008, 997 (400 EUR).

Es erfolgt eine Schätzung nach § 287 Abs. 2 ZPO nach tatrichterlicher Bewertung.[2008] Von diesen Werten wird kein Erwerbstätigenbonus abzuziehen sein, denn sie stellen Endbeträge dar.[2009]

Die berechtigten Interessen des Verpflichteten sind im Übrigen dadurch geschützt, dass dem Unterhaltsgläubiger jedenfalls das angerechnet werden kann, was er bei zumutbarer Verwertung seiner Arbeitskraft auf dem Arbeitsmarkt erzielen könnte. Fehlt – wegen § 1570 BGB – eine solche Erwerbspflicht, geht es nicht an, sie über an Erwerbsarbeitserträgen orientierte Bewertung von Haushaltstätigkeiten praktisch doch wieder herzustellen.

568   **(5) Anrechnung bei unzumutbaren Leistungen.** Betreuungs- und Versorgungsleistungen sind nicht immer schon dann als unzumutbar anzusehen, wenn nach sonstigen Maßstäben eine Erwerbstätigkeit, zB wegen Kinderbetreuung oder Alters, unzumutbar ist. Das ist darauf zurückzuführen, dass Haushaltsarbeit anders als externe Berufstätigkeit zB mit Kinderbetreuung vereinbar ist.[2010] Die Anrechnungsregel nach § 1577 Abs. 2 BGB[2011] greift daher nur dann ein, wenn es sich im Einzelfall um eine unzumutbare Leistung handelt, zB Betreuung in nicht unerheblichem Umfang neben vollschichtiger Erwerbsarbeit geleistet wird.[2012]

569   **(6) Anrechnung von Haushaltsersparnissen.** Auch wenn nach dem Gesagten keine oder nur geringe Vergütungen anzusetzen sind, kann der Bedarf des Berechtigten deshalb geringer sein, weil der Berechtigte sich Haushaltsersparnisse durch das gemeinsame Wirtschaften mit einem neuen Partner entgegenhalten lassen muss. In der Rechtsprechung des BGH werden diese Ersparnisse inzwischen je Partner generell mit 10 % (20 % für beide) der Lebenshaltungskosten bewertet.[2013]

570   **(7) Anrechnung freiwilliger Leistungen Dritter ohne Versorgungs- und Betreuungsleistungen.** Zum Teil wird die Auffassung vertreten, dass bei Haushaltsgemeinschaften Beträge, die ohne Versorgungsleistungen vom Partner freiwillig zugewendet werden, als Einkünfte anzusehen sind.[2014] Wenn es sich um freiwillige Leistungen Dritter handelt, ist dies mit der Rechtsprechung zur Anrechnung der Leistung nur nach Zweckbestimmung des Dritten[2015] nicht vereinbar.

571   **(8) Vom Verwirkungstatbestand des § 1579 Nr. 7 und Nr. 8 BGB ist die wirtschaftliche Bewertung von Versorgungsleistungen scharf zu trennen.**[2016] Wenn der BGH[2017] davon spricht, dass das Zusammenleben mit einem anderen Partner eine besondere anderweitige Deckung des Lebensbedarfs sei, so ist dies so zu verstehen, dass auch bei voller Bedarfsdeckung nach den obigen Maßstäben anders als bei fiktiven Erwerbseinkünften Krankheits- und Altersvorsorgeansprüche bestehen können. Unbilligkeits- und

---

[2008] BGH FamRZ 2001, 1693 mAnm *Büttner* = NJW 2001, 3779 beanstandete Ansatz mit 400 DM bei geringfügiger Arbeit einer teilweise kranken Frau nicht.

[2009] So auch BGH FamRZ 2001, 1693 = NJW 2001, 3779 und OLG Hamm FamRZ 2006, 1538 = NJW-RR 2006, 1514; OLG Hamm FamRZ 2001, 228 (Ls.), dieses aber mit dem Argument, die Einkünfte stammten nicht aus Erwerbstätigkeit.

[2010] BGH FamRZ 1995, 343 = NJW 1995, 962; BGH FamRZ 1988, 259 (263) = NJW 1988, 2376; FamRZ 1987, 1011 (1013) = NJW-RR 1987, 1282.

[2011] → Rn. 535 ff.

[2012] OLG Hamm NJW-RR 1991, 134 (136).

[2013] BGH FamRZ 2013, 616 = NJW 2013, 1005, Tz. 23; BGH NJW 2012, 384 = FamRZ 2012, 281, Tz. 46; FamRZ 2010, 1535, Tz. 45; FamRZ 2009, 762 = NJW 2009, 1742, Tz. 53; FamRZ 1995, 344 (346) = NJW 1995, 655.

[2014] Insbesondere BGH FamRZ 1989, 487 (488) = NJW 1989, 1083.

[2015] → Rn. 603 ff.

[2016] LG Hamm FamRZ 2006, 1538; vgl. *Büttner* FamRZ 1996, 136 ff. mwN und Anm. zu BGH FamRZ 2001, 1693 (1695).

[2017] BGH FamRZ 1987, 1011 = NJW-RR 1987, 1282 und FamRZ 1988, 259 (263) = NJW 1988, 2376.

Verwirkungsfragen sind ausschließlich nach § 1579 BGB zu beurteilen,[2018] sie haben mit der richtigen wirtschaftlichen Bewertung der Haushaltsarbeit nichts zu tun.

(9) Darlegungs- und beweisbelastet für seine Bedürftigkeit ist der Unterhaltsberech- 572 tigte. Falls er Versorgungsleistungen erbringt, die vergütungswürdig sein können, muss er dartun, dass und warum dafür im konkreten Fall keine Vergütung angesetzt werden kann.[2019] Bei Aufnahme des Partners in die eigene Wohnung muss er auch die Höhe des Entgelts für die Wohnungsgewährung und sonstige Aufwendungen beweisen. Wenn nach Titulierung des Unterhaltsanspruchs Versorgungsleistungen aufgenommen werden, kann die Pflicht zur ungefragten Information des Verpflichteten bestehen.[2020]

Die Beweislast trifft den Berechtigten auch für die Leistungsfähigkeit des neuen Partners.[2021]

IV. Anrechenbarkeit von sonstigem Einkommen

1. Einkommen aus Vermögen

a) Erträge

Der Unterhaltsbedürftige muss sich Erträge seines eigenen Vermögens anrechnen 573 **lassen.** Für das minderjährige unverheiratete Kind ergibt sich das aus §§ 1602 Abs. 2, 1603 Abs. 2, 1649 Abs. 1 BGB, für nach dem 30.6.1977 geschiedene Ehegatten aus § 1577 Abs. 1 und 2 BGB. Allgemein folgt es aus dem Prinzip, dass unterhaltsbedürftig nur derjenige ist, der sich nicht selbst unterhalten kann. In Höhe der Erträge aus eigenem Vermögen ist ein Unterhaltsbedarf zu verneinen.

Auf die **Herkunft des Vermögens** kommt es nicht an. Auch Erträge aus einer Leib- 574 rente (einschließlich des Tilgungsanteils),[2022] einem Zugewinnausgleichsvermögen[2023] und der Abfindung nach Auflösung einer stillen Gesellschaft[2024] sind zu berücksichtigen. Auch bei **Gleichwertigkeit** der Vermögenserträge vor der Auseinandersetzung können sie für die Bedarfsermittlung nicht außer Betracht bleiben. Sollte der Bedürftige eine unwirtschaftliche Geldanlage wählen, ist ihm dies nur im Rahmen der fiktiven Zurech- nung von Vermögenserträgen entgegenzuhalten (→ Rn. 579).[2025]

Für Zinseinkünfte aus der Anlage von Schmerzensgeld wird unter Berücksichtigung 575 des Rechtsgedankens des § 1610a BGB etwas anderes zu gelten haben, soweit ein imma- terieller Mehrbedarf besteht, zu dessen Ausgleich die Leistung gerade bestimmt ist.[2026]

Zur Verwendung von Erträgen des Kindesvermögens zum eigenen Unterhalt gemäß 576 § 1649 Abs. 2 BGB wird der Berechtigte nur in Ausnahmefällen genötigt sein, da ein

[2018] → Rn. 1098 ff., → Rn. 1115 f.; OLG Hamm FamRZ 2006, 1538 und AG Kamen FamRZ 2006, 1537.

[2019] BGH FamRZ 1995, 291 = NJW 1995, 717; BGH FamRZ 1983, 150 (152) = NJW 1983, 683.

[2020] OLG Koblenz FamRZ 1987, 1156.

[2021] BGH FamRZ 1989, 487 (488) = NJW 1989, 1083.

[2022] BGH FamRZ 1994, 228 = NJW 1994, 935.

[2023] BGH FamRZ 1987, 912 = NJW-RR 1987, 962 und FamRZ 1985, 354 und 582 = NJW 1985, 1343; OLG Hamm FamRZ 2007, 215; OLG Köln NJW 1998, 1500 (Aufteilung einer Lebensver- sicherung nach Trennung); OLG Bamberg FamRZ 1992, 1305 (1306).

[2024] Dazu BGH (II. ZS) FamRZ 2001, 1290 = NJW 2001, 3777; für Anrechnung OLG Karlsruhe OLGR 2002, 108, das zwischen Kapitalabfindung und monatlicher Rentenzahlung unterscheidet.

[2025] **Anders** OLG Koblenz (11.) FamRZ 2002, 1407 und OLG Koblenz Urt. v. 17.9.2003 – 9 UF 239/03.

[2026] Anders BGH FamRZ 1988, 1031 = NJW-RR 1988, 1096; BGH FamRZ 1989, 172 = NJW 1989, 524 weist für Verpflichteten aber auf die Möglichkeit der Bedarfsanhebung hin – das wird auch für den Berechtigten zu gelten haben. Wie hier: BVerwG FamRZ 1995, 1348 (Einsatz von Schmer- zensgeld Härte i. S. § 88 Abs. 3 BSHG); BSG FamRZ 1992, 810 (811).

solcher Einsatz der Billigkeit entsprechen muss. Bei Vorrang der Verpflichtung des Unterhaltspflichtigen wird das nur dann der Fall sein, wenn dessen angemessener Selbstbehalt gefährdet ist.[2027]

577   **Bei Gütergemeinschaft** sind nach § 1420 BGB für den Unterhalt in erster Linie die Einkünfte des Gesamtgutes (und dessen Stamm) zu verwenden. Der getrennt lebende Ehegatte kann daher vom anderen nicht Zahlung gemäß § 1361 Abs. 4 S. 1 BGB verlangen, sondern nur Mitwirkung an den Maßregeln, die zur ordnungsgemäßen Verwendung des Gesamtgutes für den Unterhalt erforderlich sind.[2028] Nach Sinn und Zweck des § 1420 BGB kann sich bei einfach gelagerten Verhältnissen der Antrag eines Gesamthänders gegen den anderen aber unmittelbar auf Zahlung richten.[2029]

578   **Zumutbare Maßnahmen zur Einziehung des Vermögens** müssen ergriffen werden. Dazu kann auch gehören, dass zB Darlehensforderungen gerichtlich geltend gemacht werden.[2030]

Bei **thesaurierenden Fonds** und bei **Vermögensverschleuderung** sind fiktive Zinserträge anzusetzen.[2031]

Ein **Pflichtteilsanspruch** muss geltend gemacht werden, wenn das nach den Maßstäben des § 1577 Abs. 3 BGB zumutbar ist.[2032] Andernfalls ist er unterhaltsrechtlich so zu behandeln, als sei die Obliegenheit erfüllt.[2033] Unwirtschaftlich kann das insbesondere sein, wenn dadurch eine Einsetzung zum Schlusserben entfällt („Berliner Testament", § 2269 BGB). Die Unterhaltsberechtigten können aber gegen einen pflichtteilsberechtigten Unterhaltsschuldner nicht darauf klagen, dass er den Pflichtteil geltend macht.[2034]

579   Das **Vermögen ist so gut wie möglich zu nutzen** und ertragreich anzulegen,[2035] ohne dass dabei Risiken eingegangen werden müssen (zB keine Anlage in höherverzinslichen Auslandswährungen). Auch auf noch vertretbare herkömmliche Nutzungsarten ist Rücksicht zu nehmen, insbesondere wenn sie schon die ehelichen Lebensverhältnisse bestimmt haben (zB Anlage in Wohneigentum). Der Verpflichtete kann dem Berechtigten keine bestimmte Anlageform vorschreiben.[2036]

Eine **Vermögensumschichtung** zur Ertragssteigerung kann daher nur ausnahmsweise verlangt werden, wenn die erzielten Erträge offenbar unter den üblich erzielbaren liegen[2037] und auch sonst kein schutzwürdiges Interesse an der gewählten Anlageform besteht. Insbesondere bei Wohneigentum verbleibt dem Vermögensinhaber ein gewisser Entscheidungsspielraum, die tatsächliche Anlage muss sich als eindeutig unwirtschaftlich erweisen, ehe eine Verweisung auf eine andere Anlageform in Betracht kommt.[2038]

[2027] OLG Celle FamRZ 1987, 1039 (offen lassend).

[2028] BGH FamRZ 1990, 851 = NJW 1990, 2252; BayObLG FamRZ 1997, 422 m. krit. Anm. *Kleinle.*

[2029] So zutreffend OLG Düsseldorf FamRZ 1999, 1348; → Rn. 155.

[2030] BGH FamRZ 1993, 1065 = NJW 1993, 1920; OLG Düsseldorf FamRZ 1988, 284.

[2031] BGH FamRZ 2007, 1532 (1535) mAnm *Maurer* = NJW Spezial 2007, 500; OLG Hamm NJW-RR 1998, 724.

[2032] BGH FamRZ 2013, 278 = NJW 2013, 530, Tz. 20; FamRZ 1993, 1065 = NJW 1993, 1920; anders noch FamRZ 1982, 996 (nein, wenn auch nach ehelichen Lebensverhältnissen nicht geltend gemacht).

[2033] BGH FamRZ 2013, 278 (mAnm *Maurer*) = NJW 2013, 530, Tz. 21.

[2034] 1770 BGH FamRZ 2013, 278 (mAnm *Maurer*) = NJW 2013, 530, Tz. 21.

[2035] Allgemeine Meinung, vgl. nur BGH FamRZ 1988, 145 (149) u. 604 = NJW-RR 1988, 514 u. NJW 1988, 2799; OLG Oldenburg NJW-RR 1995, 453; OLG Hamm NJW-RR 1998, 724.

[2036] OLG Saarbrücken FamRZ 1985, 477 und Arbeitskreis 12 des 6. DFGT FamRZ 1986, 130; vgl. auch BGH FamRZ 1982, 1187 ff. (1189).

[2037] BGH FamRZ 1992, 423 = NJW 1992, 1044; FamRZ 1986, 439, 441 u. 560 (Zumutbarkeitsgesichtspunkte); vgl. auch BGH FamRZ 1986, 48 (50) = NJW-RR 1986, 66 (Veräußerung eines Ferienhauses); OLG München FamRZ 2000, 26; OLG Stuttgart FamRZ 1993, 559.

[2038] BGH FamRZ 2001, 1140 (1143) = NJW 2001, 2259.

Der Unterhaltsberechtigte darf das Vermögen nicht so umschichten, dass ein erheblicher Einkommensverlust eintritt.[2039]

Die Höhe der erzielbaren Erträge richtet sich nach der Marktsituation im (fiktiven) Anlagezeitpunkt.[2040] Zu berücksichtigen ist, dass Teile des Kapitals für notwendige Aufwendungen bzw. als Notgroschen von der längerfristigen Anlage ausgenommen werden dürfen. Es kann ein durchschnittlicher Anlagezeitraum gewählt werden,[2041] wenn nicht besondere Umstände für eine kürzere oder längere Anlage sprechen.

Ungenutztes Vermögen (zB leer stehendes Haus, Goldbarren) muss angelegt werden. Geschieht das nicht, sind fiktive Erträge zuzurechnen.[2042] Bei Verlust des Vermögensstamms wegen Verschwendung oder Fehlspekulation ist eine entsprechende Unterhaltsreduzierung aber nur über § 1579 Nr. 4 BGB vorzunehmen.[2043]

Der Nutzungswert der eigenen Wohnung gehört zu den Vermögenserträgen. Zu den Einzelheiten → Rn. 386 ff.   580

Anrechenbar sind nur die Nettoeinkünfte, abzuziehen also die Steuern,[2044] notwendige Werbungs- und Erhaltungskosten, nicht dagegen Aufwendungen zur Wertverbesserung. Ein pauschaler Abzug von Unkosten wird in aller Regel nicht in Betracht kommen, da sich die Unkosten in diesen Fällen im Allgemeinen exakt ermitteln lassen und eine allgemeine Verwendung von Pauschbeträgen dem privaten Unterhaltsrecht fremd ist.   581

Auch bei nachträglicher Zinszahlung sind die Zinsen als laufende monatliche Einkünfte anzusehen[2045] (vgl. Weihnachtsgeld).

Ein Inflationsausgleich kann (zur Erhaltung der Kapitalsubstanz) von den Erträgen nicht abgezogen werden.[2046]

b) Vermögensstamm

Ob der Unterhaltsbedürftige auch den Stamm seines Vermögens angreifen muss, regelt das Gesetz in den §§ 1602 Abs. 2, 1603 Abs. 2 S. 3 BGB für das minderjährige unverheiratete Kind und in §§ 58 Abs. 1, 59 Abs. 2 EheG für die (vor dem 1.7.1977) schuldlos oder minder schuldig geschiedene Frau. Beide brauchen den Stamm ihres Vermögens nur anzugreifen, wenn der Leistungsverpflichtete (die Eltern oder der geschiedene Ehemann) außerstande ist, ohne Gefährdung des eigenen angemessenen Unterhalts den Unterhalt zu leisten. Die Vorschrift ist wegen Art. 3 Abs. 2 GG auf den Mann entsprechend anzuwenden.   582

Sofern Eltern das **Sparguthaben** ihrer minderjährigen Kinder hiernach **widerrechtlich für Unterhaltszwecke verwenden,** sind sie gegebenenfalls gemäß § 1664 BGB verpflichtet, die verwendeten Gelder an die Kinder zurückzuzahlen.[2047]

[2039] OLG Hamm FamRZ 1999, 724.

[2040] OLG Düsseldorf FamRZ 1996, 734 (736) rechnet für 1993 mit 6 %; OLG Oldenburg NJW-RR 1995, 453 mit 5,75 % für 1992; OLG Braunschweig OLGR 1996, 117 mit 5 % für 1993.

[2041] OLG Oldenburg NJW-RR 1995, 453 (4 Jahre).

[2042] OLG FamRZ 1986, 434 = NJW 1986, 1340 (Möglichkeit der Nutzung genügt); OLG Schleswig SchlHA 1978, 66 unterstellt eine Verzinsung von 5 % – es kommt auf die Kapitalmarktlage an.

[2043] Insoweit überzeugend BGH FamRZ 1988, 145 = NJW-RR 1988, 514 m. abl. Anm. *Hoppenz* FamRZ 1988, 151.

[2044] BGH FamRZ 1998, 87 = NJW 1998, 753; entgegen OLG München FamRZ 1994, 1459 nicht pauschal Zinsabschlagsteuer von 30 %.

[2045] BGH FamRZ 1988, 1145 = NJW-RR 1988, 1282.

[2046] BGH FamRZ 1992, 423 = NJW 1992, 1044; FamRZ 1986, 441 gegen OLG Stuttgart FamRZ 1985, 607 und OLG Saarbrücken FamRZ 1985, 477.

[2047] OLG Frankfurt FamRZ 2016, 147 = NJW-RR 2015, 1027, Tz. 12; OLG Bremen FamRZ 2015, 861 = NJW 2015, 564, Tz. 11.

Nach § 1577 BGB hat der (nach dem 30.6.1977) geschiedene Ehegatte dagegen grundsätzlich auch den Stamm seines Vermögens zu verwerten. Nach § 1577 Abs. 3 BGB braucht er das allerdings nicht, soweit die Verwertung unwirtschaftlich oder unter Berücksichtigung der beiderseitigen wirtschaftlichen Verhältnisse unbillig wäre.[2048]

Aus dieser ausdrücklichen gesetzlichen Regelung ist im **Umkehrschluss aus § 1602 Abs. 2 BGB** zu folgern, dass andere Unterhaltsberechtigte (volljährige Kinder,[2049] entferntere Verwandte, [vor dem 1.7.1977] geschiedene Ehegatten bei Unterhalt nach § 60 EheG) vor Inanspruchnahme der Unterhaltsleistung die Substanz aufzehren müssen, denn das Gesetz bezweckt eine Besserstellung der minderjährigen Kinder und (früher) der schuldlos geschiedenen Ehefrau. Ein **volljähriges, studierendes Kind,** muss deshalb jegliches zu seiner freien Verfügung vorhandene Vermögen, ungeachtet der Herkunft und etwaiger mit der Zuwendung verbundener Vorstellungen des Zuwendenden, sukzessive zur Deckung seines Lebensbedarfs einsetzen; lediglich ein sog. Notgroschen ist ihm zu belassen.[2050] Wird gegen die Obliegenheit, das Vermögen nicht anderweit zu verbrauchen, verstoßen, besteht keine Unterhaltsbedürftigkeit, denn es wird fingiert, das Vermögen sei noch vorhanden.[2051]

583   Ob **unterhaltsberechtigte getrennt lebende Ehegatten den Vermögensstamm angreifen müssen,** regelt § 1361 BGB nicht.

Ein Gleichlauf mit § 1577 BGB ist nicht ohne weiteres anzunehmen, denn gerade ein Angreifen des Vermögensstammes wird in vielen Fällen dem vorläufigen Charakter der Unterhaltsregelung nach § 1361 BGB widersprechen, da es den bisherigen Status nachteilig verändert und die Spannungen zwischen den Parteien vertiefen wird. Aus der stärkeren Verantwortung der noch nicht geschiedenen Ehegatten füreinander ergibt sich eine Pflicht zu stärkerer Rücksichtnahme, was je nach Sachlage eher die Schonung des Vermögensstamms verlangen kann.[2052]

584   Kommt die **Verwertung des Vermögensstamms nach diesen Maßstäben in Betracht, ist zusätzlich zu prüfen, ob die Verwertung im Einzelfall unwirtschaftlich oder unbillig wäre** (§ 1577 Abs. 3 BGB). Beim Verwandtenunterhalt (§ 1603 Abs. 1 BGB) normiert das Gesetz diese Billigkeitsgrenze nicht, sondern es kommt nur auf die Wahrung des angemessenen Unterhalts an, auch insoweit ist eine Verwertung aber nicht zumutbar, wenn aus den Stammerträgen der laufende Bedarf gedeckt wird oder die Veräußerung zu unvertretbaren wirtschaftlichen Nachteilen führen würde.[2053]

Für das volljährige Kind ist die Grenze der Unzumutbarkeit etwas enger als bei § 1577 Abs. 3 BGB zu ziehen, angenähert dem Begriff der groben Unbilligkeit.[2054]

[2048] BGH FamRZ 2007, 1532 (1537) mAnm *Maurer* (im konkreten Fall bejahend).

[2049] BGH FamRZ 1998, 369 = NJW 1998, 978; OLG Bamberg FamRZ 1999, 877; OLG Düsseldorf FamRZ 1990, 1137; OLG Köln FamRZ 1999, 1277; OLG Schleswig MDR 2000, 163; anders bei Zahlungsverpflichtung unabhängig vom Einkommen des Berechtigten: AG Hainichen FamRZ 2002, 484.

[2050] OLG Zweibrücken NJW 2016, 329 = NZFam 2016, 33.

[2051] OLG Zweibrücken NJW 2016, 329 = NZFam 2016, 33.

[2052] BGH FamRZ 2012, 514, Tz. 36 = NJW-Spezial 2012, 292; FamRZ 1986, 556 (zum Verpflichteten); FamRZ 1986, 439 und FamRZ 1985, 360 = NJW 1985, 907; OLG Düsseldorf FamRZ 1987, 833; OLG Köln FamRZ 1982, 1018; OLG Stuttgart FamRZ 1978, 681.

[2053] BGH FamRZ 1986, 48 (50) = NJW-RR 1986, 66 (Veräußerung eines Ferienhauses aber zumutbar).

[2054] BGH FamRZ 1998, 369 = NJW 1998, 978; OLG Karlsruhe FamRZ 2012, 1573 f. (kein Einsatz von 5114 EUR Sparguthaben, davon 2046 EUR für Führerschein ausgegeben); OLG Frankfurt OLGR 2007, 285; OLG Hamm FamRZ 2007, 929 = NJW 2007, 1217 (Sparvermögen 15.000 EUR; Unterhaltsbedarf in den nächsten zwei Jahren 4000 EUR); OLG Köln FamRZ 1999, 1277 (Einsatz von ca. 100.000 DM Vermögen auch bei einem Jahreseinkommen der Eltern von ca. 200.000 DM).

Für die unterhaltsrechtliche Rechtsprechung zu den Kriterien „unwirtschaftliche" oder „unbillige" Verwertung eigenen Vermögens können Parallelen zum Prozesskostenhilferecht (§ 115 Abs. 3 ZPO) und zum Sozialrecht (§§ 11, 12, 33 Abs. 2 SGB II; § 90 Abs. 2 SGB XII[2055]) unter Beachtung des Umstandes gezogen werden, dass die Zumutbarkeitsgrenzen bei der Inanspruchnahme öffentlicher Mittel und der Inanspruchnahme des Verpflichteten unterschiedlich zu ziehen sein können, und zwar je nach Sachlage enger oder weiter, wobei die Berücksichtigung der beiderseitigen wirtschaftlichen Verhältnisse von besonderer Bedeutung ist. Auf die Dauer der Ehe stellt das Gesetz hingegen nicht ab.[2056]

Unwirtschaftlich ist die Verwertung der Vermögenssubstanz insbesondere dann, wenn **585** der Berechtigte damit die Basis für eine langfristige, wenn auch nur teilweise Unterhaltssicherung aus eigenen Mitteln aufgeben müsste.[2057] Das gilt – im Sinne einer „Waffengleichheit" – allerdings dann nicht, wenn der Verpflichtete zur Bestreitung des Unterhalts selbst seinen Vermögensstamm angreifen müsste. Ausnahmen für einen sehr großen Vermögensstamm sind auf beiden Seiten ohne praktische Relevanz, da dann mit entsprechenden (ggf. fiktiven) Erträgen daraus zu rechnen ist.

Unwirtschaftlich ist die Verwertung weiter dann, wenn die – gegenwärtige – Veräußerung zu erheblichen Zins- oder Substanzeinbußen führen würde, wie zB der Verkauf oder die Beleihung eines Miteigentumsanteils an Stelle seiner Verwertung im Wege der Aufhebung der Gemeinschaft durch Verkauf oder Zwangsversteigerung.[2058]

Von unwirtschaftlicher Verwertung kann in der Regel keine Rede sein, wenn bisher ertragloses Vermögen lediglich in zinsbringendes umgewandelt werden soll. So hat der BGH[2059] die Verwertung einer Münzsammlung für zumutbar angesehen, ohne ein Affektionsinteresse anzuerkennen. Die Fragen berühren sich allerdings mit der Problematik, wann die Verwertung als unbillig anzusehen ist.

Unbillig iSd § 1577 Abs. 3 BGB wird die Verwertung insbesondere sein bei:

• **Verwertung eines kleinen Hausgrundstücks,** das dem Berechtigten allein oder zu- **586** sammen mit Familienangehörigen als Wohnung dient (Rechtsgedanke des §§ 12 Abs. 3 Nr. 4 SGB II, 90 Abs. 2 Nr. 8 SGB XII), selbst wenn bei zinsgünstiger Anlage eines Veräußerungserlöses ein wesentlich höherer Betrag als der anzurechnende Mietwert zu erzielen wäre. Bis zu welcher Größe und welchem Wert ein Hausgrundstück als „klein" in diesem Sinne anzusehen ist, hängt von der (Rest-)Familiengröße und den örtlichen Verhältnissen ab.[2060] Die sozialrechtlichen Abgrenzungskriterien sind aber im privaten Unterhaltsrecht nur mit Einschränkungen verwertbar, denn das Billigkeitsurteil wird wesentlich durch die Verhältnisse beim Verpflichteten bestimmt. Zweifelhaft ist auch, ob der Schutz des Hausgrundstücks mit dem wesentlich geringeren Schutz von sonstigem Barvermögen, das der **Alterssicherung** dient, vereinbar ist.[2061]

[2055] Sterbegeldversicherung zählt zu Schonvermögen: OLG Schleswig OLGR 2007, 444.

[2056] OLG Köln FamRZ 1982, 1018.

[2057] BGH FamRZ 1998, 369 = NJW 1998, 978 (Umlage auf voraussichtliche Ausbildungsdauer); OLG München FamRZ 1994, 1459; OLG Köln FamRZ 1999, 1277.

[2058] BGH FamRZ 1984, 662 (663) = NJW 1984, 2358; OLG Frankfurt FamRZ 1987, 1179 (Verkauf gebrauchter Gegenstände unwirtschaftlich); Arbeitskreis 12 des 6. DFGT FamRZ 1986, 130; zu § 115 Abs. 3 ZPO differenzierend *Dürbeck/Gottschalk* PKH/VKH Rn. 381; aA VG Schleswig FamRZ 1981, 504: Auflösung ungeteilter Erbengemeinschaft zumutbar.

[2059] BGH FamRZ 1986, 439 (440) unter Hinweis auf nicht veröff. Urt. v. 29.6.1983 – IV b ZR 395/81. Für das Sozialrecht siehe jetzt BSG Urt. v. 23.5.2012 – B 14 AS 100/11 R, BeckRS 2012, 7235.

[2060] OLG Köln FamRZ 1992, 55 (56) (Bungalow von 148 qm für alleinstehende Person nicht klein); der Veräußerungserlös ist nicht allein maßgebend, denn in Ballungsgebieten werden für kleine Einfamilienhäuser 250 000 EUR und mehr verlangt.

[2061] Dazu BSG FamRZ 1999, 1655 mAnm *Büttner* (1658).

587 • **Verwertung eines Notgroschens** (Rechtsgedanke des § 90 Abs. 2 Nr. 9 SGB XII),[2062] wobei die Maßstäbe in der Regel nicht so eng zu ziehen sein werden wie bei der Sozialhilfe.[2063] Zu berücksichtigen ist dabei auch, dass anlässlich Trennung und Scheidung besonderer Bedarf entsteht, für den vorhandenes Vermögen (teilweise) eingesetzt werden kann.[2064]

588 • **Verwertung einer Lebensversicherung.** Sie ist nur mit dem Ertrag zu **berücksichtigen,** es sei denn, die Lebensversicherung sollte mit dem Vermögensstamm den laufenden Bedarf im Alter decken.[2065] Im Rahmen der Anwendung iVm § 115 ZPO wird vielfach auch auf die Wirtschaftlichkeit und besondere Zumutbarkeit des Einsatzes einer Lebensversicherung abgestellt. Soweit die Altersversorgung im Vordergrund steht, ist der Einsatz der Lebensversicherung in der Regel abzulehnen[2066]

589 • **Verwertung von Kindesvermögen, das zur Ausbildungssicherung angelegt** wurde, ist in der Regel nicht unbillig,[2067] anders kann es sein, wenn die künftige Ausbildungsfinanzierung gefährdet ist, weil der jetzt leistungsfähige Verpflichtete leistungsunfähig zu werden droht. Das Kapital ist in angemessenen Raten aufzubrauchen. In der Praxis wird zu beachten sein, dass zur **Ausschöpfung** der Freibeträge bei Kapitaleinkünften (Zinsabschlagssteuer) für minderjährige Kinder oft Konten angelegt werden. Mit Volljährigkeit können die Kinder auf den Verbrauch dieses Kapitals verwiesen werden. Auch dem Kind hat aber ein angemessener Schonbetrag zu verbleiben, insbesondere bei guten Einkommensverhältnissen des Verpflichteten.[2068]

590 • Eine **Leibrente (Zins- und Tilgungsanteil)** zu berücksichtigen, ist nicht **unbillig.**[2069]

591 • **Verwertung von Hausrat** wird, wenn nicht schon **unwirtschaftlich,** in aller Regel unbillig sein. Etwas anderes kann bei wertvollem Hausrat (Antiquitäten) gelten.[2070]

592 • **Verwertung eines Schmerzensgeldes** ist unbillig, da es dem Ausgleich des immateriellen Schadens dient und zur beliebigen Verwendung des Empfängers bestimmt ist.[2071]

593 • **Unter Berücksichtigung der beiderseitigen wirtschaftlichen Verhältnisse** können die Maßstäbe nach oben oder unten zu verschieben sein. Insbesondere bei großem Vermögen des Verpflichteten kann der Einsatz des Vermögensstamms auch ohne die genannten **Voraussetzungen** als unbillig anzusehen sein.[2072] Gleiches gilt bei beiderseits gleich großem Vermögensstamm, wenn der Verpflichtete den Unterhalt ohne weiteres aus seinen laufenden Einkünften aufbringen kann.[2073] Anders ist es, wenn der

---

[2062] OLG Hamm NJW-RR 2012, 970 = MDR 2012, 920; OLG Karlsruhe FamRZ 2012, 1573.

[2063] BGH FamRZ 1998, 369 = NJW 1998, 978 (auch bei Studenten entsprechend sozialhilferechtlichen Schonbeträgen); 1985, 360 = NJW 1985, 907; OLG Düsseldorf FamRZ 1985, 1281 (Notgroschen 10.000 DM). Für volljähriges Kind aber nur 4000–4500 DM: OLG Düsseldorf FamRZ 1990, 1137 und OLGR 1993, 8.

[2064] OLG Hamm NJW-RR 1998, 724 (Kosten Wohnungsneueinrichtung und des Scheidungsverfahrens); OLG Saarbrücken FamRZ 1985, 477 (30.000 DM bei 470.000 DM Vermögen); offen gelassen von BGH FamRZ 1986, 437 (439).

[2065] So OLG Hamm FamRZ 2000, 1286.

[2066] Vgl. OLG Frankfurt FamRZ 2006, 962 und 135; OLGR Frankfurt 2005, 562.

[2067] OLG Düsseldorf OLGR 1993, 8.

[2068] OLG Hamm NJW-RR 2012, 970 = MDR 2012, 920; OLG Karlsruhe FamRZ 2012, 1573; OLG Celle FamRZ 2001, 47.

[2069] BGH FamRZ 1994, 228 = NJW 1994, 935; OLG München OLGR 1992, 122; OLG Köln FamRZ 1983, 463.

[2070] OLG Köln FamRZ 1982, 1018.

[2071] BGH FamRZ 1988, 1031 = NJW-RR 1988, 1096; BVerwG FamRZ 1995, 1348; vgl. aber BGH FamRZ 1989, 172 = NJW 1989, 525.

[2072] OLG Köln FamRZ 1999, 1277; vgl. auch BGH FamRZ 1985, 357 (360) = NJW 1985, 909.

[2073] KG FamRZ 1985, 485; anders aber, wenn der Verpflichtete kein eigenes Vermögen hat: BGH FamRZ 1984, 364 (367).

Anspruchsberechtigte erhebliche Vermögen hat, während der Verpflichtete der Grenze der Leistungsunfähigkeit nahe käme.[2074] Den Parteien ist ein gleich hoher Freibetrag zuzubilligen.

Der Vermögensstamm darf in angemessenen Raten verbraucht werden, wenn er **594** einsatzpflichtig ist. Maßgebend dafür ist der Bedarfszeitraum (zB die Ausbildungsdauer),[2075] bei unbegrenzter Bedürftigkeit die voraussichtliche Lebensdauer.[2076] Der Verpflichtete kann also einen Teil des Bedarfs laufend weiter decken müssen und nicht auf dem alsbaldigen Verbrauch des Vermögensstamms bestehen, das kann aber an Grenzen stoßen, weil dem Berechtigten, zB bei einer Wiederheirat, dann viel mehr Kapital als angemessen verbleibt.[2077]

In § 90 Abs. 3 SGB XII ist aber nur der gegenwärtige Lebensbedarf (für etwa 3 Monate) gemeint.[2078]

Eine **Verwertung durch Kreditaufnahme** kann zumutbar sein, wenn eine Zeitspanne **595** bis zur ordnungsgemäßen wirtschaftlichen Verwertung überbrückt werden muss,[2079] → Rn. 602.

c) Sonderfall: Erträge und Stamm eines Zugewinnausgleichsvermögens

Vermögen aus Zugewinnausgleich, das dem Berechtigten nach der Scheidung **596** (§§ 1372 ff. BGB) oder durch vorzeitigen Zugewinnausgleich (§§ 1385 ff. BGB) zufließt, ist durch die Besonderheit gekennzeichnet, dass es sich nur um eine **Umschichtung schon vorher vorhandenen Vermögens** handelt.

Die ehelichen Lebensverhältnisse sind regelmäßig schon durch dieses Vermögen mitgeprägt worden, sei es durch Zinserträge oder mietfreies (bzw. bei Belastungen teilweise mietfreies) Wohnen im eigenen Haus.[2080] Bei der Unterhaltsbemessung nach Quoten (zB beim Getrenntlebensunterhalt) gehören diese Einkommensteile in die Verteilungsmasse. Durch die Durchführung des Zugewinnausgleichs braucht keine Änderung einzutreten (Modellfall: Aufteilung des zweistöckigen Hauses in zwei Eigentumswohnungen), so dass dann der Barunterhalt ohne Rücksicht auf den Zugewinnausgleich wie vorher bemessen werden kann.[2081]

Die Verhältnisse liegen aber meistens anders, so dass nicht generell gesagt werden kann, dass der Zugewinn unterhaltsrechtlich neutral sei,[2082] sondern die Einkommenssituation vor und nach der Scheidung zu prüfen ist.

Wenn ein Ehepartner das gemeinsame Haus übernimmt und der andere sich mit der **597** Ausgleichszahlung eine Eigentumswohnung kauft, tritt insoweit keine Änderung ein, als der Wohnbedarf nach wie vor unter Einsatz des eigenen Vermögens gedeckt wird. Das

---

[2074] OLG Hamm FamRZ 2006, 1680.

[2075] BGH FamRZ 1998, 369 = NJW 1998, 978.

[2076] OLG Saarbrücken NJW-RR 2007, 1377; OLG Frankfurt FamRZ 1987, 1179; Arbeitskreis 12 des 6. DFGT FamRZ 1986, 130.

[2077] OLG Hamm FamRZ 2006, 1680.

[2078] OLG Köln OLGR 2007, 249.

[2079] BGH FamRZ 1982, 678 = NJW 1982, 1641; mit Recht einschränkend aber BGH FamRZ 1984, 662 = NJW 1984, 2358 bei schon laufender Verwertung nach § 753 BGB; OLG Bamberg FamRZ 1999, 876.

[2080] BGH FamRZ 2007, 1532 (1536) mAnm *Maurer* FamRZ 1990, 269 (272) = NJW 1990, 709; FamRZ 1985, 357 (359) = NJW 1985, 909 (911); OLG Hamm OLGR 1995, 114; OLG Hamm FamRZ 2007, 215.

[2081] OLG Karlsruhe FamRZ 1983, 506 (nur Verschiebung der die ehelichen Lebensverhältnisse bestimmenden Faktoren); vgl. auch OLG Hamm FamRZ 1983, 924 und KG FamRZ 1985, 457.

[2082] BGH FamRZ 1990, 269 (272) = NJW 1990, 709; FamRZ 1986, 437 u. 441 = NJW 1986, 383 u. 1342; überholt OLG Köln FamRZ 1983, 750 (753) und OLG Frankfurt FamRZ 1984, 178 u. 487, die Zugewinnausgleich außer Betracht lassen wollten.

verstößt nicht gegen den Grundsatz, dass Vermögenserträge nach §§ 1569, 1577 Abs. 1 BGB bedarfsmindernd wirken, sondern die Wohnbedarfsdeckung erfolgt vorher wie nachher aus dem „eigenen Vermögen" der Frau (insoweit ist auch die Hausfrau „Doppelverdienerin"!).

Wiederanlage in Wohneigentum. Nach der Rechtsprechung des BGH[2083] darf der Berechtigte den Verkaufserlös der Ehewohnung nicht ohne weiteres wieder in Wohneigentum anlegen, sondern muss sich höhere Erträge einer verzinslichen Anlage entgegenhalten lassen. Dagegen bestehen unter Gleichbehandlungsgesichtspunkten Bedenken. Es kann auch nicht darauf ankommen, ob der Berechtigte die Zugewinnausgleichssumme unmittelbar nach der Auszahlung zum Neuerwerb einsetzt oder erst nach einer Zeit des Suchens und Überlegens.[2084] Nichts anderes sollte auch dann gelten, wenn der Berechtigte noch einen Restbetrag ansparen muss, bevor er wieder – wie es den ehelichen Lebensverhältnissen entsprach – Wohneigentum bewohnen kann.[2085]

Die Wiederanlage in Wohneigentum, die oft nur mit zusätzlichen Krediten möglich ist, kann allerdings keinen zusätzlichen Unterhaltsbedarf begründen,[2086] sondern die „Meistbegünstigung" besteht in der Gleichbehandlung mit der ehelichen Bedarfsdeckungssituation, der Berechtigte muss sich also jedenfalls die Beträge anrechnen lassen, die er in einer Ehe aus Wohnbedarfsdeckung erzielt hat.[2087]

Umstritten ist dagegen, wann der Berechtigte sich auf eine Kapitalanlage des Zugewinnausgleichsbetrages verweisen lassen muss. In Übereinstimmung mit der Rechtsprechung zur sonstigen Vermögensanlage muss sich die Anlage in Wohneigentum gegenüber einer Kapitalanlage als eindeutig unwirtschaftlich erweisen, wenn der Berechtigte auf eine verzinsliche Anlage verwiesen werden soll.[2088] Die weitergehende Auffassung,[2089] die stets den Betrag als bedarfsdeckend ansetzen will, der bei einer verzinslichen Geldanlage erzielt werden kann, ist abzulehnen, denn sie ist weder mit der Rechtsprechung zur Anlagefreiheit vereinbar, noch berücksichtigt sie die ehelichen Lebensverhältnisse. Für die Zumutbarkeit der Umschichtung kann es auch auf die Verhältnisse beim Verpflichteten ankommen (Rechtsgedanke des § 1577 Abs. 3 BGB).[2090]

Ist der Berechtigte Eigentümer eines großen Hausgrundstücks (zB das frühere Familienheim, das er jetzt nur noch allein bewohnt), kann ihm auch zugemutet werden, sich stattdessen eine kleine Eigentumswohnung zu kaufen und den Restbetrag ertragreich anzulegen.[2091]

598   **Erwerbslasten zum Erwerb des Volleigentums** durch den Berechtigten begründen keinen erhöhten Unterhaltsbedarf. Gleichermaßen setzen für den Verpflichteten solche Erwerbslasten nicht die Leistungsfähigkeit hinab,[2092] da es sich in beiden Fällen um Vermögensbildung handelt und der Mietbedarf durch die üblichen Quoten berücksichtigt ist.

[2083] BGH FamRZ 1998, 87 = NJW 1998, 753; OLG Nürnberg FamRZ 1998, 481 = NJW-RR 1998, 78.

[2084] Von BGH FamRZ 1986, 441 (443) ausdrücklich zugebilligt.

[2085] Anders BGH FamRZ 1998, 87 = NJW 1998, 753; vgl. aber BGH FamRZ 1986, 439 und OLG München FamRZ 1987, 169.

[2086] Insoweit überzeugend BGH FamRZ 1992, 423 (424) = NJW 1992, 1044.

[2087] Ebenso OLG Koblenz NJW-RR 1989, 1482 (1483).

[2088] BGH FamRZ 1992, 423 (425) = NJW 1992, 1044.

[2089] BGH FamRZ 1998, 87 = NJW 1998, 753 will generell auf höhere Erträge einer verzinslichen Anlage verweisen; ebenso OLG Bamberg FamRZ 1992, 1305.

[2090] BGH FamRZ 1987, 912 = NJW-RR 1987, 962; FamRZ 1988, 145 (149) = NJW-RR 1988, 514.

[2091] BGH FamRZ 1987, 912 = NJW-RR 1987, 962 (Gleichbehandlung von Berechtigtem u. Verpflichtetem); FamRZ 1988, 145 (149) = NJW-RR 1988, 514; aber nicht bei Verwertungsverhinderung: OLG Düsseldorf FamRZ 1987, 833.

[2092] BGH FamRZ 1992, 423 (425) = NJW 1992, 1044; OLG Hamm OLGR 1995, 114.

Wenn der Zugewinnausgleich wegen seiner geringen Höhe nicht ausreicht, um 599
wieder **Wohneigentum anzuschaffen** (oder den Anteil des anderen zu übernehmen)
oder die Verwendung zu Wohnzwecken aus anderen Gründen nicht beabsichtigt ist, ist
ein Überschuss des jetzt erzielten Zinsertrages gegenüber dem Wohnwert im Wege der
Differenzmethode zu berücksichtigen, weil es sich um ein Surrogat schon in der Ehe
vorhandenen Vermögens handelt.[2093]

Zur **Tilgung von Schulden** und zur **Finanzierung notwendiger Anschaffungen** kann
der Zugewinnausgleich eingesetzt werden, soweit das angemessen ist. Nur der Restbetrag
ist dann verzinslich anzulegen.[2094] Nach der neueren Rechtsprechung des BGH kann aber
von fiktiven Zinseinkünften eines schuldhaft nicht mehr vorhandenen Vermögens nur
ausgegangen werden, wenn der Verbrauch des Verkaufserlöses aus einer gemeinsamen
Eigentumswohnung als unterhaltsrechtlich vorwerfbares Verhalten angesehen werden
kann, wobei der Vortrag über die seitherige Verwendung des Verkaufserlöses geprüft
werden müsse.[2095]

Es gilt das Verbot der Doppelverwertung. Unstreitig ist das für die Aktivposten, 600
zB Abfindungen.[2096] Wenn Hausverbindlichkeiten – Schulden – bereits im Zuge-
winnausgleichverfahren berücksichtigt worden sind, können sie gleichfalls nicht erneut
bei der Unterhaltsberechnung berücksichtigt werden.[2097] Das gilt nur für die Tilgung
des Darlehens, nicht für die Zinsen, da letztere den Zugewinn nicht beeinflussen.[2098]
Der Betrieb eines Selbstständigen muss im Zugewinnausgleich berücksichtigt werden,
auch wenn aus den Einkünften des Betriebes Unterhalt zu zahlen ist,[2099] allerdings ist
ab dem Zugewinnausgleich der Vermögenszuwachs des Berechtigten zu berücksichtigen.

Ausschluss des Zugewinnausgleichs durch unterhaltsrechtliche Regelung. Durch 601
die Einbeziehung eines Zugewinnausgleichsertrags in eine (dauerhafte) unterhaltsrechtliche Regelung ist eine nochmalige Berücksichtigung dieser Erträge – beiderseits – ausgeschlossen.[2100] Ob und inwieweit der Zugewinnausgleich hinsichtlich des Vermögensstamms damit ausgeschlossen ist, ist eine andere Frage. Es muss daher bei der unterhaltsrechtlichen Regelung darauf geachtet werden, die beiderseitigen Erträge richtig zu
berücksichtigen. Es muss sowohl das Ergebnis vermieden werden, dass dem Ausgleichspflichtigen vom Zugewinnausgleich weniger als die Hälfte verbleibt als auch das Ergebnis,
dass der Berechtigte über die Anrechnung eines Unterhaltsrückstandes als Zugewinn-
ausgleichsposten seinen eigenen Unterhalt teilweise zahlt.

2. Darlehensaufnahme

Die **Bedürftigkeit durch Darlehensaufnahme zu beheben,** ist der Unterhaltsberech- 602
tigte grundsätzlich nicht verpflichtet,[2101] denn der Unterhalt ist grundsätzlich eine endgültige, nicht nur vorschussweise Leistung.

[2093] BGH FamRZ 2001, 1140 (1143) = NJW 2001, 2259; anders noch (Abzugsmethode) BGH
FamRZ 1987, 912 = NJW-RR 1987, 962.
[2094] BGH FamRZ 1995, 540 (541) = NJW-RR 1994, 1154.
[2095] BGH FamRZ 2010, 629 Tz. 19–21.
[2096] BGH FamRZ 2004, 1352 = NJW 2004, 2675; FamRZ 2003, 432 = NJW 2003, 1396.
[2097] OLG München FamRZ 2005, 453; OLG Saarbrücken NJW 2006, 1438; weiter *Niepmann* FF
2005, 131; *Jakobs* NJW 2007, 2885; *Gerhardt/Schulz* FamRZ 2005, 317; *Münch* FamRZ 2006, 1164;
Schulz FamRZ 2006, 1237; *Hoppenz* FamRZ 2006, 1242; *Schmitz* FamRZ 2006, 1811; *Grziwotz* FPR
2006, 485; *Hermes* FamRZ 2007, 184 und *Wohlgemuth* FamRZ 2007, 187.
[2098] OLG München FamRZ 2005, 459.
[2099] A. A. OLG Oldenburg FamRZ 2006, 1031 m. abl. Anm. *Hoppenz.*
[2100] BGH FamRZ 2003, 432 mAnm *Schröder* und *Kogel* (1645) sowie BGH FamRZ 2003, 1544
(1546).
[2101] *Graba* FamRZ 1985, 118 ff. mwN

Ausnahmsweise gilt etwas anderes

- wenn günstige öffentlich-rechtliche Darlehensaufnahme möglich ist (BAföG-Darlehen),[2102] nicht jedoch bei lediglich verzinslich angebotenem Darlehen nach § 17 Abs. 3 BAföG,[2103]
- wenn es sich um die Überbrückung von Zeiten handelt, in denen die Bedürftigkeit wegen anderweitiger Ansprüche (zB Rente) nicht mehr besteht und sich nur die Auszahlung dieser Leistungen verzögert,[2104]
- wenn vorhandenes Vermögen schon jetzt einsatzpflichtig ist, sich seine Verwertung aber verzögert oder aus nicht zu berücksichtigenden Gründen von der Verwertung abgesehen wird.[2105] Vor Aufhebung der Miteigentumsgemeinschaft und überhaupt vor Scheidungsrechtskraft wird die Inanspruchnahme von Darlehen aber in aller Regel nicht zumutbar sein.[2106]

3. Freiwillige Zuwendungen Dritter

603 **Soll die Leistung zur Entlastung des Verpflichteten dienen,** ist sie zu behandeln wie die Leistung des Verpflichteten selbst, die dem Berechtigten nur mittels eines Dritten zugewandt wird. Nach der Rechtsprechung kommt es nämlich für die Anrechnung auf den vom Dritten verfolgten Zweck an.[2107]

604 **Soll die Leistung dem Berechtigten zusätzlich zugutekommen,** ist sie grundsätzlich nicht anrechenbar, denn die Zweckbestimmung des Dritten darf nicht missachtet werden. Der Dritte kann nicht indirekt zur Unterhaltsleistung herangezogen werden.[2108] Im Rechtsstreit muss auch eine solche Zuwendung offenbart werden, damit das Gericht eine etwaige Anrechnung prüfen kann.[2109]

605 **Bei Leistungen aus dem Familienkreis** spricht eine tatsächliche Vermutung dafür, dass die Leistung dem begünstigten Familienangehörigen allein zugutekommen soll.[2110] Bei Zuwendungen von Großeltern an Enkelkinder wird daher meist eine Entlastung des von den Großeltern abstammenden Elternteils beabsichtigt sein.

606 **Wenn ein Rechtsanspruch auf Teilleistungen besteht,** weil dieser mit der freiwilligen Zuwendung begründet worden ist (zB freiwillige Zuwendung einer privaten Stiftung zur laufenden Studienfinanzierung in Form eines monatlichen **Büchergeldes**) wird der Zuwendungswille ebenfalls zu beachten sein.[2111] Es kann nicht entscheidend sein, ob die

---

[2102] BGH FamRZ 1985, 916 = NJW 1985, 2331; FamRZ 1989, 499 (500) = NJW-RR 1989, 578.

[2103] OLG Karlsruhe FamRZ 2011, 1303 unter II. 2. d). → Rn. 663.

[2104] BGH FamRZ 1992, 1152 (1155) = NJW 1992, 2415 (vom Unterhaltsschuldner angebotenes Darlehen); BGH FamRZ 1982, 470 = NJW 1982, 1147; FamRZ 1983, 574 = NJW 1983, 1481.

[2105] OLG Bamberg FamRZ 1999, 876 (Überbrückung der Zeit bis zum Eintritt in das Erwerbsleben durch Kredit auf 4-Familien-Haus).

[2106] BGH FamRZ 1988, 259 (263) = NJW 1988, 2376 und BGH FamRZ 1984, 662 = NJW 1984, 2358.

[2107] BGH FamRZ 2005, 967 = NJW-RR 2005, 945; FamRZ 1995, 537 = NJW 1995, 1486; FamRZ 1993, 417 (419) = NJW-RR 1993, 322. So auch die Leitlinien der OLG, zB Süddeutsche, Kölner, Celler, Frankfurter Unterhaltsgrds. Nr. 8; vgl. auch *Büttner* FamRZ 2002, 1445.

[2108] BGH FamRZ 1992, 1045 (1049) = NJW 1992, 2477; BGH NJW-RR 1989, 196; NJW 1988, 2377; OLG Frankfurt OLGR 2007, 767.

[2109] BGH FamRZ 2000, 213 = NJW 1999, 2804.

[2110] BGH FamRZ 2005, 967 = NJW-RR 2005, 945; FamRZ 1995, 537 = NJW 1995, 1486 (aus den Beziehungen zu erschließen); NJW-RR 1990, 578 (580); FamRZ 1988, 159 (162) = NJW 1988, 2371; OLG Düsseldorf FamRZ 2007, 1039 (Stundung Kostgeldanspruch durch Pflegeeltern).

[2111] So jetzt auch die steuerliche Regelung bei der Berechnung der Einkommensgrenze für das Kindergeld, → Rn. 557; anders noch OLG Koblenz NJW-RR 1992, 389 und OLG Bamberg FamRZ 1986, 1028.

freiwillige Zuwendung in Raten erfolgt oder in einer Summe,[2112] und der Zuwendungs-wille des Dritten ist auch nicht deshalb unbeachtlich, weil er eine bindende Zusage gemacht hat. Der verfolgte Zweck – zusätzlicher Studienanreiz – würde mit der Anrech-nung auf das Eigeneinkommen und damit den Unterhaltsanspruch verfehlt.

Anrechenbar sind dagegen Einkünfte, die der Berechtigte **aus eigenem Recht** zieht, mag auch der Gegenstand (Haus) oder das Kapital schenkweise zugewandt worden sein.[2113] Wenn die Schenkung rückgängig gemacht wird, ohne dass Gründe nach §§ 525 ff. BGB vorlagen, wird ein entsprechendes Einkommen aus der Nutzung des Gegenstandes fiktiv anzurechnen sein.

Freiwillige Zuwendungen, die in Sachleistungen bestehen, sind nicht anders zu behandeln.[2114]   **607**

Allerdings wird in der Rechtsprechung verbreitet angenommen, dass die freiwillige Mitbetreuung von Kindern des Berechtigten durch Großeltern, die den Berechtigten entlasten soll, jedenfalls in den Fällen des § 1579 BGB die Aufnahme einer Erwerbstätig-keit zumutbar macht.[2115] Eine Begründung dafür, warum der Wille des Dritten bei dieser Sachlage unbeachtlich sein soll, fehlt jedoch.[2116]

Im **Mangelfall** wird ebenfalls eine Berücksichtigung freiwilliger Leistungen Dritter entgegen dem Zuwendungswillen nach Billigkeit befürwortet.[2117] Auch dafür fehlt eine überzeugende Begründung.[2118]

Von versteckten Entgelten für Mitarbeit[2119] **und Zuwendungen im Rahmen einer Lebensgemeinschaft**[2120] ist die freiwillige Zuwendung Dritter scharf abzugrenzen. In diesen Fällen gelten die in den → Rn. 563 ff. erörterten Anrechnungsregeln. Ebenso sind vorweggenommene Erbzuwendungen keine freiwilligen Leistungen Dritter.[2121]   **608**

4. Versicherungen

Leistungen aus privaten Versicherungen, die der Berechtigte bezieht (Kranken- und   **609**
Krankenhaustagegeldversicherung, Lebensversicherungen, sonstige Versicherungen) und für die er während der Ehe Beiträge erbracht hat, mindern regelmäßig seine Bedürftig-keit,[2122] soweit sie nicht für konkret darzulegende Mehrkosten auf Grund des Versiche-rungsfalls benötigt werden.[2123] Zahlungen aus Kapitallebensversicherungen sind auf die voraussichtliche Lebensdauer umzurechnen.

[2112] BGH FamRZ 2005, 967 = NJW-RR 2005, 945 (Verzicht der Eltern auf Zinsen für ein dem Sohn gewährtes Darlehen).

[2113] OLG München FamRZ 1996, 1433; OLG Köln FamRZ 1993, 711.

[2114] So auch eindeutig BGH FamRZ 1995, 537 = NJW 1995, 1486; FamRZ 1992, 1045 (1049) = NJW 1992, 2477 für mietfreies Wohnen der Tochter im Haus der Eltern; AG Lehrte FamRZ 2003, 1958; (aber Mithaftung der Großeltern?); OLG Frankfurt OLGR 2007, 767; **anders** aber BVerwG FamRZ 1997, 814 = NJW 1997, 2831 für unentgeltliche Pflege von Großeltern, die dem Anspruch auf Hilfe zur Erziehung in Vollzeitpflege (§ 27 SGB VIII) entgegenstehen soll.

[2115] BGH FamRZ 1989, 1279 (1280) = NJW 1990, 253; so auch OLG Karlsruhe FamRZ 1993, 1353.

[2116] Näher dazu *Büttner* FamRZ 2002, 1445.

[2117] Wendl/*Dose*/*Klinkhammer,* 9. Aufl., § 2 Rn. 122 unter Hinweis auf BGH FamRZ 2009, 843 (847); Wendl/*Dose*/*Gutdeutsch,* 9. Aufl., § 5 Rn. 74 unter Berufung auf RG JW 1917, 288, das diese Lösung aber nur für einen damaligen Fall des Billigkeitsunterhalts erwägt und nur vage begründet.

[2118] *Büttner* FamRZ 2002, 1445 (1448).

[2119] OLG München FamRZ 1995, 1069 (Freiwillige Leistungen des Arbeitgebers regelmäßig Ent-lohnung).

[2120] OLG Koblenz FamRZ 1991, 1469.

[2121] OLG Frankfurt FamRZ 1987, 1179.

[2122] BGH FamRZ 2013, 191 Tz. 36, mAnm *Born*.

[2123] BGH FamRZ 1987, 36 = NJW-RR 1987, 194.

5. Renten

a) Allgemeines

610   **Laufende Einkünfte aus Renten, Pensionen oder sonstigen Versorgungen** sind grundsätzlich als Einkommen des Berechtigten zu berücksichtigen.[2124] Der Berechtigte ist verpflichtet, einen entsprechenden Leistungsantrag zu stellen, sobald die Voraussetzungen für die Leistungsgewährung vorliegen und ihm die Antragstellung zumutbar ist.[2125] Erhöhungsanträge müssen ggf. gestellt werden, aber nicht, wenn den Berechtigten nur die Obliegenheit zu einer Aushilfstätigkeit traf.[2126]

Wenn Renten oder Zulagen zu Renten zum Ausgleich besonderer Belastungen (materieller oder immaterieller Art) oder Aufwendungen dienen, sind die folgenden Gesichtspunkte zu berücksichtigen.

b) Versehrtenrenten

611   **Versehrtenrenten** sind vor allem Renten im Rahmen der Kriegsopferversorgung (§§ 31 ff. BVG), der gesetzlichen Unfallversicherung (SGB VII) und der gesetzlichen Rentenversicherung (§§ 33 ff. SGB VI), aber auch Renten nach dem Gesetz über die Erhaltung einer Stiftung „Hilfswerk für behinderte Kinder".[2127] Die **Opferrente nach § 17a StrRehaG**, die wegen einer zu Unrecht erlittenen Haft gezahlt wird, ist unterhaltsrechtliches Einkommen. Sie richtet sich nach dem Grad der Erwerbsminderung und kompensiert damit Einkommenseinbußen.[2128]

612   **Grundsätzlich sind bei der Bedürftigkeit alle Einkünfte ohne Rücksicht auf die öffentlich-rechtliche Zweckbestimmung zu berücksichtigen**[2129] (§§ 1577 Abs. 1, 1602 Abs. 1 BGB), nicht anders als bei der Leistungsfähigkeit.

Nach §§ 1578a, 1610a BGB wird aber gesetzlich vermutet, dass die Kosten der Aufwendungen infolge der Schädigung nicht geringer sind als die dafür bestimmten Zuwendungen in Gestalt von Sozialleistungen.

Wegen aller Einzelheiten wird auf → Rn. 886 ff. verwiesen, denn die Anrechnungsgrundsätze gelten für Berechtigte und Verpflichtete gleichermaßen.

613   **Wenn beim Ehegattenunterhalt die Verletzung, wegen derer die Rente gezahlt wird, erst nach der Trennung oder Scheidung erlitten wurde,** ist zu berücksichtigen, dass weder Mehrbedarf noch Zusatzeinkommen die ehelichen Lebensverhältnisse geprägt haben. Auf der Seite des Verpflichteten ist das Einkommen daher nicht zu berücksichtigen. Die Gleichbehandlung dürfte fordern, es dann auch nicht auf der Seite des Berechtigten zu berücksichtigen, weil sich die Lage des Verpflichteten nicht durch den Schaden des Berechtigten verbessern soll. Das gilt vor allem für Renten, die immaterielle Schäden ausgleichen, denn von einem „Mitleiden" des Verpflichteten kann hier keine Rede sein. Anders kann es sein, wenn die Unfallrente zwar erst nach der Scheidung bezogen wird,

---

[2124] OLG Bremen NJW-RR 2007, 511.

[2125] Z. B. Antragstellung nach §§ 19 S. 1 SGB IV, 115 Abs. 1 S. 1 SGB VI. Unzumutbar kann sie im Einzelfall sein, wenn der Antragsteller damit erhebliche Nachteile in Kauf nehmen muss, zB für ein bestehendes Arbeitsverhältnis, vgl. dazu näher *Greßmann/Klattenhoff* FuR 1996, 137 ff. und *Müller* DAVorm 1993, 125 ff.

[2126] BGH NJWE-FER 1998, 241.

[2127] BGBl. 1971 I 2018. § 21 Abs. 2 S. 1 StiftG bestimmt, dass Leistungen nach diesem Gesetz bei der Ermittlung von Einkommen und Vermögen nach anderen Gesetzen außer Betracht bleiben; dazu BVerwG FamRZ 1993, 181.

[2128] OLG Hamm FamRZ 2016, 64 (65 f.).

[2129] BGH FamRZ 1983, 574 = NJW 1983, 1481; BGH FamRZ 1988, 1031 = NJW-RR 1988, 1096.

das Gesamteinkommen aber nicht höher ist als vorher.[2130] Das gilt jedenfalls dann, wenn materiell § 1578a BGB nicht eingreift.

Solange über einen **Antrag auf Erwerbsunfähigkeitsrente** für den Berechtigten **noch** **614** **nicht entschieden** ist, weist der BGH[2131] auf folgenden Lösungsweg hin: Der Verpflichtete kann ein zins- und tilgungsfreies Darlehen anbieten und sich zur Sicherung des Rückzahlungsanspruchs den Anspruch auf Rentennachzahlung gemäß § 53 Abs. 2 S. 1 SGB I abtreten lassen. Gegen die vom OLG Düsseldorf[2132] vorgeschlagene Zug-um-Zug-Verurteilung hat der BGH aus § 53 Abs. 2 Nr. 1 und 2 SGB I Bedenken erhoben.

Bei Rentennachzahlungen nach rückwirkender Rentengewährung für den Berech- **615** tigten besteht ein Erstattungsanspruch des Verpflichteten, dessen Rechtsgrundlage in dem auch das gesetzliche Unterhaltsschuldverhältnis beherrschenden Grundsatz von Treu und Glauben zu sehen ist.[2133] Entsprechendes gilt, wenn der Unterhaltsberechtigte nachträglich eine höhere Rente erhält.[2134]

c) Waisenrenten

Waisenrenten sind Einkünfte des Kindes (Waisenrenten in der gesetzlichen Unfall- **616** versicherung (§§ 67 f. SGB VII) und in der gesetzlichen Rentenversicherung (§§ 33 ff. SGB VI) sowie nach dem Bundesversorgungsgesetz (§ 60 BVG) und nach dem Opferentschädigungsgesetz (§ 1 Abs. 1, 5)[2135] und daher bei seiner Bedürftigkeit zu berücksichtigen (§ 1615g Abs. 3 BGB aF ist seit 1.7.1998 aufgehoben).

Zu beachten ist dabei, dass die Tabellensätze den hälftigen Lebensbedarf wiedergeben (da die andere Hälfte durch Betreuung naturaliter gedeckt wird).

Bei **Gewährung einer (Halb)waisenrente nach dem Tode eines Elternteils** richtet sich **617** der Unterhaltsanspruch in Höhe des vollen Bedarfs (= doppelter Tabellensatz: Bar- und Betreuungsunterhalt)[2136] gegen den überlebenden Elternteil, so dass diesem auch die Minderung der Unterhaltsbedürftigkeit voll zugutekommt.[2137] Die Halbwaisenrente und das Kindergeld sind demzufolge in voller Höhe als Bedarfsdeckung abzuziehen.

Durch eine dem Kind nach dem Tode des Stiefvaters gewährte Waisenrente (§§ 48, 97 SGB VI) werden die Eltern von ihrer Unterhaltspflicht im Verhältnis ihrer Haftungsanteile entlastet, wie der BGH[2138] für minderjährige Kinder mit eingehender Begründung entschieden hat.

Eigenes Einkommen des Kindes (zB aus studentischer Nebentätigkeit) neben der Halbwaisenrente[2139] ist – im Rahmen des § 1577 Abs. 2 BGB – zu berücksichtigen.

[2130] OLG Koblenz FamRZ 2003, 1106.

[2131] BGH FamRZ 1983, 574 = NJW 1983, 1481.

[2132] OLG Düsseldorf FamRZ 1982, 821.

[2133] BGH FamRZ 1989, 718 (720) = NJW 1989, 1990 (bestätigendes Revisionsurteil zu OLG Hamm FamRZ 1988, 732); BGH FamRZ 1990, 269 (272) = NJW 1990, 709.

[2134] OLG Frankfurt OLG Report 2001, 276 zu erhöhter Versorgungsausgleichsrente aus früherer Ehe.

[2135] Dazu BSG NJW 1987, 2894.

[2136] BGH FamRZ 2006, 1597 mAnm *Born* = NJW 2006, 3431.

[2137] BGH FamRZ 2006, 1597 mAnm *Born* = NJW 2006, 3431; BGH FamRZ 1980, 1109 (1111) = NJW 1981, 168 mit Nachweisen zu den früher vertretenen Auffassungen; OLG Stuttgart FamRZ 2001, 1241; OLG Koblenz Beschl. v. 27.8.2003 – 13 WF 596/03.

[2138] BGH FamRZ 1980, 1109 (1112) = NJW 1981, 168; FamRZ 1981, 541 = NJW 1981, 2462; ebenso OLG Düsseldorf FamRZ 1986, 587; zur Geltendmachung durch Abänderungs- oder Vollstreckungsgegenklage vgl. BGH FamRZ 1989, 159 (161).

[2139] BGH NJW 2006, 3421 und OLG Hamm NJW Spezial 2007, 500.

d) Versorgungsausgleich

618 Auf **Durchführung des Versorgungsausgleichs beruhende Renten** oder Teile von Renten sind nach der Rechtsprechung des BGH[2140] im Wege der Differenzmethode zu berücksichtigen. Wenn sich der Versorgungsausgleich auf die Rente des früher haushaltsführenden Ehegatten auswirkt, ist das eheprägend, weil er Surrogat für die früheren Haushaltstätigkeiten ist.

Nach der bisherigen Rechtsprechung des BGH [2141]sollte das nicht für die mit Hilfe des **Altersvorsorgeunterhalts** erworbenen Rentenanwartschaften gelten, um eine (vermeintliche) Doppelbelastung des Verpflichteten zu vermeiden. Insoweit hat der BGH seine bisherige Auffassung aber offenbar aufgegeben und will nun auch für diese Fälle die Differenzmethode anwenden;[2142] dies ist zu begrüßen, denn die vormalige Differenzierung zu den durch den Versorgungsausgleich erworbenen Ansprüchen hat nicht überzeugt,[2143] → Rn. 53 und → Rn. 514.

Wenn die Rente des Berechtigten ausschließlich auf dem Versorgungsausgleich beruht und die Rente des Verpflichteten entsprechend gekürzt wird, kann der Unterhaltsanspruch durch Addition der Renten und anschließende Halbteilung errechnet werden.[2144]

Wenn der ungekürzte Versorgungsausgleich zwischen Ehegatten, die beide schon Altersversorgungen beziehen, zu einem Unterhaltsanspruch des Ausgleichspflichtigen gegen den Ausgleichsberechtigten führt, kann das ein Grund für die Kürzung des Versorgungsausgleichs nach § 27 VersAusglG (früher § 1587c Nr. 1 BGB[2145]) sein.

Zahlungen des Versorgungsträgers nach § 6 VAHRG aF (pauschaler Ausgleich für die Dauer der Rückwirkung) sind auch im Innenverhältnis der Ehegatten bindend und gelten pauschal etwaige Unterhaltsansprüche ab.[2146]

e) Wiederauflebende Witwenrenten

619 **Wiederauflebende Witwenrenten haben keine Unterhaltsersatzfunktion** in Bezug auf die neue Ehe,[2147] so dass gemäß §§ 44 Abs. 2 BVG, 46 Abs. 3, 90, 107, 243, 269 Abs. 2–4 SGB VI bzw. 61 Abs. 3 BeamtVG nach Scheidung der Zweitehe wiederauflebende Witwenrenten bei der Bemessung des Unterhaltsanspruchs gegen den geschiedenen Ehegatten außer Betracht bleiben. Der Unterhaltsanspruch ist also auf eine wiederauflebende Witwenrente anzurechnen.[2148]

620 **Bedenken gegen die absolute Subsidiarität** der wiederauflebenden Witwenrente können bestehen, wenn

---

[2140] BGH FamRZ 2002, 88 = NJW 2002, 436; FamRZ 2003, 848 mAnm *Hoppenz* = NJW 2003, 1796.

[2141] BGH FamRZ 2003, 848 m. abl. Anm. *Hoppenz* = NJW 2003, 1796; anders auch AK 13 des 15. DFGT (FamRZ 2003, 1906).

[2142] Vgl. jetzt BGH FamRZ 2014, 1276, Rn. 21 f.; ferner Wendl/Dose, 9. Auflage, 1/647 unter Hinweis auf BGH FamRZ 2005, 1479 (1480, wo sich allerdings zur Aufgabe der o. g. bisherigen Rechtsprechung mit der Differenzierung zwischen Renten, die auf dem VA und dem Altersvorsorgeunterhalt beruhen, nichts findet).

[2143] Wendl/Dose, 9. Auflage, 1/647.

[2144] BGH FamRZ 1989, 159 (161) = NJW-RR 1989, 322; OLG Nürnberg FamRZ 1992, 683.

[2145] BGH FamRZ 1987, 255 = NJW-RR 1987, 325; OVG Münster MDR 2002, 341.

[2146] So OLG Frankfurt FuR 2002, 81.

[2147] BVerfG FamRZ 1975, 157 (160) noch für altes Recht.

[2148] BGH FamRZ 1986, 889; BSG FamRZ 1983, 603; OLG Düsseldorf FamRZ 1998, 743; LSG Niedersachsen NdsRpfl. 1993, 18 = NJW-RR 1993, 326; OLG Hamm NJW-RR 1995, 578; OLG Düsseldorf FamRZ 1996, 947; eingehend zur Problematik *Dieckmann* FamRZ 1987, 231 ff. mwN und krit. zu dieser Rspr.

- nur Billigkeitsunterhalt geschuldet wird[2149]
- dem Berechtigten aus Unterhalt und dem überschießenden Teil der wiederauflebenden Witwenrente mehr verbleibt als dem Verpflichteten.[2150]
- in Unbilligkeitsfällen nach § 1579 BGB.[2151]

Der Rechtsprechung des BGH ist nach der Gesetzeslage zuzustimmen,[2152] denn der Nachrang der wiederauflebenden Rente kann nicht relativiert werden. Eine Besserstellung des Berechtigten beruht auf der in Form der Witwenrente fortbestehenden Solidarität nach der ersten Ehe, die nacheheliche Solidarität nach der zweiten Ehe wird dadurch nicht berührt (wie auch nach Scheidung der zweiten Ehe gemäß § 1586a Abs. 2 BGB der Ehegatte der später aufgelösten Ehe vor dem Ehegatten der früher aufgelösten Ehe haftet). Eine Entlastung des zweiten Ehegatten bei Heirat einer Witwe erscheint nicht gerechtfertigt, weil die Witwenrente nur das Substrat des Unterhaltsanspruchs nach der ersten Ehe ist.

Für Ausnahmefälle hat der BGH eine andere Lösung mit Recht offen gelassen, aber noch nicht näher bezeichnet, wann solche zu bejahen sind.[2153] Daran wird zu denken sein, wenn dem Verpflichteten weniger als der angemessene Bedarf verbleibt, der Berechtigte aber mehr hat.[2154]

Für **Unterhaltsverzichte nach Scheidung der zweiten Ehe** ist zu beachten, dass sie   **621** für die Zahlung der wiederauflebenden Witwenrente nur dann berücksichtigt werden, wenn sie auf einem verständigen Grund beruhen. Der geschiedenen Ehefrau ist grundsätzlich zuzumuten, bestehende Unterhaltsansprüche zu realisieren, wenn nicht besondere Gründe entgegenstehen.[2155]

6. Sozialstaatliche Zuwendungen

a) Kindergeld

aa) Minderjährige Kinder als Unterhaltsberechtigte. Wegen der Aufteilung des Kin-   **622** dergeldes unter den Eltern, der Verrechnung zwischen ihnen und der Berücksichtigung bei ihrer Leistungsfähigkeit wird auf → Rn. 892 ff. verwiesen.[2156]

Die unveränderte Möglichkeit der Abzweigung nach §§ 48 Abs. 1 SGB I, 74 EStG[2157] gewährleistet, das Kindergeld in jedem Fall für die Unterhaltsansprüche des Kindes zur Verfügung zu stellen. Wird diese Abzweigung bewirkt oder wird das Kind

---

[2149] Auch dann Subsidiarität bejahend: BGH FamR 1979, 470; BSG FamRZ 1970, 314 (zu § 60 EheG); OLG Düsseldorf FamRZ 1978, 597 (695) (zu § 61 Abs. 2 EheG).

[2150] So auch OLG Düsseldorf FamRZ 1998, 743 und 1996, 947 (948); zu den Lösungsansätzen für eine Berücksichtigung bei zwei voneinander abhängigen Größen vgl. *Dieckmann* FamRZ 1987, 231 ff. und schon *Petermann* Rpfl 1972, 157 f. und *Gloede* MDR 1971, 807 ff. – mathematisch aber allesamt unbefriedigend; es müsste eine integrierte Berechnung vorgenommen werden, vgl. zur ähnlichen Problematik beim Altersversorgungsunterhalt *Jacob* FamRZ 1988, 997 (998).

[2151] BGH FamRZ 1986, 889; OLG Hamm NJW-RR 2006, 651 geht bei kurzer Ehe und fehlendem Anspruch wegen § 1579 Nr. 1 BGB von Wiederaufleben der Witwenrente aus.

[2152] OLG Koblenz FamRZ 1987, 1154 will § 242 BGB schon anwenden, wenn Berechtigter erheblich mehr hat; vgl. auch OLG Hamm FamRZ 1985, 604 f.

[2153] BGH FamRZ 1986, 889.

[2154] OLG Düsseldorf FamRZ 1996, 947 (948) lässt Disparität genügen; vgl. auch AG Saarbrücken FamRZ 1991, 1197 und *Künkel* FamRZ 1991, 14 (19).

[2155] Eingehend BSG FamRZ 1983, 583; BSG FamRZ 1985, 1127; LSG Berlin FamRZ 1985, 1139; LSG Essen NJW 1985, 2288.

[2156] Zur Bestimmung des Kindergeldberechtigten durch das Familiengericht analog § 64 Abs. 2 EStG bei Betreuung des Kindes in annähernd gleichem Umfang in beiden Haushalten der Elternteile: OLG Celle FF 2012, 332.

[2157] Dazu *Heilemann* FamRZ 1995, 1401 und *Frohn* FamRZ 1996, 920; vgl. ferner OLG Köln NJW-RR 2001, 867 zum Rechtsweg bei Abzweigungen.

durch Pfändung und Überweisung wegen des Anspruchs des Kindes auf Erfüllung einer gesetzlichen Unterhaltspflicht gemäß §§ 76 EStG, 54 Abs. 5 SGB I[2158] durch cessio legis selbst Anspruchsinhaber, ist sein Unterhaltsbedarf insoweit gedeckt.

623   **Ob auch bei fehlender Bedürftigkeit des Kindes** (zB Einkünfte aus eigenem Vermögen) ein Unterhaltsanspruch jedenfalls in Höhe des Kindergeldes besteht, ist fraglich. Der primäre sozialpolitische Zweck ist bei mangelnder Bedürftigkeit des Kindes nicht mehr erreichbar, da es einer Entlastung hier nicht bedarf. Da das Kindergeld auf Grund der schematischen Regel des EStG bzw. BKGG den Eltern gewährt wird, spricht viel dafür, es ihnen in diesen Fällen zu belassen.

624   **Nach der Neuregelung** ist das Kindergeld ab 1.1.2008 nach § 1612b Abs. 1 Nr. 1 BGB nF zur Hälfte zur Deckung des Barbedarfs des minderjährigen Kindes einzusetzen, wenn ein Elternteil seine Unterhaltspflicht durch Betreuung des Kindes erfüllt, jedoch voll, wenn das Kind volljährig ist (§ 1612b Abs. 1 Nr. 2 BGB).

Für das Jahr 2015 besteht die Besonderheit, dass die Anrechnung in Abweichung von § 1612b BGB kraft gesetzlicher Übergangsregelung[2159] weiter auf der Basis der bis 2014 geltenden Kindergeldbeträge vorzunehmen ist, obwohl das Kindergeld rückwirkend ab 1.1.2015 um monatlich 4 Euro je Kind erhöht worden ist. Zur naheliegenden Frage, ob insoweit dann ein familienrechtlicher Ausgleichsanspruch für die nicht bezugsberechtigten Elternteile besteht, hat sich der Gesetzgeber nicht geäußert.[2160] Nach der Erhöhung des Kindergeldes um weitere monatlich 2 Euro ab 1.1.2016 greifen wieder die normalen Anrechnungsregeln nach § 1612b BGB ein, → Rn. 2.

625   **bb) Volljährige Kinder als Unterhaltsberechtigte.** Zum 1.1.2012 ist die Berücksichtigung von Kindern und damit auch die Kindergeldberechtigung mit der Änderung des § 32 Abs. 4 EStG durch den Wegfall der Einkommensgrenzen für arbeitssuchende Kinder unter 21 Jahren und in Berufsausbildung befindliche Kinder unter 25 Jahren (ggf. verlängert um die Zeiten im neu gefassten Absatz 5) ausgeweitet worden.

Das staatliche Kindergeld ist sowohl nach § 1612b Abs. 1 Nr. 2 BGB als auch nach der Rechtsprechung des BGH[2161] auf den Unterhaltsanspruch des volljährigen Kindes in voller Höhe anzurechnen. Das gilt auch dann, wenn das Kind noch im Haushalt eines Elternteils lebt, der mangels Leistungsfähigkeit nicht unterhaltspflichtig ist.

Bei Zahlung des Kindergeldes unmittelbar an das Kind ist das Kindergeld ebenfalls bedarfsdeckend zu berücksichtigen.[2162]

Auf privilegierte Volljährige mit Unterhaltsansprüchen bis 31.12.2007 ist § 1612b Abs. 5 BGB aF (orientiert an 135 % des damaligen Regelbetrags) weder direkt noch entsprechend anwendbar.[2163] Die Sicherung des Existenzminimums für volljährige Kinder ist vielmehr durch eine Bemessung nach der ersten Einkommensgruppe der 4. Altersstufe der Düsseldorfer Tabelle sicherzustellen.

626   **cc) Betreuende als Unterhaltsberechtigte. Kindergeld ist auch nicht als Einkommen des Betreuenden** bei der Berechnung von dessen Unterhaltsansprüchen anzusehen.

[2158] → Fn. 93 und *Schmitz-Pfeiffer* DAVorm 1987, 161 sowie insbesondere zur Pfändbarkeit eingehend *Hornung* Rpfl. 1994, 442 ff.

[2159] Art. 8 Abs. 3 des Gesetzes zur Anhebung des Grundfreibetrags pp., BGBl. 2015 I 1202; BT-Drs. 18/5244 (Beschlussvorlage) und 18/4649 (Regierungsentwurf).

[2160] *Niepmann/Schwamb* NJW 2015, 2622, 2623 im Anschluss an „Hinweise des Deutschen Instituts für Jugendhilfe und Familienrecht eV (DIJuF)" vom 19. Juni 2015, Ziffer 2.3.

[2161] BGH FamRZ 2006, 99 mAnm *Viefhues* und *Scholz* = NJW 2006, 57; BGH FamRZ 2007, 542 mAnm *Schürmann* = NJW 2007, 1747 mAnm *Graba*.

[2162] KG FPR 2003, 323.

[2163] BGH FamRZ 2007, 542 mAnm *Schürmann* = NJW 2007, 1747 mAnm *Graba*.

Es kann insoweit nichts anderes gelten als für den Verpflichteten.[2164] Nicht zuletzt die gesetzlichen Neuregelungen zur Pfändbarkeit des Kindergeldes gem. §§ 76 EStG, 54 Abs. 4 SGB I haben zweifelsfrei klar gemacht, dass das Kindergeld nur für die Bedarfsdeckung des Kindes einzusetzen ist (daher nur wegen der Unterhaltsansprüche des Kindes gepfändet werden kann).[2165]

Steuervorteile infolge der Kinderfreibeträge sind als Einkommen des unterhaltsberechtigten Ehepartners anzusehen, wenn sie ihm zufließen.[2166]   **627**

b) Kinderzuschüsse, Kinderzulagen

Auch nach der Neuregelung des Kindergeldes gibt es noch zahlreiche Leistungen   628 für Kinder, die nicht auf den §§ 62 ff. EStG bzw. dem BKGG beruhen, sondern auf anderen gesetzlichen oder betrieblichen Vorschriften.

Unter diesen Leistungen sind von besonderer Bedeutung: Kinderzulagen aus der gesetzlichen Unfallversicherung (§ 583 RVO iVm § 217 Abs. 3 SGB VII); Kinderzulagen auf Grund von Tarifverträgen; Kinderzuschüsse zum Altersruhegeld in den gesetzlichen Rentenversicherungen (§§ 35 ff., 270 SGB VI); und Kinderzuschläge gemäß §§ 269 Abs. 2, 301, 301a LAG.

Behandlung wie Kindergeld. Solche **anderen kindbezogenen Leistungen** sind gemäß   629 § 1612c BGB wie Kindergeld (§ 1612b BGB) zu behandeln, soweit sie den Anspruch auf Kindergeld ausschließen.

Der im **April 2009 einmalig pro Kind gezahlte „Kinderbonus"** von 100 EUR (§ 6 Abs. 3 BKKG) **ist** Kindergeld und damit ebenso wie das regelmäßig gezahlte Kindergeld gemäß § 1612b BGB zu behandeln. Für April 2009 mindert sich damit der Unterhaltsbedarf eines minderjährigen Kindes um weitere 50 EUR[2167] und für ein volljähriges Kind um 100 EUR. Da es sich aber um einen Betrag „für das Kalenderjahr 2009" handelt, kann der Abzug auch in einem anderen Monat vorgenommen werden, falls im April 2009 die ungekürzte Unterhaltszahlung bereits erfolgt war.

Ob **das Kindergeld übersteigende Beträge als Einkommen des unterhaltsberech-   630 tigten Betreuenden** anzusehen sind, ist eine andere, vom BGH[2168] bejahte, Frage. Entscheidend ist, ob man auch insoweit wie beim Kindergeld die sozialpolitische Zielsetzung auf das Unterhaltsrecht durchschlagen lässt oder sie wie bei anderen Sozialleistungen zunächst unberücksichtigt lässt und dem Berechtigten lediglich die Möglichkeit eröffnet, darzutun und zu beweisen, dass der Mehrbetrag durch tatsächlichen – ggf. nach § 287 ZPO zu schätzenden – Mehraufwand aufgezehrt wird. Die „Nähe" zum Kindergeld zeigt die Problematik der unterschiedlichen Lösungen besonders deutlich.

c) Familienzuschlag (früher Ortszuschlag) und sonstige kindbezogene Einkommensbestandteile

Soweit der **betreuende Elternteil eigenes Einkommen hat und in diesem Einkom-   631 men kinderbezogene Steigerungsbeträge zum Familienzuschlag – §§ 39 ff. BBesG – (früher: Ortszuschlag)** enthalten sind, sind diese Einkommensteile nicht auf den Barunterhaltsanspruch des Kindes ganz oder teilweise anzurechnen, da es sich nicht um den Zwecken des Familienlastenausgleichs dienende Sozialleistungen, sondern um Teile des

---

[2164] → Rn. 892 ff.
[2165] BGH FamRZ 1988, 607 (610) = NJW 1988, 1720.
[2166] BGH FamRZ 1988, 607 (610) = NJW 1988, 1720 (Steuervorteile).
[2167] Amtsgericht Offenburg FamRZ 2009, 2014 (Ls.).
[2168] BGH FamRZ 2007, 882 mAnm *Born* = NJW 2007, 1969.

Gesamtgehaltes des (teilweise) Erwerbstätigen handelt.[2169] Das gilt selbstverständlich auch, wenn der **Stiefvater** wegen des unterhaltsberechtigten Kindes einen erhöhten Ortszuschlag erhält.[2170]

Bei der Berechnung eines eigenen Unterhaltsanspruchs des Betreuenden werden sie aus diesem Grunde allerdings zu 50 % als sein Einkommen zu berücksichtigen sein, denn der Familienzuschlag dient der ersten Ehe und auch der zweiten Ehe.[2171] Für den Sonderfall, dass die getrennt lebende Ehefrau die Unterhaltslasten für ein ersteheliches Kind dem jetzigen Ehemann nicht entgegenhalten kann, hat das OLG Köln eine abweichende Auffassung vertreten.[2172] Im Allgemeinen dürfte dem aber wegen der Gleichbehandlung von Verpflichtetem und Berechtigtem und auch aus Praktikabilitätsgesichtspunkten nicht zu folgen sein.

632   Auch **Steuerprogressionsvorteile oder sonstige kinderbezogene Steuervorteile** des Betreuenden sind auf den Kindesunterhalt nicht anzurechnen,[2173] da die öffentlich-rechtliche Zweckbestimmung nicht auf das private Unterhaltsrecht durchschlägt. Aus den zum Ortszuschlag erwähnten Gründen sind sie bei eigenen Ansprüchen des verdienenden Berechtigten zu 50 % zu berücksichtigen.

d) Pflegegeld

633   **Verschiedene Fallgestaltungen** sind zu unterscheiden:
- Pflegegeld nach Pflegeversicherungsgesetz (§ 37 SGB XI),[2174]
- Pflegegeld nach § 39 SGB VIII (KJHG) bei Aufnahme fremder Kinder,
- Pflegezulagen nach §§ 35 BVG,[2175] 132 SGB V, 269 Abs. 1 LAG.

Der Pflegebedürftige ist Anspruchsinhaber. Für die Anrechnung der Leistungen auf seinen Bedarf ist jedoch die – widerlegliche – Vermutung der §§ 1610a, 1578a BGB zu beachten, dass die Kosten der Aufwendungen nicht geringer sind als die Höhe der Sozialleistungen.[2176] Das gilt auch insoweit, als das Pflegegeld nach §§ 8 Abs. 2, 37 SGB XI dazu dient, nicht unmittelbar den Pflegebedarf zu decken, sondern dazu, die Pflegebereitschaft nahe stehender Personen zu erhalten, denn auch die Finanzierung dieser Bereitschaft ist behinderungsbedingter Bedarf.

634   **Für den Pflegenden ist das an ihn weitergeleitete Pflegegeld nur ausnahmsweise Einkommen (§ 13 Abs. 6 SGB XI – in Kraft seit 1.8.1999).**[2177] Es gelten die Grundsätze wie nach § 11 S. 4 BEEG: Grundsätzlich bleibt ein weitergeleitetes Pflegegeld bei der Ermittlung von Unterhaltsansprüchen und Unterhaltsverpflichtungen der Pflegeperson

---

[2169] BVerfG FamRZ 2004, 524 (steht bei mehreren im öffentlichen Dienst Beschäftigten demjenigen zu, der die Betreuungsleistungen tatsächlich übernommen hat); BGH FamRZ 1989, 172; OLG Düsseldorf FamRZ 1982, 1108; OLG Köln FamRZ 1983, 750 (753).

[2170] So schon OLG Hamm DAVorm 1978, 358; KG FamRZ 1978, 937 u. OLG Oldenburg FamRZ 1979, 333.

[2171] BGH FamRZ 2007, 793 mAnm *Büttner* = NJW 2007, 1961 mAnm *Graba*.

[2172] OLG Köln FamRZ 1983, 706.

[2173] BGH FamRZ 1989, 172 (174); OLG Köln FamRZ 1983, 750 (753).

[2174] §§ 33 ff. SGB XI; vgl. *Roller* PflR 2003, 335 und *Büttner* FamRZ 1995, 193 ff. und BVerwG FamRZ 2004, 194 (Ls.) zur Anrechnung des Pflegegeldes nach SGB XI auf das nach §§ 69a ff. BSHG zu beanspruchende Pflegegeld.

[2175] BGH (VI.) FamRZ 1993, 411 (zu § 35 BVG).

[2176] BGH (VI.) FamRZ 2006, 1108 = NJW 2006, 2327; OLG Hamm FamRZ 2003, 1771; OLG Hamburg FamRZ 1992, 444 = NJW-RR 1992, 1351; nicht überzeugend OLG Brandenburg FamRZ 1996, 866 (867); → Rn. 889 zu § 1610a BGB; zur Anrechnung auf die Sozialhilfe vgl. *Büttner* FamRZ 1995, 193 (195).

[2177] BGBl. 1999 I 1656; BGH NJW 2006, 2182 = FamRZ 2006, 846 (848); OLG Bremen FamRZ 2013, 60 f.; OLG Saarbrücken OLGR 2004, 192; OLG Zweibrücken OLGR 2002, 75; dazu *Büttner* FamRZ 2000, 596 ff.

unberücksichtigt. Das gilt aber nach § 13 Abs. 6 Nr. 1 SGB XI nicht in den Fällen der §§ 1361 Abs. 3, 1579, 1603 Abs. 2 und 1611 Abs. 1 BGB. Ferner gilt es nicht für Unterhaltsansprüche der Pflegeperson, wenn erwartet werden kann, dass sie ihren Unterhaltsbedarf ganz oder teilweise durch eigene Einkünfte deckt und der Pflegebedürftige mit dem Unterhaltspflichtigen nicht in gerader Linie verwandt ist.[2178] Der Gesetzgeber hat damit seine Intention, die Pflegebereitschaft naher Angehöriger zu stärken, umgesetzt. Die Schätzung der Höhe des in den genannten Fällen anrechenbaren Vergütungsanteils hängt davon ab, wie viel vom Pflegegeld für den behinderungsbedingten Mehrbedarf des Pflegebedürftigen anzusetzen ist.[2179]

Bei der Bemessung des Vergütungsanteils beim Pflegegeld für Kinder wird der Ent-   **635** lohnungsanteil selten höher als 100 EUR sein, wobei auch die pauschale Bemessung mit 1/3 des Pflegegeldes Bedenken begegnet.[2180]

e) Blindengeld

Für die Blindenhilfe bestehen in den alten Bundesländern – im Wesentlichen gleiche –   **636** gesetzliche Regelungen.[2181] Außerdem wird nach §§ 72 SGB XII Blindenhilfe gewährt, wobei die Leistungen nach den Landesblindengesetzen darauf angerechnet werden. Leistungen der Pflegeversicherung werden bei häuslicher Pflege zu 70 % bzw. ab 1.1.2005 bei höherer Pflegestufe zu 50 % angerechnet.[2182]

Das Blindengeld ist Einkommen des Blinden. Für seine Anrechnung gilt die – widerlegliche – Vermutung des § 1610a BGB.[2183]

f) Eingliederungshilfe für Behinderte

Nach §§ 53 ff. SGB XII ist es Aufgabe der Eingliederungshilfe, eine drohende Behin-   **637** derung zu verhüten oder eine Behinderung und deren Folgen zu beseitigen oder zu mildern. Damit ist eine Entlastung des Unterhaltspflichtigen nicht bezweckt, so dass diese Leistungen an den Berechtigten für seine Bedürftigkeit außer Betracht bleiben.[2184]

g) Ausbildungsgeld

Ausbildungsgeld als Behindertenbeihilfe nach §§ 122 ff. SGB III (AFG) wird un-   **638** abhängig vom Unterhaltsanspruch gewährt, und ein Rechtsübergang ist nur eingeschränkt vorgesehen, denn es gelten Einkommensfreigrenzen § 126 SGB III und erst mit der Anzeige der Förderung an die Eltern kann der Anspruch übergehen. Auch insoweit kommt eine Anrechnung auf den zivilrechtlichen Unterhaltsanspruch nur nach Maßgabe des § 1610a BGB in Betracht.[2185]

[2178] OLG Schleswig OLGR 2002, 296.

[2179] Dazu weiter *Büttner* FamRZ 2000, 596 ff.; die Regelung in § 69 Abs. 2 S. 2 BSHG aF, nach der der Sozialhilfeträger Kosten einer Pflegeperson, die dem Pflegebedürftigen nahesteht, nicht zu übernehmen hat, war verfassungskonform: BVerfG FamRZ 2001, 1686.

[2180] OLG Zweibrücken OLGR 2002, 75 (im konkreten Fall 363 DM); OLG Karlsruhe FamRZ 1987, 1074 (damals noch 100 DM).

[2181] Schellhorn/Schellhorn/Hohm, SGB XII, 17. Aufl. (2006), zu § 72 SGB XII.

[2182] § 67 Abs. 1 S. 2 BSHG; ab 1.1.2005 § 72 Abs. 1 SGB XII.

[2183] OLG Hamm FamRZ 2003, 1771; OLG Schleswig FamRZ 1992, 471 mwN; → Rn. 889 zu § 1610a BGB.

[2184] OLG Zweibrücken NJW-RR 2003, 1299.

[2185] Anders aber OLG München FamRZ 1992, 213 (im Rahmen einer Abänderungsklage für Zahlungszeiträume vor In-Kraft-Treten des § 1610a BGB).

h) Leistungen aus der Stiftung Mutter und Kind

639 **Nach dem Gesetz zur Errichtung der Stiftung Mutter und Kind** (idF vom 19.3.1993 BGBl. I 406) werden Mittel für die Erstausstattung des Kindes, die Weiterführung des Haushalts, Wohnung und Einrichtung und die Betreuung des Kleinkindes (§ 4) gewährt. Diese Leistungen dienen dem Schutz des ungeborenen Lebens und sollen die Bereitschaft zu Bejahung des Kindes fördern. Es findet keine Anrechnung auf andere Sozialleistungen statt, und die Leistungen sind unpfändbar.[2186] Das alles spricht dafür, sie (wie freiwillige Leistungen Dritter) außer Betracht zu lassen, da sie nicht der Entlastung Unterhaltspflichtiger dienen sollen und ihren Zweck verfehlten, wenn die erwünschte Besserstellung der Mutter unterhaltsrechtlich unterlaufen würde.

i) Erziehungsgeld (bis 31.12.2008)

640 **Erziehungsgeld nach dem BErzGG** (für bis 31.12.2006 geb. Kinder)[2187] wurde für 24 Monate nach der Geburt, somit maximal noch bis zum 31.12.2008 gezahlt und ist vom Elterngeld abgelöst worden, → Rn. 640 der 12. Auflage.

j) Elterngeld (ab 1.1.2007)

641 Seit 1.1.2007 ist das Erziehungsgeld durch das Elterngeld nach dem BEEG[2188] ersetzt, das nur für ab 1.1.2007 geborene Kinder gilt. Es ist eine steuer- und abgabenfreie Einkommensersatzleistung bis zu 1800 EUR (67 % des früheren Nettoeinkommens); bis zur Höhe von 300 EUR (bzw. 150 EUR Elterngeld Plus bei doppelter Bezugsdauer) trägt es aber die Züge einer Sozialleistung, weil es bis zu dieser Höhe auf andere Sozialleistungen nicht anrechenbar ist.[2189] Dementsprechend werden nach § 11 S. 1 BEEG Unterhaltspflichten durch das Elterngeld grundsätzlich nur insoweit berührt, als die Zahlung 300 EUR (bzw. 150 EUR bei Inanspruchnahme von Elterngeld Plus für die doppelte Bezugsdauer nach § 4 Abs. 3 BEEG) übersteigt.[2190]

Nach § 11 S. 4 BEEG gilt das nicht in den Fällen der §§ 1361 Abs. 3, 1603 Abs. 2 und 1611 Abs. 1 BGB, eine Regelung. In diesen Fällen steht daher das Elterngeld in vollem Umfang zur Verfügung; bei dem Verpflichteten im Falle des § 1603 Abs. 2 BGB aber nur, wenn er mehr als seinen notwendigen Selbstbehalt hat.[2191]

Für den Sockelbetrag des **Betreuungsgeldes** nach § 4a BEEG, soweit es trotz Nichtigkeit des Gesetzes aus Gründen des Vertrauensschutzes **übergangsweise weitergewährt** wird,[2192] gilt dasselbe.

Nach § 1 Abs. 1 BEEG hängt die Anspruchsberechtigung davon ab, 1) Wohnsitz oder gewöhnlicher Aufenthalt in Deutschland, 2) Wohnung mit dem Kind in einem Haushalt, 3) Selbstbetreuung dieses Kindes 4) keine oder keine volle Erwerbstätigkeit. Eine Person ist nicht voll erwerbstätig, wenn die wöchentliche Arbeitszeit 30 Wochenstunden nicht übersteigt (§ 1 Abs. VI BEEG). Bei Teilerwerbstätigkeit beträgt das Elterngeld 67 % der Differenz zum früheren Einkommen, wobei das Einkommen höchstens mit 2700 EUR angenommen werden darf (§ 2 Abs. 3 BEEG). Grundsätzlich wird das Elterngeld nur 12

[2186] Vgl. SGB-Änderungsgesetz v. 20.7.1988 (BGBl. 1988 I 1046) – Änderung § 5 StiftungsG.

[2187] Neufassung BErzGG v. 17.2.2004 (BGBl. 2004 I 207 ff.).

[2188] Bundeselterngeld- und Bundeselternzeitgesetz; BGBl. 2006 I 2748.

[2189] Näher dazu *Scholz* FamRZ 2007, 8; *Brosius-Gersdorf* NJW 2007, 177 und FPR 2007, 334 und *Büttner* FF 2007, 86.

[2190] BGH FamRZ 2012, 1201 = NJW 2012, 2190 – Tz. 14.

[2191] BGH FamRZ 2006, 1010 mAnm *Borth* und 1182 mAnm *Luthin* = NJW 2006, 2404 und NJW-RR 2006, 1225.

[2192] Vgl. BVerfG FamRZ 2015, 1459 = NJW 2015, 2399, Tz. 73.

Monate lang gezahlt. Bei Partnermonaten (§ 4 BEEG) verlängert sich die Bezugsdauer aber auf 14 Monate.

Der BGH [2193] hat einem grundsätzlich zum Minderjährigenunterhalt verpflichteten Elternteil gestattet, sich bei einer im Einzelfall zu respektierenden Rollenwahl jedenfalls für die ersten beiden Lebensjahre eines weiteren Kindes dessen Betreuung zu widmen und auch die **Bezugsdauer des (dann nur halbierten) Elterngelds zu verdoppeln,** selbst wenn er deswegen keine für den Unterhalt des älteren Kindes ausreichenden Einkünfte hat. Endet der Elterngeldbezug, soll die Mutter, die ein noch nicht dreijähriges Kind betreut, im Verhältnis zu ihren barunterhaltsberechtigten Kindern gehalten sein, einer Halbtagsbeschäftigung nachzugehen. Eine entsprechende Erwerbsobliegenheit entfalle nicht wegen des Bezuges von (bayrischem) **Landeserziehungsgeld,** da diesem keine Lohnersatzfunktion zukomme.[2194]

k) Leistungen nach dem Kindererziehungsleistungsgesetz

Leistungen, die unterhaltsberechtigte Mütter der Geburtsjahrgänge vor 1921 nach   **642** dem Kindererziehungsleistungsgesetz[2195] erhalten, sind ebenso wie Rentensteigerungen nach dem Hinterbliebenenrenten- und Erziehungszeitengesetz (HEZG) für Geburtsjahrgänge ab 1921 rentenähnliche Leistungen, die wie andere Renten auf den Bedarf anzurechnen sind.[2196]

l) Leistungen nach dem Unterhaltsvorschussgesetz

(1) Leistungen nach dem Unterhaltsvorschussgesetz (UVG) werden für Kinder bis   **643** zur Vollendung des 12. Lebensjahres für die Dauer von höchstens sechs Jahren in Höhe des Mindestunterhalts abzüglich des halben Erstkindergeldes erbracht,[2197] wenn die Eltern ledig, verwitwet, geschieden[2198] sind oder getrennt leben[2199] und der Unterhaltspflichtige nicht den Mindestunterhalt zahlt.

Wegen **verweigerter Mitwirkung bei der Vaterschaftsfeststellung** können die Leistungen gemäß § 1 Abs. 3 UVG versagt werden,[2200] allerdings nicht, wenn der Mutter eine Mitwirkung nicht zuzumuten ist.[2201]

(2) Rechtsübergang. Sie führen gemäß § 7 UVG in dieser Höhe zum Übergang des   **644** Unterhaltsanspruchs und des unterhaltsrechtlichen Auskunftsanspruchs kraft Gesetzes auf das Land.

Auch die **Unterhaltsvorschusskasse** kann einen Titel über laufenden Unterhalt für minderjährige Kinder in **dynamisierter Form** verlangen. Diese von der Rechtsprechung

---

[2193] BGH NJW 2015, 1178 = NZFam 2015, 359 = FamRZ 2015, 738, Tz. 19 (im Anschluss an BGH FamRZ 2006, 1010).

[2194] OLG Nürnberg FamRZ 2015, 933, 934.

[2195] BGBl. 1987 I 585.

[2196] BGH FamRZ 1992, 162 = NJW 1992, 364 mit eingehender überzeugender Begründung.

[2197] UVG-Neufassung zum 17.7.2007 (BGBl. 2007 I 1466); ab 1.7.2007 daher für Kinder bis 6 Jahre: 199-77 = 122 EUR; für Kinder von 6–12 Jahre 241-77 = 164 EUR; vgl. weiter *Miesen* Sonderheft FF 2001, 1; für Stiefelternfamilien sind Unterhaltsleistungen gesetzlich nicht vorgesehen, was als verfassungskonform anzusehen ist: BVerwG FamRZ 2001, 1452 = NJW 2001, 3205. Der Unterhaltsvorschuss ist auch für Kinder zu zahlen, die in anderen EG-Staaten leben: EuGH FamRZ 2002, 449.

[2198] Mögen sie auch in nichtehelicher Lebensgemeinschaft leben: Dazu krit. *Rixe* FPR 2004, 92 f. Das kann aber wohl nicht für eine eingetragene Lebenspartnerschaft gelten.

[2199] OVG Münster NJW 2002, 3564 (anders als Getrenntleben nach § 1567 Abs. 1 S. 1 BGB).

[2200] Dazu DIV-Gutachten DAVorm 2000, 306.

[2201] VG Stuttgart FamRZ 2006, 1637 (Gefahr der Entführung).

bereits zuvor eingeräumte Möglichkeit [2202] ist mit dem sog. „Unterhaltsvorschussentbürokratisierungsgesetz"[2203] zum 1.7.2013 ausdrücklich gesetzlich geregelt worden.[2204]

Die Leistungen nach dem UVG beeinflussen grundsätzlich nicht den Unterhaltsanspruch. Allerdings sind Leistungen nach dem UVG im Rahmen eines Unterhaltsanspruchs **des minderjährigen Kindes gegen seine Großeltern** bedarfsdeckend.[2205] Der Berechtigte kann die Unterhaltsvorschussleistung übersteigende und zukünftige Ansprüche weiter selbst geltend machen.[2206]

§ 7 UVG ist zum 1.7.1998 (vgl. § 94 Abs. 5 SGB XII) um eine Vorschrift zur Rückübertragung[2207] und Abtretung ergänzt worden.

Gem. § 2 Abs. 3 UVG sind dem Kind – auch durch Pfändung – zufließende Unterhaltsbeträge als Einkommen im jeweiligen Monat des Zuflusses zuzurechnen.[2208]

Im Verhältnis des Regressanspruchs zu laufendem Unterhalt ergibt sich aus § 7 Abs. 3 S. 2 UVG, dass das Verbot der Benachteiligung des Unterhaltsberechtigten beim laufenden Unterhalt erst in der Zwangsvollstreckung zu beachten ist.[2209]

Nach Einstellung der Zahlung des Unterhaltsvorschusses kann ein für das Land gem. § 7 Abs. 4 UVG ergangener Titel in analoger Anwendung von § 727 ZPO auf das unterhaltsberechtigte Kind **umgeschrieben** werden.[2210] Damit ist zwar ein jahrelanger Streit entschieden; jedoch sind die Konsequenzen daraus nach wie vor ungeklärt, wenn das Kind seinen Mindestunterhalt (ohne Abzug des gesamten Kindergeldes) titulieren lassen möchte. Bei Einreichung eines Abänderungsantrags nach § 238 f. FamFG trägt es die Beweislast auch für die Leistungsfähigkeit des Antragsgegners auf Zahlung des Mindestunterhalts.[2211] Verlangt es dagegen zur Vermeidung dieses prozessualen Nachteils lediglich als Ergänzung die über den bereits titulierten Betrag hinausgehende Spitze bis zum Mindestunterhalt als „Erstantrag", müsste die Vollstreckung künftig aus zwei Titeln betrieben werden.[2212] Der BGH lässt aber wohl sogar zu, dass das Kind die mit der nun möglichen Umschreibung des bestehenden Titels verbundenen Vorteile nicht nutzt und unabhängig davon ein neues Verfahren zur Erlangung eines vollständig neuen Titels einleitet;[2213] indes erscheint das Rechtsschutzbedürfnis für diesen Weg nun problematisch. Sofern ein Titel für den Sozialleistungsträger besteht und dieser auch noch Leistungen erbringt, kann das Kind jedenfalls nicht ohne weiteres selbst die Unterhaltsverfolgung in die Hand nehmen.[2214]

[2202] OLG Hamm FamRZ 2011, 409.

[2203] BT-Drs. 17/8802; Beschlussempfehlung BT-Drs. 17/12488.

[2204] Zu weiteren Einzelheiten: *Birnstengel* JAmt 2013, 179 ff.

[2205] OLG Dresden FamRZ 2010, 736, vgl. dazu BGH NJW-RR 2012, 516 = FamRZ 2012, 785; OLG Dresden FamRZ 2006, 569 ff.; Wendl/*Klinkhammer* Das Unterhaltsrecht in der familienrichterlichen Praxis, 8. Aufl., § 8 Rn. 267; Scholz/*Kleffmann*/*Motzer*/*Soyka* Praxishandbuch Familienrecht Stand: Oktober 2011.

[2206] OLG Nürnberg NJW-RR 1995, 710.

[2207] Die Neuregelung ist auch auf vor dem 1.7.1998 erfolgte Rückabtretungen anwendbar: BGH FamRZ 2000, 221.

[2208] VG Weimar DAVorm 1999, 908 und DIV-Gutachten DAVorm 1999, 595.

[2209] BGH FamRZ 2006, 1664 mAnm *Schürmann* = NJW 2006, 3561= FamRB 2006, 364 mAnm *Krause;* ebenso OLG Celle NJW-RR 2006, 1520.

[2210] BGH FamRZ 2015, 2150 = NJW 2015, 3659, Tz. 11 mwN zum bisherigen Streitstand.

[2211] OLG Brandenburg FamRZ 2005, 815; OLG Naumburg FamRZ 2007, 1342 jeweils noch zu § 323 ZPO aF.

[2212] *Knittel* JAmt 2015, 636 (637.

[2213] So jedenfalls interpretiert *Knittel* JAmt 2015, 636 (637) die Entscheidung des BGH aaO.

[2214] OLG Bamberg FamRZ 2014, 2006, mittelbar gebilligt vom BGH, Beschl. v. 23.9.2015 – XII ZB 72/14, durch Zurückweisung von VKH für die Rechtsbeschwerde, dazu krit. Bespr. *Knittel* JAmt 2016, 64 (67 f.).

Für die Geltendmachung rückübertragener Ansprüche wird im Regelfall keine Verfahrenskostenhilfe bewilligt wird, weil dem Anspruchsinhaber ein **Kostenvorschuss vom Leistungsträger** zusteht.[2215]

(3) **Fiktives Einkommen** ist für den Unterhaltsvorschuss im Rahmen des Anspruchs- **645** übergangs nach § 7 Abs. 1 S. 1 UVG zu berücksichtigen, da das UVG keine besonderen Schutzvorschriften wie § 33 Abs. 2 S. 3 SGB II enthält.[2216]

Eine **öffentlich-rechtliche Vergleichsberechnung** ist demgemäß gleichfalls nicht vorzunehmen, wenn auch der Forderungsübergang nichts daran ändert, dass jede Unterhaltspflicht dort ihre Grenze findet, wo dem Verpflichteten nicht die Mittel für den eigenen notwendigen Selbstbehalt verbleiben.[2217]

Für die Zeit vor Erlass des Bewilligungsbescheides kann der Unterhaltspflichtige gem. § 7 Abs. 2 UVG nicht in Anspruch genommen werden, wenn nicht die Voraussetzungen des § 1613 BGB vorliegen.[2218]

(4) **Verzugszinsen** können bei der Geltendmachung nach § 7 UVG übergegangener **646** Unterhaltsansprüche wie auch sonst verlangt werden.[2219]

Die **Verjährung und Verwirkung** nach § 7 UVG übergegangener Ansprüche richtet sich ebenfalls nach den allgemeinen Vorschriften, aber die Hemmung der Verjährung nach § 207 BGB nF endet mit dem Anspruchsübergang und beginnt wieder mit der Rückübertragung.[2220]

m) Wohngeld

An den Berechtigten gezahltes Wohngeld[2221] ist zunächst auf einen erhöhten **647** Wohnkostenbedarf anzurechnen, denn – so der BGH[2222]– soweit im Allgemeinen anzunehmen sei, dass den Wohngeldempfänger Wohnkosten treffen, die unterhaltsrechtlich als erhöht zu bezeichnen sind, dient das Wohngeld dem Ausgleich des unvermeidbar erhöhten Aufwands. Nur mit einem dafür **nicht verbrauchten Teilbetrag** ist Wohngeld **als Einkommen zu berücksichtigen**.[2223] Es bleibt also außer Betracht, wenn ihm ein entsprechend erhöhter Wohnkostenbedarf gegenübersteht. Maßstab dafür kann der Wohnkostenanteil im Selbstbehalt sein.[2224] Im Übrigen wird auf die Erläuterungen beim Verpflichteten verwiesen,[2225] denn für den Berechtigten gilt nichts Abweichendes.

[2215] BGH FamRZ 2008, 1159.

[2216] BGH NJWE-FER 2001, 201 und FamRZ 2001, 619 (621) = NJW-RR 2001, 1081; OLG München FamRZ 2012, 795 = NJW 2012, 84; OLG Brandenburg FamFR 2011, 360 (Besprechung *Günther*) unter Bezugnahme auf Beschl. v. 3.8.2010 – 10 UF 32/10; so auch schon *Niepmann* MDR 1998, 1256 (1257); anders OLG Oldenburg FamRZ 2002, 275; *Zeranski* FamRZ 2001, 1057 ff.

[2217] AG Saarbrücken NJW-RR 2003, 865; OLG Saarbrücken OLGR 1999, 267; OLG Köln FamRZ 1998, 175 (177); anders noch OLG Düsseldorf NJW-RR 1999, 587; OLG Nürnberg FamRZ 1999, 1021 und OLG Hamm NJW-RR 2000, 1462.

[2218] OLG Schleswig FuR 2002, 47.

[2219] Eingehend dazu *Runge* JAmt 2001, 323 ff.

[2220] OLG Brandenburg JAmt 2001, 376.

[2221] Wohngeldgesetz idF der Bekanntmachung v. 23.1.2002 (BGBl. I 444); Änderung 19.7.2002 (BGBl. I 2690).

[2222] BGH FamRZ 2012, 1201 = NJW 2012, 2190 – Tz. 15.

[2223] BGH FamRZ 2012, 1201 = NJW 2012, 2190 – Tz. 15; Beispiel dafür: OLG Hamm FamRZ 2011, 1600 = NJW-RR 2011, 868 – unter II. 4.

[2224] OLG Frankfurt NJW-RR 1988, 1475; aA bis 10. Auflage und OLG Schleswig FamRZ 1985, 714; → Rn. 386. Zur vollen Wohngeldanrechnung kommt OLG Düsseldorf FamRZ 1989, 57 (59) bei einer Unterhaltsnachzahlung.

[2225] → Rn. 903 f.

n) Leistungen nach SGB VIII (Heimunterbringung)

648   **Zum Unterhaltsanspruch von Kindern, die zwangsweise in einem Heim unterge-bracht** sind, ist seit der ab 1.10.2005 geltenden Fassung des SGB VIII (§§ 92 Abs. 2, 94 SGB VIII) generell der öffentlich-rechtliche Kostenbeitrag vorgesehen,[2226] der sich nach der Kostenbeitragsverordnung vom 1.10.2005 richtet.[2227]

o) Sozialhilfe

649   **Sozialhilfe** ist ab 1.1.2005 im **SGB XII** geregelt.[2228] Sozialhilfe erhält der, der das 15. Lebensjahr noch nicht vollendet oder das 65. Lebensjahr vollendet hat sowie die, die dauerhaft voll erwerbsgemindert sind und ihren Lebensunterhalt nicht aus eigenen Mit-teln und Kräften bestreiten können (§ 19 SGB XII). Die 15–65-Jährigen, die erwerbsfähig sind, erhalten das Arbeitslosengeld II nach dem SGB II, wobei es auf die Hilfsbedürftig-keit der Bedarfsgemeinschaft ankommt.[2229]

Die Sozialhilfe ist unverändert nachrangig, denn nach § 2 Abs. 2 SGB XII werden Verpflichtungen anderer, insbesondere Unterhaltspflichtiger oder von Trägern anderer Sozialleistungen, durch dieses Gesetz nicht berührt.[2230] Daher ist Sozialhilfe dem Unter-haltsanspruch gegenüber subsidiär, und der Unterhaltsanspruch erlischt nicht dadurch, dass Sozialhilfe gewährt wird.[2231]

Höhe der Sozialhilfe. Die Sozialhilfesätze werden zum 1. 7. eines jeden Jahres neu festgesetzt.[2232]

Im Verhältnis zwischen Unterhalt und Sozialhilfe[2233] sind insbesondere folgende Gesichtspunkte zu beachten:

650   **(1) Eine cessio legis** in Bezug auf Unterhaltsansprüche erfolgt gemäß § 94 Abs. 1 SGB XII für Zeit und Höhe der Hilfegewährung durch den Sozialhilfeträger. Das gilt auch dann, wenn die Hilfe nur als Darlehen erbracht worden ist.[2234] Nicht zulässig ist es dagegen, ein gegenüber seinen Eltern unterhaltspflichtiges Kind zu verpflichten, die auf den Sozialhilfeträger übergegangenen Ansprüche durch Annahme von dessen Darlehens-angebot zu erfüllen; der BGH lässt gegen den Anspruch auf Rückzahlung dieses Darle-hens den Einwand des Rechtsmissbrauchs zu, weil das BVerfG in einem anderen Fall diese frühere Praxis als verfassungswidrig beanstandet hat.[2235]

Ist der Unterhaltsanspruch bereits tituliert, soll der Sozialhilfeträger den Übergang durch öffentliche Urkunden nach § 727 ZPO nachweisen müssen und dabei auch eine öffentlich-rechtliche Vergleichsberechnung vorlegen müssen.[2236]

[2226] BGH FamRZ 2007, 377 mAnm *Doering-Striening* = NJW 2007, 555.

[2227] BGBl. 2005 I 2907; → Rn. 356.

[2228] BGBl. 2003 I 3023; dazu *Scholz* FamRZ 2004, 751.

[2229] → Rn. 546.

[2230] Näheres zum Verhältnis Unterhalt und Sozialhilfe *Hampel* FamRZ 1996, 513 ff.

[2231] BVerwG NJW 1992, 3113 (3114); BGH FamRZ 1992, 41 = NJW 1992, 115; BGH FamRZ 1985, 1245; OLG Brandenburg FamRZ 2004, 560.

[2232] Sie betragen nach § 28 SGB XII ab 1.7.2007: Für den Haushaltsvorstand 347 EUR; für Haus-haltsangehörige bis zur Vollendung des 14. Lebensjahrs (60 %) 208 EUR, für Haushaltsangehörige ab Vollendung des 14. Lebensjahres (80 %) 278 EUR. Der Regelsatz deckt aber ab 1.1.2005 den gesamten Bedarf mit Ausnahme der Leistungen für Unterkunft, Heizung und Sonderbedarf.

[2233] Vgl. dazu *Scholz* FamRZ 2004, 751.

[2234] OLG Celle FamRZ 2008, 928 (zu § 33 Abs. 1 SGB II); OLG Hamm FamRZ 2001, 1237.

[2235] BGH FamRZ 2013, 1022 = NJW 2013, 1676, Tz. 17 ff. unter Bezug auf BVerfG FamRZ 2005, 1051.

[2236] 1955 So OLG Stuttgart NJW-RR 2001, 868 und OLG Karlsruhe OLG Report 2000, 219; krit. dazu *Büttner* NDV 2001, 368 (369).

Rücküübertragung auf den Hilfeempfänger und Abtretung an den Sozialhilfeträger sind nach § 94 Abs. 5 S. 1 SGB XII möglich, allerdings muss der Sozialhilfeträger die Kosten übernehmen, mit denen der Hilfeempfänger dadurch selbst belastet wird.

Eine gewillkürte Verfahrensstandschaft ist als unzulässig anzusehen,[2237] denn die gesetzliche Regelung ist als abschließende Regelung aufzufassen.

Verfahrenskostenhilfegewährung an den Hilfeempfänger nach Rücküübertragung ist durch § 94 SGB XII in der Regel ausgeschlossen, denn der Hilfeempfänger hat nicht nur einen Freistellungsanspruch, sondern einen **Verfahrenskostenvorschussanspruch** gegen den Sozialhilfeträger.[2238] Der BGH hat die frühere Streitfrage in diesem Sinne entschieden. Für künftige und überschießende Ansprüche muss aber Verfahrenskostenhilfe geleistet werden.

Eine gesetzliche Verfahrensstandschaft ist gemäß § 265 Abs. 2 ZPO gegeben, wenn nach Rechtshängigkeit Sozialhilfe in Anspruch genommen wird. In diesem Fall muss lediglich der Antrag (insoweit) auf Zahlung an den Sozialhilfeträger umgestellt werden.[2239]

(2) Einschränkungen der cessio legis gelten, ...   **651**

- wenn der Unterhaltpflichtige laufend leistet (§ 94 Abs. 1 S. 2 SGB XII) und wenn der Unterhaltpflichtige derzeit nicht leistungsfähig ist, denn ein Unterhaltsanspruch besteht nur bei gegenwärtiger Leistungsfähigkeit;[2240] Sozialhilfeleistungen und Unterhaltsanspruch müssen also deckungsgleich sein,
- wenn der Unterhaltpflichtige selbst sozialhilfebedürftig würde (§ 94 Abs. 3 S. 1 Nr. 1 SGB XII)[2241] das richtet sich nach SGB II,[2242]
- wenn der Unterhaltpflichtige mit dem Hilfeempfänger im zweiten oder entfernteren Grade verwandt ist (§ 94 Abs. 1 S. 3 SGB XII),
- gegenüber Eltern und Kindern bei Leistungen der Grundsicherung (§ 94 Abs. 1 S. 3 SGB XII; vor 1.1.2005 § 2 Abs. 1 S. 3 GSiG),
- bei Schwangeren und Müttern, die ihr leibliches Kind bis zum 6. Lebensjahr betreuen (§ 94 Abs. 1 S. 3 SGB XII),[2243]
- wenn beim Elternunterhalt der Übergang eine unbillige Härte nach § 94 Abs. 3 S. 1 Nr. 2 SGB XII bedeuten würde, → Rn. 220;[2244] ab 1.1.2005 gilt § 94 Abs. 2 SGB XII (dh Übergang von je nach Leistungsart bis zu 20,– EUR bzw. 26 EUR, seit 1.1.2016 von bis zu 24,68 EUR bzw. 32,08 EUR),
- wenn bei heimuntergebrachten volljährigen behinderten Kindern[2245] der Übergang eine unbillige Härte nach § 94 Abs. 3 S. 1 Nr. 2 SGB XII bedeuten würde.[2246] Der begrenz-

---

[2237] So auch BGH FamRZ 1996, 1207 vor der gesetzlichen Neuregelung; offen gelassen von OLG Düsseldorf NJW 1997, 137.

[2238] BGH FamRZ 2008, 1159; aM bis 10. Auflage und die früher hM

[2239] BGH NJW 2012, 3642 = FamRZ 2012 1793, Tz. 8 (endet aber zunächst mit Tod des Hilfeempf.: Tz. 9 ff.); BGH FamRZ 1995, 1131 = NJW-RR 1995, 1217; OLG Karlsruhe NJW-RR 1995, 1285.

[2240] Bedenklich daher LG Duisburg NJW 1997, 530 (zinsloses Darlehen wegen künftiger Leistungsfähigkeit).

[2241] Dazu *Hampel* FamRZ 1996, 513 ff.; OLG Koblenz NJWE-FER 1996, 2.

[2242] AK 8 des 16. DFGT, S. 144/Empfehlung des Vorstands S. 173.

[2243] OLG Brandenburg FamRZ 2004, 560.

[2244] BGH FamRZ 2010, 1535 = NJW 2010, 3161, Tz. 16; FamRZ 2004, 1097 = NJW-RR 2004, 1298; FamRZ 2003, 1468 = NJW-RR 2003, 1441 – es gilt auch allgemeine Härteregelung; OLG Frankfurt OLGR 2002, 25 (der Hilfsbedürftige konnte durch Kriegsfolgen das unterhaltsverpflichtete Kind nicht angemessen versorgen), bestätigt durch BGH.

[2245] BGBl 2001 I 1046 (1122).

[2246] BGH NJW 2010, 2957 = FamRZ 2010, 1418, Tz. 33, 34; OLG Koblenz FamRZ 2001, 1227 (Ausschluss nach 40-jähriger Pflege eines behinderten Kindes).

te pauschalierte Anspruchsübergang nach § 94 Abs. 2 SGB XII zunächst in Höhe von je nach Leistungsart bis monatlich 20,– EUR bzw. 26 EUR ab 1.1.2005, seit 1.1.2016 infolge seitheriger Erhöhungen des Kindergeldes monatlich 24,68 EUR bzw. 32,08 EUR, ist nicht vom Bezug von Kindergeld der unterhaltspflichtigen Eltern für das behinderte oder pflegebedürftige Kind abhängig.[2247]

- Sowohl beim Bezug von Hilfen zum Lebensunterhalt als auch von Grundsicherung im Alter und bei Erwerbsminderung unterliegen gemäß §§ 94 Abs. 1 S. 6, 105 Abs. 2 SGB XII von den **Kosten der Unterkunft,** mit Ausnahme der Kosten für Heizungs- und Warmwasserversorgung, **56 % nicht der Rückforderung,** orientiert am tatsächlichen Subventionssatz des besonderen Mietzuschusses auf der Basis der Wohngeldstatistik 2001.[2248] Dieser Ausschluss der Rückforderung umfasst auch die entsprechenden Unterkunftskosten in einer stationären Einrichtung bzw. in einem Heim.[2249] Damit soll sichergestellt werden, dass diese Leistungs-empfänger – einschließlich der ihnen zum Unterhalt Verpflichteten – nicht schlechter stehen, als wenn sie wohngeldberechtigt wären.[2250]

652   **(3) Beim Großeltern- und Enkelunterhalt** ist zu beachten, dass § 94 Abs. 1 S. 3 SGB XII die bürgerlich-rechtliche Unterhaltspflicht nicht einschränkt, denn das Gesetz schließt nur die cessio legis aus, die §§ 1601, 1607 BGB gelten unverändert.[2251]

Trotz des Ausschlusses der cessio legis wird man daher nicht sagen können, dass der Hilfsbedürftige die Wahl habe, ob er Sozialhilfe beanspruchen oder die Großeltern in Anspruch nehmen wolle, denn bei ohne weiteres realisierbaren Ansprüchen besteht keine Hilfsbedürftigkeit. Der Hilfsbedürftige kann auch wegen der höheren Ansprüche gegen die Großeltern ein Interesse daran haben, sie in Anspruch zu nehmen. Geschieht das, können diese sich nicht auf die Existenz nicht übergehender Sozialhilfeansprüche berufen[2252] und den Unterhaltsberechtigten darauf verweisen.

653   **(4) Die öffentlich-rechtliche Vergleichsberechnung,** die nach § 94 Abs. 3 SGB XII zur Einschränkung des Forderungsübergangs führt, besagt, dass geprüft werden muss, ob der Unterhaltspflichtige sozialhilferechtlich nur mit einem geringeren Betrag zum Unterhalt des Hilfeempfängers herangezogen werden kann als nach dem bürgerlich-rechtlichen Unterhaltsanspruch.[2253]

Fiktives Einkommen, das im Sozialhilferecht nicht angerechnet wird, soll auch bei der öffentlich-rechtlichen Vergleichsberechnung unberücksichtigt bleiben,[2254] um zu gewährleisten, dass der Unterhaltspflichtige sozialhilferechtlich den gleichen Schutz hinsichtlich des Einkommens und Vermögens genießt, den er hätte, wenn er selbst Hilfeempfänger der konkreten Hilfe wäre. Das Ergebnis ist teilweise unbefriedigend, soweit es im Einzel-

---

[2247] BGH NJW 2010, 2957 = FamRZ 2010, 1418, Tz. 26 ff.

[2248] Vgl. BGH FamRZ 2015, 1594 = NJW 2015, 2577, Tz. 42 ff. (44).

[2249] BGH FamRZ 2015, 1594 = NJW 2015, 2577, Tz. 45, 46 mwN.

[2250] BGH FamRZ 2015, 1594 = NJW 2015, 2577, Tz. 46; *Günther* FamFR 2012, 457 ff. (459 unter III.1.).

[2251] BGH FamRZ 2004, 1097 = NJW-RR 2004, 1298; (VI. Zivilsenat) FamRZ 1992, 41 = NJW 1992, 115; *Paletta* FamRZ 2002, 415 (Anm. zu OLG Naumburg FamRZ 2001, 1321); BVerwGE 58, 209 (212); LG Offenburg FamRZ 1984, 306 mAnm *Bosch;* aM OLG Hamm FamRZ 1987, 742; → Rn. 224.

[2252] DIV-Gutachten DAVorm 1987, 953 ff. und 1988, 793, 891; OVG Hamburg NJW 1990, 532; VG Bremen NJW 1990, 533; aM *Schwenzer* FamRZ 1989, 685 (688) und *Künkel* DAVorm 1991, 357 (363).

[2253] OLG Saarbrücken FamRZ 1999, 1024 und OLG Koblenz OLGR 1999, 326 (Darlegung gehört zur Schlüssigkeit); OLG Karlsruhe NJW-RR 1995, 1285 und OLGR 2004, 47. Auch nach dem 1.1.2005 erforderlich: AK 8 des 16. DFGT, S. 144.

[2254] BGH FamRZ 1998, 818 = NJW 1998, 2219.

fall auch einen arbeitsunwilligen Unterhaltsschuldner bevorzugt, der den Berechtigten zur Inanspruchnahme der Sozialhilfe nötigt.[2255] weiter → Rn. 656.

(5) Die Härteregelung nach § 94 Abs. 2 SGB XII soll insbesondere die Eltern behin-   **654** derter Kinder vor lebenslanger Inanspruchnahme schützen. Bei einer sehr guten Einkommens- und Vermögenslage der Verpflichteten kann eine Heranziehung auch über das 18. Lebensjahr hinaus gerechtfertigt sein.[2256] Ab 1.1.2005 war generell nur ein Anspruchsübergang in Höhe von monatlich 26,- EUR/20,- EUR vorgesehen; diese beiden Beträge erhöhen sich im gleichen Umfang wie das Kindergeld. Seit 1.1.2016 sind es deswegen 32,08 EUR/24,68 EUR.

(6) Für die Vergangenheit kann der Träger der Sozialhilfe gemäß § 94 Abs. 4   **655** SGB XII den übergegangenen Anspruch unter den allgemeinen Voraussetzungen des BGB sowie ab schriftlicher Mitteilung der Sozialhilfegewährung geltend machen.[2257]

(7) Bei Nichtübergang des Unterhaltsanspruchs trotz geleisteter Sozialhilfe   **656** (→ Rn. 651 ff.) ist die Sozialhilfe wegen ihrer Subsidiarität gleichwohl nicht als bedarfsdeckend anzusehen, so dass ein privater Unterhaltsanspruch, zB auch gestützt auf sozialhilferechtlich irrelevantes fiktives Einkommen, grundsätzlich zusätzlich geltend gemacht werden könnte.[2258] Die Sozialhilfe wirkt dann wie eine freiwillige Leistung Dritter nicht bedarfsdeckend.[2259] Für Unterhaltsrückstände vor Antragzustellung kann sich der Unterhaltsschuldner aber im Einzelfall nach § 242 BGB auf unzulässige Rechtsausübung des Gläubigers berufen.[2260] Im Fall der Sozialhilfeleistung auf Grund (nur) fiktiven Einkommens können so unbillige Ergebnisse vermieden werden, insbesondere bei hohen Rückständen vor Rechtshängigkeit. Aber auch in den übrigen o. g. Fällen eines Ausschlusses des Übergangs kann unter Berücksichtigung einer ggf. sozialpolitischen Zweckrichtung zugunsten des Verpflichteten[2261] zwar nicht generell, aber bei Abwägung hinzukommender Umstände des Einzelfalls ein **Ausschluss des Unterhaltsanspruchs nach § 242 BGB** in Betracht kommen.[2262] Dabei hält es der BGH nun unter besonderen Umständen sogar für geboten, die entwickelten Grundsätze zu § 242 BGB auch auf den künftig fällig werdenden Unterhalt zu erstrecken.[2263] Im konkreten Fall konnte der Unterhaltsverpflichtete die berechtigte Antragstellerin nämlich nur deshalb nicht auf die Grundsicherungsleistungen verweisen, weil er einen einkommensstärkeren Bruder hatte, dessen Bruttoeinkünfte den Grenzbetrag nach § 43 Abs. 3 Satz 1 SGB XII überschritten. Darin erkannte der BGH zu Recht sowohl aus dem Blickwinkel des Sozialhilferechts eine systemwidrige Härte als auch unterhaltsrechtlich unter den gegebenen Umständen eine besondere Belastung, die die Durchsetzung des Unterhaltsanspruchs unbillig werden lässt.[2264] Gleiches müsste hiernach für den in Höhe von 56 % der Unterkunftskosten

---

[2255] *Kalthoener/Büttner* NJW 1998, 2012 (2016) und *Büttner* NJW 1999, 2315 (2321).

[2256] BVerwG FamRZ 1994, 33 = NJW 1994, 66; OLG Köln NJW 2000, 1201; OLG Koblenz OLGR 1998, 284; OLG Zweibrücken NJW-RR 2001, 436; krit. AG Bergheim FamRZ 1999, 1025.

[2257] Dazu OLG Hamburg NJW 1994, 2903; OLG Oldenburg FamRZ 1994, 1557.

[2258] BGH FamRZ 2015, 1467 = NJW 2015, 2655, Tz. 42; FamRZ 1999, 843 (847) = NJW 1999, 2365 (2368); an der hier bis zur 12. Auflage, ua bezugnehmend auf *Hampel* FamRZ 1996, 513 (521) mwN, grundsätzlichen Kritik daran wird nicht festgehalten unter Berücksichtigung der erweiterten Anwendung von § 242 BGB im Einzelfall durch den BGH aaO.

[2259] BGH FamRZ 2015, 1467 = NJW 2015, 2655, Tz. 45; FamRZ 1999, 843 (847) = NJW 1999, 2365 (2368) unter 5. b) bb).

[2260] BGH FamRZ 1999, 843 (847) = NJW 1999, 2365 (2368); FamRZ 2001, 619 (620); FamRZ 1993, 417 (419); vgl. auch Unterhaltsgrundsätze OLG Frankfurt Nr. 2.2 und 2.11.

[2261] Zur Kritik an dem bis zur 12. Aufl. ohne diese Präzisierung zu weiten Anwendungsbereich dieser Grundsätze: MAH-Familienrecht/*Günther*, 4. Aufl. 2014, Rn. 86.

[2262] Vgl. BGH FamRZ 2015, 1467 = NJW 2015, 2655, Tz. 45 ff.

[2263] BGH FamRZ 2015, 1467 = NJW 2015, 2655, Tz. 46.

[2264] BGH FamRZ 2015, 1467 = NJW 2015, 2655, Tz. 47.

(ohne Heizung und Warmwasserversorgung) nach §§ 94 Abs. 1 S. 6, 105 Abs. 2 SGB XII ausgeschlossenen Übergang gelten, denn damit soll auch der Unterhaltsverpflichtete begünstigt werden. → Rn. 651 am Ende.[2265]

657   (8) Ein **erhöhter Selbstbehalt** gilt auch nach Übergang auf den Sozialhilfeträger.[2266]

658   (9) **Ein Unterhaltsverzicht,** der zu Lasten des Trägers der Sozialhilfe geht, ist unwirksam,[2267] wenn die Sozialhilfebedürftigkeit bewusst herbeigeführt wurde, auch wenn eine Schädigung des Sozialhilfeträgers nicht beabsichtigt war.

659   (10) **Erbenhaftung** (§ 102 SGB XII) gilt für die Kosten der Sozialhilfe, wenn der Wert des Nachlasses bestimmte Grenzen überschreitet.[2268]

660   (11) **Einheitlich vor dem Familiengericht** ist über die Ansprüche nach § 94 Abs. 5 SGB XII zu entscheiden, auch über die öffentlich-rechtlichen Vorfragen.[2269]

        Zukünftige Unterhaltsansprüche kann der Berechtigte selbst geltend machen. Er kann nicht darauf verwiesen werden, dass er weiterhin Sozialhilfe beziehen könnte.[2270]

        Gemäß § 94 Abs. 4 S. 2 SGB XII kann aber der Sozialhilfeträger auf künftige Leistungen antragen, wenn die Hilfe voraussichtlich auf längere Zeit gewährt werden muss.[2271]

p) Ausbildungsförderung

661   **Staatliche Ausbildungsbeihilfen** werden nach zahlreichen gesetzlichen Vorschriften gewährt, neben den Bestimmungen zur Förderung bestimmter Personengruppen (zB Erziehungsbeihilfe gem. § 27 BVG, Ausbildungsbeihilfen gem. §§ 302, 323 Abs. 4 und 8 LAG) gibt es als allgemeine Förderungsbestimmungen vor allem die §§ 33 ff. SGB III[2272] (berufliche Ausbildung, Fortbildung, Umschulung) und die Bestimmungen des Bundesausbildungsförderungsgesetzes (BAföG),[2273] das die Förderung des Besuches weiterführender Schulen, Akademien, Hochschulen usw. regelt.

        Die BAföG-Bestimmungen sind in der Praxis von besonderer Bedeutung.

        Nach § 10 Abs. 3 S. 1 BAföG wird die **Altersgrenze auf 30 Jahre** festgelegt, von der es allerdings bei familiären oder persönlichen Gründen Ausnahmen gibt.[2274]

        Die Eltern trifft eine Mitwirkungspflicht im BAföG-Bewilligungsverfahren.[2275]

662   Die **Subsidiarität der BAföG-Förderung** ist wie folgt ausgestaltet:

- Subsidiär ist die Förderung gemäß §§ 1, 11 Abs. 2 BAföG gegenüber Unterhaltsansprüchen gegen Eltern und nicht dauernd getrennt lebenden Ehegatten.

[2265] BGH FamRZ 2015, 1594 = NJW 2015, 2577, Tz. 46; *Günther* FamFR 2012, 457 ff. (459 unter III.1.).

[2266] OLG Düsseldorf FamRZ 2001, 1724 (Erhöhung bei wieder bedürftig werdendem volljährigem Kind).

[2267] BVerfG FamRZ 2001, 343 (344) = NJW 2001, 957; BGH FamRZ 1992, 1403 = NJW 1992, 3164; FamRZ 1991, 306 = NJW 1991, 913; FamRZ 1987, 40 = NJW 1987, 1546; OLG Naumburg FamRZ 2002, 456; vgl. weiter *Heß* FamRZ 1996, 981 ff., der sich für Inhaltskontrolle nach § 242 BGB und gegen die Anwendung von § 138 Abs. 1 BGB ausspricht.

[2268] Vgl. weiter BVerwG FamRZ 2004, 455.

[2269] BGH FamRZ 1993, 417 (420) = NJW-RR 1993, 322, der überzeugend die Bindung der Zivilgerichte an bestandskräftige Entscheidungen der Verwaltungsbehörde zu § 91 Abs. 3 BSHG begründete, dürfte damit überholt sein. *Klatt* ZFE 2006, 167.

[2270] BGH FamRZ 1992, 41 = NJW 1992, 115; OLG Stuttgart OLGR 1999, 427.

[2271] OLG Karlsruhe FamRZ 1995, 615 (617); OLG Koblenz NJW-RR 1998, 694 und FamRZ 1996, 756.

[2272] Umfassende Neuordnung des SGB III seit 1.4.2012, zuletzt geändert am 20.12.2012 (BGBl. I, 2781).

[2273] BAföG idF der Bekanntmachung v. 6.6.1983 (BGBl. I 645), zuletzt geändert durch das Gesetz vom 22.9.2005 (BGBl. I 2809).

[2274] VGH Baden-Württemberg FamRZ 2006, 1487; dazu *Finger* FamRZ 2006, 1427.

[2275] OLG Koblenz OLGR 2007, 580.

- Nicht subsidiär wird die Förderung gegenüber sonstigen Ehegatten und allen sonstigen Unterhaltsverpflichteten gewährt.[2276] Nichteheliche Lebensgemeinschaften berühren den Anspruch gleichfalls nicht.
- Einschränkungen der Subsidiarität gelten auch für Eltern und nicht dauernd getrennt lebende Ehegatten, insbesondere bei Zweit- und Spätausbildungen gem. § 11 Abs. 3 BAföG.[2277] Ferner bestehen pauschale Einkommensfreigrenzen,[2278] die Mehrbeträge sind gemäß § 25 Abs. 4 BAföG zu 50 % anrechnungsfrei (+ 5 % für jedes Kind), und es ist ein gesetzlicher Anspruchsübergang gemäß §§ 36, 37 BAföG vorgesehen.
- Das **anzurechnende Einkommen** der Eltern richtet sich nach den Bestimmungen des BAföG.[2279] Nach § 37 Abs. 1 S. 1 BAföG kann der Unterhaltsanspruch, den ein Auszubildender für die Zeit, für die er Ausbildungsförderung erhält, gegen seine Eltern hat, bis zur Höhe der geleisteten Aufwendungen auf das Land übergehen. Der Anspruchsübergang wird jedoch nicht nur durch den Betrag der Aufwendungen und den nach bürgerlichem Recht geschuldeten Unterhalt begrenzt, sondern auch durch das nach dem BAföG anzurechnende Einkommen der Eltern. Die Rechtmäßigkeit des Bewilligungsbescheids ist im Unterhaltsverfahren vor dem Familiengericht im Hinblick auf die Anrechnung des Einkommens der Eltern in vollem Umfang zu überprüfen.[2280] Dazu gehört auch die Überprüfung, ob nach § 25 Abs. 6 BAföG ein weiterer Einkommensteil zur Vermeidung unbilliger Härten anrechnungsfrei bleiben muss. Wenn es dem insoweit darlegungs- und beweispflichtigen Unterhaltspflichtigen aber zB nicht gelingt, die Voraussetzungen für eine Ermessensreduzierung hinsichtlich des Härtefreibetrages darzulegen, ist von der Rechtmäßigkeit des Freibetrags und des behördlich zugrunde gelegten einsetzbaren Elterneinkommens auszugehen.[2281]

Für die **BAföG-Anrechnung als Einkommen des Berechtigten** gilt: **663**

- Bloße Vorausleistung nach § 36 BAföG sind nicht als Einkommen anzusehen.[2282]
- Endgültige Zuschüsse (für Schüler in voller Förderungshöhe, im Übrigen gemäß § 17 Abs. 2 BAföG zur Hälfte) sind als Einkommen des Berechtigten voll anzurechnen.[2283] Der Unterhaltpflichtige kann den Berechtigten darauf verweisen, bestehende BAföG-Ansprüche dieser Art geltend zu machen.
- Darlehen (50 % der Förderung gemäß § 17 Abs. 2 BAföG) sind anrechenbares Einkommen nach Billigkeitsgesichtspunkten. Der BGH[2284] hat das überzeugend damit begründet, dass die BAföG-Darlehen wegen ihrer Zinsfreiheit, den Rückzahlungsmodalitäten und den Teilerlassmöglichkeiten so günstig sind, dass es dem Studenten angesichts seiner Zukunftsperspektiven zumutbar ist, sie zur Entlastung der Eltern, die schon erhebliche Leistungen für das Kind erbracht haben, in Anspruch zu

---

[2276] BGH FamRZ 1980, 126 = NJW 1980, 393; OLG Schleswig, SchlHA 1984, 163; keine Anrechnung tatsächlich erbrachter Unterhaltsleistungen der Großeltern: OVG Münster NJW 1990, 2640.

[2277] Vgl. OLG Stuttgart NJW-RR 1996, 2; *Ramsauer/Stallbaum* § 11 Rn. 32 ff.

[2278] Zu allen Einzelheiten wird auf die Kommentierung des BAföG verwiesen, zB *Ramsauer/Stallbaum* §§ 21 ff.

[2279] BGH MDR 2000, 214 (zu Freibeträgen für Stiefkinder nach § 25 BAföG).

[2280] BGH FamRZ 2013, 1644 = NJW-RR 2013, 1345,.Tz. 14, 15, im Anschluss an BGH FamRZ 2000, 640.

[2281] BGH FamRZ 2013, 1644 = NJW-RR 2013, 1345, Tz. 23.

[2282] BGH FamRZ 1985, 916 = NJW 1985, 2331; OLG Köln FamRZ 1985, 1166; OLG Hamm FamRZ 1987, 91.

[2283] OLG Nürnberg FamRZ 2003, 1025; OLG Hamm FamRZ 1995, 1422; alle Leitlinien, zB Hamm, Frankfurt, Süddeutsche Leitlinien jeweils Nr. 2.4.

[2284] BGH FamRZ 1985, 916 = NJW 1985, 2331; ebenso die gesamte OLG-Rechtsprechung, wie aus Nr. 2.4 der Leitlinien ersichtlich.

nehmen. Dagegen muss das **verzinsliche Volldarlehen nach § 17 Abs. 3 BAföG nicht** aufgenommen werden, das im Wesentlichen einem auf dem freien Markt erhältlichen Bankdarlehen entspricht.[2285] Billigkeitsgesichtspunkte, die im Einzelfall für die Nichtanrechnung auf den Unterhaltsanspruch sprechen, können auch zu bejahen sein, wenn Darlehen und Unterhaltsanspruch zusammen nicht den Mindestbedarf decken.[2286]

Wenn der Darlehensempfänger (ausnahmsweise) noch minderjährig ist, dürfte eine Verweisung auf das Darlehen ebenfalls ausscheiden.[2287]

- Eine fiktive Anrechnung erfolgt, wenn der BAföG-Antrag vorwerfbar unterlassen wurde.[2288]

Fiktives Einkommen. Unterlässt das Kind bewusst die Stellung eines BAföG-Antrages, ist die Anrechnung eines fiktiven Einkommens gerechtfertigt.[2289] Ein studierendes volljähriges Kind muss dartun und belegen, dass ihm bei rechtzeitiger Antragstellung keine Ausbildungsförderung gewährt worden wäre. Eine nicht von vornherein aussichtslose Antragstellung ist auch zumutbar, wenn die BAföG-Leistungen zu günstigen Darlehensbedingungen erlangt werden können.[2290]

Ist eine **Erwerbstätigkeit unzumutbar** (zB wegen Kinderbetreuung), sollen Einkünfte aus BAföG gleichwohl voll anrechenbar sein, weil Studium oder Schulbesuch keiner überobligatorischen Erwerbstätigkeit gleichzusetzen seien.[2291] Jedenfalls werden bei dieser Sachlage aber Kinderbetreuungskosten von diesen Einkünften absetzbar sein.

664   **Berufsausbildungsbeihilfen nach §§ 56, 68 ff. SGB III** sind Lohnersatzleistungen und nur subsidiär, wenn sie als Vorauszahlungen gemäß § 68 SGB III ohne Rücksicht auf bestehende Unterhaltsansprüche gewährt werden.[2292] Für Zeiträume der Gewährung, die vor dem Rechtsübergang nach § 68 Abs. 2 SGB III liegen, ist eine Rückforderung ausgeschlossen, → Rn. 909. Zum Ausbildungsgeld für Behinderte gemäß § 122 SGB III → Rn. 638.

Betriebsgebundene Ausbildungsbeihilfen sind nach den Regeln für Ausbildungsvergütungen zu behandeln.[2293]

665   **Sonstige Stipendien** (zB Studienstipendien von kirchlichen Trägern oder Stiftungen) sind den Ausbildungsförderungen vergleichbar, wenn der Empfänger einen rechtlich gesicherten Anspruch hat. Allerdings kann auch dann die besondere Zweckbestimmung zu beachten sein, wenn es sich der Sache nach um eine freiwillige Zuwendung Dritter handelt.[2294]

666   Der **Familienzuschlag** nach § 40 Abs. 1 BBesG wird nur gezahlt, wenn der geschiedene Ehegatte Ehegattenunterhalt in einer bestimmten Mindesthöhe zu zahlen hat; im Übrigen aber auch, wenn er aufgrund einer zweiten Ehe zum Unterhalt verpflichtet ist. → Rn. 631.

[2285] OLG Karlsruhe FamRZ 2011, 1303 unter II. 2. d).

[2286] OLG Köln FamRZ 1985, 1166.

[2287] OLG Hamm FamRZ 1987, 91, da BGH FamRZ 1985, 916 auf bis zur Volljährigkeit schon erbrachte Leistungen abstellte.

[2288] OLG Schleswig FamRZ 2006, 571.

[2289] OLG Schleswig FamRZ 2006, 571.

[2290] OLG Hamm FamRZ 2014, 565 = NJW 2014, 396 = FamFR 2013, 536.

[2291] OLG Hamm FamRZ 1995, 1422; OLG Schleswig OLGR 1999, 245 sieht BAföG-Leistungen zu einem wesentlichen Teil als Ausgleich studienbedingter Mehrkosten an.

[2292] BGH FamRZ 1986, 151 = NJW-RR 1986, 426; OLG Schleswig SchlHA 1988, 53; OLG Oldenburg FamRZ 1989, 531.

[2293] → Rn. 556 ff.

[2294] → Rn. 606 (Büchergeld der Studienstiftung des Deutschen Volkes).

V. Fiktives Einkommen

Fiktives Einkommen kann zuzurechnen sein, wenn der Berechtigte einer zumutbaren **667** Erwerbstätigkeit nicht nachgeht, obwohl er es könnte. Dann ist er nicht anders zu behandeln als der Verpflichtete im spiegelbildlichen Fall. Auf die Ausführungen dazu und die Ausführungen zur mutwilligen Herbeiführung der Bedürftigkeit ist daher zu verweisen.[2295]

Der verbreiteten Auffassung, bei fiktiver Zurechnung eines Erwerbseinkommens sei davon auszugehen, dass bei vollschichtiger Erwerbstätigkeit auch ohne Berufsausbildung der nach durchschnittlichen Verhältnissen angemessene Lebensbedarf verdient werden könne, ist in dieser allgemeinen Form nicht zuzustimmen.[2296] Es sind stets konkrete Feststellungen nach den Umständen des Einzelfalls nötig.[2297]

Der BGH[2298] weist in diesem Zusammenhang zu Recht darauf hin, dass die Anzahl der vom Anspruchsteller vorgetragenen Bewerbungen nur ein Indiz für seine dem Grundsatz der Eigenverantwortung entsprechenden Arbeitsbemühungen ist, nicht aber deren alleiniges Merkmal. Vielmehr könne auch bei nachgewiesenen Bewerbungen in großer Zahl die Arbeitsmotivation nur eine vorgeschobene sein, während andererseits bei realistischer Einschätzung der Arbeitsmarktlage auch Bewerbungen in geringerer Zahl ausreichend sein könnten, wenn etwa nur geringe Chancen für einen Wiedereintritt in das betreffende Berufsfeld bestehen.

Einen unterhaltsberechtigten Elternteil trifft die Obliegenheit, Leistungen der **Grundsicherung** in Anspruch zu nehmen. Unterlässt er dies, obwohl die gesetzlichen Voraussetzungen vorliegen, sind ihm entsprechend hohe fiktive Einkünfte zuzurechnen.[2299] Ein fiktives **Pflegegeld** ist zu berücksichtigen, wenn er den Abschluss einer Pflegeversicherung unterlassen hat.[2300] Etwaigem fiktiven Einkommen wegen einer nicht abgeschlossenen Pflegeversicherung sind aber bedarfserhöhend die fiktiven Beiträge für diese Versicherung entgegenzusetzen.[2301]

B. Die Leistungsfähigkeit des Verpflichteten

I. Allgemeines

1. Faktoren, die die Leistungsfähigkeit beeinflussen

a) Leistungsfähigkeit

Die **Leistungsfähigkeit des Verpflichteten** ist neben der Bedürftigkeit des Berechtig- **668** ten weitere Voraussetzung für Grund und Höhe des Unterhaltsanspruchs, §§ 1603, 1581 BGB.

[2295] Vgl. BGH FamRZ 2008, 2104.

[2296] BGH FamRZ 2011, 1851 = NJW 2011, 3577, Tz. 13 – 17. Zur verfassungsrechtlichen Problematik beim Verpflichteten, die teilweise beim Anspruchsteller gleich gelagert ist: BVerfG mit drei stattgebenden Kammerbeschlüssen vom 18.6.2012 – 1 BvR 774/10 = NJW 2012, 2420; 1 BvR 1530/11 = FamRZ 2012, 1283 und 1 BvR 2867/11 = NJW-Spezial 2012, 517.

[2297] → Rn. 174, 459 – 465 und 506 mwN, BGH FamRZ 2011, 1851 = NJW 2011, 3577, Tz. 13 – 17; BGH FamRZ 2012, 517 = NJW 2012, 1144, Tz. 30 – 38; siehe auch OLG Hamm FamRZ 2010, 1914 (Ls.) = FamFR 2010, 178 (Kurzwiedergabe); OLG Brandenburg MDR 2009, 270 f.

[2298] BGH FamRZ 2011, 1851 = NJW 2011, 3577, Tz. 15.

[2299] BGH NJW 2015, 2655 = FamRZ 2015, 1467 mAnm *Schürmann* FamRZ 2015, 1600.

[2300] BGH FamRZ 2015, 1594 (mAnm *Borth*) = NJW 2015, 2577, Tz. 31.

[2301] BGH FamRZ 2015, 1594 (mAnm *Borth*) = NJW 2015, 2577, Tz. 38.

Der Inanspruchgenommene muss in der Lage sein, außer seinen eigenen Bedürfnissen mit den tatsächlich verfügbaren oder zumutbar erzielbaren Geldmitteln auch den anerkennenswerten Bedarf des Berechtigten zu befriedigen. Die Leistungsfähigkeit wird demnach im Wesentlichen von drei Faktoren beeinflusst:

a) den Mitteln, die für Unterhaltszwecke zur Verfügung stehen, nämlich:
   - die tatsächlichen Einkünfte (→ Rn. 782 ff.) und das tatsächlich vorhandene Vermögen (→ Rn. 847 ff.)
   - die Einkünfte, die der Pflichtige unterhaltsrechtlich zumutbar erzielen könnte (→ Rn. 724 ff.)
   - ermäßigt um die unterhaltsrechtlich beachtlichen Verbindlichkeiten des Pflichtigen. (→ Rn. 978 ff.)

b) dem Eigenbedarf (Selbstbehalt) des Verpflichteten (→ Rn. 975); über diesen hinaus entfällt jede Unterhaltspflicht. Denn der Unterhaltsschuldner muss in der Lage bleiben, seine eigene Existenz zu sichern[2302] und darf durch die Leistung von Unterhalt nicht seinerseits sozialhilfebedürftig werden.[2303] Als notwendiger Selbstbehalt muss ihm jedenfalls der Betrag belassen werden, der seinen eigenen Lebensbedarf nach sozialhilferechtlichen Grundsätzen abdeckt.[2304]

c) der Stärke der Unterhaltspflicht. Die gesteigerte Unterhaltspflicht gegenüber minderjährigen, unverheirateten Kindern und den ihnen gleichgestellten, im Haushalt eines Elternteils lebenden volljährigen Schülern folgt aus § 1603 Abs. 2 S. 1 und S. 2 BGB. Im Übrigen ergibt sich die Stärke der Unterhaltspflicht aus der Rangstelle des Berechtigten (§ 1609 BGB).

669   **Leistungsfähig** ist der Verpflichtete, der über die zur Unterhaltszahlung nötigen Mittel tatsächlich verfügt oder sie unter Berücksichtigung von Vorbildung, Fähigkeiten, Arbeitsmarktlage – und ggf. durch Vermögenseinsatz – bei gutem Willen in zumutbarer Weise beschaffen könnte.[2305] Die Beachtlichkeit fiktiver Einkünfte ist gesetzlich nicht geregelt. Sie entspricht gleichwohl allgemeiner Auffassung und ist verfassungsrechtlich nicht zu beanstanden.[2306] Eingehend zur Problematik → Rn. 675, → Rn. 724 ff.

b) Minderung der Leistungsfähigkeit

670   **Kurzfristige Minderungen der Leistungsfähigkeit** können unbeachtlich sein, wenn sie voraussehbar sind und deshalb für ihre Dauer finanzielle Vorsorge getroffen werden kann,[2307] etwa bei vorhersehbar kurzer Arbeitslosigkeit,[2308] zur Überbrückung von sonstigen zeitweisen Einkommensminderungen.[2309] Fehlt es an der Vorhersehbarkeit oder war der Unterhaltsschuldner aus wirtschaftlichen Gründen nicht in der Lage, Rücklagen zu

---

[2302] BVerfG FamRZ 2001, 1685.

[2303] BGH FamRZ 1990, 849 (850); FamRZ 2006, 683 (684) = NJW 2006, 1654, Tz. 16; FamRZ 2006, 1010 (1012) = NJW 2006, 2404, Tz. 19.

[2304] BGH FamRZ 2006, 683 = NJW 2006, 1654, Tz. 16; FamRZ 2006, 1010 (1012) = NJW 2006, 2404, Tz. 19.

[2305] BVerfG FamRZ 2003, 661; FamRZ 2007, 273f; FamRZ 2010, 626 (628); BGH FamRZ 2003, 1471 (1473); FamRZ 2009, 314 (316); → Rn. 724–748.

[2306] Zuletzt BVerfG NJW 2012, 2420 (2421); FamRZ 2012, 1283.

[2307] OLG Hamburg FamRZ 1989, 303 (304); OLG Köln FamRZ 2003, 601 vgl. auch § 1615h Abs. 1 S. 2 BGB aF: „Vorübergehende Umstände können nicht zu einer Herabsetzung (des Unterhalts) führen".

[2308] OLG Brandenburg FamRZ 1995, 1220 (1221); OLG Hamm FamRZ 1996, 863 (864).

[2309] BGH FamRZ 1982, 365 (366) und FamRZ 1988, 145 (147) und FamRZ 1988, 256 = NJW-RR 1988, 519; BGH FamRZ 1982, 678 = NJW 1982, 1641; FamRZ 1983, 140 (141) = NJW 1982, 814: Kredit bei Zweitausbildung; FamRZ 1988, 145 (147); OLG Düsseldorf FamRZ 1988, 67 (70): Kreditaufnahme bei Berufswechsel in selbstständige Tätigkeit; OLG Köln FamRZ 2006, 1756 (LS).

bilden, können Minderung oder Verlust der Leistungsfähigkeit unterhaltsrechtlich beachtlich sein. Zu prüfen ist allerdings, ob die Aufrechterhaltung der Leistungsunfähigkeit als Obliegenheitsverletzung zu werten ist (→ Rn. 711 ff.). Ist eine solche Obliegenheitsverletzung zu verneinen, hat der Unterhaltsberechtigte einen Verlust oder eine Reduzierung seines Unterhaltsanspruches hinzunehmen. Der Unterhaltsschuldner hat für den fraglichen Zeitraum auch bei wiedergewonnener Leistungsfähigkeit keine Nachzahlungen zu leisten. Erforderlich ist nämlich eine Gleichzeitigkeit von Bedürftigkeit und unterhaltsrechtlicher Leistungsfähigkeit.[2310]

aa) Kreditaufnahme. Kreditaufnahme zur Beschaffung von Unterhaltsmitteln kann **671** zumutbar sein,[2311] jedoch nur, wenn der Kredit in absehbarer Zeit aus Eigenmitteln in einer maßvollen Zeitspanne zurückgezahlt werden kann. Wer also ohnehin überschuldet ist, ohne die Schulden zurückführen zu können, dem kann schwerlich zugemutet werden, weiteren Kredit aufzunehmen.[2312] Dies gilt selbst dann, wenn während des Zusammenlebens der Unterhalt durch Kontoüberziehungen oder Elternzuwendungen finanziert wurde.[2313]

bb) Vermögensverwertung. Vermögen des Unterhaltsschuldners muss ggf. zur Steigerung oder Erhaltung der Leistungsfähigkeit eingesetzt werden. Dies gilt für Erträge und unter Umständen auch für den Stamm des Vermögens. Die Verpflichtung zu dessen Verwertung ist abhängig von der Qualität der Unterhaltsverpflichtung. Der Grundgedanke des § 1581 S. 2 BGB, wonach der Berechtigte nicht zu unwirtschaftlicher oder unbilliger Vermögensverwertung verpflichtet ist, gilt auch für den Unterhaltsschuldner. Im Einzelnen → Rn. 847 ff.

c) Gesetzwidrig erlangte Mittel

Gesetzwidrig erlangte Mittel sind im Prinzip, da alles Einkommen für die Erfüllung **673** von Unterhaltspflichten heranzuziehen ist, bei der Beurteilung der Leistungsfähigkeit zu berücksichtigen. Praktisch bedeutsam sind hier die **Einkünfte aus Schwarzarbeit,** auf die Steuern und Sozialabgaben nicht gezahlt werden sowie die **Einkünfte eines Selbständigen,** der den Straftatbestand der Steuerhinterziehung erfüllt. Da der Erwerbsvorgang als solcher unbedenklich ist, sind die Einkünfte, die tatsächlich erzielt werden und nachweisbar sind, für Unterhaltszwecke zu verwenden.[2314] Der Unterhaltpflichtige kann allerdings nicht gezwungen werden, den ungesetzlichen Erwerb fortzusetzen, so dass allein rückständiger Unterhalt, nicht aber die künftigen Zahlungen auf „schwarz" erzieltes Einkommen gestützt werden können.[2315]

Ist der Erwerb als solcher in Ordnung, fehlen nur förmliche Voraussetzungen wie etwa die Eintragung in die Handwerksrolle, der Gewerbeschein, die Konzession usw., ist die Verwendung der so erlangten Mittel für Unterhalt selbstverständlich.

[2310] BVerfG FamRZ 2005, 1051 (1053) mAnm *Klinkhammer* FamRZ 2005, 1055 und Anm. *Graba* FamRZ 2005, 1149; OLG Dresden FamRZ 2014, 1471.

[2311] BGH FamRZ 1982, 365 (366); BGH FamRZ 1982, 678 = NJW 1982, 1641; FamRZ 1983, 140 (141) = NJW 1982, 814: Kredit bei Zweitausbildung; FamRZ 1988, 145 (147) und FamRZ 1987, 145 (147) und FamRZ 1987 256 = NJW-RR 1988, 519; OLG Düsseldorf FamRZ 1988, 67 (70): Kreditaufnahme bei Berufswechsel in selbstständige Tätigkeit; ebenso OLG Köln FamRZ 2006, 1756 (LS).

[2312] BGH FamRZ 1982, 678 (679) = NJW 1982, 1641.

[2313] OLG München FamRZ 1993, 62 (Rechtsanwalt); auch OLG Köln FamRZ 2001, 1475 für den Elternunterhalt.

[2314] OLG Brandenburg FamRZ 2013, 631 f. = NJW 2012, 3186 (3187 f.); OLG Nürnberg EzFamR aktuell 1997, 339; AG Viechtach FamRZ 1990, 1139 hält Schwarzarbeitslohn für nicht unterhaltspflichtiges Einkommen.

[2315] OLG Brandenburg FamRZ 2013, 631 (632) = NJW 2012, 3186 (3188).

Ungesetzliche Einkünfte, also solche aus Straftaten, können zu Unterhaltszwecken verwendet werden, wenn dies nicht gegen die guten Sitten verstößt oder dadurch die berechtigten Interessen eines durch den Erwerbsvorgang Geschädigten verletzt werden. Letzteres wird man bei Einkünften aus schweren Straftaten wie Erpressung, Raub etc. annehmen können. Allerdings sind diese Überlegungen theoretisch. Ein Unterhaltsrechtsstreit über die Beute aus einem Raubüberfall ist nicht vorstellbar, so dass es keinerlei veröffentlichte Entscheidungen zu diesem Problem gibt.

d) Schuldhaft herbeigeführte Leistungsunfähigkeit

674   **Schuldhaft herbeigeführte Leistungsunfähigkeit oder Leistungseinschränkung**[2316] sind grundsätzlich beachtlich.[2317] Anders als bei „mutwillig" herbeigeführter Bedürftigkeit (§ 1579 Nr. 4 BGB) enthält das Gesetz für schuldhaft herbeigeführte Leistungsunfähigkeit keine besondere Regelung. Eine Berufung auf Leistungsunfähigkeit muss jedoch dann verwehrt sein, wenn sie gegen den das ganze Recht beherrschenden Grundsatz von Treu und Glauben verstößt.[2318]

Das ist der Fall, wenn das Verhalten, das zur Leistungsunfähigkeit des Pflichtigen führt, selbst eine Verletzung der Unterhaltspflicht darstellt, wenn dem Unterhaltsschuldner der Vorwurf einer unterhaltsbezogenen Mutwilligkeit zu machen ist, der vorsätzliches und absichtliches, aber auch leichtfertiges Verhalten umfasst.[2319] Die Feststellung eines unterhaltsbezogenen Fehlverhaltens erfordert eine eingehende Würdigung aller objektiven und subjektiven Umstände des Einzelfalles.[2320] Dabei ist die bloße Vorhersehbarkeit der Leistungsunfähigkeit als Folge des Fehlverhaltens nicht ausreichend. Die Vorstellungen und Antriebe des Pflichtigen müssen sich gerade auf die dadurch verursachte Minderung seiner Leistungsfähigkeit erstrecken.[2321] Er muss sie als mögliche Folge seines Handelns erkennen und sich über sie – wenn auch im Vertrauen auf ihren Nichteintritt – in Verantwortungs- und Rücksichtslosigkeit gegen den Unterhaltsgläubiger hinwegsetzen.[2322] Ist die Leistungsunfähigkeit unverschuldet, kann der Pflichtige gleichwohl gehalten sein, sich so schnell wie möglich um eine Wiederherstellung der Leistungsfähigkeit zu bemühen. Es gelten die dargestellten Grundsätze.

675, 676   *einstweilen frei*

e) Darlegungs- und Beweislast

677   Die Leistungsfähigkeit des Unterhaltsschuldners gehört grundsätzlich zur Begründung des Anspruchs, so dass es Sache des Berechtigten wäre, diese darzulegen und zu beweisen. § 1603 Abs. 1 BGB kehrt allerdings aus Gründen der Praktikabilität die Darlegungs- und Beweislast um. Der Unterhaltspflichtige, der sich auf eine Einschränkung seiner Leistungsfähigkeit beruft, hat hierzu vorzutragen. Er trägt die Darlegungs- und Beweislast für

---

[2316] Für sie gelten gleiche Grundsätze: BGH FamRZ 1987, 372 (374).

[2317] BGH FamRZ 1982, 692 (794) = NJW 1982, 1812; BGH FamRZ 2000, 815 ff. = NJW 2000, 2351 f.; BGH FamRZ 2002, 813 ff. = NJW 2002, 1799 f.; FamRZ 2003, 1471 (1473) mAnm *Luthin* FamRZ 2003, 1473 f.

[2318] BGH FamRZ 2003, 1471 (1473); FamRZ 1982, 792 (794) u. FamRZ 1982, 913 (914); FamRZ 1985, 158 (159 f.); OLG Hamburg NJW-RR 1991, 773.

[2319] BGH FamRZ 1981, 1042 (1044 f.); FamRZ 1984, 364 (367 f.); FamRZ 2000, 815 (817); OLG Naumburg FamRZ 2010, 572 (573 f.).

[2320] BGH FamRZ 1993, 1055 (1056 f.); FamRZ 1994, 240 (241); FamRZ 2000, 815 (816); OLG Naumburg FamRZ 2010, 572 (573 f.).

[2321] BGH FamRZ 1993, 1055 (1056 f.); FamRZ 1994, 240 (241); FamRZ 2000, 815 (816); OLG Naumburg FamRZ 2010, 572 (573 f.).

[2322] BGH FamRZ 1981, 1042 (1044 f.); FamRZ 1984, 364 (367 f.); FamRZ 2000, 815 (817); OLG Naumburg FamRZ 2010, 572 (573 f.).

die Voraussetzungen einer Einschränkung seiner Leistungsfähigkeit und hat insoweit die seine Lebensstellung bildenden Faktoren, sein Einkommen und Vermögen sowie die einkommensmindernden Abzugspositionen darzulegen und zu beweisen.[2323]

Wird Elternunterhalt geltend gemacht, hat das unterhaltpflichtige Kind neben seinem eigenen Einkommen auch das Einkommen der übrigen Familienmitglieder, den vollständigen Bedarf der Familie und seinen eigenen Beitrag dazu substantiiert vorzutragen.[2324]

Bei schuldhaft herbeigeführter Leistungsunfähigkeit muss der Berechtigte die Verantwortungslosigkeit bzw. Leichtfertigkeit des Verpflichteten darlegen, wobei der Vortrag genügt, die Arbeit sei ohne hinreichenden Grund aufgegeben worden. Der Pflichtige muss diese Angaben des Berechtigten substantiiert bestreiten, und dem Berechtigten obliegt es, zu beweisen, dass die vom Schuldner genannten Gründe nicht zutreffen.[2325] Bei Verschuldung des Unterhaltspflichtigen muss dieser also den Zweck der Schulden, Art ihrer Entstehung, deren Zeitpunkt sowie seine Bemühungen um eine Wiederherstellung seiner Leistungsfähigkeit darlegen.[2326]

f) Berechnung Einkommen

Die Endsummen der Unterhaltsberechnung sollten auf volle Euro-Beträge gerundet werden, wie es die unterhaltsrechtlichen Leitlinien nahezu aller Oberlandesgerichte vorsehen[2327]. **678**

Bei schwankendem Einkommen ist das über einen längeren Zeitraum bezogene Durchschnittseinkommen für die Unterhaltsbemessung maßgebend. Für die Berechnung rückständigen Unterhalts ist von den tatsächlichen erzielten Einkünften in dem fraglichen Zeitraum auszugehen, für die aus Gründen der Vereinfachung ein Jahresdurchschnitt zu bilden ist.[2328] Dies gilt grundsätzlich für jede Art von Einkünften.

Für den aufgrund einer Einkommensprognose zu ermittelnden laufenden Unterhalt ist zu unterscheiden:

Für **Einkommen aus unselbstständiger Arbeit** wird das durchschnittliche monatliche **Nettoeinkommen** nach den Bezügen des letzten vollen Kalenderjahres der Unterhaltsberechnung zugrunde gelegt,[2329] es sei denn, das Einkommen hätte sich im laufenden Kalenderjahr mit Sicherheit dauerhaft unterhaltserheblich geändert.[2330] Jährlich einmal gezahlte Sonderzuwendungen (zB Weihnachtsgeld, Urlaubsgeld) sind auf den Monat umgelegt, einzubeziehen.[2331] Zeiten von Krankheit oder Arbeitslosigkeit werden einbezogen und die in diesen Zeiträumen erhaltenen Beträge (Lohnfortzahlung, Krankengeld)[2332] hinzugerechnet. Weniger geeignet erscheint als Ermittlungsgrundlage das noch nicht **679**

[2323] OLG Hamm FamRZ 2013, 1541

[2324] OLG Hamm FamRZ 2013, 1541.

[2325] OLG Düsseldorf NJW-RR 1994, 1097 = FamRZ 1994, 926; vgl. auch *Baumgärtel/Laumen/ Aps* Handbuch der Beweislast im Privatrecht, 3. Aufl. 2010, Rn. 9 und 10 zu § 1603 BGB.

[2326] OLG Hamm FamRZ 1996, 959.

[2327] Nr. 25 der Oldenburgischen Leitlinien sieht eine Rundung auf 5 EUR-Beträge vor; Nr. 25 der übrigen Leitlinien.

[2328] BGH FamRZ 2007, 1532 (1534) mAnm *Maurer* FamRZ 2007, 1538; OLG Dresden FamRZ 2014, 1471; aA wohl OLG Brandenburg FamRZ 2014, 219, 220.

[2329] BGH FamRZ 1983, 996 = NJW 1983, 2243; OLG Frankfurt FamRZ 1989, 1300; OLG Hamm FamRZ 1986, 1102; KG FamRZ 1988, 720.

[2330] OLG Dresden FamRZ 2014, 378: bei Verbesserung der Leistungsfähigkeit durch die Aufnahme einer Erwerbstätigkeit erhöht sich die Leistungsfähigkeit von Beginn des Monats der Arbeitsaufnahme an; KG FamRZ 1988, 720 (721); OLG München FamRZ 1984, 173 (174); OLG Zweibrücken FamRZ 2000, 112.

[2331] BGH FamRZ 1991, 416 (418).

[2332] BGH FamRZ 1987, 36 (38); FamRZ 2013, 191, Tz. 36 f.: Krankengeld und Krankenhaustagegeld

abgeschlossene, laufende Kalenderjahr, weil Jahresverdienstbescheinigungen mit allen Sonderzuwendungen auf das volle Kalenderjahr abgestellt sind. Bei jährlichen Zuwendungen ist zu beachten, dass sich dadurch das Einkommen für das ganze Jahr erhöht mit der Folge einer insgesamt progressiven Steuerquote.[2333]

680 **Einkommen aus selbstständiger Arbeit und aus Kapitalvermögen** ist regelmäßig als Durchschnittseinkommen aus dem Gewinn der drei dem jeweiligen Unterhaltszeitraum vorausgehenden Kalenderjahre zu ermitteln.[2334] Im Einzelfall kann eine längere oder kürzere Zeitspanne zugrunde gelegt werden, wenn dies erforderlich ist, um ein Bild von den durchschnittlichen Gewinnen zu erlangen[2335]. Dies kann erforderlich werden, wenn der Dreijahreszeitraum durch ungewöhnliche Ereignisse oder steuerrechtliche Besonderheiten geprägt wird und deshalb eine zuverlässige Prognose über die künftige Einkommensentwicklung nicht zulässt.[2336] Wenn zB in den Zeitraum eine Anlauf- und eine Konsolidierungsphase fallen, ist nur letztere maßgebend.[2337] Liegt nur ein abgeschlossenes Geschäftsjahr vor, ist auf dieses abzustellen.[2338]

Steuern sind abzusetzen, soweit sie in dem fraglichen Zeitraum tatsächlich angefallen sind (Inprinzip). Im Regelfall ist nicht entscheidend, auf welchen Zeitraum sich die Steuerlast bezieht (Fürprinzip).[2339] Allerdings ist es die Aufgabe des Tatrichters, für den jeweiligen Einzelfall eine geeignete Methode für eine möglichst zuverlässige Berechnung des unterhaltsrechtlich relevanten Einkommens zu finden.[2340] So kann es gerechtfertigt sein, die Steuerlast nach dem sog. „Fürprinzip" zu ermitteln, wenn in dem fraglichen Zeitraum eine Steuernachzahlung angefallen ist, die einen lange zurückliegenden Zeitraum betrifft.[2341]

Liegen zuverlässige Kenntnisse über die Einkünfte der drei zurückliegenden Kalenderjahre nicht vor, können Indizien für die Berechnung des Einkommens die Einnahmen des Selbständigen sein[2342] oder auch seine Privatentnahmen.[2343] Die Einkünfte des geschäftsführenden Gesellschafters einer GmbH sind nach einem Dreijahresdurchschnitt zu ermitteln, wenn sein Gehalt vom jeweiligen Gewinn abhängig ist[2344] oder die Gewinneinkünfte in der GmbH thesauriert sind.[2345] Ist der Unterhaltspflichtige nur Mitgesellschafter, soll sein Einkommen wie das eines Selbständigen berechnet werden,

[2333] BGH FamRZ 1991, 416 (418).

[2334] BGH FamRZ 1982, 151 (152) = NJW 1982, 1645; 1985, 357 (358); 1983, 996; FamRZ 2004, 1177 (1178) mAnm *Engels* FamRZ 2004, 1355 = NJW-RR 2004, 1227 (1228).

[2335] BVerfG FamRZ 1993, 169 (170); BGH FamRZ 1985, 357 (358).

[2336] BGH FamRZ 2004, 1177 (1178) mAnm *Engels* FamRZ 2004, 1355 = NJW-RR 2004,1227 (1228).

[2337] BGH FamRZ 1985, 471 (472); OLG Düsseldorf DAVorm 1981, 293 (295); OLG Köln NJW-RR 1995, 1157 (1158); NJW-RR 1996, 324.

[2338] BGH FamRZ 2011, 1851 (1852) mAnm *Schürmann*, FamRZ 2011, 1853 = NJW 2011, 3577 (3578) = MDR 2011, 1359 (1360); aA OLG Brandenburg FamRZ 2014, 219 (220), das den Dreijahreszeitraum auch im Rahmen der Unterhaltsberechnung für die Vergangenheit als maßgebend ansieht.

[2339] So noch BGH FamRZ 1985, 357 (358).

[2340] BGH FamRZ 2011, 1851 (1852) mAnm *Schürmann* FamRZ 2011, 1853 = NJW 2011, 3577 (3578) = MDR 2011, 1359 (1360).

[2341] BGH FamRZ 2011, 1851 (1852) mAnm *Schürmann* FamRZ 2011, 1853 = NJW 2011, 3577 (3578) = MDR 2011, 1359 (1360).

[2342] OLG Hamm FamRZ 2005, 216.

[2343] OLG Hamm FamRZ 1996, 1216; ähnlich OLG Köln FamRZ 1993, 64: die zur Finanzierung des Lebensstandards notwendigen Ausgaben: *Schürmann* FamRB 2006, 149 ff., 183 ff., 215 f. will die Privatentnahmen regelmäßig zur Bemessungsgrundlage des Einkommens Selbständiger machen.

[2344] OLG Hamm NJW-Spezial 2008, 325; Köln FamRZ 2006, 1756 = NJW-RR 2007, 941; AG Flensburg FamRZ 2010, 570 (LS.).

[2345] OLG Brandenburg FamRZ 2014, 219 (220).

wenn er aufgrund seines Anteils maßgebenden Einfluss auf die Geschäftsentwicklung hat.[2346]

Bei **Einkommen aus Kapital- und Immobilienvermögen** ist wegen der auch bei ihm 681 nicht seltenen Schwankungen (Zinsänderungen, Kursänderungen, Leerstände in Mietwohnungen[2347]) die Berechnung nach einem Dreijahresdurchschnitt unter Berücksichtigung der mit einiger Sicherheit voraussehbaren Zukunftsentwicklung vorzunehmen.[2348]

2. Ermittlung des Einkommens

a) Auskunftsanspruch

aa) Allgemeines. Der Auskunftsanspruch ist das Mittel, Einblick in die wirtschaftli- 682 chen, die Leistungsfähigkeit des Verpflichteten und die Bedürftigkeit des Berechtigten bestimmenden Verhältnisse zu erlangen. Er soll die Beteiligten in die Lage versetzen, einen Rechtsstreit zu vermeiden oder in ihm die Forderungen richtig zu berechnen und begründete Einwendungen vorzubringen.[2349] Der Auskunftsanspruch erstreckt sich auf alle Umstände, die erforderlich sind, um die Bestimmtheit des Leistungsanspruchs herbeizuführen. So kann der Verpflichtete zB vom Berechtigten Auskunft über die Verwendung des Zugewinns verlangen, um einen Abänderungsantrag auf Herabsetzung des Unterhalts vorzubereiten.[2350] Der Auskunftsanspruch umfasst nicht Informationen über Gegenansprüche, die der Kläger bei der Berechnung seines Zahlungsanspruchs berücksichtigen möchte.[2351]

bb) Parteien des familienrechtlichen Auskunftsverhältnisses. Kraft ausdrücklicher 683 gesetzlicher Vorschrift sind Ehegatten, Verwandte in gerader Linie und Lebenspartner verpflichtet, einander Auskunft zu erteilen (§§ 1361 Abs. 4, 1580, 1605 BGB, 12 Abs. 2, 16 Abs. 2 LebenspartnerschaftsG). Gleiches gilt für nicht miteinander verheiratete Eltern, wenn ein Anspruch auf Betreuungsunterhalt geltend gemacht wird (§§ 1615l Abs. 3 S. 1, 1605 BGB).[2352]

Auskunftsanspruch aus § 242 BGB. Ein Auskunftsanspruch aus § 242 BGB besteht 684 auch im Familienrecht, wenn zwischen den Beteiligten besondere rechtliche Beziehungen vorhanden sind, die es mit sich bringen, dass der Auskunftsbegehrende entschuldbar über den Bestand oder den Umfang eines Rechts im Unklaren und deshalb auf die Auskunft des Pflichtigen angewiesen ist, während dieser die Auskunft unschwer erteilen kann und dadurch nicht unbillig belastet wird.[2353] **Eltern untereinander** schulden nach diesen Grundsätzen Auskunft über die Höhe ihres Einkommens, wenn ein Elternteil von einem volljährigen Kind auf Unterhalt in Anspruch genommen wird und sich Gewissheit verschaffen will, wie hoch sein Haftungsanteil ist.[2354] Gleiches gilt, wenn sich der dem

---

[2346] OLG Brandenburg FamRZ 2014, 219 (220).

[2347] OLG Hamm FamRZ 2007, 73 (LS).

[2348] BGH FamRZ 1984, 39 (41) = NJW 1984, 303; FamRZ 1982, 151 = NJW 1982, 1645.

[2349] BGH FamRZ 2011, 21 (21 f.) mAnm *Graba* FamRZ 2011, 23= NJW 2011, 226 (227) = MDR 2010, 1466.

[2350] OLG Karlsruhe NJW-RR 1990, 712 = FamRZ 1990, 756.

[2351] OLG Zweibrücken FamRZ 2005, 379.

[2352] BGH FamRZ 1998, 541; OLG Nürnberg MDR 2003, 1055 f.; *Hoppenz,* Gegenseitige Auskunftspflicht mehrerer Unterhaltsgläubiger oder mehrerer Unterhaltsschuldner, FamRZ 2008, 773.

[2353] BGH FamRZ 1986, 450 (453) = NJW 1986, 1751; FamRZ 1988, 268 (269) = NJW 1988, 1906; FamRZ 2003, 1836 = NJW 2003, 3624 (3625); FamRZ 2013, 1027 mAnm *Langheim* FamRZ 2013, 1028 = NJW 2013, 1740, Tz. 7.

[2354] BGH FamRZ 1988, 268 (269); FamRZ 2013, 1027 mAnm *Langheim* FamRZ 2013, 1028 = NJW 2013, 1740, Tz. 6; OLG Schleswig OLGR 2001, 373 (374); **aA** OLG Karlsruhe NJW Spezial 2009, 757 für den Fall, dass das Kind die Darlegungs- und Beweislast für den Haftungsanteil des Inanspruchgenommenen hat.

minderjährigen Kind barunterhaltpflichtige Elternteil vergewissern will, ob nicht der Betreuende selbst barunterhaltpflichtig ist. Der auf Unterhalt in Anspruch genommene Elternteil darf das Kind durch Zurückweisen des Begehrens nicht dazu zwingen, den anderen Elternteil selbst auf Auskunft zu verklagen.[2355] Ein Auskunftsanspruch der Eltern untereinander besteht auch, wenn ein familienrechtlicher Ausgleichsanspruch nicht Betracht kommt.[2356] Leistet allerdings ein Elternteil freiwillig und vorbehaltlos den vollen Kindesunterhalt, ohne Rückgriff auf den anderen Elternteil nehmen zu wollen, kommt ein Auskunftsanspruch nicht in Betracht.[2357] **Geschwister** sind ebenfalls einander zur Auskunftserteilung verpflichtet, wenn sie Elternunterhalt zahlen sollen.[2358] Kein Auskunftsanspruch besteht gegenüber dem Ehegatten des Unterhaltsschuldners, da es insoweit an einer rechtlichen Beziehung fehlt, der Ehegatte vielmehr außerhalb des jeweiligen Unterhaltsrechtsverhältnisses steht.[2359] Gleichwohl sind seine finanziellen Verhältnisse bedeutsam für den Unterhaltsanspruch. Dies gilt für das Kind, das den nicht leistungsfähigen, wiederverheirateten Unterhaltspflichtigen in Anspruch nimmt, für Geschwister, die Elternunterhalt leisten sollen[2360], für den geschiedenen Ehegatten im Verhältnis zu einem weiteren unterhaltsberechtigten Ehegatten oder einem nichtehelichen Elternteil sowie für das unterhaltpflichtige Kind, das den Taschengeldanspruch gegen seinen Ehegatten für Unterhaltszwecke einzusetzen hat.[2361] – In diesen Fällen kann der Unterhaltsberechtigte die notwendige Kenntnis nur erlangen, wenn er den ihm zum Unterhalt Verpflichteten auf Auskunft in Anspruch nimmt. Der Unterhaltspflichtige ist im Rahmen dieser Auskunftspflicht gehalten, Angaben zu den Einkommens- und Vermögensverhältnissen seines Ehegatten zu machen. Dem Geheimhaltungsinteresse des Ehegatten wird ausreichend dadurch Rechnung getragen, dass er in den zu überreichenden Belegen die Angaben schwärzen kann, die vom Auskunftsanspruch nicht umfasst werden.[2362]

685   **Kraft Gesetzes auf den Träger der Leistungen** geht der Auskunftsanspruch mit dem Unterhaltsanspruch über, wenn der Unterhaltsberechtigte Arbeitslosengeld II (§ 33 Abs. 1 S. 4 SGB II) oder Hilfe zum Leben (§ 94 Abs. 1 S. 1 SGB XII) bezieht; letzterer kann den Unterhaltspflichtigen nicht nur zivilrechtlich, sondern auch im Wege des Verwaltungsaktes nach § 117 SGB XII in Anspruch nehmen.

Der Berechtigte kann neben dem öffentlich-rechtlichen Leistungsträger Auskunft verlangen, da er für die Zukunft Inhaber des Unterhaltsanspruches bleibt und zudem uU einen über der Transferleistung liegenden Unterhalt beanspruchen kann.

686   **cc) Auskunft und Grund des Unterhaltsanspruchs.** Die Auskunft soll in erster Linie den Barunterhaltsanspruch vorbereiten. Eine Auskunftspflicht besteht darüber hinaus im Rahmen des Familienunterhalts. Die Ehegatten sind einander nach § 1353 Abs. 1 S. 2 BGB verpflichtet, Auskunft zu erteilen über die für die Höhe des Familienunterhalts und des Taschengeldanspruchs maßgebenden Verhältnisse. Die Unterrichtung hat nicht nur in groben Zügen[2363] zu erfolgen, sondern in dem Umfange wie es zur Feststellung des

---

[2355] BGH FamRZ 1988, 268 (269); anders (Auskunftsklage Kind): OLG Frankfurt FamRZ 1987, 839; OLG Hamm FamRZ 1987, 744 u. 745.

[2356] BGH FamRZ 2013, 1027 mAnm *Langheim* FamRZ 2013, 1028 = NJW 2013, 1740, Tz. 8.

[2357] BGH FamRZ 2013, 1027 mAnm *Langheim* FamRZ 2013, 1028 = NJW 2013, 1740, Tz. 9 bis 11.

[2358] BGH FamRZ 2003, 1836 = NJW 2003, 3624, OLG München FamRZ 2002, 50.

[2359] Vgl. BGH FamRZ 2003, 1836 (1838).

[2360] BGH FamRZ 1988, 268 (269); FamRZ 2003, 1836 (1837).

[2361] OLG Frankfurt/M. FamRZ 2014, 1927 (LS.).

[2362] BGH FamRZ 2011, 21 (22 f.) mAnm *Graba* FamRZ 2011, 23 = NJW 2011, 226 (227) = MDR 2010, 1466; *Hoppenz,* Gegenseitige Auskunftspflicht mehrerer Unterhaltsgläubiger oder mehrerer Unterhaltsschuldner, FamRZ 2008, 733 (734 f.).

[2363] So noch BGH FamRZ 2001, 23 (25).

Unterhaltsanspruchs erforderlich ist. Die Vorlage von Belegen oder eine eidesstattliche Versicherung der Richtigkeit und Vollständigkeit der Angaben ist dagegen nicht geschuldet.[2364] Soll die Auskunft der Vorbereitung eines Anspruchs auf Zahlung von Getrenntlebenunterhalt dienen, wird man, auch wenn die Trennung tatsächlich noch nicht durchgeführt worden ist, auch einen Anspruch auf Belegvorlage gewähren müssen, da nur so der geschuldete Getrenntlebenunterhalt zuverlässig ermittelt werden kann.

dd) Entfallen des Auskunftsanspruchs. Der im Grundsatz uneingeschränkte **Auskunftsanspruch entfällt,** wenn feststeht, dass die Auskunft die Unterhaltsverpflichtung unter keinem Gesichtspunkt beeinflussen kann.[2365] Kein Auskunftsanspruch besteht daher bei uneingeschränkter Leistungsfähigkeit des Pflichtigen, wenn dieser also in der Lage ist, den geltend gemachten Bedarf aus dem zugestandenen Einkommen zu decken,[2366] oder wenn der Unterhaltsanspruch unabhängig von den Einkommens- und Vermögensverhältnissen des Schuldners ausgeschlossen ist.[2367] Auskunft kann daher nicht verlangt werden, wenn bereits zuvor rechtskräftig festgestellt wurde, dass ein Unterhaltsanspruch nicht besteht.[2368]

687

Erhebt der Unterhaltsschuldner den **Einwand der Verwirkung (§ 1579 oder § 1611 BGB),** so bleibt er in der Regel zur Auskunftserteilung verpflichtet, da seine wirtschaftlichen Verhältnisse für die notwendige Billigkeitsabwägung von Bedeutung sind.[2369] Gleiches gilt, wenn bei zugestandener Leistungsfähigkeit eine Befristung oder Beschränkung des Unterhaltsanspruchs in Betracht kommt.[2370] Die Auskunftpflicht entfällt in diesen Fällen nur, wenn besondere Umstände vorliegen, die ohne Berücksichtigung der Einkommens- und Vermögensverhältnisse den Unterhaltsanspruch zweifelsfrei entfallen lassen.[2371]

Nach allgemeinen Rechtsgrundsätzen entfällt die Auskunftpflicht, wenn der Berechtigte bereits **ausreichende Kenntnisse** über die Einkommens- und Vermögensverhältnisse des Verpflichteten hat, oder jener ein berechtigtes Interesse besitzt, die verlangten Informationen nicht zu erteilen.[2372] Ein solches schützenswertes Interesse wird man wegen der besonderen Bedeutung der Auskunft für die Belange des Berechtigten allerdings nur in seltenen Ausnahmefällen bejahen können.[2373]

[2364] BGH FamRZ 2011, 21 (23) mAnm *Graba* FamRZ 2011, 23 = NJW 2011, 226 (227) = MDR 2010, 1466.

[2365] BGH FamRZ 1982, 996 u. 1189 (1192) = NJW 1982, 2771 u. 1983, 279; FamRZ 1983, 473 u. 996 = NJW 1983, 2243; FamRZ 1994, 28; OLG Bamberg FamRZ 1981, 668; OLG Düsseldorf FamRZ 1981, 893 (894); OLG Frankfurt FamRZ 1986, 165 und 1995, 556; OLG Hamburg FamRZ 1985, 394 (395); OLG Köln FamRZ 2000, 609; OLG Naumburg FamRZ 2001, 1480 – beide bedenklich, da letzte Kenntnis über die wirtschaftlichen Verhältnisse erst die Auskunft geben kann, zutreffend daher die Anmerkung *Deisenhofer* FamRZ 2000, 1368 zu OLG Köln FamRZ 2000, 609.

[2366] BGH NJW 1994, 2618 (2620) = FamRZ 1994, 1169: ca. 500 000 EUR; OLG Frankfurt FamRZ 1995, 556 (557); OLG Karlsruhe FamRZ 2000, 1366 – LS –; OLG Köln FamRZ 2010, 1445 (1446); OLG Zweibrücken FamRZ 1998, 490.

[2367] OLG Bamberg FamRZ 1981, 668; OLG Düsseldorf FamRZ 1998, 1191; KGR 2002, 86; für den Fall der vollständigen Bedarfsdeckung bei Heimunterbringung eines Kindes: OLG Bremen FamRZ 2012, 316.

[2368] OLG Bamberg FamRZ 1986, 685.

[2369] BGH FamRZ 1983, 996; OLG Bamberg FamRZ 2006, 344; OLG Frankfurt FamRZ 1988, 62; OLG Hamm FamRZ 2007, 165 (166 f.); OLG Karlsruhe OLGR 2001, 327; KG FamRZ 2014, 1707; OLG München FamRZ 1998, 741; OLG Zweibrücken FamRZ 2011, 1066.

[2370] OLG Rostock FamRZ 2009, 2014.

[2371] BGH FamRZ 1983, 996 = NJW 1983, 2243; KG FamRZ 2014, 1707.

[2372] BGH NJW 1988, 1906 (1907).

[2373] Nicht schützenswert ist zB das Geheimhaltungsinteresse der Mitgesellschafter eines zum Unterhalt verpflichteten GmbH-Gesellschafters; dieser ist gehalten, die GmbH-Bilanzen nebst Gewinn- und Verlustrechnungen vorzulegen: BGH FamRZ 1982, 680 = NJW 1982, 1642; OLG Schleswig NJWE-FER 1999, 209.

688   **ee) Ungefragte Auskunft.** Ungefragte Auskunft unter Beteiligten eines Unterhaltsrechtsverhältnisses ist als Ausprägung des Grundsatzes von Treu und Glauben unter besonderen Umständen sowohl vom Berechtigten wie vom Verpflichteten zu erteilen, und zwar dann, wenn eine Veränderung der Verhältnisse iSd §§ 238, 239 FamFG eingetreten ist und das Schweigen über eine grundlegende Änderung der Verhältnisse evident unredlich erscheint.[2374] Evident unredlich ist die Nichtoffenbarung, wenn der andere Beteiligte des Unterhaltsrechtsverhältnisses auf Grund vorangegangenen Tuns keinen Anlass hatte, sich einer Änderung der unterhaltsrechtlichen Umstände durch eine Auskunft zu vergewissern,[2375] zB weil die Parteien in einem gerichtlichen Vergleich bestimmte Einkünfte zur Grundlage der Unterhaltsberechnung gemacht haben.[2376] Tritt eine nicht unwesentliche Steigerung dieses Einkommens ein, ist sie zu offenbaren, wobei es auf die Frage, wie sich die Einkommenssteigerung auf den Unterhalt auswirkt, nicht ankommt.[2377]Eine Obliegenheit des unterhaltsbedürftigen geschiedenen Ehegatten, Beziehungen zu einem neuen Partner dem Unterhaltsverpflichteten zu offenbaren, besteht nicht, es sei denn, es ginge um eine Sicherstellung der Versorgung des Bedürftigen durch den Partner.[2378] Dass ein eheähnliches Verhältnis allgemein geeignet sein kann, die Unterhaltsbedürftigkeit zu beeinflussen, genügt nicht,[2379] die Bedarfslage muss im konkreten Fall durch die neue Situation betroffen sein können. Während eines laufenden Unterhaltsprozesses besteht wechselseitig die Obliegenheit zur Anzeige aller den Unterhaltsanspruch beeinflussenden Änderungen der rechtserheblichen Umstände.[2380]

Verstöße gegen die Obliegenheit, ungefragt Auskunft zu erteilen, können auf Seiten des Pflichtigen Schadensersatzansprüche auslösen,[2381] auf Seiten des Berechtigten zu einer Verwirkung der Unterhaltsansprüche nach § 1579 Nr. 5 und Nr. 7 BGB führen (→ Rn. 1123 und → Rn. 1156).

Ein im Unterhaltsrechtsstreit oder außergerichtlich geschlossener Vergleich kann nach § 123 BGB angefochten werden.[2382]

689   **ff) Art der Auskunftserteilung. Form: eine schriftliche Wissenserklärung** die vom Auskunftspflichtigen persönlich zu unterschreiben ist, und zwar in „einer", nicht mehreren Erklärungen.[2383] Die Auskunft muss nicht der Form des § 260 Abs. 1 BGB genügen; sie kann durch einen Boten, zB durch einen Rechtsanwalt übermittelt werden.[2384]

690   **Inhalt: eine systematische konkrete Aufstellung über Einkommen und Vermögen** ist zwecks Auskunftserteilung dem Auskunftsberechtigten vorzulegen. Sie muss so beschaffen sein, dass sie dem Berechtigten ohne übermäßigen Arbeitsaufwand die Berech-

---

[2374] Für Unterhaltsschuldner: BGH FamRZ 1988, 270 (271) = NJW 1988, 1965; für Unterhaltsberechtigten: BGH FamRZ 1986, 450 = DAVorm 1986, 642; FamRZ 1986, 794 (796) = NJW 1986, 2047 = MDR 1986, 1008; FamRZ 1988, 270 = NJW 1988, 1965 = DAVorm 1988, 259; FamRZ 2000, 150 (153); OLG Bamberg NJW-RR 1994, 454 (455) = FamRZ 1994, 1178: Wegfall Belastung; OLG Bremen FamRZ 2000, 256 f.; OLG Düsseldorf FamRZ 1988, 841 (842); OLG Hamburg FamRZ 1987, 1044; OLG Koblenz FamRZ 1987, 481 = NJW-RR 1987, 391 u. 1156; allgemein siehe: *Hoppenz* FamRZ 1989, 337.
[2375] BGH FamRZ 1986, 450 (453) u. 794 (796); FamRZ 1988, 270 (271); OLG Bremen FamRZ 2000, 256 f.; OLG Düsseldorf FamRZ 1988, 841 (842).
[2376] BGH FamRZ 1997, 483 (484); FamRZ 2008, 1325; OLG Koblenz FamRZ 2016, 66 (LS.).
[2377] OLG Koblenz FamRZ 2016, 66 (LS.).
[2378] BGH FamRZ 1986, 1082 (1085).
[2379] So aber: OLG Koblenz FamRZ 1987, 1156 = NJW-RR 1988, 1033.
[2380] BGH FamRZ 2000, 153 (154); OLG Hamburg FamRZ 1987, 1044.
[2381] BGH NJW 1988, 1565 (1566); OLG Bremen FamRZ 2000, 256 f.
[2382] BGH FamRZ 2000, 150 (154).
[2383] OLG Köln FamRZ 2003, 236; OLG München FamRZ 1995, 737; 1996, 737 (738).
[2384] BGH MDR 2008, 391.

nung des Unterhaltsanspruchs ermöglicht.[2385] Das erfordert in der Regel, aber nicht notwendigerweise die Vorlage einer geschlossenen Aufstellung eines lückenlosen Gesamtverzeichnisses. Denkbar ist vielmehr auch eine Mehrheit von Teilauskünften, wenn diese nach dem Willen des Auskunftsschuldners zusammengenommen die Auskunft in dem verlangten Umfange darstellen. Eine vollständige Auskunft erfordert dann zusätzlich dessen Erklärung, weitere als die von den Einzelauskünften erfassten Einkünfte bestünden nicht.[2386]

Die Auskunft betrifft grundsätzlich nur den „Jetztzeitpunkt", so dass über den Verbleib früheren Vermögens keine Auskunft verlangt werden kann,[2387] soweit nicht fiktives Einkommen in Betracht kommt.

Bei **Lohn- und Gehaltsempfängern** sind also anzugeben das gesamte Bruttoeinkommen (alle Bezüge gleich welcher Art, auch Sachbezüge), nach Monaten getrennt (nur so kann die ausreichende Ausnutzung der Arbeitskraft beurteilt werden),[2388] Art und Höhe aller Abzüge gesetzlicher Art und das sich daraus ergebende Nettoeinkommen.[2389] Fehlt es an einer dergestalt äußerlich ordnungsgemäßen Aufstellung, ist die Auskunftspflicht auch nicht teilweise erfüllt, so dass für ein Verfahren auf Abgabe einer eidesstattlichen Versicherung (§§ 1605 Abs. 1 S. 3, 260 Abs. 2 BGB) noch kein Platz ist.[2390] So genügt beispielsweise nicht die bloße Angabe des zu versteuernden Jahreseinkommens[2391] oder die Übergabe nur der Lohnsteuerkarte und der Einkommensteuererklärung.[2392]

691

Selbstständige sind gehalten, Einnahmen und Ausgaben geordnet zusammenzustellen und einen evtl. Einnahmeüberschuss auszuweisen (sog. Gewinneinkünfte).[2393] Darzulegen sind der Stand des Kapitalkontos und die Höhe der getätigten Entnahmen.[2394] Was im Einzelnen und wie darzulegen (und zu belegen) ist, kann instruktiv einer praxisnahkonkreten Rechtsprechung entnommen werden.[2395] Bestehen Zweigbetriebe in den neuen Bundesländern, ist das daraus erzielte Einkommen darzulegen, weil nicht auszuschließen ist, dass dieses Engagement nachteilig für die Ertragslage der bisherigen Unternehmungen ist.[2396]

692

Ausgabeposten sind so genau darzulegen, dass der Berechtigte imstande ist, deren unterhaltsrechtliche Relevanz nachzuprüfen.[2397] Die Ausgaben müssen also so konkret dargestellt werden, dass die allein steuerlich beachtlichen Aufwendungen von unterhaltsrechtlich relevanten abgegrenzt werden können. Demnach genügt nicht die Aufzählung einzelner Kostenarten wie Abschreibung, allg. Kosten, Versicherungskosten usw., sondern erforderlich ist die genaue Kennzeichnung der einzelnen Ausgabearten und der

693

[2385] BGH FamRZ 1983, 996 (998) = NJW 1983, 2243; BGH FamRZ 2015, 127 = NJW 2014, 3647, Tz. 16; OLG Hamm FamRZ 1983, 1232; OLGR 2004, 85; OLG Koblenz FamRZ 1982, 992; OLG München FamRZ 1996, 737 (739); AG Biedenkopf FamRZ 1996, 963.

[2386] BGH FamRZ 2015, 127 = NJW 2014, 3647, Tz. 17 und 18.

[2387] OLG Karlsruhe FamRZ 1990, 533 (534); OLG Rostock FamRZ 2015, 422 (LS.).

[2388] OLG Bamberg FamRZ 1986, 492; OLG Köln, FamRZ 2003, 236.

[2389] BGH FamRZ 1983, 996 (998) = NJW 1983, 2243; OLG München FamRZ 1996, 737 (738).

[2390] BGH FamRZ 1983, 996 (998) = NJW 1983, 2243; OLG Köln FamRZ 2001, 423 (424).

[2391] OLG Koblenz DAVorm 1981, 478 (479); OLG Köln, FamRZ 2003, 236.

[2392] OLG Düsseldorf FamRZ 1981, 42; OLG Frankfurt FamRZ 1987, 1056; OLG Köln FamRZ 2003, 236.

[2393] OLG Koblenz FamRZ 1981, 992; OLG München FamRZ 1996, 737 (739).

[2394] OLG Stuttgart FamRZ 1983, 1267 (1268).

[2395] OLG Koblenz FamRZ 2000, 605 ff. = OLGR 2000, 119 (120); OLG Köln FamRZ 2003, 236; OLG München FamRZ 1995, 737; 1996, 737 (739 f.: sehr eingehend); OLG Stuttgart FamRZ 1991, 84 f.

[2396] OLG Celle NJW-RR 1992, 1478 = FamRZ 1992, 1440.

[2397] OLG Hamm FamRZ 1980, 455; OLG Koblenz DAVorm 1981, 478 (480); OLG Köln, FamRZ 2003, 236.

darauf entfallenden Beträge.[2398] Unzureichend ist also die nur pauschale Angabe der bloßen Quote vom Bruttoeinkommen (zB 19,6 %).[2399]

694 Der **Zeitraum,** auf den sich die Auskunft zu erstrecken hat, umfasst bei Einkommen aus selbstständiger Tätigkeit und Kapitalvermögen zur Errechnung des künftig zu zahlenden Unterhalts regelmäßig drei Jahre.[2400] Bei Lohn- und Gehaltsempfängern ist zur Prognostizierung künftigen Einkommens Auskunft zu erteilen über die Einkommensverhältnisse des vorangegangenen Kalenderjahres.[2401]

695   **gg) Auskunft über nicht wirtschaftliche Tatsachen.** Auskunft über nicht wirtschaftliche Tatsachen kann ggf. nach Treu und Glauben (§ 242 BGB) als Nebenpflicht aus dem gesetzlichen Unterhaltsrechtsverhältnis geschuldet werden, und zwar, wenn dies zur richtigen Beurteilung der Leistungsfähigkeit notwendig ist, etwa über die Fortentwicklung einer Gesundheitsbeeinträchtigung, die bisher zu nur eingeschränkter Zahlungsverurteilung geführt hat,[2402] eine Wiederverheiratung und daraus resultierende neue Unterhaltspflichten,[2403] Bemühungen der unterhaltsberechtigten geschiedenen Ehefrau um Arbeit.[2404] Dabei ist auf das Persönlichkeitsrecht der Auskunftspflichtigen (Intimbereich) angemessen Rücksicht zu nehmen.

696   **hh) Ergänzende Auskunft.** Ein **Anspruch auf ergänzende Auskunft** besteht, wenn anzunehmen ist, dass die Auskunft infolge **unverschuldeter** Unkenntnis oder eines entschuldbaren Irrtums des Verpflichteten unvollständig oder unrichtig ist.[2405]

697   **ii) Eidesstattliche Versicherung.** Die **eidesstattliche Versicherung** (§§ 1605 Abs. 1 S. 3, 1580 2, 260 Abs. 2 BGB) kann verlangt werden, wenn Grund zu der Annahme besteht, die in der Auskunft enthaltenen Angaben seien nicht mit der erforderlichen Sorgfalt erstellt worden. Anhaltspunkte können eine angenommene Unvollständigkeit oder Unrichtigkeit des Verzeichnisses sein, wenn sie auf **schuldhafter** Unsorgfalt beruhen, so dass bei Anwendung der erforderlichen Sorgfalt die Mängel vermieden worden wären.[2406] Angaben, die nicht gemacht worden sind, können nicht Gegenstand einer eidesstattlichen Versicherung sein.[2407] Sie kann ebenfalls nicht verlangt werden, wenn die Auskunft nach Ansicht beider Parteien unvollständig ist.[2408] Im Rahmen des Anspruchs auf Familienunterhalt nach § 1360 BGB ist die Abgabe einer eidesstattlichen Versicherung nicht geschuldet.[2409]

698   **jj) Vorlage Belege.** Belege sind über die Höhe der Einkünfte – nicht über Vermögen – auf Verlangen vorzulegen (§ 1605 Abs. 1 S. 2 BGB), es sei denn, die Auskunft wird zum Familienunterhalt (§ 1360 BGB) verlangt.[2410] Auskunft und Vorlage von Belegen[2411] sind

---

[2398] BGH FamRZ 1980, 770 (771) = NJW 1980, 2083; OLG Düsseldorf DAVorm 1981, 293 (295); OLG Koblenz DAVorm 1981, 478 (480); DAVorm 1982, 493 (496); OLG Koblenz OLGR 2000, 119 (120); AG Biedenkopf FamRZ 1996, 963 (Geschäftsführer und Hauptgesellschafter einer GmbH).
[2399] OLG München FamRZ 1996, 737 (739).
[2400] → Rn. 680.
[2401] BGH FamRZ 1982, 680 (681).
[2402] OLG Schleswig FamRZ 1982, 1018.
[2403] OLG Bamberg FamRZ 1986, 271.
[2404] OLG Braunschweig FamRZ 1987, 284.
[2405] BGH FamRZ 1984, 144 (146 f.) = NJW 1984, 484 (485 f.); OLG Düsseldorf OLGR 1998, 304.
[2406] BGH FamRZ 1984, 144 (146 f.) = NJW 1984, 484 (485 f.).
[2407] BGH NJW-RR 1992, 450 = FamRZ 1992, 536.
[2408] OLG Köln FamRZ 2001, 423 (424).
[2409] BGH FamRZ 2011, 21 (23) mAnm *Graba* FamRZ 2011, 23 = NJW 2011, 226 (227) = MDR 2010, 1466.
[2410] BGH FamRZ 2011, 21 (23) mAnm *Graba* FamRZ 2011, 23 = NJW 2011, 226 (227) = MDR 2010, 1466.
[2411] BGH NJW 1993, 3262 (3263): der Begriff „Beleg" ist im Gesetz nicht erläutert; OLG Köln FamRZ 2003, 236.

zwei getrennte Ansprüche, die auch einzeln geltend gemacht werden können.[2412] Vorzulegen sind der Arbeitsvertrag,[2413] wenn eine Verdienstbescheinigung fehlt,[2414] auch bei Arbeit im Ausland,[2415] Verdienstbescheinigungen des Arbeitgebers, die möglichst ein volles Jahr (Kalenderjahr) umfassen sollen und nach Brutto- und Nettobezügen geordnet konkret alle Abzüge nach Art und Höhe aufzulisten haben, um aussagekräftig zu sein. Die Verdienstbescheinigungen können ersetzt werden durch die Vorlage eines Ausdrucks des elektronisch ermittelten Entgeltnachweises.[2416] Weitgehende Einigkeit besteht darüber, dass auch Steuerbescheide vorzulegen sind,[2417] insbesondere natürlich von Selbstständigen, aber auch von angestellt Beschäftigten, da Steuerbescheide Auskunft über mögliche Steuererstattungen geben.[2418] Das Steuergeheimnis wird dadurch nicht verletzt. Es besteht nur im Verhältnis der Finanzbehörde zum Steuerpflichtigen.[2419] Der Steuerbescheid ist jedenfalls geeignet, ein Mindesteinkommen als Grundlage der Unterhaltsbemessung zu belegen.[2420] Kassenärztliche Belege (Abrechnungen) sind als interne Vorgänge zwischen Arzt und Krankenkasse nicht vorzulegen, ganz abgesehen von Datenschutzinteressen der einzelnen Patienten.[2421]

Bei gemeinsamer Veranlagung des Unterhaltspflichtigen mit dem neuen Ehepart- 699
ner ist nach herrschender Ansicht ebenfalls der Steuerbescheid vorzulegen, jedoch unter Fortlassung oder Verdeckung der zusammengefassten, beide Eheleute betreffenden Feststellungen und der nur den anderen Ehepartner betreffenden Tatsachen.[2422] In einem gemeinsamen Steuerbescheid sind auch die jeden Ehepartner betreffenden Steuerfakten sichtbar gemacht,[2423] so dass die nur teilweise Offenlegung des Bescheids für den Unterhaltsberechtigten von Auskunftsnutzen ist.

Steuererklärungen können neben Steuerbescheiden aufschlussreich sein. Sie sind des- 700 halb in der Regel neben dem Steuerbescheid vorzulegen.[2424] Die Steuererklärung kann unterhaltsrelevante Einzeltatsachen enthalten, die dem Steuerbescheid nicht mehr zu entnehmen sind. Eine Notwendigkeit, neben den Einkommensteuerunterlagen und Umsatzsteuererklärungen auch Umsatzsteuerbescheide vorzulegen, besteht in der Regel nicht.[2425]

Bilanzen sowie Gewinn- und Verlustrechnungen oder Einnahme-Überschussrech- 701
nungen nach § 4 Abs. 3 EStG sind von Selbstständigen vorzulegen,[2426] ebenso Sach-

---

[2412] OLG München FamRZ 1993, 202.
[2413] OLG Stuttgart FamRZ 2010, 299 (300): Vorlagepflicht jedenfalls dann, wenn die insgesamt bezogenen Einkünfte durch andere Unterlagen nicht belegt werden können; OLG München FamRZ 1993, 202.
[2414] BGH NJW 1993, 3262 (3263).
[2415] BGH NJW 1993, 3262 (3263).
[2416] BGH FamRZ 2014, 1542, Tz. 12.
[2417] BGH FamRZ 1982, 151 (152) = NJW 1982, 1624; OLG Düsseldorf FamRZ 1980, 260; OLG Frankfurt FamRZ 1982, 725 (726); KG FamRZ 1981, 1099 (1100); OLG Schleswig FamRZ 1981, 53 (54); OLG Hamm FamRZ 2007, 73 für Einnahmen aus Vermietung und Verpachtung; AG Ludwigsburg FamRZ 2000, 1221 f.; vgl. zusammenfassend zur Vorlage von Steuerunterlagen *Arens* FamRZ 1985, 121 ff.
[2418] Anders wohl AG Ludwigsburg FamRZ 2000, 1221.
[2419] BGH FamRZ 1982, 151 (152) = NJW 1982, 1624; KG FamRZ 1981, 1099 (1100).
[2420] BGH FamRZ 1982, 151 (152) = NJW 1982, 1624.
[2421] OLG Hamm FamRZ 1990, 657 (658); OLG Karlsruhe FamRZ 1993, 1481.
[2422] BGH FamRZ 2003, 1836 (1838) = NJW 2003, 3624 (3626); FamRZ 2011, 21 (23) mAnm *Graba* FamRZ 2011, 23 = NJW 2011, 226 (227) = MDR 2010, 1466; OLG Frankfurt FamRZ 1982, 725 (727); auch: KG FamRZ 1981, 1099 (1100).
[2423] BGH FamRZ 1983, 681 (682) = NJW 1983, 1554.
[2424] BGH FamRZ 1982, 680 = NJW 1982, 1642; OLG Schleswig FamRZ 1981, 52 (54).
[2425] OLG München FamRZ 1989, 284 = NJW-RR 1988, 1285.
[2426] BGH FamRZ 1982, 680 = NJW 1982, 1642; OLG Hamm FamRZ 1980, 455; OLG München FamRZ 1989, 284 = NJW-RR 1988, 1285; OLG Schleswig FamRZ 1981, 53 (54).

kontenbelege, um eine Überprüfung der Betriebskosten zu ermöglichen. Weitere Nachweise, wie die Vorlage von Geschäftsbüchern, kann der Berechtigte in der Regel nicht
verlangen. Etwas anderes gilt nur in Ausnahmefällen, wenn weitere Angaben zur Errechnung des Unterhaltsanspruchs erforderlich sind.[2427] Im Regelfall wird dies nicht erforderlich sein, weil der Inhalt der Geschäftsbücher durchweg nur für die Richtigkeit der
Auskunft von Bedeutung sein wird, sich dieser zu vergewissern aber das Verfahren der
eidesstattlichen Versicherung (§§ 1605 Abs. 1 S. 3, 1580, S. 2, 261 BGB) dient. Ist der
Unterhaltspflichtige Mitglied einer Abschreibungsgesellschaft, kann in der Regel nur die
Vorlage eines Bescheids über die gesonderte Feststellung des Gewinns oder Verlusts
durch das Betriebsfinanzamt verlangt werden.[2428] Der zur Ermittlung des Erwerbseinkommens erforderliche Jahresabschluss ist innerhalb von 6 Monaten nach Abschluss des
Geschäftsjahres mit ggf. notwendigen Erläuterungen allen Auskunftsberechtigten vorzulegen.[2429] In ausländischer Sprache abgefasste Unterlagen sind vom Pflichtigen zu über-
setzen.[2430]

702   **kk) Frist erneute Auskunft.** Nach **§ 1605 Abs. 2 BGB** kann eine erneute Auskunft
vor Ablauf von zwei Jahren nicht verlangt werden.

Die Zweijahresfrist beginnt mit Abschluss der letzten mündlichen Verhandlung im
Vorprozess[2431] oder – wenn im schriftlichen Verfahren entschieden wurde – mit Ablauf
der den Beteiligten gesetzten letzten Frist,[2432] bei einem Vergleich mit dessen Abschluss.[2433] Denn durch die getroffenen Regelungen wird der geschuldete Unterhalt bis zu
einer Änderung der tatsächlichen Verhältnisse festgeschrieben. Diese stabilisierende Wirkung entfiele, knüpfte man die Zweijahresfrist an die vorangegangene Auskunft.[2434]

Unabhängig von der Zweijahresfrist kann über den Wortlaut des § 1605 BGB hinaus
– Glaubhaftmachung wesentlich höheren Einkommens oder weiteren Vermögens – Auskunft verlangt werden, wenn eine atypische Einkommensentwicklung zB durch Wegfall
hoher Schulden behauptet wird.[2435] Auch die Wiederverheiratung des einem minderjährigen Kinde Unterhaltspflichtigen begründet ein erneutes Auskunftsverlangen.[2436]

§ 1605 Abs. 2 BGB gilt nicht, wenn die vorhergehende Auskunft zur Ermittlung des
Getrenntlebensunterhalts erteilt wurde, und nunmehr der mit diesem nicht identische
nacheheliche Unterhalt ermittelt werden soll.[2437] Auch das Kind, das nach Ablauf des bis
zur Volljährigkeit befristeten Vergleichs erneut Unterhalt verlangt, ist an die Frist des
§ 1605 Abs. 2 BGB nicht gebunden.[2438]

703   **ll) Keine Zurückbehaltung gegen Auskunftsanspruch.** Ein **Zurückbehaltungsrecht
gegenüber einem Auskunftsanspruch** besteht nicht.[2439] § 273 BGB bezweckt, den

---

[2427] OLG Schleswig FamRZ 1981, 53 (54).
[2428] OLG Bamberg FamRZ 2006, 344.
[2429] OLG Bamberg FamRZ 1989, 423.
[2430] AG Flensburg FamRZ 2010, 570 (LS.).
[2431] OLG Hamburg FamRZ 1984, 1142; OLG München FamRZ 2010, 816 (817).
[2432] AG Essen FamRZ 1993, 593.
[2433] OLG Düsseldorf NJW 1993, 1080; OLG Karlsruhe FamRZ 1991, 1470; OLG München
FamRZ 2010, 816 (817).
[2434] OLG München FamRZ 2010, 816; Wendl/*Dose* § 1 Rn. 1172.
[2435] OLG Hamm FamRZ 1991, 594; OLG Karlsruhe FamRZ 2000, 1179 (LS) = NJWE-FER 2000,
143.
[2436] OLG Brandenburg FamRZ 2003, 1684 (LS) = NJW-RR 2003, 147.
[2437] OLG Düsseldorf FamRZ 2002, 1038 f.; OLG Hamm FamRZ 2004, 377; OLG Brandenburg
FamRZ 2015, 1200 (LS.).; OLG München FamRZ 2015, 2069; aA KG OLGR 2004, 192.
[2438] OLG Hamm FamRZ 1990, 657.
[2439] 2133 OLG Bamberg FamRZ 1985, 610 (611); OLG Köln FamRZ 1987, 714; *Müller* DAVorm
1996, 866 ff.

Schuldner bei gegenseitiger Leistungspflicht vor einseitiger Vorleistung zu schützen. Bei familienrechtlichen Auskunftspflichten besteht jedoch keine wechselseitige Zug-um-Zug-Auskunftspflicht, kein Abhängigkeitsverhältnis der beiderseitigen Auskunftspflichten.[2440]

mm) Verzug. Verzug mit der Auskunft kann einen Schadensersatzanspruch begrün- **704** den.[2441] Der Schaden kann insbesondere darin liegen, dass der Berechtigte zur Überbrückung einen Kredit aufnehmen und Zinsen und Gebühren entrichten musste.

Zu einem Verlust des Unterhaltsanspruchs für die Vergangenheit führt die verzögerte Auskunft für den Kindes- und Getrenntlebensunterhalt nach §§ 1613 Abs. 1, 1361 Abs. 4, 1360a Abs. 3 BGB nicht. Auf den nachehelichen Unterhalt findet § 1613 Abs. 1 BGB keine Anwendung, so dass der berechtigte Ehegatte insoweit seinen Unterhaltsanspruch verlieren kann. Zur Vermeidung dieses Schadens wird allerdings zumindest für die anwaltlich vertretene Partei die Obliegenheit bestehen, den Unterhalt durch eine so genannte „Stufenmahnung"[2442] geltend zu machen (→ Rn. 269).

Der Stufenantrag der §§ 113 Abs. 1 FamFG, 254 ZPO wird dem Berechtigten, dem durch § 243 Nr. 2 und 3 FamFG das Kostenrisiko weitgehend genommen ist, im Rahmen seiner Schadensminderungspflicht grundsätzlich zuzumuten sein.

nn) Gerichtliche Geltendmachung. Ein ausreichend bestimmter Auskunftsantrag **705** erfordert die Angabe des Gegenstandes der Auskunft (Einkommen, Vermögen) und des Zeitraums, für den sie begehrt wird.[2443] Die geforderten Belege sind so genau zu bezeichnen, dass sie gegebenenfalls vom Gerichtsvollzieher ausgesondert werden können.[2444] Die Bitte um Vorlage „entsprechender Beweisurkunden" oder „der erforderlichen Belege" ist nicht ausreichend.[2445] **Das notwendige Rechtsschutzinteresse** fehlt dem Auskunftsantrag, wenn der auf Auskunft in Anspruch Genommene im Rahmen seiner prozessualen Darlegungslast ohnehin gehalten ist, die verlangten Auskünfte zu erteilen.[2446] Der Auskunftswiderantrag des Pflichtigen gegen den klagenden Unterhaltsberechtigten ist daher idR. unzulässig, da der Berechtigte seine Bedürftigkeit ohnehin darlegen muss.

Der Auskunftsantrag kann im Wege eines isolierten Antrages geltend gemacht werden.

In den meisten Fällen vorzugswürdig ist die Verbindung mit dem Antrag auf Abgabe der eidesstattlichen Versicherung und dem noch unbezifferten Zahlungsantrag (Stufenantrag, §§ 113 Abs. 1 FamFG, 254 ZPO), zumal nur dieser Stufenantrag verjährungshemmende Wirkung hat.[2447]

Im Scheidungsverbund ist nur der Stufenantrag zulässig.[2448] Der reine Auskunftsantrag ist allerdings nicht als unzulässig abzuweisen, sondern nach §§ 113 Abs. 1 FamFG, 145 ZPO abzutrennen und als isoliertes Verfahren fortzuführen.[2449]

Der Auskunftstitel muss, um vollstreckbar zu sein, denselben Anforderungen genügen wie der Antrag. Der Beschluss, durch den – auch als Teilbeschluss – der Antragsgegner zur Auskunftserteilung verpflichtet wird, ist als Endentscheidung nach § 116 Abs. 3 S. 1

[2440] OLG Bamberg FamRZ 1985, 610 (611).

[2441] BGH FamRZ 1984, 163 f.; FamRZ 1985, 155 (157); OLG Karlsruhe FamRZ 1999, 1216; LG Göttingen DAVorm 1985, 994; teilweise **ablehnend:** eingehend OLG Bamberg FamRZ 1990, 1235 (1238); OLG Düsseldorf FamRZ 1988, 1071; OLG Frankfurt FamRZ 1985, 732 (733); 1987, 85 (86).

[2442] Vgl. BGH FamRZ 1990, 283.

[2443] Zu weitgehend OLG Düsseldorf FamRZ 2001, 836, das verlangt, die die Auskunft begehrende Partei müsse „Punkt für Punkt festlegen, welche Angaben sie braucht".

[2444] OLG Rostock FamRZ 2015, 422 (LS.).

[2445] OLG Frankfurt FamRZ 1991, 1334; *Büttner* FamRZ 1992, 629 ff.

[2446] OLG Frankfurt FamRZ 1987, 839.

[2447] BGH FamRZ 2012, 1296 (1298) = NJW 2012, 2180 (2181).

[2448] BGH FamRZ 1997, 811 = NJW 1997, 2176; OLG Hamm FamRZ 1996, 736 (737).

[2449] BGH FamRZ 1997, 811 = NJW 1997, 2176.

FamFG mit der Rechtskraft wirksam. Gemäß § 116 Abs. 3 S. 2 FamFG kann das Gericht die sofortige Wirksamkeit anordnen. Geschieht dies, kann der Antragsgegner einen Antrag nach § 120 Abs. 2 S. 2 FamFG stellen. Er wird allerdings im Regelfall nicht darlegen können, dass ihm die Vollstreckung aus dem Auskunftstitel einen nicht zu ersetzenden Nachteil bringen würde. **Bei der Kostenentscheidung** ist die Vorschrift des § 243 Nr. 2 FamFG zu beachten: dem obsiegenden Unterhaltsschuldner können die Kosten des Verfahrens ganz oder teilweise auferlegt werden, wenn er durch Nichterfüllung seiner Auskunftspflicht zum Verfahren Anlass gegeben hat.[2450]

Zu den vom Auskunftpflichtigen zu tragenden Kosten gehören auch diejenigen für eine Übersetzung der Auskunft.[2451]

Ist in der Rechtsmittelinstanz nur der Auskunftsanspruch anhängig, kann das Rechtsmittelgericht den Antrag insgesamt abweisen, auch wenn der Hauptanspruch inzwischen beziffert anderweitig geltend gemacht und rechtskräftig aberkannt wird.[2452]

706   **oo) Verfahrenswert.** Der Verfahrenswert der Auskunft beträgt nur einen Bruchteil des Leistungsinteresses (in der Regel) und ist gemäß §§ 113 Abs. 1 FamFG, 3 ZPO festzusetzen.[2453] Maßgebend ist das wirtschaftliche Auskunftsinteresse, das anhand des Tatsachenvortrags des Antragstellers zu schätzen ist.[2454] Je mehr der Auskunftbegehrende über die maßgebenden wirtschaftlichen Verhältnisse des Pflichtigen weiß, umso geringer ist sein Auskunftsinteresse.[2455] Im Regelfall dürften 1/10 bis 1/4 des beabsichtigten Leistungswertes angemessen sein.[2456]

Das Auskunftsinteresse ist nicht identisch mit dem Verteidigungsinteresse des Anspruchsgegners.[2457] Dieses und damit die Beschwer des zur Auskunft verurteilten Antragsgegner richtet sich nach seinem Interesse, die Auskunft nicht erteilen zu müssen, somit nach dem für eine sorgfältige Auskunftserteilung erforderlichen Aufwand an Zeit und Kosten,[2458] der unterschiedlich sein kann, je nachdem, ob der Schuldner zur Erstellung der Unterlagen oder nur zu ihrer Vorlage verpflichtet werden sollte.[2459] Die Kosten für die Hinzuziehung von sachkündigen Hilfspersonen bleiben außer Betracht, es sei denn der Auskunftspflichtige ist zu einer sachgerechten Auskunftserteilung selbst nicht in der Lage.[2460] Die Kosten für die Inanspruchnahme eines Rechtsanwalts können daher Berücksichtigung finden, wenn die Erfüllung des Auskunftsanspruchs Rechtskenntnisse voraussetzt oder der gestellte Antrag unbestimmt ist, so dass Zweifel über Inhalt und Umfang des Auskunftsanspruches bestehen.[2461] Die durch die notwendige Beauftragung eines Steuerberaters anfallenden Gebühren sind zu berücksichtigen, selbst wenn sie bei

---

[2450] OLG München FamRZ 1990, 84.

[2451] OLG Koblenz FamRZ 1990, 79.

[2452] BGH FamRZ 1990, 863.

[2453] BGH FamRZ 1982, 787 = NJW 1082, 1651; NJW-RR 1988, 836 (837): betr. Zugewinnausgleich; FamRZ 1993, 45 (46); BGH FamRZ 1999, 1497: nicht maßgebend. Bruchteil des Unterschiedsbetrages zum Trennungsunterhalt.

[2454] BGH FamRZ 2011, 1929; FamRZ 2012, 24 (25) = NJW 2011, 3790; FamRZ 2012, 204 (205); BGH FamRZ 2016, 454 = NJW-RR 2016, Tz. 13 zum Güterrecht

[2455] BGH FamRZ 2003, 557; FamRZ 2011, 1929 (1930).

[2456] BGH FamRZ 2006, 619; FamRZ 2011, 1929 (1930).

[2457] BGH FamRZ 1986, 796; OLG Düsseldorf FamRZ 1987, 172 (173); OLG Zweibrücken FamRZ 1987, 393.

[2458] BGH NJW-RR 2002, 145 f.; FamRZ 2003, 856 und 1922 f.; FamRZ 2012, 24 (25) = NJW 2011, 3790; FamRZ 2012, 216; FamRZ 2013, 105, Tz. 5 und 8; FamRZ 2014, 483, Tz. 7 und 9; FamRZ 2014, 1100, Tz. 10; FamRZ 2014, 1696 = NJW-RR 2014, 1347, Tz. 8; FamRZ 2015, 838, Tz. 11.

[2459] BGH FamRZ 2015, 2142 mAnm *Maurer* FamRZ 2015, 2144 = MDR 2015, 1438, Tz. 14f

[2460] BGH FamRZ 2012, 1555; FamRZ 2013, 105, Tz. 5 und 8; FamRZ 2014, 1286, Tz. 14; FamRZ 2015, 838, Tz. 14; FamRZ 2016, 116, Tz. 13.

[2461] BGH FamRZ 2013, 783, Tz. 15 für die eidesstattliche Versicherung.

einer späteren Steuererklärung ohnehin entstanden wären.[2462] Die Kosten eines Vollstreckungsverfahrens fließen in die Bemessung der Beschwer ein, wenn der Titel fehlerhaft und daher eine unberechtigte Zwangsvollstreckung abzuwehren war. [2463] Allein die Einleitung des Zwangsvollstreckungsverfahrens erhöht dagegen die Beschwer nicht.[2464] Hat der Schuldner über die Einkommensverhältnisse eines Dritten Auskunft zu erteilen, sind in die Beschwer die möglichen Kosten eines Verfahrens, das der Pflichtige gegen den Dritten zu führen hat, einzubeziehen.[2465]

Das Interesse, die Hauptleistung nicht erbringen zu müssen, bleibt außer Betracht.[2466]

Ein Geheimhaltungsinteresse des Schuldners ist nur dann zusätzlich zu bewerten, wenn im Einzelfall gerade in der Person des Auskunftsempfängers die Gefahr begründet ist, dieser könne mithilfe der offenbarten Tatsachen wirtschaftliche Interessen des Pflichtigen gefährden.[2467]

Der Zeitaufwand ist zu bemessen in Anlehnung an den Stundensatz des Zeugen nach dem JVEG, wenn er mit der Auskunft weder eine berufstypische Leistung erbringt noch einen Verdienstausfall erleidet.[2468] Ein solcher Verdienstausfall wird regelmäßig nicht eintreten, denn es ist, solange Gegenteiliges nicht vorgebracht ist, davon auszugehen, dass die Auskunftserteilung in der Freizeit erfolgt.[2469]

Die gerichtliche Entscheidung zur Höhe des Abwehrinteresses ist zu begründen. Die fehlende Begründung stellt einen Verfahrensfehler dar, der zur Aufhebung führt.[2470]

„Steckengebliebener Stufenantrag". Kommt es im Rahmen des Stufenantrags nicht zu einer Bezifferung des Zahlungsantrags, insbesondere bei negativer Auskunft, bestimmt sich der Verfahrenswert nach dem höchsten Wert der geltend gemachten Ansprüche, in der Regel also nach dem Wert des noch nicht bezifferten Zahlungsantrags bei Einreichung des Antrags[2471]. Er ist nach §§ 113 Abs. 1 FamFG, 3 ZPO zu schätzen aufgrund der Vorstellungen des Klägers zu diesem Zeitpunkt.[2472] Anhaltspunkte hierfür kann die Höhe der außergerichtlich geltend gemachten Forderung sein.[2473]

Diese Grundsätze gelten auch für die **eidesstattliche Versicherung**.[2474]

b) Gerichtliche Einkommensermittlung

Auskunftsrecht des Gerichts. In laufenden Unterhaltsverfahren kann das Gericht den Beteiligten aufgeben, Auskunft über ihre Einkommens- und Vermögensverhältnisse zu erteilen und entsprechende Belege vorzulegen (§ 235 FamFG). Kommt ein Beteiligter der Aufforderung zur Auskunftserteilung nicht nach, so kann sich das Gericht unmittelbar an den Arbeitgeber, an Sozialleistungsträger, Versicherungsunternehmen oder das zuständige Finanzamt wenden (§ 236 FamFG). Auf Antrag des anderen Beteiligten ist das Gericht nach § 236 Abs. 2 FamFG verpflichtet, die entsprechenden Auskünfte einzuholen. **707**

[2462] BGH FamRZ 1993, 306 = NJW-RR 1992, 1474.
[2463] BGH FamRZ 2015, 2142 = MDR 2015, 1438, Tz. 17.
[2464] BGH FamRZ 2016, 116, Tz. 20.
[2465] BGH FamRZ 2011, 1929 f.; FamRZ 2012, 24 (25) = NJW 2011, 3790.
[2466] BGH FamRZ 1991, 316 (317).
[2467] BGH FamRZ 1991, 791; FamRZ 1993, 45; FamRZ 2005, 1986 f. = NJW 2005, 3349 f. = MDR 2006, 267 f.; FamRZ 2012, 204 (205).
[2468] BGH FamRZ 2013, 105 ff. Tz. 10; FamRZ 2015, 838, Tz. 16
[2469] BGH FamRZ 2015, 838, Tz. 17.
[2470] BGH FamRZ 1991, 316 (317).
[2471] OLG Schleswig FamRZ 2013, 546 *(Schneider)*.
[2472] KG FamRZ 2007, 69 (70); OLG Bamberg FamRZ 2007, 71.
[2473] OLG Stuttgart FamRZ 2012, 393 (394).
[2474] BGH FamRZ 2013, 783, Tz. 14; ausführlich OLG Düsseldorf FamRZ 1987, 172; OLG Zweibrücken FamRZ 1987, 393.

3. Obliegenheit zur Ausnutzung, Erhaltung und Wiederherstellung der unterhaltsrechtlichen Leistungsfähigkeit

a) Allgemeines

708 Die des Unterhaltsschuldners ist Grundvoraussetzung jedes Unterhaltsanspruchs. In Ausprägung des Grundsatzes der Verhältnismäßigkeit ist nach § 1603 Abs. 1 BGB nicht unterhaltspflichtig, wer unter Berücksichtigung seiner sonstigen Verpflichtungen nicht in der Lage ist, ohne Gefährdung seines eigenen Bedarfs Unterhalt zu gewähren. Der Unterhaltspflichtige, der sich in dieser Lage befindet, ist nach § 1603 Abs. 2 BGB minderjährigen und den ihnen gleichgestellten privilegierten volljährigen Kindern gegenüber gehalten, alle verfügbaren Mittel gleichmäßig für den eigenen und den Unterhalt der Kinder einzusetzen. Zu diesen Mitteln gehört **die eigene Arbeitskraft:** der Unterhaltsschuldner ist nach Art. 6 Abs. 2 GG, § 1603 Abs. 2 BGB verpflichtet, seine Arbeitskraft entsprechend seiner Vorbildung, seinen Fähigkeiten und der Arbeitsmarktlage in zumutbarer Weise bestmöglichst einzusetzen. Der gesteigert Unterhaltspflichtige muss jede ihm mögliche und zumutbare Erwerbstätigkeit ausüben. Ist er arbeitslos, muss er sich um die Aufnahme einer solchen Tätigkeit bemühen (→ Rn. 711–723). Sind seine Erwerbsbemühungen nicht ausreichend, ist es verfassungsrechtlich unbedenklich, seine Leistungsfähigkeit auf fiktive Einkünfte zu stützen, wenn solche unter Berücksichtigung von Alter, Ausbildung, Berufserfahrung und Gesundheitszustand des Schuldners sowie angesichts der objektiven Situation am Arbeitsmarkt erzielbar sind.[2475]

709 **Obliegenheit zur gewinnbringenden Vermögensanlage.** Die unterhaltrechtlichen Obliegenheiten des Schuldners schließen neben seiner Arbeitskraft auch sein Vermögen ein. Vermögen, dessen Erträge unterhaltsrechtlich erheblich sind oder sein können, ist so ertragreich wie möglich anzulegen.[2476] In diesem Rahmen liegt die Art der Vermögensanlage im Ermessen des Unterhaltspflichtigen. Er kann zB auf optimale Erträge zugunsten einer sicheren Anlage verzichten.

Die Obliegenheit, einmal angelegtes Vermögen zum Zwecke der Erwirtschaftung höherer Erträge **umzuschichten,** besteht nur im Rahmen der Zumutbarkeit. Die tatsächliche Anlage muss sich als eindeutig unwirtschaftlich darstellen.[2477] An diesem Maßstab ist auch der Erwerb einer Immobilie zu messen: erweist er sich als unwirtschaftlich, so besteht– jedenfalls nach Scheidung der Ehe – eine Obliegenheit zur Veräußerung.[2478]

710 **Die Stärke der unterhaltsrechtlichen Obliegenheiten** ist abhängig von dem konkreten Unterhaltsrechtsverhältnis.[2479] Diese hat der Gesetzgeber durch die Rangordnung des § 1609 BGB bewertet: den höchsten Stellenwert – damit auch die strengsten Obliegenheiten – hat das Unterhaltsrechtsverhältnis zwischen Eltern und ihren minderjährigen bzw. den ihnen gleichgestellten privilegierten volljährigen Kindern (§ 1609 Nr. 1 BGB), während zB der Elternunterhalt (§ 1609 Nr. 6 BGB) schwach ausgestaltet ist.[2480] Dementsprechend treffen die im folgenden dargestellten Obliegenheiten in erster Linie denjenigen Unterhaltsschuldner, der minderjährigen und privilegierten volljährigen Kindern

---

[2475] BVerfG FamRZ 2008, 1403 (1404); FamRZ 2010, 183 f.; FamRZ 2010, 626 (628) mAnm *Borth* FamRZ 2010, 629; NJW 2012, 2420 (2421); FamRZ 2012, 1283; BGH FamRZ 2009, 314 (316) = NJW 2009, 1410 (1411) = MDR 2009, 385 = FF 2009, 122 (125); FamRZ 2014, 637 = NJW 2014, 932, Tz. 9; FamRZ 2014, 1992 mAnm *Wolf* FamRZ 2014, 1995 = NJW 2014, 3784, Tz. 18.

[2476] BGH FamRZ 1986, 439 (449); FamRZ 1986, 560 (561); FamRZ 1988, 145 (149) = NJW-RR 1988, 514; FamRZ 1998, 87 (89) – jew. für Berechtigten –.

[2477] BGH FamRZ 1992, 423 (425); FamRZ 1998, 87 (89); MDR 2013, 93 Tz. 20 f.

[2478] BGH FamRZ 1998, 87 (89).

[2479] BGH MDR 2009, 332 (333).

[2480] BVerfG FamRZ 2005, 1051 (1055).

zum Unterhalt verpflichtet, aber nicht in der Lage ist, den angemessenen (nicht den Mindest-)[2481] Unterhalt sicherzustellen.

b) Bemühen um Arbeit

Ausreichende Bemühungen um Arbeit muss der erwerbslose Unterhaltspflichtige unternehmen.[2482] Frühzeitig haben diese Bemühungen zu beginnen. Ist dem Unterhaltsschuldner der Verlust des Arbeitsplatzes bekannt, darf er nicht die Beendigung des Arbeitsverhältnisses abwarten, sondern hat unverzüglich nach Erhalt der Kündigung oder Abschluss des Aufhebungsvertrages, frühestens drei Monate vor dem Ende des Arbeitsverhältnisses mit der Arbeitsplatzsuche zu beginnen.[2483] § 38 Abs. 1 SGB III, der eine Anzeigepflicht für den Arbeitssuchenden festschreibt, gibt den Maßstab auch für die unterhaltsrechtliche Obliegenheit.[2484] Innerhalb dieser drei Monate sollte eine Anstellung gefunden sein, jedenfalls wenn der Unterhaltspflichtige vor der Kündigung längere Zeit in einem gängigen Beruf beschäftigt war. Eine Verlängerung kann in Betracht kommen, wenn in die Dreimonatsfrist eine längere Krankschreibung fällt, eine berufliche Neuorientierung notwendig wird[2485] oder ein Wechsel in der Betreuungssituation des Kindes eintritt.[2486]   **711**

Zu Art und Umfang der notwendigen Arbeitssuche hat sich eine gefestigte Rechtsprechung herausgebildet.[2487] Die von ihr postulierten Anforderungen umschreiben die besonderen Anstrengungen, die der Unterhaltspflichtige **im Regelfall** unternehmen muss, um eine Anstellung zu finden. Sie beruhen nicht auf einer Missachtung der seit Jahren schwierigen Lage auf dem Arbeitsmarkt oder auf mangelndem Verständnis für die problematische Situation Arbeitssuchender. Die Aufrechterhaltung der strengen Vorgaben ist vielmehr erforderlich, um der absoluten Priorität Rechnung zu tragen, die dem Unterhalt insbesondere minderjähriger Kinder zukommt.[2488]   **712**

Bei der Agentur für Arbeit zu melden hat sich der Arbeitslose zunächst und die angebotenen Vermittlungen wahrzunehmen. Darüber hinaus hat er sich – je nach den Umständen des Einzelfalls – an eine auf die Betreuung und Vermittlung besonderer Problemfälle spezialisierte Organisation zu wenden.[2489]   **713**

Die Stellensuche über die Agentur für Arbeit oder andere mit der Unterstützung Arbeitssuchender befasste Institutionen ist erforderlich, aber nicht ausreichend.[2490]

Interesse und Eigenbemühungen[2491] werden darüber hinaus erwartet, und zwar in Form der regelmäßigen wöchentlichen Lektüre der örtlichen Zeitungen und sonstigen

---

[2481] BGH FamRZ 2000, 1358 (1359); FamRZ 2003, 1471 (1473).

[2482] Zusammengefasst bei OLG Köln FamRZ 1997, 1104 (1105); siehe auch *Raiser* NJW 1986, 1919.

[2483] *Bauer/Krets* NJW 2003, 541 f.

[2484] *Büttner* FF 2003, 192.

[2485] OLG Brandenburg NJW-Spezial 2015, 133.

[2486] OLG Dresden FamRZ 2016, 470 (471).

[2487] Zuletzt zusammengefasst bei OLG Brandenburg FamRZ 2008, 2394 (2305); OLG Dresden NJW-RR 2008, 960 (961 f.).

[2488] OLG Brandenburg NJW 2006, 3286 (3287) = FamRZ 2006, 1297 (1298); OLG Hamm FamRZ 2005, 297.

[2489] OLG Köln FamRZ 2009, 1920 (1921) für den Fall des arbeitslosen ehemaligen Strafgefangenen.

[2490] BGH FamRZ 2011, 1851 (1852) mAnm *Schürmann* FamRZ 2011, 1853 = NJW 2011, 3577 = MDR 2011, 1856; FamRZ 2014, 637 = NJW 2014, 932, Tz. 17; OLG Bamberg FamRZ 1988, 725 (726) u. 974 (975); OLG Brandenburg NJW-RR 2008, 11 (12); OLG Bremen FamRZ 1996, 957; OLG Dresden FamRZ 1996, 1236 (1237); OLG Düsseldorf FamRZ 1998, 852; OLG Frankfurt NJWE-FER 1999, 289 (290); FamRZ 2001, 624 (625); OLG Hamburg FamRZ 1984, 924; OLG Hamm FamRZ 1985, 483 (484); OLG Karlsruhe FamRZ 2002, 1567; OLG Köln FamRZ 1997, 1104 (1105); OLG München FamRZ 1981, 461; OLG Naumburg FamRZ 2003, 1022 (1023); OLG Oldenburg FamRZ 1988, 724.

[2491] BGH FamRZ 2000, 1358 (1359); OLG Brandenburg FamRZ 2001, 372 – LS – = NJWE-FER 2001, 8; OLG Hamm FamRZ 1985, 483 (484); OLG Karlsruhe FamRZ 2002, 1567; OLG Koblenz FamRZ 2000, 313 (314); OLG Saarbrücken DAVorm 1989, 873 (874); OLG Zweibrücken NJWE-FER 2001, 139 (141) für Berechtigten; *van Els* DAVorm 1989, 397.

Werbeträger. Zu bewerben hat sich der Unterhaltsschuldner auf alle Annoncen, die für Stellensuchende in Betracht kommen und einen für den Bewerber günstigen Tätigkeitsbereich haben.[2492] Je nach den Umständen des Einzelfalles, insbesondere bei der Suche nach einer qualifizierten Anstellung können auch Eigeninserate erforderlich sein.[2493]

714 **Die Bewerbungen** werden in vielen Fällen schriftlich vorzunehmen sein.

Telefonate sind ausreichend, wenn schriftliche Bewerbungen unüblich sind, wenn zB eine Stellung in einem Privathaushalt angeboten wird. Sie können im Einzelfall auch bei Bewerbungen um eine Hilfsarbeiterstelle[2494] oder eine Beschäftigung als Handwerker genügen.[2495] Im Regelfall wird allerdings ein gewerblicher Arbeitgeber in erster Linie schriftliche Bewerbungen in die engere Wahl ziehen.[2496]

Die Bewerbungsschreiben dürfen nicht so abgefasst sein, dass sie den Eindruck der mangelnden Eignung oder Arbeitsunlust erwecken.[2497] Sie müssen erkennen lassen, welchen konkreten Bezug der Bewerber zur angebotenen Stelle hat und ggf. auf eine absolvierte Fortbildung hinweisen.[2498] Bei großer Entfernung zur angebotenen Stelle sollte der Bewerber darlegen, wie er die Fahrt zur Arbeit zuverlässig zu meistern gedenkt.[2499] Ungünstige Tatsachen sollten zunächst unerwähnt bleiben, auch wenn sie in einem Vorstellungsgespräch offenbart werden müssten.[2500] Dies gilt beispielsweise für das Alter des zu betreuenden Kindes, das möglicherweise potentielle Arbeitgeber abschreckt.[2501]

Die Anzahl der notwendigen Bewerbungen hängt von den Gegebenheiten des Arbeitsmarktes, insbesondere der Anzahl der angebotenen Stellen ab. 20 bis 30 Bewerbungen pro Monat können im Einzelfall zumutbar sein;[2502] vielfach wird aber auch eine geringere Anzahl ausreichen,[2503] etwa, wenn nur geringe Chancen auf eine Anstellung in einem bestimmten Beruf bestehen.[2504] Grundsätzlich gilt, dass die Anzahl der Bewerbungen nur ein Indiz für die notwendigen Arbeitsbemühungen ist, nicht aber ihr alleiniges Merkmal.[2505]Die Kosten, die aussagekräftige Bewerbungen verursachen, können bei der Beurteilung der Zumutbarkeit nicht – mehr – herangezogen werden.[2506] Denn nach § 45

[2492] OLG Brandenburg NJW 2006, 3286 (3287) = FamRZ 2006, 1297 (1298); OLG Hamm FamRZ 1986, 1108 (1109); FamRZ 1992, 63; OLG München FamRZ 1981, 461; OLG Oldenburg FamRZ 1988, 724; OLG Schleswig SchlHA 1984, 183.

[2493] OLG Bamberg FamRZ 1988, 725 (726); OLG Brandenburg NJWE-FER 2001, 70 (71); vgl. auch: OLG Hamm FamRZ 1987, 948 (949).

[2494] AG Hanau FamRZ 2000, 306.

[2495] *Gottwald,* Anmerkung zu OLG Naumburg, FamRZ 2003, 1022 (1024 f.).

[2496] OLG Brandenburg NJW 2006, 3286 (3287) = FamRZ 2006, 1297 (1298).

[2497] OLG Bamberg FamRZ 1988, 725 (726); OLG Hamm FamRZ 1992, 63; FamRZ 2012, 1734 (LS.).

[2498] OLG Hamm FamRZ 1992, 63.

[2499] OLG Hamm FamRZ 1992, 63.

[2500] OLG Bamberg FamRZ 1998, 289 hält ihre Erwähnung für unschädlich.

[2501] OLG Stuttgart FamRZ 2015, 935.

[2502] OLG Brandenburg FamRZ 2006, 1701 (LS); OLG Koblenz FamRZ 2000, 313 f.; OLG Naumburg FamRZ 2003, 1022 (1023); OLG Jena NJW-RR 2004, 76 (77).

[2503] OLG Bamberg FamRZ 1998, 289: ausreichend 40 Bewerbungsschreiben und 2 Inserate in 7 Monaten bei 47-jähriger Arztehefrau nach 18 Jahren familiärer Tätigkeit (Unterhaltsb.); OLG Dresden FamRZ 1997, 836 (837) ausreichend 23 Bewerbungen in 6 Monaten bei Wohnumfeld mit schlechter Arbeitsmarktlage; OLG Karlsruhe FamRZ 2002, 1567: ausreichend 350 Bewerbungen in vier Jahren; OLG Stuttgart FamRZ 2015, 935: nicht ausreichend 26 schriftliche Bewerbungen in zweieinhalb Monaten.

[2504] OLG Hamm FamRZ 2010, 1941.

[2505] BGH FamRZ 2011, 1851 (1852) mAnm *Schürmann* FamRZ 2011, 1853 = NJW 2011, 3577 = MDR 2011, 1359.

[2506] **Anders** *Gottwald* FamRZ 2003, 1024.

SGB III können für die Kosten einer Bewerbung unterstützende Leistungen der Agentur für Arbeit in Anspruch genommen werden.

Bewerbungen, die wegen des Anforderungsprofils an den Stelleninhaber von vornherein aussichtslos erscheinen, können einerseits nicht verlangt werden,[2507] sind aber andererseits zur Erfüllung der Erwerbsobliegenheit ebenso wenig ausreichend wie Bewerbungen mit grammatikalischen Fehlern, Schreibfehlern und der Betonung einer jahrzehntelangen Familienphase.[2508] Gleiches gilt für Blindbewerbungen", also solche, die abgegeben werden ohne Anhaltspunkte dafür, dass der Arbeitgeber überhaupt eine Arbeitskraft sucht,[2509] Sie können aber zusammen mit zielgerichteten Bewerbungen in die Beurteilung einbezogen werden.[2510]

Der zeitliche Umfang der Arbeitsplatzsuche entspricht dem einer vollschichtigen Erwerbstätigkeit.[2511]

Die Arbeitsplatzsuche ist grundsätzlich fortzusetzen, bis eine Stelle gefunden ist[2512] **715** oder bis die Feststellung getroffen werden kann, dass eine reale Beschäftigungschance nicht besteht (→ Rn. 716).

c) Reale Beschäftigungschance

Unzureichende Arbeitsuche bei fehlender realer Beschäftigungschance ist unschäd- **716** lich;[2513] die mangelnde Arbeitssuche muss vielmehr ursächlich für die Arbeitslosigkeit sein.[2514] Ob der Arbeitsuchende bei ausreichenden Bemühungen eine bezahlte Anstellung gefunden hätte, hängt von den objektiven Verhältnissen des Arbeitsmarktes und seinen subjektiven Eigenschaften ab.[2515] Hindernisse können sein fehlende berufliche Qualifikation,[2516] Sprachschwierigkeiten,[2517] Alter, Geschlecht, Krankheit,[2518] Schwangerschaft,[2519] Prüfung erst vor wenigen Tagen,[2520] Insolvenz und ein Ermittlungsverfahren wegen Untreue.[2521]

[2507] OLG Karlsruhe FamRZ 2001, 1615 f.

[2508] OLG Hamm FamRZ 2012, 173 (LS.): OLG Stuttgart FamRZ 2015, 935.

[2509] OLG Zweibrücken FamRZ 1986, 811 (812).

[2510] OLG Hamm FamRZ 1996, 1017 = NJW-RR 1996, 963.

[2511] OLG Brandenburg NJWE-FER 2001, 70 (71); NJW 2006, 3286 (3287) = FamRZ 2006, 1297 (1298). OLG Hamm FamRZ 1996, 629; FamRZ 1996, 1218; OLG Koblenz FamRZ 2000, 313 f.; OLG Köln FamRZ 1997, 1104 (1105); OLG Naumburg FamRZ 1997, 311; auch: OLG Oldenburg FamRZ 1988, 724.

[2512] Vgl. aber: OLG Hamm FamRZ 1987, 948 (949): über einen gewissen Zeitraum hinweg; OLG Bamberg FamRZ 1988, 725 (726): Eigeninserate über längeren Zeitraum.

[2513] BGH FamRZ 1986, 668; FamRZ 1987, 691 (693); FamRZ 1987, 912 = NJW-RR 1987, 962; MDR 2009, 323; OLG Brandenburg NJW-RR 2009, 871; OLG Dresden FamRZ 1996, 1236 (1237); OLG Frankfurt NJWE-FER 1999, 289 (290); FamRZ 2001, 624 (625); 2002, 1566; OLG Hamm FamRZ 2003, 177 OLG Karlsruhe FamRZ 1985, 1045.

[2514] BGH FamRZ 2011, 1851 (1852) mAnm *Schürmann* FamRZ 2011, 1853 = NJW 2011, 3577 = MDR 2011, 1856; FamRZ 2014, 637 = NJW 2014, 932, Tz. 9

[2515] BVerfG FamRZ 2010, 626 (628) mAnm *Borth* FamRZ 2010, 629 = FamFR *Schürmann* 2010, 202; NJW 2012, 2420 (2421); FamRZ 2012, 1283; BGH FamRZ 1987, 912 (913) = NJW-RR 1987, 922; FamRZ 1996, 345 (346) = NJW 1996, 517 (518); FamRZ 2011, 1851 (1852) mAnm *Schürmann* FamRZ 2011, 1853 = NJW 2011, 3577 = MDR 2011, 1359.

[2516] OLG Köln FamRZ 1986, 167.

[2517] OLG Oldenburg FamRZ 1988, 170 (171): Türkin – Ungewandtheit und Sprachprobleme.

[2518] OLG Dresden FamRZ 1996, 1236 (1237): keine reale Erwerbschance für 36-jährigen alkoholabhängigen Epileptiker; OLG Hamm FamRZ 1996, 1017 = NJW-RR 1996, 963 (964); FamRZ 1997, 27; OLG Frankfurt FamRZ 2001, 624 (625): keine reale Beschäftigungschance für ungelernten Arbeiter, der gesundheitsbedingt keine körperlichen Arbeiten verrichten darf.

[2519] OLG Schleswig FamRZ 1989, 997 (999).

[2520] OLG Celle FamRZ 1992, 569 (570).

[2521] OLG Celle FamRZ 2010, 128.

Anzulegen sind strenge Maßstäbe. Nach Auffassung des *Bundesgerichtshofs* gibt es für Arbeitnehmer im mittleren Erwerbsalter auch in Zeiten hoher Arbeitslosigkeit keinen Erfahrungssatz dahin, dass sie nicht in eine Vollerwerbstätigkeit zu vermitteln sind.[2522] Maßgebend sind stets die Umstände des Einzelfalles, für die der Unterhaltspflichtige die Darlegungs- und Beweislast trägt (→ Rn. 717).

d) Darlegungs- und Beweislast

717   **Die Darlegungs- und Beweislast** für erfolglose Arbeitsuche trifft den Pflichtigen. Er muss in nachprüfbarer Weise vortragen und ggf. beweisen, welche konkreten Bemühungen er in welchem zeitlichen Abstand entfaltet hat, Arbeit zu finden.[2523] Es empfiehlt sich, die unternommenen Schritte zu dokumentieren, zB durch eine nachprüfbare Auflistung auch der telefonischen Bewerbungen,[2524] Bewerbungsschreiben und schriftliche Absagen vorzulegen und zB bei Vorstellungsgesprächen vom Arbeitgeber eine schriftliche Bestätigung der Absage zu erbitten.[2525]

Nicht ausreichend sind die pauschale Behauptung einer alters- und gesundheitsbedingten Unvermittelbarkeit[2526] oder allgemeine Hinweise auf die schlechte Arbeitsmarktlage, die Schwierigkeiten berufsungeübter Frauen mittleren Alters, eine Anstellung zu finden, den Bezug von Leistungen nach dem SGB II (Hartz IV)[2527] oder die Beschäftigung in einem untertariflich entlohnten Leiharbeitsverhältnis.[2528] Allgemeine Erfahrungssätze sind jedoch zu beachten.[2529] So kann zB angenommen werden, dass eine 54jährige Frau ohne Berufsausbildung, die bisher 4 bis 5 Stunden pro Tag gearbeitet hat, keine Vollzeitstelle finden kann.[2530] Einen Erfahrungssatz, dass eine ältere Arbeitsuchende nicht jedenfalls einen Minijob oder einen Midijob (§ 20 Abs. 2 SGB IV) bekommen kann, gibt es dagegen nicht.[2531] Ebenso wenig kann allgemein angenommen werden, dass Aussiedler oder ausländische Mitbewohner mit Sprachschwierigkeiten,[2532] ungelernte Kräfte bei schlechter Arbeitsmarktlage[2533] oder Langzeitarbeitslose[2534] nicht vermittelbar sind.

Älteren Arbeitsuchenden ist das Finden einer neuen Anstellung erschwert, da Arbeitgeber bei Bewerbern ab Ende Vierzig oder Anfang Fünfzig eine Anstellung scheuen,[2535]

[2522] BGH FamRZ 2014, 637 = NJW 2014, 932, Tz. 13.

[2523] BGH FamRZ 1986, 244 (246) = NJW 1986, 718; NJW 1996, 517 (518); FamRZ 2000, 1358 (1359); FamRZ 2011, 1852 (1853) mAnm *Schürmann* FamRZ 2011, 1853 = NJW 2011, 3755 (3756) = MDR 2011, 1356 (die dort aufgestellten Grundsätze geltend auch für den Pflichtigen).

[2524] OLG Düsseldorf DAVorm 1985, 588 (591); OLG Köln FamRZ 1997, 1104 (1105); KG FamRZ 2016, 832 = NZFam 2016, 264 (266).

[2525] OLG Köln FamRZ 1997, 1104 (1105).

[2526] BGH FamRZ 2007, 1532 (1536).

[2527] OLG Brandenburg NJW-RR 2008, 960 (961); FamRZ 2008, 2304.

[2528] OLG Hamm FamRZ 2010, 1740 (LS.).

[2529] Z. B. BGH FamRZ 1986, 244 (246) = NJW 1986, 718: Arbeitslosenquote von 20 % besonders ungünstig für weibliche Arbeitsuchende über 50 Jahre.

[2530] BGH FamRZ 2012, 517 (520) mAnm *Born* FamRZ 2012, 523 f. = NJW 2012, 1144 (1145) mAnm *Börger* NJW 2012, 1149 = MDR 2012, 348.

[2531] BGH FamRZ 2012, 517 (520) mAnm *Born* FamRZ 2012, 523 f. = NJW 2012, 1144 (1145) mAnm *Börger* NJW 2012, 1149 = MDR 2012, 348.

[2532] BGH FamRZ 2014, 637 = NJW 2014, 932, Tz. 14; OLG Hamm FamRZ 2002, 1427 (1428).

[2533] BGH FamRZ 2014, 637 = NJW 2014, 932, Tz. 14; OLG Karlsruhe NJWE-FER 1998, 246.

[2534] OLG Brandenburg NJWE-FER 2001, 70 (71); OLG Dresden FamRZ 2000, 1176 – LS – = NJWE-FER 2000, 230.

[2535] OLG Hamm FamRZ 1996, 1017 = NJW-RR 1996, 963 (964); OLG Karlsruhe FamRZ 2002, 1566 (1567).

gleichwohl kann auch hier ohne hinreichende Bemühungen nur in Ausnahmefällen vom Fehlen jeder Beschäftigungschance ausgegangen werden.[2536]

§§ 113 FamFG, 287 Abs. 2 ZPO sind nicht anwendbar, denn die Frage ausreichender 718 Bemühung um Arbeit (ggf. Zurechnung fiktiven Einkommens) betrifft den Grund der Unterhaltspflicht.[2537] Jeder ernsthafte Zweifel geht zu Lasten des Unterhaltsverpflichteten.[2538] Bei Beurteilung einer Erkrankung des Schuldners muss das Gericht ausreichende eigene Sachkunde darlegen oder einen Sachverständigen zuziehen.[2539]

e) Auskunft der Agentur für Arbeit

Die **Einholung einer Auskunft der Agentur für Arbeit** auf Antrag zum Beweis für 719 das Fehlen einer ausreichenden Arbeitschance kann prozessual geboten sein,[2540] ersetzt aber im Regelfall den Nachweis intensiver privater Bemühungen nicht.

f) Umschulung

Die Bewilligung einer Umschulung durch die Agentur für Arbeit ist lediglich ein Indiz 720 dafür, dass der Unterhaltsschuldner von dort nicht mehr zu vermitteln ist.[2541] Die Umschulung entbindet ihn nicht von seiner Obliegenheit, sich auf dem freien Arbeitsmarkt um eine Anstellung zu bemühen.[2542] Das Unterhaltsinteresse hat grundsätzlich Vorrang gegenüber dem Interesse des Pflichtigen an einer Weiterbildung.[2543] Etwas anderes mag dann gelten, wenn ohne die Fortbildung die Vermittlung in ein Arbeitsverhältnis aussichtslos wäre[2544] oder die vorhandene Ausbildung wertlos und die Umschulung bereits weit fortgeschritten ist.[2545]

Zu den Auswirkungen einer laufenden Umschulungsmaßnahme auf die Leistungsfähigkeit des Verpflichteten → Rn. 748.

[2536] BGH FamRZ 2014, 637 = NJW 2014, 932, Tz. 14; OLG Brandenburg NJW 2006, 3286, 3287 = FamRZ 2006, 1297, 1298.; OLG Hamm FamRZ 1997, 1076: 51-jährige Ehefrau, 15 J. nicht erwerbstätig, ist vermittelbar; NJW-RR 1998, 724: fast 60-jähriger, krankheitsbedingt belasteter Unterhaltsschuldner ist ohne reale Beschäftigungschance; FamRZ 1999, 1011 = NJWE-FER 1999, 32: 43-jährige Ehefrau, die ihren minderjährigen Kindern gegenüber zum Unterhalt verpflichtet ist und sich innerhalb ihres Wohnortes und außerhalb des erlernten Berufes als Schlosserin beworben hat, ist nicht unvermittelbar; OLG Köln FamRZ 2007, 1475; OLG Schleswig FamRZ 2007, 1474.

[2537] BGH FamRZ 1986, 885 (886) = NJW 1986, 3080 – Unt.Ber.

[2538] BGH FamRZ 1986, 885 (886) – Unt.Ber.; OLG Brandenburg NJW 2006, 3286, 3287 = FamRZ 2006, 1297, 1298; OLG Hamm FamRZ 2005, 297.

[2539] BVerfG FamRZ 2010, 626 (628) mAnm *Borth* FamRZ 2010, 629 = FamFR 2010, 202 *(Schürmann);* OLG Zweibrücken FamRZ 1993, 440 (442).

[2540] BGH FamRZ 1987, 912 = NJW-RR 1987, 962; FamRZ 2012, 517 (520) = NJW 2012, 1144 (1146) = MDR 2012, 348 (349).

[2541] BGH FamRZ 1994, 372 (374); OLG Bremen FamRZ 1996, 957.

[2542] OLG Brandenburg FamRZ 2003, 1960 (LS); OLG Bremen FamRZ 1996, 957: Verpflichtung zur Arbeitsplatzsuche trotz bewilligter Umschulung für arbeitslosen Dreher, der 5 mj. Kindern ggü zum Unterhalt verpflichtet ist: OLG Dresden FamRZ 2003, 1206 = NJW-RR 2003, 512; OLG Hamm OLGR 2003, 173; 2004, 134 f.; OLG Jena OLGR 2004, 164 (165 f.): knapp 30-j. ehem. Soldat ohne Berufsausbildung muss Umschulung zur Sicherung des Kindesunterhalts zurückstellen.

[2543] OLG Karlsruhe FamRZ 2010, 1342 (1343).

[2544] OLG Dresden FamRZ 2003, 1206 = NJW-RR 2003, 512; **anders** OLG Karlsruhe FamRZ 2010, 1342 (1343); → Rn. 746.

[2545] OLG Dresden FamRZ 2015, 936.

g) Wechsel Arbeit oder Wohnort

721   Ein Wechsel des Arbeitsplatzes, des Berufes oder des Wohnortes kann im Rahmen der Obliegenheit des Unterhaltsschuldners zum bestmöglichen Einsatz der Arbeitskraft zumutbar sein.[2546]

Zur Beurteilung dieser Zumutbarkeit sind alle Umstände des Einzelfalles eingehend zu würdigen. Hierzu gehören das Ausmaß der Bedürftigkeit des Berechtigten (Existenzminimum oder Erhöhung des angemessenen Unterhalts) und die Art der Unterhaltspflicht (gesteigerte Verpflichtung gegenüber minderjährigen Kindern, volljährigen Schülern und dem betreuenden Ehegatten oder regelmäßige Verpflichtung gegenüber dem geschiedenen Ehegatten oder nicht privilegierten Volljährigen).[2547]

Zu Gunsten des Unterhaltsverpflichteten ist das Recht auf freie Entfaltung der Persönlichkeit, freie Berufswahl und freie Berufsausübung sowie bestehende und ausgeübte Umgangsrechte[2548] zu berücksichtigen.

722   In Anwendung dieser Grundsätze hat die Rechtsprechung die Arbeitsbemühungen des Schuldners insbesondere gegenüber privilegierten Unterhaltsberechtigten konkretisiert:

– **Der arbeitslose Unterhaltsschuldner,** der innerhalb angemessener Zeit an seinem Wohnort keine Anstellung gefunden hat, kann verpflichtet sein, die Stellensuche über den örtlichen Bereich hinaus auszudehnen und ggf. einen **Wohnortwechsel** vorzunehmen.[2549] Die in § 140 Abs. 4 SGB III statuierte Verpflichtung des Arbeitslosen zu bundesweiter Arbeitsuche ist allerdings unterhaltsrechtlich auf ihre Zumutbarkeit zu überprüfen. Dabei sind die persönlichen Bindungen des Unterhaltspflichtigen, insbesondere das Umgangsrecht zu seinen Kindern, die Kosten des Umgangsrechts und auch die Kosten für einen Umzug, die die Leistungsfähigkeit des Unterhaltsschuldners mindern können, zu berücksichtigen.[2550] Gegen die Zumutbarkeit des Ortswechsels können darüber hinaus schulische Interessen auch nicht gemeinschaftlicher Kinder[2551] oder ein gesicherter Arbeitsplatz des neuen Ehegatten[2552] oder Lebenspartners[2553] sprechen. Gleiches gilt, wenn der Unterhaltsschuldner selbst über einen **gesicherten Teilzeitarbeitsplatz** verfügt.[2554]

Stehen persönliche Umstände einem Ortswechsel nicht entgegen, kann als Maßstab für diese Obliegenheit die Vorschrift des § 140 Abs. 4 SGB III herangezogen werden. Bei voller Erwerbstätigkeit sind danach jedenfalls Pendelzeiten von 2½ Stunden täglich zumutbar, wenn nicht in der Region längere Pendelzeiten üblich sind. Ab dem vierten

---

[2546] BGH FamRZ 2003, 1471 (1473); FamRZ 1980, 1113 = NJW 1980, 2414; FamRZ 1981, 539 (540) = NJW 1981, 1609; FamRZ 1982, 792 (794) = NJW 1982, 1812; OLG Brandenburg NJWE-FER 2001, 70 (71); OLG Dresden FamRZ 1997, 836 (837); OLG Hamm FamRZ 1997, 356 = NJWE-FER 1997, 200; FamRZ 1998, 42 = NJW-RR 1998, 219; OLG Köln FamRZ 1997, 1104 (1105); NJWE-FER 1999, 84 (85); OLG Zweibrücken FamRZ 2000, 308 (309).

[2547] BGH FamRZ 1980, 1113 (1114) = NJW 1980, 2414; FamRZ 1981, 341 (344); FamRZ 1981, 539 (540) = NJW 1981, 1609; FamRZ 1983, 140 = NJW 1983, 814; FamRZ 1987, 930 (933); OLG Hamburg FamRZ 1982, 42; 1984, 924; OLG Karlsruhe DAVorm 1987, 673 (676); OLG Köln FamRZ 1987, 853 (854); OLG Naumburg OLG Report 1997, 25.

[2548] OLG Schleswig FamFR 2010, 371 *(Beger-Oelschlegel)*.

[2549] BGH FamRZ 1980, 1113 = NJW 1980, 2414; FamRZ 1981, 539 (540) = NJW 1981, 1609; FamRZ 1982, 792 (794) = NJW 1982, 1812; OLG Brandenburg NJWE-FER 2001, 70 (71); OLG Dresden FamRZ 2008, 173 (174); OLG Hamm FamRZ 1997, 356 = NJWE-FER 1997, 200; FamRZ 1998, 42 = NJW-RR 1998, 219; OLG Köln FamRZ 1997, 1104, 1105; NJWE-FER 1999, 84 (85); OLG Zweibrücken FamRZ 2000, 308 (309).

[2550] BVerfG NJW 2006, 2317 ff. = FamRZ 2006, 469; FamRZ 2007, 273 (274).

[2551] OLG Bamberg FamRZ 1998, 289 (290 f.) Berechtigte; OLG Hamm FamRZ 1999, 165 (166).

[2552] OLG Hamm FamRZ 1999, 165 (166).

[2553] OLG Jena OLGR 2003, 353.

[2554] OLG Schleswig NJW 2009, 3732.

Monat der Erwerbslosigkeit ist dem Arbeitslosen und damit auch dem Unterhaltsschuldner ein Wohnortwechsel zumutbar.

– **Der vollschichtig erwerbstätige Unterhaltsschuldner,** dessen Einkünfte zur Deckung des Bedarfs der Berechtigten nicht ausreichen, ist nur in Ausnahmefällen verpflichtet, einen Ortswechsel vorzunehmen. Die aufgezeigten persönlichen Bindungen sind besonders zu berücksichtigen. Ist er entsprechend seinen Kenntnissen und Fähigkeiten Vollzeit beschäftigt, ist er in der Regel nicht verpflichtet, sich um eine besser bezahlte Stelle an einem entfernteren Ort oder gar im Ausland zu bemühen,[2555] vor allem dann nicht, wenn aus dem erzielten Einkommen bislang der Bedarf der Familie bestritten wurde.[2556] Etwas anders mag gelten, wenn er nicht in seinem erlernten Beruf tätig ist[2557] oder aber nach der Trennung ohne anerkennenswerte Gründe in die neuen Länder umgesiedelt ist. Zumutbar kann ein Wohnungswechsel zur Ersparnis von Fahrtkosten sein, wenn der Betrieb des Unterhaltsschuldners dauerhaft verlegt und gleichwohl ein Eigenheim in der Nähe der alten Arbeitsstätte erworben wurde.[2558]

Anstellungen außerhalb des erlernten Berufes sind vom Unterhaltsschuldner anzunehmen, auch wenn diese unterhalb seines Ausbildungsniveaus liegen oder schlechter bezahlt sind. Auch Gelegenheits- und Aushilfsarbeiten müssen übernommen und Überstunden geleistet werden.[2559] Der gesunde ungelernte Arbeiter muss auch körperlich anstrengende Tätigkeiten etwa im Straßenbau oder als Lagerarbeiter annehmen.[2560] Der Arbeitsuchende hat darüber hinaus alles ihm Mögliche und Zumutbare zur Steigerung der Vermittlungsfähigkeit zu tun.[2561] Er hat sich zB intensiv um eine Verbesserung der Sprachkenntnisse zu bemühen[2562] oder an Fortbildungsmaßnahmen der Agentur für Arbeit teil zu nehmen.

Zusätzliche Beschäftigungen können unter bestimmten Umständen verlangt werden:

Der teilzeitbeschäftigte Unterhaltsschuldner, der nicht einmal 40 Stunden pro Woche arbeitet, genügt seiner Erwerbsobliegenheit nicht, und zwar auch dann nicht, wenn er ein erweitertes Umgangsrecht ausübt.[2563] Er hat sich vielmehr an der Höchstgrenze der regelmäßigen Arbeitszeit – 40 Stunden pro Woche –[2564] zu orientieren. Ist der Teilzeitarbeitsplatz sicher, ist es zunächst ausreichend, sich auf eine weitere Teilzeitstelle zu bemühen[2565] oder – wenn die Regelarbeitszeit geringfügig unterschritten ist – um eine Neben-

---

[2555] OLG Frankfurt/M. OLGR 2005, 300 (301); OLG Thüringen FamRZ 2010, 216.

[2556] OLG Thüringen FamRZ 2010, 216.

[2557] OLG Naumburg NJW-RR 2009, 873 = FamRZ 2009, 889 (LS.); OLG Brandenburg FamRZ 2011, 732 (LS.); wohl für eine grundsätzliche Pflicht zum Wohnsitzwechsel: OLG Dresden FamRZ 2008, 173 (174).

[2558] OLG Brandenburg NZFam 2015, 720 *(Hambitzer)*.

[2559] BGH FamRZ 1994, 372 (374); FamRZ 2000, 1358 (1359); OLG Bamberg FamRZ 1989, 392 (393); OLG Brandenburg NJWE-FER 2001, 70 (71); OLG Celle FamRZ 1983, 704 (Gehaltskürzung um 10 % zumutbar); OLG Hamm FamRZ 1995, 438, 756 = NJW-RR 1995, 1476; FamRZ 1996, 957 (958); OLG Koblenz FamRZ 2006, 1447 (1448); OLG Köln FamRZ 2002, 1426; OLG Zweibrücken FamRZ 2000, 308 (309); LG Kiel FamRZ 1995, 1029 (1030): Langzeitarbeitsloser Arzt als Hilfsarbeiter; LG Stuttgart FamRZ 1992, 1356: Kaufm. Angestellten bei Unterhalt für Frau und vier Kinder Arbeit als Hilfsarbeiter zumutbar.

[2560] OLG Hamm FamRR 2011, 513 *(Huber)*.

[2561] OLG Hamm FamRZ 1992, 63.

[2562] OLG Brandenburg FamRZ 2008, 2304 (2305 f.) = NJW-RR 2008, 960 (62); OLG Celle FamRZ 1999, 1165.

[2563] KG FamRZ 2016, 832 = NZFam 2016, 264 (265).

[2564] BGH FamRZ 2009, 314 (316) = FF 2009, 122 (125 f.); FamRZ 2011, 1041 (1043) = NJW 2011, 1874 (1876) = MDR 2011, 728 (729).

[2565] BGH FamRZ 2012, 1483 = NJW 2012, 3434 mAnm *Maurer* NJW 2012, 3438 = FF 2012, 165 Tz. 22, 24; OLG Hamm FamRZ 2008, 1271 (1272); OLG Saarbrücken NJW-RR 2009, 942 = MDR 2009, 868; NJW-RR 2010, 219 (220); OLG Schleswig FamRR 2009, 92 *(Poppen)*.

beschäftigung.[2566] Gelingt es ihm allerdings nicht, eine solche innerhalb angemessener Zeit zu finden, muss er sich um eine Vollzeitbeschäftigung unter Aufgabe des gesicherten Teilzeitarbeitsplatzes bemühen.[2567]

Nebenbeschäftigung. Umstritten ist, ob der **vollschichtig erwerbstätige Unterhaltspflichtige** seine Obliegenheiten erfüllt oder ob von ihm zusätzlich die Aufnahme einer Nebenbeschäftigung verlangt werden kann. Gestützt auf die Rechtsprechung des Bundesverfassungsgerichts[2568] war in der obergerichtlichen Rechtsprechung eine Tendenz zu erkennen, eine Nebentätigkeit auch dann nicht zu verlangen, wenn die Einkünfte aus der Vollzeitbeschäftigung zur Deckung des Bedarfs gesteigert Unterhaltsberechtigter nicht ausreichend waren. Sie sah die Aufnahme einer Nebentätigkeit als unzumutbar an, wenn der Arbeitgeber sie nicht duldet[2569] oder wenn der Unterhaltspflichtige sich um bei ihm lebende volljährige,[2570] – vor Allem aber minderjährige – Kinder zu kümmern hat.[2571] Weitergehend wurde eine entsprechende Obliegenheit grundsätzlich abgelehnt, wenn der Schuldner bereits 40 Stunden pro Woche erwerbstätig ist.[2572] Rücksicht zu nehmen sei darüber hinaus auf das Umgangsrecht des Unterhaltsschuldners und auf den Zeitaufwand zur Erreichung des weit entfernt liegenden Arbeitsplatzes.[2573]so dass nur in seltenen Fällen eine geringfügige Nebenbeschäftigung an den umgangsfreien Wochenenden oder während der sonstigen freien Zeit in Betracht verlangt werden konnte. Dieser Auffassung ist der *Bundesgerichtshof* in seiner Entscheidung vom 24.9.2014 nicht gefolgt. Er hält grundsätzlich auch den vollschichtig erwerbstätigen Unterhaltsschuldner für verpflichtet, eine Nebentätigkeit auszuüben. Grenzen sollen sich aus den Vorschriften des Arbeitsschutzes ergeben,[2574] so dass die höchstzulässige Arbeitszeit von 48 Stunden nicht überschritten werden darf.[2575] Im Übrigen ist die Zumutbarkeit auch nach der Ansicht des *Bundesgerichtshofs* anhand der besonderen Umstände des Einzelfalls zu überprüfen,[2576] so dass die insoweit vor der Entscheidung vom 24.9.2014 ergangene oberlandesgerichtliche Rechtsprechung Gültigkeit behält. Unzumutbar ist danach eine Nebenbeschäftigung, wenn der Unterhaltspflichtige bereits 200 Stunden im Monat arbeitet.[2577] Verbietet der Arbeitsvertrag dem Schuldner die Aufnahme einer Nebentätigkeit, dürfte eine arbeitsgerichtliche Klage gegen dieses Verbot nicht zumutbar sein.[2578] Der **arbeitslose Unterhaltsschuldner** ist allerdings zumindest verpflichtet, im Rahmen der Zuverdienstgrenze

---

[2566] OLG Brandenburg FamFR 2011, 393 *(Griesche)* für den Fall der Kurzarbeit; OLG Köln FamRZ 2012, 315 (316) für eine reguläre Wochenarbeitszeit von 35 Std. mit Beisp. für denkbare Nebentätigkeiten.

[2567] BGH FamRZ 2012, 1483 = NJW 2012, 3434 mAnm *Maurer* NJW 2012, 3438 = FF 2012, 165 Tz. 22, 24; OLG Hamm FamRZ 2008, 1271 (1272).

[2568] BVerfG FamRZ 2003, 661.

[2569] OLG Köln FamRZ 2012, 314 (315).

[2570] OLG Bremen FamRB 2010, 203 *(Bißmaier)*.

[2571] OLG Schleswig FamRZ 2015, 937 (939) = NJW 2015, 1538 (1539).

[2572] OLG Köln FamRZ 2012, 314 (315); OLG Saarbrücken FamRZ 2011, 1302; OLG Stuttgart FamRZ 2012, 315 (LS.) = FamRZ 2011, 464 (Endrich).

[2573] OLG Rostock FamRZ 2015, 937 (LS).

[2574] BGH FamRZ 2014, 1992 mAnm *Wolf* FamRZ 2014, 1995 = NJW 2014, 3784, Tz. 19.

[2575] BVerfG FamRZ 2007, 273 (274); BGH FamRZ 2009, 314 (316) = FF 2009, 122 (125 f.); die Obliegenheit zur Aufnahme einer Nebentätigkeit bejaht, auch wenn 48 Stunden überschritten werden: OLG Naumburg FamRZ 2010, 127.

[2576] BGH FamRZ 2009, 314 (316) = FF 2009, 122 (125 f.); BGH FamRZ 2014, 1992 mAnm *Wolf* FamRZ 2014, 1995 = NJW 2014, 3784, Tz. 19; OLG Koblenz FamRZ 2008, 173.

[2577] OLG Bamberg OLGR 2005, 240.

[2578] OLG Hamm FamRZ 2005, 649; **aA:** OLG Dresden FamRZ 2005, 1584 = NJW-RR 2005, 1381 f. = MDR 2005, 756; nach OLG Naumburg FamRZ 2007, 1038 darf die Nebentätigkeit vom Arbeitgeber nicht verboten werden.

Nebentätigkeiten aufzunehmen.[2579] Gleiches gilt für denjenigen, der nur einer Teilzeitbeschäftigung nachgeht.

Ist der Mindestbedarf der Berechtigten gedeckt, kommt den Interessen des Unter- **723** haltsschuldners eine größere Bedeutung zu. Man wird von ihm zur Zahlung höheren Unterhalts insbesondere bei angespannter Arbeitsmarktlage kaum einen Stellenwechsel oder die Aufnahme einer Nebentätigkeit verlangen können,[2580] insbesondere, wenn er eine seiner Ausbildung entsprechende Tätigkeit mit tarifgemäßer Entlohnung ausübt.[2581]

Die **Aufgabe einer selbstständigen Existenz zugunsten einer besser bezahlten abhängigen Arbeit** ist dem Unterhaltsverpflichteten nur unter engen Voraussetzungen zumutbar.[2582] Bloße Gründungs- und Übergangsschwierigkeiten nötigen noch nicht zum Berufswechsel. Es ist eine Karenzzeit zuzubilligen und zu prüfen, ob nicht andere Maßnahmen (zB Modernisierung) die Ertragslage verbessern,[2583] denn mit der Aufgabe eines Betriebs steht auch der Unternehmenswert auf dem Spiel. Zu beachten sind ferner das Alter des Betroffenen, Vor- und Ausbildung, Arbeitsmarktlage und konkrete Aussichten, eine besser bezahlte abhängige Arbeit zu finden.[2584] Wirft eine selbstständige Tätigkeit allerdings nach einem Zeitraum von einigen Jahren keinen Gewinn ab, so ist sie regelmäßig zu Gunsten einer angestellten Beschäftigung aufzugeben.[2585]

4. Fiktives Einkommen[2586]

a) Allgemeine Voraussetzungen

Der Verstoß gegen unterhaltsrechtliche Obliegenheiten kann für den Unterhalts- **724** schuldner – wie für den Berechtigten, → Rn. 667 – zur Zurechnung fiktiver Einkünfte führen. Zwar sind, je nach der Art des Obliegenheitsverstoßes, die fiktive Zurechnung eines Vermögensstammes oder von Vermögenserträgen denkbar[2587] oder auch von Versicherungsleistungen, wenn unter Verstoß gegen unterhaltsrechtliche Obliegenheiten zB der Abschluss einer Pflegeversicherung unterblieben ist.[2588] Hauptanwendungsfall ist allerdings die fiktive Zurechnung von Erwerbseinkommen. Denn die Leistungsfähigkeit des Unterhaltsschuldners wird in verfassungsrechtlich zulässiger Weise nicht nur durch sein tatsächlich erzieltes Einkommen, sondern auch durch seine Erwerbsfähigkeit und

---

[2579] OLG Köln FamRZ 2005, 458 (LS.); anders OLG Schleswig FamRZ 1999, 1524.

[2580] OLG Bamberg FamRZ 1999, 883; OLG Naumburg FamRZ 1997, 31: OLG Zweibrücken NJW 1997, 2390 (2391).

[2581] OLG Naumburg OLGR 2001, 294.

[2582] OLG Köln FamRZ 1983, 87 (89/90); OLG Hamm NJW-RR 1990, 964 f.: Aufgabe bei Scheitern; OLG Zweibrücken NJW 1992, 1902 (1904): Aufgabe unrentabler Gaststätte zugunsten abhängiger Arbeit für 43-Jährigen, aber erst nach Ablauf Trennungsjahr; *anders* OLG Stuttgart, FamRZ 2003, 176: keine Verpflichtung zur Aufgabe eines Handwerksbetriebes bei Betreuung zweier 10 und 12 Jahre alten Kinder.

[2583] OLG Bamberg FamRZ 1989, 392 f.; OLG Hamm NJW-RR 1993, 776 (778); OLG Zweibrücken NJW 1992, 1902 (1904).

[2584] Vgl. zu allem: OLG Köln FamRZ 1983, 87 (89/90); AG Besigheim FamRZ 2000, 1429 für unrentable Mitarbeit im landwirtschaftlichen Betrieb der Eltern.

[2585] OLG Dresden NZFam 2016, 119 (121); OLG Düsseldorf FamRZ 1997, 1078 – jeweils 2 Jahre –; OLG Frankfurt/M. FamRZ 2004, 298 (299): Karenzzeit nicht länger als drei Jahre; OLG Hamm FamRZ 2001, 565; OLG Koblenz FamRZ 2000, 288 (289): Verluste v. d. Gründung 1993 bis Ende 1996; FamRZ 2009, 1921 (1922): Obliegenheit bejaht nach 7 Jahren erfolgreicher Tätigkeit; OLG Naumburg FamRZ 2008, 2230 (LS.) = NJW-RR 2008, 1389; OLG Schleswig OLGR 2002, 25; FamFR 2010, 371 *(Beger-Oelschlegel)*.

[2586] Vgl. allgemein: *Graba*, Fiktives Einkommen im Unterhaltsrecht, FamRZ 2001, 1257 ff. und FamRZ 2002, 6 ff.; *Tiedemann* NJW 1988, 729 (733) (Leistungsunfähigkeit infolge Aids).

[2587] BGH MDR 2013, 93 Tz. 20 f.

[2588] BGH FamRZ 2015, 1594 mAnm *Borth* FamRZ 2015, 1598 = NJW 2015, 2577, Tz. 31.

seine Erwerbsmöglichkeiten bestimmt.[2589] Unterlässt er eine ihm mögliche und zumutbare Erwerbstätigkeit, werden ihm die aus dieser Tätigkeit erzielbaren Einnahmen fiktiv zugerechnet.[2590]

Liegt ein unterhaltsrechtliches Fehlverhalten nicht vor, hat der Schuldner also seine Leistungsunfähigkeit nicht zu vertreten, führt dies – je nach den Umständen des Einzelfalles- zu einer vollständigen oder zumindest teilweisen Befreiung von der Unterhaltspflicht.

725   **Die selbst herbeigeführte Leistungsunfähigkeit** unterliegt denselben Grundsätzen. Entscheidend ist nicht die Tatsache, dass der Unterhaltsschuldner sie durch sein eigenes Verhalten verursacht hat. Das Verhalten des Schuldners ist vielmehr unterhaltsrechtlich zu bewerten. Stellt es keine Obliegenheitsverletzung dar, entfällt die Unterhaltsverpflichtung ganz oder teilweise.[2591]

Etwas anderes gilt, wenn der Pflichtige schuldhaft handelt, nämlich wenn ihn ein verantwortungsloses, zumindest leichtfertiges unterhaltsbezogenes Fehlverhalten trifft.[2592] Eine solche gegen Treu und Glauben verstoßende unterhaltsrechtliche Mutwilligkeit liegt vor, wenn der Schuldner die Möglichkeit des Eintritts der Leistungsunfähigkeit als Folge seines Handelns erkennt und im Bewusstsein dieser Möglichkeit, wenn auch im Vertrauen auf den Nichteintritt dieser Folge handelt.[2593] **Die Darlegungs- und Beweislast** für diese unterhaltsbezogene Leichtfertigkeit liegt beim Unterhaltsberechtigten. Trägt er vor, der Unterhaltspflichtige habe durch vorwerfbares Verhalten seine bisherige Arbeitsstelle aufgegeben, ist dieser Vortrag vom Unterhaltspflichtigen substantiiert zu bestreiten.[2594]

726   **Die Höhe der fiktiven Einkünfte** hängt von den Umständen des Einzelfalles ab. Maßgebend ist dabei zum einen die **Art des unterhaltsrechtlichen Verschuldens.** Ist dem Unterhaltsschuldner vorzuwerfen, eine gut besoldete zugunsten einer schlechter dotierten Anstellung aufgegeben oder durch ein unterhaltsrechtlich leichtfertiges Verhalten verloren zu haben[2595], so ist das bisher erzielte Einkommen fiktiv fortzuschreiben.[2596] Gleiches gilt zB, wenn der Unterhaltsschuldner vorwerfbar in den Vorruhestand gewechselt ist (→ Rn. 749). Übt der Pflichtige eine **Teilzeitbeschäftigung** aus, lassen sich die Einkünfte aus der zumutbaren Vollzeitbeschäftigung nicht durch Hochrechnung ermitteln; es bedarf vielmehr des konkreten Nachweises von Erwerbsbemühungen betreffend eine Vollzeitarbeit.[2597]

727   Ist der Verlust des Arbeitsplatzes dagegen unterhaltsrechtlich unbedenklich, wie im Falle einer berechtigten betriebsbedingten Kündigung, ist das bisherige Einkommen nicht weiter zuzurechnen. Der Vorwurf, der dem Unterhaltsschuldner zu machen ist, ist, dass

---

[2589] BVerfG FamRZ 2012, 1283; NJW 2012, 2420 (2421); FamRZ 2010, 626 (628); 2007, 273 f.

[2590] BGH FamRZ 2011, 1041 (1043) mAnm *Hoppenz* FamRZ 2011, 1045 und Anm. *Volmer* FamRZ 2011, 1647 = NJW 2011, 1874 (1876) = MDR 2011, 728 (729).

[2591] BGH FamRZ 2002, 813 (814).

[2592] BGH FamRZ 1985, 158 (160); FamRZ 2000, 815 ff. = NJW 2000, 2351 f.; OLG Bamberg FamRZ 1989, 392; OLG Frankfurt FamRZ 1993, 203 (204); OLG Hamburg NJW-RR 1991, 773; OLG Hamm NJW-RR 1990, 964; FamRZ 1997, 1405 (1406); OLG Naumburg FamRZ 2010, 572 (573 f.).

[2593] BGH FamRZ 2000, 815 (816) = NJW 2000, 2351 f.; OLG Bamberg FamRZ 1989, 392; OLG Frankfurt FamRZ 1993, 203 (204); OLG Hamburg NJW-RR 1991, 773; OLG Hamm NJW-RR 1990, 964; FamRZ 1997, 1405 (1406); OLG Naumburg FamRZ 2010, 572 (573 f.).

[2594] OLG Hamburg NZFam 2015, 924 *(Heiß)*.

[2595] Die unterhaltsrechtliche Vorwerfbarkeit ist auf schwere Fälle zu beschränken OLG Hamburg NZFam 2015, 924 *(Heiß)*, Rz. 725.

[2596] OLG Hamm FamRZ 1995, 1203; OLG Karlsruhe NJWE-FER 2000, 73 (74) = OLGR 2000, 47: fiktive Einkünfte in bisheriger Höhe bei willkürlich betriebener Entlassung aus dem Beamtenverhältnis; OLG Schleswig OLGR 2001, 181 (182).

[2597] OLG Köln OLGR 2005, 123.

er sich nicht ausreichend um eine ihm zumutbare[2598] Erwerbstätigkeit bemüht hat. Fehlt es also an den notwendigen subjektiven Erwerbsbemühungen des Schuldners, sind ihm die objektiv erzielbaren Einkünfte zuzurechnen.[2599] **Die Höhe des Einkommens** wird durch verschiedene Faktoren bestimmt, wie die berufliche Qualifikation, den Gesundheitszustand, das Alter und die bisherige Erwerbsbiographie des Pflichtigen[2600] sowie die objektive Lage auf dem Arbeitsmarkt,[2601] nämlich das Vorhandensein entsprechender Arbeitsstellen.

Die ältere Rechtsprechung hat das im Einzelfall erzielbare Einkommen weitgehend ohne nähere Prüfung festgelegt und zB dem Unterhaltsschuldner, der über Einkünfte aus einer ungelernten Tätigkeit verfügte, diese als erneut erzielbar zugerechnet.[2602] Hatte er eine Ausbildung abgeschlossen, ist die Berechnung anhand der zwischenzeitlich erworbenen Qualifikation erfolgt.[2603] Für ungelernte Tätigkeiten wurden als erzielbar angesehen: für einen Arbeiter im Baugewerbe ca. 9 EUR pro Stunde[2604], bei 4-jähriger Arbeitslosigkeit nur 715 EUR[2605], 1265 EUR netto bei Steuerklasse III,[2606] 1126 EUR[2607] bis 1000 EUR netto.[2608] Lassen gesundheitliche Beeinträchtigungen nur eine leichte vollschichtige Erwerbstätigkeit zu, sollen 796 EUR (= 6,65 EUR pro Stunde)[2609], 840 EUR netto bei Steuerklasse III,[2610] jedenfalls nicht mehr als 840 EUR netto[2611] oder 890 EUR[2612] möglich sein.

Ähnlich niedrig liegen die anrechenbaren Beträge bei Frauen. Eine gelernte Köchin soll 10 EUR brutto pro Stunde erzielen können.[2613] Für ungelernte Kräfte sollen 971 EUR[2614], 920 EUR[2615], 767 EUR[2616], 700 EUR[2617] oder nur 665 EUR[2618] erreichbar sein.

Diese Entscheidungen können in Anwendung der neueren Rechtsprechung des Bundesverfassungsgerichts[2619] nicht mehr unkritisch übernommen werden. Dieses errechnet nämlich zunächst konkret das Einkommen, das der Unterhaltsschuldner erzielen müsste, um – nach Abzug von 5 % berufsbedingten Aufwendungen- seine Unterhaltsverpflichtung erfüllen zu können. So müssten zB für einen Zahlbetrag von 355 EUR (Mindest-

---

[2598] OLG Zweibrücken FamRZ 2001, 115 – LS –.
[2599] Zuletzt BGH FamRZ 1483 (1485f) = NJW 2012, 3434 (3434) mAnm *Maurer* NJW 2012, 3438.
[2600] KG FamRZ 2015, 1972 (LS.).
[2601] BVerfG FamRZ 2012, 1283; NJW 2012, 2420 (2421).
[2602] GH NJWE-FER 2001, 7; OLG Zweibrücken NJWE-FER 2001, 139 (141).
[2603] OLG Koblenz FamRZ 2006, 725.
[2604] OLG Dresden FamFR 2009, 163 *(Huber);* OLG Naumburg FamRZ 2007, 1118; OLG Stuttgart FamRZ 2008, 1653 (1654); OLG Hamm FamRZ 2012, 1732 (1733) auch für Pförtner, Hausmeister, Wachleute.
[2605] OLG Hamm FamRZ 2008, 1631 (LS.).
[2606] OLG Hamm FamRZ 2005, 803.
[2607] OLG Hamm FamRZ 1996, 957 (958); OLG Hamm OLGR 1997, 232.
[2608] OLG Hamm FamRZ 1997, 1016 = NJW-FER 1997, 27; sogar bei gesundheitlicher Beeinträchtigung durch Asthma: FamRZ 2001, 565 (566); FamRZ 2003, 1210: 9 EUR pro Stunde = 1030 EUR netto p. M. für ungelernten Arbeiter; AG Flensburg FamRZ 2006, 1293 (1294).
[2609] OLG Hamm FamRZ 2000, 1219 – LS –, unklar, ob Mann oder Frau.
[2610] OLG Hamm FamRZ 2006, 726.
[2611] OLG Karlsruhe FamRZ 2005, 1855 (1857).
[2612] OLG Hamm FamRZ 2007, 1480 für einen Asylbewerber.
[2613] KG FamRZ 2007, 1121 (1122).
[2614] OLG Karlsruhe NJWE-FER 1998, 276.
[2615] OLG Brandenburg FamRZ 2005, 210.
[2616] OLG Hamm FamRZ 1998, 1251; FamRZ 2000, 1370 (auf Grund einer schizoiden Störung waren Tätigkeiten mit starker psychischer Belastung ausgeschlossen); OLG München FamRZ 1997, 313 (314); OLG Schleswig FamRZ 2008, 64: 750 EUR für Vollzeittätigkeit im Einzelhandel.
[2617] OLG Hamm FamRZ 2005, 35 für eine noch nie durchgängig beschäftigte 41-jährige Frau.
[2618] OLG Oldenburg FamRZ 2000, 379.
[2619] BVerfG FamRZ 2012, 1283; NJW 2012, 2420 (2421); FamRZ 2010, 626 (628); 2007, 273 f.

betrag der Altersgruppe III der Düsseldorfer Tabelle nach Abzug des Kindergeldanteils für ein erstes Kind) ab 1.1.2016 bereinigt 1.435 EUR netto im Monat erzielt werden, was bei Steuerklasse 1 und 0,5 Kinderbeträgen einem Bruttoeinkommen von 2.252 – EUR monatlich oder – bei einer Arbeitszeit von 40 Stunden pro Woche – einem Stundenlohn von 13,10 EUR entspricht.[2620]

In einem zweiten Schritt verlangt das BVerfG nun eine tragfähige Begründung, dass dieses Einkommen nach den subjektiven Voraussetzungen des Unterhaltsschuldners und den objektiven Gegebenheiten des Arbeitsmarktes überhaupt erzielbar ist. Hierfür hat der Tatrichter auf eventuell vorhandene Tarifverträge, das Arbeitnehmerentsendegesetz und die dortigen Mindestlöhne[2621] zurückzugreifen oder Erkundigungen bei der Agentur für Arbeit einzuholen über die in der jeweiligen Region für die entsprechende Tätigkeit erzielbaren Durchschnittslöhne.[2622] Erkenntnisquelle kann auch das Internet sein, dem Gehaltsvergleichsdaten für die verschiedenen Berufe zu entnehmen sind (nettolohn.de).[2623]

Führt die unterhaltsrechtliche Obliegenheitsverletzung lediglich zu einer Zurechnung von Einkünften aus einer ungelernten Tätigkeit, ist das Gesetz zur Regelung des allgemeinen Mindestlohns (MiLoG)[2624] zu beachten. Nach § 1 Abs. 2 MiLoG beträgt der allgemeine Mindestlohn derzeit 8,50 EUR pro Stunde. Dieser Betrag ist dem arbeitsfähigen Unterhaltsschuldner, der realistischer Weise Zugang zum „ersten Arbeitsmarkt" hat,[2625] als fiktives Einkommen zuzurechnen. Er kann daher bei einer 40 Stunden Woche als Untergrenze ein Bruttoeinkommen von 1.462 EUR pro Monat verdienen,[2626] was in Steuerklasse I bei einem halben Kinderfreibetrag 1.080,33 EUR netto entspricht. Bei dem derzeitigen Mindestselbstbehalt von 1.080 EUR ist der Unterhaltsschuldner, dem als fiktives Einkommen der Mindestlohn zuzurechnen ist, aus diesem nicht leistungsfähig. Er kann zu Unterhaltszahlungen nur herangezogen werden, wenn man eine Obliegenheit zur Ausübung einer Nebentätigkeit bejaht und zusätzlich entsprechendes fiktives Einkommen berücksichtigt (→ Rn. 722) oder wenn ausnahmsweise aus ungelernter Tätigkeit ein höheres als das Mindesteinkommen erzielbar ist.

728   Die **Ursächlichkeit vorwerfbaren Fehlverhaltens für die Leistungsunfähigkeit ist Voraussetzung** einer fiktiven Einkommenszurechnung.[2627] Da der Unterhaltsverpflichtete die Beweislast für eine unterhaltsrechtlich nicht vorwerfbare Leistungsunfähigkeit trägt – → Rn. 717 f. –, genügt es, wenn nicht auszuschließen ist, dass bei ausreichender Bemühung eine reale Beschäftigungschance bestanden hätte.[2628] Ergibt die gerichtliche Prüfung, dass eine reale Beschäftigungschance nicht vorhanden war, kommt es auf Umfang, Art und Redlichkeit der Bemühungen um Arbeit nicht mehr an.

729   **Eine Beendigung der Einkommensfiktion** sollte nach der älteren Rechtsprechung durch Zeitablauf eintreten. Sie lehnte eine Einkommensfiktion auf unabsehbare Zeit ab, da im Arbeitsleben gewisse Veränderungen, auch der Verlust des Arbeitsplatzes immer

---

[2620] BVerfG FamRZ 2012, 1283 (1284); Zahlen nach *Schürmann,* Tabellen zur Einkommensermittlung 2016, FamRB 2016, 81.

[2621] OLG Schleswig FamRZ 2015, 937 (938) = NJW 2015, 1538 (1539).

[2622] BVerfG NJW 2012, 2420 (2421).

[2623] KG NZFam 2014, 758 *(Pfeil);* OLG Naumburg FamRZ 2014, 133: ob der ermittelte Durchschnittslohn um 10 % zu erhöhen ist, weil sich der Schuldner auch auf Stellen mit überdurchschnittlicher Vergütung bewerben kann, ist fraglich.

[2624] Gesetz vom 11.8.2014, BGBl. I 1348.

[2625] KG FamRZ 2015, 1972 (LS.).

[2626] OLG Schleswig FamRZ 2015, 937 (938) = NJW 2015, 1538 (1539).

[2627] BGH FamRZ 1986, 668; 1987, 691 (693) u. 912 = NJW-RR 1987, 962; 1996, 345; OLG Bamberg FamRZ 1988, 725 (726); OLG Düsseldorf FamRZ 1987, 1259 (1260) = NJW-RR 1988, 4 (5); OLG Hamburg FamRZ 1987, 1250 (1252); OLG Karlsruhe FamRZ 1985, 1045; OLG Köln FamRZ 1986, 167.

[2628] BGH FamRZ 1993, 789 (791); FamRZ 2008, 2104 (2106) jew f. Unterh. Ber.

eintreten könnten.[2629] Daher sollte es nicht zulässig sein, ein einmal erzieltes Einkommen – fiktiv – unbeschränkt fortzuschreiben.[2630] Der Verpflichtete müsse die Chance haben, nach einem gewissen Zeitablauf seinen Fehler auszugleichen. Dies könnte beispielsweise durch eine Umschulung und anschließende intensive Arbeitssuche versucht werden.[2631]

Der Bundesgerichtshof ist dieser Auffassung nicht gefolgt. Nach seiner Ansicht tritt **730** das Ende der Einkommensfiktion nicht durch einen bloßen Zeitablauf ein,[2632] und zwar selbst dann nicht, wenn seit dem Abschluss des auf der Fiktion beruhenden Vergleichs oder seit der ergangenen Entscheidung mehr als fünf Jahre verstrichen sind.[2633]

Der Unterhaltsschuldner kann sich vielmehr von einer Unterhaltslast beruhend auf fiktiven Einkünften nur befreien, wenn eine Änderung derjenigen Verhältnisse eingetreten ist, die die Grundlage der Zurechnung fiktiver Einkünfte waren. Unterschieden wird dabei **nach der Art der Obliegenheitsverletzung.** Der unterhaltsrechtliche Vorwurf kann einmal darin bestehen, dass der Schuldner leichtfertig eine sichere und gut bezahlte Arbeitsstelle aufgegeben hat mit der Folge, dass ihm das bisher aus dieser Anstellung erzielte Einkommen fiktiv zugerechnet wird. Diese Fiktion endet nur, wenn er vortragen kann, er hätte die Arbeitsstelle ohnehin zwischenzeitlich verloren, entweder weil er den Anforderungen gesundheitlich nicht gewachsen war oder er weil ihm unverschuldet betriebsbedingt gekündigt worden sei.[2634] Sind die Einkünfte aus der aufgegebenen Tätigkeit nicht mehr zuzurechnen, endet die Unterhaltsverpflichtung, wenn sich der Schuldner ernsthaft und ausreichend, aber erfolglos um eine Anstellung bemüht hat. Erzielt er bei ausreichenden Erwerbsbemühungen ein geringeres Einkommen, ist die Unterhaltsverpflichtung herabzusetzen.

War der Verlust des Arbeitsplatzes unverschuldet, geht der unterhaltsrechtliche Vor- **731** wurf dahin, sich nicht ausreichend um Arbeit bemüht zu haben. Die Fiktion endet daher, wenn der Unterhaltsschuldner vortragen und beweisen kann, dass er trotz hinreichender Bemühungen keine oder nur eine schlechter dotierte Anstellung gefunden hat.[2635]

Das Ende der Unterhaltsfiktion kann der Schuldner in beiden Fällen durch einen Abänderungsantrag nach §§ 238, 239 FamFG geltend machen.

b) Fallgruppen

aa) Einschränkung, Aufgabe, Wechsel, Verlust Arbeit. Berufliche Veränderungen, **732** die mit einer Einschränkung oder einem Verlust der Leistungsfähigkeit des Unterhaltsschuldners verbunden sind, führen nicht stets zur Anrechnung fiktiver Einkünfte.

Erforderlich ist auch hier, dass den Pflichtigen der Vorwurf eines verantwortungslosen, zumindest leichtfertigen Handelns trifft und ihm bewusst ist, dass sich wegen dieses Fehlverhaltens seine Leistungsfähigkeit reduzieren könnte.[2636]

Dabei wird ein leichtfertiges Vorgehen eher zu bejahen sein, je weniger sachliche Gründe für den Wechsel vorhanden sind und je stärker die Unterhaltspflicht ist.[2637]

[2629] OLG Karlsruhe FamRZ 1983, 931 (932).

[2630] OLG Zweibrücken FamRZ 1999, 881 (882).

[2631] OLG Zweibrücken FamRZ 1999, 881 (882).

[2632] BGH FamRZ 2008, 872 = NJW 2008, 1525 mAnm *Born* NJW 2008, 1527, Tz. 19.

[2633] So OLG Hamm FamRZ 2014, 333f = NJW 2013, 3044.

[2634] BGH FamRZ 2008, 872 = NJW 2008, 1525 mAnm *Born* NJW 2008, 1527, Tz. 19.

[2635] BGH FamRZ 2008, 872 = NJW 2008, 1525 mAnm *Born* NJW 2008, 1527, Tz. 19; OLG Hamm FamRZ 2014, 333f = NJW 2013, 3044; OLG Karlsruhe FamRZ 1983,931.

[2636] BGH FamRZ 1985, 158 (160); FamRZ 1993, 1055 (1056) = NJW 1993, 1974; FamRZ 1997, 240 (241); OLG Hamm FamRZ 1996, 959; FamRZ 1997, 357; FamRZ 2003, 1471 (1473) = NJW 2003, 3122 f.; KG FamRZ 1997, 627; OLG Zweibrücken NJW 1997, 2390 (2391).

[2637] OLG Hamm FamRZ 1996, 959 (960); OLG Oldenburg FamRZ 1998, 289: „anerkennenswerte Gründe".

733 **Ein Arbeitsplatzwechsel** ist in Anwendung dieser Grundsätze trotz geringerer Entlohnung anzuerkennen, wenn plausible Gründe vorhanden sind, zB der neue Arbeitsplatz sicherer ist und Schichtarbeit entfällt,[2638] die Hoffnung auf eine längerfristige Beschäftigung besteht,[2639] wenn der neue Arbeitsplatz interessanter und zunächst besser bezahlt ist[2640] oder wenn gesundheitliche Gründe vorliegen.[2641] Gegenüber minderjährigen Kindern leichtfertig ist dagegen ein Stellenwechsel allein der neuen Partnerschaft oder Familie wegen,[2642]auf einen schlecht dotierten Arbeitsplatz im Ausland[2643] oder aus einem unbefristeten in ein nur befristetes Arbeitsverhältnis.[2644] Die Fortsetzung einer tatsächlich ausgeübten Tätigkeit kann auch verlangt werden, wenn der Pflichtige sie in gefährlichen Regionen der Welt nachgehen muss.[2645]

734 **Die Aufgabe einer Arbeitsstelle,** um sich den Unterhaltspflichten zu entziehen, führt naturgemäß zur Anrechnung fiktiver Einkünfte.[2646]

Ein leichtfertiges Verhalten liegt aber auch dann vor, wenn der gesteigert Unterhaltspflichtige seinen Arbeitsplatz ohne konkrete Aussicht auf eine Neueinstellung aufgibt.[2647] Dabei soll der Wunsch des Unterhaltsschuldners nach verstärkten Umgangskontakten keinen rechtfertigenden Grund für die Aufgabe einer gut bezahlten Tätigkeit darstellen.[2648] Gleiches gilt, wenn wegen der kurzfristigen Aussicht auf ein höheres Entgelt unter Aufgabe einer unbefristeten Beschäftigung ein befristetes Arbeitsverhältnis in einem berufsfremden Tätigkeitsfeld eingegangen wird.[2649]

Zur Beendigung eines Arbeitsverhältnisses wegen Beginn einer Ausbildung → Rn. 746 ff.

735 Endet das Arbeitsverhältnis durch eine vom Unterhaltsschuldner verursachte **Kündigung des Arbeitgebers,** kann ein unterhaltsrechtlich leichtfertiges Handeln angenommen werden, wenn sich der Pflichtige mit seinem Fehlverhalten am Arbeitsplatz oder gegenüber dem Arbeitgeber seiner Unterhaltpflicht entziehen wollte (→ Rn. 734) oder wenn ihm bewusst war, dass sein Verhalten Nachteile bei seiner Leistungsfähigkeit mit sich bringen würde.[2650]An einem leichtfertigen Handeln fehlt es, wenn der Arbeitnehmer Kündigungsschutzklage erhebt und einen Abfindungsvergleich erzielt.[2651] Die Obliegenheit, eine Kündigungsschutzklage zu erheben, besteht nur bei offensichtlich unbegründeten Kündigungen, nicht aber, wenn der Ausgang des arbeitsgerichtlichen Verfahrens ungewiss ist.[2652] Anrechenbar sind dann – fiktiv – nicht die Einkünfte aus der beendeten Tätigkeit, sondern diejenigen, die der Schuldner bei gehöriger Stellensuche erzielen könnte.

[2638] OLG Karlsruhe FamRZ 1993, 836 (837).

[2639] OLG Hamm FamRZ 2005, 211.

[2640] OLG Dresden FamRZ 2010, 575 f. = FamFR 2010, 12 *(Poppen):* keine fiktiven Einkünfte aus der freiwillig aufgegebenen Beschäftigung bei späterem Verlust des neuen Arbeitsplatzes.

[2641] BGH FamRZ 2003, 1471 (1473) = NJW 2003, 3122 f.

[2642] KG FamRZ 1997, 627 (628); OLG Nürnberg OLGR 2004, 52.

[2643] OLG Stuttgart NJWE-FER 1999, 327.

[2644] OLG Dresden FamRZ 2014, 45.

[2645] KG FamRZ 2014, 45 (LS).

[2646] BGH FamRZ 1985, 372 (374); OLG Dresden FamRZ 1997, 836 (837); OLG Hamm FamRZ 1996, 1017 (1018).

[2647] BGH FamRZ 1985, 158 ff. = NJW 1985, 732; OLG Düsseldorf FamRZ 1981, 1177; OLG Hamburg FamRZ 1991, 472; OLG Hamm FamRZ 1997, 357; OLG Karlsruhe FamRZ 2006, 953 (954); OLG Schleswig OLGR 2001, 181 (182).

[2648] OLG Brandenburg NZFam 2014, 423 *(Reinken).*

[2649] OLG Dresden FamRZ 2014, 45.

[2650] OLG Hamburg FamRZ 2015, 2067 (2068).

[2651] OLG Brandenburg MDR 2009, 270 (271).

[2652] BGH FamRZ 1994, 372 (374); OLG Dresden FamRZ 1997, 836 (837); FamRZ 2000, 1433 – LS – = OLGR 2000, 51 (52); OLG Hamm FamRZ 2002, 1427 f.

Die **Aufgabe unselbstständiger Arbeit zu Gunsten einer selbstständigen Existenz** ist **736** dem Unterhaltsschuldner grundsätzlich auch dann nicht verwehrt, wenn sie zu einem Einkommensrückgang führt. Eine unterhaltsbezogene Leichtfertigkeit liegt allerdings vor, wenn der Unterhaltpflichtige keine Vorsorge getroffen hat, um die Unterhaltsleistungen trotz des Berufswechsels, jedenfalls für eine Übergangszeit, deren Dauer mit 2 bis 3 Jahren je nach Einzelfallumständen nicht unzumutbar lang bemessen sein dürfte,[2653] zu sichern.[2654]

Muss der Unterhaltsschuldner krankheitsbedingt seine unselbständige Tätigkeit aufgeben, hat er zudem auf dem Arbeitsmarkt keine reale Beschäftigungschance, kann der Schritt in die Selbständigkeit ohne Vorsorge unterhaltsrechtlich zulässig sein.[2655]

Erweist sich die Selbstständigkeit über einen längeren Zeitraum hinweg zur Sicherung einer nachhaltigen Existenz als ungeeignet, muss eine andere Tätigkeit aufgenommen werden,[2656] wenn für eine solche eine reale Beschäftigungschance besteht (→ Rn. 723).

Beispiele unterhaltsrechtlich nicht zu beanstandenden Wechsels zu einer selbstständi- **737** gen beruflichen Existenz – in der Regel nicht leichtfertig trotz beruflicher Anfangs- schwierigkeiten[2657] – sind etwa: Praxiseröffnung durch Krankenhausarzt,[2658] Eröffnung eines Bauschalungsverleihs durch Maurer,[2659] Aufgabe Angestelltenstelle und Gründung selbstständigen Geschäfts in EDV-Branche,[2660] Aufgabe ungeliebter Innendiensttätigkeit (abhängig) zugunsten Geschäftsführerposition in GmbH Ehefrau (Einkommen früher 2730 EUR netto, jetzt 908 EUR netto mit vertraglicher Aussicht auf 30 % Tantieme von GmbH-Gewinn, jedoch über drei Jahre keinen Gewinnanteil erhalten), wobei vor allem auf die beruflichen Neigungen des Verpflichteten abgestellt wurde.[2661] Die unternehme- risch sinnvolle Veräußerung eines defizitären Unternehmens ist hinzunehmen.[2662]

Fortfall oder Reduzierung von Überstunden oder Nebenarbeit rechtfertigen im **738** Regelfall keine Annahme fiktiven Einkommens, da grundsätzlich nur eine Obliegenheit zu normalem (tarifgemäßem) Arbeitsumfang besteht,[2663] es sei denn, Mehrarbeit werde aus besonderem Anlass nötig, etwa zur Sicherung des Mindestunterhalts bei gesteigerter Unterhaltspflicht oder hohen gemeinsamen Schulden.[2664] Dem Unterhaltsverpflichteten steht es jederzeit frei (sofern nicht eine gesteigerte Verdienstanstrengung angezeigt ist), Überstunden oder (und) Nebenarbeit bis auf den in seinem Tätigkeitsbereich tariflich oder gesetzlich festgelegten Normalumfang abzubauen.[2665] Ihn trifft keine Obliegenheit, nach der Ehe nicht weniger als während der Ehe zu arbeiten.[2666]

[2653] Vgl. die Zeitbemessung in BGH FamRZ 1987, 372.

[2654] BGH 1996, 796; FamRZ 1982, 365 (366) = NJW 1982, 1050; *Luthin* FamRZ 2004, 365; OLG Celle FamRZ 2007, 1121; OLG Köln NJW-RR 2006, 1664 = FamRZ 2006, 1756 (LS).

[2655] BGH FamRZ 2003, 1471 (1473).

[2656] OLG Dresden NZFam 2016, 119 (121); OLG Hamm NJW-RR 1993, 776 (778): Teilzeitarbeit geboten, wenn Geschäft nach einem halben Jahr weiterhin ohne Gewinn; OLG Koblenz FamRZ 2000, 288 (289); OLG Köln FamRZ 1983, 87 (89); FamRZ 2005, 215; FamRZ 2005, 1584; OLG Zweibrücken NJW 1992, 1902 (1904).

[2657] OLG Hamm NJW-RR 1990, 964 (965).

[2658] BGH FamRZ 1988, 145 (147) u. FamRZ 1988, 256 (257) = NJW-RR 1988, 59; OLG Frankfurt NJW-RR 1990, 1477 = FamRZ 1991, 106 (eheliche Schicksalsgemeinschaft).

[2659] BGH FamRZ 1982, 365 (366) = NJW 1982, 1050.

[2660] OLG München NJW-RR 1992, 386 = FamRZ 1992, 441.

[2661] BGH FamRZ 1987, 372 (374).

[2662] OLG Hamm FamRZ 1994, 1029 (1030).

[2663] OLG Köln FamRZ 1984, 1108; *Müller* DAVorm 1987, 81 (86).

[2664] 2334 OLG Düsseldorf FamRZ 1981, 38; OLG Hamburg NJW-RR 1991, 733; FamRZ 1990, 784 (785); OLG Hamm FamRZ 1992, 459; OLG Koblenz FamRZ 1991, 1475.

[2665] Vgl. OLG Düsseldorf FamRZ 1985, 1039 (entgegen dem Entscheidungsinhalt ist ein Unter- haltsverpflichteter grundsätzlich auch vor der Trennung nicht zu Mehrarbeit verpflichtet).

[2666] So aber: OLG Koblenz FamRZ 1986, 363 (364) = NJW-RR 1986, 1456.

739 **Fiktive Vollarbeit bei tatsächlicher Teilzeitarbeit** kann nicht unterstellt werden, wenn die Teilzeitarbeit ein gesicherter Arbeitsplatz ist, dessen Ausweitung zur Ganztagsarbeit derzeit nicht möglich ist.[2667] Der Unterhaltsschuldner bleibt jedoch zur Aufnahme einer vollschichtigen Tätigkeit verpflichtet und hat daher nachzuweisen, dass eine Ausweitung der Tätigkeit bei dem jetzigen Arbeitgeber oder eine zumutbare Ganztagsarbeit mit vergleichbarer Sicherheit außerhalb des derzeitigen Arbeitsplatzes nicht erlangt werden kann. Er hat zudem neben der Teilzeitbeschäftigung eine Nebentätigkeit bzw. eine weitere Teilzeitbeschäftigung aufzunehmen.[2668] **Kurzarbeit** verpflichtet den Unterhaltsschuldner nicht unmittelbar zur Aufgabe eines langjährigen Arbeitsplatzes, sondern erst, wenn diese länger als ein Jahr andauert.[2669]

740 **Arbeitsaufgabe zwecks Pflege hilfsbedürftiger nahe stehender Personen** (alter Eltern etwa) soll nach einer älteren Rechtsprechung unterhaltsrechtlich außer Betracht bleiben,[2670] auch wenn die Pflegetätigkeit sittlich anerkennenswert und menschlich wünschenswert ist.

Dieser Grundsatz kann in seiner Allgemeinheit nicht aufrechterhalten bleiben. Denn die gesellschaftliche Bedeutung der Pflegetätigkeit ist in den letzten Jahren deutlich gestiegen. Diesem Bedeutungswandel hat der Gesetzgeber Rechnung getragen, und zwar zunächst durch das Gesetz über die soziale Pflegeversicherung (SGB XII). Nach § 13 Abs. 6 dieses Gesetzes bleibt an den Pflegenden geleistetes Pflegegeld bei der Berechnung der Unterhaltsansprüche und Unterhaltsverpflichtungen des Pflegenden außer Betracht. Ausnahmen gelten für Fälle der Unterhaltsverwirkung und des Unterhalts für minderjährige und ihnen gleichgestellte volljährige Kinder. Trifft den Pflegenden eine Erwerbsobliegenheit, soll es keine Berücksichtigung finden, wenn der zu Pflegende mit dem Unterhaltspflichtigen in gerader Linie verwandt ist (→ Rn. 914 ff.). Das Pflegezeitgesetz vom 28.5.2008[2671] hat die gesellschaftliche Bedeutung der Pflegetätigkeit bereits gestärkt. Die seit dem 1.1.2015 in Kraft befindlichen Änderungen[2672] geben dem Arbeitnehmer einen Anspruch auf eine unbezahlte Freistellung von seiner Arbeitsverpflichtung zur Pflege eines nahen Angehörigen für die Dauer von insgesamt zwei Jahren (§ 3 PflegezeitG). Eine Leistungsunfähigkeit wegen der Pflege nächster Angehöriger ist daher jedenfalls bei nicht gesteigerter Unterhaltspflicht gegenüber dem geschiedenen Ehegatten oder Aszendenten anzuerkennen (→ Rn. 914 ff.). Ob die Pflege eines nahen Angehörigen Vorrang vor der Unterhaltsverpflichtung gegenüber minderjährigen Kindern hat, erscheint fraglich und wird allenfalls dann in Betracht kommen, wenn der Unterhaltspflichtige darlegen kann, dass eine andere Möglichkeit der Pflege seines Angehörigen nicht besteht.

741 **bb) Erkrankung und Erwerbsobliegenheit.** Bei **Arbeitsunfähigkeit infolge Erkrankung** darf die Stelle nicht einfach vom Arbeitnehmer gekündigt werden. Es ist ihm zumutbar, naheliegende rechtliche Möglichkeiten, den Verdienstbezug zu verlängern und den Arbeitsplatz zumindest zeitweise zu sichern, auszuschöpfen: die Lohnfortzahlung im Krankheitsfall, das Kündigungsschutzgesetz[2673] und evtl. Möglichkeiten der Betriebsverfassung, etwa die Zuweisung eines noch zu bewältigenden Arbeitsplatzes (Kontakte dazu

---

[2667] OLG Frankfurt FamRZ 1987, 190; OLG Hamm FamRZ 2008, 1271 (1272); OLG Saarbrücken NJW-RR 2009, 942 = MDR 2009, 868; NJW-RR 2010, 219 (220); OLG Schleswig FamFR 2009, 92 *(Poppen)*.

[2668] BGH FamRZ 2012, 1483 (1485) = NJW 2012, 3434 (3435) mAnm *Maurer* NJW 2012, 3438; OLG Celle FamRZ 1993, 963; OLG Frankfurt FamRZ 2000, 25; OLG Saarbrücken NJW-RR 2009, 942 (943); Schleswig FamRZ 1993, 72 (73).

[2669] OLG Köln FamRZ 2003, 601.

[2670] Vgl. OLG Zweibrücken FamRZ 1988, 66; AG Weilburg FamRZ 1991, 451.

[2671] BGBl. 2008 I, S. 874, 896.

[2672] Änderungen vom 23.12.2014, BGBl. 2014 I, 2462.

[2673] OLG Hamm FamRZ 2002, 1427 f.

mit dem Betriebsrat).[2674] Der Bezug von Erwerbsunfähigkeitsrente lässt nicht zwingend den Schluss auf die völlige Arbeitsunfähigkeit zu. Die Restarbeitsfähigkeit ist vielmehr in zumutbarem Umfang bestmöglich auszunutzen.[2675] Bezieht der Unterhaltsschuldner Transferleistungen nach dem SGB II (Hartz IV), ist in der Regel davon auszugehen, dass er jedenfalls gesundheitlich in der Lage ist, mindestens drei Stunden täglich erwerbstätig zu sein.[2676] Lohnfortzahlung und Krankentagegeld sind als fiktives Einkommen zu unterstellen, wenn leichtfertig eine Arbeitsstelle verloren ging, die bei Erkrankung zu diesen Leistungen geführt hätte.[2677] Nichtarbeit ist, wenn ein Arzt Arbeitsunfähigkeit attestiert, idR. nicht vorwerfbar.[2678] Die attestierte Arbeitsunfähigkeit ist allerdings nicht maßgebend, wenn tatsächlich doch gearbeitet wird.[2679]

Alkoholabhängigkeit und darauf beruhender Arbeitsplatzverlust rechtfertigen allein **742** noch nicht die Annahme fiktiven Einkommens, denn Alkoholmissbrauch ist als Krankheit anzusehen. Wenn ein Abgleiten in diesen Zustand überhaupt einen fassbaren konkreten Schuldvorwurf begründen kann, wird sich dies kaum hinreichend klären lassen.[2680] Abgleiten in Alkoholismus kann schicksalhaft sein, zB Trinken aus konkreter Angst vor Wiederaufleben einer Krebserkrankung.[2681] Zur Obliegenheit, die Arbeitskraft wiederherzustellen, → Rn. 744.

(einstweilen frei) **743**

Eine zumutbare medizinische Behandlung zur Wiederherstellung der Arbeitskraft **744** ist durchzuführen. Dies gilt auch für Entziehungsmaßnahmen Alkohol- und Drogenabhängiger, aber auch für psychische Erkrankungen.[2682] Hier besteht die Obliegenheit, sich um einen Therapieplatz zu bemühen.[2683] Wer es bei hinreichender oder leichtfertig verdrängter Krankheitseinsicht unterlässt, durch geeignete und zumutbare Maßnahmen seine Arbeitskraft wiederherzustellen, muss sich das für diesen Fall erzielbare Einkommen fiktiv anrechnen lassen, weil seine Erwerbsunfähigkeit leichtfertig aufrechterhalten worden ist.[2684]

cc) Ausnutzung beruflicher Qualifikation. Die **volle berufliche Qualifikation** ist **745** auszunutzen. **Angestellte Arbeit im Betrieb der Lebensgefährtin** (Lebensgefährten) ist wirtschaftlich Mitinhaberschaft, wenn das Geschäft tatsächlich gemeinsam betrieben wird, so dass das unterhaltspflichtige Einkommen des „Angestellten" nach dem Betriebsgewinn, nicht aber nach dem Verdienst als „Angestellter" zu bemessen ist.[2685] Im Übrigen

---

[2674] OLG Frankfurt FamRZ 1983, 392; einschränkend wohl BGH FamRZ 1985, 158 ff.; OLG Hamburg FamRZ 1992, 713: reduzierte Arbeit bei verminderter körperlicher Leistungsfähigkeit.

[2675] OLG Düsseldorf FamRZ 2001, 1477; OLG Hamm NJW-RR 1996, 1154: aus Gesundheitsgründen vorzeitig pensionierter Polizeibeamter; OLG Hamm FamRZ 1999, 1275: Tätigkeit im versicherungsfreien Raum neben EU-Rente (Berechtigter); OLG Thüringen FamRZ 2006, 1299 (1300).

[2676] KG FamRZ 2015, 1972 (LS.) = NZFam 2015, 766 *(Viefhues)*, auch zu den eher überspannten Anforderungen, die an eine substantiierte Behauptung einer Arbeitsunfähigkeit zu stellen sind.

[2677] BGH FamRZ 1988, 597 = NJW 1988, 2239.

[2678] OLG Frankfurt FamRZ 1994, 1031 (1032).

[2679] OLG Hamm FamRZ 1994, 1034 (1035).

[2680] BGH FamRZ 1987, 359 (361); FamRZ 1988, 375 (378); FamRZ 1994, 240 u. FamRZ 1994, 372; OLG Düsseldorf FamRZ 1987, 1262; OLG Frankfurt FamRZ 1985, 1043 (1044); OLG Hamm NJW-RR 1996, 963 = FamRZ 1996, 1017; KG FamRZ 2001, 1617 f.

[2681] OLG Hamm NJW-RR 1996, 963 = FamRZ 1996, 1017.

[2682] OLG Hamm FF 2010, 207 (210).

[2683] OLG Hamm FamRZ 2012, 1732 für Depressionen, v. auch Rn. 465.

[2684] BGH FamRZ 1987, 359 (361); FamRZ 1988, 375 (378); FamRZ 1994, 240: FamRZ 1994, 372; OLG Düsseldorf FamRZ 1987, 1262; OLG Frankfurt FamRZ 1985, 1043 (1044); OLG Brandenburg FamRZ 2007, 72 f.; OLG Hamburg FamRZ 1998, 182; OLG Hamm NJW-RR 2003, 510; FamRZ 2012, 1732 f. (jeweils für Unterhaltsberechtigten); OLG Köln FamRZ 2009, 887 (888); KG FamRZ 2001, 1617; OLG Schleswig OLGR 2001, 248 f.

[2685] OLG Hamm DAVorm 1984, 606 (607).

ist der Unterhaltsschuldner gehalten, sich nach allgemeinen Grundsätzen um eine besser bezahlte Tätigkeit zu bemühen, wenn er zB im Geschäft seiner Lebensgefährtin für eine Vollzeitbeschäftigung nur 493 EUR verdient.[2686]

746	**dd) Ausbildung und Erwerbsobliegenheit. Die Erstausbildung des Unterhalts-schuldners** genießt grundsätzlich Vorrang auch gegenüber gesteigerten Unterhaltspflichten. Sie gehört zum allgemeinen Lebensbedarf des Unterhaltspflichtigen, den er bevorzugt befriedigen darf.[2687] Befindet sich der Schuldner folglich zum Zeitpunkt der Entstehung der Unterhaltspflicht in einer solchen Erstausbildung, kann er sie fortsetzen, ohne dass ihm fiktive Einkünfte zuzurechnen sind. Er hat allerdings –wie das volljährige Kind im Rahmen des § 1610 BGB- die Ausbildung planvoll, zielstrebig und zügig voranzutreiben.[2688] Hat er bereits eine Ausbildung abgebrochen, soll die weitere nur privilegiert sein, wenn eine Fehleinschätzung der eigenen Fähigkeiten vorlag[2689] oder wenn die Ausbildung unmittelbar vor ihrer Beendigung steht und zu einer deutlichen Verbesserung der Leistungsfähigkeit führen würde.[2690] Die Erstausbildung soll auch dann nicht privilegiert sein, wenn zuvor bereits mehrere Ausbildungen abgebrochen wurden und daher nicht davon auszugehen ist, dass die nunmehr begonnene beendet werden wird.[2691] Hat der Schuldner bereits eine Lehre absolviert, sollte das zu einem einheitlichen Ausbildungs-gang zählende Studium ebenfalls als privilegierte Erstausbildung zu betrachten sein.[2692] Gibt der Unterhaltsschuldner in Kenntnis seiner Verpflichtung seine Erwerbstätigkeit zugunsten einer Erstausbildung auf, gelten grundsätzlich dieselben Erwägungen. Allerdings ist zu prüfen, aus welchem Grunde die Erstausbildung gerade zu dem fraglichen Zeitpunkt aufgenommen wird und welchen Einfluss sie auf die künftige Leistungsfähigkeit haben wird.[2693]

Eine Promotion ist unterhaltsrechtlich nur beachtlich, wenn sie unabdingbare Voraussetzung der erstrebten Berufsausübung ist,[2694] oder reale Anstellungschancen maßgeblich verbessern kann.

747	Eine **Zweitausbildung und Weiterbildung** wird in der Regel hinter den Unterhalts-interessen (jedenfalls minderjähriger unverheirateter Kinder und der ihnen gleichstehenden Berechtigten) zurückstehen müssen,[2695] und zwar auch, wenn sie der ehelichen Lebens-planung entsprach oder der Berechtigte sogar während intakter Ehe sein Einvernehmen erteilt hat.[2696] Denn an diesem ist er nach dem Scheitern der Ehe nicht festzuhalten.[2697]

[2686] OLG Köln FamRZ 2009, 886 f.

[2687] BGH FamRZ 2011, 1041 (1044) = NJW 2011, 1874 (1877) = MDR 2011, 728 (729 f.).

[2688] KG FF 2011, 209 (210).

[2689] KG FF 2011, 209 (210); OLG Zweibrücken FamRZ 2011, 733 (LS.).

[2690] OLG Hamm FamRZ 1989, 56; FamRZ 1992, 469.

[2691] OLG Hamm FamRZ 2015, 1972 f.

[2692] OLG München FamRZ 2013, 793 (794) = NJW 2012, 3519f, wobei der Schuldner sogar die auf direktem Wege zum Studium führende gymnasiale Laufbahn abgebrochen hatte.

[2693] BGH FamRZ 2011, 1041 (1044) = NJW 2011, 1874 (1877) = MDR 2011, 728 (729 f.); OLG Karlsruhe FamRZ 2010, 1342 (1343): erforderlich ist ein Anlass für die Erstausbildung bei jahrelanger Tätigkeit als ungelernte Kraft.

[2694] Vgl. für Unt.Ber.: BSG FamRZ 1985, 1251 (1252).

[2695] BGH FamRZ 1981, 539 (540) = NJW 1981, 1609; 1983, 140 (141) = NJW 1983, 814; FamRZ 2011, 1041 (1044) = NJW 2011, 1874 (1878) = MDR 2011, 728 (729); OLG Bamberg FamRZ 1989, 93; OLG Bremen FamRZ 2007, 74 f.; OLG Düsseldorf FamRZ 1978, 256; OLG Frankfurt FamRZ 1989, 279 = NJW-RR 1989, 75; OLG Hamm FamRZ 1998, 30 (31); OLG Karlsruhe FamRZ 1998, 560; OLG Naumburg OLGR 2001, 55 (56); OLG Saarbrücken NJW-RR 2010, 219 (221) = FamFR 2009, 71 *(Schmitz)*.

[2696] OLG Bremen FamRZ 2007, 74 (75); OLG Hamm FamRZ 1996, 863 (864); FamRZ 2006, 726; OLG Karlsruhe FamRZ 1998, 560.

[2697] Vgl. OLG Bamberg FamRZ 1989, 93 (95); OLG Hamm FamRZ 1996, 863 (864); OLG Frankfurt NJW-RR 1989, 75.

Auch eine begonnene Zweitausbildung wird im Interesse des Unterhaltsberechtigten aufzugeben sein, es sei denn, sie ist schon weit fortgeschritten, nach verhältnismäßig kurzer
Zeit beendet, der angestrebte Beruf bietet bessere[2698] Einkommens- und Aufstiegschancen
und die Zweitausbildung ist nicht gegen den Willen des Unterhaltsberechtigten aufgenommen worden.[2699] Es sind alle Umstände des Einzelfalles zu würdigen.

Die staatliche Förderung einer Zweitausbildung oder Weiterbildung ist für die unterhaltsrechtliche Würdigung nicht bindend, weil sie nach anderen als unterhaltsrechtlichen
Kriterien erfolgt.

Eine **Umschulung oder Fortbildung,** während der die Leistungsfähigkeit herabgesetzt **748**
ist, ist unter Umständen unterhaltsrechtlich anzuerkennen. Voraussetzung ist, dass die
Maßnahme arbeitsmarktpolitisch und individuell sinnvoll ist und die Vermittlungschan-
cen nachhaltig verbessert.[2700] Die Genehmigung durch die Agentur für Arbeit kann ein
Indiz für die Gebotenheit der Umschulung sein,[2701] entbindet aber nicht von der notwendigen Einzelfallprüfung.[2702] Dabei ist das Alter des unterhaltsberechtigten Kindes mit zu
berücksichtigen. Besteht die Unterhaltsverpflichtung nach Beendigung der Umschulung
noch mehrere Jahre, profitiert das Kind von den besseren Erwerbsmöglichkeiten, vor
allem wenn die Erstausbildung des Unterhaltsschuldners für den aktuellen Arbeitsmarkt
als wertlos betrachtet werden kann[2703] Entspricht die Umschulung zeitlich einer Voll-
beschäftigung, kann je nach den Umständen des Einzelfalles eine Verpflichtung zur Aufnahme einer Nebenbeschäftigung bestehen (→ Rn. 722 aE). Das Entgelt aus einer solchen
Beschäftigung wird zwar auf das Unterhaltsgeld angerechnet (§§ 159, 141 SGB III –
Arbeitsförderung –), es bleibt aber ein Freibetrag von 20 % des Unterhaltsgeldes, mindestens 165 EUR, der für Unterhaltszwecke eingesetzt werden kann.[2704]

ee) Vorruhestand und Erwerbsobliegenheit. Die Inanspruchnahme von Altersteil- **749**
zeit oder der Eintritt in den Vorruhestand[2705] können einen Verstoß gegen die Erwerbsobliegenheit des Unterhaltspflichtigen darstellen (zu den spiegelbildlichen Erwägungen
beim Berechtigten → Rn. 485). Entscheidend für die Abwägung sind nicht arbeitsmarkt-
politische Überlegungen, sondern die konkreten Belange des Berechtigten und Verpflichteten.[2706] Hätte der Arbeitgeber das Arbeitsverhältnis in zulässiger Weise ohnehin beendet, oder leidet der Unterhaltspflichtige an gesundheitlichen Beeinträchtigungen, so kann
die Reduzierung oder vorzeitige Beendigung der Erwerbstätigkeit auch dem Berechtigten

---

[2698] OLG Dresden FamRZ 2015, 936 (937).

[2699] BGH FamRZ 1983, 140 (141) = NJW 1983, 814; OLG Bamberg FamRZ 2000, 307 (308) =
NJWE-FER 2000, 7 ff.; OLG Hamm FamRZ 1989, 56; auch: OLG Karlsruhe FamRZ 1981, 559;
OLG Hamburg NJW-RR 1991, 773.

[2700] OLG Hamm FamRZ 1997, 1168 f.; FamRZ 2004, 1574; OLG Köln OLG Report 2002, 58;
OLG Jena FamRZ 1999, 1523; NJW-RR 2004, 76 (77); OLG Stuttgart FamRZ 2005, 646; **anders**
OLG Brandenburg FamRZ 2011, 1302 (LS.) für den Fall, dass der Unterhaltsschuldner einer Gele-
genheit zur Heranführung an den Arbeitsmarkt nachgeht.

[2701] OLG Brandenburg FamRZ 2008, 1707 = NJW-RR 2008, 160; OLG Dresden FamRZ 2003,
1206 = NJW-RR 2003, 513; OLG Hamm FamRZ 1997, 1168 f.; OLG Jena FamRZ 1999, 1523; NJW-
RR 2004, 76 (77).

[2702] OLG Hamm FamRZ 2004, 1574.

[2703] OLG Dresden FamRZ 2015, 936 (937).

[2704] OLG Dresden FamRZ 2003, 1206 = NJW-RR 2003, 512; KG NJWE-FER 2001, 119, das
Tätigkeit von vier Stunden am Wochenende für zumutbar hält; **aA** OLG Dresden FamRZ 1997, 836
(837); OLG Hamm FamRZ 1997, 1168; OLG Köln OLG Report 2002, 58.

[2705] Vgl. *Strohal* FamRZ 1996, 197 ff.

[2706] BGH FamRZ 1999, 708 (710) = NJW 1999, 1547 f., OLG Koblenz FamRZ 2000, 1220; OLG
Celle FamRZ 1994, 517; OLG Hamm FamRZ 1999, 1078 = NJW 1999, 2976 = NJWE-FER 1999,
290; FamRZ 1999, 1079; OLG Koblenz FamRZ 2000, 610 f.; OLG Köln FamRZ 1984, 269; OLG
Saarbrücken NJW 2007, 520 (521) mit zust. Anm. *Eschenbruch* NJW 2007, 522.

gegenüber beachtlich sein.[2707] Fehlen dagegen unterhaltsrechtlich anerkennenswerte Gründe,[2708] so muss der Berechtigte die Einkommensminderung nicht hinnehmen; dem Pflichtigen ist das bisher erzielte Einkommen fiktiv bis zum Erreichen der Regelaltersrente zuzurechnen.[2709] Nach Erreichen der Regelaltersgrenze sind dem Schuldner fiktiv die Renteneinkünfte zuzurechnen, die er bei einer Fortsetzung seiner Tätigkeit bis zu diesem Zeitpunkt erzielt hätte.[2710]

Bei **berufsbedingt vorgezogener Altersgrenze** kann ebenfalls eine Obliegenheit zur Weiterarbeit bestehen.[2711]

Mit Erreichen der Regelaltersgrenze endet grundsätzlich jegliche Erwerbsobliegenheit.[2712] Dies gilt für Selbständige wie für Angestellte und auch dann, wenn eine Tätigkeit über die Regelaltersgrenze hinaus berufstypisch ist oder der gemeinsamen Lebensplanung der Eheleute entsprach.[2713] Gibt der Pflichtige mit der Vollendung des Rentenalters seine Erwerbstätigkeit auf, verstößt er nicht gegen seine Obliegenheiten, ihm sind fiktive Einkünfte nicht zuzurechnen. Erzielt er dagegen tatsächlich Einkünfte, handelt es sich um solche aus einer überobligatorischen Tätigkeit, über deren Berücksichtigung in Abwägung der Einzelfallumstände nach den Grundsätzen der Billigkeit zu entscheiden ist, wobei die Berufsüblichkeit nicht zwingend zur vollständigen oder überwiegenden Anrechnung führt.[2714] Der Umfang der Anrechnung hängt vielmehr von den Gründen für die Fortsetzung der Erwerbstätigkeit ab, zB Schuldenabbau, unzureichende Altersversorgung, beengte wirtschaftliche Verhältnisse.[2715] Zu beachten ist, dass der Ruhestand nicht zu einer Erhöhung des unterhaltspflichtigen Einkommens führen darf.[2716]

750 **ff) Wiederheirat und Erwerbsobliegenheit**[2717]**.** Die **Wiederverheiratung des Unterhaltspflichtigen** ändert an den bestehenden Verpflichtungen gegenüber dem Ehegatten und den Kindern aus der vorangegangenen Ehe nichts. Sicherte seine Erwerbstätigkeit den Familienunterhalt, so hat er auch in der neuen Ehe auf die Belange der Unterhaltsberechtigten Rücksicht zu nehmen. Die Rücksichtnahmepflicht schränkt die Freiheit der

---

[2707] BGH FamRZ 2012, 1483 (1485) = NJW 2012, 3434 (3436) mAnm *Maurer* NJW 2012, 3438; OLG Hamm FamRZ 2001, 482 = MDR 2000, 1381 f.; NJW 2005, 161 (162); OLG Köln FamRZ 2003, 602; OLG Saarbrücken FamRZ 2011, 647; FamRZ 2011, 1657 (LS.).

[2708] Ein Alter von 58 Jahren ist allein noch kein anerkennenswerter Grund: AG Hannover FamRZ 2004, 1495.

[2709] BGH FamRZ 1999, 708 (710) = NJW 1999, 1547 f.; OLG Celle FamRZ 1994, 517; OLG Hamm FamRZ 1999, 1078 = NJW 1999, 2976 = NJWE-FER 1999, 290; FamRZ 1999, 1079; OLG Koblenz NJW-RR 2004, 938; OLG Köln FamRZ 2001, 1476; FamRZ 2003, 602; *Strohal* FamRZ 1996, 197 (200).

[2710] OLG Saarbrücken FamRZ 2011, 1657 (LS.).

[2711] BGH FamRZ 2004, 254 (255): Pensionierung eines Strahlflugzeugführers mit 41 Jahren mAnm *Borth* FamRZ 2004, 360 f.; *Borth*, Das Bundeswehr-Attraktivitätssteigerungsgesetz und das Familienrecht, FamRZ 2016, 99.

[2712] BGH FamRZ 1999, 708 (709) = NJW 1999, 1547 f.; FamRZ 2011, 454 (456) = NJW 2011, 670 (671f) = MDR 2011, 299 f.; FamRZ 2012, 1483 (1485) = NJW 2012, 3434 (3436) mAnm *Maurer* NJW 2012, 3438; BGH FamRZ 2013, 191 = NJW 2013, 461, Tz. 15; OLG Düsseldorf FamRZ 2007, 1817; OLG Celle FamRZ 1994, 517 OLG Hamm FamRZ 2014, 777 (779) mAnm *Spangenberg* FamRZ 2014, 1372.

[2713] 2378 BGH FamRZ 2011, 454 (456) = NJW 2011, 670 (671 f.) = MDR 2011, 299 f.; OLG Hamm FamRZ 2014, 777 (779) mAnm *Spangenberg* FamRZ 2014, 1372; OLG Koblenz FamRZ 2014, 2005 (LS.); OLG Karlsruhe FamRZ 2011, 1303.

[2714] BGH FamRZ 2011, 454 (456) = NJW 2011, 670 (671 f.) = MDR 2011, 299 f.; OLG Karlsruhe FamRZ 2011, 1303.

[2715] OLG Hamm FamRZ 2014, 777 (779) mAnm *Spangenberg* FamRZ 2014, 1372; OLG Koblenz FamRZ 2014, 2005 (LS.).

[2716] OLG Hamm FamRZ 2014, 777 (779) mAnm *Spangenberg* FamRZ 2014, 1372.

[2717] *Eberl-Borges*, Festlegung der Geschlechterrollen durch Unterhaltspflichten – Die Hausmannrechtsprechung im Lichte soziologischer Untersuchungen FamRZ 2004, 1521 ff.

Ehegatten, die Aufteilung von Haushaltsführung und Erwerbstätigkeit sowie die Pflege und Erziehung der Kinder nach ihren Vorstellungen zu gestalten, ein.[2718]

Gibt der Unterhaltsschuldner seine Erwerbstätigkeit zugunsten **der Haushaltsfüh-** **751** **rung in der neuen Ehe** auf, ist zu unterscheiden:

Sind aus der neuen Ehe **keine Kinder** hervorgegangen, kann sich der Unterhaltspflichtige nicht auf eine Einschränkung oder den Fortfall seiner Leistungsfähigkeit berufen.[2719] Dem neuen Partner ist die Unterhaltsbelastung des anderen aus der alten Ehe bekannt, die Eheleute müssen ihre Lebensplanung nach ihr ausrichten.[2720] Dem Unterhaltsschuldner sind daher – von wenigen Ausnahmen abgesehen[2721] – fiktive Einkünfte aus einer vollschichtigen Erwerbstätigkeit zuzurechnen.

Der Unterhaltpflichtige, der in einer neuen Ehe **minderjährige Kinder betreut** und **752** deshalb nicht erwerbstätig ist, kann sich in der Regel ebenfalls nicht auf einen Fortfall seiner Leistungsfähigkeit berufen. Die Unterhaltsberechtigten der ersten Ehe haben seinen Rollentausch nur hinzunehmen, wenn das Interesse des Unterhaltpflichtigen und seiner neuen Familie ihr Interesse an der Beibehaltung der bisherigen Unterhaltssicherung deutlich überwiegt.[2722] Dies ist anzunehmen, wenn die gewählte Aufgabenverteilung zu einer wesentlich günstigeren Einkommenssituation der neuen Familie führt,[2723] oder wenn sonstige Gründe von gleichem Gewicht vorhanden sind, die einen erkennbaren Vorteil für die neue Familien mit sich bringen.[2724] Maßgebend kann dabei auch sein, ob der Unterhaltpflichtige zumutbare Vorsorgemaßnahmen zur Sicherung des Unterhalts der alten Familie getroffen hat.[2725] Die Aufgabenverteilung in der zweiten Ehe ist schließlich auch dann nicht maßgebend, wenn die zweitehelichen Kinder des Pflichtigen der Betreuung durch diesen nicht mehr bedürfen, der Pflichtige also im Falle der Scheidung keinen Anspruch auf Betreuungsunterhalt gegen seinen zweiten Ehepartner hätte. Denn wenn die Aufgabenverteilung in der neuen Ehe schon nicht bindend gegenüber dem geschiedenen Ehegatten ist,[2726] hat dies erst Recht gegenüber den minderjährigen und ihnen gleichgestellten volljährigen Kindern aus der ersten Ehe zu gelten. Ist der Rollentausch nach diesen Grundsätzen hinzunehmen, kann der Unterhaltsschuldner verpflichtet sein, durch eine **Nebentätigkeit** zum Unterhalt der alten Familie beizutragen. Voraussetzung ist, dass er nach den individuellen Verhältnissen in der neuen Ehe hierzu in der Lage ist.[2727] Zu

---

[2718] BVerfG FamRZ 1996, 343 (344); BGH FamRZ 1996, 796.

[2719] BGH FamRZ 1980, 43 (44) = NJW 1980, 340; FamRZ 1982, 25 (26) = NJW 1982, 175; FamRZ 1996, 796 = NJW 1996, 1815; FamRZ 2001, 1065 ff. mAnm *Büttner* FamRZ 2001, 1068 = NJW-RR 2001, 361 ff.

[2720] OLG Köln FamRZ 1999, 1011 (1012); *Büttner* FamRZ 2001, 1068.

[2721] AG Goslar DAVorm 1987, 193: neue Ehe mit Binnenschiffer.

[2722] BGH FamRZ 1996, 796 (797); FamRZ 2001, 616 f. mAnm *Büttner* (617 f.) = NJW 2001, 1488 ff.; NJW 2006, 2404 ff. = FamRZ 2006, 1010 (1012); FamRZ 2015, 738 = NJW 2015, 1178, Tz. 16; s. auch OLG Oldenburg NJW-RR 2005, 516 bei gleich hohem Einkommen beider.

[2723] BGH FamRZ 1980, 43 (44) = NJW 1980, 340 (341); FamRZ 1982, 257; FamRZ 1996, 796; FamRZ 2001, 614 ff. = NJW 2001, 1488 ff.: Einkommensunterschied von ca. 100 EUR nicht ausreichend; dazu *Büttner* FamRZ 2001, 617: die Einkommensdifferenz muss mehr als 255 EUR betragen; FamRZ 2015, 738 = NJW 2015, 1178, Tz. 16; OLG Köln FamRZ 1999, 1011 (1012) = NJWE-FER 1999, 115; OLG München FamRZ 1999, 1076: keine Besserstellung, wenn das nach dem Rollentausch unverändert gebliebene Einkommen dem Zugriff der Gläubiger des Unterhaltsverpflichteten entzogen wird.

[2724] BGH NJW 2006, 2404 (2405 f.) = FamRZ 2006, 1010 (1012); NJW 2007, 139 (140) = FamRZ 2006, 1827 (1828); FamRZ 2015, 738 = NJW 2015, 1178, Tz. 16

[2725] BGH FamRZ 1996, 796 (797); FamRZ 2001, 614 (616 f.) mAnm *Büttner* (617 f.) = NJW 2001, 1488 ff.; *Luthin* FamRZ 2004, 365.

[2726] BGH FamRZ 2010, 111 (115 f.) = MDR 2010, 154 (155).

[2727] BGH NJW 2007, 139 (142) = FamRZ 2006, 1827 (1830); FamRZ 2015, 738 = NJW 2015, 1178, Tz. 16; OLG Düsseldorf FamRZ 2007, 1038 f.

berücksichtigen sind dabei das Alter der Kinder, die berufliche Inanspruchnahme des neuen Ehegatten und das Vorhandensein sonstiger Betreuungsmöglichkeiten. Zu prüfen ist auch, ob der neue Ehegatte nicht verpflichtet ist, eine Nebenbeschäftigung durch die Finanzierung einer Hilfe für Haushalt und Kinderbetreuung zu ermöglichen.[2728]

753   **Die Einkünfte des Schuldners aus der Nebentätigkeit** oder aus einer sonstigen Beschäftigung[2729] sind in vollem Umfang für den Unterhalt der Berechtigten aus der ersten Ehe einzusetzen, wenn der notwendige Eigenbedarf des Schuldners durch den Anspruch auf Familienunterhalt nach §§ 1360, 1360a BGB gedeckt ist.[2730]

754   Die Verpflichtung zur Aufnahme einer Nebentätigkeit besteht nicht, wenn der Unterhaltspflichtige **Elterngeld nach dem BEEG** bezieht. Er ist während der ersten beiden Lebensjahre des von ihm betreuten Kindes von einer Verpflichtung zur Aufnahme einer Nebentätigkeit entbunden,[2731] und zwar auch dann, wenn er von der Möglichkeit Gebrauch macht, das Elterngeld auf den doppelten Zeitraum zu erstrecken, so dass er lediglich die Hälfte erhält.[2732] Allerdings hat er, wenn sein notwendiger Selbstbehalt in der neuen Verbindung gedeckt ist, auch den Sockelbetrag des Elterngeldes nach § 11 S. 3 BEEG zum Unterhalt der minderjährigen Kinder aus erster Ehe einzusetzen, um den Gleichrang der Kinder aus beiden Verbindungen herzustellen.[2733]

755   Schließlich hat der Unterhaltspflichtige – neben dem Stamm seines Vermögens – sein **Taschengeld**, das er nach §§ 1360, 1360a BGB von dem anderen Ehegatten verlangen kann, bei Wahrung seines notwendigen Selbstbehalts für den Unterhalt der minderjährigen Kinder aus erster Ehe zu verwenden.[2734]

756   Der **Familienunterhalt**, den der Pflichtige vom neuen Ehegatten verlangen kann, ist **nicht** zum Unterhalt der Berechtigten aus erster Ehe einzusetzen, da er nicht auf Zahlung eines bestimmten Geldbetrages gerichtet ist und damit nicht zu eigenen Einkünften des Pflichtigen führt.[2735]

Die Einkünfte des Unterhaltsschuldners aus Nebenerwerb bzw. Eltern-/Erziehungsgeld sowie Taschengeld bestimmen seine Leistungsfähigkeit auch, wenn sie **über** dem Betrag liegen, der bei Fortführung der Erwerbstätigkeit für Unterhaltszwecke zur Verfügung gestanden hätte. Die dadurch bedingte Besserstellung der minderjährigen Kinder aus erster Ehe ist als Folge der unterhaltsrechtlich beachtlichen Wiederverheiratung hinzunehmen.[2736]

757   Der Unterhaltspflichtige, der in der neuen Ehe die Hausmannrolle übernommen hat, schuldet also als **Mindestunterhalt** den Betrag, der sich aus einer Obliegenheit zur

---

[2728] BGH NJW 2007, 139 (142) = FamRZ 2006, 1827 (1830).

[2729] OLG Hamm FamRZ 2010, 1346 (1347).

[2730] BGH FamRZ 1982, 25 (26 f.); FamRZ 1986, 796 = NJW 1986, 1815 (1816); FamRZ 2001, 1065 (1066); FamRZ 2004, 24 f.; FamRZ 2004, 364 (365); FamRZ 2004, 370 (372); NJW 2006, 2404 (2407) = FamRZ 2006, 1010 (1014); NJW 2007, 139 (140) = FamRZ 2006, 1827 (1828); OLG Celle FamRZ 2000, 1430 f.; OLG Hamm FamRZ 2010, 1346 (1348); OLG Koblenz FamRZ 2004, 300 (301); OLG Naumburg NJW-RR 2004, 153; OLG Oldenburg NJW-RR 2005, 516.

[2731] BGH FamRZ 2006, 853; NJW 2006, 2404 (2407) = FamRZ 2006, 1010 (1011 f.) mAnm *Borth* FamRZ 2006, 1014 f.; FamRZ 2015, 738 = NJW 2015, 1178, Tz. 20; OLG Köln NJW-RR 2007, 440 (441).

[2732] BGH FamRZ 2015, 738 = NJW 2015, 1178, Tz. 20 f.; OLG Frankfurt/M. FamRZ 2014, 848 (849).

[2733] BGH FamRZ 2006, 853; NJW 2006, 2404 = FamRZ 2006, 1010 (1011 f.) mAnm *Borth* FamRZ 2006, 1014 f.; OLG Köln NJW-RR 2007, 440 (441).

[2734] BGH FamRZ 1986, 668 = NJW 1986, 1869; FamRZ 1998, 608 = NJW 1998, 1553; BGH NJW 2007, 139 (143) = FamRZ 2006, 1827 (1830); OLG Düsseldorf FamRZ 1992, 1099; FamRZ 2007, 1038 f. für den Taschengeldanspruch nach Schweizer Recht; OLG Köln FamRZ 2013, 795 (LS.); **kritisch** *Braun* NJW 2000, 97 (100 f.).

[2735] BGH FamRZ 1986, 668 = NJW 1987, 1549; NJW 2007, 139 (143), insoweit in BGH FamRZ 2006, 1827 ff. nicht abgedruckt; aA OLG Koblenz NJW-RR 2005, 1310.

[2736] BGH NJW 2007, 139 (140 f.) = FamRZ 2006, 1827 (1829).

Aufnahme einer Nebentätigkeit, durch den Einsatz des Erziehungs-/Elterngeldes und der Verwirklichung des Taschengeldanspruchs ergibt. Die Frage nach der unterhaltsrechtlichen Beachtlichkeit des Rollentauschs stellt sich somit erst dann, wenn die Einkünfte aus der fiktiv fortgesetzten Erwerbstätigkeit höhere Unterhaltszahlungen ermöglichen würden.[2737]

Das privilegierte volljährige Kind steht dem minderjährigen im Range gleich, so dass   **758** die Grundsätze der Hausmannrechtsprechung Anwendung finden. Der betreuende Elternteil geht minderjährigen und privilegierten volljährigen Kindern seit 1.1.2008 im Range nach. Die Grundsätze der Hausmann-Rechtsprechung finden auf diesen sowie auf nicht privilegierte **volljährige Kinder** des wiederverheirateten Unterhaltsverpflichteten keine Anwendung.[2738]

Lebt das privilegierte volljährige Kind bei dem wiederverheirateten Elternteil, besteht   **759** die Obliegenheit zur Aufnahme einer Nebenbeschäftigung jedenfalls, wenn in der neuen Ehe keine betreuungsbedürftigen Kinder vorhanden sind.[2739] Ob in gleicher Weise zu entscheiden ist, wenn im Haushalt des wiederverheirateten Elternteils Klein- und/oder Grundschulkinder leben, erscheint fraglich. Der Gleichrang der Unterhaltsberechtigten spricht für eine gesteigerte Erwerbsobliegenheit des Wiederverheirateten. Es befremdet aber, dass derjenige Elternteil, bei dem das Kind lebt, zur Entlastung des ehemals allein Barunterhaltspflichtigen gesteigert zur Erwerbstätigkeit verpflichtet sein soll, während eine solche Obliegenheit nicht besteht, wenn das Kind außerhalb des Elternhauses lebt. Allerdings erbringt der Elternteil, bei dem sich das Kind aufhält, in den meisten Fällen Naturalunterhalt (Kost und Logis), dessen Wert zu ermitteln und in die Unterhaltsberechnung einzustellen ist.

Die Grundsätze der so genannten **„Hausmann-Rechtsprechung"** finden entsprechen-   **760** de Anwendung, wenn der Unterhaltpflichtige in einer **nicht ehelichen Lebensgemeinschaft** lebt und seine Erwerbstätigkeit zu Gunsten der Betreuung des aus dieser Gemeinschaft hervorgegangenen Kindes aufgegeben hat.[2740]

Die Partner einer nicht ehelichen Lebensgemeinschaft, die die elterliche Sorge gemeinsam ausüben können, befinden sich in einer § 1356 BGB vergleichbaren Lage und sind zur Rücksichtnahme auf die Belange des anderen verpflichtet, und zwar unabhängig davon, ob sie die elterliche Sorge gemeinsam ausüben oder nicht.

Liegt ein Rollentausch nicht vor, hat also der jetzt barunterhaltspflichtige Elternteil   **761** bereits in der ersten Ehe Haushaltsführung und Kinderbetreuung übernommen, ist die Aufgabenverteilung in der neuen Ehe jedenfalls hinzunehmen, wenn der betreuende Elternteil auch im Verhältnis zu dem neuen Ehegatten nicht zur Erwerbstätigkeit verpflichtet wäre. Zu prüfen ist auch hier, ob er im Falle der Scheidung einen Anspruch auf Betreuungsunterhalt gegen den neuen Ehegatten hätte.[2741] Ist dies zu bejahen, fehlt es wohl auch an einer Erwerbsobliegenheit den erstehelichen Kindern gegenüber. Den Unterhaltpflichtigen treffen allerdings dieselben Obliegenheiten wie im Falle eines unterhaltsrechtlich beachtlichen Rollentauschs.[2742]

[2737] BGH NJW 2007, 139 (140 f.) = FamRZ 2006, 1827 (1829).

[2738] BGH FamRZ 1987, 472 = NJW 1987, 1549; OLG Düsseldorf FamRZ 1985, 1281; OLG Hamburg FamRZ 1998, 41 (42); OLG Hamm FamRZ 1997, 835.

[2739] OLG Bremen FamRZ 1999, 1529.

[2740] BGH FamRZ 2001, 615 ff. = NJW 2001, 1488 ff. mAnm *Büttner* FamRZ 2001, 618; OLG Hamm NJW 1999, 3642; OLG Koblenz NJW-RR 2001, 4; OLG München FamRZ 1999, 1526 (1527); **anders noch** BGH NJW-RR 1995, 451; OLG Düsseldorf NJW-RR 1996, 452 (453); OLG Karlsruhe FamRZ 1996, 1238; OLG Köln NJW 1999, 725 (726).

[2741] BGH FamRZ 2010, 111 (115 f.) für den Fall des Geschiedenenunterhalts nach der Drittelmethode; OLG Hamm FF 2007, 268 (269); NJW 2009, 3446 (3447).

[2742] BGH NJW 2006, 2404 = FamRZ 2006, 1010 (1013); OLG Hamm NJW 2006, 3075 f.

762 **gg) Haft. Straf- und Untersuchungshaft,** die zu einem Verlust der Unterhaltsmittel führen, befreien – jedenfalls bis zur Verbüßung von 2/3 der Strafe[2743] – regelmäßig von der Unterhaltspflicht, da auch selbstverschuldete Leistungsunfähigkeit zu beachten ist. Etwas anderes gilt nur dann, wenn die Berufung darauf gegen Treu und Glauben verstieße,[2744] weil den Unterhaltsschuldner der Vorwurf eines unterhaltsbezogen verantwortungslosen, zumindest leichtfertigen Verhaltens trifft (→ Rn. 726 ff.).

763 Eine fortdauernde Leistungsfähigkeit ist daher zu unterstellen, wenn die Straftat in der Verletzung der Unterhaltspflicht besteht[2745] oder wenn gerade die bestrafte vorsätzliche Tat dazu geführt hat, dass der Berechtigte durch Schädigung seines Vermögens oder Verletzung eines vorrangig Unterhaltspflichtigen – vermehrt – bedürftig geworden ist.[2746] Fehlt ein solcher objektiver Unterhaltsbezug, ist eine einzelfallbezogene Wertung erforderlich. Der Unterhaltsschuldner kann sich auf seine Leistungsunfähigkeit nicht berufen, wenn sich seine Vorstellungen und Antriebe gerade auf die Verminderung seiner unterhaltsrechtlichen Leistungsfähigkeit als Folge der Straftat erstreckt haben.[2747] Erforderlich ist eine unterhaltsbezogene Mutwilligkeit. Da sich diese nicht aus der bloßen Vorhersehbarkeit des Arbeitsplatzverlustes ergibt,[2748] erscheint fraglich, ob allein die Schwere der Straftat ausreicht, einen Unterhaltsbezug zu begründen.[2749] Bei Sexualstraftaten wird ein solcher in der Regel nicht vorliegen, auch wenn sie gegen die/den Unterhaltsberechtigten oder den gesetzlichen Vertreter gerichtet sind.[2750]

764 Bei **Straftaten gegen den Arbeitgeber** ergibt sich der Unterhaltsbezug weder aus der bloßen Kausalität zwischen Straftat und Leistungsunfähigkeit noch aus der Vorhersehbarkeit des Arbeitsplatzverlustes. Erforderlich ist vielmehr auch hier ein unterhaltsbezogen mutwilliges, also vorsätzliches oder leichtfertiges Verhalten. Die Straftat ist nur dann als Verletzung der Unterhaltspflicht anzusehen, wenn der Unterhaltsschuldner die Möglichkeit des Arbeitsplatzverlustes als Folge seiner Straftat erkennt und im Bewusstsein dieser Möglichkeit handelt. Dass er dabei darauf vertraut, die nachteilige Folge werde nicht eintreten, ist unschädlich.[2751] Leichtfertig handelt er vielmehr dann, wenn er sich unter grober Missachtung dessen, was jedem einleuchten muss, oder in Verantwortungs- und Rücksichtslosigkeit gegen den Berechtigten über die Möglichkeit einer Beeinträchtigung seiner Leistungsfähigkeit als Folge der Tat hinwegsetzt.

Eine allgemeine Regel, wonach der Schuldner eine Kündigung als Folge der Straftat immer in seine Überlegungen einbeziehen muss, kann nicht aufgestellt werden. Erforderlich ist vielmehr eine auf den Einzelfall bezogene Wertung, ob die der Tat zu Grunde liegenden Vorstellungen und Antriebe des Täters sich gerade auf die Minderung der

---

[2743] OLG Koblenz OLGR 2004, 36 = FamRZ 2004, 1989 (LS.): eine 2/3 Entlassung, die Regel ist, muss sie prognostisch bei der Unterhaltsberechnung berücksichtigt werden.

[2744] BGH FamRZ 1982, 792 (793) = NJW 1982, 1812; 1982, 913 (914) = NJW 1982, 2491; FamRZ 2003, 1471 (1473) mAnm *Luthin* FamRZ 2003, 1474; OLG Düsseldorf FamRZ 1994, 1049 (1050); OLG Stuttgart OLGR 2000, 139 (141); OLG Naumburg FamRZ 2010, 572 (573 f.).

[2745] BGH FamRZ 1982, 792 (794) = NJW 1982, 1812; FamRZ 1982, 913 (914); FamRZ 2002, 813 (814) = NJW 2002, 1799 f.; OLG Düsseldorf FamRZ 1994, 1049 (1050); OLG Koblenz FamRZ 1998, 44; OLG Karlsruhe NJW-RR 1997, 1165.

[2746] BGH FamRZ 1982, 792 (794); OLG Naumburg FamRZ 2010, 572 (573 f.).

[2747] BGH FamRZ 2002, 813 (814).

[2748] BGH FamRZ 2000, 815 (816); FamRZ 2002, 813 (814) = NJW 2002, 1799 f.

[2749] So aber BGH FamRZ 1982, 792 (794); FamRZ 1982, 913 (914); FamRZ 1993, 1055 (1056); OLG Hamm FamRZ 1984, 1033; FamRZ 2005, 1839: Mordversuch an der unterhaltsberechtigten Ehefrau; OLG Stuttgart OLGR 2000, 139 (141): bei Vergewaltigung eines Kindes fortdauernde Leistungsfähigkeit auch gegenüber den Geschwistern; **nicht**: Tötung der 2. Ehefrau des Berechtigten: OLG Karlsruhe NJW-RR 1997, 1165.

[2750] BGH FamRZ 2002, 813; OLG Köln, FamRZ 2003, 1203.

[2751] BGH FamRZ 1981, 1042 (1044 f.) = NJW 1981, 2805; FamRZ 1984, 364 (367 f.); FamRZ 2000, 815 (817) = NJW 2000, 2351 f.; FamRZ 2002, 813 (814) = NJW 2002, 1799 f.

unterhaltsrechtlichen Leistungsfähigkeit als Folge der Straftat erstrecken.[2752] Dieser Unterhaltsbezug ist zB verneint worden beim Diebstahl von Betriebseigentum durch einen im Werkschutz beschäftigten Arbeitnehmer[2753] oder auch bei Entziehung der Gewerbeerlaubnis wegen der Nichtabführung von Steuern und Sozialabgaben.[2754]

Hafteinkommen (Hausgeld, Überbrückungsgeld) kann je nach Einzelfalllage zur Er- 765
füllung von Unterhaltsansprüchen gegen den Inhaftierten herangezogen werden. Siehe im Einzelnen → Rn. 842–845.

hh) Fahrerlaubnisentzug. Ist die Arbeitslosigkeit durch Trunkenheit am Steuer mit 766
Entzug der Fahrerlaubnis verursacht, gelten die unter → Rn. 763 f. aufgestellten Grundsätze. Die unterhaltsrechtliche Mutwilligkeit lässt sich nicht allein aus der Vorhersehbarkeit des Verlustes von Führerschein und Arbeitsplatz herleiten.

ii) Versorgung volljähriger Kinder. Die **Versorgung volljähriger Kinder** befreit den 767
Unterhaltspflichtigen von seiner Erwerbsobliegenheit weder im Verhältnis zu minderjährigen Kindern noch gegenüber dem geschiedenen Ehegatten, da volljährige Kinder keiner Betreuung bedürfen. Darüber hinaus besteht, wenn eine vollständige Leistungsfähigkeit nicht gegeben ist, eine Obliegenheit, ein Entgelt für die Versorgungsleistungen zu verlangen, wenn der Versorgende minderjährigen Kindern gegenüber zum Unterhalt verpflichtet und das volljährige Kind entsprechend leistungsfähig ist.[2755] Siehe auch → Rn. 771.

jj) Wahrnehmung Steuervorteile. Steuervorteile sind wahrzunehmen, wenn sie zu- 768
mutbarer Weise erzielt werden können,[2756] etwa durch Eintragung von Freibeträgen auf der Lohnsteuerkarte oder durch eine zeitnahe Abgabe der Steuererklärung.[2757] Der Unterhaltspflichtige hat bei der Wahl steuergünstiger Vermögensanlagen einen Freiraum. Er muss nicht die vorteilhafteste wählen, wenn verständige Gründe dafür gegeben sind und der Mindestunterhalt des Berechtigten auf jeden Fall gesichert ist.
Zur Wahl der Steuerklasse wiederverheirateter Unterhaltspflichtiger → Rn. 924 f.
Zur vorwerfbaren Nichtausnutzung des Realsplittingvorteils → Rn. 947.

kk) Sonstige Beispiele fiktiven Einkommens. Glaubenshindernisse gegen entgeltliche 769
Arbeit entlasten nicht von der Barunterhaltspflicht.[2758] Das erzielbare Einkommen ist fiktiv zugrunde zu legen.

Ist das Renteneinkommen durch **den Versorgungsausgleich** geschmälert, so ist der 770
Unterhaltspflichtige gehalten, einen Aussetzungsantrag nach §§ 33, 34 VersorgungsausgleichsG zu stellen. Unterlässt er dies, ist die Rechtsfolge des § 33 Abs. 3 VersAusglG zu fingieren, dh, die tatsächlich gezahlte Rente ist fiktiv um den geschuldeten Unterhalt bis zum Höchstbetrag nach § 33 Abs. 3 VersAusglG zu erhöhen.

Miete von volljährigen Kindern zu fordern, kann eine unterhaltsrechtliche Obliegen- 771
heit sein, wenn im Einzelfall zumutbar,[2759] grundsätzlich ist nutzbarer Wohnraum zu vermieten.[2760] Siehe auch → Rn. 767.

[2752] BGH FamRZ 2000, 815 (817); FamRZ 2002, 812 (813). **Anders** die Vorinstanz OLG Karlsruhe FamRZ 1999, 1015; OLG Düsseldorf FamRZ 1994, 1049 f.; OLG Frankfurt FamRZ 1993, 203 (204).
[2753] BGH FamRZ 2000, 815 ff. = NJW 2000, 2351 f.
[2754] OLG Frankfurt FamRZ 1995, 98.
[2755] OLG Hamm FamRZ 1995, 1422.
[2756] BGH FamRZ 1998, 953 = NJW 1998, 1153; FamRZ 1988, 607 (608) = NJW 1988, 1720; Süddeutsche Leitlinien sowie die Leitlinien der meisten OLG, alle unter Nr. 10.1.
[2757] OLG Hamm FamRZ 2001, 482.
[2758] OLG Hamm NJW 1991, 1961 (Lehrerin a. D.); auch BVerfG NJW 1996, 915.
[2759] BGH FamRZ 1990, 269 (271) = NJW 1990, 709; nicht wenn die Kinder schon vor der Trennung kostenfrei gewohnt haben: OLG Karlsruhe FamRZ 2009, 48.
[2760] OLG Jena FamFR 2009, 68 mAnm *Ebert*.

772   **Mitwirkung beim Hausverkauf** nach Scheidung der Ehe ist eine Obliegenheit, bei deren Verletzung erzielbare Erträge aus dem Erlösanteil als fiktives Einkommen zuzurechnen sind→ Rn. 858, → Rn. 860.

773   **Nicht ausgeschüttete Gewinne** sind dem unterhaltspflichtigen Unternehmer als fiktives Einkommen zuzurechnen, wenn das Unterlassen der Gewinnausschüttung die unternehmerische Freiheit in einer für den Berechtigten nicht zumutbaren Weise überschreitet.[2761] Ähnliche Erwägungen gelten, wenn der geschäftsführende Gesellschafter einer GmbH **Kürzungen des Geschäftsführergehalts** vornimmt. Die Kürzung stellt einen Obliegenheitsverstoß dar, wenn die ausgezahlte Vergütung in keinem Verhältnis zur wirtschaftlichen Lage des Unternehmens steht.[2762]

774   In der Vergangenheit erzielte **Spielgewinne** können eine Einkommensfiktion nicht begründen, und zwar auch dann nicht, wenn es sich nicht um gesetzwidrig erlangte Einkünfte handelt. Wird in der Freizeit neben einer Vollerwerbstätigkeit gespielt, so kann das Spiel bereits aus diesem Grunde jederzeit beendet werden.[2763] Zudem besteht wegen des hohen Verlustrisikos keine Verpflichtung, einmal begonnenes Spiel fortzusetzen.

775   **Spekulationsgeschäfte**, etwa Beteiligung an Abschreibungsgesellschaft mit hohen Verlustzuweisungen, braucht kein Unterhaltsverpflichteter zu tätigen, um den Vermögensertrag zu erhöhen.[2764] Freilich trifft ihn die Obliegenheit, Vermögen in üblicher, sicherer Weise ertragreich anzulegen, umzuschichten oder zu verwerten.[2765] Bei einer thesaurierenden Anlage sind die regelmäßigen Ausschüttungsbeträge zu fingieren.[2766]

776   **Die Realisierung von Vermögenswerten** ist eine Obliegenheit des Unterhaltsschuldners, deren Verletzung zur Zurechnung fiktiver Einkünfte führt.[2767] **Zur Geltendmachung eines Pflichtteilsanspruches oder zur Rückforderung einer Schenkung** wird der Unterhaltspflichtige nur gehalten sein, wenn ansonsten der notwendige Bedarf der Berechtigten nicht gedeckt ist. Verfügt der Unterhaltsschuldner über ausreichende Einkünfte, sind im Rahmen einer Zumutbarkeitsprüfung sämtliche anerkennenswerten moralischen und wirtschaftlichen Überlegungen gegeneinander abzuwägen.[2768] Hiervon zu unterscheiden ist die Frage, ob die Aussicht auf einen Pflichtteil die ehelichen Lebensverhältnisse geprägt hat.[2769] **Keine Obliegenheitsverletzung** stellt die nacheheliche Adoption minderjähriger Kinder durch den Unterhaltspflichtigen dar. Fiktive Einkünfte in Höhe des Tabellenunterhalts für diese Kinder sind ihm daher nicht zuzurechnen.[2770]

777   **Weitere Beispiele fiktiven Einkommens:** Fiktive Zinseinkünfte, wenn der Unterhaltsschuldner ertragreiches Kapitalvermögen zur Renovierung einer Immobilie einsetzt, einen größeren Betrag seinem Kind zukommen lässt,[2771] es in Ansehung drohender Erwerbslosigkeit [2772] bzw. mutwillig verbraucht[2773]oder im Rahmen einer unangemessen sparsamen Lebensführung erneut anlegt,[2774] Renteneinkommen bei vorwerfbarem Unter-

---

[2761] OLG Hamm FamRZ 2009, 981 (982).

[2762] OLG Hamm NJW-Spezial 2008, 325.

[2763] OLG Düsseldorf FamRZ 1994, 896 = NJW 1993, 3078 f.

[2764] OLG Hamburg FamRZ 1984, 59 (62).

[2765] BGH MDR 2013, 93 Tz. 20 f.

[2766] OLG Hamm FamRZ 2012, 345 *(Ebert)*.

[2767] BGH FamRZ 2013, 278 mAnm *Maurer* FamRZ 2013, 280= NJW 2013, 530, Tz. 20.

[2768] BGH FamRZ 1982, 996 = NJW 1982, 2771; BGH FamRZ 2013, 278 mAnm *Maurer* FamRZ 2013, 280 = NJW 2013, 530, Tz. 23

[2769] BGH FamRZ 1982, 996 = NJW 1982, 2771; OLG Hamburg, FamRZ 2003, 1108.

[2770] OLG Hamm FamRZ 2013, 706 (707).

[2771] OLG Hamm FamRZ 2001, 101 – LS –.

[2772] OLG Köln FamRZ 2006, 809.

[2773] BGH FamRZ 2013, 109 = NJW 2013, 161, Tz. 31.

[2774] BGH FamRZ 2007, 1532 (1535) mAnm *Maurer* FamRZ 2007, 1538; OLG Hamm FamFR 2012, 345 *(Ebert)*.

lassen einer ausreichenden Altersversorgung[2775] oder bei vorwerfbarem Eintritt in den Vorruhestand,[2776] Wohngeld bei Nichtkorrektur falscher Wohngeldberechnung,[2777] fiktive Lohnfortzahlung und fiktives Krankengeld bei vorübergehender Erkrankung nach fingierter Arbeitsaufnahme,[2778] fiktive BAföG-Leistungen bei unterbliebenem, nicht von vornherein aussichtslosem BAföG-Antrag,[2779] fiktive Leistungen der Grundsicherung im Alter und der Erwerbsminderung,[2780] Vermögensumschichtung, wenn nach den Umständen zumutbar,[2781] Versorgungsentgelt und Mietanteil (Wohnungsgewährung) von neuem Partner, soweit dieser leistungsfähig ist,[2782] – diese Problematik wird fast stets nur im Bereich des Berechtigten akut, → Rn. 563–572.

ll) Fiktion gesetzwidrigen Einkommens. Eine Fiktion von gesetzwidrigem Einkom- 778 **men ist unzulässig.** Eine unterhaltsrechtliche Obliegenheit zu verbotenem Tun gibt es nicht. So kann zB Schwarzarbeit jederzeit eingestellt werden ohne fiktive Zurechnung von Schwarzarbeitsentgelt (tatsächlich erzieltes ist freilich unterhaltspflichtig).[2783] Eine Obliegenheit zur **Ausübung der Prostitution** kann ebenfalls nicht angenommen werden.[2784]

mm) Erwerbstätigenbonus. Der **Erwerbstätigenbonus** ist auch bei fiktivem Erwerbs- 779 einkommen abzuziehen.[2785]

nn) Darlegungs- und Beweislast. Die Verteilung der **Darlegungs- und Beweislast** 780 folgt auch bei fiktiven Einkünften den allgemeinen Regeln:[2786] Der Gläubiger, der seinen Bedarf darzulegen und zu beweisen hat, genügt seiner Verpflichtung, wenn er – neben den übrigen bedarfsprägenden Faktoren – das nach der beruflichen Qualifikation des Unterhaltsschuldners erzielbare Einkommen schlüssig vorträgt.[2787] Dem Pflichtigen, der die Darlegungs- und Beweislast für seine Leistungsunfähigkeit oder -minderung trägt, obliegt der Nachweis, dass er diese Einkünfte nicht erzielen kann.[2788] Eine unterhaltsbezogene Leichtfertigkeit hat der Berechtigte darzulegen und zu beweisen. Sein Vorbringen, an das keine hohen Anforderungen zu stellen sind, hat der Unterhaltsschuldner nach den Grundsätzen der sog sekundären Darlegungslast substantiiert zu bestreiten.[2789]

[2775] OLG Karlsruhe OLGR 2000, 47 (49) bei lebenslanger Unterhaltspflicht gegenüber einer nach altem Recht geschiedenen Ehefrau.

[2776] OLG Saarbrücken FamRZ 2011, 1657 (LS.).

[2777] OLG Oldenburg FamRZ 1988, 724 (Unt.Ber.).

[2778] OLG Hamm FamRZ 2008, 171.

[2779] OLG Hamm FamFR 2013, 536 *(Kofler)*.

[2780] BGH FamRZ 2015, 1467 mAnm *Schürmann* FamRZ 2015, 1600 = NJW 2015, 2655, Tz. 11; OLG Hamm NJW 2015, 3588 f.

[2781] BGH MDR 1986, 480 = DAVorm 1986, 424 (Unt.Ber.).

[2782] BGH FamRZ 1987, 356; 1988, 697; NJW 1995, 962; OLG Frankfurt FamRZ 1985, 957; 1987, 588 (589); OLG Hamm FamRZ 1986, 1102; 1987, 600 (601) u. 1265 (1267); NJW-RR 1987, 392 (393); FamRZ 1993, 1450; NJW 1995, 2042 (2043); anders: AG Dortmund FamRZ 1994, 1117 f.; OLG Karlsruhe FamRZ 1988, 99 (100); NJW-RR 1988, 1097; OLG Koblenz FamRZ 1988, 761.

[2783] OLG Brandenburg FamFR 2012, 440 *(Heiß)*; → Rn. 673.

[2784] OLG München FamRZ 2004, 108.

[2785] BGH NJW-RR 1990, 578 = FamRZ 1990, 979; *Wendl/Dose*, § 1/794

[2786] Vgl. *Baumgärtel/Laumen/Aps* Handbuch der Beweislast im Privatrecht, 3. Aufl. 2010, Rn. 1 vor §§ 1601 ff. BGB.

[2787] OLG Naumburg FamRZ 1998, 557 (558).

[2788] OLG Hamm FamFR 2011,6 *(Pfeil)*: Leistungsunfähigkeit nicht bewiesen, wenn notwendige Begutachtung verweigert wird; KG NJW-Spezial 2015, 356; OLG Naumburg FamRZ 1998, 557 (558); OLG Schleswig FamRZ 2015, 937f = NJW 2015, 1538.

[2789] OLG Hamburg FamRZ 2015, 2067 (2068).

781   **oo) Rechtskraft einer Erstentscheidung und Abänderung.** Die **Rechtskraft** einer Erstentscheidung über Unterhalt umfasst auch eine Zugrundelegung fiktiven Einkommens.[2790] Beruht sie darauf, dass der schuldlos arbeitslos gewordene Unterhaltspflichtige sich nicht ausreichend um eine neue Anstellung bemüht hat, kann er eine Abänderung verlangen, wenn er eine neue Anstellung mit –schuldlos- geringeren Einkünften gefunden hat. Besteht der Vorwurf in der Aufgabe einer gut dotierten Anstellung, kommt eine Abänderung in Betracht, wenn er die Anstellung inzwischen ohnehin verloren hätte.[2791] Zu den Einzelheiten → Rn. 729 ff.

II. Unterhaltspflichtiges Einkommen

1. Alles Einkommen

a) Grundsätze

782   **Alles Einkommen** gleich welcher Art ist im Prinzip unterhaltspflichtiges Einkommen, natürlich vermindert um unterhaltsrechtlich beachtliche Abzüge und Aufwendungen. „Einkommen" in diesem Sinne sind alle dem Unterhaltsschuldner tatsächlich zufließenden, verfügbaren Mittel.[2792]

783   **Steuerrechtliches Einkommen** ist nach unterhaltsrechtlichen Grundsätzen zu überprüfen, weil die zu versteuernden Einkünfte eines Unterhaltspflichtigen uU – wegen einer Vielzahl steuerrechtlicher Absetzungsmöglichkeiten auch pauschaler Art – geringer sind als das unterhaltrechtlich relevante Einkommen.

b) Zweckbestimmung Zuwendung

784   **Die Zweckbestimmung** der dem Unterhaltsschuldner zufließenden Mittel hat der Bundesgerichtshof in älteren Entscheidung als unterhaltsrechtlich unbeachtlich erklärt.[2793] Öffentlich-rechtliche und private Leistungen, die ihrer Funktion nach zB auch dem immateriellen Ausgleich dienten, sind als unterhaltsrechtliches Einkommen des Pflichtigen angesehen worden. Wegen dieser Rechtsprechung hat der Gesetzgeber für einige Sozialleistungen die Berücksichtigung der Zweckbestimmung ausdrücklich vorgeschrieben, wie zB für das Erziehungsgeld (§ 9 BErzGG), den Sockelbetrag des Elterngeldes (§ 11 S. 4 BEEG) und das Pflegegeld (§ 13 Abs. 6 SGB IX), die nur ausnahmsweise für Unterhaltszwecke einzusetzen sind.[2794] Zum Einkommenscharakter des Kindergeldes → Rn. 893. Für Renten, die wegen eines Körper- oder Gesundheitsschadens gezahlt werden, wird die Zweckbestimmung durch die Vorschrift des § 1610a BGB verwirklicht. Danach wird vermutet, dass die durch die Schädigung verursachten Aufwendungen nicht geringer sind als die Höhe der Leistungen (→ Rn. 886 f.). Freiwillige Leistungen Dritter sind unterhaltsrechtlich ohne Bedeutung (→ Rn. 871). Der steuerliche Splittingvorteil der neuen Ehe hat dieser grundsätzlich zu verbleiben und nur im Rahmen der Leistungsfähigkeit bei Gleich- und Vorrang des neuen Ehegatten für Unterhaltszwecke des geschiedenen Ehegatten einzusetzen.[2795] Steuerliche Vorteile, die der Gesetzgeber allein der bestehenden Ehe zugedacht hat, dürfen ihr – so das BVerfG – nicht über die Rechtsprechung

---

[2790] BGH NJW-RR 1992, 1091 (1092).

[2791] BGH FamRZ 2008, 873 (873); OLG Hamm FamRZ 2014, 333f = NJW 2013, 3044 f.

[2792] BGH FamRZ 1980, 771 (772) = NJW 1980, 2081; BGH FamRZ 2004, 186 (187); FamRZ 2012, 1201 (1202) = NJW 2012, 2190 (2190) mAnm *Born* NJW 2012, 2193 = MDR 2012, 776 f.

[2793] BGH FamRZ 1980, 771 (772) = NJW 1980, 2081; zuletzt FamRZ 1997, 806 (809) = NJW 1997, 919.

[2794] → Rn. 754.

[2795] BGH FamRZ 2012, 281 Tz. 26 = NJW 2012, 381 = MDR 2012, 156, s. auch Rn. 52–52c.

zum Unterhaltsrecht wieder entzogen werden.[2796] Betrachtet man die dargestellten gesetzlichen Regelungen und die Rechtsprechung des BVerfG, kann das Dogma von der Unbeachtlichkeit der Zweckbestimmung im Unterhaltsrecht schwerlich aufrechterhalten werden. Im Rahmen der für jeden Einzelfall vorzunehmenden Billigkeitsabwägung kann es gleichwohl gerechtfertigt sein, das an ein schwer verletztes Unfallopfer gezahlte Schmerzensgeld für den Unterhalt eines minderjährigen Kindes zu verwenden, den schwerwiegenden Beeinträchtigungen des Pflichtigen aber durch eine maßvolle Erhöhung des Selbstbehalts Rechnung zu tragen.[2797] Im Übrigen darf die öffentlich-rechtliche Zweckbestimmung nicht in ihr Gegenteil verkehrt werden.[2798]

2. Arbeitseinkommen

a) Entgelt für normale Arbeitsbemühung

aa) Brutto/Nettoeinkommen. Unterhaltspflichtiges Arbeitseinkommen ist das 785 Bruttoeinkommen abzüglich gesetzlicher Abzüge, das sind Steuern und Sozialabgaben. Für die konkrete Unterhaltsbemessung sind ferner gewisse unterhaltsrechtlich beachtliche Ausgaben des Verpflichteten zu berücksichtigen.

Zum **Bruttoeinkommen aus Arbeit** rechnen alle Leistungen, die dem Schuldner im Hinblick auf das Arbeits- und Dienstverhältnis zufließen, gleichgültig, aus welchem Anlass sie im Einzelnen gewährt werden.[2799]

Berechnungsgrundlage (→ Rn. 679 f.) bildet in der Regel ein längerer Zeitraum, in der 786 Regel das Durchschnittseinkommen des letzten Kalenderjahres. es sei denn, eine danach eingetretene Änderung der Verhältnisse von Dauer stehe fest. Das hat der Unterhaltsschuldner (bei Einkommensminderung) zu beweisen.

Ein Monatslohn entspricht 4 1/3 Wochenlöhnen.

Bei **Einkommen aus selbstständiger Arbeit** bildet das Durchschnittseinkommen aus 787 drei aufeinander folgenden, möglichst letzten Jahren, die Grundlage der Unterhaltsbemessung.[2800] Anstelle gesetzlicher Sozialabgaben werden in angemessenem Rahmen Beiträge für private Alters- und Krankenvorsorge berücksichtigt. Besonders zu beachten ist, dass steuerrechtlich zulässige Einkommensminderungen, insbesondere pauschaler Art, auf ihre spezifische unterhaltsrechtliche Berücksichtigungsfähigkeit zu überprüfen sind, im Einzelnen → Rn. 997 ff.

Privatentnahmen[2801] des Unternehmers sind kein Einkommen im unterhaltsrecht- 788 lichen Sinne und damit nicht zusätzlich zu den Gewinneinkünften zu berücksichtigen.[2802] Sie sind im Zweifel allerdings ein Indiz für die Höhe des Effektiveinkommens[2803] und ein Hilfsmittel bei der Feststellung der wahren Einkommensverhältnisse.[2804] Über den ausgewiesenen Gewinnen liegende Entnahmen können nämlich Ergebnis der die Betriebs-

---

[2796] BVerfG FamRZ 2003, 1821 ff. = NJW 2003, 3466 f; anders für den Fall der Dreiteilung des Einkommens bei Unterhaltspflichten gegenüber zwei Berechtigten: BGH FamRZ 2008, 1911 (1917) = FPR 2008, 566.

[2797] BGH NJW 1989, 524 (526).

[2798] BGH FamRZ 1997, 806 (809).

[2799] BGH FamRZ 2004, 186 (187); 2012, 1201 (1202) = NJW 2012, 2190 (2191) mAnm *Born* NJW 2012, 2193 = MDR 2012, 776 f; BGH 2013, 935 = NJW 2013, 1738, Tz. 23 f.

[2800] → Rn. 680.

[2801] Vgl. allgemein: *Stein* FamRZ 1989, 343; sowie *Schürmann*, Einkommen aus selbständiger Tätigkeit im Unterhaltsrecht FamRB 2006, 149 ff., 183 ff., 215 ff.; OLG Zweibrücken NJW 1992, 1902.

[2802] OLG Brandenburg FamRZ 2014, 219 (220).

[2803] OLG Düsseldorf FamRZ 1983, 279 (280); FamRZ 2005, 211 (212); OLG Dresden FamRZ 1999, 850 f.; wohl auch OLG Hamm FamRZ 2005, 214 (LS).

[2804] OLG Düsseldorf FamRZ 1983, 397 (399); FamRZ 2005, 211 (212); OLG Frankfurt/M. FamRZ 2005, 803; OLG Hamm FamRZ 1993, 1088; OLG Köln FamRZ 1983, 87 (89).

aussichten abschätzenden Unternehmerüberzeugung sein, dass der Betrieb solche Entnahmen auf längere Sicht zuverlässig hergeben wird.[2805] Der Erfahrungssatz, dass die Privatentnahmen das wahre Einkommen widerspiegeln, gilt jedoch dann nicht mehr, wenn feststeht, dass der konsolidierte Unternehmensgewinn solche Entnahmen wirtschaftlich nicht rechtfertigt, diese vielmehr aus einem schon verschuldeten Unternehmen genommen werden oder zur Verschuldung führen.[2806]

789　　　Für die Vergangenheit soll der Unterhaltsberechtigte an Übermaßentnahmen teilhaben dürfen (bedenklich).[2807]

Werden die Privatentnahmen wie Einkommen behandelt, müssen ggf. Einlagen wie Abzüge gewertet werden.[2808]

790　　　**Gewinnschwankungen** kürzerer Dauer bleiben unterhaltsrechtlich unberücksichtigt. Sie müssen vom Unternehmer einkalkuliert werden, so dass er mit Rücksicht auf längerfristige Unterhaltsverbindlichkeiten Vorsorge zu deren Erfüllung treffen kann. Zeiten schmaleren Gewinns sind dabei ggf. durch Kredite zu überbrücken.[2809]

791　　　**bb) Weihnachtsgeld, Zusatzgehälter, Prämien, sonstige Gratifikationen. Weihnachtsgeld, 13. und 14. Gehälter** werden nach einhelliger Meinung dem unterhaltspflichtigen Einkommen vollständig zugerechnet.[2810] Diese Einkünfte sind Teil der Entlohnung für normale Arbeitsbemühung in normaler Arbeitszeit und deshalb voll für die Unterhaltsberechnung heranzuziehen. Die einmalige Zahlung am Jahresende (oder zu sonstiger Zeit) wird anteilig auf das monatliche Durchschnittseinkommen eines Jahres umgelegt.[2811] Beginnt die Unterhaltpflicht vor dem Monat der Auszahlung der Gratifikation oder des Zusatzgehaltes, so ist gleichwohl das Monatseinkommen um die anteilige Sonderzuwendung zu erhöhen, falls sie in diesem Jahr nicht erstmalig gezahlt wird, sondern auch früher schon eine jährlich wiederkehrende Zuwendung war.

792　　　**Sonstige Gratifikationen, Prämien,**[2812] **Leistungszulagen, Jubiläumszuwendungen**[2813] **und sonstige Nebeneinnahmen** sind grundsätzlich unterhaltsrechtliches Einkommen, und zwar unabhängig davon, aus welchem Anlass sie im Einzelnen gezahlt werden, also selbst dann, wenn sie dem Ausgleich besonderer Anstrengungen oder der Belohnung besonderer Erfolge dienen.[2814] Werden sie einmalig gewährt, wie zB eine Jubiläumszuwendung, sind sie ggf. auf mehr als ein Jahr zu verteilen.[2815] Die Leistungen sind allerdings zu schmälern, um den konkreten Mehraufwand, den der Empfänger einer solchen Zulage hat.[2816] Zu diesem Mehraufwand können zB die Kosten für die Bewirtung

---

[2805] OLG Köln FamRZ 2007, 1559 (Ls.).

[2806] OLG Düsseldorf FamRZ 1983, 397 (399); OLG Hamm FamRZ 1997, 674; OLG Koblenz OLGR 2001, 105; OLG Köln FamRZ 1983, 87 (89); OLG Schleswig SchlHA 1996, 244; OLG Zweibrücken NJW 1992, 1902 (1903).

[2807] OLG Dresden FamRZ 1999, 850 (851); OLG Schleswig SchlHA 1996, 244; *Kleinle* DAVorm. 1996, 433.

[2808] OLG Düsseldorf FamRZ 1983, 397 (400).

[2809] → Rn. 671.

[2810] BGH FamRZ 1970, 636 = NJW 1971, 137; 1980, 555 = NJW 1980, 934; 1980, 984 = NJW 1980, 2251; 1982, 250 (251) = NJW 1982, 822; FamRZ 2013, 935 = NJW 2013, 1738, Tz. 23f

[2811] BGH FamRZ 1982, 250 (252) = NJW 1982, 822.

[2812] BGH FamRZ 1970, 636 = NJW 1971, 137 (Treueprämie); BGH FamRZ 2013, 935 = NJW 2013, 1738, Tz. 23 f.

[2813] OLG Oldenburg NJW-RR 2009, 1657.

[2814] BGH FamRZ 2012, 1201 (1202) = NJW 2012, 2190 (2191) mAnm *Born* NJW 2012, 2193 = MDR 2012, 776 f.

[2815] BGH FamRZ 1982, 250 (252) = NJW 1982, 822; OLG Oldenburg NJW-RR 2009, 1657, OLG Stuttgart FamRZ 2014, 781 (LS.).

[2816] BGH FamRZ 2012, 1201 (1202) = NJW 2012, 2190 (2191) mAnm *Born* NJW 2012, 2193 = MDR 2012, 776 f.

von Kollegen anlässlich eines Berufsjubiläums gehören, wenn sie objektiv angemessen sind. Abzugsfähig können auch die Kosten sein, die anfallen, um eine besondere, die Zulage auslösende Leistungsfähigkeit zu erhalten.[2817]

Einkommen sind auch leistungs- oder erfolgsorientierte, nicht regelmäßige Zuwendungen, die typischerweise im Arbeitsbereich des Unterhaltspflichtigen anzufallen pflegen oder anfallen können (zB Erfindungen, Patente, Lizenzen, Verbesserungsvorschläge, Umsatzbelohnung, bei Berufssportlern Siegprämien, Wettbewerbspreise bei Freiberuflern). Erlöse aus **Aktienoptionen des Arbeitgebers** dürften Einkommen, nicht im Zugewinnausgleich zu berücksichtigendes Vermögen sein.[2818]   **793**

Anrechenbarkeit der Einkünfte. Von der Einordnung als unterhaltsrechtliches Einkommen zu unterscheiden ist die Frage, ob es in voller Höhe oder ermäßigt um einen Billigkeitsabschlag für Unterhaltszwecke einzusetzen ist. Diese hängt davon ab, ob die Leistung des Arbeitgebers ein Entgelt für normale oder für überobligatorische Bemühungen des Beschäftigten ist, und ist für jede einzelne Leistung konkret zu ermitteln.   **794**

Der **Krankenversicherungszuschuss** des Arbeitgebers für den privat krankenversicherten Arbeitnehmer ist unterhaltspflichtiges Einkommen[2819]. Abzugsfähig ist dann allerdings der gesamte Krankenversicherungsbeitrag.   **795**

Trinkgeld ist stets unterhaltsrechtliches Einkommen, mag auch die genaue Erfassung schwierig sein. Eine Schätzung gemäß §§ 113 Abs. 1 FamFG, 287 ZPO ist oft angezeigt. Konkreten Beweisantritten ist jedoch nachzugehen.[2820]   **796**

Fahrtkostenzuschüsse des Arbeitgebers sind unterhaltspflichtiges Einkommen, von dem allerdings die durch die beruflich veranlassten Fahrten tatsächlich entstandenen und nachgewiesenen Aufwendungen in Abzug zu bringen sind[2821]   **797**

cc) Familienzuschlag. Der Familienzuschlag – ehemals Ortszuschlag – nach §§ 39, 40 BBesG ist Teil des Einkommens des unterhaltspflichtigen Beamten, Richters und Soldaten. Er ist unterhaltspflichtiges Einkommen im Verhältnis zu den Kindern des Schuldners aus der geschiedenen Ehe, denn für die Berechnung des Kindesunterhalts ist auf das aktuelle Einkommen abzustellen;[2822] auch dürfen Kinder aus der ersten Ehe nicht gegenüber denjenigen aus der neuen Ehe benachteiligt werden. Wird der Familienzuschlag der Stufe 1 nach § 40 Abs. 1 Nr. 1 und 3 BBesG allerdings für die Aufnahme eines **Stiefkindes** in den Haushalt des Beamten gezahlt, verbleibt er diesem ebenso wie der für das Stiefkind gewährte steuerliche Freibetrag.[2823] Für den **Geschiedenenunterhalt** ist zu berücksichtigen, dass der Familienzuschlag sowohl dem verheirateten als auch dem geschiedenen Beamten gewährt wird, sofern er zumindest in Höhe des Zuschlags zum Unterhalt verpflichtet ist. Er beruht auf zwei Rechtsgründen und kann daher anders als der Splittingvorteil[2824] nicht der neuen Ehe vorbehalten bleiben. Er ist auch nicht uneingeschränkt unterhaltspflichtiges Einkommen,[2825] sondern auf beide Ansprüche aufzuteilen   **798**

[2817] BGH FamRZ 1994, 21 = NJW 1994, 134 = DAVorm 1993, 1215 abzusetzen sind die Mehraufwendungen zur Erhaltung der fliegerischen Leistungsfähigkeit; auch: OLG Hamm FamRZ 1991, 576.

[2818] OLG Oldenburg NJW-RR 2009, 1657; aA *Kogel*, Das Aktienoptionsrecht – ein Vermögenswert im Zugewinn?, FamRZ 2007, 950 (951).

[2819] OLG Hamm, FamRZ 2001, 370 f.

[2820] BGH NJW 1991, 697 (698) = FamRZ 1991, 182.

[2821] BGH FamRZ 1983, 49 = NJW 1983, 933 L; 1984, 374 (376) = NJW 1984, 1458; OLG Brandenburg FamRZ 2013, 1137 (1139).

[2822] BGH FamRZ 2005, 1817 (1822) = NJW 2005, 3277.

[2823] BGH FamRZ 2005, 1817 (1822 f.); FamRZ 2007, 793 (798).

[2824] BVerfG FamRZ 2003, 1821 ff. = NJW 2003, 3466 ff.

[2825] So OLG Celle FamRZ 2005, 716 (717) = OLGR 2005, 90 ff.; NJW-RR 2006, 721 ff. für den Fall, dass die Voraussetzungen des § 40 Abs. 1 Nr. 3 BBesG nicht erfüllt sind; OLG Oldenburg NJW 2006, 2419 (2420).

und bei der Bemessung des Geschiedenenunterhalts hälftig zu berücksichtigen.[2826] Wird der Unterhalt des geschiedenen Ehegatten allerdings durch das Hinzutreten des neuen Ehegatten herabgesetzt, ist der Familienzuschlag im Rahmen der Leistungsfähigkeit in vollem Umfange als Einkommen zu berücksichtigen.[2827]

799   **dd) Urlaubsgeld.** Urlaubsgeld ist Bestandteil des unterhaltspflichtigen Einkommens[2828] und im Regelfall anteilig auf 12 Monate umzulegen, so dass die Steuerprogression auf das Jahreseinkommen einwirken kann.[2829]

800   **ee) Urlaubsabgeltung.** Urlaubsabgeltungen sind Geldzahlungen des Arbeitgebers für nicht genommenen Urlaub. Sie beruhen, da der Unterhaltspflichtige nur „normalen" Arbeitsaufwand schuldet, regelmäßig auf unzumutbar gesteigertem Arbeitseinsatz, sind also überobligatorisch erzielte Einkünfte.[2830] Ihre Anrechnung bestimmt sich daher nach Treu und Glauben – § 242 BGB – und den Umständen des Einzelfalles. So hat der Bundesgerichtshof zB eine Urlaubsabgeltung von 3296 EUR zur Hälfte als Einkommen betrachtet.[2831]

801   **ff) Ministerialzulage.** Ministerialzulage ist, obwohl nicht konkret leistungsbezogen, Einkommen und kein Aufwendungsersatz.[2832] Entsprechendes gilt für vergleichbare Zulagen, etwa bei den Obersten Bundesgerichten.

802   **gg) Auslandszulagen.** Auslandszulagen, die vor allem im diplomatischen Dienst und bei Auslandseinsätzen von Soldaten als Teil der Auslandsdienstbezüge (§ 52 BbesG) gezahlt werden, bestehen aus einer Summe verschiedener Beträge unterschiedlichen Grundes und Zwecks, nämlich dem Auslandszuschlag, dem Kaufkraftausgleich, dem Mietzuschuss, dem Auslandsverwendungszuschlag und der Auslandsverpflichtungsprämie.

Der **Auslandszuschlag (§ 53 BBesG)** dient dem Ausgleich der besonderen materiellen und immateriellen Belastungen gerade infolge des Dienstes im Ausland.[2833] Beispiele immaterieller Belastungen sollen sein die gesundheitliche Gefährdung durch das Klima, schlechte Hygiene, Ungeziefer, psychische Belastungen aller Art durch Beschränkung der Bewegungsfreiheit, Dauerbewachung, kulturelle Eintönigkeit, Gefahr für Leib und Leben bei Gewaltausbrüchen. Die Beispiele zeigen, dass es sich um eine pauschale Zuwendung handelt, um eine spezielle Form einer das Gehalt generell erhöhenden Zuwendung, die Ortszuschlagelemente aufweist und ihrer Art nach auch an die Ministerialzulage erinnert. Der Auslandszuschlag ist grundsätzlich unterhaltspflichtiges Einkommen.[2834] Die Höhe

---

[2826] BGH FamRZ 2007, 793 (798) = MDR 2007, 889 (Ls.); OLG Hamm FamRZ 2005, 1177.

[2827] BGH FamRZ 2008, 1911 (1917) = FPR 2008, 566; FamRZ 2012, 281 (287) = NJW 2012, 384 (389) = MDR 2012, 156 (161).

[2828] BGH FamRZ 1980, 984 = NJW 1980, 2251; 1980, 555 (556) = NJW 1980, 934; 1982, 250 (251) = NJW 1982, 822; OLG Hamm DAVorm 1978, 199 u. 280; OLG München DAVorm 1979, 41; OLG Oldenburg FamRZ 2000, 1016; OLG Stuttgart FamRZ 1978, 693 (695).

[2829] BGH FamRZ 1991, 416 (418); s. auch OLG Oldenburg FamRZ 2000, 1016: Verteilung des für 6 Monate gezahlten Urlaubsgeldes auf 8 Monate, da das Urlaubsgeld eines Kapitäns zur See auch den Heimaufenthalt zwischen zwei Heuern finanzieren soll.

[2830] BGH NJW 1991, 697 = FamRZ 1991, 182 = DAVorm 1991, 96; NJW-RR 1992, 1282; FamRZ 2012, 1483 (1486) = NJW 2012, 3434 (3437) mAnm *Maurer* NJW 2012, 3438.

[2831] BGH NJW-RR 1992, 1282 (1283); s. auch AG Freiburg FamRZ 2004, 705: keine Anrechnung.

[2832] OLG Köln FamRZ 1982, 706 (707).

[2833] So eine Erklärung des Auswärtigen Amtes zu dieser Zulage und § 55 BBesoldG; § 1 Abs. 2 S. 1a VO über die Gewährung eines Auslandsverwendungszuschlags; BGBl. I 2009, S. 809.

[2834] BGH FamRZ 1980, 342 (344); OLG Bamberg FamRZ 1997, 1339 (1340); OLG Koblenz FamRZ 2000, 1154 = NJWE-FER 2000, 140; OLG Köln FamRZ 1991, 940 (941); OLG Stuttgart FamRZ 2007, 1242 zur Auslandsverwendungszulage.

seiner Anrechnung hängt jedoch davon ab, in welchem Umfang der Verpflichtete den Nachweis konkreten, durch Aufwandsentschädigungen nicht gedeckten Mehrbedarfs infolge des Einsatzes im Ausland führt, denn dieser Mehrbedarf ist vorweg abzusetzen.[2835] Eine pauschale teilweise Nichtanrechnung des Auslandszuschlags ohne Rücksicht auf konkret belegten Mehrbedarf ist – jedenfalls in aller Regel – nicht angebracht.[2836]

Der **Kaufkraftausgleich (§ 55 BBesG)** ist, wenn er auch währungsbedingten Mehraufwand ausgleichen soll, nicht allein schon deshalb unterhaltsrechtlicher Anrechnung entzogen, denn nicht selten wird der wirkliche, konkrete Mehraufwand unter der dafür pauschal gewährten Zulage liegen. Da der Kaufkraftausgleich sich aber im Prinzip an der konkreten Währungssituation ausrichtet, wird daran zu denken sein, gemäß §§ 113 Abs. 1 FamFG, 287 ZPO einen konkreten Mehraufwand in Höhe der Zuwendungen anzunehmen.[2837]   803

Der **Auslandsverwendungszuschlag** wird nach § 56 BBesG gezahlt an Beamte und Soldaten, die sich in einem von der Bundesregierung beschlossenen humanitären oder unterstützenden Auslandseinsatz befinden. Er gleicht alle materiellen Mehraufwendungen und immateriellen Belastungen durch besondere Verwendung im Ausland aus. Hierzu gehören die Einschränkung der persönlichen Bewegungsfreiheit und der Privatsphäre, hygienische Mängel und die Gefahr für Leib- und Leben durch Terrorakte und kriegerische Auseinandersetzungen.[2838] Wird der Auslandsverwendungszuschlag wegen eines Einsatzes in einem Krisengebiet gezahlt (Beisp.: Afghanistaneinsatz der Bundeswehr), ist er teilweise als Einkommen aus überobligatorischer Tätigkeit anzusehen und bleibt zT (1/ 2 bis 2/3) anrechnungsfrei.[2839] Maßgeblich für die Höhe des anrechnungsfreien Betrages ist die Gefährlichkeit des Einsatzes, für die als Anhaltspunkt die Einstufung der Dienstbehörde nach § 3 Abs 1 AuslandsverwendungszuschlagsVO herangezogen werden kann.[2840]   804

Die **Auslandsverpflichtungsprämie nach § 57 BBesG** wird gezahlt bei einer Auslandsverwendung von mehr als sechs Monaten in einem Gebiet, für das der Auslandsverwendungszuschlag der höchsten Stufe gezahlt wird. Er stellt nach den genannten Grundsätzen unterhaltsrechtliches Einkommen dar, dürfte aber wie der Auslandsverwendungszuschlag teilweise aus Billigkeitserwägungen anrechnungsfrei bleiben.   805

Der **Mietzuschuss nach § 54 BBesG** – ist Aufwendungsersatz und wird im Regelfall durch konkret nachgewiesenen Mehrbedarf in Höhe der Vergütung als Einkommensbestandteil, der bei der Unterhaltsbemessung zu berücksichtigen ist, ausscheiden.[2841]   806

hh) Sachzuwendungen und Sachentnahmen. Sachzuwendungen, Einkaufsvorteile u. Ä. sind unterhaltspflichtiges Einkommen, es sei denn, sie wären auch unterhaltsrechtlich völlig unbeachtlicher Art und Quantität. In Betracht kommen Sachdeputate, freies Wohnen in einer Firmenwohnung oder einer Dienstwohnung, private Nutzung eines   807

[2835] BGH FamRZ 1980, 342 (344); OLG Bamberg FamRZ 1997, 1339 (1340); OLG Schleswig FamRZ 2005, 369 = NJW-RR 2005, 3; OLG Hamm FamRZ 2009, 2009 = NJW-RR 2010, 74 = FamFR 2009, 13 *(Schwolow)*.

[2836] OLG Koblenz FamRZ 2000, 1154 = NJWE-FER 2000, 140.

[2837] OLG Hamm FamRZ 2009, 2009 = NJW-RR 2010, 74 = FamFR 2009, 13 *(Schwolow)*.

[2838] Im Einzelnen: § 2 der VO über die Zahlung eines Auslandsverwendungszuschlag, BGBl. I 2009, S. 809.

[2839] BGH FamRZ 2012, 1201 (1203) = NJW 2012, 2190 (2192) mAnm *Born* NJW 2012, 2193 = MDR 2012, 776f; OLG Hamm FamRZ 2010, 1085 (1086); OLG Frankfurt/M. NJW 2013, 1686 (1687); OLG Schleswig FamRZ 2005, 369 = NJW-RR 2005, 3 (4). Bei einem Einsatz in den Niederlanden sind dagegen nur die konkreten Mehraufwendungen abzusetzen: BGH FamRZ 1980, 342 (344).

[2840] OLG Frankfurt/M. NJW 2013, 1686 (1687); OLG Dresden FamRZ 2014, 1307 (1308).

[2841] OLG Bamberg FamRZ 1997, 1339 (1340).

Firmenwagens, freies oder verbilligtes Essen, Einkaufsrabatte für Warenhausbedienstete,[2842] Jahreswagenvorteile,[2843] Firmentelefon,[2844] um nur einiges zu nennen. Die SozialversicherungsentgeltVO (früher SachbezugsVO) setzt für 2016 pro Monat für freie Verpflegung 236 EUR und für freie Unterkunft 223 EUR an[2845] **Sachentnahmen** wie die Eigenprodukte eines Landwirts sind ebenfalls unterhaltspflichtiges Einkommen und in ihrem Wert zu schätzen.[2846]

808   Die praktisch bedeutsamste, weil häufigste **Sachzuwendung** ist die Überlassung **eines Firmenfahrzeuges zur privaten Nutzung.** Sie ist Einkommensbestandteil, dessen unterhaltsrechtlicher Wert nach §§ 113 Abs. 1 FamFG, 287 Abs. 1 ZPO zu schätzen ist.[2847] Er entspricht dem Betrag, den der Unterhaltspflichtige an Kosten für Anschaffung und Unterhaltung erspart.[2848] Dieser Betrag kann ermittelt werden mithilfe der sogenannten ADAC-Tabelle.[2849] Die ältere Rechtsprechung nimmt pauschale Schätzungen vor, die zwischen 150 EUR und 350 EUR im Monat liegen,[2850] wobei eine Pauschalierung auf 150 EUR für ein Mittelklassefahrzeug[2851]auch unter Berücksichtigung des Steuernachteils als zu niedrig erscheint. Vorzugswürdig ist eine Schätzung anhand des steuerlich zu veranschlagenden Wertes von 1 % des Anschaffungspreises[2852] entsprechend den Leitlinien einiger Oberlandesgerichte[2853] Dieser kann erhöht werden, wenn der Arbeitgeber sämtliche Kosten der Fahrzeugnutzung trägt.[2854] Abzusetzen von dem Schätzbetrag sind die steuerliche Mehrbelastung[2855] und der Anteil, der auf die Fahrten zwischen Wohnort und Arbeitsstätte entfällt.[2856]Unterschiedlich behandelt wird der Einwand, dass der Unterhaltsschuldner ohne Stellung eines Dienstwagens privat ein kostengünstigeres Fahrzeug fahren würde.[2857] Bei wirtschaftlich beengten Verhältnissen erscheint es sachgerecht, die Kosten anzusetzen, die für ein den wirtschaftlichen Verhältnissen entsprechendes

---

[2842] OLG Hamm FamRZ 1999, 167.

[2843] AG Essen NJW-RR 1990, 9 = FamRZ 1990, 195 (ca. 155 EUR monatl. = alle 8 Jahre Neuwagen erspart); AG Stuttgart FamRZ 1990, 195 (20 % Rabatt jährlich).

[2844] BGH NJW 1995, 962; OLG Hamm FamRZ 1993, 1450; FamRZ 1995, 1422; OLG Karlsruhe FamRZ 1990, 533 (534).

[2845] SozialversicherungsentgeltVO vom 21.12.2006, BGBl. I S. 3385 in der Fassung vom 18.11.2015, BGBl. I S. 2045.

[2846] BGH FamRZ 2005, 97 (98).

[2847] OLG Brandenburg FamFR 2010, 560 *(Huber);* OLG Hamburg FamRZ 1987, 1044 (1045); OLG Hamm FamRZ 1992, 1427; 1999, 513; OLG Karlsruhe FamRZ 1990, 533 (534); FamRZ 1994, 897 = NJW-RR 1994 2, (3); OLG München FamRZ 1999, 1350; vgl. auch *Strohal,* Jahreswagen und Unterhalt, FamRZ 1995, 459 ff.; *Romeyko,* Der private Nutzungswert des Geschäftswagens, FamRZ 2004, 242 ff.

[2848] OLG Hamm FamRZ 2014, 847 (LS.); OLG Karlsruhe FamRZ 2006, 1759 = NJW-RR 2006, 1585; OLG Zweibrücken FamRZ 2008, 1655.

[2849] OLG Oldenburg FamRZ 2008, 1655.

[2850] Vgl. die Übersicht bei *Galinsky,* Der Firmenwagen im Unterhaltsrecht, NZFam 2015, 951 (953f), zuletzt OLG Karlsruhe FamRZ 2016, 237 (238) = NJW-RR 2015, 1411.

[2851] OLG Brandenburg FamFR 2010, 560 *(Huber):* 150 EUR monatlich für ein Fahrzeug der Mittelklasse im Minimum, OLG Hamburg FamRZ 1987, 1044 (1045); OLG Hamm FamRZ 1992, 1427; 1999, 513; OLG Karlsruhe FamRZ 1990, 533 (534); FamRZ 1994, 897 = NJW-RR 1994 2, (3); OLG München FamRZ 1999, 1350; vgl. auch *Strohal,* Jahreswagen und Unterhalt, FamRZ 1995, 459 ff.; *Romeyko,* Der private Nutzungswert des Geschäftswagens, FamRZ 2004, 242 ff.

[2852] OLG Bamberg FamRZ 2007, 1818; OLG Hamm FamRZ 2005, 297 (LS); FamRZ 2009, 981 (984); FamRZ 2014, 847 (LS.); OLG Karlsruhe FamRZ 2016, 237 (238).

[2853] Nr. 4 der Leitlinien der Oberlandesgerichte Braunschweig, Düsseldorf, Hamm, Koblenz und Schleswig.

[2854] OLG Hamm NJW-RR 2008, 882f sowie Nr. 4 der Hammer Leitlinien.

[2855] OLG Hamm FamRZ 2009, 981 (984); OLG Zweibrücken FamRZ 2008, 1655.

[2856] OLG Hamm NZFam 2015, 970 *(Pursian).*

[2857] Unbeachtlich OLG Zweibrücken FamRZ 2008, 1655; für eine Berücksichtigung OLG Karlsruhe FamRZ 2016, 237 (238) = NJW-RR 2015, 1411.

Fahrzeug erspart werden.[2858] Jedenfalls ist zu beachten, dass dem Unterhaltspflichtigen sein Selbstbehalt zur Deckung der notwendigen Bedürfnisse zur Verfügung stehen muss.

Einmalige höchstpersönliche Sonderzuwendungen sind kein unterhaltpflichtiges **809** Einkommen. Geldzuwendungen sind im Zweifel aber anrechenbar.

Sonderzuwendungen, die arbeitsbedingt sind (zB kostenlose Milch, Waschmittel, **810** Kleidung, die privat nicht getragen wird), sind kein unterhaltpflichtiges Einkommen, weil ihnen konkreter Mehrbedarf gegenübersteht, es sei denn, es ergebe sich eine nennenswerte häusliche Ersparnis (zB durch Tragen von Arbeitskleidung).

ii) Betreuungsentgelt. Betreuungsentgelt ist die Bezahlung für persönliche Betreuung **811**
naher Angehöriger. Praktisch wird dies vor allem bei Leistungen der im Haushalt tätigen Mutter für noch im Haushalt lebende, verdienende (volljährige) Kinder oder für hilfsbedürftige Eltern. Wird für die Leistungen ein Entgelt gezahlt, so ist es unterhaltpflichtiges Einkommen. Im Übrigen ist zu prüfen, ob der Unterhaltspflichtige durch die Betreuung möglicherweise gegen seine Erwerbsobliegenheit verstößt (→ Rn. 740, 767).

jj) Hausfrau-/Hausmann-Entgelt. Haushaltstätigkeit eines verheirateten Unterhalts- **812**
pflichtigen im ehelichen Haushalt gemäß „gegenseitigem Einvernehmen" § 1356 Abs. 1 BGB ist nicht zu Unterhaltszwecken in Geld umzurechnen, da ein Anspruch auf Entgelt in bar gegen den anderen Ehegatten nicht besteht, dieser vielmehr verpflichtet ist, den haushaltführenden Ehepartner zu unterhalten (§§ 1360, 1360a BGB).[2859] → Rn. 750 ff. (Hausmannrechtsprechung).

Arbeit im Haushalt des neuen Partners kann zur Anrechnung eines Versorgungs- **813** entgelts führen. Da es sich hierbei i. d. R. um ein Einkommen des Berechtigten handelt, → Rn. 563 ff.

Wirtschaftsgeld, Haushaltsgeld sind kein Einkommen des den Haushalt versorgenden **814** Ehegatten, sondern nur treuhänderisch zur Verwendung für die Bedürfnisse der Familie überlassen.[2860] Darin enthaltenes Taschengeld jedoch kann abgesondert werden und steht zur freien Verfügung, ist mithin Einkommen.[2861] → Rn. 815.

Taschengeld,[2862] das der nicht erwerbstätige oder zuverdienende[2863] Ehegatte von dem **815** erwerbstätigen Partner verlangen kann,[2864] ist grundsätzlich unterhaltpflichtiges Einkommen. Soweit der angemessene oder notwendige Selbstbehalt des Pflichtigen gewahrt bleibt, ist es für Unterhaltszwecke einzusetzen,[2865] und zwar auch bei Unterhaltspflichten gegenüber den Eltern.[2866] Verbleiben sollen dem unterhaltpflichtigen Kind ein Betrag

---

[2858] OLG Karlsruhe FamRZ 2016, 237 (238f) = NJW-RR 2015. 1411.

[2859] BVerfG FamRZ 2002, 527 ff.; BGH FamRZ 2001, 986 ff.; FamRZ 2001, 1693 ff.; BGH NJW 2007, 139 (142 f.) = FamRZ 2006, 1827 (1831); → Rn. 64 ff.

[2860] BGH FamRZ 1986, 668 = NJW 1986, 1869; OLG Hamm FamRZ 1988, 947.

[2861] OLG Hamm FamRZ 1988, 947 (948).

[2862] *Hauner* FamRZ 1996, 193; *Sauer/Meiendresch,* Zur Pfändung des Taschengeldanspruchs, FamRZ 1996, 1441.

[2863] BGH FamRZ 1998, 608 = NJW 1998, 1553.

[2864] **So die hM:** Wendl/Dose/*Bömelburg* § 3 Rn. 67; Bamberger/Roth/*Beutler* Rn. 6 zu § 1360a BGB; *Staudinger/Voppel* Rn. 17 zu § 1360a BGB; BVerfG FamRZ 1986, 773; BGH FamRZ 1998, 608 f.; LG Karlsruhe FamRZ 2003, 1484 grunds. **gegen** einen solchen Anspruch: *Haumer* FamRZ 1996, 193 ff.; *Braun* NJW 2000, 97 ff.; AG Rendsburg FamRZ 2001, 560 = NJW 2000, 3653 f.

[2865] BGH NJW 2007, 139 (142 f.) = FamRZ 2006, 1827 (1831); BGH FamRZ 2013, 363 = NJW 2013, 686 Tz. 26 f.

[2866] BGH FamRZ 2004, 366 (369) = NJW 2004, 674 (676 f.); BGH FamRZ 2013, 363 = NJW 2013, 686 Tz. 26 f.; FamRZ 2014, 538 = NJW 2014, 1173, Tz. 29; FamRZ 2014, 1540 mAnm *Hauß* FamRZ 2014, 1541 = NJW 2014, 2570, Tz. 13; FamRZ 2014, 1990 mAnm *Hauß* FamRZ 2014, 1992 = NJW 2014, 3514, Tz. 12; anders OLG Köln FamRZ 2001, 437 (438), das dem Unterschuldners ein angemessenes Taschengeld von 125 EUR bis 215 EUR belassen will.

von 5 % bis 7 % des Familienselbstbehalts (→ Rn 219) sowie die Hälfte des darüber hinausgehenden Taschengelds.[2867]

816   Die **Höhe des Taschengelds** richtet sich nach den Einkommens- und Vermögensverhältnissen sowie dem allgemeinen Lebenszuschnitt der Ehegatten und soll 5–7 % des Nettoeinkommens des Zahlungspflichtigen betragen,[2868] wobei eine Quote von 5 % als regelmäßig geschuldet angesehen werden kann.[2869] Taschengeld kann unter den allgemeinen Voraussetzungen für Unterhaltsansprüche auch für die Vergangenheit geltend gemacht werden.[2870] Gegen die Pfändbarkeit von Taschengeld bestehen verfassungsrechtliche Bedenken nicht,[2871] sie ist, obwohl streitig,[2872] zu bejahen (→ Rn. 433).

b) Erschwerniszulagen

817   **Zulagen für Arbeitserschwernis** sind solche, die sich aus der Art der Arbeit, ihrer zeitlichen Lage (Nachtarbeit, Schichtarbeit), ihrer körperlichen oder geistigen besonderen Lästigkeit und Mühe (Schwer- und Schwerstarbeit, Schmutzarbeit), ihrer Gefährlichkeit (Bergung von Sprengkörpern, Umgang mit gefährlichen Giftstoffen) ergeben.[2873] Auch sog Trennungsentschädigungen, Auslösegelder und Montageprämien können Erschwerniszulagen sein, soweit sie nicht nur dazu bestimmt sind, einen durch Arbeit außerhalb der heimatlichen Arbeitsstelle erhöhten Bedarf (etwa bei Auslandsaufenthalt) zu decken,[2874] sondern auch ein gesteigertes Entgelt für damit verbundene persönliche Unbequemlichkeiten, klimatische Veränderungen, ungewohnte Umgebung, Trennung von der Familie uÄ darstellen sollen. Erschwerniszulagen sind voll anrechenbares unterhaltspflichtiges Einkommen, wenn die Belastungen berufstypisch (zB in der Bau- und Montageindustrie) oder von geringem Umfange sind.[2875] Im Übrigen gelten die Grundsätze über die Anrechnung überobligatorischer Einkünfte. Die Tatsache der Ausübung der Tätigkeit spricht in der Regel für ihre Zumutbarkeit im Verhältnis zu den Berechtigten. Dem Pflichtigen ist als Ausgleich für die Erschwernis ein gewisser Bonus zu belassen.[2876] → Rn. 821 ff.

c) Gewinnbeteiligung

818   **Gewinnbeteiligung** (Tantieme) ist Teil des normalen Einkommens. Der Arbeitende hat durch seine Leistung üblicher Art die Erzielung dieses Mehrwerts mit ermöglicht.

d) Vermögenswirksame Leistungen und Sparzulagen

819   **Vermögenswirksame Leistungen** des Arbeitgebers sind arbeitsrechtlich Bestandteile des Lohnes (§§ 1, 2 des Gesetzes zur Förderung der Vermögensbildung) und damit

---

[2867] FamRZ 2014, 538 = NJW 2014, 1173, Tz. 29; FamRZ 2014, 1540 mAnm *Hauß* FamRZ 2014, 1541 = NJW 2014, 2570, Tz. 13; FamRZ 2014, 1990 mAnm *Hauß* FamRZ 2014, 1992 = NJW 2014, 3514, Tz. 12; die Entscheidung des BGH vom 12.12.2012 FamRZ 2013, 363 = NJW 2013, 686, Tz. 50, die dem Kind 5 % bis 7 % **des eigenen Mindestbedarfs** sowie die Hälfte des darüber hinausgehenden Taschengelds belassen will, ist überholt.

[2868] BGH FamRZ 1998, 608 = NJW 1998, 1553; FamRZ 2004, 366 (369) = NJW 2004, 674 (676 f.); FamRZ 2013, 363 = NJW 2013, 686 Tz. 367.

[2869] BGH FamRZ 2014, 1990 mAnm *Hauß* FamRZ 2014, 1992 = NJW 2014, 3514, Tz. 14.

[2870] OLG Hamm FamRZ 1988, 947 (948).

[2871] BVerfG FamRZ 1986, 773.

[2872] Eingehend mwN: OLG München FamRZ 1988, 1161; OLG Stuttgart FamRZ 2002, 185; *Büttner* FamRZ 1994, 1431 (1439 f.).

[2873] OLG Stuttgart NJW 1978, 1332: „Schicht- und ähnliche Zulagen".

[2874] BGH NJW-RR 1989, 900 (901) = FamRZ 1990, 266.

[2875] OLG Stuttgart Die Justiz 1978, 436; KG DAVorm 1979, 110 (118).

[2876] OLG München NJW 1982, 835: 1/3.

grundsätzlich als unterhaltspflichtiges Einkommen anzusehen.[2877] Sie stehen dem Unterhaltspflichtigen aber nicht zur freien Verfügung, sondern werden nur gezahlt, wenn er tatsächlich spart. Es erscheint daher gerechtfertigt, weder die vermögenswirksamen Leistungen des Arbeitgebers[2878] noch die **Arbeitnehmersparzulage,** die für bestimmte Einkommensgruppen als staatliche Leistung gezahlt wird, als unterhaltspflichtiges Einkommen anzusehen.[2879] Die Sparleistungen des Arbeitnehmers sind, da der Vermögensbildung dienend, nicht einkommensmindernd in Abzug zu bringen.

Eine Direktversicherung, die für den Arbeitnehmer als Form der betrieblichen Alters-   820
versorgung abgeschlossen wird, soll Einkommensbestandteil sein.[2880] Allerdings steht dieser Betrag für Unterhaltszwecke nicht zur Verfügung, da er zweckgebunden als Versicherungsbeitrag zu verwenden ist. Dies wird zumindest bei der Beurteilung der Leistungsfähigkeit zu berücksichtigen sein. Werden aus der Direktversicherung Kapitalleistungen erbracht, sind diese unterhaltsrechtliches Einkommen und unter Berücksichtigung der statistischen Lebenserwartung in eine wiederkehrende Leistung umzurechnen.[2881]

e) Entgelt für zusätzliche Arbeit

aa) Überstunden und sonstige Mehrarbeit. Das **Mehrarbeitsproblem**[2882] ist einmal   821
ein Problem der Zumutbarkeit von Mehrarbeit, zum anderen ein Problem der unterhaltsrechtlichen Anrechnung von tatsächlich erzielten Einkünften. Beides ist scharf zu trennen und das eine bedingt nicht das andere.[2883]

Die **Erwerbsobliegenheit richtet sich auf die Erzielung von Verdienst bei normaler**   822
Arbeitszeit. Zu der Frage, ob im Rahmen einer gesteigerten Unterhaltpflicht weitergehende Obliegenheiten bestehen, → Rn. 722 aE und → Rn. 738.

Einkommen aus Mehrarbeit, das der Unterhaltsschuldner tatsächlich erzielt, ist   823
grundsätzlich zu berücksichtigen, da zur Ermittlung der Leistungsfähigkeit alle erzielten Einkünfte heranzuziehen sind.[2884] Der Unterhaltsschuldner kann allerdings Umstände darlegen, aus denen sich ergibt, dass das Einkommen gleichwohl nicht oder zumindest nicht in voller Höhe anzurechnen ist.[2885] Besteht eine unterhaltsrechtlich Obliegenheit zur Aufnahme von Mehrarbeit nicht, bestimmt sich die Anrechenbarkeit nach § 242 BGB unter Berücksichtigung aller Umstände des Einzelfalles. Die Verhältnisse und Interessen des Verpflichteten und Berechtigten sind zu berücksichtigen und gegeneinander abzuwägen. Erheblich können sein die Höhe der Unterhaltsansprüche, eine gesteigerte Unterhaltpflicht, die Nichterreichung eines Mindestunterhalts bei Einsatz nur des Normalverdienstes,[2886] die subjektive Leistungsfähigkeit des Unterhaltsschuldners (Alter, Krankheit, Schwere der Arbeit),[2887] nicht zuletzt auch Motiv und Zweck der Mehrarbeitsleistung (etwa Neigung, Schuldentilgung, Erhöhung des eigenen Lebensstandards oder desjenigen der betreuten Kinder).[2888]

[2877] BGH NJW 1980, 2251 (2252).

[2878] OLG Düsseldorf FamRZ 1994, 1049 (1050).

[2879] Nr. 10.6 der unterhaltsrechtlichen Leitlinien der Oberlandesgerichte Brandenburg, Celle, Düsseldorf, Hamm, Hamburg, Koblenz, Köln, Oldenburg und Schleswig.

[2880] OLG München FamRZ 1997, 613 (614).

[2881] KG FamRZ 2015, 1198.

[2882] Vgl. zur Mehrarbeit bei der Unterhaltsberechnung: *Müller* DAVorm 1987, 81 f.; *Born* FamRZ 1997, 129 f.

[2883] BGH FamRZ 1982, 779 (780) = NJW 1982, 2502.

[2884] BGH FamRZ 2004, 186 (187).

[2885] BGH FamRZ 2004, 186 (187).

[2886] OLG Hamm FamRZ 2001, 565 (566 f.), das insoweit 200 Std. pro Monat für zumutbar hält.

[2887] OLG Schleswig SchlHA 1980, 44.

[2888] BGH FamRZ 1983, 146 (149) = NJW 1983, 933;; OLG Hamm FamRZ 2009, 2009; OLG Köln NJW Spezial 2008, 389.

824   Eine **bestimmte Anrechnungsquote gibt es nicht,** insbesondere kann nicht als Grundsatz anerkannt werden, dass im Zweifel Einkommen aus unzumutbarer Arbeit etwa zur Hälfte[2889] anzurechnen sei. Es hat vielmehr in jedem Einzelfall eine Billigkeitsprüfung zu erfolgen, die Aufgabe des Tatrichters ist.[2890]

   Die Vergütung für Überstunden ist unabhängig von ihrer Zumutbarkeit unterhaltspflichtiges Einkommen, wenn sie nur in geringem Umfange anfällt oder wenn die Leistung von Überstunden im fraglichen Ausmaß in dem vom Unterhaltsschuldner ausgeübten Beruf üblich ist.[2891]

825   **Die Anrechenbarkeit von Überstunden geringen Umfanges** wurde bejaht bei monatlich sieben,[2892] bei bis zu 10 % der Regelarbeitszeit,[2893] bei einer Stunde arbeitstäglich,[2894] verneint bei beinahe 10 % des Einkommens,[2895] für die an Sonntagen und allgemeinen Feiertagen bei sieben Tagen Arbeit in der Woche geleisteten Überstunden, wenn für sie kein zeitlicher Ausgleich an allgemeinen Werktagen gewährt wird.[2896]

826   **Berufstypische, im Beruf übliche Überstunden** sind beispielsweise bei einem Cheffahrer,[2897] Kranführer,[2898] Schachtmeister,[2899] Zechenangestellten[2900] oder einem niedergelassenen Arzt[2901] angenommen worden.

827   **Bereitschaftsdienst** ist, wenn weniger arbeitsintensiv als Überstunden, nur im Zeitaufwand gleich belastend wie diese. Es kann deshalb zulässig sein, die Zumutbarkeitsgrenze zu erweitern.[2902] Der Bereitschaftsdienst eines Assistenzarztes am Krankenhaus von monatlich 50–88 Stunden kann heute wohl nicht mehr als „berufstypisch" angesehen werden.[2903]

828   **Urlaubsabgeltung nach Verzicht auf Urlaub** ist Einkommen aus unzumutbarer Tätigkeit[2904] und nur nach Billigkeit anzurechnen (§ 242 BGB),[2905] → Rn. 800.

829   **Zusätzliche Aufwendungen** infolge von Mehrarbeit sind im konkret darzulegenden und zu beweisenden Umfang vorweg von anzurechnendem Mehrarbeitsverdienst abzuziehen. Hierzu gehören insbesondere die anfallenden Steuern. Findet das Einkommen aus Mehrarbeit nur teilweise Anrechnung, können nur die auf diesen Einkommensteil entfallenden Steuern berücksichtigt werden.

830   **bb) Nebentätigkeit. Einkünfte aus einer Nebentätigkeit sind grundsätzlich nach den zu Mehrarbeit und Überstunden aufgestellten Regeln anzurechnen.** Ergänzend gilt Folgendes:

831   Als **Nebenprodukt einer Haupttätigkeit** ist Nebenarbeit, weil ein wesentlicher Teil der Ergebnisse der Nebenarbeit entweder im Hauptberuf erarbeitet wird (zB Patente

---

[2889] BGH FamRZ 2005, 1154 = NJW 2005, 2145; BGH NJW-RR 2005, 945 für den Unterhaltsberechtigten.

[2890] BGH FamRZ 2013, 191 mAnm *Born* FamRZ 2013, 194 = NJW 2013, 461, Tz. 17.

[2891] BGH FamRZ 1980, 984 = NJW 1980, 2251; 1982, 779 (780) = NJW 1982, 2502; FamRZ 2004, 186 (187) = MDR 2004, 279; KG FamRZ 2010, 1447f; OLG Frankfurt/M. FamRZ 2011, 1957 f.

[2892] BGH FamRZ 1980, 984 = NJW 1980, 2251.

[2893] BGH FamRZ 2004, 186 (187) = MDR 2004, 279; OLG Köln FamRZ 1984, 1108.

[2894] OLG Düsseldorf FamRZ 1984, 1092.

[2895] OLG Düsseldorf DAVorm 1982, 285 (287).

[2896] OLG Schleswig SchlHA 1980, 44 = DAVorm 1980, 245.

[2897] BGH FamRZ 1983, 886 = NJW 1983, 2321; OLG Köln FamRZ 1984, 1108: hier berufstypisch 25 % Regelarbeitszeit.

[2898] BGH FamRZ 1981, 26 (28) = NJW 1981, 170.

[2899] BGH FamRZ 1982, 779 (780) = NJW 1982, 2502 (mtl. 60–70 Überst.!).

[2900] OLG Düsseldorf FamRZ 1981, 772 (774) (tägl. 12 Stunden = nicht mehr üblich).

[2901] KG FamRZ 2010, 1447 f.

[2902] OLG Frankfurt/M. FamRZ 2011, 1957 f.

[2903] So noch OLG Hamburg FamRZ 1986, 1212 (1213).

[2904] OLG Köln FamRZ 1984, 1108.

[2905] BGH NJW-RR 1992, 1282 – hälftige Anrechnung „revisionsrechtlich" nicht zu beanstanden.

auf im Hauptberuf erarbeitete Entwicklungen) oder nebenberuflich wegen der Hauptarbeit mit geringerer Mühe hergestellt wird (Kommentatortätigkeit eines Ministerialbeamten), teilweise anrechenbar, wobei die Quote den Umständen des Einzelfalls anzupassen ist.[2906]

Folgt die Nebenarbeit notwendig aus dem Hauptberuf, ist sie Teil des Berufsbildes, liegt eine volle Anrechnung der Nebenbezüge nahe. Dies gilt für Nebeneinkünfte von Hochschullehrern aus einer Tätigkeit als Prüfer oder Gutachter[2907] oder auch für Einnahmen des Krankenhausarztes aus Gutachten oder Arztberichten. Denn die Gutachtertätigkeit folgt nicht rechtsverbindlich, aber faktisch selbstverständlich aus dem Hauptberuf. Zu den in vollem Umfange anrechenbaren Einkünften eines Oberarztes an einem Universitätsklinik um gehören daher auch Honorare aus Vorträgen oder Publikationen – da für das Berufsziel Habilitation erforderlich –, aus einem Patent für einen Katheder sowie aus Gutachten und Arztberichten.[2908] Anders zu beurteilen sind dagegen Nebenarbeiten, die nur **anlässlich** des Hauptberufes anfallen wie freie Forschungs- oder Gutachteraufträge.

Ist die **Nebentätigkeit faktisch Hauptberuf,** wird es nahe liegen, den Verdienst der „Nebentätigkeit" voll als unterhaltspflichtiges Einkommen zu behandeln.[2909] **832**

Im Allgemeinen jedoch wird zu beachten sein, dass Nebenarbeit für den Verpflichteten oft mit höherem subjektivem Einsatz verbunden ist als die Ableistung von Überstunden. Daraus folgt eine größere Zurückhaltung bei der unterhaltsrechtlichen Einbeziehung von Nebenverdienst. Sie hat zu unterbleiben, wenn der Pflichtige bereits vollschichtig erwerbstätig ist und mehr als der Mindestbedarf der Berechtigten gedeckt ist.[2910] **833**

Einkünfte aus der Nebentätigkeit eines Hausmanns/einer Hausfrau sind für den Unterhalt der Berechtigten einzusetzen, wenn der Bedarf des Pflichtigen anderweitig gedeckt ist s. → Rn. 750 ff., Hausmannrechtsprechung. Dies gilt auch im Rahmen des Elternunterhalts.[2911] **834**

cc) Arbeit im Ruhestand. Nach Erreichen des regulären[2912]**Ruhestandsalters** besteht unterhaltsrechtlich grundsätzlich keine Erwerbsobliegenheit mehr,[2913] so dass gleichwohl erzieltes Einkommen solches aus einer überobligatorischen Tätigkeit ist. Die Anrechenbarkeit beurteilt sich nach den Grundsätzen der Billigkeit. Bedeutsam können dabei sein zB das Vorliegen eines Mangelfalles, die mit der Erwerbstätigkeit zunehmende körperliche und geistige Belastung, die gemeinsameLebensplanung der Eheleute oder ihre wirtschaftlichen Verhältnisse..[2914] Zu berücksichtigen sind alle Umstände des Einzelfalles. **835**

[2906] OLG München FamRZ 1982, 801 (802): Kommentatortätigkeit, Anrechnung 1/3 bei einem Monatsdurchschnitt zusätzlichen Nebeneinkommens von 4000 EUR.

[2907] OLG Zweibrücken FamRZ 2001, 103 – LS – = NJWE-FER 2001, 4 f.

[2908] OLG Köln FamRZ 1999, 113 (114).

[2909] BGH FamRZ 1983, 153 = NJW 1982, 1986: Schwerpunkt Tätigkeit als Komponist, Lehrtätigkeit an Hochschule nur zur verlässlichen materiellen Absicherung; volle Anrechnung Einkommen als Komponist. Prakt. Fall: Künstler erzielt durch „Hauptarbeit" jährlich 7670 EUR, durch „Nebenarbeit" in der Karnevalssaison 30 700 EUR = voll anrechenbar.

[2910] OLG Hamm FamRZ 1999, 43; OLG Koblenz FPR 2002, 66 (67).

[2911] BGH FamRZ 2004, 795, 797.

[2912] §§ 35, 235 SGB VI.

[2913] BGH FamRZ 2011, 454 (455) = NJW 2011, 670 (671 f.) = MDR 2011, 299f; FamRZ 2013, 191 mAnm *Born* FamRZ 2014, 194 = NJW 2013, 461, Tz. 15 und 16; OLG Karlsruhe FamRZ 2011, 1302; → Rn. 749.

[2914] BGH FamRZ 2011, 454 (455) = NJW 2011, 670 (671 f.) = MDR 2011, 299f; FamRZ 2013, 191 mAnm *Born* FamRZ 2013, 194 = NJW 2013, 461, Tz. 15 und 16; OLG Brandenburg FamFR 2013, 80 *(Schmitz);* OLG Karlsruhe FamRZ 2011, 1302.

f) Entgelt für arbeitsbedingte Aufwendungen

836 **aa) Spesen. Spesen** sind Zuwendungen, die der Arbeitnehmer vom Arbeitgeber zur Deckung arbeitsbedingten Mehraufwandes erhält. Sie sind unterhaltspflichtiges Einkommen, soweit sie nicht durch die tatsächlichen Aufwendungen unter Berücksichtigung der häuslichen Ersparnis aufgezehrt werden.[2915] Eine **konkrete Berechnung** von Aufwand und – insbesondere – häuslicher Ersparnis wird im Regelfall nicht verbindlich erfolgen können. Die oberlandesgerichtlichen Leitlinien lassen daher zu Recht eine pauschale Betrachtung zu und sehen 1/3 der gezahlten Spesen als unterhaltsrechtliches Einkommen an.[2916] Der Nachweis höherer Aufwendungen oder höherer Ersparnis ist zulässig.

837 **Fahrtspesen – Kilometergeld –** werden in der Regel problematisch nur bei der Abrechnung von Fahrten mit dem eigenen Wagen des Unterhaltspflichtigen. Kilometergeld (Fahrgelderstattung), das der Arbeitgeber zahlt, ist, soweit konkreter Aufwandersatz, nicht dem unterhaltspflichtigen Einkommen zuzurechnen,[2917] es sei denn, der Spesensatz übersteige offensichtlich den tatsächlichen Aufwand. Dieser kann anhand der in den oberlandesgerichtlichen Leitlinien enthaltenen Pauschalbeträge ermittelt werden.[2918] Übersteigt die Leistung des Arbeitgebers diesen Pauschbetrag, ist sie unterhaltsrechtliches Einkommen, wenn nicht im Einzelfall ein höherer Aufwand konkret dargelegt wird.

838 **Weitere Spesenarten:** Essensspesen,[2919] Fliegerzulage für fliegendes Personal,[2920] Kleidergeld[2921] (ihm gleichzustellen ist die tatsächliche Bereitstellung von Berufskleidung), Übernachtungsspesen, bei denen freilich die häusliche Ersparnis schwerlich sehr zu Buche schlagen kann, da sie messbar allenfalls in der Nichtbenutzung von Wäsche, der Ersparnis von Reinigungskosten und Energie bestehen dürfte.

839 **bb) Trennungsentschädigung, Auslösung, Montageprämie. Trennungsentschädigung, Auslösung, Montageprämie** sind Mehraufwendungsersatz aus Anlass auswärtigen Arbeitseinsatzes. Sie sind anrechenbares Einkommen, soweit sie den realen Mehraufwand übersteigen.[2922]

840 **cc) Sitzungsgeld, Aufwandsentschädigung ehrenamtlich Tätiger.** Die **Aufwandsentschädigung (Kostenpauschale)** eines Bundestagsabgeordneten,[2923] Landtagsabgeordneten (Bayern),[2924] Bürgermeisters oder Kreisrates (Bayern),[2925] als Ratsmitglied einer Gemeinde,[2926] das Sitzungsgeld für ein Mitglied einer kommunalen Bezirksvertre-

---

[2915] OLG Frankfurt FamRZ 1994, 1031 (1032).

[2916] Nr. 1.4 der Leitlinien sämtlicher Oberlandesgerichte außer OLG Köln Leitlinien 1.4 und FamRZ 2003, 602: keine Pauschalierung, Mehrkosten sind konkret darzutun; aA auch AG Diepholz FamRZ 2002, 1710: Einkommen nur 10 %.

[2917] → Rn. 982–987.

[2918] → Rn. 985.

[2919] KG FamRZ 1978, 937. Eine pauschale 50 %-Anrechnung ist nicht ohne weiteres zulässig.

[2920] BGH FamRZ 1994, 21 ff.: Kampffliegeraufwandsentschädigung = Einkommen; OLG Hamm FamRZ 1991, 576: Fliegerzulage und Fliegeraufwandsentschädigung sind Einkommen, soweit tatsächlicher beruflicher Mehraufwand nicht nachgewiesen.

[2921] OLG Köln FamRZ 1979, 135 rechnet es voll dem Einkommen zu, was gerechtfertigt ist, wenn kein beruflicher Mehraufwand an Kleidung festzustellen ist (vgl. auch BGH FamRZ 1982, 579 u. DAVorm 1982, 771 [773]: „Kleidung").

[2922] BGH FamRZ 1982, 887 = NJW 1982, 1983; OLG Schleswig DAVorm 1980, 557 urteilt wohl zu pauschal; ebenso: OLG Saarbrücken VersR 1977, 727 (728).

[2923] OLG Stuttgart NJW-RR 1994, 133 (134) = FamRZ 1994, 1251.

[2924] BGH FamRZ 1986, 780 = NJW-RR 1986, 1002; ferner: OLG Bamberg FamRZ 1986, 1144.

[2925] OLG Bamberg FamRZ 1999, 1082.

[2926] OLG Hamm FamRZ 1980, 997: keine Anrechnung, da zu Deckung Aufwendungen bestimmt und tatsächlich nötig.

tung,[2927] das Schöffengeld, das ein Schöffe für seine ehrenamtliche Richtertätigkeit erhält[2928] sowie ähnliche pauschale Entschädigungen (konkreter Aufwendungsersatz etwa für nachgewiesene Fahrtkosten scheidet von vornherein als Einkommen aus) sind nach dem Grundsatz, dass alle Einkünfte zur Unterhaltsbemessung heranzuziehen sind, unterhaltspflichtiges Einkommen, soweit sie nicht durch konkreten Aufwand aufgezehrt werden. Ein großzügiges Verfahren kann jedoch mit Rücksicht auf die Besonderheiten eines politischen Mandats angebracht sein – §§ 113 Abs. 1 FamFG, 287 Abs. 1 ZPO.[2929]

g) Gerichtsvollzieherbezüge

Gerichtsvollziehereinkommen ist in all seinen Bestandteilen unterhaltspflichtiges Einkommen, also mit den Dienstbezügen als Landesbediensteter und den Gebühren, die er abhängig von Art und Umfang seiner Tätigkeit teilweise als Vergütung einbehalten und teilweise zur Abgeltung eines Teils der Bürokosten (Entschädigung) verwenden darf, zu deren Deckung im Übrigen die vom Gerichtsvollzieher erhobene Dokumentenpauschale dient.[2930] Kein Einzelposten dieser Aufzählung ist pauschal vom unterhaltspflichtigen Einkommen abzuziehen, vielmehr ist der konkrete Berufsaufwand im Einzelnen darzulegen und zu belegen.[2931] **841**

h) Einkommen Inhaftierter

Strafgefangene, die sich im offenen Vollzug befinden (§ 10 StVollzugsG), erzielen in der Regel Einkünfte, die nach allgemeinen Grundsätzen für Unterhaltszwecke zur Verfügung stehen. **842**

Ist der Gefangene im geschlossenen Vollzug untergebracht, kann er einer normalen Beschäftigung nicht nachgehen. Verfügt er nicht über Vermögen oder kann er nicht ein ihm gehörendes Erwerbsgeschäft trotz der Inhaftierung weiterführen, kommt als unterhaltspflichtiges Einkommen nur dasjenige in Betracht, das der Gefangene in der Strafhaft erarbeitet.[2932]

. Das in der Haft erzielbare Einkommen setzt sich zusammen aus „Hausgeld", „Eigengeld" und „Überbrückungsgeld".

Das Hausgeld nach § 47 Abs. 1 StrafvollzugsG beträgt 3/7 des Arbeitsentgelts. Der Gefangene kann es zum Einkauf persönlicher Dinge wie Nahrungs- und Genussmittel, Körperpflegemittel oder Postwertzeichen verwenden. Es übersteigt nicht den Mindestbedarf für notwendige Ausgaben des täglichen Lebens. Es ist unpfändbar und steht, wenn andere Mittel nicht vorhanden sind, für Unterhaltszwecke nicht zur Verfügung.[2933] Etwas anderes kann gelten, wenn diese notwendigen Bedürfnisse durch einen dem Gefangenen zum Unterhalt verpflichteten Dritten, der in Freiheit lebt, gedeckt werden können und müssen. Das Hausgeld soll dann uneingeschränkt zur Befriedigung von Unterhaltsansprü- **843**

[2927] BGH FamRZ 1983, 670 (672): Zweckbestimmung hindert Behandlung als Einkommen nicht. Entscheidend, dass mehr Geld für Familieneinkommen z. Vfg. steht, also konkreten Mehrbedarf ermitteln. Fall: Sitzungsgeld v. mtl. 66 EUR in Höhe von ca. 13 EUR als unterhaltspflichtiges Einkommen herangezogen, von BGH gebilligt; OLG Bamberg FamRZ 1986, 1144.

[2928] BGH FamRZ 1983, 670 (673): von den bescheiden bemessenen Pauschbeträgen werden (so BGH) im Ergebnis keine Überschüsse von Gewicht zustande kommen.

[2929] Vgl. BGH FamRZ 1981, 338 (440); FamRZ 1986, 780; OLG Bamberg FamRZ 1986, 1144; FamRZ 1999, 1082: Aufwandsentschädigung für Bürgermeister und Kreisräte: Einkommen zu 1/3.

[2930] Siehe im Einzelnen: OLG Köln FamRZ 1987, 1257.

[2931] OLG Köln FamRZ 1987, 1257.

[2932] BGH FamRZ 2015, 1473 = NJW 2015, 2493, Tz. 11.

[2933] BGH FamRZ 1982, 913 = NJW 1982, 2491; FamRZ 1982, 792 (793) = NJW 1982, 1812 (nur für normale Unterhaltpflicht); FamRZ 2015, 1473 = NJW 2015, 2493, Tz. 14; OLG Hamm FamRZ 2011, 732; OLG Naumburg FamRZ 2010, 572, 574; OLG München FamRZ 2010, 127; OLG Zweibrücken FamRZ 1990, 553 (554).

chen gegen den Inhaftierten herangezogen werden können.[2934] Für Unterhaltszwecke zu verwenden ist auch der Teil des Hausgelds, der ausnahmsweise nicht für persönliche Bedürfnisse benötigt wird,[2935] was allerdings im Regelfall nicht vorkommen dürfte.

844   Das **Überbrückungsgeld** (weitere 4/7 der Arbeitseinkünfte des Gefangenen) dient zur Unterhaltung des Gefangenen und seiner Familie in den ersten Wochen nach der Entlassung aus Haft (§ 51 Abs. 1 StVollzG). Verfügen kann der Gefangene über dieses Geld erst nach der Entlassung, so dass es für laufenden, während der Haft verlangten Unterhalt nicht verfügbar ist.[2936] Für Unterhalt nach Entlassung ist es allgemeines unterhaltspflichtiges Einkommen in dem Monat, in den der Zeitpunkt der Haftentlassung fällt und das Überbrückungsgeld an ihn ausgezahlt wird.[2937] Der nicht zur Bildung des Überbrückungsgeldes verwendete Teil des Arbeitseinkommens, das sog. **Eigengeld**, § 52 StrafvollzugsG, ist in vollem Umfange pfändbar und in der Regel **uneingeschränkt für Unterhaltszwecke zu verwenden**.[2938] Der notwendige Selbstbehalt des Gefangenen in durch das Hausgeld gewahrt. Dieser bemisst sich nämlich nicht nach den Selbstbehaltssätzen der Düsseldorfer Tabelle. Der Gefangene erhält in der Haft kostenfrei Wohnen, Verpflegung, Bekleidung und Gesundheitsfürsorge. Er hat allerdings einen Anspruch auf einen Barbetrag zur Befriedigung der Bedürfnisse, die über die Versorgung in der Justizvollzugsanstalt hinausgehen. Hierzu dienen das **Taschengeld** nach § 46 StVollzugsG, das an den nicht arbeitenden Gefangenen gezahlt wird. Der unterhaltsrechtliche Eigenbedarf des arbeitenden Strafgefangenen wird durch das **Hausgeld** gedeckt. Ist dieses höher als das Taschengeld wäre, steht es dem Gefangenen als Arbeitsanreiz zur Verfügung. Ist es geringer, ist ihm ausnahmsweise ein Teil des Eigengeldes bis zur Höhe des Taschengeldes zu belassen.[2939]
Zur **Frage des fiktiven Einkommens während der Haft** → Rn. 763, 764.

845   **Einkünfte aus der Tätigkeit in einer Behindertenwerkstatt** werden häufig als überobligatorisch angesehen, weil sie gering sind und allenfalls zur teilweisen Deckung des Taschengeldes herangezogen werden können. Sind sie höher, können sie für Unterhaltszwecke eingesetzt werden.[2940]

i) Einkommen aus Haushaltsversorgung

846   **Die mit diesem tatsächlichen oder fiktiven Einkommen verbundene Problematik** wird in der Praxis idR. aufseiten des Unterhaltsberechtigten akut, so dass hier, da für den Verpflichteten nichts anderes gelten kann als für den Berechtigten, auf die Ausführungen der → Rn. 563–572 verwiesen werden kann. Wegen der Versorgung und Wohnraumgewährung für volljährige verdienende Kinder, → Rn. 767.

3. Sonstiges Einkommen

a) Private Einkünfte

847   **aa) Einkommen aus Vermögen. Erträge aller Art aus Vermögen jeder Art** müssen grundsätzlich dem unterhaltspflichtigen Einkommen hinzugerechnet werden,[2941] zB Zin-

---

[2934] Siehe OLG Zweibrücken FamRZ 1990, 553 (554) in Anwendung der so genannten „Hausmannrechtsprechung", → Rn. 750 ff.

[2935] OLG München FamRZ 2010, 127.

[2936] BGH FamRZ 2015, 1473 = NJW 2015, 2493, Tz. 16; OLG Hamm FamRZ 2011, 732.

[2937] Vgl. BGH FamRZ 1982, 792 (794) = NJW 1982, 1812; FamRZ 1982, 913 = NJW 1982, 2491; FamRZ 2015, 1473 = NJW 2015, 2493, Tz. 16f OLG München DAVorm 1984, 77 (78).

[2938] BGH FamRZ 2015, 1473 = NJW 2015, 2493, Tz. 17.

[2939] BGH FamRZ 2015, 1473 = NJW 2015, 2493, Tz. 29 und 30.

[2940] OLG Düsseldorf FamRZ 2014, 1471f = NJW-RR 2014, 961 f.

[2941] Vgl. BGH FamRZ 1985, 354 (355): Zins aus Verkaufserlös früheren ehelichen Anwesens; OLG Koblenz FamRZ 2000, 610 f.

sen, auch aus einer kapitalisierten Schmerzensgeldrente,[2942] Dividenden, Miete, Pacht usw. Einkommensbestandteil sind auch **Spekulationsgewinne,** die der professionelle Spekulant an der Börse erzielt, wenn sie der Steuerpflicht unterliegen und damit als nachhaltig erzielbar zu betrachten sind.[2943] Anrechenbar sind natürlich nur die Nettobeträge, das sind die Bruttoerträge abzüglich der Steuern, gesetzlicher Abgaben und notwendiger Aufwendungen (zB Depotgebühren).[2944]

Ein **Abzug inflationsbedingten Wertverlustes ist unzulässig.**[2945]

Der **Verpflichtete ist gehalten, sein Vermögen ertragsgünstig anzulegen.**[2946] Das **848** bedeutet nicht, dass bei der Unterhaltsbemessung die günstigste Anlage zugrunde zu legen ist. Dem Vermögensinhaber bleibt vielmehr ein Anlagespielraum. Von vergleichbar sicheren Anlagen darf im Zweifel nicht die ertragsungünstigere gewählt werden. Eine niedrigverzinsliche, jederzeit verfügbare Anlage ist mithin nur in Höhe eines „Notgroschens" von je nach ehelichen Lebensverhältnissen 5000 EUR bis 10 000 EUR[2947] zulässig. Die evtl. Notwendigkeit höherer ertragsungünstiger, jederzeit verfügbarer Rücklagen muss der Unterhaltsschuldner konkret darlegen und beweisen. Bei Einkommensschwankungen ist ein längerer Zeitraum (in der Regel von drei Jahren) zugrunde zu legen und die mit Sicherheit voraussehbare künftige Entwicklung in Betracht zu ziehen.[2948]

Vermögenserträge, die ihrerseits zur Vermögensanlage genutzt werden, können **849** fiktiv als laufend verfügbares Einkommen behandelt werden, wenn die Parteien unangemessen sparsam gelebt haben[2949] → Rn. 777.

Den **Stamm seines Vermögens** muss der Unterhaltspflichtige, wenn sonstige Mittel **850** nicht vorhanden sind, zur Deckung des Bedarfs der Berechtigten einsetzen.[2950] Eine allgemeine gesetzliche Regelung für den Pflichtigen fehlt. Nur für den nachehelichen Unterhalt ist in § 1581 S. 2 BGB bestimmt, dass der Vermögensstamm nicht verwertet zu werden braucht, „soweit die Verwertung unwirtschaftlich oder unter Berücksichtigung der beiderseitigen Verhältnisse unbillig wäre". Diese Billigkeitsregelung, die sich in § 1577 Abs. 3 BGB für den nachehelich Unterhaltsberechtigten findet, gilt für sämtliche Unterhaltsrechtsverhältnisse. Ihre Ausgestaltung und damit das Ausmaß der Obliegenheit zur Verwertung des Vermögensstammes hängen von der Intensität der Unterhaltsverpflichtung ab:

Für **den Familienunterhalt** ist das Vermögen einzusetzen, wenn seine Verwertung **851** nicht unter Berücksichtigung der beiderseitigen wirtschaftlichen Verhältnisse unbillig ist.[2951] **Während der Trennung** ist zu beachten, dass die Ehe noch nicht aufgelöst und eine Wiederherstellung der ehelichen Lebensgemeinschaft noch möglich und sogar fördernswert ist;[2952] auch tragen die Ehegatten während bestehender Ehe größere Verant-

---

[2942] OLG Karlsruhe, FamRZ 2002, 750.

[2943] OLG Stuttgart FamRZ 2002, 635.

[2944] Wegen der übrigen abzugsfähigen Lasten, insbesondere bei Einkommen aus Vermietung und Verpachtung von Immobilien → Rn. 1006 ff.; zur Leistungsfähigkeit einer früher in Gütergemeinschaft lebenden geschiedenen Ehegatten vgl. ausführlich: OLG Karlsruhe FamRZ 1996, 1414.

[2945] BGH NJW-RR 1986, 682.

[2946] BGH FamRZ 2013, 278 = NJW 2013, 530, Tz. 20 f.; OLG Bamberg FamRZ 1992, 1305 (1306); OLG Hamm OLGR 2003, 224; FamRZ 2012, 345 *(Ebert);* OLG Koblenz FamRZ 1990, 51.

[2947] BGH MDR 1985, 473 (474): Unt. Berecht.; NJW-RR 1986, 683 (684); OLG Düsseldorf FamRZ 1985, 392; OLG Hamm FamRZ 1999, 917 (918): 125.000 DM dürfen teils kurz-, teils mittelfristig angelegt werden.

[2948] BGH NJW 1984, 303 (304).

[2949] BGH FamRZ 2007, 1532 (1535) mAnm *Maurer* FamRZ 2007, 1538 f.; FamRZ 2012, 345 *(Ebert);*

[2950] BGH FamRZ 2013, 203 mAnm *Hauß* FamRZ 2013, 206 = NJW 2013, 301 Tz. 33 f.

[2951] OLG Nürnberg NJW-Spezial 2008, 102.

[2952] BGH FamRZ 1985, 360; 1986, 556 (557) = NJW-RR 1986, 685 = DAVorm 1986, 657.

wortung füreinander als nach Auflösung der Ehe.[2953] Daraus folgt, dass während noch bestehender Ehe im Interesse deren Aufrechterhaltung die Eheleute, also auch der Unterhaltsverpflichtete, möglichst nicht zu Änderungen ihrer in intakter Ehe begründeten ehelichen Lebensverhältnisse gedrängt werden dürfen, die sich zerrüttungsfördernd auswirken oder sonst die Aussichten für eine Wiederaufnahme der Lebensgemeinschaft beeinträchtigen könnten.[2954] Eine Veräußerung des Familienheims[2955] ist mithin grundsätzlich ebenso wenig zumutbar wie die Verwertung von Vermögen, das die Berufsgrundlage des Verpflichteten bildet, zB eines landwirtschaftlichen Anwesens oder eines Betriebes, auch wenn sie keinen zur Unterhaltsgewährung ausreichenden Ertrag abwerfen.[2956] Die Vernichtung der Grundlage der eheüblichen Existenz ist während der Trennung also grundsätzlich nicht zumutbar. Alle für oder gegen eine Vermögensverwertung relevanten Umstände sind zu berücksichtigen und abzuwägen.[2957] Dazu gehören insbesondere die tatsächliche Übung während intakter Ehe (Inanspruchnahme oder Nichtinanspruchnahme des Vermögens zur Bedarfsdeckung), die Einkommensverhältnisse des Verpflichteten, seine Vermögenssituation, die Dauer der Ehe und Trennung, wobei eine kurze Trennung eher eine Wiederherstellung der ehelichen Lebensgemeinschaft erwarten lässt, so dass mit zunehmender Dauer der Trennung die Obliegenheit zur Verwertung von Vermögenssubstanz stärker wird.[2958]

Wird der Vermögensstamm für Unterhaltszwecke herangezogen, ist bis zur Zustellung des Scheidungsantrages das sog **Verbot der Doppelverwertung** zu berücksichtigen: ist bereits aus dem Stamm des Vermögens[2959] Unterhalt geleistet worden, steht der entsprechende Betrag im Zugewinnausgleich nicht mehr zur Verfügung.[2960]

852   Eine **Vermögensverwertung nach Auflösung der Ehe** ist unter Beachtung der Grundsätze des § 1581 S. 2 BGB eher zumutbar als während der Trennung, weil mit dem Ende der Ehe auch der gegenseitige Pflichtenkreis sich auf nur nachwirkende Ehepflichten reduziert hat und die Förderung einer Wiederherstellung der ehelichen Lebensgemeinschaft durch Erhaltung ihrer wirtschaftlichen Grundlagen ausscheidet.[2961]

So steht nachehelich einer Obliegenheit zur Vermögensverwertung nicht schon ein damit verbundener Verlust der beruflichen Existenzgrundlage schlechthin entgegen.[2962]

853   Beim **Verwandtenunterhalt ist eine Verwertung des Vermögensstammes** grundsätzlich geboten, wenn sonstige Mittel zum Unterhalt nicht ausreichen, denn eine allgemeine Billigkeitsgrenze wie in § 1581 S. 2 (§ 1577 Abs. 3) BGB sieht das Gesetz hier – § 1603 Abs. 1 BGB – nicht vor. Nach § 1603 Abs. 1 BGB entfällt die Unterhaltspflicht erst, wenn der Verpflichtete bei Berücksichtigung sonstiger Verpflichtungen außerstande ist, ohne Gefährdung des eigenen angemessenen Bedarfs den Unterhalt zu gewähren. Wer

---

[2953] BGH FamRZ 1986, 556 (557); FamRZ 2005, 97 (99); FamRZ 2012, 345 *(Ebert)*.

[2954] BGH FamRZ 1986, 556 (557).

[2955] OLG Koblenz FamRZ 1991, 1187; OLG Frankfurt FamRZ 1990, 823: nach der Scheidung ist an der Veräußerung des Familienheims mitzuwirken.

[2956] BGH FamRZ 1986, 556 (557); FamRZ 2005, 97 (99); OLG Bamberg FamRZ 1987, 169 (170); OLG Düsseldorf FamRZ 1987, 833 (834); OLG Hamm FamRZ 1994, 895 (896); **anders:** OLG Düsseldorf FamRZ 1987, 281 (282).

[2957] BGH FamRZ 1985, 360.

[2958] BGH FamRZ 1986, 556 (557): OLG Hamm FamFR 2012, 345 *(Ebert)*.

[2959] Nicht aus den Erträgen: BGH FamRZ 2011, 622 (625) mAnm *Koch* FamRZ 2011, 627 und Anm. *Borth* FamRZ 2011, 705 = NJW 2011, 999 (1001) = MDR 2011, 490 (491).

[2960] BGH FamRZ 2008, 761 (762) mAnm *Hoppenz* FamRZ 2008, 765 f. = NJW 2008, 1221 = MDR 2008, 508; FamRZ 2011, 622 (625) mAnm *Koch* FamRZ 2011, 627 und Anm. *Borth* FamRZ 2011, 705 = NJW 2011, 999 (1001) = MDR 2011, 490.(491); *Balzer/Gutdeutsch,* Die Berücksichtigung doppelvalenter Vermögenspositionen bei der Berechnung des Zugewinnausgleichs und des Unterhalts, FamRZ 2010, 341 (346).

[2961] OLG Frankfurt NJW-RR 1993, 7.

[2962] BGH FamRZ 1986, 556 (557) = NJW-RR 1986, 685 = DAVorm 1986, 657.

jedoch über Vermögen verfügt, ist zur Unterhaltsgewährung noch nicht außerstande.[2963]

Die Verpflichtung zum Einsatz des Vermögensstammes besteht gegenüber volljährigen Kindern und insbesondere gegenüber Minderjährigen (und den ihnen gleichgestellten privilegierten Volljährigen, § 1603 Abs. 2 S. 2 BGB), für deren Unterhalt „alle verfügbaren Mittel" eingesetzt werden müssen.[2964] Sie entfällt, wenn sie für den Schuldner mit einem wirtschaftlich nicht zumutbaren Nachteil verbunden, also unwirtschaftlich wäre.[2965] Darüber hinaus hat eine Verwertung zu unterbleiben, wenn sie dem Unterhaltsschuldner fortlaufende Einkünfte nimmt, die er zur Erfüllung anderer berücksichtigungswürdiger Verbindlichkeiten oder für seinen eigenen Unterhalt benötigt.[2966] Letzterer muss unter Berücksichtigung der voraussichtlichen Lebensdauer des Pflichtigen und unter Einbeziehung künftiger Erwerbsmöglichkeiten bis an sein Lebensende gesichert sein.[2967] Aus diesem Grunde kann die Veräußerung des Familienheims in der Regel nicht verlangt werden, da durch dieses der Wohnbedarf gedeckt und Miete erspart wird.[2968] Verfügt der Schuldner über liquides Vermögen (zB: aus der Veräußerung einer Immobilie) hat er –soweit möglich- Rücklagen zu bilden, um künftig jedenfalls des Mindestkindesunterhalt zu leisten.[2969]

Elternunterhalt. Diese allgemeinen Grundsätze gelten auch, wenn der Pflichtige seinen **Eltern** Unterhalt zu leisten hat.[2970] Allerdings ist die Unterhaltsverpflichtung gegenüber Eltern und Großeltern von minderer Qualität, da sie nicht nur den Kindern, sondern auch dem geschiedenen Ehegatten, für dessen Unterhalt der Vermögensstamm nur im Rahmen der Billigkeit anzugreifen ist (§ 1581 S. 2 BGB), im Range nachgeht (§ 1609 BGB). Dementsprechend hat die ältere Rechtsprechung dem unterhaltpflichtigen Kind die Bildung von Rücklagen für Notsituationen wie den Kauf eines neuen Autos oder Reparaturmaßnahmen am Eigenheim zugestanden und Beträge von 10.000 EUR,[2971] 29.900 EUR,[2972] oder sogar zwischen 75.000 EUR[2973] 100.000 EUR[2974] als Schonver-

854 (margin)

[2963] BGH FamRZ 2006, 1511 = NJW 2006, 3344, Tz. 26; FamRZ 2013, 203 = NJW 2013, 301, Tz. 33; FamRZ 2013, 1554 mAnm *Hauß* FamRZ 2013, 1557 = NJW 2013, 3024, Tz. 24; FamRZ 2015, 1172 = NJW 2015, 1877 mAnm *Born* NJW 2015, 1880, Tz. 23 f.

[2964] ZB das durch die Veräußerung einer Immobilie erzielte Kapitalvermögen: OLG Brandenburg FamRZ 2013, 1139f; OLG Frankfurt/M. NJW 2015, 3105, Tz. 16.

[2965] BGH FamRZ 1986, 48 (50) = NJW-RR 1986, 66; FamRZ 1988, 604 = NJW 1988, 2799; FamRZ 2001, 21 (22); FamRZ 2004, 1184 (1185 f.); NJW 2006, 3344 (3346) = FamRZ 2006, 1511 (1513); FamRZ 2013, 203 mAnm *Hauß* FamRZ 2013, 206 = NJW 2013, 301 Tz. 33 f.; OLG Köln, FamRZ 2003, 411.

[2966] BGH FamRZ 1986, 48 (50) = NJW-RR 1986, 66; BGH FamRZ 2004, 1184 f.; FamRZ 2006, 1511 = NJW 2006, 3344, Tz. 26; FamRZ 2013,203 = NJW 2013, 301, Tz. 34; FamRZ 2013, 1554 mAnm *Hauß* FamRZ 2013, 1557 = NJW 2013, 3024, Tz. 25; FamRZ 2015, 1172 = NJW 2015, 1877 mAnm *Born* NJW 2015, 1880, Tz. 24.

[2967] BGH NJW 1989, 524 = FamRZ 1989, 170 = DAVorm 1989, 283 (Fall: 50 % Schadensersatz an Querschnittsgelähmten 76.694 EUR = einziges Einkommen); BGH FamRZ 2004, 1184 f.; NJW 2006, 3344 (3346) = FamRZ 2006, 1511 (1513); OLG Bamberg FamRZ 1999, 1019; KG FamRZ 2003, 1864 (1865), wobei das Vermögen auch zur Sicherung des Bedarfs der unterhaltsberechtigten schwerbehinderten Tochter diente; OLG Karlsruhe NJWE-FER 1999, 33.

[2968] BGH FamRZ 1986, 48 (50) = NJW-RR 1986, 66: auch Veräußerung des Ferienhauses nur dann, wenn es nicht den Wohnbedarf deckt; FamRZ 2001, 21 (23); NJW 2006, 3344 (3346) = FamRZ 2006, 1511 (1513); OLG Celle FamRZ 2001, 1639.

[2969] OLG Frankfurt/M. NJW 2015, 3105, Tz. 16.

[2970] BGH FamRZ 2004, 1184 f.; NJW 2006, 3344 (3346) = FamRZ 2006, 1511 (1513).

[2971] AG Wetter FamRZ 1991, 852, AG Höxter FamRZ 1996, 752.

[2972] OLG Köln FamRZ 2003, 47 f. = NJW 2003, 595 (LS) = NJW-RR 2003, 1 ff. = MDR 2003, 31 f.

[2973] OLG Koblenz FamRZ 2000, 1176; 75.000 EUR: OLG Düsseldorf FamFR 2011, 47 *(Conradis)* = FamFB 2011, 103 f. *(Hauß);* FamRZ 2012, 1651 (1654): 70.000 EUR plus Grundvermögen; OLG Nürnberg FamFR 2012, 296 *(Doering-Striening):* 99.000 EUR.

[2974] LG Paderborn FamRZ 1996, 1497 (1498).

mögen angesehen. Der BGH ist dem teilweise gefolgt. Er steht auf dem Standpunkt, dass dem unterhaltspflichtigen Kind eine spürbare und dauerhafte Senkung seines berufs- und einkommenstypischen Unterhaltsniveaus nicht zuzumuten ist,[2975] und belässt ihm Vermögen, das dem eigenen angemessenen Unterhalt einschließlich der Altersvorsorge dient.[2976] Die Höhe des Schonvermögens ist dabei individuell aufgrund der Umstände des jeweiligen Einzelfalls zu ermitteln, wobei dem Pflichtigen zumindest der Schonbetrag nach §§ 12 Abs. 2 Nr. 4 SGB II, 90 Abs. 2 Nr. 9 SGB XII zu belassen ist.[2977] Als zum angemessenen Unterhalt gehörend sieht der BGH neben dem Familienheim[2978] einen für die Ersatzbeschaffung eines angemessenen PKW vorgesehenen Betrag[2979] und vor allem die der Altersversorgung dienenden Rücklagen – gleich in welcher Form sie erfolgen – an.[2980] Dabei ist das ab Beginn der Erwerbstätigkeit gebildete Altersvorsorgevermögen dem Zugriff der Unterhaltsgläubiger entzogen.[2981] Für die Berechnung des Altersvorsorgevermögens ist bei einem langandauernden Berufsleben eine Rendite von 4 % zu Grunde zulegen.[2982] Mit Beginn der Regelaltersgrenze kann das gebildete Vermögen für den Elternunterhalt eingesetzt werden. Es ist unter Berücksichtigung der statistischen Lebenserwartung in eine Monatsrente umzurechnen und unterhaltsrechtlich wie sonstiges Einkommen zu behandeln.[2983] Kein Altersvorsorge-(schon)-vermögen ist dem verheirateten unterhaltspflichtigen Kind zuzubilligen, das nicht erwerbstätig ist und dessen Altersvorsorge durch den erwerbstätigen Ehegatten sichergestellt wird.[2984]

855   **Art und Umfang der Verwertung des Vermögensstammes** hängen von den individuellen wirtschaftlichen Umständen des Einzelfalls und dem Umfang der Zumutbarkeit ab. So muss ein Ferienhaus veräußert werden, das weder dem (laufenden) Wohnbedarf der Familie dient noch mit Erträgen (Vermietung) zum Unterhalt benötigt wird;[2985] Gleiches gilt für eine nicht genutzte Haushälfte[2986] oder für einen Gewerbebetrieb mit verhältnismäßig geringen Gewinnen, von dem die Existenz des Schuldners nicht abhängt.[2987] Eine Vermögensumschichtung kann geboten sein.[2988] Es kann aber nicht verlangt werden, Grundbesitz mit (üblich) niedriger Rendite zwecks höherverzinslicher Geldanlage zu verkaufen, da bei wirtschaftlicher Gesamtbetrachtung die niedrigere Grundbesitzrendite langfristig durch die größere Geldwertsicherung aufgewogen werden kann.[2989] Wird die im Miteigentum der Eheleute stehende Immobilie veräußert, so ist der Pflichtige nicht gehalten, den Erlös für Unterhaltszwecke einzusetzen, da der Unterhaltsberechtigten

[2975] BGH FamRZ 2002, 1698 (1699 f.); NJW 2006, 3344 (3346) = FamRZ 2006, 1511 (1513).
[2976] BGH NJW 2006, 3344 (3346) = FamRZ 2006, 1511 (1514).
[2977] BGH FamRZ 2013, 1554 mAnm *Hauß* FamRZ 2013, 1557 = NJW 2013, 3024, Tz. 35; FamRZ 2015, 1172 = NJW 2015,1877 mAnm *Born* NJW 2015, 1880, Tz. 29: für einen alleinstehenden kinderlosen Unterhaltsschuldner, dessen Einkommen unterhalb des Selbstbehaltes liegt, sollen 10.000 EUR angemessen sein.
[2978] BGH FamRZ 2001, 21 (23) = NJW 2000, 3488; FamRZ 2003, 1179 (1181) = NJW 2003, 2306.
[2979] BGH NJW 2006, 3344 (3346) = FamRZ 2006, 1511 (1514).
[2980] BGH NJW 2006, 3344 (3346) = FamRZ 2006, 1511 (1514).
[2981] BGH FamRZ 2013, 1554 mAnm *Hauß* FamRZ 2013, 1557 = NJW 2013, 3024, Tz. 29; FamRZ 2015, 1172 = NJW 2015, 1877 mAnm *Born* NJW 2015, 1880, Tz. 27.
[2982] BGH FamRZ 2013, 1554 mAnm *Hauß* FamRZ 2013, 1557 = NJW 2013, 3024, Tz. 30; FamRZ 2015, 1172 = NJW 2015, 1877 mAnm *Born* NJW 2015, 1880, Tz. 27.
[2983] BGH FamRZ 2013, 203 mAnm *Hauß* FamRZ 2013, 206 = NJW 2013, 301 Tz. 38; FamRZ 2015, 1172 = NJW 2015, 1877 mAnm *Born* NJW 2015, 1880, Tz. 28.
[2984] BGH FamRZ 2015, 1172 = NJW 2015, 1877 mAnm *Born* NJW 2015, 1880, Tz. 35.
[2985] BGH NJW-RR 1986, 66.
[2986] OLG Köln FamRZ 2010, 1345 (LS.).
[2987] OLG Karlsruhe FamRZ 2004, 292 (294).
[2988] BGH FamRZ 1986, 556 (557); NJW-RR 1986, 683 (685); OLG Karlsruhe NJWE-FER 1999, 33 (34).
[2989] BGH FamRZ 1986, 560 (561); OLG Karlsruhe FamRZ 2001, 47: jew. Unt. Berecht.

ebenfalls einen entsprechenden Erlös zur freien Verfügung erhalten hat.[2990] Dies ist Ergebnis der Surrogatrechtsprechung des BGH und gilt in gleicher Weise für die Erlöserträge, sofern sich die Anlage nicht als eindeutig unwirtschaftlich darstellt.[2991] Zur Obliegenheit, das Familienheim anlässlich von Trennung und Scheidung zu veräußern, → Rn. 858.

Ist die Veräußerung der Existenzgrundlage unzumutbar – → Rn. 851 f. –, so kann der Schuldner dennoch verpflichtet sein, einzelne Teile des Besitzes (einige Grundstücke oder Teile des Viehbestandes beispielsweise) zu veräußern[2992] oder zu beleihen.[2993] Voraussetzung ist allerdings auch hier die wirtschaftliche Zumutbarkeit.[2994] Ein Notgroschen, der auch über den sozialrechtlichen Grenzen der §§ 12 Abs. 2 Nr. 4 SGB II, 90 Abs. 2 Nr. 9 SGB XII liegen kann,[2995] wird im Einzelfall zu belassen sein, jedenfalls wenn der Mindestbetrag angemessen Unterhalts oder (je nach Berechtigtem) der notwendige Unterhalt gesichert ist. Die Veräußerung ertragslosen Vermögens (zB Münzsammlung) kann nahe liegend zumutbar sein, wenn nicht besondere Umstände dem entgegenstehen.[2996] Miteigentum des anderen Ehegatten am zu veräußernden Gegenstand steht der Verwertungspflicht nicht entgegen.[2997]

Erträge aus Zugewinnausgleichsvermögen sind unterhaltpflichtiges Einkommen, **856** das die Leistungsfähigkeit erhöht, unabhängig davon, ob und wie der Zugewinnausgleich die Bedürftigkeit des Unterhaltsberechtigten beeinflusst.[2998] → Rn. 596 f.

bb) Einkommen aus einem Wohnvorteil. Der **Mietwert des Wohnens** in eigener **857** Wohnung (Haus, Eigentumswohnung) ist unterhaltpflichtiges Einkommen. Er ist ein Gebrauchsvorteil im Sinne des § 100 BGB, der für die Unterhaltsberechnung den sonstigen Einkünften der Parteien hinzuzurechnen ist, soweit sein Wert die anzuerkennenden Belastungen übersteigt, solange also der Eigentümer günstiger wohnt als der Mieter.[2999] Gehören einem Ehegatten zwei Immobilien, können seinem Einkommen entsprechende Vorteile zugerechnet werden,[3000] gleiches gilt bei Vorhandensein eines Ferienhauses.[3001] Kein Wohnwert soll dagegen zu berücksichtigen sein, wenn der Pflichtige ein nach der Trennung erworbenes Haus bewohnt, das mit Mitteln einer Schenkung der Eltern erworben wurde.[3002]

Die Höhe des Wohnwertes ist bedeutsam sowohl für die Bemessung des Unterhalts nach den ehelichen Lebensverhältnissen im Sinne des § 1578 BGB – Bedarf – als auch für die Bedürftigkeit des Berechtigten und die Leistungsfähigkeit des Verpflichteten. Nutzt

---

[2990] BGH FamRZ 2005, 1159 (1161f); 2006, 387 (391).
[2991] BGH FamRZ 2005, 1159 (1161f); 2006, 387 (391).
[2992] BGH FamRZ 1986, 560.
[2993] BGH FamRZ 2001, 21 (23); OLG München FamRZ 2000, 1177 – LS – = OLGR 2000, 78 f. d. Fall, dass das Grundstück vom Bedürftigen geschenkt wurde.
[2994] BGH FamRZ 2001, 21 (23), wonach die wirtschaftliche Zumutbarkeit fehlt, wenn die zu leistenden Zins- und Tilgungsraten zu einer Erhöhung der Verschuldung führen.
[2995] BGH MDR 1986, 473 (474); NJW-RR 1986, 683 (684); LG Mönchengladbach NJW 1961, 878; AG Wetter FamRZ 1991, 852 (853).
[2996] BGH NJW-RR 1986, 683 (684).
[2997] BGH NJW-RR 1986, 66 = DAVorm 1986, 70 für den Fall der Unterhaltsverpflichtung gegenüber einem Kind; aA LG Heidelberg FamRZ 1998, 164 = NJW 1998, 3502.
[2998] OLG Frankfurt/a. M. NJW 2015, 3105, Tz. 16.
[2999] BGH FamRZ 1985, 354; FamRZ 1989, 1160 (1163); FamRZ 1994, 1100; FamRZ 1995, 869; FamRZ 1998, 899 (890); NJW 2000, 284 ff.; FamRZ 2000, 950 (951) = NJW 2000, 2349 ff.;
[3000] BGH FamRZ 2009, 1300 (1302 f.) mAnm *Schürmann* FamRZ 2009, 1306 f. = NJW 2009, 2523 (2524); OLG Brandenburg FamFR 2010, 56 *(Strohal)*: angemessener Vorteil für die geringer genutzte Wohnung.
[3001] OLG Karlsruhe FamRZ 2009, 49 f.
[3002] OLG Brandenburg FamRZ 2009, 1837 (1839).

er eine beiden Ehegatten gemeinsam, ihm oder dem anderen gehörende Wohnung allein, so erhöht sich sein Einkommen um diesen Wohnvorteil.

Lebt der Pflichtige in dem ehemals gemeinsamen Familienheim, ist zu unterscheiden zwischen dem Zeitraum vor und nach dem endgültigen Scheitern der Ehe.

Nach dem Auszug eines Ehegatten kommt der Wohnwert der Immobilie nur noch eingeschränkt zum Tragen, denn der dem Ehegatten zuzuschreibende Nutzungsvorteil wird nach dessen Auszug nicht mehr gezogen, es entsteht sogenanntes „totes Kapital".[3003]

858   Dieses tote Kapital hat bei der Bestimmung des Wohnwertes außer Acht zu bleiben, solange noch mit einer Wiederherstellung der ehelichen Lebensgemeinschaft gerechnet werden kann. Denn diese darf durch die frühzeitige Verwertung der Ehewohnung nicht erschwert werden. Die Berechnung des Unterhalts darf den wirtschaftlichen Druck auf die Eheleute nicht verstärken. Unterhaltspflichtiges Einkommen ist daher bis zum endgültigen Scheitern der Ehe nur ein das tote Kapital berücksichtigender eingeschränkter Wohnwert.[3004] **Den Zeitpunkt des endgültigen Scheiterns** hatte die Rechtsprechung zunächst gleichgesetzt mit demjenigen der Rechtskraft der Ehescheidung.[3005] Nunmehr stellt der BGH ab auf die Zustellung des Scheidungsantrages[3006] und hält sogar einen früheren Zeitpunkt für denkbar, zB, wenn die Parteien ihr Vermögen durch einen notariellen Vertrag auseinandergesetzt haben.[3007]

859   **Die Berechnung des Wohnvorteils** hat nicht nach den tatsächlichen Verhältnissen zu erfolgen:[3008] Der Wohnwert des in der Wohnung verbliebenen Ehegatten ist mit dem Betrag anzusetzen, den er auf dem örtlichen Wohnungsmarkt für die Anmietung einer den ehelichen Lebensverhältnissen angemessenen kleineren Wohnung aufwenden müsste.[3009] Korrekturen aus Gründen der Billigkeit sind möglich.[3010] So ist der volle Wohnwert anzurechnen, wenn der Unterhaltspflichtige seine Lebensgefährtin in die Wohnung aufnimmt.[3011] Lebt in der Wohnung ein unterhaltsberechtigtes Kind, ist das ebenfalls zu berücksichtigen.[3012]

[3003] BGH FamRZ 1989, 1160 = NJW 1989, 2809; FamRZ 1998, 899 (901) = NJW 1998, 2821 = MDR 1998, 781; OLG Düsseldorf NJW-RR 1997, 385; OLG Hamm NJW 1999, 511 = NJWE-FER 1999, 53; OLG München FamRZ 1999, 509; OLG Schleswig FamRZ 2005, 211 (LS); *Graba* FamRZ 1995, 388.

[3004] BGH FamRZ 1989, 1160 (1161) = NJW 1989, 2809; FamRZ 2000, 351 (353) = NJW 2000, 285 (286), OLG Düsseldorf NJW-RR 1997, 385; OLG Koblenz FamRZ 1991, 1187; OLG Karlsruhe FamRZ 1990, 163 = NJW 1990, 2070 (2071); OLG Köln FamRZ 2002, 97 f. – LS –.

[3005] BGH FamRZ 2000, 351 (353); FamRZ 2005, 1159; FamRZ 2007, 879 (881 f.) = MDR 2007, 955 (956) = NJW 2007, 1974 = FF 2007, 193; OLG Zweibrücken FamRZ 2007, 470 (471) = NJW-RR 2007, 222.

[3006] BGH FamRZ 2008, 963 (965) mAnm *Büttner* FamRZ 2008, 967 und Anm. *Juncker* FamRZ 2008, 1600 f.; FamRZ 2009, 23 (24) = NJW 2009, 145 = MDR 2009, 87 (88); OLG Köln FamRZ 2009, 449.

[3007] BGH FamRZ 2008, 963 (965) mAnm *Büttner* FamRZ 2008, 967 und Anm. *Juncker* FamRZ 2008, 1600 f.; FamRZ 2009, 23 (24) = NJW 2009, 145 = MDR 2009, 87 (88); FamRZ 2012, 517 (522) = NJW 2012, 1144 (1147) = MDR 2012, 348 (349 f.); OLG Köln FamRZ 2009, 449.

[3008] BGH FamRZ 1998, 899 ff. = NJW 1998, 2821; FamRZ 2000, 351 (353); NJW 2000, 285; FamRZ 2000, 950 (951) = NJW 2000, 2349 ff.; FamRZ 2001, 1140 (1143); 2007, 879 (881); OLG Düsseldorf FamRZ 1999, 1349 (1350) = NJW 1999, 1721 (1722); OLG Hamm FamRZ 1999, 511 = NJWE-FER 1999, 53; OLG München FamRZ 1999, 509; Nr. 5 aller oberlandesgerichtlichen Leitlinien.

[3009] BGH FamRZ 2007, 879 (881); 2007; 1532 (1534); FamRZ 2012, 517 (521f) = NJW 2012, 1144 (1147) = MDR 2012, 348 (349f);; FamRZ 2013, 191 mAnm *Born* FamRZ 2013, 194 = MDR 2013, 95 = NJW 2013, 461, Tz. 24.

[3010] BGH FamRZ 1998, 899 ff. = NJW 1998, 2821 = MDR 1998, 781; FamRZ 2000, 351 (353) = NJW 2000, 285; OLG Schleswig FamRZ 2005, 211 (LS); *Hahne* FF 1999, 99 (101).

[3011] OLG Schleswig FamRZ 2003, 603 (604).

[3012] BGH FamRZ 2013, 191 mAnm *Born* FamRZ 2013, 194 = MDR 2013, 95 = NJW 2013, 461, Tz. 24.

Nach dem endgültigen Scheitern der Ehe ist zunächst als unterhaltsrechtlich erheb- 860
licher Wohnwert – wie im Falle des Getrenntlebens – der Vorteil zu berücksichtigen, der
dem Umfang der tatsächlich ausgeübten Nutzung entspricht. Darüber hinaus ist die
Immobilie als allgemeiner Vermögenswert zu betrachten, so dass der Schuldner verpflichtet ist, sie möglichst ertragreich zu nutzen oder zu verwerten. Er hat dabei wegen des
endgültigen Scheiterns der Ehe keine Veranlassung mehr, die zu große Wohnung oder
das zu große Haus zu behalten. Der Ehegatte ist dementsprechend unterhaltsrechtlich
verpflichtet, die **von ihm nicht genutzten Teile zu vermieten,** so dass der Erlös aus der
Teilvermietung und der tatsächliche Nutzungsvorteil das Einkommen des Unterhaltspflichtigen erhöhen. Lassen die räumlichen Verhältnisse – wie im Regelfall – eine Vermietung einzelner Teile nicht zu, besteht die unterhaltsrechtliche Obliegenheit **einer
Vollvermietung** oder **einer Veräußerung des Objekts.**[3013] Bis zu dieser Veräußerung ist
die objektive Marktmiete anzusetzen.[3014]

Ist eine solche Verwertung nicht möglich oder ausnahmsweise nicht zumutbar,[3015] ist
auch nach der Scheidung als Wohnvorteil lediglich der Mietzins anzusetzen, der auf dem
örtlichen Wohnungsmarkt für eine dem ehelichen Lebensstandard entsprechende kleinere
Wohnung zu zahlen wäre.[3016]

Leistungen nach dem Eigenheimzulagengesetz, die wegen der Eigennutzung einer 861
Immobilie längstens bis zum 31.12.2013 gezahlt werden (§§ 4, 9 EigenheimzulagenG in
der Fassung des Haushaltbegleitgesetzes 2004, BGBl. 2003 I, S. 3076)[3017] erhöhen den
Wohnwert; sie sind unterhaltspflichtiges Einkommen.[3018]

Der Nutzungswert – gleich ob eingeschränkt oder nicht – ist zu kürzen um die 862
Hauslasten. Dies sind diejenigen Kosten, die der Eigentümer einer Immobilie zu tragen
hat, nicht aber der Mieter. Denn der unterhaltsrechtliche Wohnwert entspricht den
Kosten, die der Eigentümer gegenüber dem Mieter erspart.[3019] Dementsprechend sind
vom Wohnwert weder die verbrauchsabhängigen noch – die verbrauchsunabhängigen
Nebenkosten abzusetzen.[3020] Maßstab für die Berücksichtigungsfähigkeit sind vielmehr
§ 556 Abs. 1 S. 2 und § 556 Abs. 1 S. 3 BGB in Verbindung mit der BetriebskostenVO.
Danach sind auch die verbrauchsunabhängigen Kosten wie Grundsteuer (§ 2 Abs. 1
Nr. 1 BetrkVO) und die Kosten der Sach- und Haftpflichtversicherung (§ 2 Abs. 1
Nr. 13 BetrkVO) auf den Mieter umlegbar. Da sie auch tatsächlich auf den Mieter umgelegt werden, bleiben sie bei der Bemessung des Wohnwertes unberücksichtigt, sofern
nicht die vom Tatrichter festzustellenden örtlichen Gepflogenheiten von der Verein-

---

[3013] Grundlegend BGH FamRZ 2000, 950 (951) mAnm *Graba* = NJW 2000, 2349 ff.; zuvor schon
BGH FamRZ 1990, 269 (271).

[3014] BGH FamRZ 2000, 950 (951) mAnm *Graba* = NJW 2000, 2349 ff.; zuvor schon BGH FamRZ
1990, 269 (271); zuletzt BGH FamRZ 2008, 963 (965); 2009, 23 (24) = NJW 2009, 145 = MDR 2009,
87 (88); FamRZ 2012, 517 (522) = NJW 2012, 1144 (1147) = MDR 2012, 348 (349 f.).

[3015] Beisp. OLG Hamm FamRZ 2001, 103 – nur LS – = NJWE-FER 2000, 273: der in der
Wohnung verbliebene Ehegatte benötigte eine behindertengerechte Wohnung und damit eine längere
Übergangszeit; FamRZ 2004, 108 (109); KG FamRZ 2003, 1864 (1865): Unterhaltspflichtiger be-
wohnt Haus mit gemeinsamen schwerbehinderten Kind; OLG Koblenz, NJW-RR 2003, 364 (365):
Haus ist der Ehefrau von den Eltern geschenkt worden, die dort mit EF und Kindern leben.

[3016] BGH FamRZ 2000, 950 (951).

[3017] Die Zahlungen erfolgen letztmalig für die Förderdauer von 8 Jahren für Immobilien, mit deren
Herstellung vor dem 1.1.2006 begonnen wurde oder für die der erste Erwerbsakt vor diesem Datum
lag; Gesetz zur Abschaffung der Eigenheimzulage vom 22.12.2005, BGBl. I, S. 3680.

[3018] OLG Koblenz FamRZ 2004, 1573; Nr. 5 der Leitlinien der Oberlandesgerichte.

[3019] BGH FamRZ 2008, 963 (965) mAnm *Büttner* FamRZ 2008, 967 und Anm. *Juncker* FamRZ
2008, 1600 f.; FamRZ 2009, 1300 (1303 f.) = NJW 2009, 2523 (2524 f.).

[3020] BGH FamRZ 2009, 1300 (1303 f.) = NJW 2009, 2523 (2524 f.) unter ausdrücklicher Aufgabe
der bisherigen Rechtsprechung, zuletzt BGH FamRZ 2008, 963 (965) = NJW 2008, 1946 f.; FamRZ
2014, 538 mAnm *Seiler* FamRZ 2014, 636 = NJW 2014, 1173, Tz. 35.

barung einer Nettokaltmiete abweichen.[3021] Abzusetzen sind allerdings die nicht umlage-
fähigen (§ 1 Abs. 2 BetrkVO) **Kosten der Verwaltung** sowie die **Kosten notwendiger
Instandhaltungsmaßnahmen,**[3022] die zur ordnungsgemäßen Bewohnbarkeit des Hauses
und damit zum Erhalt des Gebrauchswertes erforderlich sind. Stehen solche Maßnahmen
konkret bevor, so kann eine Rücklage berücksichtigt werden. Der Abzug einer pauschalen Rücklage ist dagegen nicht anzuerkennen.[3023]

863   Abzusetzen sind zudem **die Zinsen** für die auf dem Grundstück lastenden Darlehensverbindlichkeiten.[3024]

Tilgungsleistungen[3025] sind zu berücksichtigen, wenn und solange der andere Ehegatte
von der mit der Tilgung einhergehenden Vermögensmehrung profitiert.[3026] Dementsprechend ist der Wohnwert um Tilgungsleistungen zu kürzen, wenn die Immobilie im
gemeinschaftlichen Eigentum beider steht. Gleiches gilt, wenn der ausgezogene Ehegatte
Alleineigentümer ist, also der in der Wohnung verbliebene durch Entrichtung der Tilgungsraten dessen Vermögen mehrt.

864   Ist der tilgende Ehegatte Alleineigentümer, sind seine Leistungen bei vereinbarter
Zugewinngemeinschaft bis zur Zustellung des Scheidungsantrages als dem für die Berech-
nung des Endvermögens maßgebenden Zeitpunkt zu berücksichtigen (§§ 1384, 1376
Abs. 2 BGB). Leben die Ehegatten im Güterstand der Gütertrennung, will der BGH
Tilgungsleistungen wohl grundsätzlich vom Wohnwert nicht in Abzug bringen.[3027] Dies
erscheint insoweit bedenklich, als bis zum endgültigen Scheitern der Ehe eine Veräuße-
rung des Familienheims nicht zumutbar ist (→ Rn. 858), eine solche aber durch die
Nichtanrechnung der Tilgungsraten mit beschleunigt wird

Nach Scheitern der Ehe bzw. nach Zustellung des Scheidungsantrages senken die
Tilgungsleistungen, die dem anderen Ehegatten nicht zugute kommen, den objektiven
Wohnwert regelmäßig nicht,[3028] insbesondere auch dann nicht, wenn sie auf Verbindlichkeiten geleistet werden, die zum Erwerb des Miteigentumsanteils von dem anderen
Ehegatten eingegangen wurden.[3029] Etwas anderes kann nur unter außergewöhnlichen
Umständen gelten, wenn zB ein Ehegatte die Veräußerung des Grundbesitzes hartnäckig
blockiert.[3030] Dient die Immobilie auch der Altersversorgung, können Tilgungsraten bis
zu 4 % des Bruttoeinkommens, im Rahmen des Elternunterhalts bis zu 5 % des Bruttoeinkommens Berücksichtigung finden.[3031]

[3021] BGH FamRZ 2009, 1300 (1303f) = NJW 2009, 2523 (2524 f.); OLG Saarbrücken FamFR 2010,
14 *(Viefhues)*.

[3022] BGH FamRZ 2014, 538 mAnm *Seiler* FamRZ 2014, 636 = NJW 2014, 1173, Tz. 37.

[3023] BGH FamRZ 2000, 351 (354) = NJW 2000, 285 (286 f.); OLG Hamm FamRZ 2001, 101 (102)
= NJWE-FER 2001, 171.

[3024] BGH FamRZ 1985, 354 (356); 1995, 869; 1998, 899 (901); NJW 2000, 265 (267); OLG Celle
FamRZ 1999, 508; OLG Hamm NJWE-FER 2000, 309: auch bei Unterhaltpflichten gegenüber
minderjährigen Kindern; OLG München FamRZ 1999, 509; **anders** OLG Saarbrücken NJW 2006,
1438 (1439) für den Fall, dass die Darlehensverbindlichkeiten bereits im Zugewinn berücksichtigt
wurden: Verbot der Doppelverwertung, → Rn. 1046.

[3025] S. auch *Norpoth,* Die eingeschränkte Berücksichtigung von Tilgungsleistungen auf Hausdar-
lehn FamRZ 2008, 2245 ff.

[3026] BGH FamRZ 2008, 963 (965) mAnm *Büttner* FamRZ 2008, 967 und Anm. *Juncker* FamRZ
2008, 1600 f.

[3027] BGH FamRZ 2008, 963 (965) mAnm *Büttner* FamRZ 2008, 967 und Anm. *Juncker* FamRZ
2008, 1600 f.

[3028] BGH FamRZ 1992, 423 (425); FamRZ 1998, 87 (88); BGH FamRZ 2000, 950 (952); **aA** OLG
Hamm FamRZ 1999, 917 (918).

[3029] BGH FamRZ 2005, 1817 (1821) mAnm *Maurer* FamRZ 2006, 258.

[3030] Vgl. OLG Frankfurt FamRZ 1990, 823; OLG Hamm FamRZ 1986, 1210 (1211).

[3031] BGH FamRZ 2005, 1817 (1821) mAnm *Maurer* FamRZ 2006, 258; FamRZ 2008, 963 (965 f.).

Übersteigen die Belastungen den Wohnwert, so ist dies, jedenfalls solange eine Ob- **865** liegenheit zur Verwertung nicht besteht, bei der Feststellung der Leistungsfähigkeit des Pflichtigen zu berücksichtigen. Die Zurechnung eines Wohnvorteils entfällt, da der Eigentümer nicht günstiger wohnt als der Mieter. Die Belastungen sind, soweit sie den Wohnvorteil übersteigen als einkommensreduzierend anzusehen ("negativer Wohnvorteil").[3032]

In den Fällen der Überschuldung und auch bei Vorhandensein mehrerer Immobilien[3033] kann die regelmäßig notwendige **Billigkeitsprüfung**[3034] zu einer Herabsetzung des Wohnwertes führen. Steht dem Schuldner nach Abzug sämtlicher Belastungen nur noch der – notwendige oder angemessene – Selbstbehalt zu, so ist der Wohnwert jedenfalls im Rahmen des Getrenntlebensunterhalts auf den in den Selbstbehaltssätzen der Düsseldorfer Tabelle[3035] enthaltenen Nettomietzins zu beschränken. Jedem Unterhaltsschuldner hat nämlich nach Abzug sämtlicher Kosten für seine Unterkunft ein Betrag von 640 EUR pro Monat (Mindestselbstbehalt) bzw. 750 EUR pro Monat (angemessener Selbstbehalt) zur freien Verfügung zu verbleiben.[3036]

Mit der Veräußerung des Familienheims entfallen die Nutzungsvorteile für beide **866** Ehegatten. An die Stelle des ursprünglichen Wohnvorteils treten nun **als Surrogat** entweder Zinserträge aus dem Veräußerungserlös oder der Vorteil für die unentgeltliche Nutzung einer neu erworbenen Immobilie.[3037] Der reale Wert dieses Surrogats, gleich ob höher oder niedriger als der ursprüngliche Wohnvorteil,[3038] ist **prägendes Einkommen** des Berechtigten wie des Pflichtigen.[3039] Erweist sich allerdings die tatsächlich gewählte Form der Anlage als eindeutig unwirtschaftlich, so kann eine Obliegenheit zur Vermögensumschichtung bestehen, so dass als unterhaltspflichtiges Einkommen dann die aus einer günstigeren Anlageform zu erzielende Erträge zu berücksichtigen sind.[3040]

Diese Erwägungen finden spiegelbildlich auch auf den Berechtigten Anwendung (→ Rn. 597 ff.).

Sie gelten auch für den Fall, dass ein Ehegatte das im Miteigentum beider stehende Hausgrundstück allein nutzt und an den ausgezogenen Partner eine Nutzungsentschädigung zahlt. Diese tritt für den ausgezogenen Ehegatten an die Stelle des anteiligen Wohnwerts.[3041] Erwirbt ein Ehegatte den Miteigentumsanteil des anderen, tritt für den Veräußernden der Verkaufs- oder Versteigerungserlös an die Stelle der Nutzungsvorteile.[3042]

Für die Bemessung des Kindesunterhalts soll als Wohnwert grundsätzlich der bei **867** einer Fremdvermietung erzielbare objektive Mietzins maßgebend sein. Der *Bundes-*

[3032] BGH FamRZ 1984, 358 = NJW 1984, 1237; FamRZ 1987, 572 (575) = NJW 1987, 1761 (1763); *Wohlgemuth* FamRZ 1999, 621 (630).

[3033] BGH FamRZ 2009, 1300 (1302 f.) mAnm *Schürmann* FamRZ 2009, 1306 = NJW 2009, 2523 (2524).

[3034] BGH FamRZ 1998, 899 (902).

[3035] Düsseldorfer Tabelle A Nr. 5.

[3036] *Riegner* FamRZ 2000, 265 (266), der zu Recht bemängelt, dass die Leitlinien überwiegend nur den Warm-, nicht den Nettokaltmietzins als Bestandteil der Selbstbehaltssätze ausweisen; OLG Köln FamRZ 2002, 97 (98) will dem Pflichtigen nur 332 EUR (650 DM) belassen; OLG Nürnberg NJW-RR 2008, 600 (601), das den Anteil der Kaltmiete in dem Selbstbehalt von 1000 EUR mit 305 EUR beziffert.

[3037] BGH FamRZ 2001, 1140 (1143); FamRZ 2005, 1159 (1161) = NJW 2005, 2077; FamRZ 2009, 23 (24) = NJW 2009, 145; FamRZ 2014, 1098 = NJW 2014, 1733, Tz. 11, 12; *Borth* FamRZ 2001, 1653 (1659).

[3038] *Borth* FamRZ 2001, 1653 (1659); OLG Koblenz NJW 2002, 1885 f.

[3039] BGH FamRZ 2001, 1140 (1143); 2005, 1159 (1161); 2009, 23 (24) = NJW 2009, 145 (146).

[3040] BGH FamRZ 2001, 1140 (1143); 2005, 1159 (1161); 2009, 23 (24) = NJW 2009, 145 (146); OLG Hamm NJW-RR 2003, 510.

[3041] BGH FamRZ 2005, 1817 (1821).

[3042] BGH NJW 2005, 2077 (2079); **anders** OLG Saarbrücken NJW-RR 2005, 444, das Wohnwert, seine Surrogate sowie die Hauslasten unberücksichtigt lassen will.

gerichtshof begründet diese Auffassung –zunächst überzeugend- mit dem Hinweis auf die gesteigerte Unterhaltsverpflichtung gegenüber minderjährigen Kindern und den ihnen gleichgestellten privilegierten volljährigen Kindern.[3043] Offen bleibt allerdings, ob der objektive Marktwert auch maßgebend ist, wenn Kindesunterhalt während der ersten Zeit des Getrenntlebens der Eltern verlangt wird. Bejahte man dies, wäre der Unterhaltspflichtige im Verhältnis zu seinem minderjährigen Kind zur Veräußerung der Immobilie verpflichtet, während eine solche Obliegenheit im Verhältnis zu dem Ehegatten nicht besteht. Sachgerecht erscheint es daher, während der ersten Zeit der Trennung auch im Verhältnis zu den Kindern auf den angemessenen Mietzins abzustellen.[3044]

Auch den Kindern sind Tilgungsraten, die nicht ausschließlich der Vermögensmehrung des Pflichtigen dienen, entgegen zu halten (→ Rn. 863, 864).[3045]

Lebt der Unterhaltsberechtigte mit den Kindern mietfrei in dem Familienheim, so ist der dem Ehegatten gutzuschreibende Wohnvorteil zu erhöhen; eine Kürzung des Kindesunterhalts ist nicht angemessen.[3046]

Bei Unterhaltsverpflichtungen gegenüber sonstigen Verwandten, insbesondere gegenüber den **Eltern und den Enkeln,** besteht keine Verpflichtung zur Verwertung des Grundbesitzes. Aus diesem Grunde ist der Wohnwert hier nach den unter Berücksichtigung des Eigeneinkommens angemessenen ersparten Mietaufwendungen zu bestimmen.[3047] Tilgungsleistungen sind wohnwertmindernd zu berücksichtigen, da ansonsten eine wirtschaftliche Verpflichtung zur Veräußerung des Familienheims entstehen könnte, die im Verhältnis zu den Eltern gerade nicht geschuldet ist.[3048]

Lebt der Unterhaltspflichtige in einer Immobilie, die nicht das Familienheim war, ist bereits während der Trennungszeit der volle Wohnwert einkommenserhöhend zu berücksichtigen. Tilgungsraten können – da allein der Vermögensbildung dienend – nicht abgezogen werden.

Mietfreies Wohnen in der Wohnung des neuen Ehegatten führt nicht zur Anrechnung eines Wohnvorteils, da der neue Partner insoweit einen Beitrag zum Familienunterhalt leistet.[3049]

Wohnungsgewährung im Rahmen einer nicht ehelichen Lebensgemeinschaft oder durch die Eltern ist freiwillige Leistung Dritter und erhöht die Leistungsfähigkeit des Pflichtigen regelmäßig nicht.[3050] Gleiches gilt, wenn der Unterhaltsschuldner Eigentümer einer Immobilie ist, den Eltern aber ein lebenslanges Wohnrecht zusteht.[3051]

868   **Die Ehegattenmiteigentümergemeinschaft an Haus- und Wohnungseigentum** besteht im Prinzip selbstständig neben der ehelichen Lebensgemeinschaft und wird in ihrem eigentlichen Bestand durch Ehe, Trennung und Scheidung nicht unmittelbar geändert,

---

[3043] BGH FamRZ 2013, 1563 = NJW 2013, 2900, Tz. 16; FamRZ 2014, 923 mAnm *Götz* FamRZ 2014, 926 = NJW 2014, 1531, Tz. 19.

[3044] *Götz* Anm. zu BGH FamRZ 2014, 923, FamRZ 2014, 926.

[3045] OLG Hamm NJWE-FER 2000, 309 keine Berücksichtigung als Tilgungsersatz dienender Ansparbeträge nach Rechtskraft der Ehescheidung; OLG Saarbrücken FamRZ 2010, 1344.

[3046] BGH FamRZ 1992, 423 offen gelassen in BGH FamRZ 2013, 191 mAnm *Born* FamRZ 2013, 194 = MDR 2013, 95 Tz. 24; OLG Koblenz FamRZ 2008, 891 mAnm *Borth* FamRZ 2008, 892; anders OLG Hamm FamRZ 2005, 214: 3/5 des Wohnwertes bei 2 Kindern.

[3047] BGH NJW 2003, 2306 = MDR 2003, 1183; FamRZ 2013, 363 mAnm *Thormeyer* FamRZ 2013, 368 = NJW 2013, 686, Tz. 38; FamRZ 2013, 1554 mAnm *Hauß* FamRZ 2013, 1557 = NJW 2013, 3024, Tz. 24; FamRZ 2014, 538 mAnm *Seiler* FamRZ 2014, 636 = NJW 2014, 1173 Tz. 34.

[3048] BGH NJW 2003, 2306 (2308) = MDR 2003, 1183; BGH FamRZ 2006, 26 (29) = NJW 2006, 142 (144) für den Enkelunterhalt.

[3049] OLG Bamberg FamRZ 1996, 628 = NJW-RR 1996, 647 (648); OLG Hamm FamRZ 2000, 248 (249).

[3050] OLG Hamm FamRZ 2000, 1285 = NJWE-FER 2000, 249; NJWE-FER 2000, 308.

[3051] OLG Koblenz, FamRZ 2003, 534.

jedoch durch die eheliche Lebensgemeinschaft überlagert.[3052] Die Wirkungen der Bruchteilsgemeinschaft werden durch die §§ 1353 ff. BGB „modifiziert", solange die eheliche Lebensgemeinschaft verwirklicht wird.[3053] Das Gebrauchsrecht des Miteigentümers gemäß § 743 Abs. 2 BGB ist ohne Rücksicht auf die Eigentumsverhältnisse durch das eheliche Recht auf Mitbenutzung der Ehewohnung (arg. § 1360b BGB) verdrängt. § 748 BGB (Lasten- und Kostentragung nach dem Verhältnis der Miteigentumsanteile) ist während der Verwirklichung der ehelichen Lebensgemeinschaft zumeist durch ausdrückliche Vereinbarung der Ehegatten über die Aufgabenverteilung in der Ehe (§ 1356 Abs. 1 S. 1 BGB) oder durch die faktische Ehegestaltung ohne Wirkung.[3054] Es ist davon auszugehen, dass der den Haushalt führende und die Kinder versorgende Ehegatte sich in gleichem Maße an den Lasten und Kosten des Wohneigentums beteiligt wie der alleinverdienende erwerbstätige Ehegatte, §§ 1360 S. 2, 1606 Abs. 2 S. 2 BGB. Ein Ausgleichsanspruch des verdienenden Ehegatten gegen den anderen scheidet dann aus.[3055] Die (nicht nur vorübergehende) Trennung der Ehegatten stellt jedoch eine grundlegende Änderung der dieser Handhabung zugrundeliegenden Verhältnisse (Zusammenleben) dar.[3056]

Miteigentümer-Nutzungsansprüche nach Scheitern der Ehe kommen in Betracht. **869** Die Alleinnutzung des Wohneigentums durch einen Miteigentümer-Ehegatten begründet gemeinschaftsrechtlich noch keinen Anspruch auf Nutzungsentgelt, da es dem ausziehenden Ehegatten freisteht, sein Mitgebrauchsrecht gemäß § 743 Abs. 2 BGB auszuüben.[3057] Die Auflösung der faktischen ehelichen Lebensgemeinschaft durch die Trennung gibt aber jedem Ehegatten als Teilhaber der Bruchteilsgemeinschaft das Recht, jedenfalls nach Ablauf des Trennungsjahres[3058] oder endgültiger Trennung,[3059] gemäß § 745 Abs. 2 BGB eine dem Interesse aller Teilhaber nach billigem Ermessen entsprechende anderweitige Regelung der Verwaltung und Benutzung zu verlangen,[3060] wobei eine Regelung der konkreten Nutzung freilich gemäß § 1361b BGB bzw. § 1568a BGB als Spezialvorschriften zu erfolgen hat.[3061]

Eine Neuregelung nach § 745 Abs. 2 BGB kann darin liegen, dass der die gemeinschaftliche Immobilie allein bewohnende Ehegatte eine **Nutzungsentschädigung** an den anderen zahlt.[3062] Sie kann verlangt werden, wenn sie „dem Interesse aller Teilhaber nach billigem Ermessen" entspricht.

Besteht bereits ein Unterhaltstitel zu Gunsten des ausgezogenen Ehegatten, der den Wohnwert – ggf. unter Abzug der Belastungen (→ Rn. 862 ff.) – als Einkommen einbezo-

---

[3052] BGH FamRZ 1982, 355 (356) = NJW 1982, 1753; FamRZ 1983, 795 (796) = NJW 1983, 1845; FamRZ 1988, 264 f. u. 596 (597) u. 1031 = NJW-RR 1988, 1154; OLG Celle NJW 2000, 1425.

[3053] BGH MDR 1986, 567.

[3054] BGH FamRZ 1983, 795 (796) = NJW 1983, 1845; FamRZ 1980, 664; OLG Celle FamRZ 1993, 71; OLG Karlsruhe FamRZ 1991, 441; OLG Oldenburg NJW-RR 1991, 962 (963).

[3055] *Wever* FamRZ 1996, 905 (908).

[3056] BGH FamRZ 1983, 795 (796) = NJW 1983, 1845; 1980, 664; OLG Celle FamRZ 1993, 71; NJWRR 1990, 264 (265); OLG Karlsruhe FamRZ 1991, 441; OLG Oldenburg NJW-RR 1991, 962 (963).

[3057] BGH FamRZ 1983, 795 (796) = NJW 1983, 1845.

[3058] LG Detmold FamRZ 1987, 1037.

[3059] BGH FamRZ 1982, 355 (356) = NJW 1982, 1753; OLG Brandenburg FamRZ 2002, 396 – LS –.

[3060] BGH FamRZ 1982, 355 (356) = NJW 1982, 1753; OLG Celle NJW-RR 1990, 264 (265); OLG Düsseldorf NJW-RR 1989, 1483 (1484); OLG Köln FamRZ 1992, 440 (441); NJW-RR 1992, 1348 (1349); FamRZ 1999, 1272 (1273); OLGR 2001, 48 f.; OLG Oldenburg FamRZ 1986, 752; OLG Stuttgart FamRZ 1991, 1057; LG Itzehoe NJW-RR 1990, 684 = FamRZ 1990, 630.

[3061] Vgl. *Graba* NJW 1987, 1721 (1724); aber: OLG Köln NJW-RR 1992, 1348, wonach ein vorheriges Wohnungszuweisungsverfahren nicht erforderlich sein soll.

[3062] OLG Köln NJW-RR 1992, 1348 (1349); OLG Schleswig NJW-RR 1993, 1029; vgl. *Erbarth* NJW 2000, 1379 ff.

gen hat, so ist diese Regelung als angemessener Ausgleich anzusehen. Für ein Nutzungs-entgelt, das zumindest teilweise den Bedarf des Ausgezogenen decken würde, ist kein Raum.[3063] Entsprechendes gilt, wenn der ausgezogene Ehegatte erstmals Unterhalt ver-langt. Der das Haus allein nutzende Unterhaltsverpflichtete kann ihn nicht darauf ver-weisen, zur Bedarfsdeckung einen Anspruch auf Nutzungsentschädigung geltend zu machen.[3064] Ist allerdings ein Anspruch auf Zahlung einer Nutzungsentschädigung bereits geltend gemacht, ist er entstanden und bei der Unterhaltsberechnung als Einkommen des Berechtigten zu berücksichtigen.[3065]

Eine Neuregelung nach billigem Ermessen kann auch darin liegen, dass der im Objekt verbliebene Ehegatte die Hauslasten, insbesondere die Kreditverpflichtungen, allein trägt.[3066] Es kann unbillig sein, einem Ehegatten für die aufgedrängte Alleinnut-zung eines Familienheims ein Nutzungsentgelt aufzuerlegen,[3067] wenn er wegen anderer Lasten (auch Tilgung) dazu außerstande ist und gezwungen wäre, den Besitz zu ver-äußern.[3068]

Eine Neuregelung nach § 745 Abs. 2 BGB kann nur mit **Wirkung für die Zukunft** geltend gemacht werden,[3069] und zwar durch einen Antrag auf Zustimmung zu einer konkret bezeichneten Art der Verwaltung und Nutzung oder unmittelbar auf Zahlung eines Nutzungsentgelts, der eine Familienstreitsache nach §§ 111 Nr. 10, 112, 266 FamFG ist.[3070]

Diesen Zahlungsanspruch löst auch ein außergerichtliches Verlangen aus,[3071] das mit hinreichender Deutlichkeit eine neue Nutzungsregelung verlangt. Eine bloße Zahlungs-aufforderung ist nicht ausreichend.[3072] Der in der Immobilie verbliebene Ehegatte muss vielmehr vor die Alternative „Zahlung oder Auszug" gestellt werden.[3073]

Eine Nutzungsentschädigung entsprechend § 745 BGB kann auch verlangt werden, wenn die Eheleute nicht Eigentümer sind, sondern ein dingliches Wohnrecht an dem ehemals gemeinsam genutzten Haus haben.[3074]

Während des Getrenntlebens der Beteiligten hat der aus der Wohnung ausgezogene Ehegatte einen Anspruch auf Nutzungsentschädigung aus **§ 1361b Abs. 3 S. 2 BGB,** und zwar auch bei einem freiwilligen Auszug aus der Ehewohnung.[3075] Diese Vorschrift wird inzwischen wohl überwiegend als eine § 745 Abs. 2 BGB vorgehende Spezialnorm be-

---

[3063] BGH FamRZ 1986, 436 = NJW 1986, 1339 (1340); OLG Bremen NZFam 2014, 426 *(Hop-penz);* OLG Celle NJW 2000, 1425 (1426); OLG Naumburg NJW-Spezial 2009, 50; *Huber* FamRZ 2000, 129 (131).

[3064] BGH FamRZ 1986, 434 = NJW 1986, 1340 (1341) = MDR 1986, 566.

[3065] OLG Bremen NZFam 2014, 426 *(Hoppenz).*

[3066] BGH FamRZ 1983, 795 (796) = NJW 1983, 1845 (1847); OLG Düsseldorf NJW-RR 1989, 1483 f.; OLG Celle NJW-RR 1990, 265 f.; OLG Köln FamRZ 1999, 1272 (1273).

[3067] OLG Hamm FamRZ 1996, 1476; LG Itzehoe NJW-RR 1990, 684 = FamRZ 1990, 630; vgl. auch OLG Brandenburg NJW 2003, 2692 (LS) = NJW-RR 2003, 1009 f.: keine Alleinnutzung, bei einvernehmlicher Wohnraumüberlassung an volljährige Kinder.

[3068] OLG Düsseldorf FamRZ 1987, 705.

[3069] BGH FamRZ 1993, 676 (678); OLG Brandenburg NJWE-FER 2001, 273 (274); OLG Celle NJW-RR 1990, 265; FamRZ 1993, 71; OLG Oldenburg NJW-RR 1986, 752.

[3070] OLG Frankfurt/M. FamRZ 2013, 1681f; OLG Hamm NZFam 2014, 223 (224); OLG Nürn-berg FamRZ 2013, 1506.

[3071] BGH FamRZ 1993, 676 = NJW-RR 1993, 386 (387); OLG Düsseldorf NJW-RR 1989, 1483 f.; OLG Köln FamRZ 1999, 1272 (1273); OLG Brandenburg FamRZ 2002, 396 – LS –.

[3072] OLG Köln FamRZ 1999, 1272 (1273); OLG Brandenburg NJWE-FER 2001, 273 (274): der verbleibende Ehegatte muss vor die Alternative „Zahlung oder Auszug" gestellt werden.

[3073] OLG Hamm FamRZ 2014, 1298 (1299).

[3074] BGH FamRZ 2010, 1630 = NJW-RR 2010, 1585; OLG Koblenz NJW 2000, 3791 (3792); OLG Köln OLGR 2001, 48 (49).

[3075] BGH FamRZ 2006, 930 mAnm *Brudermüller* FamRZ 2006, 934 = NJW 2006, 2988.

trachtet.[3076] Der Meinungsstreit hat nach dem Inkrafttreten des FamFG nur noch einge-schränkte Bedeutung. Auch der auf § 745 Abs. 2 BGB gestützte Anspruch fällt nach §§ 111, 266 FamFG in die Zuständigkeit der Familiengerichte. Allerdings handelt es sich bei einem Verfahren nach § 745 Abs. 2 BGB um eine Familienstreitsache im Sinne des § 112 FamFG, über die nach § 113 FamFG nach den Regeln der ZPO zu verhandeln ist[3077]; ein Verfahren gestützt auf § 1361b BGB ist dagegen ein Verfahren der freiwilligen Gerichtsbarkeit, für das die Verfahrensregeln des FamFG gelten.

Nach Rechtskraft der Ehescheidung folgt der Anspruch auf Zahlung einer Nutzungs-entschädigung in Fällen des Miteigentums aus § 745 Abs. 2 BGB, da § 1568a BGB eine entsprechende Anspruchsgrundlage nicht enthält.[3078] → Rn. 388.

Ist das Objekt mit **gemeinsamen Verbindlichkeiten** belastet, gilt grundsätzlich § 426 Abs. 1 BGB, die Ehegatten sind also zu hälftigem Ausgleich verpflichtet. Tilgt ein Ehegatte die Verpflichtungen allein und berücksichtigt sie einkommensmindernd bei der Berechnung des Unterhalts, liegt darin eine anderweitige Bestimmung im Sinne des § 426 Abs. 1 S. 1 letzter Halbs. BGB.[3079]

Mitbewohnen der Wohnung durch andere kann zu Mieteinnahmen (evtl. fiktiven) führen, falls nach Größe und Zuschnitt der Wohnung ein Mitbewohnen oder eine Unter-vermietung an sich möglich und zumutbar wäre, so dass also aus der Aufnahme eines Partners in eine an sich auf eine Person zugeschnittene Wohnung schwerlich auf eine mögliche Mieteinnahme zu schließen ist.[3080] Zu fiktiven Mieteinnahmen bei Wohnraum-überlassung an volljährige Kinder → Rn. 767, 771.   **870**

cc) Freiwillige Zuwendungen Dritter. Freiwillige Zuwendungen Dritter sind bei Prüfung der Leistungsfähigkeit des Verpflichteten nach den gleichen Grundsätzen zu behandeln, die insoweit bei Prüfung der Bedürftigkeit des Berechtigten[3081] anzuwenden sind (→ Rn. 603 ff.). Sie sollen in der Regel allein dem Zahlungsempfänger zu gute kommen und sich auf das Unterhaltsrechtsverhältnis nicht auswirken. Etwas anderes gilt nur, wenn der Leistende sie auch dem Unterhaltsberechtigten zu kommen lassen will.[3082] Bei Fehlen einer ausdrücklichen Willensbestimmung folgt sie im Zweifel aus der persön-lichen Beziehung der Beteiligten.[3083]   **871**

Freiwillige Zuwendungen des Arbeitgebers sind keine Schenkung, sondern haben Lohncharakter,[3084] da sie im Zweifel wegen des Arbeitseinsatzes und für ihn gewährt werden.

[3076] OLG Brandenburg NJW-RR 2009, 725; OLG Dresden NJW 2005, 3151; OLG Hamm FamRZ 2008, 1639; KG FamRZ 2008, 1933 = NJW-RR 2008, 809; OLG München FamRZ 2007, 1655 (1656) mAnm *Wever* FamRZ 2007, 1658 f.; OLG Thüringen FamRZ 2008, 1934 = NJW-RR 2008, 956; *Wever*, Die Entwicklung der Rechtsprechung zur Vermögensauseinandersetzung der Ehegatten außerhalb des Güterrechts, FamRZ 2010, 237 (238); **anders** OLG Brandenburg FamRZ 2001, 427; AG Ludwigslust FamRZ 2005, 728 und für die Rechtslage vor dem 1.9.2009 BGH FamRZ 2010, 1630 = NJW-RR 2010, 1585.

[3077] OLG Frankfurt/M. FamRZ 2013, 1681f; OLG Hamm NZFam 2014, 223 (224); OLG Nürn-berg FamRZ 2013, 1506.

[3078] OLG Hamm NZFam 2014, 223 (224).

[3079] BGH FamRZ 1993, 676 (677 f.).

[3080] OLG München FamRZ 1984, 173 (175).

[3081] Vgl. BGH FamRZ 1980, 40 (42) = NJW 1980, 124; FamRZ 1980, 665; FamRZ 1980, 879 (880); FamRZ 1985, 584 (585); FamRZ 1986, 151 (152); 1988, 159 (162); FamRZ 1990, 971; NJW 1992, 2477 (2480); OLG Celle FamRZ 1987, 1038 (1042).

[3082] BGH FamRZ 2005, 968 (969); OLG Hamm NJW-RR 1997, 1080 (1081); OLG München FamRZ 1996, 1433 (1434) f. d. Berechtigten.

[3083] BGH FamRZ 2005, 968 (969); OLG Düsseldorf FamRZ 2007, 1039 (1040) für die freiwillige Stundung des Kostgeldes durch die Pflegeeltern.

[3084] OLG München FamRZ 1995, 1069.

872   **dd) Unterhaltspflichtleistungen Dritter.** Unterhaltsleistungen, die der **Pflichtige von einem Dritten erhält,** sind im Grundsatz unterhaltspflichtiges Einkommen.[3085] Denn zur Einkommensfeststellung sind alle Einkünfte heranzuziehen, gleich welcher Art sie sind und aus welchem Anlass sie gezahlt werden.[3086]

873   **Die tatsächliche Verwendung** des Unterhalts für Baruunterhaltsleistungen des Pflichtigen hängt im Einzelfall davon ab, ob er die Leistungen des Dritten zur Deckung seines eigenen Bedarfs benötigt. Übersteigt der Unterhalt den eigenen angemessenen Bedarf des Unterhaltspflichtigen nicht, ist er nicht zum Unterhalt eines anderen Unterhaltsberechtigten einzusetzen.[3087]

Sind dagegen Unterhaltspflichten gegenüber **minderjährigen Kindern** zu erfüllen, so hat der Schuldner wegen § 1603 Abs. 2 S. 1 BGB den über dem Mindestbedarf liegenden Teil des Unterhalts für Unterhaltszwecke zu verwenden.[3088] Dabei wird allerdings im Übrigen der den Unterhalt leistende Ehegatte als anderer unterhaltspflichtiger Verwandter im Sinne des § 1603 Abs. 2 S. 3 BGB in Betracht kommen (→ Rn. 955). Auch ist der Ehegattenunterhalt nicht für den Kindesunterhalt einzusetzen, wenn letzterer bereits in die Unterhaltsberechnung als Abzugsposten vom Einkommen des Ehegatten eingeflossen ist.[3089]

Erhält der Unterhaltspflichtige **Einkommen und Unterhalt (§ 1573 Abs. 2 BGB),** so ist beides für die Bemessung seiner Leistungsfähigkeit zu addieren.[3090]

874   **Naturalunterhalt,** den der Pflichtige erhält, begründet oder steigert seine unterhaltsrechtliche Leistungsfähigkeit nicht. Diese kann sich zum einen aus fiktiven Einkünften ergeben, wenn eine Obliegenheit zur Aufnahme einer Erwerbstätigkeit auch in Form einer Nebenbeschäftigung besteht. → Rn. 746, 753. Auch kann der Unterhaltsschuldner gehalten sein, **das Taschengeld,** das er von seinem Ehegatten erhält oder erhalten kann, für Unterhaltszwecke einzusetzen.[3091] → Rn. 815 sowie → Rn. 750 ff.

875   **ee) Schmerzensgeld.** Schmerzensgeld (§ 847 BGB) ist ungeachtet der schadensersatzrechtlichen Zweckbestimmung – Ersatz immaterieller Schäden und Genugtuung – unterhaltsrechtlich relevantes Vermögen des Pflichtigen, so dass je nach der Stärke der Unterhaltsverpflichtung auch der Stamm zu verwerten ist (→ Rn. 850 ff.).[3092] Gleiches gilt für tatsächlich gezogene Erträge aus der Anlage des Schmerzensgeldes.[3093] Der Ausgleichsfunktion des Schmerzensgeldes soll dabei durch Anhebung der Mindestselbstbehaltssätze im Einzelfall Rechnung getragen werden.[3094] Den Verbrauch des Schmerzensgeldes zu eigenen Zwecken hat der Bundesgerichtshof nicht als Verstoß gegen die unterhaltsrechtliche Obliegenheit gewertet.[3095] Dies erscheint unterhaltsrechtlich wenig überzeugend, ist

---

[3085] BGH FamRZ 1980, 555 (556) = NJW 1980, 934; allgemein, wenn Eigenbedarf (§ 1581) gewahrt: OLG Bamberg FamRZ 1983, 75; OLG Düsseldorf FamRZ 1982, 951 (952); OLG Hamm FamRZ 1988, 1270 (1271): Unterhalt volljähriges Kind; NJW-RR 1992, 708 f.; FamRZ 1996, 1234; KG DAVorm 1983, 393 (394); 185; OLG Köln FamRZ 2010, 130 (LS.) = FamFR 2009, 117 *(Griesche);* OLG München FamRZ 1980, 284; OLG Stuttgart FamRZ 1983.

[3086] BGH FamRZ 1981, 338 = NJW 1981, 1313.

[3087] BGH FamRZ 1980, 955.

[3088] OLG Köln FamRZ 2010, 130 (LS.) = FamFR 2009, 117 *(Griesche).*

[3089] OLG Hamm FamRZ 1992, 91 (92) = NJW-RR 1992, 708 (709).

[3090] BGH FamRZ 1986, 153 = NJW-RR 1986, 293; OLG Köln FamRZ 2010, 130 (LS.) = FamFR 2009, 117 *(Griesche).*

[3091] BGH FamRZ 2004, 366 (369).

[3092] BGH FamRZ 1989, 170 ff. = NJW 1989, 524 ff. mit ablehnender Anm. *Voelskow* FamRZ 1989, 482 f.

[3093] BGH FamRZ 1988, 1030 (1034) mit ablehnender Anm. *Voelskow* FamRZ 1989, 482 f.; OLG Karlsruhe FamRZ 2002, 750.

[3094] BGH NJW 1989, 524 (526).

[3095] BGH FamRZ 1988, 1030 (1034).

aber wegen der besonderen Funktion des Schmerzensgeldes, das dem Geschädigten zur freien Verfügung stehen soll, im Ergebnis anzuerkennen.

b) Bezüge bei Krankheit

Lohnfortzahlung im Krankheitsfall ist voll anrechenbares Einkommen. 876

Krankengeld soll den Verdienstausfall ganz oder teilweise ausgleichen und ist deshalb 877 voll für die Unterhaltsbemessung verwendbares Einkommen.[3096] Das gilt ebenso für Krankentagegeld und Krankenhaustagegeld aus privater Versicherung,[3097] auch wenn es das übliche Arbeitseinkommen übersteigen sollte.

c) Streikgeld

Streikgeld soll den Arbeitsverdienst ersetzen und ist mithin unterhaltsrechtlich als 878 Einkommen zu berücksichtigen. Die Verwicklung in einen Arbeitskampf legaler Art gehört zu den „Lebensverhältnissen" eines lohnabhängigen Unterhaltsschuldners. Streikauswirkungen sind deshalb vom Unterhaltsberechtigten mitzutragen. Etwas anderes muss freilich bei einem illegalen Arbeitskampf, an dem der Unterhaltsschuldner sich aktiv beteiligt, gelten. Der dadurch ausgelöste Einkommensverlust ist als willkürlich-vorsätzliche Verdienstminderung vom Unterhaltsberechtigten nicht mitzutragen.

d) Abfindungen, Übergangsgelder

Abfindungen[3098] sind Leistungen des Arbeitgebers anlässlich der Beendigung eines 879 Arbeitsverhältnisses. Arbeitsrechtlich können sie –gezahlt in der Regel aufgrund eines Sozialplans nach § 112 Abs. 1 BetrVG- Ersatz für künftigen Lohnausfall und damit im Voraus gezahltes Einkommen für einen bestimmten Zeitraum sein. Sie können aber auch gezahlt werden als Ausgleich für den Verlust des Arbeitsplatzes und des damit verbundenen sozialen Besitzstands oder zur einvernehmlichen Beendigung eines Kündigungsschutzverfahrens.[3099] Allen Arten von Abfindungen ist gemeinsam, dass sie im Hinblick auf ein Arbeits- und Dienstverhältnis gezahlt werden. Die neuere Rechtsprechung nimmt deshalb unterhaltsrechtlich keine Differenzierung mehr vor; sie spricht der Abfindung Lohnersatzfunktion zu und behandelt sie unterhaltsrechtlich als Einkommen des Pflichtigen wie des Berechtigten.[3100] In welchem Umfange die Abfindung für Unterhaltszwecke zu verwenden ist, hängt von den Umständen des Einzelfalls ab: Erlangt der Unterhaltspflichtige **eine Arbeitsstelle ohne Einkommensverlust** bleibt die Abfindung jedenfalls bei der Bemessung des Unterhaltsbedarfs ohne Berücksichtigung.[3101] Der Unterhaltspflichtige hat Erträge aus der Abfindung für den Kindesunterhalt einzusetzen. Im Rahmen des Ehegattenunterhalts sind sie nicht prägend und damit erst zu verwenden, wenn die Einkünfte des Pflichtigen zur Deckung des eheangemessenen Bedarfs nicht ausreichend sind, etwa wegen des Hinzutretens weiterer gleichrangig Berechtigter. Erzielt der Pflichtige **geringere Einkünfte,** ist die Abfindung grundsätzlich einzusetzen, um diese auf das bisherige Niveau aufzustocken. Dies gilt einmal, wenn der Pflichtige Lohnersatz-

---

[3096] BGH FamRZ 2009, 307.

[3097] BGH FamRZ 2013, 191 mAnm *Born* FamRZ 2013, 194 = NJW 2013, 461 = MDR 2013, 95 Tz. 36.

[3098] *Maurer,* Unterhalt aus arbeitsrechtlicher Abfindung, FamRZ 2012, 1685.

[3099] BGH FamRZ 2012, 1040 (1044 f.) = NJW 2012, 1868 (1871 f.) = MDR 2012, 771 (774).

[3100] BGH FamRZ 2012, 1040 (1044 f.) = NJW 2012, 1868 (1871 f.) = MDR 2012, 771 (774); differenzierend noch BGH FamRZ 2001, 278 (282); FamRZ 2004, 1352 (1353) = MDR 2004, 1120 (1121); OLG Karlsruhe FamRZ 2014, 942 (943).

[3101] BGH FamRZ 2010, 1311 (1312 f.) = NJW 2010, 2582 (2583) = MDR 2010, 993f; FamRZ 2012, 1040 (1045) = NJW 2012, 1868 (1872) = MDR 2012. 771 (774).

leistungen bezieht,[3102] aber auch dann, wenn das aus dem neuen Arbeitsverhältnis bezogene Einkommen geringer ist als das bisherige.[3103] **In welcher Höhe** die Abfindung zur Aufstockung des Einkommens verwendet wird, hängt ebenfalls von den Umständen des Einzelfalls ab, zB von den Einkommensverhältnissen des Unterhaltsschuldners und seiner beruflichen Qualifikation.[3104] Wird sie kurz vor Erreichen der Regelaltersgrenze gezahlt, kann sie einzusetzen sein, um das bisherige Einkommensniveau bis zum Eintritt in das Rentenalter aufrechtzuerhalten.[3105] Bei voraussichtlich dauerhafter oder langandauernder Arbeitslosigkeit ebenso wie bei fehlenden Aussichten auf eine Einkommenssteigerung kann eine Verteilung auf einen längeren Zeitraum bei nur teilweiser Aufstockung des tatsächlichen Einkommens angemessen sein.[3106]

Für den Kindesunterhalt ist die Abfindung nach denselben Regeln zur Aufstockung des niedrigeren Einkommens einzusetzen.[3107] Erzielt der Unterhaltspflichtige ein Einkommen in bisheriger Höhe, soll es naheliegen die Abfindung unberücksichtigt zu lassen und dem Pflichtigen eine Vermögensbildung zu ermöglichen.[3108] Für Unterhaltszwecke des minderjährigen Kindes sind allerdings nach allgemeinen Regeln Erträge aus dem angelegten Vermögen einzusetzen.

880   Die **Abfindung braucht nicht vollständig für Unterhaltszwecke verwendet zu werden**.[3109] Der Verpflichtete kann sie im Einzelfall für unabweisbar notwendige Anschaffungen verwenden,[3110] auch zur Bezahlung fälliger Schulden.[3111] Dabei ist ein großzügiger Maßstab anzulegen, wenn der Pflichtige sein bisheriges Lohnniveau gehalten hat und nur Erträge für den Kindesunterhalt verwenden muss.

Ist der Eigenverbrauch unterhaltsrechtlich nicht anzuerkennen, zB wenn der Mindestbedarf minderjähriger Kinder nicht gedeckt ist,[3112] sind entsprechende fiktive Einkünfte zuzurechnen. → Rn. 675 f.

881   **Gegenstand des Zugewinnausgleichs** kann die Abfindung sein, wenn sie zur Zeit der Zustellung des Scheidungsantrags noch im Vermögen des zugewinnausgleichs- und unterhaltspflichtigen Ehegatten vorhanden war.[3113] Eine zweifache Teilhabe des Berechtigten an der Abfindung schließt die Rechtsprechung aus, da ein güterrechtlicher Ausgleich nur erfolgen kann, wenn die Vermögensposition nicht unterhaltsrechtlich oder im Ver-

---

[3102] BGH FamRZ 1982, 250 (251) = NJW 1982, 822; FamRZ 1987, 359 (360) = NJW 1987, 1554; FamRZ 2003, 432 (433) = NJW 2003, 1518 (1519); BGH NJW 2007, 2249 (2253) = MDR 2007, 1021 (1023); FamRZ 2012, 1040 (1045) = NJW 2012, 1868 (1872) = MDR 2012. 771 (774); OLG Brandenburg FamRZ 1995, 1220 (1221); OLG Dresden OLGR 2000, 51 (53); OLG Hamm NJW-RR 1996, 66; OLG Koblenz FamRZ 1991, 573; NJWE-FER 2000, 137 f.; OLG Karlsruhe NJWE-FER 2001, 136 f.; OLG Koblenz FamRZ 2006, 1447 (1448); OLG Frankfurt NJWE-FER 2001, 280 f.

[3103] BGH FamRZ 2012, 1040 (1044 f.) = NJW 2012, 1868 (1871 f) = MDR 2012, 771 (774); OLG Hamm FamRZ 2012, 1734 (LS.); **anders noch** BGH FamRZ 2003, 590 (591) = NJW 2003, 1518 (1519 f.).

[3104] OLG Karlsruhe FamRZ 2014, 942 (944),

[3105] BGH FamRZ 2012, 1040 (1045) = NJW 2012, 1868 (1872) = MDR 2012. 771 (774); OLG Hamm NJW-RR 2009, 508.

[3106] FamRZ 2012, 1040 (1045) = NJW 2012, 1868 (1872) = MDR 2012. 771 (774).

[3107] BGH FamRZ 2012, 1048 (1049) = NJW 2012, 1873 = MDR 2012, 774f; OLG Brandenburg FF 2014, 27 (29)

[3108] BGH FamRZ 2012, 1048 (1049) = NJW 2012, 1873 = MDR 2012, 774 (775).

[3109] BGH NJW 1990, 709 (711) = FamRZ 1990, 372.

[3110] OLG Koblenz FamRZ 1991, 573 (574).

[3111] OLG Celle FamRZ 1992, 590: 7158 EUR Abfindung auf 43.971 EUR fällige Schulden gezahlt; OLG Koblenz NJWE-FER 2000, 137 f.: nicht anerkannt: Kosten für eine Urlaubsreise nach Ostasien; ebenso OLG Karlsruhe NJWE-FER 2001, 113 (114) nicht anerkannt Schulden aus unangemessen teurer Lebensführung.

[3112] AG Flensburg FamRZ 2010, 128 (129).

[3113] Die bei Eingehung der Ehe vorhandene Abfindung ist naturgemäß Gegenstand des Anfangsvermögens. Eine Konkurrenz zum Unterhalt erscheint hier allerdings im Regelfall nicht.

sorgungsausgleich ausgeglichen wird.[3114] Ist eine Abfindung daher im Vergleichswege[3115] oder durch Beschluss in die Unterhaltsberechnung einbezogen, kommt sie als Gegenstand des güterrechtlichen Ausgleichs nicht mehr in Betracht. Die Einzelheiten, insbesondere die Frage, ob ein Wahlrecht zwischen Unterhalt und Zugewinn besteht (für den Berechtigten oder den Pflichtigen?) sind nach wie vor streitig.[3116] Man wird den Eheleuten jedenfalls die Möglichkeit einräumen müssen, in einem Ehevertrag anstelle einer unterhaltsrechtlichen Lösung die Berücksichtigung im Zugewinnausgleich zu wählen.

Übergangsgebührnisse und Übergangsbeihilfen ehemaliger Bundeswehrangehöriger **882** sind unterhaltspflichtiges Einkommen.[3117] Übergangsgebührnisse sind für einen bestimmten Zeitraum monatlich fortgezahlte Bezüge in Anlehnung an die früheren Dienstbezüge, also wie normales Arbeitseinkommen zu behandeln, während Übergangsbeihilfe, ein abfindungsgleicher einmaliger Betrag, dem ausgeschiedenen Soldaten den Übergang in einen Zivilberuf erleichtern soll, so dass dieses Einkommen unterhaltsrechtlich wie eine Abfindung (→ Rn. 879 f.) zu behandeln ist.[3118]

e) Bezüge bei Arbeitslosigkeit

Arbeitslosengeld I (§§ 136 ff. SGB III) ist Ersatz für infolge Arbeitslosigkeit fehlendes **883** Arbeitseinkommen und deshalb voll bei der Unterhaltsbemessung zu berücksichtigen.[3119] Es ist durch eigene lohnbezogene Abgaben während der Arbeitstätigkeit selbst verdientes Geld. Arbeitslosengeld und Krankengeld sind kein aus unzumutbarer Bemühung stammendes Einkommen, da in dieser Zeit Arbeit die Kinderbetreuung nicht hindert.[3120]

Die durch ein leibliches Kind bedingte Erhöhung des Arbeitslosengeldes (§ 149 Nr. 1 SGB III) ist unterhaltsrechtliches Einkommen auch für den Geschiedenenunterhalt,[3121] aber wohl nicht die Erhöhung verursacht durch das Kind des Ehegatten.

Arbeitslosengeld II – zusammengelegt aus Arbeitslosenhilfe und Sozialhilfe (§§ 19 ff. **884** SGB I – ist eine bedarfsabhängige staatliche Sozialleistung. Sie ist subsidiär; Unterhaltsansprüche des Empfängers gehen nach § 33 Abs. 1 SGB I auf den Leistungsträger über, so dass das Arbeitslosengeld jedenfalls für den Berechtigten nicht als unterhaltspflichtiges Einkommen anzusehen ist.[3122] Ob es Einkommen des Pflichtigen ist, erscheint zweifel-

---

[3114] BGH FamRZ 2003, 432 (433); FamRZ 2004, 1352 (1353) = MDR 2004, 1120 (1121); BGH FamRZ 2007, 1532 (1535) mAnm *Maurer* FamRZ 2007, 1538; OLG Karlsruhe FamRZ 2014, 942: Gegenstand des Zugewinnausgleichs ist die Abfindung, soweit sie nicht für Unterhaltszwecke benötigt wird.

[3115] BGH FamRZ 2004, 1352 (1353) = MDR 2004, 1120 (1121); BGH FamRZ 2007, 1532 (1535) mAnm *Maurer* FamRZ 2007, 1538.

[3116] Vgl. zB *Bergschneider*, Anm. zu BGH FamRZ 2004, 1352 in FamRZ 2004, 1353; *Kogel*, Anm. zu BGH FamRZ 2004, 1352 in FamRZ 2004, 1866; *Gerhardt/Schulz*, Verbot der Doppelverwertung von Abfindungen beim Unterhalt und Zugewinn, FamRZ 2005, 145 ff.; *Maier*, Vom Unterhalt bei Vermögensauseinandersetzung, FamRZ 2006, 897 ff. mwN; *Hoppenz*, Zur Konkurrenz von Unterhalt und Zugewinnausgleich, FamRZ 2006, 1242 ff.; *Schulz*, Zur Doppelberücksichtigung von Vermögenspositionen beim Unterhalt und Zugewinnausgleich, FamRZ 2006, 1237 ff.; *Maurer*, Zur Doppelberücksichtigung von Vermögenspositionen beim Unterhalt und Zugewinnausgleich, FamRZ 2005, 757 (759); *Balzer/Gutdeutsch*, Die Berücksichtigung doppelvalenter Vermögenspositionen bei der Berechnung des Zugewinnausgleichs und des Unterhalts, FamRZ 2010, 341 (346).

[3117] BGH FamRZ 1987, 930 (931); OLG Hamm NJW-RR 2004, 139; OLG Naumburg NJOZ 2003, 2395.

[3118] BGH FamRZ 1987, 930 (931); OLG Köln FamRZ 1995, 353 (354); OLG Naumburg, FamRZ 2003, 474 (475).

[3119] BGH FamRZ 1996, 1067 (1069); BSG FamRZ 1987, 274 (275).

[3120] BGH NJW 2007, 2249 (2252 f.) mAnm *Born* FamRZ 2007, 2253 f.; OLG Hamburg NJW-RR 1993, 647 (648); OLG Köln FamRZ 2006, 342 f.

[3121] BGH NJW 2007, 2249 (2252 f.) mAnm *Born* NJW 2007, 2253 f. = MDR 2007, 1021, (1022).

[3122] BGH FamRZ 2009, 307 (309).

haft, da es keine Lohnersatzfunktion hat, sondern der Unterhaltssicherung dient. Es liegt jedenfalls auch bei Einschluss der Kosten für die Unterkunft unter den Selbstbehaltssätzen der unterhaltsrechtlichen Leitlinien.[3123]

Kurzarbeitergeld, Schlechtwettergeld sind Einkommensersatz, also in vollem Umfange unterhaltsrechtlich zu berücksichtigen.

f) Renten

885   **aa) Allgemeines. Alle Renten** sind unterhaltspflichtiges Einkommen, und zwar unabhängig davon, ob sie nach ihrer sozialrechtlichen Zweckbestimmung als Einkommensersatz anzusehen sind, dem Ausgleich gesundheitsbedingt notwendigen Mehraufwandes oder der immateriellen Entschädigung dienen.

886   **bb) Schädigungsbedingter Mehraufwand.** Die konkrete Zweckbestimmung der Rente wird verwirklicht durch die Berücksichtigung der durch die gesundheitlichen Beeinträchtigungen verursachten Mehraufwendungen.

Wird die Rente wegen **eines Körper- oder Gesundheitsschadens** gezahlt, greift die Regelung des § 1610a BGB ein, der über §§ 1578a und 1360 Abs. 1 2. Hs. BGB auch für den Ehegattenunterhalt gilt: Es wird vermutet, dass die Kosten der Aufwendungen nicht geringer sind als die gezahlte Rente. Durch diese Regelung wird die Sozialleistung, wenn auch unterhaltsrechtliches Einkommen, de facto dem Unterhaltsrecht entzogen: Sie gilt als durch den notwendigen Aufwand des Geschädigten verbraucht, wenn nicht der Berechtigte (oder der Pflichtige) darlegt und beweist, dass eine zumindest überwiegende Wahrscheinlichkeit für das Gegenteil der gesetzlichen Vermutung besteht, also dafür, dass der Pflichtige die Sozialleistung zumindest teilweise nicht oder nicht zweckentsprechend verbraucht.[3124]

887   Hat die Rente dagegen **Einkommensersatzfunktion,** greift die Regelung des § 1610a BGB nicht. Gleichwohl ist der konkrete Mehraufwand der jeweiligen Schädigung in Abzug zu bringen,[3125] allerdings nur, wenn der Unterhaltspflichtige seine Aufwendungen im Einzelnen darlegt und beweist.

Dabei kommt ihm die Beweiserleichterung der §§ 113 FamFG, 287 ZPO zugute, die es dem Richter ermöglicht, anhand von Erfahrungssätzen den üblichen durch die Schädigung bedingten Mehraufwand zu schätzen. Geboten ist zudem eine großzügige Betrachtungsweise, in die auch die immateriellen Beeinträchtigungen oder der ideelle Zweck der Rente einfließen können.[3126]

888   **Beispiele für schädigungsbedingten Mehraufwand** sind für einen doppelseitig beinamputierten Schwerbeschädigten die Kosten der Haltung und Benutzung eines Pkw[3127] oder auch Kosten für Hilfskräfte im Haushalt[3128]. In Ausnahmefällen (Heimunterbringung) kann es gerechtfertigt sein, von einer konkreten Berechnung des Mehraufwands zugunsten einer angemessenen Erhöhung des Selbstbehalts abzusehen.[3129]

[3123] *Klinkhammer,* Änderungen im Unterhaltsrecht nach „Hartz IV" FamRZ 2004, 1909 (1913); ablehnend für den Fall einer sozialrechtlichen Bedarfsgemeinschaft OLG Bremen NJW-RR 2007, 511 (512) mwN = FamRZ 2007, 1036 (1037 f.).

[3124] OLG Bamberg FamRZ 1992, 185 f.; OLG Hamburg FamRZ 1992, 444 (446); OLG Schleswig FamRZ 1992, 471; *Künkel* FamRZ 1991, 1131 (1134).

[3125] BGH FamRZ 1981, 338 (339 f.); 1981, 1165 (1167) = NJW 1982, 41; FamRZ 1982, 579 = NJW 1982, 1594 – LS –; OLG Düsseldorf FamRZ 1982, 380.

[3126] BGH FamRZ 1981, 338 (339 f.); FamRZ 1981, 1165 (1167) = NJW 1982, 41; *Künkel* FamRZ 1991, 1131 (1132).

[3127] BGH FamRZ 1982, 579.

[3128] OLG Düsseldorf FamRZ 1982, 380.

[3129] BGH FamRZ 1981, 1165 (1167).

cc) Renten für Körper- und Gesundheitsschäden. § 1610a BGB umfasst alle Renten 889
im Sinne des § 5 Abs. 1 SGB I und damit beispielhaft folgende:

- Schwerbeschädigten-Grundrente (§ 31 BVersG);
- Pflegezulage (§ 35 BVersG);[3130]
- Contaganrente[3131] bis zur Höhe der Grundrente nach § 31 BVersG;[3132]
- Blindengeld nach den jeweiligen Landesgesetzen;[3133]
- Kleiderzulage (§ 15 BVersG),[3134] Führhundzulage (§ 14 BVersG);
- Opferentschädigungsrente nach § 17a StrRehaG[3135]

dd) Renten mit Einkommensersatzfunktion. Renten, bei denen der abzugsfähige 890
Mehrbedarf konkret zu ermitteln ist, sind zB:

- **Altersrenten, Pensionen, sonstige Ruhestandsbezüge.** Sie sind regelmäßig wieder-
  kehrende, gleich bleibende Geldbeträge, die nach altersabhängiger Beendigung des
  Arbeitslebens dem Unterhaltsschuldner gezahlt werden. Sie treten an die Stelle des
  Arbeitseinkommens und sind voll für Unterhaltszwecke zu berücksichtigen.
- Erwerbsunfähigkeitsrente;[3136]
- Unfallrente (§§ 56 ff. SGB VII), Verletztenrente;[3137] auch wenn diese aus einer privaten
  Unfallversicherung gezahlt wird;[3138]
- Ausgleichsrente (§ 32 BVersG) und Berufsschadensausgleichsrente (§ 30 Abs. 3
  BVersG), die dem Ausgleich der wirtschaftlichen Folgen allgemeiner Erwerbsschädi-
  gungen dienen;[3139]
- Ehegattenzuschlag für Schwerbeschädigte (§ 33a BVersG), der ausdrücklich für „Ehe-
  gatten" gezahlt wird;
- Wiedergutmachungsrente;[3140]
- Waisen- und Halbwaisenrente[3141] werden unterhaltsrechtlich nur aktuell beim Berech-
  tigten. Sie sind Kindeseinkommen und mindern die Unterhaltbedürftigkeit,[3142] auch
  Waisenrente nach einem Stiefvater.[3143] → Rn. 616, 617.

ee) Rentennachzahlungen. Rentennachzahlungen sind nicht auf vergangene Unter- 891
haltszeiträume unterhaltserhöhend umzulegen, sondern für die künftige Unterhaltsgewährung – ggf. über §§ 238 f. FamFG – auf einen längeren Zeitraum verteilt unterhaltsrechtlich zu berücksichtigen. Eine Umrechnung solcher Nachzahlungen auf zurücklie-

---

[3130] Zum Zweck dieser Leistung: BGH FamRZ 1981, 1165 (1166 f.) = NJW 1982, 41; NJW 1982,
1999 = DAVorm 1982, 771 (773); OLG Düsseldorf FamRZ 1982, 380.
[3131] Gesetz über die Errichtung einer Stiftung „Hilfswerk für behinderte Kinder" v. 17.12.1971
(BGBl. I, S. 2018).
[3132] OLG Hamm FamRZ 1986, 1101 = NJW-RR 1987, 393.
[3133] OLG Schleswig FamRZ 1992, 471 = NJW-RR 1992, 390.
[3134] BGH FamRZ 1982, 579 (580); NJW 1982, 1999 = DAVorm 1982, 772 (773).
[3135] OLG Hamm FamRZ 2016, 64 (65f), ebenso BGH FamRZ 1983, 674 zu §§ 28, 31 BEG.
[3136] BGH FamRZ 1981, 338 (339 f.) = NJW 1981, 1313; FamRZ 1981, 1165 (1166 f.) = NJW 1981,
41; FamRZ 1982, 898 (899) = NJW 1982, 1199; OLG Köln FamRZ 2001, 1524 = NJWE-FER 2001,
67.
[3137] BGH FamRZ 1982, 252 = NJW 1982, 1593; OLG Brandenburg NJW-RR 2009, 1371 (1372);
OLG Celle FamRZ 1994, 1324 (1325); OLG Frankfurt FamRZ 1979, 139; OLG Hamm FamRZ 2001,
441.
[3138] OLG Brandenburg FamRZ 2004, 484.
[3139] OLG Hamm FamRZ 1992, 186.
[3140] BGH FamRZ 1983, 674.
[3141] Siehe BSG NJW 1987, 2894 zur Halbwaisenrente nach dem Opferentschädigungsgesetz und
dem Bundesversorgungsgesetz.
[3142] BGH FamRZ 1980, 1109 (1110 f.) = NJW 1981, 168.
[3143] BGH FamRZ 1980, 1109 (1110 f.) = NJW 1981, 168.

gende Zeiträume entsprechend dem Verfahren bei Urlaubs- oder Weihnachtsgeld scheidet aus, weil die Nachzahlung nicht entsprechend zuverlässig wiederkehrend in gleichen Zeitabständen und vergleichbaren Größen gezahlt wird.[3144]

g) Sozialstaatliche Zuwendungen

892   **aa) Kindergeld. Das Kindergeld,** das ursprünglich als Ausgleich für die Last der Familie durch die Kindererziehung[3145] gezahlt wurde, ist in der Folgezeit auf der Grundlage des JahressteuerG 1996 zu einem „Familienleistungsausgleich" entwickelt worden.

Rechtsgrundlage für seine Auszahlung sind im Regelfall die §§ 62 ff. EStG. Nach § 62 EStG steht das Kindergeld beiden Eltern zu. Die Auszahlung erfolgt nach § 64 Abs. 1 EStG an einen Berechtigten und zwar nach § 64 Abs. 2 EStG – verfassungskonform[3146] – an denjenigen, der das Kind in seinen Haushalt aufgenommen hat.[3147] Lebt das Kind im Haushalt beider Eltern bzw. eines Elternteils und eines sonstigen Berechtigten, bestimmen diese den Zahlungsempfänger. Bei Unstimmigkeiten entscheidet das Familiengericht (durch den Rechtspfleger) auf Antrag eines Elternteils (§§ 64 Abs. 2 S. 3 und 64 Abs. 3 S. 4 EStG).

Das Bundeskindergeldgesetz (zuletzt BGBl. I 2015, S. 1202) ist Rechtsgrundlage für die Auszahlung an Eltern, die – zB als Lehrer an einer deutschen Schule – nur beschränkt steuerpflichtig sind, und an Kinder, die weder bei den Eltern, weil sie verstorben oder unbekannten Aufenthalts sind, noch bei sonstigen Dritten als Kinder geführt werden. **Steuerrechtlich** wird das Kindergeld monatlich als vorweggenommene Steuervergünstigung ausgezahlt. Im Rahmen der Steuerveranlagung überprüft das Finanzamt von Amts wegen (§ 31 S. 4 EStG), ob die steuerliche Vergünstigung durch den Kinderfreibetrag (§ 32 EStG) das im Veranlagungszeitraum erhaltene Kindergeld übersteigt. Ist dies – bei höheren Einkommen – der Fall, wird die um das erhaltene Kindergeld ermäßigte Steuervergünstigung den Eltern gutgeschrieben, ansonsten verbleibt es bei dem ausgezahlten Betrag.

Das Kindergeld betrug vom 1.1.2010 bis zum 31.12.2014 unverändert für das erste und zweite 184 EUR, für das dritte 190 EUR und für das vierte und jedes weitere Kind je 215 EUR monatlich (§ 66 EStG). Ab dem 1.1.2015[3148] ist es zweimal erhöht worden: Vom 1.1.2015 bis zum 31.12.2015 wurden gezahlt für das erste und zweite Kind 188 EUR, für das dritte Kind 194 EUR und 219 EUR für das vierte und jedes weitere Kind. Am 1.1.2016 ist eine weitere Erhöhung in Kraft getreten auf 190 EUR für das erste und zweite Kind, 196 EUR für ein drittes und 221 EUR für ein viertes und jedes weitere Kind.

893   **Der unterhaltsrechtliche Charakter des Kindergeldes** hat durch das Unterhaltsrechtsänderungsgesetz mit Wirkung ab dem 1.1.2008 eine grundlegende Änderung erfahren:[3149] Nach § 1612b BGB dient das Kindergeld der Deckung des Barbedarfs des Kindes. Es wird hälftig zur Bedarfsdeckung herangezogen, wenn ein Elternteil seine Unterhaltspflicht durch die Betreuung des Kindes erfüllt (§ 1612b Abs. 1 Nr. 2 BGB), vollständig bei volljährigen Kindern oder in den Fällen, in denen beide Eltern ausnahmsweise ihrem minderjährigen Kind zum Barunterhalt verpflichtet sind (§ 1612b Abs. 1 Nr. 2 BGB). Sind mehrere Kinder vorhanden, so ist das auf das jeweilige Kind entfallende Kindergeld

---

[3144] BGH FamRZ 1985, 155 (156) = NJW 1985, 486 = MDR 1985, 474.

[3145] Zuletzt BGH FamRZ 1988, 834 = NJW 1988, 2375; FamRZ 1990, 979 = NJW-RR 1990, 578 (579).

[3146] BFH FamRZ 2005, 618 (619).

[3147] Zum Begriff der Haushaltsaufnahme: BFH FamRZ 2005, 618 (619).

[3148] Gesetz zur Anhebung des Grundfreibetrages, des Kinderfreibetrages, des Kindergeldes und des Kindergeldzuschlags vom 16.7.2015, BGBl. I 2015, 1202.

[3149] Zur Rechtslage bis zum 31.12.2007 s. Rn. 893 ff. der 10. Auflage.

zur Bedarfsdeckung einzusetzen. Damit hat der Gesetzgeber eine zur Kindergeldanrechnung bei volljährigen Kindern ergangene Rechtsprechung[3150] zur Regelung für alle Kinder erhoben. Er hat damit eine unterhaltsrechtliche Zweckbindung des Kindergeldes ausgesprochen:[3151] Es deckt unmittelbar – ganz oder hälftig – den Barbedarf des Kindes und steht damit unterhaltsrechtlich eigenem **Einkommen des Kindes** gleich.[3152] Diese gesetzgeberische Zweckbestimmung hat für die Unterhaltsberechnung bedeutsame Konsequenzen:

- **Kindesunterhalt.** Der vom Barunterhaltspflichtigen geschuldete Kindesunterhalt errechnet sich in jeder Altersstufe der Düsseldorfer Tabelle dadurch, dass von dem Tabellenbetrag das Kindergeld in dem durch § 1612b BGB bestimmten Umfang abzusetzen ist.[3153] Beim **minderjährigen Kind,** das von einem Elternteil überwiegend betreut wird, erfolgt die Kindergeldanrechnung nach § 1612b Abs. 1 Nr. 1 BGB hälftig, dh, von dem sich nach den Alters- und Einkommensstufen der Düsseldorfer Tabelle ergebenden Tabellenbetrag ist der hälftige Kindergeldanteil in Abzug zu bringen. **894**

  Beim **volljährigen Kind** ist das Kindergeld nach § 1612b Abs. 1 Nr. 2 BGB in vollem Umfange vom Barbedarf des Kindes abzusetzen. Das gleiche gilt, wenn beide Eltern einem minderjährigen Kind zum Barunterhalt verpflichtet sind, weil es zB außerhalb des Elternhauses in einem Kinderheim untergebracht ist (→ Rn. 951).

  Praktizieren die Eltern ein **paritätisches Wechselmodell,** sind sie nach der Rechtsprechung des *Bundesgerichtshofs* ebenfalls beide zur Zahlung von Barunterhalt verpflichtet.[3154] Die Anrechnung des Kindergeldes im Wechselmodell ist höchstrichterlich noch nicht entschieden. Gegen die Anwendung des § 1612b Abs. 1 Nr. 2 BGB spricht, dass beide Elternteile – anders als in den Fällen des Heimaufenthaltes – Betreuungsleistungen erbringen. Da dieser Betreuungsanteil bei beiden Elternteilen gleich ist, erscheint es gerechtfertigt, vom Barbedarf des im Wechselmodell betreuten Kindes zunächst das hälftige Kindergeld – gewissermaßen den auf den Barunterhalt entfallenden Anteil – abzusetzen, die Haftungsanteile der Eltern zu ermitteln und von den entsprechenden Anteilen die zweite Hälfte des Kindergeldes – den Betreuungsanteil – gleichmäßig bei beiden Eltern in Abzug zu bringen.[3155]

- **Ehegattenunterhalt. Vorwegabzug des Zahlbetrages.** Zur Errechnung des Ehegattenunterhalts ist sowohl auf der Ebene des Bedarfs[3156] als auch zur Ermittlung der Leistungsfähigkeit[3157] der Kindesunterhalt mit seinem Zahlbetrag, also mit dem um das **895**

[3150] BGH FamRZ 2006, 99 (103) mAnm *Viefhues* FamRZ 2006, 103 und Anm. *Scholz* FamRZ 2006, 106; BGH FamRZ 2006, 774; FamRZ 2007, 542 (543); OLG Stuttgart FamRZ 2007, 75 (76), auch für das privilegierte volljährige Kind.

[3151] *Scholz,* Der Kindesunterhalt nach dem Gesetz zur Änderung des Unterhaltsrechts, FamRZ 2007, 2021 (2024).

[3152] BGH FamRZ 2009, 1300 (1304) mAnm *Schürmann* FamRZ 2009, 1306 f. = NJW 2009, 2523 (2526) mAnm *Born* NJW 2009, 2529; FamRZ 2009, 1477 (1478) = NJW 2009, 2744 (2746) = MDR 2009, 1111 f.; OLG Hamm NJW-RR 2008, 882 (883); *Scholz,* FamRZ 2007, 2024.

[3153] Zur Rechtslage bis zum 31.12.2007 in Anwendung des § 1612 Abs. 5 BGB aF s. Rn. 900 ff. der 9. Aufl.

[3154] BGH FamRZ 2014, 917 mAnm *Schürmann* FamRZ 2014, 921 = NJW 2014, 1958, Tz. 29; FamRZ 2015, 236 mAnm *Born* FamRZ 2015, 238 = NJW 2015, 331, Tz. 17 f.

[3155] BGH Beschl. v. 20.4.2016 XII ZB 45/15 Tz. 29 u. 31. OLG Dresden FamRZ 2016, 470 (472 f.) = MDR 2015, 1368 (1369 f.); *Klinkhammer* in Wendl/Dose, § 2 Rz. 450 aE; **aA** OLG Düsseldorf FamRZ 2014, 567, Tz. 34, wonach keine Anrechnung des Kindergeldes auf den Bedarf des Kindes, sondern nur ein hälftiger Ausgleich zwischen den Eltern erfolgen soll.

[3156] BGH FamRZ 2009, 1300 (1304) mAnm FamRZ 2016, 470 (472 f.) *Schürmann* FamRZ 2009, 1306 f. = NJW 2009, 2523 (2526) mAnm *Born* NJW 2009, 2529.

[3157] BGH FamRZ 2009, 1477 (1478) = NJW 2009, 2744 (2746) = MDR 2009, 1111 f.; FamRZ 2010, 869; OLG Hamm NJW-RR 2008, 882 (883); OLG Zweibrücken FamRZ 2009, 49 (50); **aA** OLG Düsseldorf FamRZ 2009, 338 (339 f.).

anteilige Kindergeld ermäßigtem Tabellenbetrag abzusetzen. Damit ist der Kindergeld-anteil des Barunterhaltspflichtigen zu 3/7 (bzw. 4,5/10) für den Ehegattenunterhalt zu verwenden und ist daher in der entsprechenden Höhe auch unterhaltspflichtiges Einkommen des Schuldners. Dieser Paradigmenwechsel[3158] ist vom Gesetzgeber ausdrücklich gewollt.[3159]Er verletzt nicht das verfassungsrechtliche Gebot der Gleichbehandlung von Bar- und Betreuungsunterhalt.[3160]

896 • **Anspruch des Kindes.** Wird das Kindergeld wie Einkommen des Kindes behandelt, kann das – minderjährige wie volljährige – Kind verlangen, dass das Kindergeld für Zwecke seines Unterhalts verwendet wird. Geschieht dies nicht, etwa weil der das Kindergeld erhaltende Elternteil nicht leistungsfähig ist, wird ein zivilrechtlicher Anspruch des Kindes auf Auskehrung des Kindergeldes zu bejahen sein.[3161] Das Kindergeld wird allerdings auch dann für Unterhaltszwecke verwendet, wenn dem Kind Kost und Logis gewährt werden. Das volljährige Kind, das bei dem ansonsten nicht leistungsfähigen Elternteil lebt, hat daher keinen Anspruch auf Zahlung des Kindergeldes an sich.[3162]

Verlangen kann das Kind eine Auszahlung auf öffentlich-rechtlichem Weg (§§ 48 Abs. 1 SGB I, 76 EStG).

897 **Der Zählkindervorteil** bleibt auch nach neuem Recht unberücksichtigt: Nach § 1612b Abs. 2 BGB ist das Kindergeld, das wegen der Betreuung eines nicht gemeinschaftlichen Kindes erhöht ist, im Umfang der Erhöhung nicht bedarfsdeckend zu berücksichtigen.

898 **Die Pfändung von Kindergeld** ist nach §§ 54 Abs. 5 SGB I, 76 EStG nur noch zulässig zugunsten unterhaltsberechtigter Kinder, die bei Festsetzung des Kindergelds berücksichtigt worden sind, so dass die Pfändung für andere Gläubiger nunmehr ausgeschlossen ist (§ 54 Abs. 5 SGB I, 76 EStG).

899 **Mindestbedarf.** Der Mindestbedarf eines Kindes ist seit 1.1.2008 in § 1612a BGB geregelt und war zunächst ausgerichtet am doppelten Freibetrag für das sächliche Existenzminimum eines Kindes nach § 32 Abs. 6 EStG. Vom 1.8.2015 bis zum 31.12.2015 waren in der ersten Altersgruppe als Mindestunterhalt 328 EUR zu zahlen, in der zweiten 376 EUR und in der dritten 440 EUR. Das anzurechnende Kindergeld ist bis zum 31.12.2015 eingefroren worden, dh, für Unterhaltsansprüche bis 31.12.2015 ist von den Tabellenbeträgen das bis zum 31.12.2014 geltende Kindergeld von 184 EUR für ein erstes und zweites Kind, 190 EUR für ein drittes und 215 EUR für ein viertes und jedes weitere Kind in dem durch § 1612b BGB bestimmten Umfange abzusetzen.

Die Anknüpfung an den Kinderfreibetrag ist durch das Gesetz zur Änderung des Unterhaltsrechts und des Unterhaltsverfahrensrechts sowie zur Änderung der Zivilprozessordnung und kostenrechtlicher Vorschriften vom 20.11.2015 (BGBl. 2015 I, 2018) aufgehoben worden. Der Mindestunterhalt richtet sich seitdem unmittelbar nach dem sächlichen Existenzminimum. Seine Höhe wird seit dem 1.1.2016 im Verordnungswege festgelegt. § 1612a Abs. 4 BGB in der ab dem 1.1.2016 geltenden Fassung enthält eine Verordnungsermächtigung: das Bundesministerium der Justiz und für Verbraucherschutz wird ermächtigt, den Mindestunterhalt erstmals zum 1.1.2016 und sodann alle zwei Jahre durch Rechtsverordnung zu bestimmen.

Nach der MindestunterhaltsVO vom 3.12.2015 (BGBl. 2015 I, 2188) beträgt der Mindestunterhalt ab dem 1.1.2016 in der ersten Altersgruppe 335 EUR, 384 EUR in zweiten

---

[3158] Zur Rechtslage bis zum 31.12.2007: BGH FamRZ 1997, 806 (807) = NJW 1997, 1919 (1921): Kindergeld ist kein unterhaltspflichtiges Einkommen der Eltern; s. auch Rn. 893 ff. der 9. Auflage.

[3159] BT-Drs. 16/1830 S. 29.

[3160] BVerfG FamRZ 2011, 1490 (1491) mAnm *Borth* FamRZ 2011, 1494 = NJW 2011, 3215 = FF 2011, 403 (404 f.).

[3161] BGH NJW 2006, 57; OLG Naumburg FamFR 2009, 15 *(Born); Scholz* FamRZ 2007, 2024; anders die 9. Auflage Rn. 895.

[3162] *Scholz* FamRZ 2007, 2025.

und 450 EUR in dritten. Zu berücksichtigen ist das ab 1.1.2016 geltende Kindergeld von 190 EUR für das erste und zweite Kind, 196 EUR für ein drittes und 221 EUR für ein viertes und jedes weitere Kind. Zum 1.1.2017 tritt eine weitere Erhöhung in Kraft, und zwar auf 342 EUR in der ersten, 393 EUR in der zweiten und 460 EUR in der dritten Altersstufe, jeweils unter Berücksichtigung des seit dem 1.1.2016 gezahlten Kindergeldes.

bb) Kinderzuschüsse, -zulagen, -zuschläge. **Kinderzuschüsse, -zulagen und -zu-** 900 **schläge** werden als sonstige kindbezogene Leistung nach § 1612c BGB in gleicher Weise wie das Kindergeld behandelt, wenn sie es ersetzen. Es handelt sich dabei um die in §§ 65 Abs. 1 Nr. 1 bis 3 EStG, 4 Abs. 1 Nr. 1 bis 3 BKGG aufgeführten Leistungen, nämlich Kinderzulagen und -zuschüsse bei der gesetzlichen Unfall- und Rentenversicherung, dem Kindergeld vergleichbare Zahlungen an Kinder im Ausland oder von einer zwischen- bzw. überstaatlichen Einrichtung. Auch der im Frühjahr 2009 gemeinsam mit dem Kindergeld einmalig gezahlte **Kinderbonus** nach § 66 Abs. 3 EStG, 6 Abs. 3 BKGG soll wie Kindergeld zu behandeln sein.[3163]

In **Mangelfällen** (keine oder unzureichende Unterhaltsleistung) ist eine Auszahlung 901 des gesamten kindergeldersetzenden Zuschusses – Abzweigung gem. §§ 74 Abs. 1 EStG, 48 Abs. 1 SGB I – direkt an das Kind zulässig,[3164] auch wenn höher als der Unterhalts- anspruch, da andernfalls der Rentenempfänger sich den wirtschaftlichen Nutzeffekt des Kinderzuschlags selbst zueignen würde.[3165] Das gilt auch dann, wenn dadurch der Selbst- behalt des Rentenempfängers unterschritten wird.[3166] Ein unterhaltsrechtlicher Anspruch auf Auskehrung des Kinderzuschusses ist wegen des gesetzlichen Gleichlaufs mit dem Kindergeld zu bejahen.[3167]

cc) Kindbezogene Einkommensbestandteile. Erhöhter Familienzuschlag,[3168] Sozial- 902 zuschlag[3169] und sonstige kindbezogene Einkommensbestandteile,[3170] auch Auslandskin- derzuschlag,[3171] Unterschiedsbetrag[3172] von Ruhestandsbeamten uä Leistungen sind all- gemeines unterhaltspflichtiges Einkommen.[3173] Sie werden mit Rücksicht auf das Arbeits- und Dienstverhältnis des Pflichtigen gezahlt und sind zur Ermittlung des Ehegattenunter- halts heranzuziehen, und zwar auch, wenn sie durch die Geburt eines nicht gemeinschaft- lichen Kindes ausgelöst oder erhöht werden.[3174]

dd) Wohngeld. **Wohngeld**[3175] **ist unterhaltspflichtiges Einkommen.**[3176] Es erhöht die 903 Leistungsfähigkeit des Pflichtigen allerdings nur, soweit ihm nicht unvermeidbar hohe

---

[3163] AG Offenburg FamRZ 2009, 2014 (LS.).
[3164] BGH NJW 1984, 1614 (1615); BGH FamRZ 1988, 604; BSG DAVorm 1982, 288; OLG Frankfurt FamRZ 1984, 87; OLG Hamm FamRZ 1980, 890.
[3165] BSG DAVorm 1982, 288; BGH FamRZ 1988, 604 (606).
[3166] OLG Frankfurt FamRZ 1984, 87.
[3167] → Rn. 896.
[3168] BGH FamRZ 1983, 49 (50) = NJW 1983, 933; FamRZ 1984, 374 (376) = NJW 1984, 1458; OLG Frankfurt FamRZ 1979, 1053; FamRZ 1980, 183 (184); DAVorm 1982, 77; OLG Karlsruhe FamRZ 1982, 115; OLG Düsseldorf FamRZ 1982, 1108 (1109); OLG Köln FamRZ 1983, 706; FamRZ 1983, 750 (753).
[3169] BGH DAVorm 1982, 263 (265).
[3170] BGH FamRZ 1983, 49 (50); FamRZ 1984, 374 = NJW 1984, 1458.
[3171] BGH FamRZ 1983, 49 (50).
[3172] Vgl. OLG München FamRZ 1980, 459 (für Ausgleich).
[3173] BGH NJW-RR 1990, 580 (581) = FamRZ 1990, 981; FamRZ 1990, 1091 (1092); OLG Karls- ruhe DAVorm 2000, 168.
[3174] BGH FamRZ 2007, 882 (885) = MDR 2007, 1079 (Ls.) sowie – für das Arbeitslosengeld I – BGH NJW 2007, 2249 (2253) mAnm *Born* NJW 2007, 2253 f.
[3175] Wohngeldgesetz idF der Bekanntmachung vom 2.1.2002, BGBl. I 2002, S. 1 ff.
[3176] OLG Zweibrücken NJWE-FER 2001, 6 für Berechtigten.

Wohnkosten gegenüber stehen.[3177] Dabei soll der Bezug von Wohngeld nach der Rechtsprechung des BGH ein Indiz dafür sein, dass den Unterhaltsverpflichteten Wohnkosten treffen, die unterhaltsrechtlich als erhöht zu werten sind.[3178] Das Wohngeld ist daher im Ergebnis unterhaltsrechtliches Einkommen nur, soweit es nicht durch die Wohnkosten aufgezehrt ist, was von demjenigen zu beweisen ist, der sich darauf beruft.[3179]

904   **Unzumutbar hoher Wohnaufwand** liegt nicht schon dann vor, wenn der in den Selbstbehaltssätzen der Unterhaltstabellen enthaltene Wohnaufwand überschritten wird.[3180] Üblicherweise werden vielmehr mindestens 18 bis 25 Prozent des Einkommens für Wohnzwecke eingesetzt. Für den Pflichtigen ist allerdings zu berücksichtigen, dass unvermeidbar hohe Wohnkosten, die über den Tabellenwerten liegen, den Selbstbehalt erhöhen, so dass sie zumindest im Mangelfall vollständig zu berücksichtigen sind.

905   **ee) Sozialhilfe. Sozialhilfe nach §§ 41 ff. SGB XII** wird seit dem 1.1.2005 nur noch an nicht erwerbsfähige Hilfebedürftige geleistet. Sie ist kein unterhaltsrechtliches Einkommen[3181] und mindert weder die Bedürftigkeit des Berechtigten, und zwar selbst dann nicht, wenn ein Übergang des Unterhaltsanspruches auf den Sozialhilfeträger nicht in Betracht kommt,[3182] noch begründet sie eine Leistungsfähigkeit des Pflichtigen. Für ihn dient sie als subsidiäre Leistung der Deckung des notwendigen eigenen Bedarfs. Nur soweit in ihr Beträge zur Fremdverwendung, zB Kinderzulagen, enthalten sind, sind diese voll zur Unterhaltszahlung zu verwenden.

906   **ff) Grundsicherung. Leistungen nach dem Gesetz über die bedarfsorientierte Grundsicherung im Alter und bei Erwerbsminderung**[3183] sind ebenfalls subsidiäre Sozialleistungen, die nur im Bedarfsfalle gewährt werden. Sie können daher eine Leistungsfähigkeit des Unterhaltspflichtigen nicht begründen.[3184] Zu ihrem Einfluss auf die Bedürftigkeit des Berechtigten, → Rn. 222.

907   **gg) Unterhaltshilfe LAG. Die Unterhaltshilfe nach dem Lastenausgleichsgesetz (LAG)** steht dem zu, der durch Kriegs- oder Nachkriegsereignisse Vermögensschäden erlitten, also insoweit ein „Sonderopfer" gebracht hat. Sie ist Ersatz für verlorengegangene Existenz, also voll unterhaltspflichtiges Einkommen, da sie an der Stelle verlorengegangener anderweitiger Einkommensquellen steht.

908   **hh) BAföG. BAföG-Leistungen** sind Einkommen des Unterhaltsverpflichteten, wenn nicht als Darlehen gewährt. Ihre Höhe wird allerdings im Regelfall Unterhaltsleistungen nicht zulassen. Für BAföG vergleichbare Ausbildungsförderungen[3185] gilt Entsprechendes.

909   **ii) Berufsausbildungsbeihilfe. Berufsausbildungsbeihilfe (§§ 60 ff. SGB III)** ist zwar gegenüber Unterhaltsansprüchen und sonstigen Einkommen subsidiär und mindert die

---

[3177] BGH FamRZ 1982, 587 = NJW 1982, 684; FamRZ 2003, 860 (862); FamRZ 2012, 1201 (1202) = NJW 2012, 2190.

[3178] BGH FamRZ 1982, 587 (589) = NJW 1982, 684; FamRZ 2012, 1201 (1202) = NJW 2012, 2190.

[3179] BGH FamRZ 2012, 1201 (1202) = NJW 2012, 2190.

[3180] So aber OLG Frankfurt NJW-RR 1988, 1475.

[3181] BSG NJW 1974, 2152: die Fürsorge knüpft an die Hilfsbedürftigkeit an; Sozialhilfe für Berechtigten vgl.: BGH FamRZ 1981, 30 (31 f.); FamRZ 1983, 574 = NJW 1983, 1481; FamRZ 1984, 364; vgl. ferner bei Bedarf → Rn. 649–660.

[3182] BGH FamRZ 2000, 1358 (1359); FamRZ 2001, 619 (620).

[3183] Geregelt im SGB XII (Art. I des Gesetzes vom 27.12.2003, BGBl. 2003 I, S. 3022, zuletzt geändert durch Art. 10 des Gesetzes vom 26.3.2007, BGBl. 2007 I, S. 378.

[3184] OLG Koblenz FamRZ 2015, 1970 (1971).

[3185] Zur Niedersächsischen Ausbildungsförderung siehe: BGH NJW-RR 1986, 748 (EUR Unt.-Ber.).

Bedürftigkeit des Berechtigten nicht.[3186] Für den Pflichtigen ist sie, wenn sonstige Einkünfte nicht erzielt werden, verfügbares Einkommen, auf dessen Zweckbestimmung nicht abgestellt werden darf. Diese Mittel werden jedoch schwerlich eine Höhe, die eine Unterhaltsverwendung rechtfertigt, erreichen können.[3187]

jj) Beihilfe im Krankheitsfall. Beihilfe ist ihrer Natur nach immer reiner Aufwendungsersatz und deshalb kein anrechenbares Einkommen.[3188]   910

kk) Mutterschaftsgeld. Mutterschaftsgeld (§§ 13, 14 MutterschutzG, 200 RVO) ist   911
anrechenbares Einkommen.

ll) Elterngeld, Pflegegeld. Elterngeld nach dem Gesetz zum Elterngeld und zur Elternzeit (BEEG vom 5.12.2006, BGBl. I, S. 2748) wird für alle nach dem 1.1.2007 geborenen Kinder gezahlt. War der betreuende Elternteil zur Zeit der Geburt nicht berufstätig, erhält er einen Betrag von 300 EUR monatlich. War er erwerbstätig und gibt er die Erwerbstätigkeit ganz oder teilweise auf, beträgt das Elterngeld 67 % des durchschnittlichen Nettoeinkommens, höchstens 1800 EUR (§ 2 Abs. 1 S. 1 BEEG). Die Zahlungen werden verfassungskonform[3189] 12 Monate erbracht, 14 Monate nur, wenn der andere Elternteil für mindestens zwei Monate die Kinderbetreuung übernimmt (§ 4 Abs. 3 S. 1 BEEG). Der Sockelbetrag des Elterngeldes von 300 EUR ist unterhaltspflichtiges Einkommen, das der Pflichtige für Unterhaltszwecke einzusetzen hat, nur, wenn sein Bedarf in einer neuen Verbindung gedeckt ist (→ Rn. 754) oder wenn die Voraussetzungen des § 1579 BGB vorliegen (§ 11 S. 4 BEEG). Der darüber hinaus gezahlte Betrag hat Lohnersatzfunktion und ist damit grundsätzlich unterhaltsrechtliches Einkommen.[3190]   912
Landeserziehungsgeld, das in Bayern nach dem Bayrischen Landeserziehungsgeldgesetz gezahlt wird, hat keine Lohnersatzfunktion, sondern ist eine subsidiäre Sozialleistung und damit unterhaltsrechtlich ohne Bedeutung.[3191] Gleiches gilt für das in Sachsen gezahlte Erziehungsgeld (Sächsisches Landeserziehungsgeldgesetz).   913
Pflegegeld[3192] nach dem Pflegeversicherungsgesetz (§ 37 SGB XI),[3193] nach §§ 26 ff.   914
SGB VI Abs. 2, 69 ff. SGB XII sowie auf Grund von Landespflegegesetzen[3194] ist in der Regel nicht als unterhaltspflichtiges Einkommen des Pflegenden anzusehen, denn nach § 13 Abs. 4 des Gesetzes über die soziale Pflegeversicherung (SGB XI) bleibt das an den Pflegenden geleistete Pflegegeld bei der Ermittlung der Unterhaltsansprüche und Unterhaltsverpflichtungen unberücksichtigt.[3195] Eine Ausnahme[3196] gilt für den Unterhalts-

---

[3186] Vgl. BGH NJW-RR 1986, 426 (427) = FamRZ 1986, 151; OLG Brandenburg NJWE-FER 2001, 70; OLG Oldenburg DAVorm 1988, 811; OLG Schleswig FamRZ 1988, 758: alle Entscheidungen zu EUR Unt.Ber.
[3187] Vgl. BGH NJW-RR 1986, 426 (427) = FamRZ 1986, 151; OLG Brandenburg NJWE-FER 2001, 70; OLG Oldenburg DAVorm 1988, 811; OLG Schleswig FamRZ 1988, 758: alle Entscheidungen zu EUR Unt.Ber.
[3188] OLG Düsseldorf FamRZ 1981, 702.
[3189] BVerfG NJW 2012, 216.
[3190] BGH FamRZ 2011, 97 (99) = NJW 2011, 70 (72); OLG Brandenburg FamRZ 2011, 733 (734); diese Ausgestaltung verstößt nicht gegen das GG BVerfG NJW 2012, 214 (215f).
[3191] OLG Nürnberg FamRZ 2015,933 (934).
[3192] Vgl. *Wendt* FamRZ 1987, 1106 ff.; *Gutdeutsch* FamRZ 1994, 878; *Büttner* FamRZ 1995, 193 ff.; FamRZ 2000, 596 ff.
[3193] BGH FamRZ 1984, 769 (771) = NJW 1984, 2355: noch zu § 6 JWG.
[3194] BGH FamRZ 1985, 917 (919) = NJW 1985, 2590.
[3195] BGH FamRZ 2006, 846 (848) = NJW 2006, 2182 (2184 f.). Bei einer Unterhaltsberechnung nach der Dreiteilungsmethode bleibt der Sockelbetrag bei der Ermittlung des verfügbaren Gesamteinkommens unberücksichtigt: BGH FamRZ 2014, 1183 = NJW 2014, 2109, Tz. 40.
[3196] Die übrigen Ausnahmen: §§ 1361 Abs. 3, 1579 und 1611 Abs. 1 BGB sowie § 13 Abs. 4 Nr. 6 SGB XI betreffen den Berechtigten.

pflichtigen nur in den Fällen des § 1603 Abs. 2 BGB. Kann er den Mindestbedarf der minderjährigen und ihnen gleichgestellten volljährigen Kinder aus sonstigen Einkünften nicht decken, so hat er den Einkommensanteil des Pflegegeldes einzusetzen.

915   Für Unterhaltszwecke einzusetzen ist stets nur der durch die Versorgungsleistungen nicht verbrauchte Teil, der für jeden Einzelfall, ggf. mit Hilfe einer Schätzung (§§ 113 Abs. 1 FamFG, 287 Abs. 1 ZPO) zu ermitteln ist. Fehlen zureichende tatsächliche Anhaltspunkte, so kann er – wenn die Vermutung des § 1610a BGB widerlegt ist – angemessen mit einem Drittel[3197] oder einem Viertel[3198] des Gesamtbetrages bemessen werden, da das Pflegegeld auch der Anerkennung der erbrachten Pflegeleistungen dient.[3199] Dem Pflegenden nur den Erwerbstätigenbonus zu belassen,[3200] erscheint dagegen nicht sachgerecht.

916   Das Pflegegeld kann auch unterhaltspflichtiges Einkommen des Pflegebedürftigen sein, wenn er weder Pflegeleistungen Dritter in Anspruch nimmt noch Mehraufwendungen durch die Pflege entstehen.[3201] Die Beweislast für diese Umstände trägt wegen § 1610a BGB der Unterhaltsberechtigte.

917   **Pflegegeld nach § 33 Abs. 4 SGB VIII,** das für die Pflege fremder Kinder gezahlt wird, kann ebenfalls Einkommen des Pflegenden sein, nämlich mit dem Anteil, der für die Übernahme der Betreuung gezahlt wird. Dieser Anteil ist Einkommen des Pflegenden. Der verbleibende Rest wird auf den Bar- und Betreuungsunterhalt des Pflegekindes geleistet und ist ihm zuzurechnen. Der Einkommensanteil des Pflegegeldes kann auf ein Drittel geschätzt werden.[3202]

4. Steuervorteile und Steuerrückzahlungen

a) Allgemeines

918   **Steuervorteile** durch Voreintragung von Lasten auf der Lohnsteuerkarte (Steuerfreibeträge) oder durch Rückzahlung zu viel gezahlter Steuern sind unterhaltspflichtiges Einkommen.[3203] Es besteht die unterhaltsrechtliche Obliegenheit, Steuervorteile auszunutzen, und zwar uU auch durch Eintragung eines Freibetrages für den laufenden Veranlagungszeitraum.[3204]

919   **Mit Aufwendungen verbundene Steuervorteile** sind unterhaltsrechtliches Einkommen nur, wenn der Aufwand selbst als abzugsfähige Belastung anerkannt wird. Ist dies nicht der Fall (wie idR bei Bauherrenmodellen und sonstigen Verlusten aus Vermietung und Verpachtung), verbleibt die Steuerersparnis beim Pflichtigen.[3205]

920   **Steuerklasse I infolge ehelicher Trennung** führt zu einer unterhaltsrechtlich beachtlichen Einkommensminderung aufseiten des Unterhaltsverpflichteten. Das geringere Einkommen ist maßgebend auch für den Bedarf nach den ehelichen Lebensverhältnissen iSd § 1578 Abs. 1 BGB, da die ungünstige Steuerklasse zwingende Folge der Trennung ist.[3206]

[3197] OLG Hamm FamRZ 1999, 852 f.; OLG Zweibrücken OLGR 2002, 75 (76).

[3198] AG Essen FamRZ 1996, 804.

[3199] BGH FamRZ 1993, 417 (419); FamRZ1996, 933; OLG Braunschweig FamRZ 1996, 1216; OLG Hamm NJW 1996, 3016; FamRZ 1997, 1216; FamRZ 1999, 852 f.; OLG Zweibrücken OLGR 2002, 75.

[3200] OLG Braunschweig FamRZ 1996, 1216.

[3201] OLG Köln FamRZ 2008, 1276; offen gelassen von OLG Düsseldorf FamRZ 2010, 1252.

[3202] OLG Köln FamRB 2010, 3 f.

[3203] Ausnahme: Behindertenpauschbetrag nach § 33b Abs. 5 EStG: OLG Hamm NJW-RR 2008, 158 behandelt ihn wie Kindergeld.

[3204] OLG Koblenz NJW-RR 2002, 364.

[3205] BGH FamRZ 1987, 36 = NJW-RR 1987, 194; FamRZ 1997, 913 (915) = NJW-RR 1987, 1218; OLG Braunschweig FamRZ 1999, 1453 (1454); OLG Schleswig NZFam 2015, 370 *(Niederl)*.

[3206] BGH FamRZ 1988, 817 = NJW 1988, 2101; NJW 1990, 2886; NJW-RR 1991, 132 = FamRZ 1991, 304; BGH FamRZ 2007, 793 (796).

Der **Steuervorteil aus einer Wiederheirat – Splittingvorteil –**[3207] ist im Regelfall kein 921
unterhaltspflichtiges Einkommen im Verhältnis zu dem geschiedenen Ehegatten.[3208] Steuervorteile, die der Gesetzgeber ausschließlich der neuen Ehe eingeräumt hat, dürfen nicht
über die Unterhaltsberechnung dem geschiedenen Ehegatten zugutekommen, dürfen seinen Unterhalt nicht erhöhen.[3209] Das unterhaltspflichtige Einkommen des Schuldners ist
in Anwendung dieser Rechtsprechung nach der Grundtabelle unter Berücksichtigung der
Vorteile aus dem begrenzten Realsplitting nach § 10 Abs. 1 EStG zu errechnen.[3210] Dies
gilt für den Geschiedenenunterhalt, und zwar nicht nur für die Leistungsfähigkeit des
Unterhaltsschuldners, sondern auch für die Bemessung des Bedarfs nach den ehelichen
Lebensverhältnissen. Denn weder war der Splittingvorteil der neuen Ehe in der alten
angelegt[3211] noch findet der Steuervorteil aus der alten Ehe, der mit der Beendigung des
Zusammenlebens entfallen ist, Berücksichtigung. Ist allerdings der Unterhaltsanspruch
des geschiedenen Ehegatten wegen des Hinzutretens eines weiteren Unterhaltsberechtigten (Ehepartner) auf der Leistungsebene nach der sog. **Drittelmethode** zu berechnen, ist
der Splittingvorteil des Pflichtigen als unterhaltsrechtliches Einkommen anzusehen, da
insoweit das **gesamte** unterhaltsrechtliche Einkommen zu berücksichtigen ist.[3212]

Der Kindesunterhalt bemisst sich dagegen immer nach dem um den Splittingvorteil 922
erhöhten Einkommen des Schuldners. Denn der Unterhaltsbedarf der Kinder ist von der
wirtschaftlichen Stellung des Barunterhaltspflichtigen und damit von seinem aktuellen
Einkommen abhängig[3213]. Darüber hinaus würde eine Nichtberücksichtigung des Splittingvorteils die Kinder aus der alten Ehe im Verhältnis zu denjenigen aus der neuen Ehe
ohne sachlichen Grund benachteiligen[3214]. Dies gilt auch, wenn der Splittingvorteil, der
auf dem Einkommen des Unterhaltsschuldners beruht, durch den Kindesunterhalt verbraucht wird.[3215] Beruht der Splittingvorteil allein auf den Einkünften des Unterhaltspflichtigen, ist er vollumfänglich einzusetzen.[3216] Hat der Ehegatte eigene Einkünfte, soll
der Splittingvorteil nach den Grundsätzen einer fiktiven Einzelberechnung auf beide
Eheleute zu verteilen sein. Für Unterhaltszwecke des Kindes steht nur der auf den
Pflichtigen entfallende Anteil zur Verfügung.[3217]

Die **Wahl der Steuerklasse in der neuen Ehe**[3218] hat für die Berechnung des Geschiede- 923
nenunterhalts weitgehend an Bedeutung verloren. Da der Splittingvorteil aus der neuen Ehe
dieser zu belassen ist– → Rn. 921 – bzw. in den Fällen der Drittelteilung im Rahmen der
Leistungsfähigkeit das Einkommen des neuen Ehegatten –einschließlich aller Steuervor-

---

[3207] S. *Bißmaier/Tietz,* Splittingvorteil – quo vadis? FamRZ 2009, 1451 ff.
[3208] BVerfG NJW 2003, 3466 ff. = FamRZ 2003, 1821 ff. mAnm *Schürmann* FamRZ 2003, 1825 ff.
und mAnm *Ewers* FamRZ 2003, 1913; BGH FamRZ 2005, 1817 (1819); FamRZ 2007, 793 (795 f.).
[3209] BVerfG NJW 2003, 3466 (3467) = FamRZ 2003, 1821 (1823); BGH FamRZ 2005, 1817 (1819);
FamRZ 2007, 793 (796).
[3210] BGH FamRZ 2005, 1817 (1819); FamRZ 2007, 793 (796); NJW 2008, 1663 (1665).
[3211] BVerfG NJW 2003, 3466 (3467) = FamRZ 2003, 1821 (1823).
[3212] BGH FamRZ 2012, 281 (287) = NJW 2012, 384 (390) = MDR 2012, 156 (161); Tz. 52–52d;
FamRZ 2014, 1183 mAnm *Schürmann* FamRZ 2014, 1281 = NJW 2014, 2109, Tz. 30.
[3213] 2839 BGH FamRZ 2005, 1817 (1819); FamRZ 2008, 2189 (2190 f.) FamRZ 2014, 1183 mAnm
Schürmann FamRZ 2014, 1281 = NJW 2014, 2109, Tz. 35; OLG Hamm FamRZ 2004, 1575; OLG
Köln FamRZ 2005, 650; **anders** OLG Oldenburg NJW 2006, 2419 für den Fall, dass der Bedarf der
neuen Ehefrau wegen § 1582 BGB unbeachtlich ist.
[3214] OLG Hamm FamRZ 2004, 1575; OLG Köln FamRZ 2005, 650.
[3215] BGH FamRZ 2008, 2189 (2190 f.) mAnm *Graba* FamRZ 2008, 2192; **aA** OLG Hamm FamRZ
2008, 1278 f.
[3216] BGH FamRZ 2010, 1318 (1319 f.) mAnm *Schürmann* FamRZ 2010, 1322 = NJW 2010, 2515
(2516) = MDR 2010, 994 (995).
[3217] BGH FamRZ 2010, 1318 (1322) mAnm *Schürmann* FamRZ 2010, 1322 = NJW 2010, 2515
(2519); OLG Nürnberg FamRZ 2015,940 (LS.).
[3218] *Perleberg-Kölbel,* Unterhaltsrecht und Wahl der Steuerklasse, NZFam 2015, 904.

teile- Berücksichtigung findet – → Rn. 921 – ist der Anreiz, eine ungünstige Steuerklasse zu wählen, weitgehend entfallen. Wählt der Schuldner gleichwohl eine ungünstigere Steuerklasse, ist nach der bisherigen Rechtsprechung ein Verfahren nach „ähnlichen Grundsätzen", wie sie „etwa" im Falle verschleierter Einkünfte (§ 850h ZPO) zur Anwendung gelangen, zu wählen. Die tatsächlich einbehaltene Lohnsteuer des Unterhaltspflichtigen sei „durch einen Abschlag zu korrigieren", durch den die mit der Einstufung in ungünstige Steuerklasse verbundene Verschiebung der Steuerbelastung auf den unterhaltspflichtigen Ehegatten „möglichst behoben" wird.[3219] Diese Grundsätze führen zu einer fiktiven Steuerberechnung nach Steuerklasse I.[3220]. Nachteile für den neuen Ehegatten, die zu berücksichtigen wären, gibt es nicht, da diesem der Splittingvorteil aus der Ehe verbleibt.

Im Verhältnis zu den minderjährigen Kindern und den unterhaltsbedürftigen Eltern ist unabhängig von der in der Ehe gewählten Steuerklasse auf die reale Steuerbelastung abzustellen. Es ist zunächst eine fiktive Einzelveranlagung des Schuldners und seines Ehegatten durchzuführen, die die Relation der Steuerlast des Unterhaltspflichtigen zur Gesamtbelastung ergibt. Aufgrund des durch die Berechnung ermittelten Prozentsatzes lässt sich der Anteil des Unterhaltspflichtigen an der tatsächlichen Steuerlast der Eheleute ermitteln.[3221]

b) Mitwirkungspflichten

924, 925   **Zusammenveranlagung.** Die **familienrechtliche Pflicht, der Zusammenveranlagung zuzustimmen,**[3222] ist Ausfluss der allgemeinen Verpflichtung der Ehegatten untereinander, die finanziellen Lasten des anderen Teils nach Möglichkeit zu verringern, soweit dies ohne Verletzung eigener Interessen möglich ist.[3223] Diese Pflicht bleibt auch – sofern die steuerrechtlichen Voraussetzungen vorliegen – nach Trennung und Scheidung der Ehe als nachwirkende Verantwortung bestehen.[3224] Sie ist unabhängig davon, ob der die Zusammenveranlagung fordernde Ehegatte den wesentlichen Unterhalt der Familie getragen hat oder trägt[3225] und soll auch verlangt werden können, wenn zweifelhaft erscheint, ob ihre steuerlichen Voraussetzungen vorliegen.[3226] Denn die Zulässigkeit einer Zusammenveranlagung von Eheleuten prüft das Finanzamt von Amts wegen.[3227] Der Anspruch auf Zustimmung ist nur ausgeschlossen, wenn eine gemeinsame Veranlagung zweifelsfrei

---

[3219] BGH FamRZ 1980, 984 = NJW 1980, 2251; FamRZ 2004, 443 (444 f.) mAnm *Schürmann* FamRZ 2004, 446 ff.; FamRZ 2009, 871; OLG Hamm FamRZ 2000, 311; OLGR 2001, 145.

[3220] BGH NJW 2004, 769 (770) = FPR 2004, 230; OLG Köln FamFR 2011, 540 (*Noltemeier*) zunächst grundsätzlich Steuerklasse III.

[3221] BGH FamRZ 2015, 1594 mAnm *Borth* FamRZ 2015, 1598 = NJW 2015 2577, Tz. 50 f.

[3222] BGH FamRZ 1977, 38 (40) = NJW 1977, 378; FamRZ 2002, 1024 (1025) = MDR 2002, 1316; FamRZ 2003, 1454 (1455); OLG Düsseldorf NJW-RR 1990, 1027; OLG Hamm NJW-RR 1990, 709; FamRZ 1991, 1070; FamRZ 1994, 893; OLG Karlsruhe FamRZ 1991, 441; FamRZ 1994, 894; OLG Köln FamRZ 1993, 644.

[3223] BGH FamRZ 1977, 38 (40) = NJW 1977, 378; 1983, 576 = NJW 1983, 1545; 1988, 607 (608); FamRZ 2005, 182 (183) = NJW-RR 2005, 225 mAnm *Meyer* FamRZ 2005, 184 f.; BGH FamRZ 2007, 1229 mAnm *Engels* FamRZ 2007, 1231 = NJW 2007, 2554; FamRZ 2010, 269 (270) mAnm *Schlünder/ Geißler*, FamRZ 2010, 272; FamRZ 2010, 269 (270) = NJW 2010, 1879 (1880) = MDR 2010, 272f; FamRZ 2011, 210 mAnm *Schlünder/Geißler* FamRZ 2011, 211 f.; FamRZ 2012, 357 (359) = NJW 2011, 2725 (2726) = MDR 2011, 917 (918).

[3224] BGH FamRZ 1977, 38 (49) = NJW 1977, 378; OLG Hamm FamRZ 1998, 241 (242); FamRZ 2001, 98; vgl. auch *Liebelt*, Praktische Probleme des Steuerrechts bei Trennung und Scheidung von Ehegatten, NJW 1994, 609 (610).

[3225] LG Fulda FamRZ 1989, 1174 (1175); anders: LG Bremen FamRZ 1982, 1070.

[3226] BGH FamRZ 2005, 182 (183) = NJW-RR 2005, 225 f.; OLG München NJW-Spezial 2013, 741.

[3227] OLG München NJW-Spezial 2013,741, wonach eine Zustimmung zur Zusammenveranlagung auch verlangt werden kann, wenn die Eheleute nach der Eheschließung nicht zusammengelebt, sondern dies nur geplant hatten.

nicht in Betracht kommt[3228] oder wenn der eine steuerliche Nachteile erleidet, die der andere im Innenverhältnis nicht auszugleichen hat.[3229] Nur Zug-um-Zug gegen Freistellung von steuerlichen Nachteilen braucht die Zustimmung erteilt zu werden, weil sie nur dann zumutbar ist.[3230] Zu diesen gehören die unmittelbar eintretenden Nachteile in Form einer höheren Steuerbelastung oder einer geringeren Steuererstattung, aber auch der Verbrauch des Verlustvortrages.[3231] Der Zustimmende hat einen Anspruch auf eine rechtsverbindliche schriftliche Freistellungsverpflichtung, die im Prozess auch schriftsätzlich gegeben werden kann. Eine Freistellung kann allerdings nicht verlangt werden, wenn die Eheleute eine andere Aufteilung der Steuerschuld konkludent vereinbart haben,[3232] zB auch durch die einvernehmliche Berechnung des Einkommens aus der günstigen Steuerklasse im Rahmen des Getrenntlebensunterhalts.[3233] Das gleiche gilt, wenn die Vorteile aus der gemeinsamen Veranlagung beiden Ehegatten zugutegekommen sind und eine getrennte Veranlagung nunmehr zu nicht hinnehmbaren Belastungen für den anderen führen würde.[3234] Die Zustimmung kann daher vom Ausgleich der Mehrbelastung durch die Steuerklassenwahl III/V nicht abhängig gemacht werden;[3235] ebenso wenig von einer Beteiligung an den sich aus der Zusammenveranlagung ergebenden Steuervorteilen[3236] oder einem Ausgleich für die Nutzung des Verlustvortrages.[3237] Eine Verletzung der Mitwirkungspflicht kann Schadensersatzansprüche gegen den Unterhaltsberechtigten begründen.[3238] Steuerschulden, die den Unterhaltsverpflichteten infolge einer vom Berechtigten nachträglich gewählten getrennten Veranlagung belasten, kann er in angemessenen Raten vom unterhaltspflichtigen Einkommen abziehen, etwa in gleichen über den Veranlagungszeitraum verteilten Monatsraten.

Auf die Abgabe einer Willenserklärung ist die Verurteilung zur Zustimmung zur **926** gemeinschaftlichen Veranlagung gerichtet. Im Falle einer Zug-um-Zug-Verurteilung gilt sie mit Erteilung der Vollstreckungsklausel als abgegeben.[3239] Ist über das Vermögen eines Ehegatten das Insolvenzverfahren eröffnet worden, ist der Anspruch gegen den Insolvenzverwalter geltend zu machen.[3240]

aa) Verteilung Steuererstattung und Steuernachzahlung. Haben die Eheleute ein- **927** vernehmlich eine **Einzelveranlagung** vorgenommen, gebührt der Erstattungsbetrag dem Ehegatten, der steuerrechtlich Anspruchsinhaber ist.[3241]

[3228] BGH FamRZ 2005, 182 (183) = NJW-RR 2005, 225 f.

[3229] BGH FamRZ 2010, 269 (271) mAnm *Schlünder/Geißler,* FamRZ 2010, 272; OLG Bremen FamRZ 2011, 1794.

[3230] OLG Hamm NJW-RR 1990, 708 (710): bei Einzelveranlagung Steuererstattung = „Nachteil"; OLG Hamm FamRZ 1998, 241 (242); FamRZ 2001, 98; OLG Köln FamRZ 1993, 806 (808); OLG Stuttgart FamRZ 1993, 191 (Verlustrückträge); LG Fulda FamRZ 1989, 1174 (1175): Nötigung zu konfliktreicher Zusammenarbeit bei Zusammenveranlagung ist kein „Nachteil"; LG Gießen FamRZ 2001, 97 f.

[3231] FamRZ 2012, 357 (359) = NJW 2011, 2725 (2726) = MDR 2011, 917 (918).

[3232] BGH FamRZ 2002, 1024 (1025) = MDR 2002, 1316; BGH FamRZ 2007, 1229 mAnm *Engels* FamRZ 2007, 1231 = NJW 2007, 2554 (2555).

[3233] OLG Bremen FamRZ 2011, 1226 (LS.) = NJW 2011, 2145 (2146).

[3234] OLG Bremen FamRZ 2005, 800 = NJW-RR 2005, 444 f. = MDR 2005, 994.

[3235] BGH FamRZ 2007, 1229 mAnm *Engels* FamRZ 2007, 1231 = NJW 2007, 2554 (2555).

[3236] BGH FamRZ 2002, 1024 (1025) = MDR 2002, 1316.

[3237] FamRZ 2012, 357 (359) = NJW 2011, 2725 (2726) = MDR 2011, 917 (918).

[3238] BGH FamRZ 1977, 38 (41); FamRZ 1988, 143; FamRZ 1988, 820 (821); BGH FamRZ 2010, 269 (271) mAnm *Schlünder/Geißler,* FamRZ 2010, 272; OLG Hamm FamRZ 1991, 1070; OLG Köln FamRZ 1989, 65 (66).

[3239] OLG Koblenz FamRZ 2005, 224.

[3240] BGH FamRZ 2011, 210 (211) mAnm *Schlünder/Geißler* FamRZ 2011, 211; FamRZ 2012, 357 (359) = NJW 2011, 2725 (2726) = MDR 2011, 917 (918).

[3241] LG Gießen NJWE-FER 2000, 274.

928   **Bei gemeinsamer Veranlagung** ist erstattungsberechtigt im Verhältnis zum Finanzamt grundsätzlich der Ehegatte, auf dessen Rechnung die Überzahlung erbracht wurde (§ 37 Abs. 2 AO). An diesen leistet das Finanzamt regelmäßig mit befreiender Wirkung gegenüber dem anderen Ehepartner (§ 36 Abs. 4 S. 3 EStG). Entspricht die Auszahlung an nur einen nicht der materiell-rechtlichen Beteiligung der Ehegatten an der Rückzahlung, so steht dem Benachteiligten ein Ausgleichsanspruch zu. Maßstab für seine Berechnung und damit für die Aufteilung der Steuererstattung ist gemäß § 270 AO eine fiktive Einzelveranlagung. Dieses Verfahren ist zwar aufwändig, führt aber zu einer einkommensteuerkonformen Aufteilung: jeder Ehegatte haftet im Verhältnis der Eheleute untereinander für die auf sein Einkommen entfallende Steuerschuld.[3242]

Derselbe Maßstab gilt auch für die Verteilung einer **Steuernachzahlung**. Für diese haften die Eheleute im Verhältnis zum Finanzamt als Gesamtschuldner. An die Stelle des hälftigen Ausgleichs nach § 426 Abs. 1 BGB tritt eine Verteilung nach einer fiktiven Einzelveranlagung,[3243] wenn nicht die Eheleute ausdrücklich oder stillschweigend eine anderweitige Vereinbarung getroffen haben.[3244]

Die Klage des einen Ehegatten gegen den anderen auf Aufteilung der Steuerrückerstattung oder Beteiligung an einer Steuernachzahlung ist seit dem 1.9.2009 eine sonstige Familiensache im Sinne der §§ 111 Nr. 10, 266 FamFG.

929   **bb) Unterhalt als außergewöhnliche Belastung. Unterhaltsaufwendungen**[3245] **können als außergewöhnliche Belastung abgesetzt werden** unter den Voraussetzungen des § 33a EStG (ab 2009 = 8004 EUR). Wegen der Einzelheiten ist auf das Gesetz und die einschlägige Rechtsprechung dazu zu verweisen.[3246] Ist die Geltendmachung als außergewöhnliche Belastung im Einzelfall günstiger als das begrenzte Realsplitting, besteht eine Obliegenheit dazu.[3247]

930   **cc) Realsplitting. Realsplitting**[3248] ist die Geltendmachung von Unterhaltsleistungen bis zu 13 805 EUR im Kalenderjahr an den geschiedenen oder dauernd getrennt lebenden, unbeschränkt einkommensteuerpflichtigen Ehegatten[3249] als Sonderausgaben. Diesen Sonderausgabenabzug muss der Unterhaltspflichtige mit Zustimmung des Unterhaltsberechtigten beantragen. Eine Rücknahme des Antrags oder der Zustimmung ist nicht möglich (§ 10 Abs. 1 Nr. 1 EStG). Der Realsplittingvorteil kann nur in dem Jahr geltend gemacht werden, in dem tatsächlich Unterhaltsleistungen erfolgt sind.[3250]

[3242] BGH FamRZ 2006, 1178 (1180) = NJW 2006, 2623 = MDR 2006, 1411 f. mAnm *Wever* FamRZ 2006, 1181; BGH FamRZ 2007, 1229 mAnm *Engels* FamRZ 2007, 1231; FamRZ 2010, 1318 (1322) mAnm *Schürmann* FamRZ 2010, 1322 = NJW 2010, 2515 (2519).

[3243] BGH FamRZ 2006, 1178 (1180) = NJW 2006, 2623 = MDR 2006, 1411 f. mAnm *Wever* FamRZ 2006, 1181; BGH FamRZ 2007, 1229 mAnm *Engels* FamRZ 2007, 1231 = NJW 2007, 2554 (2555).

[3244] BGH FamRZ 2007, 1229 mAnm *Engels* FamRZ 2007, 1231.

[3245] *Wichmann* FamRZ 1995, 1241: Steuerrecht und Kindesunterhalt – zum Jahressteuergesetz 1996 –.

[3246] BFH NJW 1987, 2838; FG Bremen NJW 1986, 745; *Müller* DAVorm 1988, 961 ff.; *Müller-Traxel*, Trennung u. Scheidung i. Zivil- u. Steuerrecht, 1995, Rn. 178 ff.; *Arens/Oltmanns* FamRZ 1994, 1371.

[3247] OLG Hamm FamRZ 1988, 1059.

[3248] Vgl. *Böhmel* Getrenntlebendunterhalt zwischen Zivilrecht, Steuerrecht und Sozialversicherungsrecht, FamRZ 1995, 270; *Krause*, Die Optimierung des Realsplittingvorteils nach § 10 Abs. 1 Nr. 1 EStG, FamRZ 2003, 899; Schramm, Realsplitting-Vorteil und Nachteil NJW-Spezial 2007, 391 ff.

[3249] OLG Köln FamRZ 1996, 1582 (1583).

[3250] BGH FamRZ 2007, 793 (797) = NJW 2007, 1961; NJW 2008, 1661 (1665) mAnm *Born* NJW 2008, 1669 f.

Die **Verpflichtung des Berechtigten zur Zustimmung** zum begrenzten Realsplit- **931** ting[3251] folgt – ebenso wie die Verpflichtung, der Zusammenveranlagung zuzustimmen, → Rn. 924 – aus der über Trennung und Scheidung hinauswirkenden Verpflichtung jedes Ehegatten, die finanziellen Lasten des anderen Ehegatten nach Möglichkeit zu mindern, soweit dies ohne Beeinträchtigung eigener Interessen möglich ist, eine Verpflichtung also, die sich als Ausprägung des Grundsatzes von Treu und Glauben im Rahmen des gesetzlichen Unterhaltsrechtsverhältnisses darstellt.[3252] Die Zustimmung ist nach Treu und Glauben aber nur dann zumutbar, wenn dem Zustimmenden aus der Zustimmung wirtschaftliche Nachteile im Ergebnis nicht entstehen, ihm also der Nettounterhalt letztlich ungeschmälert verbleibt.[3253] Diesen Nachteilsausgleich hat der Unterhaltspflichtige zu leisten (→ Rn. 938 f.). Recht und Pflicht zur Zustimmung bestehen auch dann, wenn der Unterhaltsberechtigte im Empfangszeitraum wieder geheiratet und für diesen Zeitraum die Zusammenveranlagung mit dem neuen Ehegatten nach § 26 EStG gewählt hat.[3254] → Rn. 941.

Eine Zustimmungspflicht besteht auch, wenn zweifelhaft ist, ob die geltend ge- **932** machten Aufwendungen als Unterhaltsleistungen anzuerkennen sind,[3255] etwa wenn der Verpflichtete die Tilgungsraten für hohe gemeinschaftliche Schulden,[3256] die Kreditraten für die Unterhaltsabfindung oder Leistungen in Form von Mietzahlungen oder Wohnraumgewährung[3257] als Sonderausgaben anerkannt wissen will. Das Familiengericht muss die steuerliche Zulässigkeit eines solchen Sonderausgabenabzuges nicht überprüfen.[3258]

Zu den Folgen einer Verweigerung der Zustimmung → Rn. 946.

Ein **Zurückbehaltungsrecht gegen den Anspruch auf Zustimmung** wegen Nicht- **933** zahlung laufenden Unterhalts besteht nicht, wenn der Pflichtige seine Leistungen für den Zeitraum, für den die Zustimmung verlangt wird, erbracht hat.[3259]

Keine Zustimmungspflicht besteht, wenn der Freistellende bereits in Aussicht gestellt **934** hat, die den Berechtigten treffenden Mehrsteuern durch Aufrechnung mit einer umstrittenen Gegenforderung zu leisten.[3260] denn Sinn der Freistellung ist die Garantie ungeschmälerten Unterhaltsempfangs trotz Realsplittings. Dem Realsplitting braucht nicht zugestimmt zu werden, wenn der Unterhaltsanspruch noch nicht rechtskräftig feststeht, denn die Angaben in der vom Unterhaltsberechtigten unterzeichneten Anlage U sind dem Finanzamt gegenüber verbindlich und Grundlage der Entscheidung über die Steu-

[3251] BGH NJW 1985, 195; NJW 1988, 820 (821); OLG Hamm FamRZ 1987, 1046 (1047).

[3252] BGH FamRZ 1977, 38 (40) = NJW 1977, 378; FamRZ 1998, 953 (954) = NJW-RR 1998, 1153; FamRZ 2005, 182 (183) = NJW-RR 2005, 225 mAnm *Meyer* FamRZ 2005, 184 f.; BGH FamRZ 2007, 1229 mAnm *Engels* FamRZ 2007, 1231 = NJW 2007, 2554; FamRZ 2010, 269 (270) mAnm *Schlünder/ Geißler,* FamRZ 2010, 272; FamRZ 2010, 269 (270) = NJW 2010, 1879 (1880) = MDR 2010, 272f; FamRZ 2011, 210 mAnm *Schlünder/*Geißler FamRZ 2011, 211 f.; FamRZ 2012, 357 (359) = NJW 2011, 2725 (2726) = MDR 2011, 917 (918).

[3253] BGH FamRZ 1983, 576 (577) = NJW 1983, 1545; FamRZ 1998, 953 (954) = NJW-RR 1998, 1153; OLG Koblenz FamRZ 1980, 685; OLG Zweibrücken FamRZ 1981, 1073; OLG Köln FamRZ 1983, 597 (598); KG FamRZ 1982, 1020.

[3254] BGH FamRZ 1999, 372; NJW 2007, 2628 (2629) mAnm *Ehinger* NJW 2007, 2632 = FamRZ 2007, 1232 (1233) mAnm *Maurer* FamRZ 2007, 1236; FamRZ 2010, 717 (718); OLG Nürnberg FamRZ 1987, 1050; **aA** OLG Naumburg FamRZ 2002, 959.

[3255] BGH FamRZ 1998, 953 (954) = NJW-RR 1998, 1153; OLG Bamberg NJW-RR 2003, 74 (75); OLG Bremen FamRZ 2001, 1371 – LS – = NJWE-FER 2001, 137.

[3256] OLG Düsseldorf FamRZ 1987, 1049 (1050).

[3257] OLG Bremen FamRZ 2001, 1371 – LS – = NJWE-FER 2001, 137.

[3258] OLG Hamm FamRZ 1988, 1176.

[3259] OLG Hamm FamRZ 1991, 832, OLG Stuttgart FamRZ 2001, 1370 f. = NJW-RR 2001, 365 f.

[3260] OLG Köln FamRZ 1988, 1059.

erermäßigung bzw. Steuer(mehr)forderung gegen den Unterhaltsberechtigten.[3261] Die Zustimmung kann der Höhe nach beschränkt werden, wenn Streit über den Zahlungsumfang besteht.[3262] Dies soll allerdings nicht für offene Veranlagungszeiträume gelten, wenn sich der Streit allein auf zurückliegende Zeiten bezieht.[3263] Enthält die Anlage U unrichtige Angaben, kann die Unterzeichnung verweigert werden.[3264]

935   **Die Zustimmungserklärung** ist formfrei wirksam, und zwar auch dann, wenn in ihr ein konkreter Betrag nicht eingetragen ist.[3265] Der Unterhaltsschuldner hat keinen Anspruch auf Unterzeichnung der so genannten Anlage U zur Einkommensteuererklärung,[3266] eine entsprechende Verpflichtung kann nur im Vergleichswege erreicht werden. Allerdings besteht wohl kein anzuerkennender Grund, die Unterzeichnung der Anlage U zu verweigern, wenn Grund und Höhe des Unterhaltsanspruches unstreitig sind.[3267]

Die Zustimmungserklärung ist eine öffentlich-rechtliche Willenserklärung, die mit der Rechtskraft des stattgebenden Beschlusses als abgegeben gilt (§§ 113 Abs. 1 FamFG, 894 ZPO).

936   Die **gerichtlich erzwungene Zustimmungserklärung** – zuständig ist das Familiengericht – wirkt nur für den im Urteil bezeichneten Veranlagungszeitraum. Die außergerichtlich erteilte gilt dagegen – anders als der Ermäßigungsantrag des Pflichtigen, der jährlich wiederholt werden muss – **bis auf Widerruf** (§ 10 Abs. 1 Nr. 1 4 EStG). Deshalb können die Vorteile des begrenzten Realsplittings auch für noch nicht abgeschlossene Veranlagungszeiträume zB durch Eintragung eines Freibetrages auf der Lohnsteuerkarte realisiert werden.[3268] Der Widerruf ist vor Beginn des Kalenderjahres, für das die Zustimmung erstmals nicht gelten soll, gegenüber dem Finanzamt zu erklären.

937   Die **Freistellungsverpflichtung des Unterhaltsschuldners** soll den Unterhaltsberechtigten im Ergebnis vor steuerlichen und sonstigen Nachteilen aus der Zustimmung bewahren. Der Anspruch darauf leitet sich ab aus der nachehelichen Beistands- und Mitwirkungspflicht nach Treu und Glauben.[3269] Es ist schriftlich eine bindende Freistellungserklärung – ohne Betragsangaben[3270] – abzugeben. Sie ist eine familienrechtliche Ausgleichspflicht,[3271] dementsprechend Familiensache.[3272] Auf die Leistungsfähigkeit des Verpflichteten dafür kommt es nicht an.[3273]

938   **Alle finanziellen Nachteile des Berechtigten sind auszugleichen,** also nicht nur steuerliche,[3274] sondern auch solche durch Entzug oder Kürzung öffentlicher Leistungen, weil ihre Gewährung von einer bestimmten Höhe des zu versteuernden und nicht des

---

[3261] OLG Koblenz NJW-RR 1988, 196 (197) = FamRZ 1988, 402; in den in → Rn. 932 genannten Fällen stehen dagegen die Unterhaltslast und die getätigten Aufwendungen fest, lediglich ihre Bewertung als Unterhaltsleistung ist streitig.

[3262] OLG Hamm FamRZ 1991, 830; OLG Stuttgart FamRZ 1993, 206.

[3263] KG FamFR 2013, 573 *(Spiecker)*.

[3264] OLG Hamm FamRZ 1990, 1244.

[3265] BGH FamRZ 1998, 953 (954) = NJW-RR 1998, 1153; OLG Stuttgart NJW-RR 1993, 1031 f.

[3266] BGH FamRZ 1998, 953 (954) = NJW-RR 1998, 1153; OLG Bamberg NJW-RR 2003, 74; OLG Koblenz FamRZ 2002, 1129.

[3267] OLG Koblenz NJWE-FER 2000, 169.

[3268] OLG Frankfurt NJW-RR 1989, 1232 = FamRZ 1990, 62; **anders:** OLG Koblenz FamRZ 1988, 402 (403).

[3269] OLG Hamm FamRZ 1993, 205.

[3270] BGH FamRZ 1983, 576 (577 f.) = NJW 1983, 1545; OLG Bamberg FamRZ 1982, 301; OLG Düsseldorf FamRZ 1983, 73 (74); KG FamRZ 1982, 1020.

[3271] BGH FamRZ 1985, 1232.

[3272] BGH FamRZ 2008, 40 (41): Unterhaltssache – jetzt – iSv § 231 Abs. 1 Nr. 2 FamFG.

[3273] BGH FamRZ 1985, 1232 = MDR 1986, 213.

[3274] BGH FamRZ 1983, 576 (577) = NJW 1983, 1545; OLG Düsseldorf FamRZ 1981, 772 (774); OLG Köln FamRZ 1983, 597 (598); NJW 2002, 904 f.: Fortfall der Steuerfreiheit geringfügig Beschäftigter.

tatsächlichen Einkommens abhängt und diese Einkommensgrenze als Folge des Realsplittings überschritten wird.[3275] Dabei ist beispielsweise zu denken an die Eigenheimzulage, Sparprämie, Arbeitnehmersparzulage,[3276] Verlust der Familienkrankenhilfe (§ 10 Abs. 1 Nr. 5 SGB V).[3277] Nachteile solcher Art kann der Unterhaltspflichtige mangels Kenntnis zu Grunde liegender Einzeltatsachen von sich aus kaum zuverlässig abschätzen. Die einschlägigen Tatsachen sind ihm also vom Unterhaltsberechtigten konkret darzulegen, damit der Verpflichtete sich in Kenntnis aller Nachteile des Realsplittings, die auszugleichen sind, schlüssig werden kann, ob sich unter diesen Umständen Realsplitting überhaupt lohnt.[3278]

Ist der zu ersetzende Steuernachteil des Unterhaltsberechtigten größer als der Realsplittingvorteil des Verpflichteten, befreit das nicht von der erklärten Pflicht zur Freistellung bzw. Erstattung.[3279] Es ist Sache des Verpflichteten, sich vor Durchführung des Realsplittings die Steuerfolgen klarzumachen und ggf. statt des Realsplittings außergewöhnliche Belastungen nach § 33a Abs. 1 Nr. 1 EStG geltend zu machen.[3280]

Von **Einkommensteuervorauszahlungen,** soweit auf Unterhaltszahlungen beruhend, ist gleichfalls freizustellen, sofern die Durchführung des Realsplittings sicher ist.[3281] Der Unterhaltsberechtigte muss daher den Vorauszahlungsbescheid dem Pflichtigen zuleiten mit der Aufforderung, sich zur Durchführung des Realsplittings zu erklären. Unterbleibt die Erklärung, ist der Berechtigte gehalten, Einspruch gegen den Vorauszahlungsbescheid einzulegen.[3282] **939**

Steuerberaterkosten des Unterhaltsberechtigten können unter besonderen Umständen (Unerfahrenheit, Freistellungsbedingungen) unter die Pflicht zu Freistellung bzw. Erstattung fallen, im Zweifel aber dann nicht, wenn vorbehaltlos Freistellung angeboten ist.[3283]

Die **Entlastung von Mehrsteuern umfasst** nicht nur die Steuern, die anfielen, wenn nur die Unterhaltszahlungen zu versteuern wären. Gegenüber zustellen sind vielmehr die Steuerlast, die der Berechtigte allein auf Grund seiner eigenen Einkünfte zu tragen hätte, und diejenige, die sich aus der Addition von Einkünften und Unterhaltszahlungen zu einem zu versteuernden Einkommen ergibt.[3284] Wegen der Steuerprogression kann Letztere höher sein als die Summe der Steuerbelastungen aus Einkommen und Unterhalt. **940**

Bei Wiederheirat und gemeinsamer Veranlagung des Berechtigten neben Realsplitting hat der Pflichtige nur die Nachteile zu ersetzen, die dem Berechtigten bei einer **941**

[3275] BGH FamRZ 1983, 576 (577) = NJW 1983, 1545; FamRZ 1988, 820 (821); OLG Nürnberg FamRZ 2004, 1967 (1968).

[3276] OLG Hamm NJW-RR 1989, 1353 (1354) = FamRZ 1989, 638.

[3277] BSG FamRZ 1994, 1239; LSG Darmstadt FamRZ 1991, 992 mAnm *Weychardt* (993) und *Böhmel* FamRZ 1995, 270.

[3278] BGH FamRZ 1983, 576 (577) = NJW 1983, 1545; 1988, 820 (821); OLG Karlsruhe FamRZ 1992, 67; FamRZ 2001, 99 – LS –; NJWE-FER 2001, 138: der Pflichtige kann vom Berechtigten die Vorlage eines Steuerbescheides oder die Berechnung eines Steuerberaters verlangen; OLG Hamm FamRZ 2014,1926 (LS.).

[3279] OLG Hamm FamRZ 1988, 1059.

[3280] Dazu *Böhmel* FamRZ 1995, 270; → auch Rn. 870.

[3281] OLG Bamberg FamRZ 1987, 1047 (1048); OLG Hamburg FamRZ 2005, 519 (520); OLG Köln FamRZ 1988, 951 (952); AG Mannheim FamRZ 1988, 842; **anders** OLG Karlsruhe FamRZ 1992, 67 (68); OLG Frankfurt/M. NJW-RR 2007, 219 für den Fall, dass die Vorauszahlungen aus dem laufenden Unterhalt zu erbringen sind.

[3282] OLG Köln FamRZ 1988, 951 (952); zur Erklärungspflicht des Schuldners AG Lüdinghausen FamRZ 1990, 72 f.

[3283] Vgl. BGH FamRZ 1988, 820; OLG Hamm FamRZ 1987, 1046; NJW-RR 1989, 1353 (1354) = FamRZ 1989, 638.

[3284] OLG Hamm FamRZ 1987, 489; AG Friedberg FamRZ 1983, 1143.

getrennten Veranlagung entstünden.[3285] Ist der Unterhaltspflichtige wiederverheiratet, berechnet sich der Realsplittingvorteil aus seinem nicht um den Splittingvorteil aus der neuen Ehe erhöhten Einkommen,[3286] und zwar auch, wenn die Unterhaltszahlungen verspätet erfolgen.[3287]

942   Nur **Zug um Zug** gegen eine bindende Verpflichtungserklärung zur Freistellung von steuerlichen Nachteilen oder sonstigen, zuvor allerdings substantiert darzulegenden Nachteilen, kann Zustimmung zum Realsplitting oder anderen Steuerentlastungsmaßnahmen verlangt werden.[3288] da die Verpflichtung zur Zustimmung von vornherein so eng mit der Freistellung von daraus erwachsenden steuerlichen (oder sonstigen) Nachteilen verbunden ist (Zumutbarkeit). Der Anspruch auf Freistellung von Nachteilen kann für einen mehr als ein Jahr zurückliegenden Zeitraum verlangt werden. § 1585b Abs. 3 BGB findet keine Anwendung.[3289] Er verjährt nach § 195 BGB in drei Jahren. Die Frist beginnt nach § 199 Abs. 1 Nr. 1, 2 BGB mit Ablauf des Jahres, in dem der entsprechende Steuerbescheid zugegangen ist.[3290] Mit einem Anspruch auf zu viel geleisteten Nachteilsausgleich kann gegen die Nachforderung auf Nachteilsausgleich die Aufrechnung erklärt werden.[3291]

943   Eine **Sicherheitsleistung** für die Erfüllung der Freistellungsverpflichtung kann vom Zustimmenden im Regelfall nicht verlangt werden. Die verbindliche Freistellungserklärung trägt dem Schutzbedürfnis des Zustimmenden ausreichend Rechnung, zumal der Nachteilsausgleich im Interesse des Pflichtigen liegt, der die Steuervorteile auch künftig in Anspruch nehmen will.[3292] Der zustimmende Ehegatte kann ausnahmsweise eine Sicherheitsleistung verlangen, wenn konkrete Anhaltspunkte die Besorgnis begründen, die Ausgleichspflicht werde nicht erfüllt werden.[3293] Die Notwendigkeit, insoweit gerichtliche Hilfe in Anspruch nehmen zu müssen, soll dabei nicht ausreichend sein.[3294]

Die Verpflichtung zur Zustimmung muss in solchen Fällen Zug um Zug gegen Sicherheitsleistung in Höhe eines Betrags erfolgen, der als steuerlicher (oder sonstiger) Nachteil) zu erwarten ist.[3295]

944   Ein **Anspruch auf unmittelbare Beteiligung an den steuerlichen Vorteilen des Realsplittings** besteht nicht, die Zustimmung kann mithin nicht davon abhängig gemacht werden.[3296] Zur unterhaltsrechtlichen Teilhabe an dem steuerbedingten Mehreinkommen → Rn. 948.

[3285] BGH NJW 1992, 1391 = FamRZ 1992, 534; NJW-RR 1992, 1028 (1029); FamRZ 1992, 1050; FamRZ 2010, 717 (718 f.). OLG Karlsruhe FamRZ 1991, 832; OLG Stuttgart FamRZ 1991, 1063 (1064); **anders** (Erstattung): OLG Düsseldorf NJW-RR 1991, 579; OLG Hamm NJW-RR 1989, 1353 = FamRZ 1989, 638 mAnm*Philippi* FamRZ 1989, 1086 und Anm. *Schulze* FamRZ 1990, 415; OLG Hamburg NJW-RR 1990, 1222 = FamRZ 1990, 757.

[3286] BGH FamRZ 2007, 1232 (1234) mAnm *Maurer* FamRZ 2007, 1236 ff. = NJW 2007, 2628 (2629) mAnm *Ehinger* NJW 2007, 2632.

[3287] BGH FamRZ 2010, 717 (719).

[3288] BGH FamRZ 1983, 576 (577) = NJW 1983, 1545; FamRZ 1985, 1232 (1233); FamRZ 1988, 820 (821); FamRZ 2005, 1162 (1163) = NJW 2005, 2223 = MDR 2005, 1112 (1113).

[3289] BGH FamRZ 2005, 1162 (1163) = NJW 2005, 2223 (2224) = MDR 2005, 1112 (1113).

[3290] OLG Saarbrücken NJW-RR 2009, 1520.

[3291] KG FamFR 2013, 573 (*Spieker*).

[3292] BGH FamRZ 1983, 576 (578); OLG Bamberg FamRZ 1982, 301; OLG Düsseldorf FamRZ 1999, 1132; **anders** = Zustimmung nur gegen Sicherheitsleistung: OLG Hamburg NJW-RR 1991, 1478 = FamRZ 1991, 831; OLG Koblenz FamRZ 1980, 791; KG FamRZ 1982, 1020; **unentschieden:** OLG Düsseldorf FamRZ 1983, 73 (74).

[3293] OLG Düsseldorf FamRZ 1987, 1049 (1050); 1999, 1132.

[3294] OLG Zweibrücken FamRZ 2006, 791 (LS) = NJW 2006, 1602 (LS.) = NJW-RR 2006, 513.

[3295] BGH FamRZ 1983, 576 (578) = NJW 1983, 1545.

[3296] BGH FamRZ 1984, 1211 = NJW 1985, 195; FamRZ 1983, 576 (577) = NJW 1983, 1545; FamRZ 1985, 1232 (1233); NJW 1985, 195; OLG Hamm FamRZ 1987, 489 (490); OLG Köln FamRZ 1982, 383; 1986, 1111 (1112); OLG München FamRZ 1983, 594.

Liegt bereits ein Unterhaltstitel vor, kann eine Abänderung wegen der durch den   945
Realsplittingvorteil eingetretenen Einkommenssteigerung nur erfolgen, wenn er zu einer
wesentlichen Erhöhung des Unterhaltsanspruchs führt.

Ein **Verfahren auf Abgabe der Zustimmung** ist bei deren Verweigerung dem Unter-   946
haltsschuldner nicht zumutbar.[3297] Für die Unterhaltsbemessung ist vielmehr von dem
nicht um einen Realsplitting-Steuervorteil erhöhten Einkommen auszugehen.[3298] Außerdem kann sich der Unterhaltsgläubiger durch pflichtwidrige Nichterfüllung seiner Zustimmungspflicht im Rahmen des gesetzlichen Unterhaltsrechtsverhältnisses schadens-
ersatzpflichtig machen.[3299] Eine Verrechnung der Schadensersatzforderung mit der Unterhaltsschuld ist wegen des Aufrechnungsverbots freilich nicht möglich. Anträge auf Zustimmung und Freistellung sind Familiensachen.[3300]

Eine **Obliegenheit zur Geltendmachung des begrenzten Realsplittings** trifft den   947
Unterhaltsschuldner, weil er gehalten ist, alle Einkommensmöglichkeiten in zumutbarer
Weise auszuschöpfen, um seine Leistungsfähigkeit zu stärken.[3301] Sie besteht aber nur,
wenn die Unterhaltspflicht auf einem Anerkenntnis oder einer rechtskräftigen Verurtei-
lung beruht oder freiwillig erfüllt wird. Denn Voraussetzung des begrenzten Realsplit-
tings ist eine tatsächliche Unterhaltzahlung für den fraglichen Zeitraum.[3302] Besteht eine
Obliegenheit zur Geltendmachung des begrenzten Realsplittings, ist ein entsprechender
Freibetrag auf die Lohnsteuerkarte einzutragen.

Verletzt der Schuldner diese Obliegenheit, ist die durch das begrenzte Realsplitting
erzielbare Einkommenssteigerung als fiktives Einkommen zu behandeln.[3303] Die Steuerersparnis ist an der Steuer zu messen, die sich nach der Grundtabelle ohne Abschreibung
der Unterhaltsleistung ergäbe.[3304]

dd) Teilhabe an Steuervorteilen. Die Teilhabe an dem auch unterhaltsrechtlich   948
relevanten steuerbedingten Mehreinkommen des Verpflichteten richtet sich nach allgemeinen Grundsätzen. Wird Realsplitting für zurückliegende Zeiträume gewährt, mag
erhöhter Unterhalt für die Vergangenheit nicht mehr durchsetzbar sein (§§ 1613 Abs. 1
BGB, 238f FamFG).[3305]

III. Unterhaltsleistung durch Pflege und Erziehung (Betreuung) des Kindes

1. Gleichwertigkeit von Bar- und Betreuungsunterhalt

Beide Eltern haben in gleichem Maße das Recht und die Pflicht zur Betreuung   949
gemeinsamer Kinder. Während intakter Ehe regeln sie im wechselseitigen Einvernehmen
Erwerbstätigkeit, Haushaltsführung und Kinderbetreuung. Im Falle von Trennung und
Scheidung geht der Gesetzgeber als Regelfall davon aus, dass ein Elternteil die gemeinsamen minderjährigen Kinder in seinem Haushalt betreut und der andere Elternteil Bar-

---

[3297] OLG Köln FamRZ 1983, 595 (596).
[3298] OLG Köln FamRZ 1983, 595 (596).
[3299] BGH FamRZ 1988, 820 (821).
[3300] OLG Hamm FamRZ 1987, 489; OLG Zweibrücken FamRZ 1987, 1275.
[3301] BGH FamRZ 1983, 670 (673); FamRZ 1998, 953 (954); BGH FamRZ 2007, 1232 (1233) mAnm
Maurer FamRZ 2007, 1236 ff. = NJW 2007, 2628 (2630) mAnm *Ehinger* NJW 2007, 2632; OLG
Hamm FamRZ 1987, 489.
[3302] BGH FamRZ 2007, 793 (797) = MDR 2007, 889 (Ls.); NJW 2008, 1661 (1665) mAnm *Born*
NJW 2008, 1669; KG FamRZ 2015, 1198 (1199)
[3303] BGH FamRZ 1983, 670 (673); OLG Köln FamRZ 1983, 595 (596).
[3304] BGH FamRZ 1983, 670 (673).
[3305] OLG Düsseldorf FamRZ 1983, 73 (74).

unterhalt leistet.[3306] Nach § 1606 Abs. 2 S. 2 BGB erfüllt der betreuende Elternteil seine Unterhaltsverpflichtung gegenüber dem minderjährigen Kind in der Regel durch dessen Pflege und Erziehung. Von der Verpflichtung zur Leistung von Barunterhalt ist er befreit. Aus der genannten Vorschrift folgt die grundsätzliche **Gleichwertigkeit von Bar- und Betreuungsunterhalt.** Derjenige Elternteil, der sich auf eine Ungleichwertigkeit beruft, trägt für diese die Beweislast.[3307]

2. Die Beteiligung des betreuenden Elternteils am Barunterhalt des Kindes

a) Barunterhaltspflicht bei überwiegender Betreuung durch Dritte

951   **Befreit von der Barunterhaltspflicht** ist der betreuende Elternteil, wenn er das Kind **überwiegend** betreut. Dies bedeutet nicht, dass die Betreuung ausschließlich persönlich zu erfolgen hat. Die Vorschriften der §§ 1570, 1615l BGB gehen im Gegenteil davon aus, dass der Vorrang persönlicher Betreuung nur bis zur Vollendung des dritten Lebensjahres des Kindes gilt und sich der Berechtigte danach um eine Fremdbetreuung zu bemühen hat.[3308]

Die Übertragung von Betreuungsaufgaben auf Dritte ändert daher zunächst nichts daran, dass der betreffende Elternteil seine Unterhaltspflicht durch die Betreuung des Kindes erfüllt, also von der Barunterhaltspflicht befreit ist. Etwas anderes gilt, wenn Pflege und Erziehung des Kindes einem Dritten überlassen werden, ohne dass ein nennenswerter Rest an Betreuungsleistungen verbleibt,[3309] wenn das Kind beispielsweise bei der an einem anderen Ort lebenden Großmutter untergebracht ist und nur sporadisch von dem betreffenden Elternteil besucht wird.[3310] Lebt das Kind in einem **Kinderheim,** erbringt der Elternteil ebenfalls keine nennenswerten Betreuungsleistungen, und zwar auch dann nicht, wenn er das Kind regelmäßig besucht.

b) Barunterhaltspflicht bei Betreuung durch den anderen Elternteil

952   **Die Vorschrift des § 1606 Abs. 3 S. 2 BGB** geht von der klassischen Aufgabenverteilung – hier Lebensmittelpunkt des Kindes und Betreuung – dort 14tägiges Umgangsrecht an den Wochenenden und Barunterhalt – aus. Dieses Modell wird in der Realität zunehmend durch eine Ausweitung des Umgangsrechts bis hin zu einer paritätischen Betreuung (Wechselmodell) durchbrochen.

Die unterhaltsrechtlichen Folgen dieser gesellschaftlichen Veränderungen[3311] sind für die Praxis durch eine als gefestigt anzusehende Rechtsprechung des *Bundesgerichtshofs* zumindest grundsätzlich geklärt:

Eine Ausweitung der Umgangskontakte über das übliche Maß hinaus verbunden mit einem Mehr an Betreuungs- und Versorgungsleistungen hat zunächst keinen Einfluss auf die Barunterhaltspflicht des Umgangsberechtigten, und zwar auch dann nicht, wenn die Ausweitung des Umgangsrechts einer Mitbetreuung nahe kommt. Liegt das Schwergewicht der Betreuung gleichwohl bei einem Elternteil, trägt dieser die Hauptverantwor-

---

[3306] Das Unterhaltsrecht folgt insoweit dem Sorge- und Umgangsrecht, das in §§ 1671, 1684 BGB von dem sog Residenzmodell (Lebensmittelpunkt bei nur einem Elternteil) ausgeht. Diese Regelung ist verfassungskonform. Weder Art. 6 Abs. 2 GG noch völkerrechtliche Vorschriften fordern die paritätische Betreuung (Wechselmodell) als gesetzlichen Regelfall: BVerfG FamRZ 2015, 755ff = NJW 2015, 3366ff.

[3307] BGH FamRZ 1981, 347 (348); FamRZ 2006, 1597 (1598) = MDR 2007, 218.

[3308] Grundlegend BGH FamRZ 2009, 770ff. mAnm Borth FamRZ 2009, 960f. = FF 2009, 321ff. = MDR 2009, 689.

[3309] OLG Hamm FamRZ 1990, 307 = NJW 1990, 900; FamRZ 1991, 104 (105); OLG Brandenburg FamRZ 2004, 396.

[3310] OLG Hamm FamRZ 1990, 307 = NJW 1990, 900.

[3311] Hierzu ausführlich *Seiler,* Wechselmodell – unterhaltsrechtliche Fragen, FamRZ 2015, 1845ff.

tung für das Kind, so erfüllt er seine Unterhaltspflicht durch Pflege und Erziehung, § 1606 Abs. 3 S. 2 BGB. Der andere Elternteil bleibt zum Barunterhalt verpflichtet[3312] und ist unterhaltsrechtlich nicht befugt, seine Arbeitszeit wegen des erweiterten Umgangs zu reduzieren.[3313] Ob ein Elternteil die Hauptverantwortung für das Kind trägt, hängt zunächst einmal von einer zeitlichen Komponente ab: Nehmen die Eltern zu etwa gleichen Teilen die Betreuungs- und Versorgungsleistungen wahr, kann von einem sog Wechselmodell gesprochen werden mit der Folge, dass die Vorschrift des § 1606 Abs. 3 S. 2 BGB nicht mehr zugunsten nur eines Elternteils zur Anwendung kommt.[3314] Übernimmt ein Elternteil weniger als die Hälfte der Betreuungsaufgaben, etwa nur ein Drittel, bleibt das Schwergewicht der Betreuung bei dem anderen. Allerdings hat die zeitliche Komponente insoweit nur indizielle Bedeutung, andere Kriterien bleiben denkbar.[3315] So kann zB bei einer Heimunterbringung des Kindes das Schwergewicht der Betreuung bei demjenigen liegen, der der Ansprechpartner für das Heim ist und das Kind in der Freizeit zu sich nimmt. Die Hauptverantwortung eines Elternteils kann sich auch daraus ergeben, dass dieser bedeutsame organisatorische Aufgaben der Kinderbetreuung allein übernimmt, beispielsweise wenn er Kleidung und Schulutensilien beschafft oder die außerschulischen Aktivitäten allein regelt.[3316]

Auch auf den Bedarf des Kindes und die Leistungsfähigkeit des Unterhaltspflichtigen soll eine Ausdehnung des Umgangsrechts keine Auswirkungen haben. Lediglich im Rahmen der Angemessenheitsprüfung soll die zusätzliche wirtschaftliche Belastung des Barunterhaltspflichtigen durch eine Rückstufung innerhalb der Einkommensgruppen der Düsseldorfer Tabelle oder durch ein Absehen von einer Hochstufung Berücksichtigung finden.[3317]

Eine paritätische Betreuung (Wechselmodell) soll nach einer teilweise vertretenen   **953** Ansicht die Vereinbarung der Eltern enthalten, sich wechselseitig von Barunterhaltsansprüchen freizustellen.[3318] Dieser Auffassung hat sich der *Bundesgerichtshof* nicht angeschlossen. Er hält vielmehr bei einem echten Wechselmodell beide Elternteile für barunterhaltspflichtig, da ansonsten der Barbedarf des Kindes nicht gedeckt sei. Wie beim volljährigen Kind sei Barunterhalt nach den jeweiligen wirtschaftlichen Verhältnissen zu leisten, wobei sich der Bedarf des Kindes nach dem Einkommen beider Eltern unter Berücksichtigung der Mehrkosten des Wechselmodells ergebe[3319] Zum Bedarf des unterhaltsberechtigten Kindes beim Wechselmodell und zum Einfluss des überdurchschnittlichen Aufenthalts beim Barunterhaltspflichtigen auf den Bedarf s. → Rn. 175.

Zur Kindergeldanrechnung im Wechselmodell. → Rn. 894.

Die Umsetzung dieser Grundsätze in einen tatsächlich zu entrichtenden Zahlbetrag hat   **954** die höchstrichterliche Rechtsprechung noch nicht vorgenommen. Bei einer solchen ist

---

[3312] BGH FamRZ 2006, 1015 (1017) = NJW 2006, 2258 (2259) = MDR 2006, 1173; FamRZ 2007, 707 (708) mAnm *Luthin* FamRZ 2007, 710 = NJW 2007, 1882 = MDR 2007, 779 f.; FamRZ 2014, 917 mAnm *Schürmann* FamRZ 2014, 921 = NJW 2014, 1958, Tz. 28; FamRZ 2015, 236 = NJW 2015, 331, Tz. 20; wohl auch im Falle OLG Frankfurt/M. FamRZ 2006, 439: das Kind ist tagsüber in der Regel beim Pflichtigen; OLG Brandenburg FamRZ 2007, 1354.

[3313] KG NZ FamRZ 2016, 264 (265).

[3314] BGH FamRZ 2014, 917 mAnm *Schürmann* FamRZ 2014, 921 = NJW 2014, 1958, Tz. 29 f.

[3315] BGH FamRZ 2006, 1015 (1017) = NJW 2006, 2258 (2259); FamRZ 2007, 707 (708) mAnm *Luthin* FamRZ 2007, 710;FamRZ 2014, 917 mAnm *Schürmann* FamRZ 2014, 921 = NJW 2014, 1958, Tz. 30f; FamRZ 2015, 236 mAnm *Born* FamRZ 2015, 238 = NJW 2015, 331, Tz. 20.

[3316] BGH FamRZ 2014, 917 mAnm *Schürmann* FamRZ 2014, 921 = NJW 2014, 1958, Tz. 30 f.

[3317] BGH FamRZ 2014, 917 mAnm *Schürmann* FamRZ 2014, 921 = NJW 2014, 1958, Tz. 37; FamRZ 2015, 236 mAnm *Born* FamRZ 2015, 238 = NJW 2015, 331, Tz. 22; OLG Düsseldorf NZ Fam 2016, 268 (Niederl) hält zusätzlich eine Kürzung des Elementarunterhalts für denkbar.

[3318] *Spangenberg*, Wechselmodell und Kindesunterhalt, FamRZ 2014, 88, 90.

[3319] BGH FamRZ 2015, 236 mAnm *Born* FamRZ 2015, 238 = NJW 2015, 331, Tz. 18; OLG Dresden FamRZ 2016, 470 (471) = MDR 2015,1368f; OLG Düsseldorf FamRZ 2016, 142 (143).

zunächst zu berücksichtigen, dass in den Fällen einer paritätischen Betreuung kein Elternteil nach § 1629 Abs. 3 BGB berechtigt ist, den Unterhaltsanspruch des Kindes gerichtlich geltend zu machen, da ein Obhutsverhältnis zu einem Elternteil gerade nicht feststellbar ist.[3320] Es ist ein Ergänzungspfleger zu bestellen, der im Namen des Kindes beide Elternteile als Teilschuldner in Anspruch nimmt. Da nach den aufgestellten Grundsätzen der Barbedarf des Kindes auf beide Elternteile entsprechend ihren Einkommensverhältnissen verteilt worden ist, sind Abstriche von den Haftungsanteilen der Eltern wegen der erbrachten Betreuungsleistungen nicht vorzunehmen.

Zur Frage einer Anwendbarkeit des § 1628 BGB → Rn. 175a.

c) Barunterhaltspflicht des Betreuenden aufgrund der wirtschaftlichen Verhältnisse

955   **Eine Beteiligung des Betreuenden am Barunterhalt** kann sich darüber hinaus aus den beiderseitigen Einkommensverhältnissen ergeben. Verbleibt dem Unterhaltspflichtigen nach Abzug des Kindesunterhalts auf Grund seines Einkommens oder der Unterhaltsleistungen seines neuen Partners[3321] zumindest der **angemessene Selbstbehalt,** ist er in der Regel allein zum Barunterhalt verpflichtet. § 1603 Abs. 2 S. 3 BGB findet keine Anwendung, der betreuende Elternteil ist nicht als „anderer unterhaltspflichtiger Verwandter" anzusehen.[3322] Besteht allerdings ein **erhebliches finanzielles Ungleichgewicht** zwischen den Eltern, muss sich abweichend von der Regel auch der Betreuende am Barunterhalt beteiligen – § 1606 Abs. 3 S. 2 BGB –.[3323] Ein finanzielles Ungleichgewicht kann angenommen werden, wenn der betreuende Elternteil dreimal so viel verdient wie der Barunterhaltspflichtige.[3324] Es liegt nicht vor bei etwa gleich hohem Einkommen beider Elternteile[3325] oder wenn der Betreuende einen erheblich höheren Arbeitseinsatz zeigt als der Barunterhaltspflichtige.[3326] → Rn. 175. Denn die Frage, ob der betreuende Elternteil am Barunterhalt zu beteiligten ist, kann nicht durch einen schematischen Vergleich der beiderseitigen Einkommensverhältnisse ermittelt werden. Die unterhaltsrechtliche Belastung beider Elternteile ist vielmehr im Rahmen einer Billigkeitsprüfung zu würdigen.[3327] Eine Beteiligung am Barunterhalt scheidet auch aus, wenn der Pflichtige zumindest den Mindestunterhalt erbringen kann.[3328]

Ist die Einkommensdifferenz geringer als das Dreifache des Nettoeinkommens des eigentlich Barunterhaltspflichtigen, bleibt dieser in der Regel allein zum Barunterhalt verpflichtet. Zur Gegenüberstellung der beiderseitigen Einkünfte hat der Tatrichter von

---

[3320] BGH FamRZ 2014, 917 mAnm *Schürmann* FamRZ 2014, 921 = NJW 2014, 1958, Tz. 16.

[3321] BGH FamRZ 2002, 742; NJW 2003, 3770 (3771).

[3322] BGH FamRZ 2013, 1558 = NJW 2013, 2897, Tz. 27.

[3323] BGH FamRZ 1980, 994 = NJW 1980, 2306; 1981, 543 (544) = NJW 1981, 1559; 1984, 39 = NJW 1984, 303: Eink. Betreuender dreimal so hoch; FamRZ 1998, 286 (288) = NJW 1998, 505; BGH FamRZ 2002, 742 f. mAnm *Büttner* FamRZ 2002, 743; FamRZ 2013, 1558 mAnm *Hauß* FamRZ 2013, 1562 = NJW 2013, 2897, Tz 26; OLG Frankfurt FamRZ 1996, 888 (889); OLG Hamm FamRZ 1981, 487; OLG Karlsruhe FamRZ 1993, 1116 (1117); OLG Oldenburg FamRZ 1989, 423: keine schematische Berechnung nach Einkommenshöhe, sondern wertende Betrachtung geboten; OLG Stuttgart FamRZ 1981, 993 (996); OLG Schleswig DAVorm 1985, 319: Eink. Betreuender doppelt so hoch.

[3324] BGH FamRZ 2013, 1558 mAnm *Hauß* FamRZ 2013, 1562 = NJW 2013, 2897, Tz 29.; OLG Brandenburg NZFam 2015, 1013 *(Müller)*, das den Anspruch gegen den Barunterhaltspflichtigen bei doppelt so hohem Einkommen des betreuenden Ehegatten kürzt; OLG Schleswig FamRZ 2014, 1643 (1644), das zusätzlich eine absolute Einkommensdifferenz von mindestens 500 EUR verlangt.

[3325] BGH FamRZ 1980, 994 = NJW 1980, 2306; OLG Düsseldorf NJW-RR 1992, 2; OLG Karlsruhe FamRZ 1990, 903; OLG Koblenz FamRZ 1991, 1475 (1476); OLG Oldenburg FamRZ 1989, 423 (424).

[3326] OLG Stuttgart FamRZ 1981, 993 (996); jedenfalls bei dreifachem Verlust OLG Naumburg NJW-Spezial 2013, 70.

[3327] BGH FamRZ 2013, 1558 = NJW 2013, 2897, Tz. 28.

[3328] OLG Koblenz FamRZ 2004, 1599.

den unterhaltsrechtlich relevanten Nettoeinkünften zunächst den angemessenen Selbstbehalt als Sockelbetrag abzusetzen. Die auf diese Weise ermittelten Haftungsanteile sind zugunsten des betreuenden Elternteils „wertend zu verändern", um dem Grundsatz der Gleichwertigkeit von Bar- und Betreuungsunterhalt Rechnung zu tragen – § 1606 Abs. 3 S. 2 BGB.[3329]

Ist der angemessene Selbstbehalt des Pflichtigen nicht gewahrt, kommt der betreuende Elternteil als „anderer unterhaltspflichtiger Verwandter" im Sinne des § 1603 Abs. 2 S. 3 BGB in Betracht und hat sich am Barunterhalt des Kindes zu beteiligen, wenn und soweit sein eigener angemessener Bedarf gedeckt ist.[3330] Denn bei Leistungsfähigkeit eines Elternteils ist der angemessene Selbstbehalt die Opfergrenze für den anderen.[3331] Dabei lässt § 1603 Abs. 2 S. 3 BGB nicht die Unterhaltpflicht insgesamt entfallen, sondern nur die gesteigerte Unterhaltspflicht des § 1603 Abs. 2 S. 1 und 2 BGB. Die Einkünfte des betreuenden Elternteils, die den angemessenen Selbstbehalt übersteigen, sind für Unterhaltszwecke zu verwenden.[3332] Den Stamm seines Vermögens braucht er dagegen nicht anzugreifen.[3333]

d) Barunterhaltspflicht des Betreuenden bei zusätzlichem Bedarf

Hat das unterhaltsberechtigte Kind **Zusatz-, Mehr- oder Sonderbedarf,** muss sich an diesem im Rahmen seiner Leistungsfähigkeit auch der betreuende Elternteil beteiligen.[3334] Denn die Gleichwertigkeit von Bar- und Betreuungsunterhalt gilt nur für den allgemeinen Lebensbedarf des Kindes. **Mehrbedarf des Kindes,** für den beide Elternteile haften, sind dabei auch Kosten, die durch **die Fremdbetreuung** entstehen. Hierzu gehören zB die **Kosten einer Internats- oder Heimunterbringung.** Erfolgt die Heimunterbringung allerdings als Maßnahme der Kinder- und Jugendhilfe nach dem SGB VIII, ist der Unterhaltsbedarf des Kindes gedeckt. Die Eltern können nur durch die Erhebung eines öffentlich-rechtlichen Kostenbeitrags nach § 92 Abs. 2 SGB VIII an den Unterbringungskosten beteiligt werden.[3335]

Die Kosten einer zeitweisen Kinderbetreuung, zB für den Besuch des Kindergartens, der Kindertagesstätte, für Hort oder offene Grundschule sind Mehrbedarf des Kindes, an dem sich beide Elternteile entsprechend ihrem Einkommen zu beteiligen haben. Die in den Kindergartenbeträgen enthaltenen Verpflegungskosten sind dagegen mit dem Tabellenunterhalt abgegolten.[3336] Die Kosten privater Kinderbetreuung sind nach wie vor vom Einkommen des Betreuenden abzusetzen, da nicht der erzieherische Zweck im Vordergrund steht, sondern dem Betreuenden eine Erwerbstätigkeit ermöglicht werden soll.

[3329] BGH FamRZ 2013, 1558 = NJW 2013, 2897, Tz, 30; OLG Dresden NZFam 2016, 119 (121).

[3330] BGH FamRZ 1980, 994 = NJW 1980, 2306; FamRZ 2008, 137 (140) = NJW 2008, 227 = FF 2008, 24; FamRZ 2011, 1041 (1044f) = NJW 2011, 1874 (1877) = MDR 2011, 728 (729); FamRZ 2013, 1558 = NJW 2013,2897, Tz 26; OLG Hamburg FamRZ 1992, 591; OLG Hamm NJW-RR 1990, 900 = FamRZ 1990, 307; OLG Hamm FamRZ 2006, 1628 (1629); OLG Koblenz FamRZ 2003, 1672 f.; OLG Stuttgart FamRZ 2005, 54 (55 f.) = NJW-RR 2004, 1515 (1516 f.).

[3331] BGH FamRZ 2011, 454 (457) = NJW 2011, 670 (673) = MDR 2011, 299 f.

[3332] BGH FamRZ 2008, 137 (140) = NJW 2008, 227 = FF 2008, 241; FamRZ 2011, 454 (457) = NJW 2011, 670 (673) = MDR 2011, 299 f.; FamRZ 2011, 1041 (1044f) = NJW 2011, 1874 (1877) = MDR 2011, 728 (729; OLG Hamm FamRZ 2009, 1919 f.

[3333] OLG Nürnberg FamRZ 2008, 436 (437) = NJW-RR 2008, 884 f.

[3334] BGH FamRZ 1983, 689 = NJW 1983, 2082; BGH FamRZ 2013, 1563 = NJW 2013, 2900, Tz. 12.

[3335] BGH FamRZ 2007, 377 (379) = FF 2007, 111 (LS.). Die Entscheidung ist lesenswert auch wegen des ungewöhnlichen Sachverhalts!

[3336] BGH FamRZ 2009, 962 (963 f.) = NJW 2009, 1816; **aA noch** BGH FamRZ 2007, 882 (886) und FamRZ 2008, 1152 (1154).

3. „Betreuung" volljähriger Kinder

956   Die **Betreuung endet mit der Volljährigkeit des Kindes.**[3337] Von diesem Zeitpunkt an schulden beide Elternteile Barunterhalt. Dies gilt auch für die sogenannten „privilegierten Volljährigen", also die in der allgemeinen Schulausbildung befindlichen Kinder bis zur Vollendung des 21. Lebensjahres, die im Haushalt eines Elternteils leben (§ 1603 Abs. 2 S. 2 BGB). § 1606 Abs. 3 S. 2 BGB ordnet die Gleichwertigkeit von Bar- und Betreuungsunterhalt nur für Minderjährige an, so dass auch der Elternteil, bei dem das volljährige Kind lebt, diesem zum Barunterhalt verpflichtet ist.[3338]

Der Elternteil, bei dem das volljährige Kind lebt, kann seine Versorgung wie bisher vornehmen. Das bedarf des Einverständnisses des volljährigen Kindes, denn eine einseitige Bestimmung der Art der Unterhaltsgewährung nach § 1612 Abs. 2 BGB scheidet aus, da sie nicht den vollen Lebensbedarf umfasst.[3339] Der Wert dieses Naturalunterhalts richtet sich nach dem objektiven Wert der Leistungen für das Kind. Er ist mit der – ggf. fiktiven – Barunterhaltsquote zu vergleichen. Übersteigt er sie, wird eine freiwillige, im Verhältnis zum anderen Elternteil nicht berücksichtigungsfähige Leistung vorliegen.[3340] Das gleiche gilt, wenn der versorgende Elternteil aufgrund seiner Einkommensverhältnisse nicht zum Barunterhalt verpflichtet ist.[3341]

Auf behinderte volljährige Kinder findet § 1606 Abs. 3 S. 2 BGB ebenfalls keine Anwendung, so dass im Grundsatz beide Elternteile zum Barunterhalt verpflichtet sind. Die Versorgungsleistungen sind – wie stets bei volljährigen Kindern – als Naturalunterhalt des versorgenden Elternteils zu werten. Im Übrigen kann die Betreuung eines volljährigen behinderten Kindes Anlass sein, die Haftungsquote des Betreuenden am Barunterhalt aus Billigkeitsgründen zu senken.[3342]

4. Die Haftung der Eltern für den Barunterhalt minderjähriger und volljähriger Kinder

a) Regelfall

957   Im **Regelfall der Betreuungsleistung einerseits und Barunterhaltsleistung andererseits** für minderjährige unverheiratete Kinder entstehen Probleme der Haftungsanteile der Eltern nicht, da beides grundsätzlich gleich gewertet wird. Die Höhe des Barunterhalts richtet sich dann nur nach dem Einkommen des Barunterhaltspflichtigen.[3343]

b) Die Haftung für Bar- und Betreuungsunterhalt[3344]

Kommt ein Elternteil sowohl für den Bar- als auch den Betreuungsunterhalt auf, ist zu differenzieren: Ist ein Elternteil verstorben und das Kind anderweitig untergebracht, kann der verbliebene Elternteil zur Berechnung seiner Leistungsfähigkeit von seinem Einkommen den als Barunterhalt geschuldeten Tabellenunterhalt und den in gleicher Weise

---

[3337] Vgl. BGH NJW 1994, 1530 (1531) = FamRZ 1994, 696; BGH FamRZ 1988, 1039 (1040); OLG Hamburg FamRZ 1984, 190 (192); OLG Hamm FamRZ 1994, 1306; auch → Rn. 649.

[3338] 2950 BGH FamRZ 2002, 815 (816 f.); OLG Bremen, FamRZ 1999, 879; OLG Karlsruhe FamRZ 1999, 45; OLG Köln NJWE-FER 2000, 144; **aA** OLG Naumburg FamRZ 2001, 371.

[3339] BGH FamRZ 1986, 151 (152); 1988, 831 (832) = NJW 1988, 1974; KG FamRZ 1985, 419 (423).

[3340] *Büttner* NJW 1999, 2315 (2323).

[3341] BGH FamRZ 2006, 99 (102) mAnm *Viefhues* FamRZ 2006, 103 und Anm. *Scholz* FamRZ 2006, 103; FamRZ 2006, 774; FamRZ 2007, 542 (543).

[3342] BGH FamRZ 1985, 917 (919); KG FamRZ 2003, 1864 f.

[3343] BGH FamRZ 1980, 994 = NJW 1980, 2306; 1981, 543 = NJW 1981, 1559; 1984, 39 = NJW 1984, 303; → eingehend Rn. 175–181.

[3344] BGH FamRZ 1982, 779 = NJW 1982, 2664; OLG Hamm FamRZ 1988, 1033.

bewerteten Betreuungsunterhalt, im Ergebnis also den doppelten Tabellenunterhalt absetzen.[3345] Von dem sich ergebenden Betrag ist dann als bedarfsdeckend das volle Kindergeld in Abzug zu bringen.[3346]

Leben allerdings beide Eltern noch und leistet einer von ihnen mit befreiender Wirkung Betreuungsunterhalt für das Kind, kommt eine Monetarisierung nicht in Betracht. Ist die Leistungsfähigkeit des betreuenden Elternteils zu ermitteln, ist nur der Barunterhalt, also der einfache Tabellenbetrag reduziert durch das anteilige Kindergeld von seinen Einkünften in Abzug zu bringen.[3347] Ist der Bar- und Betreuungsunterhalt leistende Elternteil erwerbstätig, können konkrete Betreuungskosten in Abzug gebracht werden; darüber hinaus ist eine Reduzierung der Erwerbsverpflichtung zu prüfen.[3348]

Zum Abzug eines pauschalen Betreuungsbonus s. Rn. 968.

c) Die anteilige Haftung beider Elternteile für den Barunterhalt

Sind beide Elternteile – beim Wechselmodell und im Verhältnis zu volljährigen Kindern – zum Barunterhalt verpflichtet, bestimmt sich die Haftung gemäß § 1606 Abs. 3 S. 1 BGB: mehrere gleich nahe Verwandte haften anteilig nach ihren Erwerbs- und Vermögensverhältnissen, nicht als Gesamtschuldner.[3349] | **958**

d) Berechnungsgrundlage

Bei volljährigen Kindern und auch beim Wechselmodell (→ Rn. 953) ist Berechnungsgrundlage für den Kindesunterhalt das zusammengerechnete Einkommen beider nur barunterhaltspflichtigen Eltern unter Berücksichtigung unterhaltsrechtlich beachtlicher Abzüge. | **959**

Die Haftungsanteile der Eltern berechnen sich nach dem jeweiligen Anteil des Einzeleinkommens (Erwerbs- und Vermögensverhältnisse) am Gesamteinkommen[3350] abzüglich des jeweiligen Eigenbedarfs.[3351] Abzusetzen ist der angemessene Selbstbehalt. Dieser muss grundsätzlich nicht angegriffen werden, um Unterhalt zu zahlen.[3352] Ist ein Elternteil leistungsfähig, bleibt dem anderen als Opfergrenze der angemessene Selbstbehalt, über den hinaus eine Unterhaltsverpflichtung nicht besteht.[3353] Der angemessene Selbstbehalt ist zu berücksichtigen beim volljährigen und auch privilegiert volljährigen Kind, solange kein Mangelfall vorliegt, der gegeben ist, wenn der angemessene Selbstbehalt des anderen Elternteils nicht gewahrt ist.[3354] | **960**

Das volljährige Kind, das einen Elternteil auf Barunterhalt in Anspruch nimmt, hat neben seinem Bedarf und seiner Bedürftigkeit die Einkommens- und Vermögensverhält-

---

[3345] BGH FamRZ 2006, 1597f = NJW 2006, 3421.

[3346] OLG Hamm FamRZ 2008, 171 (172).

[3347] BGH FamRZ 2013, 109 = NJW 2013, 161, Tz. 25.

[3348] BGH FamRZ 2013, 109 = NJW 2013, 161, Tz. 28.

[3349] BGH FamRZ 1971, 569 (571) = NJW 1971, 1983 (1985); 1981, 347 (348) = NJW 1981, 923.

[3350] BGH FamRZ 1985, 466 (467 f.): intakte Ehe; 1986, 151 (152) u. 153 (154); 1988, 268 (269): nach Erwerbs- und Vermögensverhältnissen; OLG Frankfurt FamRZ 1987, 1179 (1180); OLG Hamm FamRZ 1988, 425 (427).

[3351] BGH FamRZ 1986, 151 (152) u. 153 (154); FamRZ 1988, 1039 (1040); OLG Frankfurt FamRZ 1987, 190 u. 1179 (1180); OLG Hamm FamRZ 1988, 425 (427): bei Mutter von Eigenbedarf aber Ersparnis durch Zusammenleben mit neuem Ehemann abziehen (hier 25 %); OLG Köln FamRZ 1985, 90; NJWE-FER 2000, 144 (145); OLG Rostock OLGR 2002, 94; **allg.:** *Wohlgemuth*, Quotenhaftung der Eltern beim Volljährigenunterhalt FamRZ 2001, 321 ff.

[3352] BGH FamRZ 2011, 454 (457) = NJW 2011, 670 (673) = MDR 2011, 299 f.

[3353] BGH FamRZ 2011, 454 (457) = NJW 2011, 670 (673) = MDR 2011, 299 f.

[3354] BGH FamRZ 2011, 454 (457) = NJW 2011, 670 (673) = MDR 2011, 299 f.

nisse des anderen Elternteils darzulegen und zu beweisen.[3355] Dabei ist es ausreichend, wenn es darlegt, alles ihm Mögliche und Zumutbare zur Ermittlung des Einkommens getan zu haben.[3356] Es braucht weder den anderen Elternteil auf Auskunft zu verklagen noch sich fiktive Einkünfte anrechnen zu lassen, sondern kann einen Elternteil auf den vollen Barunterhalt in Anspruch nehmen.[3357] Gleiches gilt bei überwältigenden Mehreinkommen und Mehrvermögen eines Elternteils.[3358]

961   Hat sich der betreuende Elternteil am **Barunterhalt des minderjährigen Kindes** zu beteiligen (→ Rn. 955), bleibt sein Einkommen bei der Ermittlung des kindlichen Unterhaltsbedarfs unberücksichtigt, da der betreuende Elternteil zusätzlich unterhaltswerte Betreuungsleistungen erbringt. Für den mithin anhand der Einkommensverhältnisse des nicht betreuenden Elternteils zu ermittelnden Barbedarf des Kindes haften die Eltern entsprechend ihrer um den jeweiligen Selbstbehalt ermäßigten Einkünfte. Dieser Verteilungsschlüssel kann allerdings aufgrund einer wertenden Betrachtung, die die Betreuungsleistungen einbezieht, zugunsten des Betreuenden verändert werden, etwa, wenn infolge einer Erkrankung oder Behinderung des Kindes ein erhöhter Betreuungsbedarf anfällt.[3359] Praktizieren die Eltern ein **Wechselmodell** mit hälftiger Betreuung und Versorgung, richtet sich der Bedarf des Kindes nach den addierten Einkünften beider Eltern und den durch das Wechselmodell verursachten Mehrkosten. Für diesen Bedarf haften die Eltern anteilig nach ihren Einkünften.[3360] → Rn. 953.

e) Darlegungs- und Beweislast für Haftungsanteil

962   Die **Darlegungs- und Beweislast** eines nur einen Elternteil auf vollen Unterhalt in Anspruch nehmenden Kindes dafür, dass der andere Elternteil nicht oder nur beschränkt leistungsfähig ist, trägt das unterhaltsberechtigte Kind..[3361] Wird es von dem anderen Elternteil betreut, genügt der Hinweis auf diese Betreuung, um in Verbindung mit dem Grundsatz des § 1606 Abs. 3 S. 2 BGB die volle Barunterhaltshaftung des Inanspruchgenommenen darzutun. Behauptet der Unterhaltsschuldner, der andere Elternteil erfülle seine Unterhaltpflicht durch die Betreuung nicht in vollem Umfange, muss er, da eine Abweichung vom Grundsatz des § 1606 Abs. 3 S. 2 BGB behauptend, das dartun und beweisen.[3362] Ebenso ist es Sache des in Anspruch genommenen Elternteils, die Grenzen seiner eigenen Leistungsfähigkeit darzutun und zu beweisen.[3363] Er muss, kommt er dieser Obliegenheit nicht nach, den vollen Unterhalt zahlen, weil seine Haftungsquote nicht bestimmt werden kann, wenn eine anteilige Haftung des anderen Elternteils in Betracht kommt.[3364] Er kann das klagende Kind nicht auf dessen Auskunftsanspruch gegen den anderen Elternteil verweisen → Rn. 684, 974.

[3355] OLG Hamburg FamRZ 1982, 627 (628); OLG Frankfurt FamRZ 1987, 839 (840) = NJW-RR 1987, 903.

[3356] OLG Frankfurt FamRZ 1993, 231 (232).

[3357] *Baumgärtel/Laumen/Aps,* Handbuch der Berweislast im Privatrecht, Rn. 3 zu § 1606 BGB.

[3358] BGH FamRZ 1987, 58 (60): Einkommen Vater 343.240 EUR und Vermögen 10 Mill. EUR gegen 296.500 EUR Mutter.

[3359] BGH NJW 1983, 2082 = FamRZ 1983, 689; KG FamRZ 2003, 1864 f. sowie Nr. 12.3 der Südd. Leitl. sowie der Leitl. der OLGe Berlin – KG –, Frankfurt, Hamburg, Koblenz, Naumburg, Rostock und Schleswig.

[3360] BGH FamRZ 2006, 1015 (1017) = NJW 2006, 2258 (2259 f.); FamRZ 2007, 707 (708 f.) mAnm *Luthin* FamRZ 2007, 710.

[3361] BGH FamRZ 1981, 347 (348) = NJW 1981, 923; OLG Hamburg FamRZ 1982, 627; KG FamRZ 1994, 765.

[3362] BGH FamRZ 1981, 347 (349).

[3363] OLG Hamburg FamRZ 1982, 627.

[3364] OLG Hamburg FamRZ 1982, 627.

Beruft sich der auf Unterhalt in Anspruch Genommene bei fehlender Leistungsfähigkeit auf einen anderen unterhaltspflichtigen Verwandten (§ 1603 Abs. 2 S. 3 BGB), so hat er dessen Vorhandensein zu beweisen. Das Kind muss dann darlegen und ggf. beweisen, dass dieser Verwandte nicht leistungsfähig ist.[3365]

f) Ausgleichsanspruch Eltern

Ein **familienrechtlicher Ausgleichsanspruch** zwischen teilhaftenden Eltern kann in Betracht kommen, wenn ein Elternteil den vollen Unterhalt in der Absicht gezahlt hat, damit auch die Teilunterhaltsverpflichtung des anderen zu erfüllen und von diesem Ersatz zu verlangen.[3366] Ansonsten steht § 1360b BGB einem Ausgleichsanspruch entgegen. Wer vollen Unterhalt auf Grund einer gegen ihn ergangenen rechtskräftigen Entscheidung zahlt, kann keinen Ausgleich verlangen, denn er hat nicht teilweise für den anderen, sondern nur für sich gezahlt.[3367] Auch für den Ausgleichsanspruch gilt § 1613 BGB.[3368] Siehe eingehend → Rn. 1205 f.   **963**

5. Barunterhalt trotz Betreuung

Eine **Barunterhaltspflicht neben der Betreuung** kommt unterhaltsrechtlich unter mehrfachen Gesichtspunkten in Betracht: einmal gegenüber dem betreuten Kind, zum anderen gegenüber einem nicht selbst, sondern vom anderen Elternteil betreuten weiteren Kind (oder Kindern), schließlich neben einer Kinderbetreuung gegenüber einem (geschiedenen) Ehegatten, sei es, dass dieser auch ein gemeinschaftliches Kind betreut oder auch ohne dies barunterhaltsberechtigt ist.   **964**

Gegenüber dem betreuten Kind ist davon auszugehen, dass die Gleichwertigkeit von Betreuungsaufwand und Barunterhaltsaufwand bis zur Volljährigkeit besteht, → Rn. 955.

Bei Geschwistertrennung erfüllt der jeweilige Elternteil seine Unterhaltspflicht durch Pflege und Erziehung nur gegenüber dem bei ihm lebenden Kind; dem vom anderen Elternteil betreuten Geschwisterkind schuldet er Barunterhalt nach seiner Leistungsfähigkeit. Eine wechselseitige Freistellung, die nur im Verhältnis der Eltern zueinander wirkt,[3369] kann allein in den Fällen gleicher Einkünften und gleichen Alters der Kinder erfolgen.

Die Leistungsfähigkeit eines minderjährige Kinder betreuenden Elternteils kann durch die Kinderbetreuung beeinträchtigt sein. Ist er erwerbstätig, ist Ausgangspunkt der Unterhaltsberechnung das tatsächlich erzielte Einkommen. Dieses ist nicht um einen fiktiven Betrag für die erbrachten Betreuungsleistungen – etwa in Höhe der Bedarfssätze der Düsseldorfer Tabelle – zu kürzen. Eine solche Kürzung verbietet sich im Verhältnis zu den minderjährigen Kindern schon wegen des unterhaltsrechtlichen Gleichrangs mit dem betreuten Kind. Aber auch im Verhältnis zu den unterhaltsberechtigten volljährigen Kindern und dem Ehegatten – selbst wenn sie im Range nachgehen – kommt eine entsprechende Kürzung nicht in Betracht. Denn die Betreuungsleistung befreit nur im Verhältnis zu dem minderjährigen Kind von der Barunterhaltpflicht.[3370] **Die konkreten**   **965**

[3365] *Baumgarten/Laumen/Aps*, Handbuch der Beweislast im Privatrecht, Rn. 21 zu § 1603 BGB, AG Ribnitz-Damgarten FamRZ 2004, 302 (303).

[3366] BGH FamRZ 1967, 450 f.; 1981, 761 = NJW 1981, 2348; NJW 1989, 2816 = FamRZ 1989, 850 = DAVorm 1989, 616; OLG Düsseldorf NJW-RR 1991, 1027.

[3367] BGH FamRZ 1981, 761 = NJW 1981, 2348; 1994, 1102.

[3368] BGH FamRZ 1984, 775.

[3369] OLG Zweibrücken FamRZ 1997, 178.

[3370] BGH FamRZ 1982, 779 = NJW 1982, 2664; 1983, 670 (673); FamRZ 1988, 1039 (1041); OLG Hamm NJW 2006, 3075; OLG Schleswig SchlHA 1982, 196; **anders** OLG Koblenz FamRZ 2002, 1281.

Kosten der Kinderbetreuung, soweit diese nicht Bedarf des Kindes sind wie Kindergarten- und Hortbeiträge, kann der Unterhaltspflichtige von seinen Einkünften absetzen (Beispiel: die Kosten einer privaten Kinderfrau),[3371] mit Ausnahme der für die Verpflegung der Kinder aufgewendeten Beträge.[3372]

966 **Die Verwendung des restlichen Einkommens** ist problematisch und streitig wenn ein Kind unter 3 Jahren betreut wird. Zu prüfen ist nach § 242 BGB – § 1577 Abs. 2 BGB gilt nur für den Berechtigten –, ob die Einkünfte des Pflichtigen deshalb nur teilweise anzurechnen sind, weil ihn wegen der Betreuung des minderjährigen Kindes nur eine eingeschränkte Erwerbsobliegenheit trifft,[3373] seine Einkünfte also ganz oder teilweise aus unzumutbarer Tätigkeit stammen. Dabei hat die Rechtsprechung zwar denselben Maßstab angewendet wie beim Unterhaltsberechtigten – → Rn. 465 f. –, ist aber im Regelfall zur vollen Anrechenbarkeit der Einkünfte gekommen.[3374] Lediglich in Einzelfällen wurde das Einkommen nur teilweise berücksichtigt.[3375] Die obergerichtliche Rechtsprechung befürwortet allerdings, um die Ungleichbehandlung zwischen dem Berechtigten und dem Pflichtigen abzumildern, den Abzug eines **pauschalen Betreuungsbonus** zum Ausgleich der mit der Betreuung von Kleinkindern verbundenen Erschwernis.[3376] Dieser Bonus ist, je nach Alter und Betreuungsbedürftigkeit des Kindes, mit einem Betrag zwischen 100 EUR und 300 EUR beziffert worden.[3377]

967 **Der Bundesgerichtshof** lehnt – jedenfalls für den Unterhaltsberechtigten – diese pauschale Betrachtungsweise ab. Er will die Höhe des im Rahmen des § 1577 Abs. 2 BGB anrechnungsfreien Betrages nicht pauschal mit einem Teil der Einkünfte, sondern nach den Umständen des Einzelfalles, insbesondere der Vereinbarkeit der Kinderbetreuung mit den Arbeits- und Fahrzeiten bemessen.[3378]

968 **Der betreuende Unterhaltspflichtige** kann in Anwendung dieser Rechtsprechung einen pauschalen Abzug für die erbrachten Betreuungsleistungen ebenfalls nicht vor-

---

[3371] BGH FamRZ 1982, 779 (780) = NJW 1982, 2664; FamRZ 1991, 182 = NJW 1991, 697; FamRZ 2001, 350 (352); OLG Brandenburg, FamRZ 1996, 866 – für eine unterhaltspflichtige Ehefrau; FamRZ 2005, 1154 (1155 f.) mAnm *Gerhardt* FamRZ 2005, 1158; OLG Braunschweig FamRZ 2001, 626; OLG Hamm, FamRZ 1995, 1418; FamRZ 1998, 1587 (1588); KG FamRZ 2006, 341 f.; OLG Köln FamRZ 1995, 1582; OLG München FamRZ 1998, 824; OLG Zweibrücken FamRZ 1999, 852.

[3372] BGH FamRZ 1988, 1039 (1041).

[3373] BGH FamRZ 1982, 779 (780) = NJW 1982, 2664; FamRZ 1991, 182 (183) = NJW 1991, 697; OLG Zweibrücken FamRZ 1999, 852; OLG Saarbrücken FamRZ 2007, 1329 f.

[3374] BGH FamRZ 1982, 779 (780) = NJW 1982, 2664; FamRZ 1991, 182 = NJW 1991, 697; OLG Brandenburg FamRZ 1996, 866 – für eine unterhaltspflichtige Ehefrau –, OLG Hamm FamRZ 1995, 1418; FamRZ 1998, 1587 (1588); OLG Köln FamRZ 1995, 1582; OLG München FamRZ 1998, 824; OLG Zweibrücken FamRZ 1999, 852.

[3375] OLG Hamm FamRZ 1996, 488 und 489; 2003, 196; OLG Koblenz FamRZ 1999, 1275: hälftige Anrechnung eines schon reduzierten Einkommens eines Sonderschullehrers, der 6-, 13- und 14-jährige Kinder betreut.

[3376] BGH FamRZ 1986, 790 (791) = NJW 1986, 2054; FamRZ 1991, 182 = NJW 1991, 697; FamRZ 2001, 350 (352); OLG Hamm FamRZ 1998, 1586 und 1588; KG FamRZ 2010, 1447; OLG Köln OLGR 2001, 396; OLG Schleswig FamRZ 1999, 513; OLG Stuttgart FamRZ 2015, 935 (936); OLG Zweibrücken FamRZ 1999, 852.

[3377] BGH FamRZ 1986, 790 (791): 154 EUR bei zwei 13 u. 14 Jahre alten Kindern bei Mitbetreuung durch Ehefrau; FamRZ 2001, 350 (352); OLG Hamm FamRZ 1998, 1586: 235 EUR für zwei Kinder; FamRZ 2002, 1708 (1709): je 125 EUR für 9-jährige Zwillinge; OLG Schleswig FamRZ 1999, 513: 102 EUR; OLG Schleswig SchlHA 2003, 270 (271): 15 % des Nettoeinkommens bei Betreuung eines 11 Jahre alten Kindes.

[3378] BGH FamRZ 2005, 1154 (1156) mAnm *Gerhardt* FamRZ 2005, 1158; bereits zuvor BGH FamRZ 2001, 350 (352) = MDR 2001, 516; BGH FamRZ 2010, 1050 (1054) mAnm *Viefhues* FamRZ 2010, 1055 = NJW 2010, 2277 (2280) = MDR 2010, 812; für den Pflichtigen erneut offen gelassen BGH FamRZ 2013, 109 = NJW 2013, 161 = MDR 2013, 37 Tz. 28 u. 29.

nehmen.[3379] Wie beim Berechtigten ist vielmehr auch beim Pflichtigen zusätzlich zu den tatsächlichen Kosten der Kinderbetreuung ein individueller Abzug vom Einkommen vorzunehmen, der sich wie beim Berechtigten an dem im konkreten Einzelfall für die Kinderbetreuung aufgewendeten Maß an Zeit und Erschwernis orientiert. Ist das Kind älter als 3 Jahre gilt für den Unterhaltspflichtigen wie den Berechtigten, dass eine ausgeübte Tätigkeit zumutbar ist und das Einkommen in vollem Umfange für Unterhaltszwecke zu verwenden ist

Für den nichterwerbstätigen Unterhaltspflichtigen ist zunächst auf die Grundsätze   969
der Hausmannrechtsprechung zu verweisen. → Rn. 750 ff. Darüber hinaus gelten jedenfalls die Maßstäbe des § 1570 BGB, → Rn. 159.
(einstweilen frei)   970–976

6. Eigenbedarf (Selbstbehalt)

Der **Eigenbedarf (Selbstbehalt)** bestimmt sich in der Unterhaltsrechtspraxis fast   977
durchweg nach Tabellenwerten, denen durchschnittliche Erfahrungswerte zugrunde liegen – siehe Tabellen und Leitlinien → Rn. 3 ff. Ab 2015 betragen die Selbstbehalte zB nach der Düsseldorfer Tabelle:

(1) Mindestbedarf (notwendiger Selbstbehalt):
  a) erwerbstätige Unterhaltsverpflichtete:
     1.080 EUR, darin 380 EUR Warmmiete oder eine höhere Miete, wenn deren Unvermeidbarkeit dargelegt und nachgewiesen ist.
  b) nicht erwerbstätige Unterhaltsverpflichtete:
     880 EUR, darin Warmmiete wie bei Erwerbstätigen.
  c) teilzeiterwerbstätige Unterhaltspflichtige: Selbstbehalt, der zwischen dem Selbstbehalt für Erwerbstätige und dem für nicht Erwerbstätige liegt.[3380]
(2) Angemessener Bedarf (angemessener Selbstbehalt)
  a) gegenüber volljährigen Kindern (mit Ausnahme der privilegierten Volljährigen im Sinne des § 1603 Abs. 2 2 BGB)
     1300 EUR, darin 480 EUR Warmmiete;
     Hatte das volljährige Kind eine selbstständige Lebensstellung erlangt und wird erneut unterhaltsbedürftig, ist ein höherer Selbstbehalt, nämlich derjenige, der auch für Eltern- und Enkelunterhalt gilt, angemessen.[3381]
  b) gegenüber getrenntlebenden und geschiedenen Ehegatten und der Mutter/dem Vater eines nicht ehelichen Kindes[3382] liegt er zwischen dem notwendigen und dem angemessenen Selbstbehalt und beträgt 1200 EUR, und zwar auch gegenüber dem Anspruch auf Betreuungsunterhalt;[3383]
  c) gegenüber den Eltern[3384] und Enkeln[3385] 1800 EUR.

[3379] **Anders** OLG Karlsruhe OLGR 2005, 195 (196).
[3380] BGH FamRZ 2008, 594 (597) mAnm *Borth* FamRZ 2008, 599 und Anm. *Weychardt* FamRZ 2008, 778 = MDR 2008, 451 f.; OLG Nürnberg FamRZ 2012, 1650 (LS.).
[3381] BGH FamRZ 2012, 530 (531 f.) = NJW 2012, 926 (927) = MDR 2012, 287; FamRZ 2012, 1553 mAnm *Hauß* FamRZ 2012, 1628 f.; OLG Hamm FamRZ 2002, 1357; OLG Koblenz FamRZ 2004, 484 f.: 1250 EUR.
[3382] BGH FamRZ 2005, 354 (355) mAnm *Schilling* FamRZ 2005, 351 und Anm. *Graba* FamRZ 2005, 353; BGH FamRZ 2006, 683 = NJW 2006, 1654 mAnm *Büttner* FamRZ 2006, 765 f. und Anm. *Borth* FamRZ 2006, 852; OLG Saarbrücken FamRZ 2007, 1329 f.
[3383] BGH FamRZ 2009, 307 = MDR 2009, 328f; FamRZ 2009, 311 = NJW 2009, 675 f. = MDR 2009, 327f; FamRZ 2009, 404; **aA** OLG Bamberg NJW 2007, 3650: 900 EUR gegenüber Betreuungsunterhalt im Mangelfall.
[3384] BGH FamRZ 2002, 1698 ff.
[3385] BGH FamRZ 2006, 1099; FamRZ 2007, 375 = NJW-RR 2007, 433; OLG Dresden FamRZ 2003, 1211; OLG Koblenz OLGR 2005, 22 (23).

Eine Ermäßigung des Selbstbehaltes kann erfolgen bei gemeinsamer Haushaltsführung mit einem neuen Partner,[3386] gleich ob verheiratet oder nicht, da Kosten für Wohnen und Lebenshaltung gespart werden. Die Herabsetzung kann höchstens erfolgen bis zum Existenzminimum nach sozialhilferechtlichen Grundsätzen.[3387] → Rn. 36.

Ersparte Wohn- und Verpflegungskosten, zB bei Inhaftierung des Unterhaltsschuldners können ebenfalls zu einer Reduzierung des Selbstbehalts führen.[3388]

Eine Erhöhung des Selbstbehalts kann nicht verlangt werden mit dem pauschalen Hinweis des Unterhaltsschuldners auf das an seinem Wohnort im Ausland herrschende höhere Preisniveau.[3389]

Zur Erhöhung des Selbstbehalts wegen Überschreitung des Wohnkostenanteils, → Rn. 35.

IV. Abzugsfähige Ausgaben des Verpflichteten

1. Arbeitsbedingte Aufwendungen

a) Allgemeines

978   **Berufsbedingter Aufwand** kann bei Einkünften aus nicht selbständiger Tätigkeit grundsätzlich vorab vom Einkommen abgezogen werden. Dies gilt jedenfalls dann, wenn er konkret dargelegt und bewiesen ist. Ob ohne einen solchen Nachweis pauschal 5 % des Einkommens berücksichtigt werden können, wird unterschiedlich gehandhabt.

Die Rechtsprechung der Oberlandesgerichte ist nicht einheitlich. Ihre Leitlinien verlangen teilweise eine konkrete Darlegung der Aufwendungen oder erkennen einen pauschalen Abzug von 5 % an, teilweise ohne jeden Nachweis, teilweise werden Anhaltspunkte für das Vorhandensein von Aufwendungen überhaupt verlangt. Einige Oberlandesgerichte legen Höchstgrenzen für eine Abzugsfähigkeit fest. Die Einzelheiten sind der Nr. 10.2 der Leitlinien der Oberlandesgerichte zu entnehmen.

Der Bundesgerichtshof differenziert: Sind die berufsbedingten Aufwendungen lediglich der Höhe nach streitig, soll ein pauschaler Abzug von 5 % zulässig sein.[3390] Ist dagegen unklar, ob überhaupt berufsbedingte Aufwendungen entstanden sind[3391], wird ein konkreter Nachweis verlangt.[3392] Die Parteien können sich auf einen pauschalen Abzug von 5 % einigen.[3393] Der konkrete Nachweis höherer Kosten ist möglich.[3394]

Voraussetzung ist dabei, dass die Kosten notwendigerweise mit der Ausübung der Erwerbstätigkeit verbunden sind; es ist nicht ausreichend, dass sie – wie im Steuerrecht – durch diese veranlasst sind. Darüber hinaus müssen sie von den Kosten privater Lebensführung abgrenzbar sein.[3395] Die Höhe der über der Pauschale liegen-

---

[3386] OLG Hamm NJW 2011, 3310: Lebenspartner in diesem Sinne kann auch das volljährige Kind sein.

[3387] BGH FamRZ 2008, 594 (597) mAnm *Borth* FamRZ 2008, 599 und Anm. *Weychardt* FamRZ 2008, 778 = MDR 2008, 451 f.; OLG Köln FamRZ 2009, 890 (891).

[3388] OLG Braunschweig FamRZ 2013, 1404 (1405 f.); OLG Hamm FamRZ 2011, 732.

[3389] BGH FamRZ 2013, 1375, Tz. 27.

[3390] BGH FamRZ 2002, 536 (537); FamRZ 2006, 108 (110).

[3391] Das Krankengeld ist daher nicht um berufsbedingte Aufwendungen zu kürzen BGH FamRZ 2009, 307 (308).

[3392] BGH FamRZ 2003, 860 (861 f.).

[3393] BGH NJW 1992, 1621 (1623) = FamRZ 1992, 529.

[3394] BGH FamRZ 2006, 108 (110).

[3395] BGH FamRZ 2007, 193; 2009, 762 (766) = NJW 2009, 1742.

den Kosten können anhand des konkreten Vortrages der Parteien auch geschätzt werden.[3396]

Der berufliche Aufwand des Selbstständigen wird bereits bei der Gewinnermittlung (durch eine Bilanz oder eine Gewinn- und Verlustrechnung) erfasst und kann nicht erneut in Ansatz gebracht werden. Hier gilt insbesondere – wie auch beim Nichtselbstständigen –, dass steuerlich anerkannte Werbungskosten mit den unterhaltsrechtlich beachtlichen nicht identisch sind.[3397]

Der **Erwerbstätigenbonus**[3398] soll dem Gedanken des Arbeitsanreizes sowie den nicht   **979** erfassbaren Mehrkosten Rechnung tragen, so dass jedem Erwerbstätigen ein die Hälfte des verteilungsfähigen,[3399] also des bereinigten Nettoeinkommens maßvoll übersteigender Betrag verbleiben muss.

Die Höhe des Erwerbstätigenbonus ist umstritten. Sie schwankt zwischen 1/10[3400] und 1/7[3401] als Arbeitsanreiz und für beruflichen Mehraufwand. Dieser Erwerbstätigenbonus ist zusätzlich zu dem berufsbedingten Aufwand zu berücksichtigen.[3402]

Bei **Berechnung des Erwerbstätigenbonus** ist dieser erst vom **Resteinkommen** (nach   **980** vorherigem Abzug beachtlicher Verbindlichkeiten und insbesondere des konkreten oder pauschalierten Berufsaufwandes sowie des Kindesunterhalts) zu bilden,[3403] da ein Bonus nur auf das verteilungsfähige Einkommen gewährt werden kann. Eine Besserstellung des nur scheinbar Leistungsfähigeren ist nicht gerechtfertigt. Wird bei Beginn selbstständiger Geschäftstätigkeit kein Umsatz erzielt, unterbleibt der Bonusabzug, da keine Arbeitsleistung erbracht wurde.[3404] Gleiches gilt, wenn der Unterhaltspflichtige unter Belassung der vollen Bezüge von jeder Erwerbstätigkeit freigestellt ist[3405] oder Krankengeld bezieht.[3406] Keine Berücksichtigung findet der Erwerbstätigenbonus, wenn die Leistungsfähigkeit des Unterhaltspflichtigen nach der sogenannten Dreiteilungsmethode errechnet wird.[3407]

b) Einzelne Arten von Aufwendungen des Nichtselbstständigen

Die folgend beispielhaft aufgezählten Aufwendungen können lediglich **anstelle, nicht**   **981** **aber zusätzlich** zu dem Pauschbetrag von 5 % des Einkommens als berufsbedingter Aufwand angesetzt werden. Als einkommenserhöhend sind dabei jeweils ein feststellbar ersparter Eigenaufwand sowie steuerliche Vorteile zu berücksichtigen.

[3396] BGH FamRZ 2009, 404 (405) = NJW-RR 2009, 649 (650).

[3397] BGH FamRZ 1980, 770 = NJW 1980, 2083; FamRZ 2009, 762 /766) = NJW 2009, 1742 (1744); OLG Bamberg FamRZ 1987, 1295; OLG München FamRZ 1984, 173 (175).

[3398] *Graba* Zum Erwerbstätigenbonus im Unterhaltsrecht, NJW 1993, 3033; *Gutdeutsch* Noch einmal der Bonus, FamRZ 1994, 1161; *Riegner* Erwerbsaufwand und Erwerbstätigenbonus im Unterhaltsrecht, FamRZ 1995, 641; **ablehnend** *Gerhardt,* Der Erwerbstätigenbonus im Unterhaltsrecht, Festschrift für Meo-Michaela Hahne, 2012, S. 229 ff.

[3399] → Rn. 980.

[3400] So Süddeutsche Leitlinien Nr. 15.2; OLG Karlsruhe FamRZ 1999, 1276 = NJW 1999, 1722.

[3401] So Düsseldorfer Tabelle B I 1 und die meisten Leitlinien – auch OLG Frankfurt – (→ Rn. 34) unter Nr. 15.2.

[3402] BGH FamRZ 2000, 1492 (1494) mAnm *Scholz* FamRZ 2000, 1495 ff. und *Weychardt* FamRZ 2001, 414 f.; **anders noch** BGH NJW 1989, 2809 (2811) = FamRZ 1989, 1160; 1992, 1621 = FamRZ 1992, 539.

[3403] BGH FamRZ 1997, 806 = NJW 1997, 1919; OLG Karlsruhe FamRZ 1992, 1438; OLG München FamRZ 1993, 328 (329); gegenteilige frühere Auffassungen werden als überholt anzusehen sein.

[3404] OLG Hamm NJW-RR 1993, 776 (778) = FamRZ 1993, 970.

[3405] OLG Koblenz FamRZ 2008, 2289.

[3406] BGH FamRZ 2009, 307 (308).

[3407] BGH FamRZ 2014, 912 = NJW 2014, 1590, Tz. 39.

982	**aa) Fahrtkosten. Notwendige Fahrtkosten**[3408] zur Arbeitsstelle oder für berufs-
bedingte Reisen (soweit der Arbeitgeber sie nicht erstattet oder zur Erstattung verpflichtet ist) sind abzugsfähig.[3409]

983	Berücksichtigungsfähig sind die **Kosten für die Inanspruchnahme öffentlicher Ver-
kehrsmittel.** Die **regelmäßig höheren PKW-Kosten** sind abzusetzen, wenn sie bereits
die ehelichen Lebensverhältnisse geprägt haben und kein Mangelfall vorliegt.[3410] Bei
beengten wirtschaftlichen Verhältnissen hat der Unterhaltsschuldner darzutun und zu
beweisen, dass er seine Arbeitsstelle mit öffentlichen Verkehrsmitteln nicht oder nicht
mit zumutbarem Zeitaufwand erreichen kann.[3411] Die Fahrzeugkosten sind regelmäßig zu
berücksichtigen, wenn der Unterhaltsschuldner das Auto für seine Berufstätigkeit benötigt, wie zB der Arzt, der Hausbesuche macht, der Vertreter, der Architekt, der mehrere
Baustellen betreut und der bundesweit eingesetzte Leiharbeiter[3412] oder auch, wenn die
Nutzung öffentlicher Verkehrsmittel zu einer erheblich längeren Fahrtzeit führt.[3413]

Aber auch im Übrigen ist die Benutzung eines PKW Bestandteil normaler ehelicher
Lebensverhältnisse und auch bei objektiver Betrachtung in der Regel kein Übermaß-
aufwand, jedenfalls dann nicht, wenn der angemessene Bedarf der Berechtigten gedeckt
ist und die Kosten keinen übermäßig großen Teil des Einkommens in Anspruch
nehmen.[3414]

984	**Für die Höhe abzusetzender Pkw-Kosten gilt,** dass alle durch die berufsbedingte
Pkw-Benutzung anfallenden Pkw-Kosten angesetzt werden können,[3415] also Betriebskosten[3416] (Benzin, Öl, Reifen, Wartung, Reparaturkosten, Versicherung, Steuer) und
auch die Kosten der Anschaffung, wobei es gleich ist, ob der Wagen auf Kredit ge-
kauft,[3417] mit vorher gebildeten Rücklagen erworben worden ist[3418] oder nur gemietet
ist.[3419] Der **Finanzierungsaufwand** kann selbst dann nicht zusätzlich geltend gemacht
werden, wenn der Kredit von den Eheleuten gemeinsam aufgenommen wurde.[3420]

985	**Kilometerpauschalen** für die Pkw-Fahrtkosten sind in der Praxis üblich und zwar
orientiert am JVEG (Gesetz über die Vergütung von Sachverständigen, Dolmetsche-
rinnen, Dolmetschern, Übersetzerinnen, Übersetzern, sowie die Entschädigung von
ehrenamtlichen Richterinnen, Richtern, Zeuginnen, Zeugen und Dritten). Die Leitlinien
der Oberlandesgerichte (10.2.2) orientieren sich an der Pauschale für Sachverständige
nach § 5 Abs. 2 Nr. 2 JVEG und lassen 0,30 EUR pro Monat zu, wobei bei längeren

---

[3408] *Griesche*, Die Berücksichtigung von Fahrtkosten bei der Ermittlung des unterhaltspflichtigen
Einkommens, FamFR 2011, 485.

[3409] BGH FamRZ 1998, 1501 (1502) = NJW-RR 1998, 721; FamRZ 2006, 846 = NJW 2006, 2182
(2183); vgl. schon OLG Düsseldorf FamRZ 1978, 721.

[3410] BGH FamRZ 1998, 1501; OLG Dresden FamRZ 1999, 1351.

[3411] BGH FamRZ 1998, 1501 = NJW-RR 1998, 721 ohne genaue Maßstäbe; OLG Brandenburg
NJW-Spezial 2009, 357: 21/2 bis 3 Stunden arbeitstäglich zumutbar angelehnt an § 121 Abs. 4 S. 2
SGB II; OLG Dresden FamRZ 1999, 1351; FamRZ 2001, 47; **fraglich** OLG Karlsruhe FamRZ 2010,
1345 (LS.): öffentliche Verkehrsmittel auch zumutbar bei Arbeitsbeginn um Mitternacht.

[3412] BGH FamRZ 2006, 108 (109) = NJW 2006, 369.

[3413] OLG Köln FamRZ 2013, 1406 f.

[3414] BGH FamRZ 1984, 988 (990).

[3415] BGH FamRZ 1982, 360 (362) = NJW 1982, 1869; 1984, 988 (990).

[3416] OLG Karlsruhe NJWE-FER 1999, 268; OLG Dresden FamRZ 2000, 1176; OLG Hamm
FamRZ 2001, 482.

[3417] BGH FamRZ 2006, 846 (847) = NJW 2006, 2182 (2183); OLG Celle FamRZ 2013, 1987
(1988); OLG Hamm FamRZ 1998, 561; FamRZ 2000, 1367; schwerlich vertretbar OLG Naumburg
FamRZ 1998, 558, das ihn bei einem Polizisten im Schichtdienst gesondert abziehen will.

[3418] BGH FamRZ 1984, 988 (990): KG FamRZ 1979, 67.

[3419] OLG Hamm OLGR 2001, 47: absetzbar die Hälfte der Kosten bei Zahlung von Benzin und
50 EUR Pauschale.

[3420] OLG Hamm FamRZ 2000, 1367; OLGR 2001, 128.

Strecken ab 30 km eine Reduzierung stattfinden soll.[3421] Eine andere Art der Pauschalierung wählt lediglich das OLG Koblenz, das 10 EUR pro Monat für jeden Entfernungskilometer bei Fahrtstrecken bis 30 km und 5 EUR bei längeren Strecken als angemessen ansieht.

Ein Wechsel des Wohnorts ist bei besonders hohen Fahrtkosten im Einzelfall zumutbar,[3422] etwa wenn an eine Wiederherstellung der ehelichen Lebensgemeinschaft nicht zu denken, Wohnen nahe dem Arbeitsplatz nach den Lebensumständen zumutbar ist und mit zumutbarer Mietbelastung eine neue Wohnung gefunden werden kann. **Verursacht der Wohnungswechsel eine Erhöhung der Fahrtkosten,** sind diese beim Ehegattenunterhalt in der Regel anzuerkennen. Denn kein Verpflichteter ist gehalten, im Interesse eines höheren Unterhaltsanspruchs einen Wohnungswechsel zu unterlassen, der die Fahrtkosten erhöht, wenn der Ortswechsel schutzwürdige wichtige persönliche oder sonst anerkennenswerte Gründe hat.[3423] Zu diesen gehört der Umzug zu einem neuen Lebenspartner, denn nach der Trennung steht es jedem Unterhaltsschuldner frei, sich einem neuen Lebenspartner zuzuwenden und einen neuen Haushalt zu gründen, auch wenn dieser vom Arbeitsplatz weiter entfernt ist als der bisher inne gehabte Wohnort.[3424]). Dies gilt aber wohl nicht in den Fällen gesteigerter Unterhaltsverpflichtung, wenn der Mindestunterhalt eines minderjährigen Kindes sicherzustellen ist.[3425] In diesen Fällen muss bei (unvermeidbarem) Wechsel des Arbeitsortes eine Wohnung nach Möglichkeit in dessen Nähe gesucht werden.[3426] Die Unmöglichkeit oder Unzumutbarkeit solcher Wohnsitzbegründung hat der Verpflichtete konkret darzutun und zu beweisen.[3427]

Steuerliche Vorteile durch Fahrtkosten und Fahrkostenerstattung durch den Arbeitgeber sind zu berücksichtigen.[3428] Nur nicht erstattete Kosten können abgezogen werden.[3429] Berufsbedingte Fahrtkosten können als Werbungskosten steuerlich, wenn der Grundfreibetrag bzw. die Werbungskostenpauschale (1000 EUR gem. § 9a EStG) überschritten wird, geltend gemacht werden. Unterlässt der Unterhaltsschuldner dies, sind ihm die Steuervorteile fiktiv zuzurechnen, Andererseits sind einkommenserhöhend nur die unterhaltsrechtlich anerkannten Fahrtkosten zu berücksichtigen. Der Steuervorteil aus unberücksichtigt gebliebenen Fahrtkosten ist daher durch eine fiktive Steuerberechnung aus dem Einkommen zu entfernen.

[3421] OLG Celle FamRZ 2013, 1987 (1988); OLG Düsseldorf FamRZ 2007, 217 sowie die Süddeutschen Leitlinien und die Leitlinien des OLG Hamm; **anders** OLG Schleswig OLGR 2005, 49 = MDR 2005, 635: 0,25 EUR/km unabhängig von der Länge der Fahrstrecke.

[3422] BGH FamRZ 1998, 1501 = NJW-RR 1998, 721.

[3423] BGH NJW-RR 1995, 129 (130): 30 km Entfernung noch angemessen (vom Haus Partnerin zum Dienstort), auch wenn während der Ehe die Entfernung zur Dienststelle nur 6 km betrug; OLG Hamburg NJW-RR 1993, 647: 240 EUR Bahnfahrtkosten (nicht PKW) gebilligt, weil Auszug aus gemeinsamer Wohnung mit Freundin nicht zumutbar sei; OLG Koblenz FamRZ 1994, 1609: 110 km Hin- und Rückfahrt zur Arbeitsstelle zu viel, Umzug in einen Umkreis von 15 km zur Arbeitsstelle zumutbar; AG Kerpen FamRZ 1994, 1424: bei gesteigerter Unterhaltpflicht und Mangelfall kann nur der Aufwand für kostengünstigere öffentliche Verkehrsmittel angesetzt werden, wenn diese bei regelmäßiger Arbeitszeit und vertretbaren Arbeitszeit zumutbar sind.

[3424] OLG Köln NJW-RR 2013,901 (902); OLG Frankfurt/M. FamRZ 2009, 888 (889).

[3425] KG FamRZ 2014, 949 (950); OLG Köln OLG Report 2007, 84 (LS.).

[3426] KG FamRZ 2014, 949 (950).

[3427] BGH FamRZ 1989, 483 (484): Wohnung 30 km entfernt = gebilligt; OLG Hamm FamRZ 1990, 998 (999): 80 km einfache Fahrt, nur um bei Schwester wohnen zu können, nicht anerkannt; bedenklich OLG Oldenburg FamRZ 2004, 1669 sowie OLG Köln FamRZ 2006, 1760 (1761), die bei Zusammenleben mit einer neuen Partnerin nur pauschal 5 % berufsbedingten Aufwand, nicht aber die konkreten Fahrtkosten abziehen wollen.

[3428] OLG Celle FamRZ 2013, 1987 (1988).

[3429] OLG Hamm FamRZ 1997, 356.

988   **bb) Sachaufwand. Arbeitskleidung** ist absetzbar als notwendiger Aufwand abzüglich Eigenersparnis, mag auch der Aufwand nicht ungewöhnlich hoch sein.[3430] Reinigung von Dienstkleidung ist kein besonderer Aufwand. Sie fiele auch bei Normalkleidung an,[3431] es sei denn, außergewöhnliche berufliche Verschmutzung verursache erhöhten Reinigungsaufwand.

989   **Arbeitsmittel** sind in voller Höhe abzugsfähig. Als Arbeitsmittel wurden ua berücksichtigt: Fachliteratur,[3432] Büro- und Betriebsmaterial,[3433] Telefon- und Portokosten, wobei hier besonders die Abgrenzbarkeit von den Kosten privater Lebensführung problematisch ist.[3434]

990   **Arbeitszimmer:** absetzbar, nicht aber, wenn nur gelegentlich Berufsarbeit zu Hause verrichtet wird[3435] oder das Arbeitszimmer als Teil der ohnehin so großen Privatwohnung keine besonderen Kosten verursacht.[3436] Die steuerliche Anerkennung ist unterhaltsrechtlich unerheblich.

991   **cc) Berufsverbände. Beiträge zu Berufsverbänden, auch Gewerkschaftsbeiträge,** werden einkommensmindernd berücksichtigt, und zwar auch im Mangelfall.[3437] Vorausgesetzt ist eine im Verhältnis zum Einkommen vertretbare Höhe. 5,5 % Parteibeitrag eines Stadtrats sollen keine Anerkennung als abzugsfähige Ausgabe[3438] verdienen.

992   **dd) Spenden. Spenden** gehören, auch wenn steuerlich absetzbar, in aller Regel zum normalen Lebensaufwand,[3439] mindern das unterhaltspflichtige Einkommen also nicht. Etwas anderes kann gelten, wenn maßvolle Spenden den ehelichen Lebensstil mitgeprägt haben oder beruflich Spenden allgemeiner Erwartung entsprechen.

993   **ee) Fortbildung, Weiterbildung. Fortbildungskosten,** wenn beruflich konkret nützlich, sind in vertretbarer Höhe absetzbar.[3440]
Weiterbildungskosten müssen in der Regel hinter Unterhalt zurückstehen (auch volljährigen Kindern gegenüber), können jedoch zur Sicherung des (bedrohten) Arbeitsplatzes und damit des künftigen Unterhalts notwendig werden.[3441]
Umschulungskosten sind auch bei vorsorglicher Umschulung absetzbar.[3442]

994   **ff) Berufsbedingter Mehraufwand. Kosten der Betreuung minderjähriger Kinder während berufsbedingter Abwesenheit** können abzugsfähig sein.[3443]

995   **Notwendiger Mehraufwand infolge auswärtiger Tätigkeit** (Verpflegung und Unterkunft durch doppelte Haushaltsführung) wird durchweg abgezogen.[3444] Hierzu können auch die Kosten für die Anmietung einer Zweitwohnung am Dienstort inkl. der Kosten

---

[3430] Siehe hierzu OLG Schleswig SchlHA 1978, 52: abzugsfähig 4,50 DM als Beitrag zur Postkleiderkasse.
[3431] OLG Schleswig DAVorm 1987, 268 (270).
[3432] OLG Frankfurt FamRZ 1977, 800.
[3433] KG FamRZ 1979, 66; LG Hanau DAVorm 1976, 284.
[3434] BGH FamRZ 2007, 197; 2009, 762 (766) = NJW 2009, 1742.
[3435] OLG Köln FamRZ 1983, 750 (753).
[3436] OLG Bamberg FamRZ 1987, 1295 (Studienrat).
[3437] OLG Hamm FamRZ 1998, 848; FamRZ 2008, 1271 (1273); OLG Köln FamRZ 1985, 1166; OLG Schleswig FamRZ 1987, 95; OLG Stuttgart FamRZ 1978, 684; LG Hamburg DAVorm 1976, 58; **anders** OLG Düsseldorf FamRZ 2005, 2016; KG FamRZ 1978, 939.
[3438] KG FamRZ 1978, 939 (zweifelhaft).
[3439] OLG Karlsruhe FamRZ 1990, 1234 (1235).
[3440] KG FamRZ 1979, 66 (200 DM Seminarkosten jährlich).
[3441] OLG Saarbrücken NJW-RR 1990, 1027 (1028).
[3442] OLG Hamm FamRZ 1998, 561; OLG Zweibrücken FamRZ 1997, 837 (839).
[3443] Vgl. Nachweise → Rn. 540 und 961.
[3444] OLG Schleswig FamRZ 1994, 1031 = NJW-RR 1994, 584; OLG Zweibrücken FamRZ 1997, 837 (838).

für die wöchentlichen Heimfahrten gehören, wenn sonst ein entsprechender Fahrtaufwand entstünde und ein Umzug nicht zumutbar ist.[3445]

Bei **Mehraufwand infolge zusätzlicher Arbeit** (Überstunden oder weitere Tätigkeit) **996** ist, wenn ein Verdienst aus dieser zusätzlichen Arbeit bei der Einkommensberechnung gegebenenfalls mit zu berücksichtigen ist,[3446] ein mit der Mehrarbeit verbundener Zusatzaufwand einkommensmindernd vorab anzuerkennen.[3447]

c) Einzelne Arten von Aufwendungen des Selbstständigen

aa) Repräsentation, Werbung. Repräsentationskosten, Werbegeschenke, Bewir- 997 tung: Die Rechtsprechung war zurückhaltend[3448] bei der Anerkennung von Repräsentationskosten und Geschenken: Geschenke des Unterhaltspflichtigen (selbstständiger Facharzt) für Personal, Schwestern und Patienten und Kollegen, die bei der Einkommensteuer berücksichtigt worden waren, sind außer Ansatz gelassen worden.[3449] Werbegeschenke eines selbstständigen Vertreters an seine Kunden sind in einem gemäß §§ 113 Abs. 1 FamFG, 287 ZPO unter Berücksichtigung der Größe des Geschäftsbetriebes geschätzten Umfang anerkannt worden.[3450]

bb) Reparaturen, Investitionen. Reparaturkosten, Investitionen, die dem Erhalt, **998** der Erneuerung und, soweit es sich in einem betriebswirtschaftlich vernünftigen Rahmen hält, auch der Erweiterung und Verbesserung des Betriebes dienen, sind als berufsbedingt notwendige Lasten abzugsfähig.

Dabei wird jedoch streng darauf geachtet, dass nur die Kosten in Ansatz gebracht werden, die tatsächlich aufgewandt worden sind[3451] oder die bei ordnungsgemäßer Bewirtschaftung als Rücklagen für Reparaturen oder Investitionen gerechtfertigt erscheinen.[3452]

cc) Abschreibungen (AfA). Abschreibungen, Begriff und Steuerrecht.[3453] Abschrei- **999** bungen sind die (einmaligen oder) wiederkehrenden steuerlichen Absetzungen der Anschaffungs- oder Herstellungskosten von Gütern des betrieblichen Anlagevermögens für die Zeit der betriebsgewöhnlichen Nutzungsdauer oder nach anderen Gesichtspunkten, bis der Ausgangswert (in der Regel) aufgezehrt ist. Das Steuerrecht kennt verschiedene Arten der Abschreibung (Sammelbegriff für steuerliche Absetzungen insbesondere bei Gütern des betrieblichen Anlagevermögens):[3454]

(1) Lineare Absetzung = Absetzung für Abnutzung (AfA) in gleich bleibenden Jahresbeträgen, § 7 Abs. 1 EStG.

(2) Degressive Absetzung = Absetzung für Abnutzung (AfA) in fallenden Jahresbeträgen, § 7 Abs. 2 EStG.

(3) Absetzung für Abnutzung nach Maßgabe der Leistung (LeistungsAfA) = Beanspruchung des Wirtschaftsguts im Betrieb ohne steuerliche Höchstsätze, § 7 Abs. 1 S. 5 EStG.

[3445] OLG Hamm NJW-RR 1998, 724; OLG Schleswig NJW-RR 1994, 584 = FamRZ 1994, 1031.

[3446] → Rn. 821–835 zur Anrechnung als Einkommen.

[3447] OLG Stuttgart FamRZ 1978, 683.

[3448] Vgl. BGH FamRZ 1987, 46 (48): Bewirtung und Repräsentation; auch: *Nickl* DAVorm 1986, 103 (107): Geschenke; jüngere Rechtsprechung fehlt vollständig.

[3449] LG Bamberg DAVorm 1976, 81.

[3450] LG Hanau DAVorm 1976, 284.

[3451] KG FamRZ 1979, 66 (Werkzeugreparatur).

[3452] BGH FamRZ 2000, 351 (354).

[3453] Literatur ua: *Arens/Spieker* FamRZ 1985, 123; *Doerges* FamRZ 1985, 761; *Durchlaub* FamRZ 1987, 1223; *Oelkers* DAVorm 1996, 12; *Kleinle* DAVorm 1996, 433 ff. und FamRZ 1998, 1346 ff.; *Fischer-Winkelmann* FamRZ 1999, 1403; *Weychardt* FamRZ 1999, 1407; ferner OLG Bremen FamRZ 1995, 935.

[3454] Vgl. *Nickl* FamRZ 1985, 1219; *Doerges* FamRZ 1985, 761 (763).

(4) Absetzung für außergewöhnliche technische oder wirtschaftliche Abnutzung (AfA), § 7 Abs. 1 S. 6 EStG.

(5) Absetzung für Substanzverringerungen (AfS) – zB Bergbau, Kiesgruben, Steinbrüche, § 7 Abs. 6 EStG.

(6) Investitionsabzugsbeträge und Sonderabschreibungen zur Förderung kleiner und mittlerer Betriebe nach § 7g EStG.

1000 Die unterhaltsrechtliche Anerkennung steuerrechtlich zulässiger Abschreibungen **ist problematisch.**

1001 Degressive Abschreibungen und Sonderabschreibungen sind in der Regel nicht anzuerkennen. Sie dienen nicht dem Ausgleich von Wert- und Substanzverlust, sondern dem Investitionsanreiz und der Finanzierung (für kleinere und mittlere Betriebe bei beweglichen Wirtschaftsgütern § 7g EStG). Dies gilt insbesondere für Sonderabschreibungen, die aus konjunkturpolitischen Gründen gewährt werden[3455] und auch für Investitionsabzugsbeträge nach § 7g EStG. Diese mindern im Veranlagungszeitraum ihrer Vornahme den steuerpflichtigen Gewinn um eine Rücklage für künftige Investitionen. Diese Rücklage ist, wenn die Investition unterbleibt nach drei oder – bei kleineren Betrieben – nach fünf Jahren gewinnerhöhend aufzulösen.[3456] Das unterhaltsrechtliche Einkommen ist in diesen Fällen unter Berücksichtigung der ohne Investitionsabzugsbetrag vorhandenen – fiktiven – Steuerbelastung zu ermitteln. Erfolgte der Investitionsabzug während des Zusammenlebens und wurde der Steuervorteil für die gemeinsame Lebensführung verwendet, ist die sich aus der Auflösung der Investitionsrücklage verursachte Steuernachzahlung einkommensmindernd zu berücksichtigen.[3457] Ist die Investition erfolgt, ist der abgeschriebene Betrag einkommensmindernd zu berücksichtigen.[3458]

Die Abschreibung von Gebäuden, gleich ob sie Betriebsvermögen sind oder Wohnzwecken dienen, ist unterhaltsrechtlich ebenfalls unbeachtlich, da die Wertminderung infolge der Abnutzung durch die Steigerung des Bodenwertes ausgeglichen wird.[3459]

1002 **Lineare Abschreibung. Die lineare Abschreibung von Anlagegütern** ist dem Grunde nach auch bei der unterhaltsrechtlichen Einkommensermittlung zu berücksichtigen.[3460] Sie verteilt den durch die Nutzung der Wirtschaftsgüter eintretenden Wertverlust gleichmäßig (linear) auf die betriebsgewöhnliche Nutzung. Bei dem bilanzierenden Selbstständigen mindern die Jahresbeträge den Wert des Betriebsvermögens und damit den Gewinn des Unternehmens. Wird dieser nicht mittels einer Bilanz, sondern durch eine Einnahme-Überschussrechnung nach § 4 Abs. 3 EStG festgestellt, sind die AfA-Beträge betriebliche Aufwendungen.

1003 Die betriebsgewöhnliche Nutzungsdauer und damit der tatsächliche Wertverzehr wird regelmäßig durch die „AfA-Tabellen" zutreffend wiedergegeben; diese sind auch für die unterhaltsrechtliche Einkommensberechnung maßgebend.[3461] Dies soll allerdings

---

[3455] BGH FamRZ 2003, 741 (743); OLG Dresden FamRZ 1999, 80; OLG Koblenz FPR 2002, 63 (64); OLG Schleswig OLGR 2002, 8 f. für die Ansparabschreibung; *Fischer-Winkelmann* FamRZ 1999, 1403 (1406); **aA** *Weychardt* FamRZ 1999, 1408 für degressive Abschreibungen.

[3456] BGH FamRZ 2004, 1177 (1178) = NJW-RR 2004, 1227 f. = MDR 2004, 1240 f.

[3457] OLG Koblenz FamRZ 2015, 1970.

[3458] BGH FamRZ 2004, 1177 (1178) = NJW-RR 2004, 1227 f. = MDR 2004, 1240 f.

[3459] BGH FamRZ 1984, 39 (41); OLG Köln NJW-RR 1992, 1156 (1158).

[3460] BGH FamRZ 2003, 741 (743) = MDR 2003, 812 (813) mit ablehnender Anm. *Gerken* FamRZ 2003, 744 und zustimmender Anm. *Weychardt* FamRZ 2003, 1001; OLG Bamberg FamRZ 1987, 1181; OLG Bremen FamRZ 1995, 935 (936); OLG München OLGR 2001, 98 (99); *Fischer-Winkelmann* FamRZ 1999, 1403 (1406); *Kleinle* FamRZ 1998, 1346; *Weychardt* FamRZ 1999, 1407.

[3461] BGH FamRZ 2003, 741 (743) = MDR 2003, 812 (813) mit ablehnender Anm. *Gerken* FamRZ 2003, 744 und zustimmender Anm. *Weychardt* FamRZ 2003, 1001; **anders die ältere Rechtsprechung** OLG Hamm FamRZ 1999, 1349: 2/3; FamRZ 2002, 885: 50 %; OLG Köln FamRZ 2002, 819f: 1/3.

nicht für den Fall offenbar unzutreffender AfA-Tabellen gelten; hier soll die tatsächliche Nutzungsdauer geschätzt oder durch ein Sachverständigengutachten ermittelt werden.[3462]

Keine Berücksichtigung finden Abschreibungspositionen, bei denen die Anschaffung   1004 aus angelegtem Privatvermögen erfolgt ist, da insoweit das Betriebsvermögen nicht betroffen ist.[3463]

ee) Arbeitsmittel. Zu berücksichtigen sind: Gehalts- und Lohnkosten, Inserate, Ge-   1005 schäftsversicherungen, ein Mietanteil für die gewerbliche Nutzung der Wohnung, Zeitungen für wartende Kunden.[3464]

2. Aufwendungen im Zusammenhang mit Einkünften aus Vermögen

Wie bei Arbeitseinkommen zählen grundsätzlich auch bei Vermögenseinkünften   1006 nur die Nettoerträge, das sind die Bruttoerträge abzüglich Steuern und sonstiger gesetzlicher Abgaben vom unterhaltspflichtigen Einkommen.[3465]

Darüber hinaus können auch hier weitere Aufwendungen einkommensmindernd wirken.

Vom **Einkommen aus Vermietung und Verpachtung** von Grundstücken, Gebäuden   1007 und Wohnungen sind absetzbar:

(1) **Verwaltungskosten** einschließlich der Steuerberaterkosten, da diese nach § 1 Abs. 1 Nr. 1 BetriebskostenVO nicht auf den Mieter umgelegt werden können. Sonstige Nebenkosten sind abzugsfähig, wenn sie ausnahmsweise nicht vom Mieter getragen werden und diese Tatsache nicht als Verstoß gegen unterhaltsrechtliche Obliegenheiten zu werten ist.

(2) **Zinsen,**[3466] soweit die Hypothek dem Hausgrundstück im Rahmen des Notwendigen zugutekommt und nicht der Deckung des persönlichen Bedarfs dient.

(3) **Kosten für Reparaturen (Instandhaltung)** sind voll absetzbar, soweit es sich um notwendigen Erhaltungsaufwand, nicht aber wenn es sich um wertsteigernde, nicht notwendige Verbesserungen oder Ausbauten handelt.[3467] Größere berücksichtigungsfähige Aufwendungen sind auf längere, angemessene Zeiträume zu verteilen.[3468]

(4) **Rücklagen für notwendige Hausinstandsetzungen und Reparaturen** können im Rahmen einer ordentlichen Wirtschaft absetzbar sein.[3469] Zumal bei knappen Unterhaltsmitteln sind auch die Belange des Unterhaltsgläubigers zu berücksichtigen, insbesondere bei Festlegung der Rücklagenhöhe. Stehen für die Erhaltung des Wohnwerts notwendige Instandsetzungen nicht bevor, werden Rücklagen allenfalls anerkannt werden können, wenn zuvor der notwendige Unterhalt (Mindestunterhalt) gesichert ist.

Nicht absetzbar sind: 1008

(1) **Tilgung der Hypothek oder Grundschuld** ist in der Regel, da sie zur Vermögensbildung beiträgt, nicht abziehbar. Zur Abzugsfähigkeit bei selbstgenutztem Wohnraum, → Rn. 863 ff.

[3462] BGH FamRZ 2003, 741 (743) = MDR 2003, 812 (813), ebenso *Kemper,* Werteverzehr und Afa-Kürzung, FamRZ 2003, 1430 ff.
[3463] OLG München FamRZ 2005, 1907.
[3464] KG FamRZ 1979, 66; LG Hanau DAVorm 1976, 284.
[3465] → Rn. 785.
[3466] KG FamRZ 1979, 67.
[3467] BGH FamRZ 2000, 351 (354) = NJW 2000, 284; NJW 1984, 303 (305).
[3468] LG Frankfurt FamRZ 1986, 397.
[3469] BGH FamRZ 2000, 351 (354) = NJW 2000, 284 bei tatrichterlicher Prüfung der konkreten Notwendigkeit; OLG Saarbrücken OLGR 2004, 60 (62).

(2) **Nur steuerliche Abschreibungen.**[3470] Abschreibungen auf Gebäude steht ein messbarer Wertverlust nicht gegenüber. Der Wertverlust des Gebäudes wird ausgeglichen durch die Steigerung des Bodenwertes.[3471]

1009 **Steuerersparnis infolge Verlusten aus Vermietung und Verpachtung** ist außer Acht zu lassen, wenn die Belastungen, auf denen sie beruht, nicht abgesetzt werden.[3472]

3. Wohnaufwand

1010 (1) **Grundsatz: Wohnaufwand ist einschließlich der Wohnnebenkosten allgemeine Lebenshaltung**[3473] und kann vom Einkommen des Pflichtigen folglich nicht in Abzug gebracht werden.

1011 (2) **Selbstbehaltserhöhung.** Bei Mietkosten oder den Wohnwert des Eigenheims übersteigenden Belastungen (sog. negativer Wohnwert), die über den im Selbstbehalt enthaltenen Wohnkosten liegen, können unvermeidbare Mehrkosten zur Erhöhung des Selbstbehalts führen,[3474] solange eine Obliegenheit zur Verwertung nicht besteht.[3475] Während intakter Ehe begründete Wohnkosten, die über den angemessenen Beträgen liegen, sind bis zum endgültigen Scheitern der Ehe, längstens bis zur Zustellung des Scheidungsantrages (→ Rn. 858) zu berücksichtigen. Den Unterhaltsschuldner trifft die Obliegenheit, ggf. Wohngeld in Anspruch zu nehmen.

1012 (3) **Selbstbehaltsermäßigung.** Liegen die Wohnkosten unter dem in den Selbstbehaltssätzen enthaltenen Warmmietzins von zzt. 380 EUR bzw. 480 EUR, ermäßigt sich jener nicht.[3476] Es ist nämlich grundsätzlich Sache des Pflichtigen, wie er die ihm verbliebenen Mittel nutzt. → Rn. 46 f./53. Lebt der Pflichtige mit einem neuen Partner oder einem leistungsfähigen volljährigen Kind[3477] zusammen und spart dadurch Wohn- und Lebenshaltungskosten, ist der Selbstbehalt nach den Umständen des Einzelfalles, höchstens bis zum sozialhilferechtlichen Mindestbedarf zu ermäßigen.[3478] Kommt der Unterhaltsschuldner dagegen kurzfristig kostenfrei bei seinen Eltern unter, soll dies den Selbstbehalt nicht ermäßigen.[3479] Der Selbstbehalt des inhaftierten Unterhaltsschuldners beschränkt sich auf den Betrag, den er im Minimum benötigt, um die Bedürfnisse zu befriedigen, die über die existenzsichernden Leistungen der JVA hinausgehen.[3480]

1013 (4) **Weiternutzung der Ehewohnung durch den Verpflichteten nach der Trennung.** Eine angemessene Wohnkostenbelastung gehört zum allgemeinen Lebensbedarf und ist keine vorweg absetzbare Verbindlichkeit.[3481] Gemeinsam begründete über den angemes-

---

[3470] → Rn. 995 ff.

[3471] BGH FamRZ 1984, 39 (41); OLG Köln NJW-RR 1992, 1156 (1158).

[3472] BGH FamRZ 1987, 36 (37) = NJW-RR 1987, 194; OLG Frankfurt NJW-RR 1988, 522 (533).

[3473] OLG Köln FamRZ 2002, 98; Wendl/Dose/*Gerhardt* Rn. 1/468 f.

[3474] Vgl. Nachweise bei → Rn. 385; nicht bei grundlosem Umzug in teurere Wohnung OLG Hamburg FamRZ 2003, 1205.

[3475] BGH FamRZ 1982, 587 (589) = NJW 1982, 684; 1984, 364 und weiter → Rn. 865.

[3476] BGH FamRZ 2004, 186 (189); FamRZ 2004, 370 (373) = NJW 2004, 677 (680 f.); FamRZ 2006, 1664 (1666) mAnm *Schürmann* FamRZ 2006, 1666 = NJW 2006, 3561 (3563); OLG Düsseldorf FamRZ 1999, 1020; OLG Hamburg FamRZ 2003, 1102, wenn Schuldner mietfrei bei der Mutter lebt; OLG Frankfurt FamRZ 1999, 1522; OLG Hamm OLGR 2001, 79 (80); FamRZ 2006, 952 (953); **aA** OLG Dresden FamRZ 1999, 1522 und 2001, 4; OLG Hamm FamRZ 2006, 1704 und OLG Köln FamFR 2009, 115 (*Unger*) beide bei Unterhaltspflicht ggü. minderj. Kindern.

[3477] OLG Hamm NJW 2011, 3310.

[3478] BGH FamRZ 2008, 594 (597) Anm. *Borth* FamRZ 2008, 599 und Hinweise auf die zT anderslautende Rechtsprechung der Oberlandesgerichte = MDR 2008, 451 (452).

[3479] OLG Hamm NJW-RR 2008, 227 (228).

[3480] BGH FamRZ 2015, 1473 = NJW 2015, 2493, Tz. 26.

[3481] OLG Hamm OLGR 1998, 189; OLG Frankfurt FamRZ 1978, 433; KG DAVorm 1977, 83; NJW 1977, 1690; 1978, 275; OLG Stuttgart FamRZ 1978, 683.

senen Wohnbedarf hinausgehende Wohnkosten sind bis zum endgültigen Scheitern der Ehe zu berücksichtigen.[3482]

Mietrückstände sind eine vorweg absetzbare gemeinsame Eheverbindlichkeit.[3483]

(5) **Weiternutzung der Ehewohnung durch den Unterhaltsberechtigten.** Bei Wei- **1014** terzahlung aller Wohn- und Wohnnebenkosten durch den Verpflichteten im Einverständnis mit dem Berechtigten erfüllt der Verpflichtete einen Teil seiner Unterhaltspflicht durch diese Zahlungen für den Bedarfsbereich Wohnen.[3484] Die Auswirkungen dieser Aussage auf die konkrete Unterhaltsbemessung sind unklar. Teilweise wird der Mietzins in einem solchen Fall als vom Einkommen abzusetzende Verbindlichkeit angesehen.[3485] Zutreffend erscheint, den ohne Berücksichtigung des Mietzinses ermittelten Unterhaltsbetrag um die Mietzahlungen zu kürzen, so dass der Pflichtige nur den nach Abzug der Miete verbleibenden Betrag als Unterhalt auszahlt.[3486] Der Abzug nur vom Einkommen erscheint nicht sachgerecht, da sich in einem solchen Fall der bedürftige Ehegatte nur zu 3/7 an der Zahlung beteiligt. Eine Berücksichtigung bei Einkommen und Bedürftigkeit[3487] begünstigt den Pflichtigen unangemessen.

(6) **Nach dem endgültigen Scheitern der Ehe** besteht unter dem Gesichtspunkt der **1015** Aufrechterhaltung der Ehe keine Notwendigkeit zur Beibehaltung der Ehewohnung mehr.[3488] Dann sind auch eine Hausverwertung bzw. eine Kündigung des Mietverhältnisses zumutbar, wobei jedoch zu berücksichtigen sein wird, dass eine Veräußerung oder Versteigerung eine gewisse Zeit in Anspruch nehmen, so dass bis zu deren Ablauf im bisherigen Umfange Verbindlichkeiten abzugsfähig sein können.[3489]

(7) **Kosten des Grundstückserwerbs (Anteilserwerbs) vom anderen Ehepartner** bei **1016** Auseinandersetzung einer Miteigentumsgemeinschaft oder im Rahmen der Zugewinnauseinandersetzung sind mit ihrem Zinsanteil als ehebedingte Verbindlichkeit anzusehen, wenn der Vorteil des Wohnens in der eigenen Immobilie die ehelichen Lebensverhältnisse geprägt hat.[3490] Als allein der Vermögensbildung dienend sind die Tilgungsleistungen dagegen nicht zu berücksichtigen.[3491] → Rn. 1035.

4. Sachversicherungen und Haftpflichtversicherungen

Eine **Gebäudeversicherung** ist stets dann eine notwendige Verbindlichkeit, wenn aus **1017** Anlass des gemeinsamen Erwerbs eines Familienheims oder sonstigen Hausgrundstücks im Zusammenhang mit einer Kreditaufnahme unvermeidbar.

Hausratsversicherungen gehören schon wegen der in der Regel geringen Prämien- **1018** höhe zum allgemeinen Lebensbedarf und können deshalb nicht als vorweg abziehbare Schulden behandelt werden[3492] es sei denn, dass sie als zu den ehelichen Lebensver-

---

[3482] BGH FamRZ 1984, 358 (360); OLG Hamm FamRZ 1984, 790 (792); OLG Köln FamRZ 1982, 706 (708).

[3483] KG DAVorm 1977, 83; NJW 1977, 1690; NJW 1978, 275.

[3484] OLG Frankfurt FamRZ 1978, 433 (435); FamRZ 1981, 955 (956); OLG Hamburg FamRZ 1991, 472; KG FamRZ 1984, 898 (900); OLG Köln FamRZ 2002, 98; OLG Zweibrücken FamRZ 1982, 269.

[3485] Wendl/Dose/*Gerhardt* § 1 Rn. 472; OLG Köln FamRZ 2002, 98.

[3486] Für möglich gehalten bei OLG Köln FamRZ 2002, 98.

[3487] So wohl Wendl/Dose/*Gerhardt* § 1 Rn. 472.

[3488] BGH FamRZ 2000, 351 (353) = NJW 2000, 284; OLG Saarbrücken FamRZ 1982, 919; OLG Zweibrücken FamRZ 1982, 269.

[3489] OLG Köln FamRZ 1982, 706 (708).

[3490] BGH FamRZ 2005, 1817 (1821), OLG Düsseldorf FamRZ 2004, 1205 (1206).

[3491] BGH FamRZ 2005, 1817 (1821). FamRZ 2007, 879 (881).

[3492] BGH FamRZ 2010, 1535 (1536) = NJW 2010, 3161 (3163) = MDR 2010, 1188 (1189); OLG Brandenburg FamRZ 1996, 866.

hältnissen gehörend zumindest während der ersten Zeit nach der Trennung angesehen werden können. Bei wirklich erheblichem Wert des Hausrats kann dessen angemessene Weiterversicherung bis zur unverzögerten Hausratverteilung eine beachtenswerte Obliegenheit sein, die jedoch in Höhe des Versicherungsinteresses des unterhaltsberechtigten Ehegatten (projiziert auf die Gesamtprämie) auf dessen Unterhalt anrechenbar sein muss.

1019   **Private Haftpflichtversicherungen** bleiben wegen der geringen Prämienhöhe ebenfalls unberücksichtigt.[3493] Wird die Versicherung aus beruflichen Gründen abgeschlossen, gehören die Beiträge zu den abzugsfähigen berufsbedingten Aufwendungen. → Rn. 978 f.

1020   **Rechtsschutzversicherungen** sind keine notwendige Daseinsvorsorge.[3494] Beratungshilfe, Verfahrenskosten- und Prozesskostenhilfe sind zudem soziale Absicherungen, die dem finanziellen Schutzbedürfnis im Rechtsbereich hinreichend Rechnung tragen. Notwendige Kosten verständlicher Rechtswahrnehmung werden (ähnlich wie Sonderbedarf aufseiten des Berechtigten) angemessene Rücksicht bei Feststellung der Leistungsfähigkeit finden können und müssen. Eine für die Familie abgeschlossene Rechtsschutzversicherung kann auch nach Trennung von der Ehefrau in Anspruch genommen werden.[3495]

Belastungen für Hausrat-, Haftpflicht und Rechtsschutzversicherung sind auch beim **Elternunterhalt** aus den genannten Gründen nicht abzusetzen, und zwar auch dann nicht, wenn sie vor Entstehung der Unterhaltsverpflichtung eingegangen wurden.[3496]

5. Krankenvorsorge und Krankenbedarf

a) Private Krankenversicherung und Zusatzversicherung

1021   Eine **private Krankenversicherung** ist wie die gesetzliche notwendiger Bestandteil der Daseinsvorsorge und in angemessenem Rahmen (volle Krankenvorsorge, soweit nicht anderweit – zB Beihilfe – gedeckt) absetzbar.[3497]

1022   Eine **Zusatzversicherung zur Krankenversicherung** ist nicht absetzbar, wenn die Krankenversicherung bereits eine ausreichende Absicherung im Krankheitsfall bewirkt. Etwas anderes kann gelten, wenn die Zusatzversicherung zu den ehelichen Lebensverhältnissen gehört und der angemessene Unterhalt des Berechtigten gesichert ist.[3498] Die zusätzliche Krankenversicherung eines Beamten zur Absicherung des von seinem Anspruch auf Beihilfe nicht gedeckten Risikos ist abzugsfähig[3499] ebenso die Krankenhaustagegeldversicherung.[3500]

1023   Eine **freiwillige**[3501] **Unfallversicherung** ist in der Regel weder notwendig (ggf. bei Selbstständigen) noch mit Rücksicht auf ihre geringe Prämienhöhe als besondere Belastung anzusehen. Sie gehört zum allgemeinen Lebensbedarf und wird nicht vorab berücksichtigt.[3502]

[3493] BGH FamRZ 2010, 1535 (1536) = NJW 2010, 3161 (3163) = MDR 2010, 1188 (1189).

[3494] **Abziehbar:** OLG Schleswig DAVorm 1987, 268 (270) – ohne Begründung!

[3495] AG Nordenham FamRZ 1994, 894.

[3496] BGH FamRZ 2010, 1535 (1536) = NJW 2010, 3161 (3163) = MDR 2010, 1188 (1189).

[3497] Vgl. BGH FamRZ 1982, 887 (888) = NJW 1982, 1983; OLG Hamm OLGR 2000, 61 (abzüglich eines Arbeitgeberzuschusses); OLG Düsseldorf NJW-RR 1994, 326 (328) = FamRZ 1994, 1049.

[3498] Vgl. auch: OLG Bamberg NJW-RR 1993, 66 (68).

[3499] OLG Schleswig SchlHA 1978, 66; OLG Köln FamRZ 1979, 134.

[3500] BGH FamRZ 2009, 1207 = NJW 2009, 2450, Tz. 28.

[3501] KG FamRZ 1979, 66: Berufsgenossenschaft absetzbar.

[3502] OLG Köln FamRZ 1979, 134; OLG Schleswig FamRZ 2012, 1573 (LS.).

Eine **Berufsunfähigkeitsversicherung** ist absetzbar, weil die Unterhaltsberechtigten von ihr profitieren können.[3503]

b) Krankheitsbedingter Mehrbedarf

Krankheitsbedingter Mehrbedarf mit konkret nachgewiesenen notwendigen,[3504] den allgemeinen Lebensbedarf übersteigenden[3505] zusätzlichen Aufwendungen ist abzugsfähig. **1024**
Zuzahlungen zu Arzneimitteln nach § 31 Abs. 3 SGB V und die bis zum 31.12.2012 erhobene Praxisgebühr sind kein krankheitsbedingter Mehraufwand, da sie jeden gesetzlich Krankenversicherten über 18 Jahre treffen.[3506] Arzneimittelkosten, die die Krankenversicherung nicht übernimmt, dürften nur in Ausnahmefällen als krankheitsbedingter Mehrbedarf zu werten sein, da es regelmäßig an der medizinischen Notwendigkeit fehlen wird.

Haushaltshilfekosten gehören in der Regel zu den allgemeinen Lebenshaltungskosten.[3507] Sie können krankheitsbedingten Mehrbedarf begründen[3508] bei schwerbeschädigten oder in hohem Alter stehenden[3509] Unterhaltsverpflichteten, deren Versorgung bis zur Trennung dem Unterhaltsberechtigten oblag. Die Einzelfallumstände sind zu würdigen. Erforderlich ist jedenfalls, dass die Kosten auch tatsächlich aufgewendet werden.[3510] **1025**
Bei krankheitsbedingter Haushaltshilfe durch Angehörige, die unentgeltlich erfolgt, wird es sich in der Regel um freiwillige Zuwendungen Dritter zu Gunsten des Kranken handeln, so dass ein angemessener Betrag abgesetzt werden kann.[3511] Dies gilt bei den Leistungen der zweiten Ehefrau allerdings nur, wenn sie über das hinausgehen, was im Rahmen der normalen ehelichen Beistandspflicht geschuldet ist, da sonst § 1582 BGB unterlaufen würde.[3512]

Diät kann, wenn ihre medizinische Erforderlichkeit und der reale Mehraufwand gegenüber Normalkost konkret dargelegt und bewiesen sind, ein abzugsfähiger krankheitsbedingter Mehraufwand sein.[3513] Es gibt aber keine allgemeingültigen Erfahrungssätze über bestimmten Diätmehraufwand bei bestimmten Diätarten. Mit Diäten können auch Ersparnisse normaler Nahrungsaufwendungen verbunden sein. Erforderlich ist mithin eine konkrete Darlegung der von der Normalnahrung abweichenden Modalitäten einer Diät nach Art, Menge und Preis. **1026**

Kurkosten sind, wenn die Kur ärztlich verschrieben und ihre Kosten nicht anderweit gedeckt sind, anzuerkennender Mehrbedarf.[3514] Häusliche Ersparnisse und Steuerersparnisse[3515] sind abzuziehen. **1027**

[3503] BGH FamRZ 2009, 1207 = NJW 2009, 2450, Tz. 28; OLG Hamm FamRZ 2001, 625 – LS – = OLGR 2001, 89 f.
[3504] OLG Koblenz NJW-RR 2003, 146 f.
[3505] Zweifelhaft OLG Düsseldorf FamRZ 1978, 343: nicht anerkannt Kosten für nicht von der Krankenkasse zu ersetzende Heilmittel, da mit Selbstbehalt abgedeckt. Es wird auf die medizinische Indikation ankommen.
[3506] OLG Karlsruhe NJW-RR 2008, 1458 (1459).
[3507] OLG Bamberg OLGR 1999, 321 (kein Mehrbedarf wegen der Größe des Hauses usw.).
[3508] BGH FamRZ 1984, 151 (154) = NJW 1984, 294; FamRZ 1984, 662 (664) = NJW 1984, 2358; OLG Düsseldorf FamRZ 1982, 380; OLG Bamberg OLGR 1999, 321.
[3509] OLG Köln FamRZ 1980, 1006.
[3510] OLG Saarbrücken FamRB 2008, 5.
[3511] OLG Hamm FamRZ 1997, 962: 200 DM.
[3512] OLG Hamm FamRZ 1999, 166; *Büttner* NJW 1999, 2315 (2323).
[3513] → Nachweise zu Rn. 404.
[3514] AG Bochum FamRZ 1991, 1092.
[3515] Steuerlich können sie außergewöhnliche Belastungen sein, wenn die Kur notwendig und ärztlich überwacht ist: BFH BStBl II 1995, S. 614.

6. Altersvorsorge und -bedarf

a) Primäre Altersvorsorge

1028   Die Beiträge zur gesetzlichen Rentenversicherung,[3516] zur Ärzteversorgung und ähnlichen berufsständischen Versicherungen[3517] gehören zu den abzugsfähigen Sozialabgaben.

b) Zusätzliche Altersvorsorge

1029   **Private Leistungen für eine zusätzliche Altersversorgung** sind regelmäßig einkommensmindernd zu berücksichtigen, da die gesetzlichen Versorgungssysteme eine angemessene Altersvorsorge nicht mehr gewährleisten.[3518] Dies gilt für die gesetzliche Rentenversicherung[3519] und für die Beamtenversorgung, die ebenfalls Kürzungen erfahren hat.[3520] Die Höhe des abzugsfähigen Betrages orientiert sich an dem Bruttoeinkommen des Pflichtigen und beträgt beim Eltern- und wohl auch Enkelunterhalt 5 %[3521] und im Übrigen 4 %[3522] des Bruttoeinkommens. Voraussetzung für die Abzugsfähigkeit ist allerdings, dass die Versorgungsleistungen tatsächlich erbracht werden; ein Abzug fiktiver Beiträge kommt nicht in Betracht.[3523] Sie müssen darüber hinaus im Verhältnis zum sonstigen Einkommen des Schuldners angemessen sein und sind richtigerweise nicht anzusetzen, wenn der notwendige Bedarf der Berechtigten, insbesondere der minderjährigen Kinder nicht gedeckt ist.[3524] In der Wahl der Anlageform ist der Pflichtige frei, so dass auch bloße Sparbeträge zu berücksichtigen sind.[3525]

c) Freiwillige Altersvorsorge

1030   **Lebensversicherungen** und andere Formen der Vermögensanlage können notwendige Vorsorgemaßnahmen von Personen sein, die der gesetzlichen Versicherungspflicht nicht unterliegen. Haben diese nicht anderweitig für ihr Alter Vorsorge getroffen, können die Prämien in angemessener Höhe vom Einkommen des Pflichtigen abgezogen werden.[3526] Angemessen ist dabei zumindest der Betrag, den auch ein Nichtselbstständiger für seine

---

[3516] → Rn. 785.

[3517] OLG Karlsruhe FamRZ 1990, 1234 (1235).

[3518] BGH FamRZ 2004, 792 (794) = MDR 2004, 754; FamRZ 2005, 1817 (1821 f.) = NJW 2005, 3277.

[3519] BGH FamRZ 2005, 1817 (1821 f.) = NJW 2005, 3277; FamRZ 2009, 1207 (1209) mAnm *Hoppenz* FamRZ 2009, 1308 = NJW 2009, 2450 (2452 f.) = MDR 2009, 1045 (1046).

[3520] BGH FamRZ 2010, 1535 (1537) = NJW 2010, 3161 (3163) = MDR 2010, 1188 (1189); BGH FamRZ 2007, 793 (795) betraf den Fall eines unterhaltspflichtigen Beamten, lehnte die Anrechenbarkeit allerdings aus anderen Gründen ab.

[3521] BGH FamRZ 2004, 792 (794) = MDR 2004, 754; FamRZ 2006, 1511 (1514) = NJW 2006, 3344 (3346); FamRZ 2010, 1535 (1538) = NJW 2010, 3161 (3163) = MDR 2010, 1188 (1189). Für den Ehegatten des Unterhaltsschuldners kann uU ein höherer Betrag Berücksichtigung finden OLG Hamm FamRZ 2008, 1650 (1651).

[3522] BGH FamRZ 2005, 1817 (1821) = NJW 2005, 3277 ff.; FamRZ 2009, 1207 (1209) mAnm *Hoppenz* FamRZ 2009, 1308 = NJW 2009, 2450 (2452 f.) = MDR 2009, 1045 (1046).

[3523] BGH FamRZ 2007, 193 f.; FamRZ 2007, 793 (795); OLG Hamm FamRZ 2009, 981 (984).

[3524] BGH FamRZ 2013, 616 = NJW 2013, 1005, Tz. 20 f.; OLG Brandenburg FamRZ 2009, 1921 (LS.); OLG Düsseldorf FamRZ 2006, 1685 (1686).

[3525] BGH FamRZ 2004, 792 (794) = MDR 2004, 754; FamRZ 2005, 1817 (1821 f.) = NJW 2005, 3277; BGH FamRZ 2006, 1511 (1514); Einzahlungen auf ein Sparkonto sollen keine Anerkennung finden, wenn der Geschäftsführer einer GmbH sie bei unverändertem Einkommen erstmals nach der Trennung leistet OLG Brandenburg FamRZ 2014, 219 (221) = NJW 2014, 323 (324).

[3526] ZB OLG Hamm FamRZ 2001, 1395.

Altersversorgung entrichtet, also ca. 20 %, ab 2013 ca. 19 % des Bruttoeinkommens[3527] sowie weitere 4 % bzw. 5 % entsprechend der zusätzlichen Altersversorgung des abhängig Beschäftigten (→ Rn. 1029). Gleiches gilt für den abhängig beschäftigten Unterhaltsschuldner. Dieser kann unter Vorsorgeaufwendungen (gesetzliche Rentenversicherung und zusätzliche Altersvorsorge) bis 24 % bzw. 25 % und ab 2013 23 % bzw. 24 % des gesamten Bruttoeinkommens als Altersversorgung von seinem unterhaltpflichtigen Einkommen absetzen..[3528]

Aufwendungen zur Sicherung späterer Altersteilzeit sind als Vermögensbildung und nicht als abzugsfähige Altersvorsorge zu betrachten.[3529]

Eine **Risikolebensversicherung** soll den Ausfall der Arbeitskraft absichern und damit die Barunterhaltszahlungen für den Fall des Versterbens des Unterhaltsschuldners absichern. Ihre Beiträge sind daher als Vorsorgeaufwendungen abzugsfähig.[3530]

d) Riesterrente

Aufwendungen für die so genannte „Riester-Rente", die staatlich geförderte private   **1031** Vorsorge, sind nach Abzug der steuerlichen Vergünstigungen als abzugsfähig anzuerkennen, solange Vorsorgeaufwand und -leistungen insgesamt als angemessen zu betrachten sind. also 24 % bzw. 25 % des Bruttoeinkommens nicht übersteigen.[3531]

e) Pflegeversicherung

Die Beiträge sind abzugsfähige Sozialabgaben.[3532]   **1032**

7. Mehrbedarf nach Trennung

a) Konkreter Mehrbedarf

Trennungsbedingter Mehrbedarf,[3533] zB Wohnkosten (zwei Wohnungen), Verteue- **1033** rung durch Kleinhaushalt, evtl. nötige Fremdhilfe, Umzugskosten,[3534] Doppelkosten (evtl. zwei Pkw statt einem, weitere Wohnung,[3535] Grundgebühren Telefon, Elektrizität, Zeitung, Radio, TV, Möbel-Ersatzanschaffung,[3536] uÄ) kann beim Verpflichteten wie beim Berechtigten (dazu eingehend → Rn. 447, 449) nur berücksichtigt werden, wenn Einkommensteile im Wege der Anrechnungsmethode in die Unterhaltsberechnung eingehen.[3537] Hierfür kommen, nachdem der BGH nicht nur – tatsächliches oder fiktives – Erwerbseinkommen, sondern auch Versorgungsleistungen für den neuen Partner,[3538] Ansprüche aus dem Versorgungsausgleich[3539] und auch überobligatorische

---

[3527] BGH FamRZ 1992, 423; FamRZ 2003, 860 (863) für den Elternunterhalt; OLG Bamberg FamRZ 1990, 1138 f.; OLG Frankfurt FamRZ 1989, 1300 (1301).

[3528] BGH FamRZ 2010, 1637 (1640); NJW 2010, 3372 (3374).

[3529] OLG Oldenburg FamRZ 2004, 1211 = MDR 2004, 576 für VW-Zeitwertpapiere.

[3530] OLG Hamm FamRZ 2013, 959 (960).

[3531] OLG Brandenburg NJW-RR 2006, 1301; *Strohal* FamRZ 2002, 277 (281); vergl. auch *Bergschneider,* Familienrechtliche Konsequenzen der sog „Riester-Rente", FamRZ 2003, 1609 ff.

[3532] Vgl. *Büttner* Die Auswirkungen der Pflegeversicherung auf das Unterhaltsrecht, FamRZ 1995, 193.

[3533] S. die Aufstellung → Rn. 71.

[3534] OLG Frankfurt FamRZ 1992, 1467.

[3535] OLG Koblenz FamRZ 1995, 1415 (1416).

[3536] OLG Hamm FamRZ 1995, 1580.

[3537] BGH FamRZ 1995, 343 (344) = NJW 1995, 962; für die Rechtslage nach dem Urteil des BGH vom 13.6.2001: *Büttner* NJW 2001, 3244 (3246).

[3538] BGH FamRZ 2001, 1213 ff. mAnm *Büttner.*

[3539] BGH FamRZ 2002, 88 ff.; **aA** KG FamRZ 2002, 460.

Einkünfte[3540] nach der Differenzmethode berücksichtigt, nur wenige Einkommensarten in Betracht. Denkbar sind Zinseinkünfte aus nachehelich erworbenen Vermögen, die keinen Einfluss auf den eheangemessenen Bedarf, aber auf die Bedürftigkeit des Berechtigten oder die Leistungsfähigkeit des Pflichtigen haben. **Die Rechtsprechung zum trennungsbedingten Mehrbedarf hat damit ihre praktische Bedeutung weitgehend verloren. Dementsprechend fehlt jüngere Rechtsprechung fast vollständig.**

Durch das Zusammenleben mit einem neuen Partner kann der trennungsbedingte Mehrbedarf entfallen oder geringer werden.[3541]

Nur konkret belegter Mehrbedarf ist abzuziehen.[3542] Eine nur pauschale Mehrbedarfsschätzung reicht nicht.[3543] Trennungsbedingter Minderbedarf ist unbeachtlich,[3544] Schätzungen gemäß §§ 113 FamFG, 287 ZPO sind zulässig,[3545] aber nur auf Grund konkreter Darlegungen der Partei.[3546] Deshalb ist es unzulässig, Mehrbedarf als prozentualen Anteil am Bedarf nach den ehelichen Lebensverhältnissen zu bemessen.[3547] Konkret behaupteter Mehrbedarf kann nicht nur allgemein bestritten werden.[3548] Zum angemessenen Selbstbehalt iSd § 1581 BGB gehört auch der konkret dargelegte Mehrbedarf.[3549]

Anteilige Deckung. Reichen die vorhandenen Mittel zur vollen Deckung beiderseitigen Mehrbedarfs nicht, ist dieser entsprechend der Unterhaltsquote teilweise zu decken. Allein den Mehrbedarf des Verpflichteten vorab zu berücksichtigen, wäre keine angemessene Verteilung der Unterhaltsmittel.

1034   **Konkrete Beträge für den typischen Mehrbedarf** sind immer abhängig von den Einzelfallumständen. Die in der älteren Rechtsprechung genannten Beträge[3550] können nicht mehr als angemessen betrachtet werden.

b) Finanzierungsaufwand für Zugewinnausgleich

1035   **Finanzierungsaufwand für die Zugewinnausgleichszahlung** mag (im weiteren Sinne) Folgebedarf der Trennung sein, ist jedoch nicht absetzbar, da ansonsten der Berechtigte die eigene Ausgleichsforderung über den Unterhalt mittragen würde.[3551] Zur Ausnahme Erwerb des Miteigentumsanteils am Familienheim → Rn. 1016.

[3540] BGH FamRZ 2005, 1154 (1157) = NJW 2005, 2145; BGH NJW-RR 2005, 945.

[3541] BGH FamRZ 1995, 343 (344) = NJW 1995, 962.

[3542] BGH FamRZ 1982, 255 (257) = NJW 1982, 1873; FamRZ 1982, 892 (894) = NJW 1982, 2439; FamRZ 1983, 146 = NJW 1983, 933; FamRZ 1983, 144; FamRZ 1983, 886 (887) = NJW 1983, 2321; FamRZ 1984, 149 (151) = NJW 1984, 292; FamRZ 2012, 517 Tz. 43 = NJW 2012, 1144; FamRZ 2012, 514 Tz. 23; OLG Frankfurt FamRZ 1984, 798 (800); NJW-RR 1993, 268: Umzug aus DDR nach Westdeutschland mit Neueinrichtung nach westdeutschem Standard anerkannt; OLG Koblenz FamRZ 1991, 1187 (Mietmehrkosten).

[3543] BGH FamRZ 1983, 886 (887) = NJW 1983, 2321; FamRZ 1984, 149 (151) = NJW 1984, 292; FamRZ 1984, 151 (153) = NJW 1984, 294; FamRZ 1984, 772 (774); FamRZ 2012, 517 Tz. 43 = NJW 2012, 1144; FamRZ 2012, 514 Tz. 23; **aA:** OLG Hamburg FamRZ 1982, 925 (pauschale Erhöhung); OLG Frankfurt FamRZ 1984, 798 (800): 20 % pauschale Erhöhung wegen Miete, Nebenkosten, Fahrtkosten, höheren Haushaltskosten.

[3544] OLG Düsseldorf FamRZ 1985, 1039.

[3545] BGH FamRZ 1983, 886 (887) = NJW 1983, 321; FamRZ 1984, 149 (151) = NJW 1984, 292; 1984, 151 (153) = NJW 1984, 294.

[3546] BGH FamRZ 1990, 1091; NJW 1991, 1290 = FamRZ 1991, 670; FamRZ 1991, 170 (171); NJW-RR 1990, 578 (579) = FamRZ 1990, 979.

[3547] BGH FamRZ 1990, 258.

[3548] BGH NJW 1990, 1477 (1480) = FamRZ 1990, 499.

[3549] BGH NJW-RR 1990, 578 (579).

[3550] → Rn. 1034.

[3551] OLG Nürnberg OLGR 1997, 256; OLG Zweibrücken NZFam 2015 925 *(Tomfort)*.

c) Kredit aus Anlass Wiederheirat

Kredit aus Anlass der Wiederheirat. Die Verbindlichkeiten sind für die eigene Le-   **1036**
bensführung des Pflichtigen entstanden. → daher Rn. 1049.

d) Kosten der Ausübung des Umgangsrechts

Die **Kosten der Ausübung des Umgangsrechts** mit den gemeinschaftlichen Kindern   **1037**
hat der *Bundesgerichtshof* in Abänderung seiner ursprünglichen Rechtsprechung als abzugsfähige Aufwendungen angesehen, wenn dem Unterhaltspflichtigen in Anwendung
des § 1612 Abs. 5 BGB aF das anteilige Kindergeld ganz oder teilweise nicht zugutekommt und er die Kosten nicht aus dem ihm nach Abzug des Selbstbehalts verbleibenden
Einkommen bestreiten kann.[3552] Die Umgangskosten können in diesem Fall als Abzug
vom Einkommen oder durch die Erhöhung des Selbstbehalts Berücksichtigung finden.
Seit dem 1.1.2008 entlastet das Kindergeld als bedarfsdeckende Leistung an das Kind
grundsätzlich auch den Unterhaltspflichtigen, dadurch, dass als Kindesunterhalt nur der
sich nach Abzug des Kindergeldanteils ergebende Zahlbetrag angesetzt werden kann. Ist
der Unterhaltsschuldner nur seinen Kindern zum Unterhalt verpflichtet, können die
Umgangskosten wie vor der Änderung der Rechtsprechung nur in Ausnahmefällen
Berücksichtigung finden,[3553] also wenn sie dem Umgangsberechtigten „schlechthin unzumutbar" sind und dazu führen, dass er das Umgangsrecht nicht oder nur in einge-
schränktem Umfang ausüben könnte.[3554] In Anwendung dieser Grundsätze hat die Rechtsprechung Umgangskosten für abzugsfähig gehalten, wenn der Pflichtige sie weder aus
Kindergeld noch aus anderen Mitteln zahlen kann und sie durch den Umzug des betreuenden Elternteils verursacht wurde,[3555] nicht jedoch, wenn der Barunterhaltspflichtige
umgezogen ist.[3556] Hat der Schuldner dagegen auch Ehegattenunterhalt zu leisten, setzt er
den Kindergeldanteil zT für diesen ein. Liegen die Kosten des Umgangsrechts deutlich
über dem ihm verbleibenden Anteil (4/7 bzw. 5,5/10), können sie wie vor dem 1.1.2008
durch einen (Teil-)Abzug vom Einkommen oder eine Erhöhung des Selbstbehalts Berücksichtigung finden.[3557] Der Umgangsberechtigte soll verpflichtet sein, die Kosten des
Umgangsrechts zu gering wie möglich zu halten und zB öffentliche Verkehrsmittel in
Anspruch zu nehmen.[3558]
Für die Kosten des erweiterten Umgangs gilt nichts anderes. Verbleibt dem Unterhaltsschuldner nach Abzug dieser Kosten noch ein ausreichendes Einkommen, hat er sie
selbst zu tragen.[3559] Zum Einfluss des erweiterten Umgangs auf den Bedarf des Kindes
→ Rn. 952.
Zu den Kosten des Umgangsrechts gehören angemessene Fahrt-,[3560] Übernachtungs-
kosten, Verpflegungsaufwand und ähnliches.

[3552] BGH FamRZ 2005, 706 (708) = NJW 2005, 1493 f. = MDR 2005, 869 f. unter Aufgabe der
bisherigen Rechtsprechung, zB BGH FamRZ 1995, 215 = NJW 1995, 717.
[3553] BGH NJW 1995, 717 = FamRZ 1995, 215.
[3554] BGH NJW 1995, 717 (718) = FamRZ 1995, 215; OLG Karlsruhe OLGR 2002, 105 (106).
[3555] OLG Jena FamFR 2010, 421 *(Grün)*.
[3556] OLG Saarbrücken FamFR 2012, 9 *(Alberts)*.
[3557] BGH FamRZ 2009, 1391 (1396) = NJW 2009, 2592 (2596) = MDR 2009, 1112 (1113); FamRZ
2009, 1300 (1306) mAnm *Schürmann* FamRZ 2009, 1306 = NJW 2009, 2523 (2527) mAnm *Born* NJW
2009, 2528; FamRZ 2009, 1477 (1479) = NJW 2009, 2744 (2747); OLG Brandenburg NJW-Spezial
2008, 518, das ungewöhnlich hohe Umgangskosten verursacht durch den Umzug des betreuenden
Elternteils zwischen beiden Eltern aufteilen will.
[3558] OLG Schleswig NZFam 2014, 425 *(Schuldei)*.
[3559] BGH FamRZ 2014, 917 mAnm *Schürmann* FamRZ 2014, 921 = NJW 2014, 1958, Tz. 35 f.
[3560] OLG Bremen FamRZ 2008, 1274 = NJW-RR 2008, 177; FamRZ 2009, 889; OLG Schleswig
NJW 2009, 1216 (1217); OLG Stuttgart FamRZ 2008, 1273 = NJW-RR 2008, 527.

e) Kosten für Besuche im Pflegeheim

1038 **Die Kosten für Besuche bei den unterhaltsberechtigten Eltern im Pflegeheim** sind vom Einkommen des unterhaltspflichtigen Kindes abzusetzen.[3561] Die Besuche dienen der grundgesetzlich durch Art. 6 Abs. 1 GG geschützten familiären Beziehung und entsprechen dem Bedürfnis, dem im Heim untergebrachten Elternteil Fürsorge zukommen zu lassen.[3562]

8. Schulden[3563]

a) Allgemeines

1039 **Verbindlichkeiten können die Leistungsfähigkeit des Verpflichteten mindern,** davon geht das Gesetz aus: §§ 1603 Abs. 1, 1581 S. 1 BGB. Es sind allerdings nicht alle Schulden zu berücksichtigen, sondern die Interessen der Berechtigten, den Unterhalt ungekürzt zu erhalten, und diejenigen des Pflichtigen an zeitnaher Tilgung und unterhaltsrechtlicher Berücksichtigung und – wenn auch nachrangig- die Interessen der Drittgläubiger sind durch den Tatrichter gegeneinander abzuwägen.[3564] Um diese Abwägung zu ermöglichen, hat der Unterhaltsschuldner Angaben zum Zeitpunkt, Grund und Höhe der Verbindlichkeiten zu machen. Er hat darüber hinaus die regelmäßige Schuldentilgung nachzuweisen. Denn Schulden, die nicht bedient werden, mindern die Leistungsfähigkeit nicht und sind daher unbeachtlich.

1040 **aa) Verbindlichkeiten und Ehegattenunterhalt. Verbindlichkeiten,** die die Ehegatten vor der Trennung in ausdrücklichem oder stillschweigendem Einvernehmen eingegangen sind, sind einkommensmindernd zu berücksichtigen. Die zu ihrer Tilgung eingesetzten Mittel hätten auch bei Fortsetzung der Ehe für den allgemeinen Lebensbedarf nicht zur Verfügung gestanden. Neben diesen **ehebedingten Verbindlichkeiten** können die Leistungsfähigkeit des Unterhaltsschuldners (und auch den Bedarf des Berechtigten) auch Schulden mindern, die nach Trennung und Scheidung begründet worden sind.[3565] Es hat insoweit eine Interessenabwägung stattzufinden (→ Rn. 1039), in die auch Art und Zweck der Verbindlichkeiten einfließen (daher Rn. 1041 ff.).

1041 Schulden, die der **Vermögensbildung** dienen können im Grundsatz nicht berücksichtigt werden.[3566] Der Unterhaltspflichtige darf zu Lasten des Unterhaltsberechtigten weder eine Vermögensbildung beginnen noch eine solche aufrechterhalten.[3567] Kann eine vermögensbildende Maßnahme nur mit Verlusten beendet werden, kann eine sofortige Auflösung aber unzumutbar sein, wenn die Verpflichtungen vor Kenntnis der Unterhaltslast

---

[3561] 3164 BGH FamRZ 2013, 868 mAnm *Hauß* FamRZ 2013, 870 = NJW 2013, 1305, Tz. 30; OLG Köln FamRZ 2002, 572 (573).

[3562] BGH FamRZ 2013, 868 mAnm *Hauß* FamRZ 2013, 870 = NJW 2013, 1305, Tz. 30.

[3563] *Benkelberg,* Berücksichtigung von Schulden bei der Unterhaltsermittlung -steuer- und familienrechtliche Gestaltungsmöglichkeiten MDR 2000, 858 ff.; *Bernreuther,* Zur Berücksichtigung von Schulden des Unterhaltsverpflichteten bei der Unterhaltsberechnung FamRZ 1995, 769; *Fischer-Winkelmann,* Schuldzinsen und Einkommensermittlung bei Selbstständigen FamRZ 2002, 927 ff.

[3564] BGH FamRZ 1982, 23 (24) = NJW 1982, 232; zuletzt BGH FamRZ 2014, 538 = NJW 2014, 1173, Tz. 42; OLG Hamm FamRZ 1998, 1252; NJW-RR 1995, 1092 (1093) = FamRZ 1995, 1218; FamRZ 1996, 629 (631); KG FamRZ 1991, 808 (809); OLG Koblenz FamRZ 1991, 438 (439); OLG Köln NJW-RR 1992, 258 (259); bedenklich OLG Koblenz NJW-RR 2014,4, wonach bei beengten wirtschaftlichen Verhältnissen Schulden bis 100 EUR unberücksichtigt bleiben sollen

[3565] **AA** KG NJW 2008, 1631 f.

[3566] BGH FamRZ 1984, 149 (151) = NJW 1984, 294; FamRZ 1984, 358 (360) = NJW 1984, 1237; NJW-RR 1995, 129 (130); OLG München OLGR 1999, 284; KG FamRZ 1984, 898 (900); OLG Köln FamRZ 1983, 750 (753); OLG Schleswig FamRZ 1993, 994 = SchlHA 1993, 68.

[3567] BGH FamRZ 2007, 879 (881) = NJW 2007, 1974 (1976); FamRZ 2008, 963 (965) mAnm *Büttner* FamRZ 2008, 967 = NJW 2008, 1946 (1947).

eingegangen wurden.[3568] Ist die vermögensbildende Verbindlichkeit bereits während der Ehe eingegangen worden, gilt: **Bis zur Zustellung des Scheidungsantrages** nimmt der andere Ehegatte an der Vermögensbildung über den Zugewinnausgleich teil, so dass es gerechtfertigt erscheint, bis zu diesem Zeitpunkt die (Zins- **und** Tilgungs-)Leistung auf die Verbindlichkeit einkommensmindernd zu berücksichtigen. Nach Zustellung des Scheidungsantrages, damit vor allem für den **nachehelichen Unterhalt** liegt eine einseitige Vermögensbildung vor, so dass die Raten nicht abzugsfähig sind.[3569]

Sind die Verbindlichkeiten für den **Konsum** eingegangen, gilt: Die Kenntnis von der   1042
Unterhaltsverpflichtung bei Begründung der Schulden, stellt allein keine Obliegenheitsverletzung dar. Berücksichtigung finden daher jedenfalls Schulden für notwendige, nicht anders finanzierbare Anschaffungen für Beruf oder allgemeine Lebensführung.[3570] Entsprechendes gilt für Rücklagen für notwendige Anschaffungen.[3571] Konnte der Unterhaltpflichtige bei Eingehung der Schulden damit rechnen, dass er nicht auf Unterhalt in Anspruch genommen werde, können die Schulden, wird eine Unterhaltsforderung dennoch geltend gemacht, nicht außer Betracht bleiben.[3572] Leichtfertig, ohne verständigen Grund oder zu luxuriösen Zwecken eingegangene Schulden können einkommensmindernd nicht berücksichtigt werden.[3573] Das gleiche gilt für nicht zwingend notwendige Schulden, wie Schulden aus Strafverfahren oder Zivilverfahren, in denen versäumt wurde, Prozess- bzw. Verfahrenskostenhilfe zu beantragen.[3574] Nicht einkommensmindernd anzurechnen sind zudem solche, die der Schuldner unschwer begleichen kann, zB aus einer Erbschaft.[3575] Unterhaltpflichten gegenüber Dritten finden für die Vergangenheit bis zur titulierten Höhe Anrechnung. Für die Zukunft darf nur der **materiell-rechtlich geschuldete Unterhalt** berücksichtigt werden; der Schuldner ist ggf. auf einen Abänderungsantrag zu verweisen. Anzuerkennende Konsumkredite finden auch mit ihrem Tilgungsanteil Berücksichtigung. Dies erscheint zweifelhaft, weil der BGH eine Vermögensbildung zulasten des Unterhaltsberechtigten nicht zulässt,[3576] letztlich aber jede Schuldentilgung eine – wenn auch oft nicht nachhaltige- Vermögensbildung darstellt.[3577] Das anerkennenswerte Interesse des Unterhaltpflichtigen an einer Schuldentilgung spricht allerdings dafür, den vollständigen Tilgungsanteil jedenfalls ehebedingter Schulden zu berücksichtigen.

bb) Verbindlichkeiten und Kindesunterhalt. Kinder können auch bei äußerster An-   1043
strengung ihren notwendigen Lebensbedarf nicht selbst decken, auch kommt eine Eigenverantwortung an der Schuldenbegründung nicht in Betracht. Für die vorzunehmende **umfassende Interessenabwägung** ist zunächst auf die wirtschaftliche Abhängigkeit der

---

[3568] OLG München OLGR 1999, 284.

[3569] BGH FamRZ 2007, 879 (881) = NJW 2007, 1974 (1976); FamRZ 2008, 963 (965) mAnm *Büttner* FamRZ 2008, 967 = NJW 2008, 1946 (1947).

[3570] BGH FamRZ 1982, 157 (158) = NJW 1982, 380; FamRZ 1994, 824; OLG Karlsruhe OLGR 2002, 105 (106); OLG Köln FamRZ 1994, 1406 (1407).

[3571] OLG Nürnberg FamRZ 2010, 1345 (LS.): Darlehen zum Erwerb einer erforderlichen Wohnungseinrichtung.

[3572] BGH FamRZ 2003, 1179 (1180); FamRZ 2005, 26 (29); OLG Köln FamRZ 2005, 720.

[3573] BGH FamRZ 1996, 160 (162) = NJW-RR 1996, 321; FamRZ 1982, 157 (158) = NJW 1982, 380; DAVorm 1982, 771 (774); FamRZ 1984, 358 (360) = NJW 1984, 1237; OLG Düsseldorf FamRZ 2007, 1039 (1040); OLG Karlsruhe OLGR 2002, 105 (106). OLG Oldenburg MDR 1986, 851.

[3574] OLG Hamm FamRZ 1997, 962; FamRZ 1996, 959 (Leichtfertigkeit bei Entstehung der Schulden); OLG Bremen FamRZ 1997, 1418; AG Tempelhof-Kreuzberg FamRZ 2001, 1727.

[3575] OLG Köln FamRZ 2008, 1536 f.

[3576] BGH FamRZ 2007, 879 (881) = NJW 2007, 1974 (1976); FamRZ 2008, 963 (965) mAnm *Büttner* FamRZ 2008, 967 = NJW 2008, 1946 (1947).

[3577] *Balzer/Gutdeutsch*, Die Berücksichtigung doppelvalenter Vermögenspositionen bei der Berechnung des Zugewinnausgleichs und des Unterhalts, FamRZ 2010, 341 (344).

Kinder hinzuweisen. Diese teilen die Lebensstellung der Eltern,[3578] so dass Verbindlichkeiten, die die Eltern gemeinsam eingegangen sind und die deshalb auch bei Fortbestand der Ehe den Familienunterhalt geschmälert hätten, abzugsfähig sind.[3579] Gleiches gilt, wenn das Darlehn für lebensbedingt notwendige Anschaffungen wie eine nach der Trennung erforderliche Wohnungseinrichtung aufgenommen wurde.[3580] Ist allerdings der Mindestbedarf des Kindes nicht gedeckt, gibt die Rechtsprechung dem Schuldner nur einen Anspruch darauf, dass seine Verschuldung nicht wächst, so dass Tilgungsraten unberücksichtigt bleiben.[3581] Zudem müsse er sich intensiv um eine Tilgungsstreckung bemühen.[3582] Zu bedenken ist allerdings, dass Kreditgeber sich in seltensten Fällen mit einer Tilgungsstreckung oder gar einem Unterbleiben der Tilgung einverstanden erklären werden. Die Möglichkeit eines Verbraucherinsolvenzverfahrens ist in Betracht zu ziehen, → Rn. 123, 1046.

1044   **cc) Verbindlichkeiten und sonstiger Verwandtenunterhalt.** Sind Kinder ihren Eltern oder Großeltern ihren Enkeln zum Unterhalt verpflichtet, ist im Rahmen der vorzunehmenden Gesamtabwägung regelmäßig ein großzügiger Maßstab anzuwenden, da weder die Kinder noch die Großeltern im Regelfall mit einer Inanspruchnahme rechnen müssen.[3583] Zu berücksichtigen sind daher zB auch Tilgungsraten für das selbstgenutzte Familienheim[3584] oder Aufwendungen für einen Prämiensparvertrag einschließlich der sich ergebenden – wieder angesparten – Rendite.[3585] Allerdings ist auch hier eine Interessenabwägung vorzunehmen. Belastungen sind nicht allein deshalb abzugsfähig, weil sie die Lebensstellung vor der Inanspruchnahme von Ehegattenunterhalt geprägt haben.[3586] Luxusaufwendungen, wie zB die monatlichen Kosten für ein Reitpferd finden allerdings auch beim Elternunterhalt keine Berücksichtigung.[3587]

1045   **Verbot der Doppelverwertung.** Verbindlichkeiten können sowohl im Unterhalt als auch im Zugewinnausgleich bedeutsam sein. Nach der Rechtshängigkeit des Scheidungsantrages und Geltendmachung des Zugewinnausgleichs sollen wegen des Verbots der Doppelverwertung Tilgungsleistungen nur noch im Zugewinnausgleich Berücksichtigung finden.[3588] Die Einzelheiten sind auch hier streitig. → Rn. 881.

b) Verbraucherinsolvenzverfahren

1046   Der Unterhaltsschuldner ist, wenn er nicht im Einzelfall die Unzumutbarkeit darlegt, verpflichtet, zur Deckung des Unterhaltsbedarfs minderjähriger Kinder ein Verbraucherinsolvenzverfahren einzuleiten.[3589] Er ist gehalten, Zahlungen an die Drittgläubiger bis

---

[3578] BGH FamRZ 1981, 543 (544); FamRZ 1987, 58; FamRZ 1989, 172; FamRZ 2002, 536 (541 f.).
[3579] BGH FamRZ 1996, 160 (161).
[3580] OLG Nürnberg FamRZ 2010, 1345 (LS.).
[3581] OLG Hamm FamRZ 1999, 1014; FamRZ 2003, 1214 f.
[3582] OLG Rostock FamRZ 2009, 1922 (1923): auch ggü dem Anspruch des volljährigen Kindes aus § 1610 BGB; *Borth* Anm. zu OLG Hamm FamRZ 2001, 441 f.
[3583] BGH FamRZ 2003, 1179 (1181) = NJW 2003, 2306 (2308).
[3584] BGH FamRZ 2003, 1179 (1181) = NJW 2003, 2306 (2308).
[3585] OLG Düsseldorf NJW-RR 2009, 1229.
[3586] BGH FamRZ 2010, 1535 (1536) = NJW 2010, 3161 (3163) = MDR 2010, 1188 (1189).
[3587] BGH FamRZ 2014, 538 = NJW 2014, 1173, Tz. 47.
[3588] OLG München FamRZ 2005, 713; *Gerhardt/Schulz,* Verbot der Doppelberücksichtigung von Schulden beim Unterhalt und Zugewinn, FamRZ 2005, 317 ff.; *Schulz,* Zur Doppelberücksichtigung von Vermögenspositionen beim Unterhalt und Zugewinn, FamRZ 2006, 1237 ff.; *Balzer/Gutdeutsch,* Die Berücksichtigung doppelvalenter Vermögenspositionen bei der Berechnung des Zugewinnausgleichs und des Unterhalts, FamRZ 2010, 341 (**anders** *Hoppenz,* Zur Konkurrenz von Unterhalt und Zugewinn, FamRZ 2006, 1242 (1246).
[3589] BGH NJW 2005, 1279 = FamRZ 2005, 608 = MDR 2005, 812 mAnm *Niepmann* MDR 2005, 785; FamRZ 2015, 1473 = NJW 2015, 2493, Tz. 35 ff.

zur Höhe der Pfändungsfreigrenzen einzustellen,[3590] um den unterhaltsberechtigten Kindern die Möglichkeit der erweiterten Pfändung bis zum Selbstbehalt nach § 850d ZPO[3591] zu eröffnen. Damit räumt die Rechtsprechung in Abkehr von dem bisherigen Dogma[3592] den Unterhaltsansprüchen jedenfalls der minderjährigen Kinder den Vorrang vor den sonstigen Verbindlichkeiten des Schuldners ein. Im Verhältnis zu dem getrenntlebenden oder geschiedenen Ehegatten besteht eine solche Obliegenheit nicht.[3593] Wegen der Einzelheiten → Rn. 122 f.

Zahlungen an den Insolvenzverwalter können einkommensmindernd zu berücksichtigen sein, wenn der Unterhaltsschuldner im Rahmen des Insolvenzverfahrens seine unterhaltsrechtlichen Obliegenheiten erfüllt.[3594]

c) Verbindlichkeiten aus gemeinsamer Lebensführung

Die **Miete der Ehewohnung** gehört in der Regel zum allgemeinen Lebensbedarf und ist nicht gesondert in Abzug zu bringen.[3595] → Rn. 1010 (Wohnkosten und Selbstbehalt). In den Selbstbehaltswerten sind deshalb oft Mietbeträge ausgewiesen; eine sie übersteigende Mietlast erhöht den Selbstbehalt. Soweit es nicht um den Selbstbehalt geht, kann eine hohe Miete nur soweit als Schuldbelastung abgesetzt werden, als sie die angemessene Mietbelastung übersteigt und die Anmietung einer billigeren Wohnung (noch) nicht zumutbar ist (während der Trennungszeit)[3596] oder vom Unterhaltsberechtigten nicht betrieben wird.[3597] 1047

Gemeinsam geplante, noch nicht durchgeführte Vorhaben dürfen gegen den Willen des anderen Ehegatten nicht zu Lasten der Leistungsfähigkeit weiterverfolgt werden,[3598] es sei denn, es handelt sich um notwendige oder nützliche, auch im Interesse des Unterhaltsberechtigten sinnvolle Investitionen. → Rn. 1042. 1048

d) Zur eigenen Lebensführung notwendige Verbindlichkeiten

Allgemeine Lebenshaltungskosten sind nicht absetzbar. Darunter fallen zB TV und Videorecorder-Anschaffungen,[3599] Konsumkredite für Lebenshaltung und Hausrat,[3600] Möbel, Pkw,[3601] Spielschulden,[3602] Steuerberaterhonorar im Normalfall bei Arbeitnehmer.[3603] 1049

Für die eigene Lebensführung des Verpflichteten erforderliche Verbindlichkeiten, zB notwendige Anschaffungen,[3604] etwa eine neue Einrichtung für seine Wohnung nach Trennung oder Scheidung der Ehe[3605] oder ein zur Berufsausübung benötigtes Kraftfahr-

---

[3590] OLG Celle FamRZ 2005, 1504 (1505).
[3591] BGH FamRZ 1984, 657 = NJW 1984, 1641; *Büttner* FamRZ 1994, 1433 (1437); zu den Maßstäben für die Bemessung des Pfändungsfreibetrages im Rahmen der Unterhaltsvollstreckung vgl. BGH FamRZ 2003, 1466; FamRZ 2004, 620 f. u. 621 f. mAnm *Schürmann* FamRZ 2004, 623 f.
[3592] BGH FamRZ 1984, 657 (658); OLG Hamm FamRZ 1998, 1252 (1253).
[3593] BGH FamRZ 2008, 497 (499) mAnm *Hauß* FamRZ 2008, 500.
[3594] OLG Karlsruhe NJW-RR 2015, 1478, Tz. 28 und 30 f.
[3595] OLG Köln FamRZ 2002, 98.
[3596] OLG Düsseldorf FamRZ 1989, 278; OLG Köln FamRZ 2014, 847 (LS.) weiter → Rn. 1010 ff.
[3597] OLG Köln FamRZ 2002, 98.
[3598] BGH FamRZ 1983, 670 (673).
[3599] OLG Saarbrücken NJW-RR 1990, 1027 (1028).
[3600] OLG Hamm FamRZ 1990, 998 (999).
[3601] OLG Nürnberg FamRZ 1992, 682 (683).
[3602] OLG Hamm FamRZ 1992, 1178 (1179).
[3603] OLG Hamm FamRZ 1992, 1177.
[3604] OLG Frankfurt FamRZ 1978, 434.
[3605] OLG Frankfurt NJW-RR 1993, 968; OLG Hamm FamRZ 1995, 1580; OLG Nürnberg FamRZ 2010, 1345 (LS.).

zeug, kann er dem Berechtigten grundsätzlich entgegenhalten. Der Pflichtige muss die Notwendigkeit der Kreditaufnahme allerdings im Einzelnen darlegen,[3606] zB ausführen, warum eine Hausratsteilung nicht erfolgen konnte, warum er nicht kostengünstiger gebrauchte Möbel angeschafft hat. Kommt er dieser Substantiierungspflicht nicht nach, bleibt die Verbindlichkeit ganz oder teilweise unberücksichtigt. Die Kreditaufnahme darf sich nicht als Verletzung unterhaltsrechtlicher Obliegenheiten darstellen, → Rn. 1040.

e) Nacheheliche Schulden

1050   **Gemeinsam geplante Schulden beim Zusammenleben geschiedener Ehegatten nach der Scheidung** können im Grundsatz nicht anders behandelt werden als einverständlich begründete Schulden während ehelichen Zusammenlebens.[3607]

f) Unterhalt

1051   **Kindesunterhalt** ist zur Errechnung des Ehegattenunterhalts vorab vom Einkommen des Pflichtigen abzusetzen, und zwar mit dem Tabellenbetrag nach Abzug des anteiligen Kindergeldes (→ Rn. 893 aE).Zu berücksichtigen ist der gezahlte Unterhalt. Entrichtet der Schuldner allerdings – zB aufgrund eines alten Titels – einen zu hohen Unterhalt, ist nicht dieser, sondern der tatsächlich geschuldete Betrag maßgebend.[3608] Zur bedarfsprägenden Wirkung der Unterhaltslast für nicht gemeinschaftliche Kinder, → Rn. 18.

Vom Einkommen des Pflichtigen abzusetzen ist der Unterhalt für ein volljähriges Kind.[3609] Der Vorrang des Ehegattenunterhalts (§ 1609 BGB) gegenüber nicht privilegierten volljährigen Kindern wirkt sich erst im Mangelfall aus, wenn also der Pflichtige bei Abzug des Volljährigenunterhalts den nach den ehelichen Lebensverhältnissen bemessenen Unterhalt der vorrangigen Ehefrau nicht mehr entrichten kann. Zur Berechnung des Unterhalts für ein privilegiert volljähriges Kind bei Vorhandensein minderjähriger Kinder → Rn. 134.

1052   **Löst der Vorwegabzug des Kindesunterhalts einen Unterhaltsanspruch des Barunterhaltspflichtigen aus,** hat die bisher herrschende Auffassung in Literatur und Rechtsprechung einen Vorwegabzug abgelehnt.[3610] Dem ist der *Bundesgerichtshof* nicht gefolgt, sondern nimmt einen Vorwegabzug auch dann vor, wenn durch ihn das Einkommen des barunterhaltspflichtigen Elternteils unter das des betreuenden fällt.[3611] Die zwangsläufige Folge eines Unterhaltsanspruchs des betreuenden Elternteils gegen den anderen nimmt der *Bundesgerichtshof* hin. Denn der Barbedarf für gemeinsame minderjährige Kinder präge den Lebensstandard der Familie, da er für den Bedarf beider Eheleute nicht mehr zur Verfügung stehe. Eine Differenzierung danach, ob der dem anderen Ehegatten zum Unterhalt Verpflichtete oder der Berechtigte den Barunterhalt der Kinder bestreite, sei nicht gerechtfertigt.[3612] Die Entscheidung betrifft den Barunterhalt minderjähriger Kinder. Beim volljährigen Kind bestimmt das Einkommen der Eltern die Haftungsquote für den Unterhalt; der jeweilige Anteil ist vom Einkommen beider Eltern abzusetzen, so dass

---

[3606] OLG Frankfurt FamRZ 1979, 41; SchlHOLG SchlHA 1978, 67: nicht anerkannt 19 500 EUR für Erwerb und Erneuerung eines Segelboots; OLG Köln FamRZ 1979, 134: nicht anerkannt PKW, den Ehefrau des Verpflichteten wegen Knieverletzung benötigte (nicht zweifelsfrei); KG DAVorm 1977, 88: nicht anerkannt PKW, da Verpflichteter alleiniger Nutzer.

[3607] OLG Hamm FamRZ 1984, 283 (284).

[3608] BGH FamRZ 2003, 363 (367) = NJW 2003, 1112 (1115).

[3609] BGH NJW 1985, 2713 (2716); FamRZ 1986, 553 (555 f.) = NJW 1986, 985; FamRZ 1987, 456 (458) = NJW 1987, 1551; OLG Hamburg FamRZ 1986, 1212 (1213).

[3610] So die Vorauflage, Rn. 1052; OLG Hamburg FamRZ 1986, 1001 und 1212 (1213); OLG Köln NJW-RR 2001, 1371 (1372); OLG Jena FamRZ 2004, 1207; s auch Rn. 28.

[3611] BGH FamRZ 2016, 199 = NJW 2016, 322, Tz. 16.

[3612] BGH FamRZ 2016, 199 = NJW 2016, 322, Tz. 16.

ein Absinken der Einkünfte des einen unter die des anderen allein durch den Vorwegabzug, nicht denkbar ist.

Ein Vorwegabzug entfällt allerdings, wenn und soweit er dazu führt, dass der Mindestbedarf des unterhaltsberechtigten Ehegatten unterschritten wird,[3613] ebenso, wenn er beim
Unterhalt privilegierter volljähriger Kinder bewirkt, dass dem Berechtigtem nicht einmal
ein dem angemessenen Selbstbehalt entsprechender Betrag zur Verfügung steht.[3614]

Der nach § 1615l BGB geschuldete Unterhalt ist zur Berechnung des Elternunterhalts   **1052a**
ebenfalls vom Einkommen des Pflichtigen in Abzug zu bringen.[3615]

Unterhaltszahlungen auf Grund freiwilliger vertraglicher Pflicht werden überwie-   **1053**
gend nicht oder nur einschränkend berücksichtigt.[3616] So ist eine Anrechnung unzulässig,
wenn die gesetzlich nicht geschuldeten Leistungen in Kenntnis anderweit bestehender
gesetzlicher Unterhaltspflichten oder gar in der Absicht erbracht werden, den gesetzlich
Berechtigten zu benachteiligen. Entspricht dagegen die vertragliche Unterhaltsleistung
der gesetzlichen Pflicht, steht ihrer Berücksichtigung grundsätzlich nichts entgegen; allerdings ist ihr Rang zu berücksichtigen, denn nachrangige Unterhaltspflichten behalten
auch bei vertraglicher Regelung ihren Nachrang. Ferner sind Fälle denkbar, in denen
Unterhalt rechtlich nicht geschuldet wird, gleichwohl eine so starke sittliche Pflicht zur
laufenden finanziellen Hilfe besteht, dass sie auch unterhaltsrechtlich Beachtung verdient.

Unterhaltsleistungen über den Rahmen des gesetzlich Geschuldeten hinaus sind   **1054**
grundsätzlich nicht vorweg abziehbar, es sei denn die Leistungen sind während der Ehe
über einen längeren Zeitraum hinweg erbracht worden. Ist auf Verlangen des Unterhaltsberechtigten ein **höherer** als der gesetzlich geschuldete **Unterhalt tituliert**, kann zu
Gunsten des Pflichtigen ein größerer Selbstbehalt zu berücksichtigen sein,[3617] für die
Zukunft ist allerdings eine Abänderung herbeizuführen.

g) Sonstige Verbindlichkeiten

aa) Geschäftliches Missgeschick. **Verbindlichkeiten infolge eines unverschuldeten**   **1055**
geschäftlichen Missgeschicks sind zu berücksichtigen.[3618] Auch verschuldete Verbindlichkeiten führen nicht unterschiedslos zu ihrer Nichtberücksichtigung. Es wird auf den
Verschuldensgrad und allgemein auf die konkreten Umstände der Verschuldung ankommen.[3619] Schulden aus früherer selbstständiger Geschäftstätigkeit bleiben, weil vorwerfbar, unberücksichtigt, wenn bei Aufnahme des Geschäfts nach den erkennbaren Umständen – Erkundigungspflicht des Geschäftsunerfahrenen über die Risiken des geplanten
Unternehmens – dessen Scheitern absehbar war.[3620]

bb) Geldstrafen und Bußen. Die Abzugsfähigkeit derartiger Verbindlichkeiten lässt   **1056**
sich nicht grundsätzlich bejahen oder verneinen. Anhand der Umstände des Einzelfalles
erfolgt eine Abwägung nach Billigkeitsgesichtspunkten unter Berücksichtigung der Interessen beider Parteien.[3621] Hierbei wird ua abgestellt auf die Art des Delikts, den Grad des
– unterhaltsrechtlichen – Verschuldens des Verpflichteten, → Rn. 674, die Vermeidbarkeit
der Verbindlichkeit und den Zeitpunkt ihrer Entstehung im Verhältnis zur Unterhalts-

---

[3613] BGH FamRZ 2016,199 = NJW 2016, 322, Tz. 14.
[3614] OLG Celle NJW-RR 2010,1371 (1372 f.).
[3615] BGH Beschluss v. 9.3.2016, NZFam 2016, 410 = MDR 2016, 523 Tz. 23.
[3616] BGH FamRZ 2005, 1817 (1820).
[3617] OLG Hamm FamRZ 1996, 862 f.
[3618] LG Köln DAVorm 1977, 39: abzugsfähig Verpflichtung aus einer Bürgschaft für Schulden des
Arbeitgebers.
[3619] → auch Rn. 676.
[3620] OLG Köln FamRZ 1994, 1406 (1407): Geschenkboutique.
[3621] BGH FamRZ 2013, 1554 = NJW 2013, 3024, Tz. 18.

pflicht.[3622] In Anwendung dieser Grundsätze kann zB eine Geldbuße, die wegen der Nichteinhaltung bauordnungsrechtlicher Bestimmungen für ein Haus in Italien zu zahlen ist, abzugsfähig sein.[3623]

1057   **cc) Notwendige Prozesskosten.** Notwendige Prozesskosten sind in angemessenen Raten abzugsfähig. Zu ihnen gehören die Kosten des Scheidungsverfahrens[3624] einschließlich der amtswegigen Folgesache Versorgungsausgleich. Die Kosten des Unterhaltsverfahrens, gleich ob als Folgesache oder isoliertes Verfahren, sind regelmäßig nicht abzugsfähig, da sonst der Unterhaltsberechtigte über den Unterhalt den von ihm betriebenen oder gegen ihn gerichteten Prozess mitfinanzieren würde. Im Übrigen sind in die notwendige Interessenabwägung Anlass und Erfolg des vom Unterhaltspflichtigen geführten Prozesses einzubeziehen. Darüber hinaus ist zu prüfen, ob er nicht Verfahrenskostenhilfe in Anspruch nehmen kann.

1058   Die **Abzugsfähigkeit von Prozesskostenhilfe- und Verfahrenskostenhilferaten** richtet sich nach denselben Regeln. Die im Scheidungsverfahren festgesetzten Raten sind zur Errechnung des Ehegattenunterhalts zu berücksichtigen.[3625] Beim Kindesunterhalt gilt dies schon deshalb nicht, weil die Ratenhöhe von dem an das Kind zu zahlenden Unterhalt abhängig ist.[3626] Im Übrigen ist der Unterhaltsschuldner gehalten, die Höhe der zu zahlenden Raten überprüfen zu lassen und auf eine Herabsetzung oder einen Fortfall hin zu wirken.[3627]

1059   **dd) Rückständige Verbindlichkeiten.** Rückständige Verbindlichkeiten (etwa Unterhalt oder Steuern) können jedenfalls dann dem Berechtigten nicht einkommensmindernd entgegengehalten werden, wenn ihre rechtzeitige Erfüllung möglich und zumutbar war, und zwar auch nicht, wenn wegen der Rückstände eine Lohnpfändung erfolgt. Wird rückständiger Unterhalt auf Grund eines rechtskräftigen Titels, gegen den auch eine Abänderungsantrag nicht oder nicht erfolgreich erhoben wurde, geschuldet, ist eine Berufung auf diese Rückstände mit Erfolg nicht möglich, denn in diesen Fällen muss davon ausgegangen werden, dass der Verpflichtete den Unterhalt zahlen konnte und das auch rechtzeitig tun musste. Eine Abänderung rechtskräftiger Titel im Wege des Schuldenabzugs von Rückständen kann nicht hingenommen werden.

h) Tilgungsplan

1060   Die **Schuldentilgung hat nach einem angemessenen Tilgungsplan** – angemessen bei objektiver Betrachtung – zu erfolgen.[3628] Eine während intakter Ehe zu niedrige Tilgungsrate kann nach der Trennung auf eine objektiv angemessene Höhe gehoben, eine zu hohe Tilgung muss auf ein entsprechendes Niveau gesenkt werden.[3629] Der Unterhaltsverpflichtete muss sich nach besten Kräften um eine Tilgungsherabsetzung, falls sie erwartet werden kann, bemühen und im Einzelnen darlegen und beweisen, was er dieser halb veranlasst hat und dass ggf. eine Herabsetzung unmöglich ist.[3630] Dem Unterhaltsver-

---

[3622] BGH FamRZ 2013, 1554 = NJW 2013, 3024, Tz. 33.

[3623] BGH FamRZ 2013, 1554 = NJW 2013, 3024, Tz. 33.

[3624] OLG Karlsruhe NJW-RR 1998, 578.

[3625] OLG Hamm FamRZ 1996, 166.

[3626] OLG Stuttgart NJW-RR 1995, 776 = FamRZ 1994, 1403.

[3627] AG Kerpen FamRZ 1994, 1424 (1425).

[3628] BGH FamRZ 1982, 678 (679) = NJW 1982, 1641; FamRZ 1982, 250 (252) = NJW 1982, 822; FamRZ 1984, 657 (658); FamRZ 1982, 23 (24) = NJW 1982, 232; NJW 1992, 2477 (2480); OLG Hamm FamRZ 1997, 821; OLG Köln FamRZ 1982, 706 (709) u. 1105 (1106); OLG Bamberg FamRZ 1997, 23.

[3629] BGH FamRZ 1982, 678 (679) = NJW 1982, 1641; OLG Hamm FamRZ 1997, 821 und 1073; FamRZ 1995, 1218.

[3630] OLG Hamm NJW-RR 1994, 770 (771) = FamRZ 1994, 1253: Elterndarlehen.

pflichteten ist so viel an Mitteln zu belassen, dass er zumindest ein Anwachsen der Schuld durch volle Zinszahlung verhindern kann.[3631] Ggf. hat er ein Verbraucherinsolvenzverfahren einzuleiten, → Rn. 122 f., 1046.

Die **Darlegungs- und Beweislast** für die Umstände, aus denen die Berücksichtigung 1061 der Schulden folgen soll, trägt der Unterhaltspflichtige, denn er macht eine Minderung seiner Leistungsfähigkeit geltend.[3632]

9. Vermögenswirksame Leistungen, Vermögensbildung

Aufwendungen, die der Vermögensbildung dienen, können dem Berechtigten im 1062 Regelfall nicht einkommensmindernd entgegengehalten werden.[3633]

Vermögenswirksame Leistungen des Verpflichteten können daher dem Berechtigten 1063 nach herrschender Meinung nicht anspruchsmindernd entgegengehalten werden, wenn sie nicht der zusätzlichen Altersversorgung dienen; → Rn. 1030. Sie werden vielmehr den Nettoeinkünften des Verpflichteten hinzugerechnet.[3634] Die Erfüllung der Unterhaltspflicht geht der Bildung eigenen Vermögens vor.[3635] Zum Ausgleich dafür, dass diese Beträge dem Verpflichteten zur Zeit tatsächlich nicht zur Verfügung stehen, bleiben andererseits die zur Vermögensbildung gezahlten Beiträge (Sparzulagen des Arbeitgebers oder des Staates) bei der Ermittlung des Einkommens außer Betracht.[3636] Gleiches gilt für Beiträge zu einer Direktversicherung, die Gehaltsbestandteil sind.[3637]

Abweichend hiervon sehen einige Oberlandesgerichte grundsätzlich vermögensbildende Maßnahmen im angemessenen Umfang als zulässig an.[3638]

C. Zeitliche Begrenzung, Minderung und Ausschluss des Unterhaltsanspruchs (§§ 1578b, 1579 und 1611 BGB)

I. Allgemeines

1. Die Rechtslage bis zum 31.12.2007

§ 1573 V BGB aF erlaubte eine zeitliche Begrenzung der Unterhaltsansprüche aus 1064 § 1573 Abs. 1 bis 4 BGB aF und damit der Ansprüche auf Zahlung von Arbeitslosen- und Aufstockungsunterhalt. § 1573 V war eingeführt worden durch das Gesetz zur Änderung unterhaltsrechtlicher, verfahrensrechtlicher und anderer Vorschriften (UÄndG vom 20.2.1986 BGBl. I, S. 301), so dass die Befristungsmöglichkeit für die nach dem 1.3.1986 fällig gewordenen Unterhaltsansprüche galt. § 1578b Abs. 1 BGB aF sah darüber hinaus die Möglichkeit der Begrenzung des Unterhalts auf den angemessenen – statt ehelichen – Lebensbedarf vor.

[3631] BGH FamRZ 1982, 678 (679); OLG Nürnberg FamRZ 1998, 312; OLG Hamm NJW 1995, 1843 = FamRZ 1995, 1217; NJW-RR 1995, 1092 (1093) = FamRZ 1995, 1218.

[3632] BGH NJW-RR 1990, 323 = FamRZ 1990, 283; OLG Hamm NJW-RR 1994, 707 (708).

[3633] → Rn. 1043.

[3634] Z. B. 10.6 der unterhaltsrechtlichen Leitlinien der OLGe Brandenburg, Celle, Düsseldorf, Hamburg, Hamm, Koblenz, Köln, Schleswig.

[3635] So schon LG Düsseldorf DAVorm 1978, 177 ff.

[3636] → Rn. 820, ferner OLG Düsseldorf FamRZ 1994, 1049; die Leitlinien fast aller OLG Nr. 10.6; *Mayer/Mayer* FamRZ 1993, 258; *Becker* FamRZ 1993, 1031.

[3637] OLG Schleswig FamRZ 2005, 211 (LS); OLG Celle FamRZ 2005, 292.

[3638] 10.6 der unterhaltsrechtlichen Leitlinien der OLG Berlin (KG), Braunschweig, Bremen, Dresden, Frankfurt/M., Rostock.

2. Die Rechtslage seit dem 1.1.2008

1065   Seit dem 1.1.2008 gelten §§ 1578b, 1579 BGB in der Fassung des Gesetzes zur Änderung des Unterhaltsrechts vom 21.12.2007 (BGBl. I, S. 3189). § 1578b BGB enthält nunmehr eine für alle Unterhaltstatbestände geltende Billigkeitsvorschrift. Nach ihr kann der nacheheliche Unterhalt herabgesetzt und/oder zeitlich befristet werden, wenn ein zeitlich unbegrenzter und/oder ein Unterhalt nach den ehelichen Lebensverhältnisses unbillig wäre.

Die Vorschrift gilt für alle nach dem 1.1.2008 fällig gewordenen nachehelichen Unterhaltsansprüche. Die Übergangsregelung des § 36 Nr. 1 EGZPO gibt dem Unterhaltsberechtigten Vertrauensschutz: der titulierte Unterhalt kann gestützt auf die neue Rechtslage nur abgeändert werden, wenn dies der Billigkeit entspricht.

II. Die Befristung und Begrenzung des Unterhaltsanspruchs[3639]

1. Die Entscheidung des BGH vom 12.4.2006 – XII ZR 260/06[3640]

1066   Noch in Anwendung des alten Rechts hat der BGH in seiner Entscheidung vom 12.4.2006 die Voraussetzungen einer Befristung – damals des Aufstockungsunterhalts – grundlegend neu gefasst. War bis dato die Dauer der Ehe – von der Eheschließung bis zur Rechtskraft der Ehescheidung verlängert um die Zeit der Kinderbetreuung –[3641] maßgebendes Kriterium,[3642] rückt der BGH nunmehr **die ehebedingten Nachteile** in den Vordergrund: Stellt sich die den Unterhaltsanspruch auslösende Einkommensdifferenz als ehebedingter Nachteil dar, ist dieser in der Regel dauerhaft unterhaltsrechtlich auszugleichen. Liegt ein ehebedingter Nachteil dagegen nicht vor, kommt nach einer gewissen Übergangszeit ein Unterhaltsanspruch nicht mehr in Betracht. Der bedürftige Ehegatte ist auf sein eigenes Einkommen zu verweisen, wenn dies nicht aufgrund der besonderen Dauer der Ehe und der dadurch bedingten Verschmelzung der wirtschaftlichen Verhältnisse unbillig erscheint.[3643]

2. Die Unterhaltsbefristung nach § 1578b BGB nF

1067   § 1578b BGB lässt nun eine Begrenzung und Befristung sämtlicher nachehelicher Unterhaltstatbestände zu. Nach § 1578b Abs. 1 S. 1 BGB kommt eine Herabsetzung in Betracht, wenn eine an den ehelichen Lebensverhältnissen orientierte Bemessung des nachehelichen Unterhalts unbillig wäre; nach § 1578b Abs. 2 BGB ist der Unterhalt zu befristen, wenn ein zeitlich unbegrenzter Unterhaltsanspruch nicht der Billigkeit entspräche. § 1578b Abs. 3 BGB lässt schließlich eine Kombination von Begrenzung und Befristung zu. Im Rahmen der geforderten Billigkeitsabwägung ist zu überprüfen, inwieweit durch die Ehe Nachteile im Hinblick auf die Möglichkeit eingetreten sind, für den eigenen Unterhalt zu sorgen. Diese Nachteile können sich aus der Rollenverteilung in der Ehe, insbesondere aus der Dauer der Pflege und Erziehung der gemeinschaftlichen

---

[3639] *Langheim,* Befristung und Herabsetzung von Unterhaltsansprüchen nach § 1578b BGB FamRZ 2010, 409 ff.

[3640] BGH FamRZ 2006, 1006 ff. mAnm *Born* FamRZ 2006, 1008 = NJW 2006, 2401 = MDR 2006, 1234 = FF 2006, 197.

[3641] BGH FamRZ 1986, 886 (888) = NJW 1986, 2832; FamRZ 1987, 691 (693); FamRZ 1990, 3020; OLG Schleswig NJW-RR 2004, 220.

[3642] Vgl. hierzu Rn. 1067 ff. der 11. Aufl.

[3643] BGH FamRZ 2006, 1006 (1007 f.) mAnm *Born* FamRZ 2006, 1008 = NJW 2006, 2401 (2403 f.) = MDR 2006, 1234 f. = FF 2006, 197 (198 f.).

Kinder sowie der Gestaltung von Haushaltsführung und Erwerbstätigkeit in der Ehe ergeben.[3644]

Eine zum 1.3.2013 in Kraft getretene Änderung des § 1578b BGB[3645] stellt die Dauer der Ehe als gleichberechtigtes Billigkeitskriterium neben die ehebedingten Nachteile, → Rn. 1071.

Die vorzunehmende Billigkeitsabwägung, die **Sache des Tatrichters ist**,[3646] ist Gegenstand einer umfänglichen obergerichtlichen und höchstrichterlichen Rechtsprechung. Der Bundesgerichtshof hat in zahlreichen Entscheidungen ein Prüfungsschema entwickelt, das grundsätzlich für sämtliche Unterhaltstatbestände gilt.

a) Unterhalt nach den ehelichen Lebensverhältnissen für eine Übergangsfrist

Eine Übergangsfrist ist dem unterhaltsberechtigten geschiedenen Ehegatten zunächst zuzubilligen. Innerhalb dieses Zeitraumes erhält er Unterhalt nach den ehelichen Lebensverhältnissen mit dem Ziel, den ehelichen Lebensstandard demjenigen anzupassen, den er durch eigene Arbeitsleistung erwirtschaften kann.[3647] **Frühestens mit der Rechtskraft der Ehescheidung** beginnt die Übergangs- oder Schonfrist, da § 1578b BGB den nachehelichen Unterhalt betrifft. Eine sofortige Befristung kommt auch dann nicht in Betracht, wenn während einer längeren Trennungszeit durchgängig Unterhalt gezahlt wurde.[3648] Unberücksichtigt lässt der BGH zudem die Zeit bis zum 12.4.2006, da erst durch die an diesem Tag verkündete Entscheidung (→ Rn. 1066) die Möglichkeiten der Befristung und Begrenzung des Unterhalts an Bedeutung gewonnen haben.[3649]

Dauer der Schonfrist. Die Dauer der Schonfrist hängt ab von der Dauer der Ehe[3650], dem Vorhandensein gemeinsamer Kinder, der Höhe der Einkommensdifferenz und der Existenz ehebedingter Nachteile. Die Dauer der Zahlung von Getrenntlebensunterhalt ist in die Abwägung einzubeziehen.[3651] Maßgebend sind die Umstände des Einzelfalls. Die Rechtsprechung hat dementsprechend keine verbindlichen Kriterien entwickelt, sondern bietet ein buntes Bild; zB: 3 Jahre Schonfrist bei kinderloser 9jähriger Ehe, keine ehebedingten Nachteile,[3652] Übergangszeit 4 Jahre nach Rechtskraft der Ehescheidung bei 17-jähriger Ehe ohne ehebedingte Nachteile,[3653] keine Schonfrist unter 10

1068

[3644] BGH FamRZ 2010, 1238 (1241) mAnm *Borth* FamRZ 2010, 1316 f. = NJW 2010, 2349 (2352); FamRZ 2012, 699 (702) = NJW 2012, 1356 (1359); FamRZ 2012, 951 (953) = NJW 2012, 2028 (2030) mAnm *Born* NJW 2012, 2031 = MDR 2012, 648 f.; FamRZ 2012, 772 (774) = NJW 2012, 1807 (1808) = MDR 2012, 587 f.

[3645] BT-Drs. 17/11885.

[3646] BGH FamRZ 2011, 1721 (1722) mAnm *Heiß* FamRZ 2011, 1724 = MDR 2011, 1234 f.; FamRZ 2012, 951 (953).

[3647] BGH FamRZ 2006, 1006 (1007 f.) mAnm *Born* FamRZ 2006, 1008 = NJW 2006, 2401 (2403 f.) = MDR 2006, 1234 f.; FamRZ 2007, 2049 (2050) = NJW-RR 2008, 1 (3) = MDR 2008, 88 f.; FamRZ 2008, 134 (135); FamRZ 2008, 1325 (1328) mAnm *Borth* FamRZ 2008, 1329; FamRZ 2008, 1508 (1511) mAnm *Borth* FamRZ 2008, 1511 f. = NJW 2008, 3783 (3784) = MDR 2008, 1392; BGH FamRZ 2010, 869 (873) = NJW 2010, 2056 (2058) = MDR 2010, 696 f.

[3648] OLG Bremen FamRZ 2009, 347 = NJW 2009, 373;OLG Jena FamFR 2010, 11 (*Griesche*) = FamRZ 2010, 815 (LS.); aA OLG Hamm FamRZ 2009, 50; OLG Köln FamFR 2010, 58 (*Höhler-Heun*).

[3649] BGH FamRZ 2009, 410; 2010 629 (634).

[3650] So OLG Köln FamRZ 2014, 1207 (1208).

[3651] BGH FamRZ 2011, 188 (190) = NJW 2011, 300 (303) = MDR 2011, 166 f.; FamRZ 2011, 875 (876) = NJW 2011, 1807 (1808).

[3652] OLG München FamRZ 2009, 52; ähnlich OLG Stuttgart FamRZ 2009, 1841 f.; OLG Brandenburg FamFR 2010, 440 (*Heiß*).

[3653] OLG Karlsruhe FamRZ 2009, 1160 = NJW-RR 2009, 1011 f.

Jahren bei 28-jähriger Ehe und Betreuung dreier Kinder,[3654] 28-jährige Ehe: 10 Jahre Schonfrist[3655] oder 9 Jahre,[3656] 5-jährige Schonfrist bei 21-jähriger Ehe[3657] oder 4 Jahre, keine gemeinsamen Kinder[3658] sowie 36-jährige Ehe, 18 Trennung: Schonfrist 6 Jahre,[3659] 25 Jahre Ehe und drei Kinder: Befristung auf vier Jahre nach zwei Jahren Getrenntleben,[3660] 37jährige Ehe: sieben bis siebeneinhalb Jahre Schonfrist.[3661] Teilweise wird die Dauer der Übergangsfrist auch am Alter der gemeinsamen Kinder festgemacht: 10-jähriges Zusammenleben, 5 Jahre Ehe: Schonfrist bis zur Vollendung des 12. Lebensjahres des jüngsten Kindes[3662] oder bis zum 10. Geburtstag.[3663] Der 18. Deutsche Familiengerichtstag hat sich dafür ausgesprochen, die Schonfrist auf ein Drittel bis ein Viertel der Ehezeit zu beschränken und bei der Billigkeitsabwägung längere Zeiten der Zahlung von Getrenntlebensunterhalt zu berücksichtigen.[3664] Eine solche pauschalisierende Betrachtungsweise würde zwar der Praxis eine höhere Sicherheit bieten. Da sie aber den konkreten Umständen des Einzelfalles keine Rechnung trägt, wird sie in der Rechtsprechung nach wie vor abgelehnt.[3665]

b) Befristung oder Begrenzung nach Ablauf der Schonfrist

1069   **aa) Ehebedingte Nachteile als Ursache der Einkommensdifferenz.** Nach Ablauf der Schonfrist kann die weitere Zahlung von Unterhalt nach den ehelichen Lebensverhältnissen unbillig sein. Es ist daher zu prüfen: Hat der bedürftige Ehegatte **Nachteile** erlitten im Hinblick auf die Möglichkeit, für seinen eigenen Unterhalt zu sorgen? Diese Nachteile können sich nach dem Wortlaut des § 1578b BGB ergeben aus der Dauer der Pflege und Erziehung gemeinschaftlicher Kinder, aus der Gestaltung von Berufstätigkeit und Haushaltsführung während der Ehe und aus der Dauer der Ehe. Maßstab, nämlich **angemessener Lebensbedarf** im Sinne des § 1578b BGB, ist dabei das nach unten durch das Existenzminimum begrenzte[3666] Einkommen, das der Unterhaltsberechtigte ohne Ehe und Kinderbetreuung erzielen könnte, die Alters- oder Erwerbsunfähigkeitsrente, die er ohne diese erworben hätte.[3667] Der angemessene Lebensbedarf bestimmt sich allein nach der Lebensstellung des Berechtigten; das den ehelichen Lebensstandard prägende Einkommen des besser verdienenden Ehegatten ist ohne Bedeutung.[3668] Liegt das tatsächliche oder das bei genügender Anstrengung erzielbare Einkommen unter dem angemessenen Lebensbedarf, kommt eine Befristung des Anspruchs nicht in Betracht. **Der ehebedingte** Nachteil, nämlich die Differenz zwischen dem tatsächlich erzielten oder bei Erfüllung der

---

[3654] OLG Oldenburg FamRZ 2009, 1159 = NJW-RR 2009, 1658 (1659 f.).

[3655] OLG Saarbrücken FamRZ 2009, 349.

[3656] OLG Brandenburg NJW-RR 2009, 1227 (1228).

[3657] OLG Zweibrücken FamRZ 2009, 49.

[3658] OLG Düsseldorf NJW-Spezial 2010, 36.

[3659] OLG Hamm NJW-RR 2009, 508.

[3660] OLG Jena FamFR 2009, 45 *(Ebert)*.

[3661] OLG Stuttgart FamRZ 2012, 983 (985).

[3662] OLG Brandenburg NJW-RR 2009, 1659 f.

[3663] OLG Brandenburg NJW-Spezial 2009, 5.

[3664] 18. DFGT, Arbeitskreis 15, These 9, Brühler Schriften zum Familienrecht 16 S. 127.

[3665] OLG Köln FamRZ 2014, 1207 (1208).

[3666] BGH FamRZ 2009, 1990 (1991) mAnm *Viefhues* FamRZ 2009, 1993 f. = NJW 2009, 3783 (784) = MDR 2009, 1392; BGH FamRZ 2010, 629 (633); FamRZ 2010, 1057 = MDR 2010, 811f = NJW-RR 2010, 1009; FamRZ 2011, 188 (190) = NJW 2011, 300 (302), FamRZ 2011, 192 (194); NJW 2012, 74 (76); FamRZ 2012, 1483 (1487) mAnm *Borth* FamRZ 2012, 1488.

[3667] BGH FamRZ 2010, 629 (632); FamRZ 2011, 192 (195) = NJW 2011, 303 (306); FamRZ 2011, 713 (714); FamRZ 2013, 274 mAnm *Viefhues* FamRZ 2013, 276 = NJW 2013, 528, Tz. 23.

[3668] BGH FamRZ 2011, 192 (195).

Erwerbsobliegenheit erzielbaren Einkommen und dem angemessenen Lebensbedarf,[3669] ist im Regelfall lebenslang auszugleichen.[3670] Ausnahmen sind grundsätzlich denkbar.[3671] Während der BGH eine Befristung trotz bestehender Nachteile nur für denkbar hält,[3672] hat das Oberlandesgericht Düsseldorf sie ausgesprochen, weil auch der Unterhaltspflichtige durch die Betreuung der gemeinsamen Kinder in seiner beruflichen Entwicklung eingeschränkt worden ist.[3673]

Nach Ablauf der Schonfrist ist der Unterhalt zu reduzieren auf den Nachteilsausgleich, nämlich die Differenz aus dem tatsächlich erzielten oder erzielbaren und dem ohne die Ehe möglichen Einkommen (→ Rn. 1069). Entspricht allerdings das tatsächliche oder fiktive Einkommen des Berechtigten seinem angemessenen Lebensbedarf, ist der Unterhalt zu befristen; der Unterhaltsanspruch entfällt mit dem Ende der Schonfrist.[3674]

Der Begriff der ehebedingten Nachteile ist durch die Rechtsprechung des BGH und die Neufassung des § 1578b BGB zur Grundvoraussetzung für eine Begrenzung des Unterhaltsanspruchs, zum Hauptkriterium jeglicher Billigkeitsabwägung geworden. Ehebedingte Nachteile äußern sich in der Regel darin, dass der Ehegatte ehebedingt nicht die Einkünfte erzielt, die er ohne Ehe und Kinderbetreuung erzielen würde.[3675] Die Nachteile müssen **durch die Ehe** entstanden sein. Die vor der Eheschließung aufgenommene Kinderbetreuung und dadurch bedingte berufliche Einschränkungen können daher nicht zu einem ehebedingten Nachteil führen. Ein solcher kann sich nur aus der Fortsetzung der Kinderbetreuung nach der Eheschließung ergeben.[3676] Maßgebend für die Feststellung der ehebedingten Nachteile ist die tatsächliche Gestaltung von Kinderbetreuung und Haushaltsführung. Es kommt nicht darauf an, ob der unterhaltspflichtige Ehegatte einverstanden war [3677] oder den Unterhaltsberechtigten während der Ehe zu einer Erwerbstätigkeit angehalten hat.[3678] Ehebedingte Nachteile sind je nach Unterhaltsanspruch unterschiedlich festzumachen. Sie sollen daher im Zusammenhang mit den jeweiligen Unterhaltstatbeständen erörtert werden (→ Rn. 1072 ff.). Die Bemessung der ehebedingten Nachteile erfordert eine hypothetische Betrachtung der beruflichen Entwicklung bzw. der Entwicklung der Versorgungsanwartschaften ohne Ehe; Hausführung und Betreuung gemeinsamer Kinder. Sie ist Sache des Tatrichters, der das

1070

[3669] BGH NJW 2010, 3653 (3654) = MDR 2010, 1461.

[3670] BGH FamRZ 2010, 1311 (1314 f.) = NJW 2010, 2582 (2585) = MDR 2011, 993 f.; FamRZ 2011, 192 (195); OLG Brandenburg FamFR 2012, 8 *(Norpoth);* OLG Karlsruhe FamRZ 2011, 818 (819); OLG Stuttgart NJW 2010, 2361 (2363); das OLG Düsseldorf (FamFR 2012, 391 *(Braeuer)* hält sie für möglich, wenn auch der Unterhaltspflichtige ehebedingt berufliche Nachteile erlitten hat.

[3671] BGH FamRZ 2010, 1633 (1636) = NJW 2010, 3097; FamRZ 2011, 454 (458) = NJW 2011, 670; FamRZ 2013, 274 Tz. 32 mAnm *Viefhues* FamRZ 2013, 276.

[3672] BGH FamRZ 2010, 1633 (1636) = NJW 2010, 3097, FamRZ 2011, 454 (458) = NJW 2011, 670; FamRZ 2013, 274 Tz. 32 mAnm *Viefhues* FamRZ 2013, 276.

[3673] OLG Düsseldorf NJW 2012, 3382 (3383 f.) mAnm *Born* NJW 2012, 3384 f.; fraglich.

[3674] BGH FamRZ 2006, 1006 (1007) mAnm *Born* FamRZ 2006, 1009; FamRZ 2007, 2049 (2051 f.) = NJW-RR 2008, 1 (3 f.) = MDR 2008, 88 f.; FamRZ 2008, 134 (135 f.); FamRZ 2008, 1325 (1328 f.) mAnm *Borth* FamRZ 2008, 1329 = NJW 2008, 2581 = MDR 2008, 319; FamRZ 2008, 1508 (1510 f.) = NJW 2008, 2644; FamRZ 2009, 1990 (1991) mAnm *Viefhues* FamRZ 2009, 1993 f. = NJW 2009, 3783 (3784) = MDR 2009, 1392; FamRZ 2010, 629 ff.; FamRZ 2012, 197; 2012, 951 (954) mAnm *Finke* FamRZ 2012, 955 = NJW 2012, 2028 (2030) mAnm *Born* NJW 2012, 2031 = MDR 2012, 648 f.

[3675] BGH FamRZ 2010, 2059 = NJW 2010, 3653; FamRZ 2010, 1971 = NJW 2011, 147; NJW 2011, 1067 (1068) = MDR 2011, 362 (363); FamRZ 2012, 197 (198) mAnm *Maurer* FamRZ 2012, 200 = NJW 2012, 309 (310); FamRZ 2011, 875 (876) = NJW 2011, 1807 (1808).

[3676] BGH FamRZ 2012, 776 (777 f.) = NJW 2012, 1506 (1507) mAnm *Born* NJW 2012, 1507 = MDR 2012, 566 f.; OLG Karlsruhe FamRZ 2011, 818 (819).

[3677] BGH FamRZ 2011, 628 (629 f.) = NJW 2011, 1067 (1068) = MDR 2012, 362 (363).

[3678] BGH FamRZ 2013, 1366 = NJW 2013, 2662, Tz. 82.

erzielbare Einkommen zu schätzen hat. Er hat dabei Erfahrungssätze im jeweiligen Berufsfeld und tarifliche Regelwerke hinzuziehen oder eine hypothetische Rentenberechnung vorzunehmen.[3679]

1071   **bb) Keine Befristung oder Begrenzung bei langer Dauer der Ehe. Die Dauer der Ehe** hat der Gesetzgeber zum 1.1.2013 zum selbständigen Billigkeitskriterium neben den ehebedingten Nachteilen gemacht.[3680] Er hat damit eine als gefestigt angesehene Rechtsprechung kodifiziert: Danach verbietet sich trotz Fehlens ehebedingter Nachteile eine Befristung des Unterhalts, wenn es dem bedürftigen Ehegatten wegen der Dauer der Ehe und der damit einhergehenden Verschmelzung der wirtschaftlichen Verhältnisse unter Berücksichtigung auch seines Alters zum Zeitpunkt der Rechtskraft der Ehescheidung unzumutbar erscheint, sich dauerhaft auf einen niedrigeren Lebensstandard einzulassen.[3681] Eine wirtschaftliche Verflechtung kann sich dabei insbesondere aus der Aufgabe der eigenen Erwerbstätigkeit zugunsten der Betreuung gemeinsamer Kinder oder der Haushaltsführung ergeben.[3682] Zu beachten ist, dass Befristung und Begrenzung des nachehelichen Unterhalts nicht die Regel, sondern die Ausnahme sind.[3683] Eine Befristung ist daher abgelehnt worden bei einer Ehedauer von 20 Jahren,[3684] 25 Jahren[3685] oder 27 Jahren,[3686] ca. 30 Jahren[3687] oder auch bei einem atypischen Eheverlauf, bei dem die Erwerbsobliegenheit nach Betreuung des jüngsten Kindes erst im Alter 50 Jahren eingesetzt hat.[3688] Für die Bemessung der Ehedauer ist auf die Zeit zwischen der Eheschließung und der Zustellung des Scheidungsantrages abzustellen.[3689]

Die nacheheliche Solidarität ist ein weiteres Billigkeitskriterium im Rahmen des § 1578b BGB. Bildet diese fortwirkende Solidarität den wesentlichen Billigkeitsfaktor, sind also ehebedingte Nachteile nicht vorhanden, gewinnt die **Ehedauer** eine wesentliche Bedeutung. Sie führt insbesondere bei einem Verzicht des bedürftigen Ehegatten auf eine eigene Berufstätigkeit wegen der Betreuung der Kinder oder der Führung des Haushalts zu einer wirtschaftlichen Verflechtung. Diese steht – da verursacht durch die Rollenverteilung in der Ehe – einer Befristung oder Begrenzung entgegen.[3690] Andererseits kann trotz einer langen Ehedauer eine Befristung erfolgen, wenn beide Ehegatten während der

---

[3679] Zur Bemessung des ehebedingten Nachteils einer Rechtsanwältin: OLG Frankfurt/M. FamRZ 2012, 1392 (1393 f.).

[3680] *Borth,* Ausweitung des Schutzes des nachehelichen Unterhalts bei langer Ehedauer FamRZ 2013, 165.

[3681] BGH FamRZ 2006, 1006 (1007) mAnm *Born* FamRZ 2006, 1009; OLG Köln FamRZ 2009, 122 (123).

[3682] OLG Zweibrücken FamRZ 2014, 775 (776).

[3683] BGH FamRZ 2010, 1633 (1635) mAnm *Borth* FamRZ 2010, 1636 = NJW 2010, 3097.

[3684] OLG Karlsruhe FamRZ 2008, 1187 (1189) = FamRB 2008, 199 – zweifelhaft –; **anders** OLG Zweibrücken FamRZ 2008, 1958 f. = NJW 2008, 1893: zeitliche Befristung mit 6-jähriger Übergangszeit.

[3685] OLG Frankfurt/M. FamFR 2009, 49 *(Reinken):* 25 Jahre Ehe und vier gemeinsame Kinder; OLG Koblenz FamRZ 2012, 1394 f.: 25 Jahre Ehe, zwei Kinder, Einsatz des Vermögens für Eigenheim: keine Befristung bis zum Rentenalter.

[3686] OLG Nürnberg FamRZ 2009, 345; OLG Zweibrücken FamRZ 2014, 775 (776): 28 Jahre; **anders** OLG Saarbrücken FamRZ 2009, 349: Begrenzung auf 10 Jahre nach Rechtskraft.

[3687] OLG Dresden MDR 2010, 31 = FamRZ 2010, 649 (650) und KG FamRZ 2014, 776: 32 Jahre ohne Erwerbstätigkeit der Berechtigten; OLG Hamm FamRB 2011, 366 *(Bißmaier):* 33 Jahre; FamRZ 2011, 1656: 32 Jahre; OLG Stuttgart FamFR 2012, 58 *(Beger-Oelschlegel).*

[3688] OLG Düsseldorf FamRZ 2009, 1157.

[3689] BGH FamRZ 2009, 406; FamRZ 2010, 629; FamRZ 2010, 1971 (1974) = NJW 2011, 147 (150) = MDR 2010, 1389 f.

[3690] BGH FamRZ 2013, 853 mAnm *Hoppenz* FamRZ 2013, 858 = NJW 2013, 1530, Tz. 33 und 35; FamRZ 2013, 1291 mAnm *Born* FamRZ 2013, 1294 = NJW 2013, 2434, Tz. 26.

Ehe in vollem Umfange erwerbstätig waren und die Einkommensdifferenz allein auf einem unterschiedlichen Ausbildungsniveau beruht.[3691]

Zu berücksichtigen sind auch die **finanziellen Verhältnisse des Berechtigten,**[3692] die wirtschaftliche Gesamtbelastung des Pflichtigen[3693] oder auch das Vertrauen in den Fortbestand der titulierten Unterhaltsregelung.[3694] Darüber hinaus kann sich ein höheres Maß an nachehelicher Solidarität daraus ergeben, dass der unterhaltspflichtige Ehegatte seinen beruflichen Aufstieg und damit sein hohes Einkommen der Ehe mit dem Unterhaltsberechtigten zu verdanken hat.[3695]

Zu beachten ist allerdings auch, dass das Band der ehelichen Solidarität im Laufe der Jahre immer schwächer wird.[3696]

Im Rahmen der Begrenzung kann die nacheheliche Solidarität dazu führen, dass der angemessene Lebensbedarf über das ohne die Ehe erzielbare Einkommen gehoben wird.[3697]

III. Die Anwendung des § 1578b BGB auf die verschiedenen Unterhaltstatbestände

1. § 1570 BGB

Auf den Betreuungsunterhalt nach § 1570 BGB ist § 1578b BGB **nicht anzuwenden,**   1072
da § 1570 BGB bereits eine Sonderregelung für die Billigkeitsabwägung enthält. Führt die Abwägung der kind- und elternbezogenen Gründe zu einer Verlängerung des Unterhaltsanspruchs über das 3. Lebensjahr hinaus, können dieselben Gründen nicht zu einer Befristung nach § 1578b BGB führen.[3698] Eine Begrenzung der Höhe nach auf den Unterhalt dem angemessenen Lebensbedarf entsprechend ist denkbar. Voraussetzung ist allerdings, dass die notwendige Betreuung und Erziehung der Kinder trotz des abgesenkten Unterhaltsbedarfs sichergestellt und das Wohl der Kinder nicht anderweitig gefährdet ist.[3699] Der häufig mit dem Anspruch auf Betreuungsunterhalt verbundene Anspruch auf Aufstockungsunterhalt, § 1573 Abs. 2 BGB, kann erst begrenzt werden, wenn feststeht, ob durch die Kinderbetreuung ehebedingte Nachteile eingetreten sind. Diese Feststellung wird während laufender Betreuung kaum zu treffen sein.[3700]

[3691] BGH FamRZ 2010, 1971 = NJW 2011, 147, Tz. 21; FamRZ 2013, 853 mAnm *Hoppenz* FamRZ 2013, 858 = NJW 2013, 1530, Tz. 35.

[3692] BGH FamRZ 2011, 713 (715); OLG Koblenz NJW-RR 2011, 365 (366).

[3693] BGH FamRZ 2011, 875 (876); FamRZ 2012, 772 (776) = NJW 2012, 1807 (1810) = MDR 2012, 587 f.

[3694] BGH FamRZ 2010, 1414 (1416) mAnm *Borth* FamRZ 2010, 1417= NJW 2010, 2953 (2955); FamRZ 2011, 1721 (1723) mAnm *Heiß* FamRZ 2011, 1724 = MDR 2011, 1234 f. FamRZ 2012, 772 (774) = NJW 1807 (1808) = MDR 2012, 587 f.

[3695] BGH FamRZ 2013, 1291 mAnm *Born* FamRZ 2013, 1294 = NJW 2013, 2434, Tz. 28 für den Fall, dass der Unterhaltspflichtige allein aufgrund seiner Ehe aus der ehemaligen Tschechoslowakei in BRD einreisen konnte.

[3696] BGH FamRZ 2011, 1721 (1723) mAnm *Heiß* FamRZ 2011, 1724 = MDR 2011, 1234 f.

[3697] OLG Celle NJW-RR 2011, 653 (655).

[3698] BGH FamRZ 2009, 770 (774) mAnm *Borth* FamRZ 2009, 959 ff. = NJW 2009, 1876 (1878 f.) = MDR 2009, 689 (691); FamRZ 2009, 1124 (1128) = NJW 2009, 1956 (1959) = MDR 2009, 987 f.: FamRZ 2013, 1958 mAnm *Maurer* FamRZ 2013, 1960 = NJW 2013, 3578, Tz. 20.

[3699] BGH FamRZ 2009, 770 (774) mAnm *Borth* FamRZ 2009, 959 ff. = NJW 2009, 1876 (1878 f.) = MDR 2009, 689 (691); FamRZ 2009, 1124 (1128) = NJW 2009, 1956 (1959) = MDR 2009, 987f; BGH NJW 2011, 2430 (2433) mAnm *Born* NJW 2011, 2434.

[3700] BGH FamRZ 2009, 770 (774); OLG Celle NJW 2010, 79 (85); OLG Hamm FamRZ 2009, 2093 (2096 f.) mAnm *Born* FamRZ 2009, 2097.

2. Krankenunterhalt § 1572 BGB

1073   **Der Krankenunterhalt ist seit dem 1.1.2008 nach allgemeinen Regeln zu befristen oder zu begrenzen.** Die Krankheit selbst stellt einen ehebedingten Nachteil nur dar, wenn sie auf der Rollenverteilung in der Ehe beruht.[3701] Sonstige persönliche Umstände sind selbst dann nicht ausreichend, wenn sie mit dem Scheitern der Ehe zusammenhängen. Die Krankheit allein stellt folglich nur in Ausnahmefällen einen ehebedingten Nachteil dar.[3702]

Der ehebedingte Nachteil kann sich aber daraus ergeben, dass der Unterhaltsberechtigte wegen der Rollenverteilung in der Ehe nicht ausreichend für den Fall der krankheitsbedingten Erwerbsminderung vorgesorgt hat, seine Erwerbsunfähigkeitsrente also geringer ist als sie ohne Ehe und Kindererziehung wäre[3703] oder die Voraussetzungen für eine Erwerbsunfähigkeitsrente ehebedingt nicht erfüllt sind.[3704] Die in der Ehe eingetretene Benachteiligung ist allerdings durch den Versorgungsausgleich kompensiert,[3705] so dass ein unbefristeter Krankenunterhalt darüber hinaus gehende und zB durch den Altersvorsorgeunterhalt[3706] nicht ausgeglichene Nachteile voraussetzt. Diese können zB darin bestehen, dass die Voraussetzungen einer Rente wegen voller Erwerbsminderung ehebedingt nicht erreicht werden.[3707] (→ Rn. 1075a) Da die Erkrankung eine schicksalhafte Entwicklung ist, spielt im Rahmen der Billigkeitsabwägung die **nacheheliche Solidarität** eine besondere Rolle, die auf der Grundlage der in § 1578b BGB genannten Kriterien zu werten ist.[3708] Wegen der nachehelichen Solidarität wurde beispielsweise eine Befristung abgelehnt im Falle einer wegen einer Darmkrebserkrankung 100 % erwerbsgeminderten Ehefrau, die mit 16 Jahren ohne Berufsausbildung geheiratet und 4 Kinder großgezogen hatte, Scheidung nach 26 Ehejahren;[3709] ebenso bei nicht absehbaren Krankheitsverlauf.[3710] Ein zur Ehekrise und Trennung führendes Verhalten des Unterhaltpflichtigen

---

[3701] BGH FamRZ 2013, 1291 = NJW 2013, 2434, Tz. 20; OLG Hamm FamRZ 2016, 64 (65): kein ehebedingter Nachteil die psychische Erkrankung aufgrund zu Unrecht erlittener Haft in der ehem. DDR.

[3702] BGH FamRZ 2009, 406 (409) mAnm *Schürmann* FamRZ 2009, 409 = NJW 2009, 989; FamRZ 2010, 1414 (1415) = NJW 2010, 2953 (2954); FamRZ 2011, 188 (198) = NJW 2011, 300 (303); FamRZ 2013, 1291 = NJW 2013, 2434, Tz. 20; BGH FamRZ 2010, 1057 (1058); FamRZ 2011, 875; OLG Celle Bremen FamRZ 2009, 1912 (1913); OLG Düsseldorf FamRZ 2009, 1914 (LS.); OLG Saarbrücken FamFR 2010, 513 (Griesche); OLG Zweibrücken FamRZ 2010, 893 (LS.).

[3703] BGH FamRZ 2009, 406 (409) mAnm *Schürmann* FamRZ 2009, 409 = NJW 2009, 989 = FF 2009, 116 f.; FamRZ 2009, 1207 (1210 f.) = NJW 2009, 2450 (2453); FamRZ 2010, 629 (632); FamRZ 2010, 1057 (1058) = MDR 2010, 811; FamRZ 2010, 2056 (2057); FamRZ 2012, 772 (774) = NJW 2012, 1807 (1810) = MDR 2012, 587 f.; OLG Hamm FamRZ 2010, 814 f. = NJW 2010, 1152 (1153); OLG Bremen FamRZ 2009, 1913; OLG Koblenz NJW 2009, 2315 (2316); OLG Celle FamRZ 2010, 566 (567).

[3704] OLG Saarbrücken NJW-RR 2013, 7: der Nachteil entfällt mit Beginn der Regelaltersrente; OLG Hamm FamRZ 2015, 1397 (1399).

[3705] BGH FamRZ 2009, 406 (409) mAnm *Schürmann* FamRZ 2009, 409 = NJW 2009, 989 = FF 2009, 116 f.

[3706] 3297BGH FamRZ 2014, 823 = NJW 2014, 1302, Tz. 18; FamRZ 2014, 1276 = NJW 2014, 2192, Tz. 45–51.

[3707] BGH FamRZ 2011, 713 (715) mAnm *Holzwarth* FamRZ 2011, 795; nicht wenn die Voraussetzungen der Erwerbsminderungsrente krankheitsbedingt nicht erfüllt wurden: OLG Koblenz FamRZ 2012, 1394 (1395).

[3708] BGH FamRZ 2009, 1207 (1210 f.) = NJW 2009, 2450 (2454); BGH FamRZ 2010, 629 (633 f.); FamRZ 2010, 869 ff.; NJW 2010, 2056 (2059); FamRZ 2012, 699 (703); FamRZ 2011, 188 (190) = NJW 2011, 300 (303) = MDR 2011, 166 f.; OLG Bremen FamRZ 2009, 1912 (1913); KG FamRZ 2009, 1153; OLG Hamm FamFR 2010, 108 *(Tomfort)* = FamRZ 2010, 814 f. = NJW 2010, 1152 (1153).

[3709] BGH FamRZ 2009, 1207 (1210 f.) = NJW 2009, 2450 (2454).

[3710] OLG Köln NJW 2009, 2225 (LS.) = NJW-RR 2009, 800.

begründet in der Regel kein zusätzliches Maß an nachehelicher Solidarität gegenüber dem durch das Scheitern der Ehe psychisch belasteten Ehegatten.[3711] Eine Befristung des Krankenunterhalts scheidet nicht allein deshalb aus, weil der Berechtigte dann sozialhilfebedürftig würde; dies hat der Gesetzgeber durch die Schaffung der Befristungsmöglichkeit bewusst in Kauf genommen.[3712]

3. Altersunterhalt § 1571 BGB

Für den Altersunterhalt gelten hinsichtlich der ehebedingten Nachteile die Ausführungen zum Krankenunterhalt entsprechend. In vielen Fällen wird die Dauer der Ehe einer Befristung oder Begrenzung entgegenstehen.[3713] Ehebedingte Nachteile beim Altersunterhalt sind Nachteile in der Altersversorgung: Der Unterhaltsberechtigte hat ehebedingt nicht die Altersversorgung erworben, die er ohne die Ehe erreicht hätte.[3714] Für die Ehezeit werden diese Nachteile ausgeglichen durch den Versorgungsausgleich.[3715] Nur wenn dieser nicht vollständig durchgeführt wurde, können sie sich aus einer Einschränkung der Erwerbstätigkeit während der Ehe ergeben.[3716] Denkbar ist allerdings, dass sich die ehebedingten Nachteile über das Ende der Ehezeit hinaus –zB durch die Betreuung gemeinschaftlicher Kinder nach der Trennung und Scheidung- fortsetzen und der Berechtigte ehebedingt keine rentenversicherungspflichtige Tätigkeit finden und keine Altersversorgung aufbauen konnte, so dass eine ehebedingte Versorgungslücke eintritt.[3717] Sie können **kompensiert** werden durch die Zahlung von Altersvorsorgeunterhalt oder durch Vermögenszuwendungen.[3718]

1074

4. Aufstockungsunterhalt § 1573 Abs. 2 BGB

Im Rahmen des Aufstockungsunterhalts liegen ehebedingte Nachteile vor, wenn die Einkommensdifferenz der Eheleute auf der Aufgabenverteilung in der Ehe beruht und nicht ihre Ursache in einem bereits bei Eingehung der Ehe unterschiedlichen Ausbildungsstand hat.[3719] Sie sind nicht anzunehmen, wenn der Berechtigte vollschichtig in seinem erlernten Beruf tätig ist[3720] bzw. an die vor der Ehe bestehenden Verdienstmöglichkeiten anknüpfen konnte.[3721] Für spekulative Überlegungen zu möglichen Berufsaussichten ist kein Raum. Nicht objektivierbare Karriereaussichten spielen vielmehr keine Rolle, so dass die Vollzeit bei einem Abgeordneten tätige Sekretärin, die vor der Ehe

1075

[3711] BGH FamRZ 2013, 1291 = NJW 2013, 2434, Tz. 21.

[3712] BGH FamRZ 2010, 1057 (1058) = MDR 2010, 811 f. = NJW-RR 2010, 1009.

[3713] Vgl. *Ehinger*, Eine erste Übersicht der Rechtsprechung zu §§ 1578b und 1570 BGB seit Inkrafttreten des UÄndG, FPR 2009, 105 ff.

[3714] BGH FamRZ 2011, 1381 (1383) = NJW 2011, 2512 (2514) = MDR 2011, 1176 (1177); FamRZ 2011, 1721 (1722); FamRZ 2012, 951 (953) = NJW 2012, 1807 (1808).

[3715] BGH FamRZ 2011, 1381 (1383) = NJW 2011, 2512 (2514) = MDR 2011, 1176 (1177).

[3716] BGH FamRZ 2011, 1381 (1383) = NJW 2011, 2512 (2514) = MDR 2011, 1176 (1177).

[3717] BGH FamRZ 2011, 1721 (1723); OLG Karlsruhe FamFZ 2010, 1252 (LS.).

[3718] BGH FamRZ 2011, 1381 (1384) = NJW 2011, 2512 (2515) = MDR 2011, 1176 (1178); OLG Schleswig NJW-RR 2011, 363 (364); für eine Kompensation durch hohe Unterhaltszahlungen in der Vergangenheit OLG Schleswig FamFR 2012, 369 *(Viefhues).*

[3719] BGH FamRZ 2006, 1006 (1007) mAnm *Born* FamRZ 2006, 1009; FamRZ 2007, 2049 (2051 f.) = NJW-RR 2008, 1 (3 f.) = MDR 2008, 88 f.; FamRZ 2008, 134 (135 f.); FamRZ 2008, 1325 (1328 f.) mAnm *Borth* FamRZ 2008, 1329 = NJW 2008, 2581 = MDR 2008, 319; FamRZ 2008, 1508 (1510 f.) = NJW 2008, 2644; FamRZ 2009, 1990 (1991) mAnm *Viefhues* FamRZ 2009, 1993 f. = NJW 2009, 3783 (3784) = MDR 2009, 1392.

[3720] BGH FamRZ 2008, 1325 (1328 f.) mAnm *Borth* FamRZ 2008, 1329 (1330 f.) = NJW 2008, 2581 (2584 f.); FamRZ 2008, 1508 mAnm *Borth* FamRZ 2008, 1511 = NJW 2008, 2644 (2646); auch bei einer durchgängigen freiberuflichen Tätigkeit: KG FamFR 2010, 465 *(Beger-Oelschlegel).*

[3721] OLG Düsseldorf FamFR 2009, 88 *(Heiß).*

Fraktionssekretärin war, mit dem Hinweis, sie hätte ohne die Ehe eine Karriere als Gewerkschaftssekretärin gemacht, nicht gehört wurde.[3722] Keine ehebedingten Nachteile hat auch die gelernte Drogistin erlitten, die als Verkäuferin in einem Drogeriemarkt arbeitet. Der Hinweis sie hätte ohne die Ehe jetzt eine besser bezahlte Stelle – zB als Marktleiterin oä – wurde als unbeachtlich angesehen.[3723] Mögliche Karrierenachteile einer Polizistin der Deutschen Volkspolizei durch „Westkontakte" ihres Ehemannes stellen ebenfalls keinen ehebedingten Nachteil dar.[3724]**Für ehebedingte Nachteile** sprechen dagegen die Aufgabe des Arbeitsplatzes (→ Rn. 1075a) anlässlich der Geburt eines Kindes,[3725] eine längere Berufspause,[3726] der Abbruch des Studiums oder der Ausbildung anlässlich der Geburt des gemeinsamen Kindes,[3727] der Verzicht auf jegliche berufliche Weiterbildung,[3728] die Entwertung der Berufsausbildung durch lange Nichtausübung[3729], die Aufgabe einer gesicherten beamtengleichen Stelle.[3730] Der Verzicht des Berechtigten auf eine berufliche Karriere ist ebenfalls unter dem Aspekt des ehebedingten Nachteils zu prüfen.[3731] Nachteilhaft ist auch die Notwendigkeit, in eine teure private Krankenkasse zu wechseln[3732]

Kein ehebedingter Nachteil ist der Verlust des erstehelichen Unterhaltsanspruchs[3733] Ist der aus dem Ausland stammende Ehegatte erst anlässlich der Eheschließung in Deutschland ansässig geworden, bestimmt sich der ehebedingte Nachteil nach den Einkommensverhältnissen im Ausland, nach unten begrenzt durch den Mindestbedarf.[3734]
Sonderfälle:

a) Ehebedingte Nachteile durch die Aufgabe des Arbeitsplatzes

1075a   Hat der bedürftige Ehegatte seinen Arbeitsplatz in Zusammenhang mit der Ehe aufgegeben, ist zu unterscheiden: Erfolgte die Beendigung des Arbeitsverhältnisses wegen der Rollenverteilung in der Ehe, etwa anlässlich der Geburt eines gemeinsamen Kindes[3735], kann sich aus diesem Arbeitsplatzverlust ein ehebedingter Nachteil ergeben.[3736] Liegen die Gründe für die Aufgabe des Arbeitsverhältnisses dagegen außerhalb der Ehe, sind sie also persönlicher Natur, wie zB der Wunsch nach Veränderung, oder liegt eine Kündigung des Arbeitsgebers vor,[3737] ist die Beendigung zunächst unterhaltsrechtlich unbeachtlich. Der ehebedingte Nachteil kann sich aber daraus ergeben, dass der Ehegatte sich ehebedingt nur mit einem eingeschränkten Radius und nicht mehr um eine seiner

---

[3722] OLG Köln NJW 2009, 3169 (3171 f.).

[3723] OLG Saarbrücken FamRZ 2009, 349.

[3724] OLG Brandenburg NZFam 2014, 1004 *(Bastian-Holler)*.

[3725] OLG Karlsruhe NJW-RR 2011, 655 (657).

[3726] BGH FamRZ 2009, 1990 (1991) mAnm *Viefhues* FamRZ 2009, 1993 f. = NJW 2009, 3783 (3784) = MDR 2009, 1392, OLG Frankfurt/M. FamRZ 2012, 1392ff zur Berechnung des ehebedingten Nachteils einer längere Zeit nicht tätigen Rechtsanwältin.

[3727] OLG Brandenburg FamRZ 2012, 1396 (LS.); KG NJW-Spezial 2010, 37; OLG Oldenburg MDR 2009, 1116.

[3728] OLG Hamm FamRZ 2008, 2206 (2207).

[3729] AG Flensburg FamRZ 2009, 1157.

[3730] OLG Frankfurt/M. FamRZ 2010, 816 (LS.).

[3731] BGH FamRZ 2012, 951 (954).

[3732] OLG Hamm NJW-Spezial 2009, 756; KG FamRZ 2013, 1047 (1048 f.): der Nachteil ist auszugleichen durch Krankenvorsorgeunterhalt

[3733] BGH FamRZ 2012, 197 (199) mAnm *Maurer* FamRZ 2012, 200 = NJW 2012, 309 (310) mAnm *Born* NJW 2012, 311; **aA** OLG Düsseldorf FamFR 2010, 227 *(Tomfort)*.

[3734] BGH FamRZ 2013, 534 mAnm *Born* FamRZ 2013, 538 = NJW 2013, 866 Tz. 24 f.

[3735] OLG Karlsruhe NJW-RR 2011, 655 (657).

[3736] BGH FamRZ 2011, 628 (629) = NJW 2011, 1067, Tz. 21; FamRZ 2013, 935 = NJW 2013, 1738, Tz. 41

[3737] OLG Brandenburg FamFR 2010, 440 *(Heiß)*.

Qualifikation entsprechende Arbeitsstelle bewirbt.[3738] **Die voreheliche Aufgabe des Arbeitsplatzes** anlässlich der Geburt eines Kindes stellt zunächst keinen ehebedingten Nachteil dar. Dieser kann dadurch entstehen, dass während der Ehe wegen der Kinderbetreuung auf eine Erwerbstätigkeit verzichtet oder diese eingeschränkt wird. Die bereits vorehelich eingetretenen Nachteile werden gleichwohl nicht ausgeglichen.[3739]

b) Ehebedingte Nachteile beim Erwerb von Versorgungsanwartschaften

Mit der Einschränkung der Berufstätigkeit aufgrund der Rollenverteilung in der Ehe sind für den Unterhaltsberechtigten regelmäßig Nachteile beim Erwerb von Versorgungsanwartschaften verbunden. Zu der Frage, inwieweit diese einen der Unterhaltsbefristung entgegenstehenden ehebedingten Nachteil darstellen, hat sich eine als gefestigt zu betrachtende Rechtsprechung gebildet.

Diese geht im Grundsatz davon aus, dass während der Ehe entstandene Nachteile beim Erwerb der Altersversorgung oder der Versorgung in Fällen der Erwerbsunfähigkeit ehebedingte Nachteile darstellen. Diese werden aber kompensiert durch den anlässlich der Scheidung durchgeführten Versorgungsausgleich. Dieser ist das vorrangige Instrumentarium zum Ausgleich während der Ehe eingetretener Versorgungsnachteile. Wird dieser vollständig durchgeführt, tragen beide Ehegatten die Nachteile in der Versorgungsbilanz zu gleichen Teilen, diese sind ausgeglichen und der ehebedingte Nachteil entfällt mit Beginn der Altersrente.[3740] Erfolgte anlässlich der Scheidung kein vollständiger Versorgungsausgleich, zB weil der unterhaltpflichtige Ehegatte selbständig war und nicht ausreichend für sein Alter vorgesorgt hat, ist der ehebedingte Nachteil nicht oder zumindest nicht in vollem Umfange kompensiert; eine Befristung des nachehelichen Unterhalts scheidet aus.[3741]

Nacheheliche Versorgungsnachteile, die der unterhaltsberechtigte Ehegatte durch die Fortwirkung der Rollenverteilung in der Ehe erleidet, stellen ebenfalls einen ehebedingten Nachteil dar. Dieser wird allerdings ausgeglichen, wenn der bedürftige Ehegatte die Möglichkeit hatte, neben dem Elementarunterhalt auch **Vorsorgeunterhalt** geltend zu machen. Denn dieser dient ebenso wie der Versorgungsausgleich dem Ausgleich ehebedingter Nachteile in der Versorgungsbilanz.[3742] **Kein ehebedingter Nachteil** liegt vor, wenn der unterhaltsberechtigte Ehegatte sich die vor der Ehe erworbenen Rentenanwartschaften hat kapitalisiert auszahlen lassen.[3743]

5. Krankenvorsorgeunterhalt

Der Krankenvorsorgeunterhalt, der bei Deckung des übrigen Bedarfs gesondert geltend gemacht werden kann, ist nach allgemeinen Regeln zu begrenzen oder zu befristen.[3744]   **1075b**

[3738] BGH FamRZ 2014 1007 = NJW 2014, 1807, Tz. 21.

[3739] BGH FamRZ 2013, 860 mAnm.*Maurer* FamRZ 2013, 863 = NJW 2013, 1444, Tz. 17 und 20.

[3740] BGH FamRZ 2009, 406 (409) mAnm *Schürmann* FamRZ 2009, 409 = NJW 2009, 989 = FF 2009, 116f; FamRZ 2007, 2049 (2051 f.) = NJW-RR 2008, 1 (3 f.) = MDR 2008, 88 f.; FamRZ 2008, 134 (135 f.); FamRZ 2008, 1325 (1328 f.) mAnm *Borth* FamRZ 2008, 1329 = NJW 2008, 2581 = MDR 2008, 319; FamRZ 2008, 1508 (1510 f.) = NJW 2008, 2644; FamRZ 2013, 1291 = NJW 2013, 2434, Tz. 22; FamRZ 2013, 1366 = NJW 2013, 2662, Tz. 79: FamRZ 2014, 823 = NJW 2014, 1302, Tz. 17.

[3741] OLG Celle FamRZ 2009, 1161.

[3742] BGH FamRZ 2014, 823 = NJW 2014, 1302, Tz. 18; FamRZ 2014, 1276 = NJW 2014, 2192, Tz. 45–51; für den Fall des Krankenvorsorgeunterhalts: KG NJW-Spezial 2013, 228.

[3743] BGH FamRZ 2014, 1276 = NJW 2014, 2192, Tz. 32–34.

[3744] OLG Oldenburg FamRZ 2010, 567 (568 f.).

IV. Befristung und Getrenntlebensunterhalt

1076   Die Vorschrift des § 1578b BGB findet ihrem ausdrücklichen Wortlaut nach auf den Getrenntlebensunterhalt nach § 1361b BGB keine Anwendung.[3745] Bis zur Rechtskraft der Ehescheidung ist daher – wenn die sonstigen unterhaltsrechtlichen Voraussetzungen vorliegen – Unterhalt nach den ehelichen Lebensverhältnissen zu leisten.

V. Darlegungs- und Beweislast

1077   **Die Darlegungs- und Beweislast** für Umstände, die zu einer Befristung oder Beschränkung des nachehelichen Unterhalts führen, trägt grundsätzlich der Pflichtige, da die Vorschrift des § 1578b BGB als Ausnahmetatbestand konzipiert ist.[3746] Trägt der Pflichtige Tatsachen vor, die – wie die Aufnahme einer vollschichtigen Erwerbstätigkeit in dem erlernten Beruf – gegen ehebedingte Nachteile sprechen, ist es Aufgabe des Berechtigten Umstände darzulegen, die gegen eine Begrenzung des Anspruchs oder für eine längere Schonfrist sprechen.[3747] Dieser ist im Rahmen der sog. **„sekundären Darlegungslast"** gehalten, das Nichtvorhandensein ehebedingter Nachteile substantiiert zu bestreiten und im Rahmen einer hypothetischen Betrachtung darzulegen, welche konkreten Nachteile entstanden sein sollen.[3748] An diese Darlegungen dürfen einerseits keine überspannten Anforderungen gestellt werden, insbesondere nicht, wenn der Berechtigte bei Eheschließung am Beginn seiner beruflichen Entwicklung stand und die Ehe von langer Dauer war.[3749] Der Berechtigte kann zB auf übliche Gehaltssteigerungen in dem erlernten Beruf bedingt durch Berufserfahrung oder Betriebszugehörigkeit hinweisen.[3750] Behauptet der Berechtigte über die übliche Entwicklung im erlernten Beruf hinaus einen beruflichen Aufstieg, eine Karriere, muss er darlegen aufgrund welcher Umstände wie Fortbildungsbereitschaft, Talente und Neigungen die Fortentwicklung eingetreten wäre.[3751] Zusätzlich kann der Berechtigte auf vergleichbare Karriereverläufe hinweisen.[3752] Hat der Berechtigte keine Berufsausbildung, hat er konkrete Umstände vorzutragen, die die Aufnahme einer Ausbildung ohne die Ehe wahrscheinlich machen.[3753]

[3745] OLG Brandenburg FamRZ 2009, 699; OLG Bremen MDR 2009, 334; OLG Düsseldorf FamFR 2010, 390 *(Heiß)*.

[3746] BGH FamRZ 2008, 134 (135); BGH FamRZ 2009, 1990 (1991 f.) = NJW 2009, 3783 (3784); FamRZ 2010, 875 (877) = NJW 2010, 1813 = MDR 2010, 749; FamRZ 2012, 93 (94 f.) mAnm *Viefhues* FamRZ 2012, 96 = NJW 2012, 74 (75) = MDR 2012, 31 f.; FamRZ 2012, 1483 (1487).

[3747] BGH FamRZ 2008, 134 (135); BGH FamRZ 2009, 1990 (1991 f.) = NJW 2009, 3783 (3784); FamRZ 2010, 875 (877) = NJW 2010, 1813 = MDR 2010, 749; FamRZ 2012, 93 (94 f.) mAnm *Viefhues* FamRZ 2012, 96 = NJW 2012, 74 (75) = MDR 2012, 31 f.

[3748] BGH FamRZ 2012, 93 (94 f.) mAnm *Viefhues* FamRZ 2012, 96 = NJW 2012, 74 (75) = MDR 2012, 31 f.; FamRZ 2012, 1483 (1487) mAnm *Borth* FamRZ 2012, 1488 = NJW 2012, 3434 (3437) mAnm *Maurer* NJW 2012, 3838; FamRZ 2013, 864 mAnm *Born* FamRZ 2013, 866 = NJW 2013, 1447, Tz. 23; FamRZ 2014, 1007 = NJW 2014, 1807 mAnm *Hoppenz* NJW 2014, 1810, Tz. 26; OLG Köln FamRZ 2013, 1134 (1135).

[3749] BGH FamRZ 2012, 93 (94 f.) mAnm *Viefhues* FamRZ 2012, 96 = NJW 2012, 74 (75) = MDR 2012, 31 f.; FamRZ 2012, 1483 (1487) mAnm *Borth* FamRZ 2012, 1488 = NJW 2012, 3434 (3437) mAnm *Maurer* NJW 2012, 3838.

[3750] BGH NJW FamRZ 2010, 2059 (2061 f.) = NJW 2010, 3653 (3655) = MDR 2010, 1461.

[3751] BGH FamRZ 2010, 2059 (2061 f.) = NJW 2010, 3653 (3655) = MDR 2010, 1461.; FamRZ 2012, 93 (95) mAnm *Viefhues* FamRZ 2012, 96 = NJW 2012, 74 (76) = MDR 2012, 31 f.; FamRZ 2012, 1483 (1487) mAnm *Borth* FamRZ 2012, 1488 = NJW 2012, 3434 (3437 f.) mAnm *Maurer* NJW 2012, 3438.

[3752] BGH FamRZ 2012, 1483 (1487) mAnm *Borth* FamRZ 2012, 1488 = NJW 2012, 3434 (3437f) mAnm *Maurer* NJW 2012, 3438.

[3753] OLG Hamm FmRZ 2013, 43 (44).

Die Darlegungen müssen so konkret sein, dass sie vom Gericht auf ihre Plausibilität überprüft und vom Pflichtigen widerlegt werden können.[3754]

Diese Behauptungen müssen dann vom Pflichtigen widerlegt werden,[3755] wobei die vollschichtige Tätigkeit in einem erlernten Beruf gegen das Vorhandensein ehebedingter Nachteile spricht.[3756] Zu berücksichtigen ist zudem, dass der Berechtigte im Rahmen der Bedürftigkeit darlegungs- und beweisbelastet für sein tatsächlich erzieltes oder erzielbares Einkommen ist.[3757] Ist dieses Einkommen dauerhaft niedriger als das in dem aufgegebenen Beruf erzielbare, bleibt es bei dem ehebedingten Nachteil. Ist es allerdings mindestens gleich hoch, muss der Berechtigte darlegen und beweisen, dass gleichwohl ein ehebedingter Nachteil vorliegt.[3758]

Die dargestellten Grundsätze der Darlegungs- und Beweislast ehebedingter Nachteile sollen auch gelten, wenn der Pflichtige behauptet, der Berechtigte habe bei genügender Anstrengung die Nachteile nach der Trennung ausgleichen können.[3759] Genügt der Berechtigte seiner Erwerbsobliegenheit, wird der Pflichtige allerdings mit dieser Behauptung nicht gehört.[3760]

VI. Prozessuales

Prozessual sind Befristung und Herabsetzung im Erstverfahren geltend zu machen. 1078
Der Einwand der Befristung und Begrenzung ist im Abänderungsverfahren regelmäßig ausgeschlossen. Voraussetzung ist, dass die Gründe, die zu einer Begrenzung des Unterhaltsanspruchs führen, bereits im Ausgangsverfahren entstanden oder doch sicher vorhersehbar sind. Dass der Zustand der Begrenzung bereits erreicht ist, ist dagegen nicht notwendig.[3761] **Der Abänderungsantrag** nach § 238 FamFG kann daher nur auf solche Umstände gestützt werden, die nach Schluss der letzten mündlichen Verhandlung des Vorverfahrens entstanden sind (§ 238 Abs. 2 FamFG). Zu diesen Umständen gehört die Neuregelung des § 1578b BGB zum 1.1.2008. Diese lässt somit jedenfalls eine Abänderung von Titeln zu, die sich auf eine andere Anspruchsgrundlage als § 1573 Abs. 2 BGB stützen. Der Aufstockungsunterhalt des § 1573 Abs. 2 BGB konnte bereits vor dem 1.1.2008 befristet werden. Maßgebender Zeitpunkt ist insoweit die Änderung der Rechtsprechung des Bundesgerichtshofs durch das Urteil vom 12.4.2006. Ist der Unterhaltstitel vor dieser Entscheidung geschaffen worden, ist eine Abänderung gestützt auf die Änderung der Rechtsprechung zur Begrenzung und Befristung des Aufstockungsunterhalts möglich, und zwar auch für Ehen, aus denen Kinder hervorgegangen sind.\.[3762] Liegt der

---

[3754] BGH FamRZ 2012, 93 (95) mAnm *Viefhues* FamRZ 2012, 96 = NJW 2012, 74 (76) = MDR 2012, 31 f.

[3755] BGH FamRZ 2010, 875 ff. mAnm Finke FamRZ 2010, 879; FamRZ 2013, 864 mAnm *Born* FamRZ 2013, 866 = NJW 2013, 1447, Tz. 23; FamRZ 2014, 1007 = NJW 2014, 1807 mAnm *Hoppenz* NJW 2014, 1810, Tz. 31.

[3756] BGH NJW FamRZ 2010, 2059 (2061 f.) = NJW 2010, 3653 (3655) = MDR 2010, 1461.

[3757] BGH FamRZ 2009, 1300 (1306) mAnm *Schürmann* FamRZ 2009, 1306 f.

[3758] BGH FamRZ 2009, 1990 (1992) = NJW 2009, 3783 (3784 f.).

[3759] OLG Celle NJW-RR 2011, 364 (365 f.).

[3760] BGH FamRZ 2013, 274 mAnm *Viefhues* FamRZ 2013, 276 = NJW 2013, 528 Tz. 23.

[3761] BGH FamRZ 2010, 111 (117) = NJW 2010, 365 (371); FamRZ 2015, 1694 = NJW 2015, 2963, Tz. 22.

[3762] BGH NJW 2010, 369 (371); BGH NJW 2010, 3582 (3583); OLG Bremen FamRZ 2008, 263; **aA** OLG Düsseldorf FamRB 2010, 107 (*Roessink*) = NJW 2010, 1085 (1086), das für den Fall das aus der Ehe Kinder hervorgegangen sind, auf die Entscheidung des BGH vom 28.2.2007 (NJW 2007, 1961) abstellen will; OLG Frankfurt/M. FamRZ 2009, 1163; OLG Brandenburg NJW Spezial 2012, 264; OLG Zweibrücken FamRZ 2009, 1161 f., die richtigerweise auf den 15.7.2006 als den Tag der Erstveröffentlichung der BGH Entscheidung in der FamRZ abstellen.

Zeitpunkt nach der Veröffentlichung dieser Entscheidung, kommt eine Abänderung nur in Betracht, wenn die tatsächlichen Voraussetzungen einer Begrenzung oder Befristung im Erstverfahren weder vorhanden noch erkennbar waren.[3763]

Präkludiert sind grundsätzlich nur die Umstände, die im Ausgangsverfahren erheblich waren; dh solche, auf die gestützt das Gericht bereits im Ausgangsverfahren eine Begrenzung oder Befristung hätte aussprechen müssen.[3764] Tatsachen, die allein im Rahmen der Billigkeitsabwägung erheblich waren, sind präkludiert, wenn sie schon zu einer abweichenden Entscheidung im Vorverfahren geführt hätten.[3765] Alttatsachen, die im Ursprungsverfahren nicht entscheidungserheblich waren, auch weil sie zB vergessen wurden, eröffnen allein die Abänderungsmöglichkeit nicht. Ist diese allerdings aus anderen Gründen zulässig, können auch diese Tatsachen Berücksichtigung finden.[3766]

Liegen die prozessualen Voraussetzungen für eine Abänderung vor, ist die Übergangsvorschrift des § 36 Nr. 1 EGZPO zu berücksichtigen. die Anwendung findet, wenn die Befristungs- und Begrenzungsmöglichkeit zum 1.1.2008 geschaffen worden ist.[3767] Die Vorschrift ermöglicht einerseits die Abänderung gestützt auf die Änderung der Rechtslage, gibt aber auf der anderen Seite im Einzelfall Vertrauensschutz: Die Abänderung des Alttitels hat zu unterbleiben, wenn sie dem benachteiligten Ehegatten nicht zugemutet werden kann. Dabei ist allerdings bei der Bewertung zu berücksichtigen, dass der Gesetzgeber grundsätzlich von einer raschen Überleitung auf das neue Recht ausging.[3768] Ein dauerhafter Vertrauensschutz wird daher in den seltensten Fällen anzunehmen sein.

Ein Vergleich, der den Unterhaltsanspruch **erstmals tituliert** entfaltet in der Regel insoweit keine Bindungswirkung für die Zukunft. Enthält der Vergleich keine ausdrückliche oder konkludente anderweitige Regelung, ist vielmehr davon auszugehen, dass die Beteiligten eine spätere Befristung des Unterhalts offenhalten wollten.[3769] Wurde in dem Vergleich eine spätere Befristung vorbehalten, aber nach Veröffentlichung des Urteils vom 12.4.2006 nicht geltend gemacht, kommt eine Abänderung nicht in Betracht.[3770]

VII. Wiederaufleben von Unterhaltsansprüchen

1079   Ein **Wiederaufleben nach § 1578b BGB entfallener oder reduzierter Ansprüche** ist denkbar, wenn sich die bei einer Unterhaltstitulierung angestellte Prognose als fehlerhaft erwiesen hat. Dazu ist nach §§ 238 f. FamFG zu verfahren, denn es geht nicht um die Korrektur einer ursprünglich unrichtigen Entscheidung, sondern um die Berücksichtigung wesentlicher nachträglicher Änderungen. Das unvorhergesehene Scheitern beruflicher Wiedereingliederung oder die Erkrankung eines damit wieder betreuungsbedürftig werdenden Kindes können ein Wiederaufleben bzw. eine Wiederheraufsetzung rechtfertigen.

[3763] BGH FamRZ 2010, 111 (117) = NJW 2010, 365 (371).
[3764] BGH FamRZ 2015, 1694 = NJW 2015, 2963, Tz. 23.
[3765] BGH FamRZ 2015, 1694 = NJW 2015, 2963, Tz. 23.
[3766] BGH FamRZ 2015, 1694 = NJW 2015, 2963, Tz. 24.
[3767] BGH FamRZ 2010, 1238 (1241) = NJW 2010, 2349.
[3768] OLG Köln NJW 2009, 3169 (3171 f.); OLG Schleswig, SchlHA 2010, 181 Tz. 6.
[3769] BGH FamRZ 2010, 1238 (1239) mAnm *Borth* FamRZ 2010, 1316 = NJW 2010, 2349 (2350 f.); BGH FamRZ 2012, 772 (773) = NJW 2012, 1807 = MDR 2012, 587; FamRZ 2015, 734 = NJW 2015, 1242, Tz. 13; OLG Hamm FamRZ 2016, 64 (65).
[3770] BGH FamRZ 2012, 1284 (1285) = NJW 2012, 2514 (2515 f.) = MDR 2012, 849 f.

VIII. Verwirkung

1. Ehegattenunterhalt

Die Verwirkung des nachehelichen Unterhalts regelt § 1579 BGB (→ Rn. 1098 ff.)   **1080**
Die Vorschrift ist anwendbar auf die nach dem 1.7.1977 geschiedenen Ehen. Für Altehen
gelten die §§ 65, 66 EheG. § 1579 BGB ist durch das UnterhaltsrechtsänderungsG zum
1.1.2008 leicht verändert worden. Die Ehezeit in § 1579 Nr. 1 erfasst nur die tatsächliche
Ehezeit, nicht mehr zusätzlich die Zeit der Kinderbetreuung. Der häufigste Verwirkungs-
fall, der der verfestigten Lebensgemeinschaft, ist in Nr. 2 ausdrücklich geregelt.[3771]

2. Verwandtenunterhalt (§ 1611 BGB)

Eltern schulden ihren Kindern nur einen der Billigkeit entsprechenden Unterhalt, wenn
das Kind durch sein sittliches Verschulden bedürftig geworden ist,
es die eigene Unterhaltpflicht gegenüber dem Unterhaltpflichtigen verletzt hat oder
sich vorsätzlich einer schweren Verfehlung gegenüber dem Unterhaltpflichtigen oder
einen nahen Angehörigen des Unterhaltpflichtigen schuldig gemacht hat.
Ist die Inanspruchnahme des Pflichtigen grob unbillig, entfällt der Anspruch nach
§ 1611 Abs. 1 S. 2 BGB.
Grundgedanke der Vorschrift ist, dass die Unterhaltpflicht nicht allein auf dem Ver-
wandtschaftsverhältnis fußt, ihm vielmehr eine familiäre Solidarität und Verantwortung
zugrunde liegt.[3772] Diese Solidarität kann derjenige nicht erwarten, der sich bewusst aus
jeder persönlichen oder auch wirtschaftlichen Beziehung zu seinen Verwandten löst.[3773]

a) Minderjährige unverheiratete Kinder

Eine Unterhaltsverwirkung gem. § 1611 Abs. 1 BGB ist für minderjährige unverhei-   **1081**
ratete Kinder gem. § 1611 Abs. 2 BGB **ausgeschlossen.** Strittig ist, ob zumindest der
Ansatz eines fiktiven Einkommens in Betracht kommt, wenn sich das Kind weder in
Schul- noch in Berufsausbildung befindet.[3774]
Dieser Ausschluss **gilt nicht für volljährige Kinder, die gem. § 1603 Abs. 2 S. 2 BGB**   **1082**
den minderjährigen Kindern gleichgestellt sind, denn § 1611 Abs. 2 BGB ist von dieser
Gleichstellung nicht erfasst.
Der Unterhaltsanspruch minderjähriger Kinder kann nach allgemeinen Rechtsgrund-   **1083**
sätzen – § 242 BGB – der Verwirkung unterliegen s. hierzu → Rn. 1097.

b) Volljährige Kinder

Grundsätze. Auf Unterhaltsansprüche des volljährigen Kindes findet grundsätzlich   **1084**
die für den Verwandtenunterhalt geltende Verwirkungsnorm des § 1611 Abs. 1 BGB
Anwendung. Hauptanwendungsfall[3775] ist das Vorliegen einer schweren Verfehlung
durch eine tiefgreifende Beeinträchtigung der wirtschaftlichen Interessen oder der persönlichen Belange des Pflichtigen.[3776] Die Rechtsprechung beschränkt allerdings eine Ver-

---

[3771] Zur Rechtslage vor dem 1.1.2008 s. die 10. Aufl.
[3772] OLG Oldenburg Beschl. v. 25.10.2012 – 14 UF 80/12.
[3773] OLG Oldenburg Beschl. v. 25.10.2012 – 14 UF 80/12.
[3774] Bejahend: OLG Düsseldorf FamRZ 2000, 442; OLG Frankfurt/M. NJW 2015, 3105, Tz. 8f;
verneinend: OLG Saarbrücken FamRZ 2000, 40.
[3775] Fälle schuldhaft verursachter Bedürftigkeit oder Verletzung der Unterhaltpflicht des volljährigen Kindes gegen seine Eltern sind in diesem Zusammenhang zu vernachlässigen.
[3776] BGH FamRZ 2014, 541 = NJW 2014, 1177, Tz. 14.

wirkung (auch Teilverwirkung kommt in Betracht) wegen der tiefgreifenden Rechtsfolgen auf besonders schwere Ausnahmefälle b.[3777] Alle Umstände sind umfassend abzuwägen:[3778] eine genaue differenzierte Betrachtung und Bewertung der Eltern-Kind-Beziehung, der Umstände von Trennung und Scheidung,[3779] der seelischen Belastung des Kindes,[3780] der Wahrnehmung der Elternverantwortung.[3781] § 1611 BGB ist nur anwendbar, wenn das Kind die alleinige, nicht entschuldbare Verantwortung für seine unbeeinflusste Abwendung vom Elternteil trifft oder ein aktives Tun hinzutritt.[3782]

Die Rechtsgedanken des § 2333 BGB (Voraussetzungen der Pflichtteilsentziehung) können entsprechend herangezogen werden.

1085   Der **Ausbildungsunterhaltsanspruch** kann unabhängig von den Voraussetzungen des § 1611 BGB durch Verletzung des Gegenseitigkeitsprinzips bei Verschweigen von Eigeneinkünften aber auch bei Nichtmitteilung des Schulabbruchs verwirkt werden.[3783]

1086   Eine **Verwirkung rückständigen Unterhalts** kommt auch für volljährige Kinder unabhängig von den Voraussetzungen des § 1611 BGB in Betracht, das Zeitmoment verlangt aber mindestens einen Rückstand von über einem Jahr[3784] und das Umstandsmoment besondere Vertrauensgründe. S. → Rn. 1083.

Einzelfälle

1087   • **Sittliches Verschulden**

Bei Alkohol- und Drogenmissbrauch kann die Behandlungsverweigerung die Unterhaltsversagung rechtfertigen,[3785] nicht aber, wenn die Erkrankung bereits so weit fortgeschritten ist, dass dem Kind ein Schuldvorwurf nicht mehr gemacht werden kann. Ein Verstoß des Kindes gegen die Gebote der Sittlichkeit ist auch angenommen worden, wenn es in seiner Lebensführung Risiken auf Kosten der Eltern in Kauf nimmt (Arbeit ohne soziale Absicherung; langjährige Drogenabhängigkeit und HIV-Infektion).[3786] Ein eheähnliches Verhältnis oder die Geburt eines Kindes des unterhaltsbedürftigen Kindes berührt dessen Unterhaltsanspruch nicht, es sei denn, die Nichtheirat bezwecke den Erhalt des Unterhalts.[3787]

1088   • **Herabwürdigung der Eltern und Straftaten gegen sie**

Unberechtigte Vorwürfe sexuellen Missbrauchs seitens der jetzt volljährigen (26 Jahre) Tochter, die auf neurotischer Persönlichkeitsstörung beruhen, also von Krankheitswert

---

[3777] OLG Hamm FamRZ 2007, 165 und NJW-RR 2006, 509; OLG München FamRZ 1992, 595 (596); OLG Hamm FamRZ 1993, 468: häufige schwere Beleidigungen, die tiefgreifende Verachtung zeigen, unbefugte Pkw-Nutzung ohne Begleichung damit verursachten Schadens.

[3778] BGH FamRZ 2004, 1559 = NJW 2004, 3109; NJW 1995, 1215 (1216) = FamRZ 1995, 475; OLG Stuttgart NJWE-FER 2000, 80.

[3779] OLG Frankfurt FamRZ 1993, 1241.

[3780] OLG Hamm FamRZ 1995, 1439.

[3781] AG Regensburg FamRZ 1993, 1240 f.

[3782] OLG Hamm FamRZ 2007, 165 (bei Drogenschmuggel des Kindes Auskunftsklage deshalb nicht abzuweisen); OLG Hamm NJW-RR 2006, 509 (bewusst falsche Strafanzeige; 2/3 Verwirkung); OLG Bamberg NJW-RR 1994, 582 = FamRZ 1994, 1054; OLG Frankfurt NJW-RR 1996, 708 = FamRZ 1995, 1513; OLG Hamm FamRZ 1995, 1439; OLG Köln NJW-RR 1996, 966 = FamRZ 1996, 1101 (1102).

[3783] BGH FamRZ 1998, 671 = NJW 1998, 1555; OLG Köln FamRZ 2005, 301; NJW 2012, 2364 (2365); AG Berlin-Tempelhof FamRZ 2000, 1044 (aber nicht immer dauerhaft); OLG Koblenz FamRZ 1999, 402; OLG Karlsruhe OLG-Report 1999, 46; OLG Hamm OLG-Report 1998, 174 wendet aber § 1611 BGB an; weiter → Rn. 343.

[3784] → Dazu Rn. 272 f. und OLG Hamm FamRZ 2001, 1395 (Ls.).

[3785] OLG Frankfurt/M. FamRZ 2011, 225 (227); AG Neuwied FamRZ 1999, 403.

[3786] KG FamRZ 2003, 1357; OLG Hamm OLG-Report 2002, 17: Herabsetzung auf billigen Unterhaltsbeitrag.

[3787] OLG Koblenz FamRZ 2004, 1892; OLG Celle NJW 1993, 2880.

sind, rechtfertigen eine Anwendung von § 1611 BGB nicht, wohl aber der langjährige erhebliche Prozessbetrug dieses Kindes.[3788]

Tätliche Angriffe, ständige grobe Beleidigung und Bedrohung, falsche Anschuldigung, Schädigung beruflicher und wirtschaftlicher Stellung,[3789] Bedrohungen durch volljährige Kinder gegen ihre mit ihnen zusammen lebende Mutter machen § 1611 BGB anwendbar.[3790] Äußerungen wie „ich bedaure, dass Sie meine Mutter sind" dürften dagegen nicht ausreichen, da sie keine konkrete Beeinträchtigung bedeuten, sondern wie Unhöflichkeiten einzustufen sind.[3791]

• **Unhöflichkeiten**　　　　　　　　　　　　　　　　　　　　　　　　　　1089

Von schweren Verfehlungen gegen die Eltern sind Verhaltensweisen abzugrenzen, die als bloße Unhöflichkeiten keine Unterhaltsverwirkung herbeiführen können: Keine Gratulation des Vaters zum 18. Geburtstag des Kindes und wüste Beschimpfungen der Mutter vor Gericht erklären die Ablehnung des Kindes.[3792] Die Anrede „Sie" und „Herr" für den Vater[3793] genügen ebenso wenig für § 1611 BGB wie das Nichtgrüßen von Großeltern.[3794]

• **Kontaktverweigerung**　　　　　　　　　　　　　　　　　　　　　　　　1090

Die Ablehnung jeglicher persönlichen Kontaktaufnahme zu dem unterhaltspflichtigen Elternteil kann weder allein noch in Zusammenhang mit unhöflichen oder unangemessenen Äußerungen einen Herabsetzung oder einen Ausschluss des Unterhaltsanspruchs rechtfertigen.[3795] Sie fließt vielmehr ein in eine umfassende Abwägung aller Umstände, die auch das eigene Verhalten des unterhaltspflichtigen Elternteils miteinbezieht.[3796]

So sind Kontaktverweigerungen oft Folge des elterlichen Trennungsstreits, so dass ein einseitiges Verschulden des Kindes nicht festgestellt werden kann.[3797] Eine erwachsene Tochter, die in der Kindheit wiederholte Misshandlungen der Mutter miterleben musste und nun jeden Kontakt mit dem unterhaltspflichtigen todkranken Vater ablehnt, trifft trotz § 1618a BGB subjektiv kein so schwerer Schuldvorwurf, dass § 1611 BGB, wenn auch nur maßvoll, anwendbar wäre.[3798] Eltern müssen auch von sich aus um Kontaktwiederherstellung zum Kind bemüht sein.[3799] Seelische Belastung des Kindes als Mitursache seines Verhaltens lässt dieses milder erscheinen.[3800]

• **Schulversagen**　　　　　　　　　　　　　　　　　　　　　　　　　　1091

Schulschwänzen des Kindes rechtfertigt keine Anwendung des § 1611 BGB.[3801] Eine Ausbildungsverzögerung kann unter § 1611 BGB fallen, nicht jedoch bei nur fünfjähriger Verzögerung durch das erst 24 Jahre alte Kind.[3802] → Rn. 1086.

[3788] OLG Hamm NJW-RR 1996, 198 f. = FamRZ 1995, 958: dass der Betrug nichts mit der neurotischen Störung zu tun haben soll, kann möglicherweise zweifelhaft erscheinen.

[3789] OLG Hamm NJW-RR 2006, 509; OLG Celle NJW-RR 1994, 324 (325) = FamRZ 1993, 1235.

[3790] LG Frankfurt/Main FamRZ 1994, 978 (979).

[3791] **Anders** AG Grevenbroich FF 2003, 144.

[3792] BGH NJW 1995, 1215 (1216) = FamRZ 1995, 475.

[3793] OLG Hamm FamRZ 1995, 1439; **anders** wohl AG Grevenbroich FF 2003, 144.

[3794] OLG Köln NJW-RR 1996, 707 = FamRZ 1996, 1101.

[3795] BGH FamRZ 1995, 475 (476); FamRZ 2014, 541 = NJW 2014, 1177, Tz. 17.

[3796] BGH FamRZ 1995, 475 (476).

[3797] BGH FamRZ 1995, 475 (476) = NJW 1995, 1215; OLG Düsseldorf FamRZ 2001, 1724 (1726); OLG Hamm FamRZ 2001, 1395 (Ls.); OLG Frankfurt FamRZ 1995, 1513 = NJW 1996, 708.

[3798] OLG München FamRZ 1992, 595 (596); **anders:** OLG Bamberg NJW 1992, 1112 (1113) = FamRZ 1992, 717.

[3799] AG Königswinter NJW-RR 1993, 1033.

[3800] OLG Hamm FamRZ 1995, 1439.

[3801] OLG München FamRZ 1996, 737.

[3802] OLG Stuttgart NJW-RR 1996, 2 (3).

1092 • **Nichtinformation**

Die unterlassene Information des Pflichtigen, zB über einen Schulabbruch oder auch über die Aufnahme einer Erwerbstätigkeit, einer Nebentätigkeit, eröffnet eine umfassende Abwägung aller Umstände des Einzelfalles und kann im Rahmen dieser Billigkeitsprüfung auch zu einer Unterhaltsverwirkung führen.[3803]

c) Sonstige Unterhaltsberechtigte

1093   **Elternunterhalt. § 1611 Abs. 1 BGB gilt auch für den Elternunterhalt.** Eine schwere Verfehlung kann in der Verletzung elterlicher Pflichten gesehen werden, zB in der Pflicht zu Beistand und Rücksicht nach § 1618a BGB. Eine schwere Verfehlung in diesem Sinne ist auch nicht auf einzelne, schwerwiegende Übergriffe beschränkt, sondern kann sich aus einer Gesamtschau des Verhaltens des Unterhaltspflichtigen ergeben. Selbst einzelne Verfehlungen, die nicht besonders schwer wiegen, können in dieser Gesamtbetrachtung als schwere Verfehlung anzusehen sein und zu einer Unterhaltsverwirkung führen.[3804] So können eine grobe Vernachlässigung des Kindes, die schuldhaft erfolgt sein muss[3805] und eine eigene Unterhaltspflichtverletzung zur Verwirkung des Elternunterhalts führen.[3806] Der vom Vater auf Unterhalt in Anspruch genommene Sohn kann sich erfolgreich auf § 1611 BGB berufen, wenn der Vater sich 30–40 Jahre nicht um den Sohn gekümmert hat.[3807] Entsprechendes soll bei Trunksucht des Vaters gelten,[3808] wenn dem Kind keine qualifizierte Ausbildung ermöglicht wurde,[3809] bei einem vom Pflichtigen ausgehenden dauerhaften Bruch der Eltern-Kind-Beziehung[3810] oder auch nur bei grobem Mangel an verwandtschaftlicher Gesinnung[3811] oder elterlicher Verantwortung. Dieser kann zB dadurch zum Ausdruck kommen, dass der Elternteil das Kind schon im Kleinkindalter bei den Großeltern zurückgelassen und sich in der Folgezeit nicht mehr nennenswert um es gekümmert hat.[3812] Ein Kontaktabbruch anlässlich der Trennung der Eltern kurz nach der Volljährigkeit des Kindes kann anders zu beurteilen sein.[3813] Voraussetzung der Verwirkung des Eltern- wie des Kindesunterhalts ist das Vorliegen einer vorsätzlichen und damit auch schuldhaften Verfehlung. Der Tatbestand ist folglich nicht erfüllt, wenn das beanstandete Verhalten durch eine Erkrankung des Berechtigten verursacht wurde.[3814] Ein Handeln mit natürlichem Vorsatz ist dabei nicht ausreichend.[3815] Eine Verwirkung kann dagegen angenommen werden bei der groben Vernachlässigung des Unterhaltsberechtigten.[3816] **Der Anspruch aus § 1615 S. 1 BGB** kann ebenfalls der Verwirkung unterliegen. Eine entsprechende Anwendung des § 1579 Nr. 2 BGB bei Zusammenleben mit einem anderen Partner als dem Vater des Kindes kommt allerdings nicht in Be-

---

[3803] KG FamRZ 2014, 1645 (1646); OLG Köln FamRZ 2005, 301; FamRZ 2012, 1576 (LS.) = NJW 2012, 2364; OLG Stuttgart NJWE-FER 2000,80.

[3804] BGH FamRZ 2014, 541 = NJW 2014, 1177, Tz. 15; tendenziell abweichend die Vorinstanz OLG Oldenburg FamRZ 2013, 1051 f.

[3805] BGH NJW 2010, 3714 (3716).

[3806] AG Krefeld FamRZ 2010, 817; AG Leipzig FamRZ 1997, 965.

[3807] OLG Celle NJW 2010, 3727 (3728 f.); AG Helmstedt FamRZ 2001, 1395 (32 Jahre); LG Hannover NJW-RR 1992, 197.

[3808] OLG Celle FamRZ 1990, 1142 (1143 f.) (zweifelhaft, soweit Sucht Krankheitswert).

[3809] AG Krefeld FamRZ 2010, 817.

[3810] OLG Oldenburg FamRZ 2013, 105, Tz. 24 f.

[3811] OLG Oldenburg FamRZ 2012, 364 (*Thormeyer*).

[3812] BGH FamRZ 2014, 541 = NJW 2014, 1177, Tz. 17.

[3813] BGH FamRZ 2014, 541 = NJW 2014, 1177, Tz. 20, 24.

[3814] BGH FamRZ 2010, 1888 = NJW 2010, 3714.

[3815] BGH FamRZ 2010, 1888 = NJW 2010, 3714.

[3816] BGH FamRZ 2010, 3714 (3716); OLG Celle NJW 2020, 3727 (3728).

tracht,[3817] jedenfalls dann nicht, wenn die Eltern niemals zusammengelebt und dies auch nicht geplant hatten.[3818]

3. Umfang der Verwirkungsfolgen

Eine stufenlose Unterhaltsbegrenzung nach Billigkeitsgesichtspunkten wird durch **1094** § 1611 BGB ermöglicht. Es kommt auch eine nur zeitweise Beschränkung oder ein zeitweiser Unterhaltsfortfall in Betracht.

Eine Verzeihung kann die Berufung auf Verwirkungsgründe ausschließen. Sie setzt **1095** Kenntnis vom Verwirkungsgrund voraus.[3819]

4. Rückwirkung

Die **Verwirkung hat keine Rückwirkung**, ergreift also nur nach dem Verwirkungs- **1096** ereignis entstehende Ansprüche.[3820] Ausnahmefälle sind denkbar, in denen die Verfehlung des Berechtigten so schwer wiegt, dass auch die Zahlung rückständigen Unterhalts unzumutbar erscheint.[3821]

5. Allgemeine Verwirkung -§ 242 BGB-

Rückständiger Unterhalt kann gemäß § 242 BGB verwirkt werden. Die Annahme **1097** einer Verwirkung setzt jedoch voraus, dass sowohl das „Umstandsmoment" als auch das „Zeitmoment" erfüllt sind.[3822] Das Vorliegen eines Umstandsmomentes ist zwingende Voraussetzung für die Annahme einer Verwirkung und kann durch den bloßen Zeitablauf nicht geschaffen werden.[3823]

Dieses **Zeitmoment** ist erfüllt, wenn der Unterhalt längere Zeit nicht geltend gemacht wird. Dies ist bejaht worden bei einer Untätigkeit von mehr als einem Jahr,[3824] jedenfalls für 5 ½ Jahre zurückliegende Ansprüche auf Zahlung von Kindesunterhalt.[3825] Erforderlich ist weiter, dass sich der Pflichtige mit Rücksicht auf das gesamte Verhalten des Berechtigten darauf einstellen durfte, der Unterhaltsanspruch werde nicht mehr geltend gemacht **(Umstandsmoment)**.[3826] An das Umstandsmoment sind – insbesondere, wenn der Anspruch tituliert ist – besonders strenge Anforderungen zu stellen.[3827] Es kann erfüllt sein, wenn der Anspruch erst mehr als drei Jahre nach der letzten Auskunftserteilung beziffert wird,[3828] wenn keine Vollstreckungsversuche unternommen wurden,[3829] nicht aber, wenn zwar das Verfahren auf Zahlung von Trennungsunterhalt nicht fortbetrieben,

---

[3817] OLG Nürnberg FamRZ 2011, 735 = = NJW 2011, 939 = MDR 2011, 169.

[3818] KG FF 2015, 498 (502).

[3819] KG FamRZ 2003, 1357 (1359).

[3820] BGH FamRZ 1984, 34 = NJW 1984, 296 (zu § 1579 Abs. 1 Nr. 2 BGB aF).

[3821] BGH FamRZ 2004, 612 mAnm *Büttner* = NJW 2004, 1324 wie Vorinstanz OLG Zweibrücken FamRZ 2003, 241 (Verwerfliche Straftat).

[3822] → Dazu Rn. 272 f.

[3823] BGH FamRZ 2014, 194 (LS.) = NJW-RR 2014, 195 f.: keine Verwirkung bei Nichtgeltendmachung über 13 Jahre.

[3824] BGH FamRZ 2007, 453 (455) = NJW 2007, 1274 (1275); NJW 2010, 3714; OLG Brandenburg FamRZ 2012, 993 (994); FamRZ 2014 48 (49) = NJW 2013, 3188 (3189) OLG Naumburg FamRZ 2014, 133 f.

[3825] OLG Saarbrücken MDR 2011, 168 f.

[3826] BGH FamRZ 2007, 453 (455) = NJW 2007, 1274 (1275).

[3827] OLG Brandenburg FamRZ 2014, 48 (49) = NJW 2013, 3188 f.; OLG Hamm NZFam 2014, 759 *(Kemper)*.

[3828] BGH FamRZ 2007, 453 (455) = NJW 2007, 1274 (1275).

[3829] OLG Saarbrücken MDR 2011, 168 (169).

der nacheheliche Unterhalt aber innerhalb eines Jahres geltend gemacht wird.[3830] Gleiches gilt, wenn der Gläubiger Unterhaltsrückstände für einen bestimmten Zeitraum nicht geltend macht, während er andere thematisiert.[3831] Unterbleibt die Vollstreckung allerdings, weil der Schuldner über kein pfändbares Einkommen oder Vermögen verfügt, ist das Umstandsmoment in der Regel zu verneinen.[3832] Bei Unterhaltsverpflichtungen bis zum Mindestunterhalt eines minderjährigen Kindes – gleich ob tituliert oder nicht – ist das Umstandsmoment regelmäßig nicht erfüllt, weil der Verpflichtete nicht damit rechnen kann, das Kind sei auf den Unterhalt angewiesen.[3833] Ist das Jugendamt im Rahmen der Geltendmachung von Unterhalt als Beistand tätig, hat sich das minderjährige Kind Versäumnisse des Jugendamts zurechnen zu lassen.[3834] Gleiches gilt auch für ein Fehlverhalten der Kindesmutter als gesetzliche Vertreterin. Unterlässt es diese, den biologischen Vater über die Vaterschaft zu unterrichten, obwohl dies möglich wäre, kann auch der nach der Vaterschaftsfeststellung durchsetzbare Anspruch des Kindes verwirkt sein.[3835] Wird Unterhalt aufgrund einer Rechtswahrungsanzeige des Sozialhilfeträgers geltend gemacht, ist das Umstandsmoment in der Regel ebenfalls nicht erfüllt.[3836]

Liegen Zeit- und ausnahmsweise auch das Umstandsmoment vor, kann auch der Unterhaltsanspruch minderjähriger Kinder – selbst wenn er tituliert ist – der Verwirkung unterliegen.[3837]

6. § 1579 BGB

a) Zweistufige Tatbestände

1098   Die **Tatbestände des § 1579 BGB sind zweistufige.** Zunächst sind die in den Nrn. 1–8 normierten Tatsachen festzustellen. Sodann hat eine umfassende Billigkeitsabwägung dahin stattzufinden, ob unter Berücksichtigung aller Umstände die Unterhaltszahlung ganz oder teilweise als grob unbillig erscheint und ob Versagung, Minderung oder zeitliche Begrenzung des Unterhalts in Betracht kommen, wobei der Wahrung der Kindesbelange besondere Bedeutung zukommt. Die **Abwägung ist primär dem Tatrichter überlassen,** da es weitgehend um die Wertung tatsächlicher Umstände geht.[3838]

b) Konkurrenzen

1099   § 1579 BGB sanktioniert nur ein **ehewidriges** Verhalten. Ein voreheliches Fehlverhalten kann Anlass für einen Eheaufhebungsantrag nach §§ 1313ff BGB sein. Ist dieser abgewiesen worden oder hat der Unterhaltsschuldner die Frist des § 1317 BGB verstreichen lassen, kommt wegen desselben Verhaltens ein Unterhaltsausschluss nach § 1579 BGB nicht in Betracht.[3839]

[3830] OLG Brandenburg FamFR 2010, 297 *(Pfeil)*.

[3831] OLG Hamm NZFam 2014, 759 *(Kemper)*; s. auch OLG Koblenz FamRZ 2014, 48 (LS.).

[3832] OLG Brandenburg FamRZ 2014, 48 (49) = NJW 2013, 3188 f.

[3833] OLG Hamm Amt 2007, 107; OLG Brandenburg FamRZ 2007, 55; OLG Köln FamRZ 2000, 1434 = NJWE-FER 2000, 311; OLG Brandenburg FamRZ 2000, 1044 = NJWE-FER 2000, 229.

[3834] OLG Hamm NZFam 2014, 759 *(Kemper)*.

[3835] OLG Köln FamRZ 2014, 1309 f.; OLG Saarbrücken FamRZ 2015, 330, Tz. 12.

[3836] OLG Hamm FamRZ 2015, 1402.

[3837] OLG Köln FamRZ 2014, 1309; OLG Saarbrücken NZFam 2014, 1003 *(Obermann)*.

[3838] BGH NJW 2005, 3669 = FF 2006, 45 mAnm *Bosch;* BGH FamRZ 2002, 810 = NJW 2002, 1947; OLG Hamm FamRZ 2005, 212.

[3839] Vgl. BGH FamRZ 1983, 456 (457) zu § 37 EheG und OLG Hamm FamRZ 1987, 947 (948) zu § 26 EheG. Entsprechendes muss für die Aufhebung der Ehe nach dem Recht ab 1.7.1998 gelten. Vgl. auch BGH FamRZ 1996, 1209 = NJW 1996, 2727.

Eine **Kombination des § 1579 BGB mit 1578b BGB** ist möglich. Liegt eine kurze Ehe 1100
vor, sind zunächst die Voraussetzungen des § 1579 Nr. 1 BGB zu prüfen, da die Vorschrift einen völligen Ausschluss des Unterhaltsanspruchs möglich macht.[3840]

c) Auskunft und § 1579 BGB

§ 1579 BGB kann einem Auskunftsanspruch des Unterhaltsgläubigers grundsätzlich 1101
nicht entgegengehalten werden,[3841] weil in der Regel nicht ausgeschlossen werden kann,
dass das Ergebnis der Auskunft für die umfassende Abwägung nach § 1579 BGB, bei der es
ja entscheidend auch auf die Zumutbarkeit der Einengung der Handlungsfreiheit des
Unterhaltsschuldners durch die Unterhaltszahlungen ankommt, von Bedeutung sein kann.

d) § 1579 BGB und konkrete Unterhaltatbestände

Der Einwand aus § 1579 BGB ist stets konkret auf bestimmte gesetzliche Unterhalt- 1102
tatbestände zu beziehen (§§ 1570–1576 BGB), so dass ein später erhobener anderer
Unterhaltsanspruch (etwa § 1572 statt § 1573 BGB) noch mit § 1579 BGB bekämpft
werden kann.[3842] § 1579 ist bei Anwendung des § 1576 nicht zusätzlich zu prüfen, da in
die Billigkeitsprüfung nach § 1576 BGB alle Umstände einzubeziehen sind.[3843]

e) Verlust der Einwände aus § 1579 BGB

Eine **Verwirkung** der Einwände aus § 1579 BGB tritt ein, wenn in Kenntnis des 1103
Verwirkungstatbestandes der konkret erhobene Unterhaltsanspruch anerkannt wird.[3844]

Verspätete Erhebung des Einwands aus § 1579 BGB kann ein Indiz dafür sein, dass
das Verhalten als nicht gravierend empfunden wurde.[3845] Im Übrigen kommt eine Verzeihung des Verwirkungstatbestands in Betracht,[3846] wobei der Berechtigte dafür die
Beweislast trägt.

f) § 1579 Nr. 1 BGB

aa) „Kurze" Ehedauer. Die Ehedauer umfasst den Zeitraum von der Eheschließung bis 1104
zur Rechtshängigkeit des Scheidungsantrags. Die Zuleitung des Verfahrenskostenhilfe-
antrags mit dem Scheidungsantrag im Verfahrenskostenhilfeprüfungsverfahren ist ohne
Bedeutung,[3847] ebenso die Dauer des Zusammenlebens.[3848] Die Zustellung des Scheidungsantrages beendet die Ehedauer, auch wenn der Antrag verfrüht gestellt wurde. Der fehlende Ablauf des Trennungsjahrs ist bei der Billigkeitsprüfung zu berücksichtigen.[3849]

Bei wiederholten (zurück genommenen oder abgewiesenen) Scheidungsanträgen 1105
kommt es allein auf die Zustellung des zur Scheidung führenden Antrags an.[3850]

[3840] BGH FamRZ 1999, 710 (711) = NJW 1999, 1630; *Büttner* FamRZ 2007, 773 zu § 1578b BGB
nF

[3841] BGH FamRZ 1983, 456 (457); OLG Hamm FamRZ 2007, 165; OLG Karlsruhe OLG-Report
2001, 327; OLG München FamRZ 1998, 741; OLG Bamberg FamRZ 1998, 741.

[3842] BGH NJW-RR 1987, 70 = FamRZ 1987, 1238; OLG Hamm FamRZ 1992, 842.

[3843] BGH FamRZ 1984, 361 (364).

[3844] OLG Nürnberg FamRZ 1992, 673.

[3845] KG NJW-RR 1992, 648 f. = FamRZ 1992, 571.

[3846] OLG Düsseldorf FamRZ 1997, 1159 (offen lassend).

[3847] OLG Köln FamRZ 1985, 1046 (1047).

[3848] BGH FamRZ 1981, 140 = NJW 1981, 754; FamRZ 1981, 944; FamRZ 1986, 886; OLG
Frankfurt FamRZ 1999, 237; OLG Köln OLG-Report 2002, 96.

[3849] OLG Frankfurt NJW-RR 1991, 902 = FamRZ 1991, 823; OLG Schleswig FamRZ 2003, 763.

[3850] BGH FamRZ 1986, 886 (887) = NJW 1986, 2832; 1982, 894 (895) = NJW 1982, 2442; OLG
Hamm FamRZ 1986, 908.

1106   Eine kurze Ehedauer ist im Regelfall bei Ehen bis zu 2 Jahren zu bejahen und ab ca. 3 Jahren zu verneinen.[3851] Es kommt darauf an, inwieweit die Ehepartner ihre Lebensführung in der Ehe aufeinander eingestellt haben und in wechselseitiger Abhängigkeit auf ein gemeinschaftliches Lebensziel ausgerichtet haben, also auf den Grad der dadurch entstandenen wirtschaftlichen Abhängigkeit des unterhaltsbedürftigen Ehegatten.[3852] Danach richtet sich nicht nur die Beurteilung der Fälle, in denen die Ehedauer 2–3 Jahre beträgt, sondern bei fehlender Abhängigkeit kann auch eine Ehe von bis zu 5 Jahren Dauer noch als „kurz" anzusehen sein und eine weniger als zwei Jahre dauernde Ehe im Einzelfall nicht mehr als „kurz" einzustufen sein, wenn eine Abhängigkeit entstanden ist.[3853]

bb) Merkmale für eine kurze Dauer der Ehe:

1107   1. Keine wechselseitige Abhängigkeiten der Lebensdispositionen durch und während Ehe,[3854] da Witwenrenten bereits durch Eheschließung entfallen,[3855] da früherer Ehemann ohnehin nicht mehr leistungsfähig ist,[3856] bei jahrelanger Nichtarbeit vor Ehe keine die Lebensumstände ändernde Disposition, wenn auch nach Eheschließung nicht gearbeitet wird.[3857]

2. Änderung vorehelicher Lebensdisposition nur in Hinblick auf ein nicht-eheliches Zusammenleben.[3858]

3. Betonung persönlicher Selbständigkeit auch nach Heirat, Bezahlung persönlicher Bedürfnisse (Pkw, Hobbies) weitgehend wie vor Ehe.[3859]

4. Alsbaldige Zerrüttung der Ehe: getrenntes Schlafen, kein Eheverkehr, alsbaldige Anwaltsbeauftragung mit Vorbereitung Scheidung,[3860] aber: Kürze des Zusammenlebens nicht entscheidend.[3861]

5. Nur zeitlicher Zusammenhang zwischen Bedürftigkeit und Ehe.[3862]

1108   *(Einstweilen frei)*

[3851] BGH 1981, 140 = NJW 1981, 754 (2 Jahre kurz, 43 Monate nicht); FamRZ 1982, 28 = NJW 1982, 929 (39 Monate nicht kurz); FamRZ 1982, 894 = NJW 1982, 2442 (im Regelfall bis 3 Jahre kurz, vorbehaltlich besonderer vom Regelfall abweichender Umstände); NJW-RR 1989, 386 = FamRZ 1989, 483; FamRZ 1990, 492 (495); NJW-RR 1995, 449 (451); FamRZ 1999, 710 (711) = NJW 1999, 1630; FamRZ 2011, 791 (794); OLG Celle 1987, 69f. (in der Regel über 3 Jahre nicht mehr kurz); OLG Hamm FamRZ 1984, 903 (knapp 3 Jahre kurz, auch wenn Heirat zu Fortfall Witwenrente führte); 1988, 400 (20 Monate in der Regel kurz auch bei vorgerücktem Alter – 61 u. 53 Jahre); OLG München FamRZ 1996, 1078: 2–3 Jahre trotz Kindesbetreuung, wenn keine gemeinsame Zukunftsplanung; OLG Schleswig FamRZ 1993, 72 (74) – 4 Jahre 6 Monate; OLG Koblenz Beschl. v. 29.5.2001 – 11 UF 698/00 (2 Jahre und 5 Monate kurz); Beschl. v. 27.6.2000 – 15 UF 727/99 (3 Jahre und 9 Monate nicht kurz).

[3852] BGH FamRZ 1999, 710 = NJW 1999, 1630.

[3853] BGH FamRZ 1982, 582 = NJW 1982, 2064; FamRZ 1982, 894 = NJW 1982, 2442; FamRZ 1985, 1046 (1047); OLG Nürnberg FuR 1997, 351; OLG Köln OLG-Report 2002, 96: schon nach drei Jahren kann Verflechtung so eng sein, dass Ehe nicht mehr „kurz". Vgl. dazu *Ewers* FamRZ 2002, 1387 (der für größere Bandbreite bei kinderlosen Ehen plädiert).

[3854] BGH FamRZ 1982, 582 = NJW 1982, 2064; 1982, 894 (895) = NJW 1982, 2442; FamRZ 1984, 588: Frau hat nach 11/2-jähriger Unterbrechung Studium fortgesetzt; OLG Hamm FamRZ 1988, 1284 (1285): Eheleute noch sehr jung, keine Kinder, beide berufstätig; OLG München FamRZ 1996, 1078; AG Rastatt FamRZ 2007, 1174 (knapp über 5-jährige kinderlose Ehe; geringe wirtschaftliche Verflechtung).

[3855] OLG Hamm FamRZ 1984, 903.

[3856] BGH NJW-RR 1989, 386 = FamRZ 1989, 485.

[3857] OLG Hamm FamRZ 1988, 400; OLG Köln FamRZ 1985, 1046 (1047).

[3858] BGH FamRZ 1986, 886 (888) = NJW 1986, 2832.

[3859] OLG Düsseldorf FamRZ 1983, 1139 (1140).

[3860] OLG Düsseldorf FamRZ 1983, 1139 (1140).

[3861] BGH FamRZ 1984, 588.

[3862] OLG Hamm FamRZ 1984, 400; OLG Köln FamRZ 1985, 1046 (1047).

Merkmale gegen eine kurze Ehedauer: 1109

1. Eheorientierte Lebensdispositionen vor Ehe, Aufgabe von Wohnung oder Arbeitsstelle, Nichtaufnahme einer Arbeit in Hinblick auf geplante Ehe, bedeutsame Vermögensdispositionen in Verfolg gemeinsamer Pläne für künftige Ehe.[3863]
2. Sich in besonderer Weise einrichten auf gemeinsames Leben.[3864]
3. Besondere Opfer des Berechtigten für Verpflichteten.[3865]

cc) Grobe Unbilligkeit. Grobe Unbilligkeit infolge **kurzer Ehedauer** kann nur auf 1110 Grund umfassender tatrichterlicher Würdigung aller Einzelfallumstände – auch der Kinderbelange – beurteilt werden.[3866] Rechtlich ist klar zu unterscheiden zwischen der Kürze der Ehedauer und der daraus evtl. folgenden groben Unbilligkeit von Unterhaltslasten, denn aus einer „Kürze" der Ehe folgt nicht schon automatisch die grobe Unbilligkeit von Unterhaltslasten.

Einzelne Gesichtspunkte bei dieser Würdigung können sein: 1111

1. Bei extrem kurzer Ehedauer kann deren Kürze schon für sich allein die Inanspruchnahme des Verpflichteten grob unbillig machen.[3867]
2. Bei Ehen bis zu 2 Jahren Dauer werden an die Darlegung von Unbilligkeitsgründen im Regelfall geringere Anforderungen zu stellen sein.[3868]
3. Je länger eine Ehe über 2 Jahre hinaus gedauert hat, umso mehr sind konkrete Umstände, die eine Unterhaltszahlung als unzumutbar erscheinen lassen, darzulegen.[3869]
4. Nicht entscheidend ist, wie der Berechtigte ohne Heirat stünde, sondern ob eine Unterhaltpflicht ein unerträglicher Widerspruch zum Gerechtigkeitsempfinden wäre.[3870]
5. Ehebedingte Nachteile,[3871] Bedürftigkeit infolge persönlicher Erwerbsunfähigkeit (Alter, Krankheit) oder infolge allgemeiner Arbeitsmarktlage,[3872] nicht ehebedingte Erkrankung unbeachtlich.[3873]
6. Wirtschaftliche Verhältnisse Verpflichteter, Dauer Zahlung Trennungsunterhalt. Belastungen des Verpflichteten aus dem Aufbau neuer Existenz,[3874] altersbedingter Aufwand für Haushilfe.[3875]
7. Keine Übernahme besonderer mit der Ehe in Verbindung stehender Lasten durch Berechtigten,[3876] zB bei wiederauflebenden Versorgungsanrechten.[3877]

[3863] BGH FamRZ 1986, 886 (887) = NJW 1986, 2832; FamRZ 1982, 254 = NJW 1982, 823; OLG Celle FamRZ 1986, 910; FamRZ 1987, 69 (70); OLG Karlsruhe NJW-RR 1990, 770 = FamRZ 1990, 68.
[3864] OLG Düsseldorf FamRZ 1987, 595.
[3865] OLG Köln FamRZ 1985, 1046 (1047).
[3866] BGH FamRZ 1982, 254 = NJW 1982, 823; OLG Celle FamRZ 2006, 553. Es ist unklar wie das Problem gelöst werden soll, dass bei § 1579 Nr. 1 BGB „grobe Unbilligkeit" Voraussetzung ist, während bei § 1573 Abs. 5 BGB „einfache Unbilligkeit" genügt.
[3867] BGH NJW 1982, 2064 = FamRZ 1982, 582; NJW-RR 1989, 386 = FamRZ 1989, 485; OLG Hamm NJW-RR 1990, 584 = FamRZ 1989, 1091.
[3868] BGH NJW 1982, 2064 = FamRZ 1982, 582; NJW-RR 1989, 386 = FamRZ 1989, 485; OLG Hamm NJW-RR 1990, 584 = FamRZ 1989, 1091.
[3869] BGH FamRZ 1981, 140 = NJW 1981, 754; 1982, 582 = NJW 1982, 2064.
[3870] BGH NJW 1982, 2064 = FamRZ 1982, 582; **anders** wohl: OLG Zweibrücken FamRZ 1980, 1125.
[3871] Vgl. auch BGH FamRZ 2007, 200 mAnm *Büttner* = NJW 2007, 839; OLG Hamm FamRZ 1980, 258.
[3872] OLG Hamm FamRZ 1984, 903 (904); OLG Köln NJW-RR 1986, 86; aber auch: OLG Hamm FamRZ 1988, 400.
[3873] OLG Hamm FamRZ 1988, 400; OLG Köln NJW-RR 1986, 72.
[3874] OLG Köln NJW-RR 1986, 72.
[3875] BGH FamRZ 1982, 582 = NJW 1982, 2064.
[3876] OLG Köln FamRZ 1985, 1046 (1048).
[3877] OLG Bamberg FamRZ 2007, 1465; OLG Hamburg FamRZ 1981, 54.

1112   **dd) Keine Anwendung auf Trennungsunterhalt.** Eine Anwendung der Vorschrift auf den Trennungsunterhalt ist ausgeschlossen, da § 1361 Abs. 3 BGB § 1579 Nr. 1 BGB nicht in Bezug nimmt. Da keine Regelungslücke besteht, ist auch eine analoge Anwendung ausgeschlossen.[3878] Bei extrem langer Trennungszeit oder sonstigen Gründen, die Unzumutbarkeit begründen, kann aber § 1579 Nr. 8 BGB anwendbar sein.[3879] S. Rn. 1175.

1113   **ee) Konkurrenzen. Konkurrenz zu § 1579 Nr. 8 BGB.** Sind die Voraussetzungen einer „kurzen" Ehe iSd § 1579 Nr. 1 BGB nicht erfüllt, kann auch § 1579 Nr. 8 BGB nicht angewandt werden, falls nicht aus anderen Gründen seine Voraussetzungen erfüllt sind.[3880]

g) § 1579 Nr. 2 BGB[3881]

1114   § 1579 Nr. 2 BGB in der ab dem 1.1.2008 geltenden Fassung regelt den in der Praxis häufigsten Härtegrund, den des dauerhaften Zusammenlebens mit einem neuen Partner. Inhaltliche Änderungen hat die Vorschrift nicht erfahren.[3882] Das Gesetz enthält nach wie vor keine Definition der verfestigten Lebensgemeinschaft. Das in concreto mit der Sache befasste Gericht, und zwar der Tatrichter,[3883] hat zu entscheiden, ob im Einzelfall eine verfestigte Lebensgemeinschaft vorliegt.[3884] Die Rechtsprechung definiert als gefestigte Lebensgemeinschaft eine Beziehung, die sich in einem solchen Maße gefestigt hat, dass sie als eheähnliches Zusammenleben anzusehen und gleichsam an die Stelle der Ehe getreten ist. Ein räumliches Zusammenleben und die Führung eines gemeinsamen Haushalts sind nicht unbedingt erforderlich, aber doch ein typisches Anzeichen. Notwendig ist allerdings eine gewisse Mindestdauer, die kaum unter zwei bis drei Jahren liegen dürfte.[3885] Entscheidender Gesichtspunkt für die Annahme des Härtegrundes ist dabei die Widersprüchlichkeit des Verhaltens des Unterhaltsberechtigten, der die eheliche Solidarität einfordert, aber keine Gegenseitigkeit gewährt.[3886]

Anknüpfend an diese allgemeine Definition hat sich eine umfängliche Kasuistik gebildet, auf die nach wie vor zurückgegriffen werden kann.[3887] Allerdings sanktioniert die Neuregelung kein Fehlverhalten des Berechtigten, sondern knüpft an objektive Tatsachen an, nämlich an die Veränderung der Lebenssituation des Berechtigten.[3888] Ältere Entscheidungen, die dessen Motivation beleuchten, dürften daher kaum noch Bedeutung haben.

[3878] OLG Schleswig MDR 2001, 1414; OLG Köln NJW-RR 1995, 1157 und NJW-RR 1996, 324.
[3879] OLG Schleswig MDR 2001, 1414; OLG Hamm FamRZ 1997, 417; OLG Köln FamRZ 1999, 93 (die Entscheidung wurde durch BGH FamRZ 2001, 412 = NJWE-FER 2001, 115 wegen unrichtiger Anwendung des deutschen Rechts aufgehoben).
[3880] BGH FamRZ 1999, 710 (712) = NJW 1999, 1630; BGH FamRZ 1995, 1405 (1407) = NJW-RR 1995, 449 (451); OLG Celle FamRZ 1990, 519 (Frau Alkoholikerin, nur 3 Monate Eheleben; dann Anwendung der Nr. 7).
[3881] *Schnitzler,* Die „verfestigte Lebensgemeinschaft" iSd § 1579 Nr. 2 BGB, FF 2011, 288 ff.
[3882] BGH FamRZ 2011, 1854 = NJW 2011, 3712 (3713) = MDR 2011, 1356 (1357).
[3883] BGH FamRZ 2002, 810 (811); FamRZ 2011, 1854 = NJW 2011, 3711 (3713) = MDR 2011, 1356 (1357).
[3884] BT-Drs. 16/1830 S. 21.
[3885] BGH FamRZ 1984, 986; FamRZ 2002, 23 (25); FamRZ 2002, 810 (811); FamRZ 2011, 791 (794) = NJW 2011, 1582 (1584 f.) = MDR 2011, 603 f.; FamRZ 2011, 1498 (1501); FamRZ 2011, 1854 = NJW 2011, 3711 (3713) = MDR 2011, 1356 (1357).
[3886] Zuletzt BGH NJW 2008, 2779 (2780); FamRZ 2011, 791 (794) = NJW 2011, 1582 (1584 f.) = MDR 2011, 603 f.; FamRZ 2011, 1498 (1501) = NJW 2011, 3089 (3092) = MDR 2011, 1107 (1108).
[3887] BT-Drs. 16/1830 S. 21.
[3888] BT-Drs. 16/1830 S. 21; FamRZ 2011, 1854 = NJW 2011, 3711 (3713) = MDR 2011, 1356 (1357).

Die Einzelfallentscheidungen sind nahezu unüberschaubar geworden. Ihnen lassen sich verschiedene allgemeine Kriterien entnehmen:

aa) Haushaltsgemeinschaft. Eine verfestigte Lebensgemeinschaft liegt vor, wenn der **1115** Ehegatte und sein neuer Partner in einer festen sozialen Verbindung zusammenleben und in „eheglicher ökonomischer Solidarität" gemeinsam wirtschaften, wobei der den Haushalt führende Ehegatte von dem neuen Partner unterhalten wird.[3889] In dieser Unterhaltsgemeinschaft muss der bedürftige Ehepartner sein Auskommen finden.[3890] Nicht erforderlich ist, dass es zu intimen Beziehungen kommt.[3891] Ohne Bedeutung ist weiterhin, ob es sich um eine gleich- oder heterosexuelle Partnerschaft handelt.[3892] Nicht den Tatbestand des § 1579 Nr. 2 BGB erfüllt dagegen die bloße Wohngemeinschaft ohne Haushalts- und Wirtschaftsgemeinschaft und ohne wesentliche Versorgungsleistungen[3893] ebenso wie eine – auch verfestigte – Lebensgemeinschaft mit Verwandten.

bb) Eheähnliches Zusammenleben. Als gefestigte Lebensgemeinschaft wertet die **1116** Rechtsprechung auch ein eheähnliches Zusammenleben, das gleichsam an die Stelle der Ehe getreten ist. Eine räumliche Gemeinschaft oder die Führung eines gemeinsamen Haushalts sind typisch, aber nicht zwingend erforderlich. Liegt allerdings eine sogenannte „Distanzgemeinschaft" vor, haben sich die Partner also bewusst für getrennte Lebensbereiche entschieden, ist dies grundsätzlich hinzunehmen. Zu prüfen ist, ob die Partnerschaft in ihrer Intensität der Ehe gleichkommt. Ist dies aufgrund der äußeren Umstände zu bejahen, reicht die dann nur subjektiv in Anspruch genommene Distanz nicht aus,[3894] vielmehr ist entscheidend das Auftreten des Paars als Paar in der Öffentlichkeit.[3895] Ohne Bedeutung ist, ob es sich um eine homo- oder heterosexuelle Partnerschaft handelt, ob eine Eheschließung oder Verpartnerung möglich ist oder nicht.[3896]

cc) Dauer der Verbindung. Sowohl Haushaltsgemeinschaft als auch eheähnliche Le- **1117** bensgemeinschaft[3897] können als „gefestigt" nur angesehen werden, wenn sie von gewisser Dauer sind. Die Rechtsprechung geht dabei von einer Zeitdauer von zwei bis drei Jahren aus.[3898] Allerdings kann die Frist im Einzelfall auch kürzer bemessen werden, wenn sich aus den äußeren Umständen entnehmen lässt, dass die Partner ihre Beziehung auf Dauer

---

[3889] BGH FamRZ 1995, 540 (542).

[3890] BGH FamRZ 1989, 487 = NJW 1989, 1083 („in der Regel"); OLG Hamm FamRZ 1997, 487 (490).

[3891] BT-Drs. 16/1830 S. 21.

[3892] BGH NJW 2008, 2779 (2780).

[3893] BGH NJW 1981, 2805 (2806); vgl. auch OLG Koblenz OLG-Report 2000, 89.

[3894] BGH, FamRZ 2002, 23 mAnm *Schwab* (92); *Schnitzler*, FamRZ 2006, 239 (242); dazu OLG Koblenz, FamRZ 2000, 1372; OLG Hamm, FamRZ 2004, 375 will Distanzierung für ein Jahr bei 2–3-jähriger eheähnlichen Gemeinschaft nicht mitrechnen.

[3895] Ständige Rechtspr. BGH FamRZ 1983, 996 (997) = NJW 1983, 2243; FamRZ 1984, 986 (987) = NJW 1984, 2692; FamRZ 1997, 671 = NJW 1997, 1851; zuletzt FamRZ 2002, 810 (811); FamRZ 2004, 614 (616 f.).

[3896] BGH NJW 2008, 2779 (2780).

[3897] Die Unterscheidung ist fließend und – da beide Erscheinungsformen den Tatbestand des § 1579 Nr. 2 BGB erfüllen- ohne Bedeutung.

[3898] BGH FamRZ 2002, 810 = NJW 2002, 1947; BGH FamRZ 1989, 487 = NJW 1989, 1083; OLG Brandenburg NJW-RR 2004, 581: 2–3 Jahre; OLG Celle FamRZ 1992, 569 (570): 2 Jahre zu kurz, zumal bei berufsbedingten Abwesenheiten des Gefährten; OLG Düsseldorf NJW 1992, 327 und FamRZ 1994, 176: 2 Jahre; OLG Frankfurt FamRZ 2007, 1169; OLG Hamm FamRZ 1990, 633 (634): länger als 3 Jahre; NJW-RR 1991, 134 (136): kaum unter 2 bis 3 Jahren; NJW-RR 1994, 707 (708): 2–3 Jahre; FamRZ 1996, 1080 (1081): 2–3 Jahre; OLG Koblenz NJW-RR 1989, 1479: Probezeit; KG NJW 1991, 113 (114): 2 bis 3 Jahre mindestens; OLG Köln NJW-RR 2000, 371 (2–3 Jahre, aber kürzer bei gemeinsamem Hauskauf); OLG Oldenburg NJW-RR 1992, 515 = FamRZ 1992, 443: 3 Jahre; OLG Schleswig OLGR 2002, 276; OLG Stuttgart NJW-RR 2009, 1449.

angelegt haben. Dies hat die Rechtsprechung zB angenommen, wenn die Partner gemeinsam eine Immobilie erworben haben[3899] oder aus der Verbindung ein Kind hervorgegangen ist.[3900] Wegen der geänderten gesellschaftlichen Verhältnisse wird teilweise – in Anlehnung an § 7 Abs. 3a SGB II – grundsätzlich nur eine Dauer von einem Jahr verlangt.[3901] Ist die Beziehung nicht durch ein Zusammenleben oder ein gemeinsames Wirtschaften geprägt, ist ein längeres gemeinsames Auftreten in der Öffentlichkeit oder längere gemeinschaftliche Freizeitgestaltung erforderlich.[3902]

1118   **dd) Indizien.** Die Erscheinungsformen der Haushaltsgemeinschaft und der eheähnlichen Lebensgemeinschaft sind nicht klar voneinander abzugrenzen. Dies ist allerdings auch nicht erforderlich, da an beide dieselben Rechtsfolgen anknüpfen.

Indizien für beide Erscheinungsformen der gefestigten Lebensgemeinschaft sind daher: harmonisches Verhältnis, langjähriges Zusammenleben in eheähnlicher Gemeinschaft,[3903] gemeinsamer Umzug, ganze oder teilweise Haushaltsversorgung durch Unterhaltsberechtigten,[3904] Leben wie normale Familie mit beiderseitigen Kindern, finanzielle Versorgung des Haushalts durch Partner oder Zuschüsse von ihm dafür, gemeinsame Freizeiten (gelegentliches Alleingehen unerheblich), gemeinsame, wenn auch nur kurze Urlaube,[3905] gemeinsame Anzeige der Geschäftseröffnung, gemeinsame Nennung in der Todesanzeige der Mutter,[3906] Begleitung zu offiziellen Veranstaltungen,[3907] Mithilfe im Geschäft, starkes finanzielles gemeinsames Engagement, gemeinschaftlicher Grundstückserwerb,[3908] gemeinsames Kind, Benutzung Pkw des Partners, Namensschild des Partners auf dem Stellplatz der Eigentumswohnung des Berechtigten,[3909] umfassende Betreuung des Partners auch ohne sexuelle Kontakte,[3910] wenn auch Kostentrennung, Ausgestaltung gemeinsamer Wohnung durch Partner, „Verlobung", Verlobungsringe tragen, Frage Eheschließung bereits einmal erörtert, von „Zukünftigem" gesprochen. Aus der Gestaltung der später doch geschlossenen Ehe können Rückschlüsse (ggf.) auf den Charakter des zuvor bestehenden Verhältnisses (ähnliche Lebensformen) gezogen werden.[3911] Trotz Anmieten einer gemeinsamen Wohnung liegt eine verfestigte Lebensgemeinschaft nicht vor, wenn der bedürftige Ehegatte kurze Zeit später ins Wachkoma fällt, auch wenn der Lebensgefährte als Mitbetreuer fungiert.[3912]

h) § 1579 Nr. 3 BGB

aa) Begriff des „Verbrechens oder schweren vorsätzlichen Vergehens"

1119 • **Objektive Voraussetzungen.** Verbrechen i. S. des § 12 StGB genügen stets. Bei Vergehen muss es sich um gravierende Straftaten handeln, bevor negative unterhaltsrecht-

---

[3899] OLG Karlsruhe FamRZ 2006, 706 f.; OLG Köln FamRZ 2000, 290 (291); OLG Schleswig FamRZ 2006, 954 (955); OLG Stuttgart FamRZ 2009, 1449.

[3900] BGH FamRZ 2012, 1202 = NJW 2012, 2190 = MDR 2012, 776 Tz. 34; OLG Frankfurt/M. NJW 2013, 1686 (1687f).

[3901] OLG Oldenburg FamRZ 2012, 1223 (LS.) = FF 2012, 258 f.; AG Essen FamRZ 2009, 1917 (1918); zuvor bereits AG Menden FamRZ 1991, 712 (713): 11/4 Jahr.

[3902] OLG Karlsruhe NJW-RR 2011, 655 (656): fünf Jahre.

[3903] OLG Hamm NJW-RR 1994, 176.

[3904] OLG Hamm NJW-RR 1994, 176.

[3905] OLG Hamm NJW-RR 1994, 773 (774); NJW-RR 1996, 1474 (1475).

[3906] OLG Koblenz FamRZ 2006, 1540.

[3907] OLG Düsseldorf FamRZ 2011, 225 f.

[3908] BGH FamRZ 2002, 810 = NJW 2002, 1947; OLG Saarbrücken FamFR 2009, 48 (*Kloster-Harz*).

[3909] OLG Zweibrücken FamRZ 2008, 1630.

[3910] OLG Köln FamRZ 2003, 236 (Behinderter – zweifelhaft).

[3911] OLG Saarbrücken FF 2003, 252; OLG Koblenz FamRZ 1987, 1269.

[3912] OLG München FamRZ 2010, 126 f.

liche Konsequenzen möglich sind. Wären alle Vergehen einbezogen, würden Einwände aus § 1579 Nr. 3 BGB in sehr vielen Fällen gescheiterter Ehen (Drohungen, Beleidigungen, Diebstähle usw.) erhoben, denn gerade in kriselnden Ehen sind Reibungen auch im Bereich strafrechtlicher Relevanz nicht selten. Dabei ist wesentlich, ob die beteiligten Eheleute dem Vorfall erhebliche Bedeutung beigemessen haben.[3913] Ein Ermittlungsverfahren ist nicht Voraussetzung einer Anwendung der Nr. 3, der Verzicht auf eine Anzeige kann aber ein Hinweis darauf sein, dass die Eheleute dem Vorfall keine erhebliche Bedeutung beigemessen haben.[3914] Auf die Begehungsform (Vollendung oder Versuch) kommt es zwar nicht an, beim Versuch ist aber maßgebend, woran die Vollendung gescheitert ist,[3915] zum versuchten Prozessbetrug → Rn. 1123. Bei der Billigkeitswertung ist zu berücksichtigen, welche Auswirkungen die Straftat auf die Interessen des Verpflichteten gehabt hat.[3916]
Ob ein Vergehen ein „schweres" ist, obliegt tatrichterlicher Würdigung.[3917] Anwendbar ist Nr. 3 auf alle Unterhaltstatbestände, auch auf § 1572 BGB[3918] und § 1361 BGB.

- **Schuldfähigkeit** des Täters setzt Nr. 3 voraus, verminderte Schuldfähigkeit reicht aus, ist aber bei der Billigkeitswertung zu beachten.[3919] Ein Mitverschulden des Verpflichteten ist zu berücksichtigen.[3920]
- **Zeitpunkt.** Ein Ausschluss oder eine Einschränkung des Unterhalts ist normalerweise nur für die Zeit nach der Tat zulässig.[3921] Bei besonders schwerwiegenden Verwirkungsgründen können aber auch rückständige Unterhaltsansprüche erfasst werden, da auch sie unter dem Aspekt der „groben Unbilligkeit" zu beurteilen sind.[3922]   **1120**

bb) Einzelfälle

- Verletzungen der körperlichen Integrität des Verpflichteten oder eines nahen Angehörigen. Darunter können Angriffe auf das Leben und auch schwere und gefährliche Körperverletzungen fallen.[3923] Sexueller Missbrauch der Stieftochter ist eine schwere Straftat.[3924]   **1121**
„Naher Angehöriger" stellt nicht auf einen bestimmten Verwandtschaftsgrad ab, es kommt auf die Intensität der Verbundenheit an. Gefährliche Körperverletzung eines Säuglings lässt den Unterhaltsanspruch ganz entfallen, auch wenn sie im Zustand verminderter Schuldfähigkeit begangen worden ist.[3925]

[3913] OLG Düsseldorf FamRZ 1994, 896 = NJW 1993, 3078 (Schüsse ohne nennenswerte Verletzung – Eheleute haben Vorfall zunächst geheim gehalten); weiter → Rn. 1125.
[3914] OLG Hamm FamRZ 1990, 887 = NJW 1990, 111.
[3915] OLG Köln FamRZ 2003, 678 und NJWE-FER 2001, 276; OLG Koblenz OLG-Report 1997, 245; OLG Hamm FamRZ 1994, 1115 (1117) = NJW-RR 1994, 901 senkt aber bei versuchtem Prozessbetrug trotz Kinderbetreuung auf Mindestbedarf ab.
[3916] OLG Saarbrücken OLGR 2002, 342; OLG Koblenz FamRZ 1997, 371; OLG Zweibrücken NJW-RR 1996, 1219.
[3917] BGH FamRZ 1984, 34 = NJW 1984, 296.
[3918] BGH FamRZ 1997, 483 = NJW 1997, 1439.
[3919] OLG Bamberg FamRZ 2007, 1465; OLG Hamm FamRZ 2002, 240 und 1995, 808.
[3920] OLG Koblenz OLG-Report 1999, 223; OLG Hamm FamRZ 1995, 808.
[3921] BGH FamRZ 1984, 334 = NJW 1984, 296; OLG Celle FamRZ 1991, 1313 (1314); OLG Frankfurt NJW-RR 1991, 202 f. = FamRZ 1990, 1363.
[3922] BGH FamRZ 2004, 612 mAnm *Büttner* = NJW 2004, 1324.
[3923] BGH FamRZ 2004, 612 mAnm *Büttner* = NJW 2004, 1324; FamRZ 1984, 334 (335) = NJW 1984, 296; OLG Koblenz NJW-RR 1992, 2; OLG Hamm FamRZ 2002, 240; OLG Zweibrücken FamRZ 2002, 241.
[3924] OLG Hamm FamRZ 1990, 887 = NJW 1990, 1119.
[3925] OLG Hamm FamRZ 2002, 240.

1122 • **Schwere Beleidigungen, Verleumdungen und schwerwiegende falsche Anschuldigungen,** vor allem bei nachteiligen Auswirkungen auf den persönlichen oder beruflichen Bereich des Verpflichteten, können ein Grund zur ganzen oder teilweisen Verwirkung des Unterhaltsanspruchs sein. Dies gilt insbesondere für den leichtfertig erhobenen Vorwurf des sexuellen Missbrauchs der Kinder durch den unterhaltspflichtigen Vater.[3926] Ehrverletzungen, die nicht mehr sind als typische Ehewidrigkeiten iSd § 43 EheG, erfüllen die Nr. 2 nicht.[3927]
• **Straftaten nach § 4 GewSchG** können schwere vorsätzliche Vergehen sein.[3928]
• Eine **Falschaussage** in einem Vaterschaftsanfechtungsprozess hat die Verwirkung eines Unterhaltsanspruchs zur Folge gehabt.[3929]
• **Nötigung.** Die Drohung, dem Arbeitgeber ein Gerücht über Homosexualität des Unterhaltspflichtigen mitzuteilen, kann zwar eine versuchte Nötigung sein; dennoch kann die weitere Unterhaltsleistung nicht als grob unbillig anzusehen sein, wenn der Verpflichtete die Drohung zunächst nicht als schwerwiegend empfand.[3930]

1123 • **Prozessbetrug und Vermögensstraftaten. Versuchter**[3931] **oder vollendeter (Prozess-) Betrug** in Unterhaltssachen. Auch Verschweigen kann den Tatbestand der Nr. 3 erfüllen (Mitteilungspflicht gemäß § 242 BGB), zB über Abbruch der Berufsausbildung,[3932] über Eigeneinkommen des Berechtigten,[3933] zumal wiederholtes und hartnäckiges über erhebliche Beträge.[3934] Der Unterhaltsberechtigte ist verpflichtet, den Verpflichteten unaufgefordert über eine Verbesserung seiner Einkommens- und Vermögensverhältnisse zu informieren,[3935] sogar die Beurteilung einer freiwilligen Leistung Dritter muss er dem Gericht überlassen.[3936]

Jedoch wird eine volle Verwirkung zu verneinen sein, wenn der Unterhalt erheblich unter dem Existenzminimum lag.[3937] Die Versuchung, falsche Angaben über die Bedürftigkeit bzw. die Leistungsfähigkeit zu machen, ist naturgemäß für beide Parteien groß. Dies und die Tatsache, dass auf Seiten des Verpflichteten unrichtige Angaben zur Leistungsfähigkeit unterhaltsrechtlich (nicht strafrechtlich) oft sanktionslos bleiben, werden nicht als hinreichender Grund angesehen, auch aufseiten des Berechtigten von Sanktionen gemäß Nr. 3 grundsätzlich abzusehen. Das Prinzip der „Waffengleichheit" erfordert aber bei der Prüfung des Ob und Umfangs der Verwirkung nach § 1579 Nr. 3 BGB das Verhalten des Verpflichteten in die Wertung einzubeziehen (zur ungefragten Information → Rn. 269).

[3926] OLG Hamm NZFam 2014, 223 (225); OLG Schleswig FamRZ 2013, 1132 (1133) = NJW-RR 2013, 517 (518), das den Tatbestand des § 1579 Nr. 7 BGB bejaht hat, → Rn. 1157.
[3927] BGH NJW 1982, 100.
[3928] OLG Bamberg FamRZ 2007, 1465 (Ls.).
[3929] OLG Bremen FamRZ 1981, 953.
[3930] KG FamRZ 1992, 571 = NJW-RR 1992, 648 (649).
[3931] OLG Hamm NJW-RR 2004, 1229 (Beginn des Versuchs mit Einreichung des Schriftsatzes bei Gericht).
[3932] BGH NJW-RR 1991, 1410 (1411).
[3933] BGH FamRZ 2000, 153 = NJW 1999, 2804 (zur Unwirksamkeit eines gerichtlichen Vergleichs); OLG Brandenburg FamRZ 2015, 1188 (LS.): Verschweigen von Zinseinkünften; OLG Köln NJWE-FER 2001, 276; OLG Hamm FamRZ 2000, 1367 (Ls.): Bei verschwiegenen Einkünften von 177 DM Kürzung des Unterhaltsanspruchs von 1045 DM um ein Drittel; OLG Celle FamRZ 1991, 1313 (1314); OLG Schleswig FamRZ 2000, 1367 (Verschweigen Rentenbeginn – um 1/3 verwirkt); AG Bad Iburg FamRZ 2000, 289 (auch Nr. 4).
[3934] OLG Hamm NJW-RR 2003, 510 (geringe verschwiegene Nebeneinkünfte); OLG Köln FamRZ 2003, 678; OLG Zweibrücken NJW-RR 1996, 1219.
[3935] OLG Frankfurt FamRZ 2003, 1750 (Angabe des Mehrverdienstes gegenüber vereinbarter Hinzuverdienstgrenze); OLG Düsseldorf OLG-Report 2001, 540 (unklar in der Konstruktion).
[3936] So BGH FamRZ 2000, 153 = NJW 1999, 2804 (zur Unwirksamkeit eines gerichtlichen Vergleichs); OLG Karlsruhe FamRZ 2002, 1037.
[3937] OLG Frankfurt FamRZ 1992, 327.

- **Verschweigen einer Partnerschaft** ist als Prozessbetrug angesehen worden,[3938] so dass vor Ablauf der nach § 1579 Nr. 8 BGB erforderlichen Zeit der Unterhaltsanspruch als verwirkt angesehen worden ist. Bei Leistungsunfähigkeit des Partners überzeugt das nicht.
- **Umgangsverweigerung** kann trotz Betreuung des Kindes zum völligen Unterhaltsausschluss führen,[3939] weil die Solidarität beim Umgang missachtet, beim Unterhalt aber eingefordert wird.
- **Unerlaubte Kontoabhebungen** können schwere Vergehen (§§ 242, 267 StGB) sein, erscheinen jedoch in einem milderen Licht, wenn der unerlaubt verfügende Unterhaltsberechtigte unwiderlegt konkrete Tatsachen vorträgt, auf Grund deren er sich zu den unerlaubten Kontoabhebungen berechtigt gefühlt haben will.[3940] Auch unzulängliche Unterhaltszahlungen können zu Nachsicht Anlass geben.

Zweckwidrige Verwendung von Vorsorgeunterhalt (beispielsweise Verbrauch für **1124** laufenden Lebensbedarf) führt jedenfalls dann nicht zu einer Unterhaltsverwirkung, wenn der insgesamt gezahlte Unterhalt nicht einmal den Elementarunterhalt deckte.[3941] Dieser Sachverhalt ist eher mit dem fiktiven Ansatz einer Altersversorgung angemessen zu lösen, jedenfalls bei einer entsprechenden vertraglichen Regelung der Parteien.[3942]

Verschleuderung des Zugewinns. Zwischen Zugewinnausgleichsantrag und der Entscheidung darüber kann der Zugewinn verschleudert worden sein. Das kann zu gänzlichen Ausschluss des sonst bestehenden Unterhaltsanspruchs führen.[3943]

Vorgestellte Wertung und objektive Bedeutung. Nr. 3 setzt voraus, dass die Eheleute **1125** den Vorfall als schwerwiegend angesehen haben. Aus ihrem Verhalten danach kann sich ergeben, dass das nicht der Fall war, selbst wenn sich eine Verzeihung nicht feststellen lässt.[3944] Im Übrigen kommt es auf die objektive Bedeutung der Handlung an, es genügt nicht, dass der Berechtigte sich nur ein schwerwiegendes Handeln vorgestellt hat.

Konkurrenz mit anderen Ziffern der § 1579 BGB. Die Abgrenzung zu § 1579 Nr. 5 **1126** BGB kann offen bleiben. Straftaten gegen den Unterhaltspflichtigen stellen zudem regelmäßig ein offensichtlich schwerwiegendes einseitiges Fehlverhalten im Sinne des § 1579 Nr. 7 BGB dar. Aus der Gesetzessystematik folgt, dass ein nicht unter Nr. 3 fallendes Vergehen nicht über Nr. 8 erfasst werden kann, weil es an der für Nr. 3 erforderlichen „Schwere" fehlt.[3945]

Die Konkurrenz mit einem Anspruch aus § 826 BGB iVm § 823 Abs. 2 BGB, 263 StPO dürfte zu verneinen sein, da § 1579 Nr. 2, 4 BGB den Sachverhalt abschließend regelt.[3946]

i) § 1579 Nr. 4 BGB

aa) Voraussetzungen. Die **Bedürftigkeit mutwillig herbeiführen und sodann Un- 1127 terhalt verlangen,** verstößt gegen Treu und Glauben, ist in sich widersprüchliches Tun. Die Vorschrift greift nur ein, wenn der Anspruchsteller selbst in der Vergangenheit Ursachen dafür gesetzt hat, dass ihm nunmehr hinreichende Unterhaltmittel fehlen,

---

[3938] OLG Koblenz FamRZ 2000, 605; NJW-RR 1999, 1597 (1599).

[3939] OLG München FamRZ 2006, 1605. Der BGH FamRZ 2007, 883 ordnet das jedoch unter § 1579 Nr. 6 BGB ein.

[3940] OLG Hamburg FamRZ 1987, 1250 (1251 f.).

[3941] BGH FamRZ 1990, 1095 = NJW-RR 1991, 1410 (1411); OLG Koblenz OLG-Report 2002, 10 (es sei denn, er handelt in einer besonderen Notlage).

[3942] BGH FamRZ 2003, 848 (853) = NJW 2003, 1796.

[3943] OLG Hamm NJW 2007, 1044.

[3944] OLG Düsseldorf FamRZ 1994, 896 = NJW 1993, 3078.

[3945] OLG Düsseldorf FamRZ 1983, 585 (587).

[3946] OLG Frankfurt FF 2006, 157 mAnm *Schnitzler*.

auch ein Unterlassen reicht aus.[3947] „Mutwillig" handelt, wer vorsätzlich oder leichtfertig unterhaltsbezogen seine Bedürftigkeit selbst herbeiführt.[3948] Das Handeln muss „unterhaltsbezogen" sein. Das ist der Fall, wenn die Vorstellungen und Antriebe, die ihm zugrunde liegen, sich auf die Bedürftigkeit als Folge dieses Verhaltens erstrecken und der Unterhaltsberechtigte im Bewusstsein dieser Möglichkeit sich unter grober Nichtachtung dessen, was jedem einleuchten muss oder in Verantwortungs- und Rücksichtslosigkeit gegen den Unterhaltsverpflichteten über die erkannte Möglichkeit nachteiliger Folgen für seine Bedürftigkeit hinwegsetzt.[3949] Insbesondere bei krankheitsbedingter Bedürftigkeit (vor allem Alkoholsucht, Schizophrenie) müssen auch die Fähigkeit zur Einsicht in die zur Beseitigung der Bedürftigkeit erforderlichen Therapiemaßnahmen und die Fähigkeit, dementsprechend zu handeln, vorhanden sein, dazu weiter → Rn. 1081.

1128   **Einseitige Trennung** ist keine mutwillige Herbeiführung der Bedürftigkeit iSd Nr. 3, gleich, ob die Bedürftigkeit schon vorher bestand oder erst infolge der Trennung eingetreten ist, andernfalls würde mittelbarer Zwang zur Aufrechterhaltung ehelicher Gemeinschaften ausgeübt, der deren Wesen zuwiderliefe und vom Reformgesetzgeber gerade nicht gewollt ist.[3950] Führt jedoch nicht die Trennung als solche, sondern der dabei ohne zwingenden Grund vorgenommene **Wohnortwechsel** zur Bedürftigkeit (Verlust der Arbeit etwa), kann Nr. 4 bei mutwilligem Handeln erfüllt sein.[3951] Aus der auch nach Trennung fortbestehenden Pflicht zu ehelicher Solidarität und Rücksichtnahme folgt die Obliegenheit, einen während des Zusammenlebens innegehaltenen Arbeitsplatz auch nach der Trennung beizubehalten, sofern nicht den Umständen zufolge dies unzumutbar ist. Der Wunsch nach Ortsnähe zu enger Verwandtschaft rechtfertigt die Arbeitsplatzaufgabe nicht.[3952] Gleiches gilt verstärkt für das Streben nach häuslicher Gemeinschaft mit einem neuen Partner, da dies nicht auf Kosten des Verpflichteten geschehen darf. Jedoch sind Umstände denkbar, die einen Ortswechsel verständlicherweise nahe legen (Flucht vor drohender Gewalt, feindlich gesinnte Umwelt). Die Beibehaltung eines Arbeitsplatzes im Betrieb des Ehepartners wird in aller Regel nicht zumutbar sein, unbeschadet der Pflicht, von einer unzeitigen Arbeitseinstellung im Einzelfall abzusehen.

bb) Einzelfälle

1129   • Bedürftigkeit infolge Alkohol-, Tabletten- oder Drogensucht ist nicht schon deshalb „mutwillig" herbeigeführt, weil der Süchtige sich der gesundheitlichen Gefahren des Konsums dieser Mittel bewusst war oder sich solcher Einsicht leichtfertig verschlossen hat, denn das ist noch keine unterhaltsbezogene Mutwilligkeit.[3953] Medizinisch müssen nahe liegend körperliche Ursachen (Persönlichkeitsstörung, Stoffwechseleinfluss) für eine krankhafte Alkoholsucht angenommen werden.[3954] Die Rechtsprechung hat deshalb auf die auch medizinisch besser fassbare Unterlassung zumutbarer und Erfolg

---

[3947] BGH FamRZ 1987, 684 (686); FamRZ 1988, 817 (820).

[3948] BGH FamRZ 2003, 848 (853) = NJW 2003, 1796; FamRZ 2001, 541 = NJW 2001, 1789; FamRZ 2000, 815 = NJW 2000, 1789; NJW-RR 1989, 1218 (1219) = FamRZ 1989, 1054; FamRZ 1990, 989 (991); OLG Hamm NJW-RR 2003, 510.

[3949] BGH FamRZ 2003, 848 (853) = NJW 2003, 1796; FamRZ 1987, 684.

[3950] BGH NJW 1979, 1348; FamRZ 1986, 434 (436); NJW 1989, 2809 = FamRZ 1989, 1160.

[3951] Vgl. Fall OLG Bamberg FamRZ 1988, 285.

[3952] Bedenklich deshalb: OLG Bamberg FamRZ 1988, 285 (286): Umzug 56 Jahre alter Ehefrau an entfernten Wohnsitz Tochter unter Aufgabe Arbeit als Hilfsarbeiterin.

[3953] BGH FamRZ 2000, 815 = NJW 2000, 2351; FamRZ 1981, 1042 (1043) = NJW 1981, 2805; 1987, 359 (361); 1988, 375 (378); OLG Hamm FamRZ 1994, 1037 und FamRZ 2006, 1603 (1605).

[3954] OLG Hamm FamRZ 1996, 1080; schwerlich haltbar BVerwG NJW 1980, 1347 (1348), dass Alkoholiker stets zumindest Mitverantwortlichkeit an Folgen Alkoholkonsum trage.

versprechender Suchttherapie abgestellt.[3955] Dabei kommt es darauf an, ob der Suchtkranke zu einer Zeit, als Einsicht und Fähigkeiten dies noch zuließen, eine von fachlich kompetenter Seite angeratene Entziehungstherapie (zB Kur) unterlassen hat, sich dabei bewusst war, er werde infolgedessen außerstande sein, eine Erwerbstätigkeit aufzunehmen oder fortzusetzen, um sich aus den Erträgen ganz oder teilweise selbst unterhalten zu können, und noch fähig war, gemäß dieser Einsicht zu handeln.[3956] Entscheidend ist die Einsichts- und Handlungsfähigkeit im nichtintoxizierten Zustand, die jedoch durch physisch oder psychisch bedingte Persönlichkeitsbeeinträchtigungen, auch als Folge der Sucht selbst, gemindert oder ausgeschlossen sein können.[3957] Das muss ggf. sachverständig überprüft werden.

Keine grobe Unbilligkeit ist bei jahrelangem Alkoholmissbrauch ferner anzunehmen, wenn der Unterhaltspflichtige sich nicht darauf berufen und jahrelang weiter Unterhalt gezahlt hat.[3958]

Ebenso entfällt § 1579 Nr. 4 BGB, wenn die behauptete Verschwendung jahrelang zurückliegt.[3959]

Nicht mutwillig ist die Ablehnung einer pharmakologischen Therapie bei einer depressiven Neurose mit Angstsymptomatik, wenn das abgelehnte Medikament nicht nachweislich wirksamer als das bisher eingenommene ist.[3960]

- In-vitro-Fertilisation. Bei Verwirklichung eines Kinderwunsches mit dem Ehemann ohne sein Einverständnis oder im Wege der homologen In-vitro-Fertilisation ohne sein Einverständnis fehlt es an einer unterhaltsbezogenen Leichtfertigkeit.[3961]

Nichtinanspruchnahme von Antragsleistungen. So von **Arbeitslosengeld I** oder Krankengeld durch die vereinbarungsgemäß voll berufstätige Ehefrau.[3962] Die verspätete Beantragung von Arbeitslosengeld II (Hartz IV) ist unerheblich, da dieses wegen des subsidiären Charakters keinen Einfluss auf den Unterhaltsanspruch hat.

- Schizophrenie: Wenn die Unterlassung der Behandlung einer Krankheit auf dieser selbst beruht, ist die Bedürftigkeit nicht mutwillig herbeigeführt,[3963]
- Suizidversuche: Bei Suizidversuchen kann das Gericht (auch nach dem dritten Versuch) aus den Fallumständen ohne Zuziehung eines Sachverständigen folgern, dass nicht mutwillig gehandelt wurde.[3964]
  - Verlust der Arbeit: Bewusstes oder leichtfertiges Provozieren einer Kündigung der Arbeitsstelle,[3965] allerdings wird es hier oft an unterhaltsbezogener Mutwilligkeit fehlen. Das gilt auch bei Arbeitsunfähigkeit infolge selbstverschuldeten Unfalls und Neuausbildung statt Rückkehr in früheren Beruf[3966] oder Nichtnutzung von Ausbildungsmöglichkeiten.[3967] Diese Fälle sind sachgerechter mit fiktiver Einkommens-

---

[3955] OLG Hamm NJW-RR 2003, 510; FamRZ 1999, 237 (238); KG FamRZ 2001, 1617.

[3956] BGH FamRZ 1981, 1042 (1045) = NJW 1981, 2805; 1988, 375 (378); **entgegen** OLG Celle FamRZ 1980, 256 ist „Absicht", Bedürftigkeit herbeizuführen, nicht erforderlich.

[3957] BGH FamRZ 1988, 375 (378).

[3958] OLG Hamm FamRZ 1994, 704.

[3959] OLG Hamm FamRZ 2006, 1603 (1605).

[3960] OLG Hamm FamRZ 1999, 237 und FamRZ 1996, 863.

[3961] BGH FamRZ 2001, 541 = NJW 2001, 1789; der Ehemann kann sich nur dagegen schützen, in dem er den Arzt verpflichtet, vor jeder erneuten Fertilisation sein Einverständnis einzuholen, vgl. *Borth* in Anm. zur BGH – Entscheidung in BGH-Report 2001, 327.

[3962] OLG Hamm FamRZ 1994, 446 = NJW-RR 1994, 707.

[3963] BGH NJW-RR 2005, 1540 = FamRZ 2005, 1897.

[3964] BGH NJW-RR 1989, 1218 = FamRZ 1989, 1054.

[3965] OLG Köln FamRZ 1985, 930.

[3966] BGH NJW-RR 1987, 196 (198): dort verneint.

zurechnung zu lösen. Abzulehnen eindeutig: Arbeitsunfähigkeit infolge Schwangerschaft der mit ihrem Liebhaber zusammenlebenden Ehefrau.[3968]
- Unterlassung der gebotenen Heilbehandlung. Den Unterhaltsberechtigten trifft die Pflicht, seine Krankheit behandeln zu lassen. Er hat sich Therapien zu unterziehen, wenn die sichere Aussicht auf Heilung oder wesentliche Besserung besteht.[3969]
- Vermögensdispositionen: Verbrauch des Vermögensstammes,[3970] in der Regel nicht bloße Vermögensumschichtung,[3971] Nichtgeltendmachung aussichtsreicher Rentenansprüche zur rechten Zeit,[3972] Nichtbegründung von Rentenanwartschaften in der Vergangenheit,[3973] Verbrauch Zugewinnvermögen für Luxusausgaben,[3974] Nichteinlegung von Rechtsmitteln gegen eine nachteilige Entscheidung zum Versorgungsausgleich.[3975]
- Zur zweckwidrigen Verwendung von Vorsorgeunterhalt → Rn. 1124.

1130   **cc) Abgrenzungen.** Die **Überlagerung mit Sachverhalten fiktiver Einkommensannahme** ist zu bedenken. Führt eine unterhaltsbezogene Leichtfertigkeit zu einer Zurechnung fiktiver Einkünfte, ist für eine Verwirkung keine Raum mehr.[3976] Für die Herbeiführung der Bedürftigkeit in der Vergangenheit ist Nr. 4 die Spezialregelung.[3977]
Abgrenzung zu § 1579 Nr. 8 BGB. Wenn es für Nr. 4 an Mutwillen fehlt, kann derselbe Sachverhalt nicht über Nr. 8 erfasst werden,[3978] denn die besonderen Tatbestände der Nrn. 1–8 können bei Fehlen einer Sachvoraussetzung nicht nochmals als „anderer Grund" i. S. der Nr. 8 berücksichtigt werden.[3979]

1131   **dd) Beweislast.** Die **Beweislast** für die Voraussetzungen der Nr. 4 trifft den Unterhaltsverpflichteten. Er muss sie also darlegen und beweisen sowie Gegenvorbringen, das mutwillige Herbeiführung der Bedürftigkeit ausschließen würde, widerlegen.[3980]

j) § 1579 Nr. 5 BGB

1132   **Mutwilliges Hinwegsetzen des Berechtigten über schwerwiegende Vermögensinteressen des Verpflichteten.**[3981] Gedacht ist vor allem an Fälle des Anschwärzens beim Arbeitgeber und damit verbundener Gefährdung des Arbeitsplatzes,[3982] auch durch den Hinweis der Unterhaltspflichtige unterhalte ein intimes Verhältnis zu einem anderen Arbeitnehmer des Betriebes.[3983] Eine Gefährdung von Vermögensinteressen reicht nach

---

[3968] So aber OLG Celle FamRZ 1979, 119.
[3969] OLG Hamm NJW-RR 2003, 510.
[3970] BGH FamRZ 1984, 364 (dort verneint); OLG Frankfurt FamRZ 1990, 62 = NJW-RR 1989, 1232; OLG Koblenz NJW-RR 1989, 1482; FamRZ 1990, 51.
[3971] BGH FamRZ 1986, 560 (562): Investition Kapitalvermögen in Eigenheim statt Erwerb ertragsreicher Wertpapiere nach den konkreten Umständen angemessen.
[3972] OLG Bamberg FamRZ 1984, 388 (dort verneint).
[3973] BGH FamRZ 1983, 803 (805).
[3974] OLG Karlsruhe FamRZ 1983, 506 (507).
[3975] BGH FamRZ 2013, 195 Tz. 42 mAnm *Bergschneider* FamRZ 2013, 201.
[3976] OLG Dresden NZFam 2014, 376 *(Obermann)*.
[3977] BGH FamRZ 1995, 1405 (1407) = NJW-RR 1995, 449; vgl. zum fiktiven Einkommen → Rn. 724 ff.
[3978] BGH FamRZ 1995, 1405; offen lassend BGH FamRZ 1988, 1218 (1220).
[3979] BGH FamRZ 1987, 572 (575) = NJW 1987, 1761 (1762).
[3980] BGH FamRZ 1984, 364 (368); FamRZ 1986, 553 (555); NJW-RR 1989, 1218 (1220) = FamRZ 1989, 1054; OLG Frankfurt NJW-RR 1989, 1232 = FamRZ 1990, 62.
[3981] BT-Drs. 10/2888 S. 20; *Diederichsen* NJW 1986, 1283 (1289 Fn. 100): Lediglich die gesetzliche Ausformung der Härteklauselrechtsprechung nach § 1579 Abs. 1 Nr. 4 BGB aF
[3982] OLG Zweibrücken FamRZ 1989, 63; BT-Drs. 10/2888 S. 21.
[3983] OLG Brandenburg FamRZ 2011, 226 (LS.).

allgemeiner Meinung schon aus.[3984] „Mutwillig" setzt wie in Nr. 4 Unterhaltsbezogenheit voraus → Rn. 1127. Bei Wahrheit der Tatsachen und berechtigter Interessenwahrnehmung scheidet § 1579 Nr. 5 BGB aus.[3985]

Einzelfälle: 1133

- Anschwärzen beim Arbeitgeber[3986], zB Verdächtigung des Diebstahl am Arbeitsplatz bzw. sexueller Übergriffe auf Auszubildende.[3987]
- Anzeigen gegenüber der Bußgeld- und Strafsachenstelle des Finanzamtes, auch im Rahmen einer sog „Selbstanzeige" der unterhaltsbedürftigen Ehefrau,[3988]
- Anzeigen bei Behörden, zB Anzeige wegen unerlaubten Waffenbesitzes,[3989] Versicherungsbetruges, soweit sie dem Vermögensinteresse – Gefährdung genügt – schädlich sein können (typisch bei Anzeige wegen Steuerhinterziehung),[3990] Anschwärzen und Anzeigen müssen die Gefahr eines schwerwiegenden wirtschaftlichen Nachteils, der auch aus einem zunächst nur dienstlichen folgen kann, herbeiführen.[3991] Solches Vorgehen stellt eine schwerwiegende Verletzung der ehelichen Solidarität und des nachehelichen Gebots gegenseitiger Rücksichtnahme dar, denn die eheliche Loyalität verlangt, sich nicht zum denunzierenden Verfolger zu machen.[3992] Jedoch sind in jedem Fall Zusammenhänge beiderseitigen Fehlverhaltens darauf zu prüfen, ob die Verfehlung des Berechtigten wegen des vorangegangenen Verhaltens des Verpflichteten nicht doch milder beurteilt werden kann.[3993]
- Bewusst wahrheitswidrige Strafanzeigen können bei einem volljährigen Kind zur teilweisen oder vollen Verwirkung führen, obwohl die Kontaktvermeidung nicht dazu führt.[3994]
- Getrennte Veranlagung. Eigenmächtige Wahl getrennter Veranlagung genügt nicht.[3995]
- In-Vitro-Fertilisation. Eine ohne fortdauerndes Einverständnis des Ehemannes vorgenommene in-vitro-Fertilisation mit daraus folgender Unterhaltslast führt auch nicht zur Unterhaltsverwirkung nach Nr. 5.[3996]
- Bei **Strafanzeigen** (wegen Vortäuschens einer Straftat, Untreue, Diebstahls, Unterschlagung zu Lasten des Arbeitgebers)[3997] kann es entscheidend auf deren Veranlassung ankommen. Eine Strafanzeige wegen Unterhaltspflichtverletzung erfüllt den Tatbestand der Nr. 5 jedenfalls dann nicht, wenn die Unterhaltspflichtverletzung eindeutig 1134

[3984] BGH FamRZ 1979, 569; OLG Hamm FF 2001, 211 mAnm *Schnitzler;* OLG Koblenz NJW-RR 1992, 2 = FamRZ 1992, 1312 (Gefahr Kündigung und Wegfall der Betriebsrente); OLG Köln NJW-RR 1986, 686.

[3985] OLG Zweibrücken OLGR 2002, 105.

[3986] OLG Düsseldorf NJW-RR 1996, 1155 (1156) = FamRZ 1996, 1418; OLG Hamm OLG-Report 1996, 215 (216): Existenzminimum in Interesse der Kinder muss aber bleiben.

[3987] OLG Karlsruhe FamRZ 1998, 746.

[3988] OLG Schleswig FamRZ 2013, 1132 (1133) = NJW-RR 2013, 517 (518).

[3989] OLG Zweibrücken FamRZ 1989, 63.

[3990] BGH FamRZ 1979, 569; FamRZ 1984, 1165 (1170); OLG Zweibrücken OLG-Report 2002, 105 (nicht wenn Sachverhalt wahr ist und berechtigtes Interesse an Geltendmachung besteht); OLG Koblenz OLGR 2002, 243 (Selbstanzeige, die zu Steuerstrafverfahren gegen Ehemann führt – aber dann vorherige Information nötig!).

[3991] OLG Düsseldorf FamRZ 1996, 1418; OLG Köln FamRZ 1995, 1580; OLG München FamRZ 1982, 270 (272); auch: BGH FamRZ 1979, 569.

[3992] OLG Zweibrücken FamRZ 2000, 1371 (Ls.).

[3993] BGH FamRZ 1982, 463 (464) = NJW 1982, 1461; FamRZ 1983, 670 (671); OLG Düsseldorf FamRZ 1983, 1139 (1140).

[3994] OLG Hamm JAmt 2007, 107.

[3995] OLG Hamm NJW-RR 2004, 1229.

[3996] BGH FamRZ 2001, 541 = NJW 2001, 1789.

[3997] OLG Koblenz NJW-RR 1992, 2 (Folge: Ermittlungsverfahren, Durchsuchung, Beschwerde Berechtigen gegen die Einstellung des Verfahrens; Motiv: dem Unterhaltspflichtigem schaden!).

ist und der Verpflichtete trotz Hinweise auf eine mögliche Strafanzeige die geschuldete Zahlung verweigert.[3998] Eine Strafanzeige wegen unerlaubten Schusswaffenbesitzes einen Tag nach Verweisung aus der Ehewohnung[3999] reicht für eine Anwendung der Nr. 5 nicht, obwohl auch solche Anzeigen subjektiv in der Regel nicht dem Allgemeinwohl dienen sollen. Gleiches gilt für wahre Zeugenaussagen trotz Aussageverweigerungsrecht,[4000] Verschweigen rechtserheblichen Eigenverdienstes[4001] oder einer größeren Erbschaft.[4002] Die Nichtzustimmung zur steuerlichen Zusammenveranlagung kann bei hinreichender Intensität unter Nr. 5 zu fassen sein.[4003]

- **Vermögensstraftaten gegen den Verpflichteten.** Erhebliche Diebstähle von Eigentum des Verpflichteten (2377 EUR aus verschlossener Kassette und einer Briefmarkensammlung)[4004] verletzen seine Vermögensinteressen. Das gilt auch, wenn der Berechtigte bei verschwiegenem eigenem Vermögen den Verpflichteten auf Prozesskostenvorschuss in Anspruch nimmt und wenn er ihm die Mitwirkung an einem Versicherungsbetrug ansinnt.[4005] Die abredewidrige Nichterfüllung gemeinsamer Verbindlichkeiten erfüllt den Tatbestand ebenso wie das über den eigenen Anteil hinausgehende Abheben von Geld vom gemeinsamen Konto.[4006]
- **Vereitelung des Zugewinnausgleichs.** Verbraucht ein Ehegatte in nicht nachvollziehbarer Weise sein Vermögen zwischen Rechtshängigkeit und Ausspruch des Zugewinnausgleichs, so kann diese zur Verwirkung des Anspruchs auf Ehegattenunterhalt führen.[4007]
- **Wahrheitpflicht.** Insbesondere aus einem Vergleich kann sich die Pflicht ergeben, dem Unterhaltpflichtigen Einkommenserhöhungen ungefragt mitzuteilen.[4008] Auch ansonsten besteht die Pflicht.
- **Überschneidungsfälle.** Der Anwendungsbereich der Vorschrift kann sich mit § 1579 Nr. 3[4009] und 4 BGB überschneiden. Als Anwendungsfall der Nr. 5 ist ein versuchter Prozessbetrug durch „hartnäckiges und vehementes Bestreiten intensiver Beziehungen der Unterhaltsberechtigten zu einem anderen Mann" angesehen worden (Überschneidung mit Nr. 3).[4010]

k) § 1579 Nr. 6 BGB

1135   Die **gröbliche Verletzung** der Pflicht des Berechtigten, **zum Familienunterhalt beizutragen, längere Zeit hindurch vor der Trennung** spielt in der Praxis kaum eine Rolle.[4011]

[3998] OLG Stuttgart FamRZ 1979, 40.

[3999] OLG Celle FamRZ 1987, 69 (70); aber: OLG Zweibrücken FamRZ 1989, 63.

[4000] OLG Düsseldorf NJW-RR 1994, 326 (330) = FamRZ 1994, 1049 wendet Nr. 4 nicht an; OLG Köln FamRZ 1995, 1580 (1581 f.).

[4001] OLG Hamm NJW-RR 1994, 772 (773) = FamRZ 1994, 1265; OLG Hamm FamRZ 1994, 1265 (1266).

[4002] OLG Hamm FamRZ 1994, 1119 (1120): Nr. 5 nur deswegen nicht, weil Vorsatz nicht erwiesen sei – eine sehr wohlwollende Wertung.

[4003] OLG Celle FamRZ 1994, 1324.

[4004] OLG Hamm FamRZ 1994, 168.

[4005] OLG Hamm FF 2001, 211 mAnm *Schnitzler*.

[4006] OLG Brandenburg FamRZ 2015, 1118 (LS.).

[4007] OLG Hamm NJW 2007, 1144.

[4008] OLG Hamm NJW 2007, 1144.

[4009] OLG Frankfurt FuR 2002, 83.

[4010] OLG Hamm FamRZ 1996, 1079 (Verniedlichung erbrachter Versorgungsleistungen); OLG Frankfurt FuR 2002, 83; OLG Koblenz OLG-Report 2000, 119 (ehegliche Gemeinschaft vor Ablauf von 2–3 Jahren).

[4011] *Richter* JR 1985, 133 (137); die „schweren Bedenken" von *Bosch* FamRZ 1984, 1165 (1170) dürften sich in der Praxis nicht bestätigt haben.

Die tatbestandliche Beschränkung auf „gröbliche" Verletzungen bannt die Gefahr, dass der übliche Vorwurf der „Haushaltsvernachlässigung" verbreiteter Gegenstand gerichtlicher Auseinandersetzungen werden kann. „Familienunterhalt" umfasst die (einverständliche) Haushaltsführung der §§ 1360 S. 2, 1360a BGB, die in „eigener Verantwortung" (§ 1356 Abs. 1 S. 2 BGB) auszuüben ist, die Kinderbetreuung (§§ 1626, 1627, 1606 Abs. 3 S. 2 BGB), den Kindesunterhalt und die ggf. aus der ehelichen Beistandspflicht abzuleitende eheliche Pflicht zu Mitarbeit in Beruf oder Geschäft des Ehegatten.[4012] Der Wortlaut („Familienunterhalt") schließt eine Anwendung bei Nichtzahlung des Trennungsunterhalts (§ 1361 BGB) aus.[4013]

„Vor der Trennung längere Zeit hindurch" muss die Unterhaltspflichtverletzung begangen sein, also wird Nr. 6 für diesen Zeitraum als lex specialis gegenüber Nr. 3 anzusehen sein.[4014] Zeitlich anders einzuordnende Unterhaltspflichtverletzungen können unter die Nrn. 3 und 8 fallen.[4015] Die wenig konkrete Zeitformel „längere Zeit hindurch" lässt die Fixierung auf fest umrissene Zeiträume schwerlich zu. In der Literatur werden Zeiträume von mindestens 1 Jahr[4016] und 3 Jahren[4017] genannt. Ab 1 Jahr etwa wird eine „längere Zeit" angenommen werden können.[4018]   1136

„Gröbliche Verletzung" bedeutet eine objektiv schwerwiegende Verletzung mit der Folge einer gewissen Notlage des oder der zu Unterhaltenden (zu Betreuenden) und eine subjektiv in schwerer Weise vorwerfbare Pflichtverletzung. In Betracht kommen Vorsatz und grobe Fahrlässigkeit.[4019] Leichtfertigkeit ist nicht gefordert, da das Merkmal „mutwillig" bewusst nicht verwendet ist.   1137

l) § 1579 Nr. 7 BGB[4020]

aa) Fehlverhalten, Allgemeines und Zeitpunkt. Ein offensichtlich schwerwiegendes, eindeutig beim Berechtigten liegendes Fehlverhalten gegen den Verpflichteten umreißt einen Tatbestand, der persönliche, subjektiv vorwerfbare – also verschuldete – Verfehlungen des Berechtigten ausdrücklich gesetzlich erfassen will.[4021]   1138

Grundgedanke der Nr. 7 ist die Widersprüchlichkeit des Verhaltens des Unterhaltsberechtigten, Lösung aus den ehelichen Bindungen bei gleichzeitiger Inanspruchnahme der ehelichen Solidarität durch ein Unterhaltsbegehren, Verletzung des Prinzips der Gegenseitigkeit durch Zuwendung der dem Ehegatten geschuldeten Hilfe und Betreuung an einen anderen.[4022]   1139

Fehlverhalten gegen nahe Angehörige erfasst Nr. 7 nicht, wie die Entstehungsgeschichte klar zeigt.[4023] Jedoch ist Nr. 7 insoweit kein Sperrtatbestand. Außer unter Nr. 3 können schwerwiegende Verfehlungen gegen nahe Angehörige auch durch Nr. 8 erfasst sein.[4024] Im   1140

[4012] Vgl. *Häberle* FamRZ 1986, 311 (312).

[4013] Ebenso Palandt/*Brudermüller* § 1579 Rn. 27.

[4014] *Häberle* FamRZ 1986, 311 (312).

[4015] *Eyrich* FamRZ 1984, 941 (943).

[4016] *Häberle* FamRZ 1986, 311 (312).

[4017] *Weychardt* DAVorm 1984, 839 (845).

[4018] OLG Celle FamRZ 1981, 576 (zu § 1587c BGB); *Häberle* FamRZ 1986, 311 (312).

[4019] OLG Celle FamRZ 1981, 576 (zu § 1587c Nr. 3 BGB).

[4020] *Büttner* Das Zusammenleben mit einem neuen Partner und seine Auswirkungen auf den Unterhaltsanspruch, FamRZ 1996, 136; *Spangenberg* Eheähnliche Gemeinschaft, FamRZ 1994, 480; *Wellenhofer/Klein* Abkehr von der Ehe, FamRZ 1995, 905.

[4021] BT-Drs. 10/2888 S. 12, 19; *Bosch* FamRZ 1984, 1165 (1170).

[4022] BGH FamRZ 1983, 569 (572) = NJW 1983, 1548; FamRZ 1983, 670 (672); FamRZ 1989, 1279 (1280); KG FamRZ 2006, 1542.

[4023] Vgl. *Richter* JR 1985, 133 (135).

[4024] *Richter* JR 1985, 133 (135) weist zutreffend darauf hin, dass diese Fälle früher durch § 1579 Abs. 1 S. 4 BGB aF erfasst wurden.

Einzelfall mag sich ein derartiges Fehlverhalten (etwa gegen minderjährige Kinder des Verpflichteten) auch als Fehlverhalten gegen den Verpflichteten selbst darstellen.[4025]

1141   **Voreheliches Verhalten** erfasst Nr. 7 nicht.[4026] Umstände aus der Zeit vor Eheschließung können nur im Rahmen der Eheaufhebungsgründe berücksichtigt werden.[4027]

Fehlverhalten vor Scheitern der Ehe ist Hauptanwendungsfall der Vorschrift.[4028] Fehlverhalten, das zugleich eine Verletzung der ehelichen Treuepflicht darstellt, steht dabei im Vordergrund,[4029] obwohl sich aus der Ehe auch noch andere Pflichten, wie zB die zu Rücksichtnahme, Wohlverhalten, Einkommensoffenbarung ergeben können. Siehe dazu Beispiele in → Rn. 688, 1133, 1135, 1142.

Fehlverhalten nach Scheitern der Ehe wird im Allgemeinen, wenn auch die eheliche Treuepflicht bis zur Rechtskraft der Scheidung fortbesteht,[4030] eine Anwendung der Nr. 7 nicht rechtfertigen.[4031] Die „reaktive Flucht" aus bereits gescheiterter Ehe erfüllt den Tatbestand der Nr. 7 durchweg nicht.[4032] Die Bedeutung der ehelichen Treuepflicht mindert sich nach Scheitern der Ehe in der Regel so weit, dass persönliches dagegen verstoßendes Fehlverhalten nicht mehr die in Nr. 7 vorausgesetzte Gewichtigkeit hat.[4033] Entsprechendes gilt für andere Ehepflichten. Auch die Tatsache, dass ein Kind von einem anderen Mann geboren wurde, soll dann § 1579 Nr. 7 BGB nicht rechtfertigen.[4034] Besteht das Fehlverhalten aber in Verstößen gegen allgemeinmenschliche, nicht spezifisch eheliche Pflichten, so mindert das Scheitern der Ehe die Schwere der Verfehlung nicht.[4035]

Fehlverhalten nach Vollzug der Trennung durch Beginn einer intimen Beziehung kann in Ausnahmefällen zur Anwendung der Nr. 7 ausreichen, wenn schon die Trennung vom Berechtigten, wenn auch aus anderen Gründen, herbeigeführt worden ist.[4036]

Ein Fehlverhalten nach Rechtskraft der Scheidung kann keine Fälle der Verletzung der Treuepflicht mehr erfassen, da diese mit der Rechtskraft der Scheidung endet.

Die Offenbarung von (schützenswerten) Geheimnissen ist aber auch nach Rechtskraft der Scheidung unter Nr. 7 gefasst worden.[4037]

Eine **Verzeihung** des Fehlverhaltens schließt die Berufung darauf aus. Sie ist aber kein Freibrief, so dass künftiges Fehlverhalten wieder zur Verwirkung führen kann.[4038]

1142   **bb) Offensichtlich schwerwiegendes Fehlverhalten.** „Offensichtlich schwerwiegendes" Fehlverhalten betont das Erfordernis eindeutiger Schwere der Verfehlung. Ein ein-

---

[4025] *Häberle* FamRZ 1986, 311 (314).

[4026] OLG Köln FamRZ 1994, 1253.

[4027] OLG Celle FamRZ 1986, 910 (911); OLG Köln FamRZ 1994, 1253 (beide noch zu § 32 EheG); vgl. jetzt §§ 1313 ff. BGB.

[4028] *Diederichsen* NJW 1986, 1283 (1289); *Häberle* FamRZ 1986, 311 (313).

[4029] OLG Brandenburg FF 2010, 33 ff. = Aufnahme einer gleichgeschlechtlichen Beziehung mit zwei Tage später erfolgtem Auszug aus der Ehewohnung; KG FamRZ 2006, 1542; OLG Koblenz FPR 2002, 446 (20-jähriges Intimverhältnis).

[4030] BGH FamRZ 1983, 569 (572) = NJW 1983, 1548; OLG Celle NJW-RR 1988, 1097.

[4031] BGH NJW 1981, 752 (753) = NJW 1981, 1782; OLG Koblenz Urt. v. 30.4.2001 – 15 UF 602/ 00 –; OLG Stuttgart FamRZ 1987, 479 (480); anders aber OLG Frankfurt FamRZ 1999, 1135 für nicht trennungsursächliche Beziehung zu einem neuen Partner.

[4032] OLG Koblenz FamRZ 2000, 1371; OLG Frankfurt FamRZ 1981, 455.

[4033] BGH FamRZ 1981, 439 (441) = NJW 1981, 1214; FamRZ 1981, 752 (753) = NJW 1981, 1782; FamRZ 1981, 1042 = NJW 1981, 2805; FamRZ 1983, 150 (152) = NJW 1983, 683; FamRZ 1983, 996 (997).

[4034] OLG Jena FamRZ 2006, 1205 – zweifelhaft!

[4035] *Häberle* FamRZ 1986, 311 (314).

[4036] OLG Frankfurt FamRZ 1999, 1135.

[4037] OLG Hamm OLG-Report 2000, 42 (Zeugung von Kindern mit Ehefrau des zeugungsunfähigen Bruders).

[4038] OLG Nürnberg NJWE-FER 2000, 275 (nach Verzeihung von Ehebrüchen Fortsetzung derselben).

seitiges Fehlverhalten allein reicht nicht aus. Erforderlich ist vielmehr eine schwerwiegende Abkehr von allen ehelichen Bindungen, so dass die Inanspruchnahme des Pflichtigen grob unbillig erscheint.[4039]

„Offensichtlich" bedeutet nicht, dass die Schwere unstreitig sein muss.[4040]

Schuldhaftes Verhalten ist Voraussetzung für die Anwendung der Nr. 7,[4041] bei schuldlosem Verhalten kommt nur eine Anwendung der Nr. 8 in Betracht.

cc) Einseitiges Fehlverhalten. Ein **einseitiges Fehlverhalten des Berechtigten** ist **1143** Voraussetzung für die Anwendung der Nr. 7, denn das Gesetz spricht von einem „eindeutig bei ihm liegenden Fehlverhalten". Eine noch klarere Betonung des Erfordernisses der Einseitigkeit[4042] ist nicht geboten.

Die einseitige Abkehr von der Ehe ist Hauptanwendungsfall einseitigen persönlichen Fehlverhaltens, oft verbunden mit einer Zuwendung zu einem anderen Partner. Das Fehlverhalten muss wesentliche Ursache für das Scheitern der Ehe sein, diese darf also nicht schon vorher gescheitert sein.[4043] Fördert der Verpflichtete das Ehescheitern durch eigenes Fehlverhalten und erschwert er damit dem Berechtigten das Festhalten an der Ehe, so können die Verfehlungen des Berechtigten in milderem Licht erscheinen.[4044] Eine voll intakte und spannungsfreie Ehe ist freilich nicht Voraussetzung der „Einseitigkeit".[4045]

Gegen eine Einseitigkeit der Abwendung von der Ehe kann beispielsweise sprechen, **1144** dass der Verpflichtete selbst als erster Scheidungsabsicht geäußert und die Trennung gewünscht hat[4046] oder die Eheleute sich schon einige Monate einverständlich getrennt hatten, bevor der eine sich dann einem anderen zuwandte.[4047] Eine bereits eingetretene „Erosion" der Ehe steht der „Einseitigkeit" einer Hinwendung zu einem anderen Partner nicht ohne weiteres entgegen,[4048] auch dann nicht, wenn die Eheleute seit neun Jahren keine geschlechtlichen Kontakte mehr hatten.[4049] Dass der Unterhaltsverpflichtete die Trennung bewirkt hat, muss nicht stets einer Anwendung der Nr. 7 entgegenstehen, dann zB nicht, wenn der Berechtigte Anlass dazu gegeben hat, dass der Verpflichtete die Trennung herbeiführte.[4050] So sind vier außereheliche Geschlechtskontakte der Ehefrau kein „einseitiges" Fehlverhalten, wenn der Ehemann siebzehn Jahre lang sexuellen Kontakt fast ganz verweigert hat.[4051] Die Weigerung der Ehefrau, dem Ehemann an seinen neuen (beruflich veranlassten) Wohnsitz zu folgen, ist jedenfalls kein „einseitiges" Fehlverhalten, sofern die Ehefrau beachtliche Gründe (Arbeit am alten Wohnort, dort auch gesicherte Kleinkinderversorgung) für ihre Weigerung hat.[4052] Eine räumliche Trennung ist im Übri-

---

[4039] BGH FamRZ 2001, 1693 (1994) = NJW 2001, 3779 unter Bezugnahme auf BGH FamRZ 1989, 487 (490) = NJW 1989, 1083; BGH FamRZ 2012, 779 (780) = NJW 2012, 1443 (1444) = MDR 2012, 525.

[4040] *Häberle* FamRZ 1986, 311 (313).

[4041] BT-Drs. 10/2888 S. 12, 19; OLG Hamm FamRZ 1996, 1080 (Alkoholabhängigkeit).

[4042] **So aber:** *Bosch* FamRZ 1984, 1165 (1170 Fn. 48); *Weychardt* DAVorm 1984, 839 (845).

[4043] BGH NJW 1986, 722; KG FamRZ 2006, 1542; OLG Celle FamRZ 1999, 508; KG FamRZ 1998, 1112; OLG Stuttgart FamRZ 1997, 419; OLG Hamm FamRZ 2000, 21 (22) und 1996, 1080.

[4044] BGH FamRZ 1981, 439 (440) = NJW 1981, 1214; FamRZ 1982, 463 (464) = NJW 1982, 1461; FamRZ 1983, 670 = NJW 1986, 722; auch: KG NJW-RR 1992, 648 = FamRZ 1992, 571.

[4045] OLG Celle NJW-RR 1988, 1097; OLG Hamm NJW-RR 1996, 769.

[4046] BGH FamRZ 1983, 150 (152) = NJW 1983, 683.

[4047] BGH FamRZ 1981, 1042 (1043) = NJW 1981, 2805.

[4048] OLG Frankfurt NJW-RR 1994, 456.

[4049] OLG Zweibrücken FPR 2009, 61.

[4050] Richtig: OLG Zweibrücken FamRZ 1980, 246: Mann hat Frau aus Ehewohnung verwiesen, weil sie häufig erst spät nachts von Besuchen in amerikanischen Soldatenclubs heimkam und alsbald nach der Trennung ein ehebrecherisches Verhältnis mit einem anderen Mann aufgenommen hat.

[4051] KG NJW-RR 1992, 648 = FamRZ 1992, 571.

[4052] BGH FamRZ 1990, 492 (495): „Richterfall".

gen nicht Voraussetzung einer Anwendung der Nr. 7 überhaupt, da das intime Verhältnis mit einem anderen von der Ehewohnung aus[4053] unterhalten werden kann. Entscheidend ist, ob der Verpflichtete die Abkehr von der Ehe veranlasst oder mitveranlasst hat. Waren die ihm vorgeworfenen eigenen Eheverfehlungen nur eine Reaktion auf vorangegangenes beachtlich ehewidriges Verhalten des Berechtigten,[4054] kann die Anwendung der Nr. 7 nicht schon wegen eigener Verfehlungen des Verpflichteten ausscheiden.[4055]

1145   dd) Konkrete Gegenvorwürfe. Der Vorwurf „einseitigen" Fehlverhaltens, der an sich zur Verwirkung oder Teilverwirkung ausreicht, kann durch konkrete Gegenvorwürfe einigen Gewichts entkräftet werden, die dem Unterhalt Begehrenden das Festhalten an der Ehe erschwert haben und sein eigenes Verhalten in milderem Licht erscheinen lassen.[4056] Da ein Kausalzusammenhang zwischen dem Fehlverhalten des Verpflichteten und Berechtigten bestehen muss,[4057] das dem Fehlverhalten des Berechtigten den Boden bereitet hat,[4058] sind nur diesbezüglich kausal verbundene Verhaltensweisen gegeneinander abzuwägen, nicht schlechthin alle.[4059] Das Gewicht der Gegenvorwürfe muss weiter in Relation zum Gewicht des Fehlverhaltens geprüft werden; so wird der schwerwiegende Vorwurf des Inzestes nicht durch Gegenvorwürfe allgemein liebloses Verhaltens ausgeräumt werden können.[4060]

Krankheitsbedingte Auffälligkeiten des Verpflichteten (psychische Erkrankung) sind keine „Verfehlungen" iSd Härteregelung, die auch für die Gegenvorwürfe ein schuldhaftes Verhalten voraussetzt.[4061] Allerdings kann schuldloses Fehlverhalten des Verpflichteten ein schuldhaftes Fehlverhalten des Berechtigten in milderem Licht erscheinen lassen.

Beispiele für konkrete Gegenvorwürfe von einigem Gewicht:

1146 • Körperverletzungen durch den Verpflichteten: ständig beschimpft und geprügelt,[4062] beschimpft und geschlagen,[4063] zweimal (Datenangabe) geschlagen, einmal versucht, Anspruchstellerin zu ersticken.[4064]
   • Eigenes ehewidriges Verhalten: seit Jahren kaum noch gesprochen, nur über Zettel verkehrt,[4065] sehr oft betrunken nach Hause gekommen und Bett verunreinigt,[4066] sich um anderen Partner für Anspruchstellerin selbst bemüht,[4067] Verpflichteter hat als erster Scheidungsabsicht geäußert und Trennung selbst gewünscht,[4068] hat ohne objektiven Grund seit Jahren sexuelle Kontakte verweigert.[4069]

[4053] BGH FamRZ 1983, 569 (571) = NJW 1983, 1548 (ehebrecherisches Verhältnis während Ehe).

[4054] BGH FamRZ 1983, 670 (671); OLG Frankfurt FamRZ 1981, 455; KG NJW-RR 1992, 648 = FamRZ 1992, 571.

[4055] Vgl. auch OLG Köln NJW-RR 1994, 1030.

[4056] BGH FamRZ 1982, 463 (464) = NJW 1982, 1461; FamRZ 1983, 142 = NJW 1983, 451; NJW 1986, 722 (723); OLG Bamberg FamRZ 1985, 598; OLG Celle NJW-RR 1988, 1097; OLG Düsseldorf FamRZ 1983, 1139 (1140); FamRZ 1987, 1259; OLG Hamm FamRZ 1987, 600; OLG Zweibrücken FamRZ 1985, 186.

[4057] BGH FamRZ 1985, 267 (268) = NJW 1985, 2266; NJW 1986, 722 (723); OLG Hamm FamRZ 1987, 600 (602); NJW-RR 1996, 769; auch KG NJW 1991, 113 = FamRZ 1990, 746.

[4058] BGH FamRZ 1983, 670 (672); OLG Frankfurt FamRZ 2007, 1169.

[4059] Vgl. *Häberle* FamRZ 1986, 311 (314).

[4060] OLG Karlsruhe NJW-RR 1999, 153 (Inzest auf der einen und liebloses Verhalten sowie Ehebruch auf der anderen Seite); vgl. auch OLG Koblenz MDR 2000, 35 mAnm *Wenger.*

[4061] BGH FamRZ 1989, 1279 (1280).

[4062] BGH FamRZ 1983, 670 (671).

[4063] OLG Düsseldorf FamRZ 1983, 1139 (1140).

[4064] OLG Düsseldorf FamRZ 1987, 1259 (1261).

[4065] BGH FamRZ 1983, 670 (671).

[4066] BGH FamRZ 1982, 463 (464) = NJW 1982, 1461.

[4067] KG FamRZ 1982, 1031 (1033).

[4068] BGH FamRZ 1981, 752 (753) = NJW 1981, 1782; 1983, 150 (152) = NJW 1983, 683.

[4069] OLG Hamm FamFR 2012, 347 *(Höhler-Heun).*

- Insbesondere ehewidrige Beziehungen: seit längerer Zeit anderer Frau zugewendet,[4070] intimes Verhältnis zu Mutter von 2 Kindern.[4071]

Beispiele für unkonkrete oder ungewichtige (bzw. nicht kausale) Gegenvorwürfe:

- Unkonkrete Gegenvorwürfe: in erheblichem Maße selbst gegen eheliche Treuepflicht verstoßen.[4072] **1147** Lieblosigkeit, tagelanges Schweigen, offensichtliche Gleichgültigkeit mit dem Ergebnis einer Vereinsamung der Anspruchstellerin und Absterben deren Liebe,[4073] fünf- bis sechsmal in näher bezeichnetem Zeitraum geschlagen,[4074] Bevormundungen,[4075] in den letzten Jahren nicht ausreichend um Ehefrau gekümmert, zu oft eigenen Freizeitinteressen nachgegangen,[4076] Kinderwunsch nicht beachtet.[4077]
- Ungewichtige Gegenvorwürfe: lauthals geführter Streit aus geringsten Anlässen, zB um Rasenmäher, Anspruchstellerin vorgeworfen (Zeitangabe), sie sei nicht richtig im Kopf, und in nachfolgenden Streitigkeiten zu verstehen gegeben, er kriege Anspruchstellerin noch so klein, dass sie vor ihm auf den Knien krieche (nicht bedeutsam gegenüber lange vorher begonnenem nachhaltigen ehebrecherischen Verhältnis,[4078] aus der Ehewohnung verwiesen (dazu allein durch ehewidriges Verhalten Anspruchstellerin veranlasst),[4079] dreimal zu verschiedenen Zeitpunkten Ehefrau im Zusammenhang mit deren Offenbarung der Aufnahme bzw. Fortsetzung intimer Beziehungen zu einem anderen Mann geohrfeigt (jeweils unmittelbare Folge einer Provokation, verständliche Erregung, im Affekt geschlagen).[4080] Hat der Ehemann nur Interesse an Fernsehen, Essen, Erfüllung der „ehelichen Pflichten" durch die Ehefrau und keine Zeit für die Kinder, ist dieser Vorwurf nach Ansicht des entscheidenden Oberlandesgerichts (Nürnberg) „zu allgemein gehalten und von zu geringem Gewicht",[4081] eine schwer verständliche Wertung, da die Gegenvorwürfe die Wesensgrundlagen der Ehe berühren und konkret genug für eine Nachprüfung sind.

Die **Darlegungs- und Beweislast** für die rechtsvernichtende Einwendung des § 1579 **1148** Nr. 7 BGB sowie für die Widerlegung der Gegenvorwürfe trägt der Unterhaltsverpflichtete, der alle Voraussetzungen der in Anspruch genommenen Härteklausel, also auch die Einseitigkeit des Fehlverhaltens, darzulegen und zu beweisen hat.[4082] Sein eigenes ehegemäßes Verhalten braucht der Unterhaltpflichtige nicht vorzutragen und zu beweisen.

An die Widerlegung der Gegenvorwürfe sind keine hohen Anforderungen zu stellen,[4083] soweit zur Widerlegung vor allem nur negative Tatsachen behauptet werden können (konkretes Bestreiten).[4084]

ee) Beispiele für Fehlverhalten. (1) Zuwendung zu einem neuen Partner **1149**

- **Ausbruch aus normal verlaufener Ehe**

Die einseitige Abwendung vom Ehepartner aus normal verlaufener Ehe durch Begründung einer eheähnlichen Gemeinschaft ist Hauptanwendungsfall der Nr. 7. Entscheidend

---

[4070] OLG Hamm FamRZ 1983, 186 (187).
[4071] OLG Koblenz FamRZ 1986, 999 (1001).
[4072] BGH FamRZ 1983, 670 (671).
[4073] OLG Bamberg FamRZ 1985, 598.
[4074] OLG Celle NJW-RR 1988, 1097; Hamm FamRZ 1987, 600 (602).
[4075] OLG Hamm FamRZ 1989, 1091 (1092).
[4076] OLG Hamm NJW-RR 1996, 769.
[4077] OLG Koblenz MDR 2000, 35 mAnm *Wenger*.
[4078] BGH NJW 1986, 722 (723).
[4079] OLG Zweibrücken FamRZ 1980, 246.
[4080] OLG Koblenz NJW-RR 1989, 5.
[4081] OLG Nürnberg FamRZ 1995, 674 (675).
[4082] BGH FamRZ 1982, 463 (464) = NJW 1981, 1461; FamRZ 1983, 670; FamRZ 1984, 364 (368); OLG Frankfurt FamRZ 2007, 1169; OLG Hamm FamRZ 2012, 347 *(Höhler-Heun)*; OLG Köln FamRZ 2003, 767; OLG Stuttgart FamRZ 1997, 419.
[4083] KG NJW-RR 1992, 648 = FamRZ 1992, 571.
[4084] BGH FamRZ 1982, 463 (464) = NJW 1982, 1461; FamRZ 1983, 670 (671).

für die geplante Dauerhaftigkeit des Verhältnisses ist die Vorstellung des Berechtigten von der Dauer der neuen Verbindung, nicht die (wider Erwarten) kürzere tatsächliche Dauer.[4085] Auf Dauer angelegt (nachhaltig) ist ein intimes Verhältnis also, wenn es sich der Berechtigte als längere Zeit andauernd vorstellt und das Verhältnis objektiv tatsächlich über eine flüchtige Augenblicksbeziehung hinausgeht.[4086] Ist das ehebrecherische Verhältnis nicht gegen den Willen des anderen Ehegatten aufgenommen und unterhalten worden, fehlt es zur Anwendung der Nr. 7 an der Einseitigkeit der Lösung von der Ehe.[4087]

Ein- oder mehrmaliger Ehebruch ohne Dauerhaftigkeit des Verhältnisses, rechtfertigt die Anwendung der Nr. 7 noch nicht.[4088] Ein schwerwiegendes Fehlverhalten kann aber bejaht werden, wenn die Ehefrau während der beruflichen Abwesenheit ihres Ehemannes ein Verhältnis mit einem gemeinsamen Freund, der in die Ehewohnung aufgenommen wurde, beginnt.[4089]

1150   Ein nachhaltig auf längere Dauer angelegtes intimes Verhältnis[4090] ohne Begründung einer eheähnlichen Gemeinschaft kann die Anwendung der Nr. 7, wenn die Abwendung von der Ehe einseitig ist, rechtfertigen.[4091]

Immer ist aber ein Verschulden bei § 1579 Nr. 7 BGB erforderlich. Daher ist es nicht als „Ausbrechen" aus der Ehe angesehen worden, wenn die Aufnahme der neuen Beziehung mehr als ein Jahr nach der Trennung erfolgte.[4092] Anders ist es, wenn die Zuwendung schon während bestehender Ehe erfolgte.[4093]

1151   **Zusammenleben mit einem neuen Partner ohne geschlechtliche Kontakte** soll die Wertung nach Nr. 7 rechtfertigen, wenn die Gemeinschaft nach außen ganz das „Bild" einer eheähnlichen Gemeinschaft biete.[4094] Auch die bloße freundschaftliche Hinwendung der 23 Jahre jüngeren Ehefrau zu einem Mitschüler ihrer Umschulung („tiefe Freundschaft" ohne sexuellen Kontakt), die sie trotz heftiger Eifersuchtsäußerungen ihres Ehemanns fortsetzt und verbal eindeutig verteidigt, kann Nr. 7 anwendbar machen, weil damit pflichtwidrig die geistig-seelische Ehegemeinschaft aufgehoben wird[4095] – zweifelhaft, weil aus der Ehe kein geistig-seelischer Ausschließlichkeitsanspruch folgen darf, der tiefe innere, nichtsexuelle Beziehungen zu anderen Menschen gleich welchen Geschlechts verbietet.

Zusammenkunft (auch ohne geschlechtlichen Verkehr) mit dem Freund im Urlaub, mit dem die Ehefrau ein Jahr zuvor viermal die Ehe gebrochen hatte, was der Ehemann damals verziehen hatte, soll die Anwendung der Nr. 7 rechtfertigen.[4096] Das ist abzuleh-

---

[4085] OLG Bamberg FamRZ 1986, 1104 (1105).
[4086] OLG Oldenburg NJW 2012, 2450 (2451).
[4087] KG FamRZ 1982, 1031 (1033); OLG Oldenburg FamRZ 1981, 775; vgl. aber OLG Hamm FamRZ 1989, 1091.
[4088] OLG Köln FamRZ 2003, 767; **anders** OLG Frankfurt FamRZ 1981, 775.
[4089] OLG Hamm NJW 2011, 3379 f.
[4090] OLG Koblenz MDR 2000, 35 mAnm *Wenger;* vgl. weiter: *Nehlsen-von Stryk,* Zur unterhaltsrechtlichen Relevanz des auf Dauer angelegten Verhältnisses, FamRZ 1990, 109 f.
[4091] BGH FamRZ 1981, 439 (441) = NJW 1981, 1214; FamRZ 1981, 1042 (1043) = NJW 1981, 2805; FamRZ 1982, 463 (464) = NJW 1982, 1461; FamRZ 1983, 142 = NJW 1983, 451; FamRZ 1983, 569 (571) = NJW 1983, 1548; FamRZ 1983, 670; FamRZ 1984, 986 (987) = NJW 1984, 2692; FamRZ 1989, 1279 (1280); OLG Köln FamRZ 1991, 707.
[4092] OLG Köln FF 2005, 192.
[4093] KG FamRZ 2006, 1542; OLG Hamm FamRB 2006, 295 mAnm *Brielmaier.*
[4094] OLG Hamm FamRZ 1981, 954.
[4095] KG NJW-RR 1989, 1350 = FamRZ 1989, 868 mAnm *Finger* FamRZ 1989, 1180 f. und Erwiderung *Diener* FamRZ 1990, 407 f.
[4096] OLG Hamm NJW-RR 1996, 769.

nen, da ein Ehepartner dem anderen nicht Treffen mit anderen Menschen verbieten kann und keine eheähnliche Lebensgemeinschaft besteht.[4097]

Böser Schein einer außerehelichen Beziehung. Ein solcher kann grundsätzlich nicht ausreichen, weil in der Regel schon am schuldhaften Verhalten fehlt.[4098] Der bloße böse Schein eines Treuebruchs kann daher nur im Ausnahmefall genügen.[4099]   **1152**

• **Anstößige Umstände einer neuen Beziehung**   **1153**

Intime Beziehungen zu wechselnden Partnern[4100] oder zur selben Person in unterbrochenen kurzen Zeitabschnitten können gemäß Nr. 7 eine schwerwiegende Lösung von den ehelichen Bindungen sein,[4101] auch wenn damit eine Trennung nicht verbunden ist.

Ein intimes Verhältnis zu einem Freund der Familie stellt ebenfalls ein anstößiges Verhalten dar.[4102]

Auch eine Beziehung zum Schwiegersohn dürfte darunter fallen.[4103]

(2) Vereitelung Umgangsrecht. Fortgesetzte, massive Verletzung des Umgangsrechts kann die Anwendung des § 1579 Nr. 7 rechtfertigen, nicht aber wenn dem Unterhaltsgläubiger ein schwerwiegendes Fehlverhalten nicht vorzuwerfen ist.[4104] Ebenso kann die Täuschung über Absicht der Auswanderung mit gemeinschaftlichen Kindern und dadurch bedingter Umgangsvereitelung zur Anwendung der Nr. 7 führen.[4105]   **1154**

(3) Unterschieben eines Kindes. Unterschieben eines tatsächlich nicht vom Ehegatten stammenden Kindes erfüllt den Tatbestand des § 1579 Nr. 7 BGB. Der Härtegrund ist bereits als verwirklicht anzusehen, wenn die Ehefrau ihrem Ehemann verschweigt, dass ein während der Ehe geborenes Kind möglicherweise nicht von ihm abstammt; sie also verschweigt, dass sie während der gesetzlichen Empfängniszeit Geschlechtsverkehr mit einem anderen Mann hatte.[4106] Es ist also ausreichend, wenn sie ohne positive Kenntnis der nicht ehelichen Abstammung des Kindes diese wenigstens für möglich hält.[4107] Nicht erforderlich ist die Beteuerung der ehelichen Abstammung[4108] oder das Abhalten von einer Vaterschaftsanfechtung.[4109] Konnte die Ehefrau allerdings annehmen, der Ehemann kenne die nichteheliche Abstammung und habe sich mit ihr abgefunden, kann die Sachlage anders zu beurteilen sein.[4110]   **1155**

[4097] OLG Celle FamRZ 1999, 508 (mag auch böser Schein genügen); vgl. auch BGH FamRZ 2002, 23 mAnm *Schwab* (92) = NJW 2002, 217 zur Distanzpartnerschaft → weiter Rn. 1172.

[4098] **Anders:** OLG Zweibrücken FamRZ 2004, 1576.

[4099] OLG Celle FamRZ 1999, 508 lässt zu weitgehend bösen Schein des Treuebruchs genügen.

[4100] OLG Frankfurt OLG-Report 2002, 8.

[4101] BGH FamRZ 1983, 670 (671); OLG Celle FamRZ 1987, 603 = NJW-RR 1987, 580; OLG Düsseldorf FamRZ 1986, 62 (63) = NJW-RR 1986, 753.

[4102] OLG Koblenz FamRZ 2000, 290 = MDR 2000, 35 mAnm *Wenger.*

[4103] OLG Jena NJW-RR 2005, 6 = FF 2005, 107 mAnm *Schnitzler* (konkret nicht, da keine kränkenden Begleitumstände wegen der Entfernung – zweifelhaft).

[4104] BGH FamRZ 2007, 883 mAnm *Born* = NJW 2007, 1969; OLG München FamRZ 2006, 1605; OLG Schleswig FamRZ 2003, 688; FamRZ 2004, 808 und OLGR 2005, 695 (reicht nicht, dass Umgangstermine hin und wieder abgesagt werden); BGH FamRZ 2002, 1099 = NJW 2002, 2566; zum Schadensersatz bei Nichtgewährung des Umgangs, zur Verschuldrechtlichung personaler Pflichten teilw. krit. *Schwab* FamRZ 2002, 1303.

[4105] BGH FamRZ 1987, 356 (358 f.) = NJW 1987, 893.

[4106] BGH FamRZ 2012, 779 (781) mAnm *Löhnig* FamRZ 2012, 782= NJW 2012, 1443 (1444); OLG Hamm NZFam 2015, 965.

[4107] BGH FamRZ 2012, 779 (781) mAnm *Löhnig* FamRZ 2012, 782= NJW 2012, 1443 (1444).

[4108] BGH FamRZ 1985, 267 = NJW 1985, 2266; OLG Brandenburg NJW-RR 2000, 1098; OLG Köln FamRZ 1998, 749; OLG Frankfurt OLG-Report 1998, 176; OLG Hamburg FamRZ 1996, 946; OLG Oldenburg FamRZ 1991, 448 (449).

[4109] BGH NJW 1985, 428; OLG Celle FamRZ 1987, 603 = NJW-RR 1987, 580.

[4110] OLG Zweibrücken NJW-RR 1997, 1168.

1156   **(4) Sonstige Fälle des schwerwiegenden Fehlverhaltens**

- Bigamie.[4111]
- Böswilliges Im-Stich-Lassen. Die einseitige grundlose Abwendung von einem auf persönliche Betreuung angewiesenen Ehepartner – wegen Erkrankung, Körperschaden, Alter – wiegt besonders schwer und kann den Tatbestand der Nr. 7 erfüllen.[4112]
- Ein nur von Hass und Verachtung geprägtes Verhalten gegen den Ehemann kann zum Unterhaltsausschluss (Verschweigen Freitod der Tochter, Vorwurf Verantwortlichkeit des Ehemanns dafür, Todesanzeige ohne den Namen des Ehemanns) führen.[4113]
- Verheimlichung eigenen Einkommens aus besonders verwerflicher und gehässiger Gesinnung oder bei drohendem empfindlichem Schaden des Verpflichteten (soweit nicht die Nrn. 3 oder 5 eingreifen).[4114]
- Eingriffe in Eigentum des Verpflichteten durch Vernichtung persönlicher Gegenstände des Verpflichteten von erheblichem Wert.[4115]
- Offenbarung von Geheimnissen. Die Offenbarung von wahren Geheimnissen kann den Tatbestand der Nr. 7 erfüllen, wenn vorher Stillschweigen vereinbart war und das Geheimnis nun als Druckmittel benutzt wird.[4116]
- Verweigerung einer Wohnsitzverlegung zwecks Herstellung ehelicher Gemeinschaft reicht nur aus, wenn es dafür keine verständlichen Gründe gibt.[4117]
- Körperverletzungen fallen an sich unter Nr. 3. Allerdings kann das Zusammenwirken mehrerer Ereignisse die Anwendung von Nr. 7 rechtfertigen.[4118]
- Der Vorwurf des sexuellen Missbrauchs kann unter § 1579 Nr. 3 BGB fallen, → Rn. 1122-
- Ob Telefonsex die Nr. 7 erfüllt, ist dahingestellt geblieben (jedenfalls Nr. 8).[4119]

1157   **(5) Beispiele für „nicht offensichtlich schwerwiegendes" Fehlverhalten**

- Umzug und Auszug. Heimlicher Auszug aus Ehewohnung unter Täuschung vor allem der Kinder;[4120] Wohnsitzverlegung ins Ausland mit der Folge praktischer Vereitelung Umgangsrecht, falls der Auswanderung verständliche Motive zugrunde liegen und nicht die Absicht der Umgangsrechtsvereitelung bestand,[4121] Wohnsitzverlegung (beruflich) nach Holland ohne vorherige Abstimmung mit der Ehefrau, wissend, dass diese ein Studium in Deutschland anstrebte,[4122]
- Kleinere Streitigkeiten. Sie reichen in der Regel nicht aus,[4123] so zB Aufforderung zur Behandlung in einer psychiatrischen Klinik,[4124] oder nur subjektiv empfundene Beziehungsstörungen.[4125] Anzeige wegen Freiheitsberaubung und Raub mit späterer Einstellung des Verfahrens gemäß § 153a StPO (geringe Schuld).[4126]

[4111] OLG Hamm FamRZ 1987, 947 (948).
[4112] OLG Hamm FamRZ 1981, 162 f.; FamRZ 1983, 186 (187).
[4113] OLG Celle NJW-RR 1996, 646 = FamRZ 1995, 1489.
[4114] BGH FamRZ 1981, 539 (541) = NJW 1981, 1609; FamRZ 1984, 32 (33) = NJW 1984, 306; OLG Hamm FamRZ 2002, 242; OLG Oldenburg NJW 1991, 3222 (3223): Verschweigen Pflegegeld.
[4115] OLG Oldenburg FamRZ 2002, 243.
[4116] OLG Hamm OLG-Report 2000, 42 (Zeugung von Kindern für zeugungsunfähigen Bruder – das OLG spricht aber von Nr. 7).
[4117] BGH FamRZ 1987, 572.
[4118] OLG Koblenz FamRZ 1998, 754 wendet § 1579 Nr. 2 BGB an; OLG Hamm FamRZ 1994, 168.
[4119] OLG Karlsruhe NJW 1995, 2796 = FamRZ 1995, 1488.
[4120] OLG Düsseldorf FamRZ 1987, 1259 (1261) = NJW-RR 1988, 4 (6).
[4121] BGH FamRZ 1987, 356 (358 f.) = NJW 1987, 893.
[4122] OLG Köln FamRZ 1991, 940.
[4123] BGH FamRZ 1986, 434 (436).
[4124] OLG Bamberg FamRZ 1987, 1264 (1265).
[4125] OLG Koblenz FamRZ 2000, 1371.
[4126] OLG Karlsruhe NJW 1990, 2070 (2072) = FamRZ 1990, 163.

- Täuschungen. Täuschung über die Zahl vorehelicher Eheschließungen und Wegnahme von Hausrat,[4127]
- Vorwurf sexuellen Missbrauchs der Kinder durch den Vater – nach den Kinderaussagen nicht auszuschließen – rechtfertigt eine Anwendung der Nr. 7 ebenso wenig wie die Aufrechterhaltung der Vorwürfe nach Erstellung eines dem Vater günstigen Gutachtens, wenn die Mutter in Wahrnehmung berechtigter Interessen bei Verteidigung gegen die Anwendung der Nr. 7 gehandelt hat.[4128] Solche berechtigten Interessen können vorliegen, wenn der erhobene Vorwurf auf Bekundungen der gemeinsamen Kinder beruht.[4129] Der leichtfertig erhobene Vorwurf des sexuellen Missbrauchs oder der Gewalt gegen die gemeinsamen Kinder erfüllt dagegen die Tatbestände des § 1579 Nr. 3 und 7 BGB, → Rn. 1122.
- Übergewicht. In einer nicht hinreichenden Bemühung um eine Gewichtsabnahme, die einer (vollen) Erwerbstätigkeit entgegensteht, kann kein schwerwiegendes Fehlverhalten gesehen werden.[4130]

ff) Grobe Unbilligkeit, Ausmaß der Verwirkung. Unzumutbarkeit der Belastung mit Unterhalt, die sich aus den gesamten Einzelfallumständen, insbesondere dem Verhalten des Berechtigten in seiner Auswirkung auf den Verpflichteten ergeben kann, ist Wesensmerkmal grober Unbilligkeit.[4131] Bei Fortzahlung des Unterhalts in Kenntnis der Verfehlung kann der Verpflichtete sich nicht später auf grobe Unbilligkeit berufen, es sei denn, weitere Umstände treten hinzu.[4132]   **1158**

Das Ausmaß der Verwirkung ist das Ergebnis einer umfassenden Abwägung aller Umstände des Einzelfalles, s. Rn. 1177 ff.   **1159**

Ein Verfahrenskostenvorschussanspruch kann im Einzelfall bestehen, auch wenn der Unterhaltsanspruch selbst verwirkt ist.[4133] Dem ist jedenfalls bei einer Vollverwirkung des Unterhaltsanspruchs nicht zu folgen, da dann auch Nebenansprüche verwirkt sind. Darüber hinaus wird der Vorschussanspruch nicht alsbald realisierbar sein, wenn der Unterhaltpflichtige den Einwand der Verwirkung erhebt.[4134]   **1160**

Ausstrahlen des Fehlverhaltens in der Trennungszeit auf den nachehelichen Unterhalt. Nr. 7 ist gem. § 1361 Abs. 3 BGB auf den Trennungsunterhalt anzuwenden. Ein Fehlverhalten in der Ehezeit kann auch nachehelichen Unterhalt unzumutbar machen.[4135]   **1161**

gg) Abschließende Regelung des Fehlverhaltens. § 1579 Nr. 7 BGB enthält eine abschließende Regelung persönlichen Fehlverhaltens des Berechtigten gegen den Verpflichteten selbst,[4136] soweit nicht auch die Nrn. 3, 5 und 6 Spezialregelungen in diesem Bereich enthalten. Diese Spezialregelungen gehen vor, so dass nicht auf Nr. 7 zurückgegriffen werden kann, wenn ein Tatbestand nach Nr. 3, 5 oder 6 erfüllt ist, die Voraussetzungen dieser Vorschriften aber nicht gegeben sind. Nr. 8 kann neben Nr. 7 anwendbar sein.[4137]   **1162**

[4127] KG FamRZ 1997, 1012 (nach Verweisen aus Wohnung).
[4128] KG FamRZ 1995, 355 f.
[4129] OLG Schleswig FamRZ 2013, 1132 (1133) = NJW-RR 2013, 517 (518).
[4130] OLG Frankfurt FamRZ 2001, 624.
[4131] BGH FamRZ 1983, 569 (571) = NJW 1983, 1548; FamRZ 1984, 986 (987) = NJW 1984, 2692.
[4132] OLG Düsseldorf FamRZ 1997, 1159.
[4133] So OLG Zweibrücken NJW-RR 2001, 1009.
[4134] OLG Brandenburg FamRZ 2014, 784.
[4135] BGH NJW 1991, 1290 (1292) = FamRZ 1991, 670; OLG Koblenz FamRZ 2000, 290 (auch wenn Beziehung abgebrochen).
[4136] OLG Hamm FamRZ 1987, 600; *Häberle* FamRZ 1986, 311 (314).
[4137] BGH FamRZ 1989, 1279 (1280); OLG Karlsruhe NJW 1995, 2796 = FamRZ 1995, 1488.

m) § 1579 Nr. 8 BGB

1163   **aa) Allgemeines. Entstehungsgeschichte.** Die inhaltliche Bestimmtheit des Auffang-tatbestandes der Nr. 8 erschöpft sich in einer qualitativen Verweisung auf die Nrn. 1–7 („ebenso schwer wiegt wie\.\.\.."). Die Gleichgewichtigkeit mit den Nrn. 1–7, die Nr. 8 verlangt, ist in jedem Einzelfall zu beachten;[4138] der „andere Grund" muss aber nicht einem der gesondert geregelten Tatbestände vergleichbar sein, damit er „ebenso schwer" wiegt. Umstände, die für sich allein eine Anwendung der Nrn. 1–7 nicht rechtfertigen würden, können in der Regel den Auffangtatbestand der Nr. 8 nicht,[4139] zusammen mit anderen Tatsachen aber wohl erfüllen.[4140]

1164   **Funktion der Vorschrift.** Wesenskern der Auffangklausel ist – wie bei den anderen Nummern des § 1579 BGB – die Überschreitung der Grenze des Zumutbaren bei der Auferlegung von Unterhaltslasten, die die Handlungsfreiheit und Lebensgestaltung des Verpflichteten unerträglich belasten.[4141] Auch aus objektiven Gegebenheiten kann sich der Tatbestand der Nr. 8 ergeben,[4142] zB wenn der Tatbestand der Nr. 2 erfüllt ist, die Anwendung dieser Vorschrift aber mangels Schuldfähigkeit ausscheidet.[4143] Die Verweisung auch auf Nr. 1 zeigt, dass Umstände ausschließlich objektiven Gehalts zur Anwendung der Härteklausel reichen. So kann Nr. 8 eingreifen, wenn die Ehe nicht gemäß Nr. 1 „kurz" war, das tatsächliche Zusammenleben aber nur wenige Monate dauerte.[4144] Infolge der Erfassung subjektiven Fehlverhaltens abschließend durch die Nr. 7 (auch Nrn. 3, 4, 5) beschränkt sich der Anwendungsbereich der Nr. 8 auf Sachverhalte ohne vorwerfbares subjektives Fehlverhalten.[4145]

1165   *Einstweilen frei*

1166   **bb) Lebensgemeinschaften. (1) Die Fälle** der **Lebensgemeinschaften** sind ab 1.1.2008 gesondert in Nr. 2 des § 1579 BGB erfasst worden (→ Rn. 1117 ff.).

1167–1172   *(Einstweilen frei)*

1173   **(2) Schuldloses Fehlverhalten des Ehepartners:** Bedrohungen und Tätlichkeiten;[4146] erhebliche Belastung des unterhaltsverpflichteten Ehegatten durch Alkoholismus des anderen zB in Gestalt gravierender Haushaltsvernachlässigung und Vernachlässigung des Kindes auch zu Lasten des Unterhaltsverpflichteten, Benutzung des Ehebetts mit dem Liebhaber während der Anwesenheit des Ehemanns in der Ehewohnung.[4147] Das muss erst recht gelten, wenn ein gemeinsames Kind vom Berechtigten in schuldunfähigem Zustand getötet wurde.[4148] Schuldhaftes Verhalten fällt dagegen unter Nr. 7, wird aber

---

[4138] BGH FamRZ 1980, 981 (983) = NJW 1980, 2247; FamRZ 1982, 573 (575) = NJW 1982, 1460; OLG Düsseldorf FamRZ 1983, 585 (587).

[4139] BGH NJW 1987, 1761 = FamRZ 1987, 572; NJW-RR 1995, 449 (551); OLG Celle FamRZ 1990, 524 (525).

[4140] BGH FamRZ 1990, 981 (983) = NJW 1980, 2247; OLG Celle FamRZ 1990, 524 (525); KG NJW 1991, 113.

[4141] BVerfG NJW 1981, 1771; NJW 1989, 2807; ähnlich BVerfG FamRZ 2003, 661 = FPR 2003, 479 zur Nebentätigkeit; BGH FamRZ 1983, 568 (572) = NJW 1983, 1548; FamRZ 1984, 986 (987) = NJW 1984, 2692; NJW 1992, 2477 (2481); OLG Frankfurt NJW-RR 1991, 902.

[4142] BGH FamRZ 1983, 569 = NJW 1983, 1548; NJW 1986, 722 (723); FamRZ 1987, 572 = NJW 1987, 1761; NJW-RR 1988, 834 (835); OLG Düsseldorf FamRZ 1987, 487; OLG Celle FamRZ 1986, 910; OLG Hamm FamRZ 1987, 597 u. 1151 (1152); FamRZ 1996, 1080 (1081).

[4143] OLG Schleswig FamRZ 2000, 1375: versuchtes Tötungsdelikt in schuldunfähigem Zustand.

[4144] BGH FamRZ 1994, 566; NJW-RR 1994, 644 = FamRZ 1994, 558; OLG Brandenburg NJW-RR 2004, 581; OLG München FamRZ 2003, 874 (24-jährige Ehe, aber nur gelegentliche Treffen).

[4145] OLG Schleswig FamRZ 2000, 1375; OLG Hamm FamRZ 1987, 600; *Häberle* FamRZ 1986, 311 (314).

[4146] OLG Hamm FamRZ 1998, 371.

[4147] OLG Hamm FamRZ 1996, 1080 (1081).

[4148] Abzulehnen daher OLG Hamm FamRZ 1997, 1485 (Tötung in affektiver Psychose).

von der Rechtsprechung zT auch unter Nr. 8 subsumiert: So bei dauernder Erwerbsunfähigkeit infolge höchst leichtfertiger Selbstschädigung.[4149]

(3) Sonstige Fälle objektiver Unzumutbarkeit 1174

1. Krankheit.[4150]
   – Anwendbar ist Nr. 8 auf alle Unterhaltstatbestände und daher auch auf den Krank-
     heitsunterhalt nach § 1572 BGB.[4151]
   – Krankheitsunterhalt ist nicht von Ehebedingtheit der Krankheit abhängig, so dass
     fehlende Ehebedingtheit kein Verwirkungsgrund sein kann.[4152] Nr. 8 kann aber bei
     bewusstem Verschweigen einer vorehelichen Erkrankung anwendbar sein.[4153] Ohne
     Verschweigen der Erkrankung und bei Fehlen sonstiger Umstände ist die Anwen-
     dung der Nr. 8 nicht gerechtfertigt.[4154]
   – Unterhaltsneurosen[4155] können für sich genommen die Anwendung der Nr. 8 nicht
     rechtfertigen, wohl aber eine Behandlungsverweigerung, soweit insoweit nicht schon
     von fiktivem Einkommen auszugehen ist.
2. Geschlechtsgemeinschaft. Die fehlende Geschlechtsgemeinschaft, insbesondere die
   Verweigerung des Eheverkehrs, ist unter Nr. 8 gefasst worden, das erscheint aber
   fraglich, da es sich um Fragen höchstpersönlicher Zuwendung handelt, die in der Regel
   nicht als einseitiges Fehlverhalten aufgefasst werden können.[4156]
3. Kurzes Zusammenleben: obwohl Ehe iSv Nr. 1 nicht von „kurzer Dauer" war, kann,
   wenn keine wechselseitigen Abhängigkeiten begründet worden sind und die Bedürftigkeit nicht ehebedingt ist, eine unbefristete Gewährung von nachehelichem Unterhalt
   grob unbillig sein.[4157]
4. Unbefristete Inanspruchnahme des Verpflichteten kann in besonders engen Ausnahmefällen grob unbillig sein.[4158] Es kommt „allgemein" darauf an, ob die aus der Unterhaltspflicht erwachsende Belastung für den Verpflichteten[4159] die Grenze des Zumutbaren überschreitet.[4160]
5. Erwerbsunfähigkeit durch Drittverschulden infolge Totschlagsversuchs damaligen
   Freundes. Mit Nachteilen eines Intimverhältnisses für Erwerbsfähigkeit kann Verpflichteter grundsätzlich nicht belastet werden.[4161]

[4149] OLG Köln FamRZ 1992, 1311.

[4150] BGH FamRZ 1994, 566: psychische Erkrankung; NJW-RR 1995, 449: morbus Crohn; OLG
Brandenburg FamRZ 1996, 866: Querschnittslähmung; OLG Hamm FamRZ 1994, 1037 (1038):
morbus Crohn; OLG Oldenburg NJW 1991, 3222 (3223) = FamRZ 1991, 827: multiple Sklerose
schon vor zehnjähriger Ehe, zeitliche Unterhaltsbegrenzung; AG Essen FamRZ 1994, 706; FamRZ
1995, 880 (Medikamentenabhängigkeit); AG Rastatt FamRZ 1991, 824: zeitliche Begrenzung, wenn
Krankheit schon vor Ehe bestand.

[4151] AG Rastatt FamRZ 2007, 1174.

[4152] Anders AG Crailsheim NJWE-FER 2000, 28.

[4153] Offengelassen von BGH FamRZ 1994, 566; NJW-RR 1995, 449 (451); ablehnend AG Rastatt
FamRZ 2007, 1174.

[4154] OLG Hamburg FamRZ 1995, 1417 (Mangelfall als sonstiger Umstand).

[4155] OLG Düsseldorf NJW-RR 1989, 1157 = FamRZ 1990, 68.

[4156] So AG Brühl NJWE-FER 2000, 51.

[4157] BGH FamRZ 1988, 930 (932) = NJW 1988, 834: 9 Monate Zusammenleben (Haft Ehemann);
OLG Köln FamRZ 1999, 93; OLG Karlsruhe FamRZ 1998, 7451; OLG Brandenburg NJW-RR 2004,
581; **anders:** OLG Stuttgart FamRZ 1987, 479 (480).

[4158] OLG Celle FamRZ 1986, 910 (912): keine ehebedingte Bedürftigkeit (Behinderung).

[4159] Und zwar nur für diesen, nicht für mit ihm in Haushaltsgemeinschaft lebende Unterhaltsberechtigte: BGH NJW 1996, 2793 (2794) = FamRZ 1996, 1272.

[4160] BGH FamRZ 1984, 986 (987) = NJW 1984, 2692; NJW 1985, 428 (429); FamRZ 1987, 1011
(1013); OLG Celle FamRZ 1986, 910 (912).

[4161] OLG Düsseldorf FamRZ 1987, 487 (488).

6. **Umzug ins Ausland.** Entsteht die Bedürftigkeit erst durch einen Umzug ins Ausland (obwohl in Deutschland der Bedarf durch Eigenverdienst gedeckt werden könnte) kann Nr. 8 anwendbar sein.[4162]

7. **Lange Trennungsdauer.** Leben die Eheleute bereits längere Zeit getrennt, ohne das Unterhalt geltend gemacht wurde, kann der Anspruch nach § 1579 Nr. 8 BGB verwirkt sein.[4163]

cc) Keine Anwendung der Nr. 8. Abgelehnt worden ist eine Anwendung der Nr. 8 in folgenden Fällen

1175   1. Fehlendes oder nur kurzes Zusammenleben unterfällt grundsätzlich der Nr. 1, bei der es auf das tatsächliche Zusammenleben nicht ankommt. Bei Trennungsunterhalt, für den Nr. 1 ausgeschlossen ist (§ 1361 Abs. 3 BGB), kann dieser Ausschluss nicht über Nr. 8 umgangen werden.[4164]

2. **Auswanderung mit Kindern,** sofern keine Absicht der Vereitelung des Umgangsrechts.[4165] Die Täuschung über eine Auswanderungsabsicht kann aber § 1579 Nr. 7 BGB erfüllen.[4166]

3. **Beleidigungen, Beschimpfungen,** die nicht die für Nrn. 3–8 erforderliche Schwere erreichen.[4167]

4. **Schwangerschaft nicht verhütet** und Abtreibung abgelehnt.[4168] Ebenso genügt die Geburt ein 5. **Täuschungshandlungen vor Eheschließung:** jedenfalls dann nicht, wenn sie bereits erfolglos Gegenstand eines Eheaufhebungsverfahrens waren.[4169] → Rn. 1099.

6. **Verweigerung der Herstellung der ehelichen Lebensgemeinschaft** reicht allein zur Anwendung der Nr. 8 nie aus.[4170]

7. **Namensänderung** in andersgeschlechtlichen Vornamen.[4171]

8. **Nachrang wiederaufgelebter Witwenrente** (Anrechnung Unterhalt) kann nicht zugunsten des Unterhaltsverpflichteten gemäß Nr. 8 ausgeglichen werden.[4172]

9. **Sozialhilfebedürftigkeit** der neuen Familie infolge nachehelicher Unterhaltszahlung: nicht Nr. 8.[4173]

10. **Verspätete Geltendmachung.**[4174] Hier sind nur die Regeln über Verjährung und Verwirkung anzuwenden.[4175]

[4162] OLG Köln FamRZ 1999, 93; aber ausländisches Recht zu beachten: BGH FamRZ 2001, 412.

[4163] OLG Köln FamRZ 1999, 93 (94): vier Jahre Trennung; OLG Frankfurt/M. FamRZ 2004, 1574f; OLG Bamberg FamRZ 2014, 1707 (1708): jeweils mehr als 10 Jahre.

[4164] BGH FamRZ 1982, 573 (575) = NJW 1982, 1461.

[4165] BGH FamRZ 1987, 356 (358 f.) = NJW 1987, 893.

[4166] BGH FamRZ 1987, 356 (358 f.) = NJW 1987, 893.

[4167] BGH FamRZ 1980, 981 (983) = NJW 1980, 2247; 1982, 573 (575) = NJW 1982, 1460; OLG Bamberg FamRZ 1987, 1264 (1265); OLG Düsseldorf FamRZ 1983, 585 (587); OLG Frankfurt t FamRZ 1987, 157 (158): Unmutsäußerungen; OLG Hamm FamRZ 1987, 597 (600): Vorwurf, Verpflichteter Schuld an 3 Selbstmordversuchen der Tochter.

[4168] OLG Stuttgart FamRZ 1987, 700.

[4169] BGH FamRZ 1983, 456 = NJW 1983, 1427; OLG Celle FamRZ 1986, 910; OLG Frankfurt FamRZ 1987, 161 (162).

[4170] OLG Karlsruhe FamRZ 1981, 452; daher auch nicht Verweigerung der Geschlechtsgemeinschaft: anders aber AG Brühl NJWE-FER 2000, 51.

[4171] OLG München FamRZ 1986, 171 = NJW 1986, 737.

[4172] OLG Bremen FamRZ 1989, 746 (747).

[4173] BGH FamRZ 1996, 1272 (1273).

[4174] BGH FamRZ 2007, 453 mAnm *Büttner* = NJW 2007, 1273; AG Holzminden FamRZ 1994, 1033.

[4175] dazu → Rn. 270 f., 1093 f.

dd) Verzeihung. Verzeihung kommt auch beim verschuldensunabhängigen Ver- | 1176
wirkungstatbestand der Nr. 8 in Betracht. Der Berechtigte erhebt mit dem Einwand
der Verzeihung einen selbstständigen Gegeneinwand, der den Tatbestand der Vorschrift
entfallen lässt.[4176] Der Berechtigte trägt die Beweislast für eine Verzeihung. Voraussetzung für eine Verzeihung ist, dass der Verpflichtete zu erkennen gibt, dass er aus dem
Sachverhalt keine Konsequenzen ziehen will – das ist nicht der Fall, wenn nur versucht
werden soll, die Ehe noch zu retten.

n) Grobe Unbilligkeit

Eine **umfassende Abwägung aller Umstände des Einzelfalles** ist für jeden Verwir- | 1177
kungstatbestand im Rahmen der Prüfung grober Unbilligkeit vorzunehmen.[4177] Die
Voraussetzungen des jeweiligen Härtetatbestandes müssen erfüllt sein, bevor ergänzend
geprüft werden kann, ob und inwieweit die Inanspruchnahme des Verpflichteten bei
diesem Verstoß unter Gesamtwürdigung der sonstigen Umstände als grob unbillig anzusehen ist.[4178] Die Erfüllung eines Härtetatbestandes genügt nicht für sich allein zur
Unterhaltseinschränkung, sondern diese kann erst nach Prüfung der groben Unbilligkeit
vorgenommen werden. Die Prüfung ist in erster Linie Sache des Tatrichters.[4179] Das
Prinzip der Verhältnismäßigkeit, welches bei Anwendung der Härteklausel grundsätzlich
zu wahren ist, verlangt nicht, dass dem Verlust des Unterhaltsanspruchs aufseiten des
Verpflichteten ein gleichermaßen belastendes Ereignis entsprechen müsste, jedoch müssen
die Unterhaltsansprüche den Verpflichteten empfindlich belasten, es sei denn, der Berechtigte habe aus besonders verwerflicher oder gehässiger Gesinnung gehandelt.[4180] Die
Wahrung der Kindesbelange hebt das Gesetz besonders hervor und privilegiert damit den
Kindesbetreuungsunterhalt (§ 1570 BGB) auch in den Verwirkungsfällen.[4181]

aa) Wahrung der Kindesbelange. Wahrung der Belange eines gemeinschaftlichen | 1178
Kindes bei Anwendung der Härteklauseln soll generell sicherstellen, dass Kindesbelange
durch Unterhaltseinschränkung und Unterhaltsausschluss nicht ernsthaft beeinträchtigt
werden.[4182] Der Ausdruck „Wahrung" statt „Berücksichtigung" der Belange soll dem
Verfassungsgebot nach Sicherung der Lebensbedingungen des Kindes Ausdruck verlei-
hen.[4183]

Grundsätzlich hat die Wahrung der Kindesbelange Vorrang vor dem Interesse des | 1179
Verpflichteten an Einschränkungen oder Fortfall seiner Unterhaltslast.[4184] Es soll verhindert werden, dass der betreuende Elternteil, dem ein Anspruch aus § 1570 BGB
zustehen würde, aus wirtschaftlicher Not das Kind zugunsten eigener Erwerbstätigkeit

---

[4176] OLG Düsseldorf FamRZ 1997, 1159 (Fortzahlung des Unterhalts nach Kenntnis).
[4177] BGH FamRZ 1998, 371 = NJW 1998, 1309; FamRZ 1983, 676 = NJW 1983, 1552;
FamRZ 1984, 154 (157) = NJW 1984, 297; FamRZ 1984, 34 = NJW 1984, 296; FamRZ 1984, 356
(358) = NJW 1984, 1537; FamRZ 1984, 986 (988) = NJW 1984, 2692; FamRZ 1986, 443 (444) = NJW
1986, 722 (723).
[4178] BGH FamRZ 1999, 710 = NJW 1999, 1630; FamRZ 1998, 541 = NJW 1998, 1309 (1312).
[4179] BVerfG NJW 1989, 2807 (2808); FamRZ 1992, 1283; BGH FamRZ 1990, 492 (495).
[4180] BGH FamRZ 1984, 32 = NJW 1984, 306 zu § 66 EheG; OLG Celle FamRZ 1991, 1313 (1314);
OLG Frankfurt NJW-RR 1991, 202 = FamRZ 1990, 1363; OLG Hamm NJW-RR 1988, 8 (9); KG
FamRZ 1987, 181 (182).
[4181] OLG Saarbrücken OLGR 2002, 342 unter Hinweis auf BGH FamRZ 1990, 492.
[4182] OLG Düsseldorf FamRZ 1995, 885 (886); OLG Hamm NJW-RR 1994, 901 (902) = FamRZ
1994, 1115; FamRZ 1933, 1450; vgl. *Henrich* FamRZ 1986, 401 ff.
[4183] BGH FamRZ 1997, 671 (672) = NJW 1997, 1851; OLG Bamberg FamRZ 1988, 727 (728).
[4184] BVerfG FamRZ 1981, 745 = NJW 1981, 1771; BGH FamRZ 1984, 154 (156) = NJW 1984, 294;
FamRZ 1984, 356 (358) = NJW 1984, 1537; FamRZ 1984, 662 (663) = NJW 1984, 2358; FamRZ 1984,
986 (988) = NJW 1984, 2692; FamRZ 1987, 1238 (1239) = NJW 1988, 70; NJW 1988, 2376 (2378).

vernachlässigt.[4185] Der Lebensstandard des Kindes soll nicht wegen eines Elternfehlverhaltens absinken.[4186] Unter Umständen ist bei Abwägung der Belange des Verpflichteten und denen des Kindes eine „gewisse Beeinträchtigung" der Kindesbelange hinzunehmen, wenn sie nur im Wesentlichen gewahrt werden.[4187]

1180   Ein **gemeinschaftliches Kind muss betreut werden.** Ein scheineheliches Kind kann nicht grundsätzlich als gemeinsames Kind betrachtet werden, sondern nur, wenn der rechtliche Vater in Kenntnis der biologischen Abstammung auf eine Anfechtung der Vaterschaft verzichtet. Ist ein Anfechtungsverfahren anhängig oder hat die Mutter den Ehemann veranlasst, die Vaterschaft nicht anzufechten, dürften die Belange dieses Kindes unerheblich sein.[4188]

Beim Trennungsunterhalt kann auch die Betreuung nicht aus der Ehe stammender Kinder, die auf Grund übereinstimmenden Willens der Eheleute in den gemeinsamen Haushalt aufgenommen worden sind, zu berücksichtigen sein, denn es entspricht den ehelichen Lebensverhältnissen, dass dieser gemeinsam geschaffenen Situation bis zur rechtskräftigen Scheidung nach der Trennung Rechnung getragen wird, auch durch entsprechende Anwendung der Kindeswohlklausel des § 1579 BGB.[4189]

1181   Dem **„Berechtigten zur Pflege oder Erziehung anvertraut"** bedeutet anvertraut durch eine Vereinbarung der Eltern oder eine gerichtliche Sorgerechts- oder Aufenthaltsbestimmungsübertragung.[4190]

1182   **Maß der Unterhaltsabsenkung**

(1) Im Rahmen des § 1579 BGB ist die Neuregelung des § 1570 BGB zu beachten. Ist das gemeinsame Kind jünger als drei Jahre ist bei fehlender Erwerbstätigkeit der Mutter dieser jedenfalls der Mindestunterhalt, bei guten wirtschaftlichen Verhältnissen des Pflichtigen auch ein höherer Betrag zu belassen. Ist das Kind älter als drei Jahre kommt eine Reduzierung auf den zur Kinderbetreuung notwendigen Unterhalt bis zum Ende der Betreuungsbedürftigkeit in Betracht.[4191] Diese ist entsprechend für jeden Einzelfall gesondert zu überprüfen. Ist der kinderbetreuende Elternteil im Rahmen des § 1570 BGB zu einer Erwerbstätigkeit verpflichtet, muss dies erst recht gelten, wenn ein Fall der Verwirkung vorliegt.

1183   (2) **In besonders schwerwiegenden Härtefällen Absenkung auf das Existenzminimum.** Bei Kinderbetreuung kommt eine weitere Absenkung unter den Mindestbedarf auf das bloße Existenzminimum in besonders schwerwiegenden Härtefällen nach der Rechtsprechung in Betracht.[4192]

1184   (3) **Eine völlige Versagung** oder schon eine **Unterschreitung des Existenzminimums** dürfte aber nicht in Betracht kommen, falls der Betreuende nicht auf Erwerbsarbeit verwiesen werden kann oder die Belange des Kindes anderweitig gesichert sind.[4193] Ist der Betreuende erwerbstätig, obwohl wegen des Alters des Kindes eine entsprechende Obliegenheit nicht besteht, dürfen die erzielten Einkünfte als existenzsichernd zu betrachten

---

[4185] BGH FamRZ 1984, 986 (988) = NJW 1984, 2692; OLG Köln FamRZ 2001, 1717.

[4186] BGH FamRZ 1983, 676 = NJW 1983, 1552; FamRZ 1984, 154 (155) = NJW 1984, 297; FamRZ 1987, 1238 = NJW-RR 1988, 70; OLG Köln FamRZ 2001, 1717; OLG Hamm NJW-RR 2003, 1297.

[4187] OLG Koblenz FamRZ 1988, 295 (Arbeit während Kindergarten- oder Schulzeit).

[4188] BGH FamRZ 1985, 51 (52).

[4189] OLG Bremen FamRZ 1981, 953 (954).

[4190] BVerfG FamRZ 1981, 745 = NJW 1981, 1771; FamRZ 1982, 991; BGH FamRZ 1983, 142 (143) = NJW 1983, 451.

[4191] Wendl/Dose/*Siebert,* § 4/1235.

[4192] So BGH FamRZ 1998, 541 = NJW 1998, 1309 mwN; OLG Schleswig OLG-Report 2002, 26; OLG Hamm FamRZ 1999, 1134 will in äußersten Härtefällen das Kindergeld bedarfsdeckend berücksichtigen.

[4193] BGH FamRZ 1998, 541 = NJW 1998, 1309 erwägt das; OLG Hamm FamRZ 1990, 1001 (1002) lässt das offen; wie hier OLG Schleswig OLG-Report 2002, 26.

sein mit der Folge, dass ein Unterhaltsanspruch – auch aus § 1570 BGB – ganz oder zumindest teilweise entfällt. Die ältere Rechtsprechung, die überobligatorische Einkünfte der Kindesmutter unberücksichtigt lassen will, hat angesichts des seit dem 1.1.2008 verstärkt geltenden Grundsatzes der Eigenverantwortung kaum mehr Gültigkeit. Liegt ein Verwirkungstatbestand vor, dürfte der Kindesmutter der Unterhalt je nach dem Umständen des Einzelfalls auch völlig zu verweigern sein.[4194]

(Einstweilen frei) 1185, 1186

Zusätzlich zu den Kindesbelangen ist die **grobe Unbilligkeit der Auferlegung von** 1187 **Unterhaltspflichten** zu prüfen, denn auch wenn die Kindesbelange eine Unterhaltskürzung zulassen, kann diese erst nach den sonstigen Gesamtumständen vorgenommen werden.[4195]

bb) Gesichtspunkte für die Billigkeitsprüfung im Rahmen der Gesamtwürdigung

1. Alter des Berechtigten,[4196] ggf. auch das des Verpflichteten. 1188
2. Dauer Ehe: Lange Ehedauer ist zugunsten des Berechtigten zu berücksichtigen, denn dadurch ergibt sich in der Regel eine zunehmende Verflechtung der Lebensverhältnisse und sie begründet ein Vertrauen in die wirtschaftliche Absicherung.[4197] Solange eine anderweitige Sicherung durch eine „Unterhaltsgemeinschaft" anzunehmen ist, tritt dieser Gesichtspunkt zurück, nach der Auflösung der Unterhaltsgemeinschaft wird die lange Ehedauer wieder bedeutsam.[4198] Auch nach 20-jähriger Ehe braucht es aber keine wirtschaftlichen Abhängigkeiten zu geben, wenn beide Ehegatten stets berufstätig waren.[4199] Der BGH[4200] lehnt in letzter Zeit zu Unrecht jede isolierte Bezugnahme auf die Dauer der Ehe ab, denn jedenfalls bei einer Ehe mit Kindern wird die Berufspause (oder -einschränkung) sich praktisch immer auf die Berufsentwicklung der Frau ausgewirkt haben.
3. Die Dauer des Zusammenlebens ist neben der Ehedauer zu berücksichtigen,[4201] da sich daraus in der Regel der Grad der wirtschaftlichen Verflechtung[4202] und das Maß des Vertrauens auf eine Sicherung durch den Ehepartner ergibt.
4. Vergangene Kinderbetreuung, denn darin liegt eine Leistung für den Verpflichteten.[4203]
5. Berufliche Ehenachteile sind bei der Billigkeitsprüfung zu berücksichtigen.[4204]
6. Krankheiten: Art, Umfang, Entstehungszeit und Entstehungsgrund, Folgen.[4205] Psychische Belastungen des Berechtigten.[4206]

[4194] Bereits zum alten Recht: KG FamRZ 1990, 746 = NJW 1991, 113 (114) auch: OLG Hamm FamRZ 1994, 1035 (1036); anders noch die Vorauflage Rn. 1185 mwN.

[4195] BVerfG FamRZ 1992, 1283.

[4196] OLG Bamberg FamRZ 1988, 285 (286); FamRZ 1987, 1153 (erst 39 Jahre); OLG Düsseldorf FamRZ 1987, 487 (488): 30 Jahre; OLG Hamm FamRZ 1988, 400 (Altersbedürftigkeit).

[4197] BGH NJW 1986, 722 (723); FamRZ 1986, 443 (444); OLG Bamberg FamRZ 1987, 1153; OLG Hamburg FamRZ 1987, 1044 (1045).

[4198] BGH FamRZ 1986, 443 (444).

[4199] OLG Bamberg FamRZ 1987, 1153.

[4200] BGH FamRZ 2007, 1532 (1538) m insoweit krit. Anm. *Maurer*.

[4201] OLG Hamm FamRZ 1987, 1151 (1152); FamRZ 1988, 400.

[4202] BGH FamRZ 1986, 443 (444) = NJW 1986, 722 (723); OLG Bamberg FamRZ 1987, 1153; OLG Hamm FamRZ 1987, 1151.

[4203] BGH NJW 1986, 722 (723); OLG Düsseldorf FamRZ 1987, 1262 (1263); OLG Köln FamRZ 1985, 1046.

[4204] OLG Bamberg FamRZ 1986, 1104 (1105); FamRZ 1987, 1153 (1155); OLG Köln FamRZ 1985, 1046.

[4205] OLG Hamm FamRZ 1988, 400; OLG Köln NJW-RR 1986, 72.

[4206] OLG Hamm MDR 1985, 674: seelische Ausnahmesituation wegen bevorstehender Brustoperation; OLG Köln FamRZ 1985, 1046: psych. Belastung durch Ehe.

7. erhalten des Berechtigten: von Berechtigten gebilligtes unziemliches Verhalten des neuen Partners während der Ehezeit gegenüber Verpflichteten.[4207] Bedrohung des Verpflichteten.[4208] Eine „besonders krasse" Verwirklichung eines Tatbestandes der Härteklausel kann die Billigkeitswertung beeinflussen. Verfehlungen Berechtigter: Intensität Streben aus Ehe,[4209] Zeitpunkt (etwa lange zurückliegend) der Verfehlung,[4210] Nachhaltigkeit der Verfehlung,[4211] Maßgeblichkeit der Verfehlung für Scheitern Ehe.[4212]

8. Verfehlungen des Verpflichteten,[4213] soweit diese nicht schon die „Einseitigkeit" des Fehlverhaltens des Berechtigten ausschließen.

9. Höhe des verlangten Unterhalts: Ergänzungsunterhalt geringer Höhe,[4214] (damals) 250 DM Aufstockungsunterhalt.[4215]

10. Wirtschaftliche Lage des Verpflichteten: Unzumutbarkeit der Belastung mit Unterhalt,[4216] die sich aus dem wirtschaftlichem Umfang der Unterhaltslast ergeben kann.[4217] Es muss ein „Ausnahmesachverhalt" gegeben sein.[4218] Zu prüfen ist nicht, wie der Berechtigte stünde, hätte er nicht geheiratet, sondern wie die Unterhaltpflicht den Unterhaltsschuldner trifft.[4219]

Insgesamt ist die Verhältnismäßigkeit des Eingriffs (durch Unterhalt) in die Handlungsfreiheit des Verpflichteten bei der Billigkeitswertung zu berücksichtigen.[4220] Dabei ist auch zu berücksichtigen, ob der Verpflichtete den Unterhalt zunächst in Kenntnis der Verfehlung weitergezahlt hat.[4221] Dies begründet allerdings keinen Vertrauenstatbestand zugunsten des Berechtigten.[4222]

11. Wirtschaftliche Lage des Berechtigten: Erwerbschancen des Berechtigten,[4223] Versorgungsentgelt,[4224] Verwertung Eigenvermögen,[4225] insgesamt Auswirkung der Unterhaltsherabsetzung auf seine Lebensverhältnisse.[4226] Die fehlende Leistungsfähigkeit des neuen Partners findet keine Berücksichtigung.[4227] Zu beachten ist allerdings, dass dem Grundsatz der Eigenverantwortung in den Fällen der Unterhaltsverwirkung eine besondere Bedeutung bekommt, so dass die Anwendbarkeit der älteren Rechtsprechung kritisch zu betrachten ist.

[4207] OLG Stuttgart FamRZ 1987, 479 (481): Partner der Unterhalt fordernden Ehefrau hat während Trennungszeit zu Ehemann gesagt, Verhalten Ehefrau gehe ihn, Ehemann, nichts an.
[4208] OLG Köln NJW-RR 1986, 72.
[4209] OLG Celle NJW-RR 1988, 1097: Berechtigte trotz mehrfacher Lösungsmöglichkeiten immer wieder zu Freund zurückgekehrt.
[4210] BGH FamRZ 1986, 443 (444) = NJW 1986, 722 (723 r. Sp. vor 4.); OLG Düsseldorf FamRZ 1986, 62: vor 12 Jahren 3 mal Geschlechtsverkehr mit Bruder des Ehemanns.
[4211] OLG Düsseldorf FamRZ 1986, 62 (64).
[4212] OLG Düsseldorf FamRZ 1986, 62 (64).
[4213] BGH FamRZ 1986, 443 (444) = NJW 1986, 722 (723).
[4214] OLG Düsseldorf FamRZ 1986, 62 (63).
[4215] OLG Bamberg FamRZ 1988, 285 (286) = NJW-RR 1988, 132.
[4216] BGH FamRZ 1984, 986 (987) = NJW 1984, 2692; NJW 1985, 428 (429).
[4217] BGH NJW 1988, 2376 (2378) = MDR 1988, 481; NJW 1992, 2477 (2481).
[4218] KG NJW-RR 1992, 648 = FamRZ 1992, 571.
[4219] OLG Frankfurt NJW-RR 1991, 902.
[4220] BGH FamRZ 1990, 492 (495); OLG Frankfurt FamRZ 1987, 157.
[4221] OLG Düsseldorf FamRZ 1997, 1159.
[4222] OLG Karlsruhe FamRZ 2011, 1066 (LS.).
[4223] OLG Bamberg FamRZ 1987, 1153 (1155).
[4224] BVerfG FamRZ 1982, 991; BGH FamRZ 1984, 154 (156) = NJW 1984, 297; FamRZ 1984, 356 (358) = NJW 1984, 1537.
[4225] BGH FamRZ 1984, 154 (156) = NJW 1984, 297.
[4226] BGH FamRZ 2002, 810 = NJW 2002, 1947.
[4227] OLG Karlsruhe FamRZ 2011, 1066 (LS.).

12. Besondere persönliche Umstände des Berechtigten, die außerhalb des § 1570 BGB (also Erwerbshinderung infolge Kinderbetreuung) liegen, aber sonst für die Zumutbarkeit einer Erwerbstätigkeit erheblich werden können, wie etwa der Gesichtspunkt der Nichtberufstätigkeit ab Eheschließung oder höheres Alter, schlechte Arbeitsmarktlage uÄ dürfen im Rahmen der Frage, ob das Kindesinteresse Unterhaltsleistungen erfordert, nicht berücksichtigt werden.[4228]

Begrenzung nach Zeit und Höhe. Erst die vollständige Billigkeitsprüfung nach den genannten Gesichtspunkten ergibt, in welcher Höhe und für welche Zeit ein Unterhaltsausschluss gerechtfertigt ist. **1189**

o) Wiederaufleben des Unterhaltsanspruchs nach Ausschluss oder Beschränkung gemäß § 1579 BGB

Die **Endgültigkeit von Maßnahmen gemäß § 1579 BGB** ist gesetzlich nicht festgeschrieben.[4229] Dementsprechend ist es – mit Ausnahme des Verwirkungsgrundes der kurzen Ehe – grundsätzlich möglich, dass ein einmal versagter oder beschränkter Unterhaltsanspruch nach Fortfall des Härtegrundes wieder auf lebt.[4230] Dies geschieht bei Änderung der tatsächlichen Verhältnisse nicht ohne weiteres. Erforderlich ist vielmehr eine umfassende Prüfung, ob die Belastungen aus der wieder auf lebenden Unterhaltsverpflichtung für den Unterhaltsschuldner weiterhin die Grenze des Zumutbaren überschreiten.[4231] In diese Prüfung ist das Maß der nachehelichen Solidarität mit den Kriterien des § 1578b BGB –Ehedauer, Aufgabe der Erwerbstätigkeit durch den bedürftigen Ehegatten zugunsten von Haushaltsführung und Kinderbetreuung – einzubeziehen.[4232] Zu berücksichtigen ist dabei auch, wie lange der Verwirkungstatbestand angedauert hat.[4233] Einzubeziehen in die Abwägung sind die Kinderschutzklausel und – im Rahmen des § 1579 Nr. 2 BGB – die Tatsache, dass sich der bedürftige Ehegatte aus der Ehe gelöst und damit gezeigt hat, dass er ihre Solidarität nicht mehr benötigt. Dementsprechend soll der einmal versagte Anspruch nur **als Betreuungsunterhalt** im Interesse der gemeinschaftlichen Kinder wiederaufleben.[4234] Für andere Unterhaltstatbestände kann dies nur ausnahmsweise angenommen werden,[4235] **1190**

(Einstweilen frei) **1191–1196**

§ 1579 BGB und Verfahrensrecht **1197**

Der Einwand des § 1579 BGB ist zunächst wie jeder andere Einwand, jede andere Einwendung gegen den Unterhaltsanspruch im Erstverfahren geltend zu machen.

Entstehen die Tatsachen, die den Einwand begründen, nach Rechtskraft der Erstentscheidung, erscheint wegen der Rechtsnatur der Härteregelung als rechtsvernichtender Einwand zunächst der Vollstreckungsabwehrantrag der §§ 113 Abs. 1 FamFG, 767 ZPO als der richtige Rechtsbehelf. Dem ist der *Bundesgerichtshof* für fällige Unterhaltsansprüche gefolgt.[4236] Wird der Verwirkungseinwand erstmals für den Zeitraum ab Rechts-

---

[4228] BGH FamRZ 2002, 810 = NJW 2002, 1947; 1984, 662 = NJW 1984, 2358.

[4229] Vgl. *Häberle* FamRZ 1986, 311 (316 f.); *Luthin* FamRZ 1986, 1166 (1168 f.).

[4230] BGH FamRZ 2011, 1498 (1501).

[4231] BGH FamRZ 1986, 443 (444) = NJW 1986, 722 (723); FamRZ 1987, 689 (690); FamRZ 2011, 1498 (1501) = NJW 2011, 3089 (3092) = MDR 2011, 1107 (1108).

[4232] BGH FamRZ 2011, 1498 (1501) = NJW 2011, 3089 (3092) = MDR 2011, 1107 (1108).

[4233] BGH FamRZ 2011, 1498 (1501) = NJW 2011, 3089 (3092) = MDR 2011, 1107 (1108); OLG Celle FamRZ 2008, 1627.

[4234] BGH FamRZ 2011, 1498 (1501) = NJW 2011, 3089 (3092) = MDR 2011, 1107 (1108).

[4235] BGH FamRZ 2011, 1498 (1501) = NJW 2011, 3089 (3092) = MDR 2011, 1107 (1108).

[4236] BGH FamRZ 1990, 1095.

hängigkeit geltend gemacht, ist der Abänderungsantrag nach § 238 FamFG der zutreffende Rechtsbehelf.[4237]

1198   **Im Abänderungsverfahren** kann der im Erstverfahren zurückgewiesene Einwand der Verwirkung erneut geltend gemacht werden, sofern die die Zurückweisung tragenden Tatsachen später eine wesentliche Änderung erfahren haben.[4238] Beispiele: spätere unverschuldete wesentliche Verschlechterung der wirtschaftlichen Verhältnisse, die zwar nicht zur Leistungsunfähigkeit führt, aber die Unterhaltslast nunmehr die Grenze des Zumutbaren überschreiten lässt, oder: weiterer Zeitablauf, so dass nun die zeitlichen Voraussetzungen einer „festen sozialen Verbindung" erfüllt sind. Der Einwand ist dann gemäß §§ 238 f. FamFG geltend zu machen. Umgekehrt kann ein früher gemäß § 1579 BGB aberkannter Anspruch wegen jetzt erforderlicher Kinderbetreuung (zB Übertragung Sorgerecht) zur Wahrung der Kindesbelange erneut geltend gemacht werden.[4239]

1199   Die **verfahrensrechtliche Geltendmachung** eines Fortfalls der Voraussetzungen des **§ 1579 BGB** hat gemäß §§ 238 ff. FamFG zu erfolgen. Dem steht die Rechtsnatur der Härteregelung als rechtsvernichtende Einwendung nicht entgegen. Bei einem Wiederaufleben des Unterhaltsanspruchs geht es gerade um den Umfang der Rechtsvernichtung, die nicht notwendig das Unterhaltsstammrecht ergreift.

p) Erstmalige Geldendmachung des § 1579 BGB durch den Erben

1200   **Der Erbe,** der nach § 1586b BGB für den nachehelichen Unterhalt haftet kann sich erstmals auf eine Verwirkung berufen, auch wenn der Erblasser das nicht getan hat,[4240] wenn der Berechtigte aus dem Verhalten des Erblassers nicht auf einen dauerhaften Verzicht auf den Verwirkungseinwand schließen konnte (hier: keine Geltendmachung der Verwirkung, um die Auswirkungen des § 33 VersAusglG zu erhalten), weiter → Rn. 170.

q) Ersatzhaftung von Verwandten

1201   Eine Ersatzhaftung von Verwandten kommt bei Ausschluss des Ehegattenunterhalts nach § 1579 BGB nicht in Betracht.[4241]

r) Darlegungs- und Beweislast

1202   Die **Darlegungs- und Beweislast** für die tatbestandlichen Voraussetzungen einer Verwirkung einschließlich der Entkräftung von Gegenvorwürfen trägt der Unterhaltsverpflichtete.[4242]

D. Endgültiges Erlöschen und allgemeines Wiederaufleben von Unterhaltsansprüchen und Unterhaltspflichten

I. Erlöschen

1203   Unterhaltsanspruch und Unterhaltspflicht erlöschen endgültig, wenn:

a) der Unterhaltsanspruch durch Abfindung erfüllt ist (§§ 1585 Abs. 2 BGB, 62 Abs. 2 EheG → Rn. 234),

---

[4237] BGH FamRZ 1990, 1095; 1997, 671.
[4238] BGH FamRZ 2011, 1854 (1856) = NJW 2011, 3712 (3714) = MDR 2011, 1356 (1357).
[4239] BGH FamRZ 1987, 1238 (1239) = NJW-RR 1987, 70.
[4240] BGH FamRZ 2003, 521 = FPR 2003, 361.
[4241] Einschränkend aber *Maurer* FPR 2005, 331.
[4242] BGH FamRZ 1989, 1054 = NJW-RR 1989, 1218 (1220); FamRZ 1991, 670 = NJW 1991, 1290; OLG Frankfurt FamRZ 1990, 62 = NJW-RR 1989, 1232; OLG Karlsruhe NJW-RR 2011, 655 (656).

b) der Berechtigte auf Unterhalt wirksam vertraglich verzichtet hat (§ 1585c BGB),

c) der Berechtigte wieder heiratet (§ 1586 Abs. 1 BGB),

d) der Berechtigte stirbt.

II. Wiederaufleben nach Auflösung einer weiteren Ehe

Endgültig erloschene Unterhaltsansprüche und Unterhaltspflichten leben wieder auf, 1204
wenn die neue Ehe des früher Unterhaltsberechtigten durch Tod oder Scheidung aufgelöst wird und der Unterhaltsberechtigte aus der früheren Ehe ein Kind betreut und
daher einen Unterhaltsanspruch aus § 1570 BGB gegen den ehemals Unterhaltspflichtigen hat. Andere Unterhaltsansprüche als die wegen der Betreuung eines gemeinsamen
Kindes leben nicht wieder auf.

Nach § 1586a Abs. 2 BGB haftet der zweite Ehegatte vorrangig. Daraus wird zu
folgern sein, dass eine Wiederinanspruchnahme des ersten Ehegatten auch in Fällen
begrenzter Leistungsfähigkeit des zweiten Ehegatten oder bei Nichtdurchsetzbarkeit des
bestehenden Anspruchs möglich ist.[4243]

E. Familienrechtliche Ausgleichsansprüche

I. Grundlage Ausgleichsanspruch[4244]

Grundlage eines familienrechtlichen Ausgleichsanspruchs ist die umfassende famili- 1205
enrechtliche Verpflichtung, finanzielle Lasten und Nachteile des anderen (geschiedenen)
Ehegatten zu mindern, wenn dies ohne Verletzung eigener Interessen möglich ist, ggf.
auch in Nachwirkung ehelicher Verantwortung nach Auflösung (Scheidung) der Ehe.[4245]

Dieser besondere familienrechtliche Ausgleich kann dort Anwendung finden, wo 1206
Eheleute nach außen eine gemeinsame Haftung oder eine Alleinhaftung übernommen
haben, die den zu Grunde liegenden familiären wirtschaftlichen Gegebenheiten nicht
entspricht (zB Mit- oder Alleinhaftung nicht verdienender Ehefrau für Hauslasten).
Ebenso, wenn Ehegatten im Rahmen der Familien- und Ehegemeinschaft Leistungen
erbracht haben (etwa Alleinzahlung des Kinderunterhalts trotz Mitverpflichtung leistungsfähigen anderen Elternteils), deren Ausgleich rechtlich geboten erscheint.

II. Anwendungsfälle

1. Unterhalt

a) Gesetzlicher Forderungsübergang nach § 1607 Abs. 2 S. 2 und Abs. 3 BGB

§ 1607 BGB regelt die Ersatzhaftung nachrangiger Verwandter. Ist der vorrangig zum 1207
Unterhalt verpflichtete Verwandte nicht leistungsfähig oder ist die Rechtsverfolgung
gegen ihn im Inland ausgeschlossen oder erschwert, weil er zB unbekannten Aufenthalts
ist, seinen Wohnsitz im Ausland hat oder seine Einkünfte nur fingiert worden sind[4246]
haftet an seiner Stelle ein eigentlich nachrangiger leistungsfähiger Verwandter. Leistet er

---

[4243] Palandt/*Brudermüller* § 1586a BGB, Rn. 3.

[4244] *Langheim*, Der familienrechtliche Ausgleichsanspruch, FamRZ 2013, 1529 ff.

[4245] BGH FamRZ 1977, 38 (40); FamRZ 1988, 607 (608).

[4246] Beispiele nach *Büte* in Büte/Poppen/Menne, Unterhaltsrecht, 3. Aufl. 2015, § 1607 BGB,
Rz. 6.

Unterhalt, geht in den Fällen des § 1607 Abs. 2 S. 1 BGB der Unterhaltsanspruch auf ihn über. Gleiches gilt nach § 1607 Abs. 3 BGB, wenn an Stelle des unterhaltspflichtigen Elternteils ein anderer nicht zum Unterhalt Verpflichteter oder der Ehegatte des anderen Elternteils Unterhalt leistet.

§ 1607 Abs. 2 S. 2 und Abs. 3 S. 1 BGB regeln den Fall eines gesetzlichen Forderungsübergangs. Eines Rückgriffs auf den familienrechtlichen Ausgleichsanspruch bedarf es nicht.

1607 BGB gilt auch für Ansprüche nach § 1615l BGB.[4247]

b) Familienrechtlicher Ausgleichsanspruch bei Unterhaltsmehrleistungen gegenüber Kindern

1208   **Kein gesetzlicher Forderungsübergang** findet zwischen den Eltern statt, wenn ein Elternteil Barunterhalt leistet, obwohl der andere hierzu verpflichtet ist. Diese Konstellation stellt den Hauptanwendungsfall des **familienrechtlichen Ausgleichsanspruchs** dar.[4248] Er setzt voraus, dass der den Unterhalt leistende Elternteil mit seiner Leistung eine im Innenverhältnis auch dem anderen obliegende Verpflichtung erfüllt hat.[4249] Dies ist anzunehmen, wenn der Betreuende zusätzlich Barunterhalt leistet, obwohl dazu der andere Elternteil verpflichtet ist, die Leistung aber nicht erbringt (zB bei fiktivem Einkommen, nach Betreuungswechsel).[4250] Der Zahlende muss mit dem Willen handeln, die Unterhaltpflicht des anderen Elternteils zu erfüllen und von diesem Erstattung zu verlangen. Im Zweifel ist anzunehmen, dass für Zahlungen, die während intakter Ehe geleistet wurden, eine Ersatzabsicht nicht besteht (§ 1360b BGB). Das gilt auch für evtl. Ansprüche aus Geschäftsführung ohne Auftrag oder Bereicherung und bei Forderungsübergang gemäß § 1607 Abs. 2 S. 2 BGB.[4251] Nach der Trennung der Eltern spricht eine Vermutung für die Absicht, von dem anderen Elternteil eine Erstattung verlangen zu wollen. Dies gilt vor allem, wenn der Leistende als (früherer) gesetzlicher Vertreter den Unterhaltsanspruch des Kindes gegen den anderen Elternteil geltend gemacht hat.[4252]

Ist die Unterhaltsverpflichtung des leistenden Ehegatten allerdings durch **einen rechtskräftigen Titel** festgestellt, erfolgen die Zahlungen in der Regel auf diesen. Ein familienrechtlicher Ausgleichsanspruch scheidet aus, auch weil ein einmal durch einen rechtskräftigen Titel festgelegter Haftungsanteil eines Elternteils allein im Wege der §§ 238, 239 FamFG abgeändert werden kann.[4253] Wechselt das Kind nach der Titulierung des Unterhalts in den Haushalt des anderen, erlischt der gegen diesen gerichtete Barunterhaltsanspruch, was jederzeit mit einem Vollstreckungsabwehrantrag, §§ 113 Abs. 1 FamFG, 767 ZPO, geltend gemacht werden kann. Erbringt er gleichwohl auch den Barunterhalt, steht ihm ein familienrechtlicher Ausgleichsanspruch gegen den ehemals betreuenden Elternteil zu.[4254]

[4247] OLG München FamRZ 1999, 1166 (1167) mAnm *Finger* FamRZ 1999, 1298 f.

[4248] S. auch *Wohlgemuth,* Unterhalt und familienrechtlicher Ausgleichsanspruch beim Wechsel des Kindes zum barunterhaltspflichtigen Elternteil, FamRZ 2009, 1873 ff.

[4249] grundlegend BGH FamRZ 1984, 776 (777); auch OLG Thüringen FamRZ 2009, 892.

[4250] BGH FamRZ 1989, 850 = NJW 1989, 2816; FamRZ 1994, 1102 (1103) = NJW 1994, 2234;; OLG Koblenz FamRZ 2002, 1281; OLG Köln FamRZ 1999, 1277; *Armasow* MDR 2004, 308.

[4251] Vgl. *Gießler* FamRZ 1994, 800.

[4252] BGH NJW 1989, 2816 (2817); OLG Brandenburg NJW-RR 2016, 72.

[4253] BGH FamRZ 1981, 761 = NJW 1981, 2348; FamRZ 1994, 1102 = NJW 1994, 2234; OLG Koblenz NJW-RR 1997, 514.

[4254] *Wendl/Dose/Klinkhammer,* § 2 Rz. 785; OLG Nürnberg FamRZ 2013, 796 (797) = NJW 2015, 1101 (1102) für den Fall der Titulierung durch eine Jugendamtsurkunde.

Die Leistungsfähigkeit des – eigentlich – barunterhaltspflichtigen Elternteils ist **1209**
Voraussetzung für den familienrechtlichen Ausgleichsanspruch, da er nur dann in Betracht kommt, wenn der andere Elternteil den
Unterhalt tatsächlich schuldet.[4255] Die Höhe richtet sich daher nicht nach dem Einkommen des Ausgleichsberechtigten, sondern nach dem des (jetzt) Barunterhaltsverpflichteten,[4256] allerdings schuldet der Verpflichtete in der Regel mindestens den untersten Tabellensatz.[4257] Der andere Elternteil ist, da der Leistung des ausgleichsberechtigten Elternteils Erfüllungswirkung zukommt, vor doppelter Inanspruchnahme geschützt.[4258]
Ein familienrechtlicher Ausgleichsanspruch kann auch entstehen, wenn **Mehrbedarf des Kindes** von einem Elternteil allein gedeckt wird.[4259] Betreuungs- und Erziehungsleistungen begründen dagegen einen Ausgleichsanspruch nicht.[4260]

Der Kindergeldausgleich zwischen den Eltern wegen einer zweckwidrigen Verwendung des Kindergeldes kommt seit dem 1.1.2008 in der Regel nicht in Betracht, da das **1210**
Kind einen Anspruch auf Auskehrung des Kindergeldes hat.[4261] Denkbar bleibt er in den Fällen des **Obhutswechsels**. Zahlt die Kindergeldkasse in einem solchen Fall noch an den – ehemals – betreuenden Elternteil, hat der nunmehr Betreuenden einen familienrechtlichen Ausgleichsanspruch.

Für die Vergangenheit kann nur bei Verzug oder Rechtshängigkeit[4262] und dann **1211**
Ausgleich gefordert werden, wenn der Zahlende als gesetzlicher Vertreter des Kindes gegen den anderen den Kindesunterhalt geltend gemacht hat.[4263] Eine Aufrechnung ist insoweit ausgeschlossen, als der Anspruch bei Nichtverzug erlischt.[4264]
Die Verjährung richtet sich nach §§ 195, 197 Abs. 2 BGB. Der Anspruch unterliegt der dreijährigen Verjährungsfrist des § 195 BGB, die nach § 207 BGB gehemmt ist, solange die Ehe besteht.[4265]
Wird ein familienrechtlicher Ausgleichsanspruch wegen gezahlten Sonderbedarfs geltend gemacht, gilt grundsätzlich die Jahresfrist des § 1613 Abs. 2 Nr. 1 BGB. Hat allerdings der Träger der Krankenversicherung geleistet, erfordert der Schuldnerschutz die Beschränkung auf die Jahresfrist nicht.[4266]
Beim volljährigen Kind kann ein Ausgleichsanspruch zwischen den Eltern nach diesen Maßstäben bestehen.[4267] Nimmt das Kind den Leistungsfähigen allein in Anspruch, kann dieser im Wege des familienrechtlichen Ausgleichsanspruchs einen Erstattungsanspruch gegen den anderen, ebenfalls barunterhaltspflichtigen Elternteil geltend machen. Im Rahmen dieses Verfahrens wird die Leistungsfähigkeit des anderen und die Erfüllung der Erwerbsobliegenheiten geprüft werden.

[4255] OLG Frankfurt/M. FamRZ 2011, 227.
[4256] OLG Frankfurt/M. FamRZ 2011, 227 f.; OLG Hamm NJW-RR 2011, 659 (660); OLG Koblenz FamRZ 1997, 368.
[4257] OLG Brandenburg NJW-RR 2016, 72.
[4258] OLG Karlsruhe FamRZ 1998, 1190; dazu krit. *Armasow* MDR 2004, 308.
[4259] OLG Naumburg NJW 2012, 623.
[4260] BGH NJW 1994, 2234 (2235) = FamRZ 1994, 1102; OLG Frankfurt/M. FamRZ 2011, 227 f.
[4261] Zur alten Rechtslage BGH FamRZ 1996, 725 = NJW 1996, 1894.
[4262] BGH FamRZ 1996, 725 (726) = NJW 1996, 1894.
[4263] BGH NJW 1989, 2816 (2817) = FamRZ 1989, 850; OLG Köln NJWE-FER 1999, 176 = FamRZ 1999, 1277 (Ls.); OLG Brandenburg NJW-RR 2016, 72; OLG Düsseldorf FamRZ 1991, 1027.
[4264] BGH FamRZ 1984, 775 (777).
[4265] BGH FamRZ 1996, 725 (726) = NJW 1996, 1894 (1895).
[4266] So aber OLG Köln FamRZ 2003, 252 m. abl. Anm. *Wever*.
[4267] OLG Koblenz FamRZ 2002, 1281; OLG Köln NJWE-FER 1999, 176 = FamRZ 1999, 1277 (Ls.).

2. Gesamtschuldnerausgleich und Ehegattenunterhalt

a) Allgemeines

1212   Ein Gesamtschuldnerausgleich unter Ehegatten kommt in Betracht, wenn beide eine gesamtschuldnerische Verbindlichkeit eingegangen sind und einer der Ehegatten diese zunächst allein tilgt.

b) Gesamtschuldnerausgleich bis zum Scheitern der Ehe

1213   **Während intakter Ehe** wird der Ausgleichsanspruch aus § 426 BGB überlagert durch das Wesen der Ehe und die tatsächliche Handhabung der Eheleute. Es ist im Regelfall davon auszugehen, dass die Ehegatten auch dann keinen internen Ausgleich wünschen, wenn einer von ihnen höhere Zahlungen erbringt als ihm eigentlich obliegen würden.[4268] Ausnahmen erscheinen denkbar, zB wenn ein Ehegatte außergewöhnlich hohe Zahlungen leistet.[4269] In der Regel gilt, dass ein Ausgleich nicht stattfindet, wenn zB ein Ehegatte die Verbindlichkeit allein tilgt, während der andere Ehegatte nicht erwerbstätig ist und die Kinder betreut, da beide Leistungen gleichwertig sind. Gleiches gilt aber auch, wenn beide Ehegatten erwerbstätig sind, aber unterschiedliche Tilgungsbeiträge leisten.

c) Gesamtschuldnerausgleich nach Scheitern der Ehe

1214   **Vom Scheitern der Ehe** an entfällt für die Eheleute der Grund für eine von der hälftigen Teilung abweichende Handhabung. Die Tatsache, dass ein Ehegatte während intakter Ehe von der Geltendmachung eines Ausgleichsanspruchs abgesehen hat, besagt nicht, dass dies auch nach dem Scheitern der Ehe geschehen soll.[4270] **Gescheitert** ist die Ehe mit der endgültigen Trennung der Eheleute[4271], jedenfalls, wenn der Scheidungsantrag zugestellt ist.[4272] Leben die Ehegatten im **gesetzlichen Güterstand** ist im Regelfall erst ab **Rechtshängigkeit** des Scheidungsantrags vom Scheitern auszugehen, da bis dahin beide Parteien über den Zugewinnausgleich an den Leistungen partizipieren.[4273]

   Ab dem Scheitern der Ehe gilt der Regelfall hälftigen Ausgleichs. Es kann sich aber eine gemäß § 426 Abs. 1 S. 1 2. Hs. BGB „abweichende Vereinbarung" aus den Umständen ergeben,[4274] so dass der gesetzliche hälftige Ausgleich ganz oder teilweise nicht stattfindet.[4275] Das kann zB gelten, wenn ein Ehegatte allein die Sache nutzt und dem anderen den Mitgebrauch verweigert, denn der Nutzungsentschädigungsanspruch nach §§ 1361b Abs. 3, 745 Abs. 2 BGB ist bei der Frage der anderweitigen Bestimmung zu berücksichtigen.[4276] Die abweichende Bestimmung bleibt auch nach Scheidung wirksam, wenn der eine Ehegatte weiterhin einkommenslos ist.[4277] Ob die für den übergegangenen

---

[4268] BGH FamRZ 2002, 739 (740) mAnm *Wever* FamRZ 2002, 741 = NJW 2002, 1570 f.

[4269] BGH FamRZ 1988, 264 (265).

[4270] BGH FamRZ 2015, FamRZ 2015, 993 = NJW-RR 2015, 1473, Tz. 34.

[4271] BGH FamRZ 2015, 993 = NJW-RR 2015, 1473, Tz. 34.

[4272] BGH FamRZ 2015, 818 = NJW-RR 2015, 641, Tz. 22.

[4273] OLG München OLG-Report 2000, 6.

[4274] BGH FamRZ 2005, 1236 = NJW 2005, 2307; OLG Köln OLGR 2006, 309 mit Kritik *Wever* FamRZ 2007, 859; OLG Bamberg FamRZ 2001, 1047 = NJWE-FER 2001, 197; OLG Düsseldorf FamRZ 1991, 1443 (1445); KG FamRZ 1999, 1502.

[4275] OLG Köln FamRZ 2006, 1123 (Ls.); OLG Rostock OLG-Report 2001, 500; OLG Düsseldorf FamRZ 1991, 1443 (1445); FamRZ 1992, 318; siehe *Dörr* NJW 1992, 534 (535).

[4276] OLG Bamberg FamRZ 2001, 1047 = NJWE-FER 2001, 197; AG Kandel FamRZ 1991, 819 f.

[4277] OLG Stuttgart FamRZ 2007, 400 (nicht aber wenn er nicht einkommenslos ist); OLG Hamm NJW-RR 1991, 1413 (1414) = FamRZ 1991, 1192.

Anspruch bestehenden Einwendungen und Einreden auch für den Ausgleichsanspruch gelten, richtet sich nach der Vereinbarung der Parteien.[4278]

Der Vorwegabzug von Kreditschulden vom unterhaltspflichtigen Einkommen 1215 wird als anderweitige Regelung anzusehen sein,[4279] da die Unterhaltszumessung dann unter Berücksichtigung der weiteren alleinigen Kreditabtragung durch den Unterhaltsschuldner erfolgt.[4280] Macht der Ehegatte wegen der Schuldentilgung durch den anderen seinen Unterhaltsanspruch nicht geltend, kann dies nicht ohne weiteres als anderweitige Regelung anzusehen sein. Hier ist im Einzelfall zu prüfen, ob eine (ggf. stillschweigende) Abrede dahingehend getroffen wurde, dass der Unterhaltsanspruch gerade wegen der Schuldentilgung nicht geltend gemacht wird.[4281] Werden die Kreditraten (nur) bei der Berechnung des Kindesunterhalts einkommensmindernd berücksichtigt, steht dies einem Gesamtschuldnerausgleich unter den Ehegatten nicht entgegen.[4282]

Wenn die Voraussetzungen des Unterhaltsanspruchs jedoch wegfallen (zB nach Verwirkung), fällt die Geschäftsgrundlage des vereinbarten Gesamtschuldnerausgleichs weg.[4283]

Bei Schulden durch Hauslasten ist zu beachten, dass bei der Unterhaltszumessung der 1216 Wohnwert als Unterhaltsleistung an den Berechtigten berücksichtigt worden sein kann, so dass auch dann die Unterhaltszumessung unter der Voraussetzung der weiteren Tragung der Hausschulden durch den Verpflichteten erfolgt. Wenn nach der Trennung ein Ehegatte das gemeinsame Haus allein bewohnt und er alle Grundstückslasten alleine trägt, der andere aber keine Entschädigung für die Alleinnutzung beansprucht, ist damit ein Ausgleichsanspruch ausgeschlossen.[4284]

einstweilen frei. 1217

3. Bruchteilsmiteigentum an Haus oder ETW und Unterhaltsregelung

Insoweit wird auf → Rn. 868 ff. verwiesen. 1218

4. Gemeinsame Mietwohnung

Bei Auszug aus der gemeinsamen Mietwohnung besteht die gesamtschuldnerische 1219 Mithaftung bis zum Ablauf der gesetzlichen Kündigungsfrist weiter, solange die Alleinnutzung dem anderen aufgedrängt ist.[4285] Anders ist es dann, wenn der verbliebene Ehegatte freiwillig (auch weil er den Ausziehenden zum Auszug genötigt hat) die Wohnung allein weiter bewohnt (Überlegungsfrist).[4286]

[4278] OLG Koblenz FamRZ 2003, 309.

[4279] BGH FamRZ 2005, 1236 = NJW 2005, 2307; FamRZ 1995, 216 = NJW 1995, 652; OLG Bremen FamRZ 2007, 47 = NJW-RR 2006, 1657; OLG Köln OLG-Report 1999, 38; *Bosch* FamRZ 2002, 369.

[4280] BGH FamRZ 2008, 602 (603); OLG Rostock OLG-Report 2001, 500; OLG Hamm FamRZ 1989, 511; OLG München FamRZ 1996, 291; OLG Köln NJW-RR 1992, 258 (259) = FamRZ 1991, 1192.

[4281] BGH FamRZ 2005, 1236 (1237); FamRZ 2008, 602 (603).

[4282] BGH FamRZ 2007, 1975 (1976) = NJW 2007, 3564; FamRZ 2008, 602 (603); **aA** OLG Celle FamRZ 2001, 1071.

[4283] OLG Bremen FamRZ 2007, 47 = NJW-RR 2006, 1657.

[4284] BGH FamRZ 2008, 602; OLG Düsseldorf FamRZ 1991, 1443 (1445); zu Mieten und Hauslasten: OLG Stuttgart OLGR 2004, 173.

[4285] OLG Köln FamRZ 2003, 1664 mAnm *Wever;* OLG Dresden FamRZ 2003, 158; LG Hannover FamRZ 2002, 29.

[4286] OLG Köln FamRZ 2007, 46; OLG Brandenburg NJW-RR 2007, 887 = FamRZ 2007, 1172.

5. Oder-Konto (Gemeinschaftskonto mit Einzelverfügungsbefugnis)[4287]

a) Ausgleich bis zur Trennung

1220   Bei einem **Gemeinschaftskonto** der Eheleute mit Einzelverfügungsbefugnis („Oder-Konto") – Alternative gemeinschaftliche Verfügungsbefugnis („Und-Konto") – besteht eine Gesamtgläubigerschaft gem. § 428 BGB und grundsätzlich ist jeder Ehegatte gem. § 430 BGB zur Hälfte berechtigt.[4288] Ist einem Ehegatten mehr als die Hälfte des Kontos zugeflossen, kommt bei intakter Ehe ein Ausgleich nicht in Betracht. Dieser Verzicht auf einen Ausgleich kann jedoch nur soweit gehen, als es sich um ehedienliche, gemeinschaftlicher Lebensplanung entsprechende Kontoverfügungen handelt, also nicht eheungewöhnliche oder nur einem Ehegatten nützliche.[4289] Die Umwandlung eines Oder-Kontos in ein Und-Konto bedarf einer einvernehmlichen Änderung des Kontovertrags durch beide Eheleute, ist also einseitig nicht möglich.[4290]

b) Ausgleich nach Trennung

1221   Mit der Trennung ist in der Regel die Grundlage für den ehebedingten Verzicht auf einen Ausgleich entfallen, das gilt für Privat- wie auch Geschäftskonten.[4291] Der Ausgleichsanspruch nach endgültiger Trennung ist nicht dem ehelichen Güterrecht zuzuordnen.[4292] Der nach Trennung das gemeinschaftliche Konto auflösende und das abgehobene Guthaben behaltende Ehegatte schuldet dem anderen die Hälfte des Guthabens (§ 430 BGB), da sich auch familienrechtlich nichts anderes ergibt.[4293]

6. Nicht gemeinschaftliches Konto

1222   Bei einem nicht gemeinschaftlichem Konto – Geschäftskonto eines Ehegatten etwa – kommt es für die Verfügungsbefugnis und einen Ausgleich auf die Absprachen – auch stillschweigende – der Eheleute an, jedoch verlieren solche Vereinbarungen mit der Trennung ihre Gültigkeit.[4294] Der Ehepartner, der vom Konto des anderen Beträge abgehoben hat, ist daher zur Rückzahlung verpflichtet und kann nicht aufrechnen.[4295] Er muss nicht die Bank verklagen, da in der Klageerhebung eine Genehmigung der unberechtigten Auszahlung liegt.[4296] Die Beweislast für eine Schenkung hat der Abhebende.[4297]

[4287] Vgl. allgemein zu Oder-Konto: *Dörr* NJW 1992, 534 (536).

[4288] BGH NJW 1990, 705 = FamRZ 1990, 370; OLG Naumburg NJW-RR 2007, 1158; OLG Bremen FamRZ 2006, 1121; OLG Düsseldorf FamRZ 1999, 1504 = NJW-RR 1999, 1090; OLG Hamm FamRZ 1990, 59; OLG Karlsruhe NJW-RR 1990, 1285 = FamRZ 1990, 629; LG Aachen FF 2001, 176 (Berufung zurückgenommen); vgl. *Münch* FPR 2006, 481.

[4289] OLG Bamberg FamRZ 1991, 1058: nicht gedeckt Befriedigung eigener Bedürfnisse in Zusammenhang mit beabsichtigter Trennung; OLG Düsseldorf FamRZ 1992, 439: wie OLG Bamberg; OLG Karlsruhe NJW-RR 1990, 1285 = FamRZ 1990, 629: Zweck Oder-Konto Finanzierung gemeinsamer Lebensführung; OLG Zweibrücken FamRZ 1991, 820: Abhebung hoher Summe durch einen Ehegatten (ca. 90 000 EUR) wird durch Verzicht nicht mehr gedeckt (BGH hat Revision nicht angenommen).

[4290] BGH NJW 1991, 420.

[4291] BGH NJW 1990, 705 = FamRZ 1990, 370; OLG Naumburg NJW-RR 2007, 1158.

[4292] BGH FamRZ 2002, 1696 = NJW 2002, 3703 = MDR 2003, 88; OLG Karlsruhe NJW-RR 1990, 1285 = FamRZ 1990, 629.

[4293] OLG Köln FamRZ 1987, 1139 (1140); auch: FamRZ 1982, 944.

[4294] BGH FamRZ 1988, 476; OLG Zweibrücken FamRZ 2006, 1678.

[4295] OLG Zweibrücken FamRZ 2006, 1678; LG Aachen FF 2001, 176 (Berufung zurückgenommen).

[4296] OLG Zweibrücken FamRZ 2006, 1678.

[4297] BGH FamRZ 2007, 386 = NJW-RR 2007, 488.

7. Kindergeld, Kinderzuschuss

Kindergeld ist seit dem 1.1.2008 bedarfsdeckendes Einkommen des Kindes. Es min- **1223** dert unmittelbar den unterhaltsrechtlichen Bedarf des Kindes, so dass ein Ausgleichs- anspruch unter den Eltern nur noch in Ausnahmefällen erforderlich ist. Denkbar sind Fälle des Obhutswechsels, wenn die Familienkasse das Kindergeld noch an dem ehemals betreuenden Elternteil auszahlt oder auch wenn die Eltern ein Wechselmodell praktizie- ren und eine Verrechnung mit Barunterhalt nicht erfolgt.[4298] Aber auch hier kommt eine Verrechnung mit dem Unterhalt in Betracht, → Rn. 1210.

Zum Anspruch des Kindes auf Auskehrung des Kindergeldes gegen einen Elternteil → Rn. 896 und für den Kinderzuschuss → Rn. 901.

8. Rentennachzahlung

Der Unterhalt zahlende geschiedene Ehegatte hat gegen den unterhaltsberechtigten **1224** Ehegatten in Höhe einer diesem rückwirkend gewährten Erwerbsunfähigkeitsrente einen familienrechtlichen Ausgleichsanspruch, soweit die rückwirkende Rentennachzahlung zu einer Überzahlung von Unterhalt geführt hat.[4299] Die Berufung der Berechtigten auf den Rechtsgedanken des § 818 BGB (Fortfall der Bereicherung) ist nach Billigkeitsgesichts- punkten unter Beachtung auch der §§ 819, 826 BGB (Nichtoffenbarung Nachzahlung) zu prüfen.[4300]

9. Steuern

Zur Aufteilung von Steuernachzahlungen und Steuererstattungen → Rn. 927 f. **1225**

[4298] BGH Beschl. v. 20.4.2016 XII ZB 45/15 Tz. 34.
[4299] BGH FamRZ 1989, 718 (719); FamRZ 1990, 269 (272); OLG Hamm FamRZ 1988, 732 (734); OLG Frankfurt FamRZ 1987, 1270 (Zahlung auf Grund Versorgungsausgleich).
[4300] OLG Hamm FamRZ 1988, 732.

Sachregister

Die Zahlen bezeichnen die Randnummern.